ISBN 978-0-265-51148-0
PIBN 10765482

DIE MUSKATNUSS

IHRE

GESCHICHTE, BOTANIK, KULTUR, HANDEL UND VERWERTHUNG

SOWIE IHRE

VERFÄLSCHUNGEN UND SURROGATE

ZUGLEICH EIN BEITRAG

ZUR

KULTURGESCHICHTE DER BANDA-INSELN

VON

DR. O. WARBURG
PRIVATDOCENT DER BOTANIK AN DER UNIVERSITÄT BERLIN
LEHRER AM ORIENTALISCHEN SEMINAR

MIT [illegible] HELIOGRAVÜREN 4 LITHOGRAPHISCHEN TAFELN, [illegible] KARTE UND
12 ABBILDUNGEN IM TEXT

LEIPZIG
VERLAG VON WILHELM ENGELMANN
1897.

Verlag von Wilhelm Engelmann

DIE MUSKATNUSS

IHRE

GESCHICHTE, BOTANIK, KULTUR, HANDEL UND VERWERTHUNG

SOWIE IHRE

VERFÄLSCHUNGEN UND SURROGATE

ZUGLEICH EIN BEITRAG

ZUR

KULTURGESCHICHTE DER BANDA-INSELN

VON

DR. O. WARBURG
PRIVATDOCENT DER BOTANIK AN DER UNIVERSITÄT BERLIN,
LEHRER AM ORIENTALISCHEN SEMINAR

MIT 3 HELIOGRAVÜREN, 4 LITHOGRAPHISCHEN TAFELN, 1 KARTE UND 12 ABBILDUNGEN IM TEXT

LEIPZIG
VERLAG VON WILHELM ENGELMANN
1897.

Vorwort.

Eins der wichtigsten Ergebnisse unseres erdumspannenden Zeitalters ist die Aufschliessung der Tropen für Wissenschaft, Landwirthschaft und Handel. Der Forscher, der in wenig bekannte Gegenden hinauszieht, müsste den Pulsschlag seiner Zeit schlecht verstehen, wenn er neben seinem wissenschaftlichen Spezialgebiet nicht auch seine Kräfte daran setzte, gelegentlich allgemeinere wirthschaftliche oder kulturgeschichtliche Fragen der Lösung näher zu bringen.

Als der Verf. vor nunmehr acht Jahren in dem östlichen Theil des malayischen Archipels und auf Neu-Guinea herumstreifte, waren es vor allem die Muskatnüsse, die ihn in ihrem Bann hielten; sie finden dort ihr Paradiesklima, sie haben dort das Centrum ihrer Verbreitung; man könnte fast sagen, sie sind daselbst dem Botaniker dasjenige, was die Paradiesvögel dem Zoologen sind. Ueber die Bedeutung, die sie als Handelsartikel, als landwirthschaftliches Objekt noch jetzt in Anspruch nehmen dürfen, liegt als magischer Schein ihre grosse Vergangenheit gebreitet, Reminiscenzen an das Entdeckungszeitalter, an blutige Kriege zwischen den Völkern Europas um die koloniale und kommerzielle Machtstellung, an heldenmüthige mit der Vernichtung endende Kämpfe der Eingeborenen, an ein bis zum äussersten ausgearbeitetes Monopolsystem, an den Glanz und den schmachvollen Zusammenbruch der grössten kaufmännischen Gesellschaft, welche je existirt hat. Dies alles verwebt sich mit der friedlichen Stille jener anmuthigen Haine von Muskatbäumen, mit den herrlichen Scenerien jenes Inselmeeres zu einem Gesammtbild, welches dauernd in der Einbildung haften bleibt.

Da es ein gütiger Zufall wollte, dass der Verf. in holländisch Neu-Guinea die Stammpflanze der zweitwichtigsten Muskatnuss des Handels zum ersten Mal auffand, wodurch eine länger als ein Jahrhundert dauernde Verwirrung aufgeklärt werden konnte, und da er auch sonst viel neue Formen dieser interessanten Familie entdeckte, reifte nach der Rückkunft bald der Entschluss, die ganze Gruppe der Muskatnüsse eingehend zu studiren, eine rein botanische Arbeit, die gleichzeitig hiermit in den Verhandlungen der Leopoldinisch-Carolinischen Deutschen Akademie der Naturforscher erscheint.

Selbstverständlich reizten aber die oben erwähnten Reminiscenzen, die Muskatnüsse des Handels auch nach anderen als rein botanischen Richtungen hin gründlicheren Studien zu unterwerfen. Dabei stellte sich dann bald heraus, wie viel des Interessanten gerade die Geschichte dieses unscheinbaren Objektes bot; der Stoff wuchs unter den Händen; aus den kleinen ursprünglich geplanten ein bis zwei Kapiteln wurden bald mehr, und immer klarer wurde es hierbei, welch verlockende Aufgabe es sei, gerade die Muskatnuss von umfassenderen Gesichtspunkten aus, möglichst vielseitig, zu behandeln.

In der That zeigt sich hier eine Lücke in unserem Wissen. Wahrscheinlich eine Folge der fortwährend weitergehenden Spezialisirung der Wissenschaften ist es, wenn es Monographien unserer Kulturgewächse in wirklich umfassendem Sinne nicht giebt. Wohl existiren manche Abhandlungen über die geographische Verbreitung, über die Botanik, über die Herkunft, über die Kultur vieler unserer Nutzpflanzen, namentlich die pharmakologisch wichtigen Gewächse sind auch anatomisch und chemisch ziemlich gut bekannt, unsere Getreidearten sind sogar theilweise einigermassen zusammenfassend bearbeitet, dann aber fehlen meist wieder sehr wichtige Kapitel, z. B. Handel, Verwerthung, Wanderung. Die meisten der sog. Monographien sind, genau genommen, nur Stücke von solchen, und fast alle sind ohne vergleichende Kritik geschrieben; gewöhnlich sind es nur Zusammenstellungen aus anderen ebenso leichtwerthigen Arbeiten, und geben Wahres mit Falschem, sicher Konstatirtes mit bloss auf Vermuthungen beruhendem, bunt durcheinander gemischt und ohne Quellenangabe. Und doch, wie wichtig würde es sein, wenn wir von unseren sämmtlichen Kulturpflanzen in kritisch durchgearbeiteten Monographieen alles Wissenswerthe beisammen hätten; welch' ein

Gewinn wäre es auch für den Kulturhistoriker, da doch viele der grundlegendsten und umgestaltendsten Fragen der Kulturgeschichte sich mit der Einbürgerung, dem Handel, oder der Verwerthung der Kulturpflanzen verknüpfen.

Wenn der Verf. einen solchen ersten Versuch macht, so ist er sich der Schwierigkeiten sehr wohl bewusst. Man müsste in allen Sätteln gerecht sein, wollte man verhindern, dass nicht allerlei Missverständnisse und Unklarheiten mit unterlaufen. Streng genommen erfordern solche kritischen Untersuchungen mindestens zwei Arbeiter, von denen der eine naturwissenschaftlich, der andere philologisch gebildet sein muss; leider werden sich aber nur selten zwei so verschiedenen Disziplinen angehörende Gelehrte zu solchem Zweck zusammenfinden; sind doch auch die auf dem Mangel naturwissenschaftlicher Fachkenntnisse beruhenden Schwächen der sonst so bedeutenden Arbeiten Viktor Hehn's erst in der letzten Auflage durch die Mitarbeit eines Botanikers definitiv beseitigt. Immerhin dürfte es aber, in Folge der im Wesentlichen philologischen Schulbildung, einem Naturwissenschaftler leichter fallen, sich das Fehlende anzueignen, als einem Philologen.

Was nun die Muskatnuss betrifft, so wiegen glücklicherweise die Bedenken gegen eine Einzelarbeit weniger schwer, und zwar hauptsächlich aus dem Grunde, weil der wichtigste Theil der Geschichte der Muskatnuss sich erst in relativ neuerer Zeit abgespielt hat, und ausserdem die dabei in Betracht kommenden Momente wegen der hohen Bedeutung, welche den Gewürzen noch bis ins vorige Jahrhundert zukam, durch ausführliche geschichtliche Arbeiten gut aufgeklärt sind. Was aber die philologischen Anhaltspunkte aus der älteren Geschichte der Muskatnuss betrifft, so sind sie meist in südasiatischen Sprachen derart versteckt, dass doch nur Spezialisten im Stande sein würden, diese Dinge aufzuhellen. Ausserdem hat Verf. durch seine Reisen und die dabei erworbenen Sprachkenntnisse wenigstens den Vorzug, die geographischen Verhältnisse, soweit sie in Betracht kommen, genügend zu übersehen, und was den kommerziellen Theil betrifft, so war es nicht allzu schwer, das Material zu sammeln, da in Folge der besonderen Handelsbedeutung dieses Gewürzes und wegen der einfachen Handelsverhältnisse in den wenigen Produktionsländern sehr viele der Zahlen sich schon hier oder dort zusammengestellt fanden.

Eben dieses uns jetzt beinahe unverständliche Interesse, welches die Muskatnuss seit ihrem Bekanntwerden bis fast in die neueste Zeit unausgesetzt gefunden hat, macht sie in so hervorragendem Maasse geeignet, an ihr einen solchen Versuch zusammenfassender Bearbeitung zu wagen. Sie gehört eben schon beinahe der Geschichte an, nicht im absoluten Sinne, denn die Produktion und der Konsum steigen fortwährend, wohl aber relativ, wenn man nämlich den rapiden Fortschritt anderer Genussmittel als Maassstab anlegt.

Auch die schon eben angedeutete Beschränkung der Kultur auf ein eng begrenztes Gebiet, Jahrhunderte lang vermöge strenger Monopolvorschriften, seit dem Erlöschen derselben in Folge der hohen Ansprüche des Baumes an die klimatischen Verhältnisse, machen das Studium der Geschichte dieser Pflanze zu einem relativ leichten, während andererseits gerade die beharrlichen Versuche, den Baum zu entführen und andere Heimstätten für ihn ausfindig zu machen, sowie die Gegenbestrebungen der glücklichen Inhaber des Monopols die Geschichte der Muskatnuss zu einer abwechselungsreichen machen, und auch von allgemeinem kulturgeschichtlichem Standpunkte aus eine Fülle des Interessanten zu bieten vermögen.

Der Verf. hielt es für angebracht, am Schluss ein recht ausführliches Litteraturverzeichniss zu geben, damit ein ev. Nachfolger bei ähnlichen Studien sich leichter, als es ihm möglich war, mit den in Betracht kommenden über viele Wissensgebiete zerstreuten Arbeiten und Quellenschriften vertraut machen kann. Hat doch der Verf. an den ausgezeichneten Diensten, welche Flückigers citatenreiche Pharmakognosie ihm geleistet hat, selbst den Werth derartiger Litteraturzusammenstellungen empfunden. Möge denn der Wunsch, dass dieses Buch dazu beitragen möge, zu kritischen Monographien über unsere Kulturpflanzen anzuregen, kein vergeblicher sein.

Der Verfasser.

Inhalts-Uebersicht.

Seite

I. Geschichte der Muskatnuss im Alterthum und Mittelalter bis zur Entdeckung der Bandainseln, der Heimath der Muskatnussbäume 1–50

a) Kannten die Mittelmeer-Völker des Alterthums die Muskatnuss? 1
b) Kannten die asiatischen Völker im Alterthum die Muskatnuss? 14
c) Erstes Auftreten der molukkischen Gewürze in Europa . . 20
d) Zunehmende Kenntniss der Muskatnuss bei den Arabern . 22
e) Bekanntwerden der Muskatnuss in Vorderindien 27
f) Bekanntwerden der Muskatnuss in Europa 32

α) 11. Jahrhundert S. 33. β) 12. Jahrhundert S. 34. γ) 13. Jahrhundert S. 35. δ) 14. und 15. Jahrhundert S. 38.

g) Erste Nachrichten über die Heimath der Muskatnuss . . . 44
h) Entdeckung der Heimath der Muskatnuss 46
i) Hohe Werthschätzung der Gewürze im 16. Jahrhundert . . 48

Anhang 50–62

A. Die Muskatnuss in der Poesie 50
B. Historische Entwickelung der Namen für die Macis 55
C. Historische Entwickelung der Namen für die Muskatnuss . . 60

II. Produktionsgebiete der Muskatnüsse und Macis 63–270

a) Die Banda-Inseln als Hauptproduktionsgebiet 63

1. Die Banda-Inseln als Heimath der Muskatnüsse bis zur definitiven Unterjochung durch die Niederländer 1621 63

α) Ueberblick über die geographische Lage der Inseln S. 63. β) Zustände auf Banda vor der Ankunft der Europäer S. 66. γ) Die Portugiesen auf Banda S. 71. δ) Der Muskathandel Ende des 16. Jahrhunderts wieder frei S. 77. ε) Eroberung der Molukken und Banda-Inseln durch die Niederländer S. 83.

Seite

2. Das Muskatnuss-Monopol der niederländisch-ost-indischen Compagnie 1621—1796 108
   α) Einführung des Gewürzmonopols S. 108. β) Befestigung des Gewürzmonopols S. 124. γ) Periode des unumschränkten Gewürzmonopols S. 133. δ) Zustände auf den Banda-Inseln während der Monopolzeit S. 144.

Anhang: Die Bewohner der Banda-Inseln 158

3. Das Muskat-Monopol in den zwei englischen Perioden und unter der holländischen Regierung 1796 bis 1864 (resp. 1873) 164
   α) Die zwei englischen Perioden der Banda-Inseln S. 164. β) Der Gewürzhandel als holländisches Regierungs-Monopol S. 169.
4. Die Perkeniere seit Einrichtung dieser Institution um 1623 bis auf die Gegenwart 181
5. Banda während der Freikultur 201

b) **Sonstige Produktionsgebiete** 209

1. Ueberführung des Muskatbaumes nach Mauritius und nach Afrika 209
2. Ueberführung des Muskatbaumes nach Südamerika . 220
3. Ueberführung des Muskatbaumes nach Westindien. . 222
4. Einführung der Muskatkultur in Sumatra 226
5. Einführung der Muskatkultur in Borneo 234
6. Einführung der Muskatkultur in die Minahassa (Celebes) 234
7. Einführung der Muskatkultur in Java. 236
8. Muskatkultur in den Molukken 237
9. Einführung der Muskatkultur in die malayische Halbinsel und Hinterindien 244
10. Einführung der Muskatkultur in Vorderindien . . . 255
11. Der Muskatbaum in den Subtropen und der gemässigten Zone 257

Anhang: Tabellarische Uebersicht der Gesammtproduktion an Muskatnüssen und Macis . . . . 258—270

1. Daten über die Muskatproduktion der Banda-Inseln 258
2. Gesammt-Muskatproduktion der Erde 261
3. Approximative Zahl der Muskatnussbäume 268

III. Beschreibung des Muskatnussbaumes und der anderen für den Handel in Betracht kommenden Arten. Botanischer Theil . 271—391

a) **Myristica fragrans Houtt., die echte Muskatnuss** 271

1. Entwickelung der Kenntniss des Muskatnussbaumes 271
2. Naturgeschichte des echten Muskatnussbaumes . . 286
   α) Heimath desselben S. 286. β) Beschreibung des Baumes S. 292. γ) Fortpflanzung der Muskatbäume S. 311. δ) Abnorme Muskatnüsse S. 319.

Seite

b) Andere nutzbare Muskatarten 331

1. Myristica fatua Houtt. — Unechte Muskat 331
α) Beschreibung S. 331. β) Heimath S. 334. γ) Nutzen S. 335. δ) Geschichte der Myristica fatua Houtt. S. 336.
2. Myristica argentea Warb. — Papua-Muskat 347
α) Beschreibung S. 347. β) Heimath S. 349. γ) Geschichte der Papua-Muskat S. 349. δ) Handel der Papua-Muskat im malayischen Archipel S. 354. ε) Import nach Europa S. 356. ζ) Preise der Papua-Muskatnuss S. 359. η) Aussichten der Papua-Muskatnuss S. 361. ϑ) Macis der Papua-Muskatnuss S. 362.
3. Myristica speciosa Warb. — Batjan-Muskat 365
α) Beschreibung S. 365. β) Heimath S. 366. γ) Geschichte S. 367. δ) Aussichten für die Zukunft S. 369.
4. Myristica succedanea Bl. „Reinw." — Halmaheira-Muskat 369
α) Beschreibung S. 369. β) Heimath S. 370. γ) Geschichte S. 371. δ) Aussichten für die Zukunft S. 371.
5. Myristica Schefferi Warb. — Onin-Muskat 372
α) Geschichte S. 372. β) Beschreibung S. 372. γ) Heimath S. 373.
6. Andere gewürzige Arten 373
7. Myristica malabarica Lam. — Malabar-Muskat . . . 375
α) Beschreibung S. 375. β) Heimath S. 376. γ) Geschichte S. 376. (Bombay-Macis S. 379.) δ) Bombay-Nüsse S. 383.
8. Fettliefernde Muskatnüsse 383
9. Muskatnüsse mit essbarem Perikarp 389
10. Kinosaft der Muskatnussbäume 390
11. Holz der Muskatnussbäume 390
12. Andere Verwerthungen 391

IV. Kultur der Muskatnuss . . . . 392—468

a) Boden 392

b) Klimatische Bedingungen 394
1. Feuchtigkeit der Luft 394
2. Schatten 395
3. Temperatur 399
4. Windschutz 400
5. Rekapitulation der klimatischen Bedingungen . . . 401

c) Anzucht 401
1. Saatgut 401
2. Saatbeete 404
3. Keimung 407
4. Baumschule 408

d) Plantage 410
1. Vorbereitung der Plantage 410
2. Auspflanzen 413

Seite

3. Bearbeitung der Plantage 414
   α) Begiessen und Jäten S. 415. β) Ausdünnen der Zweige S. 416. γ) Beschneiden der Bäume S. 416. δ) Reinigung der Bäume S. 416. ε) Schädlinge S. 417. ζ) Düngung S. 419.
4. Wachsthum 421
   α) Erste Blüthe S. 422. β) Erkennung des Geschlechtes S. 422. γ) Zahlenverhältniss des Geschlechtes S. 424. δ) Entfernung der überflüssigen männlichen Bäume S. 426. ε) Pfropfversuche S. 472.
5. Fruchtreife 428
   α) Hauptertragsperiode S. 428. β) Dauer der Tragfähigkeit S. 429. γ) Erntezeiten S. 429. δ) Einfluss der Witterung auf die Qualität S. 431. ε) Einfluss der Witterung auf die Quantität S. 431. ζ) Ertragsberechnungen S. 432. η) Ernte S. 435. ϑ) Einbringen der Ernte S. 438. ι) Verwerthung des Perikarp S. 439.
6. Erntebereitung der Macis 440
   α) Ablösung der Macis S. 440. β) Trocknen der Macis S. 441. γ) Verpackung der Macis S. 444.
7. Erntebereitung der Nüsse 445
   α) Trocknen der Nüsse S. 445. β) Schälen der Nüsse S. 450. γ) Sortirung S. 453. δ) Versendung ohne Kalkung S. 455. ε) Kalkung S. 456. ζ) Endgültige Sortirung S. 465.

V. Handel . . . . 469—520

1. Handelssorten der Muskatnüsse 469
2. Handelssorten der Macis 473
3. Handelswege und Handels-Centren 477
   1. Niederländisch-Indien 477
      α) Java S. 477. β) Banda S. 480. γ) Makassar S 480.
   2. Malayische Halbinsel 480
      α) Penang S. 480. β) Singapore S. 482.
   3. China 485
   4. Vorderindien 485
   5. Niederlande 487
   6. Deutschland 489
   7. England 491
   8. Amerika 497
   9. Australien, Cap. 497
4. Verfälschungen der Muskatnüsse 498
5. Verfälschungen der Macis 499
   Wichtigste Litteratur über die Bombay-Macis 503
6. Surrogate 504
   1. Calebassen-Muskatnuss 504
   2. Chilenische Muskatnuss 505

Seite

3. Pflaumen-Muskatnuss 507
4. Madagassische Muskatnuss 507
5. Brasilianische Muskatnuss 508
6. Guyana-Muskatnuss 508
7. Californische Muskatnuss 509
8. Florida-Muskatnuss 510
9. Macisbohnen 510

Anhang: Preistabellen für Muskatnüsse und Macis . . . . 514—520

1. Preise bis zur Eroberung der Banda-Inseln durch die Holländer 514
2. Engrospreise in den Niederlanden seit der Eroberung Bandas 517
3. Preise in England 518
4. Werthverhältniss der Muskatnüsse und Macis 520

VI. Nebenprodukte der Muskatkultur, deren Handel und Geschichte 521—539

a) **Muskatbutter** 521
1. Geschichte der Muskatbutter 521
2. Die Muskatbutter in der Gegenwart 525
3. Zusammensetzung der Muskatbutter 527
4. Fälschungen der Muskatbutter 528

b) **Muskatnussöl** 529

c) **Macisöl** 530
1. Geschichte und Bereitung 530
2. Fälschungen des Macisöles 532

d) **Kandirte Muskatfrüchte** 533

e) **Kandirte Macis** 538

f) **Muskatfrüchte in Essig oder Salz** 539

VII. Verwendung der Produkte des Muskatnussbaumes . . . . 540—583

a) Verwendung der **Muskatnuss und Macis als Aroma** 541

b) Verwendung von **Muskatnuss und Macis als Arzneimittel** . 543
1. Bei den Arabern 543
2. Bei den Indern 545
3. Bei den abendländischen Aerzten 547

α) Im Mittelalter S. 547. *β*) Im 16. Jahrhundert S. 552. *γ*) Im 17. Jahrhundert S. 557. *δ*) Im 18. Jahrhundert S. 559. *ε*) Im 19. Jahrhundert S. 564.

Anhang: Die toxischen Eigenschaften der Muskatnuss 565

c) Verwendung der **Muskatbutter als Arzneimittel** 569

d) Verwendung des **ätherischen Muskatöles als Arzneimittel** . 571

e) **Verwendung des sogenannten Gummis sowie der Rinde und Aeste als Arzneimittel** 573

Seite

f) Verwendung der Muskatnuss und Macis als Gewürz 574
1. Im Mittelalter 574
2. In der Neuzeit 578
3. In der Gegenwart 581

VIII. Aussichten der Muskatkultur in der Zukunft . . . . . . 584—591

Anhang: Nachträge und Verbesserungen. . . . . 592—593

IX. Litteratur-Verzeichniss . . . . 594—611

I. Zur Geschichte der Muskatnuss 594
A. Allgemeine Litteratur 594
B. China 594
C. Indien 594
D. Rom und Griechenland 594
E. Arabien 595
F. Europa im Mittelalter 595

II. Naturforscher und Aerzte 597
A. Griechische und römische Naturforscher und Aerzte 597
B. Arabische Aerzte 597
C. Naturforscher und Aerzte des Mittelalters 597
D. Naturforscher und Aerzte der neueren Zeit bis Linné 597
E. Wichtigste rein botanische Litteratur über die echte Muskatnuss nach Linné 600
F. Wichtigste pharmazeutisch-medizinische Litteratur über die echte Muskatnuss 600
G. Wichtigste Litteratur über die Muskatnuss in Werken über Waarenkunde (auch Kochbücher) 602
H. Anatomie und Chemie der echten Muskatnuss 603

III. Notizen über die Muskatnuss in geographischen und geschichtlichen Werken über die Molukken, sowie Reisen dorthin . . 605
A. Allgemeine Werke über Niederländisch-Indien. . . . 605
B. Abhandlungen über die Molukken 605
C. Abhandlungen über Banda 605
D. Geschichte der portugiesischen Herrschaft in den Molukken 606
E. Geschichte der holländischen Herrschaft in den Molukken 606
F. Reisen 607

IV. Wichtigere Abhandlungen über die Kultur der Muskatnuss . 60?

V. Angaben über Produktion und Kultur der Muskatnuss ausserhalb Bandas (auch Statistik) 610

Register. 1. Personennamen 612, 2. geographische Namen 619, 3. Namen von Pflanzen und Pflanzenstoffen 621.

Erklärung der Abbildungen 626

I. Geschichte der Muskatnuss im Alterthum und Mittelalter bis zur Entdeckung der Bandainseln, der Heimath der Muskatnussbäume.

a) Kannten die Mittelmeer-Völker des Alterthums die Muskatnuss?

Seit Jahrhunderten hat man sich mit der Frage beschäftigt, ob die Muskatnuss und Macis (Muskatblüthe) im Alterthum bekannt gewesen sei oder nicht; dennoch ist man aber bis heute nicht zu einem abschliessenden Urtheil gelangt.

Schon in dem ersten Jahrhundert der Renaissancezeit machten sich unter den Kommentatoren der alten medizinischen Schriftsteller verschiedene Ansichten geltend. Die einen, wie Caesalpin, Amatus Lusitanus etc., glaubten, ebenso wie vorher schon arabische Schriftsteller, in Ausdrücken des Dioscorides und Galen deutliche Hinweise auf dies Gewürz erblicken zu sollen, während andere, z. B. Matthiolus, ebenso bestimmt erklären, dass die Muskatnuss weder im Theophrast und Dioscorides, noch im Galen erwähnt sei.

Jedenfalls würde es in hohem Maasse auffällig sein, wenn ein so bemerkenswerthes und schon durch das Aussehen in das Auge fallendes Gewürz nur mit so wenigen und undeutlichen Worten und ganz nebenbei von den antiken Schriftstellern erwähnt sein sollte, und schon der holländisch-indische Schriftsteller Valentyn sagt im Anfang des vorigen Jahrhunderts sehr richtig: wenn den Alten die Nuss und Macis bekannt gewesen sei, so hätten sie sicherlich etwas darüber geschrieben. Da aber noch in der Mitte dieses Jahrhunderts ein so bedeutender und gründlicher Forscher wie Martius (z. B. in der Flora brasiliensis) für die

Bekanntschaft der Alten mit der Muskatnuss eintritt, so lässt sich diese Frage nicht mit wenigen Worten erledigen, sondern erfordert eine nochmalige genauere Prüfung.

Muskatnüsse angeblich im alten Aegypten.

Es gab eine Zeit in der ersten Hälfte dieses Jahrhunderts, wo man als Beigabe einer ägyptischen Mumie aus Theben eine Muskatnuss entdeckt zu haben glaubte[1]), jedoch gelang es bald darauf Kunth[2]), festzustellen, dass es der Same einer damals noch unbekannten Palme sei, die zuerst Areca (?) Passalacquae genannt, später[3]) von Unger mit Hyphaene (jetzt Medemia) Argun aus der nubischen Wüste identifizirt wurde.

Eine Zeit lang glaubte man auch einen bei den Mumien gefundenen fettartigen Stoff als Muskatbutter deuten zu sollen, freilich ohne genügende Untersuchung.

Wäre die Muskatnuss damals bekannt gewesen, so würde sie zweifellos eine bedeutende Rolle im Todtenkult gespielt haben; aber auch in der ägyptischen Litteratur giebt es nichts, was darauf hindeutet, ebensowenig wie in der Bibel und den sonstigen alten Litteraturdenkmälern Vorderasiens.

Theophrast.

Von den älteren griechischen Schriftstellern ist es Theophrast (im 4. Jahrhundert v. Chr.), bei dem man Hinweise auf die Muskatnuss zu entdecken geglaubt hat und zwar in dem Worte *Komakon* (*κωμακον*); dies ist nach ihm[4]) ein aus Indien stammendes Aroma, welches neben Cassia und Cinnamom zur Bereitung einer werthvollen Salbe dienen soll, und zwar giebt es hievon zwei Sorten, deren eine eine Frucht ist; dies Aroma kommt nach Europa theils direkt über das Meer, theils auf dem Landwege über Arabien.

Eine Reihe von Botanikern wie z. B. Billerbeck[5]), Sprengel[6]) und Fraas[7]) glauben hierin die Muskatnuss sehen zu sollen, während Martius[8]) eher meint, dass die Muskatbutter hiermit gemeint sei. Jeder

1) Passalacqua, Catalogue raisonné et historique des antiquités découvertes en Egypte. Paris 1826, pag. 22, No. 457.

2) Kunth, Recherches sur les plantes trouvées dans les tombeaux égyptiens par M. Passalacqua in Annales des sciences naturelles VIII (1829), pag. 420.

3) Unger, Die Pflanzen des alten Aegyptens. Sitzungsber. d. k. Akad. Wien., Math.-Nat.-Cl., vol. 38 (1859), pag. 107.

4) Theophrast, Hist. plant. IX., cap. 7.

5) Billerbeck, Flora classica (1824), pag. 124.

6) Sprengel, Uebersetzung des Theophrast, II. Erläuterung. pag. 357.

7) Fraas, Synopsis plant. flor. class. (1845) pag. 135.

8) Martius, Flora brasil. V. 1, pag. 124, u. zur Litteraturgesch. d. Muskatnuss u. Muskatblüthe, München, Akad. Sitzungsber. 1860, pag. 154.

aber, der nur einigermassen die Reichhaltigkeit der indischen Flora an aromatischen Früchten[1]) kennt, wird zugeben müssen, dass diese Identifizirung eine überaus vage und des festen Bodens entbehrende ist.

Auch in dem Worte Komakon lässt sich keine Beziehung zu irgend einem mit der Muskatnuss in Verbindung stehenden Namen entdecken; eher könnte noch die Annahme der Kommentatoren Salmasius[2]) und Bodaeus[3]) berechtigt sein, Komakon mit dem Worte Cubebe (chinesisch cubab[4]) in Verbindung zu bringen, obgleich es auch nicht wahrscheinlich ist, das gerade die Cubeben als Aroma gedient haben.

Noch häufiger wurde das von Plautus (um 200 v. Chr.) ein einziges Mal und ohne Erklärung gebrauchte Wort *macis* mit der heute als Macis bezeichneten sog. Muskatblüthe identifizirt. Im Akt 3 Scen. 2 des Pseudolus rühmt nämlich ein Koch von sich selbst: Plautus.

Nam vel ducentos annos poterunt vivere
meas qui esitabunt escas, quas condivero
nam ego cicilendrum quando in patinas indidi
aut sipolindrum aut macidem aut sancaptidem.

Dass dies Phantasienamen sind, geht aus der Antwort des Küchenmeisters hervor, der den Koch sofort mit folgenden Worten anfährt und als Lügner stempelt:

At te Jupiter diique omnes perdant cum condimentis tuis,
cumque tuis istis omnibus mendaciis.

Es ist demnach, wie schon Rumph mit Recht hervorhebt, auf das in diesem Zusammenhang gebrauchte Wort macidem absolut kein Werth zu legen, und wenn andererseits Martius und Flückiger darauf aufmerksam machen, dass das gleichfalls hier gebrauchte Wort sancaptidem mit dem schon von Dioscorides gebrauchten Worte narkaphthon eine gewisse Klangähnlichkeit besitze, so ist dieselbe doch zu gering, um hierauf irgend welche weiteren Schlüsse aufzubauen, und kaum dürfte die Ver-

---

1) Ich erinnere nur an die gewürzhaften Umbelliferenfrüchte z. B. Anethum, Coriandrum, Pimpinella, Cuminum; ferner an die Rutaceen, z. B. Zanthoxylum, an die Zingiberaceen, z. B. Amomum, Elettaria, endlich an Piper, Cinnamomum, Nigella, Hibiscus moschatus etc.

2) Salmasius, Exercitationes Plinianae (1629), pag. 329.

3) Bodaeus a Stapel, Theophrasti historiae plantarum liber decem. Commentationes. Amstelod. 1644, pag. 1009, 2.

4) Nach der Annahme der Anhänger dieser Hypothese wäre die Umwandlung in der Alopex-Manier folgendermassen zu denken: cubab, cubabum, cumacum, comacum.

muthung von Martius, dass es eine Art drolliger Wortparodie sei, das Richtige treffen.

Plinius. In der Aera nach Christi Geburt ist es neben Dioscorides vor allem Plinius (im 1. Jahrhundert n. Chr.), bei dem man Hindeutungen auf die Muskatnuss gefunden haben will, und zwar in zwei Ausdrücken, *caryopon* und *macer*.

Für das Wort *caryopon* schreiben spätere Ausgaben das Wort comacum oder camacum, offenbar eine sich an Theophrast anlehnende Textänderung. Es heisst bei Plinius[1]): in Syria gignitur et cinnamum quod *caryopon* appellant; succus nuci expressus, multum a surculo veri cinnami differens, vicina tamen gratia. Es lässt sich zwar nicht leugnen, dass der Ausdruck: ein der Nuss ausgedrückter Saft, und ähnlich angenehm wie Zimmt die Versuchung, dies auf die Muskatnuss zu beziehen, nahe legt; dagegen ist es aber kaum denkbar, dass man in jener geographisch gut durchgebildeten Zeit die Herkunft dieser Droge aus Indien nicht gekannt haben soll, indem Plinius Syrien als Heimath angiebt. Ferner würde man auch schwerlich die Muskatbutter als Succus (Saft) bezeichnen; viel eher könnte man an Stoffe wie Mandel- oder Pistacienöl hierbei denken, oder an die Samen von Prunus mahaleb, die ja noch heute in Arabien etc. als Parfüm benutzt werden.

Andererseits braucht Plinius das Wort *Macer*, das sehr häufig mit dem späteren Wort Macis identifizirt worden ist, und dies Wort hat allen Kommentatoren viel Kopfzerbrechen gemacht. Wie Plinius angiebt, ist es ein Astringens, gegen Dysenterie gebraucht, auch wird die Rindennatur der Droge durch folgende Worte zweifellos bewiesen[2]): Macer ex India advehitur, cortex rubens radicis magnae, nomine arboris suae.

Diese Droge findet sich nun unter verschiedenen Formen, wie macer, macir, machir, *μάκαρ*, *μάκειρ* bei vielen älteren Medizinern erwähnt, ohne dass man etwas wesentlich Neues erfährt.

Dioscorides z. B., gleichfalls im 1. Jahrhundert n. Chr., schreibt[3]): *μακαρ* cortex est de Barbaria advehi solitus; est subflavus, crassus et

---

1) Plinius, Hist. nat. lib. XII, cap. ultim. in fine. Plinius selbst ist übrigens kein Freund fremder Gewürze; denn er sagt: Peregrinos sapores ab exteris petimus. Tanta enim mortalibus suarum rerum satietas est, alienarumque aviditas.

2) Plinius, Hist. nat. lib. XII, cap. 8.

3) Dioscorides, l. I. cap. 110. Auf griechisch heisst die Stelle: Μάκαρ φλοιὸς εστὶ κομιζόμενος, ἐκ τῆς βαρβάρου, ὑποξάνθος, παχύς, στύφων ἱκανῶς κατὰ τὴν γεῦσιν· πίνεται δὲ πρὸς αἵματος πτύσιν καὶ δυσεντερίας, καὶ κοιλίας ῥευματίσμον.

gustu perquam adstringens, qui contra cruentas excreationes (= sanguinis sputa) bibitur, dysenterias et alvi fluxiones. Dass die Stelle später eingeschoben sei, wie Marcellus Vergilius meint, ist, wie schon Sprengel hervorhebt, unrichtig, da schon Serapio die Stelle so kennt. Ebenso erwähnt Scribonius Largus um dieselbe Zeit diese Droge [1]), und in dem etwa 63 n. Chr. geschriebenen Periplus maris Erythraei wird gleichfalls die Droge μάκειρ als Ausfuhrartikel von Malao angeführt [2]).

Galenus, der im 2. Jahrhundert lebte, sagt [3]): Macer cortex est qui ex India advehitur, gustu multum acerbo cum levicula quadam acrimonia odorata, constat autem ex mixta essentia, pleraque terrena frigida, paucula vero calida et tenuium partium, itaque valenter desiccat adstringitque; ob idque coeliacis et dysentericis medicamentis miscetur, in tertio exsiccantium consistens ordine: in caloris frigorisque discrimine neutrum insigniter praestans.

Diese Droge Macer wird dann auch später oft besprochen, so z. B. im 4. Jahrhundert von Oribasius [4]), im 6. von Aetius [5]), sie hat aber, wie wir sehen werden, nichts mit der Muskatblüthe, unserer Macis zu thun. Dennoch wurden beide Substanzen schon seit vielen Jahrhunderten mit einander verwechselt, und zwar zuerst durch die späteren arabischen Aerzte, und diese sind es auch, die den Namen Macis, der z. B. bei Rhazes, Serapio und Averrhois (d. h. im 10., 11. und 12. Jahrhunderts) vorkommt, in die Wissenschaft eingeführt [6]) haben, ein Wort, das also

---

1) Meyer, Geschichte der Botanik II, pag. 36.

2) Ibid. pag. 88.

3) Galenus, De facult. simpl. medicam. l. VIII, pag. 660.

4) Oribasius, de simplicibus libri 5, II, pag. 205.

5) Aetius, Tetrabibl. Basel 1542. 4°. pag. 47. 1. Serm. I. giebt folgende Schilderung des macer: Macer cortex est qui ex India affertur, adstringens cum modica acrimonia qua propter et siccat. Est tenuium partium propter odorem et propterea coeliatis ac dysentericis compositionibus ammiscetur, in tertio ordine siccantium locatus. Juxta caloris et frigiditatis differentiam nihil insigniter praestans. Wie man also sieht, eine fast wörtliche Kopie aus Galen, aus der nicht hervorgeht, dass er diese Droge selbst gekannt hat.

6) Caesalpinus, De plantis libri XVI (1583) cap. 49, pag. 83 sagt: Maccis nomen assumptum est e Macere" und ferner: „scribit Dioscorides de Macere, qui et Macis et Xilomacer vocatur"; wie man sieht, ist also schon Caesalpin der richtigen Ansicht, dass das Wort Macis nur eine andere Form für das Wort Macer sei. J. Bauhinus (Pinax pag. 407) Erklärung, dass der Name Macis deshalb aus dem Alterthum übernommen sei, da die Rinde Macer, der Luft ausgesetzt, auch etwas gelblich werde (wie die Macis), ist etwas weit hergeholt, zeigt aber das wohlwollende Bestreben, den Autoritäten der Vergangenheit eher Spitzfindigkeiten als Irrthümer zuzutrauen.

seinen Ursprung offenbar dem Namen der antiken Droge Macer verdankt und auch bei Rhazes noch allein in diesem Sinne gebraucht wird, um dann später von den Kompilatoren Serapio und Averrhoes auf den Muskatarillus übertragen zu werden. Obwohl diese Uebertragung also auf einem Irrthum beruht, so dürfte doch das Wort Macis in seiner jetzigen Bedeutung kaum noch auszurotten sein, selbst wenn man es für der Mühe werth halten sollte, diesen ganz praktischen Namen seines Ursprungs wegen zu desavouiren.

Es ist nicht ohne Interesse, den Weg genauer zu verfolgen, auf dem die arabischen Aerzte durch ihre Sucht, alle ihre Drogen bei den alten Schriftstellern zu suchen, dazu gelangten, Macer und Macis mit einander zu verwechseln.

Thâlisfar der Araber

Die älteren arabischen Schriftsteller, wie z. B Honëin[1]) (809 geboren). kannten zwar schon in der indischen Rinde thâlisfar[2]) eine Droge, deren Wirkung die gleiche war, wie die des Macer der Alten und identifizirten die beiden auch miteinander; so z. B. sagt Rhazes[3]) (um 900 n. Chr.) „Thaliphaphar, id est macis", womit, wie das Citat von Galenus beweist, der macer der Alten gemeint ist; sie unterschieden aber diese Substanz durchaus von der ihnen bald als *bisbese* oder *besbûssa* bekannten Muskatblüthe; so z. B. behandelt Avicenna[4]) (978—1036) talisafar und befbase in zwei ganz von einander getrennten Kapiteln. Schon in den Beschreibungen der Alten fanden sie Gründe genug, um deren Macer von ihrer bisbesse zu trennen. So z. B. sagt El Ghaffky[5]) (1012): Ce qui ressort des renseignements de Dioscorides et de Galien sur ce médicament, c'est qu'il n'est en aucune façon le macis. En

1) Nach Ibn el Baithar, od. Leclerc 1881, pag. 395.

2) Was ihre Droge thâlisfar oder thalisafar in botanischer Beziehung sei, darüber gab es bei den Arabern die widerspruchvollsten Ansichten; so z. B. behauptet Ibn Djoldjol (8. Jahrh.) (nach Ibn El Baithar, ed. Leclerc II, pag. 395), dass das Wort (das eigentlich Sperlingszunge bedeute) die Wurzel eines indischen Baumes bezeichne. El Madjoussy (8. Jahrh) ebendaselbst, dass es das Blatt des indischen Olivenbaumes sei, andere dagegen, dass es die Wurzel eines Gewächses sei, von dem die Seidenraupen sich nähren: während wieder andere es als eine Baumrinde aus Indien ansehen, die auf griechisch dâr kissa hiesse. Aber schon der dem christlichen Stamm der Ibadi angehörende Honëin (÷ 873) und von späteren Avicenna, Ibn el Baithar etc. hielten die den Arabern bekannte Droge thalisafar für identisch mit dem Macer der Alten.

3) Rhazes de simplicibus cap. XXXVI. Brunfels ed.

4) Avicennae opera in re medica Venet. 1564: talisafar vol. I, pag. 384 (lib II, cap. 694); befbase vol. I, pag. 339 (lib. II, cap. 456). Beide Worte finden sich in einer Unzahl von Entstellungen durch mangelhafte handschriftliche Kopien entstanden, so z. B. führt das Wörterbuch von Simon Januensis (Ende des 13. Jahrhunderts) schon an „bistose vel bisbese vel bescebelle, galifer, sive talifar sive machil (= macer); im Text findet sich dann noch balister, talisfar, machir. Bei Rhazes (Brunfels ed.) finde ich taliphaphar; bei El Ghaffky berbassa (in Ibn El Baithar ed. Leclerc), im Strassburger Wörterbuch 1530 finde ich noch die Formen talifer und sitose. Andere Schreibweisen sind befbase, besbasa, albasbasat, besbase, bisbeli, besbaca.

5) Nach Ibn el Baithar, ed. Leclerc II, pag. 345.

effet, le macis est légèrement astringent, la chaleur y domine de beaucoup; c'est une écorce mince et non épaisse comme le dit Dioscorides. Sa description conviendrait mieux à l'armac.

Schon damals war freilich die Mehrheit der Aerzte in dem Irrthum befangen, dass thalisfar und besbâsse (Muskatblüthe) identisch seien, denn El Ghaffky sagt: „la plupart pensent que c'est (nämlich le thalisfar) le besbâsse". Um aber diese angebliche Identität plausibel zu machen, sahen sich die Aerzte gezwungen, die verschiedenartigsten und diametralsten Eigenschaften ihrer Zwitterdroge zuzuertheilen.

So hält Serapio[1] der jüngere (Ibn Sarâfjun), der schon etwa um das Ende des 11. Jahrhunderts lebte, diese beiden Drogen nicht mehr genau auseinander; er behandelt bisbese (id est macis) und talisfar in demselben Kapitel und citirt einerseits eine Stelle von Isaac Ibn Amran (9./10. Jahrh.), dass es die Rinde der Muskatnuss sei, andererseits die oben citirten Stellen von Dioscorides und Galen mit der Angabe, dass es eine Baumrinde sei, ohne ein Urtheil zu geben, wer Recht hat.

Mehr ausgestaltet hat sich dann die Vermengung dieser zwei Drogen in den Werken von Averrhoes[2], eines um die Mitte des 12. Jahrhunderts lebenden arabischen Arztes: *Besbese* id est *macis*, quod sit cortex cujusdam fructus, qui apportatur de India (also die Rinde einer aus Indien gebrachten Frucht); sie ist nach ihm aus verschiedenen Substanzen zusammengesetzt, vorherrschend ist eine substantia terrestris, weniger eine substantia subtilis calida (dies wohl alles aus Galen kopirt); in der Wirkung findet sich multa stypticitas (passt für Macer), verbunden mit aromaticitas (kann sich nur auf die Macis beziehen). Sua prima virtus est sicca in primo gradu, sed caliditas vel frigiditas non sunt manifestae in eo. Sua secunda virtus est confortare et retinere (bezieht sich auf Macis) et valet contra passionem cordis et contra fluxum ventris. Et bene testificabitur per Galenum quod valet propter suam stipticitatem contra ulcerationem intestinorum (geht auf Macer).

Da es gerade die späteren arabischen Kompilatoren waren, die den europäischen Drogisten und Geographen die Wissenschaft vermittelten, so kann es kein Wunder nehmen, dass letztere auch die Bezeichnungen und Deutungen der Araber adoptirten, und wenigstens zuerst in gutem Glauben hinnahmen. So kam es denn, dass das Wort Macis, ursprünglich (cf. Rhazes) wie wir sahen, eine Korruption des alten Wortes Macer, jetzt als allgemeine Bezeichnung der Muskatblüthe beibehalten wurde; z. B. schon im 12. und 13. Jahrhundert bei Platearius und Jacobus Vitriacus, sowie in der Alphita, im 14. Jahrhundert bei Friar Jordanus, in der catalonischen Karte etc wurde das Wort in diesem Sinne gebraucht. Auch in dem im Anfang des 14. Jahrhunderts geschriebenen medizinischen Wörterbuch von Matthäus sylvaticus, sowie in dem etwas vorhergehenden des Simon Januensis (Ende des 13. Jahrhunderts) findet sich macis mit bisbese identifizirt als Muskatblüthe, bei ersterem daneben auch noch macer (cortex mali punici), und maceri (amomum).

Die christlichen Aerzte der Renaissancezeit, welche die Erbschaft der Wissenschaft der Araber antraten, und durch ihre Vermittelung wieder zu den Quellenwerken der Mediziner des Alterthums gelangten, nahmen zuerst gleichfalls

---

1) Nach der Ausgabe Serapios etc. von Brunfels, Strassburg (1531) II, pag. 29, nach der Venetian. Ausgabe (1552) N. Mutono interprete II c. 2.

2) Ibidem, pag. 351.

vielfach diese falsche Identifizirung der zwei Drogen Macer und Macis an. Freilich macht schon Marcellus Vergilius, einer der ersten Interpreten von Dioscorides (Köln 1529) darauf aufmerksam, dass ἐκ τῆς βαρβάρου sich nicht auf die östlichen Völker beziehen könne, es müsse vielmehr bei Dioscorides ἐκ τῆς ἰνδικῆς heissen, auch müsse die Droge dort eigentlich unter den Aromata stehen, doch wagt er nicht die Frage, ob macis mit machir und talisafar identisch sei, zum Austrag zu bringen.

Ebenso zurückhaltend äussert sich Hermolaus Barbarus (1530)[1]), der in einem besonderen Kapitel (111) Μάκιρ, ξυλομάκερ behandelt, aber ausdrücklich bemerkt, dass die Neueren meinen, es sei nicht die Rinde der Wurzel, sondern nucis odoratae cortex; id vero proprius est et plane ita modo cernitur.

Amatus Lusitanus[2]) sagt (1533): Wer, der die Worte des Galenus liest und kein Starrkopf ist (nisi contumax sit), würde nicht unsere Macis darin erkennen, eine Rinde aus Indien und zwar eine zu den Aromata gehörende. „At hodie multi rerum novitate gaudentes omnia in dubium trahunt, affirmantes omnia fere officinarum medicamenta antiquis incognita fuisse quum tamen paucissima hodie habentur, de quibus prisci mentionem non fecerint.“ Und all dieses sagt er, obgleich er eine ganz gute Beschreibung der Zusammensetzung der vom Perikarp umhüllten Muskatfrucht giebt, die damals schon in den Handel kam, das Pfund zu 4 Golddukaten.

Ebenso halten Manardus, und andere, z. B die Kräuterbücher, an der Identität der beiden Drogen fest, oder wagen doch wenigstens kein entschiedenes Urtheil; wohingegen Antonius Musa Brasavola (1538) es wenigstens als zweifelhaft und unwahrscheinlich hinstellt, dass Dioscorides die echte Macis jener Zeit gekannt habe, denn diese sei keine Baumrinde wie der macer, sondern die über der inneren Hülle liegende Fruchtschale, was ganz sicher sei, da er es 600mal mit seinen eigenen Augen gesehen habe.

Auch Ruellius (1537) macht noch Vorbehalte; er betont zwar, dass die Alten die Macis für eine Rinde, die Neueren dagegen, und zwar wahrscheinlich mit Recht, für eine Schale der Muskatnuss halten, er hat auch schon selbst von der Schale umgebene Muskatnüsse gesehen, ist aber doch nicht im Stande, den Widerspruch aufzuklären, und begnügt sich deshalb, ruhig die Wirkung der Macer der Alten gegen Dysenterie und Blutaufgabe auch der Fruchthülle der Muskatnuss zuzuschreiben[3]).

Wenn Lobelius[4]) (1576) sagt: liber cutaceus interjacet Macerem ipsum et nucem, so meint er wohl sicher mit dem liber cutaceus die Holzschale (Testa) der Nuss, anderenfalls, wenn er den Arillus im Auge hat, so würde also sein Macer dem Perikarp entsprechen. Caesalpin[5]) hingegen (1583) sucht sich auf mehr spitzfindige

---

[1]) Hermol. Barbarus, Libri V Dioscoridis. Köln 1530.

[2]) Amatus Lusitanus in Dioscor. mat. med. Strassb. (1554) pag. 103.

[3]) Ruellius, De natura stirpium 1538, pag. 10, Recentiores non arboris sed odoratae nucis quam caryon myristicon, id est unguentariam nucem nominant, corticem esse contendunt, quod vero proprius et plane ita nunc cernitur; nobis tamen litem hanc dirimere non licet, quando in Europa non provenit, qui in officinis tamen spectatur, tralatitius est; sed saepe nucem suam investire deprehendimus.

[4]) Petr. Pena et Lobelius Adversaria nova, Anh. zu Lobelius Plantarum seu stirpium historia (Antwerp. 1576), pag. 424.

[5]) Caesalpinus de plantis libri XVI (Florenz 1583), cap. 49, pag. 83. Ex hac jejuna (Dioscoridis, Plinii, Galeni) descriptione significatur incertam illis fuisse Maceris

als richtige Weise dadurch über die Schwierigkeit hinwegzuhelfen, dass er meint, der Macer der Alten sei zwar nicht die Macis der Neueren, aber vielleicht die andere dickere und deshalb schärfere und sehr wenig riechende Rinde der Muskatnuss, (d. h. wohl das Perikarp der Frucht). Diese Ansicht hat sich jedoch nie irgend wie Bahn brechen können, und würde ja auch mit den gleich zu erwähnenden von A. Costa schon einige Jahre vorher gemeldeten Thatsachen in Widerspruch stehen.

J. Sylvius[1]) hingegen, der Herausgeber von Mesuë (1548), sagt ausdrücklich, dass die Macis der Araber und der Macer der Griechen verschieden seien, er beschreibt die Lage der Macis bei der Muskatnuss richtig und sagt dann sehr scharf: ne cum multis putes, idem esse, quod macer solius coloris et odoris affinitate turpiter hallucinatis, non advertentibus macis corticem esse tenuissimum, admodum calidum, nihil aut minimum adstringentum; macer vero crassum corticem, calido et frigido temperamento, admodum adstringentem.

Desgleichen betont der berühmte Philologe Caesar Scaliger, in den Kommentaren zu Aristoteles und Theophrast (1566), dass die Alten die Muskatnuss nicht kannten.

Ebenso konsequent waren die Mönche[2]), die einige Jahrzehnte später den Mesue kommentirt haben. Auch sie kannten die schon eingezuckert nach Europa kommenden Nüsse, glaubten aber daraus ganz klar zu erkennen, dass Macer und Macis nicht dasselbe sein könne. Es ist freilich nicht undenkbar, dass sie schon, wie auch Andreas Laguna, der 1586 seinen Dioscorides-Kommentar schrieb und gleichfalls die Verwechselung von Macis und Macer als durchaus irrig erklärt, durch das schon 1578 erschienene Buch von Christobal Acosta beeinflusst waren.

Diesem Manne, der sich lange an der Malabarküste bei Cochin aufhielt, ist eigentlich allein die dauernde Klärung der Streitfrage zu danken, indem er nicht nur scharf die beiden Drogen Macer und Macis auseinanderhält und sogar in verschiedenen Kapiteln behandelt[3]), sondern auch die Stammpflanzen des macer in Indien eruirte; er beschrieb sie und bildete sie ab in seinem wichtigen Tractado de las drogas y medicinas de las Indias orientales (Burgos 1578). Nach der Abbildung, und namentlich nach den Früchten derselben, kann es nicht zweifelhaft sein, dass die Stammpflanze dieser Droge *Ailanthus malabarica DC.*[4]), also ein naher Verwandter unseres chinesischen

---

historiam et non esse extimam Nucis Muscatae tunicam: repugnat enim eius tenuitas et acredo major, quam astrictio, cum in Macere sapor acerbus multum possit. Sed forte . . . . quid obstabit, si dicamus . . . . alterum eiusdem (sc. Nucis muscatae) corticem crassiorem esse Macerem, qui ob substantiae crassitiem acerbus sit, et minimum quid redolens ideo utilis judicatur Serapioni, quasi putamina tantum iis temporibus afferrentur, Nuce in patria remanente; ea tamen ut praeciosa et valde peregrina exosculabatur antiquitas.

1) Mesue, De medicina simpl. purg J. Sylvio interprete 1548, pag. 485.

2) Mesue, Dist. prima de Electariis, Venetiis 1589, pag. 98.

3) In dem lateinischen Auszug von Clusius (1582), pag. 25.

4) Die oben erwähnte Bemerkung arabischer Schriftsteller, dass thalisafar die Wurzel eines Gewächses sei, von dem die Seidenraupe sich nähre, lässt sich insofern hiermit gut vereinigen, da wenigstens der nahe verwandte nordindische Baum *Ailanthus glandulosa Desf.* eine wichtige Nährpflanze für wilde Arten von Seidenraupen ist.

Dennoch erscheint es mir wahrscheinlicher, dass thalisafar die in Indien noch heute gegen Dysenterie ungemein beliebte Wurzelrinde der Liane *Holarrhena anti-*

Götterbaumes ist. Nach Acosta wurde damals dieser Baum sowohl von Bramanischen Aerzten als von wurzelgrabenden Einsiedlern als „*macre*“ bezeichnet, und auch die indischen Christen kannten neben dem portugiesischen Ausdruck *arbore de Sancto Thome* noch die Bezeichnung „*macruyre*“, während die Portugiesen ihn als *arbore de las camaras* (Dysenteriebaum) oder *arbore sancto* bezeichneten. Auch heutzutage wird die Wurzelrinde dieses Baumes noch von Leuten aller Klassen vielfach gegen Dysenterie angewandt, wenngleich unter den modernen einheimischen Bezeichnungen des Baumes keine bekannt ist, die an macer erinnert [1]).

Seitdem kann also die Frage, ob der Macer der Alten und die Macis des Mittelalters und der Neuzeit sich auf ein und dieselbe Droge beziehen, als im verneinenden Sinne gelöst betrachtet werden, wenngleich noch im Jahre 1609 Lonitzer, der doch sehr gut weiss, dass die „Muscatenblum umb die Moschatennuss wechst“ doch wieder in den alten Irrthum verfällt.

Somit wären also die beiden von Plinius angegebenen Stellen erledigt. Dioscorides dagegen, der etwas vor Plinius lebte, erwähnt ausser dem eben in aller Ausführlichkeit besprochenen macer noch zwei Stoffe, die gleichfalls mit der Muskatnuss in Verbindung gebracht wurden.

Dioscorides.

Der erste dieser Stoffe ist das *narcaptum* oder *nascaphton* [2]), ein

---

dysenterica Wall. ist, da sich noch heutigen Tages in den arabischen Bezeichungen dieser Pflanze der Stamm aasafir erhalten hat, während unter den modernen Namen für Ailanthus nichts ähnliches aufzufinden ist; dass auch (nach Watt, Dictionary of econom. products of India) in der arabischen Bezeichnung für *Wrightia tinctoria R. Br.* (lasànul aasafir, lasànul-aasáfir ulhaló) dasselbe Wort enthalten ist, kann nicht auffallen, da beide Pflanzen auch von Botanikern häufig mit einander verwechselt werden. Schon Kruse, Indiens alte Geschichte, pag 391, identifizirt diese Droge übrigens mit dem von H. antidysenterica stammenden Cortex Conessi. Nur als Kuriosum sei erwähnt, dass nach Royle (an essay on the antiquity of Hindoo Medicine pag. 91) ihm ein Blatt von Rhododendron lepidotum als „talisfur“ genannt wurde.

Da, wie wir sahen, die Wurzelrinde von *Ailanthus malabarica DC.* und von *Holarrhena antidysenterica Wall.* die gleiche medizinische Anwendung besitzen, so ist es auch denkbar, dass beide Drogen schon in der arabischen Zeit aus Indien in's Mittelmeergebiet exportirt worden seien, und beide damals den arabischen Namen thalisafar gehabt haben. Interessant ist übrigens die Notiz in dem grossen medizinischen Wörterbuch des um 1300 lebenden Salernitaners Matthaeus Sylvaticus, der bei Macer bemerkt „id est cortex mali punici“; in der That hat ja die Rinde des Granatapfels auch ähnliche Wirkung bei Dysenterie wie die der genannten Pflanzen; vermuthlich hat er die Stammpflanze aus der Wirkung zu erschliessen versucht.

1) In Watt's Dictionary of economic products of India, welcher meist eine ausführliche Nomenclatur giebt, ist aber, wie bemerkt werden muss, überhaupt kein Sanskritname für den Baum angeführt, so dass es sehr gut möglich ist, dass es sich bei einer Nachfrage herausstellen wird, dass die Bramanen Malabars noch heute den Namen macre konservirt haben. Der nordindische Vertreter dieses südindischen Baumes, *Ailanthus excelsa* Roxb., heisst auf Sanskrit mádalá, aralu, freilich Worte, die sehr wenig Aehnlichkeit mit macre zeigen.

2) Dioscorides, Mater. medica l. I, c. 22.

zu Räucherwerk und medizinisch bei Obstruktion der Matrix benutzter Stoff, der aus Indien stammt[1]). Plinius hat diese Droge ausgelassen. wie Ruellius[2]) angiebt, mit Recht, da man das Aussehen derselben wie so vielfach bei in unserm Welttheil nur dem Namen nach bekannten Drogen nicht kenne. Andreas Laguna hält sie für die Rinde des Storax[3]), Caesalpin[4]) dagegen (1603) hält diese Droge für die äussere Schale (das Perikarp?) der Muskatnuss, Sprengel[5]) für die Macis. Caesalpins Ansicht ist, wie schon Nic. Schultze[6]) erwähnt, deshalb kaum richtig, weil die äussere Rinde der Muskatnuss (das Perikarp) nicht aromatisch ist; der Ansicht Sprengels steht zwar nichts gerade im Wege, aber es spricht auch nichts für die Ansicht, dass es gerade die Macis sei, der Vergleich mit irgend welchen Theilen der Sykomore spricht dagegen ganz entschieden gegen die Muskatnuss und deutet eher auf einen Baum mit ganz kleinen Samen.

Die andere der von Dioscorides angeführten auf die Muskatnuss bezogenen Drogen heisst βάλανος μυρεψική, und wurde auch schon von Celsus[7]) (ca. 25 v. bis 50 n. Chr. lebend) als glans, quam βάλανον μυρεψικόν Graeci vocant, erwähnt. Dioscorides[8]) verordnet die Rinde dieser Nuss, (glandis quam βάλανον μυρεψικήν graeci vocant cortex) mit anderen Stoffen zusammen bei Milzleiden zu Umschlägen etc. Der Name dieser Droge, glans unguentaria, Salbennuss, legt natürlich die Deutung auf die Muskatnuss nahe, und manche, wie z. B. Ruellius (1534), Amatus Lusitanus (1554) etc. haben sie auch dafür gehalten. In der That giebt auch

---

1) corticosum natura (φλοιῶδες) et putaminibus Sicomori simile (συκαμίνου λεπίσμασιν ἐοικός); die Uebersetzung des Wortes συκάμινος mit Maulbeere ist sicher verkehrt; ob aber die Kernchen der Sycomore in dem Vergleich gemeint sind, ist gleichfalls sehr zweifelhaft.

2) Nach Ruellius (de natura stirpium I, 41, pag. 153) ist auch lacaphtum die gleiche Droge.

3) Andreas Laguna, Dioscor. Commentar. Salamanca 1586.

4) Caesalpinus, De plantis libri XVI (Florenz 1583), l. II, cap. 49, pag. 83. Sed forte, si divinare liceat in re adeo ipsis authoribus incomperta, quid obstabit si dicamus extimum Nucis Muscatae corticem apud Dioscoridem vocatum fuisse Narcaphthum inter suffimenta odorata, quod ex India corticosum advehitur simile putaminibus Sicomori, non arboris libro seu cortici ut multi accipiunt: λεπίσματα enim tenuia sunt, et putamina fructus Sicomori scissa sunt, ut saepe etiam Fici, nec crassa, cujus modi est Macis Nucis Muscatae.

5) Sprengel, Commentat. Dioscorid. II, pag. 361; später lässt er aber diese Ansicht fallen, indem er sagt: wer kann das beweisen.

6) Nic. Schultze, De nuce moschata (1709), pag. 13.

7) Meyer, Gesch. d. Bot. II, pag. 18.

8) Dioscorides, Mater. medica l. V, c. 18.

Konrad Gesner (Catalogus plantarum 1542 p. 54) an, dass man jetzt anfange, die Muskatnuss „myrepsica“ zu nennen. Dennoch schwebt diese Deutung völlig in der Luft, und namentlich spricht dagegen, dass nur die Rinde der Nuss als Heilmittel Anwendung fand; die Beschreibung der Araber wie Serapio, Mesuë etc., dass die Nüsse dreieckigen Haselnüssen ähnlich seien und aus ihnen Benöl bereitet werde, zeigt deutlich, dass man damals wenigstens unter *βάλανος μυρεψική* nicht die Muskatnuss, sondern die Moringa oleifera verstand[1]. Mesuë führt z. B. in den Antidotis[2] unter den vielen Oelen auch folgende drei an: 1. oleum e nucibus muschatis, 2. oleum e nuce indica und 3. oleum e balano myrepsica, er hält Muskatnuss und balanus myrepsica deutlich auseinander.

Um noch einmal die Ergebnisse dieser Untersuchung in aller Kürze zu rekapituliren, so fanden wir:

1. dass das von Theophrast gebrauchte Wort *Komakon* jede mögliche wohlriechende Frucht Indiens bedeuten kann, ev. sich auf die Cubebe bezieht,
2. dass das von Plautus gebrauchte Wort *macis* ein Phantasiename ist.
3. dass das von Plinius gebrauchte Wort *caryopon* sich vermuthlich auf das flüssige Oel eines Samens einer syrischen Pflanze bezieht, vielleicht auf das von Prunus mahaleb, vielleicht auch auf die Mandel, Pistacie etc.,
4. dass die vielfach vom 1. Jahrhundert nach Chr. Geburt an gebrauchte adstringirende Droge *macer* von *Ailanthus malabarica* DC., die hiermit häufig als identisch erklärte arabische Droge *thalisafar* wohl grösstentheils von *Holarrhena antidysenterica* Wall. herkommen dürfte,
5. dass die von Dioscorides als *narcaphtum* erwähnte aromatische indische Fruchtrinde sich keinenfalls auf die Macis beziehen kann,

---

[1]) Schon Hermolaus Barbarus (1530) erwähnt übrigens ausdrücklich, dass die nux unguentaria (Muskatnuss) sicher verschieden sei von der glans unguentaria, ebenso sagt auch Konrad Gesner (1542) ausdrücklich, dass die Muskatnus „a balano myrepsico differt“; desgleichen spricht sich Antonius Musa Brasavola in seinem examen omnium simplic. medic. Venet. 1545 (erste Ausg 1538), pag. 313, deutlich für die Verschiedenheit von nux moschata und der glans unguentaria des Dioscorides aus; auch nach Dorsten sind sie verschieden, und Andreas Laguna erklärt sie als die Stammpflanze des in der Parfümerie berühmten Benöles.

[2]) Mesuë, J. Sylvio interprets 1848, pag. 386.

6. dass die von Celsus und Dioscorides erwähnte *βάλανος μυρεψική* sich aller Wahrscheinlichkeit nach auf *Moringa oleifera* bezieht.

Haben wir jetzt also die positiven Beweise, die für die Kenntniss der Muskatnuss oder der Macis im Alterthum bisher geltend gemacht wurden, erledigt, so müssen wir auch einige negative Beweise anführen, d. h. Zeugnisse dáfür, dass die Alten das Gewürz nicht kannten.

1. In dem Periplus maris Erythraei[1]), einer etwa 63 n. Chr. verfassten, meist einem Arrian von Alexandria zugeschriebenen Schrift, wird ein ausführliches Verzeichniss der Waaren gegeben, die der Verfasser in den Häfen des rothen und indischen Meeres, also in Aegypten, Arabien und dem westlichen Indien angetroffen hat; es werden in dieser Schrift aber weder Nelken noch Muskat erwähnt, sondern von Drogen, die ev. darauf hindeuten könnten, nur eine *μύρον* genannte Salbe, die natürlich von allen möglichen Pflanzen herkommen kann, und ferner die oben besprochene Droge *macer*. Periplus maris Erythraei.

2. Es ist unter dem Namen alexandrinische Zolltafel[2]) in Justinians Pandekten ein zwischen 176 und 180 n. Chr. aufgestelltes Verzeichniss indischer Waaren erhalten, für die in Alexandrien eine Durchgangssteuer zu entrichten war. Auch in dieser Aufzählung findet sich weder Nelke noch Muskatnuss erwähnt, obgleich derartig werthvolle Gewürze nicht nur eine Steuer hätten ertragen können, sondern ebenso gut wie noch andere dem Denunzianten einen höheren Antheil verschafft haben würden. Alexandrinische Zolltafel.

Eine Menge vorderindischer Gewürze befinden sich in dem Verzeichniss, z. B. Zimmt und Holzcassie, sowie Malabathrum (Cinnamomumblätter), langer und weisser Pfeffer, Costus, Ingwer, Cardamomen, Amomen, Nardistachys etc. Wenn, wie Dirksen und Meyer meinen, statt Achelucia Agallochum zu lesen ist und dies mit dem späteren Agallochum (Aquilaria) identisch ist, so wäre sogar schon in jener Zeit ein indirekter Handelsverkehr bis nach Hinterindien anzunehmen[3]), aber von irgend einem auf den malayischen Archipel hindeutenden Einfuhrartikel ist nirgends in der Zolltafel die Rede.

---

1) Meyer, Gesch. d. Botanik, II, pag. 85 ff.

2) Ibidem II, pag. 166 ff.

3) Auch die Worte Ahalim oder Ahaloth des alten Testamentes, Psalm 45,9, Hohelied 4,14; Sprüche 7,17 werden mit Aloëholz, Agalloch (sanskr. Agaru, malayisch Agila) zusammengebracht, so auch von Kruse, Indiens alte Geschichte, jedoch ist diese Deutung zweifelhaft.

Wie wir also aus diesen positiven und negativen Beweismitteln ersehen werden, ist es überaus unwahrscheinlich, dass die alten Griechen und Römer schon die Muskatnuss oder Macis gekannt haben.

b) Kannten die asiatischen Völker im Alterthum die Muskatnuss?

Alter Verkehr zwischen Vorderindien und Java.

Sind wir zu dem Resultat gekommen, dass die antiken Kulturvölker des Mittelmeergebietes aller Wahrscheinlichkeit nach die Muskatnuss nicht gekannt haben, so mag dies auf den ersten Blick hin seltsam erscheinen, zumal da es ja doch, wie wir eben sahen, nicht unwahrscheinlich ist, das im zweiten Jahrhundert nach Christi Geburt Handelsverbindungen zwischen Hinterindien und dem Mittelmeergebiet bestanden. Aber sogar auch nach Theilen des malayischen Archipels hin muss es damals schon eine Schiffahrt gegeben haben, denn Ptolemäus, der um die Mitte des zweiten Jahrhunderts lebte, erwähnt auf seiner Karte schon den Namen Malayu und Jaba, Java oder Jawa; da dem letzteren Worte das Wort diu oder dib (sanskrit dwipa = Land, Insel) angehängt ist, so ist es klar, dass die Kenntniss des Namens Java dem Ptolemäus durch einen Inder (möglicherweise freilich indirekt) übermittelt wurde[1]).

Kein Verkehr im Alterthum zwischen Java und den Molukken.

Dagegen erscheint es recht zweifelhaft, ob es damals zwischen Java und den Molukken schon einen Handelsverkehr gab, da keine einzige Nachricht aus der römischen und griechischen sowie indischen oder chinesischen Litteratur darauf hindeutet und damals die Molukken zweifellos von ganz uncivilisirten Stämmen bewohnt waren, Völkern, die sich in jener Zeit bestenfalls in einem Zustande der Kultur befunden haben mögen, wie etwa die Eingeborenen der Philippinen zur Zeit der Ankunft Magellans, ja, nach der Analogie benachbarter, aber von der späteren Kultur unberührt gebliebener Gegenden müssen wir annehmen, dass die alfurischen Stämme der Molukkeninseln damals sehr rohe und wilde Sitten hatten, wie das bekannte Koppen snellen etc.

Wenn wir den arabischen Geographen trauen dürfen, so war selbst fast ein ganzes Jahrtausend später der Handelsverkehr dorthin noch

---

1) Ptolemäus kennt drei Sabadiba genannte Inseln (Sawa dwipas = Sumpf [oder Reissumpf, sawah] Inseln), wovon Jabadiu (Gersteninsel, jawa sanskr. = Gerste) die mittlere ist, cf. Kruse, Indiens alte Geschichte, pag. 199. Noch im 9. Jahrhundert hiess übrigens Java bei dem arabischen Reisenden Soleiman und im 12. bei Edrisi Zabedj.

überaus primitiv, denn Kazwini schreibt in seiner ca. 1275 verfassten Kosmographie[1]), dass auf der Insel Bartâjil, einer nach ihm nahe Java gelegenen Insel, von der das Cariophyll (die Gewürznelke) herkommt, dieses Gewürz eingetauscht werde, ohne dass man die Leute zu sehen bekomme. Man lege die Tauschwaaren hin und entferne sich, worauf die herbeieilenden Eingeborenen ihre Gegenwerthe daneben legen, um sich dann gleichfalls zu entfernen, hernach kann dann der Händler zwischen seinen Waaren oder dem Gegenangebot wählen; wie man sieht, ein Tauschverkehr, der auf dem Misstrauen und andererseits wieder auf dem Ehrlichkeitsgefühl primitiver Kulturzustände beruht und noch in gleicher Weise heutigen Tages bei einzelnen Stämmen des inneren Formosas gang und gäbe ist und schon von Ptolemäus für die Seren erwähnt wird[2]).

Dazu kommt noch, dass, solange der Werth der Nelken und Muskatnüsse in Indien und Europa noch nicht bekannt war, die Molukken, die sonst kaum werthvolle ursprünglich heimische Exportprodukte besitzen, den Malayen und Javanen, selbst wenn sie damals schon grosse Expeditionen nach dem unbekannten Osten hin gewagt hätten, kein erstrebenswerthes Reiseziel bilden konnten. Die westmalayischen Völker selbst hatten offenbar für eigenen Gebrauch nur ein geringes Interesse an diesen Gewürzen, wie sie ja auch noch heute die Muskatnüsse beinahe einzig als Medizin verwenden; wären die Muskatnüsse bei diesen Völkern schon zur Zeit Christi Geburt ein beliebtes Gewürz gewesen, so würde es zweifellos alte, javanische und malayische Bezeichnungen dafür in jenen Gegenden geben, und auch im Handel hätte sich der Sanskrit-Name pala nicht derart einbürgern können, wie es der Fall war[3]).

Chinesen die erste Abnehme der molukkischen Gewürze.

Wenn also, wie wir sahen, vor der Beeinflussung der grossen Sundainseln durch vorderindische Kultur kaum engere Handelsbeziehungen

---

[1]) Kazwini Kosmographia, übersetzt von Ethé, pag. 227.

[2]) Im Gegensatz zu dieser nicht unwahrscheinlich klingenden Mittheilung des arabischen Kosmographen ist auf Barthema's Schilderung der Bandanesen, nach welcher diese Insulaner noch Anfang des 16. Jahrhunderts auf der denkbar niedrigsten Stufe standen, durchaus kein Werth zu legen, da sich, wie wir anderswo gezeigt haben, diese Schilderungen aus eitlen Hirngespinsten und Kopieen von älteren Schriftstellern, andere Völker betreffend, zusammensetzen. cf. Warburg, Wer ist der Entdecker der Gewürzinseln? Verhandl. d. Gesellsch. f. Erdkunde. Berlin 1896, No. 2.

[3]) Ebenso ist übrigens auch in West-Neu-Guinea an der Geelvinksbay die Papua-Muskat (Myristica argentea Warb.) auch heute noch zwar ein wichtiger Exportartikel, aber bei den Eingeborenen selbst nicht als Gewürz im Gebrauch.

zwischen dem östlichen und westlichen Theile des malayischen Archipels bestanden haben dürften, so scheinen es doch nicht die Vorderindier, sondern die Chinesen gewesen zu sein, die zuerst den von den Molukken beherbergten Gewürzen einen Werth zuerkannt haben. Wenigstens der Nelken bediente man sich nach Mayers[1]) schon am Hofe der Han Dynastie (226 v. Chr. bis 220 n. Chr.) als Kaumittel. Dass dieser Gebrauch gerade vom Hofe erwähnt wird, deutet freilich darauf hin, dass die Nelken damals in China noch ungemein selten waren.

Handelswege der Chinesen nach den Molukken.

Auf welche Weise sich die Chinesen das Gewürz verschafften, wird nicht leicht zu ermitteln sein, jedoch ist es recht unwahrscheinlich, dass sie sich damals schon auf direktem Wege die Nelken von den Molukken geholt haben. Hiergegen sprechen erstens Gründe allgemeiner Natur, dass nämlich die Chinesen, wie sie noch heute in Folge der Schwerfälligkeit ihrer Djunken schlechte, so in alten Zeiten überaus mangelhafte Seefahrer gewesen sind[2]), die noch bis Ende des Mittelalters nur längs der Küste hinzusegeln pflegten, d. h. also z. B. nach Sumatra und Java längs der hinterindischen Küste; aber selbst wenn die chinesische Flotte, auf der sich Marco Polo befand, im Jahre 1291 von der Insel Pulo Condore von Cochinchina direkt über das chinesische Meer nach Borneo gefahren sein mag, wie Logan[3]) annimmt, und vielleicht auch keine arabischen Piloten besass (was Crawfurd und Marsden jedoch anzunehmen scheinen), so wird dennoch selbst diese Reise, die doch nur Routen folgte, welche den Arabern und Javanen wohl bekannt waren, es nicht plausibler machen, dass schon 1000 Jahre vorher die Chinesen direkte Reisen nach den Molukken unternommen haben sollen, und zwar zu einer Zeit, in der die auf dem Wege liegenden Philippinen ebenso wie die Molukken von völlig der Kultur entbehrenden Völkerschaften bewohnt waren.

---

1) Flückiger u. Hanbury, Pharmacognosie, pag. 250; Mayers war Sekretär der englischen Botschaft in Peking.

2) Sollte aber freilich die von Neumann aufgestellte und von Lelang hauptsächlich verfochtene Hypothese, dass das Land Fusang, mit dem die Chinesen schon im 5. Jahrhundert in Verbindung standen, sich auf Mittelamerika bezieht, sich als richtig erwiesen (Bretschneider und andere Kenner bestreiten die Richtigkeit freilich auf das Entschiedenste), so wäre den weitgehendsten Spekulationen über frühe Reisen der Chinesen Thür und Thor geöffnet; dagegen würde die Thatsache, dass die Chinesen zu Marco Polos Zeiten (also über 1000 Jahre später) nicht nur mit Japan in Verkehr standen, sondern auch 7448 östlichere Inseln (Kurilen, Aleuten?) besuchten, nichts gegen unsere Annahme beweisen.

3) Logan, Antiquity of the Chinese trade with India and the Ind. archipelago in Journ. of the Ind. Archipel. II, 1848.

Ferner finden sich, soweit bisher bekannt, in den älteren Quellen der Chinesen die Muskatnüsse nicht erwähnt, so z. B. besassen die Chinesen nach den Annalen der Sui-Dynastie[1] (589—619 n. Ch.) in Ceylon Waarenlager von Aloëholz, Sandelholz, Elfenbein, Kampher, Arecanüssen, Sesam, Pfeffer, Zuckerrohr, Myrrhe, Weihrauch etc., aber Muskatnüsse werden nicht aufgeführt. Erst im 12. oder Beginn des 13. Jahrhunderts werden neben Gewürznelken auch Muskatnüsse besprochen[2].

Dazu kommt noch, dass die erste in den Annalen der malayischen Inseln vorkommende Notiz über die Chinesen[3] besagt, dass sie des Nelkenhandels wegen nach Ternate kamen, als auf dieser Insel der König Marhum herrschte, d. h. also erst Ende des 15. Jahrhunderts, da die Regierung Marhums im Jahre 1465 begann. Zwar muss der Verkehr der Chinesen mit den Philippinen schon eine geraume Zeit früher begonnen haben, denn der erste Besucher dieser Inseln Pigafetta, der Gefährte Magellans, erwähnt[4] schon das Vorhandensein von Porzellan (offenbar chinesischen Ursprunges) auf den Süd-Philippinen und Borneo, auch giebt er an, dass alle Jahre 6—8 Djunken von Lequier (Liukiu?) des Handels wegen nach Luzon kämen, aber Zeichen eines weiter gehenden Einflusses der chinesischen Kultur findet man nirgends in der Geschichte jener Zeit. Keinenfalls hat eine über 1000 Jahre währende Verbindung zwischen dem Kulturland China und diesen Inseln bestanden, denn sonst würden zweifellos Spuren irgend welcher Art übrig geblieben sein; selbst die chinesischen relativ genaue Annalen führenden Geschichtsschreiber bringen keine Nachrichten über die Philippinen[5] aus älterer Zeit.

Auch die chinesischen Namen dieser Gewürze hätten sich sonst wohl irgendwo im malayischen Archipel erhalten, oder sie wären von den molukkischen Eingeborenen entlehnt, aber auch das ist nicht der Fall; im Gegentheil, wenn die von Martius nach Plath angegebene Deutung die richtige ist, so ist der chinesische Name für die Muskatnuss überaus

---

1) v. Richthofen, China I, pag. 521.

2) F. Hirth, Chinesische Studien (1890) pag. 42, Chao-Jukua.

3) Crawfurd, History of the malayan archipel. III, pag. 164.

4) Pigafetta, Beschreibung von Magellans erster Reise um die Welt. (Gotha 1801), pag. 105, 141, 147, 150, 158. Nach Hirth (chines. Studien pag. 39) bezieht sich das von Chao-Jukua im 13. Jahrhundert geschilderte Land Mayi wohl sicher auf die Philippinen.

5) Dagegen erwähnt de Barros schon für die Zeit der Eroberung Malaccas (1511) die Luçoes als an jenem Platze Handel treibend.

bezeichnend. Derselbe heisst[1]) tow-kow (teou-keou) und soll bedeuten „Piratenbohne", oder besser „Bohne der Piratenpflanze" und ebenso die Ableitungen tow-kow-kwa = Blüthe der Piratenbohne = Macis, yuk-kow = Knospe der Piratenpflanze, jow-kow = Fleisch der Piratenpflanze. Zweifellos sind dies Namen, die auf alles eher hinweisen als auf einen geregelten Handelsverkehr.

Es sprechen also gewichtige Gründe gegen die Annahme eines direkten Handelsverkehrs zwischen China und den Molukken in den ersten Jahrhunderten nach Christi Geburt oder noch früher. Andererseits ist es zweifellos, dass es schon zur Zeit des Beginnes unserer Zeitrechnung einen, wenn auch minimalen Verkehr zwischen China und Indien gab[2]). Schon 56 n. Chr. sollen zuerst indische Schiffe nach Kanton gekommen sein, und mindestens bis zum 3. Jahrhundert war diese Stadt dem Fremdenverkehr geöffnet. Nach Hirth[3]) giebt nämlich eine um 300 n. Chr. verfasste Beschreibung der auf dem Seewege nach China eingeführten Pflanzen an, dass Jasmin und Lawsonia von fremden Kaufleuten in Nanhai (= Kanton) eingeführt seien.

Im Jahre 122 v. Chr. wird eine indische Gegend zuerst in chinesischen Büchern erwähnt; im 4. Jahrhundert n. Chr. kamen nach einer Reisebeschreibung des buddhistischen Priesters Fa-hsien chinesische Schiffe schon nach Bengalen und Ceylon, offenbar natürlich der Küste folgend; in der ersten Hälfte des 5. Jahrhunderts[4]) lagen schon indische und chinesische Schiffe vor Hira, südöstlich des alten Babylon, und im Beginne des 7. Jahrhunderts beschreibt der chinesische Reisende Hiu au thsang seine Fahrt längs der Westküste Indiens; ja nach Edrisi gingen damals jedes Jahr chinesische Schiffe bis nach Aden und zum rothen Meer. Später freilich, von ca. 700 an, wurde ihr Handel immer mehr durch persische und arabische Schiffe zurückgedrängt und beschränkte sich bald nur noch auf Ceylon, bis sie seit Mitte des 8. Jahrhunderts auch diese Insel verliessen, um erst nach Verlauf von 500 Jahren dorthin zurückzukehren[5]).

---

[1]) Martius, Flora brasil. V. 1, pag. 107; sowie Beiträge z. Litteraturgesch. d. Muskatnuss etc. l. c. Nach Debeaux (Essai sur la pharmacie et la matière médicale des Chinois pag. 89) heisst die Muskatnuss hingegen bei den Chinesen yo-hoân-tzé.

[2]) Yule, Cathay and the way thither, Hakluyt edit. Kruse l. c. pag. 322.

[3]) Hirth, Zur Geschichte des antiken Orienthandels, Verhandl. d. Gesellsch. f. Erdkunde 1889, pag. 63.

[4]) Nach den im 9. und 10. Jahrhundert lebenden arabischen Schriftstellern Massudi und Hamza von Ispahan.

[5]) v. Richthofen, Ueber den Seeverkehr nach und von China im Alterthum und Mittelalter, Verhandl. d. Gesellsch. f. Erdk. 1876, pag. 93.

Im Gegensatz hierzu scheint Java kaum vor dem 5. Jahrhundert von den Chinesen berührt worden zu sein, denn erst zur Zeit des zur Song-Dynastie gehörigen Kaisers Lao-Gil-yong, etwa Mitte des 5. Jahrhunderts, wurde nach einer Notiz eines chinesischen Buches [1]) Java, d. h. Jao-wa oder ehemals Cha-po, den Chinesen zuerst bekannt.

Aus diesen Notizen über den Verkehr der Chinesen folgt, dass letztere die Gewürze der Molukken in den ersten Jahrhunderten unserer Zeitrechnung entweder in vorderindischen oder hinterindischen Plätzen (aber nicht im malayischen Archipel) einhandelten, oder sich dieselben durch Inder nach China bringen liessen, dass sie frühestens vom 5. Jahrhundert an diese Gewürze von Java aus erhielten, aber erst ein ganzes Jahrtausend später die Heimathländer, d. h. die Molukken selbst aufsuchten.

Entwickelung des Handels zwischen Indien und den Molukken.

Der Handel zwischen den Kulturstaaten des Mittelmeergebietes und den Molukken dagegen wurde offenbar bis gegen Ende des Mittelalters von Vorderindien aus vermittelt durch Inder, Javanen und Malayen, und zwar begannen sich die ersten Spuren dieses Verkehrs erst dann zu zeigen, nachdem kurze Zeit vorher die westmalayischen Völkerschaften ein Stückchen vorderindischer Kultur in sich aufzunehmen angefangen hatten.

Diese für den malayischen Archipel so wichtige Periode fällt nach der Tradition der Hindus. in das 1. oder 2. Jahrhundert n. Chr.; damals wanderten in Folge der Bedrückung durch die Brahmanen die Buddhisten Vorderindiens aus, zerstreuten sich und brachten ihre Religion, die schon im 1. Jahrhundert in China festen Fuss gefasst hatte, nun auch nach Java [2]) und dann im 3. Jahrhundert nach Hinterindien (Burma). Die nothwendige Folge dieser Wanderungen war natürlich ein regerer Handelsverkehr zwischen Indien und China, Indien und Burma, Indien und Java, sowie in Folge davon die Belebung des Handelstriebes der Javanen und Malayen, welche letztere, wie es scheint, von dieser Zeit an begannen, Handelsexpeditionen nach den östlichen Inseln hin zu unternehmen, wenn es nicht vielleicht damals gar vorderindische Kaufleute selbst waren, welche die Molukken aufsuchten.

[1]) Crawfurd, History Ind. Arch. III, pag. 165.

[2]) Schon 120 n. Chr. siedelten sich 190 Familien aus Telinga (Südindien) in Java an, und von diesem Zeitpunkt soll die Adshi Saka genannte Zeitrechung datiren, nach anderen sogar schon von 78 n. Chr. (Kruse, l. c. pag. 203, Crawfurd.)

Natürlich mussten diese weitreichenden Aenderungen der Verhältnisse in Ostasien sich auch, wenngleich vielleicht zuerst nur in schwachem Maasse, in Europa fühlbar machen; in der That ist es das 2. Jahrhundert, in welches, wie wir ja oben sahen, die erste Erwähnung Javas (durch Ptolemäus) fällt; und im selben Jahrhundert kamen wahrscheinlich schon hinterindische Drogen (Agallocha) nach Europa (alexandrinische Zolltafel), ja im Jahre 166 ging sogar eine Gesandschaft aus dem römischen Reich nach China.

c) Erstes Auftreten der molukkischen Gewürze in Europa.

Jetzt dauerte es denn auch nicht mehr lange, bis die ersten Gewürze auch der Molukken Europa erreichten, und in der That beschenkte der Kaiser Konstantin (zwischen 314 und 335) den Bischof Silvester von Rom mit Gefässen aus Silber und Gold, mit Weihrauch und Gewürzen, und unter letzteren waren auch 150 Pfund Nelken (Caryophyllorum)[1]. Also schon in grossen Mengen muss damals das Gewürz nach Europa gekommen sein, wenngleich sich aus diesem „Kaisergeschenk" auch noch keine weiteren Schlüsse ziehen lassen: wenn aber Alexander Trallianus im 6. Jahrhundert die Nelken unzenweise verschreibt, so ist es, wie Flückiger richtig hervorhebt, sicher ein Beweis, dass dies Gewürz damals nicht mehr allzu theuer gewesen sein kann. Auch der ägyptische Mönch Cosmas (indicopleustes) erwähnt übrigens in seiner „christlichen Topographie" um 547 schon den Handel in Seide, Aloë, Sandel und Nelken[2].

Unsicherheit in Bezug auf das erste Auftreten der Muskatnuss in Europa.

Um so auffallender ist es aber, dass wir aus derselben Zeit noch keine sicheren Notizen über die Muskatnuss besitzen. Zwar bespricht der schon oben gelegentlich der Besprechung des Macer erwähnte, im

[1]) Flückiger, Pharmacogn., 2. Aufl, pag. 762; auch Plinius erwähnt übrigens ein indisches Gewürz Garyophyllon, doch ist dasselbe (nach Flückiger) nicht zu identifiziren. Ob das in Marc Aurels Digesten (Ende des 2. Jahrh.) als in Alexandria verzollt angegebene folium garyophyllum sich auf das Blatt der Gewürznelke bezieht, ist gleichfalls zweifelhaft.

Nach Lassen, Ind. Alterthumskunde III, pag. 31, Note, soll übrigens auch der Muskatnussbaum im alten Indien Caryophyll genannt worden sein, was dem Verf. doch kaum glaublich erscheint; jedenfalls wäre vorher zu beweisen, dass der Muskatnussbaum im älteren Indien überhaupt bekannt war.

[2]) Cosmas, Topogr. chrét. pag. 337, e Dulaurier Etudes sur l'ouvrage intitulé Relation des Voyages. Journal asiatique IV. ser. 8 (1846) pag. 131.

6. Jahrhundert lebende vom oberen Tigris stammende, aber in Alexandria gebildete, christliche Arzt Aëtius[1]) unter verschiedenen Räucherwerken (*suffumigium moschatum*) auch eins, das aus Nelken, Costus, Rosen, Mastix, Kalmus und drei *Nuces indicae* zusammengesetzt ist, ob aber diese Nuces indicae sich wirklich hier auf die Muskatnuss beziehen, wie schon Caesalpin vermuthet, ist schwer erweislich. Flückiger[2]) meint freilich, dass, obgleich im Mittelalter meist die Kokosnuss, zuweilen auch die Areca- und die Brechnuss als nux indica bezeichnet werde, bei Räucherwerken doch nur die Muskatnuss in Betracht komme, und auch Valerius Cordus[3]) erwähnt um 1548 in seinem Dispensatorium gelegentlich der Besprechung eines von Nikolaus Präpositus (12. Jahrhundert) herrührenden Rezeptes zur Herstellung von *Oleum moschelinum* (*muscalinum*), dass die hierbei gebrauchten vier nuces indicae nicht die allgemein so bezeichneten grossen Nüsse (also unsere Kokosnüsse) wären, sondern die Muskatnüsse, und der Name daher käme, dass die alten Griechen sie *Caryon* oder *Carydion indicon* genannt hätten; letzteres ist aber sicher eine Behauptung, die der realen Basis ermangelt, da die alten Griechen ja die Muskatnuss, wie wir sahen, aller Wahrscheinlichkeit nach überhaupt nicht kannten und die Griechen des 16. Jahrhunderts, wie Hermolaus Barbarus (1530) angiebt, schon den Ausdruck *κάρυον μυριστικόν* dafür besassen, nach Durante (1585) daneben auch *μοσχοκάρυον*, *μοσχοκαρίδιον*. Warum aber in einem oleum moschelinum kein Kokosnussfett in Frage kommen kann, da es doch eine so vorzügliche Grundsubstanz für riechende Salbe und Oele bildet, ist nicht recht einzusehen; dagegen ist zuzugeben, dass sich der Kokosnusskern für die Herstellung eines Suffumigium, eines Räucherwerkes, weniger eignet, wenngleich auch hier das fette Oel zur Bindung der ätherischen Oele nicht ausgeschlossen erscheint. Aëtius selbst aber giebt ja auch zur Herstellung eines *xeromyrum moschatum*[4]) als Bestandtheil das oleum indicum an, was doch sicher nur ein fettes Oel bezeichnen kann. Die Zahl 3 oder 4 nuces indicae erscheint freilich etwas gross, wenn man gerade an Kokosnüsse denkt; es könnten aber auch andere indische Nüsse, namentlich die schon ererwähnten Behennüsse (Moringa oleifera Lam.) hier in Betracht kommen[5]), die ja nach Andreas Laguna (1586) in der That bei den Spaniern

1) Aëtius, Tetrabiblos (1542) Basel, pag. 928.

2) Flückiger, Pharmacognosie. 2. Aufl., pag. 976.

3) Valerius Cordus, Dispensatorium, Pariser Ausg. (1548), pag. 196.

4) Aëtius, l. c., pag. 925.

5) Auch Meyer, Geschichte der Botanik, III, pag. 363, meint, dass die indische Nuss bei Aëtius vielerlei bedeuten könne.

Avellana de la India (= nux indica) hiess und deren Oel gerade zur Herstellung von Parfümerien besonders berühmt war, da es geruchlos ist und leicht fremde Gerüche annimmt, ohne sie zu verderben, dabei auch nicht ranzig wird.

Das Wort *moschatum* und *moschelinum* selbst dagegen hat zweifellos nichts direkt mit der Muskatnuss zu thun; schon Oribasius, der um die Mitte des 4. Jahrhunderts lebte, kennt ein *suffumigium moschatum*, und Aëtius giebt mehrere an, bei denen von einem Zusatz von Muskat nicht die Rede sein kann; ebenso ist in einem Rezept des um 1000 n. Chr. lebenden Mesuë[1]) in dem *Aromatum moschatum* keine Muskat enthalten, dagegen viel andere Gewürze und Riechstoffe. Wohl wurde aus diesem Wort moschatum oder moschelinum früher (z. B. von Caesalpin) zuweilen der Schluss gezogen, dass dazumal die Muskatnuss bekannt gewesen sein müsse, in Wirklichkeit ist es aber gerade umgekehrt; da die Muskatnuss später häufig zu solchen wohlriechenden Präparaten benutzt wurde und das Wort moschatum sich in jener Zeit schon zu dem allgemeinen Begriff des Wohlduftenden erweitert hatte, so wurde die Muskatnuss nux moschata genannt.

Nach dem Angeführten muss es demnach zweifelhaft bleiben, ob Aëtius schon die Muskatnuss gekannt hat, und es erscheint sogar unwahrscheinlich, wenn man bedenkt, dass dies die einzige Stelle jener Zeit ist, die darauf hinweist, während, wie Meyer in der Geschichte der Botanik mit Recht hervorhebt, ein so auffallendes Gewürz oder Aroma sicher bei den späteren Schriftstellern nicht fehlen würde, wäre es damals schon bekannt gewesen.

d) Zunehmende Kenntniss der Muskatnuss bei den Arabern.

Sichere Notizen über die Muskatnuss geben erst die arabischen Aerzte des 9. oder 10. Jahrhunderts; es ist ja bekannt, wie sehr die Ausbreitung des Mohammedanismus auch die östlichen Länder beeinflusste, wie die Araber sich bald danach schon an der Westküste Indiens niederliessen, ja ihre Fahrten nach Osten selbst weit über Indien hinaus ausdehnten; hatten sie sich doch gleichzeitig mit den Persern schon um 757 sogar in Süd-China (Kanton) ansässig gemacht. Eine einfache Konsequenz war es natürlich, dass sie auch

[1]) Mesuë, Dist. prima de Electariis Venet. (1589), pag. 105.

mit den bisher von Indern und Chinesen berührten Handelsplätzen auf Java und Sumatra in Verbindung (wenn auch wohl zuerst nur in indirekte) traten und auf diese Weise auch die dort gehandelten molukkischen Gewürze kennen lernen mussten[1]).

Der erste, der das Gewürz durchaus unzweideutig erwähnt, ist Aron (Ahroun), der ein syrisches Kompendium der Medizin im 7. Jahrhundert geschrieben hat, das Anfang des 8. Jahrhunderts ins arabische übersetzt wurde; wir besitzen darüber freilich nur das kurze Citat Serapios: Jeusbaue est nux muscata et affertur ab India. Aber der Name jeusbaue genügt vollständig zur Klarlegung. Weit mehr wissen wir durch Isaak (Ishak) Ibn Amran, einen ausgezeichneten Arzt aus Bagdad, der von dem Aglabitenfürsten Zijadet Allah nach Qairowan (Kairuan südlich von Tunis) berufen, dort in Ungnade fiel und zwischen 903 und 906 hingerichtet wurde. Von seinen Werken haben sich nur Bruchstücke bei Serapio und Ibn el Baithar erhalten, und hiervon bezieht sich auf die Muskatnuss folgende Stelle des Serapio[2]): Meliores ex iis sunt rubeae, pingues, graves, et deteriores sunt nigrae, leves et siccae, et sunt calidae et siccae, stringunt ventrem, aromaticant stomachum et odorem efficiunt bonum, aufferunt fumositates a stomacho. Et digerunt cibum et expellunt ventositates et corroborant stomachum et epar et conferunt lentigini faciei et serpigini et extenuant splenem et molliunt apostemata dura epatis.

Wie man also sieht, muss die Muskatnuss sich Ende des 9. Jahrhunderts schon dauerndes Bürgerrecht am Mittelmeer erworben haben, denn ein ganzes Füllhorn von Krankheiten wurde damit kuriert. Wie Isaak die Muskatnuss in seinem verloren gegangenen Buche genannt hat, giebt weder Serapio noch Ibn et Baithar an. Auch dass sie aus Indien kam, war Isaak bekannt[3]).

Ueber die *Macis*, die er wahrscheinlich mit dem Worte „bisbese" benennt, sagt Isaak nach Serapio[4]) folgendes: Est cortex nucis mus-

---

1) Grösseren Einfluss erreichte der Islam nach Crawfurd erst 1204 in Atjeh auf Sumatra, 1278 in Malakka, 1478 in Java, 1495 in den Molukken.

2) Serapio, edit. Brunfels, Strassburg 1531, II, pag. 114.

3) Ibn El Baithar, Pariser Ausgabe 1877, I, pag. 378. Dort ist die gleiche Stelle wesentlich kürzer; bei der Bedeutung als erste sichere Notiz über die Muskatnuss sei sie hier in der französischen Uebersetzung Leclerc's wiedergegeben. Elle vient de l'Inde. La meilleure est celle qui est rouge grasse et lourde. La plus mauvaise est celle qui est noire légère et sèche. Elle fait disparaitre la mauvaise odeur de la bouche. Elle est utile contre les taches cutanées et le lentigo ainsi que contre le prurit. Elle débarasse des flatuosités et ramollit les tumeurs indurées du foie.

4) Serapio, edit. Brunfels, Strassburg 1531, II, pag. 29.

catae, qui est supra corticem grossum et melior ex eo est ille, qui est coloris fusci, et deterior ex eo est niger, et in cortice grosso duro nucis muscatae non est aliquod iuvamentum, sed fructus est utilis medicinae et nominatur in oriente adaches. Wie man also sieht, unterscheidet er schon ganz richtig die Macis, die harte Samenschale oder Testa und den Kern der Nuss.

Fast gleichzeitig schrieb Khordadbah, der Chef der Polizei- und Postverwaltung in Mesopotamien, der im Jahre 912 starb, sein jetzt unter dem Namen le livre des routes et des provinces bekanntes Werk. In demselben findet sich erwähnt[1]), dass aus Indien Aloë, Kampher, Muskat, Nelken, Cubeben etc. herkomme.

Gaben Isaak, Aron und Khordadbah, wie wir sahen, schlechtweg Indien als Heimathsland der Muskatnuss an, so wusste Masudi (Maçoudi)[2]), der um 956 starb und auf seiner grossen orientalischen Reise zwischen 916 und 920 in Indien war, schon, dass die Gewürze wie Muskat, Nelken, Sandelholz, Areca, aus östlicheren Gegenden, aus Ländern des Meeres Kerdenj stammen. Was hierunter im speziellen zu verstehen ist, lässt sich nicht sicher ausmachen; Reinaud[3]) meint, dass es vielleicht der Golf von Bengalen sei.

Seitdem verschwinden die Muskatnüsse und die Macis nicht wieder aus der arabischen Litteratur. So z. B. findet sich die Muskatnuss wieder erwähnt von Rhazes[4]) (Razes), einem persischen Arzt, der um 923 oder 932 gestorben ist; ferner von Mesuë[5]), einem Arzt aus Kurdistan, der Leibarzt des Chalifen in Kairo war und um 1015 starb; er verwendet Nuss und Macis neben vielen anderen Gewürzen zu einem *Electarium xylaloës* und zu vielen anderen Jahrhunderte lang berühmt gebliebenen Arzneien, worüber in dem medizinischen Abschnitte das Nähere. Andere Aerzte, die darüber sprechen, sind Mescahen, Albasari[6]), El Ghaffky (gest. 1012 in Kordoba), von dem wir schon

---

1) Khordadbah, übers. von Barbier de Meynard. Journ. asiat. 6. Ser. V, 1865, pag. 294.

2) Maçoudi, Les prairies d'or. Paris, übers. von Barbier et Meynard I, pag. 330, 340, 341. Der Boden erzeugt Ebenholz, Aloëholz, Bambusrohr, Aloë, Kampher, die Muskatnuss, die Gewürznelke, das Sandelholz und andere Wohlgerüche. Meyer, Gesch. d. Botan. III, pag. 277.

3) Reinaud, Relation des Voyages faits par les Arabes et les Persans dans l'Inde et à la Chine dans le XII. siècle 1846 (Einleitung).

4) Razis, De simplicibus, in Brunfels Ausgabe von Serapio etc. 1531, II, pag. 392.

5) Mesuë Damascenus, de re medica libri III, Venet. (1581), pag. 93.

6) Die vorhergehenden Aerzte citirt in Serapio l. c.

oben sahen, dass er streng zwischen Macer und Macis unterscheidet, Ed — Dimaschky[1]) und andere mehr.

Avicenna[2]) (Abu Sina, 978—1036), einer der besten arabischen Aerzte bespricht sowohl die Muskatnuss, als die Macis in Bezug auf Aussehen und medizinische Wirkung. Ueber die Nuss (jausiband) sagt er: Est nux quantitatis gallae, facile frangibilis, subtilis corticis, bonum habens odorem acutum. Die Macis (befbase) wird in folgender Weise beschrieben: Macis est similis foliis compositis venenosis siccis declinans ad rubedinum et citrinitatem sicut cortex et lignum et folia mordicans liguam sicut cubebe. Filius Mesangae; est cortex nucis moschatae.

Serapio[3]) (Ende des 11. Jahrhunderts) giebt eigentlich nur ein Resumé oder vielmehr nur eine Auseinandersetzung der Ansichten früherer, er nennt die Muskatnuss jeuzbave oder jusbague.

Edrisi[4]), der um 1100 in Spanien geboren, am normannischen Hof zu Palermo ein geographisches Handbuch „die Ergötzlichkeit der Reiselustigen" schrieb, erwähnt, dass die Araber von ihren Reisen nach Vorder-Hinterindien und China neben Moschus, Aloë, Aloëholz, Pfeffer, Kardamom, Zimmt, Galanga, Kampher, Nelken, auch Muskat und Macis heimbrächten, die letzteren Gewürze speziell von den Inseln des Meeres Senf; dieses Meer dürfte hinter dem Kerdenj des Masudi liegen, nach Reinaud östlich und nordöstlich der Malakka- und Sundastrasse. Ich möchte vermuthen, dass Senf gleichbedeutend ist mit Sandji und das spätere Sunda bezeichnete. In der That besuchten damals die Mohammedaner schon jene Gegenden, und ebenso machten die Bewohner der westlichen Theile des Archipels auch ihrerseits grosse Reisen; so erwähnt Edrisi, dass die Bewohner der Insel Zabedj (= Java) sogar bis nach Zanguebar gingen.

Averrhoes[5]), ein Arzt, der um die Mitte des 12. Jahrhunderts lebte und, wie wir sahen, die Macis (besbese) mit dem Macer der Alten zusammenwirft, giebt als Bezeichnung für die Muskatnuss, geochoa oder geoza, letzteres die romanische Schreibweise für dschōsa (= Nuss), geochoa nur ein Schreib- oder Druckfehler davon.

1) Diese letzteren Aerzte citirt im Ibn el Baithar.

2) Avicenna, Opera in re medica, Venet. 1564, I, pag. 339 (lib. II, cap. 456) und I, pag 348 (lib. II, cap. 503); in der von Nic. Schultze angegebenen Uebersetzung steht statt foliis compositis venenosis das wohl richtigere foliis geminis duplicatis seu involutis.

3) Serapio, l. c., pag. 29 u. 114.

4) Edrisi, Jaubert's Uebersetzung, I, pag. 89.

5) Averrhoes, Simplicia in Brunfels, Serapio etc., Strassburg (1531), II, pag. 361.

Auch im folgenden Jahrhundert wurden die Kenntnisse der Araber keine besseren. Der grosse Encyklopädist Ibn el Baithar z. B. kopirt völlig Avicenna, indem er sagt (I. p. 378): C'est une noix de volume d'une noix de galle, facile à rompre, couverte d'une mince enveloppe, d'une odeur aromatique et pénétrante. Erwähnt mag noch werden, dass der Kosmograph Kaswini[1]) in seiner 1275 verfassten Encyklopädie eine Insel Bartajil nahe Java zwar nicht als Heimath der Muskatnuss, wohl aber der Gewürznelke anführt.

Selbst Ibn Batoutah[2]), der grösste arabische Reisende, der in den Jahren 1325—1349 neben Ost-Afrika und Indien auch Sumatra und China besuchte, hat über die Muskatnuss keine genauere Notizen gesammelt; das was er neues bringt, ist falsch. Er sagt: „Die Frucht des Nelkenbaumes ist die Muskatnuss[3]), bekannt in unseren Ländern unter dem Namen der wohlriechenden Nuss. Seine Blume ist die Macis, Albabâsat. Das habe ich gesehen und beobachtet mit meinen eigenen Augen[4])". Er selbst kann natürlich nur die Umschliessung der Nuss durch die Macis gesehen haben, und das ist nichts neues. Auch er erwähnt übrigens, dass die Einwohner von Java Indien (Calicut) besuchen[5]).

Die bei den älteren arabischen Schriftstellern gebrauchten Namen haben sich übrigens meist noch bis heute erhalten:

Die Muskatnuss heisst:	Die Macis heisst:
bei Aron cit. (im Serapio): Jeusbaue	bei Isaac Ibn Amran im Orient Adaches.
bei Avicenna: Jausi-band (Rumpf schreibt giauz-bant), Giauzi-bau	Befbase (Ausg. v. Vened. 1564)
bei Serapio: Jeumbaue oder jumbague (Aug. v. Brunfels), Jeuzbeve oder jusbegue (nach Poiret und Flückiger)	Bisbese (Ausg. von Brunfels)

1) Kaswini, Kosmographia, übersetzt v. Ethé, I (1869), pag. 227.

2) Voyages d'Ibn Batoutah von Defrémery et Sanguinetti, IV, pag. 243.

3) Nach Yule (Cathay [1846], pag. 472, Hakluyt society) ist diese Zusammengehörigkeit von Nelke und Muskat ein noch heute unter den mohammedanischen Kaufleuten Nord-Indiens vorkommender Glaube, und noch im 17. Jahrhundert meinte selbst in Europa Bodaeus, ein Kommentator Theophrast's (pag. 992 seines comment. nach Yule), dass die Nelken die Blüthen der Muskatnuss seien.

4) Meyer, Gesch d. Botanik, III, pag. 322.

5) Nach Dulaurier, Etudes sur l'oeuvre intitulé Relation des Voyages im Journ. Asiat. IV, Ser. 8, 1846.

bei Averrhoes: geoza (oder geocha)	Besbese
bei Ibn el Baithar: Djouz bou oder djouz-et-tib (Le Clerk's Ausgabe)	Besbassa (Le Clerks Ausgabe).
bei Ibn Batoutah:	Albasbasat
bei Acosta: Jauziband u. Seygar	Bisbese oder Besbaca.
bei Rumpf: gjauz-bawa, gjauz-bawe (bague) oder gjeuzottibi	Besbase (corrumpirt in befbase, bisbeli, besbaca, etc.).

Die richtige Schreibweise der Namen ist folgende:

جوز بوّا ǧauz būwa oder ǧauz bauwa = Muskatnuss
بسباسة bisbasa = Macis.

ǧauz bezeichnet im arabischen „Nuss", ǧauz-et-tib bedeutet „Nuss des Wohlgeruchs." Früher meinte man, auf Avicenna gestützt (so z. B. Acosta, C. Bauhin, Poiret), dass es Jausi-band hiesse, die Banda-Nuss, das ist aber ein Irrthum, das zweite Wort ist būwa; bū oder būi bedeutet im persischen „Wohlgeruch", also heisst ǧauzi buā (besser būi) genau ebenso wie ǧauz-et-tib „Nuss des Wohlgeruchs".

Das von Acosta erwähnte Wort Seygar wird sonst nirgends erwähnt; es wird wohl nur eine Entstellung des Wortes segar (sedschar), das im arabischen „Baum" bedeutet, sein.

Die persischen und afghanischen Worte lehnen sich den arabischen an, auf persisch heisst die Muskatnuss ǰouz bóyah, auf afghanisch jouza-bia.

Woher das Wort bisbasa für Macis kommt, ist völlig unbekannt, auch persisch heisst die Macis bazbáz; ob Anklänge an die indischen Bezeichnungen (jadi-pattiri, jajipatri, j= weiches dsch) vorliegen können, müssen Sprachforscher entscheiden, ebenso ist die Herkunft des von Isaak Ibn Amran erwähnten Wortes adaches für die Macis (auch Acosta erwähnt als türkisches Wort agache) unbekannt.

e) Bekanntwerden der Muskatnuss in Vorderindien.

Auch in Vorderindien ist die Muskatnuss wohl erst nach Beginn unserer Zeitrechnung bekannt geworden, und zwar, wie wir sahen, wahrscheinlich nach der Einführung des Buddhismus in

Java. Hierdurch wird natürlich verständlich, dass wir die Muskatnuss nicht in den älteren indischen Schriften erwähnt finden.

Nach Martius[1]) findet sich die Muskatnuss oder Macis erwähnt in folgenden älteren indischen Schriften, die aber alle nicht über Christi Geburt zurückreichen. Das den Muskatnussbaum bezeichnende Wort dschati (=jadi) wird erwähnt in dem Ayurvedas von Susruta, einem grossen, medizinischen Werke, das aber als ganzes nicht über das 12. Jahrhundert zurückgehen soll, freilich in den wahrscheinlich ältesten Theilen desselben, die in dem Versmass Sloken geschrieben sind, in welchem unter anderen die ältesten litterarischen Denkmäler Indiens verfasst sind. Speziell werden angeführt S'utrasthána cap. 39 u. 46, Chikitsitast 'hana cap. 18, 19, 22, Uttaratantra cap. 16 u. 40. Ferner findet sich das Wort in Medini—Cosha und Sabda Retna Vali, dschadi-kosa (Muskatnuss) in Hematschrandra III 307, dschati-kosi (Schale der Muskatnuss) in Sab da Kalpaduma, dschati-phala (offenbar Muskatnuss, nicht wie Martius anführt Macis) in Amara boscha.

Daneben finden sich in den älteren indischen Werken noch die Worte dschati-patra (offenbar die Macis, nicht die Blätter wie Martius meint); ferner dschati-puschpa (nach Martius die Blüthen); sodann ein Saft und ein öliges Sediment aus der Nuss, die Bereitung wird aber nirgends erwähnt, sodass es nicht unwahrscheinlich ist, dass die Muskatbutter als solche schon damals nach Indien importirt wurde.

Nur durch die späte Bekanntschaft mit der Nuss ist die auffallende Homogenität der Benennungen derselben in sämmtlichen Sprachen Indiens zu erklären, wie wir eine solche bei einheimischen, oder seit Urzeiten eingeführten Pflanzen nirgends finden. In sämmtlichen Sprachen (cf. Watt, Dictionary of the economic products of India) finden wir den Stamm ja (jae, jai, jaye, jaji, jadi, jati, sadi, zadi). So heisst die Nuss (und auch der Baum) auf Hindustani: jáé-phal; Bengali: jáe-phal; Pundschab: jáiphal; Deccan: japhal; Bombay: jái phal; Maratta: jái phala; Guzerat: jáye phal; Tamil: jádikkáy; Telugu: jaji kaya; Kanaran: jajikáyi; Malayam: játikká; Burma: zádiphu; Singhali: jádiká, sádika; Sanskrit: jáji-phalam; (nach dem Petersburger Dictionnaire) jatiphala. Der einzige abweichende Name ist der Teluguname: zevangam, der neben jaji kaya für diese Sprache vermerkt steht; ob das ein allgemein gebräuchlicher Name ist, und was er bedeutet (vielleicht ursprünglich eine der

---

[1]) Martius, Flora brasil. VI, l. c; Beiträge, c. l., pag. 157.

in Südindien häufigen wilden Muskatnussarten?) vermag ich nicht zu sagen.

Desgleichen wird die Macis mit demselben Stamm gebildet, durch Hinzufügung von patri, patr, atr etc. an den vorhergenannten Stamm. So heisst die Macis auf Hindostani jápatr (oder jawatri), Bengal jótri, Pundschab jauntari, Tamil jádi-pattiri, Sanskrit jajipatri; auf Singhal. ein wenig abweichend vaduvashu, aber auch die Bezeichnung jatipatri ist dort bekannt.

Wir sehen also, dass der Stamm *ja* (jai) der Muskatnuss, Macis, und äusseren Schale gemeinsam ist, also jedenfalls der Name für die Pflanze ist, während *phala* und *kayi* Bezeichnungen der Nuss, *pattiri* die Bezeichnung der Macis ist.

Namentlich das Wort *phala* interessirt uns, weil es sich einerseits ganz merkwürdig weit verbreitet hat, andererseits zu eigenthümlichen Missverständnissen der Anlass gewesen ist. Das Wort „phalam“ bedeutet in der Palisprache, (einem alt-buddhistischen dem Sanskrit nahe stehenden Volksdialekt) und in geringen Abweichungen (phal, phala, pahla), in den meisten arisch-indischen Idiomen die Frucht, und zwar jede Frucht, z. B. auch das Getreidekorn[1]).

Im malayischen Archipel ist aber fast allgemein das malayische Wort *pala* für den Muskatnussbaum im Gebrauch, während die Muskatnuss meist bua pala, d. h. die Frucht der pala heisst. Schon hieraus geht hervor, dass die z. B. von van der Aa erwähnte Ansicht, dass bua pala die braune Frucht hiesse, da pala auf malayisch braun bedeutet, falsch ist, denn sonst könnte doch die Pflanze nicht pala heissen; auch spricht die Aussprache dagegen, pāla heisst braun, palā die Muskatnuss; endlich ist höchstens die harte Schale der Muskatnuss braun, aber gar nicht auffallend.

---

[1]) Schon bei Plinius findet sich der Name Pala, und zwar als Bezeichnung eines Baumes; nach Yule (Friar Jordanus Hakluyt edit., pag. 13, Anmerk.) meint Plinius offenbar den Jackbaum (Artocarpus integrifolia) damit, welcher Baum auch heute in der tamilischen Sprache Pila heisst. Dass diese Tamil-Benennung mit dem oben genannten Sanskrit- und Pali-Wort Pala zusammenhängen soll, erscheint bei der Verschiedenheit der Sprachen recht fraglich. Uebrigens heisst auch die oben erwähnte Holarrhena antidysenterica in Südindien Pala, und unter dem Namen Corte de Pala fand die Rinde sogar bei den portugiesischen Aerzten des vorigen Jahrhunderts Aufnahme, ebenso findet sich der Name pala auch für Alstonia scholaris und Wrightia tinctoria (Surrogate und Fälschungsmittel der eben genannten Droge) in Südindien gebraucht. (cf. Watt, Dictionary, sowie Waring, Notes on some of the principal indigenous tonics of India.)

Die meisten Gelehrten dagegen, darunter Crawfurd sind darin einig, dass das malayische Wort von dem vorderindischen phala herstammt, was bei der engen Verknüpfung der indischen und javanischen Kultur durch den Buddhismus durchaus nicht auffällig erscheint. Wie wir oben sahen, ist die Annahme gerechtfertigt, dass erst mit dem Eindringen der indischen Religion in die grossen Sundainseln der Handel vom malayischen Archipel aufzublühen begann, und gerade viele der wichtigsten Exportartikel hatten im malayischen Archipel wenigstens als Handelsgüter indische Namen, z. B. Zucker, schwarzer Pfeffer, Sandelholz, Nelken[1]). Hätten diese Artikel schon vor dem Vordringen westmalayischer Kaufleute unter den Alfuren einen Handelswerth besessen, so wären die ursprünglichen Handelsnamen dieser Produkte nicht verdrängt worden, aber Sandelholz, Nelken und Muskat (schwarzer Pfeffer und Zucker sind gewiss erst vom Westen eingeführt) dienten dort wohl kaum als Handelswaaren, da doch schon ein gewisses Raffinement und eine höhere Kulturstufe dazu gehören, um diese Aromata als begehrenswerth erscheinen zu lassen. Man macht sich wohl eine richtige Vorstellung, wenn man annimmt, dass vor dem Aufkommen des Handels nach China und den grossen Sundainseln die Leute in dem östlichen malayischen Gebiet lebten wie die Papuas von Deutsch-Neu-Guinea; ebenso wie dort die wilden brauchbaren Muskatnüsse und Verwandten der Nelken keinen Werth haben, so war es auch in den Molukken der Fall, und ebenso wie in Papua die einheimischen Namen, wenn sich ein Handelsverkehr mit Fremden entwickelt, bald den allgemeinen Handelsbezeichnungen weichen, so war es auch in den Molukken. Dass es einheimische Namen daselbst für die Muskatnuss gab, wissen wir bestimmt, Pigafetta giebt z. B. (pag. 254) den Namen gologa[2]) für die Muskatnuss an, daneben freilich auch schon die Bezeichnung bua pala, und noch in neuerer Zeit heisst die Muskatnuss in Ternate gozora (Filet) oder gasori (Crawfurd); pala ist aber jetzt überall der gebräuchliche Name, der im ganzen malayischen Archipel auch schon häufig auf die wilden

---

1) Dass sich keine chinesischen Namen im Handel eingebürgert hatten, obgleich die Chinesen doch auch diese Gegenden aufsuchten und die Gewürze aufkauften, ist ein guter Beweis dafür, dass der Handel der buddhistischen Malayen nach den Molukken dem der Chinesen voraufging. — Malayische und javanische Namen dagegen giebt es in den Molukken eine übergrosse Menge; die meisten Bandainseln haben derartige Benennungen, ja selbst die Namen Bandan und Lontor (Hauptinsel der Bandagruppe) sollen indischen Ursprunges sein.

2) In Crawfurd Dictionary pag. 304 heisst es, auf den Bandainseln wäre der auswärts übrigens unbekannte Name der Muskatnuss galago gewesen.

Muskatnüsse ausgedehnt wird; wie wir also durch Pigafetta wissen, kannte man in den Molukken wenigstens schon 1521 den Namen pala, ebenso erwähnt Linschoten, der erste die Molukken besuchende Holländer 1594 den Ausdruck Buna Palla[1]) (offenbar bua pala gemeint)[2]).

Soviel über das Wort phala, pala oder Frucht.

Woher das indische Wort jaje (jae, djadi) kommt, ist schwer zu eruiren. Man hat es von Java abgeleitet, und dies erscheint auch durchaus plausibel, da es sehr häufig vorkommt, dass eine Waare nach dem letzten Verschiffungsort[3]) benannt wird[4]). Zwar bezweifelt Crawfurd diese Ableitung wegen des d am Anfang der zweiten Silbe, aber diese Einwendung ist deshalb hinfällig, da sich dies d nur in wenigen indischen Dialekten in dem Worte findet. Andererseits ist Crawfurds Vermuthung, dass dies Wort mit dem malayischen Djati (Teakbaum) zusammenhänge und vielleicht auf absichtlicher Täuschung durch die Javaner beruhe, sehr viel gekünstelter. Dass das Wort Java eine alte Bezeichnung jener Insel ist, haben wir oben gesehen; schon Ptolemäus kannte den Namen Jaba diu und der arabische Reisende Soleiman im 9. Jahrhundert bezeichnet die Insel wie später auch Edrisi mit dem ähnlich klingenden Namen Zabedj[5]); bei dem Ende des 9. Jahrhunderts lebenden Ibn Khordadbah[6]) ist schon viel von der Insel Djaba (Djabah) die Rede. Auch bei den Chinesen hiess die Insel schon in älteren Zeiten Jao-wa. Man will sogar den Namen Java von dem malayischen Wort djau (= weitab, fern) herleiten, als Antwort javanischer Schiffer auf die Frage woher. Ist diese Annahme richtig, so würde also das indische Wort jai-phal nichts weiter bedeuten als die fern herkommende (übertragen die javanische) Frucht.

Eine andere erwägenswerthe Hypothese wäre die, dass das indische Wort jai (jae, djadi) mit dem arabischen Wort djausz (ğaúz) zusammen hängt. Uebrigens ist es auch durchaus möglich, dass das indische Wort

---

1) Linschoten, Hakl. soc. ed. II, 46, pag. 84.

2) Es wird oft mit bunga pala oder bonga pala identifizirt, aber mit Unrecht, denn dies heisst die Muskatblüthe, sei es nun die wirkliche Blüthe oder die Macis; buna ist offenbar ein Druckfehler, Linschoten wird vermuthlich buwa geschrieben haben, was nichts weiter ist als eine andere Schreibweise für das malayische bua oder buah (holländisch boewah geschrieben) = Frucht. (cf. nächste Seite Anmerk.)

3) Es sei nur an die im Handel vielfach als Macassarnüsse bezeichnete Papuamuskat erinnert.

4) Kaum richtig dürfte Rumph's Ansicht sein (Herb. Amb. Vol. II, pag. 16): quum fallaces Javani hominibus persuaderent, fructus esse in sua patria crescentes.

5) Nach Dulaurier in Journ. asiat. IV, ser. 8 (1846), pag. 131.

6) Journ. asiat. VI, ser. 5 (1865), pag. 289.

keinerlei Zusammenhang mit fremden Sprachen hat, und schon aus einer Zeit stammt, wo keine Beziehungen zu Java und Arabien vorhanden waren.

Was die indischen Bezeichnungen der Macis betrifft, so heisst dieselbe wie wir sahen djadi pattiri (pattri, patr); Linschoten (1594) und ihm nachsprechend Rumph und viele andere haben aber die Benennungen von Nuss und Macis verwechselt, so dass bei ihnen die Nuss Japatry, die Macis dagegen Jayphal heisst; da Linschoten aber offenbar einsah, dass das Wort phal (= Frucht) nicht auf die Macis passe, verwandelte er es in fol (= Blüthe). So ist das in vielen Büchern eingebürgerte, bei den Indern aber ungebräuchliche Wort jayfol für Macis entstanden [1]).

f) Bekanntwerden der Muskatnuss in Europa.

Nach dieser kurzen Abschweifung nach Vorderindien, die uns lehrte, dass auch dort die Muskatnuss nicht wesentlich früher bekannt geworden sein kann als im westlichen Asien und im mohammedanischen Mittelmeergebiet, bleibt uns noch übrig, den Beginn und die Fortschritte in der Kenntniss dieses Gewürzes in den christlichen Ländern zu verfolgen.

Wir haben oben gesehen, dass in der vormohammedanischen Zeit höchstens der christliche im 6. Jahrhundert in Alexandrien ausgebildete Arzt Aëtius die Muskatnuss, aber in zweideutiger Weise erwähnt. In Alexandria war die Möglichkeit mit diesem Gewürz bekannt zu werden eine um so grössere, als der indische Handel in den ersten Jahrhunderten

---

[1]) Aehnlich scheint auch der malayische Ausdruck bonga pala (= Blume der Pala) erst durch Europäer auf die Macis übertragen worden zu sein, vielleicht gleichfalls ursprünglich durch Verwechselung. Bei Garcia ab Horta (1563) finde ich nämlich erwähnt: „Macis vero Buna palla vocatur". Buna palla (auch bei Acosta 1578 erwähnt) erinnert sehr an buwa palla (buwa oder bua = Frucht), und dies ist ein in Malesien allgemein gebrauchtes Wort für die Muskatnuss; das Wort bonga pala dagegen, das ich zuerst bei Piso (1658) für Macis gebraucht, finde, bezeichnet bei den Malayen nicht die Macis, sondern die wirkliche Blüthe der Muskatnuss, indem ja die Verwechselung der Macis mit der Blüthe (wie eine solche in Europa möglich war) für die Malayen völlig ausgeschlossen war. (Nach Rumpf bezeichnet das Wort bonga pula sogar vornehmlich die männliche, in getrocknetem Zustande als Medizin angewendete Blüthe.) Für die Macis haben die Malayen die viel bezeichnenderen Worte kulit (Haut) pala, boncus (Hülle oder Scheide) pala, sarong (= Kleid) pala, und erst ganz spät hat sich, wohl durch europäischen Einfluss, auch das zweideutige Wort bonga (Blüthe) pala eingebürgert.

n. Chr. hauptsächlich über Aegypten ging, während sich später freilich auch die Perser dem Schiffsverkehr mehr zuwandten, so dass dann der grössere Theil der Gewürze durch den persischen Golf und weiter auf dem Landwege befördert wurde.

Da die erste fanatische Zeit des Mohammedanismus dem Handelsverkehr des Ostens nach dem christlichen Europa grossen Abbruch gethan hatte, so ist es nicht wunderbar, dass in jener Periode die Kenntniss der Muskatnuss im Abendlande keine Fortschritte machte, ja dass dies Gewürz wahrscheinlich noch mehrere Jahrhunderte hindurch ganz unkekannt blieb; denn sicher hat Meyer[1]) Recht, wenn er hervorhebt, dass, wenn die Muskatnuss den Griechen bekannt gewesen wäre, sie den Schriftstellern zwischen Aëtius und Simeon schwerlich fehlen würde. Allmählich wurden aber nicht nur die alten Handelsbeziehungen nach dem Osten wieder aufgenommen, und zwar abermals meist auf dem Wege über Aegypten, sondern auch die arabische Litteratur wurde von christlichen Gelehrten studirt.

α) 11. Jahrhundert.

Der erste Schriftsteller des Abendlandes, bei dem sich ein deutlicher Hinweis auf die Muskatnuss findet, ist der Ende des 11. Jahrhunderts lebende Simeon Seth, wahrscheinlich ein Arzt orientalischen Stammes, der sich selbst rühmt[2]), persische, agarenische (d. h. arabische) und indische Aerzte benutzt zu haben. Er erwähnt um das Jahr 1078 eine aromatische Nuss *κάρυον ἀρωματικόν*[3]), ein Name, der sich wohl zweifellos auf die Muskatnuss bezieht, und auch schon in der Pariser Uebersetzung von 1658 so gedeutet wurde. Nur wenige Jahrzehnte später bespricht der in der 2. Hälfte des 11. Jahrhunderts in Karthago geborene, im Orient und Salerno lebende Arzt Constantinus Africanus[4]) sowohl die Muskatnuss (Nux muscata) als auch die Macis; dies ist die erste mir bekannt gewordene Anwendung dieser zwei Namen

Simeon Seth.

Constantinus Africanus.

---

1) Meyer, Geschichte der Botanik, III, pag. 363.

2) Ibidem III, pag. 360.

3) Simeon Seth, Volumen de aliment. Ausgabe v. Paris (1658). 8°. pag. 55. Der Name κάρυον ἀρωματικόν findet sich nach Meyer, Gesch. d. Botan. III, pag. 363, hier zuerst; nach Dorsten soll zwar auch Aëtius schon den Namen gebraucht haben, doch scheint dies wohl eine irrthümliche Angabe zu sein, wenigstens vermochte ich nichts darauf hindeutendes bei Aëtius aufzufinden.

4) Constantinus Africanus, Opera I, pag. 355.

in der europäischen Kulturgeschichte, während Macis ja schon von den Arabern gelegentlich als Synonym für ihre besbassa erwähnt worden war.

β) 12. Jahrhundert.

Im 12. Jahrhundert mehren sich die uns überlieferten auf die Muskatnuss bezüglichen Stellen schon zusehends, und zwar finden sich neben den Angaben gelehrter Schriftsteller, die ja aus arabischen Werken kompilirt sein können, auch solche, die klar und deutlich beweisen, dass damals schon grössere Mengen dieses Gewürzes nach Europa kamen.

Heilige Hildegard. So bespricht schon das der heiligen Hildegard[1]) zugeschriebene Werk um 1150 die Anwendung der Muskatnuss (Nux muscata) als Volksmedizin, wie wir unten sehen werden, in frischer Ursprünglichkeit.

Etwa gegen 1158 hatten genuesische Kaufleute[2]) 10 Pfund *nucum muscatarum* aus Alexandria auf Lager.

Zolltarif von Accon. In den Tarifen der Zollstätte Accon[3]) finden sich um 1180 zur Zeit des Königreichs Jerusalem unter vielen anderen Gewürzen, neben Aloëholz, Pfeffer, Zimmt, Nelken auch *nois mouscades* erwähnt.

Schon im Anfang des 12. Jahrhunderts erwähnt der Salernitaner Nicolaus Praepositus. Nicolaus Praepositus in seinem sich an die Araber anlehnenden Antidotarium fortwährend die Muskatnuss und Macis und um die Platearius. Mitte desselben Jahrhunderts widmet Platearius ganze Kapitel[4]) seines medizinischen Werkes „circa instans" der *„nux muscata"* und der *„macis"*. Von der Muskatnuss sagt er: „Fructus arboris est in India nascentis, t(empo)re maturitatis colligitur per VII annos servatur"; über die Macis giebt er an: est aut(em) ut quidam dicunt flos nucis muscate, q(uo)d ur falsus esse, q(uia) flores aut decidunt aut in fructus transmutantur. Dicunt autem quidam quod macis est cortex qui repit circa nucem muscatam, in quo (re)tinet(ur) nux ut in sua capsula, sicut repit circa avellanam, per X annos servatur." Alles übrige bezieht sich auf die Wirkung dieser Drogen, und zeigt, dass der Verfasser die ausgebreitete arabische Litteratur zu benutzen verstanden hat.

---

1) Ausg. von Daremberg und Reuss in Migne Patrologiae cursus complet. t. CXCVII, Paris 1855, pag. 1139.

2) Hist. Patriae monum. Chartae II (Torino 1853), fol. 514, cit. nach Flückiger.

3) Beugnet, Assises de Jerusalem II (Paris 1843) pag. 137, nach Flückiger.

4) Platearius, Circa instans, cap. V u. XIX.

Petrus d'Ebulo.

Alle diese Stellen beweisen aber, dass die Muskatnuss und Macis damals doch noch relativ seltene Importartikel in Europa waren. Dass die Nüsse nicht nur als Heilmittel, sondern bei ganz feierlichen Gelegenheiten auch als Räucherwerk zur Verwendung kamen, beweist ein Gedicht von Petrus d'Ebulo [1]), nach welchem, als Kaiser Heinrich 1191 zu seiner Krönung in Rom einzog, in den Strassen geräuchert wurde mit: Balsama, Thus, Aloë, *Myristica*, Cynnama, Nardus.

γ) 13. Jahrhundert.

Im 13. Jahrhundert ändert sich die Sachlage insofern, als grössere Quantitäten des Gewürzes nach Europa kamen.

Festspiele von Trevis

Harpe-streng.

Kölner Handelsverordnung

Hanse-Recessen

Schon 1214 wurde bei einem Festspiele in Treviso [2]) mit Aepfeln, Datteln, *Muscatis*, Kuchen, Birnen, Quitten, Blumen und einer Menge Spezereien geworfen; hier finden sich also Muskatnüsse mitten unter relativ nicht sehr werthvollen Früchten angeführt. Nicht nur von Italien werden jetzt die Muskatnüsse erwähnt, sondern auch von Marseille [3]), wo im Jahre 1228 das Pfund Muscarde 1 denier Zoll zu entrichten hatte, ja selbst der dänische Canonicus Harpestreng [4]) (1244) erwähnt neben der *Nux muscata* auch *Muscatae blomae* oder *Matae*. Auch nach Deutschland kamen damals schon grössere Mengen, wie eine Verordnung des Erzbischofs von Köln [5]) im Jahre 1259 erweist, nach der die fremden Kaufleute in Köln, die überhaupt nur in gewissen Waaren in Köln Grosshandel treiben durften, von *Muchatas*, Gariofolos, Cardemomum etc. nur Posten von mehr als 10 Pfund verkaufen durften. Auch in den sogen. Hanse-Recessen [6]) werden schon *Muscatenblomen* erwähnt.

---

1) Petrus de Ebulo, Carmen de motibus siculis Basil. 1746, 23; über den anderen Text von Winkelmann's Ausgabe, cf. Flückiger, Pharmacol.

2) Murator, Rer. italic. scriptor. VIII, pag. 181, sowie Cronica Paduana Rolandini in Pertz, Monum. German. hist. Scriptor. XIX, pag. 46.

3) Tarif der Zölle von Marseille 1228, e Depping, Hist. du commerce I, pag. 288.

4) Meyer, Geschichte der Botanik III, pag. 538; Danske Laegebog 1826, pag. 77, 78; das Wort Matae ist offenbar eine Umwandlung des Wortes Macis.

5) Höhlbaum, Hansisches Urkundenbuch II, pag. 287 (658); auch Ennen u. Eckerts, Quellen e. Geschichte der Stadt Köln II (1863), pag. 315.

6) Recesse und andere Akten des Hansetages (1256—1430), Abth. I, Bd. 2, pag. 236.

Jacob. Vitriacus. Die Kenntniss der Herkunft und Zusammengehörigkeit von Macis und Muskatnuss machte in diesem Jahrhundert übrigens kaum Fortschritte. Jacobus Vitriacus[1]) († 1244), der längere Zeit in Accon weilte, erwähnt viele werthvolle Bäume aus Indien, deren Früchte die Nelke, *les noix muscades*, la casse, le cardamome etc. sind. Ueber die Macis sagt er, wie Platearius: Le *macis* est la fleur ou, selon quelques autres, l'écorce de la *noix muscade.*

Nicolaus Myrepsus. Bei Nikolaus Myrepsus[2]), der um 1222—1255 Aktuar des Kaisers Johannes zu Nikaia in Kleinasien war, finden sich ausführliche Angaben über *μοσχοκάρυδον* (auch zuweilen *κάρυον μυρεψικόν* genannt) und macis.

Actuarius. Auch der Ende des Jahrhunderts als Leibarzt am Hofe in Konstantinopel lebende Actuarius[3]) spricht in seinem Werke „de medicamentorum compositione" (ca. 1270) von einer „*nux unguentaria* quam *myristicam* (oder *myristicen*) nominant", und verwendet diese Nuss neben vielen anderen Gewürzen und Blüthen (z. B. Veilchen, Rosmarin, Rosen etc.) zu einer Dianthon genannten vielseitig wirksamen Medizin, sowie ferner neben anderen Gewürzen (darunter auch maceris) zu einem diamargaru genannten aus der Vereinigung von Medizinen hergestellten Universal-Heilmittel, das „omnem virium imbecillitatem firmat".

Thomas Cantiprat. Noch ausführlicher behandelt Thomas Cantiprat[4]) die *Muscata*, er beschreibt den Baum nach Jacobus Vitriacus und Platearius (nicht Plinius wie in den Ausgaben steht) als arbor Indie nobilissima ac speciosa nimis, cujus fructus nuces muscate sunt, paulo majores nucibus avellanis. Punctatim albo fuscoque colore notatae sunt, et intus solide, odorifere multum. Ferner noch: *Macis* flos nucis muscate est, vel ut quidam putant cortex est, qui circa nucem muscatam est, ut cernimus in nucibus avellanis. Neues dagegen bringt folgende Stelle: Lauri folio folium consimile habere videtur, sed odore et gustu multum dissimile, virtutem enim proprie habet nucis muscate.

---

1) Jacque de Vitry, Hist. des Croisades éd. Guizot, Paris (1825), pag. 178 und 179.

2) Nicolaus Myrepsus, Medicamentor. opus, Fuchs interpret. Leyden 1549, pag. 15 und 90.

3) Actuarius, de medicament. compositione, J. Ruellius interpret. Leyden 1556, pag. 75 und 101.

4) Thomas Cantiprat, De naturis rerum lib. XI, cap. 27 de nuce muscata citirt aus Jessen, Alb. Magnus pag. 413, Anmerk.

Es scheint aus letzterer Bemerkung hervorzugehen, dass er die wirklichen Blätter mit der Macis verwechselt, wahrscheinlich durch ein Missverständniss der arabischen Schriftsteller wie Avicenna etc., welche die Macis mit Blättern vergleichen; wie sollte er auch zu einer genaueren Kenntniss des Baumes gelangt sein?

Nur eine Kopie hiervon ist es offenbar, wenn Albertus Magnus[1]) Albertus Magnus. um die Mitte des 13. Jahrhunderts in seinem Buche „De Vegetabilibus sagt: *Muscata* est arbor pulcherrima in insula Indiae, foliis similis lauri, et in figura et in colore, sed non earundem virtutum. Auch über die Macis kopirt er: Flos eius a quibusdam *macis* (matis V.) esse dicitur. Neu und wohl auf Beobachtung beruhend ist dagegen die Beschreibung der Nuss: Fructus autem eius est nux muscata, quae testam habet valde debilem et nigram. Et ipsa nux, quando matura est, intus non cohaeret testae, sed soluta movetur intra eandem. Et nux ipsa quidem solida est, habet carnem guttatam ex albis et subnigris ad ruborem declinantibus guttis.

Während bisher also noch die Ansicht, dass die Macis die Blüthe sei, wenigstens[2]) zugelassen oder wie bei Platearius mit theoretischen Gründen bekämpft wurde, wendet sich die Alphita oxoniensis[3]), Alphita oxoniensis. eine in französischer Sprache abgefasste Liste von Drogen aus dem 13. Jahrhundert, schon auf Beobachtungen fussend, energisch dagegen. In der lateinischen Uebersetzung heisst es daselbst: *Macis* non est flos *nucis moscatae*, ut quidam credunt, sed adhaeret ipsi nuci moscatae circum quamque ut potest videri in avellanis.

---

1) Albertus Magnus, de Vegetabilibus ed. Jessen 1867, pag. 412. Es ist merkwürdig, dass diese sehr richtige Beschreibung von Jessen so falsch verstanden und deshalb als unrichtig erklärt werden konnte. Die von Albertus erwähnte Testa ist natürlich die wirkliche Testa, d. h. die Holzschale und nicht die Macis wie Jessen meint; auch that Albertus ganz recht daran, das albumen ruminatum mit Fleisch und nicht (wie Jessen vorzieht) mit Holz zu vergleichen.

2) Noch 1608 finden wir übrigens bei Pierre du Jarric, Histoire des choses plus memorables advenues tant ez Indes Orientales que autres pais de la descouverte des Portugais (pag. 650) noch diese veraltete Ansicht: le Macis, qui est la fleur de la noix.

3) Hier findet sich auch das Wort careon mirifica (31) für die Muskatnuss angegeben, ein Wort, das nach Flückiger Pharmacognosie, 3. Aufl., vielleicht auf die von Dioscorides und Celsus gebrauchte Droge βάλανος μυρεψική hinweisen soll. Dies könnte aber höchstens indirekt der Fall sein, denn offenbar ist es nichts weiter als eine halbe Uebersetzung des bei Nicolaus Myrepsus vorkommenden κάρυον μυρεψικόν, die vollständige Uebersetzung wäre das in den Sinonoma Bartholomei (32) angeführte Wort Nux mirifica.

Simon Januensis.

Auch in dem grossen medizinischen Wörterbuch (clavis sanationis) von Simon Januensis, ärztlichem Kaplan des Papstes Nikolaus IV. (1288 bis 92), findet sich die richtige Angabe Isaacs Ibn Amrans über die Macis nach Serapio wiederholt, und nachher noch eine neuere Angabe hinzugefügt: macis est cortex nucis muscatae qui adhaeret ipsi; ut potest videri in barbullis avellanae et castanearum, et multoties vidi tunisi sic esse.

δ) 14. und 15. Jahrhundert.

Handelsrouten der Muskat.

Wir hatten oben gesehen, dass der indische Handel auch in der mohammedanischen Zeit sich lange auf dem Wege über Aegypten bewegte; d. h. die Gewürze gingen über Aden (cf. Edrisi), machten dann eine 9tägige Wüstenreise bis zum Nil, gingen dann 15 Tage stromabwärts und schliesslich den 200 Meilen langen Kanal hinunter bis Alexandria; von dort wurden sie dann über das mittelländische Meer verschifft. Da aber unter der Herrschaft der Mamelukken im 13. und 14. Jahrhundert die Transitzölle in Alexandria zu bedeutend wurden, zur Zeit Sanutos 33 %, so begann man, wenigstens für die werthvolleren und leichteren Waaren wie Cubeben, Nardus, Nelken, Muskatnuss, Macis und ähnliches, den Landweg vorzuziehen [1]), während die schwereren und weniger werthvollen Produkte wie Ingwer, Pfeffer, Weihrauch und Zimmt dennoch im Allgemeinen über Alexandria gingen. Für den Landweg wurden die Gewürze meist über Malabar und Kambaye nach Ormuz am persischen Meerbusen gebracht und dann den Euphrat hinauf nach Bagdad [2]). Von hier ging ein Weg durch Syrien resp. Lycien nach Antiochia oder Seleucis, häufig jedoch wurde der kürzere aber gebirgigere Weg gewählt durch Armenien und so zum schwarzen Meere, wo dann die Italiener, speziell die Genuesen, die Waaren abholten.

Zur Zeit Timur Lenk's [3]), etwa um 1400 n. Chr., gingen auch Karawanen mit Ingwer, Zimmt, Muskat und Nelken von Indien aus ganz auf dem Landwege nach Inner-Asien, nämlich über Afghanistan, die Bamianpässe und das Defilée von Fermedh unterhalb Balkh nach

---

1) Sanuto, Secreta Fidelium crucis (1321), eine von dem weitgereisten venetianischen Senator Sanuto an den Papst gerichtete Denkschrift. Ausg. 1611, Hann. lib. I, 1, pag. 23.

2) Baldac nach Sanuto, s. auch Heyd, Geschichte des Levantehandels im Mittelalter (1879) II, pag. 83.

3) Heyd, Geschichte des Levantehandels im Mittelalter (1879) II, pag. 503.

Samarkand; desgleichen fand man Muskatnüsse auf den Bazaren von Tauris und Sultaniah in Persien. Im Mittelmeergebiet war natürlich neben den italienischen Städten und Alexandria Konstantinopel ein wichtiger Platz für die auf dem Landwege kommenden Gewürze, und dort wurden in der 1. Hälfte des 14. Jahrhunderts nach Franc. Bald. Pegolotti[1]) auch die Muskatnüsse pfundweise verkauft.

Auch nach Deutschland, Frankreich, England kamen sie jetzt in Menge, so musste nach der Kölner „Ordinancie van der Dumwagen" [2]) im 14. Jahrhundert von den cleynen Kruyde, as van musschaten, nalen (Nelken), prijkornen, (= Paradieskörner), Kaneille, bloymen, musschaten bloymen, Cobeken (Cubeben), Galagaen (Galgant), Cardamonium, Zedewar (Zitwerwurzel), Würmkruyt, Brusilienholtz, Zenobell, Spaensgroene für 3 Pfund 2 alte Heller erlegt werden, einer vom Verkäufer, und einer vom Käufer.

Während im 13. Jahrhundert Muskatnüsse wohl nur den Vornehmen, sowie den Medizinern bekannt waren[3]), so spielten im 14. Jahrhundert die muschaten neben Ingwer (enghewer) sogar schon eine wichtige Rolle in der Lüneburger Hochzeitsordnung[4]).

Bedeutun des Muska handels i Europa ii 14. Jahrhundert.

Wie bedeutend im 14. Jahrhundert der Gewürzhandel in Europa schon war, wird durch eine Verordnung der Stadtbehörde von Brügge über den Spezereihandel der fremden Kaufleute im Jahre 1304 erwiesen; danach durften sie nur mindestens 1 Ballen machos (= macis) verkaufen, item une bale de noix de muscate ensemble et non moins[5]).

Preise de Muskat ii 14. Jahrhundert.

Nur von Ballen ist auch die Rede im Jahre 1340[6]), wo Graf Wilhelm IV. von Hennegau und Holland die Sätze des Dordrechter

---

1) Yule, Cathay and the way thither. Notices of the Land Route to Cathay and of asiat. trade, Hakluyt edit. II, pag. 305.

2) Ennen, Quellen der Geschichte der Stadt Köln.

3) Nicht ohne Bedeutung scheint es zu sein, dass ein Gewürzverzeichniss aus dem letzten Drittel des 13. Jahrhunderts (abgedruckt in Höhlbaum's Hansischem Urkundenbuch, Bd. III, pag. 419 ff.) sowohl Muskatnüsse als auch Macis noch vermissen lässt; dagegen wurden schon 1287 zwei hansischen Kaufleuten unter anderem maces oder macys oder mas und note mügete von Engländern aus ihrem gescheiterten Schiffe geraubt. Hansische Geschichtsquellen VI, 1891, pag. 8 ff.

4) Urkundenbuch der Stadt Lüneburg, bearbeitet von W. F. Volger, Bd. III, Lüneburg 1877, No. 1478, pag. 422 u. 425.

5) Flückiger, Pharmacognosie, pag. 977 e Warnkoenig, Histoire de la Flandre II (1836), Pag. 449.

6) K. Höhlbaum, Hansisches Urkundenbuch III, pag. 175 (396) u. 419 (624).

Zolles ermässigte, so dass „van elker ballen soffraens, ghinghebere, peper, balene (= caneel), galigae(n), blomen van Kanelen, zedeware, fuelghen, cubeben, muscaten, ende van alrande anderen crude, het si gheconfiit of ongheconfiit 12 ₰ Holl.“ zu bezahlen war. Im Jahre 1358 erhalten die Kaufleute der Hanse in Dordrecht sogar ein Verkehrsprivilegium mit Zollvergünstigung; moschaten und viele andere Gewürze hatten nur 6% zu erlegen.

Nach einer Nürnberger Polizeiverordnung[1]) aus dem 15. Jahrhundert, betreffend „der Gaeste Handel“ durften die fremden Kaufleute von „neglein, muscat, muskatplued und dergleichen nicht unter einem halben Centner“ verkaufen.

Solche Mengen Muskatnüsse müssen einen enormen Werth repräsentirt haben, und es verlohnt sich der Mühe, die wenigen über den Preis dieses Gewürzes vor Entdeckung des Seeweges nach Indien bekannt gewordenen Notizen zusammenzustellen.

Es kostete um 1245 nach Albertus Bohemus dem Archidiakon in Lorch bei Salzburg eine Uncia nucum Muscati 3 denare (= $^1/_4$ solidus[2]).

In England kostete Anfang des 14. Jahrhunderts das Pfund Muskatnüsse circa 3 sh, das Pfund Macis ca. 7 sh 3 d.[3]) Etwas später kostete nach Rogers[4]) das Pfund Macis 4 sh 7 d, in den Jahren 1376 und und 1377 sogar fast doppelt soviel; ein Schaf kostete damals 1 sh 5 d, eine Kuh 9 sh 5 d, also ungefähr gerade so viel wie 1 Pfund Macis in den theuersten Jahren.

Auch Crawfurd giebt an, dass vor Entdeckung des Seeweges nach Indien das Pfund Nüsse 4 sh 6 d und 1 Pfund Macis 9 sh kostete.

---

1) Nürnberger Polizeiverordnungen aus dem 13.—15. Jahrh., herausgegeben von J. Baader (Stuttg. 1861), pag. 128.

2) Flückiger, Documente, l. c. pag. 425.

3) Nach dem Account of the Executors of Richard Bishop of London, A. D. 1303 and Thomas, Bishop of Exeter A. D. 1310 (Hanbury, Science papers, pag 478) wurde damals $2^5/_8$ Pfund Macis auf 16 sh., $^1/_2$ Pfd. Muskatnuss auf 1 sh. 6 d. taxirt.

4) Rogers, Hist. of Agriculture and Pricesin Engl. I (1866), pag. 628; nach den Zahlen aus dem 2. Bande desselben Werkes kostete

1334 das Pfund Macis 16 β,
1376 „ „ „ 29 β 4,
1377 „ „ „ 26 β 8,

doch sind hiermit Schillinge von anderem Werthe gemeint, als die jetzigen englischen sh.

In Frankreich wurden 1372[1]) in einer Abrechnung über die Testamentsvollstreckung der Königin von Frankreich Jeanne d'Erveux 6 Unzen Macis erwähnt, die Unze à 3 sols 8 deniers, was dem jetzigen Werth von 1 libre 4 sous 10 denier und einer Kaufkraft von 10 fr. 45 entsprechen würde, das gäbe also für das Pfund die enorme Kaufkraft von 167 fr. in jetzigem Gelde.

In der Rechnung der französischen Hofhaltung[2]) aus dem Mittelalter wurde $^1/_2$ Pfund Muskaten auf 12 deniers (Douet d'Arcq pag. 219), ein halber Vierling (demi-quateron = $^1/_8$ Pfund) Macis schon auf 3 sous 4 deniers (Menagier de Paris 1393 II. p. 111), berechnet, das wäre freilich nur die Hälfte des eben bei der Testamentsvollstreckung erwähnten Preises für die Macis.

Ein Hamburger Handlungsbuch[3]) aus dem Jahre 1368 erwähnt $38^1/_2$ libras muschatharum, quamlibet libram pro 8 β; die Kaufkraft des damals 10 mal theureren Geldes war aber die 70- bis 75fache des heutigen, so dass die 8 β de facto einem Werthe entsprechen von jetzt 45 Mark.

Was die Versorgung Mitteleuropas mit Muskat betrifft, so kam für Frankreich im Mittelalter natürlich Marseille vor allem in Betracht, die nördlich anliegenden Länder hingegen wurden wohl theilweise durch italienische Kaufleute aufgesucht; so hatten im Jahre 1380 die Lumbardi[4]) in Brügge einen Einfuhrzoll zu erlegen. Grossentheils aber und später wohl ausschliesslich hatten die deutschen Kaufleute den Zwischenhandel inne, und die Kaufleute von Wien und Regensburg besassen schon 1268 in Venedig ihre eigene Handelsloge[5]), das deutsche Haus, selbst Lindau hatte seine eigene Briefpost nach Venedig. Augsburg (seit 1330), Ulm und Nürnberg (seit 1390) wurden grosse Stapelplätze des Handels mit indischen Produkten, und monopolisirten bald beinahe den gesammten italienischen Spezereihandel; in der Chronik der deutschen Städte,

---

1) Léber, Appréciat. de la fortune privée au moyen âge éd. II (1847), pag. 95.

2) Heyd, Geschichte des Levantehandels II, pag. 352.

3) Das Handlungsbuch von V. v. Gelderen, herausgeg. v. Nirrheim, Zeitschr. d. Vereins Hamb. Gesch. 1895.

4) Flückiger, Pharmacognosie, pag. 781 e Warnkoenig, Histoire de la Flandre II (1836), 449.

5) Dies und folgendes hauptsächlich nach Volz, Beiträge z. Kulturgeschichte 1852, pag. 308—312, vieles aus Hüllmann, deutsche Finanzgesch. des Mittelalters (1805), pag. 211, Gesch. des byzantin. Handels (1808), pag. 100 ff. und Städtewesen des Mittelalters (1826) I, pag. 335.

(Theil Nürnberg)[1]) werden sogar die Spesen des Gewürzhandels (darunter auch Muskat) von Genua angegeben; später hatte Fugger eine Zeit lang sogar das ausschliessliche Privileg für den deutschen Gewürzhandel. Um das Jahr 1400 wurden Genua und Barcelona[2]) die Hauptstapelplätze der Gewürze, während die deutschen Seehäfen dieselben aus portugiesischen und westfranzösichen Häfen bezogen. Betraf dies den Landweg nach Italien, so bestand ein zweiter Weg in der Donauwasserstrasse; Wien, Regensburg, Augsburg und Ulm holten sich auf diese Weise Pfeffer, Ingwer, Nelken und Muskat von Konstantinopel; auch die Ostseeländer wurden von der Donau und March aus über Olmütz versorgt. Selbst die norddeutschen Städte nahmen an dem Gewürzhandel Theil, vor allem Bremer und Lübecker Schiffer fuhren nach der Levante und versorgten, namentlich seit der Handelsakte von 1303, auch England[3]).

Solcher Wettbewerb musste natürlich Neid und Hass zwischen den verschiedenen Partizipanten hervorrufen, daher die vielen Verordnungen zum Schutz vor den fremden Kaufleuten, die noch lange bestehen blieben[4]). Auch Verbote gegen Betrug im Gewürzhandel wurden erlassen, so schon 1372 in Barcelona, 1441 und 43 wurde in Nürnberg eine eigene Saffran- und Nelkenschau eingeführt, namentlich aber mehren sich diese Verordnungen nach der Erschliessung Indiens im 16. Jahrhundert. Ebenso suchte man den Absatz auf jede Weise zu vermehren, und dieses Bestreben führte schliesslich sogar dazu, Aerzte und Gelehrte zur

---

1) Chronik der deutschen Städte, Nürnberg I, pag. 100. 28; es heisst dort: men gibt von negel, mussatplunen, galgan, kubeben, zymid-plud, pareyskorn, zitwar vom Pfd. zu karbaliren 1 Denar. (1 Pfund oder libera = 20 ß; 1 Denar = ½ ß).

2) Flückiger, Documente, pag. 12; die Nürnberger Chronik von Ulman Stromer (c. 1400) giebt sogar die Platzgebräuche dieser zwei Städte, wo sie unter anderem auch muscat-plumen kauften.

3) Auch sofort nach der Eröffnung des Seeweges nach Indien nahmen deutsche Schiffe an der Neugestaltung der Dinge Theil. Die Augsburger Fugger, Welser, Hochstetter thaten sich mit Nürnberger, Florentiner und Genueser Häusern zusammen, und rüsteten drei Schiffe aus, die mit der portugiesischen Flotte nach Indien gingen, eine Expedition, die einen Reingewinn von 175% brachte. — Im Jahre 1503 kam das erste Schiff mit Gewürzen von Lissabon nach Antwerpen.

4) Noch im Jahre 1595 verordnet der Hamburger Rath: dat utherhalff des Kramerambtes andere disser stadt burgere unnd inwahner nicht minder oder weiniger tho verkopen befoget sin sollen. — muscaten, negelen, cannel, cardemon, blomen, ein jedes nicht minder als veer pundt. (Die ältesten hamburgischen Zunftrollen und Brüderschaftsstatuten, gesammelt v. O. Rüdiger, Hamb. 1874, pag. 54.)

Anpreisung der Spezereien anzuwerben, wogegen freilich Patrioten energisch auftraten, unter anderen auch Ulrich von Hutten und Luther.

Aus dem eben Gesagten wird zugleich klar, dass vor Erschliessung des Seewegs nach Indien die abendländischen Kaufleute nur für einen kleinen Theil des langen Weges, den die Gewürze zu durchlaufen hatten, in Betracht kamen; den ganzen Seetransport im indischen Ocean und persischen Golf sowie den Landweg durch Asien hatten natürlich asiatische Kaufleute in Händen. Waren im 12. Jahrhundert wieder in gleicher Weise, wie wir es für das 6. und 7. Jahrhundert sahen, chinesische Kauffahrteischiffe an diesem Handel nach Ceylon, nach Barudsch am Golf von Kambaye und nach Daybal unfern der Indusmündung betheiligt, während daneben freilich auch viele arabische Kaufleute von Aden aus ganz Südasien bis China des Handels wegen besuchten, so vermittelten im 13. und 14. Jahrhundert an Stelle der Chinesen indische Schiffe den Handel zwischen Malabar, den grossen Sundainseln und China. Sie holten nach Marco Polo vom Osten Aloë(holz), Brasilholz (Sappan), Lacca, Kampher, Galanga, sowie die gleichfalls in Java und Sumatra auf den Markt kommenden Nelken, Muskat und Sandelholz; sie brachten dagegen vor allem Malabar-Pfeffer, der in China in grossen Mengen konsumirt wurde [1]).

Im 15. Jahrhundert dehnten die Grosshändler in Kambaye und Calicut ihre Fahrten auch westlich bis Arabien aus; sie brachten im Februar Muskat, Macis, Kampher etc., welche Stoffe sie in Malakka eintauschten, nach Aden und Dschedda und fuhren im August bis Oktober mit Zeug, Metall, Metallwaaren, Korallen etc. wieder heim [2]). Der Landverkehr nach dem schwarzen Meere dagegen hatte mit der Verdrängung der Genuesen daselbst und der Eroberung Konstantinopels durch die Türken sehr gelitten. Trotz dieser Vereinfachung des Verkehrs gingen damals die Gewürze durch 12 verschiedene Hände, bevor sie in die Hände des Konsumenten gelangten, und mindestens das 10fache wurde daran gewonnen, wie der Kaufmann Bartholomäus Florentin berichtet, der Ende des 15. Jahrhunderts lebte und sich 24 Jahre in Indien aufhielt.

---

[1]) Heyd, l. c. II, pag 153.
[2]) Heyd, l. c. II, pag. 447.

g) Erste Nachrichten über die Heimath der Muskatnuss.

Trotz dieses regen Handelsverkehrs zwischen Indien und Europa im 13.—15. Jahrhundert gelangten Nachrichten über die Heimath der Muskatnüsse doch nur sehr sporadisch nach dem Abendlande und ausschliesslich durch die europäischen Reisenden selbst.

Marco Polo. Marco Polo war bekanntlich der erste Europäer, der auf seiner grossen Reise nach China (1271—1295) auf dem Rückweg auch den malayischen Archipel besuchte[1]. Er führt unter den Schätzen Gross-Java's neben anderen Gewürzen auch die Muskatnuss auf[2].

---

1) Es sollen übrigens nach Huet (History of Commerce pag. 173), Ende des 13. Jahrhunderts auch andere Venetianer bis zum fernen Osten gelangt sein, und eine ihnen gehörende mit Waaren beladene Gallione soll auf dem Wege nach China durch ein Meer gekommen sein, dass voll war von indischen Handelsfahrzeugen.

2) Was Marco Polo übrigens unter Java major versteht, ist unklar; aller Wahrscheinlichkeit nach ist es aber, wie auch F. Neumann und Peschel meinen, Borneo, wo es damals grössere Handelsplätze gab. Nach Raffles (Hist. of Java 1817, I, pag. 1) bezeichnen die Einwohner von Celebes die westlichen grossen Länderstrecken, wie Java, Borneo, Sumatra und die malayische Halbinsel mit dem Worte Jawa, wogegen sie die östlichen Inseln des Archipels als Jawa-Jawika = Java minor bezeichnen. — Gegen Panthiers Ansicht, dass Marco Polo's Java major das jetzige Java sei, spricht der Umstand, dass nach Marco Polo noch mehrere Inseln südlich davon liegen sollen; dagegen war freilich das Java major der späteren Entdeckungsperiode (auch schon bei Niccolo Conti im 15. Jahrhundert) und der portugiesischen und holländischen Zeit zweifellos das heutige Java, und es ist sehr gut möglich, ja nach Neumann's Ansicht sogar überaus wahrscheinlich, dass Marco Polo sich nur auf vielleicht nicht ganz zuverlässige oder von ihm falsch verstandene Informationen malayischer Seeleute stützte. Auch Major, India in the 15. century (Hakluyt society) meint, Marco Polo selbst habe weder Java noch Borneo berührt, dagegen Bintang (= Pentan) und Sumatra (von ihm Java minor genannt); auch mir erscheint diese Auffassung recht plausibel; wenn Marco Polo seine Insel Java major besucht hätte, so würde er wohl nicht gesagt haben, dass Nelken und Muskat dort wüchsen. Ist diese Ansicht richtig und handelt es sich in der That in Bezug auf Java major nur um Erkundungen Marco Polo's, so verlieren die Angaben dieses grossen Reisenden in Bezug hierauf sehr an Werth, und dienen nur als Bestätigung dafür, dass damals dieses fragliche Java ein bedeutendes Emporium für die Gewürze des östlichen malayischen Archipels bildete. Dass das Java minor Marco Polo's sich wirklich, wie Marsden, Major etc. angeben, auf Sumatra bezieht, ist zwar gleichfalls nicht sicher zu entscheiden, aber überaus wahrscheinlich; einige glauben zwar (z. B. la Martinière in Dictionn. Géogr.) es sei Bali; dies ist aber sicher schon wegen der von Marco Polo erwähnten kannibalischen Sitten unrichtig. Das spätere Java minor des Entdeckungszeitalters (auch Niccolo Conti erwähnt übrigens Java minor) ist dagegen nach Major das jetzige Sumbawa, da Barbosa (Ramusio ed. II [1554] I, pag 354) sagt, es werde von den Eingeborenen Ambaba genannt.

Oderico da Pordemone und Friar Jordanus.

Die bald darauf Südasien bereisenden Mönche Oderico da Pordemone[1] (1316—1330) und etwa gleichzeitig Jordanus[2] geben ebenfalls an, dass die Muskatnüsse auf Java wachsen; ersterer ging nach China und berührte vielleicht auf dem Hinweg einige der grossen Sundainseln (Thalamasin ist wohl das spätere Banjermassin auf Borneo), letzterer bereist zwischen 1321 und 1323 sowie um 1330 herum Vorderindien, ist aber wohl kaum weiter gekommen.

Catalonische Karte.

Auch auf der etwa 1375 gezeichneten sog. catalonischen Karte steht unter den Produkten der Insel Jana (Entstellung des Namens Java nach Jordanus), die aber nach der Karte unserer jetzigen Insel Sumatra entspricht, *nou moscada* und *macis* erwähnt[3].

Niccolo de Conti.

Erst Niccolo de Conti, der etwa vom Jahre 1419 bis 1444 in Indien verweilte, dabei auch Sumatra und Java wirklich selbst besuchte, und sich auf letzterer Insel 9 Monate mit Frau und Kind aufhielt, erkannte, dass die Muskatnuss nicht auf diesen Inseln zu Hause sei; er erfuhr, dass die Heimath des Gewürzes 15 Tage weiter östlich liege, und nennt auch den Namen Bandan, giebt aber irrthümlich an, dass dies die einzige Insel sei, wo Nelken (garofano) wachsen, während die Insel Sandai die Heimath der Muskatnuss und Macis (noci moscate e macis ch' e il suo fiore)[4] sei. Was unter Sandai

---

Ich möchte zur Bestätigung hiervon auch auf eine schriftliche Instruktion für die holländische Faktorei im Beginn des 17. Jahrhunderts aufmerksam machen, in der es heisst: „De Stad Bima, op klein Java gelegen, gaf veel Ryst". (Geschiedenis van d. Koophand. en de Bezitting. d. O. Ind. Compagnie. Amsterd. I (1692), pag. 201); zu Marco Polo's Zeiten scheint Java aber ein Sammelname für alle östlichen Inseln gewesen zu sein, und Sumatra lag jedenfalls viel eher auf der Route Marco Polo's, als Sumbawa.

Die sich auf die Muskatnuss beziehende Stelle Marco Polo's lautet in Ramusio delle Navigat. et viaggi (1559) vol. II, pag. 51 C: Dell Isola della Giava: Questa Isola è piena di molte ricchezze. Il pevere, noci moschiate, spico, galanga, cubebe, garofali e totto l' altre buone specie nascono in questa Isola, alla qual vanno molte navi con gran mercantie, delle quali ne conseguiscono gran guadagno et utilità, perche vi si trova tanto oro, che niuno lo potrebbe mai credere nè raccontarlo.

1) Yule, Cathay and the way thither (Hakluyt society, I, pag 88); dort heisst es: In Java wachsen Kampher, Cubeben, Cardamom, Muskat etc.

2) Yule, Friar Jordanus (Hakluyt society 1863, pag. 31), sowie Recueil de Voyage par la soc. de géogr. IV, pag. 51. Die Insel Jana (der Verf. hatte wohl Jaua geschrieben) bildet nach ihm einen Theil Indiens: ibi nascuntur cubebae et nuces muscatae atque mazarus et aliae species nobilissimae omnes excepti pipere.

3) Selbst der Florentiner Giov. da Empoli (1503—1518) betrachtet noch Java als den Herkunftsort dieses Gewürzes.

4) In de Gubernatis, Storie dei viaggiat. ital. nelle Indie Orient. Livorno (1875). 8°. pag. 171. Ramusio delle navigationi et viaggi, 2. Aufl., Vol. I (1554), pag. 377

zu verstehen ist, lässt sich, wie mir scheint, leicht errathen[1]; es ist nichts als eine Entstellung des Wortes Sandji, welche Insel nach dem arabischen Geographen Edrisi[2] (1154) der östlichste Platz ist, zu dem man überhaupt vordringen könne, also quasi das Ende der Welt. Der Name scheint mit dem alten Wort Sunda zusammenzuhängen, und zu der Zeit Edrisi's war wohl in der That Sunda, also West-Java, für den Horizont der Araber nach Süd-Osten hin so ziemlich das Ende der Welt, während sie freilich die weiter nord-östlich gelegenen Länder in Hinterindien und China schon kannten; als die Araber aber später selbst nach Java kamen, verschob sich dann die fabelhafte Insel Sandji in ihren Gedanken weiter östlich, und von ihnen wird auch Conti seine Notiz erhalten haben.

h) Entdeckung der Heimath der Muskatnuss.

a) Durch Malayen und Javaner.

Von einer Entdeckung der Molukken und Bandainseln durch Europäer kann man kaum im eigentlichen Sinne sprechen, denn den mohammedanischen Javanen und Malayen waren es ja damals überaus bekannte Gegenden. Hatten schon 1322, also fast zwei Jahrhunderte früher, Javanen und Araber Ternate besucht und sich dort angesiedelt[3], so hatte der Verkehr zwischen Java und den Molukken im 15. Jahrhundert noch bedeutend zugenommen; der Mohammedanismus hatte sich dort schon stark verbreitet, der König Marhum von Ternate hatte um 1465 sogar selbst den Mohammedanismus angenommen[4] und Pigafetta[5] berichtet, dass es (1521) etwa 50 Jahre her sei, seitdem die Mohammedaner (Mauren) die Inseln Malucco erobert und besetzt, sowie ihre Religion dorthin gebracht hätten, ja auch auf Banda hatte

---

[1]) Warum Major in der Einleitung zu „India in the 15. century" (Hakluyt society) annimmt, dass unter Sandai die Insel Buru zu verstehen sei, ist mir unverständlich; vielleicht ist Buru bei ihm nur ein Schreibfehler für Banda; auch meint er, dass Conti's Banda unser Ceram oder Ambon sei, jedoch unterliegt es ja keinem Zweifel, dass damals die Namen der Inseln schon die gleichen waren wie heute, so dass es nur als Irrthum Conti's aufgefasst werden kann. Die wirkliche Heimath der Nelke war damals nicht Ceram oder Ambon, sondern die eigentlichen Molukken, und zwar speziell Ternate und Makian.

[2]) Jaubert's Uebersetzung I, pag. 89. Bd. V der Recueils de Voyages par la société de géogr.

[3]) Crawfurd, Hist. II, pag. 484 u. 485.

[4]) Crawfurd, Hist. II, pag. 487.

[5]) Pigafetta, deutsche Ausgabe, Gotha 1801, pag 209.

sich der grössere Theil der Bevölkerung schon der neuen Religion zugewandt. Jedes Jahr gingen in dieser Zeit nach Barbosa[1]) Schiffe von Malakka[2]) und Java nach den Molukken, um dort Nelken einzuhandeln, und kein Wunder ist es, wenn sich dort beträchtliche Reichthümer anhäuften; so erwähnt Pigafetta[3]), dass der König der Molukkeninsel Baohian (Batjan) dem König von Tadore (Tidore) 500 Patollen[4]) als Entschädigung für die Gemahlin, die dieser seinem Bruder gab, überreichte; da jedes Stück davon damals mit ca. 3 bahar Gewürznägeln bezahlt wurde, und 1 bahar damals etwa 250 kg entsprach, so repräsentirte dies Geschenk einen Werth von 1500 bahar = 375000 kg Gewürznelken, also die Ladung einer ganzen Flotte von Dschunken.

Nach Argensola war der jährliche Export der fünf Molukkeninseln an Nelken im 15. Jahrhundert etwa 6000 bahar, was einen sehr regen Verkehr voraussetzt.

Der König von Ternate besuchte im Jahre 1495 sogar selbst die Insel Java, um tiefer in die mohammedanische Religion eingeführt zu werden[5]), und umgekehrt brauchten die Portugiesen nur javanische oder malayische Piloten mitzunehmen, um in aller Sicherheit nach Banda zu gelangen.

b) Durch d Europäer

Es ist seltsam, wie spät es erst den Europäern gelang, die Gewürzinseln zu erreichen; erst 1000 Jahre, nachdem die Gewürze (wenigstens die Nelken) in Europa bekannt geworden, hatte man endlich Zutritt zu diesen fernen Inseln erlangt, und zwar zu einer Zeit, wo durch die epochemachenden Entdeckungsreisen jener Periode, durch die Umschiffung des Kaps und bald darauf auch der ganzen Erde die Kenntniss absolut nicht mehr verborgen bleiben konnte.

Fälschung des Barthema

Nach den Jahreszahlen musste Ludovico Barthema aus Bologna als derjenige Europäer gelten, der die Gewürzinseln, nämlich die Molukken

---

1) Barbosa (Hakluyt soc.), pag. 202.

2) Auch nach Timor und den Bandainseln wurde von Malacca aus Handel getrieben. Uebrigens gab es auch zu jener Zeit von Siam aus einen Verkehr, wenn auch nicht gerade mit den Molukken, so doch mit den Philippinen, z. B. erwähnt Pigafetta (l. c. pag. 91) eine siamesische Dschunke, die nach Zebu (einer Philippinen-Insel) gekommen war, um Gold und Sklaven einzuhandeln, so wie einen gleichfalls von Siam gekommenen Mohammedaner.

3) Pigafetta, l. c. pag. 201.

4) Patollen sind nach Pigafetta „Stoffe von Gold und Seide, die in China verfertigt, und in diesen Inseln sehr gesucht werden". Uebrigens wurden Patollen genannte Stoffe auch in Indien verfertigt, so nach Barbosa in Kambaye.

5) Crawfurd, History etc. II, pag. 488.

und Bánda zuerst besucht hat, und zwar würde die von ihm selbst beschriebene Reise dorthin in das Jahr 1505 fallen. Wie Verfasser aber glaubt, sicher erwiesen zu haben [1]), ist die Schilderung der Reise dorthin nichts weiter als eine dreiste Fälschung. Die Beschreibung von Land und Völkern, der Route, der Gefährten etc. trägt den Stempel der Unwahrheit, selbst manche der Quellen seiner Komposition lassen sich aufdecken.

i) Hohe Werthschätzung der Gewürze im 16. Jahrhundert.

Welche Gründe diese Fälschung veranlassten, ist leicht erkennbar; die Gewürzinseln standen ja zu jener Zeit im Vordergrunde allen Interesses; neben dem Gold waren es doch hauptsächlich die Gewürze [2]), welche die innere Triebfeder bildeten zur Ausrüstung der vielen Expeditionen, die im Beginne des 16. Jahrhunderts und am Schlusse des vorhergehenden den geographischen Horizont Europas mindestens verdoppelten. Derjenige, der von sich sagen durfte, die Gewürzinseln zuerst betreten zu haben, konnte, wenn auch nicht wie mancher Entdecker zu jener Zeit, auf Belohnung mit irdischen Gütern, so doch auf dauernden Ruhm Anspruch erheben.

Diese hohe Werthschätzung der Gewürze übertrug sich sogar, als man die Heimath derselben kennen lernte, auf die Pflanzen und Ursprungsinseln des kostbaren Gewürzes selbst. Es sei hier nur der Passus citirt, den der Portugiese de Barros in seinem berühmten Werke del

---

1) Warburg, Wer ist der Entdecker der Gewürzinseln. Verhandl. d. Gesellsch. f. Erdkunde. Berlin 1896, Heft 2.

2) Welche Rolle in dieser Zeit die Gewürze spielten, zeigt folgende von dem betr. Verfasser mit Citaten belegte Schilderung St. John's in: The Ind. Archipel, its history and present state, London 1853, pag. 118. A rage for spices sprung up in Europe and continued, through the century, to furnish an object for the satirical effusions of the day. The natural flavour of all that is esteemed as delicate or rich was drowned in powerful and pungent spicery, and the tables of the opulent, like the funeral pyres of antiquity, smoked with clouds of fragrance, from hot and perfumed dishes. The cloves, the pepper, and the nutmegs of the East, were indeed in that age the principal, if not the only object of mercantile adventure; an artificial value was confered on these articles of luxury, and the commodities which the companions of Magellan bought at the rate of nearly six hundred pounds for ten yards of good scarlet cloth, worth seven pounds, sold in England at three thousand per cent above their original price.

Asia in den 50er Jahren des 16. Jahrhunderts wiedergiebt (3 Decade, lib. 5, cap. 6)[1]).

„Die Insel Banda gleicht einem Garten von Muskatbäumen, und da diese mit einer Menge wohlriechender Kräuter und Blumen zu gleicher Jahreszeit blühen, so füllen sie die Luft um diese Zeit mit Wohlgegerüchen[2]), mit welchen keine anderen zu vergleichen sind. Wenn die Früchte des Muskatbaumes anfangen zu reifen, kommen Schaaren von Papageien und andere Vögel von dem mannigfachsten Gefieder und Gesang, um sie zu geniessen, und erfreuen das Auge und Ohr des Menschen. In der Mitte der Insel erhebt sich ein Berg, der ziemlich steil ist. Wenn man ihn aber bestiegen hat, befindet man sich oben in einer Ebene, die nicht minder anmuthig ist, als die Gegend am Fuss des Berges."

Noch überschwenglicher ist die weitere Ausführung, welche diese Schilderung am Ende desselben Jahrhunderts (1593) durch Maffei[3]), und im Beginn des folgenden (1603) durch Fray Antonio e San Roman[4]) erhielt.

---

1) Nach der Uebersetzung von Soltau in Gesch. d. Entdeckung u. Eroberung der Portugiesen im Orient 1415—1539 nach de Barros.

2) Schon vorher (1545) berichtet, offenbar nach portugiesischen Quellen, Antonius Musa Brasavola, dass die Portugiesen schon von ferne den Wohlgeruch der Luft merkten.

3) Es heisst in Maffei's Historia Indicarum libri XVI, 1593 (Ausgabe in Leyden 1637, pag. 214): Florent quo tempore ibidem aliae quoque plantae et herbae varij generis e quibus universis mirificus odor incomparabilis cujusdem suavitatis existit. Ubi defloruit, maturescens pomum, paulatim e viridi tum ceruleas luteasque, tum purpureas et igneas trāsit in maculas, quales in arcu coelesti cum voluptate miramur; atque eo tempore psittaci et aliae nobis ignotae aves eximiae pulchritudinis, ad gratissimum cibi pastum advolantes, augent oblectationem, cum folia et fructus et alites ipsae variis colorum picturis in certamen usque luxurient. Hac amoenitate, cum reliquas insulas, tum in primis Bandam conspici affirmant: quippe et maritimum habet tractum sylva felicissima viridantem; et ex insula media mons acclivis attollitur: cuius in ipso vertice lucus eadem et frondium vestitus et frugium copia satis amplum patescit in campum: atque inde splendidi aquarum rivi ad subjectam planitiem irrigandam leni murmure defluunt.

4) Fray Antonio e San Roman, Historia general de la India Oriental 1603 Valladolid, pag. 218; auch er giebt an, dass auf dem Gipfel des Berges grosse Wälder von enormer Ueppigkeit seien; und dass von dem Berge viele Bäche mit sehr schönem Wasser herabflössen, welche die ganze unten liegende Ebene berieselten.

Auch Camoens[1]) widmet in den Lusiaden den Bandainseln eine Strophe

Olha do Bandá asolhas que se esmaltao
da varia cor, que pinta o rosco fruto
as aves, variadas que aly saltao
da verde Noz tomando seu tributo.

Anhang.

A. Die Muskatnuss in der Poesie.

Bei der grossen Rolle, welche die Muskatnuss noch bis weit ins vorige Jahrhundert hinein spielt, ist es kein Wunder, dass auch die Poesie sich ihrer bemächtigte und wir können diesen etwas nüchternen Abschnitt über die ältere Geschichte der Muskatnuss nicht würdiger beschliessen, als indem wir an Dichterworten zeigen, welch einen Eindruck diese Gewürze seit Alters her auf das deutsche Gemüth gemacht haben. Namentlich in der grossen Frühlingszeit deutscher Dichtung im 13. Jahrhundert, als die Muskatnuss noch als kostbare Rarität unbekannter Herkunft aus dem fernen Indien hoch geschätzt wurde, bedienten sich die Dichter derselben, um Gegenden fremdländisches Lokalkolorit zu geben, oder um die Pracht fremder Hofhaltungen anschaulich darzustellen.

So heisst es im Parcival von Wolfram von Eschenbach[2]) Anfang des 13. Jahrhunderts (Ausg. von 1854, Berlin), 790,3.

swâ man ufen teppech trat
cardemom, jeroffel, muscat,
lac gebrochen undr ir fuezen
durch den luft suezen

---

1) Camoëns, Lusiad X. st. 133.

2) Auch im Roman de Fierabras (12. oder 13. Jahrh.) v. 4981 heisst es: Plus floyret doussament que canela muscada. (Raynouard, Lexique Roman, Dict. de la langue des Troubadours IV (1842), pag. 296.) Eine Stelle in Gedichtform aus der Wiener Mervart (Mitte des 13. Jahrh.) findet sich im Abschnitt über die Verwendung der Muskat als Gewürz.

Bei dem gleichzeitig lebenden Albrecht von Halberstadt (Ausgabe von Bartsch 1861 pag. 118, 104 b) heisst es:

Cynaras gewan ein kint
die wart ein maget sinnes blint,
die durch ir unkûsche wart
zeinem boume verkart
der die mirren nu treit.
der boum mûze uns verfeit
nû und iemer mêre sîn
muschât unde zinemín
und der edele wîrouch
mûzen uns verbern ouch
daz icht in disme lande
won fus getâne schande,
daz wir des icht begân
der dô Mirrâ het getân.

In Konrad Flecks Flore und Blanscheflur, ca. 1230 (herausgeg. 1846 von Emil Sommer, Bibliothek der ges. d. Nationalliter., 2076) heisst es

auderhalp zer linken hant
ein wunderboum gepflanzet war
der under bluomen unde gras
touwic über al den tac.
der gap sô guoten gesmac
daz ingeber und negelin
zitwân unde zinemin
galgân unde muscât
sô guotes smackes niht enhât.

In Freidank's Bescheidenheit, wovon die älteste Handschrift aus der Mitte des 13. Jahrhunderts stammt, heisst es (nach Wilhelm Grimm 2. Ausgabe 1860, Vers 23, 1.)

Swer muskât[1]) naeme in den munt
und wider ûz taete ze stunt,
er waere im ê genaeme
und dar nâch widerzaeme.

Im Virginal, der Mitte des 13. Jahrhunderts gedichtet war (nach späterer Bearbeitung herausgegeben von Zupitze, deutsches Helden-

---

[1]) Andere Handschriften sagen muscaden, muschat, mushat, muschaden.

buch v. V, Berlin 1870 pag. 126 Vers 683, 11), heisst es von den Zwergen des Berges

muscât unde negelîn
brâchen sî dir hende vol.

In Konrad von Würzburg's († 1287) Goldener Schmiede kommt (nach Lexer 639) auch schon das Wort muscat-bluome vor.

Im jüngeren Titurel (ca. 1270) heisst es (nach Weinhold's Bruchstücke des jüngeren Titurel in Höpfner und Zacher, Zeitschrift für deutsche Philologie II (1870) pag. 84, Vers 453).

da musten ouch margariten
viel sten und muscatstingel[1])
uf heide breit der witen.
und diner chrou barbigan und zingel

In Hugo von Langensteins Martina (herausgegeben von A. v. Keller, Bibliothek des literar. Vereins in Stuttgart (1856) 38) ist im Kapitel 64 von Weyrauch, Thymian, Myrrhen, Indischer Narde, Aloëholz, Bisam die Rede, dann heisst es (33)

muschat unde zinmint
den armen keine froude gint
ingeber und negillin
wellent och da geste sin
cubebin unde macis
dez sunt ir rechte sin gewis
zitwar unde galgan
sun siv bei der wesin an.
der tiure balsam ist och gar
ein gast der verfluochten schar.

In Heinrichs von Neustadt Apollonius von Gotes Zukunft, Ende des 13. Jahrhunderts (herausgegeben von Joseph Strobl, Wien 1875) heisst es Vers 8501:

---

1) Im gleichen Werk heisst es nach v. d. Hagen in Germania, neues Jahrb. d. Berl. Gesellsch. f. d. Spr.- u. Alterthumskunde v. 8 (1848), pag. 271, bei der Beschreibung eines heidnischen Grabmales, Vers 60, dass daselbst im Garten neben Cedern, Cypressen, Aloë, Mandeln, Prisilie und Akridesse, Myrrhe, Weihrauch etc., auch „muskattatels" wüchsen. Ob dies eine Art Dattel vorstellt; ist unklar, aber nicht unwahrscheinlich, analog den Muskattrauben etc.; oder sollte Muskat hier aus Maskat korrumpirt sein?

hie dishalp wuohs loup unde gras
daz truoc allez muskat pluot,
muskatnegel, wurzen ou gout,
ingwer unde galgân.

In Neidhart (nach einer Handschrift aus dem 14. Jahrhundert, herausgegeben von Haupt 1858) heisst es pag. 208

Siner snûere strangen
tengelut an den orten
da hanget wunder pfeffers an
muscât, negele, pfâwenspiegel.

In der 1. Hälfte des 15. Jahrhunderts nannte sich sogar einer der besseren Meistersänger selbst Mûskatblüt.

Mit der Eröffnung des Seeweges nach Indien verlor natürlich die Muskatnuss ihren Nimbus sehr bald auch für den Dichter, um so näher trat das Gewürz durch den vielfachen Gebrauch der Volksseele. Dies zeigt sich dann auch alsbald in der dichterischen Verwerthung; die Muskatnuss dient jetzt nicht mehr als ausschmückende Staffage, sondern als charakteristisches, repräsentirendes, oft bildlich gedachtes Vergleichsobjekt.

So z. B. finden sich in Grimm's Wörterbuch folgende Stellen:

P. Denaisius bei Opitz pag. 167

wie trauben an den stöcken
wie zimmet und muscat
also thut sich vergleichen
der werde Lingelheim
und die nit hat jhrs gleichen
Agnes die jungfrow rein.

Uhland, Volkslieder, 74[1])

---

1) Unter den Oude Vlaemsche Liederen (herausgeg. v. J. F. Willelms, Gent 1848) findet sich pag. 36, No. XIX, dasselbe Lied als Uitwykelingslied angeblich aus dem 12. oder 13. Jahrhundert, nach dem Inhalte zu urtheilen aber wahrscheinlich viel später, denn im 12. oder 13. Jahrhundert ist Muskatnussgewürz noch nicht als Volksgewürz in flämischen Ländern bekannt gewesen. Da diese Version viel ursprünglicher und weniger sentimental, sei sie hier angeführt, Vers 6

Al vore myn zoeteliefs deure
daer staender twee boomekens klein
en d'eene draegt noten muskaten (frisch over die heiden),
en d'ander draegt nagelen fyn.

In meines bulen garten
da sten zwei beumelein
das ein das tregt muscaten
das andre negelein.
muscaten die sind süsse
die negelein die sind räsz
die gib ich meinem bulen
dass er mein nicht vergess

Ausserordentlich bezeichnend sagt Luther 5 297 a: gleich als wenn das hochgelerte und durchleuchtige, weize vieh, die sewe auf jrem reichstage beschlössen, wir sewe gebieten, das niemand halten sol, das muscaten edle würze sei.

Ferner noch 479 a: was sol einer saw ein muscaten?

Das gleiche Bild findet sich dann noch häufig; so sagt A. Gryphius 1698 I 769: Eine sau fragt nicht nach muscaten.

In B. Waldi's Esop (1548) I 140 steht:

der muskat wird die kuh nicht froh
ir schmeckt vil basz grob haberstro

Im Froschmäusekrieg 2. 2. 2 (5 a):

wie man auch sonst giebt zu errathen
wozu sollen der Kuh muskaten

Im Hauptschlüssel der teutsch. und italien. Sprache (Augsburg 1648) pag. 529 heisst es erklärend: die perlen vor die saw werfen, der kuhe muscaten geben, ist würdig gut ding geben denen so es nit werth sein; es war also offenbar schon vollkommen sprichtwörtlich geworden.

Wir sehen hier, wie weit noch in die Neuzeit die dichterische und volkspoetische Werthschätzung der Muskatnuss hineinreicht.

Die noten die zynder zoo zoete
die nagelen rieken so goed
my vrydt er een ridder verkoren (frisch over die heiden)
een ridder zoo stout en zoo vroed.

Uebrigens hat auch Uhland selbst in seinen Volksliedern I (1844), pag. 72, No. 29, eine andere gefälligere Version gewählt.

Bei meines liebsten Bette, da stond drei beumelein
das ein treit muscatblüt, das ander negelein;
die muscat die ist süsse, die negelein die seind gut
der ein lieben bulen hat, der treit ein frischen freien mut.

In Grimms Wörterbuch findet sich ferner ein charakteristisches Citat erhalten, das in sehr drastischer Weise die Werthschätzung der Muskatnuss noch im vorigen Jahrhundert bezeugt. Kein geringerer als Wieland nämlich sagt: ich fiel der Länge nach hinein (in den Schlamm) und kriegte gleich ein Maul voll, das gewiss nicht nach Muskaten schmeckte, das versichere ich sie.

Es liessen sich zweifellos diese Beispiele auch aus neuester Zeit vermehren, und es würde nicht uninteressant sein, nachzuforschen, ob die in diesem Jahrhundert etwas abnehmende Beliebtheit des Gewürzes sich auch in der Poesie geltend macht. Schon aus den letzten Citaten aber erkennt man, der Nimbus, der in dem grossen Dichterzeitalter des 14. Jahrhunderts unser Aroma umgiebt, ist dauernd dahin; selbst in der Poesie ist das Gewürz von seiner früheren Erhabenheit herabgestiegen; es mag volksthümlicher geworden sein, aber gleichzeitig hat es sich verflacht und vulgarisirt.

B. Historische Entwickelung der Namen für die Macis.

Das Wort macis stammt, wie wir oben sahen, unzweifelhaft aus dem arabischen, indem arabische Kompilatoren wie Serapio, Averrhois im 11. und 12. Jahrhundert es als Synonym für das arabische Wort bisbese anwandten, nachdem es vorher schon für eine andere Droge Anwendung gefunden hatte, nämlich für eine, die mit dem macer der Alten, wohl fälschlich, identifizirt worden war.

Das Wort bedeutet also im Laufe der Geschichte dreierlei

1. Im Alterthum in der Form μάκαϱ, macer bei Dioscorides, Plinius, Galen, die Rinde von *Ailanthus malabarica.*
2. In der früh arabischen Zeit (Rhazes um 900 n. Chr.) die Rinde (Wurzelrinde) von *Holarrhena antidysenterica.*
3. Von der Zeit der arabischen Kompilatoren an (11. Jahrhundert) den Muskatarillus.

In der letzteren Bedeutung verbreitete sich das Wort schnell in Europa, die mir bekannt gewordenen Daten aus dem 11. bis 14. Jahrhundert mögen hier Platz finden.

1. Constantinus Africanus, 11. Jahrhundert, 2. Hälfte.
2. Nikolaus Praepositus, 12. Jahrhundert, 1. Hälfte.
3. Platearius, 12. Jahrhundert, Mitte.
4. Nikolaus Myrepsus, 1222—1255.

5. Jacobus Vitriacus, gest. 1244.
6. Harpestreng, gest. 1244, in der Form matae.
7. Actuarius, 13. Jahrhundert.
8. Thomas Cantiprat, 13. Jahrhundert.
9. Albertus Magnus, gest. 1280, auch in der Form matis.
10. Alphita, 13. Jahrhundert.
11. Hansische Geschichtsquellen, 1287, in den Formen maces, macys, mas.
12. Simon Januensis, 1288–1292.
13. Matthaeus Sylvaticus, 14. Jahrhundert, Anfang.
14. Brügger Handelsverordnung 1304, in der Form machos.
15. Sanuto, 1306.
16. Friar Jordanus, ca. 1330, in der Form mazarus.
17. Megenberg[1]) Buch der Natur, 1350.
18. Compt. du D. Collors Aumale, 1358.
19. Journ. des dép. du R. Jean, 1359, auch in der Form maceys.
20. Testam. v. Jeanne d'Erveux, 1372, macis.
21. The Forme of Cury (engl. Kochbuch), 1390, auch in der Form Macys, maces.
22. Menagier de Paris, 1393, macis.
23. Viandier de Taillerent, 14. Jahrhundert, macis.
24. Colmarer Pflanzenglossar, 14. Jahrhundert, in der Form maca.
25. Nic. Conti, 1419—1448.
26. Two 15th-century Cookery-books, ca. 1425, auch in der Form maces.

Die Portugiesen dagegen bedienten sich beinahe stets etwas abweichender Formen, nämlich maca (Garcia ab Horto 1563), mazza (de Barros 1561), massas (Acosta 1578), massa (Acosta y Sousa 1703), und so auch der von ihnen abhängige holländische Reisende Linschoten (massa), (1592), während schon Heemskerk (1599) und die späteren Holländer die Form macis wieder zu Ehren brachten.

Dass die Macis die Blume des Muskatnussbaumes sei, ist gleichfalls eine alte Anschauung, der wir zuerst in der Mitte des 12. Jahrhunderts begegnen, indem Platearius diese Ansicht zurückweist. Wahrscheinlich um diese Zeit wird der Name Muskatblüthe zuerst aufgekommen

---

[1]) Konrad v. Megenberg macht schon auf eine zweifache Bedeutung des Wortes macis aufmerksam; einerseits bezeichne es den Matzenbaum, der die Mastix liefert (also eine Pistacienart), andererseits die „muskatplüet".

sein, denn schon im 13. Jahrhundert finden wir diese Bezeichnung eingebürgert. Harpestreng, gest. 1244 spricht z. B. von Muscataeblomae.

Die Hanserecesse erwähnen Muscatenblomen, bei Konrad von Würzburg findet sich das Wort muscatbluome, bei Heinrich von Neustadt kommt muskatpluot vor, Jacobus Vitriacus, Thomas Cantiprat und danach auch Albertus Magnus erwähnen, dass die Macis die Blüthe der Muskatnuss sei; dagegen steht in der Alphita schon: Macis non est flos nucis moscatae.

Im 14. Jahrhundert findet sich in Konrad von Megenberg's Buch der Natur muskatplüet, im deutschen Buch von der guten Speise kommt das Wort Muskatblumen vor, in dem Colmarer Pflanzenglossar aus demselben Jahrhundert findet sich sowohl maca (Macis) als auch folium durch muschatenblom erklärt (aber offenbar erst später), im Gothaer mittelniederdeutschen Arzneibuch (14. Jahrhundert) heisst es muscatenblome und daneben muschatenblome. In der Nürnberger Chronik von Ulman Stromer (ca. 1400) kommt das Wort muscatplumen vor (Flückiger Docum. pag. 12). Im selben Jahrhundert sagt selbst der arabische Reisende Ibn Bathouta, dass die Macis die Blüthe der Muskatnuss sei.

Noch im Jahre 1419 sagt der italienische Reisende Conti: Macis ch'e il suo fiore, und weit mehr als ein Jahrhundert später bezeichnet Camoens, vielleicht mehr poetisch, die Macis als secca flor, wenngleich um jene Zeit, wie wir ausführlich sahen, die wahre Natur der Macis schon einigermassen bekannt war. Uebrigens erhielt sich der Ausdruck fior di muscata im Italienischen.

Im Kochbuch von 1559 (Augsburg) findet sich neben Muscatblüt auch oftmals die Form Muscatplüe, Muscatenblüe.

Das Wort blomen, bloymen alleine für Muskatblumen finde ich nirgends mit Sicherheit gebraucht [1]). Wo das Wort vorkommt, bezieht es sich wohl stets auf die sog. Zimmt- oder Cassiablumen, nämlich die unreifen Früchte der Gattung Cinnamomum, darunter auch des echten Ceylonzimmtes, die noch heute, namentlich in Indien und Hinterindien als Drogen bekannt sind. So in der oben angeführten Kölner Ordinancie [2]) van der Dumwagen (14. Jahrhundert), wo bloymen neben muschatenbloymen vorkommen, so noch 1595 in einer Hamburger Rathsverordnung [3]).

---

1) R. Koppmann's gegentheilige Ansicht (Hansische Geschichtsblätter 1874, pag. 157) ist wohl sicher verkehrt.

2) Ennen, Quellen der Geschichte der Stadt Köln.

3) Die ältesten Hamb. Zunftrollen u. Brüderschaftsstatuten, ges. v. O. Rüdiger, Hamb. 1874, pag. 54.

In den Hanserecessen[1]) und dem Dordrechter Zollerlass von 1340[2]) werden sogar ausdrücklich blomen van cancele aufgeführt, ebenso im Viandier[3]) und im Menagier de Paris[4]) (14. Jahrhundert) fleur de canelle.

Schwer dagegen ist das in Holland seit lange allgemein zur Bezeichnung der Macis gebrauchte Wort foeli (sprich fuli) zu erklären. Schon 1563 muss es nach Dodoens Cruydeboek (ed. II pag. 863) ganz eingebürgert gewesen sein; Heemskerk (1599) erwähnt es häufig und schreibt es fouly (v. d. Chys pag. 2), foely (pag. 6) oder fuly (pag. 4), jetzt schreibt man es meist foeli oder foelic. Es wird von holländischen Sprachforschern (vergl. z. B. Verwys en Verdam, Middelnederl. Woordenhoek II 1889) mit dem französischen feuille (ofr. fueille) in Zusammenhang gebracht, und somit von dem lateinischen folium abgeleitet, und der Name würde dann vielleicht von dem blattartigen Aussehen der Macis herkommen (etwa wie unsere Zinnfolie); übrigens bezeichnet das gleiche holländische Wort auch Belag, z. B. von Spiegeln, ferner auch Hut, Dach (z. B. Laubdach); es könnte demnach als Belag oder Dach, Hut der Muskatnuss aufgefasst werden, jedoch ist diese Erklärung gesucht, und der Name vielleicht auch älter als die Kenntniss der Lagerung der Macis im Verhältniss zur Nuss. Denn es lässt sich nicht leugnen, dass ein identisches oder sehr ähnliches Wort foelge, fuelghe schon sicher im 14. Jahrhundert gebraucht wurde. So in dem Dordrechter Zollerlass des Jahres 1340[5]), wonach jeder Ballen Saffran, Ingwer, Pfeffer, Kaneel, Galgant, Zimmtblumen, Zittwer, Foelghen, Kubeben, Muscaten etc. 12 Pfg. Holl. zu bezahlen hatte. Zwar ist die Möglichkeit nicht ausgeschlossen, dass das Wort foelghe nur ein Synonym ist von dem im Mittelalter häufig erwähnten folium[6]), einer Droge, die schon bei Paulus Aegineta im 7. Jahrhundert vorkommt, und (auch unter dem Namen Folia Indi und Folia Malabathri) namentlich als magenstärkendes und schweisstreibendes Mittel bis zum Schluss des Mittelalters eine grosse Rolle spielte, so dass

---

1) Hanserecesse I, 2, No. 209.

2) Mieris, Groot Charterboek d. Grav. v. Holland II, pag. 637.

3) Viandier, pag. 34.

4) Menagier II, pag. 248.

5) Höhlbaum, Hansisch. Urkundenbuch III, pag. 419 (624), auch Mieris Groot Charterboek der Graven van Holland II, pag. 637.

6) cf. Watt, Dictionary of Econom. Prod. of India II, pag. 321, Flückiger, Pharmacogn. 564; Heyd, Levantehandel; vor allem aber mit Abbildung in Garcia ab Horto, Aromatum et simplic. ind. historia ed. Clusius, pag. 98, auch abgedruckt in Clusius Exotic. libr. I, pag. 177. Auch die Blätter des Nelkenbaumes kamen im Mittelalter bis zum 16. Jahrhundert in den Handel, als feilles de Giroffle schon 1180 (Tarif von Accon), (Flückiger, Pharmacogn. pag. 762 und nota).

noch Garcia ab Horto (1567) dieser Droge einen ganzen Abschnitt widmet, (man hält sie für die Blätter von Cinnamomum Tamala Nees): aber alle anderen angeführten Waaren des erwähnten Dordrechter Zollerlasses bezeichnen Gewürze, und es wäre seltsam, wenn sich eine sogar ballenweise verkaufte medizinische Droge darunter verirren sollte, und dann würde auch die macis völlig fehlen. Ferner findet sich auch das Wort folium[1]) in dem französischen Kochbuch Traité de cuisine aus dem Jahre 1306, und da kann es wohl kaum etwas anderes bedeuten, als die Macis; endlich findet sich im Colmarer Pflanzenglossar aus dem 14. Jahrhundert auch schon das Wort folium mit muscatenblom glossirt.

Wir sehen also, schon im 14. Jahrhundert muss das Wort folium zwei verschiedene Dinge bezeichnet haben, nämlich einerseits die Blätter einer ostindischen Cinnamomumart, andererseits die Macis; letztere Bedeutung ist offenbar die spätere und übertragenere[2]) (vielleicht von einer sehr äusserlichen Aehnlichkeit?), denn die Macis wurde wohl ehemals für eine Rinde, auch für eine Blüthe oder für einen Fruchttheil gehalten, nirgends aber geradezu für ein Blatt[3]), wenn gleich, wie wir sahen, schon Avicenna die Blattähnlichkeit hervorhebt und bei Cantiprat (13. Jahrhundert) schon einige Unklarheit herrscht. Andererseits finde ich in Ludovici's Akademie der Kaufleute IV (1797), pag. 1176 die Angabe, dass das Wort foelie portugiesisch sei, und so viel wie Blüthe bezeichne; woher diese

---

1) Traité de cuisine écrit vers 1306, von dem Herausgeber Douet-d'Arcq wird es freilich mit Folium indum (nach Pomet) identifizirt.

2) In Verwys en Verdams Middelnederl. Woordenboek Bd. V, pag. 330, finde ich folgendes Citat aus dem Inventar v. Brügge, vom Jahre 1417, ed. Gilliots van Severen 5, 195, „van finen goude, van zesse zelvere pappiere, van goudiner foelge, van groener folge", jedoch zeigt der Zusammenhang, dass hiermit zwei verschiedene Malerfarben gemeint sein müssen; ebenso ist dies der Fall mit einem anderen dort erwähnten Citat von foelge, gleichfalls aus dem Inventar von Brügge 1440.

3) Eine andere Erklärung, die mir früher wahrscheinlicher zu sein schien, die ich aber jetzt aufgegeben habe, möchte ich doch wenigstens hier zur Diskussion stellen; nämlich die Ableitung von dem indischen Worte „phul" = Blüthe; hier würde es vor allem darauf ankommen, wann zuerst dies Wort foelie für die Macis gebraucht worden ist; falls vor Entdeckung des Seeweges nach Indien, wie wir eben nachgewiesen zu haben glauben, so ist diese Erklärung so gut wie ausgeschlossen; falls nachher, so spricht manches dafür. Da nämlich die Macis schon lange vorher in Europa als Muskatblüthe bezeichnet wurde, und die portugiesischen Seeleute jener Zeit, welche die Gewürzinseln besuchten, sich meist lange in Vorderindien aufzuhalten pflegten, und auch mit indischen Kaufleuten und Schiffern viel zu thun hatten, so wäre es leicht erklärlich, wenn sie sich im Verkehr mit ihnen des Wortes phul für Muskatblüthe bedient hätten, und gerade die irrthümliche Angabe von Garcia ab Horto (1563), übernommen von Acosta (1576) und Linschoten, dass die Inder die Macis Jai phul nennen, mag vielleicht hiermit zusammenhängen.

Angabe stammt, weiss ich nicht; in neuen portugiesischen Wörterbüchern finde ich den Namen nicht aufgeführt. Bestätigt sich aber diese Angabe, so wäre die Frage so gut wie gelöst; denn wie wir eben sahen, spricht schon Harpestreng im 13. Jahrhundert von Muscataeblomae; also wäre nichts Auffallendes dabei, wenn gleichzeitig ein ähnliches portugiesisches Wort aufgekommen wäre, welches dann ins Holländische übertragen wurde.

C. Historische Entwickelung der Namen für die Muskatnuss.

Wir sahen, dass *κάρυον ἀρωματικόν* (Simeon Seth[1]) 1078) die ältere Bezeichnung für die Muskatnuss in Europa gewesen ist, und dass sich bei Myrepsus[2]) (Mitte des 13. Jahrhunderts) das Wort *μοσκοκάρυδον, κάρυον μυρεψικόν*, und in den Glossae Jatricae[3]), *νάς μυριτζικά*[4]), *μοσχοκάριδα* findet. Ebenso tritt das Wort myristica schon um dieselbe Zeit auf, z. B. in dem oben erwähnten Gedicht von Petrus d'Ebulo 1191, ferner bei Actuarius (1270) und auch bei Myrepsus.

Früher noch erscheint das Wort muscata; so z. B. in der 2. Hälfte des 11. Jahrhunderts bei Constantinus Africanus als nux muscata.

Im 12. Jahrhundert mehren sich die Angaben; so bei Nicolaus Präpositus (1. Hälfte), bei Platearius (Mitte), bei der heiligen Hildegard (Mitte); auch in der erwähnten Notiz der genuesischen Kaufleute (1158).

Im 13. Jahrhundert mehren sich die Angaben beträchtlich, so z. B. findet sich das Wort nux muscata in den Festspielen von Treviso (1214) bei Thomas Cantiprat, bei Albertus Magnus, bei Simon Januensis und Matthaeus sylvaticus; in der Alphita als nux moscata.

In dieser Zeit finden sich dann auch schon die verschiedenen Variationen des Wortes in den verschiedenen Sprachen, muscat findet sich vor allen in der Poesie, so im Parcival, bei Fleck, im Freidank (muskat), Virginal, bei Neidhart, auch im Roman von Fierabras;

---

1) Volumen de aliment. Ausg. v. Paris (1658), 8°, pag. 55.

2) de antidotis c. 66, sowie sect 1 cap. 20 et alibi saepe, e Ducange Gloss. med. et. inf. graecitat. I, pag. 958.

3) M. S. S. ex. Cod. Reg. 1673, Ducange l. c.

4) Ueber die Uebersetzung dieses Wortes in Nux mirifica siehe oben; auch nux unguentaria (lat. Ausgabe des Actuarius) dürfte vielleicht eine Uebersetzung des gleichen griechischen Wortes sein.

natürlich tritt diese Form auch in den nächsten Jahrhunderten stets in Erscheinung, hat aber Allgemeingeltung erst in der Neuzeit erlangt. muschatas findet sich in der Kölner Handelsverordnung von 1259; muschat tritt im 13. Jahrhundert spärlich auf, A. v. Halberstadt (muschât), Wiener mervart (muschäte); häufiger wird es im 14. Jahrhundert, so z. B. im niederdeutschen Arzneibuch (muschate, musschaten muscaten), in der Lüneburger Hochzeitsverordnung (muschaten); bei K. v. Megenberg (Buch der Natur) findet sich muschat (neben muskat, muscat, musskaten, muskatnuz), in der Dordrechter Zollverordnung von 1358 (moschaten) etc. im Hamburger Handlungsbuch von 1368 (muschathae), im Gothaer mittelniederdeutschen Arzneibuch (vom 14. Jahrhundert) neben einander muscaten und muschaten.

Allmählich entwickelten sich hieraus auch Formen im Niederdeutschen wie meschat-nät[1]), beschaten-nät, in Oldenburg[2]). Ebenso kommt im Hochdeutschen die Form Buskaten vor[3]). Woher aber der Ausdruck „Mäuseblumen" abstammt, der 1638 im Küchenzettel für die Hof- und Herrentafel zu Berlin im Verein mit Hammelzungen Erwähnung findet, und der nach Volz (Beiträge zur Kulturgeschichte pag. 313) Muskat bedeutet, ist unklar, vielleicht ist es eine Korrumpirung des Wortes „muskatblumen".

In romanischen Ländern war die Entwickelung des Namens eine etwas andere.

1180 findet sich im Tarif von Akkon noch nois mouscades.

1240 bei Jac. Vitriacus (Jacque de Vitry) noix muscade.

1282 ist in Marseille von muscardes die Rede.

1295 heisst es bei Marco Polo noci moschiate.

1204 heisst es in der Handelsverordnung von Brügge noix de muscate.

Während des 14.[4]) Jahrhunderts scheint dann die Umwandlung in musguette, muguette, mugete, migate, migatte vor sich gegangen zu sein.

---

[1]) K. Schiller, Zum Thier- und Kräuterbuch des mecklenburgischen Volkes (Schwerin 1861).

[2]) Goldschmidt Volksmedizin, pag. 106, nach K. Schiller l. c.

[3]) Aus e. Augsburger Rechnung vom Jahre 1571 (Fischer, Gesch. des Handels, IV, 777, aus K. Schiller l. c.).

[4]) Es findet sich in den Hansischen Geschichtsquellen Bd. VI, pag. 8, das Wort note mugete sogar schon im Jahre 1287 erwähnt; es ist demnach möglicherweise ursprünglich vielleicht gar keine französische Umbildung, sondern eine altenglische.

1358 heisst es in den Comptes de D. Collors pag. 83. D. d'Aumale Noix mugetes.

1359 steht im Journ. des dép. du R. Jean (Douet d'Arcq. Compt. de l'argent pag. 219) Noiz mugueites.

1363 Invent. du duc de Norm. (Laborde notices des Emaux II, pag. 405) noix muguete.

1380 Laborde Notices des Emaux I, pag. 405 noix muguette, noix musguette.

1389 Invent. de Rich. Picque pag. 75 Biblioph. fr. noix muguettes.

1393 Le Menagier de Paris, noix muguette.

14. Jahrhundert. Le Viandier, nois (noys) mugaites, nois gugaites.

1467 Duc de Bourg. N. 2755 (Laborde Notices des Em. II pag. 405) nois muguecte.

1470 Reg. mun.; Arch. Montbéliard (Godefroy Dict. de l'anc. lang. franc.) noix migate, migatte.

Dass die gleiche Form sich auch im englischen eingebürgert hat, zeigt das Kochbuch „The Forme of Cury" 1380, dort findet sich noiez mugedez, ferner Two 15. century Cookery books (im zweiten 1439 geschriebenen) note-mygez. Auch im italienischen kommt das Wort mughetto vor, während im neuprovencialischen das Wort mugue merkwürdigerweise eine Hyacinthe bedeutet[1]) (offenbar gleichfalls wegen des starken Duftes; = muscatus = musqué).

Alle diese Formen haben sich aber nicht erhalten, im 16. Jahrhundert kehrte man allgemein in Frankreich wieder zu den ursprünglicberen Formen noix muscades zurück, wohl durch die grössere internationale Annäherung der humanistischen Zeit dazu veranlasst, und seitdem herrscht dort der Ausdruck noix muscade ganz allgemein, während sich umgekehrt in England die Umbildung noiez mugedez, notemygez sich weiter entwickelt hat zu nutmeg.

---

[1]) Scheler, Dictionnaire d'étymologie française; nach La Curne de St. Palaye, Diction. de l'ancienne lang. franc. 7 findet sich auch Muguette durch glande übersetzt (Muguette de mouton). Ein ganz anderes Wort ist mugueter 1. = faire la cour, 2. = conter fleurettes, 3. = rechercher.

II. Produktionsgebiete der Muskatnüsse und Macis.

a) Die Banda-Inseln als Hauptproduktionsgebiet.

1. Die Banda-Inseln als Heimath der Muskatnüsse bis zur definitiven Unterjochung derselben durch die Niederländer 1621.

α) Ueberblick über die geographische Lage der Inseln.

Da die Banda-Inseln, die eigentliche Heimath der Muskatnuss, dauernd den Schauplatz der meisten Begebenheiten darstellen, die mit der Muskatkultur zusammenhängen, und daher, um die Ereignisse zu verstehen, eine Kenntniss der Gruppirung, Lage und Beschaffenheit der Inseln unerlässlich ist, so wollen wir hier einen kurzen geographischen Ueberblick über die Bandagruppe geben.

Die Banda-Inseln, Pulo oder Nusa-Banda[1]) bilden eine ausserordentlich kleine Inselgruppe der östlichen Molukken, etwa 15 geographische Meilen südlich von Ceram in der sog. Bandasee gelegen, d. h. die Stadt Neira, der Mittelpunkt des ganzen Bandasystems, in 4° 32 s. B. und 129° 53′ ö. L.[2]). Es sind 6 etwas grössere und 4—5 sehr kleine, zum Theil minimale Inselchen, die insgesammt nur ein Areal von ca. 44 qkm, also noch keine geographische Quadratmeile bedecken[3]); obgleich selbst

---

1) Pulo und Nusa ist javanisch-malayisch, beides bedeutet Insel, Banda (eigentlich Bandan) ist wahrscheinlich javanisch und bedeutet „verbunden, vereinigt", ev. aber indisch und bedeutet dann „Wohlstand".

2) Nach andern Angaben steht der Flaggenstock auf dem Fort Belgica 4° 50′ s. Br., 129° 59′ 30 ö. L.

3) Nach einer anderen wohl ungenaueren Angabe bedecken sie ein Areal von 17 □ Seemeilen, also ein klein wenig mehr als eine geographische Quadratmeile.

dies kleine Areal nicht einmal völlig[1]) mit Muskatpflanzungen bedeckt ist, so liefern sie doch selbst heute noch den grösseren Theil aller in den Handel kommenden Muskatnüsse.

Die inneren Inseln der Banda-Gruppe.

Lontor. Die grösste Insel der Gruppe ist Lontor[2]) (auch Lonthoir geschrieben) oder Groot-Banda (Gross-Banda). Sie hat eine unregel-

---

1) Nach Earl, Journ. Ind. Archip. IV (1850) nur zur Hälfte, jetzt zweifellos ein bedeutend grösserer Theil, etwa ³/₄.

Valentijns Angabe, dass zu seiner Zeit kein Stück Land überhaupt unbepflanzt war, ist zweifellos übertrieben, jedenfalls stimmt damit schlecht, dass die Ernten damals nur halb so gross waren wie jetzt, selbst dann nicht, wenn man für geschmuggelte Nüsse grosse Quantitäten in Rechnung setzt. Rhun und Rosengain waren damals ja zweifellos wüste Inseln, sie kommen aber auch heute noch für die Gewürzproduktion nur wenig in Betracht.

2) Lontar ist sanskrit und javanisch und bezeichnet die Palmyrapalme (Borassus flabellifer L.).

mässig halbmondförmige Gestalt, und zwar liegt die konkave Seite nach Nordwesten zu, indem das östliche Horn nach Norden, das westliche dagegen nach Westen gerichtet ist. Die grösste Entfernung zwischen den beiden Spitzen beträgt 11 Kilometer, während die grösste Breite etwa 3 Kilometer misst[1]).

In der Verlängerung des von der Insel Lontor gebildeten Bogens liegen nach Norden zu die kleinen, unbedeutenden Inselchen Pulo Pisang (d. h. Bananeninsel, wegen der dortigen Bananenpflanzungen) und Pulo Kappal (d. h. Schiffsinsel[2]), da sie einem umgestürzten Schiffe ähnlich sieht), die mit der Hauptinsel Lontor verbunden, den Inselbogen zu einem Halbkreis ausgestalten würden. Pulo Pisang. Pulo Kappal.

Innerhalb dieses Halbkreises nun befinden sich noch mehrere Inseln. Westlich vom Mittelpunkt liegt die berüchtigte Vulkaninsel Gunong Api (d. h. Feuerberg), die etwa 3 Kilometer lang und nicht ganz so breit ist, und nur durch eine schmale Strasse, das sog. Lontor-gat, von der Hauptinsel geschieden ist. Oestlich vom Mittelpunkt dagegen, durch das schmale, etwas bogenförmige Zonnegat (Sonnenstrasse) von der Vulkaninsel geschieden, und von dort durch 10 Minuten langes Rudern zu erreichen, liegt die wichtige gebirgige Insel Neira (d. h. Palmwein-Insel) oder Klein-Banda; der nördlichen Spitze Neiras ist noch ein ganz kleines unbedeutendes Felseninselchen, Pulo-Kra(k)ka oder Karakka (d. h. Fraueninsel, holländisch Vrouweneiland) vorgelagert. Neira ist etwa 3 Kilometer lang, und halb so breit, von Norden nach Süden gestreckt; durch das in 15 Minuten Ruderns zu durchquerende Celammegat ist Neira von Lontor geschieden, dagegen von Pulo Kappal und Pisang etwa 1 Stunde Ruderns entfernt. Gunong Api. Neira. Pulo Krakka.

Ausserhalb des von Lontor, Kappal und Pisang gebildeten Bogens liegen nun noch einige andere Inseln.

Die kleine unbedeutende Felsen-Insel Swangi (Soewangi), d. h. Zauber- oder Geisterinsel[3]) liegt 10 geographische Minuten nordwestlich von der Vulkaninsel und ist in 4 Stunden Ruderns von Neira erreichbar. Wichtig Pulo Swangi.

---

1) Nach Dassen ist Lontor $2\frac{1}{2}$ Meilen lang, $\frac{1}{2}$ Meile breit, nach Low 9 miles lang, bis $2\frac{1}{2}$ miles breit, nach v. d. Capellen geht man 3 Stunden von einem Ende zum andern.

2) Das Wort Kappal bedeutet javanisch (aus dem Telinga übernommen) Schiff, in der malayischen Sprache dagegen Pferd.

3) Barchewitz, abgedruckt in Worm, Ost-Ind. und Persian. Reisen 1709, 2 Aufl. 1745, pag. 631, sagt: Wann die Bandaneser bey Polo Swangi fischen, sehen sie am hellen Tage Menschen darauf, Feuer, Rauch, da es doch nichts ist, daher sie ihr den Namen der Insel der bösen Geister gegeben.

Ay. hingegen sind folgende drei Inseln: 1. die Insel Ay (Way, Ai), d. h. Wasserinsel, sie liegt 4 geographische Minuten genau westlich von der Rhun. Vulkaninsel; 2. die Insel Rhun (Run oder Ron genannt), d. h. Kammerinsel, sie liegt 8 geographische Minuten westlich von Lontor, $3^1/_2$ Minuten Rosengain. westsüdwestlich von Ay; 3. die Insel Rosengain[1]), sie ist $3^1/_2$ geographische Minuten von der Südostecke Lontors entfernt. Von der Hauptstadt auf Neira ist Rosengain in einer Stunde, Ay in zwei Stunden, Rhun in drei Stunden Ruderns erreichbar. Alle diese 3 Inseln sind relativ niedrig, d. h. ohne höhere Gebirgszüge und sämmtlich etwas kleiner als die Vulkaninsel, aber grösser als Neira; Rhun ist die grösste, Rosengain die kleinste derselben; der letzteren ist weit aussen noch ein Riff vorgelagert, das sogenannte Riff von Rosengain, während nördlich von Rhun ein ganz kleines Sandinselchen Nailaka hervorragt, welches bei Ebbe fast mit Rhun verbunden ist, und nur deshalb erwähnt werden muss, weil es durch die Besetzung seitens der Engländer in der Geschichte Bandas eine Zeit lang eine wichtige Rolle gespielt hat.

Alle diese Ausseninseln lassen sich als Bruchstücke zweier mit dem Lontorbogen konzentrischer Kreise auffassen, der innere würde Ay und Rosengain, der äussere Rhun und das Riff von Rosengain umfassen; zweifellos gehören auch diese Inseln zu dem vulkanischen Erhebungssystem, dessen theilweise eingestürzte Kraterwand von Lontor, Pisang und Kappal gebildet wird, während Neira als Bruchstück eines früheren Eruptionskegels, Gunong Api als noch heute thätiger Eruptionskegel zu betrachten ist.

β) Zustände auf Banda vor Ankunft der Europäer.

Bevor wir die Ereignisse besprechen, welche diese Inseln europäischer Zwingherrschaft unterwarfen, müssen wir auch noch einen Blick auf die frühere Zeit werfen, in der die ursprüngliche Bevölkerung frei und unabhängig war.

Beschreibung und Kultur der alten Bandanesen. Nach de Barros[2]) besass das Volk dunkle Hautfarbe und straffes Haar und hatte den schlechtesten Ruf in jenen Gegenden; es waren Mohammedaner und zwar waren sie sehr dem Handel zugethan, während

1) Nach Crawfurd kommt das Wort vielleicht von dem javanischen „roso" = Stärke und „langgäng" = fest, sicher, da die Insel nach de Barros Rosolanguin heisst; eine andere, wenig wahrscheinliche Erklärung ist die, dass das Wort aus saranguni entstanden sei. Pigafetta nennt sie schon Rasoghin.

2) De Barros, Da Asia Dec. III, lib. 5, cap. 6.

die Frauen die Feldarbeit verrichteten; sie hatten keine Könige, sondern ihre Regierung beschränkte sich auf den Rath der Alten, und da dieser oft verschieden lautete, so gab es viel Streitigkeiten. Das Land hatte keinen anderen Export als Muskatnüsse, und war ganz angefüllt mit Muskatbäumen, ohne dass sie von irgend Jemand gepflanzt wurden[1]; diese Muskatwälder waren aber nicht in erblichem Besitz, sondern gehörten dem ganzen Volke[2]; Juni und September waren die Monate der Ernte, die Bezirke wurden dann den einzelnen Dörfern angewiesen und derjenige, welcher am meisten sammelte, hatte den grössten Verdienst.

Nach Maffei[3] besass das Volk dagegen eine bronzene (aeneo) Färbung und loses Haar (fuso capillo); es besitzt kräftige Glieder und ist trotzigen Sinnes[4] (feritas animi). Die Männer treiben Handel, die Frauen Ackerbau. Ohne König leben sie nach eigenen Institutionen und Riten, und zur Berathung wenden sie sich an den Rath der Alten; was den Gottesdienst betrifft, so sind es Anhänger des ihnen von aussen zugeführten Mohammedanismus.

Es geht zweifellos aus diesen Beschreibungen hervor, dass die derzeitigen Eingeborenen eine relativ hohe Kulturstufe inne hatten; die Straffhaarigkeit und die bronzene Färbung spricht dafür, dass es eine ziemlich reine malayische Rasse gewesen ist, die offenbar aus dem Westen des Archipels durch Einwanderung nach Banda gelangt sein muss, da die ursprüngliche Bevölkerung jenes östlichsten Theiles des malayischen

---

1) Matthiolus (1565) erwähnt gleichfalls, dass die Bäume ohne Kultur allein durch die Natur ihre Früchte tragen, die alle Gemeineigenthum seien, so dass jeder möglichst viel sammle; vielleicht schöpft er nur aus de Barros. Ebenso sagt Durante (Herbario novo 1617 Venetiae, 1. Ausgabe aber 1585), dass die Bauern ihre Muskatnüsse nach Belieben sammeln, da die Bäume Gemeineigenthum sind.

2) Hiergegen spricht freilich eine Notiz von Faria y Sousa, Asia portuguesa, I, 203 (angeführt in v. Kampen l. c., pag. 80), nach der die Eingeborenen genau wissen, welche Bäume ihnen gehören, ob sie durch Kauf, Schuld, Pfand, Vererbung in ihren Besitz gekommen sind, und mit wem zugleich sie pflücken dürfen.

3) Maffei, Histor. Indicar. libri XVI 1593 (Ausg. v. Leyden 1637, pag. 214).

4) Linschoten, der Ende des 16. Jahrhunderts, die Inseln besuchte; meldet (Hakluyt soc. I, pag. 115), dass es gefährlich sei daselbst zu landen, man thue gut, umgekehrt die Insulaner an Bord kommen zu lassen, denn es sei ihnen nicht zu trauen; so sei z. B. ein Kapitän seiner Bekanntschaft, der sich an's Land wagte, gefangen genommen, und zwei Jahre elendiglich festgehalten, bis er ausgelöst wurde. Offenbar hängt dies aber mit dem Misstrauen der Eingeborenen gegen die Portugiesen zusammen, die sie ja vertrieben hatten und nicht an's Land kommen sollten. Die ersten Portugiesen sowohl, wie auch später die ersten Holländer, wurden nach den Berichten sehr freundlich aufgenommen; dass sie aber später beide Völker tödtlich hassten, ist ihnen nicht zu verdenken.

Archipels vermuthlich aus mehr oder weniger krausköpfigen, dunklen, mit den Papuas verwandten Stämmen bestanden haben wird. Es wird zwar behauptet, dass die alten Bandanesen die Nachkommen von Verbannten und geflüchteten Sklaven, hauptsächlich aus Ceram, Key, Aru, Timor, Solor, Buton, Tenimber etc. gewesen seien [1]; doch ist diese von den Holländern quasi zur Entschuldigung oder Beschönigung ihres Ausrottungskrieges aufgestellte Theorie wenig glaubhaft, da das straffe Haar, die Hautfarbe, das Aussehen der noch lebenden Nachkommen auf Key, vor allem aber ihre gesitteten Institutionen dagegen sprechen. Natürlich mögen manche Verbannten und Sklaven benachbarter Inseln sich dorthin gerettet und daselbst Anschluss gefunden haben. Uebrigens stammen diese und die folgenden Notizen aus einer zwischen 1633—39 geschriebenen holländischen Handschrift [2], also aus einer Zeit, in der sich die ursprünglichen Zustände durch den Handel von 150 Jahren durchaus geändert haben können.

Soziale Einrichtungen.

Namentlich die sozialen Einrichtungen zeigen eine relativ hohe Ausbildung. Während es um 1500 noch vier Könige gab, deren Gebiete Labetakka, Celamme, Wayer und Rosengain waren, so verloren dieselben im Beginn des 16. Jahrhunderts ihre Macht, behielten aber einen Ehrenplatz in den Versammlungen. Noch im Jahre 1610 lebten die Nachkommen dieser Königsfamilien in Banda, hatten aber nicht mehr Macht als die anderen Orang-kajas auch. Diese, die man als die Patrizier bezeichnen kann, hatten mit den mohammedanischen Priestern zusammen die höchste Macht inne, jedoch nur so, dass ihre Entscheidungen der Bestätigung der sich unter einem Baum versammelnden freien Bürger bedurften. Namentlich der Sjabandar, der die Handelssachen zu regeln hatte, mit den fremden Schiffern wegen des Ankergeldes verhandelte etc., war von besonderem Einfluss. Jedes Dorf stellte so eine kleine Republik dar; in Lontor wurden dagegen unter einem bestimmten Baum die grossen, allgemeinen Angelegenheiten verhandelt, wobei die Vornehmen auf einer Bank Platz nahmen. Hier war auch zweimal wöchentlich grosser Markt, zu welchem Zweck Maasse und Gewichte von besonderen Beamten geprüft wurden.

Religion.

Auch die schnelle Annahme des Mohammedanismus spricht für regere Geistesanlagen, denn nur die vorgeschritteneren Völker des Archipels

---

1) De Molukschen eilanden. Tijdschr. Ned. Ind. 1856, I, pag. 77.

2) Mitgetheilt von Leupe, Beschrijv. van de Eylanden Banda, v. d. Molucse eiland en van de westkust v. Sumatra in Bijdr. Taal-, Land- en Volkenk. III (1855), pag. 73.

wandten sich diesem neuen Glauben alsbald zu, und auch heute haben viele unkultivirte Stämme des Archipels noch immer nicht diesen Glauben angenommen.

Kriegerische Tüchtigkeit.

Dass die Bewohner Bandas auch im Kriegshandwerk bewandert waren, zeigen die späteren Kämpfe gegen die Portugiesen und Holländer, namentlich wird in der holländischen Reisebeschreibung 1598/1600 wiederholt betont, wie geübt sie seien im Speerwerfen und Säbelkampf etc. Sie besassen $1^1/_2$ Faden lange Spiesse aus hartem Holz, und jeder trug zwei davon; nachdem diese verworfen waren, gingen sie mit Säbeln und Schilden vor, letztere waren 4 Fuss lang, zum Aufsetzen auf die Erde, die schweren Säbel hiessen Padang und waren mit zinnbelegten Handgriffen versehen; einige hatten damals auch schon Gewehre, andere trugen mit Paradiesvögeln gezierte Sturmhüte, die bei ihnen als schusssicher galten, die Edelleute besassen auch Harnische (Korselets), auch Schiffshaken an Stangen und dünnen Tauen wurden im Krieg verwandt, sie wurden gegen die Feinde geschleudert und dann angezogen; ja ihre Schiffe (Galeeren) scheinen wenigstens um 1600 sogar schon kleine Geschütze (Rohre und metallene Büchsen) geführt zu haben.

Einigkeit gegen aussen.

Ein bemerkenswerthes Zeichen hoher Kultur ist aber zweifellos die Einigkeit, mit der die Banda-Insulaner, obgleich selbst fortwährend durch kleine Fehden entzweit, und in zwei grosse Verbände[1]) gespalten, die sich hier wie auch sonst auf den Molukken oeli lima und oeli siwa (5-Bund und 9-Bund) nannten, sich doch gemeinsam gegen äussere Feinde und Unterdrücker wandten, sowohl gegen die Portugiesen wie gegen die Niederländer.

Gewürzhandel.

Banda bildete nicht nur ein Haupt-Produktionsort für Muskatnüsse und Macis, sondern sogar auch ein Emporium für die Nelken der nördlichen Molukken, mit welchen Inseln die Bandanesen einen regen Handel trieben; wir wissen, dass schon 1465[2]) verschiedene Bandanesen in Ternate waren.

Produktions-Monopol für Muskat.

Selbst Monopolverträge waren den Bandanesen nicht unbekannt. Nach Rumph[3]) wenigstens „scheinet es fast, dass schon vor langen Zeiten eine sonderliche Verständnus zwischen den Einwohnern auf

1) Es gab auf Lontor 12—14 Ortschaften, auf Ai und Rhun 2, auf Rosengain 3. Orantatte (Oertatan) war stets neutral, und hier wurde auch über Friedenschluss verhandelt.

2) De Moluksche eilanden. Tijdsch. Ned. Indie 1856, I, pag. 77; Valentijn, Bandasche Zaken, pag. 73.

3) Valentini, Materialkammer, Ostindian. Sendschreib. pag. 85.

Banda und dieser Provintz (Ambon) gewesen sey, dass nemlich die von Banda sich mit keinen Nägelein und die von Amboina sich mit keinen Muskat-Nüssen bemühen und beladen sollten, nicht ohne Raison vorgebende, dass Gott einer jedwedern Insul ihre besondere Gabe und Einkommen gegeben habe, wormit sie zufrieden seyn müsste." Auch das wäre eine deutlicher Beweis für eine schon höhere Kultur.

Monopole der einzelnen Ortschaften.

Ebenso hatten auch die einzelnen Inseln jede ihre besonderen Rechte[1]), ja sogar die einzelnen Ortschaften und Städte. Labetakka mit seinen drei Ortschaften (d. h. der nördliche Theil der jetzigen Insel Neira) hatte die grosse Fischerei inne, Neira mit seinen drei Ortschaften (d. h. der südliche Theil der Insel) machte Kupferdraht zu Haken und durfte allein nach Thulello (nach Valentijn ist vielleicht Tamboeko gemeint) fahren, um Buschmesser und Schwerter zu erhandeln. Die Leute von Lontor hatten zwar keine Vorrechte, waren aber besonders stark in der Schifffahrt, und fuhren mit ihren Dschunken nach Makassar, Java, Malakka, Patani, Pentang etc., was sie freilich 1610 nicht mehr besonders viel thatcn. Die Leute von Hammet, die sehr viel Muskatbäume besassen und auch Oel aus den Nüssen destillirten, fuhren wie auch die von Sammer (Samar) und Orontatte (Oertatan) mit grossen Prau's nach der Südoster-Insel Tenimber, um dort Sklaven, Schildpat, Reis, Bohnen, Ziegen einzukaufen; während die Leute von Celamme, Wayer und Oudendenner (Dender), also die Ortschaften von Ost-Lontor, nach den Key- und Aru-Inseln fuhren, wo sie auch, da dort das beste Holz ist, ihre grossen Dschunken und Prau's verfertigten, womit sie ganz Banda versahen. Auch Ay trieb dorthin Handel, aber auch nach Ambon, des Sagos wegen; auch hatte diese Insel das Privileg Säcke und Matten zu machen, da sie im Besitz der meisten Blätter dazu (d. h. wohl von Pandanus) war. Die Leute von Rhun trieben Handel nach denselben Orten wie Ay, daneben aber machten und verkauften sie sämmtliches Kokosöl auf der Gruppe, da sie die meisten Kokos-Palmen besassen, auch verfertigten sie einige Säcke und Matten. Die Leute von Rosengain fuhren nach Key und Goram, um Sago zu erhandeln, und verfertigten aus einem sehr guten Lehm ihrer Insel Ziegelsteine sowie allerlei Töpfe, die sie nach Ceram, Goram, Key, Aru, Banda und Ambon verkauften.

An Früchten[2]) gab es 1607 auf den Bandainseln neben Kokos und

---

[1]) Das Manuskript, worauf sich wohl auch Valentijn stützt, findet sich, von Leupe herausgegeben, in den Bijdrag. tot de Taal-, Land- en Volkenk. v. Nederl. Indie. III, (1855), pag. 73 ff.

[2]) Nach P. van Soldt cf. Van der Chijs, De Vestiging van het Nederl. Gezag over de Banda Eilanden 1886, pag. 29.

Bananen noch Orangen, Durian (Durio zibethinus) und Nangka (Artocarpus integrifolia); Reis, Tabak, Lauch und Zwiebeln kamen von Makassar und Java, der Sago grösstentheils von Ceram, daneben wie wir sahen von Goram und anderen Inseln.

Dieser Ueberblick über die Zustände der Bandainseln genügt um zu zeigen, dass Wohlstand, Gesittung und reges Leben auf diesen kleinen Inseln vor der Eroberung durch die Europäer geherrscht hat, und so war es denn kein Wunder, dass diese Gegenden bald die lüsternen Blicke der europäischen Eroberer auf sich lenkten.

γ) Die Portugiesen auf Banda.

Während im Beginn des 16. Jahrhunderts die Spanier in Amerika ihre glänzenden Eroberungen machten, nachdem die berühmte Demarkationslinie des Papstes Alexander VI. vom Jahre 1494 die neue Welt in zwei Hälften getheilt hatte, von denen die östliche an Portugal, die westliche an Spanien fiel, so hatten die Portugiesen das Kap der guten Hoffnung umschifft und waren nach Calicut an der Westseite von Süd-Indien gelangt, welche Stadt damals den Hauptstapelplatz für die Gewürze bildete. Affonso d'Albuquerque, der berühmte und energische Vizekönig der portugiesischen Besitzungen in Indien, eroberte im Jahre 1511 Malakka und sandte noch im selben Jahre im Dezember ein aus drei Schiffen und einer Dschunke bestehendes Geschwader mit 120 Mann unter Antonio d'Abreo ab, um die Gewürzinseln zu besuchen und „die Einwohner durch Geschenke und süsse Worte zu gewinnen." Vorher wurde ein Eingeborener von Malakka, Namens Nakhoda Ismael, in einer javanischen oder malayischen Handelsdschunke vorausgesandt, um der Flotte einen guten Empfang zu sichern (de Barros). Das Geschwader besuchte auf diesem Zuge erst Gressik (Grisse) auf Java, nahm dort javanische und malayische Piloten ein, und ging dann nach Banda.

Entdeckun der Banda inseln durc Antonio d'Abreo.

Der Führer der Flotte errichtete (nach Valentijn) am Strande (wahrscheinlich bei Combir) eine steinerne Säule mit dem Wappen des Königs Emanuel und dem Datum der Ankunft darauf, nahm eine Ladung Muskatnüsse ein, und fuhr dann, da er wegen schwerer Stürme die Molukken nicht erreichen konnte, von da nach Malakka zurück, sehr befriedigt von der Aufnahme durch die Eingeborenen und reich mit Schätzen beladen; von dort fuhr er nach Portugal zurück, wie Maffei sagt, „*ut apertae Bandae nuntium ad Emanuelem ipse perferret*"; er starb aber unterwegs „*inani spe delusus.*"

Francisco Serrano. Der Chef des anderen Schiffes der Expedition, Francisco Serrano, verlor sein Fahrzeug auf dem Wege dorthin, doch wurde die Mannschaft gerettet, und auf Banda kaufte er eine Dschunke zur Weiterreise. Auf der Rückfahrt jedoch scheiterte die Dschunke auf den Lucopino- oder Schildpatinseln, indes gelangte die Mannschaft, nachdem sie, wie wohl ausschmückenderweise behauptet wird, die Seeräuber[1]) überlistet und zur Freundschaft gezwungen (?) hatte, mit Hilfe derselben nach Ambon, wo sie freundlich aufgenommen wurde. Von dem König von Ternate, der mit seinem Schwiegervater, dem König von Tidore in Streit lag, aufgefordert, siedelte Serrano dorthin, also in die eigentlichen Molukken, über. Im Jahre 1513 sandte der Statthalter von Malakka, Ruy de Brito, der von den Molukken aus benachrichtigt war, dass Serrano sich dort aufhielt, und der von den kriegführenden Königen schriftlich um Hilfe gebeten war, eine Flotte von Dschunken unter Führung von Antonio de Miranda de Azevedo nach Ternate, um Serrano abzuholen und Handel zu treiben. Die Flotte kehrte zwar mit Nelken reich beladen zurück, jedoch blieb Serrano auf Bitten des Königs dort. Zur Anlegung eines Forts war es trotz der Bitten des Königs bisher nicht gekommen, jedoch hatten die Portugiesen jetzt auf Ternate schon eine Art Niederlassung.

Tristan de Menezes. Die Bandainseln wurden erst wieder im Anfang April 1520 besucht, und zwar von Tristan de Menezes mit zwei Schiffen; er kam von den Molukken und ging auch wieder dorthin, während Serrano noch immer dort verweilte. Schon in dieser Zeit waren übrigens Zwistigkeiten mit den Eingeborenen ausgebrochen, die schliesslich dazu führten, dass Serrano im folgenden Jahre (im März 1521) vergiftet wurde.

Duarte Barbosa. Während Serrano seine Erfahrungen leider nicht schriftlich niedergelegt hat, so verdanken wir dem Vetter Magellans, Duarte Barbosa, der schon 1511 Malakka und von dort aus angeblich die Molukken besuchte, und der dann ca. 1516 in Indien ein grösseres Werk über die von ihm bereisten Gegenden[2]) schrieb, nicht nur eine werthvolle Tabelle über die Preise der Drogen, die 1511 bis 1516 in Calicut gehandelt wurden, sondern auch Berichte über die östlichen Inseln selbst. — Von

---

1) So wurde damals meist jeder Eingeborene titulirt, der sich den Fremdlingen gegenüber nicht freundlich stellte.

2) A Description of the Coasts of E. Africa and Malabar (Hakluyt society 1866, ed. H. Stanley), pag. 199; Ramusio, delle navig. y viaggi, 2. ed. Vol. I (1854), pag. 354. Das ursprüngliche Manuskript wurde erst 1544 und auch nur zum grösseren Theil von Ramusio veröffentlicht.

den Bandainseln sagt er, dass es fünf dicht bei einander gelegene von Mohammedanern und Heiden bewohnte Inseln seien, dass auf dreien derselben viel Macis und Muskat wachse, auf lorbeerähnlichen Bäumen, dass die Muskatnuss die Frucht ist, und darüber die Macis wie eine Blume liegt, und hierüber sich endlich eine dicke Rinde befindet. Die Nüsse seien auf diesen Inseln so zahlreich, dass sie fast gar keinen Werth haben, und man sie häufig verbrenne. Man tausche die Nüsse und Macis dort ein gegen Baumwolle und Seidenstoffe von Kambaye, Drogen von Guzerat, Kupfer, Quecksilber, Blei und Zinn, gefärbte Mützen aus der Levante, Glocken [wohl Gongs] von Java, von denen die grossen jede 20 behara Macis werth seien.

Ebenso wie dieser Bericht von Barbosa, der übrigens schon als die erste zuverlässige Notiz von Banda und den Muskathandel grossen kulturgeschichtlichen Werth hat, so sind auch Serrano's nie veröffentlichte Briefe an seinen Freund Magellan, der längere Zeit in portugiesischen Diensten in Malakka war, von der eminentesten Bedeutung für die Geschichte und Geographie gewesen, denn beide bildeten die Hauptveranlassung zu der epochemachenden ersten Weltumsegelung; Serrano hatte Magellan wiederholt aufgefordert, doch in die Molukken zu kommen, da sich dort ein sehr vortheilhafter Handel betreiben liesse. Magellan, unzufrieden mit dem Dienst und der Behandlung bei den Portugiesen, machte dem Könige von Spanien die betreffenden Vorschläge, die acceptirt wurden, und segelte dann am 10. August 1519 mit fünf Schiffen aus. Während Magellan und der oben erwähnte Barbosa, die Führer der Expedition, vor erreichtem Ziel auf der kleinen Philippinen-Insel Matan im Ueberfall ihren Tod gefunden hatten, besuchte der Rest der Flotte 1521 die Molukken, und lief am 8. November in den Hafen von Tidore ein. Magellan

Wir verdanken Pigafetta, einem Theilnehmer an dieser Expedition, nähere Angaben über die Gewürzinseln, die er freilich nur in einem Manuskript niederlegte, das erst 1800 von Amoretti wieder ans Licht gezogen worden ist, nachdem bis dahin durch Ramusio nur ein Auszug bekannt geworden war. Besuchte die Expedition damals auch nur die benachbarten Inseln von Tidore, um dort Nelken einzutauschen, so giebt Pigafetta doch auch über die Muskatnuss einen kurzen Bericht[1]), und zwar als Augenzeuge, da auf der Insel Halmaheira einige Bäume wuchsen. Pigafetta.

---

1) Pigafetta, deutsche Ausgabe, Gotha 1801, pag. 190. In Ramusio's Auszug, delle navig. y viaggi 2. ed. Vol. I (1554), pag. 404, findet sich gleichfalls diese Beschreibung der Muskatnuss durch Pigafetta.

Pigafetta schreibt: „Diese Insel bringt auch die Muskatennuss hervor, die viel Aehnlichkeit mit unsern Nüssen, sowohl in der Frucht selbst als in den Blättern, hat. Wenn man die Nuss bricht, so gleicht sie der Quitte, sowohl an Gestalt, als an Farbe und dem rauchen Ueberzug; ist aber kleiner. Die äussere Schale ist so dick, wie die grüne Schale bei unsern Wallnüssen. Unter dieser ist eine Art von feinem Gewebe oder vielmehr Knorpel, und dann kommt die sogenannte Macis, die von einer sehr lebhaft rothen Farbe ist, und die hölzerne Schale umgiebt, in der die eigentlich sogenannte Muskatnuss steckt"[1]).

Dass er Muskatnüsse daselbst eingehandelt habe, steht nirgends erwähnt, während er über den Nelkenkauf genaue Berichte giebt, und hieraus geht hervor, dass schon damals diese nördlichen Molukken, die nach Pigafetta allein Malucco hiessen, für die Muskatnusskultur nicht in Betracht kamen, sondern nur für die Nelken. Es gab vermuthlich daselbst nur einzelne Muskatbäume, und vielleicht gehörten dieselben wohl nicht einmal der echten Myristica fragrans an, sondern der noch heute auf Tidore, Ternate und Halmaheira anzutreffenden, der echten überaus nahe verwandten Myristica succedanea. Auch Linschoten[2]) berichtet Ende des 16. Jahrhunderts, also vor der Ausrottung der Gewürze durch die Holländer, ausdrücklich, dass die eigentlichen Molukken keine anderen Gewürze besitzen als Nelken; mit Ambon scheinen ja, wie wir oben nach Rumph's Angaben erwähnten, die Bandanesen sogar eine Art Vertrag gehabt zu haben, nach welchem auf jener Insel keine Muskatbäume gebaut werden durften.

Banda wurde von Pigafetta auf seiner Reise nicht besucht, weil die Ladung des einzig übrig gebliebenen Schiffes voll war, und die Bandainseln vom Kurs zu weit ablagen; dagegen giebt er die ihm gemachten Mittheilungen des auf Ternate lebenden und dann mit ihm zurückfahrenden Portugiesen Lorosa wieder; es gingen nach Lorosa (Pigafetta l. c. pag. 185) „alle Jahre mehrere Dschunken von Malakka nach

---

1) Fast die gleiche Beschreibung der Muskatnuss findet sich übrigens in dem ebenfalls von Ramusio (delle navigat. y viaggi 2. ed. Vol. I, 1854, pag 389) veröffentlichten Briefe eines anderen Reisegefährten Magellans, des Massimiliano Transilvano. Nach ihm ist der Baum hoch, die Zweige ähnlich wie bei der Nuss, auch wachsen die Muskatnüsse ähnlich wie unsere Nüsse. Sie besitzen zwei Schalen, die eine ist wie ein haariger Kelch, darunter befindet sich eine feine Schale (buccia), die wie ein Netz die Nuss umgiebt; dies ist die Macis; hierunter befindet sich eine Holzschale ähnlich wie bei der Nuss und darin endlich die noce moscate.

2) Linschoten, Hakluyt soc. I, pag. 117.

Bandan[1]), um Muskaten-Blüthen und -Nüsse zu kaufen", und kamen dann „nach den Inseln Malucco, um Gewürznägel zu laden. Den Weg von Bandan nach Malucco macht man in drey Tagen, und den von Bandan nach Malacca in fünfzehn. Dieser Handel wäre für die Portugiesen am einträglichsten; daher hatten sie auch grosse Sorge, ihn vor den Spaniern zu verbergen". Pigafetta schreibt ferner (pag. 214), wahrscheinlich auf denselben Gewährsmann oder auf Berichte von Lootsen gestützt: „35 Meilen von Buru, gegen Südwest gen Süden, trifft man auf die Insel Bandan nebst 13 andern Inseln. Auf sechsen von diesen findet man die Macis und Muscatennüsse. Die grösste heisst Zoroboa, die kleinen Chelicel, Sanianapi, Pulai, Puluru und Rasoghin. Die noch übrigen sieben sind Univeru, Pulan, Baracan, Lailaca, Mamican, Man und Meut. Auf diesen Inseln baut man nur Sago, Reis, Kokos-, Bananas- und andere Fruchtbäume. Sie liegen nahe bei einander, und werden alle von Mauren bewohnt, die keinen König haben. Bandan liegt unter 6° südlicher Breite und 163° 30′ der Länge von der Demarkationslinie." Unter Sanianapi, Pulai, Puluru und Rasoghin sind natürlich Gunong api, Pulu Ai, Pulu Rhun und Rosengain zu verstehen[2]), es bleiben demnach für Zoroboa (wohl Pulo Banda) und Chelicel nur Lontor und Neira übrig, freilich etwas seltsame Verstümmelungen der Worte; interessant ist dabei, dass die Vulkaninsel Gunong api damals auch Muskatnüsse getragen haben soll. Die Namen der sieben kleinen Inseln mit den übrig bleibenden Felsen (Pisang, Kraka, Kapal, Swangi, Riff Rosengain) zu identificiren, dürfte Schwierigkeit haben (Lailaca ist natürlich Nailaca), es ist aber auch von keiner wesentlichen Bedeutung. Es genügt jedenfalls hierdurch zu erfahren, dass die Kenntniss der Inseln 1821 bei den Seefahrern jener Gegend schon eine recht detaillierte gewesen ist.

João de Barros (1496—1570), der Geschichtsschreiber der portugiesischen Entdeckungs- und Eroberungsperiode, publizirte die Geschichte der indischen Inseln zwar erst bedeutend später[3]), dabei konnte er aber, da er die indischen Dokumente in seiner Verwaltung hatte, natürlich aus den besten Quellen schöpfen. So nannte er auch die fünf Hauptinseln der Bandagruppe mit den richtigen, noch heute gebräuchlichen Namen, nämlich Banda mit dem Haupthafenplatz Lutatam (offenbar gleich Oeitatan), wo alle Schiffe anlagen, ferner Rosolanguim (Rosen- João de Barros.

---

1) In der Ausgabe der Hakluyt Society steht wiederholt „Bada".

2) Nach der holländischen Karte (Hist. gen. des Voyages XI) Guananapi, Puloay, Pulorhun und Rosingere.

3) De Barros, Da Asia Dec. III, lib. 5, cap. 6.

gain), Ay, Rom (Rhun) und Neira, die nach ihm sämmtlich unter $4\frac{1}{2}^{0}$ s. B. liegen. Jedes Jahr kämen Javanen und Malayen, um Nelken, Nüsse und Macis einzunehmen, denn da der Ort in solcher Meeresbreite liegt, die sehr leicht zu befahren ist, und wo Schiffe durchaus sicher liegen können, und da die Nelken der Molukken in einheimischen Fahrzeugen beigebracht werden, so sei es nicht nöthig, die letzteren extra aufzusuchen. Der Bequemlichkeit wegen würden ferner alle Nüsse der Inseln nach Lutatam gebracht, so dass dieser Ort der Stapelplatz für diesen Handelsartikel gewesen zu sein scheint. Auf diesen fünf Inseln wachsen nach ihm alle Nüsse und Macis, die nach irgend einem Theil der Welt hingingen, genau so wie auf den Molukken alle Nelken wachsen.

Antonio de Brito.

Im selben Jahre, in welchem Pigafetta im Dienste Spaniens Tidore besuchte, sandten die Portugiesen zum ersten Male eine grössere Streitmacht nach den Molukken, um dieselben wirklich in Besitz zu nehmen, nämlich ein Geschwader von fünf Schiffen unter Antonio de Brito, dem späteren ersten Gouverneur der Molukken. Auf der Hinfahrt nach Ternate lief er Ende Februar 1522 die Bandainseln an, und fand dort auch seinen Landsmann Garsias Henriques, der kurz vor ihm mit vier Schiffen von Java abgefahren war, vor Anker liegend. Nachdem er in Banda nur mit Mühe das Misstrauen der Eingeborenen überwunden hatte, errichtete er, wie vor ihm angeblich schon d'Abreo, eine Säule mit dem Wappen des Königs Emanuel, und fuhr dann mit sieben Schiffen nach Ternate, wohin im selben Jahre auch einige Bandanesen kamen, um Gewürznelken zu kaufen. Da er in den Molukken die von Pigafetta zurückgelassene Mannschaft eines spanischen, also feindlichen Schiffes vorfand, machte er dieselbe zu Gefangenen. Hierauf schloss er mit Ternate einen Vertrag, welcher die Portugiesen ermächtigte, alle Gewürze im Reiche aufzukaufen, und legte den Grund zu einer Befestigung daselbst.

Rivalität zwischen Portugiesen und Spaniern in den Molukken.

Seit dieser Expedition war es um die Freiheit und den Frieden dieser östlichen Gegenden geschehen; aber auch die Rivalität der europäischen Nationen in Bezug auf diese Inseln begann hiermit. Schon 1527 erreichte ein von Karl V. ausgerüstetes spanisches Schiff die Molukken und wurde von den Portugiesen beschossen, so dass es sank; die Mannschaft rettete sich nach der Insel Tidore und befestigte sich daselbst. Nachdem dann Spanier und Portugiesen sich eine Zeit lang um den Besitz der Gewürzinseln gestritten hatten, wobei es fast zum Kriege zwischen diesen beiden Mächten selbst gekommen wäre, zog sich der Herrscher von Spanien 1529 gegen eine Abfindungssumme von 350000 Ducaten aus den Inseln zurück.

Die Portugiesen waren nun eine Zeit lang, freilich erst nach langem Kampfe mit den Eingeborenen, im Alleinbesitz des Gewürzhandels und thaten ihr möglichstes, um das Monopol wirklich durchzuführen. Sie schlossen nicht nur die europäischen Nationen, sondern auch Javanen, Malayen und Chinesen vom Handel aus, und selbst als Portugal 1581 mit Spanien unter Philipp II. in Personalunion kam, wurde Spanien dennoch nicht zum Handel zugelassen. Alle Waaren wurden nach Lissabon gebracht, und konnten erst von dort für die übrigen europäischen Märkte abgeholt werden, was ehedem meist durch holländische Schiffe geschah, nach der Vereinigung Portugals und Spaniens aber in Folge eines Verbotes aufhörte. Freilich konnte schon damals das Monopol nicht mehr allzu scharf durchgeführt werden, weil die Portugiesen 1572 von den Eingeborenen, die unter Baboe einen Molukkenbund begründet hatten, aus Ternate vertrieben worden waren; aber dennoch hatten sie in Tidore und Ambon Stützpunkte, um den Gewürzhandel in gewissem Sinne zu monopolisiren, wenngleich auch die Spanier trotz der Personalunion es doch nicht ganz unterlassen konnten, sich einen kleinen Antheil an dem Profit zu verschaffen, indem sie z. B. 1582, 1584 und 1593 Expeditionen nach den Molukken hin unternahmen.

Die Portugiesen im Alleinbesitz des Gewürzhandels.

δ) Der Muskathandel Ende des 16. Jahrhunderts wieder frei.

Das eben Gesagte bezieht sich alles mehr auf den Nelkenhandel der eigentlichen Molukken. Es kann dagegen keinem Zweifel unterliegen, dass der Muskathandel am Ende des Jahrhunderts dem Monopol der Portugiesen fast völlig entschlüpft war. Waren im Anfange die Portugiesen auf Banda eigentlich nur als Kaufleute geduldet worden, so war es ihnen dennoch allmählich gelungen, die Erlaubniss zu erhalten, ein kleines Fort daselbst auf der Insel Neira zu bauen. Ende des Jahrhunderts war dieses aber nur noch ein Trümmerhaufen; nach der Ueberlieferung (cf. Valentijn) hatten die Eingeborenen das Fort überfallen und die ganze Besatzung getödtet. Noch lange Zeit nachher wagten sich die Portugiesen nicht mehr dorthin. Erst später, und auch noch während der holländischen Zeit liessen sich einige Portugiesen wieder daselbst nieder, so z. B. fand der Holländer Heemskerk Ende des 16. Jahrhunderts wieder portugiesische Kaufleute dort vor. Immerhin kann der Verkehr dorthin nicht mehr gross gewesen sein, denn nach einem Brief der 17 Leiter der holländischen Kompagnie vom 23. Oktober

1623 wussten die Portugiesen nicht einmal, wie viel Bandasche Inseln es gäbe [1]).

Muskathandel im malayischen Archipel. Javanische, malayische und makassarische Händler kamen an Stelle der Portugiesen wieder massenhaft nach Banda, ja selbst Araber trieben dort Handel. Der Hafen von Neira wurde sogar damals als Hafen von Kampong Java (Dorf Java) bezeichnet [2]). Die javanischen Städte bildeten, wie früher, grosse Stapelplätze im Muskathandel; namentlich, nachdem Makassar in die Hände der Portugiesen gefallen war, stieg die Bedeutung von Bantam, wohin javanische Händler aus Tuban, Jurtan und Grisse die östlichen Specereien brachten, während aus den benachbarten Gegenden Sumatras grosse Mengen Pfeffer dort eingeführt wurden [3]).

Bantam. Die Stadt Bantam in West-Java war für Perser und Araber insofern günstig gelegen, als sie den Platz in einem Jahre, d. h. in einem Monsun erreichen konnten; auch waren die daselbst zu entrichtenden Zölle relativ mässig, im Durchschnitt cirka 6%, nämlich 4% für die Gewürze der Molukken, 8% für den Pfeffer, wogegen z. B. in Alexandria ehemals Abgaben von 16%, und selbst für die meist begünstigten Venetianer von 10% bestanden.

Sunda (Batavia). Auch giebt Linschoten [4]) für 1583 an, dass Sunda (d. i. das spätere Batavia in West-Java) viel Muskat und Macis (folie) nach Malakka verführe und dort verkaufe, und dass in Sunda Macis, Nelken, Muskat und Kampher bahara-weise verkauft werde.

Makassar. Auch in Makassar gab es, namentlich nach Abschüttelung der portugiesischen Herrschaft, gleichfalls einen bedeutenden Handel [5]) in Muskatnüssen, der Fürst von Tello unterhielt sogar auf Banda einen besonderen Agenten, den er alle Jahre mit Reis, Kleidern etc. versah, „um so viel Macis ins Land zu ziehen wie möglich“ [6]).

Malakka. Von Makassar aus wurde das Gewürz dann hauptsächlich an die Portugiesen in Malakka verkauft. Im Jahre 1612 schrieb S. Denis von Makassar aus nach Amsterdam [6]): „de Portugyzen van Malacca jaerlyckx hier commen handelen, meedebrengende groote quantiteyt catoene cleeties, die sylieden alhier wtventen ende weederom voor retour haer gelt inployeren in folye, nooten ende nagelen, dewelcke met joncken jaerlyckx

---

1) De Moluksche eilanden. Tijdschr. Ned. Ind. 1856, I, pag. 102.
2) Bijdr. T. L. en Volk. III, 1855, pag. 73.
3) Bokemeyer, die Molukken, pag. 89.
4) Linschoten, Hakluyt Soc. I, pag. 112.
5) Van der Chijs, Vestiging van het nederl. Gezag over de Banda-Eiland. 1886, pag. 16.
6) Ibidem pag. 30.

van Banda ende Amboina overcommen ende deselve somtys tot leege prys becommen, gelyck als het verleeden jaar gebeurt is. . . . Hier syn dit jaer weeder een deel joncken van Banda ende Amboyna gecomen, dewelcken by de Bandannesen gehandelt hebben, dewelcken meest met folye ende nooten overcomen syn, t'geene de Portugysen weeder opgecocht hebben."

Lag also in dieser Zeit nach der Vertreibung der Portugiesen der Haupthandel in Banda selbst in den Händen asiatischer Völker, so waren doch die Portugiesen, wie schon angedeutet, in ausserordentlich hohem Grade an dem Handel interessirt. Brachten die Javanen und Malayen die Gewürze nach Makassar, Java, Sunda (Westjava), Malakka, vielleicht auch nach Sumatra und Borneo, so holten von allen diesen Plätzen neben arabischen und indischen auch portugiesische Fahrzeuge die Gewürze wieder ab, um sie direkt nach Europa (Lissabon) oder auch nach indischen und vorderasiatischen Plätzen zu bringen; theilweise ging das Produkt auch nach China, sei es direkt von Banda, sei es von den oben erwähnten Plätzen, namentlich von Malakka aus.

Bedeutung des freien Muskathandels.

Ein wie bedeutender Handel in Muskatnüssen sich in dieser Zeit auf diesen grossen Transitplätzen entwickelt hatte, geht aus einigen Daten hervor, die wir aus der Zeit besitzen, wo die Holländer auch an dem Handel theilzunehmen begannen. Allein im Jahre 1603 konnten fünf holländische Schiffe in Bantam 42 bahara sowie 725 Pfd., das sind zusammen 23027 Amsterdamer Pfund, Macis einhandeln, und zwar für einen billigeren Preis als ganz kurze Zeit nachher in Banda; und im selben Jahre konnte noch ein anderes holländisches Schiff in Bantam 83 bahara = 44073 Pfd. Macis, sowie im folgenden Jahre zwei Schiffe 172 bahara = 91332 Amsterdamer Pfund laden.

Im Sommer 1610 während der Kriegszeit führten allein vier Schiffe der niederländischen Compagnie 115000 Pfd. Macis nach Europa; mag dies auch theilweise Kriegsbeute gewesen sein, so war es doch keinesfalls die ganze Jahresernte, da gleichzeitig sehr viel Gewürz von den Bandanesen an die Engländer und Javanen verkauft worden war.

Aus diesen Angaben kann man sich einen Begriff machen von der Bedeutung des Muskathandels in der Zeit vor dem holländischen Monopolzwang. Noch deutlicher wird dies aber aus den Zahlen, welche die Produktion des Gewürzes kurz nach der Eroberung der Bandainseln durch die Niederländer veranschaulichen, zu einer Zeit, wo Bäume, die eventuell von den Perkenieren gepflanzt worden sind, noch nicht tragfähig sein konnten.

Die Bandainseln lieferten nämlich im Jahre 1634 nach Valentijn

	Nüsse	Macis
Neira	61221 Pfd.	26631 Pfd.
Lonthor	200750 „ [1]	107074 „
Ay	404773 „ [1]	48465 „
Die ganze Gruppe	666744 Pfd.	182170 Pfd.

d. h. eine Menge, die der späteren unter den Augen der Compagnie im 17. und 18. Jahrhundert durch die Perkeniere produzirten ungefähr gleichkam, und in der ersten Hälfte unseres Jahrhunderts nur in den Jahren 1837, 1843 und 1847 wieder erreicht oder übertroffen ward.

Was für ein Licht werfen diese Zahlen auf die Rührigkeit der ehemals noch freien Bandanesen, und wie stimmen hierzu die Anschuldigungen der damaligen Niederländer, die ihr Gewissen dadurch zu beschwichtigen suchten, dass sie behaupteten, die Bandanesen seien ein verkommenes, elendes, faules, und demnach zur Ausrottung oder Knechtschaft prädestinirtes Volk gewesen.

Preise der Muskatnüsse in den Molukken und den südasiatischen und europäischen Emporien.

Welche kolossalen Profite aber in dem Handel mit Muskatnüssen in jenen Zeiten gewonnen werden konnten, ersieht man erst, wenn man sich bemüht, die dürftigen Angaben über Preise, die wir aus der Zeit vor der Eroberung durch die Holländer besitzen, zusammenstellen und auf eine gleiche Valuta umzurechnen. Im folgenden sei ein schwacher Versuch zur Klarstellung dieser Thatsachen wiedergegeben.

Preise in Banda.

Für die Preise in Banda liegen Notizen vor von Barbosa und Heemskerk, wenn man von den wohl nicht zuverlässigen Angaben Barthemas[2]) absieht. Nach Barbosa (um 1515) kostete 1 bahar[3]) Nüsse 8—10 fanoe[4]), 1 bahar Macis 1 fanoe. Letzteres ist aber sicher ein Irrthum, denn nach einer anderen Stelle desselben Autors entsprach

---

1) Nach dem Verhältniss zu der Macis und zu der Grösse der Inseln scheinen die zwei Zahlen von Ay und Lonthor vertauscht zu sein.

2) Nach Barthema sollen 26 Pfd. auf Banda 1/2 Carlino kosten, da ein Carlino = 1 Real ist, wäre es für die bahara (525 Pfd.) 10 Real, also nur etwa die Hälfte des Preises, den Barbosa angiebt.

3) Nach Valentijn ist 1 bahar Batavia = 3 Pikol, 1 bahar Banda dagegen 550 oder 575 holländische Pfund, nach anderen Angaben hingegen nur 525 oder 531 Pfd.

4) 1 fanoe hat zwar nach dem Herausgeber Barbosa's in Hakluyt ed. pag. 209 etwa einen Werth von 6 d. (also etwa 30 cts.); da es aber gleich 2 Real sein soll, und der spanische Real, bei Zugrundelegung des damaligen Gold- und Silberverhältnisses M. 0,88 werth war, so würde 1 fanoe M 1,76, also etwas über 1 fl. sein.

der Werth von 1 quartal (= $^1/_4$ bahar) Macis in Banda dem von 7 quartal Nüssen, war also 7 mal theurer als die Nüsse, nicht aber 8 bis 10 mal billiger, wie es nach dieser Angabe sein würde. Wenn man die bahara als bahara Banda nimmt, und dem fanoe etwas über 1 fl. Werth zuertheilt, so hätte 1 Pfd. Nüsse damals 2—2,5 cts. gekostet, 1 Pfd. Macis 15 cts.

Heemskerk[1]) bezahlte 1599 die bahara Nüsse (= 100 katti Banda) mit 6, dieselbe Menge Macis mit 60 Reichsthalern, die bahara Nüsse kostete also, wenn man den Reichsthaler zu $2^1/_2$ fl.[1]) rechnet, 15 fl., das Pfund Nüsse kostete $2^1/_2$ cts, das Pfund Macis 25 cts. Vor 1609 kostete die Bahara schon 9, im Jahre 1609 in Folge der Konkurrenz der Engländer sogar 12 Reichsthaler, war also wieder seit 1599 um das Doppelte gestiegen, und 1 Pfund Nüsse kostete demnach 5 cts.

In Bantam auf Java kauften die holländischen Schiffe im Jahre 1603[2]) die Macis für 85 Real van achten die bahara (von 531 Pfund), im Jahre 1604 für 60—80 Real die bahara, also das Pfund für ca. 30 bis 40 cts., demnach nur wenig theurer als 1599 in Banda. Preise in Java.

Für Sunda Calapa, das jetzige Batavia, wissen wir durch Linschoten[3]), dass 1583 daselbst 1 bahar gewöhnlicher Nüsse 20—25 000 Caixas, reine und gute Macis dagegen 100 000—120 000 Caixas werth waren. Da 1000 Caixas einem Crusado Portingale von ungefähr 9 Mark 75 Pf. Goldwerth entsprach, so würde die bahara Nüsse auf 120 fl., die bahara Macis auf 600 fl. zu stehen kommen; 1 Pfund Nüsse kostete also (wenn man die bahara Batavia à 3 Pikol zu Grunde liegt) 32 cts., 1 Pfund Macis 1,60 fl.

In Calicut wurden nach Barbosa's Angaben 1515 für die farasola[4]) Nüsse 10—11 fanoe und für die farasola Macis 25—30 fanoe bezahlt, das wäre 50 cts. das Pfund Nüsse und 1 fl. 25 cts. das Pfund Macis. Nach dieser Rechnung waren also die Nüsse in jener Zeit in Calicut 25—35 mal so theuer wie in Banda. Preise in Vorderindien.

---

1) V. d. Chijs, l. c. pag. 10.

2) Geschiedenis v. d. Koophandel en de Bezitting. d. O. J. Comp. I (1792), pag. 91.

3) Linschoten, Hakl. Soc. I, pag. 113.

4) Nach Barbosa ist 1 farasola = $^1/_{20}$ bahar (nach der Anmerk. des Herausgeb. Hakl. Soc., pag. 224 = 22 Pfd. (à 16 Unzen) + $6^2/_7$ Unzen; 1 fanoe ist etwas über 1 fl., wie wir sahen'. Nach Crawfurd's Berechnung, der aber einen viel geringeren Werth für die fanoe annimmt (History mal. arch. l. c.), macht dies $3^1/_2$ d. (also $17^1/_2$ cts.) das Pfund Nüsse, da sie aber wahrscheinlich in Schale gehandelt wurden, so würde es 5 d. für das Pfund geschälter Nüsse geben.

Preistabelle.

Es kosteten demnach im 16. Jahrhundert, sowie Anfang des 17., vor dem holländischen Monopol

	1 Pfd. Nüsse	1 Pfd. Macis
In Banda		
1515 (Barbosa)	fl. 0,02—0,025	fl. 0,15
1599 (Heemskerk)	fl. 0,025	fl. 0,25
1609 (Schiff Hector)	fl. 0,05	
In Batavia		
1583 (Linschoten)	fl. 0,32	fl. 1,60
In Bantam		
1603/1604 (Gesch. Kooph.)		fl. 0,30—0,40
In Calicut		
1515 (Barbosa)	fl. 0,50	fl. 1,25

Aus den oben und weiter unten angeführten Notizen ergeben sich noch folgende freilich nur ganz approximative Preisangaben:

	1 Pfd. Nüsse	1 Pfd. Macis
1245 (Lorch) . . .	c. 5 fl. 40	
1334 (England) . .	c. 1 fl. 80 . . .	fl. 2,75
1376 (England) . .	c. 2 fl. 70 . . .	fl. 5,40
1368 (Hamburg) . .	c. 4 fl.	
1402 (Danzig) . .	c. 4—5 fl.	
1405 „ . .	c. 3—6 fl.	
1408 „ . .	c. 4—4½ fl.	fl. 10
1445 „ . .	c. 2½ fl.	
1480 (Freiburg)	96 ß	
1596 (Lübeck)		112 ß
1600 (Würtemberg)	c. 1 fl. 24	fl. 4
1603/4 (Niederlande)		20 ß fläm.
1623 (England) . .	c. 1 fl. 80	fl. 3—5
1629 (Hamburg)		144 ß
1631 (Hamburg)		160 ß

Schlüsse aus der Preisbewegung.

So lückenhaft alle diese Angaben auch sind, so gehen doch einige Thatsachen daraus unzweifelhaft hervor.

1. Dass die Verkaufspreise der Muskatnüsse in Banda von 1515—1599, also seit der Entdeckung der Inseln bis zum Beginn der Konkurrenz der europäischen Staaten, nur unbedeutend, in Folge der Konkurrenz dann aber in den nächsten Jahren bedeutend, nämlich etwa um das Doppelte stiegen.

2. Dass die Preise der Muskatnüsse mit dem Abstand von Banda in rapider Progression zunahmen. War schon der Preis in Batavia für die Muskatnüsse (1583) etwa der 8—12fache des Preises in Banda, so war er in Calicut schon (1515) auf das 20—25fache gestiegen und erreichte in Europa vor Entdeckung des Seeweges etwa den 100—200-fachen Werth, während zur Zeit der schärfsten Konkurrenz zwischen den europäischen und indischen Schiffen die Nüsse in Europa sehr im Preise zurückgingen, sodass sie im Jahre 1600 in Würtemberg nur 50mal theuerer waren als auf Banda, und ebenso ungefähr 1623 in England.
3. Dass die Preise der Nüsse mit der Entfernung von Banda in weit grösserer Progression stiegen als die Preise für die Macis.

   Das Preisverhältniss zwischen Nüssen und Macis war nämlich:

in Banda	1515	1 : 6—7,
	1599	1 : 10,
in Batavia	1583	1 : 5,
in Calicut	1515	1 : 2½.

   Auch in Europa war vor der Entdeckung des Seeweges das Verhältniss 1 : 2½, im 16. Jahrhundert meist 1 : 3—4.
4. Dass demnach die Preisdifferenzen zwischen Macis und Nüssen mit der Entfernung von Banda im Verhältniss abnahmen. 1515 waren die Preise für Macis in Calicut nur 8mal höher als die in Banda, um 1600 herum waren die Preise für Macis in Bantam kaum um die Hälfte mehr, in Württemberg nur 16mal höher als in Banda, 1623 waren die Preise derselben in England nur 12—20mal so hoch als in Banda, während, wie wir sahen, die Nüsse das 50fache des Einkaufspreises brachten.

Kein Wunder war es bei diesen lukrativen Preisen, wenn auch ausser den Portugiesen andere Länder in diesen vortheilhaften Handel hereinzukommen sich bemühten, und die folgende Periode bildet demnach den Zeitraum der Bestrebungen der Holländer, den Gewürzhandel Bandas an sich zu reissen, bis zu ihrem völligen Triumph im Jahre 1667.

ε) Eroberung der Molukken und Bandainseln durch die Niederländer.

Erste Expeditionen der Niederländer nach Indien

Durch das im vorigen Kapitel erwähnte Verbot des Handels von Lissabon aus war natürlich der Groll der Niederländer gegen Portugal sehr gestiegen, aber erst die Vernichtung der Armada im Jahre 1588 reifte in den Handelskreisen Hollands den Plan, sich direkt an dem Handel mit dem fernen Orient zu betheiligen; der Plan zur Gründung einer indischen Compagnie ging aus von Cornelius Houtman, der in die Gefangenschaft der Spanier gerathen, dort Gelegenheit hatte, die praktische Durchführbarkeit der Idee zu erwägen. So sandte dann die in Amsterdam neugegründete ostindische Handelsgesellschaft van Verre im Jahre 1595 den oben genannten Houtman mit vier Schiffen nach Indien; im Jahre 1598 folgte dann eine zweite Flotte unter Jacob Cornelis zoon van Neck. Nach kurzer Zeit bildete sich auch noch eine zweite Gesellschaft, so dass dann jedes Jahr holländische Schiffe die Gewürzinseln besuchen konnten. Natürlich kam es jetzt bald zu Kämpfen mit den Portugiesen, in denen aber die Holländer ihre Plätze zu behaupten verstanden.

Eroberung der eigentlichen Molukken.

Nachdem sich die verschiedenen Handelsgesellschaften im Jahre 1602 zu der später so berühmt gewordenen vereinigten ostindischen Compagnie verschmolzen hatten, gingen sie mehr aggressiv gegen die Portugiesen vor, schickten bedeutende Flotten unter Warwijk und später unter Steven van der Hagen aus, welcher letztere die Portugiesen Anfang 1605 fast ohne Schwertstreich aus Ambon verjagte; im selben Jahre mussten auch in Tidore die Portugiesen den Holländern weichen.

Waren die Portugiesen bei den Eingeborenen überaus verhasst, so dass letztere das Möglichste thaten, ihre Unterdrücker zu verjagen, und die Holländer als ihre Befreier begrüssten, so verwandelte sich die Zuneigung in Folge der Selbstsucht der neuen Freunde doch auch bald wieder zuerst in Misstrauen und dann in Hass. Auch die von den geflüchteten Portugiesen um Hilfe gebetenen Spanier benutzten die Gelegenheit, den Holländern, ihren erbittertsten Feinden, zu schaden; sie nahmen bald nach der Vertreibung der Portugiesen Tidore und Ternate wieder ein, und konnten auch nach jahrelangen, meist freilich ziemlich unblutigen Fehden nicht völlig wieder vertrieben werden.

Zugleich begann hiermit eine lange und für die Molukken höchst verderbliche Periode von Aufständen und Ueberfällen, wobei die Eingeborenen stets an Spanien einen Rückhalt hatten. Zwar schlossen die Holländer um das Jahr 1613 mit den meisten Fürsten dieses Gebietes einen sogenannten Frieden, der ihnen das ausschliessliche Recht, Gewürznelken zu kaufen, also das Monopol in optima forma, gewährte, jedoch enthielten diese Verträge so drückende Bestimmungen und gewährleisteten den Eingeborenen vor allem für die Nelken eine so klägliche Bezahlung, dass letztere, wie begreiflich, wo sie konnten, diese aufgezwungenen Verträge umgingen, und die Gewürze hinter dem Rücken der Holländer an Spanier und andere verkauften.

Erst als im Jahre 1648 Holland mit Spanien Frieden schloss, kamen die eigentlichen Molukken langsam zur Ruhe, und die völlige Erschöpfung der Eingeborenen endete mit ihrer definitiven Unterwerfung unter die Holländer, womit denn auch der Endzweck dieser Bemühungen, das Gewürzmonopol, eine dauernde Institution wurde.

Haben wir eben die Kämpfe der Holländer gegen die Macht der Portugiesen und Spanier kurz berichtet, so bleibt das für unsern Zweck wichtigste Kapitel noch zu behandeln, nämlich die Eroberung und Unterwerfung der Bandainseln. Es ist dies eine der interessantesten und blutigsten, freilich wenigst ruhmreichen Episoden der holländischen Kolonialpolitik, aber zugleich eine Periode, die von der eminentesten Bedeutung für den Aufschwung des holländischen Handels gewesen ist. Eroberung der Banda-inseln.

Wenngleich diese Zeit von holländischen Schriftstellern[1]) sorgfältig durchforscht und schon vorzüglich behandelt worden ist, so dürfte doch eine Zusammenstellung der Beziehungen zu dem Gewürzhandel nicht unangebracht sein; ferner wird es auch zum Verständniss des späteren Gewürzmonopols unbedingt nöthig sein, wenigstens die wichtigeren Begebenheiten kennen zu lernen.

Während der berühmte englische Seefahrer Francis Drake schon gelegentlich seiner Erdumsegelung im Jahre 1579 die Molukken besucht hatte, und die Engländer einige Jahre später, nämlich 1582, auch schon Handelsverbindungen mit den Bandanesen angeknüpft hatten, kamen die ersten holländischen Schiffe erst 1599 nach Banda. Francis Drake.

Von der oben erwähnten, im Jahre 1598 ausgerüsteten und von Jacob van Neck befehligten zweiten Flotte der Amsterdamer Compagnie nämlich erhielten vier Schiffe (Amsterdam, Zeeland, Gelderland und Utrecht) unter dem Unterbefehlshaber Wijbrand van Warwijk den Auftrag, von Bantam aus, die Molukken zu besuchen; sie begaben sich auch nach Ambon, und die beiden Schiffe Zeeland und Gelderland fuhren von dort aus unter dem Onderzeevoogt Jacob Heemskerk weiter nach Banda, wo sie am 15. März 1599 eintrafen. Ein fremdes Jacob Heemskerk.

---

1) Am gründlichsten ist das Buch: Van der Chijs, Vestiging van het nederl. Gezag over de Banda-Eilanden 1886, ferner wurde benutzt: De verovering der Banda eiland. in Tijdschr. v. h. Delftsch Inst. II (1854), pag. 384—430, sodann der Aufsatz: De Moluksche eilanden in Tijdschr. v. Ned. Ind. 1856 I, daneben aber auch die allgemeineren Werke, wie v. Kampen, Dassen, Bokemeyer etc.

Schiff, das dort lag, versuchte zwar die Insulaner glauben zu machen, dass es Seeräuber seien, die das Jahr vorher geflüchtet wären; jedoch gelang es bald, das Misstrauen der Eingeborenen zu überwinden, so dass den Schiffen erlaubt wurde, im Hafen von Neira einzulaufen. Den Schiffen fuhren sofort Prauen entgegen, deren Insassen Proben von Macis und Muskatnüssen brachten, aber ein wirklicher Handel war erst erlaubt, nachdem sich Heemskerk mit dem Hafenmeister (Sjabandar) von Oertatan über das nicht unbedeutende Hafengeld geeinigt hatte; es wurde auf vier bahara Macis festgesetzt, nachdem zuerst 20 verlangt worden waren. — Es gelang ferner Heemskerk dadurch, dass er den Eingeborenen versprach, sie gegen Portugiesen und Spanier zu schützen, sowohl in der Stadt Oertatan auf der Insel Lontor, als auch auf der Insel Neira ein Haus zum Bergen der Güter zu miethen, worauf dann ein reger Tauschhandel begann.

Die Preise wechselten sehr, zuerst wurden die Gewürze nur in kleinen Quantitäten herbeigebracht, dann waren manche Schwierigkeiten zu überwinden in Folge falscher Gewichte und des Misstrauens der Eingeborenen gegen das Silbergeld. Dennoch konnte Heemskerk schliesslich zufrieden sein, denn in 3½ Monaten, d. h. schon im Juli hatten beide Schiffe volle Ladung. Ueber die bezahlten Preise finden sich folgende Angaben[1]).

		anfangs	höchster bezahlter Preis
1 bandasche bahara = ca. 525 Pfd. holl.	Muskatnüsse . .	6 Real	9 Real
	Nelken	45 ,,	55 ,,
	Macis	60 ,,	95 ,,

Auch Perlen wurden gekauft; während als Bezahlung meist Kleider, Reis, Porcellan, Sammet, Taffet, rothe Tücher, Damast etc. gegeben wurden.

Niederländische Faktoreien auf den Bandainseln.

Bei seiner Abreise liess Heemskerk in zwei Faktoreien in den Städten Lontor und Neira je 10 Leute unter dem Kommando von Stalpaert und v. Veen mit Waaren zurück, um daselbst weiter Handel zu treiben. Die besten Zeiten zum Kauf der Gewürze waren nämlich von Heemskerk verpasst worden, sie fielen in die Monate Januar bis April.

---

[1]) Van der Chijs l. c. pag. 10. Nach: De Molukache eilanden, in Tijdschr. Ned. Ind. 1856 I, pag. 107, wurden 100 katti Banda (= 525 Pfd. holl.) Muskatnuss und Macis mit 60 Real van achten, die gleiche Menge Nelken mit 40 Real bezahlt. Nach Dassen wurde die Macis mit 60, Nüsse und Nelken mit 45 Rijksdaler à 48 Stuiver bezahlt; jedoch sind die oben angeführten Zahlen die zuverlässigsten.

Rivalität der Javanen

Diese Zurückbleibenden hatten natürlich sehr unter der Missgunst der Javanen zu leiden, ja der Adipati von Tuban auf Java sandte sogar, von dem portugiesischen Kapitän von Malakka aufgestachelt, eine Flotte von 13 Prauen mit etwa 1500 Mann nach Banda, um die Holländer daselbst zu vertreiben oder in die Gewalt zu bekommen. Dieser Plan wurde aber vereitelt einerseits durch die Ablehnung jeder Unterstützung durch die Bandanesen, andererseits durch die Ankunft der zwei Amsterdamer Schiffe „de Morghensterre" und „de Maen" am 10. Mai 1600. Diese einigten sich erst nach 13 Tagen mit den Bandanesen in Bezug auf das Hafengeld (das grössere Schiff, „de Maen", hatte dieselbe Summe zu bezahlen wie Heemskerk); hierauf begann dann der Tauschhandel, der nicht sehr vortheilhaft war, da die Schiffe wieder zu spät gekommen waren, so dass sich nur noch wenig Produkte in erster Hand befanden, und das meiste zu sehr theurem Preis aus zweiter Hand gekauft werden musste [1]).

Am 14. September 1601 fuhren die Schiffe wieder fort, der „Morghensterre" hatte die von den Faktoreien vor der Ankunft der Schiffe gekauften Gewürze geladen, nämlich 224 bahara trockene Nüsse, 37 sockel Macis und 11 sockel Nelken.

Die Besatzung der Faktoreien blieb jetzt wieder etwa $1^1/_2$ Jahre allein zurück, wie es scheint, unbelästigt von den Nebenbuhlern und ausschliesslich mit dem Handel beschäftigt.

Im Februar 1602 kamen die Schiffe „Utrecht" und „Zeeland" an, und am 14. März die drei Schiffe „de Gelderland", „de Wachter" und „het Duyffgen", welche alle fünf unter Befehl von Wolphert Harmensz standen; eines der Schiffe, die „Zeeland", konnte sofort mit den in den Faktoreien angehäuften Gewürzen beladen werden, die „Utrecht" und „de Wachter" segelten nach Ternate, um dort Nelken einzunehmen.

Wolphert Harmensz Erster Vertrag mit den Bandanesen 23. Mai 1602

Am 23. Mai 1602 schloss Harmensz den ersten Vertrag mit den Bandanesen, das erste milde Vorspiel der später den unglücklichen Insulanern aufgezwungenen Verträge. Dieser Vertrag bezog sich auf die meist der Partei der Oeli-siva angehörigen Ortschaften Labetakka, Wayer, Celamme, Ourien, Dender und die Insel Rosengain, sowie ein fast gleicher auf das Dorf Ourat auf der Insel Ay; also auf einen

---

1) Es stiegen sogar zuweilen in jener Zeit die Preise auf Banda derart, dass holländische Schiffe 13—14 Real für die bahara Muskatnüsse, 100—110 Real für die bahara Macis und 70—75 Real für die bahara Nelken boten, dagegen aber in Makassar für die bahara Nüsse nur 10 oder höchstens 12, für die bahara Macis 90—100 und für die bahara Nelken 50—60 Mas und zwar noch in Leinwandwaaren erhielten. Van der Chijs l. c. pag. 16.

sehr bedeutenden Theil der Bandagruppe. Man versprach sich gegenseitige Hilfe gegen eventuelle Feinde, aber ohne Einmischung der Holländer in die inneren Streitigkeiten der Bandanesen, Schutz des beiderseitigen Glaubens, Auslieferung der eventuellen Deserteure, aber vor allem Verpflichtung der Bandanesen, Nüsse, Macis und andere Waaren nur an die Holländer zu verkaufen.

Am 24. Juni 1602 verliess der Admiral die Inseln, nahm den kleinen Rest der früher dort zurückgelassenen Holländer mit und liess einige andere dort zurück, trotz der grossen Gefahr, welche denselben durch die portugiesische Flotte unter Furtado de Mendoca, die sich bei Ambon befand, drohte.

Bis hierher ist es jedenfalls richtig, was Valentijn über das Verhältniss der Bandanesen zu den Holländern bemerkt. In der That hatten die Bandanesen, „altijd in een zeer goed verstand met de Nederlanders en in alle vriendschap geleeft". Wahrscheinlich aber war dieser Vertrag den Bandanesen nur durch die Furcht abgenöthigt, und sie sahen hierdurch ein, dass die Holländer auch nicht besser waren als die Portugiesen, ihre früheren Bedränger. Jedenfalls ist sicher, dass sie eines guten Tages fünf der zurückgebliebenen Holländer tödteten, und den Ober-Kaufmann de Bitter nöthigten, mit den noch lebenden Holländern die Inseln zu verlassen [1].

Steven van der Hagen.

So vergingen die Jahre 1603 und 1604 für die Bandainseln anscheinend ohne Besuch durch holländische Schiffe. Im Jahre 1605 dagegen unternahm der Admiral Steven van der Hagen, nachdem er, wie wir schon oben sahen, Ambon den Portugiesen entrissen hatte, einen Streifzug nach Banda mit einem Schiff „de Geunieerde Provincien", sowie einer Jacht „Duyffgen" und blieb dort vom April bis Juli 1605. Namentlich war diese Fahrt auch hervorgerufen durch die Nachricht, dass ein englisches Schiff unter Kapitän Colthurst von Ambon aus Banda aufsuchen wolle; da galt es denn, die Engländer zu verhindern, dort festen Fuss zu fassen.

2. Vertrag mit den Bandanesen Juli 1605.

In der Ortschaft Kombir auf Gross-Banda wurde ein Vertrag geschlossen, der im wesentlichen dieselben Bestimmungen enthielt wie der von 1602, nur sollte den Bandanesen erlaubt sein, auch mit fremden Schiffen in soweit Handel zu treiben, als die Holländer die betreffenden Waaren nicht führten; auch sollten die in Neira, Oertatan und Celamme zu errichtenden Faktoreien geschützt und beschirmt werden. Dem Vertrage traten bei Neira, Celamme, Wayer, Ourien, Dender, Kombir,

---

1) V. d. Chijs l. c. pag. 20.

Samber (Samar), Oertatan, nachträglich auch Lautakka, ferner die Inseln Rhun, Ay und Rosengain, also bis auf die mächtige Stadt Lontor fast die gesammte Inselgruppe. Zweifellos hatten die Bandanesen durch die Eroberung des portugiesischen Forts auf Ambon gewaltigen Respekt vor den Holländern bekommen, und schon bei seiner Ankunft wurde v. d. Hagen von vornehmen Bandanesen empfangen, die ihm eine alte Prophezeiung eines der angesehensten Priester mittheilten, nach welcher Banda erobert werden würde von weissen aus der Ferne kommenden Menschen, deren ganzer Leib bis auf die Hände bedeckt wäre, so dass nur das Gesicht frei bliebe.

Die unter Hendrik van Bergel gestellte Besatzung der Faktoreien blieb ungestört, zumal verschiedentlich holländische Schiffe nach Banda kamen; so lagen z. B., als der Oberkaufmann Paulus van Soldt mit der Jacht Delft im April 1607 nach Banda kam, schon zwei holländische Schiffe auf der Rheede, „Medenblik" und „de Geunieerde Provincien". Aus v. Soldts Journal geht hervor, dass damals in Makassar Macis in grossen Mengen käuflich gewesen sei, ein Zeichen, wie wenig sich die Bandanesen um den Vertrag kümmerten.

Hendrik van Bergel.

In dieser Zeit tauchte auch zum ersten Male der Gedanke eines streng durchgeführten Monopols für Banda auf, indem der Flottenbefehlshaber Cornelis Matelief de Jonge, der freilich selbst niemals in Banda war, während seines Aufenthaltes in den indischen Gewässern im Jahre 1607 eine Denkschrift an seine Vorgesetzten abfasste unter dem Titel: discours op den staet ende handel van Indien. Der Vorschlag bestand darin, nicht direkt die Inseln anzugreifen und daselbst ein Fort zu bauen, da dies viel Geld koste und der Compagnie einen schlechten Namen mache, sondern den mächtigen König von Makassar zu bereden, die Inseln zu erobern und ihn dabei mit drei Schiffen zu unterstützen, wogegen die Holländer als Entgeld fordern sollten: 1. den Bau einer stark befestigten Faktorei auf des Königs Kosten, 2. den zwangsweisen Verkauf sämmtlicher Muskatnüsse und Macis gegen festgesetzte Preise an die Holländer, 3. den Ausschluss aller anderen europäischen und indischen Nationen vom Handel in Banda. Um dem Schmuggel zu steuern, müssten die vornehmen Bandanesen in Makassar angesiedelt, und hier durch vornehme Unterthanen des Königs ersetzt werden; ferner müsste statt der vier oder fünf Städte eine Stadt bei der Faktorei angelegt werden, endlich sollten die Landleute gezwungen werden, alle 14 Tage die gepflückten Früchte in den Kontoren abzuliefern, wogegen sie dafür dann auch sofort Bezahlung empfangen sollten. Der Nelkenhandel dagegen lasse sich, wenn auch nur mit Mühe, auf

Erstes Auftreten der Monopol-Idee. Cornelis Matelief de Jonge.

die Weise monopolisiren, dass die Holländer Malakka und Manila eroberten und Ternate durch Hunger geschwächt werde. Endlich seien die Engländer aus dem Pfefferhandel dadurch zu verdrängen, dass man dies Gewürz bei der Rückfahrt von den Molukken als Ballast einnehme und so billig verkaufe, dass die Engländer in Bantam Verluste hätten. Offenbar hatte Matelief keine Idee von der Widerstandsfähigkeit der Bandanesen, sonst würde er diesen abenteuerlichen Plan wohl kaum ausgeheckt haben.

Konkurrenz der Engländer.

Ende des Jahres 1607 sandte Matelief von Bantam aus die Jacht „Madagascar" mit Waaren und Geld nach Banda, um der englischen, von Kapitän Middleton geführten Jacht „the Consort" zuvorzukommen, von der er mit Recht vermuthete, dass sie gleichfalls nach Banda gehen solle.

Im Jahre 1608 kam der Vize-Admiral Adriaan Maertsz mit den Schiffen „Ter Vere", „Ceylon" und „Groote Zon" nach Banda und erlangte eine volle Ladung, während das Schiff „Zeeland" am 23. August nur mit halber Ladung von Banda nach Bantam zurückkam. Ende des Jahres kam aber auch eine englische Pinasse „the Hope" nach Banda, und liess zwei Engländer Brown und Sydell daselbst zurück.

Um diese Zeit begannen nämlich die Engländer, nachdem sich im Jahre 1600 auch bei ihnen eine indische Compagnie gebildet hatte, gleichfalls dem Spezereihandel des östlichen Archipels näher zu treten und mit der holländischen Compagnie zu konkurriren.

Neben den Engländern kamen im Jahre 1608 auch Spanier von den eigentlichen Molukken aus nach Banda, veranstalteten Umtriebe gegen die Holländer und sollen auch einige derselben getödtet haben.

Obgleich van Bergel noch immer auf Banda war, und die Bandanesen ihn auch nicht fort lassen wollten, so war in Bezug auf die Befolgung des Monopolvertrages sein Einfluss gleich Null. Ja die Besatzung schwebte fortdauernd in Angst, getödtet oder gezwungen zu werden, den Mohammedanismus anzunehmen.

Im Februar 1609 erschien vor Banda abermals ein englisches Schiff „the Hector", dessen Kapitän Keeling sogar die Erlaubniss erlangte, auf Neira eine Faktorei zu errichten, und im nächsten Monat auch auf der Insel Lontor und Ay, sowie auf Rhun Handelsverbindungen anknüpfte. Es war hohe Zeit, dass die Holländer wieder etwas thaten, ihren in sichtlichem Schwinden begriffenen Einfluss zu stärken.

Pieter Willemszoon Verhoeven

Drei holländische Schiffe lagen schon auf der Rheede von Banda, als endlich Pieter Willemszoon Verhoeven mit nicht weniger als sechs grossen Schiffen und zwei Pinassen am 8. April 1609 dort ankam. Es handelte sich nämlich um Friedensverhandlungen zwischen Holland und Spanien nach dem Prinzipe des augenblicklichen Besitzes, und zu diesem Zwecke hatte Verhoeven von Seiten der Compagnie vermittels einer extra zu diesem Zwecke ihm nach Indien nachgesandten Jacht den Auftrag erhalten: „de eylanden, daer de naghelen mette nooten ende foelie groeyen met tractaet ofte met gewelt aen de Comp. te verbinden voor den 1sten September 1609 ofte eerder, ooch op elck landt een cleen fortres opwerpende ende met eenich crychsvolck besettende[1]"; „daarom so moet men geen arbeyt, moeyte, noch oncosten daerinne sparen, ja alle dinghen verbij ghaen om de Moluques ende de eylanden van Banda boven alle in onse vrientschap ende contract te vercrijgen[2]".

Beschluss die Inseln der Compagnie einzuverleiben.

Mit diesem Auftrag, der das Schicksal der Bandainseln vorzeichnete, kam also Verhoeven nach Banda. Zuerst musste natürlich das englische Schiff als ein lästiger Zuschauer der kommenden Ereignisse und eventueller Rückhalt der Bandanesen verscheucht werden. Waren die Preise durch die Konkurrenz schon an und für sich bedeutend in die Höhe getrieben, so dass die bahara Muskatnüsse, die zu Heemskerks Zeiten, also 10 Jahre vorher, 6 Real gekostet hatte, jetzt im Durchschnitt 9 Real, durch Keelings Anwesenheit aber auf 12 Real gestiegen war, so konnte es nicht schwer fallen, durch absichtliches Ueberbieten und Zahlung in barer Münze den Handel des englischen Schiffes ganz lahm zu legen. Dennoch blieb Keeling noch eine Zeit lang und unterstützte die Eingeborenen anfangs nur durch Rath, indem er ihnen z. B. auch vorschlug, sich unter den Schutz des Königs von England zu stellen. Nach Ausbruch der Streitigkeiten wurden aber trotz der niedrigen Preise, die er zahlte, von den Eingeborenen von Ay und Rhun dennoch sämmtliche Gewürze ihm angeboten.

Nachdem noch ein holländisches Schiff und zwei Jachten zu der Flotte gestossen waren, begann Verhoeven in Unterhandlungen mit den Insulanern zu treten, um im Namen des Prinzen Moritz von Oranien ein Fort daselbst anlegen zu dürfen. Als er sah, dass die Eingeborenen die Verhandlungen absichtlich hinzuziehen suchten, indem sie gleichzeitig Verstärkungen heranzogen und sich an der Süd-Westecke von Neira verschanzten, auch Kinder und Frauen ins Gebirge in Sicherheit brachten, landete er am 25. April 700 Mann auf dieser Insel, und befestigte, nachdem er einen Versuch, an einem andern Orte ein Fort zu bauen, aufgegeben hatte, das alte verfallene Kastell der Portugiesen durch 4 Bollwerke und 36 Kanonen; er nannte dasselbe mit dem noch heute gebräuchlichen Namen Fort Nassau.

Errichtung von Fort Nassau auf Neira.

---

1) Brief vom 29. März 1608. V. d. Chijs l. c. pag. 37.
2) Brief vom 11. April 1608. V. d. Chijs l. c ibidem.

Ermordung Verhoeven's.

Die Folge dieser eigenmächtigen Handlungen war die, dass Verhoeven, angeblich zu einer Verhandlung aufgefordert, laut Beschluss eines geheimen Kriegsrathes der Bandanesen am 22. Mai 1609 in einen Hinterhalt gelockt und mit ca. 30 seiner Leute ermordet wurde; auch die nächsten Tage kosteten noch einer Reihe von Holländern das Leben, darunter auch einigen Beamten der Faktoreien auf der Insel Lontor.

Rachekrieg unter Hoen.

Der Rachekrieg für diesen sog. Verrath unter dem von der Flotte neugewählten Admiral Hoen bildete den Anfang jener unseligen Zeit, die mit der Unterjochung und fast gänzlichen Entvölkerung Bandas in den zwanziger Jahren endete.

Eroberung Neira's, missglückter Angriff auf Lontor.

Nachdem zuerst sämmtliche Schiffe der Bandanesen, die vor Neira lagen, von den Holländern verbrannt worden waren, wurde am 5. Juni 1609 die Ortschaft Lautakka auf Neira erstürmt und geplündert. Am 26. Juli ward dann ein Sturm auf die Ortschaft Celamme auf der Nordseite Lontors unternommen, der aber in Folge des tapferen Widerstandes der Eingeborenen mit grossen Verlusten abgeschlagen wurde.

Vertreibung der Engländer.

Keeling, dem man zur Last legte, die Bandanesen von Celamme gewarnt zu haben, sollte jetzt endgültig aus den bandanesischen Gewässern vertrieben werden. Während er im Beginne der Streitigkeiten nur von den Eingeborenen von Ay und Rhun trotz seiner niedrigen Preise und trotz eines Angebotes von 12000 Reichsthalern von Seiten der Holländer für Abbruch des Geschäftsverkehrs mit den Engländern die Gewürze erhalten hatte, da die Bewohner der Hauptinsel wohl nicht wagten, es ganz mit den Holländern zu verderben, so kaufte er später auch ungestört in Lautaka, Kombir und Lontor. Schon Anfangs war er von den Holländern auf verschiedene Weise chikanirt worden, und später hatte man sogar das Schiff visitirt auf Kriegskontrebande und Reis; schliesslich suchte man ihn erst mündlich, dann auch schriftlich zu veranlassen, sich zu entfernen; aber selbst der ausdrückliche Befehl vom 28. Juli, innerhalb 5 Tagen fortzufahren, blieb unbefolgt; erst als der Monsunwind einsetzte, liess er sich gegen eine Anweisung auf das Comptoir in Batavia für das ihm von den Bandanesen noch geschuldete Restgeld überreden, abzureisen.

3. Vertrag mit den Bandanesen am 13. Aug. 1608.

Wahrscheinlich durch Hunger gezwungen, in Folge Abschneidens der Anfuhr von Sago und Reis, knüpften die Bandanesen Friedensverhandlungen an, die zu dem Vertrag vom 13. August führten, der neben dem schon früher mehrere Male beschlossenen Schutzversprechen gegen die Feinde, Auslieferung der Ueberläufer, Verkauf der Specereien einzig an die Niederländer, auch die Bestimmung enthielt, dass niemand ohne Zustimmung des Gouverneurs des Forts die Insel Neira betreten dürfe, die Bandanesen aber im übrigen frei Handel treiben und fahren könnten, wohin sie wollten.

Am 19. August fuhr Hoen, der die Befehle der Compagnie hiermit ausgeführt hatte, mit der Flotte ab, indem er nur zwei Schiffe daselbst zurückliess, um ihre Ladung bei dem jetzt regen Handel zu vervollständigen. Das Fort stand unter dem Befehl von Hendrik van Bergel, nachdem dessen Vorgänger de Bitter den Wunden, die er bei dem Angriff von Celamme erhalten hatte, erlegen war.

Kaum waren jedoch die Schiffe fort, so kümmerten sich die Bandanesen durchaus nicht um den Vertrag, namentlich nicht, seitdem im Jahre 1610 das englische Schiff „the Expedition“ nach einem vergeblichen Versuch, auf den inneren Bandainseln Handel zu treiben, sich vor Ceram festgelegt hatte und auf der Insel Ay einen ausgebreiteten Handel begonnen hatte. Von jetzt an erhielten die Holländer auf Neira kein einziges Pfund Gewürz mehr; was nicht nach Ay geschafft wurde, erhielten die javanischen Händler, und auch ein Versuch der Holländer, die Einwohner von Ay durch Bestechung umzustimmen, misslang gänzlich, desgleichen kam ein feindlicher Anschlag auf die Insel dadurch nicht zur Ausführung, dass die holländischen Schiffe abgetrieben wurden.

Wie gewaltig die Gewürzproduktion auf Banda in dieser Zeit gewesen sein muss, wird dadurch in ein helles Licht gestellt, dass im Sommer 1610 allein vier Schiffe 115000 Pfd. Macis[1]) nach Holland brachten; wenn man bedenkt, wie viel Macis in jener Zeit noch in die Hände der Portugiesen, Engländer und ev. der Spanier überging durch den Handel der Javanen und Makassaren nach Bantam und Malakka, so wird man (nach den bekannten Verhältnisszahlen von Macis zu Nüssen) nicht übertreiben, wenn man die jährliche Produktion an Nüssen auf mindestens 1200000 Pfd. (ungeschält) taxirt.

Im Jahre 1610 wurde die Oberleitung der niederländischen Compagnie in Indien einem Oberlandvogt (Generalgouverneur) übergeben, als deren erster Pieter Both ernannt wurde; dieser kam am 28. März 1611 mit sechs Schiffen in Banda an; trotzdem daselbst noch drei Schiffe lagen, so hielt er doch die Zahl seiner 500 Soldaten für zu gering, um einen Aggressivkrieg führen zu dürfen; er versuchte die an dom Todo Vorhoevens besonders schuldigen Einwohner von Celamme durch einen wenig bedeutenden Rachezug dorthin zu bestrafen, reparirte das etwas verfallene Fort Nassau, befahl auf der Insel Neira noch ein

Pieter Bo

Errichtur von For Belgica a Neira.

[1]) Neben 350000 Pfd. Nelken und 1023000 Pfd. Pfeffer. V. Kampen l. c I, pag. 24 aus Koophandel van Amsterdam.

höher gelegenes Kastell, das Fort Belgica, zu bauen und schloss am
4. Vertrag mit den Bandanesen vom 20. Aug. 1610. 20. August abermals einen Vertrag mit einem Theil der Ortschaften ab (die Inseln Ay und Rhun, sowie der wichtige Ort Lontor fehlten dabei wieder), der sie verpflichtete, die nächsten fünf Jahre die Specereien ausschliesslich den Holländern zu verkaufen; dann fuhr er nach Bantam zurück, nachdem er in Banda eine stärkere Garnison gelassen hatte.

Kaum waren die Schiffe wieder fort, so war wieder alles beim alten; massenhaft hielten sich Javanen, Makassaren und sogar Klingalesen auf Banda auf und kauften Gewürz ein, die dann meist in die Hände der Engländer und Portugiesen übergingen; ja letztere gaben in Grisse den Javanen sogar Vorschüsse im Werthe von ca. 10000 Kronen zum Gewürzkauf und kamen auch bald wieder selbst nach Banda, wo sie sich auf Lontor und Ay aufhielten.

Brouwer. Auch die Anwesenheit Brouwers mit zwei Schiffen im Jahre 1612 änderte nichts hieran; er erhielt von den Bandanesen trotzige Antworten, fand bei einer Rundfahrt, dass die Insel Ay von den Eingeborenen durch Befestigungen geschützt war, und dass dort neun ziemlich grosse Prauen auf dem Strande lagen, was ihn natürlich darüber aufklärte, wieso die Inseln Ay und Rhun noch keine Muskatnüsse oder Macis nach dem Fort Nassau gebracht hatten. Aber nicht nur von diesen Plätzen, sondern auch von anderen konnten diese Schiffe ihre Ladung erhalten, „soo datt et niet en is te verwonderen, dat de foulie ende de nooten seer goetcoop in Malacca is geweest sints een jaer ofte twee“ [1]).

Erstes Auftauchen des Gedankens, die Muskatbäume durch Ausrottung zu beschränken. Während Neira nach der Errichtung des Forts allmählich von den Eingeborenen verlassen worden war, so dass z. B. um 1620 nur noch wenig Nüsse und Macis daselbst gepflückt wurden, so blieb die Hauptinsel Lontor noch ununterworfen. Die Leiter der Compagnie wollten dort ein Fort errichtet haben, Brouwer meinte aber, es wäre am besten, 200—300 Muskatbäume umzubauen, und wenn sie trocken wären, in Brand zu stecken; das um sich greifende Feuer werde die Eingeborenen in Schreck setzen und zur Raison bringen; es blieben trotzdem genügend Früchte übrig, um, wenn sie nur alle durch die Hände der Compagnie gingen, nach der augenblicklichen Kenntniss die ganze Welt mit Muskat versorgen zu können. In Bezug auf die Insel Ay dagegen sei es am besten, alle Bäume zu zerstören und die Menschen zu tödten.

L'Hermite's Vorschlag. Auch L'Hermite stellte, nach den Niederlanden zurückgekehrt, im August 1612 in seiner „corte Remonstrantie“ das gleiche Prinzip auf. Da es zu kostspielig und mühsam sei, an allen nöthigen Plätzen

---

1) V. d. Chijs l. c. pag. 63.

Forts zu errichten (auch auf Lohoe und Combello auf Ceram sei es nöthig, da diese Gegenden die Gewürze Bandas sehr an sich ziehen und vermuthlich mit England einen Vertrag gemacht haben), so sei es vorzuziehen, nur wenige hervorragend wichtige Plätze zu befestigen, in allen weiter abliegenden Gegenden aber, soweit sie sich nicht dem Willen der Compagnie strikte unterwürfen, die Nelken- und Muskatbäume auszurotten „dwelck het eenige punct is, waermede de moetwillige de middelen benomen souden werden de Compagnie schade te doen met haere goederen aan anderen te vercoopen . . . De swaricheden, die hieruit soude mogen ontstaen, sal wel het meeste wesen de ergernisse, die er de Indianen uit souden mogen nemen; dan dat soude met der tyd wel dootbloeden" [1]).

Hiermit war also das für die nächsten Jahrhunderte so tief in alle Verhältnisse Ostmalesiens eingreifende und so verhängnissvolle Prinzip der Ausrottung (het exstirpatie stelsel) zum ersten Mal und gleich in der allergrausamsten Schroffheit ausgesprochen.

Nachdem im Jahre 1613 der General-Gouverneur Pieter Both noch einmal die Bandainseln besucht hatte, blieben sie eine Zeit lang sich selbst überlassen; die Engländer wagten, wie es scheint, nicht recht, dort Handel zu treiben (nur der „Hector" soll 1613 die Inseln wieder besucht haben), jedoch standen sie von Buton und Makassar aus mit den Inseln, wohl durch malayische Zwischenhändler, im Verkehr, und berichteten wiederholt über die Zustände daselbst nach England, auch dass die Bandanesen, die jetzt wirklich mit der holländischen Besatzung auf dem Kriegsfusse standen, die Hilfe der Engländer herbeisehnten; ja im Oktober 1615 ging sogar ein Vornehmer (Orang-kaja) Bandas als Abgesandter mit Briefen nach Bantam zum Hauptquartier der Engländer, doch konnte er bei der geringen Macht der letzteren nicht viel erreichen; auch in der Zukunft kam nur ab und zu ein englisches Schiff nach den Bandainseln, und einige Engländer wurden wieder auf der Insel Ay zurückgelassen. Schwache Versuche der Engländer.

Um das Monopol der Holländer durch die Vernichtung des Nebenhandels wirksamer zu machen, kam im März 1615 der zweite Generalgouverneur Reynst mit einer grösseren Flotte von 11 Schiffen nach Banda, wo er gerade rechtzeitig eintraf, um einem Anfall auf die Forts, die durch einen starken Ausbruch des Vulkans wehrlos geworden waren, zuvorzukommen, und einige englische Schiffe zu vertreiben. Reynst.

---

[1]) V. d. Chijs l. c. pag. 64.

Missglückter Versuch Ay zu erobern. Adriaan van der Dussen.

Sein Hauptplan aber, nämlich die Insel Ay zu erobern, missglückte. Am 13. Mai erfolgte der Angriff auf diese Insel unter **Adriaan van der Dussen** mit 650 Soldaten, Japanern und Matrosen; jedoch wurden sie daselbst, als sie sich nach der Eroberung eines Vorwerkes sorgloser Ruhe überliessen, überfallen und mit starken Verlusten zurückgeschlagen; 60 sockel Macis, 2 Gefangene (ein Priester und ein javanischer Schulmeister [?]), einige Jagdgewehre und zwei englische Kanonen (Chakers) waren ihnen hierbei zur Beute gefallen, ein Beweis, dass die Engländer wenigstens indirekt ihre Hände im Spiele hatten. Ohne einen neuen Versuch zu wagen, die Schlappe auszuwetzen, verliess der Generalgouverneur die Bandainseln, wobei er noch die Engländer von Ceram verjagte. Er gab zwar Instruktionen in Bezug auf die Eroberung der Insel Ay, theils von Ternate, wobei er auf die Hilfe der Ternatanen spekulirte, theils von Bantam aus, jedoch ohne den gewünschten Erfolg.

Strenge Instruktion vom Mutterlande aus.

Unterdessen wurde von Holland aus fortwährend auf die Vollendung der Eroberung gedrungen; so besagte ein Schreiben von 1615, man solle die Forts und Schiffe benutzen und den Feinden möglichst viel Abbruch zu thun „de principaelle uit te doen roeyen ende verjagen ende't lant liever met heydenen wederom te doen peupleren"; man solle thun, was für die Compagnie am besten sei „al soude men aldaer eenighe boomen doen uit roeden ende de voors. landen desert maecken".

Jan Dirksz 't Lam.

Erst im April des Jahres 1616 gelang es dem Admiral **Jan Dirksz 't Lam**, der eine Flotte von ca. 12 Schiffen und 1000 Mann vor Banda vereinigte, die Insel Ay zu erobern, nachdem die englischen Schiffe, deren Flagge schon auf der Festung von Ay wehte, vorgezogen hatten, sich auf einen mageren Vertrag hin zurückzuziehen. Die Eroberung ging fast ohne Blutvergiessen vor sich, da die Insulaner, ohne Widerstand zu leisten, nachts in ihren Booten nach Rhun und Lontor geflohen waren, wobei mehr als 400 ertrunken sein sollen. Viele sprangen auch direkt ins Meer, manche wurden gefangen, wer sich aber nicht frühzeitig ergeben hatte, wurde umgebracht.

Eroberung von Ay.

Wiederbevölkerung von Ay.

Die Insel wurde im Mai desselben Jahres mit 794 Menschen neu bevölkert; den Stamm bildete der Radja des zu den Sangiinseln gehörenden Eilandes Siauw, ein von den Holländern am Gängelbande geführter Säufer mit Familie und den verrätherischerweise[1]) aus ihrer

---

1) Diese, darunter 244 Frauen und 78 Kinder, waren durch Geschenke auf die Schiffe gelockt worden; der in Folge falscher Vorspiegelungen bei diesem Menschenraub helfende König von Ternate wurde durch einen neuen Betrug getäuscht (Bokemeyer l. c. pag. 330).

Heimath entführten Unterthanen (446 Personen), ferner 100 Leute von Solor, dazu kamen 36 Mardijkers, Ambonsche Soldaten, (eigentlich bedeutet das Wort Freie), zum Theil verheirathet, 64 in der Nähe von Java von den Holländern in einem Fahrzeuge gefangen genommene Spanier und Guzeratleute, sowie 100 Freie von Solor, woselbst die Regierung ihr Comptoir aufgab. Auf den Ruinen der alten Befestigung wurde ein holländisches Fort „Revengie" erbaut.

So war jetzt neben Neira auch die Insel Ay völlig bezwungen. Die eingeschüchterten Bewohner von Lontor baten um Frieden, der ihnen auch von 't Lam unter ziemlich denselben Bedingungen wie die früheren gewährt wurde. Neira und Ay wurde dann als im ehrlichen Kriege von den Holländern erobert angesehen; es durften dorthin die Bandanesen höchstens mit einem Parang oder Kris bewaffnet kommen, und nicht mehr Sagoblätter und Bambus von Ay holen, als sie für ihre Häuser brauchten. Den Holländern wurde die ausschliessliche Gewürzlieferung zugesichert, sowie auch eine Vergütung für das im Schleichhandel verkaufte. Unter den vom Gewürzhandel auszuschliessenden Fremden werden die Engländer, Franzosen, Javanen, Malayen, Makassaren und Bandanesen besonders aufgeführt; nur den Javanen von Bantam, Jacatra und Japara sollte erlaubt sein, bei Banda zu ankern, und auch diesen nur nach Visitirung der Schiffe und Ausstellung eines Passes durch die Holländer. Als Preis für die Nüsse wurden 10 Real van achten, für die Macis 100 Real für die portugiesische Bahara (575 Pfd.) festgesetzt, ein sehr hoher Preis, der auch in Holland Anstoss erregte. 2. Vertrag mit den Bandanesen am 3. Mai 1621.

Auch sonst war die Leitung der Compagnie mit dem Vertrag nicht sehr einverstanden; man glaubte, dass diese gute, leider nicht wiederkehrende Gelegenheit einer so grossen Flottenanhäufung besser hätte ausgenutzt werden können und stiess sich auch an der Bestimmung, dass Ueberländer nicht zum Christenthum bekehrt werden dürften. — Der Vertrag wäre auch wohl nicht so schnell geschlossen, wenn es nicht 't Lam darum zu thun gewesen wäre, schnelle Ladung zu erhalten; dennoch konnte das Schiff „Horn" nicht mehr als 3600 bandasche kati Macis und 39400 kati unsortirte Nüsse erlangen. In den Niederlanden dachte man freilich anders, wie der Brief der XVII vom 12. April zeigt: „Over sulcx achten wy, dat het seer goet waere geweest, dat men soo haestich niet en waere geweest van met haerlieden een accoort te maecken, al en souden wy een jaar oft twee geen retour van daer gekregen hebben. Want, behalven dat wy van vruchten van die landen aldaer noch redelyck geprovideert syn, so meynen wy oock, dat ons profytelyck soude Unzufriedenheit mit den Erfolgen im Mutterlande.

Missglückter Versuch Ay zu erobern. Adriaan van der Dussen.

Sein Hauptplan aber, nämlich die Insel Ay zu erobern, missglückte. Am 13. Mai erfolgte der Angriff auf diese Insel unter Adriaan van der Dussen mit 550 Soldaten, Japanern und Matrosen; jedoch wurden sie daselbst, als sie sich nach der Eroberung eines Vorwerkes sorgloser Ruhe überliessen, überfallen und mit starken Verlusten zurückgeschlagen; 60 sockel Macis, 2 Gefangene (ein Priester und ein javanischer Schulmeister [!]), einige Jagdgewehre und zwei englische Kanonen (Chakers) waren ihnen hierbei zur Beute gefallen, ein Beweis, dass die Engländer wenigstens indirekt ihre Hände im Spiele hatten. Ohne einen neuen Versuch zu wagen, die Schlappe auszuwetzen, verliess der Generalgouverneur die Bandainseln, wobei er noch die Engländer von Ceram verjagte. Er gab zwar Instruktionen in Bezug auf die Eroberung der Insel Ay, theils von Ternate, wobei er auf die Hilfe der Ternatanen spekulirte, theils von Bantam aus, jedoch ohne den gewünschten Erfolg.

Strenge Instruktion vom Mutterlande aus.

Unterdessen wurde von Holland aus fortwährend auf die Vollendung der Eroberung gedrungen; so besagte ein Schreiben von 1615, man solle die Forts und Schiffe benutzen und den Feinden möglichst viel Abbruch zu thun „de principaelle uit te doen roeyen ende verjagen ende't lant liever met heydenen wederom te doen peupleren"; man solle thun, was für die Compagnie am besten sei „al soude men aldaer eenighe boomen doen uit roeden ende de voors. landen desert maecken".

Jan Dirksz Lam.

Erst im April des Jahres 1616 gelang es dem Admiral Jan Dirksz 't Lam, der eine Flotte von ca. 12 Schiffen und 1000 Mann vor Banda vereinigte, die Insel Ay zu erobern, nachdem die englischen Schiffe, deren Flagge schon auf der Festung von Ay wehte, vorgezogen hatten, sich auf einen mageren Vertrag hin zurückzuziehen. Die Eroberung ging fast ohne Blutvergiessen vor sich, da die Insulaner, ohne Widerstand zu leisten, nachts in ihren Booten nach Rhun und Lontor geflohen waren, wobei mehr als 400 ertrunken sein sollen. Viele sprangen auch direkt ins Meer, manche wurden gefangen, wer sich aber nicht frühzeitig ergeben hatte, wurde umgebracht.

Eroberung von Ay.

Wiederbevölkerung von Ay.

Die Insel wurde im Mai desselben Jahres mit 794 Menschen neu bevölkert; den Stamm bildete der Radja des zu den Sangiinseln gehörenden Eilandes Siauw, ein von den Holländern am Gängelbande geführter Säufer mit Familie und den verrätherischerweise[1]) aus ihrer

[1]) Diese, darunter 244 Frauen und 78 Kinder, waren durch Geschenke auf die Schiffe gelockt worden; der in Folge falscher Vorspiegelungen bei diesem Menschenraub helfende König von Ternate wurde durch einen neuen Betrug getäuscht (Rokemeyer l. c. pag. 330).

Heimath entführten Unterthanen (446 Personen), ferner 100 Leute von Solor, dazu kamen 30 Mardijkers, Ambonsche Soldaten, (eigentlich bedeutet das Wort Freie), zum Theil verheirathet, 64 in der Nähe von Java von den Holländern in einem Fahrzeuge gefangen genommene Spanier und Guzeratleute, sowie 100 Freie von Solor, woselbst die Regierung ihr Comptoir aufgab. Auf den Ruinen der alten Befestigung wurde ein holländisches Fort „Revengie“ erbaut.

So war jetzt neben Neira auch die Insel Ay völlig bezwungen. Die eingeschüchterten Bewohner von Lontor baten um Frieden, der ihnen auch von 't Lam unter ziemlich denselben Bedingungen wie die früheren gewährt wurde. Neira und Ay wurde dann als im ehrlichen Kriege von den Holländern erobert angesehen; es durften dorthin die Bandanesen höchstens mit einem Parang oder Kris bewaffnet kommen, und nicht mehr Sagoblätter und Bambus von Ay holen, als sie für ihre Häuser brauchten. Den Holländern wurde die ausschliessliche Gewürzlieferung zugesichert, sowie auch eine Vergütung für das im Schleichhandel verkaufte. Unter den vom Gewürzhandel auszuschliessenden Fremden werden die Engländer, Franzosen, Javanen, Malayen, Makassaren und Butonesen besonders aufgeführt; nur den Javanen von Bantam, Jacatra und Japara sollte erlaubt sein, bei Banda zu ankern, und auch diesen nur nach Visitirung der Schiffe und Ausstellung eines Passes durch die Holländer. Als Preis für die Nüsse wurden 10 Real van achten, für die Macis 100 Real für die portugiesische Bahara (575 Pfd.) festgesetzt, ein sehr hoher Preis, der auch in Holland Anstoss erregte. 5. Vertra mit den Bandanese am 3. Ma 1616.

Auch sonst war die Leitung der Compagnie mit dem Vertrag nicht sehr einverstanden; man glaubte, dass diese gute, leider nicht wiederkehrende Gelegenheit einer so grossen Flottenanhäufung besser hätte ausgenutzt werden können und stiess sich auch an der Bestimmung, dass Ueberläufer nicht zum Christenthum bekehrt werden dürften. — Der Vertrag wäre auch wohl nicht so schnell geschlossen, wenn es nicht 't Lam darum zu thun gewesen wäre, schnelle Ladung zu erhalten; dennoch konnte das Schiff „Horn“ nicht mehr als 8600 bandasche katti Macis und 39400 katti unsortirte Nüsse erlangen. In den Niederlanden dachte man freilich anders, wie der Brief der XVII vom 12. April zeigt: „Over sulcx achten wy,. dat het seer goet waere geweest, dat men soo haestich nit en waere geweest van met hunlieden een accoort te maecken, al en souden wy een jaar oft twee geen retour van daer gekregen hebben. Want, behalven dat wy van vruchten van die landen aldaer noch redelyck geprovideert syn, so meynen wy oock, dat ons proffytelyck soude Unzufriedenhe mit den E folgen ir Mutterlande.

wesen, dat alle de vruchten voor een jaer aende boomen vergaen waeren, slechts geene in der vremde handen hadden mogen vallen[1])".

Erneute Zwistigkeiten zwischen den Niederländern und Bandanesen.

Dieser Vertrag und die Machtstellung der Holländer wurde von letzteren in ungebührlicher Weise ausgenutzt; bald war die gelieferte Macis zu nass, bald die Nüsse zu schlecht, so dass es vorkam, dass die Bandanesen, die nicht an andere liefern durften, die Nüsse einfach aufhäuften und verbrannten. Auch die auf Ay angesiedelten Eingeborenen von Siauw waren mit dem Tausch durchaus nicht zufrieden, und mit der Zeit waren 246 von ihnen nach der Insel Rhun, zuerst auch nach Lontor geflüchtet, während manche bei der Flucht wieder eingefangen worden waren. Durch eine verrätherische Gefangensetzung von ca. 90 Bandanesen der Insel Lontor versuchten die Holländer vergeblich, die Auslieferung der Flüchtlinge zu erzwingen. Natürlich führte dieser Handstreich wieder zu offenen Feindseligkeiten; alle Holländer, die in die Hände der Bandanesen fielen, wurden umgebracht.

Befestigung der Engländer auf Nailaka bei Rhun.

Unterdessen hatten die Engländer Ende 1616 abermals zwei Schiffe „Swan" und „Defence" gesandt, die sich vor der Insel Rhun, welche die Eingeborenen im Dezember 1616 unter den Schutz der Engländer stellten, vor Anker legten, und auf der kleinen mit Rhun durch ein Riff verbundenen Insel Nailaka eine befestigte Batterie erbauten, ja zeitweilig sogar, als Drohung gegen die Holländer, auch auf der Insel Rhun zwei Batterien errichteten. Auch die Insel Ay hatte theoretisch die Schutzherrschaft des Königs von England anerkannt, doch ist es ungewiss, ob noch vor der Eroberung durch die Holländer, oder erst durch die nach Rhun geflüchteten Häuptlinge nachträglich, was ja völkerrechtlich von grosser Bedeutung ist. Im Januar 1617 schlossen auch die Einwohner der Insel Rosengain sowie die Ortschaft Waier auf Lontor einen Schutzvertrag mit den Engländern.

Versuch die Engländer zu vertreiben.

Um letztere zu vertreiben, mussten Verstärkungen von Ambon herbeigeholt werden; dann wurde das eine der englischen Schiffe „Swan", das die Verbindung zwischen Rosengain und Rhun aufrecht erhielt, bei Ceram, von wo es wohl Proviant holen sollte, genommen, während das andere Schiff „Defence", als es von Rhun abgetrieben wurde, zwar den grössten Theil der Mannschaft und der Geschütze in Böten auf jener Insel landete, dann aber auch den Niederländern in die Hände fiel.

Laurens Reael.

Dr. Laurens Reael, der Nachfolger von Reynst als Generalgouverneur von Indien, kam, um die schwierige Lage auf Banda zu bessern, am 3. April 1617 selbst dorthin, aber ohne genügende Kriegsmacht. Er war kein

---

1) V. d. Chijs l. c. pag. 88.

rauher Kriegsmann, sondern ein humaner Rechtsgelehrter und versuchte möglichst auf friedliche Weise mit den von allen Zufuhren abgeschnittenen, und daher jetzt durch Hunger gepeinigten und abgemagerten Eingeborenen fertig zu werden. Die Engländer von Rhun zu vertreiben, gelang ihm zwar nicht, trotz des Angebots, seinerseits die beiden genommenen Schiffe wieder auszuliefern; auch die Einwohner von Rhun blieben standhaft, obgleich sie schon den Palmkohl der Kokosbäume zu verzehren begannen, zu welchem Nahrungsmittel, da die Palme dadurch zerstört wird, nur im äussersten Nothfalle gegriffen zu werden pflegt.

6. Vertrag mit den Bandanesen am 30. April 1617.

Dagegen kam nach dreiwöchentlichen Verhandlungen mit Lontor und Rosengain am 30. April ein Vertrag zu Stande, von dem er selbst an den Rath der XVII schrieb: „Sy beloven dingen, die het haer niet mogelick is te onderhouden“[1]. Der Vertrag war ähnlich wie die vorhergehenden, schloss aber die Insel Rhun von jedem Verkehr aus, und erlaubte den Bandanesen Bootfahrten nur mit Einwilligung des Gouverneurs; auch durfte der Gouverneur beaufsichtigende Beamte auf den beiden Inseln stationiren; dem Ankern fremder Schiffe ohne Erlaubniss der Holländer und namentlich dem Landen von Mannschaften hatten sie sich durchaus zu widersetzen; wie man sieht, waren die meisten neuen Artikel darauf gemünzt, die Engländer fernzuhalten. Dagegen begünstigte der Generalgouverneur geradezu den Handel der Javanen von Japara aus, deren Schiffe dann aber vor den Forts auf Neira ankern und sich den Bestimmungen der Holländer unterwerfen mussten. Auch sollte wieder in Oertatan auf Lontor auf Wunsch der Bandanesen eine holländische Faktorei eingerichtet werden. Im Januar 1618 kam er abermals nach Banda, und vertrieb dort im April zwei englische Schiffe, konnte aber wegen ungünstigen Windes nicht, wie er beabsichtigte, auf Rhun landen.

Missglückte Unternehmung gegen Lontor.

Dagegen wurde ein kleiner Abstecher gegen die Insel Lontor gemacht, deren Bewohner sicher den Widerstand am meisten schürten; Lam erklomm mit 600 Mann den Berg, wo die Hauptverschanzung lag, vermochte aber nicht, dieselbe einzunehmen; natürlich war hierdurch wieder der Friede gebrochen, und bald hörte auch der östliche Theil der Insel, Celamme, auf, den Holländern Gewürze zu liefern, da wieder eingeborene Kaufleute und später neben den Engländern auch sogar Portugiesen dort Handel trieben. So war die Compagnie wieder auf das wenige angewiesen, was in Neira und Ay geerntet wurde; zweifellos war aber die angeführte Bevölkerung, die auf Neira z. Th. aus früheren

1) V. d. Chijs l. c. pag. 102.

Compagniebeamten, sog. „vrijlieden" und aus Chinesen bestand, unzureichend, um die Muskatgärten selbst dieser kleinen Inseln genügend auszunutzen.

Jan Pieterszoon Coen.

Unterdessen war Ende des Jahres 1618 der ungemein kriegerische und energische Jan Pieterszoon Coen als Nachfolger des milden Reael Generalgouverneur von Indien geworden; er hatte aber in der ersten Zeit zu viel in Java zu thun, Batavia zu organisiren, Bantam zu demüthigen und die Engländer zu vertreiben, als dass er schon an Kriegszüge in Banda denken konnte. Ende 1619 legte er dagegen wiederholt die Bandafrage dem Rath von Indien vor, „also t'een saecke van importantie ende gewichte", wovon „de geheele welstandt in Indië" abhing; der Rath zögerte aber aus Furcht vor den Engländern, in diesem Jahre schon auf die weitgehenden Eroberungspläne Coen's einzugehen. Aber selbst, wenn der Rath zugestimmt hätte, so wäre doch die völlige Unterjochung der Banda-Inseln gewiss noch lange nicht gelungen, da die Bandanesen an den dortigen auf Rhun stehenden Engländern einen starken Rückhalt hatten, und von ihnen mit Munition und Lebensmitteln versorgt wurden, wenn nicht ein im Sommer 1619 in London zwischen England und den Niederlanden für 20 Jahre geschlossener Vertrag eine Art Bundesgenossenschaft zwischen den beiden Mächten oder vielmehr zwischen den beiden Compagnien hergestellt hätte. Der Vertrag besagte, dass der Handel in den Molukken, Amboina und Banda auch den Engländern offen stehen solle, dass alle Zwistigkeiten zwischen der englischen und holländischen ostindischen Compagnie beigelegt werden sollten, und eine gemeinsame Flotte die Compagnien gegen jeden, der sie schädigen wolle, zu schützen hätte. Auch sollten beim Ein- und Verkauf der Gewürze fest verabredete Preise gelten; der Handel in Ternate, Banda und Ambon solle zu $^2/_3$ den Holländern, zu $^1/_3$ den Engländern zufallen[1]), die Spanier sollten aus Ostindien vertrieben werden, und die Regierung in Indien solle in den Händen eines Kriegsrathes (Rathes von Defensie) liegen, der aus vier Engländern und ebenso vielen Holländern bestehen solle.

Vertrag zwischen England und den Niederlanden im Sommer 1619.

Dieser Vertrag wurde Ende März 1620 der in Jakatra auf der Rheede liegenden rivalisirenden englischen und holländischen Flotte be-

---

1) „In de Eylanden van Molucques, Banda, en de Amboina by gemeen goed vinden, zal de Handel zoo wezen gereguleerd, dat de Compagnie van Engeland aldaar zal genieten, een derde deel van alle de Trafficquen, zoo wel in't inbrengen en verkoopen van de waren in de voorzeide Eylanden, als in de vrugten ende waren, die daar wassen, ende van daar werden gebragt, ende die van de Vereenigde Provintien zullen hebben de twee andere derde parten." Artikel 8 des Vertrages (v. Kampen l. c. II, pag. 295).

kannt, und alsbald verlangte auf den Vertrag hin der Generalgouverneur Coen in dem gemeinsamen Kriegsrath der Engländer und Holländer die Hilfe der Engländer unter anderen auch zur Unterjochung Bandas. Die Engländer erklärten sich zwar prinzipiell einverstanden, bedauerten aber wegen Mangel an Schiffen, Mannschaft etc. nicht im Stande zu sein, sich an diesen Zügen zu betheiligen; worauf dann Coen beschloss, diese Expedition allein mit der holländischen Flotte zu unternehmen, indem er „sehen wolle, welchen Segen der allmächtige Gott ihm zu verleihen für gut halten würde".

Am 27. Februar 1621 kam die Flotte vor Banda an, wo sich aber die Eingeborenen, durch englische Schiffe benachrichtigt, schon recht gut gerüstet hatten; sie waren auch im Besitz von vier Kanonen, welche ihnen die Engländer geliefert hatten, ja einige Engländer befanden sich sogar auf der Insel Lontor selbst, da Hayes, der englische Ober-Kaufmann auf Rhun, am 24. November 1620 mit der Insel Lontor einen in den Augen Coens natürlich ungültigen Vertrag geschlossen und daselbst eine Faktorei errichtet hatte. Auch auf die Aufforderung Coens verliessen die Engländer die Inseln nicht, und sollen, wenigstens nach holländischen Angaben, den Insulanern sogar thätige Unterstützung beim Abfeuern der Kanonen geleistet haben.

Eroberun von Lonto

Vom 3. März 1621 an begannen die offenen Feindseligkeiten. Nach zwei vergeblichen hauptsächlich durch die Geschütze vereitelten Landungsversuchen bei Lakoei an der Südseite und zwischen Combir und Oertatan an der Nordseite der Insel Lontor gelang es am 11. März durch eine Kriegslist, indem durch einen Angriff von der Nordküste aus die Landung an der Südseite verschleiert wurde, mit beträchtlichen Truppenmassen den Vertheidigern in den Rücken zu fallen. Die Folge der dadurch entstehenden Panik war die, dass die Eingeborenen sich zerstreuten, um jeder für sein eigenes Dorf zu sorgen. So konnte dann schrittweise eine Ortschaft nach der andern erobert werden, zuerst der Westen, namentlich der wichtige Hauptort Lontor, ferner Oertatan, Madjangi, Lakoei und Samar. Erbeutet wurden neben 8 Geschützen und ca. 70 „bassen" (lillas) im ganzen 283 sockel Macis und 348 bahara Nüsse, davon 150 sockel Macis und 20 bahara Nüsse allein in der Ortschaft Lontor: „T'sal de costen helpen betaelen, soo de waeghen recht gaet"[1]).

Unter-werfungs vertrag vo März 1621

Der Osten der Insel, z. B. Combir, Celamme, Ouden Denner und Waier, sowie auch die Inseln Rosengain und Rhun boten hierauf,

1) V. d. Chijs l. c., pag. 128.

stark eingeschüchtert, schon am folgenden Tag, den 12. März, ihre Unterwerfung an, und zwar unter der Bedingung, dass sie im Besitz ihres Glaubens gelassen würden, dass niemand den Frauen oder Kindern Gewalt anthun, noch in ihre Häuser eindringen dürfe, um übles zu thun; dass das Eigenthum verbürgt bleibe, dass niemand zu einer Arbeit gezwungen werden dürfe, an die er nicht gewohnt sei, noch zu Kriegsdienst ausser Lande, endlich, dass Ueberläufer beiderseitig ausgeliefert werden sollten. Coen stellte die Bedingung, die Vertheidigungswerke zu schleifen, die Waffen auszuliefern, nach einem ihnen anzuweisenden Platz zu ziehen, und die General-Staaten der Vereinigten Niederlande als Oberherrn anzuerkennen. Nur zögernd, und erst als Coen Miene machte, am 15. März Celamme mit Gewalt zu nehmen, gingen die Ortschaften auf diese sie völlig wehrlos machenden Bedingungen ein.

Da sich unterdessen die aus den eroberten Ortschaften West-Lontors geflohenen Bewohner im Gebirge verschanzten, so wurden 4 Compagnien, aus je 70 Europäern und einigen Japanern bestehend, gebildet, um das Land abzusuchen und die Eingeborenen zu verjagen oder einzufangen; ausserdem wurde das Fort Hollandia auf der Insel gebaut, hauptsächlich durch die gefangenen und zu zweien zusammengeketteten Javanen.

Erbauung von Fort Hollandia auf Lontor.

Beschluss, das Land neu zu vertheilen.

Gleichzeitig wurde im Kriegsrathe der Niederländer beschlossen, das ganze Land von Banda und die Bäume als Lehen zu geben an solche, die sich bei den holländischen Kaufleuten Neira's und Ay's dazu anmelden würden; man betrachtete demnach schon das ganze Land als Kriegsbeute, die man beliebig zu vertheilen berechtigt sei. Ein Protest von Sir Humphrey Fitz Herbert, der, als er die Eroberung Lontors in Ambon vernahm, schnell mit den Schiffen „the Royal Exchange“ und „the Rubin“ für kurze Zeit nach Banda gekommen war, und dort in Neira am 27. März den Vertrag zwischen England und den Niederlanden verkündet hatte, blieb selbstverständlich ganz unbeachtet.

Unterwerfung der Insel Rhun.

Ungeachtet der Anwesenheit eines englischen Schiffes („the Star“) sollte auch die Insel Rhun von Ay aus angegriffen werden, jedoch unterwarf sie sich trotz ihrer starken Vertheidigungswerke und ihrer etwa 1500 wehrhaften Männer in der letzten Stunde denselben Bedingungen wie Celamme etc. Bei der Uebergabe der Waffen wurden auch neun von den Engländern gelieferte Geschütze von der Befestigung aus herabgeworfen, zwei brachen, die übrigen wurden von den holländischen Schiffen genommen. Nur die kleine, flache, baumlose Insel Nailaka, nördlich von Rhun, wo die Engländer 9 Kanonen aufgepflanzt und sich befestigt hatten, wurde von den Holländern ungestört gelassen, da man wegen eventueller Verwickelungen einen direkten Kampf gegen die Engländer scheute.

Offenbar war es Coen's fester Wille, die Bandanesen völlig zu vertreiben, denn auch den gehorsamen Einwohnern von Ost-Lontor wurden immer härtere Bedingungen auferlegt. Sie sollten nicht nur, wie es bestimmt war, ihre Waffen abliefern und alle an die Küste ziehen, was sie, wenn auch nur zögernd und unvollständig, thaten, sondern auch die Garantie übernehmen, dass die ins Gebirge geflüchteten Einwohner von West-Lontor, Ay und Neira, die gleichfalls ihre Unterwerfung anboten, in den ihnen bestimmten Wohnplätzen auch in Zukunft verharren würden; und als die ins Gebirge Geflüchteten zögerten, ihre Waffen abzuliefern, sollten die Einwohner Ost-Lontor sie sogar zwingen, sich zu ergeben, bei Strafe, gleichfalls als Feinde behandelt zu werden. Welchen Einfluss konnten waffenlose und derart von den Siegern behandelte Leute ausüben auf ihre ins Gebirge geflüchteten, gewaffneten, und doch noch der Hoffnung nicht ganz entbehrenden Landsleute? Dennoch nahmen die Verhandlungen der Geflüchteten mit dem General-Gouverneur einen guten Fortgang, welch' letzterer verlangte, sie sollten sich „als Anerkennung ihrer früheren Missethaten mit Hab und Gut auf die holländischen Schiffe" begeben, „ende alsdan nae de discretie van de Heer Generael daerinne soude worden gedisponeert." Da aber die Leute für die Ungeduld Coens viel zu langsam und in zu geringer Anzahl auf die Schiffe kamen, so wurde ein unvorsichtiger Kinderausspruch als Beweis der verrätherischen Gesinnung sämmtlicher Bandanesen ausgelegt, und daraufhin dann am 24. April der blutige Beschluss gefasst, alle noch übrigen Ortschaften der Insel zu verbrennen, die letzten Schiffe der Eingeborenen zu vernichten, und die Bandanesen durch Noth zu zwingen, an Bord zu kommen oder das Land zu verlassen.

Unterjochung der ganzen Inseln.

So wurde denn Celamme ganz ohne irgend welche Provokation und ohne auch nur den Schein des Rechtes von den Holländern verrätherisch angegriffen, geplündert und verbrannt, wobei auch viele „schoone vruchtboomen" zu Grunde gingen; etwa 1322 Einwohner geriethen bei dieser Gelegenheit in die Hände der Sieger und wurden an Bord gebracht. Sodann wurde auch Waier und Dender ebenso grundlos überfallen; die Einwohner waren zwar, durch das Schicksal Celamme's gewitzigt, ins Gebirge geflüchtet, ihre Häuser aber wurden verbrannt. Auch die Nachbarinsel Rosengain, deren Einwohner gleichfalls nach Gross-Banda ins Gebirge geflüchtet waren, hatte das gleiche Schicksal.

Noch lange nachher wurde jährlich im April diese Heldenthat auf

Banda gefeiert, wobei die Freibürger der Insel mit Gewehr aufziehen mussten[1]).

Rhun und die Engländer.

Die Insel Rhun dagegen, die sich ja unterworfen und ihr Kriegsmaterial ausgeliefert hatte, wurde nicht weiter behelligt, offenbar aus Rücksicht auf die in der Nähe postirten Engländer. Dennoch versuchten die Eingeborenen auch von hier bald zu fliehen; dass es nicht allen glückte, zeigt ein misslungener Fluchtversuch im Grossen vom Jahre 1623, der mit der Hinrichtung von 160 Schuldigen ein blutiges Ende fand. 1638 gab es nur noch 30 Leute auf der Insel.

Obgleich die Engländer 1624 dem damaligen Generalgouverneur in Batavia erklärt hatten, dass sie auf Rhun keine weiteren Ansprüche machten, so diente ihnen die Inbesitznahme dieser Insel durch die Niederländer noch für lange als sehr bequemer Vorwand zu Zwistigkeiten, so z. B. für den kurzen Krieg von 1632, so auch um die von Indien kommenden Retourflotten der Compagnie in den europäischen Gewässern zu bedrohen[2]). Dass es den Engländern im Ernste gar nicht um die Insel zu thun war, beweist das Verhalten derselben im Jahre 1636, als der Engländer Jesson vor Banda erschien, und der Gouverneur von Banda, Brouwer, ihm anbot, die Besatzung (zwölf Soldaten und fünf Sklaven) von der Insel Rhun zurückzuziehen; es stellte sich nämlich hierbei heraus, das Jesson keinen Auftrag hatte, die Insel zu besetzen, und auch in der nächsten Zeit kam keine Besetzungsmannschaft. Erst zwei Jahre später 1638 kam John Hunter von Makassar aus, um die Insel für England in Besitz zu nehmen; der damals zufällig dort anwesende Generalgouverneur Van Diemen lehnte aber die Abtretung der Insel, in Hinblick auf die Erklärung der Engländer im Jahre 1624, einfach ab, und drohte, von jetzt an alle englischen Schiffe in den Molukken als Feinde betrachten zu wollen; er gestattete ihm nur, sich in Banda mit Wasser und Erfrischungen zu versorgen.

So blieb denn Rhun ein dauernder Zankapfel zwischen der niederländischen und englischen Compagnie, wenngleich erstere nicht recht von ihrem Besitze Gebrauch machte; sie überliess vielmehr die Insel sich selbst, um jedwede offene Streitigkeit zu vermeiden. Damit sich

---

[1]) Worm berichtet, dass ihnen der 1622 geschlossene Accord dabei vorgelesen wurde. Von einen Vertrag kann aber nach obigem nicht viel die Rede gewesen sein.

[2]) In dieser Zeit ging die Retourflotte, um den im Kanal lauernden Kaperschiffen zu entgehen, meist um Irland herum, und wurde dann an der skandinavischen Küste von niederländischen Kriegsschiffen erwartet; 1665 wurde sie aber sogar bei Bergen von den Engländern angegriffen.

aber die geflüchteten Einwohner dort nicht wieder festsetzen, und von dort aus einen Schmuggelhandel eröffnen könnten, vernichteten die Niederländer alle Muskat-[1]) sowie sonstigen Fruchtbäume durch Abschälen der Rinde und auf andere Weise.

Im Jahre 1653 schien die Frage wieder akuten Charakter annehmen zu sollen, denn Cromwell forderte die Insel und 500 000 Reichsthaler als Entschädigung für den sog. Amboinamord.

Im Jahre 1654 machte ein Schiedsgericht den Friedensvorschlag, dass die Insel den Engländern definitiv zu überlassen sei, aber auch diesmal zeigte sich, dass letztere den kleinen Fleck Erde gar nicht im Ernst begehrten, sondern ihn nur als bequemen Kriegsvorwand benutzen wollten; sie forderten nämlich die Insel nicht so wie sie jetzt sei, sondern wie sie 1617 war, überliefert zu bekommen, das würde also heissen, mit Muskatbäumen und Eingeborenen. Erst 1665 nahmen sie wirklich die Insel in Besitz, verlangten aber dazu noch 4 Mill. £ Schadenersatz für die Verwüstung der Insel, neben 3 Millionen £ aus anderen Gründen. Als dann aber im selben Jahre der Krieg zwischen England unter Karl II. und der niederländischen Republik ausbrach, wurde von Batavia aus der Befehl gegeben, die Engländer wieder von der Insel zu verjagen. Dies gelang im Jahre 1666 ohne Mühe, aber erst im folgenden Jahre, durch den Vertrag von Breda, fiel die schon längst durch Auswanderung und Verwüstung gänzlich werthlos gewordene Insel definitiv den Niederländern zu.

Also erst im Jahre 1667 waren die Niederländer die unumstrittenen Besitzer der Bandainseln.

Die eigentliche Eroberung von Banda war, wie wir sahen, am 1. Mai 1621 vollendet, alle Ortschaften bis auf die der Insel Rhun waren zerstört, das ganze Land bis auf einige Befestigungen im Gebirge der Insel Lontor im Besitz der Niederländer. Man beschloss, die dorthin Geflüchteten nicht durch Gewalt, sondern durch Hunger zu bezwingen, und alle Fruchtbäume im östlichen Theil dieser Insel zu vernichten. Ferner wurden 40 meist vornehme Bandanesen vor ein Kriegsgericht gestellt, und nach einer Tortur, bei der zwei den Geist aufgaben, ein dritter ins Meer sprang, verrätherischer Handlungen schuldig erklärt und hingerichtet, vielleicht aus Furcht, dass diese dem General-Gouverneur durch Anklagen nachträglich Schwierigkeiten bereiten könnten. Pacifizirung von Lontor.

1) Dies muss vor 1638 gewesen sein, da Wurffbain die Vernichtung der Bäume schon erwähnt.

Martin Sonck.

Nachdem Martin Sonck zum Gouverneur von Banda ernannt worden war, fuhr der General-Gouverneur Coen am 16. Mai nach Jacatra auf Java zurück, da er seine Aufgabe hier völlig gelöst hatte.

Während die Niederländer bei diesem Vernichtungskrieg etwa 300 Mann durch Krankheit eingebüsst, dagegen vielleicht nur etwa 20 Todte und 60 Verwundete im Kampfe hatten, so waren die Verluste der Bandanesen ganz enorme (Crawfurd schätzt sie auf 3000). Namentlich der Guerilla-Krieg, der nach Coens Abreise begann, und erst 1627, als Pieter Vlack Gouverneur von Banda war, als beendet gelten konnte, kostete vielen das Leben. Am 6. Juli griff Sonck unvermuthet die Befestigung im Gebirge bei Celamme an und soll dort 1800 Wohnungen, 1500 Prauwen und 6—700 Gräber gefunden haben; am 8. Juli auf einem Berge bei Waier etwa 1000 Häuser, aber weniger Gräber als auf dem andern Berge.

Flucht der Eingeborenen.

Die Einwohner versuchten grossentheils über das Meer zu entfliehen, und wurden von Ceram aus dabei gut unterstützt; so nahmen 20 ceramische Korakoras von Banda fünf Orang-kajas und 200—300 Bandanesen mit; etwa 250 andere Bandanesen dagegen sollen in einer grossen Prau untergegangen sein; viele verloren aber bei der Flucht auch durch die Niederländer ihr Leben, namentlich während der Zeit, wo Willem Janszoon Admiral des Gouverneur von Banda war, der bei der Insel Ay Schiffe stationirte, um den Flüchtlingen aufzulauern, wobei alle Gefangenen gehängt oder enthauptet wurden. Diejenigen Bandanesen, die sich retten konnten, liessen sich in Ost-Ceram, Goram, Tobo, Keffing, Rarakit, Aruinseln, Makassar, sowie auf Ambon in Cailolo, Soeli und anderen Plätzen nieder. Namentlich flüchteten sie aber nach den Keyinseln, wo sie sich bis auf unsere Zeit als geschlossene Gemeinden an der Westseite von Gross-Key unter dem Namen Key-Bandan erhalten haben.

Der tödtliche Hass dieser Geflüchteten hat sich noch jahrelang gezeigt, und vielen Holländern das Leben gekostet. 1627 wurde sogar der Gouverneur Pieter Vlack selbst, nebst einem Oberkaufmann, Kapitän, Geheimschreiber und einer Dame auf einer kleinen Fahrt längs der Küste von Lontor von den eigenen Ruderern des Bootes (Leute der Insel Rhun) entführt und nach einem Dorf Kellibon auf Ceram gebracht, wo sie erst mehr als drei Monate später durch den Gouverneur von Ambon befreit wurden. Auch noch im Jahre 1630 machten die Einwohner von Ceram einen Raubzug gegen Banda. Einige Jahre später wurde der Fiskal mit 13 anderen auf Ceram ermordet, gleichfalls nach Wurffbain ein Racheakt der geflüchteten Bandanesen. Erst 1637 gelang es der Compagnie, mit den vereinigten Dörfern von Ceram und Goram, 1670 mit Keffing und Rarakit einen Vertrag abzuschliessen.

Die Geflüchteten hatten es aber immerhin noch besser, als die Bandanesen, die sich im Vertrauen auf die Verträge den Niederländern unterworfen oder die durch den Verrath in Celamme, sowie später auf den Streifzügen gefangen genommen (Mitte Mai bis Mitte Juli 1621 wurden allein 476 Bandanesen gefangen) resp. durch Hunger getrieben worden waren, sich zu ergeben. Ihr Loos war fast stets dasselbe, sie wurden grösstentheils, so weit sie nicht durch den Tod erlöst wurden, in der einen Form oder der anderen die Sklaven ihrer Besieger. Coen schickte 45 Häuptlinge und 789 niedere Bandanesen nach Jacatra, von denen schon 176 auf der Reise starben. Im Januar des folgenden Jahres waren sogar nur noch 524 Personen davon übrig, 211 Männer, 170 Frauen, 143 Kinder. Unter der Anschuldigung, einen Empörungsversuch geplant zu haben, wurden neun Orang-kaja's lebendig geviertheilt, und vier enthauptet, 307 Frauen und Kinder wurden nach Banda gesandt, um dort verkauft zu werden, die 210 Männer dagegen mussten in Jacatra als Kettensträflinge schwere Arbeit verrichten. Dies waren meist Leute gewesen, die freiwillig auf die Schiffe gekommen waren, und die bei dem verrätherischen Ueberfall auf Celamme gefangen genommen waren. Dass die später den Niederländern in die Hände gefallenen kein besseres Loos zu gewärtigen hatten, war selbstverständlich. Nach Valentijn gab es im Jahre 1638 unter den Einwohnern der Bandagruppe nur 560 alte Bandanesen, davon bestand noch nicht die Hälfte aus Freien, und freie Männer gab es unter dieser Zahl überhaupt nur 50; dies ist also die Gesammtzahl der von den Siegern verschonten männlichen Eingeborenen, inclusive der ursprünglich zwar von den Inseln geflohenen, aber in Folge der 1637 durch den Gouverneur Acoley erlassenen Amnestie wieder zurückgekehrten Männer; alle anderen waren geflüchtet, todt, in Sklaverei oder in Sträflingsketten. Die übrige alt-bandanesische Bevölkerung von 1638 setzte sich zusammen aus 53 in Sklaverei befindlichen Männern, 291 Frauen, über die Hälfte davon Sklavinnen, 166 Kindern, darunter 69 Sklavenkinder und als solche selbst zu Sklaven prädestinirt.

Loos der Unterjochten und Gefangenen.

Nimmt man die ursprüngliche Bevölkerung nach der Angabe eines anonymen Zeitgenossen jenes Krieges auf 15000 an, so würde man bei einem Kriegsverlust von 3—4000 Köpfen, bei einer Wegführung durch die Niederländer von etwa 1000 Köpfen, bei einem Bestand auf den Inseln von etwa 500 Köpfen zu dem Schluss gelangen, dass etwa 10000 Bandanesen aus ihrem Vaterlande geflohen sein müssen.

Wie man also sieht, war in der That der vorher erflehte Segen Gottes dem Werke des Generalgouverneurs Coen sichtlich und in vollstem Maasse zu Theil geworden.

2. Das Muskat-Monopol der niederländisch-ostindischen Compagnie 1621—1796.

α) Einführung des Gewürzmonopols.

Vertheilung des Grund und Bodens der Bandainseln.

Sahen wir im vorigen Abschnitt, dass Coen schon während seiner Anwesenheit auf Banda mit dem Gedanken umging, den ganzen Grundbesitz von Banda als Lehen zu vertheilen, so erhielt beim Fortgang Coens der Gouverneur Martin Sonck die Ermächtigung, das Land frei an solche zu vertheilen, die sich verpflichten würden, den Besitz durch Sklaven zu bearbeiten. Der Andrang hierzu muss ein recht grosser gewesen sein, wenigstens scheint schon der Gouverneur Pieter Vlack 1627—28 die Vertheilung des Landes beendet zu haben; in der Uebergangsperiode werden vermuthlich die Sklaven und Zwangsarbeiter, ev. auch die Soldaten und Freibürger die Nüsse unmittelbar für Rechnung der Compagnie geerntet haben. Da man sich, wie oben bemerkt, an die Insel Rhun der Engländer wegen nicht heran wagte, und die Vulkaninsel zur Kultur des Muskatnussbaumes untauglich erschien, auch die Insel Rosengain aus unbekannten Gründen nicht in Betracht gezogen wurde, so blieben zu vertheilen die Inseln Lontor, Ay und Neira, und zwar wurden aus Lontor 34 Pflanzungen oder Perks hergestellt, aus Ay 31, aus Neira 3[1]). Jeder Perk enthielt 25 Zielen lands, deren jede 50 rheinl. Quadrat-Ruthen umfasste; der Ausdruck Ziel Landes soll nach Hogendorp davon herkommen, dass ein Sklave genügt, um je eins davon zu bewirthschaften. Als Besitzer der Pflanzungen oder Perkeniers wurden hauptsächlich ältere und verdiente Soldaten sowie niedere Beamte der Compagnie berücksichtigt, meist Holländer sowie einige Mestizen, die

---

1) 1682 zählt die pag. 116 besprochene Kommission auf: in Neira 6 sklavenhaltende Besitzer, auf Ay 32, auf Lontor 55; ob dies aber alles Inhaber gesonderter Perke waren, erscheint zweifelhaft. Ende des 17. Jahrhunderts war die Zahl der Perke jedenfalls schon eine wesentlich geringere, auf Ay gab es damals nur etwa 6, auf Lontor etwa 25, auf Neira 3, und diese Zahlen sind dann bis auf die Gegenwart die gleichen geblieben; die einzigen Aenderungen finde ich, abgesehen von den neuen Plantagen auf Rhun und auf Rosengain, darin, dass früher (noch 1854 nach Bleeker) das eigentliche Lontor sowie der Voorwal je 8, jetzt ersteres 7, letzterer 9 besitzt, während der sog. Achterwal der Insel nach wie vor 9 Perke zählt.

hiermit aus dem Compagniedienst ausschieden und zu Vrijliden wurden. Sie übernahmen die Verpflichtung, sämmtliche Nüsse und Macis an die Regierung in geeignetem Zustande und gegen eine festgesetzte Bezahlung abzuliefern. Zu dem Zweck wurden (nach den Berichten der Kommission von 1682) 5 Kontore auf Banda eingerichtet; das Hauptkontor war auf Neira (Fort Nassau), eins war auf Ay (Fort Revengie), die übrigen 3 auf Lontor (Fort Hollandia, Wayer und Ourien); zu dem Kontor auf Neira gehörten auch die anliegenden Gegenden von Lontor, z. B. Cajortorre (Keiserstoren), Commer Rana. (Kombir, Raning), Salamme.

Die Perke waren zwar den Perkenieren als erbliche und übertragbare Lehen zuertheilt, jedoch waren Fälle vorgesehen, unter denen sie wieder der Compagnie zufielen. Dass es wirklich vorkam, dass den Inhabern die Perke bei Lebzeiten abgenommen wurden, zeigt der von Valentijn[1]) angeführte Fall, dass der Gouverneur Joannes Cops im Jahre 1697 dem Perkenier Jan Pauluszon den Perk sogar ohne Prozess abnahm, um ihn dessen Schwiegersohn Carl Harder gegen 6000 Reichsthaler (die wohl dem ursprünglichen Inhaber zufielen) zu übermachen; zwar billigte die Oberbehörde in Batavia das Verfahren nicht, dennoch wurde der Perk niemals zurückerstattet. Schon wegen Nachlässigkeit und Mangel an Respekt[2]) vor der Compagnie konnten die Perkeniere vertrieben werden, welche Bestimmung um so bedenklicher war, als die Lokalregierung Kläger und Richter gleichzeitig darstellte; auf die Berufungsinstanz war, wie das angeführte Beispiel zeigt, nicht zu rechnen, sie war zu weit entfernt und machtlos, und in der Lokalregierung war der Gouverneur unumschränkter Meister.

Bei Verkäufen musste $^1/_{10}$ der halben Kaufsumme an die Regierung bezahlt werden, das Zehntel der anderen Hälfte wurde auf das Inventar, die Geräthschaften etc. gerechnet.

Um diejenigen Einwohner, die keine Perks erhielten, auch etwas zu entschädigen, wurde ihnen erlaubt, ihre Sklaven in die Pflanzungen zu senden, um die abgefallenen Nüsse einzuernten, die gewöhnlich, wenigstens soweit es durchaus reife waren, die schönsten und grössten Nüsse waren und die beste Macis besassen; daneben fielen aber durch Stürme und Regen auch viele Nüsse unreif von den Bäumen, die sog. Rompen, aber auch von diesen durfte die Macis eingeliefert werden. Man bezeichnete diese Weise der Ernte mit dem Ausdruck „raapen“ (= raffen), und nannte die Leute, die das thaten, die „raapers“.

---

1) Valentijn, l. c. III, pag. 91.
2) Crawfurd, History III, pag. 407.

Es lag auf der Hand, dass diese „raapers“ sich nicht immer genau mit den abgefallenen begnügten, und, wenn sie ohne Kontrolle waren, dem Begriff des „raapens“ eine etwas weite Auslegung gaben; so wurde denn später (schon vor Rumph's Zeiten) auf die Klagen der Perkeniers hin diese Erlaubniss für die Nichteigenthümer der Perke aufgehoben, sodass seitdem jeder nur auf eigenem Grunde „raapen“ durfte.

Regierungsbehörden der Bandainseln.

Auch eine reguläre Regierung wurde eingesetzt, schon 1623 finden wir neben dem Gouverneur noch einen Oberkaufmann, einen Fiskal und einen Rath, letzterer, die eigentlich regierende Behörde, bestand ausser den erwähnten drei Personen noch aus dem Befehlshaber der Truppen, dem Oberhaupt von Lontor (einem Kaufmann), dem Buchhalter der Garnison und dem Geheimschreiber, jedoch wagte der Rath nur selten, und dann zu seinem eigenen Nachtheile, dem allmächtigen Gouveruenr (Landvogt) zu widersprechen. Ausserdem gab es noch einige Beamte, die darüber zu wachen hatten, dass die Perkeniere ihre Pflichten gegen die Regierung einhielten, die Sklaven richtig behandelten und die Pflanzungen gut verwalteten.

Wiederbevölkerung der Bandainseln durch Perksklaven.

Von grösster Wichtigkeit war die Wiederbevölkerung der Inselgruppe, eine Lebensfrage, deren Lösung, wie wir sahen, schon während der Eroberung in Angriff genommen war. 1616 war die Insel Ay, wie wir oben sahen, schon mit 794 Menschen bevölkert; darunter 446 Leute von Siauw, 100 Leute von Solor, 30 Ambonesen, 64 Guzeratleute und Spanier etc. Im Jahre 1622 sandte Coen im Januar 355 Sklaven (fast alles die Frauen und Kinder der ehemals freien Bandanesen) von Batavia aus nach Banda mit der Bestimmung, was die Compagnie nicht zu eigenem Bedarfe brauche, an die Perkeniere zu verkaufen; im März wurden nochmals 52 und 124 Sklaven von Batavia aus dorthin transportirt, vermuthlich in Vorderindien geraubte Menschen; wieder einige Monate später meldete der Gouverneur von Banda an Coen, dass ein Streifzug (besser wohl Raubzug!) nach den Key- und Aru-Inseln neben viel Sago auch 350 Menschen eingebracht habe. Im September kamen nochmals 150 Sklaven aus Batavia, die von der vorderindischen Coromandelküste stammten.

Trotzdem genügte die Zahl noch immer nicht; wie denn auch der Fiskal Brune der Regierung anzeigte, dass ein grosser Theil der Nüsse aus Mangel an Arbeitern nicht geerntet werden könne. Auch verminderte sich die Zahl der Sklaven stets etwas durch Tod und namentlich durch die Flucht, die zweifellos damals ein sehr beliebtes Mittel war, um der Knechtschaft zu entrinnen. Nur als ein energisches Abschreckungsmittel ist es verständlich, wenn die Holländer, wie wir oben anführten, 1623 einen

Fluchtversuch im Grossen von der Insel Rhun aus, die damals also noch bevölkert gewesen sein muss, mit der Hinrichtung von 160 Leuten bestraften. Nach Valentijn gelang es den Sklaven häufig, zu 20—30 zugleich in schnellen Orembais zu entfliehen, trotzdem diese Fahrzeuge nachts bewacht wurden; nur selten gelang es, sie wieder einzufangen.

So musste denn die Regierung stets für neuen Sklavennachschub sorgen, was in der ersten Zeit nur geringe Mühe machte, da die beständigen Kriege der Holländer, und die Zersplitterung des Archipels in eine Unzahl kleiner Staaten und Reiche, die sich gegenseitig befehdeten, es der Compagnie relativ leicht machte, die genügende Zahl zu beschaffen. Grössentheils wurden die Sklaven durch Raubfahrten oder die sog. Hongizüge in den östlichen Inseln erbeutet; namentlich die Keyinseln waren ein beliebtes Feld für diese Sklavenjagden, wohin die Holländer in den Jahren 1658, 1665, 1673, 1694, 1713 und 1792 Hongizüge unternahmen. Viele Sklaven wurden aber auch von den Häuptlingen der Eingeborenen durch Kauf erworben, z. B. in Ambon, am meisten aber in Buton, dessen Fürst mit der Zeit ein förmlicher von der Compagnie privilegirter Sklavenhändler wurde, indem er nach Valentijn die förmliche Erlaubniss besass, Sklaven gegen Reis auszutauschen und der Regierung namentlich die besonders beliebten Celebessklaven verschaffte. Auch der Handel auf Timor drehte sich hauptsächlich um Sklaven, die ihres gutmüthigen Naturells wegen beliebt waren und von Privatkaufleuten in grosser Menge aufgekauft und exportirt wurden; auch diese kamen grossentheils nach Banda[1]).

So war denn die Zahl der Sklaven bis 1638 auf 2200 gestiegen, nämlich

	Männer	Frauen	Kinder über 12 Jahre	Summa
Von der alten Bevölkerung Bandas	53	158	69	280
Neu importirte Sklaven	782	723	405	1910
	835	881	474	2190

Der relativ grosse Kinderreichthum, der sich in diesen Zahlen ausprägt, ist offenbar nur ein zufälliger; da es sich nämlich um Kinder von über zwölf Jahren handelt, so sind sie alle vor 1626 geboren, also gewiss grossentheils nicht auf Banda, sondern wohl meist noch Kinder freier Eltern; die Zahl der Kinder der alten bandanesischen Bevölkerung war nach den oben gegebenen Zahlen ja nur eine auffallend kleine.

[1]) Saalfeld, Gesch. d. holl. Kolonialwes. in Ostindien, Göttingen 1812.

Grosse Sterblichkeit und geringer Nachwuchs der Sklavenbevölkerung.

Es zeichnete sich überhaupt die Sklavenbevölkerung Banda's stets durch geringen Nachwuchs aus, so dass häufig neue Sklaven importirt werden mussten, obgleich natürlich die Kinder von Perksklaven, die sog. anak mas, gleichfalls wieder eo ipso Sklaven waren. So giebt Crawfurd[1]) noch für den Beginn dieses Jahrhunderts an, dass während bei der freien Bevölkerung Ambons die Familie durchschnittlich drei Kinder zählt, die Sklavenehen auf Banda nur zwei Kinder im Durchschnitt besitzen[2]). Auch die Sterblichkeit der Sklavenbevölkerung Banda's war eine excessiv hohe, obgleich das Land ja an und für sich für die malayische Bevölkerung nicht ungesund genannt werden kann, und am wenigsten die Inseln Lontor und Ay, wo die meisten Perke waren und demnach die meisten Sklaven lebten. Nach Mandelslo[3]) besassen die Inseln ein so gesundes Klima, dass viele Eingeborene über 100 Jahre alt wurden. Rumph[4]) sagt freilich, die Inseln seien von Natur ungesund.

Wahrscheinlich liess aber hauptsächlich die Ernährung[5]) sehr viel zu wünschen übrig, namentlich seitdem die Leiter der Compagnie (Ende des 17. Jahrhunderts) beschlossen hatten, dass die Sklaven nicht mit Reis, sondern nur mit Sago und Fisch ernährt werden sollten, woran doch alle aus dem westlichen Theil des Archipels stammenden Sklaven durchaus

---

1) Crawfurd, History, III, pag. 406.

2) In unserem Jahrhundert werden dagegen Familien mit 12—16 Kindern erwähnt, freilich keine Sklaven, und eine Dame, europäischer Abkunft, besass sogar nicht weniger als 24 Kinder; dies ist jedenfalls ein Beweis, dass äussere klimatische Verhältnisse auf Banda dem Kindersegen nicht hindernd in den Weg treten.

3) Mandelslo, Morgenländ. Reisebeschreibung (1668), pag. 212.

4) Rumph schreibt (im Anhang zu Valentini, pag. 86 veröffentlicht, dagegen in der Burmann'schen Ausgabe, zweifellos aus Rücksicht auf die Compagnie, fortgelassen): Und ob schon die Bandasis. Insulen von Natur ungesund und arm an Wasser sind, allerhand Mangel leiden, und an dem Einsammlen der Muskaten-Nüsse viele Mühe haben, absonderlich in denjenigen Baum-Gärten, welche auf dem hohen und jähen Gebürge von Lontar liegen, darinnen die Besitzer viele Sklaven durch Kälte, Ungemach und andere Unglücke verlieren: so können doch die Eigenthums-Herren wohl dabei bleiben und redlich fahren.

5) Es kam auch vor, dass die Lebensmittelpreise, namentlich der als Nahrungsmittel auf Banda unentbehrliche Reis, durch Betrügereien der Beamten abnorm in die Höhe getrieben wurden, obgleich sich die Compagnie verpflichtet hatte, den Reis gegen Einkaufspreis an die Perkeniere abzugeben. Aller Wahrscheinlichkeit nach werden unter solchen unnatürlichen Preissteigerungen vor allem die rechtlosen Sklaven gelitten haben, da die Perkeniere gewiss nicht willens waren, diese Mehrkosten aus der eigenen Tasche zu bezahlen; 1748 deckte der Landvogt de Klerk solche masslosen Betrügereien zweier Beamten auf.

nicht gewöhnt waren. Auch die Kleidung genügte wohl häufig nicht einmal den billigsten Ansprüchen, wenigstens berichtet Daendels (1809) in seiner Reorganisation der Molukken (Nr. 16, Instrument für die Präfektur von Banda Art. 39), dass die Perksklaven beinahe auf allen Perken aus Mangel an Kleidern fast nackt gehen; auch Rumph giebt an, dass viele Sklaven durch Kälte etc. zu Grunde gehen. Ferner war sicher auch die Arbeit keine leichte, da die Leute von morgens früh bis abends 5 Uhr in dem Garten arbeiten und eine bestimmte Quantität Nüsse abliefern mussten, die dann abends, so weit es nicht vorher geschehen, von der dicken Aussenschale befreit und möglichst noch von der Macis getrennt werden mussten. Auch kann man sich denken, welche rohe und brutale Behandlung die Sklaven gewiss von Seiten ihrer Herren, meist ehemalige Landsknechte, zu gewärtigen hatten[1]. — Buddingh[2] führt an, dass namentlich viel Kinder starben, da sie wenige Tage nach der Geburt schon mit Reisbrei genährt wurden; die Sklavinnen wurden nämlich zu früh nach dem Wochenbett wieder zum Nüssesammeln gezwungen; sie nahmen dann ihre Kinder hierbei mit, und konnten sie deshalb nur schlecht beaufsichtigen und ernähren. — Worm[3] schreibt: ein Sklave muss seinen Herrn mit Weib und Kind ernähren, alle Tage mit Fische fangen, Holz hauen, 2 Schilling verdienen, oder die Haut voll Prügel bekommen. — Noch Anfang dieses Jahrhunderts betrug nach Crawfurd die jährliche Sterblichkeit der Sklaven auf Banda 1 : 21, d. h. also sie war fast 5%, ebensogross wie in den allerungesundesten Städten Europas[4].

Die durch die Sterblichkeit und den geringen Kindernachwuchs der Sklaven entstehenden Lücken musste die Regierung von Zeit zu Zeit wieder ausfüllen, und zwar lieferte sie den Perkenieren die Sklaven pro Kopf für 40 Dollar. Jeder Pflanzer war berechtigt, je nach der Grösse des Perks eine gewisse Anzahl Sklaven geliefert zu bekommen, und zwar gehörten zu den gewöhnlichen Perken nach Rumph 40—50, zu den grossen dagegen 80—100 Sklaven; nach Valentijn variirte die Zahl sogar (1711) zwischen 30 und 160 Sklaven pro Perk. Um 1682

Beständiger Ersatz der Verluste durch Sklavenimport.

1) Wurffbain, Vijf Jaren op Banda (1633—1638) in Tijdschr. ind. Taal-, Land- en Volkenkunde 1872. I, berichtet z. B., dass eine Sklavin, die einen Selbstmordversuch gemacht hatte, gegeisselt und gebrandmarkt wurde; ferner wurden ihr „tot meeder afschrik voor anderen“ die Wangen vom Mund bis zu den Ohren aufgeschnitten.

2) Buddingh, Neerlands Oost-Ind. Reizen 1852—57, II, pag. 320.

3) Worm, Ostind. und persian. Reisen (1709), pag. 625; es ist hier offenbar von den Privatsklaven der Freibürger die Rede, nicht von den sog. Perkhoorigen.

4) Crawfurd, History III, pag. 406.

fehlte eine grössere Anzahl von Sklaven, es waren nur 1835 dort, während 2550 die berechnete Zahl war. Später zu Beginn des 18. Jahrhunderts, in der Glanzzeit des Monopols, waren nicht nur die Lücken ausgefüllt, sondern es wussten sich die Pflanzer mehr Sklaven zu verschaffen, als ihnen gesetzlich zugestanden waren; so war im Jahre 1711 die behördlich festgesetzte Zahl nur 1952, in Wirklichkeit gab es aber 2577 Sklaven, d. h. anstatt des Durchschnitttes von 57 Sklaven besass jeder Perk 75. Es war nämlich den Pflanzern einige Jahre vorher von der Regierung erlaubt worden, 400 Makassarsche Sklaven zu importiren; angeblich um diese Zahl zu vervollständigen, hatten sie sich aber allmählich, und zwar in wenigen Jahren schon, 1400 Sklaven zu verschaffen gewusst.

Neben diesen Perksklaven behielt die Compagnie übrigens auch für sich selbst stets eine beträchtliche Anzahl zurück, als sog. Compagniesklaven; auch diese Compagniesklaverei war natürlich in gleicher Weise erblich.

Ethnologische Zusammensetzung der Sklavenbevölkerung Bandas.

Naturgemäss verlor die Bevölkerung Bandas durch die Sklaveneinfuhr aus den verschiedensten Gegenden jegliches charakteristische Gepräge. In der ersten Zeit der Wiederbevölkerung gehörten die meisten Bevölkerungstheile zwar den malayischen Völkerstämmen an, so die ursprünglichen Bandanesen, die Makassaren, die Leute von Siauw und Solor, die Butonesen und Ambonesen (eine Ausnahme machten natürlich die Leute von Coromandel). Aber schon in der obenerwähnten Handschrift aus den Jahren 1633—39 heisst es[1]): Daer is qualijk een plaetse van de Caep Bona Esperance tot de utterste ofte oostelijckste ejlanden van Banda, oft de natie van Banda sijn daeraf gesprooten, als van Caffers van Mosambique, Arabijanen, Persijanen, van Cambaija, Coromandel, Bengala, Pegu, Atchijnders, Mamoraners, alderhande Malayen, Chinesen, Javanen, Maccassers, Moluckaner, Ambonesen ende diverse mestize kindern. Voort sijn daar veel van dese omleggende eijlanden, als Ceram, Papou, Kaij, Aru, Tenebay, Timor, Sollor, ende maest gecochte slaven; de vrouwen die sij noch dagelijks coopen, sijn meest Maleijs, Javaens, Maccassers, Bouttons, Bangajs, ooch Molucker, Amboyners, Cerams, Kay, Timor, maer de beste van Baly".

Später wurden dann in Folge der Hongizüge besonders viel Sklaven aus dem östlichen Theil des Archipels, Alfuren von Ceram, Timor, den Süd-Oster- und Aru-Inseln importirt, vor allem aber papuanische Elemente aus Neu-Guinea, die, in den beständigen Ueberfällen und Kriegen da-

---

[1]) Bijdr. Taal-, Land- en Volkenk. III (1855), pag. 83.

selbst geraubt oder gefangen, damals für 10—20 Reichsthaler an die Bandanesen verkauft wurden [1]).

Bedenkt man ferner, dass später auch die freien Bewohner der Bandainseln, die Javanen und Malayen, die Chinesen, Araber und namentlich auch die Europäer, die grossentheils drüben zeitliche Ehen, sei es auch nur mit Sklavinnen, eingingen, in nicht unbedeutendem Masse dazu beitragen, die Bevölkerung umzumodeln, so kann man sich eine Vorstellung machen, welch ein Völkergemisch dort entstanden ist.

Kleidung und Nahrung der Sklave

Nicht nur das Land und die Arbeiter wurden durch die Regierung den Pflanzern geliefert, sondern letztere übernahm es auch, Reis und Kleidung für die Sklaven den Perkenieren gegen Selbstkostenpreis aus den Regierungsmagazinen zur Verfügung zu stellen. Als Kleidung dienten leichte Kattunstoffe, die bei den Sklaven nur die Scham bedeckten [2]), jedenfalls also keine grossen Unkosten verursachten, zumal die Sklaven vermuthlich schon damals wie später jährlich höchstens zwei derartige Hüftentücher erhielten. Als Beköstigung diente den ursprünglichen Bandanesen natürlich, wie in jenen östlichen Gegenden auch heute noch Gebrauch, hauptsächlich Sago. Da aber die Sklaven grossentheils aus Celebes, Vorderindien und anderen westlichen nicht von Sago lebenden Gegenden stammten, so mussten grosse Quantitäten Reis jährlich von der Compagnie eingeführt werden; und zwar wurde dieses Nahrungsmittel häufig in grossen Schiffen der Eingeborenen von Java aus hertransportirt.

Stiess nun, was bei den unbeholfenen Fahrzeugen keine Seltenheit war, denselben ein Unglück zu, so war Banda in grosser Aufregung und zeitweilig sogar in Noth. Eine solche entstand z. B. im Jahre 1634 [3]), als das Schiff „de Gouden Leeuw“ vernichtet worden war, und das Schiff „de Beets“ wegen zu frühen Einsetzens des Ostwindes nicht hinzukommen vermochte; nur der Ankunft von vier kleinen Jachten im Juni des Jahres ist es zuzuschreiben, dass wenigstens noch halbe Rationen Reis gegeben werden konnten. Aehnliches wiederholte sich sogar noch im Jahre 1843 [4]), indem zwei Schiffe mit Reisladung, eins bei Flores, eins an der Nordküste Timor's verloren gingen.

---

1) Eschelskroon, Beschreib. d. Inseln Banda, in Polit. Journal nebst Anzeig. von gelehrten u. and. Sachen (1781), Hamburg.

2) Mandelslo, Morgenland. Reisebeschreib. 1668, pag. 212.

3) V. Kampen, l. c. II, pag. 84.

4) Earl in Journ. Ind. Archip. IV, 1850.

Kultur der Muskatbäume.

Wenngleich die Einzelheiten der Kultur und Ernte auf Banda unten in einem gesonderten Abschnitte einer eingehenden Besprechung unterworfen werden sollen, so dürfte es doch angebracht sein, hier schon aus einem höchst interessanten uns erhaltenen Dokument zweier 1682 nach Banda gesandten Kommissare [1]) das wesentliche der damaligen Kultur mitzutheilen.

Sie fanden die Kultur nicht in gutem Zustande; erst 10—12 Jahre früher hatte man gefunden, dass Muskatsamen auch beim Einpflanzen keimten; und ausserdem hatte der Glaube, dass Banda mehr liefere als die Welt brauche, Neuanpflanzungen verhindert, obgleich viele Bäume dürr geworden waren und zwar zuerst an der Spitze. Neuerdings sind viele neu- resp. auf bessern Platz umgepflanzt, wo sie sich sichtlich erholen, schon zu fruktifiziren beginnen, und in wenigen Jahren die Ernte um ein Drittel vermehren werden.

Der Boden muss Schatten haben, oder, wenn er sonnig ist, erst durch Anpflanzung von Bananen in den richtigen Zustand versetzt werden; durch Tabak, Bataten etc. ausgesogener Boden ist untauglich. Als Schattenbäume dienen Lingoo-, Catappa-, Kajo Titi-, Caju Wara-Bäume, die in 40′ Abstand gepflanzt werden. Als Schutz gegen Winde dienen nahe am Meere ca. drei Reihen reichblätteriger Bäume in grösserem Abstand und dazwischen niedrigere Pflanzen (ca. 20′ von einander). Hinter diesem Schutzwall stehen dann in grösserem Abstand Mangos und Kokospalmen zwischen den Muskatbäumen, weiter hinauf die Muskatbäume allein, wieder weiter an den Bergen stehen dann Kanarien-, Durian-, Lingoo-, Titi-, Torpatti- und sonstige grosse, schwere Fruchtbäume zwischen den Muskatbäumen. Auf dem Gipfel der Berge ist wieder ein Wall grosser Bäume nöthig als Windschutz. Zum Pflanzen der Nüsse ist am besten die Regenzeit (Anfang Dezember bis Anfang März) wenngleich auch die Trockenzeit dazu verwandt werden kann, wenn man nur kleine Gräben als Feuchtigkeits- und gleichzeitig als Düngersammler anlegt. Man macht zum Pflanzen nach jeder Richtung 1″ breite, höchstens ein Daumenglied tiefe Löcher, in welche die Nüsse quer, oder mit der dickeren Seite nach oben gelegt werden (tiefere Lage würde sie durch Feuchtigkeit verderben); bei jedem Pflanzloch ist ein Stock zu stecken um die Stellen für das Jäten kenntlich zu machen,

---

[1]) Fragmenta ex relatione jurata Abrahami Boudenii et Goerickii Hauptii Commissariorum desuper Arboribus Nucum Moschatarum earumque Viridario in Banda de dato 20. Dec. 1682. De Padbrugge exhibita in Valentini Histor. simplicicum reformata (1716), pag. 461—480.

damit einerseits das Keimpflänzchen nicht aus Versehen weggeschnitten wird, andererseits das dort geschonte Gras den Würzelchen als Schutz diene. Blattbedeckung gilt den einen als schädlich, da der Keimling nicht ohne Nachtheil dieselbe durchbrechen kann, während andere sie gerade als Sonnenschutz empfehlen. — Wichtig ist dagegen die Hauptwurzel der Keimpflanze zu hüten, da sie gegen Druck und Verletzung sehr empfindlich ist, und dann der Baum abstirbt; die 3—5′ weit sich verzweigenden Seitenwurzeln kann man schon eher verletzen. Sind die Keimpflanzen $^1/_2$′ hoch, so haben sie schon drei Blätter, später werden die untern Zweige abgeschnitten, damit Sonne und Luft dorthin kommen können und auch der Mensch dort gehen kann. Will man Bäume in besseren Boden umpflanzen, wozu man natürlich gleichfalls die Regenzeit benutzt, was bei 6—8′ hohen Bäumen sogar einzig gestattet ist, so ist es wichtig, die Hauptwurzel nicht zu verletzen; bei 6—8′ hohen Bäumen muss man deshalb 3—4′ tiefe und entsprechend weite Löcher graben; der Erdballen ist mit Moos, Gras oder Reisig zu umhüllen, dann sorgsam einzusetzen, sowie ein Graben darum zu machen und mit abgefallenen Blättern zu füllen.

Die Bäume wachsen gewöhnlich mit dreigliedrigen Wirteln, also gleichzeitig stets mit drei gleichmässigen eine Krone bildenden Zweigen; in diesem Fall ist ein Ausschneiden nicht nöthig, zuweilen aber wächst ein vierter Seitenzweig grösser und höher über die andern drei hinweg. Zu vieles Beschneiden macht das neue Holz dünn und leicht, so dass es durch den Wind leicht abgeschlagen wird; auch der beim Beschneiden ausfliessende Saft schädigt den Baum, und man kann den Ausfluss nicht stillen, ohne den Baum zu verderben; auch soll die austrocknende Flüssigkeit Ameisen anlocken (!), welche die Rinde noch mehr öffnen. Wenn man aber beschneidet, so ist die Schnittfläche mit Schiffspech zu bestreichen, oder mit Urin abzuwaschen, sowie mit Erde und Moos zu bedecken, sonst stirbt der Baum rettungslos. Einige schneiden auch den Gipfelspross durch einen Transversalschnitt ab, der durch Erde fest verklebt wird; dann entstehen dort drei neue Schösslein, die wie drei Bäume auseinanderwachsen. Auch bei den Seitensprossen kann man durch Querschnitte, die mit Erde bedeckt und mit Moos verbunden werden mussen, neue Zweige erzielen; doch rathen manche davon ab, da zuviel Zweige hierdurch entstehen, die Luftcirkulation gehemmt und der Fruchtansatz vermindert wird. — Wo mehr Raum erwünscht ist, werden später die wenig tragenden Bäume herausgenommen.

Die Fruktifikation beginnt zwischen dem 5. und 12. Jahr, dann aber blühen die Bäume ununterbrochen; neun Monat nachdem die Blüte abgefallen, ist die Nuss reif; selbst wenn die Frucht nicht platzt, erkennt man die Reife, aber nicht untrüglich, daran, dass sich die Aussenschale etwas weisslich und der Stiel gelblich färbt; man prüft 6—8 solcher Nüsse, ob die Holzschale auch schon schwarz und die Macis intensiv roth sei; ist das der Fall, so sind alle ähnlich gefärbten Nüsse reif; bei unreifen Nüssen ist die Testa beim Stiel weisslich, und wenn noch recht jung, auch etwas weich.

Ernte. Die drei Erntezeiten (sog. Klimzeiten) sind der April, August und Dezember. Als Pflücker dient ein Rohr mit Holzhaken oder mit einem breiten, oben stumpfen, unten scharfen, zur Befestigung am Rohr mit einem Loch versehenen Eisen; hiermit stösst und schneidet man die Nüsse ab, diese Nüsse geben die Klim-foelie, die von selbst abgefallenen und oft beschädigten dagegen die Raap-foelie; in der Trockenzeit leiden die abgefallenen Nüsse natürlich weniger, in der nassen Zeit dagegen werden auch die am Boden liegenden Nüsse durch Einsaugen von Feuchtigkeit schlecht. Zu früh aufspringende Nüsse bleiben meist hängen, die eine Seite der Macis trocknet ein und kleine Würmer zerfressen dieselbe.

Erntebereitung der Macis. Die geschlossenen Aussenschalen werden mit einem Messer geöffnet, und zwar von der Furche aus die eine Hälfte des Perikarps entfernt, worauf die andere leicht zu lösen ist; diese Operation heisst „bia pala“ (wohl bla pala = spalten der Muskatnuss gemeint), dann wird mit demselben Messerchen die Macis an der stumpfen Seite von der Nuss getrennt, das heisst capas (offenbar kupas = schälen). Die Macis wird Abends locker auf einen Estrich gelegt, am Tage dagegen auf ein 2—3′ über dem Boden befindliches und selbst durch ein Dach gedecktes Rohr- oder Schilfgerüst; Abends kommt sie wieder hinein unter Dach. Nachdem sie so mindestens eine Woche getrocknet wurde, wird sie an die Compagnie abgeliefert. Bei Mangel an Sorgfalt kommen oftmals Würmer und Milben hinein, die viel Mühe machen; als Vorbeugungsmittel, und auch wenn das Ungeziefer schon darin ist, besprengt man mit Seewasser und trocknet dann wieder; die angefressene Macis ist besonders zu bewahren, selbst wo sich auch nur die geringste Spur von Frass zeigt, ist Absonderung wünschenswerth. Die abgelieferte Macis wird dann einen Tag an der Sonne getrocknet, doch da sie hierdurch zu spröde wird, hierauf an einen schattigen Ort wieder etwas aufgeweicht. Nachdem die Macis 6—8 Tage auf diese Weise an einem schattigen Ort gelegen hat, muss sie wieder etwas an der Sonne getrocknet werden, aber sie ist dabei vorsichtig und zart zu behandeln, da Bruch die Qualität sehr verschlechtert. Da sie auch später noch immer etwas

Feuchtigkeit besitzt (resp. wohl wieder anzieht), so wird sie in den Magazinen an einem Orte aufgeschichtet, wo der Wind hindurchstreichen kann. Bei der Verpackung kommen zwei Kannen Salzwasser auf den Sockel = 28 Catti Banda = 160 Pfd.; dann wird die Macis in Säcke von Schilf fest eingepresst, und die Säcke mit Rohr und Weiden umgeben; die Klimfoelie erhielt ein Oehr, die Raapfolie zwei Oehr an der Spitze des Sackes; zur Aufbewahrung kommen diese Sockels in einen trockenen Raum.

Ist die Macis von den Nüssen getrennt, so kommen letztere auf sog. Parre-parrés, das sind 3—4′ hoch über dem Boden befindliche Gerüste aus 2′ von einander entfernten Balken, die durch Querlagen von Rohr mit einander verbunden sind. Die Nüsse dürfen nicht höher als 1′ liegen, alle 2—3 Tage werden die oben und unten liegenden Nüsse durcheinander gerührt, damit sie sich nicht ungleich erwärmen; ein schwaches Feuer brennt unter dem Gerüst, ein zu starkes könnte ihnen leicht einen brenzlichen Geschmack mittheilen und sie dadurch verderben. Nachdem sie 12—14 Wochen so gelegen haben, müssen sie beim Schütteln einen rasselnden Ton geben; wenn sie hingegen einen dumpfen Ton geben, verlief der Prozess nicht richtig. Hierauf werden die Schalen zerschlagen, und die Kerne kommen, damit sie trocken bleiben, wieder zurück in die Rauchkammer. Da nicht alle Nüsse gleichzeitig getrocknet werden können, hat man noch ein zweites Parre-parré mit verschiedenen Fächern, wo jede Ernte ihr besonderes Fach einnimmt, so dass die Nüsse 2—3 Wochen in besonderen Zellen austrocknen, bevor sie zu dem Haupthaufen auf den grossen Parre-parré kommen, damit sie nicht durch ihre Feuchtigkeit die schon ausgetrockneten Nüsse verderben.

Ernte-bereitung der Nüsse.

Gut bereitete Nüsse müssen unverletzt und schwer sein, und einen Klang haben wie Marmeln, wenn sie aneinander schlagen. Hohle (meist unreif gesammelte) Nüsse erkennt man an dem geringen Gewicht, die innen verfaulten (unreifen oder mangelhaft bereiteten) ebenfalls und ferner an dem Klang, auch sind sie zwischen den Falten wie mit Asche bestreut; Würmer (mit weissem Körper und schwarzem Kopf) sind durch die Löcher zu erkennen; sie entstehen, wenn die Nüsse lange auf der Erde liegen und hierdurch feucht und schimmelig werden. In Salzwasser sinken die guten Nüsse sofort zu Boden, die etwas hohlen erst nach längerer Zeit, die oben schwimmenden sind schlecht und untauglich. Man unterscheidet fette Nüsse, mittelmässige (die etwas runzeligen, unreif gesammelten) und rumpi (die unreif gepflückten, abgefallenen und durch Liegen oder schlechte Bereitung verdorbenen).

Das Kalken wird in Kalkwasser vorgenommen, das so dick ist, dass es beim Abtropfen von einem Bambus streifig zurückbleibt; auch kann man die richtige Mischung durch eine Probe finden, indem die dort eingetauchten Nüsse, wenn man sie in der Hand hält oder etwas reibt, nur in den Furchen Kalk zeigen dürfen.

Die Nüsse werden in einem Körbchen oder Sieb durch das Kalkwasser durchgeführt oder herumgedreht, und dann im Magazin zu einem möglichst hohen Haufen zum schwitzen aufgestapelt. Die schlechten Nüsse sondern einen gelblichen oder schwärzlichen Schleim aus, ein Zeichen dafür, dass sie nicht trocken genug gewesen sind. Je grösser der Haufen, um so kleiner ist die oben auf dem Haufen sich ansammelnde Bedeckung (aus Schleim?), und um so geringer ist der Verlust.

Nachdem dieser gründliche und sachliche Bericht uns über die Hauptzüge der Muskatkultur und Ernte des 17. Jahrhunderts genügend informirt hat, bleiben nur einzelne Punkte der Erntebereitung noch aus anderen Quellen, Valentijn und Rumph hauptsächlich, zu ergänzen.

Ernte der Muskatnüsse.

Die Hauptenrnte fiel in den Juli und August, auch noch September, zuweilen schon in den Mai oder Juni (Valentijn) mit einer Nachernte im Dezember (nach Rumph); eine zweite kleinere Ernte fiel in den März und April; die Haupternte, die nach Valentijn etwa um ein Viertel grösser war, war meist Mitte Dezember, die andere Mitte Juli getrocknet und wurde dann, in drei Sorten gesondert, den verschiedenen Faktoreien (Comptoire) der Compagnie abgeliefert, worauf die Perkeniere ausbezahlt wurden, so dass sie mit dem weiteren Prozess der Kalkung und nochmaligen Sortirung nichts mehr zu thun hatten.

Das Erntegeschäft, d. h. das Pflücken und Schälen der Nüsse fiel hauptsächlich den Frauen zu[1]), sowie auch gleichfalls den Kindern, denn wenn auch die Zahl der männlichen Sklaven die der Sklavinnen etwas übertraf, so wurden erstere doch auch vielfach zur Bodenbearbeitung,

---

[1]) Mandelslo, Morgenländ. Reisebeschreib. (1668), pag. 212, sowie Saar, Ost-Ind. 15jähr. Kriegsdienste (1672). Wenn dagegen Daniel Parthey (Ostindian. u. persian. 9jährige Reise-Beschreib. 1698) sagt, dass die Weiber sich dadurch einen Verdienst schaffen, dass sie die Muskatblumen sammeln und an die Holländer verkaufen, so ist dies natürlich nur eine irrthümliche Auslegung der Worte anderer Reisenden oder Soldaten, denn er selbst war nach seiner Beschreibung niemals in Banda, und alle Angaben darüber sind nichts weiter als kritiklose Kopien aus Saar etc. Das gleiche gilt für Vogel's zehnjährige ost-indian. Reisebeschreibung (1704), wenn er sagt pag. 653: Das Mannes Volck thut gantz keine Arbeit, sondern die Weiber, deren Arbeit ist, dass sie die Muscate mit deren Blumen zubereiten.

zum Pflanzen, zum Hausbau, zur Bootfahrt und auch zu anderen, unerlaubten Arbeiten, wie z. B. zum Handeltreiben nach den Key-Inseln etc. gebraucht.

Das Trocknen der Nüsse in den Trockenschuppen (droog-kombuis, letzteres Wort bezeichnet auch die Schiffsküche) dauerte, wie wir schon sahen, 12—14 Wochen; dann blieben die Nüsse aber gewöhnlich noch weitere 5—6 Wochen bei den Perkenieren. Erst 3—4 Wochen vor der Ablieferung wurde nämlich die harte Schale zerschlagen, die wurmstichigen, vermulmten und zerbrochenen Nüsse ausgelesen und gesondert aufgehäuft, die anderen dann in fette, mittelmässige (middelbare) und magere (rumpen, rompen) sortirt; während die fetten und middelbaren sich nur durch das volle oder aussen etwas runzelige Aussehen unterschieden, wurden die rompen von den unreif abgepflückten oder abgefallenen Nüssen gebildet, deren Kerne stark eingeschrumpft, klein, schief und höckerig, aber dabei doch hart, dauerhaft und fettreich waren. Abgeliefert mussten übrigens sämmtliche Nüsse werden, auch die wurmstichigen und zerbrochenen, und zwar geschah die Ablieferung der Nüsse zu Rumph's Zeiten zweimal im Jahre, im Juli und Dezember, im 18. Jahrhundert (nach Barchewitz) dreimal, in diesem Jahrhundert sogar alle drei Monate, die Macis dagegen musste immer sofort, wenn eine Quantität trocken war, abgeliefert werden. Erntebereitung der Nüss

Die Macis wurde, nachdem sie auf Gestellen getrocknet war, in klimfolie, raapfolie und half rijpe folie geschieden, wovon die erste Sorte angeblich von den regulär durch Klettern (Klimmen) erlangten Nüssen, die zweite etwas schlechtere von den überreif abgefallenen und aufgerafften, und die dritte von den unreif abgefallenen oder zu früh gepflückten stammt: wenn Valentijn diese letztere Sorte gruis- oder stof-folie (Gras- und Staub-Macis) nennt, so stimmt dies nicht mit seiner vorherigen Erklärung; wahrscheinlich verhält sich die Sache so, dass die von unreifen Nüssen stammende unansehnliche Macis mit der zerbrochenen Macis zu einer Sorte vermischt wurde, wie es ja auch bei den Nüssen mit den zerbrochenen und angefressenen der Fall war. Erntebereitung der Macis

Nach der Erntebereitung wurden Nüsse und Macis an die Compagnie abgeliefert; in der ersten Zeit wurden sie dem in dem betreffenden Bezirk stationirten Kaufmann übergeben, später direkt dem Oberkaufmann in der Hauptfaktorei in Neira, vermuthlich um auf diese Weise die Durchstechereien der Beamten zu erschweren. Die Nüsse kamen (nach Barchewitz) ins Nusshaus, etwa 300 Schritt vom Kastell Nassau am Strande von Neira, die Macis wurde auf dem sog. Gardin oder Wall, zwischen dem Bollwerk Delfft und Seeland gelegen, in Ablieferung der Ernte

Empfang genommen, und zwar war bei dem Empfang der Oberkaufmann oder gar der Gouverneur persönlich zugegen. War die Ernte abgenommen, so war alles Weitere Sorge der Compagnie.

Kalken der Nüsse.

Zuerst wurden die Nüsse dann gekalkt, d. h. nur die guten und mittelguten Nüsse und zwar nach der später zu beschreibenden nassen Methode. Es standen hierbei die Sklaven in einer Reihe und reichten sich die mit Nüssen gefüllten Körbe, die auf diese Weise vom Magazin bis zum Kalkkessel gelangten, dort wurde der Korb durch das Kalkwasser gezogen, abgeseiht, und die Nüsse dann daneben auf einen Haufen geschüttet[1]). Später kamen statt der Kalkkessel $1^1/_2$ Ellen tiefe viereckige, aus Backstein gemauerte Bassins in Gebrauch[2]).

Zweck des Kalkens der Nüsse.

Das Kalken ist wohl offenbar eine von den Holländern eingeführte Sitte, vorher wurden die Nüsse in Schalen verkauft und direkt in die Schiffe gestürzt. Dass die Kalkung deswegen eingeführt wurde, um die Nüsse keimunfähig zu machen, scheint eine Legende zu sein, die sich erst später verbreitete, auch von den älteren Reisenden nirgends erwähnt wird. — Einem Zweck, der so leicht durch Wärme, ja durch einfache Exposition der Nüsse in der Sonne erreicht werden konnte, würde eine so sparsame und nüchtern denkende Gesellschaft wie die ostindische Compagnie kaum ein so umständliches, und theures Verfahren wie es das Kalken war, gewidmet haben. Auch glaubte man damals noch, dass die Vögel absolut zur Verbreitung nöthig seien, wie Rumph ausführlich berichtet „dahergegen die reiffe Muscatnüs, wann sie von den Menschen in die Wälder oder in ihre Gärte auf sehr guten Grund gesetzt wurden, nicht auffkamen, auss Ursach, dass die Nuss, wann sie gantz reiff ist, und ein Zeit lang auf der Erden liegt, sehr wurmstichigt wird und gäntzlich verdirbt[3]). Erst 1662[4]), also nachdem der Kalkungsprozess schon lange in Gebrauch war, fing man, wie Rumph berichtet, an, unreife Nüsse auszupflanzen und hatte damit auch Erfolg. Auch wusste Valentijn ganz gut, dass die Nüsse nicht anders als in ihrer Schale wachsen und sich fortpflanzen können[5]).

Ferner konnte unmöglich die Compagnie so verblendet sein, zumal da in ihrem Rathe lauter praktisch vorgebildete Leute sassen, meist

---

1) Saar, Ost-Indian. 15jähr. Kriegsdienst (1672), pag. 42

2) Barchewitz, Ost.-Ind. Reisebeschr. 1730, Worm, Ost-Indien. u. Persian. Reisen 2 Aufl. (1745), pag. 622.

3) Rumph, Ost-indian. Sendschreib. im Anhang zu Valentini, pag. 86.

4) Nach dem oben im Auszug mitgetheilten Bericht der zwei Kommissare Bouden und Haupt erst 1670—72.

5) Valentijn, l. c. pag. 13.

auch die früheren Gouverneure (Landvogte) von Banda, zu glauben, dass nicht jede beliebige Macht im Stande war, sich zum Anpflanzen genügende Quantitäten frischer Nüsse zu verschaffen, sei es von den benachbarten Inseln, wo es trotz aller Hongizüge doch stets noch Bäume gab, sei es durch Schleichhandel von Banda selbst, dessen Existenz die früheren Landvögte von Banda sicher recht genau kannten.

Dass es keine grossen Schwierigkeiten hatte, sich frische Muskatnüsse zu verschaffen, zeigen die französischen Expeditionen im vorigen Jahrhundert, die ersten, die überhaupt mit der Absicht hingingen, die Gewürzpflanzen lebend zu entführen; es glückte ihnen sämmtlich, und zwar nicht nur mit Früchten, sondern sogar mit jungen Pflänzchen. — Frische Nüsse heimlich abzupflücken konnte ja auch in so ausgedehnten Plantagen durchaus nicht verhindert werden, und die meisten Sklaven waren gewiss nur zu froh, wenn sie sich durch solchen leichten Schmuggel einen kleinen Verdienst schaffen konnten; auch die Kaufleute, Handwerker und Soldaten der Compagnie in Neira, sowie der ganze Tross der Dienerschaft war doch sicher auch nicht unbestechlich.

Es heisst gar zu wenig Vertrauen in den gesunden Menschenverstand der Leiter der Compagnie setzen, wenn man, wie es meist geschieht, ihnen die Absicht unterlegt, dass sie ein dauernd so theures Verfahren wie die Kalkung nur als Präventivmassregel gegen die Einführung der Muskatkultur in andere Gegenden angewandt hätten; wohl mag die Abtödtung des Keimlings durch den Prozess der Kalkung eine der Compagnie angenehme Nebenwirkung gewesen sein, die eigentliche Ursache der Einführung der Kalkung war es aber sicher nicht.

Der wirkliche Grund konnte einerseits darin bestehen, dass die der Schale beraubten Nüsse weniger Raum einnehmen; wollte man sie aber ohne eine solche versenden, so musste man sie gegen den Angriff der Insekten schützen[1]), und das hätte dann also den Zweck der Kalkung gebildet. -- Andererseits aber konnte der Grund auch darin liegen, dass die gekalkten Nüsse durch den Kalkverschluss aller Löcher ihr Aroma besser bewahren[2]). — Endlich wurden durch das Kalken erst die Fehler der Nüsse recht erkennbar, wahrscheinlich, indem sich der Kalk in den runzeligen Nüssen in den Furchen, und in den wurmstichigen in den Löchern festsetzte, und demnach solche durch die weissen Flecken oder Streifen leicht herausgefunden[3]) werden konnten.

1) tegen't verderf bewaaren (Valentijn l. c. pag. 13)

2) omdat de kalk de geesten der nooten door't sluiten van derzelver pori of uitwasemgaatjes inhoudt. (Valentijn I. c. pag. 13.)

3) derzelver gebreken ontdeckt. (Valentijn l. c. pag. 13.)

β) Befestigung des Gewürzmonopols.

So war denn die niederländische ostindische Compagnie im vollen Besitze des Muskatnuss-Monopols von Banda; theoretisch hatte sie völlig ihr Ziel erreicht, praktisch für's erste nur so weit, als das Hauptproduktionsgebiet dieses Gewürzes in ihren Händen war. Das nächste Ziel musste sein, auch die übrigen Produktionsstätten entweder in die Gewalt zu bekommen, oder doch für die Konkurrenz unschädlich zu machen[1]). Ersteres wäre zwar nicht übermässig schwer gewesen, aber die nöthige Kontrolle, die das Monopol erforderte, hätte solche Lasten für Errichtung und Besetzung von Befestigungen auf den verschiedenen Inseln nöthig gemacht, dass an Stelle eines Profites der Compagnie sicher ein Verlust entstanden wäre. Die gründliche Vernichtung jeder Konkurrenz konnte zwar durch Verträge angebahnt werden, aber das Beispiel der Banda-Inseln zeigte zur Genüge, dass die Eingeborenen sich dadurch nur so lange gebunden fühlten, als sie die Uebermacht in greifbarer Nähe vor sich sahen.

Ausrottungs-System der Gewürzbäume.

Wurde die Ausrottung der Bäume ursprünglich (in den ersten 20 Jahren nach der Eroberung) nur als Strafe über diejenigen Ortschaften verhängt, die sich den Monopolgelüsten der Niederländer nicht willfährig zeigten, so kam man doch bald zu der richtigen Ansicht, dass die einzige Möglichkeit, wirklich das Monopol voll und ganz zu erwerben, nur darin bestehen konnte, alle nicht auf den Banda-Inseln befindlichen Muskatnussbäume auszurotten, und nur durch ein solches Gewaltmittel konnte auch der Ueberproduktion vorgebeugt werden. So begannen die Holländer denn seit 1633 den benachbarten Inseln Verträge aufzuzwingen, die ihnen verboten, Muskat- und Nelkenbäume zu kultiviren; meist erhielten die Fürsten hierfür kleine Abfindungssummen[2]). Sie verpflich-

---

1) Lauts l. c. II, pag. 45, sagt sogar: Um die Verwahrlosung der Kultur zu bewerkstelligen, ging man, ohne andere fein ausgedachte Kunstgriffe erwähnen zu wollen, sogar soweit, dass man zum Opiumrauchen ermuthigte. Es scheint jedoch die Ermuthigung, wenn sie sich überhaupt erweisen lässt, in Wirklichkeit wohl mehr fiskalische Gründe gehabt zu haben.

2) Der Radja von Ternate erhielt z. B. eine jährliche Summe von 18000 Thalern, um den Gewürzanbau in seinem Gebiete zu verhindern, also quasi als Abfindungssumme (Lüder). Christ. Burckhardt (Ost.-Indian. Reisebeschreib. 1693, pag. 205) giebt dagegen an, dass die Summen von 12000 Thalern an den König von Ternate, 10000 an den von Tidore und 5000 an den von Batjan, Entschädigungen seien für das Ausrotten der Nelkenbäume.

teten sich zwar gewöhnlich, die schon vorhandenen Gewürzbäume auszurotten, jedoch wurde dies in Wirklichkeit fast immer erst durch Strafzüge zur Ausführung gebracht.

Diese sog. Hongizüge, die als Kontrolle der Eingeborenen und zum Schutz der Compagnie gegen Schmuggel dienen sollten, wurden bald eine stehende Institution in diesen Gegenden; nicht nur der Gouverneur von Ambon veranstaltete jährlich seinen Hongizug, meist nach Ceram und den übrigen nahe liegenden Inseln (wobei naturgemäss mehr die Nelken- als die Muskatbäume in Betracht kamen), sondern auch die einzelnen Residenten und Posthalter unternahmen jährlich solche Züge in ihren Bezirken. Daneben wurden dann noch besondere Beamte, sog. „Kommissarissen extirpateurs", beauftragt, mit militärischer Bedeckung die betreffenden Gegenden zu durchkreuzen. Hongizüge.

Während in Bezug auf die Gewürznelken hauptsächlich die nördlichen Molukken, sowie West-Ceram eine Rolle spielten, so kamen für die Ausrottung der Muskatbäume, die nach Lauts jährlich etwa 4000 fl. kostete, vornehmlich die Süd-Wester- und Süd-Osterinseln in Betracht, sowie Ost-Ceram und die Umgebung von Ambon. Es gab zwar auf den nördlichen Molukken, wie Halmaheira, Batjan etc., gleichfalls Muskatbäume (wenn nicht die echte Myristica fragrans, so doch die nahverwandten M. speciosa und succedanea), doch scheinen sie damals noch keine Rolle gespielt zu haben, und werden erst Ende des vorigen Jahrhunderts als Muskat liefernd erwähnt; ebenso war damals auch noch die zweifellos einer andern Art angehörende Muskatnuss von Neu-Guinea (M. argentea und ev. M. Schefferi) ohne Bedeutung.

Auf Kelang, einer Insel in der Nähe von Ambon, fand der Hongizug des Jahres 1633 bei der Suche nach Nelkenbäumen einen Muskatnusshain, der natürlich vernichtet wurde, am 3. April 1643 wurden sogar in einem Distrikte auf Ambon selbst 600 Muskatbäume vernichtet (Bokemeyer l. c. Anhang XLV und LXXXIV). Kelang.

Ost-Ceram, mit dessen vereinigten Dörfern 1637 ein Vertrag gemacht wurde, scheint die Exstirpation der Bäume in den Jahren 1652, 1668, 1672 und 1674 ohne Widerstand über sich haben ergehen lassen. In einem Jahre wurden z. B. an der Bucht von Haya mehr als 11000 Muskatbäume vernichtet. Ost-Ceram.

Auf Keffing, einer kleinen dicht bei und südlich von Ost-Ceram gelegenen Insel, wurden 1648 4000 Bäume ausgerottet. Keffing.

Goram, eine etwas östlich davon und nordöstlich von Banda gelegene Insel, war um 1624 herum berühmt wegen ihrer grossen Muskatnusshaine; auch hier wurde 1637 ein Monopolvertrag von Seiten der Holländer abgeschlossen. Nachdem 1648 auf einem Hongizuge 1149 fruchttragende Bäume vernichtet worden waren, wurde 1650 der Vertrag erneuert; sicherlich nicht auf friedliche Weise, denn 1653 wurden zwei Fahrzeuge der Regierung überfallen und die Mannschaft ermordet. Rachezüge desselben und des folgenden Jahres unter Hilfe starker Militärbedeckung brachen Goram.

den Widerstand; alle Dörfer wurden verbrannt und alle Einwohner, die sich widersetzten, wurden umgebracht. Seitdem war die Bevölkerung eingeschüchtert, im Jahre 1670 wurden noch 1000, im Jahre 1748 noch 137 Muskatbäume vernichtet.

Matabello. Matabello, eine kleine Insel etwas östlich von Goram war gleichfalls reich an Muskatbäumen. Die Eingeborenen widersetzten sich zwar der ersten Ausrottung mit aller Macht, 1667 kamen aber die Holländer mit so starker Kriegsmacht, dass ein Widerstand unmöglich war; seitdem ist von Beziehungen der Insel zu der Compagnie nicht die Rede, doch meinte man, dass es daselbst noch Muskatbäume gäbe.

Tewer. Tewer, eine etwas südlicher, von Banda aus ostwärts gelegene kleine Insel war früher wegen des Reichthums an Muskatnüssen berühmt; die erste Ausrottung der Bäume liessen sich die Eingeborenen gegen Geschenke gefallen, 1656, 1659 und namentlich 1660 aber leisteten sie starke Gegenwehr, und tödteten mehrere Soldaten; 1670 machten die Niederländer nochmals einen vergeblichen Versuch, dagegen kamen sie 1671 mit solcher Macht, dass sich die Einwohner unterwerfen mussten, wollten sie nicht ihr ganzes Land verwüstet haben; sie mussten sogar noch die Verpflichtung übernehmen, jährlich 4000 Kannen Kokosöl den Holländern zu liefern gegen eine Entschädigung von drei Stuiver per Kanne; das thaten sie auch bis 1746, dann überfielen sie die holländische Schaluppe „Sybilla" und zwangen die kleine Garnison, die Insel zu verlassen. Seitdem haben die Beziehungen der Compagnie zu der Insel aufgehört.

Gross- und Klein-Kouwer. Gross- und Klein-Kouwer liegen wieder etwas südlicher, südöstlich von Banda. Bei ihrer Entdeckung im Jahre 1633 besass hauptsächlich die erstere der Inseln viel Muskatbäume. Ein Vertrag von 1645 verpflichtete sie zu ausschliesslichem Handel mit den Holländern; 1648 wurden die Muskatbäume gegen ein kleines Geldgeschenk zum ersten Male vernichtet; als man später entdeckte, dass die Insulaner dennoch Gewürzhandel mit Nicht-Holländern trieben, wurden mit bewaffneter Macht Züge zur Ausrottung der Muskatbäume veranstaltet, und zwar in den Jahren 1656, 1665, 1673, 1694, 1713, 1729. Seitdem lebten die Insulaner meist vom Raube und ohne Verbindung mit Banda.

Dies sind diejenigen der Südoster-Inseln, über welche Nachrichten in Bezug auf die Ausrottung der Muskatbäume vorliegen; es folgen die Südwesterinseln.

Seroua. Seroua ist eine Insel südlich von Banda; die Holländer wollten daselbst 1661 die Muskatbäume ausrotten, fanden aber Widerstand; später haben sie es durch Geschenke durchgesetzt. Die Eingeborenen stehen mit Banda in Verkehr und bringen dorthin die besten Schiffe zum Verkauf.

Nila. Nila, eine westlich von Seroua gelegene sehr vulkanische Insel, wurde erst 1646 bekannt und war damals reich an Muskatbäumen; im selben Jahre wurde ein Monopolvertrag abgeschlossen. 1648 wurden zum ersten Male daselbst die Muskatbäume ausgerottet, 1652 wurden allein 7000 Bäume vernichtet, 1656, 1657, 1673 wurde die Exstirpation wiederholt. Noch lange blieb dort eine Besatzung, aus einem Korporal und zwei Soldaten bestehend.

Dammer. Dammer, eine grössere abermals westlich gelegene Insel, war schon bei den Portugiesen wegen der schönen und „deugdzamen" Nüsse und Macis bekannt; die Holländer scheinen dies erst im Jahre 1645 erfahren zu haben und sandten dann sofort einen Kaufmann mit 75 Soldaten hin, um einen Vertrag auf Alleinhandel dort abzuschliessen; auch eine kleine Befestigung, „Fort Wilhelmus", wurde dort angelegt. 1648 erhielten die Niederländer gegen ansehnliche Geschenke an Leinwand die Erlaubniss, etwa 3000 Bäume zu vernichten. Durch die auf Timor sitzenden Portugiesen angestachelt, lehnten sich aber die Eingebornen auf, wobei es zu Scharmützeln kam. Im Jahre 1662 wurde die Ausrottung der Bäume dann mit Gewalt durchgesetzt, wobei noch einige Tausend Bäume vernichtet wurden. Als die Holländer es dann für gerathen hielten, sich zurückzuziehen, nahmen die Engländer das Fort sofort in Besitz; es zwangen zwar einige Vornehme, durch grosse Geschenke von Seiten der Holländer bestochen, die Engländer, das Fort wieder zu verlassen, hiergegen aber erhoben sich so viele der Insulaner, dass die Holländer es für gut hielten, mit der militärischen Besatzung von Banda eine grössere Expedition zu veranstalten, so dass sich die Insulaner nach der Verwüstung des Landes den Holländern unterwerfen mussten. Die Unkosten dieses Zuges, die auf 175 949 fl. berechnet waren, wurden zu Lasten der Engländer gebucht, und im Frieden zu Breda 1667 gegen Unkosten den letzteren auf Banda verrechnet. Ein abermaliger Aufstand im Jahre 1673 wurde durch eine Streitmacht von 150 Soldaten unterdrückt; fünf Dörfer wurden zerstört und 132 Schuldige wurden gefangen nach Banda geführt. Noch 1756 war ein Korporal mit drei Soldaten auf der Insel stationirt.

Roma, eine kleine Insel, etwas westlich von Dammer, scheint keine Gewürzbäume besessen zu haben. Roma

Kisser, noch weiter westlich und dicht bei Timor gelegen, besass zwar selbst keine oder wenig Gewürze, trieb aber viel Gewürzhandel nach Malakka. Lange weigerte sich diese Insel, einen Monopolvertrag abzuschliessen, erst 1665 begab sie sich in den Schutz der Holländer; ein daselbst errichtetes Fort Delftshausen existirte bis 1818. Kisser

Tenimber, etwas südlich von Seroua gelegene Inseln, schlossen gleichfalls 1645 mit den Holländern einen Monopolvertrag ab, jedoch scheint es auch hier keine Muskatbäume in besonderer Anzahl gegeben zu haben. Tenimber.

Auch mit den Key- und Aru-Inseln scheinen die Holländer (nach Wurffbain) Monopolverträge abgeschlossen zu haben. Key- und Aru-Inseln

Für die nördlichen oder eigentlichen Molukken, die hauptsächlich Nelken produzirten, waren zwei Verträge massgebend, von denen der in Batavia 1652 mit dem König Mandarsja von Ternate abgeschlossene letzteren verpflichtete, alle Gewürzbäume in seinem Gebiete auszurotten; mit dem Könige von Tidore Saifoddien wurde erst 1667 ein ähnlicher Vertrag abgeschlossen. Nördliche Molukken.

Ausser den ständigen Garnisonen und den periodischen Hongizügen kreuzten auch auf dem Wege nach Neu-Guinea holländische Schiffe, um die fremden Kauffahrer zu verhindern, auf den zu Banda gehörenden Südoster- und Südwester-Inseln Muskatnüsse, Macis, Paradiesvögel und Ambra einzutauschen (Argensola). Neu-Guinea

Trotz aller dieser Bemühungen (nach Lauts sollen 60 000 Nelken- und Muskatbäume vernichtet worden sein) gelang es natürlich nicht, sämmtliche Bäume auf den zahlreichen kleinen Inseln auszurotten; wie wir weiter unten gelegentlich der Entführungsversuche sehen werden, hatten sich namentlich in den nördlichen Molukken (Halmaheira etc.) noch viele Muskatbäume erhalten.

In neuerer Zeit wird öfters behauptet, wie es scheint zuerst von Temminck, dass die Eingeborenen jener Inseln, gegen die Strafexpeditionen veranstaltet wurden, grossentheils unschuldig gewesen seien; Berechtigung der Strafexpeditionen.

sie hätten die Bäume nämlich gar nicht gepflanzt, sondern letztere seien durch die Vögel verbreitet worden. In dieser Fassung ist die Behauptung aber zweifellos unrichtig; wir wissen zwar, dass die Tauben die Muskat-Nüsse von Gross-Banda und Ay nach Rhun und Rosengain zu schleppen vermögen, es ist auch nicht ausgeschlossen, dass ab und zu eine Nuss nach Ceram oder Goram verbreitet wird; dass aber die Tauben diese Nüsse in grossen Mengen nach weit abliegenden Inseln hinschleppen sollen, ist sehr unwahrscheinlich; es würde nämlich im prinzipiellen Widerspruch mit dem merkwürdigen Endemismus der wilden Myristicaarten stehen, die, obgleich ebenfalls durch Tauben verbreitet, dennoch nur auf einer oder mehreren sehr benachbarten Inseln vorkommen. Man wird, um das Faktum zu erklären, annehmen müssen, dass entweder die Muskat essenden Tauben überhaupt keine weiten Seereisen unternehmen, oder, was wahrscheinlicher ist, sich hierbei schnell der schweren Muskatnüsse entledigen.

Setzen wir aber auch selbst den Fall, dass ab und zu im Walde einer fernen Insel ein Muskatbaum aufkomme, so ist doch die grosse Wahrscheinlichkeit die, dass er überhaupt nicht entdeckt würde, keinesfalls aber würde ein solcher Baum die schwerfälligen Holländer zu einem Streifzug getrieben haben. Würde aber ein solcher Baum selbst in der Nähe einer Ortschaft aufgewachsen sein, so hätten doch die Eingeborenen, wenn sie wirklich den Verträgen nachkommen wollten, es immerhin in der Hand gehabt, den Baum rechtzeitig zu vernichten. — Es könnte sich aber stets nur um ganz einzelne Bäume dabei handeln, da an eine schnelle Vermehrung eines einzelnen Muskatbaumes schon wegen des langsamen Wachsthums nicht zu denken ist, und ferner die grosse Wahrscheinlichkeit die war, dass der Baum eingeschlechtig und also nicht im Stande war, als alleinstehendes Exemplar Früchte zu erzeugen.

So hart auch die Strafzüge uns erscheinen mögen, in Anbetracht des Vergehens, dessen sich die Eingeborenen zu Schulden kommen liessen, da sie ja nur ihr vermeintlich gutes Recht vertheidigten, auf eigener Scholle bauen zu können, was sie wollten, so kann man nach obigem doch nicht behaupten, dass ihnen wirkliches Unrecht widerfahren sei. Hatten sie die ihnen von der übermächtigen Compagnie aufgezwungenen Verträge, nach denen sie die Gewürz-Bäume zu vernichten hatten, einmal acceptirt, so war das Verheimlichen oder Wiederanpflanzen von Muskatbäumen genau so strafbar, wie es das Tabakpflanzen in England ist. Es mag ja sein, dass eventuell einige Strafzüge durch falsche Denunciation, Privatrache oder Raubsucht veranlasst worden sein mögen; das hindert aber nicht, dass die grosse Majorität der Bestrafungen durch faktischen Rechtsbruch veranlasst wurde, und dass die Eingeborenen sehr genau wissen konnten, was ihnen bevorstand.

Abnahme der Hongizüge im 18. Jahrhundert.

Offiziell dauerten die Hongizüge und das Ausrottungssystem der Gewürzbäume noch lange fort, jedoch wurde die Ausübung eine immer mildere, wohl weniger mit Absicht, als aus Bequemlichkeit, und weil es schwer war, so strenge Massregeln bei der grossen Menge von Inseln dauernd aufrecht zu erhalten. Mit dem Verfall der Compagnie Mitte des 18. Jahrhunderts hörte auch die Ueberwachung mehr und mehr auf; auch im Anfang dieses Jahrhunderts blieben die Hongizüge selbst nach Daendel's Reformperiode noch bestehen, wenn auch, wie der Kommissär Engelhardt 1818 in einem Bericht offen zugab, mehr dem Namen nach, als in Wirklichkeit. Erst im Jahre 1824 wurden die Hongizüge definitiv und dauernd abgeschafft.

Bekämpfung des Schmuggels.

Dem Schmuggel auf den Bandainseln selbst zu steuern, war eine noch viel schwierigere Aufgabe, als die Ausrottung der Bäume auf den anderen Inseln. War bei letzterer nur der Widerstand schwacher und schlecht bewaffneter Eingeborener zu bekämpfen, so handelte es sich bei ersterem hauptsächlich um Verrath im eigenen Lager. Sowohl die Perkeniere als auch die von ihnen oder den Händlern bestochenen Aufsichtsbeamten fanden ihren Vortheil bei dem Schmuggelhandel; oft genug klagten die Leiter der Compagnie, dass man in Indien nicht genug Sorgfalt gegen den Schmuggel anwende. Die Strafen, die gegen den Schmuggler verhängt wurden, waren freilich exorbitant hohe; ja es war (nach Barchewitz) den Compagniebeamten nicht einmal erlaubt, eine Handvoll Gewürz von Banda nach Batavia mitzunehmen; dennoch gelang es, auf Schleichwegen ganze Schiffsladungen von Gewürzen zu erwerben; so z. B. wurde im Jahre 1700 im Westen von England von einem englischen Schiff eine ganze Ladung Nelken, Muskat und Macis eingeführt.

Strafen.

Ueber die Strafen, die bei Entdeckung des Schmuggels verhängt wurden, wissen wir durch Wurffbain's Journal vom Jahre 1633 einige Einzelheiten. Am 28. August des Jahres wurde der Obersteuermann, Konstabel, Proviantmeister und Koch des Compagnie-Schiffes „de Gouden Leeuw" wegen Aufkaufes von Macis des Amtes enthoben, und 18 Monate ihrer Gage eingezogen, während die Verkäufer, drei Freibürger aus Banda, jeder 100 spanische Matten zu bezahlen und ein Jahr Sklavendienst zu leisten hatten; ausserdem wurde die geschmuggelte Macis öffentlich verbrannt. Ein Paar Monate später wurde eine Partie Nüsse von einem Kaufmanns-Assistenten mit Wasser befeuchtet, um sie schwerer erscheinen zu lassen; er verlor sein Amt, wurde eine Zeitlang in Ketten gelegt und hatte den Werth der Nüsse zu vergüten (Wurffbain). Später wurde der Schmuggelhandel sogar mit dem Tode bedroht (Huysers).

Bahnen des Schmuggels.

Dennoch gelang es keineswegs, dem Schmuggel zu steuern. Einerseits sandten die Perkeniere viel Gewürz mit ihren eigenen Schiffen nach den Aru-Inseln, wohin ihnen gestattet war Handel zu treiben, und verkauften dasselbe dort heimlich an die fremden Kaufleute (Hogendorp); andererseits stahlen aber auch die Kapitäne der offiziellen Transportschiffe, die das Gewürz nach Batavia zu bringen hatten, beträchtliche Quantitäten. Wie man hierbei verfuhr, lehrt folgende interessante Stelle aus Dampier's berühmter Reisebeschreibung.

„Les Matelots qui vont aux Isles à épiceries sont obligés de n'en apporter pour eux mêmes que pour leur usage seulement, c'est à dire une livre ou deux. Cependant les maitres des vaisseaux sont en sorte, qu'ils en mettent ordinairement une bonne quantité à couvert; qu'ils envoyent à terre en quelque endroit prez de Batavia, avant que d'entrer dans le havre. Car on porte toujours les épiceries à Batavia avant que de les envoyer en Europe. S'ils rencontrent en Mer quelque vaisseau qui veuille acheter de leur Gerofle, ils lui en vendront 10 à 15 tonnes sur cent. Cependant lors qu'ils sont arrivés à Batavia on diroit qu'ils ont toute leur cargaison; car ils jettent de l'eau sur le reste: qui s'enfle tellement, que les vaisseaux sont aussi pleins que si l'on n'en avait rien vendu. — Ceci n'est qu'un exemple entre plusieurs centaines des petites fraudes dont usent en ces pays là les matelots Hollandois. J'en ai vû quelques unes, et j'ai entendu parler de plusieurs. Je croi qu'il n'y a pas dans le monde de plus grands Larrons; et rien au monde ne peut les obliger à se découvrir les uns les autres; car si quelqu'un le faisoit, les autres l'assommeroient immancablement."

Aufleben und Bedeutung des Schmuggels im 18. Jahrhundert.

Wenn auch strenge Gouverneure im Beginne des 18. Jahrhunderts den Schmuggel sehr zu beschränken verstanden, so lebte derselbe doch während der Verfallzeit der Compagnie in der zweiten Hälfte des 18. Jahrhunderts wieder auf, namentlich nachdem die Engländer sich auf Borneo festgesetzt hatten; war früher die Stadt Passir daselbst der Mittelpunkt des Schmuggels, so legte die britisch-ostindische Compagnie 1774 auf Balambang, einer kleinen Insel nahe an der Nordspitze Borneo's, eine Faktorei an, als Stapelplatz für Opium und indische Leinwand zum Austausch gegen Gewürze (De Mol. Eil.). Forrest traf 1775 mehrere inländische Prauen mit Muskat und Macis in den Gewässern der Sulu-Inseln und kaufte dies Gewürz für einen Spottpreis. La Billardière, der auf seiner Reise zur Aufsuchung von La Pérouse (1791—94) im Jahre 1792 die Molukken besuchte, berichtet:

„Der Schleichhandel entzieht der Compagnie, unerachtet aller ihrer Sorgfalt, den ausschliessenden Besitz der Gewürze zu behaupten, den fünften Theil der jährlichen Ernte. Mehrere Agenten der Compagnie, die durch ihre schwachen Besoldungen nicht schnell genug bereichert werden, bedienen sich gefährlicher aber leichter Mittel zur Verbesserung ihrer Glücksumstände, und es gelingt ihnen, einen kleinen Theil der Gewürze zu entwenden. Der Gouverneur und der Untergouverneur von Banda wurden kurz vor unserer Ankunft abgesetzt und nach Batavia geschickt, weil sie einen Theil des Ertrages dieser Insel für sich benutzt hatten. Aber die Missbräuche haben so tiefe Wurzeln geschlagen, dass dieses Beispiel andere nur ermuntern wird, sich geschickter zu benehmen, um nicht entdeckt zu werden. — Dieser heimliche

Handel, zum Nachtheil der Compagnie, wird vorzüglich mit Piroguen der den Gewürzinseln nahe liegenden Insel Ceram getrieben. Englische Schiffe kaufen die auf diese Art ausgeführten Gewürze etc."

Schmuggel im 19. Jahrhundert.

Nach Crawfurd (III, pag. 412) wurden jährlich nicht weniger als 60000 Pfd. Nüsse und 15000 Pfd. Macis geschmuggelt, obgleich Konfiskation und hohe Strafen die Schmuggler bedrohten. Auch Kolff giebt noch für die Mitte der 20er Jahre dieses Jahrhunderts an, dass namentlich englische Whaler (Walfischfänger) auf den Inseln östlich von Ceram Gewürze eintauschen, in welchen unerlaubten Handel namentlich der Radja von Kilwari stark verwickelt sei.

Verhinderung der Ueberproduktion.

Neben dem Ausrottungssystem und der Bekämpfung des Schmuggelhandels bleibt noch übrig, eine dritte nothwendige Konsequenz des Monopolsystems in's Auge zu fassen, nämlich die Verhinderung eigener Ueberproduktion.

Aufstapelung der Ernten.

Die für die Gewürze von der niederländischen Compagnie festgesetzten hohen Preise, die allein die grossen Gewinne der Theilhaber gewährleisten konnten, beschränkten naturgemäss den Kreis der Konsumenten ungemein. Trotz der, absolut gerechnet, geringen Menge Muskat, die auf den kleinen Banda-Inseln produzirt wurde, konnte doch bei guten Ernten häufig nur ein Theil derselben in den jährlichen Auktionen zu den festgesetzten Preisen verkauft werden. Häufig half man sich, indem man sie in den Waarenhäusern liegen liess, so wurde z. B. die Ernte des Jahres 1744 volle 16 Jahre lang in den Magazinen aufbewahrt wurde (Valmont de Bomare); Zeiten geringer Ernten glichen dann die Ueberproduktion guter Jahre wieder aus. Daneben aber half die Compagnie sich auch dadurch, dass sie grosse Quantitäten Nüsse durch Feuer vernichtete.

Verbrennung der Nüsse.

In Banda selbst waren es vor allem die schlechten Nüsse, die sog. Rompen oder Rümpffe, die verbrannt wurden. Wie wir sahen, mussten auch diese abgeliefert werden, wurden jedoch nicht gekalkt, sondern zur Bereitung der Muskatbutter drüben verarbeitet. War in Folge von ungünstiger Witterung die Menge der vorzeitig abgefallenen und dadurch zu Rompen gewordenen Nüsse eine übermässig grosse, so wurden sie zwar von der Compagnie für den halben Preis aufgekauft, dann aber zu grosse Haufen aufgeschüttet und verbrannt; oder auch die Besitzer mussten sie selbst verbrennen und „konnten das Essen damit kochen, denn sie geben ein helles Feuer und grosse Hitze[1]".

---

[1]) Rumph, Anhang zu Valentini l. c. pag. 84; diese Stelle ist in Burmann's Ausgabe von Rumph fortgelassen, offenbar absichtlich, auf Wunsch von oder mit Rücksicht auf die Compagnie, der event. ein Vorwurf hieraus hätte gemacht werden

Barchewitz berichtet:

„Es werden jährlich auf Neira nicht weit vom Nuss-Hause am Strande grosse Haufen wie die Heuschober verbrennet. Der Brand währet manchmal wohl acht Tage. So lange er dauert, stehen Tag und Nacht Schildwachen darbey, damit niemand nichts davon nehmen möchte. Das Oel fliesset wie ein ziemlicher Bach der See zu. Die Chinesen haben vielmahls der Edlen Compagnie die Erde, wo die Nüsse sind verbrannt worden, abkauffen wollen, aber solches nicht erhalten können."

Aber auch gute Nüsse, die nicht verkauft werden konnten, oder welche die für rentabel gehaltene Quantität überschritten, wurden vielfach angezündet, sowohl jährlich auf dem sog. Hout-Kap (ein Platz wo Bau und Brennholz aufbewahrt wird) in Batavia (Eschelskroon), als auch in den Niederlanden.

So wurden z. B. in Batavia allein im Jahre 1772 122753 Pfd. Nüsse verbrannt oder sonstwie vernichtet, und im folgenden Jahre sogar beinahe die doppelte Menge; ausserdem wurden in den beiden Jahren 14000 und 15000 Pfd. Grus von Nelken und Macis verbrannt (Lauts).

Dassen schätzt die durch Verbrennung und Diebstahl vernichteten Quantitäten in der zweiten Hälfte des vorigen Jahrhunderts auf die Hälfte der gesammten Produktion.

Schon Mitte des 17. Jahrhunderts theilte ein Holländer Sir William Temple mit, dass er einst drei Haufen Nüsse, die von der Compagnie angezündet waren, brennen sah, jeder einzelne davon so gross, dass eine gewöhnliche Kirche den Haufen nicht fassen konnte.

Versenkung ganzer Ladungen in's Meer.

Eine Zeit lang war es auch Gebrauch, ganze Ladungen ausserhalb von Texel in die See zu versenken; als man aber bemerkte, dass nicht die ganze Menge in's Meer ging, sondern Unterschlagungen vorkamen, so entschloss sich die Leitung der Compagnie, die Gewürze unter Aufsicht von Deputirten verbrennen zu lassen (Hook. Exot. Flora (1825), pag. 155).

Mr. Wilcocks, der Uebersetzer von Stavorinus Reisen in's englische, berichtet, dass er so viele Nelken, Muskatnüsse und Zimmt auf der kleinen Insel Newland, nahe Middelburg auf Seeland, brennen sah, dass ringsum viele Meilen weit die Luft aromatisch duftete.

Noch ausführlicher beschreibt Valmont de Bomare im Dictionaire d'histoire naturelle (IV, 1775, pag. 297) einen solchen Riesenbrand in Amsterdam: „Le 10. Juin

---

können. Auch sonst ist manches in der holländischen offiziellen Ausgabe fortgeblieben, was im Anhang zu Valentini steht; und bei Valentijn findet sich gelegentlich der Muskatkultur folgende merkwürdige Stelle, die doch auch auf nachträgliche Streichung hinzudeuten scheint: „Was wir weiter wissen, bleibt Geheimniss; da wir nur das beschreiben, was jeder wissen kann und das unserem Staat keinen Nachtheil bringen kann."

1760, j'en ai vu à Amsterdam prés de l'Amirauté, un feu, dont l'aliment étoit estimé huit millions argent de France; on en devoit brûler autant le lendemain. Les pieds des Spectateurs baignoient dans l'huile essentielle de ces substances; mais il n'étoit pas permis à personne d'en ramasser et encore moins de prendre les épices qui étoient dans le feu. Quelques années auparavant dans le même lieu, un pauvre Particulier, qui, dans un semblable incendie, ramassa quelques muscades qui avoient roulé du foyer, fut pris au corps, condamné tout de suite à être pendu et exécuté sur le champ".

Beurtheilung der Gewürzbrände in Europa.

Selbstverständlich musste eine derartige Handlungsweise und namentlich, wie im letzteren Falle, vor der Oeffentlichkeit, grosse Erbitterung erregen; und nicht wenig trug dies dazu bei, die Compagnie unpopulär zu machen.

Einschränkung der Produktion ist ein fast allgemeines Hilfsmittel jedes Monopols und Ringes, aber muthwillige Zerstörung solcher im Volksglauben sehr werthvoller Produkte und herrlicher Gaben Gottes musste namentlich den unbemittelten Zuschauern förmlich wie ein Hohn erscheinen.

Wie im Auslande diese Handlungsweise betrachtet wurde, darüber ist uns ein ergötzliches Beispiel erhalten, in Erasmus Francisci Ost- und Westindischer wie auch Sinesischer Lust- und Staats-Garten (Nürnberg 1668). Er schreibt:

„Vorkauf kan zwar in gewisser Masse noch wol passieren. Aber der Alleinkauff, der keine Neben-Käuffer neben sich leiden will, sondern sie mit Gelde wegspendirt, steht vor Gott nicht zu verantworten; sondern ein solcher Mensch kauft sich den Fluch an den Hals. Ich muss zwar bekennen, dass auch wol in meinem geliebten Vatterlande Teutscher Nation ihrer viele mit dem silbernen Messer andren, die ihnen an Vermögen und Baarschaft nicht gewachsen, Nahrung, Handel und Gewerbe gern abschneiden, wo es ihnen nur immer angehen will: aber (mit Erlaubniss, dass ich also freymüthig rede) das hat man meines Wissens von keinem Teutschen Handelsmann gleichwol noch nie gehört, dass er lieber die Waar so ihm ührig, vernichten und verderben, als seinen Neben-Christen davon etwas gönnen wolle: gleichwie man von denen Niederländischen Kauff- und Schiff-Leuten, die nach Banda handlen, glaubwürdig geschrieben, dass sie, wenn die Menge der Muscat-Nüsse und Näglein allzu gross für sie, eine Parthey davon brennen und das Oel heraus ziehen."

γ) Periode des unumschränkten Gewürzmonopols.

Im Gegensatz zu der aufregenden ersten Zeit bis zur völligen Eroberung der Banda-Inseln, ist über die Periode des ungetrübten Besitzes des Monopols durch die niederländisch-ostindische Compagnie ungemein wenig zu sagen. Die Inseln verschwanden vollständig aus der äusseren Politik und hatten nur zwei Bestimmungen, eine öffentliche, nämlich die Taschen der Aktionäre zu füllen, und eine geheime, nämlich die Taschen der Beamten zu füllen; alles andere war Nebensache. Die

Perkeniere waren eigentlich nur geduldete Leute, ein nothwendiges Uebel; hätte es sich von kaufmännischem Standpunkt aus als praktischer erwiesen, die Ernte durch besoldete Beamte oder durch Sklaven besorgen zu lassen, man würde sicherlich Mittel gefunden haben, die Perkeniere zu verdrängen. So wichtig auch die Perkeniere sich selbst vorkommen mochten, im Grunde waren sie nichts als unbedeutende Räder in der grossen Maschine, die sich die Generaale Nederlandsch Oost-Indische Compagnie nannte.

Die Geschichte dieser friedlichen Periode, die etwa mit dem Frieden von Breda 1667 beginnt und bis zum sichtbaren Verfall der Compagnie, also gerade etwa 100 Jahre dauert, ist demnach nichts weiter als eine Geschichte des Handels in Muskatnüssen und Macis, der Vortheile, welche die Compagnie dadurch hatte, und der Lebensführung und Existenzbedingungen der Perkeniere und Sklaven. Im Sinne der Compagnie war dies die glänzendste Zeit der Inseln, es herrschte Ruhe, Fleiss, Gehorsam, die Insel war bepflanzt, zeitweilig sogar glänzend, in dem zu Valentijn's Zeiten angeblich kein(?) Stück Land unbepflanzt war; die Wünsche der Compagnie wurden ausgeführt, die Erträge waren bedeutende. Dass es mehr die Ruhe eines Gefängnisses war als die Gesittung eines aufstrebenden Landes, kam den Bewindhebbers in den Niederlanden kaum zum Bewusstsein; dass die Bevölkerung sich nur durch Raub und Kauf von Sklaven auf ihrer Höhe halten liess, dass die Sklaven durch elende Behandlung vielfach umkamen, entflohen, zum Selbstmord getrieben wurden, oder, wie wir sahen, sogar Aufstände anzettelten, dass die Perkeniere nur durch Schmuggel zum Wohlstand gelangen konnten, und als dieser aufhörte, in bittere Armuth versanken, dass die Beamten Banda als Zuchthaus betrachteten, bis auf die, welche durch Unterschlagung zu schnellem Reichthum gelangten, dass alles sah die Compagnie nicht, oder wollte sie nicht sehen, und erst dann kam das alles zum Bewusstsein, als die verwüstende Wirkung des Monopols sich auch gegen die wandte, zu deren Vortheil dies unheilvolle System ersonnen und eingeführt worden war.

Finanzielle Resultate der niederländisch-ost-indischen Compagnie im 17. Jahrhundert.

Da wir in der vorigen Periode die Compagnie eigentlich nur als streitbare und organisirende Macht, als Vertreterin der Regierung, aber nicht in ihren geschäftlichen Interessen kennen gelernt haben, so müssen wir hier in dieser Beziehung mit der Zeit der Gründung der Compagnie beginnen.

Wie wir sahen, hatten sich im Beginn des 17. Jahrhunderts die verschiedenen niederländischen Handelsgesellschaften zu einer grossen Compagnie vereinigt, die am 20. März 1602 auf 20 Jahr als Generaale

Nederl. O.-I. Compagnie privilegirt wurde, und ein Grundkapital von ca. 6,4 Millionen fl. besass, von denen über die Hälfte (3686429 fl.) die Kammer Amsterdam, das übrige die Kammern Seeland, Delfft, Rotterdam, Hoorn, Enkhuizen beigesteuert hatten. Geleitet wurde die Compagnie von 60 die verschiedenen Kammern vertretenden Bewindhebbers, von denen wieder ein Ausschuss von 17 die Direktion in Händen hatte; ihnen zur Seite standen 1785 Hauptparticipanten.

Schon in den ersten acht Jahren ihres Bestehens war der Werth der Antheile von 3000 fl. bis auf 6750 fl. gestiegen, so dass natürlich keiner der Theilhaber daran dachte, sein Geld zurückzufordern. Allein die Ladungen der 5 Schiffe, die 1603 aus Indien (von Bantam) zurückkehrten, brachten durch die angekauften Massen Pfeffer, Cubeben, Nelken und Macis einen Gewinn von 1185891 fl., und ebenso betrug der Reingewinn der vier Schiffe des nächsten Jahres über eine Million Gulden. Häufig wurden grosse Theile der Dividenden in Gewürzen ausgezahlt, wodurch dann noch bedeutend mehr verdient wurde. So z. B. wurde 1610 nur $7^1/_2$ % in Banknoten vertheilt, dagegen 50 % in Pfeffer, 75 % in Macis und 30 % in Muskatnüssen.

In den 60er Jahren des 17. Jahrhunderts hatte die Compagnie freilich grosse Lasten zu übernehmen in Folge der Kriegführung gegen England, namentlich aber durch den unglücklichen Krieg vom Jahre 1672 gegen Ludwig XIV. Sie hatte um 1665 herum 20 Kriegsschiffe für den Staat zu unterhalten, Salpeter billig zu liefern, und hohe Einfuhrzölle zu zahlen, auch wurden 6 % des ursprünglichen Werthes der Antheile als Abgabe erhoben, ferner musste die Compagnie dem Staate Vorschüsse im Betrage von zwei Millionen Gulden leisten; freilich erhielt sie dafür das Recht, Obligationen auszugeben, die sie, wenn keine Gewürze an Zahlungsstatt übernommen wurden, mit 4(—6) % verzinste. Ein empfindlicherer Schaden wurde der Compagnie noch dadurch zugefügt, dass die Franzosen längere Zeit die meisten Provinzen besetzt hielten, so dass die Compagnie, anstatt wie gewöhnlich 15—18, höchstens neun Schiffe nach Indien aussenden konnte. Zweifellos spricht es aber für die glänzende Lage der Compagnie, wenn sie dennoch im Stande war, von den letzten 37 Jahren des 17. Jahrhunderts 22 Jahre hohe Dividenden zu bezahlen, und dann noch sechs der übrigen Jahre anstatt der Dividenden die erwähnten Obligationen auszugeben (z. B. 1672 statt einer 15 %igen, 1673 statt einer $33^1/_2$ %igen Dividende). Es waren demnach nur neun Jahre ohne Dividende, während in drei Jahren 40 %, in einem (1671) sogar 60 % gezahlt wurden, sodass der Durchschnitt aller 37 Jahre incl. der Obligationen noch über 20 % Dividende ergab. Die Antheile, die durch den erwähnten unglücklichen Krieg um 1672 von 19500 fl. auf 7500 fl. gefallen waren, also von 650 auf 250, stiegen natürlich in Folge der glänzenden Resultate bald wieder; und auch das Kriegsjahr von 1688 brachte wenig Nachtheile.

Es wurden vertheilt in dem ganzen Jahrhundert:

1605	15 %		1669	12 1/2 %
1606	75 "		1670	40 "
1607	40 "		1671	60 "
1608	20 "		1672	15 "
1609	25 "		1673	33 1/2 "
1610	50 "		1676	25 "
1612	57 1/2 "		1679	12 1/2 "
1615	42 1/2 "		1680	25 "
1616	62 1/2 "		1681	22 "
1620	37 1/2 "		1682	33 1/2 "
1622—1644	20 "	im Durchschnitt	1685	40 "
1644	45 "		1686	12 "
1646	47 1/2 "		1687	20 "
1648	23 "		1688	33 1/2 "
1649	30 "		1689	33 1/2 "
1650	20 "		1690	40 "
1651	15 "		1691	20 "
1652	25 "		1692	25
1653	12 1/2 "		1693	20 "
1655	27 1/2 "		1694	20 "
1658	40 "		1695	25
1659	12 1/2 "		1696	15 "
1660	40 "		1697	15
1661	25 "		1698	30 "
1663	30 "		1699	35 "
1665	27 1/2 "		1700	25 "
1668	12 1/2 "			

Zusammen also 2046 %, wobei noch die 4 ersten Jahre des Jahrhunderts fehlen.

Wendepunkt Ende des 17. Jahrhunderts.

Bis zum Jahre 1693 reichen die glänzendsten Erfolge der Compagnie; trotz der grossen ausgezahlten Dividenden hatte die Compagnie doch in Indien allein ein Saldo zu ihren Gunsten von 40 Millionen Gulden. Von da an begann aber die Finanzlage langsam bergab zu gehen, ohne dass dies aber sofort bei dem riesigen Kapitalvermögen allen sichtbar geworden wäre. Die Jahre 1693—96 hatten gegen 23,3 Millionen Einnahmen, 31,4 Millionen Ausgaben. Schon im Jahre 1723 war der ganze Ueberschuss im indischen Konto nur noch 4,8 Mill. fl., und im folgenden Jahre war zum ersten Mal eine Unterbilanz vorhanden, die sich dann in den nächsten Jahren schnell steigerte; im Jahre 1733 betrugen die Schulden schon 14,4 Mill., also mehr als die doppelte Summe des ursprünglichen

Anlagekapitals, und im Jahre 1736 zeigte sich sogar schon dann ein Defizit, wenn man nur das indische Territorialconto zu dem Handelsconto addirte.

Verfall der Compagnie im 18. Jahrhundert.

War also 1736 das erste Jahr mit thatsächlicher Unterbilanz, so war dieselbe nach 25 Jahren schon auf 21,5 Millionen fl. gestiegen. Der Krieg zwischen England und Frankreich wirkte freilich wieder günstig, dann aber nahm das Defizit wieder zu. 1779 schloss das indische Konto schon mit einem Defizit von 85 Millionen, dennoch wurde es damals durch die seit 1759 immer steigenden Gewinne der Compagnie im europäischen und chinesischen Handel wenigstens bis auf 8,5 Millionen fl. ausgeglichen. Dann kam aber eine sehr schwierige Zeit; besonders viel Verlust brachte die erzwungene Theilnahme Hollands an dem nordamerikanischen Krieg gegen England. Im Jahre 1780 nahmen die Engländer mehrere der Compagnie gehörende Schiffe, darunter eins, das nach China bestimmt war und 100000 Reichsthaler mit sich führte. Nach der Angabe der Direktion hat die Compagnie hierdurch 20700000 fl. an Waaren, Schiffe und Baarschaft eingebüsst. Jetzt entstand zum ersten Mal wirkliche Geldnoth, so das sich die Compagnie gezwungen sah, um ein Moratorium einzukommen, was ihr auch bewilligt wurde; es waren damals schon Obligationen im Werthe von 25½ Mill. fl. im Umlauf.

Von jetzt an wurde die Lage der Compagnie eine hoffnungslose. Im folgenden Jahre gelang es zwar, wenn auch nur mit Mühe, und unter Garantie der Provinz Holland, 27 Millionen von Privaten leihweise zu erhalten, 1783 weitere 14 Millionen; auch half die Provinz Holland mehrmals mit gewaltigen Summen (1788 allein 30 Mill. fl.) aus; 1790 mussten hingegen schon, um nur 800000 fl. zu erhalten, 300000 Pfd. Nelken in den Magazinen verpfändet werden. In den 12 Jahren nach 1780 wurden insgesammt nicht weniger als 115 Mill. fl. von der Compagnie verschlungen.

Nachdem schon 1783 eine Kommission zur Untersuchung des Standes der Compagnie eingesetzt worden war, wurde im Jahre 1789 beschlossen, eine besondere Kommission unter einem General-Kommissar nach Java zu senden, die 1791 aufbrach, aber erst am 4. Juli 1795 ihren Bericht erstattete. Unterdessen war die Lage der Compagnie noch ungleich verzweifelter geworden, namentlich durch den Krieg mit Frankreich 1794 und durch die Nachstellungen der Engländer im Jahre 1795.

Das Defizit betrug nach dem Bericht der Kommission:

1785	ca. 40	Mill.	fl.	1791	ca. 92	Mill.	fl.
1786	ca. 49	„	„	1792	ca. 100	„	„
1787	ca. 59	„	„	1793	ca. 107	„	„
1788	ca. 64	„	„	1794	ca. 112	„	„
1789	ca. 74	„	„	1796	ca. 119	„	
1790	ca. 81	„	„				

Jetzt war das Schicksal der Compagnie besiegelt. Zwar wurde, nachdem die Kommission ihre Aufgabe mit der Abfassung des Berichtes gelöst hatte, 1795 eine neue gewählt, die sehr dafür eintrat, die Compagnie zu halten, aber im folgenden Jahre wurde an die Stelle der Bewindhebbers der Compagnie ein Comité tot de Oost-Indische Zaken als Verwaltung gesetzt, und im Jahre 1798/99 wurden zwar die Schulden, aber gleichzeitig auch der Besitz und die Produkte von dem Staate übernommen, sowie als Verwaltungsbehörde ein Rath für die asiatischen Besitzungen ernannt. Als durch den Frieden von Amiens die Molukken wieder an die Niederlande fielen, wurden die Gewürze an den Staat, nicht mehr wie vor der englischen Zeit, an die Compagnie geliefert. Offiziell löste sich freilich die Compagnie erst 1808 auf.

Finanzielle Resultate im 18. Jahrhundert.

Ein grosser Theil der Schuld an dem tragischen Ende der Compagnie ist dem Leichtsinn beizumessen, mit welchem Dividenden ausgezahlt wurden. Trotz der sich rapide verschlechternden Lage zahlte man bis zum Bankerott der Compagnie die hohen Dividenden des 17. Jahrhunderts weiter, selbst während des schweren spanischen Erbfolgekrieges wurden 25 % bezahlt.

Es wurden an Dividenden im 18. Jahrhundert vertheilt:

1701	20 %	1722	30 %	1749—52	25 %
1702	20 „	1723	12½ „	1753—57	20 „
1703—1711	25 „	1724	15 „	1758—65	15 „
1712	15 „	1725	20 „	1766—70	20 „
1713	30 „	1726	25 „	1771—75	12½ „
1714	33½ „	1728	15 „	später auch	
1715—1720	40 „	1729	25 „	meist	12½ „
1721	33½ „	1746—48	20 „		

In den 75 Jahren wurden also nicht weniger als 1302 % an Dividenden bezahlt, trotz des sich rapide verschlechternden Standes der Compagnie.

Bei solchen kolossalen, wenn auch unberechtigten Dividenden, war es kein Wunder, dass die Kurse der Antheile ausserordentlich hoch stiegen, 1718 standen sie auf fast 600, 1720 sogar auf 1200, so dass selbst bei einer andauernden Ausschüttung von 40 % Dividende der damalige Käufer nur 3⅓ % erhalten hätte. Selbstverständlich war dies eine reine Spekulationshausse, nach dem grossen Schwindeljahr 1720 mit seinen Goldträumen von Louisiana, Mississippi, Berbice folgte nur allzubald die Ernüchterung. Auch die Antheile der Compagnie sanken rapide, und mancher Spekulant wurde dadurch ruinirt.

Wie bei so gut fundirten Papieren zu erwarten, erholten sich freilich die Antheile bald wieder, und standen zwischen 1724 und 1754 auf 507—754, je nach dem die Zeit friedlich oder kriegerisch war. Obgleich ja in den 30er Jahren die Finanzen der Compagnie in Unordnung gerathen waren, und obgleich es nicht an Warnern fehlte (wie z. B. der Generalgouverneur Mossel, der schon 1752 die Verlegenheiten voraussagte), so täuschte doch der glänzende Schein sich immer wiederholender fetter Dividenden das Publikum über jedes Misstrauen hinweg. Erst in den folgenden Jahrzehnten begannen die Antheile langsam zu fallen, in den 70er Jahren standen sie noch auf 392, 1780 fielen sie auf 323 (in Zeiten von Kriegsunfällen auf 215—220), 1786 auf 275, 1790 auf 185, 1791 auf 153, 1793 auf 95—155, je nach der Kammer, zu der die Antheile gehörten.

Das Geschäft der Compagnie warf an und für sich betrachtet freilich auch im 18. Jahrhundert noch andauernd ganz gewaltige Summen ab. Trotzdem seit 1719 in Ostende und Antwerpen sich gleichfalls eine ostindische Compagnie als Konkurrenzgesellschaft gebildet hatte, und auch Hamburg grosse Anstrengungen machte, an dem indischen Handel einen Antheil zu erhalten, brachten doch selbst 1725—35 die Verkäufe im Durchschnitt 15, niemals weniger als 12, einmal sogar 20 Mill. fl.

Man kann auch nicht sagen, dass die Einnahmen der zweiten Hälfte des Jahrhunderts gegenüber dem Beginn desselben abgenommen hätten; im Gegentheil brachten die Auktionen der Jahre 1741—80 761 Millionen fl. gegen 656 Millonen der Jahre 1701—40, also 19 Millionen gegen 16 Millionen im jährlichen Durchschnitt. Erst der Krieg von 1780 hatte in den nächsten vier Jahren einen beträchtlichen Rückgang der Auktionserträge zur Folge; von 20,9 Mill. fl. im Jahre 1780 gingen sie auf 5,9 Mill. fl. im folgenden Jahre zurück, und erholten sich nur ganz langsam und nie wieder vollkommen, meist nur bis auf 17 Millionen im Jahr, so dass die 12 Jahre nach 1780 76,5 Millionen fl. weniger brachten als die der 12 Jahre vorher.

Die Hauptschuld des Verfalles wird wohl mit Recht neben den eben erwähnten unvernünftigen Dividenden der zu sehr zerstückelten und grossentheils untüchtigen oder von Privatinteressen regierten Leitung der Compagnie in Europa, den zu grossen Kosten des indischen Haushaltes, dann aber auch den Veränderungen der staatlichen Verhältnisse in Vorder-Indien (Verdrängung der Holländer durch die Engländer) und endlich unglücklichen Kriegen zugeschrieben.

In Europa waren zu viel Werfte, Magazine und Personal, dadurch dass jede Kammer sich selbst verwaltete; alles wurde dadurch im Kleinen angekauft, die Transportspesen wurden unnöthig vergrössert, und die Preise der Artikel blieben keine einheitlichen (sie variirten in den verschiedenen Kammern bis zu 20%). Die Verwaltung und etatsmässigen Besoldungen verschlangen enorme Summen, und die Besoldung der Arbeiter betrug 1770—1780 durchschnittlich 1146723 fl. Endlich waren unter den Bewindhebbers meist nur Kaufleute und Advokaten, selten Leute, die das Leben in Indien praktisch kannten.

In Indien musste allein ein Personal von 20000 Europäern (incl. Militär) ernährt werden, im Jahre 1777 waren es 19192 Europäer (in den Molukken allein 3284) neben 2663 Eingeborene, darunter 1647 obere Beamte, 11262 Militärs, 132 Geistliche und Lehrer, 332 Wundärzte, 3297 Seeleute. Ganz Europa, besonders Deutschland lieferte das Menschenmaterial, welches in riesiger Menge dabei zu Grunde ging. Zwischen 1700 und 1780 wurden nicht weniger als 430—440000 Menschen verloren, deren Ersatz natürlich recht theuer war. Es wurden nach Indien gesandt an Soldaten, Matrosen etc. 1700—1719 105972, 1747—1767 162598 und 1767—1780 107377.

Ferner wurden die höheren Beamten drüben vortrefflich bezahlt. Der Generalgouverneur erhielt 1400 fl. monatlich neben 400 fl. Tafelgeld und alles frei; der Rath von Indien (fünf ordentliche und acht ausserordentliche Mitglieder) erhielt gleichfalls grosse Gehälter. Sodann waren viele der überseeischen Comptoire Lastposten; namentlich das Cap, aber auch Ceylon, Malabar, Batavia etc.; nur Japan, Bengalen, Samarang, Cheribon und ev. Padang brachten Ueberschüsse. Bei 21 der 25 existirenden Comptoire waren 1786 die Einnahmen 5068000 fl., die Ausgaben 8532602 fl. (1787 sogar 4585893 gegen 8375324).

So z. B. hatte das grosse Kontor in Makassar, das fast nur als Stütze des Monopols in den Molukken diente, ein jährliches Defizit von 700000 fl., Batavia hatte auch viele Kosten durch den Spezereihandel und die Unterhaltung von 5—6 grossen Schiffen zur Kommunikation zwischen Java und dem Osten, vielleicht drei Tonnen Goldes jährlich. Die Compagnie besass neben den Kontoren in Japan, den Molukken, Makassar und Batavia und den sechs in den Niederlanden auch vier in Vorderindien, nämlich in Bengalen, Coromandel, Malabar und Suratte, die sich sehr schlecht bezahlt machten, perpetuirliche Defizite hatten, und nur deshalb aufrecht erhalten wurden, weil es gar fette Posten für die Verwandten und Günstlinge der Leiter der Compagnie waren. Um nur ein Beispiel anzuführen, so hatte ein gewisser van der Straaten, der 1709 starb, nach nur 4jährigem Aufenthalt in Bengalen 300000 Reichsthaler hinterlassen, Gelder, die natürlich nur geringen Theils auf rechtmässige Weise erworben werden konnten.

Dazu kamen dann auch noch im Osten die Jahrgelder für die Aufrechterhaltung der Befestigungen, z. B. in Ternate, Tidore, Batjan, auf den Südoster- und Südwesterinseln etc.; Ambon mit den Uliassern allein besass 25 Forts mit 5—600 Mann; auch Seeräuber mussten bekämpft werden. Dann wurden zuweilen theure Gesandtschaften ausgerüstet mit opulenten Geschenken, so nach China, Persien etc.; alles Unkosten, welche die Reinerträge gewaltig verminderten. Auch die Ausrüstung der Schiffe verschlang riesige Summen, im Durchschnitt (incl. Reparaturen, Sold und Unterhalt) bei einem Schiff von 500 Lasten 197944 fl. Die Flotte bestand im Jahr 1780 aus 123 Fahrzeugen, von denen 107 für die indische Schifffahrt bestimmt waren (1791 waren es sogar 137 Schiffe, meist von 400—500 Lasten), jährlich liefen Flotten von meist 30—40 Schiffe aus (1761 z. B. 41, 1787 43, 1788 34, 1789 31). Die Ausrüstung in den guten Jahren betrug im Durchschnitt 8 Mill. fl., wovon 1½ Mill. fl. auf Waaren kamen.

Bedeutung des Gewürzhandels für die Compagnie.

Selbstverständlich wurden die Einnahmen der Compagnie während ihrer ganzen Dauer in hervorragendem Masse durch den Gewürzhandel beeinflusst. So lange die vorderindischen Kontore noch ausgiebigen Handel trieben, machten die Gewürze nur ⅓ des Totalumsatzes aus, in den Jahren aber, wo die Engländer die Holländer aus Vorderindien verdrängt hatten, stammte fast die ganze Einnahme von den Gewürzen. So wurden in den 24 Jahren vor 1793 nicht weniger als 161 Millionen für Gewürze, also im Durchschnitt fast 7 Millionen vereinnahmt, und zwar in den ersten 12 Jahren dieses Abschnittes 89,3 (mehr als 7½ Mill. im Durchschnitt), in den letzten 12 Jahren 71,7 Mill. fl. (fast 6 Mill. im Durchschnitt), also 17,6 Millionen weniger, da die Muskatplantagen Bandas durch den Sturm so gelitten hatten und der Pfefferhandel durch die englische Konkurrenz geschädigt war. Das Jahr 1782 brachte während dieser Zeit mit 4 Millionen fl. den geringsten, 1784 mit 8,4 Millionen fl. den grössten Ertrag.

Um die Verhältnisse zu zeigen, in denen die verschiedenen Gewürze an den Handel theilnahmen, seien hier zwei Beispiele angeführt.

Es wurden verkauft:

	Pfeffer	Zimmt	Nelken	Muskatnüsse	Macis
1780	5000000 Pfd.	400000	250000	250000	85000
1790	2900000 „	400000	200000	100000	35000

An diesem im Durchschnitt 7 Mill. fl. jährlich bringenden Gewürzhandel nahm die Muskat, wie wir sehen werden, mit ca. 2 Mill. Theil, eine Summe, die also etwa den 9. Theil der Gesammteinnahmen der Compagnie ausmachte. Muskathandel de Compagni

Die Muskatnüsse wurden von den einzelnen Kammern in Holland der Reihe nach, später dagegen wie die Gelegenheit sich bot, verkauft, und zwar in Kwarteln von 750 Pfd. Es wurden für dieselben wie auch für die Nelken, da es ja Monopolartikel waren, einseitig von der Compagnie bestimmte Preise festgesetzt, die je nach der Nachfrage und vorhandenen Menge geändert wurden, aber meist nur in unbedeutendem Masse. So z. B. variirten die Preise für die Nelken zwischen 3 und $3^3/_4$ fl., stiegen freilich zuweilen bis 8 fl., die Preise der Muskatnüsse waren meist etwas höher als die der Nelken, jedoch sehr geringen Schwankungen unterworfen, meist $3^1/_4$—4 fl. das Pfund. Die Macis hingegen wurde, wie auch der Pfeffer und Zimmt, in Auktionen verkauft, und zwar hauptsächlich in der ersten Auktion, die im April oder Mai im ostindischen Haus zu Amsterdam stattfand; in der zweiten Hälfte des vorigen Jahrhunderts wurde (nach Luzac) stets die Hälfte in Amsterdam, $^1/_4$ in Middelburg, je $^1/_{16}$ in den vier anderen holländischen Kontoren (Delft, Rotterdam, Hoorn und Enkhuizen) verkauft.

Für die erste Zeit der Einführung des Monopols (1633—38) berichtet Wurffbain, dass das Produkt in Banda der Compagnie $^1/_2$ Stuiver koste, dagegen der Marktpreis der Nüsse 3 fl. 25 sei[1]); das ist also das ganz respektable Verhältniss von 1 : 130. Die Macis kostete etwa $7^1/_2$ Stuiver und wurde verkauft für 6 fl. das Pfund, also ein Verhältniss wie 1 : 16. Gewinnberechnun im Muska handel.

Im Beginn des 18. Jahrhunderts wurden dagegen die Nüsse mit 0,74 Stuiver in Banda bezahlt; da aber der Preis für die Macis der gleiche blieb, und ferner auch die Verkaufspreise in den Niederlanden ziemlich die gleichen bleiben, so fiel die unbedeutende Einkaufserhöhung

[1]) Einerseits war also der Einkaufspreis der Nüsse um die Hälfte geringer geworden, andererseits der Verkaufspreis in Holland um das Doppelte höher als zur Zeit der scharfen Konkurrenz mit England im freien Handel bei Beginn des Jahrhunderts. Ob das Resultat aber die Nebenunkosten und die Verzinsung der Kriegskosten aufwog, ist eine andere Frage.

nicht sehr in's Gewicht. Auch 1775 wurde noch das Pfund Nüsse für 75 Stuiver[1]) verkauft, die Macis für 132 Stuiver. Die Verkaufspreise waren zwar in Indien dieselben wie in Europa, jedoch wurden dort nur inferiore kaum nach Europa kommende Sorten von Nüsse verkauft für 56 Stuiver das Pfund[2]).

Weit mehr für die Gewinnschwankungen des Muskathandels kam die Möglichkeit des Absatzes in Betracht. Als feststehend kann angesehen werden, dass niemals die ganze nach Europa herübergebrachte Menge des Gewürzes Käufer fand[3]). Eine Folge hiervon war die steigende Menge der in Holland lagernden Vorräthe, die in der Mitte des 18. Jahrhunderts derart zunahmen, dass zeitweilig bis zu 16 Jahrgänge daselbst unverkauft lagerten; es werden Vorräthe von fast $2^1/_2$ Mill. Pfd. erwähnt, diejenigen, die in Batavia lagerten, noch nicht einmal eingerechnet. Anstatt aber durch Erniedrigung der Preise den Konsum zu vergrössern, um dadurch die Lagerbestände räumen zu können, zog die Compagnie vor, lieber durch Brände die Vorräthe zu verringern, was wir oben im Einzelnen verfolgt haben.

Aus den vorliegenden Daten lässt sich der Reingewinn aus dem Muskathandel einigermassen berechnen.

Einnahmen.

Europa.	250000 Pfd.	Nüsse à 75 St.	=	18750000 St.	=	937500 fl.
	100000 „	Macis à 132 „	=	13200000 „	=	660000 „
Asien.	100000 „	Nüsse à 56 „	=	5600000 „	=	280000 „
	10000 „	Macis à 100(?) „	=	1000000 „	=	050000 „
Total						1927500 fl.

1) Die Nelken dagegen wurden vor 1775 für 85 Stuiver, nach 1775 für 65 Stuiver (mit noch 2% Rabatt) verkauft.

2) Nach Raynal lohnte es sich nicht, dieselben dort aufzukaufen und nach Europa zu verführen, da so viel magere, verdorbene und ölarme dabei waren. Nach dem Lexicon universale (1739, t. 22, pag. 1001) verkaufte die Compagnie in Batavia das Pfund zu 60 holländ. Stuiver (also zu 3 fl.), wenn sie dieselben in Zahlung für Obligationen etc. gab

3) Der Durchschnitt vor 1778 ergab als in Europa verkaufte Waare 250000 Pfd. Nüsse und 100000 Pfd. Macis, daneben noch in Indien selbst 100000 Pfd. Nüsse und 10000 Pfd. Macis, während in Banda durchschnittlich 600000 Pfd. Nüsse von der Compagnie gekauft wurden. Am meisten wurden in Europa verkauft im Jahre 1737, nämlich 280964 Pfd., 1756 nur 241427 Pfd., 1778 264189 Pfd., das Pfund für 3 fl. 15 Stuiver. Natürlich waren nach dem verheerenden Sturm von 1778 die geernteten und nach Europa gesandten Quantitäten weit geringer, jedoch blieben die Vorräthe trotz des häufigen Verbrennens und Versenkens der Nüsse noch auf einige Jahre genügend; 1780 wurden noch 250000 Pfd. Nüsse und 85000 Pfd. Macis verkauft, 1790 freilich nur noch 100000 Pfd. Nüsse und 35000 Pfd. Macis.

Ausgaben.

Banda. Einkauf.	600000 Pfd. Nüsse à 0,74 St. = 444000 St. = 22200 fl.	
	150000 Pfd. Macis à 7,5 St. = 1225000 St. = 61250 fl.	
		83450 fl.[1]
Banda. Unterbilanz	. . . .	136820 fl.[2]
1/3 der Unterbilanz von Batavia, Makassar, sowie des Kapitalzinses. .		400000 fl.[3]
		620270 fl.

Das Saldo betrug also 1,3 Mill. fl. als Reingewinn. Hiervon muss aber noch subtrahirt werden die Fracht von etwa 900 Tons von Banda und Ambon aus, ferner die unberechenbare Rate des Muskathandels an der Bestreitung der Centralverwaltung, des Militärs und der Flotte und deren Ausrüstung, der von der Compagnie zu zahlenden beträchtlichen Steuern, sowie die Instandhaltung der auf Banda und umliegenden Inseln befindlichen etwa 3—400 Mann starken Garnisonen, von denen etwa die Hälfte aus theuer bezahlten Europäern bestand[4]), endlich auch die Verluste der Regierung an dem nach Banda zu liefernden Reis, da derselbe für 90 fl. per Koyang abgegeben wurde, während er der Compagnie 180—200 fl. kostete. Würde man alle diese Summen in Rechnung stellen, so käme man offenbar zu einem unzweideutigen Defizit des Muskatmonopoles.

Wie mit dem Muskathandel, so ging es auch mit den anderen indischen Produkten; die Gewinne waren zwar gross, aber genügten doch nicht, um diesen riesigen und dazu noch schlecht verwalteten und von den Leitern bis zu den niedrigsten Beamten nach Kräften ausgebeuteten Apparat in Stand zu halten. Nur hierdurch ist der oben geschilderte Verfall der Compagnie zu verstehen. Zu kostspieliger Apparat des Monopolsystems.

Nach der Staatskommission der Ost-Ind. Compagnie war z. B. der Gewinn an Muskat und Nelken zusammen in Europa jährlich 2311100 fl.,

1) Bleeker und Lauts geben als Einkaufskosten 96685 fl. an. Zu Valentijn's Zeiten betrugen sie nur 27236 Reichsthaler 2 Stuiver, nach eigener Berechnung auf Valentijn's Zahlen dagegen etwa 90000 fl.; wie man sieht, während einer grossen Zeitperiode nur geringe Schwankungen.

2) Banda hatte 1779 bei 9350 fl. Einnahmen 146170 fl. Ausgaben, also ein Defizit von 136820 fl. (etwa 30 Jahre früher nach Mossel hingegen 155000 fl. Ausgaben, 90000 fl. Einnahmen, also ein Defizit von 65000 fl.).

3) Das Kontor Makassar hatte eine Unterbilanz von 0,7, Batavia von 0,3 Mill. fl., der Kapitalzins betrug 0,2 Millionen; da sich diese Kosten aber auch auf die Nelken und theilweise auf den Pfeffer vertheilen, so kann man für die Muskat etwa 1/3, also 0,4 Mill. in Anschlag bringen.

4) Auf Banda allein waren schon 514 Europäer zu besolden, 318 davon Militärpersonen.

davon gingen aber 306661 fl. für den Einkaufspreis der doppelten Quantität ab, denn so viel muss man in Anrechnung bringen, da die Hälfte ungefähr durch Unterschlagung und Verbrennung für die Compagnie verloren wurde.

So sagt auch Graf Hogendorp, ein weitsichtiger und gewissenhafter Mann: „Jamais la Compagnie n'a pu vendre, année commune, en Europe pour plus de deux millions de florins de clous de girofle, de noix muscade et de macis, tandis que pour les obtenir elle dépensait souvent plus de trois millions, dont elle aurait pu retirer d'immenses avantages sous une bonne administration".

Hätte die Compagnie nicht das Monopolsystem auf jede Weise aufrecht zu erhalten sich bestrebt, sondern hätte sie sich mit ihrer vortheilhaften Lage als Herrin der Gebiete zufrieden gegeben, wie andere Kolonialmächte, sie hätte enorme Ausgaben gespart, und wäre wohl von der Katastrophe verschont geblieben. Gerade das unglückliche Muskat- und Nelkenmonopol trägt vor allem Schuld an dem Ruin.

Sehr richtig sagt deshalb Lauts: „Zoo immer eene onregtvaardigheid hare eigene straf heeft medegevoerd, dan is het deze, want de teelt der moluksche specerijen is, van wege de groote kosten welke zy heeft na sich gesleept, eene kanker geworden, welke aan de welvaart der maatschappij voortdurend heeft geknaagd, en het bestaan der maatschappij heeft ondermijnd".

δ) Zustände auf den Banda-Inseln während der Monopolzeit.

Um zu verstehen, welche Resultate das Gewürzmonopol in allgemeiner Beziehung in Bezug auf die Banda-Inseln gezeitigt hat, ist es nöthig, jetzt den Schauplatz der Muskatkultur näher kennen zu lernen.

Kurze Beschreibung der Inseln. Die geographischen Umrisse der Banda-Inseln haben uns gezeigt, dass sie ein grossartiges vulkanisches System bilden, in dessen Mittelpunkt Neira und der thätige Vulkan Gunong Api liegt, dass Groot-Banda oder Lontor mit den Nebeninseln Pisang und Kappal Bruchstücke der alten Kraterwand sind, während die Ausseninseln event. als Reste der von dem Hauptkrater ausgehenden Rippen anzusehen sind, resp. als Erhebungen, die denselben aufgesessen haben.

Gunong Api. Der Gunong Api[1]) besteht ausschliesslich aus einem noch thätigen etwa 600 m hohen Vulkan, dessen zahlreiche Eruptionen die Insel selbst,

---

[1]) Von Interesse wird es sein zu hören, dass nach Dan. Parthey l. c. (1698) „von diesem stets brennenden Berg Guman api der bekannte D. Faustus geschrieben hat, wie er in einem Augenblick darauf kommen, und von da frische Muscaten nach Europa bringen könne", ein Beweis, welche Rolle diese Inseln damals in der Volksphantasie einnahmen.

wie auch die benachbarten Inseln Neira völlig mit vulkanischem Sand bedeckt haben. In Folge dieser periodischen Ueberlagerungen mit sich erst langsam zersetzendem vulkanischem Auswurfsmaterial (und nicht wie häufig berichtet wird, wegen der Schwefeldämpfe) ist diese Insel viel zu unfruchtbar, um Muskatbäume ernähren zu können, abgesehen davon, dass die Eruptionen die event. angepflanzten bald wieder vernichten würden.

Bäume finden sich nur am Fusse der Insel, und zwar neben Casuarinen hauptsächlich Kokospalmen, die seit Alters her hauptsächlich zur Bereitung von Palmwein benutzt wurden (1860 gab es nach v. d. Crab ca. 3000 fruchtende und 1800—2500 nichttragende auf der Insel). Auch etwas Bambus, Bananen und Lichtnussbäume (Aleurites, Kemiri) giebt es dort, während am Abhang des Berges weiter hinauf nur noch kleines Strauchwerk vorkommt; die Vegetation reicht etwa bis zur Hälfte oder zwei Drittel der Höhe des Vulkans, früher war an einigen Stellen der Berg sogar bis in die Nähe des Gipfels mit niedrigen Pflänzchen bewachsen. 1853 wurde das Gebüsch von englischen Touristen, sei es aus Versehen, sei es mit Absicht, in Brand gesteckt, jedoch scheint der Schaden jetzt wieder gehoben zu sein. Am Fusse des Vulkans standen ehemals auch einige Fischerhütten, in denen Timoresen[1]) wohnten; auch gab es noch Mitte des Jahrhunderts kleine Gemüsegärten auf dieser Insel, die durch Sklaven von Neira oder Lontor bewirthschaftet wurden, ferner besassen im vorigen und in diesem Jahrhunderte mehrere der Perkeniere, sowie der Gouverneur, kleine aus gespaltenem Bambus errichtete Landhäuschen daselbst[2]).

Pulo Krakka, Kappal und Pisang.

Pulo Krakka, das kleine Felseninselchen nördlich im Eingang des Zonnegat, ist zwar unbewohnt, aber nicht unfruchtbar[3]). Pulo Kappal ist gleichfalls eine sehr kleine unbewohnte kahle Felseninsel,

---

1) Nach dem Bericht von v. d. Graaf und Meylan waren es meist Heiden aus Timor, Solor, Key und Aru, die auch Schweinefleisch assen, aber heimlich. Auf der Insel gab es nämlich viele wilde Schweine, daneben auch verwilderte Rinder.

2) Die Notiz Bickmores, dass vor 1820 viele Menschen auf Gunong Api lebten und es ihnen gelungen wäre, grosse Haine von Muskatbäumen anzupflanzen, aber der Ausbruch des genannten Jahres alles vernichtet hätte, finde ich in den ausführlichen Berichten jener Zeit nirgends bestätigt; auch Reinwardt, der 1821 die Gruppe besuchte und ganz genaue sorgfältig gesammelte Details giebt, spricht zwar von Kokospflanzungen, aber niemals von Muskatbäumen. — Die Notiz in Bijdr. tot T. L. en V.kunde v. Neerl. Ind. III (1855), pag. 73, dass die Insel früher sehr fruchtbar und bewohnt, aber seit den Ausbrüchen wüst geworden sei, dürfte sich gleichfalls kaum auf Muskatbäume beziehen; ebenso wenig wie Worm's Angabe, dass vor dem schrecklichen Erdbeben und Ausbruch von 1683 die Insel voller Bäume gewesen sei. Auch aus der Zeit vor und während der Eroberung wird trotz der grossen Bevölkerung der Inseln nirgends eine Niederlassung der Eingeborenen auf Gunong Api erwähnt.

3) Nach dem Fragment v. e. Reisverhaal 1856 soll diese Insel mit Muskatbäumen bestanden sein; sonst finde ich dies aber nirgends erwähnt, es ist sicher ein Irrthum.

dagegen wird die mit fruchtbarer Gartenerde bedeckte Insel Pulo Pisang seit alten Zeiten zur Gemüse-[1]) und Bananenkultur benutzt.

Schon Valentijn erwähnt Pulo Pisang als Küchengarten des Gouverneurs; auf dem schönen Sandstrande gedeihen vortrefflich Kokosnüsse (1860 gab es dort schon 500 fruchtende und 190—750 nicht tragende Kokospalmen); jedoch kümmerte man sich vor 1857 auf den Banda-Inseln wenig um die Kultur derselben. Bewohnt wurde diese Insel früher nur von Lepra-Kranken, die dorthin verbannt wurden; erst in diesem Jahrhundert hat man diese Leprastation aufgegeben. Später (1874) wurden 29 bouws dieser Insel in Erbpacht gegeben und zuerst zur Viehzucht bestimmt, später aber hier eine Kokospflanzung angelegt, in der 1889 3000 Palmen (¹/₃ davon fruchttragend) gezählt wurden.

Neira. Von ungleich grösserer Bedeutung ist Neira, eine gebirgige Insel, deren höchster Punkt, der Papenberg, fast 200 Meter hoch ist. Auf dieser Insel lagen mehrere wichtige Ortschaften der alten Bandanesen, Ratoe und Lautaka (Labetakka), hier hatten die Portugiesen ihr Fort gebaut, und nachmals die Niederländer ihre beiden Hauptbefestigungen, das Fort Nassau nahe an der Küste, und das Fort Belgica auf einem Hügel, beide dazu dienend, die Rhede, die sich südlich und südwestlich von Neira befindet, die beste der Inseln, vortrefflich durch Neira, Lontor und Gunong Api geschützt, zu beherrschen. Hierhin hatte die Compagnie die wichtigsten Comptoire und die Hauptverwaltung verlegt, und so kommt es, dass auch heute noch dies der Centralpunkt der ganzen Gruppe ist.

Für die Muskatkultur blieb relativ wenig Raum über; einerseits war die Insel nicht sehr gross, andererseits nahm auch das Städtchen schon ziemlich viel Platz fort; während der Blüthezeit der Compagnie gab es in Neira allein schon 75—80 gute holländische Häuser, daneben natürlich die vielen Hütten der Eingeborenen, in der zweiten Hälfte des vorigen Jahrhunderts werden sogar gegen 100 (1840 sogar 200) steinerne Häuser angegeben; dazu kam dann noch der europäische und chinesische Kirchhof, die Festungswerke und die Packhäuser, sowie kleine Gärten und Gemüsepflanzungen, so dass der Raum für die Muskatpflanzungen dadurch ziemlich beschränkt wurde.

---

[1]) Von grosser Oberflächlichkeit zeugt die Stelle im Tableau statistique und offenbar daraus entnommen, in Joh. Olivier's Land en Zeetogten in Ned. Ind. II (1828), pag. 89, Anm. 39, dass Pulo Pisang neben Kokosnüssen auch Macis, aber keine Muskat liefere (das gleiche berichtet er für Rosengain); offenbar verwechselte der englische Verfasser das holländische Wort moeskruid (Gemüse) mit Macis. Wie er es sich aber denkt, dass eine Insel Macis ohne Nüsse liefern kann, bleibt unverständlich.

Auch ist Neira nicht besonders fruchtbar, da die Insel durch die vielen Eruptionen des Vulkanes häufig mit braunem oder schwärzlichem, trocknem, losem, vulkanischem Sand oder vielmehr Grand bedeckt wurde, und diese an sich ja sehr fruchtbare Masse sich erst theilweise zersetzt hat; andererseits sind die Stellen, wo sich diese Masse schon zu einem bröckligem Lehm zersetzt hat, der durch verwesende Blätter humusreich geworden ist, ganz überaus fruchtbar, und man kann sich (nach Oxley) keinen geeigneteren Boden für die dicken faserigen Wurzeln der Muskatbäume denken; so sagt denn auch schon Rumph, dass auf Neira die schönsten und grössten Nüsse wüchsen.

Valentijn giebt für die Zeit um 1700 herum nur zwei Perke für diese Insel an, die zusammen ein Areal von 1800 □Ruthen bedeckten, von 95 Sklaven bewirthschaftet wurden, und nur 8000 Pfd. Nüsse, sowie 2000 Pfd. Macis[1]) lieferten. Später dagegen und bis heute noch finden sich stets drei Perke für Neira angegeben, die 1854 (nach Bleeker) von 236 Arbeitern bewirthschaftet wurden, 32 632 Bäume besassen und 42 000 Pfd. Nüsse, sowie 10 500 Macis hervorbrachten, 1882 produzirte die Insel sogar 74 000 Pfd. Nüsse und 20 000 Pfd. Macis, also mehr als 1634. Die drei jetzigen Perke heissen (die Buchstaben beziehen sich auf die Karte pag. 64) a) Lautakka, b) Bangko batoe, c) Zevenbergen en Hersteller.

In diesen Perken finden sich neben den Kanaribäumen auch ungemein viel Fruchtbäume als Schattenspender verwandt, da der Bedarf der grossen Bevölkerung Neira's an Früchten naturgemäss ein sehr grosser ist. So berichtet schon Worm: „Hinter Bellekyke und dem sogenannten hohen Pfaffenberg ist ein überaus lustiges Thal oder Wald von lauter Muskaten-Nuss, Cocos, Zachewehr (Saguweer = Arenga), Durians, Mangos, Sorisack (Zuursack = Anona muricata), Bombelmus (Pompelmus = Citrus decumana), Gambus (Djambu = Jambosa), Granat-Aepfel, Canary, Arack und Bisang-Bäume". An der Küste von Neira gab es 1860, nach v. d. Crab, 135 fruchtende und 1150—1350 nichttragende Kokospalmen.

Die bei weitem wichtigste Insel für die Muskatkultur ist Lontor oder Gross-Banda, auch schlechthin als das Hoogland (hohe Land) bezeichnet. Die langgestreckte Insel wird der ganzen Länge nach von einem Bergzuge[2]) bedeckt, welcher der Hauptsache nach aus vulkanischen Lontor.

---

1) Wie stimmt hiermit seine Notiz, dass Neira 1634 26 631 Pfd. Macis und 61 221 Pfd. Nüsse lieferte? Die obigen Zahlen sind so exorbitant niedrig, dass man fast vermuthen möchte, dass eine 0 fehlt.

2) Die Höhe dieses Bergzuges variirt zwischen 100 und 200 Metern; jedoch erheben sich einzelne Berge bis 250 Meter, der Gunong Bandeira (Flaggenberg), sogar bis zu 460 Meter; er galt früher als die höchste Kuppe der gesammten Inselgruppe, ist aber doch ein gut Theil niedriger als der ca. 600 Meter hohe Vulkanberg Gunong Api. Erwähnenswerth ist daneben noch ein Orangdatang (= Menschen kommen, also so viel wie Warte), genannter etwa 200 Meter hoch gelegener Punkt, mit herrlicher Aussicht auf Neira, Gunong Api etc., seit alters her berühmt und fast in jeder Reisebeschreibung geschildert.

Gesteinen besteht, namentlich aus Trachyt und trachytischer Lava (Oxley erwähnt auch Basalt und Obsidian [?]), daneben auch aus einem Konglomerat von eckigen Lavastücken in gelblicher Grundmasse. Andererseits sind auch grössere Theile der Insel bedeckt mit schwarzem vulkanischem Sand, der, wenn feucht, im Aussehen etwas an Gartenerde erinnert; andere Stellen der Insel besitzen eine braune Lehmdecke. Uebrigens ist diese sandige oder lehmige, mehr oder weniger humusreiche Deckschicht, der eigentliche Nährboden der Muskatbäume, an vielen Stellen gar nicht besonders dick; oftmals tritt das darunter liegende Gestein sogar zu Tage.

Der Fuss des Gebirges ist, namentlich an der Südseite, bedeckt von Korallenkalk, der sich an einigen Stellen noch ziemlich hoch, z. B. in der Gegend von Celamme bis über 100 Meter an dem Berg hinaufzieht, ein deutlicher Beweis der gewaltigen Hebungen, denen diese Insel in geologisch jüngster Zeit ausgesetzt gewesen ist.

Der Höhenzug ist namentlich an der Innenseite ungemein steil, wie es bei einer alten Kraterwand nicht anders zu erwarten ist; er ist aber trotzdem derart bedeckt mit Muskatpflanzungen, dass für wilde Vegetation wenig Platz mehr übrig bleibt; nur die aller steilsten Abhänge, sowie die Spitzen der Kuppen sind mit wildem Buschwerk und Bäumen bestanden, da die Berggipfel über 200 Meter nicht mehr feucht genug sein sollen zu sicherer und lohnender Muskatkultur; hier finden sich Ficus und andere Bäume, früher auch wilde Muskatbäume (Myristica fatua) in Menge, ferner Araliaceen, Brombeeren und Zingiberaceen als Unterholz.

Auf einer Tour durch die Insel geht man fast beständig durch Muskatgärten, und zwar auf der steilen Innenseite der Insel meist auf Steintreppen; namentlich diese Treppen sind die Ursache, dass die Pflanzungen auch auf der Innenseite der Insel nicht so unzugänglich sind, wie beispielsweise die Nelkenpflanzungen auf Ambon. Die Grenzen der Perke werden durch gemauerte Grenzsteine, besonders hohe Bäume und Gräben bezeichnet.

Beschattet werden noch heute wie ehemals die Muskatbäume fast ausschliesslich durch riesige Kanaribäume (Canarium), wogegen die anderen Schattenbäume, meist gleichfalls Nutzpflanzen, wie z. B die Saguweer- oder Zuckerpalme (Arenga), namentlich in der Nähe der Gehöfte auch Fruchtbäume wie Mangos, Brotbäume, Mangustan, Rosenäpfel (Djambus), Durians (Stinkfrucht) an Bedeutung weit zurückstehen.

Unter dem doppelten Laubdach der Schatten- und Muskatbäume finden sich in dem niedrigen Gras- und Krautteppich nur selten noch andere etwas höhere Gewächse, z. B. viele Farren, ferner schöne rothe Clerodendron, wenig schmackhafte Brombeeren, einzelne Rubiaceen, wie Mussaenda und Psychotria, schlingende Ipomoea, Conyza balsamifera, Vinca minor etc. Nur dicht am Strande, namentlich dort, wo Rawinen auslaufen, finden wir die Plantagen geschützt durch einen dichten Saum typischer Strandpflanzen; hier finden sich verschiedene Arten Pandanus (neben dem kleinen buschigen Pandanus Kurzii namentlich noch der 4—5 Meter hohe P. fascicularis, und der riesige 7—8 Meter hohe P. dubius), ferner Barringtonia-Arten, Hibiscus tiliaceus (Waru), Calophyllum inophyllum (Njamplung), Aleurites moluccana (Kemiri), Pongamia glabra, Hernandia etc., Kokospalmen (1860 ca. 5200 fruchtende und 4—8000 nichttragende) und dahinter auch zuweilen ein Bambusgebüsch oder Farren.

Neben den Muskatbäumen, und den sie beschattenden Fruchtbäumen, findet sich auf der Insel noch ein wenig Gemüse (z. B. Kürbisgewächse, Bohnen und Tomaten), einige Bananen, Orangen, Ananas, hier und da einige Baumwollstauden, neuerdings auch viel Maniok und Kaffee (1889 schon 15 000 Bäum), sowie etwas Kakao, Vanille, Betelpalmen etc.

Während vor der Eroberung durch die Niederländer blühende Ortschaften an beiden Seiten der Insel in der Nähe des Meeres lagen, so (von Osten nach Westen gezählt) auf der Innenseite Celamme, Kombir, Ortattan (Oertatan), Lontor, auf der Aussenseite Ouden-Dender, Waier, Samar, Lakkoei und Madjangi, beherbergte die Insel seit der Eroberung nur eine Reihe zerstreuter Gehöfte, in denen je ein Perkenier mit seinen Sklaven schaltete. Nur wenige derselben lagen an der Innenseite, dem sogen. Voorwal der Insel, die meisten auf der Aussenseite, dem sogen. Achterwal, auf den hervorragenden Rippen des Kraterrandes, wo es an gesundem und reichlichem Wasser[1]) nicht gebrach, wenn auch während der trockenen Zeit viele der Rawinen nur mit Steinen angefüllt sind.

Während es offenbar in der ersten Zeit nach der Vertheilung, wie wir oben sahen, viel mehr Perke gab, und noch 1682 die Kommissare Bouden und Goericke Haupt 93 erwähnen, so giebt Valentijn nur 25 an, die fast 35 000 □Ruthen bedeckten und von 2162 Sklaven bewirthschaftet wurden; diese Zahl 25 hat sich bis heute erhalten[2]). Hier sind die allergrössten Perke, die es überhaupt auf den Banda-Inseln giebt, nämlich 4[3]) mit mehr als 20 000 Bäumen, nach der Statistik Bleeker's von 1854; im gleichen Jahre besass die ganze Insel 319 000 Muskatbäume[4]). Während die

---

1) Ueberhaupt galt stets das Quellwasser von Lontor als das vorzüglichste der ganzen Gruppe, während das Brunnenwasser von Neira häufig etwas salzig war, und Ay weder Brunnen noch Quellwasser besass. Vielfach wurde dies Wasser nach Ay gesandt, auch die Schiffe nahmen meist an der Südseite der Insel ihr Wasser ein, später auch von Perk Kombir an der Innenseite der Insel (Waterplaats), wo eine Bambu-Wasserleitung bis zum Strande eingerichtet worden war; ja gelegentlieh kam dies Wasser sogar bis nach Batavia (Worm, pag. 620).

2) Valentijn belegt nur 22 Perke mit näheren Zahlen, bemerkt aber, dass es noch einige kleine daneben giebt Wie auch in anderen Fällen, so stimmen auch hier seine Detailaufzählungen nicht mit der Gesammtsumme; da seine Aufzeichnungen sich über verschiedene Jahre erstrecken, so hat dies nichts Auffallendes.

3) Die vier grössten Perke sind Weltevreden, Namoeloe, Simonwal und Takkermoro, von allen übrigen besass nur der Perk Westklip auf Ay in dem genannten Jahre mehr als 20 000 Bäume.

4) Das eigentliche Lontor, d. h. der westliche durch eine Landenge abgetrennte Theil besass 135 000 Bäume in 8 Pflanzungen, der Voorwal, der innere, d. h. nördliche Theil des östlichen Lontor besass 68 000 Bäume in 8 Pflanzungen, der Achterwal, der äussere, d. h. südliche Theil des östlichen Lontor besass 114 000 Bäume in 9 Pflanzungen. Jetzt besitzt, wie obige Aufzählung zeigt, Lontor 7, der Voorwal und der Achterwal dagegen je 9 Pflanzungen, wahrscheinlich nur eine Folge administrativer Aenderung.

Insel zu Valentijn's Zeit 568000 Pfd. Nüsse und 142000 Pfd. Macis produzirte[1]), war 1854 der Ertrag 387000 Pfd. Nüsse und 97000 Pfd. Macis; 1882 dagegen wurden 785000 Pfd. Nüsse und 193000 Pfd. Macis daselbst gewonnen, also viel mehr als selbst in der Blüthezeit des Monopols.

Die Namen der jetzt existirenden Perke sind (die Nummern beziehen sich auf die Karte pag. 64):

Distrikt Lontor	Distrikt Voorwal	Distrikt Achterwal
1. Simonwal.	8. Bojauw.	17. Boven Dender.
2. Weltevreden of Lontor.	9. Klein-Waling.	18. Beneden Dender.
3. Keli en Noorwegen.	10. Groot-Waling.	19. Drie Gebroeders.
4. Namoeloe.	11. Spantje Bij.	20. Babi mandi.
5. Takkermoro.	12. Keiserstoren.	21. Boetong.
6. Lakkoei	13. Kombir.	22. Laoetang.
7. Orangdatang.	14. Raning.	23. Everts.
	15. Boerang.	24. Lust.
	16. Zoete inval.	25. Toetra.

Pulo Swangi. Von den Ausseninseln ist die nördlichste Pulo Swangi nur ein grosser, kahler, unfruchtbarer und unbewohnter Felsen mit schwachem vorgelagertem Sandstrand, bei schönem Wetter von Banda aus ein hübscher Anblick.

Ay. Die Insel Ay ist noch keine 100 Meter hoch[2]), aber plateauartig flach, und von grosser Fruchtbarkeit. Sie besteht zum Theil, namentlich nahe dem Sandstrande aus gehobenem Korallenkalk, besitzt aber doch wohl im Innern einen vulkanischen Kern, was Reinwardt aus dem schwarzen glänzenden Hornblendesand schliesst, der die Erdoberfläche bedeckt. Andererseits stösst man beim Graben überall in einer Tiefe von zwei Faden schon auf Korallenkalk[3]), dessen Durchlässigkeit für Wasser die

---

[1]) Durch Addition der von Valentijn angegebenen Erträge von 22 der Perke (wohl um 1700) erhalte ich sogar schon 130000 Pfd. Macis. Für 1634 führt Valentijn dagegen eine Ernte an von nur 200750 Pfd. Nüssen und 107000 Pfd. Macis, einerseits eine auffallend niedrige Zahl im Verhältniss zu den anderen Inseln in jenem Jahre, andererseits ein seltsames Verhältniss der Quantitäten von Nüssen und Macis. Vermuthlich liegt eine Verwechselung vor zwischen den Zahlen für Ay und Lontor; die 200750 Pfd. werden für Ay, die 404773 Pfd. für Lontor Geltung haben; dann stimmen auch die Verhältnisszahlen.

[2]) Der Autor des Fragments v. e. Reisverhaal 1856 schätzte die Höhe nach dem Augenschein auf 300′, Buddingh auf 200–250′, die höchsten Punkte auf ca. 300′, Bickmore schätzt die Erhebungen auf 300—500 engl. Fuss.

[3]) Hiermit liesse sich das Vorkommen des vulkanischen Sandes schlecht erklären, wenn man nicht annehmen will, dass er vom Gunong Api herrührt. Dass aber in der That auf Ay an einigen Stellen die Ueberlagerung des vulkanischen Gesteines durch Korallenkalk fehlen dürfte, so dass also der Lehm oder die Erde an diesen Stellen direkt dem vulkanischen Kern aufliegt, wird wahrscheinlich gemacht

Eingeborenen genöthigt hat, das Wasser auf den Dächern der Häuser aufzufangen; bei jedem Perk befand sich auch ein tiefes gemauertes Regenbassin, das aber doch bei langer Trockenheit leer stand. Das beste Wasser wurde von Lontor hinüber transportirt; in Zeiten der Noth behalf man sich mit Kokoswasser, während Büffel und Hirsche (nach Eschelskroon, pag. 197) das Seewasser getrunken haben sollen.

Während es früher drei Ortschaften auf der Insel gab, blieb die Insel später, abgesehen von den Sklavengehöften der Perkeniere, ziemlich unbewohnt. Die wenigen weiss gekalkten Steinhäuser lagen alle am Strande, und sahen malerisch zwischen dem Grün hervor.

Seit jeher galt diese Insel für das Eldorado der Muskatkultur. Rumph z. B. schildert sie folgendermassen[1]: „die schöneste Nuss-Wälder aber findet man auf Poelo-ay, welches eine Insul ist, so über 2000 Schritt nicht in sich hält, doch flach und durchgehends mit Muscaten-Nussbäumen besetzet, darzwischen hier und dar andere Bäume mit unterlauffen, so sehr vergnüglich anzusen, auch plaisirlich durchzugehen sind und werden so schön unterhalten, dass die gantze Insul ein durchgehender Garten zu seyn scheinet, welcher an der See-Seite mit kleinen Hüglein und wilden Sträuchen umgeben ist, welche man den harten See-Wind von den Nuss-Wäldern abzuhalten aufwerffen muss. Diese Insul hat zwar grossen Mangel an süssem Wasser, doch wohnen allda viele Bürger und Gärten-Besitzer, die ihre Nothdurfft aus Cisternen schöpffen."

Wie zu Rumph's Zeiten, so ist die Insel auch heute noch ebenso dicht mit prächtigen Muskatnussgärten besetzt, die mit ihren schönen Schattenbäumen einen ungemein wohlthuenden Aufenthalt bilden, namentlich da die Insel den See-Winden etwas exponirter liegt als Neira und Lontor, ferner die Insel eben und die Luft nicht so feucht ist, wie auf den die Regenwolken festhaltenden gebirgigen Central-Inseln. Daher ist die Insel auch wegen des gesunden Klimas seit Alters her berühmt, und hatte schon zu Valentijn's Zeiten den Namen Oud mannen huis (Alten Mannes Haus) erhalten.

Abgesehen von den als Schattenbäume gepflanzten Nutzbäumen (Canari, Djambu, Durian, Kemiri (Aleurites), Tamarinde (wenig), Djamplong (Calophyllum inophyllum), Saguweerpalme (Arenga saccharifera), sowie dem Küstenschutzwall finden sich nur noch wenig Nutzpflanzen

---

durch Buddingh's Notiz, dass die Key-Insulaner (d. h. die Nachkommen der geflüchteten Bandanesen) wissen sollen, wo gutes Wasser zu graben sei. In der That ist es auch kaum denkbar, dass die grosse frühere Bevölkerung der Insel nur von Regenwasser gelebt hat, und namentlich während der Kriegszeit, wo eine Kommunikation mit Lontor unmöglich war.

1) In Valentini Oost-Indian. Berichte und Rapporten, pag. 85.

angepflanzt, wie z. B. etwas Mais, Pisang, Betel, Teak, Bambus, Gemüse[1]), 1860 5 fruchtende und 300—800 nichttragende Kokospalmen.

Während in älteren Zeiten nach Valentijn neben fünf grösseren, einzeln von ihm angeführten Perken noch eine Reihe kleinerer daselbst waren, zählte man bald nur noch sechs Perke, und diese Zahl hat sich bis heute erhalten. Die Namen derselben sind: 1. Welvaren, 2. Westklip, 3. Weltevreden of Aj, 4. Matalengko, 5. Kleinzand, 6. Verwachting. Diese Pflanzungen bedeckten etwas über 7000 □ Ruthen und wurden von 415 Sklaven bewirthschaftet. Sie lieferten nach Valentijn im Durchschnitt 128000 Pfd. Nüsse und 32000 Pfd. Macis; wie stimmt aber hiermit[2]) seine häufig citirte eigene Angabe, dass die ganze Welt von dieser einen Insel genügend mit Nüssen versorgt werden könne, da doch die ganze Bandagruppe nach ihm 704000 Pfd. Nüsse lieferte. Selbst die viel vorsichtigere Angabe Rumph's, dass „die Insel Poelo-ay wohl den dritten Theil desjenigen was ordinaire die Welt davon zu verbrauchen nöthig hat, liefern kann", dürfte jedenfalls heute nicht mehr zutreffen, wie folgende Berechnung zeigt. Nach Bleeker enthielt die Insel im Jahre 1854 72931 Bäume[3]); rechnen wir also 75000 Bäume für die völlig bepflanzte Insel, da alles brauchbare durch die sechs Perke schon eingenommen wird. Von dieser Zahl kommt vielleicht ein Drittel auf nicht tragende (zu junge, zu alte, männliche, kranke), so dass also 50000 tragende Bäume blieben. Wenn die Kultur mit Sorgfalt betrieben wird, sodass jeder Baum jährlich 2½ kg trockene geschälte Nüsse produzirt, so würde doch der Ertrag dieser Insel erst 125000 kg Nüsse sein, während die Welt jetzt ca. 2 Millionen Kilogramm beansprucht. In der That wird die berechnete Menge zuweilen jetzt erreicht, wie man aus folgender aufsteigenden Tabelle ersieht:

1821 war der Ertrag der Insel Ay	50000 Pfd. Nüsse,	
1854	109000 „ „	und 26000 Pfd. Macis,
1869	149000 „ „	„ 35000 „ „
1882	161000 „ „	„ 53000 „ „
1887/88	244000 „ „	„ 56000 „ „

Also selbst in neuester Zeit produzirt die Insel Ay kaum den 16. Theil des Weltkonsums, freilich immerhin eine bedeutende Leistung für ein kaum 1/16 deutsche Quadratmeile grosses Fleckchen Erde.

Rhun. Die Insel Rhun ist etwas grösser als Ay, und erhebt sich im Innern ohne steile Abhänge bis zu 180 Meter Höhe; sie ist grösseren Theils von einem Riff umgürtet und besitzt einen schönen weissen

1) Die Angabe im tableau statistique, dass auch Sandelbäume dort vorkommen, ist gewiss unrichtig.

2) Eine andere Angabe Valentijn's besagt zwar, dass Ay 1634 404773 Pfd. Nüsse produzirt habe, doch ist diese Angabe zweifellos falsch, da sie mit den Verhältnisszahlen zur produzirten Macis absolut nicht stimmt, und auch nicht zu der verhältnissmässigen Produktion der anderen Inseln; wahrscheinlich ist, wie wir sahen, eine Vertauschung der Ziffern für Lontor und Ay eingetreten, und die Zahl 200750 Pfd. gehört hierher (cf. pag. 150, Anm. 1).

3) Bei Bleeker l. c. pag. 273 findet sich zwar die Zahl 172931 angegeben; dass aber die vorangestellte 1 aus Versehen hinzugekommen ist, beweist seine Tabelle pag. 275.

Strand, der viel von Schildkröten besucht wird; das Brunnenwasser soll zwar brakig, aber nicht so schlecht sein wie auf Ay.

Dass die Bevölkerung während der Eroberung durch die Niederländer flüchtete und die Insel bis 1667 einen Streitpunkt zwischen den Engländern und Niederländern bildete, haben wir oben besprochen. Schon in den ersten Jahren nach der Eroberung wurden alle Muskatbäume gefällt, ungeachtet diese Insel nach Wurffbain's Angabe ehemals die schönsten, besten und dicksten Nüsse und Blüthen produzirte.

Valentijn, der auf Rhun den Platz, wo die Muskatbäume allein gestanden haben sollen, besuchte, giebt zwar an, dass nach der Grösse des Platzes nicht mehr als 500 Bäume dort gestanden haben können; jedoch ist dies in Anbetracht der ehemals grossen Bevölkerung der Insel kaum glaublich. Es dürften Muskatbäume wohl auch noch in anderen Lokalitäten der Insel gestanden haben, wovon sich aber in den 70—80 Jahren nach der Eroberung bis zu Valentijn's Zeit in Folge der Entvölkerung der Insel die Tradition verloren haben mag.

Die Holländer verboten die Besiedelung, und so blieb denn diese fruchtbare Insel die ganze Zeit des Muskatmonopols hindurch eine Art mit Buschwerk bestandene Wüstenei. Neben der geringfügigen Besatzung einer kleinen Schanze lebten nur einige Fischer hier, schon im 17. und 18. Jahrhundert. (cf. Vermeulen 1696, Eschelskroon 1781).

Nachdem die spärliche Bevölkerung etwa Anfang dieses Jahrhunderts durch Seeräuber vertrieben oder vernichtet worden war, blieb die Insel eine Zeit lang unbewohnt. Erst als in Folge der Aufhebung der Sklaverei in den 20er Jahren der Seeraub in diesen Gegenden stark nachgelassen hatte (noch 1791 war ein Streifzug nach den Südoster- und Südwester-Inseln nöthig), siedelten sich dort wieder einige Leute an, sie hatten jedoch alle sechs Monate ihre Pässe zu erneuern. 1830 gab es daselbst ca. 30 Timoresen, die Mais pflanzten, fischten und Ferkel aufzogen und anstatt des schlechten Wassers nur Palmwein tranken (Buddingh II, 309); 1840 gab es nur noch 20 Personen dort.

Die durch die Tauben nach Rhun verbreiteten Muskatbäume wurden zuerst periodisch ausgerottet, sobald man hörte, dass solche aufgekommen seien. Später wurden dagegen in geregelten Zwischenräumen Kommissionen nach Rhun und Rosengain gesandt, um solche Pflänzchen aufzusuchen und zu vernichten; in unserem Jahrhundert musste der civile Gezaghebber von Ay jährlich einmal nach Rhun hinüber, um die Pflanzen dort auszurotten. Erst 1862, also während der Zeit des Erlöschens des Monopols, hörten diese Absuchungen der Insel auf, und während der Freikultur wurde 1874 erst der nördliche Theil (285 bouws), 1877 dann der südliche Theil (180 bouws) der Insel in Erbpacht gegeben, so dass jetzt zwei Muskatpflanzungen daselbst existiren, Arcadie und Eldorado, von denen die eine im Jahre 1882 677 fruchttragende und 17 071 junge, die andere fünf fruchttragende und 20 000 junge Bäume zählte. Im Jahre 1888, während des Aufenthaltes des Verfassers auf Banda, konnte der Erfolg natürlich noch kein grosser sein, selbst bei der älteren Plantage setzte man noch bedeutend zu und erst wenige Bäume hatten begonnen, ordentlich zu tragen; Eldorado brachte 1888 eine Ernte von 3¼, 1889 von 4½ Pikol; Arcadie mit der Pflanzung auf Rosengain zusammen 1888 16½, 1889 18¼ Pikol.

Rosengain. Die letzte zu besprechende Insel, Rosengain, ist nur sehr wenig kleiner als Rhun und erhebt sich bis zu einer Höhe von 250 Metern. Die Insel besitzt einen sehr schönen regelmässig von Schildkröten besuchten Sandstrand, führt gutes gesundes Trinkwasser und enthält einen ausgezeichneten, reinen, schon seit alten Zeiten zur Herstellung von Töpferwaaren und Ziegeln geeigneten blauen Lehm. Ferner gab es Hirsche dort, sowie wilde Rinder, Abkömmlinge von Kühen, die um 1610 von einem dänischen Schiff dort ausgesetzt wurden, und die sich so vermehrt hatten, dass eine Zeit lang gewerbsmässig Jagd auf sie gemacht werden konnte.

Auch diese Insel war während des Eroberungskrieges von den Eingeborenen verlassen worden; 1638 lebten nur noch 20 Leute dort. Eine mit einem Sergeanten und wenigen Soldaten belegte Schanze an der Nord-Westseite diente als Schutz. Sträflinge mussten auf dieser Insel Holz hauen, Ziegel verfertigen und Korallenkalk brennen. Später siedelten sich einige freigelassene Sklaven, sog Mardikers (maredhika = frei) dort an; es gab aber selbst 1840 erst 40 Leute, die auf der Insel wohnten.

Die Wälder, die ehemals diese Insel bedeckten, wurden 1634 von den Niederländern grösstentheils vernichtet und Teak dafür gepflanzt, in der Idee, auf diese Weise Bauholz und Kistenmaterial für die Verpackung der Muskatnüsse und Macis zu gewinnen. Die Berichte über den Werth des ehemals dort kultivirten Teak-Holzes lauten verschieden; später scheint aber die Kultur eingegangen zu sein, denn Mitte dieses Jahrhunderts machte man einen abermaligen Versuch, Teak dort anzupflanzen.

Im Jahre 1853 standen schon 21000 Teakbäume auf der Insel, 1857 27600, 1859 31860; 1860 gab es schon 62000 Teakbäume und -bäumchen daselbst und jährlich wurden noch 3—4000 gepflanzt. Man setzte grosse Hoffnung auf die Kultur, mit den Jahren stellte sich aber die Erfolglosigkeit der Bemühungen heraus. Die Pflanzungen werden als wenig werth bezeichnet, da, abgesehen von einigen älteren Bäumen, nichts als Krummholz (Kreupelhout) vorhanden sei, das nur für leichte Gebäude tauglich sei.

Neben den Teakwaldungen und dem wild aufschiessenden Busch gab es noch Bambus, Kokospalmen (1860 2962 fruchttragende, 400—600 nicht fruchttragende), Pisang und einige kleine Gemüsegärten.

Muskatbäume zu ziehen war hier ebenso verboten wie auf Rhun; auch hierher kam bis 1862 jährlich eine Kommission, um die Bäume, die den von Tauben verschleppten Nüssen entsprossen waren, zu vernichten. Nach v. d. Crab glaubte man sogar auch, dass durch die Verwesung der Teakbaumblätter dem Boden scharfe Stoffe mitgetheilt würden, die den Muskatbäumen schädlich sein sollten. Im Jahre 1872 wurde aber die Aufmerksamkeit auf diese Insel gelenkt durch ein von einem erfahrenen Muskatpflanzer auf Banda, Namens Lans, geschriebenes Buch: „Rozengain, een der eilanden van de Banda Groep, een goudmijn in de toekomst, Rotterdam.“ Sehr energisch trat er dafür ein, diese Insel der Muskatkultur zu erschliessen; er wies darauf hin, dass, wenn von den 500 bouws = 354,80 Hektar etwa 352,50 Hektar verpachtet würden, dort 55000 Muskatbäume wachsen könnten. In der That wurde dann im Jahre 1874 ein Theil der Insel (400 bouws) von der Regierung gegen eine jährliche Pachtsumme von 1 fl. per bouw in Erbpacht gegeben, und eine Muskatpflanzung angelegt, welche den charakteristischen Namen „de Hoop“ erhielt; 1882 gab es schon 823 fruchttragende und 11527 junge Bäume, im Jahre 1888 produzirte die Pflanzung zwar schon ganz ordentlich, aber noch nicht genug, um die Unkosten zu decken.

Eins der am meisten in die Augen fallenden Phänomene der Bandainselgruppe sind die Erscheinungen des Vulkanismus, nämlich die häufigen Erdbeben, Seebeben und Ausbrüche des Vulkanes. Die Schilderung der Bandainseln wäre nicht vollständig, wollten wir über dies wichtige Kapitel, das so vielfach direkt die Muskatkultur beeinflusst hat, schweigend hinweggehen. Vulkanismus.

Von den wirklichen Eruptionen werden nur die Perke von Neira und die der Vulkaninsel zunächst liegenden Theile von Gross-Banda betroffen, letztere auch nur selten, da die Windrichtung dies meist nicht zulässt.

Valentijn betrachtet es geradezu als ein Wunder, dass Neira noch so schöne Muskatgärten besitzt, „in Anbetracht, dass das ganze Land verbrandt, dürr und sehr schwefelartig ist, besonders zwar nach der Seite des Gunong Api hin, aber auch sonst; selbst längs des Strandes nichts anderes als einen gelben schwefelartigen Boden wie Bimstein besitzt; dies ist auch die Ursache, dass Kräuter und Saaten nicht so gut gedeihen, wie grosse Mango-, Djambu- und andere Bäume, die, da sie tiefgehende Wurzeln besitzen, hier sehr gut wachsen“.

Stärkere Eruptionen fanden statt 1586, 1598, 1609, 1615, 1632, 1690, 1694, 1696, 1711 (oder 1712), 1722, 1749, 1765, 1775, 1778, 1798, 1820 und 1824. Wenn solche Ausbrüche während des Süd-Ost-Monsuns stattfinden, richten sie weniger Schaden an, da dann die Asche und der Wasserdampf zum grösseren Theil nach der See hin getrieben wird; trotzdem berichtet Reinwardt, dass beim Ausbruche vom 11. Juni 1820 doch viel Asche auf Gross-Banda und Neira niedergefallen sei und noch grösseren Schaden verursacht haben würde, wenn nicht der alsbald folgende Regen die Asche von den Bäumen abgespült hätte. Auf Neira wurden hauptsächlich die Gipfel der Bäume beschädigt, jedoch hatten sie sich im folgenden Jahre schon wieder erholt. Auf Gross-Banda dagegen hatte derselbe Ausbruch in dem Distrikt Lontor einen bei weitem grösseren Schaden angerichtet, so dass man nach Reinwardt noch auf eine längere Periode kleinerer Ernten zu rechnen hätte; auch hatten die Kanaribäume besonders gelitten, und schon von ferne hessen sich die verbrannten Bäume erkennen. An einigen Stellen begann man sogar an Stelle der Muskatbäume Teak anzupflanzen. Auch der Ausbruch im Jahre 1824 soll auf Neira ungemein viele Bäume vernichtet haben. Schleunige Nachpflanzungen bewirkten jedoch, dass schon 1840 die Perke wieder in voller Blüthe standen.

Bei weitem schlimmer sind die Verwüstungen, welche die Erd- und Seebeben anzurichten pflegten. Besonders starke Erdbeben gab es in den Jahren 1586, 1598, 1625, 1629, 1683, 1684, 1686, 1690, 1710, 1743, 1763, 1767, 1798, 1811, 1816, 1820 und 1852.

Geringere Erdbeben wiederholen sich in ganz kurzen Zwischenpausen (man rechnet fast alle Monat auf eins), ohne dass man sich besonders darum kümmert. Gegen die gewöhnlichen leichten Erdbeben sind die Häuser durch nahe bei einander stehende die Aussenwände stützende Strebepfeiler einigermassen geschützt, dagegen bringen die starken Erdbeben meist die Steinhäuser auf Neira und der Nordseite von Gross-Banda zum Einstürzen. Es ist seltsam, dass der europäisirte Theil der Bevölkerung trotz aller Erfahrungen immer schliesslich wieder zum Steinbau zurückkehrte, anstatt sich gefällige Wohnungen aus Bambus oder Holz herzustellen, wie die Eingeborenen und die Kolonisten vieler anderer Gegenden. Wenn es auch auf Banda selbst an gutem Bauholz fehlte, so konnte es doch leicht von den benachbarten Inseln Ceram, Key etc. hertransportirt werden. Auch ist der Korallenfels, aus dem die 2—3′ dicken mit Mörtel beworfenen Mauern auf rohe Weise hergestellt wurden, nichts weniger als gesund. Gedeckt wurden die Häuser freilich meist mit Palmblattatap, da Ziegeldächer doch allzu gefährlich sind.

Die Pflanzungen selbst hatten selten von den Erdbeben allein viel zu leiden; manchmal stürzten zwar Felsen ab, doch meist nur an so steilen Stellen, dass daselbst keine Muskatbäume standen; dagegen litten die Wohn- und Trockenhäuser der Perkeniere häufig. Grosser Schaden wurde aber in den tief gelegenen Plantagen durch die Seebeben verursacht; je weiter und ebener der Strand und je mehr Bäume demnach nahe der Meereshöhe standen, um so grösser war natürlich auch die Verwüstung.

Nur wenige der schlimmsten Erd- und Seebeben seien hier hervorgehoben.

Im Jahre 1629 lief bei einem Seebeben so viel Wasser durch die drei Meeresstrassen in den Hafen von Neira, dass das Wasser 25′ über der höchsten Springfluthmarke stand; den Plantagen schadete das Seebeben aber nach Wurffbain nur wenig.

Im Jahre 1683 zerstörte ein sehr schweres Erdbeben viele Häuser auf Neira, sowie auch theilweise das Fort Nassau, und seitdem wohnte der Gouverneur ausserhalb desselben. Auch soll hierbei durch eine gleichzeitige Eruption die Baumvegetation auf Gunong Api zu Grunde gegangen sein.

Im folgenden Jahre (1684) war wieder ein starkes Erdbeben; das damit verbundene Seebeben spülte die Habe, sowie die Frau des Gouverneurs Van Zijl hinweg.

Im Jahre 1691 (nicht vielleicht 1690?) folgte (nach Temminck) der Eruption ein solches Erdbeben, dass viele Einwohner nach Makassar, Amboina etc. auswanderten.

Im Jahre 1816 zerstörte ein starkes Erdbeben das Haus des Residenten fast vollständig, auch die Packhäuser litten sehr; in Celamme sind beinahe keine Häuser stehen geblieben, auch mehrere Wohn- und Trockenhäuser von Perkenieren fielen ein. Bei Celamme stürzte ein riesiger Kalkfelsen in Folge des Erdbebens herab, und zerschmetterte ein Kind.

Im Jahre 1820 barsten die meisten Steinhäuser und Mauern in der Stadt Neira. Am schlimmsten aber war wohl das Erd- und Seebeben vom 26. Nov. 1852. Mit einem vertikalen Stoss begann es, und hierdurch stürzten die meisten Wohnungen in Neira ein, die Kirche verlor ihr Dach, das Bureau des Residenten wurde niedergeworfen, das Fort Nassau mit den darin befindlichen Magazinen sehr beschädigt, auch die grossen Gewürz- und Reispackhäuser litten sehr, ferner stürzte das Quartier der Kettensträflinge und Deportirten ein. Nur zwei Steinhäuser blieben verschont, wie auch das Fort Belgica, ein gutes Beispiel solider Bauarbeit aus der Zeit der Compagnie, das auch dem Erdbeben von 1816 widerstanden hatte. Auf Gross-Banda ereigneten sich viele Felsstürze, sowie gleichfalls Einstürze der Steinhäuser auf den Perken. Nachdem dann eine Ruhepause von kaum einer Viertelstunde eingetreten war, folgte ein gewaltiges Seebeben, wodurch die Rhede plötzlich voll und leer lief, indem die Differenz zwischen dem höchsten und niedrigsten Wasserstand 26 Fuss betrug. Hierbei wurde das steinerne Seebollwerk fortgeschlagen, und 60 Menschen daselbst mit fortgerissen; dreimal wurden die niedrig gelegenen Theile von Neira überfluthet, viele Häuser unter Wasser gesetzt, sowie die in der Ebene gelegenen Pflanzungen ruinirt. Bis zum 23. oder 25. Dezember setzten sich die Erdbeben noch fort, an 2—3 Tagen war die Erde keine Stunde ruhig. Kreyenberg schreibt, dass es auf Banda traurig aussah; dass nicht ein einziges Haus bewohnbar sei, und die Einwohner durch die Vernichtung der Plantagen todt-arm seien. Oxley spricht noch 1856 von der „gloomy stillness, no evidence of traffic, no neat gardens or handsome houses“. Bleeker meint aber, die Berichte seien doch in zu düstern Farben gehalten, denn sehr viele gut gebaute Häuser des Hauptplatzes hätten wenig oder gar keine Beschädigung erlitten.

Die Insel Ay scheint bisher von allen diesen elementaren Ereignissen verschont geblieben zu sein, sie liegt dem Centrum der vulkanischen Thätigkeit ja auch ferner. Dagegen ist sie den Stürmen mehr Preis gegeben, als die durch das Gebirge geschützten Inseln Neira und Gross-Banda. Als Schutz hiergegen dienten auf Ay ein stärkerer Wall wilder Vegetation am Strande, sowie mächtige, manchmal zu dicht stehende und dann durch Lichtentziehung den Muskatpflanzen fast schädliche Schattenbäume.

Anhang.

Die Bewohner der Banda-Inseln.

Gesundheitsverhältnisse. Was die Gesundheitsverhältnisse der Banda-Inseln betrifft, so findet man darüber die widersprechendsten Urtheile. Man muss vor allem unterscheiden zwischen der Hauptstadt Neira und den anderen Theilen der Gruppe, ferner zwischen einst und jetzt, endlich zwischen den Einflüssen des Klimas und der Lebensweise auf die Gesundheitsverhältnisse; gerade in Bezug auf die Lebensweise wurde früher gewaltig gesündigt.

Der erste, der sich hierüber auslässt, Linschoten, im Jahre 1596, sagt, dass Banda wie auch die Molukken ein sehr ungesundes Land sei; viele, die dort Handel treiben, sterben oder werden sehr krank, dennoch verlocke der grosse Gewinn sie, es zu riskiren.

Bei den langen Reisen damals, auf kleinen Schiffen bei schlechter Kost zusammengepfercht, kann die grosse Zahl von Todesfällen zwar nicht Wunder nehmen, aber auch später, als die Holländer auf Neira lebten, galt der Aufenthalt als sehr ungesund. Die meisten Beamten mussten schon nach wenigen Jahren, mit Lebertumoren etc. behaftet, die Insel verlassen, und viele starben daselbst an perniciösem Fieber. So sagt z. B. Joh. Wilh. Vogels (1704), dass Banda ein sehr ungesundes Klima habe für unsere Nation; diejenigen, welche ein oder zwei Jahre allda gelegen haben, sehen aus als todte Menschen, sind sehr dick und aufgeblasen von der Wassersucht, auch grassieret allda die erbärmliche Krankheit ,welche man Ambonische Pocken oder Blattern nennet.

Auch noch viel später galt das Klima als so schlecht, dass die Versetzung dahin von den Beamten der Compagnie als Strafe angesehen wurde. Im Diction. univers. de Commerce de Savary V (1765) heisst es: „A peine la Compagnie trouve-t-elle présentement des personnes capables à Batavia, qui veuillent y aller servir, même en qualité des Gouverneurs, par la raison, que cette montagne flamboyante y cause beaucoup de maladies et qu'elle fait mourir beaucoup de monde". Ein deutscher Offizier äussert sich sogar darüber (Ebert's Beschreib. v. Batavia 1786, IV. Anhang, pag. 347): „Banda hat so viele Unangenehmheiten, dass es hier so fürchterlich ist, wie in Sibirien."

Selbst unter der Garnison war noch Anfang dieses Jahrhunderts die Sterblichkeit eine ganz exceptionelle. Von 243 europäischen Soldaten, die 1817 dort stationirt wurden, starben (nach Reinwardt) bis 1821 daselbst 117; sogar für die malayischen Soldaten war der Aufenthalt auf Banda ungesund, wenngleich viel weniger; so starben von 60 Ambonesen 11 Mann, und von 326 Westmalayen (meist Javanen) 66 Personen. Namentlich war Fort Hollandia auf Lontor berüchtigt wegen des ungesunden Klimas, von 100 Soldaten starben dort (nach Olivier, Land en Zeetogten, II, pag. 92) innerhalb zwei Monaten acht und 48 erkrankten.

Vor allem ist nun freilich hierbei zu berücksichtigen, wie man früher in den Tropen gelebt hat; auch Batavia hiess ehemals das Grab des weissen Mannes. Der Verfasser von Batavia en derzelver Gelegenheid etc. (1782) berichtet z. B., die Soldaten haben es meist sehr schlecht, und sind daher genöthigt, wilde Katzen, Hunde nebst allerhand Ungeziefer zu essen. Von Fischen können sie hier ebenfalls nicht viel haben, und die wenigen, die man hier findet, sind noch meistentheils schlecht; allein sechs Monate haben sie alle Jahre einen Ueberfluss an Schildkröten. Es kämen zwar Lebensmittel von Bali und Java, die seien aber nur für Wohlhabende erreichbar.

Auch von anderer Seite wissen wir, dass die Besatzung meist von Sagobrot, Fischen, Hunden und Katzen leben musste. Zwar kamen jährlich drei Schiffe mit Reis von Banda, aber mit dem Reis wurde grosser Unterschleif getrieben, und zuweilen blieben die Schiffe auch aus, oder lange unterwegs, so dass dann „das Volk in Banda grossen Hunger leiden muss" (Vogels 1704). Noch 1824 sagt v. d. Capellen in seinem Journal, dass die Garnison 18 Monate nur Salzfleisch gegessen habe, so dass er für Anfuhr von Vieh und Geflügel habe sorgen müssen. In der That wirft das ein helles Licht auf die Zustände, da wenn irgendwo, so doch auf Banda die Anfuhr von Vieh etc. leicht zu organisiren gewesen wäre.

Was die Beamten in Neira betraf, so wohnten sie in den ungesunden Häusern, die aus lose aufeinandergesetzten Korallenkalkblöcken bestanden. Dabei hatte man noch die schreckliche Sitte, die Todten in den Häusern, ja selbst in den Schlafzimmern, zu begraben; so fand man 1816 in den Fundamenten des während des Erdbebens eingestürzten Hauses des Residenten nacheinander sieben Leichen, in Kisten liegend, die noch ziemlich gut erhalten waren (Olivier, Reisen, pag. 156). Namentlich Nachts machte sich die durch die Leichen verpestete Luft sehr unangenehm bemerkbar.

Für die Eingeborenen dagegen waren die Inseln an und für sich durchaus nicht ungesund, wie auch Mandelslo (1668) hervorhebt, ja viele wurden nach ihm über 100 Jahre alt. Freilich kam es auch hier auf die Lebensweise an. Die unglücklichen Sklaven starben, wie wir oben sahen, in Folge zu vieler Arbeit und zu schlechter Ernährung vielfach, dagegen kaum am Fieber. Auch wurden, wie gemeldet wird, von Batavia die „liederlichen Weibspersonen, die man auf keine andere Art im Zaume halten konnte, auf diese Insel geschickt", dazu (in diesem Jahrhundert besonders) noch „die Sträflinge, und die anderwärts ihr Unterkommen nicht finden konnten", also die Vagabunden, alles Leute von der schlechtesten Art: daher wurde Lontor auch „gemeiniglich als Zuchthausinsel genannt". Noch um 1859 giebt v. d. Crab an, dass von 850 Sträflingen und 900 Kontraktarbeitern selten weniger als 100 Leute krank waren, das wären aber 1 auf 17. Die Sträflinge hatten deshalb auch ihr eigenes Hospital.

Lebensmittel.

Was die Lebensmittel betraf, so sahen wir, dass Reis zwar die Hauptnahrung bilden sollte, häufig aber in ungenügenden Mengen vorhanden war, oder nur für zu hohe Preise erlangt werden konnten. Auch wurde der Reis von der Regierung immer in kleinen Quantitäten verkauft, und da es ein Monopolartikel war, durfte niemand den Reis sich anderswoher (z. B. von den Süd-Osterinseln) verschaffen. Die Sklaven sollten zwar in der älteren Zeit auch mit Reis ernährt werden, der den Perkenieren zu dem Zweck von der Regierung billig geliefert wurde, sie erhielten aber häufig in Folge von Unterschleif nicht ihre Rationen; später, im vorigen Jahrhundert, kam dann freilich eine strenge Ordre, dass den Sklaven nichts als Sago gegeben werde. Auch sonst diente als Ersatz für den mangelnden Reis der Sago, der in grossen Mengen von Ceram, Goram, Key und Aru eingeführt wurde, aber in der Form, wie er drüben zubereitet wird, auf die Dauer nur von solchen Leuten vertragen wird, die von Kindheit an daran gewöhnt sind.

Früchte gab es, wie wir sahen, zwar viel auf den Inseln, neben Bananen (Pisang), Papaya, Mangos, Jambos, Jack (Nangka), Brotfrüchten, Ananas auch die geschätzten Durian und Mangustan, selbst Weintrauben sollen nach Oxley gut wachsen, reichlich tragen, und ebenso gute Trauben liefern wie in Europa; trotzdem waren zu manchen

Zeiten fast nur Bananen in grösseren Mengen zu haben, und die anderen Früchte kamen nur wenig auf den Markt.

Kokosnüsse gab es für die Nachfrage viel zu wenig, erst Mitte dieses Jahrhunderts begann man grössere Plantagen davon anzulegen. 1856 gab es im ganzen noch keine 10 000 Palmen auf der Inselgruppe, 1858 25 000, die Hälfte davon tragend; auch für 1889 werden nur 23 000 Kokospalmen erwähnt. Es wurden die meisten der vorhandenen Bäume stets zur Palmweingewinnung benutzt, kamen also für die Lieferung von Nüssen nicht in Betracht, so dass selbst (übrigens auch heute noch) Kokosnüsse von Key, Aru, Ceram, Goram etc. importirt werden mussten. Die Einfuhr von Kokosnüssen betrug im Jahre 1857 172 830 Stück, der Preis war 3—8 fl. das Hundert, 1859 wegen der geringen Einfuhr (59 936 Stück) sogar bis 15 cts. das Stück, ein für tropische Gegenden ganz enormer Preis. Oel wurde deshalb überhaupt nicht aus Kokosnüssen dargestellt; als Hauptfett zur Nahrung wurde vielmehr auf Banda das Oel der Kanarikerne benutzt, jedoch wurde noch Mitte dieses Jahrhunderts Kokosöl von Key und Ceram importirt, 1857 132 Pikol, 1858 596 Pikol, 1859 272 Pikol, für 25—40 fl. das Pikol. Gemüse (Gurken, Tomaten, Eierfrüchte, Knollengewächse) wurden gleichfalls nicht sehr reichlich in Banda kultivirt, so kamen auch viele Bataten und Bohnen von den benachbarten Inseln. — Vieh gab es ungemein wenig, und musste meist von anderen Inseln (wie z. B. Goram) importirt werden, im übrigen behalf man sich meist mit Salzfleisch und Speck, das mit vielen übrigen Lebensmitteln (Essig, Wein, Oel z. B.) von Batavia importirt werden musste. Selbst der Fischfang war trotz der guten Gelegenheit nicht ausgebildet genug, um für die Befriedigung der Einwohner zu genügen, so dass also ungeachtet der eminent günstigen Lage und der Fruchtbarkeit Bandas und aller umliegenden Inseln dennoch häufig bedenklicher Mangel eintrat; selbst für Schiffe war es oft schwer, sich dort zu verproviantiren. — Dass dieses ganz unnatürliche Verhältniss nur eine Folge der traurigen Regierungpolitik war, werden wir unten sehen, für hier kam es uns nur darauf an, zu zeigen, welche Umstände die Gesundheitsverhältnisse der Banda-Inseln ungünstig beeinflussten.

Trinkwasser.

In Bezug auf das Trinkwasser wurde schon oben das nöthige erwähnt; von den drei bebauten Inseln hatte nur Lontor gutes Quellwasser. Neira besass zwar Brunnen; da diese aber ein schwach salziges Wasser führten, so behalf man sich meist mit Regenbassins, von denen sich fast bei jedem Hause eines befand, welches selten leer wurde, da jeder Monat seine Regengüsse brachte, und namentlich der Ostmonsun, Mai bis November überaus regnerisch war; wollte man wirklich gutes Wasser, so schickte man nach Lontor. Ay hatte selbst nur aufgefangenes Regenwasser, und versorgte sich deshalb auch häufig von Lontor aus. Jedenfalls bot also die Frage nach gutem Trinkwasser keine besondere Schwierigkeit, und die Insel Ay, wo der schlechteste Untergrund (Korallenboden) war und kein brauchbares Wasser, galt sogar als die allergesündeste Insel.

Gesundheitszustand in der Gegenwart.

Im Gegensatz zu diesen Verhältnissen, die sich auf die früheren Zeiten beziehen, gelten jetzt die Banda-Inseln als recht gesund. Es treten zwar auch noch heute dort Fieber auf, namentlich bei schnellem Temperaturwechsel, jedoch dauern sie meist nur kurze Zeit und sind nicht besonders heftig. Auch Darmkrankheiten sollen namentlich im NW-Monsun häufig sein, hängen aber wohl vielfach mit unvernünftiger Lebensweise zusammen.

Die Besserung ist vor allem hygienischen Massregeln zuzuschreiben, dann aber auch der rationelleren Lebensweise des europäischen Theiles der Bevölkerung und namentlich der Garnison. 1892 starben z. B. von 1674 ärztlich behandelten Kranken nur 38, von 56 ihre Strafen im Gefängniss Verbüssenden nur zwei. Auch die Kindersterblichkeit ist eine viel geringere geworden, dadurch, dass die Frauen vor und nach der Entbindung geschont werden und für Milchnahrung der Kinder gesorgt wird.

Bevölkerungszahl und Zusammensetzung.

Die Bevölkerung bestand, wie wir schon sahen, während der Zeit des Monopols grösstentheils aus Sklaven; während im Jahre 1610 die noch freien Inseln von etwa 15000 Einwohner bewohnt wurden, gab es 1638 mit Ausschluss der Kinder unter zwölf Jahren nur noch 3842, nämlich:

Europäer					
Männer	351				
Frauen	20				
Kinder (z. Th. Mischlinge)	77				
				448	
Freibürger				91	
Ursprüngliche Bandanesen	Freie	Sklaven	Summa		
Männer	50	53	103		
Frauen	133	158	291		
Kinder	97	69	166		
	280	280		560	
Fremde	Freie	Sklaven	Summa		
Männer	186	782	968		
Frauen	319	723	1042		
Kinder	328	405	733		
	833	1910		2743	
Totalsumme der Einwohner					3842

Lontor besass die grösste Zahl Einwohner, nämlich 1834, freilich meistens Sklaven, Neira 1020, darunter der grösste Theil der europäischen Bevölkerung, Ay 938, während auf Rhun nur 30 und auf Rosengain gar nur 20 Leute lebten. Nur wenig stieg die Bevölkerung im nächsten Jahrhundert und zwar hauptsächlich durch grössere Sklavenzufuhr, so gab es um 1711 nach Valentijn 4529 Einwohner, darunter waren aber 2577 Sklaven. In dem vorigen Jahrhundert scheint dann die Zahl der Einwohner kaum gestiegen zu sein. Erst das kurze englische Interregnum Anfang dieses Jahrhunderts brachte einen Aufschwung, vermuthlich durch das Aufhören mancher lästiger Monopolbestimmungen; die Zahl der freien Eingeborenen stieg auf über 3000 und die Gesammtbevölkerung auf 6000 Einwohner. Unter der holländischen Herrschaft fiel sie aber wieder rapide auf die Zahl 5000, ja nach Olivier ohne Militär auf 3500 bis 4000 Seelen in den 20er Jahren, namentlich die freien Eingeborenen nahmen um über 1000 ab, während die gleichfalls stattfindende bedeutende Abnahme der Leibeigenen durch Zwangsarbeiter einigermassen ersetzt wurde. Erst die mildere Handhabung des Monopols in der Mitte dieses Jahrhunderts und namentlich die Einführung freier Arbeiter brachte die Bevölkerung wieder zum Steigen; 1840 war die Einwohnerzahl noch 5000, 1846 schon 5800, 1854 schon 6300, 1856 6500. Auf dieser Höhe hielt sich die Bevölkerung bis zur völligen Freigabe der Kultur, welche dann eine rapide Zunahme zur Folge hatte, so dass 1874 schon über 8500 Einwohner auf den Inseln lebten.

Zusammensetzung der Bevölkerung.

Der grösste Theil der Einwohner bestand natürlich aus Mohammedanern, z. B. alle Nachkommen der alten Bandanesen und viele der importirten Sklaven. Eine grosse Zahl der letzteren freilich, namentlich die aus dem östlichen Theil des Archipels, die Papuasklaven, die Key und Aruleute etc., waren Heiden; ebenso auch die Timoresischen Fischer, die sich dort niederliessen, sowie auch die Leute von Tobello und Galela, die zeitweilig nach Banda kamen.

Neben den Europäern und Mestizen gab es auch unter der freien malayischen. grossentheils aber etwas europäisch gemischten Bevölkerung eine christliche (protestantische) Gemeinde, die abwechselnd zu- und abnahm; so gab es Mitte dieses Jahrhunderts neben 500 Europäern auch zwischen 700 und 1000 eingeborene Christen; zwar waren letztere grossentheils verarmt, nannten sich aber meist Perkeniere, zu stolz und bequem, um sich durch ernste Arbeit zu ernähren.

Ueberhaupt zeichneten sich die Freibürger nicht gerade durch Rührigkeit aus. Schon im vorigen Jahrhundert sagt Worm (pag. 625), offenbar im Hinblick auf die Freibürger: Die Bandanesen sind sehr faul; wenn sie Reis, ein wenig Atjar (Pickle), Macassang (gesalzene kleine Fischchen) oder Fische haben, bekümmern sie sich um nichts weiter. Dass sie sich mit Weib und Kind von einem Sklaven ernähren liessen, wurde schon oben angeführt. Van der Crab sagt noch um die Mitte dieses Jahrhunderts (pag. 42): „Obgleich grossen Theils von Sklaven abstammend, verabscheuen sie die Arbeit, als sei diese allein da für den Sklaven und nicht für den freigeborenen Bürger. Lieber würden sie Mangel leiden, als sich in Dienst von Beamten oder Privatpersonen begeben.“ So kam es denn, dass der Handel, soweit die ausgedehnten Monopole der Regierung noch Raum für einen solchen liessen, beinahe durchweg in den Händen von Ausländern lag; nur wenige Freibürger trieben Handel mit Batavia, Borneo etc., da sie aber, wie Wurffbain schon bemerkt, dann meist die Konkurrenten der Compagnie waren, und im Nachtheil dadurch, dass sie keine Retourgüter von Banda hatten, so blieb dieser Handel gering. Später siedelten sich auch Chinesen und einige Araber in Banda an (erstere zählten um die Mitte dieses Jahrhunderts etwa 100 bis 150), die es besser verstanden, Geschäfte zu machen, freilich aber meist auch erst zu einer Zeit kamen, wo die Konkurrenz der Compagnie nicht mehr existirte und sich das Regierungsmonopol nur auf die Gewürze erstreckte. Nach dem Tableau statistique machte die Compagnie (um 1795) auf alle Artikel einen Gewinn von 50%, diese Artikel wurden dann von den Bürgern und Chinesen (Araber gab es wohl damals noch nicht dort) aufgekauft und nach den benachbarten Inseln exportirt, gegen Sagobrot, Perlen, Federn, Schildpatt, Sklaven etc.

Verwaltung.

Die Verwaltung der Inseln haben wir schon oben gelegentlich der Eroberung in ihren Grundzügen kennen gelernt. An der Spitze stand ein Gouverneur (Landvoogt), der beinahe unumschränkte Gewalt besass, einen grossen Gehalt bezog und ausserdem für jede 3000 Pfd. Muskat, die er nach Banda versandte, 2 fl. 8 St, für je 1000 Pfd., die er verbrannte, 8 Stuiver erhielt; daneben gab es noch einen Rath (van Politie), in dem der Gouverneur präsidirte und neben ihm noch der Oberkaufmann, der Kapitän, der Chef des Komptors, der Fiskal, der Buchhalter und der Sekretär (van Politie) Sitz und Stimme hatten. Ferner gab es noch von Civilbeamten einen Inspektor für die Perke nebst Unterinspektoren auf Lontor und Ay, Buchhalter, Assistenten, Schiffer, sodann zwei Prediger, Schullehrer, drei Feldscheere, einen Hospitalobermeister etc.

Namentlich in der ersten Zeit nach der Eroberung muss auf Banda ein wahres Schreckensregiment geherrscht haben, worüber Wurffbain die Einzelheiten berichtet.

In den fünf Jahren 1633—38 kamen bei einer Bevölkerung von 3842 Köpfen folgende Bestrafungen vor: 25 Personen wurden getödtet, davon zwei lebendig verbrannt, eine gerädert, neun gehängt, neun enthauptet, drei erdrosselt, eine gearquebusirt. 52 Personen wurden gegeisselt, davon 44 einfach und drei doppelt gebrandmarkt. Einer Person wurde die Zunge durchbohrt, einer die Wangen aufgeschnitten, 17 wurden gewipt, zwei füsilirt, sechs in Ketten gelegt, fünf des Amtes enthoben. Ueber die Ursachen der Strafen werden auch einige Fälle mitgetheilt. So wurde am 24. Juli 1633 ein ausgedehntes Fluchtkomplott entdeckt. Der Fiskal des Forts wurde enthauptet, der Unterkaufmann lebendig verbrannt, seine Schwägerin erwürgt, sein Schwager und ein englischer Soldat gehängt, drei Europäer auf dem Schaffot ausgestellt, zwei Eingeborene gegeisselt, gebrandmarkt und in Ketten gelegt.

Eine früher getaufte, aber wieder zum Mohammedanismus übergetretene Frau wurde gegeisselt, gebrandmarkt und zur Sklavin gemacht; eine andere, die Gotteslästerungen ausgesprochen, wurde, nachdem ihr die Zunge mit einem glühenden Stift durchbohrt worden, auch zur Sklavin gemacht. Jemand, der im Streit ein Messer gezogen, wurde mit diesem Messer durch die Hand an den Mast genagelt, wo er blieb, bis er sich selbst das Messer herausgezogen hatte. Der Fälle eines Selbstmordversuches einer Sklavin und des Schmuggels von Macis war schon oben gedacht worden.

Und mitten in dieser Periode, im Jahre 1636 hatte die indische Regierung den Muth, an die „bewindhebbers" in den Niederlanden zu schreiben: „Met. U. E waarde pand Banda, geprezen zij de Albestierder, staat het naar wensch; en wordt door de gouverneur Akolye wel en vredig naar onze orde gegouverneerd."

Diese Greuelthaten waren aber zweifellos wohl noch eine Folge der Verrohung der Gemüther durch den langen Ausrottungskrieg gegen die Eingeborenen; unter der geregelten Verwaltung späterer Gouverneure scheinen mildere Sitten aufgekommen zu sein, wenigstens erwähnen weder Valentijn noch andere Schriftsteller etwas ähnliches.

Die militärische Besatzung Bandas bestand aus etwa 200 (um die Mitte dieses Besatzung. Jahrhunderts sogar 300) Mann. Neben dem Kommandanten gab es einen Lieutenant, sechs Fähnriche, von denen der älteste das Amt des Buschwächters hatte, ferner einen Lieutenant der Artillerie, einen Kastellobermeister etc. Die Hauptmannschaft lag auf Neira, nur kleinere Detachements gab es auf den andern Inseln.

Das Fort Nassau auf Neira ist das älteste Werk, 1609 im Beginn des Eroberungskrieges an der Stelle des alten portugiesischen Forts errichtet; es ist viereckig und von einem Graben umgeben, jedes der vier Bollwerke trug im vorigen Jahrhundert acht Kanonen von 6 und 8 Pfd. Kaliber. Daneben war noch der sog. Wasserpass, eine Brustwehr, die im vorigen Jahrhundert mit 10 eisernen Achtpfündern belegt war. Das Fort wurde mehrmals durch Erdbeben stark beschädigt, verfiel 1816 sogar bis auf die Mauern; während bis dahin die Amtswohnung des Gouverneurs in dem Fort gelegen hatte, diente es nach 1816 nur als Schutz für die Magazine und Packhäuser, die in demselben gebaut wurden; auch noch das Erdbeben von 1852 beschädigte das Fort und die darin befindlichen Magazine sehr.

Das Fort Belgica, oberhalb des Fort Nassau auf einem Hügel gelegen, ist ein Schmuck der ganzen Insel. 1611 von Pieter Both angelegt, wurde es 1662 geschleift und durch eine Redoute ersetzt, wogegen dann 1667 wieder auf Befehl des Kommissärs Speelmann ein Fort erbaut wurde; 1750/51 wurde es vollständig erneuert. Es hat die Form eines Pentagons mit runden Thürmen, mit Bastionen, aber ohne

Graben, und war in vortrefflicher Weise aus Korallenkalk und europäischen Klinkern aufgebaut; es galt lange Zeit als die einzige uneinnehmbare Festung von Niederländisch Indien, als welche sie sich freilich nicht gegen die Engländer, wohl aber gegen die Erdbeben erwiesen hat, die diesem Fort bis jetzt keinen Schaden gethan haben. Durch die Vernachlässigung von Seiten der Engländer war es aber innerlich in den 20er Jahren dieses Jahrhunderts sehr verfallen. Ferner befindet sich noch auf Neira die Batterie Voorzigtigheid östlich bei der Kaserne.

Auf Gunong Api gab es ehemals auch eine kleine mit einem Sergeanten und einigen Soldaten besetzte Redoute mit dem charakteristischen Namen Kijk in de pot, die aber dann später durch den Ausbruch des Vulkans im Jahre 1778 durch Lava derartig von der Meerenge getrennt wurde, dass sie ganz nutzlos ward.

Auf Lontor gab es verschiedene Schanzen, namentlich zum Schutz gegen die Seeräuber, die zuweilen auf der Insel landeten, um zu plündern, aber selten die Kühnheit besassen, es zu thun, wenn sie Widerstand vermutheten. Das älteste Fort daselbst wurde 1621 von Coen erbaut und Fort Hollandia genannt; es lag im westlichen Theil der Insel und beherrscht die Strasse von Lontor. Im Jahre 1710 diente das Fort als Zuflucht bei dem Ausbruch des Sklavenaufstandes, der aber noch rechtzeitig entdeckt und „in bloed gesmoord“ wurde. Es war aber ungemein ungesund und besass schlechtes Wasser. In zwei Monaten gab es dort, wie wir sahen, unter 100 Indern der Compagnie von Würtemberg nicht weniger als acht Todte und 48 Kranke. Deshalb wurde dann das Fort verlassen und verfiel.

Auf der Südostseite der Insel dagegen befand sich auf dem Perk Waier gleichfalls ein Fort, Concordia, das hauptsächlich auf die Schmuggelschiffe der Südseite Gross-Bandas zu achten hatte; es befand sich noch Mitte dieses Jahrhunderts in gutem Zustand und war damals mit 11 Mann belegt.

Auf der Insel Ay wurde schon 1616 ein Fort erbaut und Revengie benannt; es liegt auf der Nordseite, war stets nur von wenigen Leuten unter einem Subalternoffizier besetzt, galt aber als gut gelegen, so dass es leicht in Vertheidigungszustand gesetzt werden könne.

Auf Rhun wurde 1649 auch ein Fort gebaut, das aber bald verlassen wurde und zur Ruine verfiel.

3. Das Muskat-Monopol in den zwei englischen Perioden und unter der holländischen Regierung. 1796—1864 (resp. 1873).

a) Die zwei englischen Perioden der Banda-Inseln.

Gleichzeitig mit dem Untergange der Compagnie hatten am Ende des vorigen Jahrhunderts auch die politischen Verhältnisse auf den Molukken eine Aenderung erfahren. In dem Kriege gegen Frankreich im Jahre 1794 nahm der Erbstatthalter Wilhelm V. seine Zuflucht nach England und liess sich daselbst überreden, am 7. März 1795 an die holländischen Gouverneure in Indien einen Brief zu schreiben, worin er sie aufforderte, dass sie sich unter den Schutz Englands stellen möchten, damit die Besitzungen nicht den Franzosen in die Hände fielen. Ende 1795 hatten aber die General-Kommissäre nach Makassar, Ambon und Ternate den Auftrag geschickt, alle zu entbehrenden Mannschaften nach Banda zu senden, um wenigstens diesen wichtigsten Punkt der Molukken halten zu können; auch war eine englische Fregatte vor Banda von dem Gouverneur van Boeckholtz abgeschlagen worden.

Einnahme der Bandainseln durch die Engländer.

Im folgenden Jahre 1796 machten aber die Engländer Ernst mit der Inbesitznahme der Molukken; sie bemächtigten sich Ambons unter Admiral Rainier, nahmen auf dem Wege nach Banda ein Schiff, das 100 Mann von Makassar dorthin überführen sollte, und verlangten, auf den Brief des Erbstatthalters gestützt, in Banda die Uebergabe. Am 8. März 1796 kapitulirte Banda, nach dem Bericht des Gouverneurs aus Menschlichkeit, da eine weitere Vertheidigung nur unnützes Blutvergiessen bedeutet hätte, nach v. Hogendorp und anderen dagegen aus Feigheit. Es waren zwar 300 Geschütze auf der Insel, aber nach van Boeckholtz viele davon unbrauchbar; jedenfalls ist es unverständlich, wieso man die Engländer ohne einen Schuss nach Banda hereinlassen konnte.

Erste englische Periode Banda's (1796—1802).

Da ja die Perke der Compagnie gehörten, so betrachteten die Engländer dieselben fortan als ihr Eigenthum, sowie auch die in den Packhäusern liegenden Gewürze, von denen sie aber nur noch 84777 Pfund Nüsse und 19587 Pfund Macis (nach anderen Angaben 81618 Pfund Nüsse und 23885 Pfund Macis) vorfanden; die andere ebenso grosse Hälfte war schon abgesandt.

Natürlich änderten sich die Verhältnisse während der Occupation durch die Engländer durchaus. Die Nüsse und Macis gingen nicht mehr wie bisher nach Holland, sondern grossentheils nach England; so kamen, in den ersten zwei Jahren, die der Occupation folgten, ca. 65000 kg Nüsse und 143000 kg Macis[1]) dorthin. Das Monopol schlief, wenn auch

---

[1]) Botan. Magazine t. 2757 sowie Hooker, Exot. Flora; genau 129732 Pfd. Nüsse, 286000 Pfd. Macis. Die Verhältnisszahlen von Nüssen zu Macis sind so eigenthümlich, dass vermuthlich ein Fehler in den Zahlen vorliegt; wie stimmt hiermit denn Crawfurd's Notiz, dass während der ersten Occupationszeit durch die Engländer der durchschnittliche jährliche Konsum Europas nur etwa 43000 Kilo Nüsse und 12000 Kilo Macis betragen haben? Sollte in den obigen Zahlen 143000 eine 0 zuviel angehängt sein, so wären alle diese Schwierigkeiten gehoben. Bei Stephenson und Churchill findet sich die Angabe, dass in den Jahren 1796—98 die englische East India Comp. neben 817312 Pfd. Nelken noch 93732 Pfd. Muskatnüsse und 46730 Pfd. Macis importirte; daneben sei noch 1/3 mehr auf privatem Wege eingeführt worden; das ist jedenfalls ein verständliches Verhältniss von Nüssen zu Macis.

nicht offiziell, so doch de facto, ziemlich ein, so wurden z. B. ganze Schiffsladungen Nelken geschmuggelt; die holländischen Beamten blieben in Banda nach der Kapitulation zwar im Dienste der Regierung, aber die Bezahlungen wurden besser; vermuthlich hörten auch die Hongizüge in diesen Jahren auf; im Unterhalt der Forts dagegen waren die Engländer sehr sparsam, so dass in den wenigen Jahren ihrer Herrschaft alle Forts verfielen.

Holländische Zwischenzeit. Trotzdem war, da die Produktion der Inseln in Folge des vernichtenden Orkans von 1778 noch eine sehr geringe blieb, die ökonomische Lage Bandas keine glänzende, und kaum waren durch den Frieden von Amiens (1802) diese Inseln wieder an Holland zurückgefallen, so begann für die Perkeniere eine schlimme Zeit, namentlich im Vergleich zu der relativ freien englischen Periode, indem ihnen jetzt doppelte Lasten aufgebürdet wurden, da es galt, die verfallenen Forts schleunigst wieder in Stand zu setzen.

Die folgenden Jahre sind recht unruhige; schon 1803 begann der Krieg auf's neue und manche holländischen Schiffe fielen wieder in des Feindes Hand. Im Jahre 1806 mussten die Holländer sogar, um die Ladungen zu retten, den Dänen und Amerikanern zugestehen, gleichfalls auf den Molukken Handel treiben zu dürfen; so gelang es zwar, viele Gewürze auf amerikanischen Schiffen zu versenden, und manche Ladung kam sogar wohlbehalten nach Holland; aber auch Schleichhandel wurde vielfach von den amerikanischen Schiffen getrieben, indem sie von Aru, wo Dobbo stets ein Freihafen gewesen ist, sowie von anderen benachbarten Inseln aus einen schwunghaften Schmuggel nach Canton trieben (Lauts III pag. 231).

Daendels. Im Jahre 1808 wurde von Marschall Daendels, dem General-Gouverneur von Indien (zur Zeit wo Ludwig Napoleon als König in Holland regierte) in Banda eine Regierung nach französischem Muster eingerichtet, das Monopolsystem blieb aber in alter Weise bestehen, die Kontrakte mit den Perkenieren wurden auf der bisherigen Basis erneuert, auch die Hongizüge sollten nach der Instruktion (Nr. 11) für's erste, bis später Näheres darüber beschlossen würde, „in observantie werde gehouden".

Als Beamte fungirten Präfekte, Unterpräfekte, militärische und civile Kommandanten, Administrateure, Fiskale, Buchhalter, Nusskalker und Perkaufseher. Im Ganzen wurde aber die Verwaltung vereinfacht, da nur so die gewünschten Gewinne zu erreichen waren, d. h. eine Million Reichsthaler Silbergeld. Nach dem Budgetanschlag Daendels wurden aber über 1300000 Reichsthaler erlangt.

Ausgaben.

1. Nelken . . .	200000 Pfd. à 3 Stuiv.	= 12500 Rthlr.		
2. Macis . . .	100000 Pfd. à 10½ „	= 21875 „		
3. Nüsse . . .	350000 Pfd. à 4½ „	= 32812 „	24 St.	
4. Magere Nüsse	50000 Pfd. à 1½ „	= 1562 „	24 St.	
				68750 Rthlr.

Beamten-Gehälter	91798 Rthlr.	24 St.		
1200 Mann Militär, Munition, Hospitäler	200000 „			
Gebäudefonds (civil und militär) . . .	30000 „			
Fracht und Kulilohn	50000 „			
Marine	30000 „			
Unvorhergesehene Ausgaben	29451 „	24 St.		
			431250 Rthlr.	
				500000 Rthlr.

Einnahmen.

1. Nelken . . .	200000 Pfd. à 50 Stuiv.	= 208333 Rthlr.	16 Stuiv.
2. Macis . . .	100000 Pfd. à 5 Rthlr. 16 Stuiv.	= 533333 „	16 „
3. Nüsse . . .	375000 Pfd. à 2½ „	= 875000 „	
4. Magere Nüsse	50000 Pfd. à 2 „	= 100000 „	
		1716666 Rthlr.	32 Stuiv.
Verpachtung, Domänen, Collect., heerlijke regten .		100000 Rthlr.	
Gesammt-Einnahmen		1816666 Rthlr.	32 Stuiv.
Gesammt-Ausgaben		500000 Rthlr.	
Reingewinn		1316666 Rhtlr.	32 Stuiv.

Als Besoldung für Leute, die mit der Muskatkultur zu thun hatten, wurde in dieser für Banda bestimmten Instruktion festgesetzt für den Präfekt von Banda 10800 Reichsthaler, für den Administrateur 4800, für den General-Perkaufseher 3600, für dessen Adjunkt 480, für den Architekten 1500, für den Nusskalker 240 Reichsthaler.

Der Präfekt (Nr. 16) hatte unter anderem dafür zu sorgen, dass die wilden und abseits von den verordneten Plätzen wachsenden Bäume jährlich ausgerottet würden (Art. 5), er hatte mit dem Präfekt von Ambon zusammen die eventuell nöthig werdende Neuvertheilung von Perken zu veranstalten, sowie die Schadenvergütung der alten Besitzer festzusetzen (Art. 6), für die Bekleidung der Perksklaven (Art. 39), sowie die Instandhaltung der Wohnungen, Trockenhäuser und Schuppen auf den Perken zu sorgen (Art. 40).

Der Administrateur (Nr. 17) hatte auf die gute Bereitung der Nüsse (Art. 6) und der Macis (Art. 7) zu sehen. Der Perkaufseher (Nr. 19) war verantwortlich für jeden Schmuggel, er hatte das Betragen und die Pflichterfüllung der Perkeniere, die Behandlung der Sklaven, die Banditen und Kettengänger zu kontrolliren und am Ende jedes Jahres einen Rapport über den Zustand der Perken zu schreiben. Der Architekt (Nr. 21) war Aufseher über die Regierungsgebäude und Sklavenquartiere, auch hatte er die Oberaufsicht über das Kalken und Sortiren der Nüsse. Der Nusskalker (Nr. 22) hatte den Kalkprozess zu leiten. Ausserdem waren noch drei verschiedene Klassen von monatlich bezahlten Buschwächtern vorhanden. Auch eine lange Instruktion für die Perkeniere (Nr. 24) war beigefügt, auf die wir noch unten zurückkommen werden.

Selbst für Ambon war ein Notenkalker mit 125 Reichsthaler Gehalt angesetzt, sowie ein vereideter Translateur und Aufseher über das Notenkalken mit 360 Reichsthaler Gehalt; auch war der Administrateur von dem Regierungsmagazin daselbst verantwortlich für die richtige Bereitung und Verpackung der Nüsse.

Zweite englische Periode Banda's (1810–1816).

Wir erhalten durch diese Instruktionen einen lehrreichen Einblick in die Details der Organisation; ob dieselbe aber lange Geltung hatte, wissen wir nicht, denn schon nach zwei Jahren, nämlich um 1810, fielen die Molukken wieder in die Hände der Engländer. Nachdem der Landdrost Coop à Groen in Batavia die Nachricht erhalten hatte, dass Ambon am 17. Februar ohne Gegenwehr den Engländern übergeben worden war, liess er in Banda schnell alle Nüsse, Macis und Nelken in Kisten packen und nach Batavia senden, ebenso die letzte Muskaternte, die noch nicht geschält und eigentlich erst im folgenden Jahre hätte versandt werden sollen. In Batavia wurden dann kleinere Schiffe aus Amerika damit befrachtet, und grosse Mengen nach Amerika, Holland und Frankreich gesandt, während noch viel in den Magazinen blieb.

Unterdessen waren die Engländer nach Banda gekommen, welche Inseln sich am 30. August ergaben, nachdem die Engländer in einem nächtlichen Ueberfall die Wasserbatterie auf Neira genommen hatten, und der Kommandant von Banda gefallen war. Die Engländer kümmerten sich aber wenig um diese abgelegenen Inseln und liessen im grossen Ganzen alles, wie es war. Nur wurde freilich im Jahre 1812 ein Verbot des Sklavenhandels und der damit zusammenhängenden Gebräuche erlassen, dagegen blieb das Monopol bestehen, jedoch in sehr milder Form. Auch für Vertheidigungszwecke machten sie wenig Ansprüche an die Bewohner und waren überhaupt sehr milde Herrscher. So schreibt Raffles, der berühmte englische General-Gouverneur dieses früher holländischen Archipels: die Einwohner der Banda-Inseln wussten bisher nichts von dem englischen Gouvernement und die Regierung weiss noch weniger von seinen unglücklichen und duldenden Unterthanen.

Raffles.

Ein so erleuchteter Mann wie Raffles war naturgemäss ein enragirter Gegner des Monopols, und es giebt keine schärfere Verurtheilung dieses Systems, ziffernmässig an dem Erfolg nachgewiesen, als in der History of the Indian Archipelago von Crawfurd, welch letzterer mit Raffles eng liirt und von der gleichen Sinnesweise beherrscht war.

In Bezug auf den Ersatz des Monopols durch gesündere Maassregeln macht Raffles den bemerkenswerthen Vorschlag: If on commercial principles it may be deemed advisable, that the spices shall be collected into few hands, let the gardens or their produce be farmed out. Let the East India Company or any association of Europeans enter into the speculation, but let the British government preside (Porter Tropic. agricult. pag. 296 ff.).

Leider waren die Anregungen von Raffles erfolglos, da schon im folgenden Jahre, 1816, die Bandainseln durch den Frieden an die Niederlande zurückfielen. Im Jahre 1817 übernahm dann der Admiral Ver Huell, dessen „Herinneringen" manche von uns benutzte Notiz über die Muskatkultur enthalten, die Inseln von den Engländern im Namen der Niederlande, in deren Besitz sie dann auch bis zum heutigen Tage geblieben sind. Es wurde ein Gouverneur über die Molukken gesetzt, und ein Resident in Banda, während unter ihm ein Civilbeamter (civile opzigter) auf Ay stationirt war. Dass die Holländer nicht daran dachten, das Monopolsystem einfach abzuschaffen, ist selbstverständlich, auch die Sklaverei blieb bestehen, nur wurde 1819 eine Bestimmung gegen den Handel in Sklaven erlassen, und die Perksklaven erhielten jetzt, um dem Zug der Zeit eine Konzession zu machen, den wohlklingenderen Namen „Perkhoorige" (also Hörige der Perken), ohne dass dies ihre Lage irgendwie verbesserte.

Rückgabe der Bandainseln an die Niederländer 1816.

Die Handelsgeschäfte wurden von der Regierung der grossen Handels-Maatschappij überwiesen, die einen Agenten nach Banda sandte, der vor allem die Verschiffung der Gewürze, welch letztere auf Konsignation nach Batavia versandt wurden, zu überwachen, dann aber auch einen umfangreichen Handel mit europäischen Manufaktur- und Hartwaaren auf Banda zu treiben hatte. Wie rapid sich die Folgen der engherzigen Politik in der Bevölkerungsstatistik zeigte, beweisen die Zahlen für die freien Eingesessenen. Es gab am Ende der englischen Zeit, also 1816 3102 freie Eingesessene, 1819 betrug die Zahl nur noch 2695. Also in vier Jahren hatte ihre Zahl um $^1/_8$ abgenommen, und 1828 gab es nur 1925, 1840 sogar nur 1785 freie Eingesessene. Besser als alles andere veranschaulichen diese Zahlen die Lage der freien Gewerbtreibenden während der Monopolperiode der holländischen Regierung.

β) Der Gewürzhandel als holländisches Regierungs-Monopol.

Dennoch hatte durch die englische Zwischenregierung das Monopol einen Riss bekommen, der mit der Zeit immer breiter wurde. Schon Ende des vorigen Jahrhunderts hatten, wie wir unten ausführlich sehen werden, die Engländer Muskat und Nelken nach Sumatra gebracht, und später auch nach Penang und Singapore, selbst auf Bourbon und Isle de France pflanzte man die Gewürze. Wenn auch die Konkurrenz dieser Länder augenblicklich noch erträglich war, so hatte doch jeder das Gefühl, dass die goldene Zeit des Monopols ihrem Ende entgegenging. Nachdem eine 1820 eingesetzte Kommission, bestehend aus dem Hauptinspektor und dem Inspektor der Finanzen der Abtheilung Batavia, H. J. Van de Graaf und G. J. Meylan, in ihrem 1821 erstatteten Bericht fürs erste nur vorbereitende Schritte vorgeschlagen hatte, verlangte der Gouverneur Mercus 1822 sogar die sofortige Aufhebung des Monopols. In dem gleichen Jahre 1822 hatten schon die östlichen Gouvernements des malayischen Archipels ein Defizit von 250 000 fl., und wenn das auch vor allem Ternate betraf, welches ein Minus von 231 000 fl. aufwies, so war doch auch die Lage von Banda keine sehr glänzende; die Einkünfte Bandas in diesem Jahre waren 795 940 fl., die Ausgaben aber 571 082 fl., so dass nur ein Ueberschuss von 225 000 fl. erzielt wurde.

Mercus.

Im Jahre 1824 besuchte der General-Gouverneur von Niederländisch-Indien van der Capellen die Molukken und Bandainseln, ein sehr humaner Mann, wie schon aus der Proklamation hervorgeht, die er erliess:

Van der Capellen.

„Wir haben uns mit eigenen Augen überzeugen wollen, ob die Berichte, die uns durch Andere gegeben sind, und ob die Meinung, die wir uns selbst von eurem Zustande gebildet hatten, mit der Wahrheit übereinstimmten. Wir hatten gewünscht, dass dieser ein anderer gewesen wäre, aber wir haben zu unserm tiefen Leidwesen euer Loos beklagenswerther gefunden, als wir es uns hatten vorstellen können.“

Er war im Allgemeinen ein Gegner der Zwangskultur und Zwangslieferung an die Regierung, er meinte im Hinweis auf die wachsende Konkurrenz (Tijdschr. Ned. Ind. 1855 II, pag. 285): „auch die Geldvortheile des Monopols tragen den Keim des Untergangs in sich; nur bei Freihandel seien die Kulturen wohl konkurrenzfähig“; jedoch hielt er es nicht für richtig, in Banda das Monopol abzuschaffen; er meinte, die 34 Perkeniere wären dann die grossen Gewinner. Für die Nelkenkultur dagegen traf er hierauf bezügliche Bestimmungen und gab überhaupt in den Molukken in gleichem Sinne Erklärungen ab; aber auch für die Nelkenkultur beschloss die Oberverwaltung die Beibehaltung des Monopols. Der auf die ganzen Molukken sich beziehende Beschluss lautet:

Dat de Bandasche eilanden in geen geval konden worden beschouwd als geschikt voor een stelsel von vrije kultuur;

dat de verpligte teelt en levering van notenmuskaat en foelie door de perkeniers op kontrakt met het gouvernement op den bestaanden voet moest worden in stand gehouden;

dat de gedwongen teelt en levering van kruidnagelen op de Ambonsche eilanden moesten gehandhaaft blijven;

dat met het stelsel van bestuur der Molukken voortaan moest worden beoogd, de grootst mogelijke hoeveelheid specerijen te verkrijgen, ten einde ze zo veel doenlijk te doen strekken tot voeding van Neerlands handel en nijverheid, en ons, door de daling der prijzen, eene algemeene voorkeur te verzekeren aan de specerijen der Molukken boven die, welke in andere landen geteeld worden.

dat tot bereiking van dat doel behoorden te strekken: het behouden der verpligte teelt van nagelen en noten, op plaatsen, waar die van ouds hat bestaan; het uitbreiden van die teelt door doelmatige bepalingen; het krachtig bevorderen op alle andere eilanden van deze en andere kultures, vergezelt van vrijheid in de beschikking.

en endelijk, dat bij voortduring uit den Molukkschen handel behoorden te worden geweerd alle vlaggen, behalve de Nederlandsche en die der inlandsche natien, welke daarmede zijn gelijkgesteld.

Ebenso wurde auch im Vertrag mit England vom 17. März 1724 bestimmt: „Van de toepassing der artt. 1, 2, 3 en 4 (bevattende vergunning tot vrije vaart en handel) worden de Moluksche eilanden, en speciaal Ambon, Banda en Ternate met derzelwer onmiddellijke onderhoorigheden uitgesondert, tot tijden wijle het Nederlandsche Gouvernement raadzaam oordeelen zal, van den alleenhandel in specerijen af te zien. (v. d. Linden, Banda en zijne bewoners, pag. 14.)

Waren also auch diesmal die Bestrebungen auf Aufhebung des Monopols gescheitert, so wurden doch vielerlei Reformen eingeführt, die hauptsächlich in dem Bestreben gipfelten, alle „Beschränkungen der individuellen Freiheit und Quälereien“, soweit sie nicht unmittelbar für Aufrechterhaltung des Monopols nöthig waren, abzuschaffen. V. d. Capellen erklärte in seinem Journal, dass er alles willkürlich und übertrieben streng fand, dass keine Gerechtigkeit zu erlangen war, und nur der Wille des Residenten herrsche, vor dem man nur Furcht, aber zu dem man kein Vertrauen habe; er setzte deshalb einen Magistrat und ein aus Beamten, Offizieren und Perkenieren bestehendes Gericht ein, so dass, wie er sagt, die Perkeniere nicht mehr auf Befehl des Residenten Wochen lang im Fort gefangen gesetzt werden könnten. Auch sonst wurden Bestimmungen für die Beamten getroffen und ihre Gehälter verbessert, sowie die Garnison vermehrt und ein Major an die Spitze gestellt, ferner zwei Aerzte und ein Militärapotheker beigefügt. Auch die Zwangsdienste sollten abgeschafft werden, soweit sie nicht für die öffentlichen Arbeiten direkt unentbehrlich wären, und auch für diese sollten feste Tarife gelten. Die freien Einwohner sollten alle Rechte der sonstigen Unterthanen in Niederländisch Indien besitzen; der Kleinhandel wurde befördert, dadurch dass den Bewohnern freier Handel zugestanden wurde, soweit es sich nicht um Monopolwaaren handelte. Ferner wurden auch weitere Breschen in das Monopolsystem dadurch geschlagen, dass 1. die Institution der Hongizüge aufgehoben wurde, 2. die

Sklaverei dadurch ihrem Ende näher gebracht wurde, dass nicht nur wie bisher der Handel, sondern überhaupt die Einfuhr von Sklaven nach Banda verboten wurde.

Auch die Eigenthumsverhältnisse der Perkeniere wurden geregelt, doch blieben sonst die Bestimmungen in Bezug auf die Rechte und Pflichten derselben ziemlich die alten; auch die Einrichtung der Perkaufseher blieb bestehen.

Du Bus de Gisignies.

Im Jahre 1827 traf der Kommissaris-Generaal Burggraf du Bus de Gisignies einige Bestimmungen in Bezug auf den Handel in den Molukken, die zwar gleichfalls von mildem Geiste zeugten, aber an dem Monopolsystem nichts änderten.

Banda vor 1854 ein Freihafen.

Zwar gab es im Mutterlande andauernd eine starke Strömung zu Gunsten der Aufhebung des Monopols, und selbst ein Mann wie der Botaniker Blume trat für Freigebung der Muskatkultur ein, indem er meinte (Rumphia 1835), man könne eine Vermehrung der Produktion dadurch erlangen, dass man die Häuptlinge von Ceram und Celebes durch Verträge zur Lieferung von Arbeitern verpflichte. Trotzdem wurde an dem wieder gute Erträge liefernden Monopolsystem festgehalten, selbst nachdem das Gesetz vom 8. September 1853 die Molukkenhäfen Ambon, Banda, Ternate und Kajeli vom folgenden Jahre an zu Freihäfen erklärt hatte.

Wozu machte man Banda zum Freihafen, solange der Monopolzwang auf den Inseln lastete? Rückfracht gab es ja von Banda nicht, und die Hauptartikel Reis, Zeug, Eisenwaaren lieferte die Handelsmaatschappij. Als Duymaer van Twist 1855 Banda besuchte, lag daselbst nur die Brigg des Kapitän Chinees (Chinesen-Aeltester) und drei Padoewakans im Hafen; und im Jahre 1858 verkauften sogar die Einwohner ihre Schiffe, da sie selbst die Reparaturkosten nicht mehr aufzubringen vermochten. Im Jahre 1860 gab es nur noch einen Schooner, der einem europäischen Kaufmann auf Neira gehörte.

Was dem Muskat-Monopol hingegen den Todesstoss gab, war nicht sowohl die Macht des freiheitlichen Geistes und ein prinzipieller Systemwechsel, sondern die Ungunst der Zeiten, die Konkurrenz des Auslandes, und daher die Verminderung der Einnahmen aus den Monopolländern. So lange die Monopole beträchtliche Ueberschüsse abwarfen, war das Endresultat jeder Untersuchung doch immer die Beibehaltung des Monopols gewesen, erst als es nichts mehr taugte, warf man es über Bord.

Finanzielle Ergebnisse des Muskatmonopols für die Regierung.

Um diese Entwickelung zu verstehen, müssen wir die Einnahmen und Ausgaben der Regierung im Muskathandel und Monopol etwas näher betrachten.

Wie wir im letzten Abschnitt gesehen hatten, war seit 1778, nachdem die Compagnie vorher lange Zeit stets an einem Ueberfluss an Muskat gekrankt hatte, plötzlich durch den Orkan ein grosser Mangel entstanden, der sich freilich erst, nachdem die Vorräthe erschöpft waren, wirklich fühlbar machte. So stiegen denn auch die Preise ganz gewaltig, und während die Compagnie im vorigen Jahrhundert noch in den 60er Jahren die Nüsse meist mit 3—4 fl., die Macis mit 6 fl. das Pfund verkaufte, stiegen die Preise der Nüsse nach der Katastrophe von 1778 bald auf über 6 fl., und als die früheren Vorräthe erschöpft waren, weiter in schnellem Tempo, so dass um die Zeit der Aufhebung der Compagnie, d. h. um 1796, der englische Gewährsmann Moreau's den Durchschnitts-Verkaufspreis von 20 sh. (also 12 fl.) per Pfund (Nüsse und Macis zusammen) seiner Berechnung zu Grunde legen konnte. In den Jahren 1803—1805 kostete das Pfund Nüsse in England wieder nur 10 sh. $5^1/_4$ d. (Crawfurd), also über 6 fl., und 1806 das Pfund Macis ohne Zoll in England sogar 85—90 sh. (Flückiger und Hanbury), d. i. also 51—54 fl., also neunmal so viel fast wie im vorigen Jahrhundert. Im Jahre 1808 figuriren in Daendels' Budget die Nüsse mit $2^1/_2$ Reichsthalern das Pfund, die mageren mit 2 und die Macis mit 5 Reichsthalern 16 Stuiver, also immerhin fast noch die doppelten Preise wie früher.

Mit der zunehmenden Zahl der nachgepflanzten und wieder tragenden Bäume wurde natürlich die Produktion wieder eine grössere; während sie Ende des vorigen Jahrhunderts 200000 Pfd. Nüsse (Moreau) sicher nicht überstieg, schätzt Martin die Ernte von 1811 wieder auf 350 000 Pfd., die von 1815 auf 462 000 Pfd., den Durchschnitt der Jahre 1806 bis 1812 auf 392 000 Pfd. Auch 1817—19 war der Durchschnitt nicht grösser, dagegen stieg er im folgenden Jahrzehnt wieder auf fast eine halbe Millionen Pfund Nüsse, vermehrte sich in den 40er Jahren um weitere 100 000 Pfd., ging in der ersten Hälfte der 50er um eben soviel zurück, stieg dann aber, wie wir sahen, in der zweiten Hälfte der 50er rapide bis zu einer Million Pfund.

Die Folge war, dass der Preis auch wieder bedeutend zu sinken begann, er betrug z. B. nach Crawfurd für 1820 in England ohne Zoll nur noch 5 sh. (3 fl.) per Pfund Nüsse, also die Hälfte des Preises von 1804, und 8 sh. (4,80 fl.) für die gleiche Menge Macis, also den 11. Theil des Preises, der 1806 bezahlt wurde.

In dieser Zeit, um 1816, war auch Benkulen, wohin die Engländer die Gewürze im Jahre 1798 gebracht hatten, ein wichtiger Muskatlieferant geworden, produzirte etwa 100 000 Pfd. und begann Banda und somit dem holländischen Monopol eine ernstliche Konkurrenz zu bereiten. Wenn auch dadurch, dass Sumatra wieder an die Holländer zurückfiel, bald darauf die Muskatkultur Benkulens schnell zurückging, so trat doch mit der Zeit Penang an Stelle Benkulens, und begann schon Anfang der 30er kleinere Posten zu exportiren, freilich in diesem Jahrzehnt noch in unbedenklichen Mengen. Auch die Provinz Palembang auf Sumatra, Java und nach Low auch Celebes (?) produzirten einige Muskatnüsse, doch belief sich (nach Low) die Gesammtmenge der in Niederländisch Indien ausserhalb der Molukken wachsenden Nüsse selbst noch in den 50er Jahren nur auf 1/10 des Exports von Niederländisch Indien, auch waren die Nüsse bedeutend schlechter; nach eigener Prüfung Low's gehörte nur ein Zehntel dieser Nüsse zu der ersten und zweitbesten Sorte. Dagegen kam die Papuamuskat, wie wir unten sehen werden, um diese Zeit schon in grösseren Mengen in den Handel, und ging auch schon in den 30er Jahren nach Europa, während sie bis dahin wohl ausschliesslich in Niederländisch-Indien selbst verbraucht wurde. Obgleich die Konkurrenz der ausserhalb des Monopols gehandelten Muskatnüsse, der sog. free nuts, noch keine sehr grosse war, so fielen die Preise, namentlich die der Macis, doch schon merklich, und betrugen z. B. im November 1832 in London ohne Zoll 3 sh. 9 d. bis 4 sh. (= ca. 2 fl. 40) das Pfd., und für die Macis 4 sh. 9 d. bis 5 sh. 9 d. (= ca. 3 fl.); ja 1836 hatte die immer mehr aus der Mode kommende Macis im Preisfall schon die Nüsse so gut wie erreicht, beide waren in England ohne Zoll im Durchschnitt etwa 4 sh (2 fl. 40) das Pfund werth. Als dann in den 40er Jahren die Konkurrenz von Penang immer stärker wurde (in dem zwischen 1832 und 1842 liegenden Jahrzehnt hatte sich der Export von Penang verdreifacht), sanken die von der Handels-Maatschappij erzielten Preise immer mehr, und erreichten nur selten 2 fl. das Pfund; die Macis war so gut wie immer etwas weniger werth als die Nüsse. Als endlich aber in den 50er Jahren die Konkurrenz von Singapore gleichfalls hinzukam, und fortgesetzt bis Anfang der 60er die Plantagen in den Straits ausgedehnt wurden, fielen die Preise rapide bis unter einen Gulden, 1858 fiel die Macis (I. Qualität) zuerst auf 96 cts., 1860 folgten die Nüsse I. Qualität; der niedrigste Stand wurde erreicht mit 62 cts. für die Macis I. Qualität in den Jahren 1861 und 1865, mit 60 cts. für die Nüsse I. Qualität im Jahre 1863.

Rapider Preissturz nach der Mitte dieses Jahrhunderts.

Wie man aus der weiter unten gegebenen Tabelle der Verkaufspreise der Nederl. Handels-Maatschappij von 1848—71 für Primawaare erkennt, beginnt der rapide Preissturz mit dem Jahre 1854 und hielt an bis zur Mitte der 60er, wo dann in Folge der Zerstörung der Plantagen in den Straits die Preise etwas stiegen, um im Anfang der 80er Jahren wieder bedeutend in die Höhe zu gehen. Noch deutlicher wird der schnelle Rückgang der Preise Ende der 50er aus der gleichfalls unten beigefügten die Durchschnittspreise gebenden Tabelle. Standen danach die Nüsse 1856 noch auf 1,05 3/10 fl. das Pfund, so waren sie 1861 nur noch 0,43 1/5 fl. werth, die Macis fiel sogar von 1,14 2/3 fl. 1854 auf 0,40 3/10 fl. im Jahre 1861. Es sei ferner darauf hingewiesen, dass der grösste Preissturz sich 1856/57 zeigt, also gerade in dem Jahre, wo die Produktion Penangs diejenige der Bandainseln eingeholt hatte, während das bedeutende Sinken der Preise auch in den zwei folgenden Jahren mit dem Höhepunkt der Muskatkultur in Singapore parallel geht.

Während die Pflanzer Benkulens um 1820 (nach Crawfurd) erklärten, nicht bei niedrigeren Preisen als 2 sh. 6 (= 1½ fl) bestehen zu können, waren die Markt- und Monopolpreise schon seit 1855 niedriger als dies Minimum, und dennoch dehnten selbst die Privatpflanzer auf Penang und Singapore ihre Plantagen aus.

Gewinne der Regierung am Muskatmonopol.

Während der englische Gewährsmann Moreaus 1796 den möglichen, aber wie wir oben sahen, niemals erreichten Gewinn aus dem Muskatmonopol noch auf 250000 £, also auf 3 Millionen fl. pro Jahr schätzt, schlägt Daendels ihn 1808 auf nur eine Million fl. an (nach der Rechnung 1,3 Millionen fl.). Im Beginn der 20er Jahre war, wie wir oben sahen, der Nutzen, den die Regierung aus Banda und dem Muskatmonopol zog, nur ein geringer, z. B. 1822 nur 225000 fl.[1]), dann stieg er aber wieder. Das Budget der Bandainseln schloss auch noch in den 40er und 50er Jahren stets mit einem Gewinnsaldo[2]) ab, das im Durchschnitt der Jahre 1840—54 ungefähr 600000 fl.[3]) betrug, 1846, das schlechteste Jahr dieser Periode, brachte noch 487000 fl., 1853 dagegen, das beste Jahr, schloss mit einem Reingewinn von 850000 fl.

1) 795940 fl. Einnahmen, 571082 fl. Ausgaben; Ambon brachte im selben Jahre 853286 fl. Einnahmen gegen 970148 fl. Ausgaben, hatte also sogar ein Defizit.

2) cf. Bleeker l. c. II, pag. 283 Tabelle.

3) Temminck l. c. pag. 284 giebt nur 5—600000 Fr. als jährlichen Reingewinn an. Auch im Aardrijksk. en statist. Woordenboek sind (II, pag. 513) ganz andere Zahlen angegeben als die von Bleeker. Danach waren Einnahmen und Ausgaben der Residentschaft Banda

	Einnahmen	Ausgaben	Ueberschuss	Jährlicher Ueberschuss
1839—52 . .	8090442 fl.	3297743 fl.	4792699 fl.	342336 fl.
1854. . . .	396956 fl.	190651 fl.	206305 fl.	206305 fl.
1855. . . .	485998 fl.	206064 fl.	279934 fl.	279934 fl.

Die Einnahmen bestanden in Banda fast ganz aus dem Gewinn des Gewürzmonopols; die Summe aller anderen Einnahmen, Steuern, Verpachtungen etc. variirte nur zwischen 9000 und 33 000 fl. jährlich [1]). Aber auch die Ausgaben waren nur geringe, da die Regierung in dieser Zeit im Gegensatz zu der Compagnie im vorigen Jahrhundert [2]) in Bezug auf die Molukken in jeder Beziehung sehr sparsam war. Während v. d. Capellen 1824 in Banda ca. 100 000 fl. für Gehälter ansetzte und zum Schutze der Eingeborenen eine Reihe von Beamten eingesetzt hatte, verminderte schon 1727 der General-Kommissar Du Bus de Gisignies die Zahl der Beamten und 1854 wurden nur 62 000 fl. für Gehälter gebraucht.

Budget des Muskatmonopols für das Jahr 1854.

Folgende instruktive von Bleeker veröffentlichte Zusammenstellung mag als Erläuterung des Muskathandels in dieser Zeit dienen.

A. Einkaufspreise für 537 861 Pfd. Nüsse und 133 986 Pfd. Macis.				
1. Gute Nüsse	410 228 Pfd. à 16—20 Duiten	= 61218,40 fl.		
2. Magere „	86 215 Pfd. à 6 „	= 4310,90 „		
3. Bruch- „	41 418 Pfd. à 4 „	= 1380,72 „		
4. Gute Macis	131 389 Pfd. à 40—44 „	= 45861,16 „		
5. Grus „	2 597 Pfd. à 20—22 „	= 452,102 „		
			fl. 113 223,80	
B. Kosten vor der Abschiffung nach Java			fl. 109 717,23	
C. Fracht nach Java			fl. 7000,—	
D. Fracht nach Holland, Assekuranz, Courtage etc. 12,75 % des Marktpreises in Holland			fl. 122 094,17	
Ausgaben		Total		fl. 352 035,00
Verkaufspreise in Holland:				
1. Gute Nüsse	410 228 Pfd. à 1,57 fl.	= 644 057,96 fl.		
2. Magere „	86 215 Pfd. à 1,40 fl.	= 120 701,00 fl.		
3. Gute Macis	131 389 Pfd. à 1,45 fl.	= 190 514,05 fl.		
4. Grus „	2 597 Pfd. à 0,90 fl.	= 2337,30 fl.		
Einnahmen		Total		fl. 959 616,31
Reingewinn				fl. 607 575,31

Wir sehen also, dass trotz der damals ja schon relativ hohen Bezahlung der Perkeniere, trotz des kaum 1½ fl. erreichenden Preises der Nüsse, und trotzdem in den Kosten vor der Abschiffung 50 912 fl. enthalten sind für Verluste, die durch zu niedrig angesetzte Preise des den Perkenieren für die Arbeiter gelieferten Reises verursacht sind, doch noch, wenn man das Muskatmonopol allein für sich betrachtet, 600 000 fl. in dem einen Jahr erübrigt worden sind. Dabei ist der Ertrag der Bruch-Nüsse noch gar nicht angesetzt; sie wurden auf Neira zur Darstellung von Muskatbutter oder ätherischem Oel benutzt; die Unkosten dieser Fabrikation sind oben schon mit einbegriffen, die 41 418 Pfd. Bruch-Nüsse gaben etwa 5½ Tausend Pfund Muskatbutter im Werth von 5½ Tausend Gulden oder 1700 Pfund flüchtiges Oel (1 Pfd. aus 24 Pfd. Nüssen) im Werthe von 13000 fl.

Wenn freilich die Regierung Antheile an der Generalverwaltung der Kolonien sowie der Flotte und des Heeres in das Budget von Banda aufgenommen hätte und

---

1) Bleeker l. c. II pag. 284; auch 1779 betrugen nach Low die sonstigen Einnahmen nur 9350 fl.

2) Nach Low waren 1779 die Kosten in Banda 146 170 fl.

namentlich, wenn auch Quoten der Gelder berechnet wären, die als Verzinsung und Abschreibung des gesammten todten und cirkulirenden Kapitals, der Unterhaltung der Forts, der Kriegsbereitschaft, der Staatsschuld nöthig waren, so wäre natürlich schon mit der Uebernahme des Muskatmonopols durch die Regierung ein perpetuirliches Defizit bei den Jahresabschlüssen der Residentschaft Banda zum Vorschein gekommen.

Arbeiter-frage.

Eine bedeutende Umwälzung in der Rentabilität wurde durch die Arbeiterfrage eingeleitet. Wie wir oben sahen, war es hoffnunglos, zu versuchen, die immer mehr zusammenschmelzende Sklavenbevölkerung durch Neueinführung wieder in die Höhe zu bringen, und Sträflinge konnten der Natur der Sache nach doch nur in beschränkter wechselnder Anzahl geliefert werden; so ging die Regierung denn Anfang der 50er Jahre zu der Werbung freier Arbeiter über.

Zuerst gab man sich grosse Mühe, Eingeborene der umliegenden Inseln anzuwerben, wie Blume in den dreissiger Jahren vorgeschlagen hatte; man erreichte seinen Zweck auch auf Timor, Timor-laut etc., hatte aber nach zwei Jahren erst 213 freie Arbeiter. Im Jahre 1852 gab es 619 Kontraktarbeiter und 62 ehemalige Sträflinge; im selben Jahre wurden aber mit Regierungshilfe 1734 Javanen importirt, von denen freilich viele bald wieder fortgingen, denn 1854 werden nur gegen 900 freie Arbeiter angegeben, unter denen sich nur 700 freie Javanen befanden. Im folgenden Jahre gab es 859 freie Arbeiter und 60 ehemalige Sträflinge, die nach Abbüssung ihrer Strafe Arbeitskontrakte eingegangen waren, 1859 gab es 914 freie Arbeiter neben 42 ehemaligen Sträflingen. Nach den Kontrakten erhielten die Arbeiter etwa $1\frac{1}{4}$—$1\frac{1}{2}$ fl. monatlich, sowie freie Hin- und Rückfahrt von der Regierung, freie Kost und Kleidung (zwei Anzüge jährlich) natürlich von den Perkenieren. Die Arbeit war ja eine relativ leichte, und Sonntags wurde nur den halben Tag gearbeitet.

Da die Regierung also die Kontraktarbeiter den Perkenieren unentgeltlich stellte, indem letztere nur Kost und Kleidung zu bezahlen hatten, so war es natürlich keine geringe Ausgabe für die Regierung. Im Jahre 1859 z. B. erhielten die 914 freien Arbeiter einen Monatslohn von 1,25 fl. und ein jährliches Aufgeld von 10 fl.; die 42 ehemaligen Sträflinge einen Monatslohn von 1,75 fl., die 492 Sträflinge 50 cts. und die 706 Hörigen eben so viel, so dass allein für Bezahlung dieser 2154 Arbeiter, ungerechnet Transportspesen etc., 30 920 fl. von der Regierung verwandt werden mussten.

Rapide Abnahme der Rentabilität des Monopols

Zu dieser Vermehrung der Unkosten kam endlich noch hinzu, dass vom Jahre 1855 an die Verkaufspreise durch die Konkurrenz von Penang und Singapore rapide abnahmen und von 1855 bis 1861 auf weniger als die Hälfte, bis 1863 sogar um fast zwei Drittel sanken. Selbstverständlich gab es natürlich jetzt keine derartig günstigen Abschlüsse mehr wie in den 40er und Anfang der 50er Jahre; 1855 schloss das Budget zwar mit einem Gewinnsaldo von immerhin noch 279 932 fl., im folgenden Jahre dagegen betrug der Gewinn nur noch 61 000 fl.

Deficit und Aufhebung des Monopols

Die Aufhebung des Monopols, die seit 1821, seit Merkus und van der Capellen, immer wieder angeregt wurde, hatte auch in den

50er Jahren die Gemüther beschäftigt. Bleeker machte drei Vorschläge, von denen er den ersten für den besten hält.

1. Den Perkenieren gegen billige Schadloshaltung die Perke abzunehmen, um sie zu verpachten.
2. Von den Perkenieren nur Grundrente zu erheben, ihnen aber den Verkauf des Produktes zu überlassen, und sie bei der Arbeiteranwerbung zu unterstützen.
3. Kontrakte mit ihnen abzuschliessen für die Lieferung von Muskatnüssen, wie es bei den Zuckerkontrakten in Java der Fall war.

Aber dennoch hätte sich die Regierung wohl kaum zur Aufhebung des Monopols entschlossen, wenn diese geringen Ueberschüsse geblieben wären.

Das Erlöschen der Perkhörigkeit im Jahre 1860 legte aber der Regierung durch Beschaffung und Bezahlung der Arbeiter neue grosse Opfer auf, wozu auch noch die Erhöhung der Einkaufspreise der Gewürze im Jahre 1859 kam. Auch musste eine grosse Anzahl alter und arbeitsunfähiger Leute, die, so lange sie Sklaven waren, den Perkenieren zur Last fielen, jetzt von der Regierung versorgt werden. Dazu kam dann noch, dass, wie bei jeder vom Staat vergebenen Arbeit die Spesen ungewöhnlich hoch sind, so auch der von der Handelsmaatschappij besorgte Transport und Verkauf der Regierung ungemein theuer zu stehen kam (Lans). So waren für I. Qualität per Amsterdamer Pfund.

	1860		1861	
	Nüsse	Macis	Nüsse	Macis
Die Verkaufspreise in Holland	96 cts.	74 cts.	71 cts.	62 cts.
Der Gewinn der Regierung	$64^3/_{10}$ „	$53^3/_5$ „	$40^3/_{10}$ „	$43^1/_5$ „
Die Spesen von Transport und Verkauf waren demnach	$31^7/_{10}$ cts.	$20^2/_5$ cts.	$30^7/_{10}$ cts.	$18^4/_5$ cts.,

im Durchschnitt also 30—40 % des Marktwerthes der Waare, demnach eine ganz enorme Ausgabe.

Alle diese Faktoren zusammen bewirkten, dass schon im ersten Jahre nach der Freilassung der Sklaven, im Jahre 1861, ein Defizit entstand, ohne dass man ein Mittel ausfindig machen konnte, dasselbe in den folgenden Jahren zum Verschwinden zu bringen. So besiegelte denn das Defizit das Schicksal des Muskatmonopols, jener unheilvollen Institution, gegen welche alle Waffen des Verstandes und der Humanität so lange vergeblich gekämpft hatten.

Die Regierung entschloss sich um so eher zur Aufgabe des Monopols, als auch das Nelkenmonopol keine Erträge mehr abwarf; auch an diesem hatte die Regierung in den letzten Jahren des Monopols, wenn man die Kosten der Fracht bis Batavia abzieht (nach Lans), nur 10 bis 20000 fl. verdient. Im Jahre 1862 hörte man auf, die auf den Nebeninseln aufwachsenden Muskatbäume auszurotten, und 1864 erlosch das Monopol, wenn auch noch nicht gleich in vollem Umfange.

Uebergangsbestimmungen bis 1867.

Selbstverständlich hatte diese Maassregel auch das Aufhören aller Vergünstigungen und Unterstützungen, welche den Perkenieren bis dahin von der Regierung zu Theil geworden waren, für die Zukunft zur Folge. Um nun den bisher am Gängelbande geführten und daran gewöhnten Pflanzer nicht sofort schutzlos dem allgemeinen Wettbewerbe preiszugeben, wogegen sich namentlich die letzteren selbst energisch sträubten, beliess man es vorläufig bei einer fakultativen Aufhebung des Monopols. Zu diesem Zweck wurden bis 1867 reichende Uebergangsbestimmungen getroffen, nach denen die Regierung bereit war, denjenigen Pflanzern, die es wünschten, bis zu dem erwähnten Datum die Hälfte der Ernte unter den alten Bedingungen abzunehmen. Ausserdem wurde die grossmüthige Bestimmung getroffen, dass diesen Perkenieren überhaupt die zinslosen Vorschüsse, die sie 1859 zur Ablösung der Hypotheken von der Regierung erhalten hatten, völlig erlassen werden sollten.

Es ist charakteristisch für die Energielosigkeit der damaligen Perkeniere, dass nur vier derselben die Vorschläge der Regierung ohne Vorbehalt annahmen, der grössere Theil glaubte wenigstens nicht ohne eine gewisse Garantie darauf eingehen zu können, drei zogen sogar die alten, gewohnten Verhältnisse überhaupt vor. Es lässt sich freilich nicht leugnen, dass die auch im Jahre 1864 minimalen Preise der Gewürze und ferner der Zusammenbruch der Kulturen in den Straits Settlements wohl einen vorsichtigen Mann mit Besorgnis erfüllen konnten, und den Entschluss nahe legten, ein wenn auch kleines so doch sicheres Einkommen einem grösseren riskanten vorzuziehen. Auch die Beamten riethen den Perkenieren, die Sache nicht zu riskiren. Ferner erregte auch der Absatz der Produkte Befürchtungen; kurz nach der Freierklärung wurde der Agent der Handelsmaatschappij abberufen und lehnte es ab, Konsignationskontrakte mit den Pflanzern einzugehen; zwar sandte später die Faktorei einen Agenten von Makassar nach Banda, um Kontrakte abzuschliessen, jedoch zu ungenügenden Preisen. Auch die privaten Grosskaufleute von Makassar, Soerabaya und Batavia nahmen nicht gleich von der veränderten Sachlage in Banda Notiz, sodass es lange dauerte, bis sich in Banda selbst ein Markt für Muskatnüsse entwickelte.

Bei der Abwägung von Vortheilen und Nachtheilen kamen folgende faktischen Verhältnisse in Betracht. Die Regierung bezahlte für die Nüsse den Perkenieren 0,16—0,19 fl. und verkaufte sie 1861 für ca. 0,40 fl. im Durchschnitt (Primawaare 22—28 cts. höher); die Macis dagegen bezahlte sie mit 0,39—0,42 fl. und verkaufte sie zu 0,40 fl. im Durchschnitt. Sie arbeitete also bei der Macis schon mit Brutto-Verlust und gewann an den Nüssen brutto kaum 100 %. Diese Gewinne mussten also, wenn die Perkeniere auf die Freikultur eingingen, das Defizit der Macis, die Kosten des Kalkens, die Transport- und Verkaufsspesen und das Risiko decken, sowie endlich auch die Mehrausgaben, die den Perkenieren dadurch entstanden, dass sie die Arbeiter selbst bezahlen und beschaffen mussten, und Reis und Kleidung für sie nicht mehr zu einem Vorzugspreis erhielten. Da man die Spesen der Regierung zwischen Kauf und Verkauf der Gewürze (d. h. die Unkosten der Bereitung, Sortirung, Verpackung, Fustage, Verschiffung nach Batavia, Transport nach Europa, Verkauf daselbst) auf ca. 30—40 % des Verkaufspreises veranschlagen konnte, wie wir eben sahen, so blieb also nach obiger Rechnung nur 20—30 % des Verkaufspreises der Nüsse zur Deckung der übrigen Mehrkosten, des Risikos und des Schadens beim Verkauf der Macis.

Für energische Leute wäre freilich selbst diese Rechnung ein Anreiz gewesen, um auf die Vorschläge der Regierung einzugehen, namentlich da die Spesen für die Regierung viel höher waren als die für Privatleute, so dass sich bei diesen die eben erwähnten 30—40 % auf ca. 18 % ermässigten. Aber Energie suchte man bei dem Durchschnittspflanzer vergebens, und so gingen die Pflanzer nur zögernd auf das neue System ein; selbst noch Ende 1865 war die Majorität der 34 Pflanzer, nämlich 20 derselben, der alten Methode treu. Diese hatten der Regierung 404 000 Pfund Nüsse und 144 000 Pfund Macis abgeliefert, während die 14 freien Pflanzer von der Uebergangsbestimmung nur insoweit Gebrauch machten, dass sie in diesem Jahre 20 000 Pfund Nüsse und 52 000 Pfund Macis der Regierung ablieferten. Aus diesen letzten zwei Zahlen erkennt man, dass sie vermuthlich so viel Macis als sie durften (d. h. die Hälfte) an die Regierung abgesetzt hatten, da ja, wie wir sahen, die Macis nur mit Verlust verkauft werden konnte. Aus dem Mengen-Verhältniss von Macis und Nüssen, das die 20 Monopol-Pflanzer der Regierung lieferten, scheint übrigens hervorzugehen, dass grosse Quantitäten von Nüssen auf diesen Plantagen heimlich in freien Verkehr gebracht wurden.

Die Resultate müssen offenbar ganz gute gewesen sein, trotzdem die für das Produkt erzielten Preise zuerst zu wünschen übrig liessen. 1865 fand in Neira die erste Auktion statt, wobei 420 Pikol „freie Nüsse" für nur 20 fl. per Pikol verkauft wurden, eine kleine Partie gekalkte erzielte 33 fl.; eine nach Makassar gesandte Partie brachte 31 fl. das Pikol in Schale, 50 fl. ohne Schale. Im folgenden Jahre wurden viele Nüsse nach Singapore verschifft, was aber grosse Unkosten machte, namentlich, da man eine Mittelsperson brauchte; auch erwies sich der Markt als zu überfüllt. In Banda gab es nur einen einzigen regulären Händler für Muskat. Auch 1868 wurden in Banda selbst nur 175 Pikol Nüsse und 10 Pikol Macis auf der Auktion verkauft, 1869 dagegen wurden schon 2707 Pik. und 877 Pikol Macis in Banda verkauft und damit war der Bann gebrochen.

Verlängerung der Uebergangsperiode bis 1873.

Die von der Regierung gewährte Uebergangszeit dauerte noch eine Reihe von Jahren; die Frist mit der fakultativen Bestimmung der Lieferung der Hälfte wurde bis 1873 verlängert, was natürlich den Perkenieren wegen des Verkaufs der Macis nicht unangenehm war. Die schnelle Steigerung der Preise in Holland in Folge der Vernichtung der Muskatkultur in den Straits, die schon 1866 begann und sich bis 1871 in steigendem Tempo fortsetzte, und an der die Macis in noch viel höherem Maasse theilnahm als die Nüsse, machte es freilich schon 1866 rentabel, auch die Macis direkt in den freien Verkehr zu bringen. Während bis 1868 noch 20 Perke ihr ganzes Produkt der Regierung überliessen (mit z. Th. kolossalen Reingewinnen, nämlich 63546, 96062, 162500, 130000, 98327, 88470 und 89632 fl. in den Jahren 1864/70), so gab es 1870 nur noch drei Perkeniere, welche es vorzogen, unter den alten Bedingungen zu liefern.

Endgültige Aufhebung des Monopols.

Im Jahre 1871 gingen auch sie zur Freikultur über und vom 1. Oktober 1873, nachdem auch die fakultative Lieferungserlaubniss der Hälfte erloschen war, konnte die Zwangskultur als definitiv aufgehoben betrachtet werden.

4. Die Perkeniere seit Einrichtung dieser Institution um 1623 bis auf die Gegenwart.

Wie wir oben sahen, waren die von der Compagnie eingesetzten Perkeniere eigentlich nur Pächter des Bodens, die zwar ihre Ländereien in Erbpacht besassen, aber doch in Wirklichkeit, auf Nebenbestimmungen hin, schon wegen ganz kleiner Vergehen ev. ihres Besitzes entäussert werden konnten, was freilich fast nie vorkam; dennoch waren sie durch diese und andere Bestimmungen ziemlich in der Macht des jeweiligen Gouverneurs, der ja, wie wir oben sahen, überhaupt ziemlich unumschränkt schalten und walten konnte.

Rentabiliät der Perke. Ihre pekuniäre Lage war natürlich in erster Linie abhängig von den ihnen von der Compagnie für die gelieferten Gewürze bezahlten Preisen. In der allerersten Zeit (1628) scheint die Compagnie für das Pfund Nüsse $1/2$ Stuiver, für die gleiche Menge Macis $6^1/_2$ Stuiver[1]) bezahlt zu haben, das ist also, was die Macis betrifft, $5/4$ des Preises, was die Nüsse betrifft, ungefähr so viel, wie 1599 von Heemskerk während des Freihandels daselbst bezahlt wurde; für 1632[2]) finden wir dagegen schon 7 Stuiver für das Pfund Macis angegeben. Mandelslo giebt im Jahre 1668 an, dass das Pfund Macis 7 Stuiver (oder Schillinge = $4^1/_2$ gute Groschen), das Pfund Nüsse 1 Groschen koste. Später wurden nach Valentijn 0,73 Stuiver für das Pfund Nüsse und 73 Stuiver für das Pfund Macis bezahlt, dagegen etwa vom Jahre 1690 an nach Berechnungen aus Valentijn 0,74 Stuiver für gute und magere Nüsse, für wurmstichige und zerbrochene aber die Hälfte; ebenso wurde für ein Pfund Macis 7,4 Stuiver, für Grus und Staub der Macis dagegen die Hälfte bezahlt. Ferner giebt Rumph an, dass, wenn zu viel Nüsse durch Stürme oder Regen unreif abfielen, entweder dieselben von den Perkenieren vernichtet werden müssten, oder für den halben Preis von der Compagnie angekauft würden. In späteren Zeiten scheinen zwar die mageren Nüsse ständig von der Regierung aufgekauft worden zu sein, doch wurden sie dann auch allgemein viel geringer bezahlt als die guten.

Dass die eben angeführten Preise der mittleren Monopolzeit keine allzu niedrigen waren, erkennen wir, wenn wir damit die Preise aus der Zeit des Freihandels vergleichen; sie entsprachen ungefähr den Preisen, die in Folge der Konkurrenz zwischen Holländern, Engländern und Malayen vor dem Jahre 1609 bestanden; nur wurden die Nüsse damals zweifellos mit Schale verkauft, während sie jetzt geschält werden mussten, so dass die Preise also um $1/3$ niedriger waren als damals, immer aber noch ebenso hoch wie 1599.

---

1) Ver Huell giebt $6^1/_2$ Stuiv. für die Macis an, Eschelskroon l. c. dagegen nur 5 Stuiver; letzterer bemerkt, dass aber $1/4$ davon abzuziehen sei, da alle Geldsorten damals um so viel kastrirt wurden. 48 Stuiver gingen auf den Reichsthaler; da 1 Bahar 425 Pfd. hatte, so wurde also für die Bahar Nüsse $212^1/_2$ St. = $4^1/_2$ Rthlr., für die Bahar Macis 2762 St. = $57^1/_2$ Rthlr. bezahlt.

2) Happelius, Thesaurus exoticor. citirt von Worm; auch Olearius giebt diese Zahl in den Anmerkungen zu Mandelslo.

Womit aber ein bedürfnissloser Eingeborener ganz gut auskommen konnte, wenn er mit seiner Familie und seinen Sklaven sich der Muskatkultur widmete, das war nicht der Fall bei Europäern, welche auf grossem Fusse auf europäischem Stil leben wollten, und noch allerlei Abgaben, meist auch Hypothekzinsen, zu entrichten hatten.

Dass der Perkenier kaum auskommen konnte, wenigstens, falls er mit geliehenem Kapital arbeitete oder überhaupt Kapitalzinsen in Anrechnung brachte, geht schon daraus hervor, dass damals einem Werth der gesammten Perke von 218020 Reichsthalern und jährlichen Einkünften von 22885 Reichsthalern schon eine Schuldenlast von 227117 Reichsthalern gegenüberstand. Noch deutlicher wird es aus folgender Berechnung.

Nach den holländischen Kommissaren (1682) lieferte ein Garten mit 30 Seelen für 419 $^{1}/_{16}$ Rthlr. Gewürz; sein Werth war 3500 Rthlr.; wurde mit geliehenem Kapital gewirthschaftet, so würden bei einem Zinssatz von $^{1}/_{2}$% monatlich 210 Rthlr. für die Zinsen vom Bruttogewinn abgehen, es blieben also nur 209 Rthlr. übrig, wovon die 30 Sklaven zu ernähren und zu bekleiden waren. 30 Sklaven brauchten aber, wenn jeder monatlich 30 Pfd. Reis isst, jährlich 3 $^{1}/_{2}$ Last Reis à 25 Rthlr. = 91 $^{2}/_{3}$ Rthlr. Reis; da ferner jeder Sklave 1 Rthlr. für Kleidung brauchte, so kamen noch hinzu 30 Rthlr. für Kleidung, ferner für Geschenke, Neujahr, Ernte etc., 68 $^{1}/_{2}$ Rthlr., für Geräthe 20 Rthlr., alles zusammen also 210 $^{1}/_{6}$ Rthlr. Es bliebe demnach zur eigenen Ernährung und Kleidung des Perkeniers nicht das geringste übrig.

Zu ähnlichen Resultaten gelangt Lans, ein intelligenter Muskatpflanzer Banda's um die Mitte dieses Jahrhunderts. Nach Valentijn war für die Ernte eines guten Jahres um 1700 herum (704000 Pfd. Nüsse und 176000 Pfd. Macis) von der Compagnie die Summe von 38036 Rthlrn. bezahlt worden, das wären (wie Lans und Bleeker angeben) 96685 fl. Da das Land (die 34 Perke) nach der Regierungsschätzung damals einen Werth von 723750 fl. hatte, so haben die Pflanzer bei einer Kapitalverzinsung von nur 5% 36187 fl. auf die Zinsen in Abzug zu bringen; es blieben demnach etwa 60000 fl., also käme auf den einzelnen Perk im Durchschnitt eine Einnahme von 1700 fl. (bei dem wohl richtigeren Zins von 10% [Bleeker giebt 9—15% an] dagegen nur 700 fl.).

Soweit geht die Berechnung von Lans, sie lässt sich aber noch weiter führen. Da im Durchschnitt jeder Perkenier 75 Sklaven zu beköstigen und kleiden hatte, so würde, falls der einzelne Sklave monatlich nur 1 $^{1}/_{2}$ fl.[1]) kostet, hierfür die Summe

---

[1]) Nach Valentijn (pag. 83) liehen die Landvögte bis 1706 der Compagnie 50, vor 1685 sogar noch mehr ihrer Privatsklaven gegen eine monatliche Gebühr von 3 Rthlrn., also fast 8 fl. Wenn sie hierbei natürlich auch ein gutes Geschäft machten, so ist 1 $^{1}/_{2}$ fl. monatlich für Kleidung, Verpflegung etc. wohl kaum zu hoch genommen, namentlich in Anbetracht, dass der Reis von Batavia hergebracht wurde. 1854 kamen jährlich auf den Sklaven 33 fl. Unkosten; darin waren aber einige Unkosten für Instandhaltung der Gebäude inbegriffen. Nach dem eben angeführten Bericht der holländischen Kommissare (1682) kamen auf jeden Sklaven 7 Rthlr., also 17 $^{1}/_{2}$ fl. jährliche Unkosten, also ziemlich genau 1 $^{1}/_{2}$ fl. monatlich.

von 1350 fl. erforderlich sein, also schon bei einem Zinssatz von 8 % ein Defizit entstehen. Dabei sind noch gar keine Kosten für Reparaturen, Unterhaltung der Häuser, Trockenschuppen etc. gerechnet, wogegen die Kosten des Inventars und der Häuser selbst freilich schon im Kaufpreise einbegriffen sind.

Zu dem gleichen Resultat kommt man, wenn man die genau bekannten Zahlen für die Ausgaben der Perkeniere im Jahre 1854 zu Grunde legt, wo freilich die Zahl der Arbeiter um ein paar Hundert Köpfe grösser war. Die Unkosten waren 1854 fast 80000 fl., rechnet man dieselben für unsern Fall auf 70000 fl., so würde es auf den Perk mehr als 2000 fl. machen, so dass man also bei Berechnung von Hypothekzinsen ein beträchtliches Defizit erhielt.

Jedenfalls ersieht man hieraus, dass, selbst wenn die Perkeniere keine Hypothekschulden hatten und sie sich auch keine Kapitalzinsen anrechneten, was freilich auch nicht berechtigt war, da sie ja den Pachtzins durch die Zwangslieferung der Gewürze an die Regierung bezahlten, sie dennoch keine Reichthümer erwerben konnten. Dazu kam die fortdauernde Misere des Entlaufens und Sterbens der Sklaven, die dann zwar von der Regierung ersetzt wurden, aber nur gegen eine Vergütung von 40 Reichsthalern.

Nach Argensola waren denn auch die Perkeniere, Holländer oder Mestizen, zur Zeit als sich die Verhältnisse auf Banda beruhigt hatten, also wohl vor der Mitte des 17. Jahrhunderts, noch sehr arm, obgleich die um jene Zeit besser behandelten Einwohner und Sklaven nicht mehr so viel davon liefen, und daher die Kultur auch besser betrieben werden konnte.

Noch 1682 bemerken die holländischen nach Banda gesandten Kommissäre (Valentini Histor. Simplicium 1716 Anhang), dass die Konkurse sich so häuften, dass selbst die Waisen- und Krankenpflegeanstalten in Schwierigkeiten geriethen; die Perkeniere könnten sich nur durch verbotene Handlungen, Hinterziehung von Gewürz etc. vor dem Verfall retten; vor allem seien auch die Verkaufspreise der Perke zu hoch; die Kommission schlug deshalb Theilzahlungen vor, so dass der Käufer erst nach Abbezahlung des Ganzen Eigenthümer würde; auch sei es gut, wenn die Compagnie die Hälfte der Schulden der Perkeniere ablöste, um sie durch die Produkte langsam abtragen zu lassen; ferner sei es vortheilhaft, noch in jedem Jahre 200 Sklaven von den östlichen Gegenden her zu schaffen, da gerade die letzten Nüsse und Macis der Ernte besonders schön und voll seien, also gerade diejenigen, die jetzt vielfach selbst auf den sklavenreichsten Plantagen unreif gepflückt würden aus Furcht, zur Zeit der Reife nicht Leute genug zu haben; von der Regierung gelieferte Sklaven dürften jeder nicht mehr als 40 Rthlr. kosten, einerlei ob Mann oder Frau, und zwar junge und kräftige Leute. Ebenso dürfte der Reis nicht höher verkauft werden als die Last zu 25 Rthlr. Endlich müssten die Perke streng beaufsichtigt werden, und jedes Halbjahr müsse eine Kommission eine allgemeine Visitationsreise machen; sie solle bestehen aus zwei Mitgliedern der Regierung und zwei hervorragenden Pflanzern, ferner dem Fiskal und dem Gouverneur des Bezirkes.

Dagegen giebt Valentijn um 1700 schon an, dass die Perkeniere von dem Ueberschuss wie Prinzen leben konnten, obgleich es ursprünglich meist arme Schlucker waren, ehemalige Soldaten, die sich das nöthige Geld zum Theil von kleinen Leuten borgten, zur anderen Hälfte als Hypotheken auf dem Perk stehen liessen.

Valentijn sagt (l. c. pag. 15): „Da ist nichts leckeres an Speis und Trank, was sie nicht besitzen, und sie sind gewöhnt, namentlich wenn die Schiffe von Batavia kommen, mit den Schiffsfreunden und denen von Neira und den anderen Inseln reichlich zu gastiren und fröhlich zu sein. Das ist auch kein Wunder, denn sie verdienen reichlich und haben es dazu. Sie sind im Besitz der schönsten und fettesten Schafe, die man nur wünschen kann, die sie von den Süd-Ost-Inseln bekommen und daneben läuft noch mancherlei Vieh auf ihrem Hof. Holländisches Bier, Luiksches Bier, Mom und vortreffliche Weine findet man bei ihnen in solcher Güte und Ueberfluss, wie sonst nur bei manchem Landvogt."

Natürlich war dies nur durch glänzende Nebenverdienste möglich, wenn sie nicht, was nach Valentijn auch nicht selten vorgekommen zu sein scheint, leichtsinnig auf Kosten der Geldleiher darauf loslebten. Nebenverdienste der Perkeniere.

Zu den redlichen Nebenerwerben gehörte der Verkauf von Früchten und Gemüsen, Bambus und Kalk, die Oelbereitung aus den Kanarisamen, die Fischerei, die Palmweinbereitung, ferner hatten 20 Perke das Monopol, selbstgebrannten Arrak der Compagnie zu verkaufen (Valentijn pag. 15). Nach Angabe der Kommission von 1682 durfte jeder dieser Perke Arrak im Werthe von 60 Reichsthalern verkaufen und die Bewohner von Ambon durften sich nur hier, nicht auch von Batavia aus, mit Schnaps versorgen, ja die Pflanzer schlugen sogar vor, dass auch den Ternatanen und Makassaren die gleiche Verpflichtung auferlegt würde; wenn dies auch wegen der Entziehung weiterer Sklaven von der Arbeit in den Plantagen Bandas der Kommission nicht räthlich erschien, so unterstützte sie den Vorschlag, dass Blasen, Schlangen etc. inkl. des Anis von der Compagnie den Perkenieren für einen billigeren Preis geliefert würde als bisher. Aber auch bei diesen Nebengewerben wurden zweifellos häufig unrechtmässiger Weise die Perksklaven gebraucht, die auf diese Weise ihrem eigentlichen Lebenszweck, die Compagnie zu bereichern, entzogen wurden. Aus Valentijns Angaben, dass 2577 Sklaven nur einen Bruttowerth von 96685 fl. produzirten, jeder also nur 38 fl. im Jahre verdiente, scheint mir auch hervorzugehen, dass sehr viele anderen Beschäftigungen nachgingen.

Besonders erleichtert wurden diese Nebenverdienste dadurch, dass den Perkenieren erlaubt war, nach den Südoster- und den Sudwesterinseln hin Handel zu treiben. So sagt z. B. Graf Hogendorp (Einleitung zu Earl Eastern Seas), dass einige Einwohner von Banda immense

Reichthümer erworben hätten, aber nicht durch Agrikultur, sondern durch Contrebande und Handel nach den Aru-Inseln, wohin sie auf ihren Prauen verlässliche Sklaven sandten, trotz ausdrücklichen Verbotes, und obgleich sie dieselben ausschliesslich für ihre Pflanzungen erhalten hatten. Natürlich hatten sich diese von den Handelszügen zurückkommenden Sklaven der Arbeit entwöhnt, und hatten ja auch das Schicksal ihrer Herren zu sehr in der Hand, um durch Strafen zur Arbeit gezwungen werden zu können.

Auch Valentijn (pag. 97) führt einen Fall an, vom Jahre 1697, wo ein Perkenier verklagt wurde, einen Sack (Sokkel) Macis durch seine Sklaven einem Dritten gesandt zu haben, um das Gewürz an Fremde zu verkaufen. Jedenfalls erleichterten die vielen mit Sago von den Nachbarinseln kommenden Schiffe, sowie die Fischerfahrzeuge diesen Schmuggel ungemein.

Zweifellos haben die meisten Landvögte, und erst recht die schlecht bezahlten Unterbeamten, ein Auge zugedrückt, und zwar wohl nicht zu ihrem eigenen Nachtheile. Nur hierdurch wird es verständlich, dass die Preise, für welche die Perke nach dem Tode der Inhaber verkauft wurden, bis zum Jahre 1700 bedeutend stiegen.

Im Anfang des 18. Jahrhunderts war aber die schöne Zeit für die Perkeniere vorbei; auf Andrängen der Siebzehner, der Leiter der Compagnie wurde eine scharfe Kontrolle geübt; der Landvogt de Haase, der 1709 nach Banda kam, führte ein strenges Regiment ein.

Die Folge war, dass die Perkeniere in kurzer Zeit verarmten und allmählich immer mehr die Schuldner der Compagnie wurden. Nur selten bemühte sich ein edelmüthiger Gouverneur, wie beispielsweise de Klerk, das Loos der Perkeniere zu bessern, meist wurden sie sogar noch auf verschiedene Weise übervortheilt, z. B. bei dem Kauf von Reis etc., und zwar derart, dass im 18. Jahrhundert (nach Dassen) Banda berüchtigt war als schlechtest regierte Besitzung der Compagnie.

Der englische Gewährsmann von Moreau (pag. 305) sagt darüber: Die Gouverneure haben weder Ueberwachung noch Kontrolle zu fürchten, die Mitglieder des Rathes sind nur auf den eigenen Vortheil bedacht und benutzen nur die Macht, um die Compagnie zu hintergehen; sie verkaufen Gewürze auf den benachbarten Inseln und liefern selbst in Kriegszeiten den Eingeborenen Waffen und Munition.

Verarmung der Perkeniere in der 2. Hälfte des vorigen Jahrhunderts.

Namentlich in den 60er und 70er Jahren verarmten die Perkeniere total durch das Darniederliegen des Handels nach den Südoster- und Südwester-Inseln, trotzdem sich im 18. Jahrhundert seit dem Nachlassen der Muskatausrottungsexpeditionen der Wohlstand daselbst gehoben und ein regerer Handel entwickelt hatte. Es hatten aber zwischen 1760 und 1765 die Buginesen begonnen, ihre Fahrten dahin auszudehnen, und machten bald den Bandaleuten eine unüberwindliche Konkurrenz, so dass nur noch wenige grössere Perkeniere dorthin Handel zu treiben vermochten. Dazu kam noch um diese Zeit ein grosses Kindersterben und das Flüchten vieler Sklaven in die Berge. Endlich brachte auch ein Erdbeben am 17. September des Jahres 1763 grosse Verluste.

Dabei kann man nicht sagen, dass dieser Ruin die Perkeniere ganz schuldlos traf. Nach Hogendorp (l. c. pag. 503) gaben sich „die Perkeniere einem mit wenigen Ausnahmen trägen, wollüstigen und zügellosen Leben hin. Sie überliessen die Sorge für die Pflanzung einigen verkrüppelten und verwachsenen Sklaven, da die besten zu Hause bedienten und zu anderen Arbeiten gebraucht wurden, und sahen mit einem Wort die ihnen anvertrauten Länder nur als ein Mittel an, sich Geld zu verschaffen und darauf Hypotheken aufzunehmen und um für die Dauer Sklaven, Reis und Esswaaren zu geringem Preis zu erhalten.“ Noch stärker drückt er sich aus in den Worten: „Auch hat die Klasse von Kolonisten allezeit in Elend, Dummheit und Sittenlosigkeit verbracht und ein durchaus thierisches Leben geführt.“

Wie hochmüthig dabei die Perkeniere waren, zeigt das Auftreten eines Perkeniers von Ay, der drei Perke und 1200 Sklaven besass und um die Mitte des vorigen Jahrhunderts wegen Todtschlag zu Zwangsarbeit verurtheilt war; er bot der Regierung eine Summe von 100000 fl. an, wenn es ihm erlaubt würde, als Kettensträfling eine goldene Kette tragen zu dürfen.

Wirklich verhängnissvoll ward den Perkenieren das Jahr 1778 durch den kolossalen Orkan vom 2. Mai, der gerade einsetze, nachdem eine unverständige Verordnung des Gouverneurs die Pflanzungen ihres Windschutzes, der alten Kanarienbäume, beraubt hatte. Orkan von 1778.

Fast alle Bäume sollen dabei zu Grunde gegangen sein, nach Olivier blieben nur 8000 Bäume am Leben, nach einem anderen wahrscheinlich übertreibenden Gewährsmann soll sogar die eine Stunde derart vernichtend gewirkt haben, dass von 1000 Bäume keine fünf stehen blieben.

Die Produktion ging von 483155 Pfund Nüssen und 89047 Pfund Macis vom Jahre 1776/77 auf 30000 Nüsse und 8—10000 Pfund Macis im folgenden Jahre zurück (Heukenvleugt), und auch 1780/81 betrug die abgelieferte Ernte erst 54526 Pfund Nüsse und 17628 Pfund Macis. Bei den vorhandenen Vorräthen machte sich natürlich der Rückgang der Produktion in Holland erst etwas später geltend; so z. B. wurden in den Jahren 1775—78 in den 6 Kammern jährlich 80—100000 Pfund Macis verkauft, auch im Jahre 1779 noch 80000, hingegen aber 1780 nur noch 40000 Pfund Macis (Luzac).

Kaum hatte man wieder begonnen, die Lücken auszufüllen, so vernichtete die Hitze des Jahres 1782 50000 Bäume, junge und alte. (Lauts IV pag. 128.)

Natürlich wurde durch solche Schläge die Lage der Perkeniere eine immer ungünstigere. Freilich war die Bezahlung schon vor 1778 eine etwas bessere geworden, nämlich nach Stavorinus, dessen Reise zwischen 1768 und 1771 liegt, $1^1/_4$ Stuiver für das Pfund Nüsse und 9 Stuiver für das Pfund Macis, nach Oudermeulens Memorie (Lauts IV, pag. 88) 1772 sogar $1^1/_2$ Stuiver für das Pfund Nüsse, und nach dem Orkan von 1778 war die Bezahlung abermals erhöht worden (Huysers, pag. 30), auf $3^1/_2$ Stuiver das Pfund gute Nüsse, für die schlechten die Hälfte, und für das Pfund Macis 10 Stuiver. Dennoch genügte selbst diese relativ glänzende Bezahlung nicht, um die Perkeniere wieder in die Höhe zu bringen, zumal auch noch viele Douceurs an die Beamten zu zahlen waren (Lauts V, pag. 304). Dann gingen von den gezahlten Preisen noch 10% als Anerkennung des Bodenrechtes der Regierung, und 7% für die Compagniebeamten ab; war das letztere eine alte Sitte, so waren hingegen die 10% erst wenige Jahre vor Ankunft der Engländer hinzugeschlagen (Moreau, pag. 296); es machte dies also eine Bruttoeinkommensteuer von 17% aus. Immer weitere Vorschüsse wurden aufgenommen, schliesslich unter Schuldverband der Perke. Zwei Drittel des Eigenthums schuldeten sie schon der Compagnie (Lauts, V, pag. 128). Geld zur Verbesserung der Kultur oder zur Anschaffung neuer Sklaven fehlte vollständig, und mit der Arbeitslust der Perkeniere war es auch schlecht bestellt.

Allmählich sammelten sich die Schulden so an, dass sie bei den meisten Perkenieren den Werth der Perke überstiegen, schliesslich, im Jahre 1796, schuldeten sie nach dem Bericht des Gouverneurs van Boeckholtz der Compagnie mehr als 300000 Reichsthaler (Hogendorp, pag. 503).

Unterdessen steigerte sich die Produktion von Gewürzen wieder etwas; nach Bleeker war die Produktion von 1795 erst 56000 Pfd. Nüsse und 18000 Pfd. Macis, dazu kam aber wohl noch die durch die Engländer in Besitz genommene halbe Jahresernte von 81618 Pfd. Nüssen und 23885 Pfd. Macis, das wären demnach zusammen 137000 Pfd. Nüsse und und 42000 Pfd. Macis, also schon wieder eine ziemlich respektable Menge. Um nun auch für die Zukunft eine Ueberproduktion zu verhindern, wie eine solche ja in der Mitte des Jahrhunderts existirt hatte, fassten die nach Indien zur Kontrolle der Compagnie herausgesandten General-Kommissäre den sehr verfrühten Beschluss, dass überhaupt nicht mehr als 520000 Pfd. Nüsse und 130000 Pfd. Macis produzirt werden solle, d. h. gerade so viel, wie für den europäischen und asiatischen Markt nöthig sei; zugleich sollten die den Perkenieren bezahlten Preise abermals erhöht werden.

Ausserdem wurde im gleichen Jahre der Gouverneur van Boeckholtz mit ausgedehnten Vollmachten für Reformen im Gouvernement Banda versehen. Er versprach die Perkgebäude erneuern zu lassen, neue Perksklaven zu schaffen und die Reislieferungen neu zu regeln. Vor allem aber beschloss er, die Ueberschuldungsfrage zu ordnen und zwar dadurch, dass er die Perken als der Regierung verfallen einziehen wollte, um sie dann wieder neu zu vertheilen.

Die Perkeniere demonstrirten natürlich aufs Entschiedenste gegen diese Einziehung und Neuvertheilung der Perke. Sie verlangten uneingeschränkte Erblichkeit in Bezug auf die verschuldeten Perke und begannen sie unter sich zu vertheilen. Sie wollten, dass sie für Reis und Kleidung der Regierung nichts zu zahlen hätten, da es nothwendige Grundlagen ihrer Existenz seien; im übrigen würden sie die Schulden lieber baar bezahlen, als dass ihnen die Perke fortgenommen würden, was sie als Vertrauensbruch und Gewaltthätigkeit betrachteten (Moreau).

Einziehung der Perke durch die Regierung 1. Februar 1796.

Dennoch wurde am 1. Februar 1796 das Eigenthumsrecht der Perkeniere auf die Perke eingezogen und die Schulden, welche die Perkeniere bei der Landschaft sowie bei der Waisenkammer und dem Kirchenfond (Diaconie) hatten, auf Rechnung der Regierung übernommen. Vor allem wurde dem Gouverneur hierbei vorgeworfen, dass er eigennützige Motive dabei verfolge, und in der That bedachte er bei der Neuvertheilung sich und seinen Schwiegersohn mit den besten Perken, während er die übrigen nach Gutdünken unter die bisherigen Perkeniere vertheilte, aber mit dem strengen Verbot, je wieder sich zu einem Schuldverband zusammenzuthun. Es wurden jedoch die neuen Lehnbriefe niemals ausgegeben, da die Inbesitznahme der Inseln durch die Engländer im März die Ausführung aller angeführten Reorganisationspläne verhinderte.

Erste englische Zwischen-Periode 1796–1802.

Die kurze englische Zeit liess alle diese Fragen unerörtert; die alten Perkeniere blieben ruhig fürs erste die Besitzer, an Sklaven fehlte es nach wie vor (der Gewährsmann von Moreau schätzt das Manko auf ca. 800) und was das schlimmste war, durch die Faulheit derselben kam jede Arbeit ungemein theuer zu stehen. Wenn eine grössere Arbeit nöthig war, so musste deshalb das Gouvernement die wenigen freien Handwerker nehmen, sowie die Privatsklaven, die für ihre Herren arbeiteten. Auch der Schmuggel existirte natürlich nach wie vor.

Nachdem Banda durch den Frieden von Amiens wieder an Holland gefallen war, wurde zwar im Jahre 1803 eine Kommission mit Vollmachten versehen, um die 1796 versprochenen Reformen einzuführen, doch besass sie weder die Mittel noch die Macht, um die damals gegebenen Versprechen einzulösen. Da die drückende Härte des Monopols nach der relativen Milde der englischen Zwischenzeit wiederbegann, so fingen die Perkeniere natürlich wieder an zu klagen. (Daendels). Vor allem verlangten sie Sklaven, namentlich Papuanen sowie Leute von Ceram und Timor kamen in Betracht; auch Sträflinge wurden wieder nach Banda gebracht „Ketting gangers und Banditen sowie selbst verurtheilte Taugenichtse“ (Lauts V p. 230). Uebrigens machte die Produktion auch in dieser Zeit nur geringe Fortschritte, wie Heukenvleugt angiebt, weil die Bäume nach dem Orkan von 1778 zu dicht gepflanzt wurden. Im Jahre 1804 wurden nur 135975 Pfd. Nüsse und 27755 Pfd. Macis abgeliefert, also nicht mehr als im Jahre 1795.

Daendels Reorganisation.

So verlangten denn die Inseln dringend nach einer Reorganisation, die ihnen dann im Jahre 1708 durch das kräftige Regiment von Daendels gegeben wurde. Der Hauptgrund lag, wie Daendels schreibt, „in der aussergewöhnlich schlechten Beschaffenheit der Banda'schen Gewürze, in dem beklagenswerthen Zustande der Perkeniere, dem Mangel an Sklaven, dem Verfall der Perkgebäude und der Folge hiervon, der Unachtsamkeit beim einsammeln, bergen und behandeln des Produktes.“ „Der Zustand der Perkeniere war sehr beklagenswerth, sie mussten die Specereien zum alten Preis liefern, während die Lebensmittel und andere Lebensbedürfnisse, die von Java hergebracht wurden, im Preise gestiegen waren. Dazu kam noch, dass die Güter, welche die Nachbarinseln zu Markte brachten, als da sind Speck, Oel, Früchte etc., von der Regierung derart belastet waren, dass die Lage der Perkeniere, obgleich es Christen waren, schlimmer war als die der Sklaven zu Batavia.“

Die Reorganisation Daendel's vom 15. Mai 1809 in Bezug auf die Beamten haben wir schon oben kennen gelernt. In seinen Organique Stukken, Molukkos, findet sich in Nr. 24 aber auch eine ausführliche Instruktion für die Perkeniere, von denen wir die Hauptbestimmungen kennen lernen wollen.

Art. 1. Jeder Perkenier hat ein festes und erbliches Gebrauchsrecht an seinen Perk.
2. Die Gebäude werden vom Perkenier auf eigene Kosten (nach Zustimmung der Regierung) errichtet, beim Verlust des Perkes aber nach der Taxirung vergütet.
3. Der Perkenier darf das Gebrauchsrecht auf den Perk verkaufen, verschenken und vermiethen, falls die Person nicht als unpassend dafür angesehen wird.
4. In gewissen Fällen kann die Regierung die Person selbst ernennen.
7. Die Perke dürfen nicht getheilt werden.
9. Es müsse successiv möglichst bald die volle Zahl Sklaven geliefert werden.
10. Auch die nöthigen Perkgebäude sollen für diesmal noch von Regierungswegen gebaut werden.

Art. 11. Jeder Sklave erhält monatlich von der Regierung 40 Pfd. Reis, gegen Bezahlung von 50 Reichsthalern für 3000 Pfd.

12. Die Perkeniere erhalten für sich und das Hausgesinde gleichfalls Reis, soweit der Vorrath reicht, und zwar gegen Bezahlung von 100 Rthlrn. für den Cojang von 3000 Pfd.

13. Auch Kleider werden, soweit vorhanden, den Perkenieren gegen mässige Preise geliefert.

14. Alle Spezereien werden ausschliesslich an die Regierung abgeliefert.

15. Der Perkenier ist verantwortlich für Schmuggel in seinem Revier.

16. Er darf keine Leute, die dort nichts zu thun haben, in seinem Perk sich herumtreiben lassen.

17. Auch darf kein Fremder dort wohnen.

18. Ebenso dürfen keine Schiffe länger als nothwendig an der Küste der Perke liegen, namentlich nicht beim Wasserplatz von Combir.

19. Bei Strafe ist es verboten, Oel oder Bandaseife zu bereiten, auch kein Kanariöl ohne Erlaubniss.

23. Die Perkgebäude, die Räucherschuppen, die Sklavenverliesse, die Regenbassins etc. sind in gehöriger Ordnung zu halten; als Ersatz für die gestorbenen oder abhanden gekommenen Sklaven müssen neue über 10 und unter 40 Jahre alte eingesetzt werden.

25. Die Perksklaven dürfen nie von den Pflanzungen entfernt oder zu Privatdiensten benutzt werden.

27. Die Perke müssen frei von Gestrüpp und Unkraut gehalten werden; Kletterpflanzen, Taij boerong oder sog. daun manompang [vermuthlich Loranthus], sowie weisse Ameisen etc. müssen entfernt werden.

28. In der Regenzeit müssen alle leeren Plätze mit jungen mindestens 2′ hohen Bäumen ausgefüllt werden, und zwar müssen sie in schon während der Trockenzeit gegrabene Löcher von 16—24′ Abstand eingesetzt werden.

29. Alte, unfruchtbare und zu dicht stehende Bäume sind auszurotten, aber mit Genehmigung des Perk-Aufsehers.

30. Auch Schutzbäume sind zu pflanzen, in Uebereinstimmung mit dem General-Perk-Aufseher.

31. Der Boden muss durch hacken besenrein gehalten werden, wegen des Einsammelns.

32. Täglich müssen die Sklaven die Perke durchziehen, während der Erntezeit mindestens zwei Drittel derselben.

33. Die abgefallenen Nüsse müssen innerhalb 12 Stunden unter den Bäumen aufgelesen werden und dürfen nicht mit den reifen vermischt werden, sondern müssen für sich getrocknet und abgeliefert werden.

34. Von unreifen, durch Zufall, Regen oder Wind abgefallenen wird nur die Macis gesammelt; diese Nüsse selbst werden nicht getrocknet, sondern an besonderen Orten aufgestapelt und dem General-Aufseher gezeigt, um dann verbrannt zu werden.

35. Die Sklaven dürfen niemals die Bäume schütteln, sondern müssen die Nüsse so viel wie möglich pflücken, aber nicht eher als sie einen Spalt zeigen.

36. Die Nüsse sind auf den Para Paras nicht zu hoch aufzuschütten, mindestens dreimal wöchentlich umzuwenden und das Feuer stets zu unterhalten, so dass es nie ausgehen kann.

Art. 37. Die Trockenhäuser besitzen 7 Fächer, die Nüsse müssen einen Monat in jedem liegen, am Ende des sechsten Monats werden sie herausgenommen, geschält und auf einen trockenen Platz gebracht.

38. Die Macis muss trocken und sauber sein, ohne Staub, Fäulniss oder verdorbene Blättchen oder Bankas darunter.

39. Wenn die Perkeniere einigen ihrer Verpflichtungen nicht nachkommen, so können sie nicht nur zum Verlust ihrer Perken verurtheilt, sondern auch arbiträr bestraft werden.

Auch die den Perkenieren zu bezahlenden Preise wurden erhöht, wenigstens für die Nüsse, und zwar wurden von jetzt an zwei verschiedene Preise bezahlt, je nach der Entfernung vom Hauptplatze auf Neira.

Dies hatte seine volle Berechtigung, denn während die nahe gelegenen Perke ihr Produkt bequem in einem Tag hinschaffen und dabei noch Gemüse und Früchte für Neira mitnehmen konnten, kostete den abgelegenen Perken Hin- und Rückreise häufig drei Tage, sie hatten ihre eigenen Kähne (Prauen) dafür zu unterhalten, und als Bemannung Werkvolk aus den Plantagen zu nehmen, die Leute also der Muskatkultur zu entziehen.

Für Neira, Celamme und das Vorland von Lontor, also für die ganzen nach Neira hin gerichteten Abhänge Gross-Bandas wurden bezahlt, für fette und mittelmässige Nüsse 4 Stuiver per Pfund, für die Macis 10 Stuiver per Pfund. Für die Plantagen auf der Hinterseite Gross-Bandas und auf Ay dagegen 5 Stuiver für das Pfund fette und mittelmässige Nüsse und 11 Stuiver für die Macis. Magere Nüsse wurden durchweg mit 1½ Stuiver, Bruch mit 1 Stuiver das Pfund bezahlt. Wie man also sieht, sind die von der Regierung für die Nüsse gezahlten Preise seit Beginn der holländischen Herrschaft um das Acht- bis Zehnfache gestiegen, die der Macis kaum um das Doppelte. Diese Preise scheinen dann lange im Wesentlichen die gleichen geblieben zu sein.

Zweite englische Zwischenperiode 1810—1816.

Die zweite englische Periode 1810—1816 änderte wenig in Bezug auf das Leben und die Einkünfte der Perkeniere. Nach Low zerstörte im Jahre 1811 ein Sturm viele Früchte, nach v. d. Crab schädigte auch 1815 ein Orkan die gerade wieder gut tragenden Perke, namentlich aber richtete das Erdbeben vom Jahre 1816 grossen Schaden an, viele der Wohnungen und Gebäude der Perkeniere stürzten ein, so dass es natürlich dadurch auch unmöglich wurde, die Nüsse sorgfältig zu behandeln; die Bäume selbst scheinen weniger gelitten zu haben. Die Bestände der Perke waren wieder fast auf der alten Höhe angelangt, wenigstens wurden sie um 1814 geschätzt auf 570000 Bäume, darunter 480000 tragende.

Hatten die Perkeniere früher schon den Handel nach den Südoster- und Südwesterinseln grösstentheils verloren, so wurde ihnen jetzt auch der kleine Handel auf Neira und den nächst benachbarten Inseln fortgenommen durch die um diese Zeit hinkommenden Araber, die billige Ausverkäufe und Auktionen veranstalteten, womit die europäisirten Bandanesen nicht konkurriren konnten.

Holländische Zeit von 1817 an.

Noch ungünstiger wurden die Zustände der Perkeniere in der 1817 wieder beginnenden holländischen Zeit. Zwar wurden die 1816 eingestürzten Perkgebäude wieder mit Regierungshilfe aufgebaut, trotzdem war aber die Lage der Perkeniere doch durchaus keine beneidenswerthe. In den Jahren 1817—1819 wurden jährlich 390491 Pfund Nüsse und 93286 Pfund Macis geerntet, wofür sie im Durchschnitt 80083 fl. $24^1/_2$ Stuiver ausbezahlt erhielten; davon gingen ab für Kleider und Nahrung der Sklaven und Sträflinge $37595{,}29^4/_5$ fl., so dass sie sich also in einen Gewinn von 42488 fl. zu theilen hatten, indem also auf jeden 1250 fl. kam. Dafür hatten sie dann aber noch ihre Geräthe und Kleidung zu bezahlen und von ihrer Nahrung alles bis auf Reis und Salz, ferner Reparaturkosten etc. Kam dann aber ein schlechtes Jahr, wie z. B. das Jahr 1819, so fiel der durchschnittliche Verdienst auf 569,15 fl. Es gab zwar Nebenverdienste, wie Kanariölbereitung, Fischfang, Verkauf von Früchten und Gemüsen etc., aber dazu waren Privatsklaven nöthig und die waren rar; nur 5—6 der Perkeniere um diese Zeit besassen eigene Mittel.

Einige wohlhabendere Pflanzer pflegten auch bei Ankunft der Schiffe von Batavia europäische Nahrungsmittel und Weine aufzukaufen, die sie dann später in kleinen Posten mit grossem Gewinn wieder absetzten, die meisten steckten aber (nach Reinwardt 1821) tief in Schulden, sowohl bei Privatpersonen als auch bei der Regierung, von der sie den Reis etc. auf Kredit empfingen, was dann bei der Lieferung von Nüssen und Macis ausgeglichen wurde; bezeichnend ist es jedenfalls, dass nur ein einziger, sehr still und einfach lebender Perkenier damals bei der Lieferung Geld ausbezahlt bekam.

Grossentheils hatten sie es sich übrigens selbst zuzuschreiben, wenn die pekuniären Verhältnisse so schlechte waren, denn obgleich ja die Inseln selbst nur Fische und einige Gemüse und Früchte produzirten, so lebten sie doch daselbst besonders gut und sprachen besonders auch dem Weine zu. Es waren übrigens ebenso wie früher meist Leute von geringer Herkunft und ohne Bildung, einer der reichsten konnte nicht einmal schreiben; manche waren vorher Soldaten, andere kleine Beamten gewesen; nach Crawfurd (III, pag. 404) waren es meist Nachkommen von Invaliden und Abenteurern, „an indolent, ignorant, idle, dissipated class of men." C. M. Visser, Gouverneur der Molukken, erklärt die Perkeniere in einem offiziellen Schreiben (v. d. Lindon, pag. 17) „als lui en sorgeloos en verkwistend van aard, even verslaafd aan den drank, even uitgeput en zwak van ligchaamsgestel, even bekrompen van geestvermogens als hunne vaderen zulks waren."

Hatte sich, wie wir sahen, seit einer Reihe von Jahren die Zahl der Bäume wieder fast auf den alten Bestand erhoben (im Jahre 1820 gab es 547783 Bäume), so machte die grosse oben ausführlich geschil-

Eruption von 1820.

derte Eruption im Jahre 1820 und dann wieder die von 1824 vielen Hoffnungen ein Ende, wenn auch die Bemerkung von Low, dass die Ausbrüche zwischen 1820 und 1826 Dreiviertel aller Bäume beschädigten, übertrieben sein mag. Jedenfalls aber konnte man nach 1820 auf eine längere Reihe von geringen Ernten rechnen, und Reinwardt schätzte diejenige des Jahres 1820 auf nur 200000 Pfund Nüsse und 50000 Pfund Macis, also auf die Hälfte der Durchschnittsernte der vorhergehenden Jahre.

Reformen van der Capellen's.

Oben wurde auseinandergesetzt, dass in den Jahren des Niederganges der Monopoleinkünfte die Frage der Aufhebung des Monopols eine sehr aktuelle geworden war. Das Resultat war aber die Beibehaltung desselben, dagegen versuchte der General-Gouverneur van der Capellen 1824 allerlei gut gemeinte Reformen einzuführen; mit grossem Enthusiasmus wurde er jedenfalls in den Molukken begrüsst, und seine Worte flossen über von Humanität, was er aber schliesslich durchführte, war wohl für die Beamten und die Eingeborenen eine Erleichterung, aber kaum eine so grosse für die Perkeniere. Wenn daher Olivier, sein Reisebegleiter, schreibt, er habe feste Grundlagen für ihre Wohlfahrt geschaffen und sei so beliebt, dass sie bereits seinen Namen als den eines Schutzengels stammeln lernen, so ist dies eine wenig anmuthende Uebertreibung.

Das einzige Wesentliche, was die Perkeniere erreichten, war die Regelung ihrer Besitzverhältnisse, da sie seit lange (wohl seit der nicht durchgeführten Neuordnung von van Boeckholtz) immer im Unklaren waren, ob sie auch wirklich von Rechtswegen die Erbpächter ihrer Perken seien. Nach einer Verordnung van der Capellen's durften sie endlich ihre Perken als Eigenthum betrachten und konnten sie auch unter gewissen Bedingungen verkaufen, freilich aber besassen sie bis 1845 keine Beweisakten, dass die Perke ihr Eigenthum seien.

Nach wie vor hatten sie dagegen die Verpflichtung, die Perke gut in Ordnung zu halten, die Perksklaven gesetzmässig zu behandeln, zu ernähren etc., die Zahl der gestorbenen und entflohenen durch neue, speziell durch die neu aufwachsenden zu ersetzen, sowie den Vorschriften überhaupt zu gehorchen; beim Einziehen der Perke mussten sie gegen Entschädigung abgefunden werden, ferner konnten ihre Perke, falls sie dieselben nicht in Ordnung hielten etc., unter Verwaltung gestellt werden. Die Preise der Gewürze blieben dieselben.

Reis sollte den Perkenieren für die Perksklaven das Kojang von 3000 Pfund zu 80 fl. (das ist ungefähr der halbe Preis), für die Haussklaven bis zur Zahl von 20 für 120 fl., darüber zu 132 fl. geliefert werden, ferner Pfeffer für 10 Stuiver das

Pfund, Baumwollwaaren wie bisher aus den Magazinen. Auch Werkzeuge und Baumaterialien erhielten sie aus den Gouvernements-Magazinen, wenigstens in den 50 er Jahren (nach Oxley).

Die Instruktionen in Bezug auf Behandlung und Versendung der Gewürze bieten wenig Neues, nur sei erwähnt, dass Fässer als allein zur Versendung geeignet angesehen wurden, da sie fast hermetisch schliessen.

Eine der Hauptklagen der Perkeniere war die geringe Zahl der Sklaven. 1812 war von den Engländern ein Verbot des Sklavenhandels erlassen und 1819 von den Holländern erneuert. War die Zahl derselben in früheren Zeiten meist über 2000 gewesen, so war sie schon 1810 auf 1708 gesunken; sie scheint dann zwar 1812, während der englischen Zeit, vorübergehend gestiegen zu sein, jedoch gab es 1818 nur noch 1613, 1821 sogar nur 1488 Sklaven, und wie sollte man nach Aufhebung des Sklavenhandels neue bekommen, da die eigene Vermehrung derselben eine so geringe war. Es waren zwar daneben einige Zwangsarbeiter da, jedoch nicht in genügender Menge (1821 waren es 286, darunter 14 Frauen, und 1822 waren es 1727 Sklaven und Zwangsarbeiter zusammen). Van der Capellen sagt in seinen Memoiren, es war nöthig, entweder Balinesen oder andere Eingeborene einzuführen, auf Kontrakte mit den Fürsten hin, oder aber vom Gouverneur von Timor Deli, das portugiesisch war, Sklaven zu kaufen; für erstere war ein 10—12jähriger Kontrakt zu machen, sie seien aber freie Leute; letztere dagegen könnten gekauft und dann als frei erklärt werden. Erfolg scheint er aber kaum gehabt zu haben, denn auch nachher sank die Zahl der Perkhoorigen immer weiter, sodass es 1828 nur noch 1352 gab, 1830 inkl. der Zwangsarbeiter 1672, 1840—1859 dagegen schwankte die Zahl der Perksklaven zwischen nur 1100 und 1200 Köpfen. Auch die Zahl der Privatsklaven, die in Folge des Mankos vielfach auf den Perken eingestellt wurden, nahm zusehends ab, 1828 waren es 1190, 1840 919, 1855 700 und 1860 nur noch 514. Mangel an Sklaven.

Als Ersatz für die Sklaven, die man mit dem besten Willen nicht mehr beschaffen konnte, suchte man in steigendem Maasse Sträflinge zu importiren; jedoch konnte man deren Zahl nicht konstant halten. Sträflinge als Ersatz der Sklaven.

Es gab in Banda an Zwangsarbeitern zwischen 286 im Jahre 1821 und 1005 im Jahre 1840.

Da aber auch diese Zwangsarbeiter noch nicht genügten, um die Perke zur Blüthe zu bringen, so folgte man endlich dem Vorschlag Van der Capellen's, freilich erst 28 Jahre später, und begann in den 50er

Jahren Versuche mit Kontraktarbeitern zu machen, wie wir oben schon gesehen haben.

Fortschritte der Perke.

Unterdessen hatten die Perke wieder grosse Fortschritte gemacht, statt der 200000 Pfund Nüsse des Jahres 1821 produzirten sie wieder 1820--29 im Durchschnitt 488000 Pfund Nüsse, in den 30er Jahren 444000 Pfund, in dem folgenden Jahrzehnt sogar 606000 Pfund Nüsse per Jahr, immer mit der entsprechenden Menge Macis.

Freilich kamen die Perkeniere trotzdem nur langsam voran; 1845 waren sie wieder in Geldschwierigkeiten und riefen die Hilfe der öffentlichen Fonds an. Es wurde beschlossen, dass sie wohl vom Kirchenfonds in Banda Geld auf die Perke aufnehmen dürften, aber dass der Reingewinn der Perke nicht hierfür haftbar gemacht werden dürfe; so wurden dann wieder ordentlich Gelder aufgenommen, meistens aber gut verwendet zur Verbesserung der Perke, um durch die so erreichte grössere Ertragsfähigkeit die Mittel zu bekommen, die Zinsen zu bezahlen.

Erdbeben von 1852.

Jedenfalls hatte man grosse Hoffnungen auf die Zukunft gesetzt, als das starke Erd- und Seebeben des Jahres 1852 durch Zerstörung von Wohnhäusern, Perkgebäuden, sowie durch Fortführung der beweglichen Güter durch die Fluthwelle, den Perkenieren einen gewaltigen Schaden zufügte, wenn auch die Schilderung Kreyenbergs, dass die Perkeniere todt-arm geworden seien, sehr übertrieben ist. Den Bäumen selbst kann die Fluthwelle offenbar nicht so sehr geschadet haben, da man es sonst den Ziffern für die Gewürzproduktion der nächsten Jahre hätte anmerken müssen, aber in Bezug auf die allgemeine finanzielle Lage der Perkeniere waren doch die Folgen recht fühlbar.

Finanzielle Lage der Perkeniere in den 50er Jahren.

Durch Bleeker (II, pag. 279) sind wir genau über Einkommen uud Ausgaben der einzelnen Perke im Jahre 1854 unterrichtet Die Einnahmen bestanden fast ausschliesslich aus der Bezahlung für die gelieferten Gewürze, die Ausgaben beziehen sich meist auf Ernährung und Kleidung der Arbeiter, Sklaven und Zwangsarbeiter, wozu ja der Reis, der von Java oder Ambon hergebracht werden musste, wie bisher von der Regierung für mässige Sätze, nominell sogar zum Selbstkostenpreis (?) geliefert wurde. Es hatte jeder Sklave Anspruch auf monatlich 40 Pfd. Reis, selbst kleine Kinder. Alle 3—4 Monat kam ein Reisschiff meist von Java nach Banda und der Reislieferant muss dafür sorgen, dass sich Vorräthe für sechs Monate im Packhause befänden. Der Reiskonsum auf Banda war nicht geringer als 1700000 Pfd., gegen 700000 Pfd. in Ambon. Damals waren 21 von den 34 Perken verschuldet.

Es betrugen 1854 für alle Perke zusammen

die Einnahmen	130497 fl.,	variirend zwischen	1426	und	8134 fl.,
die Ausgaben	79488 fl.,	variirend zwischen	1172	und	3871 fl.,
der Gewinn also	51009 fl.,	variirend zwischen	—521	und	+ 5361 fl.

Es hatte also im Durchschnitt jeder Perk 1500 fl. Reingewinn. Nur ein Perk hatte mehr als 5000 fl., vier Perke zwischen 2000 und 5000 fl., 17 Perke zwischen 1000 und 2000 fl., acht zwischen 500 und 1000 fl., drei bis 500 fl. und einer ein geringes Defizit.

Dazu kommt noch, dass 18 Perke mehreren Eigenthümern gehörten und ferner im Juni 1855 für 143 867 fl. Hypotheken auf den Perks standen, wofür allein 13 213 fl. Zinsen bezahlt werden mussten (9—15 %), so dass einige Perke mehr Zinsen zu bezahlen hatten, als ihr Reingewinn betrug. Manche wären auch vollkommen verarmt, wenn nicht die Nebeneinnahmen noch ansehnliche Gewinne abwarfen; so wurde gerechnet, dass sie sich jährlich verschaffen konnten

durch Fischerei	900—1200 fl.,
durch Kanari-Oel-Pressen	500— 800 fl.,
durch Verkauf von Palmwein (Saguweer)	300— 400 fl.,
durch Verkauf von Früchten und Gemüsen	300— 400 fl.,
also zusammen jährlich	2000—2800 fl.

Es war demnach die finanzielle Lage der meisten Perkeniere keine sehr glänzende, jedoch besserte sie sich in der zweiten Hälfte der 50er Jahre zusehends.

Namentlich war dies eine Folge der rapiden Zunahme der Produktion. Es lieferten die Perke:

	Nüsse	Macis		Nüsse	Macis
1855 . .	504 000 Pfd.	126 000 Pfd.	1858 . .	822 000 Pfd.	207 000 Pdf.
1856 . .	751 000 „	193 000 „	1859 . .	832 000 „	215 000 „
1857 . .	701 000 „	174 000 „	1860 . .	1 045 000 „	276 600 „

Die Produktion hatte sich also innerhalb von fünf Jahren mehr als verdoppelt und zwar in stetiger gleichmässiger Zunahme, und sank auch in den folgenden Jahren nicht unter 900 000 Pfd. Nüsse.

Eine Folge der Vermehrung der Bäume war es nicht, denn die Zahl der fruchttragenden Bäume zeigt in diesen Jahren eher eine kleine Abnahme; es wurden nämlich an Muskatbäumen gezählt:

	im Ganzen	fruchttragend		im Ganzen	fruchttragend
1851 . .	412 662	299 691	1863 . .	359 643	266 361
1857 . .	344 378	245 324	1864 . .	362 232	266 322
1859 . .	349 105	274 781	1865 . .	317 553	215 181
1861 . .	349 592	264 424	1866 . .	380 600	270 000
1862 . .	353 144	264 350			

Besonders instruktiv sind dagegen die von v. d. Crab berechneten Durchschnittserträge pro Baum und pro Arbeiter:

	Es kamen auf			
	1 Baum (fruchttragend)		1 Arbeiter	
	Nüsse	Macis	Nüsse	Macis
1854	1,8 Pfd.	0,45 Pfd.	291,6 Pfd.	72,6 Pfd.
1855	1,6 „	0,39 „	268,2 „	66,9 „
1856	2,3 „	0,58 „	398,2 „	102,5 „
1857	3,6 „	0,89 „	372,1 „	92,3 „
1858	2,9 „	0,75 „	433,3 „	110,4 „
1859	3,4 „	0,78 „	474 „	109,3 „
1860	4,3 „	1,01 „	622,6 „	177,2 „

Da Sonntags nur der halbe Tag gearbeitet wurde, also 330 Arbeitstage zu rechnen sind, so kam auf den Arbeiter täglich 1854 nur 7/8 Pfd. Nüsse, 1860 dagegen 1 7/8 Pfd. V. d. Crab giebt an, dass die Zunahme dieser Jahre der vergrösserten Anpflanzung, namentlich aber der verbesserten Ueberwachung der Arbeiter, dem Wegkappen der überflüssigen Schattenbäume und der zu dicht stehenden Muskatbäume, dem Reinhalten der Perke durch Entfernung von Sträuchern, Gras etc. zuzuschreiben ist.

Auffallend ist aber auch das zeitliche Zusammenfallen dieser Produktionsvermehrung mit der Zeit der Einführung von Kontraktarbeitern durch die Regierung. Nahe liegt jedenfalls die Muthmassung, dass die an Arbeit gewöhnten Javanen die Kultur besser verstanden und ihre Aufgabe sorgfältiger erfüllten, als die viel uncivilisirteren Völkern entstammenden Sklaven, die sicher nur darauf bedacht waren, sich unerlaubte Freistunden zu verschaffen und nur das Minimum leisteten, was ohne Prügel gestattet war.

Es wurde zwar in der ersten Zeit viel über die freien Arbeiter geklagt und in der That ist ja die Behandlung derselben, namentlich der sehr empfindlichen Javanen, schwieriger, besonders für solche, die bis dahin nur gewohnt waren, stumpf hinvegetirenden Sklaven mit der Peitsche zu befehlen. Dazu kommt die noch heute feststehende Thatsache, dass es nicht die besten Arbeiter Javas sind, die sich für so abgelegene Länder anwerben lassen. Aber dennoch waren die meisten der Klagen nach van der Crab übertrieben und es liessen sich bei richtiger Behandlung unschwer tüchtige Arbeiter daraus heranbilden.

Die von der Regierung gewährten Bezahlungen waren freilich noch dieselben wie 1808, nur wurden sie jetzt in Duiten (120 Duiten = 1 fl.), nicht mehr in Stuivern berechnet. Im Jahre 1854 wurde demnach bezahlt für das Pfund guter Nüsse 16 Duiten für die Perke von Neira und dem Vorwall von Lontor, 20 Duiten für Ay und den Hinterwall von Lontor (also 13—17 cts.), für magere 6 und für wurmstichige 4 Duiten, ferner für gute Macis 40 resp. 44 Duiten je nach der Lage der Perke (also 33 bis 37 cts.), für Grus- und Staubmacis 20 resp. 22 Duiten.

In Folge der bedeutenden Produktion stiegen auch die Reingewinne der Perken in der zweiten Hälfte der 50er Jahre rapide, wie aus folgender Tabelle ersichtlich ist, wo die Beträge für zu zahlende Zinsen auf Hypotheken und Leihgelder schon abgezogen sind; daneben hatten die Perkeniere natürlich noch Verdienste durch Verkauf von Gemüsen, Früchten, einige auch durch Vieh. Die Einnahmen beliefen sich nach v. d. Crab auf 10—12% der Kaufsumme oder des taxirten Werthes der Perke, bei einigen Perkenieren sogar bis auf 25%.

Es betrugen die Reingewinne der Perken

1854	24607 fl.	1858	78678 fl.
1855	21954	1859	119157
1856	65458	1860	213471
1857	58426	1863	161880

In Uebereinstimmung nahm die Zahl der Perken, die (bei Bezahlung der Hypothekenzinsen) mit Unterbilanz arbeiteten, beständig ab. Es hatten

1854	13	Perke	eine	Unterbilanz	von	zusammen	5377 fl.,
1855	16	„	„	„	„	„	10623 „
1856	5	„	„	„	„	„	2290 „
1857	5	„	„	„	„	„	3017 „
1858	3	„	„	„	„	„	867 „
1859	0	„	„	„	„	„	0 „

Die Hypotheken und Beleihungen dagegen verminderten sich zuerst nur wenig, doch spielten die Zinsen bei dem grossen Einkommen eine nur geringe Rolle. Die zu zahlenden Zinsen betrugen nämlich

1854	11078 fl.	1857	15571 fl.
1855	14654	1858	17688
1856	16225	1859	9195

Etwa 21 von den 34 Perken waren mit Hypotheken beschwert. Aber auch hier wurde Abhilfe geschaffen, als der General-Gouverneur Pahud im Jahre 1859 die Inseln besuchte. Es wurden ihnen gegen gemeinsame Garantie der Perke und Verpflichtung zu ratenweiser Abzahlung (jährlich $^1/_{20}$), zinslose Vorschüsse zum Zwecke der Ablösung der Hypotheken gegeben; die Pflanzer verpflichteten sich aber, keine Privathypothek mehr aufzunehmen, bei Androhung sofortiger Rückforderung der ganzen Vorschüsse; auch für die Perkgebäude und zur Verbesserung der Perken wurden zinsfreie Darlehen gewährt, so dass sich die Gesammtsumme der Vorschüsse auf 189100 fl. belief. Auch durch die Uebernahme von 530 alten und arbeitsunfähigen ehemaligen Sklaven durch die Regierung wurden die Perke erheblich entlastet; da jeder derselben $21^1/_4$ fl. jährlich erhielt, so macht es eine Summe von $11262^1/_2$ fl. Schliesslich wurde auch die Bezahlung der Gewürze etwas erhöht, es wurden fortan für die guten Nüsse 21, für die mageren 7, für den Bruch $4^1/_2$ Duiten bezahlt, für die gute Macis $48^1/_2$ und den Grus 24 Duiten; oder in Cents ausgedrückt (100 = 1 fl.), für gute Nüsse 16 resp. 19 cts., für magere 6, für Bruch 4; für gute Macis 39—42 cts., für Grus dagegen 19. Noch fernere Vergünstigungen wurden den Perkenieren versprochen, falls diese nicht genügen würden.

So lebten denn die Perkeniere ordentlich auf, begannen ihre Schulden abzutragen und die Hypotheken zu kündigen, ihre Schmuckgegenstände, soweit sie sie verpfändet hatten, einzulösen, und vertrauensvoll in die Zukunft zu schauen; viele von ihnen blieben freilich nach wie vor arm, doch liegt dies daran, dass fast die Hälfte der Perke mehrere Eigenthümer hatten, die sämmtlich von den doch immerhin geringen Ueberschüssen jedes einzelnen Perkes (1859 z. B. brachten nur fünf Perke mehr als 3500 fl. ein) leben sollten und zu stolz waren, sonst eine Beschäftigung zu suchen.

Als Pahud, der General-Gouverneur, 1859 die Inseln besuchte, baten nur sieben Perkeniere um die Aufhebung des Monopols. V. d. Crab sagt, dass nur einige das Monopol als Ursupation betrachteten, die meisten dagegen auch fernerhin mit der Regierung zu arbeiten wünschten; rechtlich müsse man ja auch den Pflanzungs- und Ablieferungszwang als eine Art Servitut betrachten, die auf den Perken laste.

Werbeversuche von Arbeiter vor Aufhebung d. Perkhörigkeit 1859

Als im Juli 1859 beschlossen wurde, mit Ende des Jahres die Perkhörigkeit und Sklaverei völlig abzuschaffen, mussten natürlich auch die Unkosten der Perkeniere zunehmen. Nur mit Sorgen gingen sie dem Jahresschluss entgegen, weil sie nicht wussten, ob die plötzlich freigewordenen Perkhörigen, d. h. die geschultesten Kräfte und 1122 an der

Zahl, sich in der Zukunft nicht von der Muskatkultur abwenden würden. Um sie zu fesseln wurde ihnen zwar von der Regierung ein Handgeld von 12 fl. und ein Monatslohn von 4 fl. angeboten, während die Perkeniere die Verpflegung und Kleidung zu übernehmen hatten; dennoch weigerten sie sich und liessen sich selbst durch Drohungen, dass sie andernfalls ausgewiesen werden würden, nicht einschüchtern. Als sie am 1. Januar 1860 auf Neira versammelt waren, wo ihnen von dem Residenten die Freiheit verkündet wurde und sie zugleich aufgefordert wurden, unter den genannten Bedingungen achtjährige Kontrakte einzugehen, weigerten sie sich aufs aller entschiedenste. Auch das Angebot eines Lohnes von 40 cts. für 1000 eingelieferte Nüsse, nebst freier Wohnung auf den Perken und Befreiung vom Milizdienst fand nur wenig Anklang, die Leute zogen meist vor, sich endlich einmal der vollen, wenn auch ärmlichen Freiheit zu erfreuen, sich ihre eigenen Hütten am Strande zu bauen und vom Fischfang zu leben. Nur 73 Männer und Frauen, zu denen später noch einige hinzukamen, gingen Kontrakte ein, während 223 sich nur gegen Tagelohn auf unbestimmte Zeit verpflichteten.

Da die als Ersatz hierfür nöthigen theueren Kontraktarbeiter unmöglich von den Perkenieren bezahlt werden konnten, so musste die Regierung, wollte sie die Pflanzer nicht zu Grunde richten, selbst Werbeversuche in grossem Maassstabe machen, was aber durchaus keine leichte Aufgabe war.

Die Anwerbung in den östlichen Inseln, wie Letti, Moa, Roma, Kisser etc., worauf man früher grosse Hoffnung gesetzt hatte, misslang grösstentheils, da die Einwohner einerseits ihr Land nicht verlassen wollten und andererseits keine Arbeit zu verrichten geneigt waren, die bisher Sklavenwerk gewesen war. Ebensowenig nützten auch die Versuche, die Häuptlinge zur Abgabe von Sklaven zu veranlassen, damit diese dann als freie Arbeiter angeworben werden könnten. So war man denn wieder hauptsächlich auf Java und Madura angewiesen. Die Arbeiter erhielten von der Regierung beim Engagement 12 fl. Handgeld für jedes Jahr ihres Kontraktes, sowie an Lohn 2 fl. monatlich, also mehr als die vor 1859 angeworbenen Arbeiter, während, wie es ja auch bisher üblich war, die Perkeniere für Kleidung und Beköstigung (d. h. für Reis und Salz) zu sorgen hatten. Die. Hin- und Rückfahrt war frei und die Kontrakte gingen auf 5—8 Jahre; früher war die Zeit der Verpflichtung zwar unbeschränkt gewesen, doch fürchtete man, dass dies zu Missständen (Art Pfandhaft) führen könnte.

In der Voraussicht des Ausfalles vieler Arbeiter war schon im Jahre 1859 eine Partie von 100 Arbeitern nach Banda gesandt; dennoch war 1860 dadurch, dass so viele der Freigelassenen sich von der Kultur abwandten, ein an Arbeitern sehr armes Jahr. Es gab nur 1542 Arbeiter, darunter 575 Sträflinge (incl. 36 Frauen) und unter den 967 freien Arbeitern waren nur 162 Frauen. Anfang 1861 kamen zwar wieder neue Arbeiter aus Java und Madura an, doch reichte die Zahl nicht einmal aus, um die Lücken auszufüllen, so dass auf den Inseln incl. der benutzbaren Zwangsarbeiter nur 1513 Arbeiter auf den Perken beschäftigt waren; 1862 wurden 1682, 1863 1957, 1864 1915 Arbeiter gezählt incl. der Zwangsarbeiter, aber darunter Frauen, Kinder und Leute, die nicht in den Perken beschäftigt werden konnten.

5. Banda während der Freikultur.

Seit dem Erlöschen des Monopols befindet sich Banda in einem unverkennbaren Aufschwung. Vor allem wird dies bewiesen durch den relativen Wohlstand, zu dem die Pflanzer gelangten. 1860 erzielten die Perke zusammen einen Gewinn von 213000, in den drei folgenden Jahren von 183000, 191000 und 162000 fl., 1861 gab es 8 Perke die 1000—3000 fl., 15 die 3—6000 fl., 7 die 6—9000, 3 die 9—12000 und ein Perk der mehr als 12000 fl. erzielte. Nach der Aufhebung des Monopols hatten die Perkeniere eine Grundsteuer zu bezahlen, die mit der auf Java erhobenen übereinstimmte. Während dieselbe im Jahre 1873 77661 fl. brachte, stieg sie in den Jahren 1877/79 auf 97975, 95996 und 98140 fl., ein Beweis des gestiegenen Grundwerthes. Zunehmen des Wohlstandes der Pflanzer.

Was die Bebauung des Landes betrifft, so machte dieselbe in der ersten Zeit nach Abschaffung der Perkhörigkeit freilich grosse Schwierigkeit, da trotz aller Anstrengungen nur wenig freie Arbeiter zu beschaffen waren. Die Erinnerung an die frühere Sklaverei hatte der ganzen an und für sich ja leichten Arbeit den Makel der Erniedrigung aufgeprägt.

Die Zahl der Arbeiter sank zusehends, 1867 auf 1326, 1868 auf 1311, 1869 auf 1088, 1870 sogar auf 879, dann aber stieg die Zahl schnell; 1876 gab es 2500 Kontraktarbeiter, 1877—78 ca. 3000, 1879 2844, 1880 2912, 1881 2809, 1885 2869, darunter 296 Tagelöhner, es war damit also die Zahl der Sklaven aus der Glanzzeit der Compagnie übertroffen.

Die Arbeiter bestanden, nachdem die Deportation von Sträflingen nach Banda Sept. 1873 aufgehört hatte, und da es auch Gouvernementskontrakte nicht mehr gab, aus freien Kontraktanten, zu deren Schutz die Regierung schon 1864 eine Verordnung zur Regelung der Arbeitskontrakte erlassen hatte. Gewöhnlich übernahmen arabische Agenten gegen Prämien die Lieferung der Arbeiter, meistens Javanen, neuerdings auch Bandanesen. Die Kontrakte gingen meist auf fünf Jahre, gegen ein allmählich abzuzahlendes Handgeld von 50 fl., freie Ueberfahrt, etwa Arbeiter.

auf 50 fl. zu taxiren[1]), freie Kost, Wohnung, Kleidung und Arzenei; einen monatlichen Lohn von 6—8 fl.[2]), wovon 1 fl. zur Abtragung des Handgeldes zurückbehalten wurde. Das Essen bestand aus 40 Pfd. Reis und 3/4 Pfd. Salz per Monat, 1888 wurden auch Fische als Zukost geliefert. Zweimal jährlich wurde Kleidung verabfolgt. Für Kranke[3]) gab es ein neues von den Pflanzern erbautes Hospital unter der Leitung des Militärarztes.

Die Arbeiter hatten es im Allgemeinen gut, wenn auch die Nahrung häufig unzureichend war, und vom Lohn oftmals gar zu viel auf Vorschüsse hin zurückbehalten wurde, wie die Regierung von Banda 1876 an das Ministerium berichtete Es wurden auch Prämien verabfolgt für die Ablieferung von mehr Nüssen, als das kontraktliche Minimum, so dass die Arbeiter allein hieran in den zwei Haupterntezeiten bis 10 fl. monatlich hinzu verdienen konnten. 95 % der Arbeiter verlängerten denn auch ihre Kontrakte nach Ablauf derselben, was vor dem Notar zu geschehen hatte, unter behördlicher Nachprüfung[4]); von den Deportirten dagegen gingen nur 10 % Arbeitskontrakte ein, so verhasst war ihnen die Erinnerung an den Zwang; viele sehnten sich ja freilich auch nach ihrer Familie, ihrem Gewerbe zurück, oder schämten sich an einem Orte zu bleiben, wo man ihre Vergangenheit kannte.

Die Eingeborenen, die das Trocknen der Nüsse und Macis zu beaufsichtigen hatten, erhielten 1888 ca. 50 fl. monatlich; die Verwalter der Pflanzungen (Administrateure), meist Mestizen, erhielten bis 500 fl., gewöhnlich aber nur 250 fl. monatlich, daneben hatten die grösseren Plantagen noch Aufseher.

Arbeitsmethode.

Die Arbeitsweise war folgendermassen geregelt. Um 5 Uhr ertönt die Morgenglocke, einige Arbeiter essen sofort, andere nehmen ihr Frühstück mit in die Plantage. Dann geht alles, soweit nicht andere Arbeiten (wie Grasschneiden, Beete anlegen, Umpflanzen, Aufklopfen, Sortiren, Transportiren der Nüsse) vorliegen, während der Haupterntezeit mehr als 2/3 der Arbeiterschaft, zum Sammeln der Nüsse in die Plantagen, die Kinder vom 16. Jahre an. Der namentlich von den Frauen gebrauchte Pflückkorb, gaai-gaai sitzt an zwei ineinanderschiebbaren und dadurch verlängerungsfähigen Bambusstangen, der Aufnahmekorb wird auf dem Rücken getragen. Die hoch in den Bäumen oder an schwer zugänglichen Stellen sitzenden Nüsse werden von den Männern gepflückt. Die äusseren Fleischschalen werden an Ort und Stelle ent-

---

1) Mir wurden 1888 die Unkosten für Transport und Kommission als 150 fl. betragend angegeben.

2) Dies war Anfang der 80er, in den 70er Jahren war es 1 fl. weniger, zu Beginn der 60er waren es 2 4 fl. für Männer, 2—3 für Frauen.

3) In den 60er Jahren gab es nach v. d. Crab unter 850 Deportirten und 900 Kontraktarbeiter selten weniger als 100 Kranke; damals hatten nur die ersteren ein eigenes Hospital, die anderen wurden im allgemeinen Hospital in Neira verpflegt.

4) Freilich bediente man sich hierbei häufig eines nicht ganz lauteren Hilfsmittels; wenn sich die Kontraktzeit ihrem Ende näherte, liess man Ronggings (Tanzmädchen und meist nicht allein dies) aus Java kommen, die in kurzer Zeit verstanden, ihren Landsleuten die sauerverdienten Spargroschen, ohne welche sie sich bei ihrer Familie in Java nicht sehen lassen mögen, abspenstig zu machen.

fernt. Um 3 Uhr ertönt die Glocke, die Arbeiter gehen zum Perkhaus, und zählen, jeder für sich, die Nüsse zu 5 oder 10 ab. Die Aufseher oder Perkeniere schreiben die Zahl auf und machen Notizen über den Fleiss. Dann wird die Macis schnell entfernt, und wenn das geschehen, kann jeder seiner eigenen Beschäftigung nachgehen, die Männer gehen fischen, oder sehen nach ihrem Gemüse, die Frauen gehen zum Webstuhl. Die dritte Glocke um 6 Uhr ruft alles nach Hause. und um 8 Uhr, wenn der Wächter ruft, müssen sie sich in den Perkhäusern befinden, und zur Ruhe geben.

Die Perkgebäude liegen alle neben einander um einen gemeinsamen Binnenraum, eine viereckige Steinmauer schliesst den Komplex nach aussen zu ab, während darinnen die Arbeiterwohnungen, das Packhaus und die Trockenhäuser liegen. Diese Anordnung war früher zur Beaufsichtigung der Sklaven und Sträflinge nöthig, wird aber jetzt mehr verlassen, um gesonderten, für je eine Familie bestimmten Bambushäusern Platz zu machen. Die älteren Perkhäuser sind aus Korallenkalk, zuweilen auch aus Backstein, und sind mit Sagopalmblättern (Atap) bedeckt, die von Ceram geholt werden, und 7 Jahre halten sollen; die Mauern sind aussen und innen geweisst, und der Boden, der in den alten Häusern aus einem Gemisch von Erde und Kalk hergestellt ist und wie grauer Marmor aussieht, ist in neueren Häusern mit javanischen Fliesen bedeckt und mit Rottangmatten belegt. Als Schutz gegen die Sonne dienen Jalousien aus Segeltuch und aus Bambus. Manche leichter gebaute Häuser besitzen über einer 3′ dicken Grundmauer eine sehr zweckmässige Konstruktion aus Sagoblattstielen.

Die meisten Perkeniere haben aber auch ein Haus in der Stadt Neira, einige daneben noch ein Landhaus am Fusse des Gunong Api.

Was die Produktion betrifft, so erwähnten wir schon, dass sie schon 1860 eine Million Pfd. Nüsse erreicht hatte und dass dieser Stand auch in den folgenden Jahren annähernd blieb. Fiel der Durchschnitt der 60er Jahre noch unter eine Million Pfd. Nüsse ohne Schale, so hielt sich in den 70er Jahren die Ernte im Allgemeinen auf einem etwas höheren Niveau, im Durchschnitt etwas über eine Million Pfd. Nüsse und 1/4 Million Pfd. Macis. Freilich gab es auch schlechte Jahre, z. B. war in Folge der Dürre des Jahres 1877 im nächsten Jahr eine Missernte, nur 464000 Pfd. Nüsse und 164000 Pfd. Macis wurden geerntet; jedoch schon das folgende Jahr vergrösserte die Produktion wieder um 2/3. Auch das Jahr 1888 war so trocken, dass viele Bäume starben und die Produktion des nächsten Jahres auf die Hälfte zurückging. Zunahme der Produktion.

In den 90er Jahren ist die Zahl eine Million Pfd. definitiv und dauernd überschritten, wenngleich die Zahl 1 1/2 Millionen Pfd. Nüsse ohne Schale noch nicht erreicht wird. Höhere Angaben, die man zuweilen findet, beruhen darauf, dass jetzt eine grössere Menge der Nüsse in ihren Holzschalen exportirt wird. Da das Gewicht der Schalen sich zu dem des der trocknen Kerne wie 5:8 verhält, so hat man also für das Quantum Nüsse, das in Schalen exportirt werden sollte, 5/13 des Gewichtes, also einen nicht unbeträchtlichen Theil von dem Gesammtgewichte abzuziehen, im Allgemeinen begnügt man sich, 1/3 des Gewichtes zu subtrahiren.

Es bleibt aber auch nach den von uns gegebenen Zahlen ohne Schale eine deutliche Vermehrung der Produktion während der Freikultur zu verzeichnen. Da der Raum der Anpflanzungen keiner Zunahme fähig war (die 3 Pflanzungen von Rhun und Rosengain sind erst seit wenigen Jahren produktiv und gaben 1881 erst 12500 Pfd. Nüsse ohne Schale und 2800 Pfd. Macis, 1892 und 1893 ca. 25000 Pfd. Nüsse und 6500 Pfd. Macis), so hat sich die Zahl der Bäume (wenigstens der fruchttragenden) durch Neupflanzungen nur wenig vermehrt. Man zählte an Muskatbäumen:

	im Ganzen	fruchttragende		im Ganzen	fruchttragende
1869 .	391700	269500	1873 . .	412392	259337
1870 .	427429	271046	1874 . .	449738	261434
1871 .	433918	270324	1875 . .	494345	264507
1872 .	395933	257583			

Freilich ist die Zunahme der Ernte pro Baum gegenüber dem glänzenden Jahre 1860 nur gering, immerhin übersteigt sie jetzt häufig 4 Pfd. per Baum, also das 2—4fache der Monopolzeit im Allgemeinen.

Preisverhältnisse. Was die Preisverhältnisse während der Periode der Freikultur betrifft, so haben wir schon oben gesehen, dass während der Uebergangszeit, und zwar von 1865 an, nachdem die Plantagen der Straits in Folge einer Krankheit dem Ruin verfallen waren, die Preise wieder rapide gestiegen waren, von 0,66 fl. (1865) bis 1,91 fl. (1871) das Pfund Nüsse, von 0,62 fl. (1865) bis 2,15 fl. (1870) das Pfund Macis, alles für prima Qualitäten gerechnet (Verkaufspreise in Amsterdam).

Hierauf trat aber wieder eine Periode des Stillstandes oder des Schwankens ein, die auch heut zu Tage noch andauert. Die Durchschnittspreise der ersten Hälfte der 70er Jahre z. B. sind folgende per Amsterdamer Pfund (Verkaufspreise in Holland).

	Nüsse	Macis		Nüsse	Macis
1871 . .	1,08 fl.	1,57 fl.	1874 . .	1,18 fl.	1,65 fl.
1872 . .	0,88 fl.	1,60 fl.	1875 . .	1,28 fl.	1,32 fl.
1873 . .	0,84 fl.	1,60 fl.			

Auch 1878 waren die Preise für die Nüsse noch 1,20—1,40 fl. für das Pfund. 1880 und 1881 fielen die Preise wieder auf 1 fl. das Pfund. Nur die besten Sorten wurden höher bezahlt, namentlich die Nüsse von Padang, die auch in den 80er Jahren zwischen 1,20 und 1,40 fl.

brachten. Im Allgemeinen aber hielten sich die Preise in den 80er Jahren auf einem niedrigen Stand[1]).

Dann aber erholten sie sich schnell, so waren die Preise per Amsterdamer Pfund in Holland:

	Nüsse	Macis		Nüsse	Macis
1886 . .	1,45—1,60	1,10—1,50	1890/91 .	1,55—1,65	1,55—1,75
1887 . .	1,60—1,90	1,40—1,75	1892	im Frühjahr bedeutender Fall, dann Preissteigerung im Mai	
1888 . .	1,60—1,65	1,50—1,95	1893 . .	1,20—1,30	1,10—1,25
1889 . .	1,61—1,84	1,65—2,00	1894 . .	1,00—1,30	1,10—1,50
			1895[2]) .	1,15—1,40	1,10—1,15

Die Macis nahm an der steigenden Tendenz Ende der 60er in so erheblichem Maasse Theil, dass sie, wie wir sahen, die Preise der Nüsse wieder überstieg, ja zeitweilig (1870) um das doppelte übertraf; Ende desselben Jahrzehntes dagegen fiel sie um so mehr, weit unter den Preis für die Nüsse; auch die folgenden Jahre brachten keine Besserung, erst Mitte der 80er stieg der Preis wieder bedeutend, bis auf 1,95 fl. im Jahre 1888, und überschritt so zum dritten Mal die Preise der Nüsse. Schliesslich ward sie aber doch wieder um ein weniges von den besten Nüssen überflügelt, und steht jetzt (1895) auf einem Preis von 1,1—1,15 cts.

Die Macis hatte während dieser Periode das Geschick, dass die gute und weniger gute Macis sowie der Grus in Bezug auf den Preis einander immer näher rückten; der Grund lag darin, dass der Konsum der heilen guten Macis keine Vermehrung aufwies, dagegen wohl aber der Bedarf an Macis, die zum zerstampfen und zermahlen geeignet war, und dafür genügte auch der Bruch und Grus. Die steigende Nachfrage nach gepulverter Macis hat dann auch die fallende Tendenz der Macis überwunden, denn selbstverständlich konnte die gute Macis nicht tiefer fallen als der Grus. Auch die neuesten Notirungen lassen, wie

---

1) Für die Banda-Inseln selbst finde ich folgende Werthe p. Pikol:

	Nüsse in Schale	Nüsse ohne Schale	Macis
1878 . .	77,50 fl.	116,25 fl.	75 fl.
1879 . .	85 fl.	127,50 fl.	80 fl.
1880/81 .	92,50 fl.	123—130 fl.	$83\frac{3}{4}$—85 fl.
1883 . .	83,25 fl.		80,25 fl.
1884 . .	83 fl.		80 fl.
1885 . .	66,50 fl.		60,50 fl.

Man sieht also, die Preise in Banda folgen nur langsam den Weltpreisen Amsterdams.

2) In Hamburg sind die 1895er Engrospreise (ohne Zoll) 3—5 Mk. für das Kilo Nüsse und 4—$4\frac{1}{2}$ Mk. für das Kilo Macis I. Qualität; in Amsterdam werden Ia. Nüsse für 1,30, I. Nüsse für 1—1,05 fl. und II. Nüsse für 0,90—0,95 fl. per Pfund verkauft.

man sieht, nur geringen Spielraum für die Qualitäten, während die Preise der verschiedenen Qualitäten der Muskatnuss zwischen 0,90 und 1,40 lagen, also erheblich auseinandergehen.

Was sind nun die neueren Ursachen, die der steigenden Tendenz Ende der 60er so stark entgegenwirkten? Einerseits wird wohl die in vielen Ländern sich zeigende Abnahme des Konsums der Muskatnuss damit zu thun haben. Wenn auch die Vermehrung der Bevölkerung und die Erschliessung neuer Konsumptionsgegenden dem entgegenwirkt, so dass, wie wir sehen werden, der Weltkonsum doch zunimmt, so ist nicht zu leugnen, dass andere, mehr in der Mode gebliebene Gewürze einen viel schnelleren Aufschwung gesehen haben. Andererseits ist aber der Ausfall solcher enorm produzirenden Länder, wie die Straits waren, doch bald ausgeglichen. Sowohl die Bandainseln selbst begannen schon in den 60er Jahren viel mehr zu produziren, als auch nahm die Kultur wieder in Sumatra bedeutend zu, freilich nicht in Benkulen, sondern in den Padangschen Gebieten, auf der sogenannten Westküste Sumatras, welche Provinz zwischen 1866 und 1879 im Durchschnitt 262 000 Pfund Nüsse und 52 000 Pfund Macis produzirte, ferner scheint auch Java in dieser Periode, namentlich auf Anregung von Teysmann, beträchtlichere Mengen produzirt zu haben (für 1875 werden sogar 340000 Pfd. (?) angegeben), und hatte auch als Konsumptionsland ziemlich aufgehört eine Rolle zu spielen, da schon in den 50er Jahren massenhaft die wilden, viel billigeren Muskatnüsse von Myristica argentea aus Neu-Guinea dorthin importirt wurden, im Durchschnitt jährlich 200 000 Pfund, im Jahre 1858 sogar 300 000 Pfund. Diese billigeren Nüsse kamen aber auch in Menge nach Singapore, von wo sie nach Hinterindien, den Philippinen etc., schliesslich auch nach Europa verhandelt wurden, und wohl den echten etwas Abbruch gethan haben mögen.

Bezieht sich das eben gesagte grösstentheils auf die 60er Jahre, so änderten sich die Verhältnisse in den 70er und 80er Jahren auch nur unwesentlich; zwar wurde der Konsum durch die fortwährende Bevölkerungszunahme der Vereinigten Staaten, die schon 1871 mehr als $^{1}/_{4}$ der gesammten Ernte der Bandainseln verbrauchten, ein grösserer, aber auch die Produktion nahm fortgesetzt zu, namentlich dadurch, dass Penang und die gegenüberliegende Ostküste Sumatras ordentlich zu produziren begannen, im Jahre 1875 wurden 174 000 Pfund, 1879 schon wieder 324 000 Pfund (wohl in Schale) von Penang exportirt; ferner vermehrte sich die Produktion von West-Sumatra, wenn auch langsam; 1881 wurden von dort 352 000, 1882 318 000 Pfund, 1893 sogar 632 000 Pfund Nüsse (wohl in Schale) exportirt. Ganz besonders trat aber Menado jetzt gleichfalls in den Wettbewerb ein und lieferte 1881 schon 400—500 000 Pfund, 1894 360 000 Pfund Nüsse (in Schale). Endlich wurde auch in Amerika in dieser neuesten Zeit der Muskatkultur mehr Beachtung geschenkt; namentlich auf Grenada wurde dieselbe mit Erfolg betrieben, und im Jahre 1888 lieferte diese kleine Insel allein schon 120 000 Pfund.

Es wurde also in den 80er Jahren, abgesehen von den Bandainseln, immerhin schon wieder eine Gesammtmenge von 1¼ bis 1½ Millionen Pfund Muskatnüsse produzirt, also genug um die Preise doch einigermassen zu drücken.

Dennoch konnten die Pflanzer auf Banda recht gut bestehen, nachdem sie sich einmal an die freie Kultur gewöhnt hatten. Wir sahen oben, dass es ihnen während der Uebergangszeit schwer wurde, die Gewürze preiswerth zu verkaufen, da die Grosskaufleute ihnen zuerst keine Beachtung schenkten. Deshalb machten denn vier Perkeniere den Versuch, sich auf eigene Hand zu helfen. Sie mietheten ein arabisches Küstenfahrzeug, beluden es mit Gewürzen, und fuhren nach Singapore, um die Ladung dort zu verkaufen; da es aber zu grosse Quantitäten waren, gelang es ihnen nicht, sie mussten ihre Ladung dort in Kommission lassen und erzielten schliesslich nur einen mässigen Preis. Immerhin hatten sie jetzt die Aufmerksamkeit erregt, und bald fanden die Nüsse Beachtung und wurden in Amerika und Bengalen, wo sie, wie sich ein Schriftsteller ausdrückt, ein „pompeuses Entrée“ machten, selbst den Nüssen von Penang und Ceylon vorgezogen. Seitdem kamen Aufkäufer sowie auch ein Agent der Handelsmaatschappij nach Neira, so dass jetzt der Verkauf sich für den Pflanzer glatt und vortheilhaft abwickelt.

Mit den Fortschritten der Pflanzer ging natürlich Hand in Hand die zunehmende Bedeutung der Banda-Inseln überhaupt. *Zunehmende Bedeutung der Banda-inseln.*

Namentlich die Bevölkerungszunahme ist ein sprechender Beweis dafür. Während dieselbe sich während der ganzen Monopolzeit kaum über 6000 erhoben hatte, und 1870 noch immer erst 6224 zählte, stieg die Zahl in den folgenden Jahren rapide, sodass 1874 schon 8519 Personen gezählt wurden. Die Bevölkerung setzt sich, wenn man von den Plantagenarbeitern absieht, zusammen aus Europäern und deren Nachkommen sowie Mischlingen, aus Chinesen, Arabern und malayischen Eingeborenen. 1870 zählte man 589 Europäer, 128 Chinesen, 28 Araber, 5479 Eingeborene, darunter etwa 1887 Arbeiter einbegriffen. Letztere bestanden aus 810 Arbeitern mit privatem Kontrakt, 714 mit Hilfe des Gouvernements engagirten Arbeitern und 363 Deportirten; der grösste Perk hatte 190, der kleinste 20 Arbeiter (1874 gab es schon 2500, 1876 2809, 1882 2850, 1885 2869 freie Arbeiter). *Bevölkerungszunahme.*

Reine Europäer sind eigentlich nur die höheren Beamten, Offiziere und wenige Pflanzer; die meisten derselben sind Halbfarbige, die aber auf ihre europäische Abkunft ungemein stolz sind, und unter den 589 Europäern mitgezählt werden. *Europäer*

Araber. Die Araber kommen meist nur zeitweilig nach Banda, gewöhnlich mit den Dampfschiffen von Java, Celebes etc., um daselbst Handel zu treiben; [illegible] waren nur 25 Araber dort ansässig; sie sind es, die erst den Europäern in Java und Singapore den Muskathandel gelehrt haben. Drei Araber sind übrigens jetzt auch Miteigenthümer einer Muskatpflanzung.

Chinesen. Die Chinesen, 1870 wurden 128 gezählt, 1880 erst 50, haben den Kleinhandel inne, sind Handwerker, sowie Aufseher der Pflanzungen, sie sprechen auch holländisch und sind mässige, vernünftige und brauchbare Menschen; augenblicklich ist auch eine Muskat-Pflanzung im Besitz eines Chinesen.

Malayische Eingeborene. Die die Mehrheit der Bevölkerung bildenden malayischen Eingeborenen setzen sich aus sehr verschiedenen Elementen zusammen: 1870 zählte man, abgesehen von den Arbeitern, [illegible]. Den Hauptstamm bilden die Eingesessenen, die sog.

Bandasche Bürger. Banda'schen Bürger, grossentheils die Nachkommen der ursprünglichen Bürgerbevölkerung, unter denen ja auch noch Reste der alten Bandanesen sind, neben Leuten von Ceram, Ambon, Timor, Timor-Laut, Goram, Kabelloresen und Galelaer von Halmaheira, ferner die neueren Ankömmlinge und einige der befreiten Privat- und Perksklaven oder deren Nachkommen, die ihrerseits wieder, wie wir sahen, meist aus Mischlingen von Papuas und Malayen der verschiedensten Stämme (Timor, Celebes, Solor, Buton, Siau, Ali-Banda), ja selbst Vorderindern bestehen, und dies Völkergewirr seinerseits wieder etwas durchsetzt mit europäischem und chinesischem Blut. Früher schrieb man diesen Banda'schen Bürgern alle möglichen schlechten Eigenschaften zu, sie seien sorglos, so dass sie sich nur um die unmittelbarste Zukunft kümmerten, verschwenderisch, dem Trunk und Spiel ergeben, mit schwachen geistigen Anlagen, und zu hochmüthig, um sich in den Dienst anderer zu begeben, auch zu faul zum Fischfang, Landbau etc.

Auch [illegible], ein erfahrener Pflanzer aus Singapore, der 1856 die Banda-Inseln besuchte, fand die fast sämmtlich in Banda geborenen Perkeniere voll von Vorurtheilen, gleichgültig gegen jede Verbesserung und zufrieden mit allem, was die Natur für sie zu thun für gut finde; nur ein deutscher Pflanzer Dr. Brandes mache eine Ausnahme und habe auch in drei Jahren das Produkt seiner Pflanzung verdoppelt.

Nach der Kolonial-Verslag von 1852 meldet folgendes (pag. [illegible]): „Over de Bandasche burgers, inlandsche Christenen, gemanumitteerde lijfeigenen, zijn verklaarde getuigenissen vaak niet veel goeds te zeggen. Zij blijven afkeerig van geregelden arbeid en verslaafd aan feest vieren en drinken". Der Resident E. M. Schalburg erklärte gar: „dat het opheffen van den Banda'schen burger tot een nijver leven even onmogelijk is, als met den Lemaris den zeevend kan doen zeiligen".

Wie weit dies alles heute noch zutrifft, lässt sich schwer angeben; von Eleganz findet man auch heute noch in der Stadt auf Neira keine Spur, dagegen macht der Ort einen ganz gut gehaltenen sauberen Eindruck, so dass sich also die vorerwähnten Eigenschaften auf das häusliche Leben, wenigstens nach aussen hin, kaum auszudehnen scheinen. Der Handel mit den Nachbarinseln, sowie die Verbindung mit den grossen Handelsplätzen, hat bedeutend zugenommen, eine Bibliothek, Lesegesellschaften, eine Mädchenschule mit europäischem Lehrer etc. lassen aber auf geistigen Fortschritt schliessen. Dass Diners, Landpartieen, Vorlesungen, Concerte, Liebhabertheater vielleicht etwas zu viel Abwechselung in das ohnehin nicht anstrengende Leben bringen, mag immerhin wahr sein; wenn die Bandanesen auch gerne gut essen, so muss ihnen doch nachgesagt werden, dass sie im trinken im Allgemeinen mässig sind.

1. Einführung des Muskatbaumes nach Mauritius und nach Afrika.

Araber. Die **Araber** kommen meist nur zeitweilig nach Banda, gewöhnlich mit dem Dampfschiffe, von Java, Celebes etc., um daselbst Handel zu treiben; 1870 waren nur 28 Araber dort ansässig; sie sind es, die erst den Europäern in Java und Singapore den Muskathandel gelehrt haben. Drei Araber sind übrigens jetzt auch Miteigenthümer einer Muskatpflanzung.

Chinesen. Die **Chinesen**, 1870 wurden 128 gezählt, 1850 erst 50, haben den Kleinhandel inne, sind Handwerker, sowie Aufseher der Pflanzungen, sie sprechen auch holländisch und sind mässige, vernünftige und brauchbare Menschen; augenblicklich ist auch eine Muskat-Pflanzung im Besitz eines Chinesen.

Malayische Eingeborene. Die die Mehrheit der Bevölkerung bildenden **malayischen Eingeborenen** setzen sich aus sehr verschiedenen Elementen zusammen; 1870 zählte man, abgesehen von den Arbeitern, 3592. Den Hauptstamm bilden die Eingesessenen, die sog.

Bandasche Bürger. **Banda'schen Bürger**, grossentheils die Nachkommen der ursprünglichen Bürgerbevölkerung, unter denen ja auch noch Reste der alten Bandanesen sind, neben Leuten von Ceram, Ambon, Timor, Timor-Laut, Goram, Tabelloresen und Galelaer von Halmaheira, ferner die neueren Ankömmlinge und einige der befreiten Privat- und Perksklaven oder deren Nachkommen, die ihrerseits wieder, wie wir sahen, meist aus Mischlingen von Papuas und Malayen der verschiedensten Stämme (Timor, Celebes, Solor, Buton, Siau, Alt-Banda), ja selbst Vorderindern bestehen, und dies Völkergewirr seinerseits wieder etwas durchsetzt mit europäischem und chinesischem Blut. Früher schrieb man diesen Banda'schen Bürgern alle möglichen schlechten Eigenschaften zu, sie seien sorglos, so dass sie sich nur um die unmittelbarste Zukunft kümmerten, verschwenderisch, dem Trunk und Spiel ergeben, mit schwachen geistigen Anlagen, und zu hochmüthig, um sich in den Dienst anderer zu begeben, auch zu faul zum Fischfang, Landbau etc.

Auch **Oxley**, ein erfahrener Pflanzer aus Singapore, der 1856 die Banda-Inseln besuchte, fand die fast sämmtlich in Banda geborenen Perkeniere voll von Vorurtheilen, gleichgültig gegen jede Verbesserung und zufrieden mit allem, was die Natur für sie zu thun für gut findet; nur ein deutscher Pflanzer Dr. **Brandes** mache eine Ausnahme und habe auch in drei Jahren das Produkt seiner Pflanzung verdoppelt.

Noch der Koloniaal Verslag von 1872 meldet folgendes (pag. 17,: „Over de Bandasche burgers, inlandsche Christenen, geemancipeerde lijfeigenen, vrij verklaarde perkhoorigen valt niet veel goeds te zeggen. Zij blijven afkeerig van geregeldere arbeid en verslaafd aan feest vieren en drinken“. Der Resident R. M. **Schabbing** erklärte gar, „dat het opleiden van den Banda'schen burger tot een nijver leven even onmogelijk is, als men den Kasuaris den arend kan doen navligen“.

Wie weit dies alles heute noch zutrifft, lässt sich schwer angeben; von Regsamkeit findet man auch heute noch in der Stadt auf Neira keine Spur, dagegen macht der Ort einen ganz gut gehaltenen sauberen Eindruck, so dass sich also die vorerwähnten Eigenschaften auf das häusliche Leben, wenigstens nach aussen hin, kaum auszudehnen scheinen. Der Handel mit den Nachbarinseln, sowie die Verbindung mit den grossen Handelsplätzen, hat bedeutend zugenommen, eine Bibliothek, Lesegesellschaften, eine Mädchenschule mit europäischem Lehrer etc lassen aber auf geistigen Fortschritt schliessen. Dass Diners, Tanzpartieen, Vorlesungen, Concerte, Liebhabertheater vielleicht etwas zu viel Abwechselung in das ohnehin nicht anstrengende Leben bringen, mag immerhin wahr sein; wenn die Bandanesen auch gerne gut essen, so muss ihnen doch nachgesagt werden, dass sie im trinken im Allgemeinen mässig sind.

Zum Schluss seien noch die Fremden malayischen Stammes erwähnt. Da findet man Buginesen (Einwohner von Süd-Celebes), die meistens den Handel nach den Südoster- und Südwester-Inseln vermitteln, ferner Leute aus Timor, Timorlaut, Babber, Serua, Nila etc., die nach Banda kommen, um zu fischen oder als Bootsleute in Stellung sind; ferner die Kontraktarbeiter, meist Javanen, aber auch Butonesen, und einige Nachkommen der Sklaven und Zwangsarbeiter verschiedenster Herkunft. Fremde Malayen.

Dass der Handel in dieser letzten Periode bedeutend zugenommen hat, ist selbstverständlich; seitdem die Handelsmaatschappij aufgehört hat, alle wichtigeren Artikel durch die Beherrschung der Rückfracht zu monopolisiren, laufen viele Kauffahrtei-Schiffe in die Rhede. Während im Anfang des Jahrhunderts Banda nur gelegentlich von amerikanischen Walfischfahrern angelaufen wurde, um Wasser einzunehmen, kommen jetzt alle Monate die regelmässig fahrenden Molukkendampfer, allein an Reis werden jährlich Mengen von 100—120 000 fl. angebracht; die buginesischen Handelsfahrzeuge bringen Perlen von den Key- und Aru-Inseln, Dammar, Schildpat und Papua-Muskat von Neu-Guinea, Oel, Nahrungsmittel, Kautschuk von den benachbarten Inseln, Nelken von Saparua, Wurzelholz, Rottang, Sago, Atap von Ceram, Kokosnüsse von Nila, Baumwollenstoffe von Timor etc., jedoch erst neuerdings in etwas grösseren Quantitäten. Für die Jahre 1868—70 giebt Lans als Durchfuhr-Exportartikel der östlichen Inseln an: Holz (110—1775 fl.), Wachs (450—3300 fl.), Benzoë (?) (226—760 fl.), Trepang (350—1230 fl.), Massoirinde (18 fl.), Vogelnester (1620 fl.), zusammen jährlich 2225—6894 fl. Zunahme des Handels.

In Neira betrug:

	I. Die Gesammteinfuhr (inkl. der Gewürze der Nebeninseln)	II. Die Gewürzausfuhr a) der Regierung	b) der Privaten
1868	571 582 fl.	409 870 fl.	258 316 fl.
1869	531 511 fl.	400 904 fl.	224 648 fl.
1870	707 632 fl.	638 586 fl.	436 763 fl.

Also in jeder Beziehung ist ein merkbarer Fortschritt zu konstatiren. Auch die Viehzucht auf Banda ist gestiegen; nach Lans gab es 1870 1063 Rinder und 30 Pferde, 1889 werden im Kolonial-Verslag 255 Rinder, 87 Schafe, 1071 Ziegen und Schweine, sowie 39 Pferde vermeldet.

Ebenso ist für den Hafen allerlei geschehen, wenn auch noch nicht genügend, desgleichen für die Küstenbeleuchtung. Die Bandanesen haben auch einige grössere Unternehmungen gegründet, eine Prauenfähre, eine anonyme Gesellschaft zur Verbindung der Inseln untereinander etc., kurzum, es ist an Stelle der jahrhunderte langen Stagnation in Folge der Freiheit etwas Leben eingekehrt, und wenn die Banda-Inseln auch bei weitem nicht die Bedeutung haben, die ihnen ihre günstige Lage anweist, so ist doch ein, nach niederländisch-indischen Verhältnissen bemessen, erfreulicher Aufschwung zu verzeichnen.

b) Sonstige Produktionsgebiete.

1. Einführung des Muskatbaumes nach Mauritius und nach Afrika.

Wenngleich wohl ein einzelner Muskatbaum in Batavia oder an anderen Orten der niederländisch-indischen Herrschaft angepflanzt Mauritius.

worden sein mag (über den einen im Garten von Herrn Puyts, Rath von Indien, in Batavia, hat Meister 1692 berichtet), so war die Kontrolle doch derart, dass es schwer gewesen wäre, hiervon Material zur Ueberführung dieses Baumes in andere tropische Gegenden zu erhalten. Auch die Muskatbäume auf Ambon wurden ebenso streng bewacht wie die Nelkenbäume daselbst und wie die auf Banda befindlichen Muskatbäume. Aus den Nüssen des Handels liessen sich keine neuen Pflanzen erziehen, da drei Faktoren zusammenkamen, die einzeln schon genügt hätten, um den Keim abzutödten. Erstens verlieren die Nüsse überhaupt ihre Keimfähigkeit sehr schnell, so dass sie durch mehrmonatliches Trocknen und Räuchern ganz unfehlbar zerstört werden. Zweitens büssen nach der Entfernung der harten Schale auch frische Nüsse bei längerem Transport ihre Lebensfähigkeit zweifellos ein. (Teysmann zeigte, dass schon achttägiges Aussetzen der selbst noch von den Schalen umgebenen Nüsse in die Sonne zur Abtödtung der Keime genüge.) Drittens muss die oben beschriebene Kalkung der Nüsse, im Verein mit der Besprengung mit Seewasser schon an und für sich die Vernichtung der Keimkraft herbeiführen[1]).

Poivre. Die Franzosen waren die ersten, die ihre Aufmerksamkeit der Einführung der Muskatnuss zuwandten, und zwar gebührt der ganze Ruhm einem merkwürdigen Manne, namens Poivre, der, halb Philosoph und Menschenfreund, halb Staatsmann, weit ausschauende praktische Anregungen mit seinen philosophischen Ideen zu verbinden wusste, und der neben der Muskatnuss und Nelke auch den Bergreis, Pfeffer, Zimmt, Brotfrucht, Thee etc. nach den Maskarenen einführte.

Ursprünglich Missionar in Ostasien, gerieth er auf dem Schiff, das ihn zum zweiten Male dorthin bringen sollte, 1745 bei Bancka in die Gefangenschaft der Engländer, wurde kurz danach in Batavia wieder freigelassen und wurde dort auf den Gewürzhandel aufmerksam, dessen Bedeutung für Holland er daselbst kennen lernte. 1749 ging er im Auftrag der französischen Compagnie des Indes als „ministre de France" nach Cochinchina, und brachte von dort nach Isle de France eine Reihe der angeführten Kulturpflanzen. Bald darauf ging er dann in geheimer Mission nach Manilla, hatte aber schon in Canton Schwierigkeiten und brachte nach Isle de France nur fünf bewurzelte Muskatpflanzen, deren

---

[1]) Zwar erwähnt Garcin in Savary's Diction. universel du Commerce t. V (Neue Ausgabe 1765), dass er das Geheimniss kenne, die Nüsse gegen Feuchtigkeit, Luft, Würmer und Transport zu konserviren, fügt aber hinzu, dass er als früherer Compagniebeamter dies Geheimniss bei sich behalte.

Zugehörigkeit zu der guten Art in Paris von Jussieu festgestellt wurde. Nelken konnte er sich in den Philippinen nicht verschaffen. dazu hätte er nach den Molukken gehen müssen; die Muskatpflanzen wurden mit den nöthigen Instruktionen drei Pflanzern auf Isle de France übergeben.

Um die Einführung der Gewürze zu vervollständigen, überredete er den interimistischen Kommandanten von Isle de France, M. Bouvet, ihm eine alte Fregatte „la Colombe“ auszurüsten, mit welcher er 1754 nach Manilla ging. In Folge der Seeuntüchtigkeit des kleinen nur 60 Tonnen fassenden Schiffes hatte aber die Expedition keinen grossen Erfolg; nur in Timor verschaffte der portugiesische Gouverneur sowie einheimische Fürsten ihm einige Muskatpflanzen neben vielen Muskatnüssen, ferner auch reife Nelkenfrüchte, jedoch waren diese zu alt zum keimen, wie sich später herausstellte. Diese Resultate seiner Reise übergab Poivre am 8. Juni 1755 dem conseil supérieur der Insel Isle de France. Die Muskatpflanzen der vorigen Reise waren unterdessen sämmtlich eingegangen, wie man meinte, absichtlich vernichtet durch den kürzlich angekommenen „Directeur des jardins“, da dieser, von der Gegenpartei gesandt, sich der Einführung der Gewürze widersetzte. Da auch an Stelle Bouvets ein neuer Gouverneur angekommen war, der ohne Instruktionen in Bezug auf Poivre, ihm keine Gelegenheit geben konnte oder wollte, sich weiterhin nützlich zu zeigen, so kehrte Poivre nach Frankreich zurück, wo er neben einer Gratifikation von 20000 fr. auch die Mitgliedschaft der Académie des sciences erhielt.

Als Poivre dann im Jahre 1768 zum Gouverneur (Intendant) der Inseln Isle de France und Bourbon ernannt worden war, ward ihm Gelegenheit, Maassregeln zu veranlassen, um die Gewürze in grösserem Maassstabe auf diese beiden Inseln überzuführen[1]). Mit der Leitung der

1) Am ausführlichsten sind diese Expeditionen beschrieben im Mémoire sur l'importation du Géroflier des Moluques aux Isle de France, Bourbon, Seychelles et Cayenne par Abbé Tessier (Observations sur la Physique t. XIV (1779). Wichtige Aufschlüsse finden sich auch in der Einleitung zur 3. Auflage von Poivre's Voyage d'un philosophe; ferner in den Göttinger Gelehrten Anzeigen 1787, pag. 477, in einer Lebensbeschreibung von Poivre, sowie detaillirt in der Histoire de l'acad. royale des sciences Paris 1772 I (éd. 1775), pag. 56—61. Notizen über diese wichtige Entführung siehe auch bei Sonnerat: Voyage à la Nouvelle Guinée, ferner in den Annales de Chimie 1790, VII, pag. 1—24, Murray: Apparatus medicaminum 1792, pag. 139, bei Abbé Raynal in Grant Histor y of Mauritius, London 1804, sodann in Roemer u. Usteri's botan. Magazin I (1787), pag 155, Im grauen Ungeheuer No. 25, pag. 62—70, sowie in Le Gentil: Voyage dans les mers des Indes t. 6, pag. 688.

ersten Expedition wurde der Kommissär des Seewesens Provost betraut, der als ehemaliger Schiffsschreiber der indischen Compagnie auch malayisch sprach; die seemännische Leitung dagegen hatte der Marineoffizier M. de Tremigon; sie schifften sich im Mai 1769 auf der unter Befehl des letzteren gestellten Korvette „le Vigilant" in Mauritius ein und gingen über Pondichery und Achin, wo sich das von Etcheverry, einem lieutenant de frégate, kommándirte kleinere Schiff „l'Etoile du matin", wie verabredet war, der Expedition anschloss, nach Gueda und dann nach Manilla; nachdem sie sich hier informirt hatten, fuhren sie im Januar 1770 mit günstigem Monsunwind nach Mindanao, wo sie neue Erkundigungen einzogen, und dann nach den Jolo- (Sulu) Inseln. Hier wurde die Expedition sehr freundlich aufgenommen, und der Fürst von Jolo, der Poivre nach der französischen Angabe „wie einen Vater betrachtete" (da letzterer in Manilla die Freigabe des damals gefangenen Fürsten durchgesetzt hatte), gab nicht nur sehr wichtige Instruktionen, sondern versprach sogar, falls diese Expedition nicht den gewünschten Erfolg haben würde, selbst bei der Suche nach Gewürzen behilflich zu sein, und sie für das nächste Jahr in Menge zu verschaffen. Zuerst gingen von hier die Schiffe nach der Insel Miao [1]), wo schwer zu landen war, und man zwei Tage vergeblich nach Gewürzen suchte. Am 10. März 1770, zwischen den Inseln Miao und Taffouri [2]), trennten sich dann die beiden Schiffe, da der ursprüngliche Plan, Ceram und Timor mit beiden Schiffen zu besuchen, wegen der zusammengeschrumpften Lebensmittel aufgegeben werden musste. Während Tremigon nach Timor fuhr, bestieg Provost das andere Schiff und fuhr nach Ceram, das er mehrmals berührte. In der Bucht von Saway [3]), wo er das Gewürz zu finden hoffte, hörte er, dass die Holländer daselbst kurz zuvor alle Muskat- und Nelkenbäume zerstört hätten; dagegen erreichte er sein Ziel in Gebi oder Gueby [4]), wo nicht nur die

---

1) Unter Miao ist offenbar die kleine ziemlich hohe, unbewohnte Insel Majoe oder Majo zu verstehen, die in 1° 17′ n. B. und 126° 32 ö. L. zwischen Minahassa und Ternate im Eingang der Molukkenstrasse liegt.

2) Die Insel Tafoeri oder Tifore ist etwas südwestlich von Majo gelegen, 1° n. B. und 126° 20′ ö. L.; hier stand früher eine kleine spanische, 1695 von den Holländern geschleifte Festung.

3) Sawaai ist ein Distrikt auf der Nordküste von Ceram.

4) Gebeh oder Gebi ist eine hauptsächlich von Papuanen bewohnte Insel in der Strasse von Gilolo, zwischen Halmaheira und Waigiu auf dem Aequator gelegen und in 129° 30′ ö. L. Hier ist einer der besten Ankerplätze des ganzen Archipels, und deshalb wurde die Insel in diesem Jahrhundert viel von Walfischfängern und Schiffen,

Bevölkerung, sondern sogar der König Muskat- und Nelkenpflanzen, sowie frische Muskatnüsse und Nelkensaat den Franzosen verschafften. Auch der Fürst von Patani, im östlichen Theil von Halmaheira, soll ihnen viele Gewürze verschafft haben. Auf der Rückfahrt trafen die beiden Schiffe wieder am festgesetzten Orte zusammen, die Nüsse und Pflanzen wurden der Vorsicht halber auf beide Schiffe vertheilt, und am 24. Juni 1770 kamen die Schiffe mit den Gewürzen wieder in Isle de France an. Es waren 450 Muskat- und 70 Nelkenpflänzchen[1]), ferner 10000 Muskatnüsse, die entweder schon gekeimt hatten oder im Begriffe waren es zu thun, endlich eine Kiste Nelkensaat, wovon schon einige junge Pflänzchen aufgekommen waren. Der Naturforscher Commerson, der sich gerade, nachdem er mit Bougainville die Reise um die Welt gemacht hatte, in Isle de France aufhielt und von Poivre engagirt worden war, um die Natur dieser Inseln zu erforschen, sowie den Kolonisten bei den neu eingeführten Kulturen behilflich zu sein, bezeugte am 27. Juni 1770, dass es die richtigen Pflanzen und Samen von Muskat und Nelken seien[2]). Die Pflanzen wurden theils in dem Garten des Gouverneurs aufgezogen, theils verschiedenen Bewohnern der Insel zur Aufzucht übergeben.

Von den früheren Muskatpflanzen waren damals nur noch zwei am Leben. Da aber auch von dieser neuen Einführung sowohl die Keimung wie die weitere Aufzucht den Erwartungen nicht entsprach, obgleich Eingeborene extra mit herübergebracht worden waren, entschloss sich der Gouverneur im Einverständniss mit dem Generalgouverneur jener Inseln Chevalier des Roches dazu, im nächsten Jahre eine zweite Expedition auszusenden, und zwar wurde zu der Führung abermals Provost bestimmt, der auf der königlichen Flüte „l'Isle de France", die unter dem Kommando des Chevalier de Coëtivy stand, am 25. Juni 1771 von der Insel aufbrach; als begleitendes Schiff diente die Korvette „le Nécessaire" unter M. Cordé, einem früheren Offizier der Compagnie des Indes. Der Naturforscher Sonnerat schloss sich freiwillig dieser

---

die nach China gingen, benutzt, um dort Wasser einzunehmen. Unter den Produkten werden Kokosnüsse, Bananen, Reis, Yams und Sago angeführt, aber keine Muskatnüsse.

1) Cf. Observations of the Isle of France by Abbé Raynal in C. Grant History of Mauritius, London 1804. 4°.

2) Nach anderen Angaben (Göttinger Anzeig. 1787, pag. 477, Notices sur la Vie de M Poivre; Murray apparat medicaminum, pag 139) gehörte aber nur 1/5 der importirten Nüsse zu der echten Art, die anderen gehörten zu der unechten wenig aromatischen, grossen und langen Muskatnuss von Manilla (das ist, wie wir sehen werden, Myristica philippensis Lam.).

Expedition an, und sein Buch Voyage à la Nouvelle Guinée ist eine Frucht dieser Reise.

Die Fahrt ging zuerst nach Manilla, um dort Lebensmittel und Provision einzunehmen. Ende Dezember 1771 fuhren die beiden Schiffe von Manilla fort, angeblich um dem herannahenden Feind zu entgehen, und zwar steuerten sie wieder nach Gueby, wo abermals Samen und Pflanzen beider Gewürze in genügender Menge erlangt wurden. Es scheint aus einer Notiz Sonnerats hervorzugehen, dass man die Muskatnüsse, um sie frisch zu erhalten, mit einer Wachsschicht überzog. Nach Sonnerat erlangte man die Pflanzen auf Gueby, sowie auf Moar[1]), und zwar besorgten die Könige von Maba[2]) und Patanie[3]), sowie der Sultan von Tidore die Bäume. Während Coëtivy bis zum 9. März die umliegenden Inseln besuchte, errichtete Provost ein Standquartier zur Aufbewahrung der Pflanzen und besuchte nur die zunächst benachbarten Inseln von dort. Bald bemerkte Provost jedoch ein kühleres Benehmen von Seiten der Eingeborenen, und hörte sogar, dass man ihm nach dem Leben trachte; ferner brachte ein Fürst der Nachbarschaft die Nachricht, dass die Holländer in Ternate gegen sie rüsteten und noch vor dem 25. April gegen sie vorgehen würden. So wurden denn schnell sämmtliche Pflanzen und Nüsse auf die beiden Schiffe vertheilt. Am 8. April 1772 fuhr man fort, und am 4. Juni lief die Flüte, am 5. oder 6. die Korvette auf Isle de France ein, wo schon am folgenden Tage die werthvolle Ladung ausgeschifft wurde. Auch über diesen noch glücklicheren Import hatte nach dortigem Usus eine Kommission ein sachverständiges Urtheil auszustellen, ferner wurden von Poivre Zweige des Nelken- und Muskatbaumes sowie Muskatnüsse an die Académie des Sciences in Paris eingesandt, und wiederum ein Gutachten gefällt, dass es die echten Gewürze seien[4]).

---

1) Moar ist eine Insel und ein Kap an der Ostküste von Halmaheira.

2) Maba ist ein Theil der Küste auf der Ostseite von Halmaheira, sowie eine davor liegende Insel.

3) Patanie ist ein Distrikt auf der östlichen Landenge von Halmaheira.

4) Nach dem in der Académie des sciences 1772 veröffentlichten Gutachten befanden sich neben der echten runden Nuss (pala parampuan = weibliche Muskat) noch echte längliche Nüsse mit schmäleren Blättern darunter (pala lakki-parampuan = Zwitter-Muskat); ferner noch pala lakki-lakki, eine birnförmige 2″ lange 1½″ breite Frucht, die ¼ kleiner war als die echte, und der Tafel V von Rumph ähnelte (= männliche Muskat), und noch eine dritte kleinfrüchtige Art (petite fausse muscade), deren aprikosenähnliche Frucht 16‴ lang und 10‴ breit waren, und die der t. VI von Rumph ähnelt

Poivre vertheilte die Pflanzen und meist schon keimenden Nüsse zum grösseren Theil auf der Insel, andere sandte er nebst gedruckter Kulturanweisung nach den Seychellen, Bourbon und Cayenne. Es waren angeblich genug (ca. 40000), um ganze Wälder auf den Inseln anzulegen (Brief von Poivre vom 16. Juli 1772). Einen grossen Theil davon liess Poivre an einem Ort in der Nähe des Hafens, den er von der Compagnie gekauft hatte, anpflanzen; hier hatte er nämlich einen Garten „Monplaisir" angelegt, den er mit den Nutzpflanzen beider Hemisphären zu bepflanzen suchte. Als Poivre im Oktober desselben Jahres die Insel verliess, um nach Frankreich zurückzukehren, waren dort noch 956 Muskatpflänzchen am Leben. Den Garten übergab er dem Staate, gegen Rückvergütung der ursprünglichen Kaufsumme; und zum Direktor dieses von jetzt an Jardin du roi, später während der Republik Jardin français genannten Gartens wurde M. de Céré eingesetzt, der zugleich Kommandant eines der Distrikte der Insel war. Letzterer vereinigte (nach der Einleitung zu Poivres voyage d'un philosophe) Sorgfalt, Klugheit und Muth, welch letztere Eigenschaften auch nöthig waren, da es angeblich noch immer übel gesinnte Leute gab, welche sich die Vernichtung dieser jungen Kultur angelegen sein liessen.

Die Anfänge der Muskatkultur waren also in Isle de France vorhanden, trotzdem fehlte es nicht an Enttäuschungen. Die an Privatleute abgegebenen Muskatpflänzchen starben sämmtlich und die von der Regierung gezogenen litten ungemein durch die Stürme, sodass auch von ihnen die meisten zu Grunde gingen; von den ursprünglich, wie erwähnt, 956 Muskatpflänzchen entwickelten sich schliesslich in dem botanischen Garten nur 58 weiter, und von den vielen Nelkenpflänzchen gediehen daselbst nur 38. Die Nelkenbäume kamen zuerst zur Blüte, die ersten zwei im Oktober 1775; jedoch waren die im nächsten Jahre erschienenen Früchte klein, trocken und mager. Die ersten Muskatbäume blühten im Jahre 1776, und an diesen machte der Direktor des Gartens Céré am 25. Dezember die wichtige Entdeckung der Eingeschlechtigkeit der Blüthe, die er in einem Briefe[1]) am 22. Januar 1777 dem Herrn de Sartine zugleich mit der ersten existirenden wirklich guten Beschreibung der Blüthenverhältnisse ausführlich mittheilte. Damals blühten schon 11 Muskatbäume, nemlich 8 von der ersten Einführung durch Provost, und 3 von der zweiten; es waren demnach 5 bis 7jährige Bäume; 9 unter diesen 11 entpuppten sich als männlichen und nur 2 als weiblichen Geschlechtes. Wie Sonnerat richtig hervorhebt, musste natürlich

1) Vom Verf. in seiner Monographie der Myristicaceen (Einleitung) abgedruckt.

dieser Ueberschuss männlicher Bäume die Fortschritte der Muskatkultur bedeutend verlangsamen, wenn es sich nicht, wie wahrscheinlich ist, bei einigen Bäumen um pseudomännliche handelte, die dann in späteren Jahren ihr Geschlecht änderten. Im Herbar Delessert in Genf wird ein gut erhaltener männliche Blüthen tragender Zweig dieses ersten Jahrganges auf Isle de France getrocknet aufbewahrt. Die ersten weiblichen Blüthen scheinen keine Früchte angesetzt zu haben (sie dienten vielleicht sämmtlich der botanischen Untersuchung), denn nach Céré's von Lamarck wiedergegebenem Bericht wurden die ersten 6 reifen Nüsse erst im Dezember 1778 und im Januar 1779 gesammelt, stammten also bei der 9 monatlichen Fruchtentwickelung von Blüthen des März und April 1778. Von diesen ersten 6 Nüssen keimte nur eine einzige, und zwar im März des Jahres 1779. Der Baum, der die ersten Nüsse hervorbrachte, wurde von Céré zur Feier des Ereignisses „Muscadier royal" genannt; er trug zuerst längliche und runde Nüsse durcheinander, später dagegen überwiegend runde, die länglichen mehr in solchen Jahreszeiten, wo die Vegetation weniger kräftig war; andere Bäume hingegen trugen ausschliesslich entweder längliche oder runde kleinere Nüsse.

Auch in den folgenden Jahren machte die Kultur nur geringe Fortschritte, namentlich wenn man die rapide Zunahme der Nelkenpflanzen damit vergleicht. Im Jahre 1785 scheinen erst 10 Bäume getragen zu haben (Römer und Usteri, Botan. Magazin 1787 pag. 156), und zwar sassen damals etwa 800 Nüsse an denselben; aber auch von diesen kamen nicht alle zur Reife, sondern im Brachmonat wehte ein heftiger Windstoss allein 30 Stück unreif herunter. Auch die Keimung und Aufzucht liess zu wünschen übrig; dieses brachte Herrn Céré auf den Einfall, Bäume durch Stecklinge zu vermehren, und er machte damit sowohl an männlichen als an weiblichen Bäumen gut gelingende Versuche, so dass er im Jahre 1786 450 gesunde Stecklinge zählte. Die grossen Erwartungen, die man hieran knüpfte, namentlich als man sah, dass auch die aus Stecklingen gezogenen weiblichen Bäume, sobald auch die männlichen blüthen, fortwährend trugen, erfüllten sich aber keineswegs. Hatte man in den 80er Jahren des vorigen Jahrhunderts die Hoffnung (Botan. Magazine taf. 2757), dass bis Ende des Jahrhunderts die Muskatbäume auf den Maskarenen die Zahl 50 000 erreicht haben würden, so verwirklichte sich diese Hoffnung durchaus nicht[1]), jedoch kamen grössere Mengen zu Beginn unseres Jahr-

---

1) Grant giebt in seiner „History of Mauritius", London 1801, 4°, pag. 569 an, dass die Produktion an Gewürzen für das Jahr 1786 für die Insel Isle de France

hunderts von dort in den Handel, selbst direkte Einfuhren nach Hamburg werden vermerkt[1]).

Was diese Kultur daselbst so hat zurückgehen lassen, nach so mühsamen und hoffnungsreichen Versuchen, vermochte ich nicht ausfindig zu machen, zweifellos spielt aber die Nachlässigkeit der Bevölkerung, auch die durch die politischen Wirren veranlasste Ohnmacht der Regierung, sowie der Wechsel des Besitzers der jetzt englischen Insel dabei eine Rolle. Der Hauptgrund mag aber doch wohl das ungünstige Klima gewesen sein; Inseln, die derart den heftigsten Stürmen ausgesetzt sind, wie die Maskarenen, eignen sich überhaupt nicht für so prekäre Kulturen, wo ein Wirbelwind die Mühen vieler Jahre zu Schanden machen kann, wie wir es in Banda im Jahre 1778 gesehen haben, auch liegen die Maskarenen schon zu nahe der Grenze der äquatorialen Zone.

Auf Mauritius wurden übrigens im Jardin du roi noch einige andere verwandte Arten kultivirt, die später zu allerlei Irrthümern und Verwechselungen Anlass gaben. Andere auf Mauritius kultivirte Muskatnussarten.

Es war erstens die nicht aromatische Myristica philippensis Lam., ein Baum mit fusslangen Blättern und daumenlangen schmalen Früchten, die nach Sonnerat von Provost gelegentlich seiner Reise nach den Gewürzinseln (1769) von Manilla aus mitgebracht worden war, wie wir oben sahen, in übergrosser Menge.

Noch im Jahre 1816 wurde diese Art unter dem Namen Myristica sylvestris, wild nutmeg, Muscadier sauvage, Pala boa als im botanischen Garten von Mauritius kultivirt angegeben, in dem „Catalogue of the exotic plants cultivated in the Mauritius at the botanical garden Monplaisir etc.“ (pag. 28), einer kleinen unter den Auspicien des Gouverneurs R. T. Farquhar herausgegebenen Brochüre; ebenso wurden männliche Blüthenzweige noch 1833 daselbst von Bojer gesammelt; 1813 wurde auch der Baum von dort durch Telfair nach Calcutta übergeführt.

Zweitens möglicherweise Horsfieldia laevigata (Bl.) Warb., eine zweifellos gleichfalls nicht aromatische Muskatnuss, die allem Anschein nach aus Java importirt worden ist. In Commerson's Herbarium heisst sie Muscadier sauvage globuleux, ob sich dies letztere auf die Form der Früchte bezieht, die dann wohl importirt sein müssten, aber nirgends beschrieben sind, oder ob sich der Name auf die kleinen kugeligen weiblichen Blüthen bezieht, ist nicht zu eruiren. Dass diese Art überhaupt auf Mauritius vorkommen soll, beruht ausschliesslich auf einer Notiz einer Herbaretiquette von Michaux, die aber vermuthlich einem Irrthum ihren Ursprung verdankt.

20000 Pfd., für Bourbon (Réunion) 60000 Pfd. betrage, aber wie viel davon auf Muskat kommt, ist nicht angegeben; wahrscheinlich nur eine verschwindend kleine Menge.

1) Die Handlung von Hamburg 1806 (3. Bd., pag. 93); noch 1833 findet sich in der 1. Aufl. von Erdmann Königs Grundriss der allgem. Waarenkunde (und selbst noch in der 9. Auflage 1875!), die längst veraltete, wohl aus dem Beginn des Jahrhunderts stammende Notiz, dass die beste Muskatblüthe die helle aus Isle de France sei.

Soviel ist jedenfalls sicher, eine brauchbare Art ist es nicht, sie gehört zu einer südasiatischen Gattung, die kein Aroma besitzt.

Auch von Madagaskar sind, wohl auf Poivre's Anregung, damals wilde Muskatarten nach Mauritius übergeführt und zwar im Jahre 1768 durch Rochou. (cf. Grant, History of Mauritius, pag. 39, Copland, History of Madagascar, pag. 310.) Es waren dies

1. Malao-manghit, *Brochoneura acuminata* (Lam.) Warb. Es ist dies ein Baum mit gradem Stamm und brauner Rinde, mit aromatischen Blättern und muskatähnlichen Früchten, denen die Malagassen gleiche Eigenschaften zuschreiben wie der echten Muskat.

2. Rara-hourac, *Brochoneura madagascariensis* (Lam.) Warb. Ein in marschigen Lagen wachsender hochstämmiger Baum, die echte wilde Muskatnuss.

3. Rara-be, *Brochoneura Vouri* (Baill.) Warb. Ein viel grösserer und schönerer Baum als Malao-manghit, dessen Nüsse in Madagaskar medizinisch gebraucht werden (angeblich als Vertheilungsmittel kalter Säfte), auch innerlich, zur Kräftigung des Magens, während das aromatische Fett derselben zum Haar salben und Einreiben der Köpfe dient.

4. Bashi-bashi, wohl *Brochoneura sp.*; ähnelt der Rara-be, hat aber etwas andere Früchte und Blätter; der Baum liebt hochgelegene Orte. Rinde, Nuss und Macis sind aromatisch.

5. Founingo-mena-rubon, soll gleichfalls eine Muskatnuss sein, deren Früchte von grossen blauen Tauben überall hin verbreitet werden.

6. Nicht zu den Muskatnüssen gehörend, aber zuweilen damit verwechselt, und auch von Madagaskar aus nach Mauritius schon damals eingeführt, ist die Ravendsara, deren Fruchtschale wie auch die Blätter einen sehr feinen, Nelken, Zimmt und Muskat vereinenden Geruch besitzen.

Bourbon. Nach Bourbon waren ja, wie wir sahen, schon direkt nach der letzten Einführung, also etwa 1772, Pflanzen oder Nüsse von Poivre gesandt worden. Der Baum gedieh hier auch, wenigstens erwähnt Labillardière in seiner „Reise nach dem Südmeer 1791—94", dass er daselbst kultivirt werde, aber bedeutend war die Entwickelung der Kultur auch dort nicht.

Für 1837 findet sich in den Notices statistiques sur les colonies françaises (Paris 1837 II pag. 86) die Notiz, dass der Muskatbaum wohl auf Bourbon kultivirt werde, jedoch sei die Kultur der Gewürze daselbst überhaupt ohne Bedeutung, und das Produkt derselben werde fast ganz an Ort und Stelle konsumirt. Aehnlich verhielt es sich auch in den folgenden Jahrzehnten.

Im Jahre 1864 wurden 2500 kg Nüsse und 450 kg Macis von Réunion exportirt (Simmonds), 1865 betrug die Ausfuhr von Nüssen und Macis zusammen dagegen nur 1365 kg (Catal. d. col. franç.), 1871 war der Export noch ein klein wenig grösser als 1864, hat aber seitdem wieder nachgelassen[1]).

Noch weniger erfolgreich war die Ueberführung nach Madagaskar, wo an geregelten Anbau durch Europäer bei den politischen Zuständen der Insel natürlich nicht zu denken war; dass daselbst einige Exemplare des Baumes existiren, wird lediglich bewiesen durch botanische Belegexemplare, die sich in den Herbarien befinden. Wahrscheinlich handelt es sich dabei nur um einzelne Exemplare, die in Gärten stehen; wenn die Eingeborenen den Baum häufig in ihren Gärten anpflanzten, so würde das wohl berichtet worden sein. Madagaskar

Nach Volz (pag. 307) waren auf den Seychellen seit 1780 Kaffee, Muskat und Nelken eingeführt. Schon in Schedels Waaren-Lexikon II (1814) pag. 71 finde ich erwähnt, dass die Franzosen auch Versuche mit Anpflanzung von Muskat auf den Seychellen, Mahé, machten; Erfolg hatten aber offenbar diese Versuche nicht. Seychellen.

In Sansibar wurde der Muskatnussbaum vom Sultan Sayid eingeführt, jedoch gingen nach Burton durch die mangelhafte Sorgfalt bei der Pflege alle Pflanzen sehr bald zu Grunde, wenngleich die klimatischen Verhältnisse, die ja auch den Gewürznelkenbau begünstigen, der Kultur lange nicht so hinderlich zu sein scheinen, wie auf den Maskarenen. Im Widerspruch zu der in vielen Büchern verbreiteten Notiz, dass der Baum in Sansibar kultivirt werde, kann mit Bestimmtheit versichert werden, dass es Pflanzungen dieses Gewürzes auch nur in kleinerem Maassstabe nicht giebt, sondern dass sich daselbst nur einzelne Bäume in den Gärten zerstreut finden, die jedoch nur leidlich fortkommen. Selbst die Muskatnüsse, die in den Küstenstädten Deutsch-Ost-Afrikas in den Läden der Inder zum Kauf ausliegen, stammen nicht von Sansibar, sondern kommen von Bombay, also jedenfalls von Hinterindien. Sansibar.

Neuerdings ist die Muskatnuss auch an verschiedenen Orten Westafrikas eingeführt, d. h. bisher wohl nur in den botanischen Stationen, so z. B. auch in Victoria, Kamerun, wo sich aber nach den neuesten Berichten die Bäume nur langsam entwickeln, woran nach der Ansicht des Direktors des Gartens wahrscheinlich wohl nur die anhaltende Trockenheit des betreffenden Jahres Schuld war. Westafrika.

---

1) Wenn Baillon anführt, dass auf Bourbon *Myristica madagascariensis* Lam. kultivirt werde, und fast einzig gebraucht werde, so beruht das auf einem Irrthum.

2. Einführung des Muskatbaumes nach Südamerika.

Cayenne. Trotz aller Bemühungen hatten die Franzosen mit der Einführung der Muskatkultur kein Glück. Wir sahen oben, dass Poivre das Gewürz noch 1772 nach Cayenne sandte. Ueber die Details dieser Einführung giebt Abbé Tessier (Observat. s. la Physique XIV (1779) pag. 47) folgendes an: M. Maillart de Merle, General-Commissaire de la Marine, Ordonnateur de l'isle de Cayenne, war 1770 auf Urlaub in Frankreich, und hörte dort von dem Projekt der Einführung der Gewürze nach Mauritius. Erkundigungen nach dem Klima reiften in ihm die Ansicht, dass diese Gewürze auch für Cayenne passen würden, und dies theilte er dem Minister mit. Anstatt nach Cayenne wurde er nun als Intendant nach Isle de France gesandt, wo M. de Ternay soeben Gouverneur (?) geworden war. Diese beiden machten nun Versuche, die Gewürze nach Cayenne zu bringen. Es war gerade ein Privatschiff aus Nantes daselbst, unter Kapitän Sr. Abram, welches von Isle de France nach St. Domingo gehen sollte; dieses nahm eine Quantität Gewürze mit, und erreichte am 3. Februar 1773 nach nur 64tägiger Reise den Bestimmungsort. Im folgenden Jahre wurden einem andern Schiff gleichfalls Gewürze mitgegeben, jedoch erlitt dies Schiff unterwegs Havarie, und musste nach Isle de France zurück; fast alle auf dem Schiffe befindlichen Pflanzen waren dabei zu Grunde gegangen.

Eine andere Notiz besagt, dass bei der Hinsendung (wohl eine spätere mag gemeint sein) eine Anzahl Stecklinge in die Hände der Engländer gerieth, die damit ihre eigenen Kolonien versorgten. Sei dem wie ihm wolle; ein im britischen Museum aufbewahrter, von Rohr im Jahre 1784 in Cayenne gesammelter Zweig mit männlichen Blüthen, bei dem auf der Etiquette vermerkt ist, dass der Baum 12′ hoch sei, beweist, dass die Ueberführung spätestens Ende der 70er, etwa 1778, gelungen sein muss. Andererseits ist aber auf der Etiquette vermerkt, dass ein weiblicher Baum in Cayenne nicht existire; demnach muss man also die ersten Einführungen als so gut wie erfolglos betrachten. Wenn dagegen in einer im Jahre 1788 unter Thunbergs Leitung in Schweden gemachten Dissertation über die Muskatnuss gemeldet wird, dass in Cayenne Anpflanzungen davon existirten, so kann es sich bestenfalls nur um ganz junge Pflanzen handeln. In den Notices statistiques sur les colonies françaises (pag. 231) findet sich die Angabe, dass der Baum seit 1795 in Cayenne eingeführt sei, aber selbst wenn darunter eine Neueinführung zu verstehen wäre, so war der Erfolg gleichfalls ein minimaler, denn im Jahre 11 der französischen Revolution, also 1804 gab es nach Leblond (Mémoire sur le Poivrier) dort nur einen männlichen und zwei weibliche Bäume[1]).

Wie wenig Bedeutung diese Kultur auch später daselbst erlangte, zeigen die Ernteangaben in den Notices statistiques für die Jahre 1832—1836, es wurden

1832	80 kg,	1835	200 kg,
1833	80 „	1836	100 „
1834	22 „		

also im Durchschnitt kaum 96 kg jährlich geerntet[2]); nach den Notices statistiques soll das Klima Cayenne's nicht günstig für die Kultur sein. An anderer Stelle dagegen wird erwähnt, dass der Regierungsgarten La Gabrielle gerade umgegraben werde, und man daselbst Nelken und Muskat pflanze, die zu grossen Hoffnungen berechtigten. Aber auch diese Hoffnungen erfüllten sich nicht, und eine Muskatkultur in französisch Guyana giebt es kaum dem Namen nach. Von Bedeutung wurde Cayenne nur dadurch, dass sich die Muskatkultur von dort aus weiter verbreitete.

Von Cayenne aus wurde der Baum nach Martius in den Regierungsgarten von Para und damit in Brasilien eingeführt und zwar im Oktober 1809. Nachdem portugiesische Truppen die französische Kolonie Cayenne genommen hatten, wurden auf Befehl des portugiesischen Gouverneurs von M. Martin, dem Leiter des Regierungsgartens „La Gabrielle" neben vielen anderen Nutzpflanzen auch drei Muskatbäume nach Para gesandt. Auch dort entwickelte sich aber diese Kultur nur wenig. Im Jahre 1820 fand Martius daselbst in den öffentlichen und privaten Gärten kaum mehr als 60 Bäume, aber alle schlecht gedeihend, erst 15—20′ hoch, meist noch kleiner, mit zarten Blättern, an zu feuchten Orten stehend und mangelhaft kultivirt. Auch heute noch trifft man den Baum in Brasilien nur in einzelnen Exemplaren, zur Blüthe kommt er freilich sogar noch in Rio de Janeiro, wie männliche Blüthenexemplare im Herbar, vom botanischen Garten daselbst stammend, beweisen. Brasilien.

Sonst wissen wir von Südamerika nur, dass sich einzelne Bäume in Surinam finden; von Venezuela, Mexiko und der ganzen Westküste Surinam.

---

1) 1816 waren dort (nach Volz) 12000, später sogar 22000 Gewürzbäume, doch sind hierunter wohl offenbar Nelkenbäume zu verstehen.

2) Es ist geradezu bewundernswerth, mit welcher Hartnäckigkeit sich falsche Angaben in der kompilatorischen Litteratur erhalten. Noch in der Waarenkunde von Lamatsch vom Jahre 1867 wird Guyana-Macis, sowie Macis von Bourbon und Mauritius als Handelsartikel aufgeführt.

Südamerikas, sowie von den centralamerikanischen Staaten fehlen in den europäischen Herbarien Belegexemplare, wenngleich anzunehmen ist, dass es einzelne Exemplare wenigstens in den Regierungsgärten fast sämmtlicher Staaten geben wird.

3. Einführung des Muskatbaumes nach Westindien.

St. Vincent. Von grösserer Wichtigkeit war die heimliche Entführung des Muskatnussbaumes von Cayenne aus nach der kleinen Antilleninsel St. Vincent, die im Beginne dieses Jahrhunderts, im Jahre 1802[1]), bewerkstelligt wurde. Die Thatsache, dass diese Einführung überhaupt nothwendig war, beweist jedenfalls, dass die 1772 gelegentlich der Ueberführung der Gewürze von Isle de France in die französischen Kolonien in Amerika den Engländern in die Hände gefallenen und in Westindien angepflanzten Muskatbäume nicht gediehen waren. Die Entwendung der Bäume in Cayenne war wegen des Argwohnes der Kolonisten nicht ohne Schwierigkeit zu bewerkstelligen, jedoch glückte es, drei Bäume zu erlangen, die sich dann selbst wieder als fruchtbar erwiesen. Die erste Pflanzung machte aber auch hier nur sehr geringe Fortschritte, die wenigen weiblichen Exemplare brachten im Durchschnitt jährlich nur etwa 40 Nüsse zur Reife, bis Rev. Lansdoune Guilding begann, männlich blühende Zweige in die weiblichen Bäume zu hängen, wodurch sich der Ertrag schnell ausserordentlich vergrösserte, so dass man bald darauf an zwei Bäumen zu einer gegebenen Zeit 300 reife Früchte zählen konnte[2]). Eggers fand daselbst vor einigen Jahren 1000′ über dem Meere anscheinend wilde Exemplare, doch meint er selbst, dass es sich um Wurzelausschlag dabei handeln kann.

Trinidad. Die von den Engländern im Jahre 1802 erworbene Insel Trinidad war die nächste, wo die Muskatnuss Eingang fand, indem 1806 die ersten Pflanzen durch die Bemühungen von Sir Ralph Woodford dorthin gebracht wurden (Porter, Trop. agricult.); da sie dort gediehen, konnte man nach einer Reihe von Jahren die Früchte derselben wieder zu neuer Aussaat benutzen. Im Jahre 1820 waren

---

[1]) Nach Porter, tropic. agricultur., pag. 300, wurden während des kurzen Friedens von Amiens (1802) zwei Pflanzen von Cayenne nach St. Vincent gebracht, von denen aber die eine starb, während die andere sich als männlich herausstellte.

[2]) Hooker, Exotic Flora II (1825), pag. 155. Die Abbildung der blühenden Zweige und Früchte stammt gleichfalls von St. Vincent, von dem oben erwähnten Rev. Guilding; eine aus derselben Quelle stammende Abbildung findet sich im Botan. Magazine t. 2756 A und t. 2757.

die meisten der im dortigen botanischen Garten aufgezogenen Bäume 3—4, einige 5 Jahre alt, während von den 50 älteren, aus St. Vincent herübergebrachten Bäumen sich 32 als weibliche Pflanzen entpuppten. Im Jahre 1828 gab einer der erst 1820 gepflanzten Bäume schon 1300 gute Nüsse und 1830 waren sogar einige der 1824 gepflanzten, also erst 6 jährigen Bäume gleichfalls schon produktiv. Im selben Jahr 1830 konnten schon mehr als 20 Pfund Nüsse der Society for the Encouragement of Arts als Probe eingesandt werden. Diese Probe wurde von erfahrenen Kaufleuten für gleichwerthig mit dem ostasiatischen Produkt erklärt und eine Goldmedaille dafür ertheilt. Natürlich war man in der Kolonie sehr hoffnungsfroh, namentlich da, wie Porter sich ausdrückt, „this cultivation is singularly adapted to the occupation of white persons of all ages and both sexes"; die Folge war, dass damals Samen und Ableger im Grossen zur Vermehrung dienten. Die Nüsse wurden in ungekalktem Zustande versandt. Die Fortschritte der Kultur entsprachen aber schliesslich doch nicht den Erwartungen; die Muskatbäume gediehen zwar nach Montgomery Martin von den Gewürzen am besten daselbst, aber nach dem Berichte von Lockhart (Botan. Magaz. t. 2757) mussten sie dort beständig künstlich bewässert werden, und das ist natürlich ein ernstes Hinderniss für eine Kultur im Grossen.

Wahrscheinlich sind es vor allen Dingen die kleinen Pflanzungen Trinidads, von wo die in den älteren englischen Importlisten angegebenen kleinen Mengen westindischen Muskats herstammen. Da die einzelnen Zahlen unten aufgeführt werden sollen, so sei hier nur erwähnt, dass die Quantität des westindischen Imports von 2500 Pfund Nüssen im Jahre 1853 bis auf 20300 Pfund Nüsse und 2400 Pfund Macis im Jahre 1870 langsam stieg; für spätere Jahre fehlen mir die betreffenden Angaben.

Nach dem „Report on Trinidad Gardens" war um 1880 herum der Ertrag der Pflanzungen ein ausnehmend bedeutender, in Folge der milden Trockenzeit. Die tragenden Bäume gaben netto, für den Markt zubereitet, über 20 Pfund, zum Durchschnittspreis von 2 sh. 2 d., sodass der Ertrag per Acre auf 60 £ geschätzt werden konnte.

Auch jetzt noch finden sich (nach Eggers) kleine Anpflanzungen sowohl auf St. Vincent und Trinidad, wie auf den benachbarten Inseln Tobago und St. Lucia; es scheint aber die ausgeprägte Trockenzeit, welche diesen Inseln eigenthümlich ist, als ein nicht unbedenkliches Moment, das namentlich in ausnahmsweise trockenen Jahren gefährlich werden könnte, der definitiven Ausbreitung der Kultur auf diesen

Inseln im Wege zu stehen, und nach neuesten Mittheilungen soll die Muskatkultur auf der Insel sich auch wieder in rückläufiger Bewegung befinden.

Barbados, Dominica, Martinique. Nach Schomburck wird der Baum auch auf Barbados gepflanzt; in den Herbarien fand Verf. blühende und fruktifizirende Exemplare auch von Dominica und Martinique vor; von letzterer Insel sogar unter der Bezeichnung „quasi spontan". Plantagen davon scheint es jedoch auf diesen Inseln wie auch auf Guadeloupe nicht zu geben.

Jamaica. Auf Jamaica wurden dagegen wenigstens ernstliche Versuche gemacht, den Baum im Grossen anzupflanzen. Schon die Kew reports von 1871 melden, dass von Jamaica jetzt Muskatnüsse von ausgezeichneter Qualität exportirt würden. Simmonds berichtet 1877 nach den Regierungsberichten, dass der Regierungsgarten daselbst schon 2000 Pflanzen zur Vermehrung und Vertheilung kultivire und demnächst noch mehr in Anzucht nehmen wolle behufs späteren Verkaufs; ein schöner Baum habe damals über 4000 ungewöhnlich grosse Früchte getragen; auch wurden Notizen über die Pflege, Ertrag etc. veröffentlicht, um zur Kultur zu ermuntern. Im Bulletin of the botanical Department of Jamaica von 1888 findet sich eine kurze Beschreibung der Kultur, ebenso wurden 1891 (nach dem Pharmaceut. Journal 1892 pag. 656) abermals grössere Mengen keimfähiger Nüsse von Grenada aus nach Jamaica übergeführt und in den Hopegardens ausgesät. Es erscheinen aber nur ab und zu kleinere Pöstchen von Jamaica-Muskat auf dem englischen Markt, und es ist nicht sehr wahrscheinlich, dass die Muskatkultur auf dieser im wirthschaftlichen Rückgang begriffenen Insel wieder zu grösserer Bedeutung gelangen wird.

Grenada. Grössere Bedeutung hat die Kultur in Amerika ausschliesslich auf der kleinen Antilleninsel Grenada; bereits 1888 wurden von dort über 67 000 kg Gewürze nach dem offiziellen Ausweis exportirt, von denen der weitaus grösste Theil aus Muskatnüssen besteht.

Baron Eggers hat unter dem Titel „Die neuen Gewürzinseln" (Naturwissenschaftliche Wochenschrift 1890) die Kultur der Muskatnuss auf Grenada näher beschrieben. Die Insel, 12° nördlich vom Aequator gelegen, ist etwa 350 Quadratkilometer gross, besitzt bis 900 m hohe Berge, einen bedeutenden Regenfall, ca. 3000 mm im Jahr, tiefgründigen vulkanischen Boden, der von hunderten von Bächen und Flüssen bewässert wird; auch liegt die Insel ausserhalb des Striches der westindischen Wirbelstürme; es sind demnach die Hauptbedingungen zu einer gedeihlichen Muskatnusskultur erfüllt. Nach dem Niedergang des Zuckers im Preise hatte man sich dort mit grossem Erfolg auf die

Kakaokultur geworfen, und daneben auch die feineren Gewürze anzubauen versucht, namentlich Pfeffer, weniger Kardamom und Nelken, vor allem aber Muskat; Muskatbäume gab es zwar auf der Plantage Bellevue schon in grösserer Menge, aber erst seit Mitte der siebziger Jahre wurde die Kultur mit Energie in Angriff genommen. Die Anpflanzung auf der Plantage Bellevue wurde durch einen bemittelten Lokalbeamten, in dessen Hände sie kam, bedeutend erweitert; sie liegt (nach einer im Tropical agriculturist 1894 pag. 256 wiedergegebenen Notiz) 1000′ über dem Meere und hat jetzt einen etwa 10 Acres bedeckenden Hain 30—40jähriger Bäume neben beträchtlichen jüngeren Anpflanzungen. Eine noch viel grössere Muskatpflanzung besass 1888 ein ehemaliger Genie-Offizier der englischen Armee, Duncan, der auf einer seiner Plantagen, Belvedere, schon über 100 Hektare tragender Muskatbäume stehen hatte. Die Plantage Plaisance liegt sogar 1800′ am Berge Catherine, aber auch dort scheinen die Bäume noch gut zu gedeihen. Dass das Klima der Insel sich vorzüglich für die Kultur eignet, wird unter anderem auch dadurch bewiesen, dass selbst 70 bis 80jährige Bäume daselbst noch enorme Ernten geben (Tropical agricult. 1890/91 pag. 268).

Der Grundwerth solcher Muskatplantagen auf Grenada ist ein ganz bedeutender, und beim Verkaufe kommen Preise vor, wie sie für nur zum Anbau bestimmtes Land höher (nach Eggers) kaum irgendwo vorkommen dürften. Da das Gewürz daselbst nur einer Ausfuhrsteuer von 64 Pfg. per 50 kg unterliegt, und die Unkosten relativ gering sind, so rentirt sich die Kultur sehr gut; die einzige Schwierigkeit ist die Arbeiterfrage, wegen der Faulheit und geringen Intelligenz der Neger; zum Theil ist diesem Uebelstand in Grenada, wie auch in Trinidad und englisch Guiana durch Einfuhr ostindischer Kulis unter bestimmten von der Regierung kontrollirten Kontrakten abgeholfen, aber immerhin ist dies ein kostspieliger Nothbehelf.

Die Anbauversuche der Muskatnuss sind also, wie wir bisher sahen, auf den afrikanischen Inseln eigentlich vollkommen missglückt, und in Amerika allein nur auf der einen kleinen Insel Grenada bisher von wirklichem Erfolg gekrönt; die Kultur ist demnach im Ganzen auf die Heimath des Gewürzes, auf Süd-Ost-Asien beschränkt geblieben, hat aber daselbst in diesem Jahrhundert eine ganz bedeutende Ausdehnung erlangt. Resumé.

4. Einführung der Muskatkultur in Sumatra.

Das erste Land Asiens ausserhalb der Molukken, wohin die Muskatnuss zum Anbau gebracht wurde, war die Insel Sumatra. Die ostindische Compagnie hatte schon 1774 durch Aussendung von Forrest nach den Molukken versucht, sich Nelken und Muskat zu verschaffen; Forrest hatte auch auf der Insel Manaswary in der Geelvinksbay von Neu-Guinea 100 Bäumchen ausgegraben, um sie nach der englischen Station Balambangan bei Nord-Borneo überzuführen. Es sind dies aber wohl zweifellos Pflanzen der Papua-muskat, Myrictica argentea Warb. gewesen (s. unten bei M. argentea), was jedoch daraus geworden ist, vermochte ich nicht zu eruiren; wenn sie überhaupt gediehen, so gingen sie sicher im Anfange dieses Jahrhunderts mit der Aufgabe der Station zu Grunde.

Benkulen. Sofort nach der ersten Besetzung der Molukken durch die Engländer, die von 1796—1802 dauerte, wurden unter überaus günstigen Bedingungen Versuche gemacht, den Baum nach dem damals unter der englisch-ostindischen Compagnie stehenden südwestlichen Theil Sumatras, der jetzigen holländischen Residentschaft Benkulen, überzuführen[1]; der erste Versuch misslang, dagegen brachte ein Schiff im Juli des Jahres 1798 5—600 Muskatnusspflanzen, die theilweise unter der Leitung des Botanikers Charles Campbell als kleine Pflanzung am Mt. Carmel, etwa 16 englische Meilen südlich vom Fort Marlborough, ausgesetzt wurden, anderentheils einem Civilbeamten der Compagnie, namens Edward Coles, am Silebarfluss im Distrikt Moko-Moko übergeben wurden, der ganz besonderen Erfolg hatte, „und die Spötter überzeugte, dass dieser Gewürzbaum nicht nur gut wachse, sondern sogar in der grössten Vollkommenheit trüge“ [2].

Robert Broff, ein Beamter der Compagnie, chief of the Residency of Fort Marlborough, dem die Einführung ausschliesslich zu verdanken ist, berichtet (nach Marsden) folgendes darüber.

„The acquisition of the nutmeg and clove plants became an object of my solicitude the moment I received by Capt. Newcombe, of his Majesty's ship Orpheus,

---

1) Im britischen Museum befinden sich zwei Blattzweige, mit je einem Blatt, die nach der Etiquette 1788 von Marsden aus Sumatra eingesandt sind. Es scheint aber ausgeschlossen zu sein, dass sich damals wirklich Muskatpflanzen in Sumatra vorfanden; vermuthlich waren sie von den Molukken aus an Marsden in Sumatra eingesandt.

2) Heyne, tracts pag. 412 aus Royle, Essay on the productive resources of India (1840), pag. 74.

the news of the surrender of the islands where they are produced; being convinced, from the information I had received, that the country in the neigbourhood of Bencoolen, situated as it is in the same latitude with the Moluccas, exposed to the same periodical winds, and possessing the same kind of soil, would prove congenial to their culture. Under this impression I suggested to the other members of the Board the expediency of freighting a vessel for the twofold purpose of sending supplies to the forces of Amboina, for which they were in distress, and of bringing in return as many spice-plants as could be conveniently stowed. The proposition was acceded to, and a vessel, of which I was the principal owner (no other could be obtained) was accordingly dispatched in July, 1796; but the plan was unfortunately frustrated by the imprudent conduct of a person on the civil establishment, to whom the execution was entrusted. Soon afterwards however, I had the good fortune to be more successful, in an application I made to Capt. Hugh Moore, who commanded the Phoenix country ship, to undertake the importation; stipulating with him to pay a certain sum for every healthy plant he should deliver. Complete success attended the measure: he returned in July 1798 and I had the satisfaction of planting myself, and distributing for that purpose, a number of young nutmeg and a few clove trees, in the districts of Bencoolen and Silebar, and other more distant spots, in order to ascertain from experience the situations best adapted to their growth. I particularly delivered to Mr. Charles Campbell, botanist, a portion to be under his own immediate inspection; and another to Mr. Edward Coles, this gentleman having in his service a family who were natives of a spice island, and had been used to the cultivation. When I quitted the coast in January 1799, I had the gratification of witnessing the prosperous state of the plantations, and of receiving information from the quarters where they had been distributed, and of their thriving luxuriantly; and since my arrival in England various letters have reached me, to the same effect. To the merit, therefore, of introducing this important article and of forming regulations for its successful culture, I put in my exclusive claim; and am fully persuaded, that if a liberal policy is adopted, it will become of the greatest commercial advantage to the Company and to the nation "

Als Mr. Broff 1799 nach England zurückkehrte, blieb die Hauptpflanzung nach wie vor unter Campbell's Leitung, der aber, als er sah, wie gut die Bäume gediehen, zur schnelleren Vermehrung der Kultur noch eine zweite Sendung von den Molukken aus veranlasste, die bedeutend grösser ausfiel; der Sohn des berühmten Botanikers Roxburgh, des Direktors des botanischen Gartens von Kalkutta, brachte im Jahre 1803 nicht weniger als 22000 Muskatpflänzchen von Ambon herüber, von denen eins schon nach 2 Jahren 10½ Monaten blühten, was Lumsdaine der Einwirkung eines in der Nähe befindlichen See's zuschreibt.

Unterdessen hatten vor diesem zweiten Import auch schon die ersten Bäume der früheren Sendung geblüht, und zwar schon eine merkwürdig grosse Anzahl derselben, obgleich sie erst vor kaum 4 Jahren gepflanzt worden waren und nur ca. 5 Jahre seit ihrer Keimung verstrichen waren. Im Oktober und November 1802 hatten von einer Zahl von weniger als 600 schon 247 Bäume Blüthen, und zwar stellte sich dabei ungefähr die Hälfte als männlich heraus, also eine relativ sehr grosse Anzahl; die 5jährigen Bäumchen waren schon 10—14′ hoch.

Interessante Einzelheiten hierüber finden sich in einem Briefe Campbell's vom November 1803.

„Early in the year 1798, Mr. Broff, to whom the highest praise is due for his enterprising and considerative scheme of procuring the spice trees from our newly-conquered islands (after experiencing much disappointment and want of support) overcame every obstacle, and we received, through the agency of Mr. Jones, commercial resident of Amboina, five or six hundred nutmeg plants, with about fifty cloves; but these letter were not in a vigorous state. They were distributed and put generally under my inspection. Their culture was attended with various success, but Mr. Coles, from the situation of his farm, near Silebar River, but not too close to the sea-shore, and from, I believe, bestowing more personal attention than any of us, has outstripped his competitors. Some trees which I planted as far inland as the Sugar-loaf Mountain, blossomed with his, but the fruit was first perfected in his ground. The plants were dispatched from Amboina in March, 1798, just bursting from the shell, and two months ago I plucked the perfect fruit, specimens of which I now send you; being a period of five years and nine months only, whereas in their native land eight years at least are commonly allowed. Having early remarked the great promise of the trees, I tried by every means in my power to interest the Bengal goverument in our views, and at length, by the assistance of Dr. Roxburgh, I succeeded. A few months ago his son arrived here from Amboina, with twenty-two thousand nutmeg plants, and upwards of six thousand cloves, which are already in my nurseries, and flourishing like those which preceded them. About the time the nutmegs fruited, one clove tree flowered. Only three of the original importation had surrived their transit, and the accidents attending their planting out. Its buds are now filling, and I hope to transmit specimens of them also. The Malay chiefs have egaerly engaged in the cultivation of their respective shares. I have retained eight thousand nutmegs as a plantation, from which the fruits may hereafter be disseminated. Every kind of soil, and every variety of situation, has been tried. The cloves are not yet widely dispersed, for being a tender plant, I choose to have them under my own eye."

Wie man aus diesem Briefe erfährt, waren damals also auch schon viele Pflänzchen unter die Bevölkerung vertheilt. Die Kultur nahm rapide zu, und die englische ostindische Compagnie legte derselben keine Hindernisse in den Weg und machte kein Monopol daraus, sondern reservirte sich nur einen Ausfuhrzoll auf den Ertrag von 10%, und verlangte nur als Vorrecht, dass die eigenen der Compagnie selbst gehörenden Gewürzplantagen in Benkulen durch Sträflinge aus Bengalen bearbeitet würden. Nach dem Tode Campbell's wurde Roxburgh, der die zweite Einführung der Gewürze geleitet hatte, mit der Leitung der Pflanzungen der Compagnie in Benkulen betraut, die schnelle Fortschritte machten. Im Jahre 1809 belief sich (nach Roxburgh) die Zahl der Bäume auf 6600 und sowohl Nüsse als Macis waren von ungewöhnlich guter Qualität. Um 1810 gab es (nach Marsden) schon mehr als 20000 volltragende Bäume. Im Jahre 1812 belief sich die Zahl der Gewürzplantagen daselbst schon auf etwa 33, von denen die meisten schon Ernten gaben; die Nüsse waren zwar nicht ganz so gross wie die von Banda, die Qualität der Macis war aber die gleiche, wie in den Gewürzinseln. Im Jahre 1816 gab es (nach Lumsdaine) schon 26049 tragende Bäume in Benkulen, während die Gesammtzahl der Bäume 1819 (nach dem statist. Woordenboek) schon 109429 betrug. Im Jahre 1825 gab es über 40000 tragende Bäume, von denen man in dem folgenden Jahre (nach Low) 64000 kg Nüsse erwartete.

Diese vielversprechenden Anfänge der Kultur unter englischer Herrschaft wurden von ihren Nachfolgern im Besitze der Insel, von den Holländern, denen 1819 auch Benkulen zufiel, nicht mit genügender Energie fortgesetzt. Das Gewürzmonopol in den Molukken musste ja nothwendigerweise jedes Interesse, die Kultur auch anderswo auszudehnen, ersticken, und die Eingeborenen mussten natürlich gleichfalls in ihren Bemühungen erlahmen, wenn sie sahen, dass die Regierung kein rechtes Interesse an dieser Kultur nahm.

Auch kamen, wie Olivier angiebt, die englischen Pflanzer daselbst und anderswo zu dem Resultat, dass „alle Versuche unzureichend seien, den Nüssen die hohe Vortrefflichkeit zu geben, die sie in den Molukken haben.“

Die Zwangslieferung an die Regierung wurde von den Holländern nicht eingeführt, dagegen bestand noch in den 50er Jahren der Exportzoll von 10%. Gegenüber den für 1825 erwarteten 64000 kg Nüssen erscheint die Produktion von 18000 kg Nüssen und 2000 kg Macis im Jahre 1840 überaus gering; später verminderte sich sogar der Ertrag noch mehr, namentlich als dort auch eine Krankheit (ein Wurm nach Low) die Pflanzen ernstlich beschädigte. Low glaubt, dass zu jener Zeit (1851) die Totalproduktion nur 15000 kg, vielleicht aber viel weniger betrage[1].

---

[1] Es gab damals daselbst noch immer einen Lands' Specerij tuin (Regierungsplantage zu Permattam Dalem), der aber, total vernachlässigt, immer geringere Erträge abwarf. Er lieferte

1850	8,17	Pik.	Nüsse,	1,48	Pik.	Macis,
1851	7,98	„	„	1,67	„	„
1852	5,47	„	„	0,90	„	„
1854	2,35	„	„	0,44	„	„

dann scheint er ganz aufgegeben worden zu sein.

Nach den offiziellen Berichten war der Export Benkulens:

	Nüsse	Macis
1857	26000 kg,	6300 kg,
1858	18000 „	5100 „
1859	25000 „	3700 „
1860	13000 „	2000 „
1861	10000 „	1800 „
1862	8000 „	240 „
1863	3700 „	— „
1864	2600 „	— „
1865	4300 „	
1866	8800 „	
1867	5900 „	
1868	6900 „	
1869	9300 „	
1872	10600 „	
1873	9200 „	

Krankheit und niedrige Preise waren die Ursachen des Zurückgehens der Produktion bis 1864; die besseren Preise der nächsten Jahre brachten eine minimale und kurze Steigerung, eine etwas merkbarere brachte die Verminderung des Ausfuhrzolles 1869. Vom Jahre 1874 an werden keine Zahlen mehr gegeben. Die schon angeführte Krankheit, bei der die Früchte faulen und unreif abfallen, legte allmählich die Kultur absolut lahm; wohl veranlassten in demselben Jahre die guten Preise einen Chinesen, mit frischen Bandanüssen noch einen Versuch zu machen, als aber auch dieser fehlschlug, zog sich die Bevölkerung von dieser Kultur zurück, und warf sich seit 1880 mehr auf die Gewürznelken. Die Regierung versuchte zwar 1883 der Bevölkerung etwas zu Hilfe zu kommen, z. B. durch Ueberlassung von Keimpflanzen, und ermunterte zur Herstellung von Muskatbutter aus den vielen in den verlassenen Plantagen noch zur Reife kommenden Nüssen; doch scheinen auch diese Bestrebungen wenig Erfolg gehabt zu haben, und waren nicht im Stande, der Muskatkultur in Benkulen wieder frisches Leben einzublasen.

In den Jahren 1891—1894 betrug der Export (der theils nach Batavia, theils nach Padang ging) zwischen 6000 und 15000 kg Nüsse und zwischen 300 und 3000 kg Macis (Kolonial-Versl.), ausserdem wurde in der Hauptstadt Benkulen etwas Oel aus den Nüssen gepresst; 1891 betrug der Export davon etwa 400 Liter. Die Kulturen sind überall verwahrlost, nur wenig wird zugepflanzt, und in einzelnen Gegenden zeigt sich auch jetzt noch die Krankheit, bei der die Früchte unreif abfallen.

Sumatras Westküste, Padang.

In den anderen Provinzen Sumatras ist die Kultur der Muskatnuss erst relativ neueren Datums; so wurde erst nach 1839 diese Kultur wie nach Buitenzorg, Batavia, Ternate, Menado, Riouw, so auch in das Gouvernement Sumatras Westküste eingeführt, und hat sich seitdem daselbst zu ziemlicher Bedeutung emporgeschwungen. Zuerst entwickelte sie sich in grösserem Maassstabe in der Abtheilung Priaman, wo die Häuptlinge Anfang der 50er Jahre ihren Einfluss aufboten, sie zu einer Volkskultur zu machen. 1853 hatte die Kultur im Distrikt Padang Fuss gefasst, 1855 warf man sich auch in den Bovenlanden mit mehr Lust darauf. Freilich gab es selbst 1868 nur in Priaman geregelte Anpflanzungen (1863 zählte man dort schon 160000 Bäume), in den übrigen Distrikten war es mehr Volkskultur, doch befand sie sich überhaupt in ziemlicher Verwahrlosung. 1873 wird die Kultur auch für die Danaudistrikte und die Abtheilungen XIII und IX Kotta angegeben, 1875 werden geregelte Anpflanzungen um das Meer von Manindjoe herum erwähnt.

Folgende auf offizielle Berichte basirenden Zahlen mögen die Entwickelung der Muskatkultur daselbst erläutern. Der Export betrug:

	Nüsse	Macis		Nüsse	Macis		Nüsse	Macis
1854	7000 kg,		1863	64000 kg,	7000 kg,	1879	171000 kg,	23000 kg,
1855	9000 „		1865	67000 „		1880	151000 „	27000 „
1856	11000 „		1868	143000 „	26000 „	1881	176000 „	30000 „
1857	21000 „		1869	169000 „	28000 „	1882	159000 „	30000 „
1858	28000 „	7600 kg,	1870	181000 „	35000 „	1889	224000 „	39000 „
1859	33000 „	7800 „	1872	117000 „	24000 „	1891	228000 „	36000 „
1860	29000 „	6900 „	1873	134000 „	34000 „	1892	238000 „	45000 „
1862	27000 „	7700 „	1875	144000 „	29000 „	1893	316000 „	51000 „
			1876	127000 „	27000 „	1894	284000 „	47000 „

Wie man aus der Tabelle sieht, nahm auch hier die Ausfuhr Anfang der 60er Jahre in Folge der niedrigen Preise (wozu noch der Ausfuhrzoll kam) ab, um nach Aufhören der Konkurrenz der Straits Mitte der 60er Jahre wieder bedeutend zu steigen.

Das Produkt ist ein gutes und erzielt im Allgemeinen hohe Preise, jedoch wirft die Kultur nach Lans (einem freilich nicht ganz unparteiischen Bandapflanzer 1872) wenig Gewinn ab, da die Bäume nur 1/6 (?) der Ernten von Banda geben sollen. Je nach der Konjunktur stieg oder fiel der erzielte Gewinn. Seit 1879 zuerst zeigt sich auch hier auf manchen Pflanzungen die Krankheit, bei der die Früchte unreif abfallen; jedoch hat man auch Fälle, wo diese Krankheit wieder verschwindet, wenn auch die Vermuthung des Regierungsberichtes von 1881, dass die Krankheit vorbei sei, sich nicht bestätigte. Auch hier trägt sie wie in Benkulen neben wirthschaftlichen Ursachen sehr wesentlich zur Vernachlässigung der Kultur bei, immerhin repräsentirt die Ausfuhr doch noch einen Werth von 550000 fl. (1893) und 400000 fl. (1894).

Die Kultur wird hauptsächlich betrieben in den Abtheilungen Priaman, Painan und den Ommelanden von Padang, sämmtlich zur Residentschaft Padang Benedenlanden gehörend (selbst dicht bei dem Hauptort finden sich drei Pflanzungen, zwei Chinesen und einem Europäer gehörend); ferner finden sich einzelne Pflanzungen in den Abtheilungen Tanah Datar und Lima Kotta, sowie in der Unterabtheilung Manindjoe, die zu der Residentschaft Padangsche Bovenlanden gehören; auch in der Unterabtheilung Solok und der Abtheilung Natal (Tapanuli) giebt es Anpflanzungen. Früher kam ein nicht unbedeutender Theil der in West-Sumatra gewonnenen Nüsse auf dem Umweg über Java nach Europa, und wenn in den Jahren 1856/60 jährlich 9000—37000 kg Nüsse von Sumatra nach Java importirt wurden; so bezieht sich dies grösstentheils auf das Produkt der Westküste Sumatras. Jetzt geht das Produkt meist direkt nach nicht niederländisch-indischen Plätzen, und ein Drittel davon geht direkt nach den Niederlanden (schon für 1879 wird ein direkter Export nach Amerika und britisch Indien verzeichnet).

Palembang. In den östlich der Provinz Benkulen anliegenden Palembangschen Distrikten gab es schon in den 50er Jahren (nach Low) Muskatpflanzungen, doch haben dieselben nie irgend eine Bedeutung erlangt.

Lampong. In der südlichsten Provinz Sumatras, in den Lampongschen Distrikten hat man erst spät mit der Anpflanzung von Muskat begonnen. Für 1882 wird ein Export von 4000 kg angegeben. Zu Beginn der 90er Jahre liess die Regierung wieder Nüsse aus Banda und Batavia kommen, um Neupflanzungen zu begründen, sie keimten aber nach den Regierungsberichten schlecht, und neuere Angaben über einen Export von Muskatnüssen aus diesen Distrikten liegen nicht vor.

Sumatras Ostküste. Im Norden Sumatras, namentlich an der Ostküste, hatte sich schon durch die Eingeborenen, welche die zeitweilig glänzenden Erfolge von Penang und Singapore vor sich sahen, die Muskatkultur eingebürgert. Das Produkt ging nach Penang und wurde von dort als Penang-Muskat verschifft. Auf diese Weise sind wohl die Differenzen zwischen Produktion und Export Penangs zu erklären, welche 1856 11000 kg, 1860 sogar 52000 kg betrugen. Freilich ist auch der Import der Provinz Wellesley nach Penang dabei in Betracht zu ziehen. Auch nach dem Rückgang der Kultur in den Straits wurde von der Bevölkerung in Deli weiter gepflanzt, so z. B. noch 1870. Die ersten Europäer, die sich zur Zeit der Entwickelung der Tabakskultur in Deli niederliessen, fanden daselbst schon ausgebreitete Anpflanzungen vor. Manche dieser Eingeborenen-Pflanzungen wurden von den Ansiedlern angekauft und noch erweitert. Die Nüsse waren von guter Qualität und konnten deshalb wie früher als theuer bezahlte Penang-Nüsse in den Handel gelangen. Aber schon im folgenden Jahre brachte eine Krankheit (vermuthlich dieselbe wie in Penang und Singapore) viele der Bäume zum Absterben, und dies schob natürlich, da man kein Gegenmittel kannte, sofort jeder Neuanpflanzung einen Riegel vor. Es kam noch hinzu, dass die holländische Regierung im Jahre 1875 bei der Uebernahme der Zölle von den eingeborenen Fürsten die Ausfuhrzölle für Muskatnüsse auf 8 fl., für Macis auf 16 fl. per 100 kg erhöhte, wodurch die Konkurrenz mit anderen Gegenden, z. B. mit der um diese Zeit herum schon wieder mehr Muskat produzirenden malayischen Halbinsel, natürlich erschwert wurde. So wurden denn bald die meisten Pflanzungen wieder an Chinesen und Malayen verpachtet, jedoch scheint man die kleinen Pflanzungen kaum noch als Plantagen bezeichnen zu dürfen, so z. B. lieferten zwei von den Unternehmern verpachtete Perke bei Tuin Medan 1879 630 kg, 1880 2190 kg Nüsse. Wie unbedeutend die Muskatkultur im Jahre 1879 war, zeigt die Notiz, dass in dem genannten Jahre noch nicht 6000 kg Nüsse und Macis von dort exportirt worden sind, jedoch bildet Deli nur einen kleinen Theil der Residentschaft. In neuester Zeit scheint sich die Muskatkultur in der Residentschaft wieder zu heben; nach den Kolonial-Verslagen wurde namentlich in den Distrikten Batu-Baru (hier auch die europäische Pflanzung Limau-manis) und Tamiang (wo neuerdings alte Pfefferplantagen in Muskathaine umgewandelt werden), ferner auch in Beneden Langkat und Serdang diese Kultur betrieben, deren Erträge von Penang- und Singapore-Kaufleuten aufgekauft wurden. 1892 wurden schon 235800 kg Nüsse (wohl in Schale) und 36600 kg Macis exportirt, 1894 ca. 167000 kg Nüsse und 23200 kg Macis, zusammen einen Werth von 280000 fl. (1893 ca. 307700 fl.) repräsentirend. Die Kultur liegt aber fast noch ganz in den Händen von Eingeborenen und Chinesen.

Auch die Battaker trieben früher Muskatkultur und brachten viel Pfeffer, Muskat, Gambir etc. nach Deli; doch geriethen die Pflanzungen neuerdings durch die vielen Stammeskämpfe in Verfall.

In Atjeh konnte sich bei den unruhigen Zeiten daselbst die Muskat- Atjeh.
kultur natürlich nicht besonders entwickeln; geregelte Anpflanzungen findet man nur an der Ostküste, sowie an der Westseite bei Soesoeh und Tampat toean. Die angegebenen Exporte Atjehs nach Penang schwanken in den 90er Jahren zwischen 6000 kg Nüsse und 3500 kg Macis (1891) einerseits und 19000 kg Nüsse, sowie 5460 kg Macis (1894) anderseits.

5. Einführung der Muskatkultur in Borneo.

Wann der Muskatnussbaum nach Borneo gekommen ist, bleibt ungewiss. Sicher ist nur, dass der Baum dort an verschiedenen Stellen existirt und unter anderen auch von Beccari in Sarawak gefunden wurde. In der Litteratur finden sich allerlei unbestimmte Angaben von wilden Muskatnüssen von Borneo; dies beruht, wie wir unten sehen werden, darauf, dass Passir in Süd-Ost-Borneo ehemals ein Hauptsitz des Schleichhandels in Gewürzen gewesen ist[1]). Weder die echte Muskatnuss wird, soweit Berichte vorliegen, irgendwo in Borneo zum Export gepflanzt, noch giebt es dort eine exportfähige Nüsse tragende wilde Art. Neuere Versuche in Montrado (Westabtheilung) hatten gleichfalls keine günstigen Ergebnisse (Kol. Versl. 1893). Für den Lokalkonsum bestimmte Bäume finden sich hingegen in vielen Gegenden der Insel.

Schon im Jahre 1774 machten die Engländer, wir wir oben sahen, einen Versuch, den Muskatbaum in ihre neu gegründete Station auf Balambangan (eine kleine Insel an der Nordostspitze Borneo's) einzuführen, wir werden unten (bei Gelegenheit der Besprechung von M. argentea) sehen, dass dieser Versuch insofern fehlschlug, als die echte Muskatnuss nicht erlangt wurde. Jedenfalls erkennt man aber aus den Anstrengungen der Engländer, dass auch damals auf Borneo eine Muskatkultur nicht existirte.

6. Einführung der Muskatkultur in die Minahassa (Celebes).

In den niederländisch-indischen Besitzungen bildet jetzt auch die Minahassa, der nordöstlichste Theil von Celebes, einen nicht unbedeutenden Mittelpunkt für die Muskatkultur. Seit 1839, nachdem die Regierung mit dem Prinzipe des ausschliessenden Gewürzmonopols gebrochen hatte, gab sie sich viel Mühe, die Muskatkultur in die Minahassa einzuführen, und zwar nicht ohne Erfolg.

Geregelte Kulturen wurden erst 1853[2]) von einigen Europäern und

---

1) Auch in den Einfuhrlisten Javas (Bruyn Kops) finden sich zweimal wilde Borneomuskatnüsse erwähnt, für das Jahr 1852 sogar 224 Pikol, jedoch werden auch diese wohl nichts anderes gewesen sein als M. argentea in Transitverkehr. Echte Borneonüsse werden nur in minimalen Mengen erwähnt 1830 9 Pikol, 1841 1 Pikol und 1843 ½ Pikol.

2) Wenn nach den Einfuhrlisten Javas (Bruyn Kops) schon im Jahre 1848 373 und 1850 sogar 737 Pikol Muskatnüsse als von Celebes kommend angegeben

inländischen Grundbesitzern angelegt. Im Jahre 1859 reiften die ersten Früchte, 1860 gab es die erste Ernte. Von grösserer Bedeutung waren nur die Pflanzungen der Privateigenthümer bei Menado, die 1865 schon eine Ernte von 100 Pik. erzielten; diese Ernten stiegen 1869 auf 150, 1870 sogar auf 400 Pikol. Die übrigen Pflanzungen gaben 1863 erst 12,6 Pikol, 1869 19, 1870 25, 1873 schon 115 Pikol. Im Jahre 1881 wurden im Ganzen 200000 bis 250000 kg geerntet.

Die Zahl der Bäume betrug:

Ende 1853	1423	in Anpflanzung,	293	zerstreut	stehende,
1854	5057	„ „	1245	„	„
1855	7557	„ „			
1856	12623	„ „			
1857	18413	„ „	5140	„	„
1859	32201	„ „	7166	„	„
1860	31010	„ „	11543	„	„
1863	36203	„ „			
1864	34984	„ „			
1868	33000	„ „			
1869	32700	„ „			
1871	39615	„ „			
1872.	81400	„ „			
1873	135000	„ „			
1874	197800	„ „			
1875.	300500	„ „			
1876	354000	„ „			
1881	300000	„ „	(ca. 2400 bouw bedeckend),		

seitdem hat sich die Zahl noch vermehrt, z. B. standen auf der vom Verf. besuchten Plantage neben 16000 ausgepflanzten 9000 zum Auspflanzen bereit.

Die Preise wechselten natürlich proportional mit dem Marktpreis der Bandanüsse, doch sind sie meist etwas niedriger. Für das Jahr 1863 werden 60 fl. per Pikol angegeben. 1872 erzielte man in der Minahassa dagegen 100 fl. per Pikol, und den doppelten Preis für die Macis, 1882/83 wurden hinwieder die Nüsse für nur 60—80 fl. nach Singapore verschifft, ja eine Zeit lang kauften die Chinesen und Araber das Pikol Nüsse für 40—60 fl. auf. 1888 kostete in der Minahassa das Pikol Nüsse 50—70, ja bis 80 fl., während sie in demselben Jahre in Makassar, augenblicklich ein Hauptplatz für die Muskatnüsse speziell von der Minahassa, für 80—90 fl. gehandelt wurden, immerhin also noch ein um 10—12 fl. geringerer Preis als der der gleichzeitig gehandelten Bandanüsse. Die Macis dagegen erzielte 1888 mit 150 fl. denselben Preis wie das von Banda kommende Produkt. Die Ausdehnung der Kultur in den 70er Jahren ist eine Folge der günstigen Preise.

---

sind, so hat man hierunter wohl kaum ein auf Celebes selbst gewachsenes Produkt zu verstehen. Namentlich in den 50er Jahren war der Import von (resp via) Celebes nach Java schon ziemlich bedeutend, 1852 63000 kg, 1854 sogar 121000 kg.

Dauernd blieb die Hauptkultur auf die Umgebung von Menado beschränkt, wenn auch Kema, Amurang, Tondano, Belang und Tomini ihre Pflanzungen hatten. Gorontalo blieb stets zurück, 1864 gab es dort 620 Bäume und auch 1872 wurden erst 517, 1874 1054 Bäume gezählt.

Trotz aller Bemühungen der Regierung, die Muskatkultur populär zu machen, und trotz der fortschreitenden Ausdehnung der Kultur, hat in neuester Zeit der Ertrag bedeutend abgenommen, in Folge einer Krankheit, die zuerst 1877 (nach einer langen Trockenzeit) sichtbar wurde (wenngleich schon 1861 über einen Wurm geklagt wurde), seitdem aber sehr an Terrain gewann. Auf Plantagen von 4000—5000 Bäumen starben monatlich im Durchschnitt 20 und noch mehr vorzugsweise tragende Bäume. Die Wurzeln sollen zuerst angegriffen werden, allmählich aber kränkelten und starben die Bäume selbst ab. Es ist nach den Erkundigungen daselbst wohl zweifellos ein Borkenkäfer dabei betheiligt, der unter der Rinde Gänge bohrt, und beim Ausschlüpfen kleine, aussen am Stamme sichtbare Löcher in der Rinde hinterlässt; jedoch ist aller Wahrscheinlichkeit nach der Borkenkäfer nicht die primäre Ursache, er nistet sich erst bei schon vorher kranken Bäumen ein; auch bei den durch die anscheinende Wurzelkrankheit in Singapore abgestorbenen Bäumen wurden hinterher kleine Löcher in der Rinde bemerkt.

Im Jahre 1890 lieferten immerhin 40 Ländereien noch 34000 kg Nüsse und 8200 kg Macis und der Gesammtexport Menados exkl. des Produktes von Sangir betrug 1894 ca. 180000 kg Nüsse meist in Schale und 34000 kg Macis. Aber der Regierungsbericht des Kolonial Verslags 1895 lautet trostlos; die Kultur gehe durch den Schimmel ganz kaput, namentlich im Tieflande; ein Mittel dagegen gebe es nicht.

Sangir, Talaut. Auf den nördlich von der Minahassa liegenden Sangirinseln existirt eine nicht unbedeutende Muskatkultur seitens der Eingeborenen; leider sind die auf der Hauptinsel Groot-Sangir gelegenen Pflanzungen durch den Vulkanausbruch des Jahres 1892 stark verwüstet worden. Immerhin konnte die Gruppe im Jahre 1894 ca. 50000 kg Nüsse (nach den Preisen wahrscheinlich in Schale) exportiren. Sehr lohnend soll die Kultur übrigens daselbst nicht sein. Auch auf den benachbarten Talaut-Inseln versucht die Regierung neuerdings die Kultur einzuführen.

7. Einführung der Muskatkultur nach Java.

Während der Zeit der holländischen Compagnie existirten, wie wir im geschichtlichen Theil sahen, nur ganz vereinzelte Bäume in Gärten hoher Beamten in Batavia, z. B. sah Meister einen „zu Batavia in des Edlen Herrn Puyt's, Rathes von Indien Garten, welcher nur aus sonderbaren Favor und Consens des Herrn General-Gouverneurs zu keinem Nutzen, sondern zur Lust, damit Sie von keiner andern Nation weiter verführet und Ihnen zur Verkleinerung der Negotien fortgepflantzet werden."

Erst in den 30er Jahren dieses Jahrhunderts begann man auch in Java sich der Muskatkultur zuzuwenden, namentlich Teysmann, der verdienstvolle Garteninspektor des Buitenzorger Gartens gab die nöthigen Anregungen und eine von A. L. Weddik, Assistent-Resident von Buitenzorg, in der Tijdschrift voor Nederlandsch-Indie 1839 erschienene Arbeit gab genaue Vorschriften über die Kultur nach dem Muster der Bandainseln. Die Kultur nahm in der ersten Zeit Jahr für Jahr zu; namentlich in der Umgebung von Batavia und Buitenzorg wurde eine Reihe von Pflanzungen angelegt. Low berichtet 1851, dass vor 5—6 Jahren, demnach um 1845 in Java ca. 40 000 Bäume ausgepflanzt worden seien, jedoch hätten sich die Europäer daselbst nicht mit dieser Kultur befreundet. Dies trifft auch für spätere Zeiten zu, bedeutend ist die Muskatkultur auf Java nie gewesen; auch giebt Lans an, dass die Bäume auf Java nur geringen Ertrag geben. Heutzutage sind es namentlich die Residentschaften Batavia, Krawang und Samarang[1]), in denen Muskatnüsse kultivirt werden. Der Export Javas lässt sich in seiner Quantität schwer feststellen, wegen des grossen Importes und Wiederexportes von den Molukken her. Es wird angegeben, dass 1875 170 000 kg exportirt worden seien, doch ist diese Zahl, wenn man wirklich nur das Produkt Javas im Auge hat, zweifellos viel zu hoch. Der Gesammtexport Javas und Madeiras an Muskat belief sich nach dem Kolonial-Verslag von 1892 auf 107 600 fl.

8. Muskatkultur in den Molukken.

In den Molukken war es vor allem die Insel Ambon, wo seit längerer Zeit die Muskatkultur Fuss gefasst hat. Es gab auf dieser Ambon.

1) Nach dem Kolon.-Versl. 1894 produzirten die Particulier-Ländereien Javas 1889 38737 kg Muskat:

	Abth. Batavia	Abth. Krawang	Abth. Samarang
1892	16 254 kg Nüsse,	3 938 kg Nüsse,	625 kg Nüsse,
	1 651 „ Macis,	438 „ Macis,	63 „ Macis,
1893	8 681 „ Nüsse,	? „ Nüsse,	437 „ Nüsse,
	1 167 „ Macis,	185 „ Macis,	15 „ Macis.

Insel wohl schon vor der Ankunft der Europäer einzelne Muskatnussbäume, jedoch existirte nach Rumph damals anscheinend eine Art Uebereinkunft zwischen Banda und Ambon, dahin gehend, dass erstere Inseln keine Gewürznelken, letztere keine Muskatnüsse für den Handel liefern sollten.

Zu Rumphs Zeiten, also Ende des 17. Jahrhunderts gab es auf Ambon und den nahe liegenden Uliasser-Inseln zwar keine richtige Muskatnusskultur, aber immerhin doch eine beträchtliche Anzahl von Bäumen, deren Produkt freilich nach Rumph nur zu medizinischen Zwecken und zu eigenem Gebrauche der Inselbewohner dienen durfte; nach Valentijn wurden sie nur geduldet, indem man ein Auge zudrückte (bij oogluiking), und dienten gewöhnlich zu Nuss-Konfekten.

„Die Landvögte und Oberhäupter liessen sie meist umsonst von den Eingeborenen abholen und vergassen gemeiniglich etwas dafür zu bezahlen; und da diese Leute so hoch standen, so konnten die Geschädigten nicht wagen, ihnen die Rechnungen darüber in's Haus zu senden, da sie ihr Ziel doch nicht erreicht haben würden, und ihnen leicht Unannehmlichkeiten daraus hätten entstehen können.“

Nachdem der Orkan des Jahres 1778 die Pflanzungen Bandas so sehr verwüstet hatte, fasste die Ostindische Compagnie den Entschluss, die Muskatkultur der leichteren Aufzucht und des Klimas wegen überhaupt nach Ambon zu verpflanzen (Raynal I p. 286), doch missglückte dieser Plan gänzlich; schon der erste Versuch im Jahre 1782 3000 Pflänzchen nach Ambon überzuführen, misslang, weil, wie man sagt, die Einwohner keine Lust zu der neuen Kultur hatten, und die Mühe des Trocknens, Kalkens etc. fürchteten. Im Jahre 1785 wurde dann der Auftrag gegeben, auf Ambon 10000 Muskatnussbäume anzupflanzen (Ludeking pag. 96); man ermunterte die Eingeborenen dadurch, dass man eine Prämie von einem Reichsthaler auf das Pflanzen von je 100 Bäumen aussetzte (Olivier). Das Produkt musste der Regierung abgeliefert werden gegen eine Bezahlung von 10 Stuiver für 100 Nüsse. Viele Nüsse wurden aber mit Erlaubniss der Regierung von den Eingesessenen in Zucker gelegt, was ja in Banda aus Furcht vor Missbrauch verboten war. Die vornehmeren Einwohner, namentlich von Leytimor verpflichteten sich denn auch, die 10000 Bäume zu pflanzen, jedoch überstieg dies ihre Kräfte, wie es heisst (wohl richtiger, sie leisteten der Einführung noch eines zweiten Monopols passiven Widerstand) und so blieb es bei der Hälfte der ursprünglich bestimmten Anzahl Bäume (Tabl. stat. pag. 275).

Nach dem Berichte der Kommissäre bei der Uebernahme Ambons von den Engländern im Jahre 1803 gab es daselbst damals 9379 Muskatbäume (darunter aber nur 1008 fruchttragende). Es war demnach selbst damals noch lange nicht die Hälfte der ursprünglich stipulirten Zahl ausgepflanzt und nur $^{1}/_{10}$ dieser Zahl trug Früchte.

Auch in den Instruktionen von Daendels 1808 sind Bestimmungen über die Muskatkultur enthalten, ein Notenkalker, ein Translateur und ein Aufseher über das Notenkalken werden von der Regierung besoldet, während im übrigen der Magazinverwalter verantwortlich ist für die Bereitung und Verpackung. Offenbar um zu verhindern, dass die Gewürze der Ablieferung an die Regierung entzogen werden, setzte man gleichzeitig strenge Strafen auf die Oelbereitung aus den Spezereien.

Uebrigens hatte auch in der Folgezeit die Einführung der Kultur offenbar mit einem hartnäckigen passiven Widerstande der Bevölkerung zu kämpfen; denn 1819 wurden erst 1943 fruchttragende Bäume in einer Gesammtzahl von 23259 gezählt. Die durchschnittlich der Compagnie und bis 1827 der Regierung abgelieferte Menge von Nüssen und Macis betrug jährlich nur etwa 3000 Amsterdamer Pfund, also eine lächerlich kleine Menge; nach anderen war die Lieferung auf Ambon wohl kaum höher als 220000 Stück per Jahr, das macht im Durchschnitte 2000 Pfund Nüsse und 300 Pfund Macis.

Durch Beschluss des General-Kommissars vom 13. August 1827 wurde die Muskatnusskultur auf Ambon zwar für völlig frei erklärt; aus Furcht aber, dass der lästige Monopolzwang wieder eingeführt werden könne, begann die Bevölkerung nun sofort die Bäume als Brennholz zu kappen (Ludeking, pag. 96, Bleeker II, pag. 91), nur wenige wurden verschont; erst als sie zu spät sah, dass ihre Befürchtung unbegründet sei, begann sie aus eigenem Antrieb wieder Bäume zu pflanzen.

Folgende Zahlen geben einen Ueberblick über die geringen Fortschritte der Kultur auf Amboina:

1854	12—15000	Bäume,		
1857	18609	„		
1858	19730	„		
1859	27860	„		
1860	27182	Bäume	(darunter 6685	fruchttragende),
1861	27917	„	„ 6896	„
1862	27894	„	„ 6929	„
1863	34433	„	„ 6871	„
1864	31282	„	„ 7100	„
1870	22600	„	„ 5500	„
1871	21100	„	„ 10600	„
1872	20100	„		
1874	25684	„	„ 10364	„
1875	26698	„		
1877	30000	„		

Ferner hatte ein Kakaopflanzer 1872 schon 20000, 1873 30000 Muskatbäume ausgepflanzt.

In neuerer Zeit hat die Kultur, die sich lohnender erwies als die Nelkenkultur, bedeutend zugenommen. Für 1890 werden 153000 (darunter aber nur 9300 tragende, also meist junge Bäume), 1892 sogar 156000 Muskatbäume angegeben.

Der Export betrug:

1835 . . .	ca.	6000 kg	Nüsse,		
1837 . . .	ca.	3000 kg	„	(schwere Epidemie),	
1838 . . .	ca.	21000 kg	„		
1853 . . .	ca	6000 kg	„		
1855 . . .	ca.	11000 kg	„		1900 kg Macis,
1857 . . .	ca.	12000 kg	„		1400 kg „
1858 . . .	ca.	16000 kg	„		1700 kg
1860 . . .	ca.	24000 kg	„		1600 kg „
1862 . . .	ca.	17000 kg	„		1700 kg
1869 . . .	ca.	26000 kg	„		1200 kg
1871 . . .	ca.	17000 kg	„		2100 kg
1872 . . .	ca.	54000 kg	„		3500 kg
1877 . . .	ca.	20000 kg	„		2900 kg
1881 . . .	ca.	109000 kg	„	(ohne Schale),	4000 kg „
1890 . . .	ca.	152000 kg	„		18000 kg „
1893 . . .	ca.	127000 kg	„		11000 kg „

Während der Export in den 50er Jahren nur einen Werth von 4—6000 fl. repräsentirte, betrug er 1890 152000 fl. Die geringe Quantität der exportirten Macis beruht wohl darauf, dass viel Macis auf Ambon selbst konsumirt, oder als Konfekt eingelegt wird.

Während ehemals die Nüsse von Ambon sehr gesucht und geschätzt waren, sind sie seit Mitte des Jahrhunderts sehr im Werthe gesunken. Es liegt dies an der mangelnden Sorgfalt der Eingeborenen bei der Einsammlung und Bereitung. Schon Teysmann bemerkte 1861, dass selbst die Europäer die Nüsse dort unreif pflückten, angeblich aus Mangel an Arbeitern. Ludeking bezeichnet hingegen die Furcht vor Entwendung, die nicht als Diebstahl gilt, sowie die unverständige Sucht nach grossem und namentlich schnellem Gewinn als Hauptursachen, dass die Leute dort reife und unreife Nüsse durcheinander pflücken. Auch die Bereitung war eine sehr unrationelle, die Nüsse wurden nämlich einfach in der Sonne getrocknet und dann, in Säcke verpackt, ohne weiteres nach Java, China und Singapore versandt. Natürlich leiden unter dieser sorglosen Bereitung die Nüsse ausserordentlich, während die Macis ja auch sonst nur an der Sonne getrocknet wird, und nur durch die Beimischung unreifer Macis entwerthet wird. Die zerbrochene Waare wurde nach Ludeking damals (1868) in Ambon selbst zu Muskatseife (soll wohl Butter heissen) verarbeitet, die aber nicht exportirt wurde, sondern drüben als Medizin sehr beliebt war. Jetzt gehen die Nüsse, wie bei der Unzuverlässigkeit der Eingeborenen wohl auch das rationellste ist, meist ungeschält nach Makassar, wo sie geschält, gekalkt und sortirt werden.

In Folge der erwähnten unvernünftigen Ernteweise waren bis vor kurzem auch die Preise geringer als die der Bandanüsse und hatten als inferiore Sorte auch mehr unter den Schwankungen des Marktes zu leiden. Folgende Tabelle lehrt dies in sehr instruktiver Weise.

Es wurden erzielt:

	für 1 Pik. Nüsse (in Schale)	für 1 Pik. Macis		für 1 Pik. Nüsse (in Schale)	für 1 Pik. Macis
1857 . .	40 fl.	100 fl.	1869 . .	40—45 fl.	65—70 fl.
1858 . .	30 fl.	50 fl.	1871 . .	25-30 fl.	65-70 fl.
1859 . .	20 fl.	25 fl.	1872 . .	35-40 fl.	100—110 fl.
1860 . .	30 fl.	50 fl.	1874 . .	80—100 fl.	120—140 fl.
1866 .	20—25 fl.		1877 . .	35-40 fl.	50—60 fl.

Auf Ambon selbst ist zwar die Hauptmenge der Bäume nach wie vor auf der Halbinsel Leytimor, aber auch auf der Westseite der Bai sowie in den anderen Theilen der Insel wird der Baum kultivirt. Während noch v. d. Crab schreibt, dass auf den andern Inseln der Ambon-Gruppe diese Kultur nur unbedeutend sei, hauptsächlich wie er sagt, aus Mangel an geeignetem Boden, so giebt es jetzt auf den Nachbarinseln Noesa-laut, Haruku und Saparua beträchtliche Anpflanzungen.

Ceram.

Auch auf Ceram finden sich Muskatkulturen z. B. bei Amahai und Kairatoe, und die einem Europäer gehörende Unternehmung Awaija brachte 1891 zuerst eine kleine Ernte (1 Pikol Nüsse, 1/2 Pikoi Macis).

Ternate.

In den nördlichen Molukken, in der Residentschaft Ternate, ist die Muskatkultur nicht so ganz unbedeutend; die auf Erkundigungen der Behörden bei den einheimischen Sultanen beruhenden Zahlen sind zwar nichts weniger als zuverlässig, geben aber doch ein allgemeines Bild.

Darnach werden für die Residentschaft (wozu neben Ternate und Tidore auch Halmaheira, Batjan und Obi gehört) angegeben:

1841 . .	15615 Muskatbäume,	1870 . .	67300 Muskatbäume,
1853 . .	19069 „	1871 . .	84600 „
1857 . .	22310 „	1873 . .	134100 „
1864 . .	40257 „	1874 . .	156228 „
(hiervon	32611 auf Halmaheira).	1875 . .	176800 „

Die Insel Ternate selbst kommt erst in neuerer Zeit für die Kultur etwas in Betracht, da dort einige Privatleute am Fusse des Vulkans einige Plantagen angelegt haben. Solcher Partikulierpflanzungen gab es

1891 vier, 1892 sechs, 1893 schon sieben; die Ernten sind aber noch minimal (1894 ca. 8000 kg Nüsse und 1200 kg Macis). Noch geringfügiger ist die Kultur auf der Nachbarinsel Tidore, wo es Anfang der 50er noch keine 4000 Muskatbäume gab, und wo auch später die Kultur nicht bedeutend zugenommen hat.

Halmaheira. Hauptsächlich ist es Halmaheira, wo die Muskatkultur betrieben wird, schon 1864 kamen von 46257 Bäumen der Residentschaft 32611 auf diese Insel. Wie viel von dem Produkte Halmaheiras von den unten zu besprechenden, auf der Insel vorkommenden wilden Arten Myristica succedanea Bl. (und ev. Myristica speciosa Warb.) herstammt, lässt sich natürlich nicht entscheiden. Sicher ist aber, dass namentlich in den östlichen Theilen der Insel die Eingeborenen kleine geregelte Anpflanzungen (doch wohl offenbar des echten Muskatnussbaumes) besitzen. Gelegentlich der Schilderung der Entführung des Baumes durch die Franzosen haben wir ja schon gesehen, dass es selbst im vorigen Jahrhundert trotz des Monopols und strengen Verbotes in den östlichen Theilen dieser Insel eine Menge Muskatnussbäume gab.

Für die wilden Muskatnüsse Halmaheiras kommen vor allem die Distrikte Maba, Weda und Patanie in Betracht[1]); dieselben wurden im März 1815 (während der englischen Zeit) dem Sultan von Tidore Mohammad Djamloedin unterstellt, wobei letzterer sich dem englischen Residenten Martin gegenüber verpflichten musste, alle Muskatnüsse jener Gegenden gegen später festzusetzende Preise der englischen Regierung zu überliefern. Am 28. Juli 1817 wurde der gleiche Vertrag zwischen dem diesmal wieder holländischen Residenten von Ternate J. A. Neys und dem Sultán muda erneuert, und dabei stipulirt, dass der Sultan die Nüsse in seinen eigenen Fahrzeugen in Ambon abliefern müsse. Einmal wurden sie zwar gesandt, doch fand man sie kaum brauchbar, vielleicht waren sie aber, wie man annahm, nur durch das lange Liegen (in Folge eines Aufstandes in Saparua) schlecht geworden. Später nach Batavia gesandte Proben entsprachen zwar gleichfalls nicht den Erwartungen, jedoch kam man nicht zu einem abschliessenden Resultat über den Werth derselben; Wieling, der 1803—1808 Gouverneur von Ternate, später von Ambon war, meint, dass die Muskatnüsse der Küste von Halmaheira bei guter und sorgfältiger Behandlung denen von Banda gleichkommen dürften.

Im Kolonial-Verslag 1880 wird angeführt, dass die Produktion der Pflanzungen der Residentschaft unbedeutend sei im Vergleich mit den grossen Mengen Nüssen,

---

1) Der holl. Kommissar Engelhardt berichtet am 31. Mai 1818 an die Regierung, Tijdschr. Ned. Ind. 1851, I, De Moluksche eilanden, pag. 253: „In de districten Maba, Weda en Patanie, liggende aan de achterzijde van Almaheira, en sorteerende onder Tidore, hebben sedert vijf en twintig jaren de volkeren sich op het inzamelen en de behandeling van de noten-muskaat met naarstigheid toegelegd, waardoor zij de gelegenheid hebben gevonden, ze te Bitjoelie, de hoofdplaats van Weda, aan de aldaar voorbijgaande vreemde schepen, tegen ammunitie te verruilen; of wel aan Cerammers to verkoopen, die darmede op Bali en Borneo ten handel kommen."

die auf Batjan, Halmaheira und Obi in den Wäldern angetroffen werden; diese wilden Nüsse bildeten keinen unbedeutenden Tauschartikel. 1893 kamen allein aus Süd-halmaheira ca. 18 000 kg wilde Muskatnüsse (offenbar in Schale), die von Chinesen für ca. 25—30 fl. per Pikol aufgekauft wurden. Da die Eingeborenen die Nüsse häufig in ruchloser Weise durch Umhauen der Bäume sammelten, veranlasste die Regierung die verschiedenen Sultane 1892, dagegen einzuschreiten, was auch auf Halmaheira günstig gewirkt haben soll.

Auch auf Batjan gedeiht die Muskatnuss recht gut. Man hat daselbst früher die wilde Muskat vom Berge Sibella zu exploitiren versucht; damit hat man zwar aufgehört, dagegen ist in Brangkadollung auf Batjan jetzt eine kleine gut aussehende Anpflanzung der echten Muskat. Von den von der Batjan-Maatschappij 1883/84 am Amading-Fluss gepflanzten Nüssen trugen 1892 einige hundert Bäumchen Früchte. Ende 1894 besass die Compagnie ca. 7000 Bäume. Auch als Volkskultur (einzelne Bäume neben den Hütten) ist der Muskatbaum auf der Insel verbreitet, 1861 sollen schon 20 112 Muskatbäume auf der Insel gewesen sein (?), was mir nach den wenigen Exemplaren, die ich auf der Insel sah, sehr unwahrscheinlich scheint. Batjan.

Der Export aller dieser nördlichen Molukken bewegt sich zum Theil über Ternate, wohin übrigens auch beträchtliche Mengen der Papua-Muskat von Neu-Guinea gelangen, da einerseits politisch manche Theile Neu-Guinea's mit Ternate und Tidore verknüpft sind, andererseits ein reger Schiffsverkehr dorthin besteht. Der Export Ternates betrug 1860 37 000 kg, 1894 38 000 kg Nüsse und 8400 kg Macis (im Werthe von 70 000 fl.); man sieht, dass bedeutende Quantitäten über andere Plätze gehen müssen, z. B. Ambon, Menado etc.

In den Süd-Oster- und Süd-Westerinseln dagegen, wo die Bäume während der Monopolzeit der Compagnie vernichtet worden waren, ist es nie wieder zu geregelten Anpflanzungen gekommen. Es mag hier und dort einige Bäume geben, und in den Waldschluchten Cerams mag vielleicht auch noch die wilde Stammform der Entdeckung harren, von Bedeutung für die Produktion sind alle diese Inseln keineswegs. Süd-Oster- und Süd-Wester-Inseln.

Auf Neu-Guinea ist bisher die echte Myristica fragrans Houtt. noch nicht einmal bekannt, dagegen spielt, wie wir unten sehen werden, daselbst die Papua-Muskat, Myristica argentea Warb. eine wichtige Rolle, vielleicht daneben auch Myristica Schefferi Warb. Neu-Guinea und Neben-Inseln.

Ob es auf der Insel Gehe, östlich von Halmaheira und zwischen dieser Insel und Waigiu, wo ja im vorigen Jahrhundert die Franzosen bei der Entführung sich hauptsächlich mit diesem Gewürze versorgten, Muskatbäume in grösseren Anpflanzungen giebt, oder je gegeben hat, ist noch festzustellen. Gehe, Waigiu.

Kleine Sunda-Inseln. In der Litteratur über die kleinen Sunda-Inseln finde ich nirgends Notizen über eine erwähnenswerthe Muskatnusskultur, ebensowenig von Celebes, abgesehen von Minahassa, sowie von den Philippinen.

In den Einfuhrlisten Java's (Bruyn Kops) finden sich zwar gelegentlich geringere oder grössere Mengen als von den kleinen Sunda-Inseln stammend verzeichnet, so von Timor-Koepang im Jahre 1851 13 Pikol, von Sumbawa 1832 2 Pikol, 1834 252 Pikol, 1840 319 Pikol, ferner häufiger, namentlich Ende der 20er Jahre, von Bali, doch sind dies alles wohl nur Durchgangshäfen, namentlich für geschmuggelte Waare.

Tropisches Australien. Auch im tropischen Australien giebt es keine Muskatkultur, die Perioden der Trockenheit dauern auch zu lange dafür; einzelne Exemplare findet man hier und da in den Gärten.

Nach dieser Rundschau kommen wir also zu dem Resultat, dass für die Kultur der echten Muskatnuss im malayischen Archipel ausser Banda jetzt in erster Stelle Sumatra, d. h. augenblicklich vor allem Sumatra's Westküste, und ferner die Minahassa in Betracht kommen, an zweiter Stelle dann Ambon und Halmaheira, sowie kleine Theile von Java; alle anderen Gegenden des Archipels, so darf man wohl mit Recht behaupten, bestreiten kaum ihren eigenen Konsum.

9. Einführung der Muskatkultur in die malayische Halbinsel und Hinterindien.

Die malayische Halbinsel ist diejenige Gegend der Welt, die den Bandainseln bisher am meisten Konkurrenz bereitet hat, ja dieselben einige wenige Jahre lang sogar überflügelte, und zwar knüpft sich diese ehemals so ganz ausserordentlich blühende Muskatkultur an die beiden Städtenamen Penang und Singapore.

Penang. Gleichzeitig mit der Einführung der Muskatnuss in Sumatra, d. h. während ihrer ersten Occupation der Molukken (1796—1802) sandten die Engländer auch reichlich Nelken und Muskat nach Penang, und zwar gleichfalls durch den Botaniker Mr. Smith von Amboina aus. Die erste Sendung kam im Mai 1800 in Penang an und brachte 3587 kleine Muskatpflänzchen, die nächsten zwei bis drei Sendungen kamen im Juni. Der damalige Gouverneur dieser Insel, Sir George Leith, der sich sehr für die Einführung der Kultur interessirte, bat sofort um weitere Zufuhr und einen tüchtigen Leiter der Pflanzung; William Hunter wurde als solcher von der Compagnie eingesetzt, und stand unter Roxburgh, dem Direktor des Gartens von Kalkutta.

Nach seinem Bericht vom 1. Juli 1802 waren bis dahin importirt worden [1]):

		Schiff	Kapitän	Grössere Bäume	Kleinere Bäume	Summe
Mai	1800	Thomas	Young		3587	3587
18. Juni	„	Bangalore	Lynch		3497	3497
23. Aug.	„	Unicorn	Langland	421	2623	3044
		Ruby	Sinclair	100		100
11. Juli	1801	Bangalore	Lynch	504		504
1. Sept.	„	Expedition	Peterson	305	13783	14088
				1330	23490	24820 [2])

Die meisten älteren Bäume waren jedoch nach Hunter unterwegs zu Grunde gegangen, nur die jungen Pflanzen liessen sich leicht überführen, schon Bäume von einem Alter von 3—4 Jahren verloren etwa zwei Jahre durch die Ueberführung. So z. B. berichtet er in einem Schreiben an Roxburgh am 21. April, dass von vier Muskatbäumen, die zwischen 9′ und 14′ hoch waren, nur der kleinste, nach der Zahl der Wirtel etwa 12 Jahre alte Baum am Leben blieb. Die von Mr. Light aus Mauritius herübergebrachten Nelken- und Muskatbäume waren sämmtlich bald gestorben. Im April 1802 waren von 26000 Gewürzbäumen noch nicht 6000 auf ihren definitiven Plätzen, am 1. Juli 1802 waren noch über 10000 Muskatbäume in den Saatbeeten. Von 130 für die Gewürzplantage (Nelken und Muskat) der Compagnie ausgesetzten Acres waren im April des Jahres 1802 erst 32 Acres wirklich bepflanzt. Dennoch konnte am 6. März 1802 Leith schon die erfreuliche Thatsache berichten, dass der Muskatbaum in Penang schon Früchte trüge; zwar gedeihe er im Garten der englisch-ostindischen Compagnie nicht besonders, dagegen vorzüglich in den Gärten einiger Privaten, denen man gleichfalls Pflänzchen abgegeben hatte; am besten in dem Garten eines Mr. Caunter, bei dem viele Bäume damals schon in Blüthe ständen. Es befanden sich damals auf der Plantage der Compagnie schon 19605 Muskatbäume, darunter freilich nur 362 4—7jährige, während 9561 Bäumchen noch kein Jahr alt waren. Dazu kamen noch 3000 Bäume auf Mr. Roebuck's Plantage, darunter 172 Bäume von 3—4′, und

1) Offenbar hat Hunter den Import von 15000 Nelken- und 5000 Muskatpflanzen durch das Schiff Amboyna, Kapitän Alms vom 29. Juni 1800 übersehen (cf. Journ. Ind. Archip. V, 1851, pag. 165); ebenso scheinen um diese Zeit auch mit einem Schiff George noch Muskatpflanzen eingetroffen zu sein.

2) J. Cameron (Our tropical possessions in Malayan India, Lond. 1865) giebt an, dass am Ende des Jahres 1802 der Regierungs-Botaniker die Angabe machte, dass er bis dahin 71000 Muskat- und 55000 Nelkenpflanzen importirt habe.

12 von 4—7′ Höhe. Ferner 500 zwischen drei und zehn Jahre alte Bäume auf Mr. Caunter's Plantage, einige sogar schon 7—9′ hoch; endlich noch einzelne Bäume bei vielen anderen Herren.

In dem gebirgigen Theil der Insel, etwa 1700′ über dem Meere, wurden zwar gleichfalls Versuche im Kleinen gemacht, jedoch glückten diese recht wenig; die 45 dort gepflanzten Bäume wuchsen nur sehr langsam und kränkelten dann, obgleich der aus Lehm und Sand bestehende Untergrund günstig zu sein schien. Offenbar beruhte dies auf klimatischen Verhältnissen, sei es, dass die Wärme nicht genügte, da das Thermometer dort selbst Mittags selten höher stand als 24,5° C., sei es, dass die gerade damals sehr grosse Trockenheit den Pflanzen schadete.

Aber auch die Anpflanzungen in der Ebene entsprachen nicht auf die Dauer den Erwartungen und gediehen bei weitem nicht so gut, wie die in Benkulen; viele Bäume starben schon im zweiten oder dritten Jahre. Auch der Unterhalt spezieller Fachleute, wie z. B. Hunter, vertheuerte das Experiment in hohem Maasse, so dass sich die Compagnie bald entschloss, den Versuch fallen zu lassen; die Plantagen, auf die mehrere hunderttausend Gulden gewendet worden waren, wurden im Jahre 1805 für 9556,60 Dollar plötzlich verkauft (Journ. Ind. Arch. V. 1851 pag. 425).

Im Gegensatz hierzu entwickelte sich die Privatkultur der Muskatbäume, wenn auch eine geraume Zeit langsam, so doch ununterbrochen weiter. Im Jahre 1803 gab es mehrere tausend Bäume in den Plantagen der Privatpersonen, und nicht nur Europäer, sondern auch Chinesen legten sich auf diese Kultur. Die rapide Zunahme der Muskatkultur auf Penang fällt aber erst in die 30er bis 50er Jahre, sie wird durch folgende Zusammenstellung veranschaulicht.

Der Export Penangs (inkl. der benachbarten Provinz Wellesley) betrug in den Jahren:

	Nüsse	Macis		Nüsse	Macis
1832 . .	32000 Pfd.		1853 . .	346000 Pfd.	110000 Pfd.
1835 . .	50000 „	16000 Pfd.	1854 . .	412000 „	112000 „
1840 . .	74000 „	20000 „	1855 . .	578000 „	166000 „
1842 . .	141000 „	43000 „	1856 . .	600000 „	
1847 . .	256000 „	82000 „	1857 . .	694000 „	
1848 . .	276000 „	88000 „	1858 . .	820000 „	
1850 . .	320000 „	94000 „	1859 . .	802000 „	
1851 . .	328000 „	112000 „	1860 . .	782000 „	262000 „
1852 . .	378000 „	98000 „			

Allein in den zehn Jahren 1832—1842 hatte sich der Export Penangs an Nüssen und Macis vervierfacht, in dem Zeitraum von 1840 bis 1850 sogar mehr als vervierfacht und in dem folgenden Jahrzehnt wieder verzwei- bis -dreifacht. Schon im Jahre 1843 gab es neben 52510 jungen Pflanzen 208093 ausgepflanzte Muskatbäume, darunter 64902 tragende und 39209 männliche, die 2282 orlongs, d. h. über 3000 acres bedeckten. 1844/45 gab es etwas über 50 Plantagen, jede mit 200—12000 weiblichen Bäumen, und daneben 390 kleinere Muskatgärten von 16—200 Bäumen, zusammen etwa 70000 tragende Bäume. 1860 waren nicht weniger als 13153 acres mit Gewürzen (fast ausschliesslich Muskat) bepflanzt, und die Insel hatte eine ebenso grosse wenn nicht grössere Muskaternte als die Bandainseln. Allein die eine Plantage Gloegoer, eine Stunde vom Strande, produzirte um 1857 jährlich für 120—160000 fl. (de Sturler).

Der kolossale Aufschwung der Kultur wurde vornehmlich veranlasst durch die überaus sorgfältige Bereitung des Produktes, wodurch die Nüsse und Macis von Penang sich grosse Beliebtheit erwarben und gute Preise erzielten. In den 40er Jahren galten in London die Penang-Nüsse, die stets ungekalkt in den Handel kamen, für die beste Sorte, und wurden, wie auch die Macis, noch etwas besser bezahlt, als die Produkte der Muskatbäume Bandas. Dazu kam, dass in Folge sorgfältiger Kultur auch der Ertrag der einzelnen Bäume ein sehr grosser war. Low giebt an, dass jeder gut tragende Baum im Durchschnitt $3^{15}/_{16}$ Pfund = 500 gute verkaufbare Nüsse liefere, während es manche noch nicht einmal völlig ausgewachsene Bäume gab, die jährlich für 30—40 Dollar (das sind nach damaligem Kurs 135—180 Mark) Produkte gaben. Helfer glaubte damals bei der Gewinnberechnung einer Plantage, auf die Erfahrungen Penangs gestützt, einen jährlichen Ertrag von 10 Rupies per Baum (das wären also etwa 20 Mark nach damaligem Kurs) als einen sehr vorsichtigen Ansatz zu Grunde legen zu sollen. Nach Low's Angaben dagegen würden die Nüsse eines gut tragenden Baumes freilich meist nicht 7 Mark ergeben haben.

Auch die englische Regierung kam Penang schon Mitte der 20er Jahre dadurch zu Hilfe, dass sie das aus ihren eigenen Kolonien stammende Gewürz durch eine Zollbegünstigung unterstützte. Die fremden Muskatnüsse hatten 3 sh. 6 d., die aus den eigenen Kolonien stammenden dagegen nur 2 sh. 6 d. zu zahlen, eine Begünstigung, die freilich häufig durch zuvorigen Transport der Molukkennüsse nach Singapore umgangen wurde. Ein Hinderniss für die schnelle Ausdehnung der Plantagen war hingegen der beständige Wechsel der kapitalkräftigen europäischen Ansiedler und der Mangel an Kapital bei den dauernd Ansässigen, was in Anbetracht der kostspieligen und sich erst spät rentierenden Kultur ein grosser Nachtheil im immer ernster werdenden Konkurrenzkampf gegen die Zwangskultur der holländischen Besitzungen bildete.

Bevor aber noch die Konkurrenz ruinös werden konnte, stellte sich Ende der 50er Jahre in Gestalt einer Muskatbaumkrankheit ein anderer Feind ein, der in wenigen Jahren, namentlich 1861 und 1862, fast sämmtliche Plantagen vernichtete und bis 1864 sehr viele Besitzer ruinirt hatte. Hierauf werden wir sogleich, gelegentlich der Muskatkultur in Singapore, zurückkommen; hier sei nur bemerkt, dass es 1867 (Collingwood) keine geregelte Muskatkultur mehr in Penang gab.

Erst später sind einige der Plantagen, hauptsächlich von Chinesen, wieder in Angriff genommen; wenn aber in den Jahren 1875 bis 1879 der Export Penangs zwischen 114000 und 324000 Pfund hin- und herschwankt, 1882 aber sogar 500000 Pfund Nüsse und 90000 Pfund Macis betrug, so stammt davon ein grosser Prozentsatz aus Sumatra und anderen Gegenden. 1887 wurden 407000, 1888 316000 Pfund von Penang versandt, jedoch soll auch jetzt wieder eine Krankheit der Kultur Abbruch thun (Schimmel's Handelsbericht).

Malakka, Prov. Wellesley.

Ueber die Anpflanzungen bei Malakka ist nur wenig bekannt geworden. Da man dort über weniger Kapital verfügte als in den beiden grossen Handelsemporien Penang und Singapore, da ferner die Energie der daselbst ansässigen Abkömmlinge der Portugiesen, einer meist mit Malayen gemischten Rasse, sich nicht entfernt mit derjenigen der englischen Kolonisten der Schwesterstädte messen konnte, so überschritten die Muskatplantagen Malakkas nie ein bescheidenes Maass, auch die Bearbeitung und das Düngen daselbst liess viel zu wünschen übrig; da die hierdurch nur langsam wachsenden Bäume den Boden nicht so erschöpften und kräftiger blieben, so trat auch die Krankheit der 60er Jahre (nach Collingwood) hier nicht so verheerend auf, wie in den Schwesterstädten. Cameron besuchte 1864 eine halbverlassene Plantage, die berühmt war durch die auffallende Grösse der Nüsse; einige von ihm gepflückte hatten inkl. Perikarp einen Umfang von vollen 9″, d. h. mehr als die doppelte Grösse der gewöhnlichen Nüsse.

Prov. Wellesley.

Auch in der Provinz Wellesley auf der malayischen Halbinsel gab es einige Plantagen; 1843 waren dort 247 orlongs (= ca. 330 acres) unter Muskatkultur, mit 10500 tragenden, 7307 noch nicht tragenden, und 8095 männlichen Bäumen, zusammen also ca. 26000 Pflanzen. Sie gaben 1842 ca. 2 Millionen Nüsse (= ca. 15000 Pfund), sowie 4500 Pfund

Macis; 1843 ungefähr ebensoviel, 1844 fast 3 Millionen Nüsse; 1860 wurden in Wellesley 1349 acres mit Gewürzen gezählt, meist mit Muskat bestanden.

Als 1819 Singapore von den Engländern nach Aufgabe Java's besetzt und kolonisirt wurde, begannen die Plantagen auf Prince of Wales Island (Penang) gerade zu reussiren. Noch im selben Jahre (am 18. August) sandte der englische General-Gouverneur Raffles von Sumatra (Fort Marlbro') aus mit dem Schiffe „Indiana" Nelken und Muskat (von letzteren 100 kleinere Pflanzen in 3 Kisten, 25 grosse Pflanzen und 1000 Nüsse) an Major Farquhar, den Residenten von Singapore mit dem Auftrag „to exert the utmost endeavours to establish the cultivation" (Oxley); sie wurden dann auch sofort unter die Aufsicht eines europäischen Gärtners, namens Brooks, gestellt und am Fusse des Gouvernment Hill ausgepflanzt, wo einige von ihnen von Oxley noch nach 29 Jahren als schöne fruchttragende Bäume beobachtet wurden. Trotzdem wagten sich Privatleute zuerst nicht an diese langsam rentabel werdende Kultur heran; als aber später Berichte erschienen, die das Klima und den Boden dieser Insel für den Anbau von Gewürzen für noch günstiger erklärten als Penang, entschloss man sich auch hier, zuerst langsam, seit etwa 1837 mit vermehrtem Eifer, zum Anbau in grösserem Stil. Nach den gleichen Enttäuschungen, die man in Sumatra und Penang gehabt hatte, reussirten auch die Plantagen Singapores und lieferten starke und kräftige Bäume, die (wenigstens eine Zeit lang) einen Ertrag gaben, wie ein solcher in den Molukken nicht bekannt war. Die Folge hiervon war nicht nur die, dass viele der Ansiedler dadurch dauernder an die Kolonie gefesselt wurden, sondern die reichen Erträge riefen sogar eine Art Muskatmanie hervor. Die Kaufleute wandelten ihre Ziergärten in Plantagen um, pflanzten Bäume bis ganz nahe an ihre Privathäuser, kauften für exorbitante Preise Grundstücke in der Nähe der Stadt, und verwandelten grosse Strecken Buschland bis zur Entfernung von einer deutschen Meile von der Stadt in Muskatländereien. Die Kultur nahm überaus schnell zu, nicht allmählich, sondern sprungweise, indem jedesmal dann ein grosser Aufschwung eintrat, wenn ein neuer Pflanzer mit grösserem Kapital hinzutrat. Der Distrikt Tanglin auf Singapore z. B., der im Anfang 1843 noch aus öden mit Buschwerk und Gras bedeckten Hügeln sowie verlassenen Gambirplantagen bestand, bedeckte sich in kurzer Frist mit Muskatbäumen, nachdem in dem genannten Jahre eine Verordnung über die Abgabe von Land für ewige Dauer ins Leben getreten war; 1849 gab es dort nicht weniger als 10000 Muskatbäume.

Singapore.

Im Jahre 1843 gab es auf Singapore im Ganzen 43544 Bäume, darunter 5317 tragende, mit einer Produktion von 842328 Nüssen, also ca. 6400 Pfund Nüsse und 1962 Pfund Macis; die Bäume bedeckten 743 acres. 1848 waren schon 1190 acres unter Muskatkultur mit 55925 Bäumen, von denen aber erst 14914 trugen; die meisten waren noch zu jung dazu. Es gab damals schon 24 Plantagen welche Europäern gehörten, und zwar fast ausschliesslich Engländern, 13 davon gaben aber erst Ernten, die grössten, Dr. Oxley, Prinsep und Montgomerie gehörend, hatten schon 2000 bis 5000 tragende Bäume. Dazu kamen noch einige von Chinesen angelegte Plantagen, und noch viele Chinesen beabsichtigten, sich in nächster Zeit auf die Kultur zu werfen, einer wollte sogleich 5000 Bäume pflanzen. Die Ernte des Jahres 1848 betrug 4085361 Nüsse, oder 33600 Pfund, also kaum 2 Pfund auf den tragenden Baum, jedoch waren unter den damals tragenden Bäumen noch sehr viele junge. In der Plantage von Isak Almeida finden wir hingegen, dass 400 tragende Bäume 307609 Nüsse, also jeder Baum 750, gleich ca. 5½ Pfund brachte, in der Regierungsplantage gaben 315 Bäume 190240 Nüsse, also jeder Baum 600 Nüsse, gleich ca. 4½ Pfund. Bald gab es Plantagen, die täglich 1 Pikol Nüsse ernteten; da damals der Pikol mit 70—80 Dollar bezahlt wurde, so hatte eine solche Plantage einen jährlichen Bruttoertrag von 110000—130000 Mark. Die natürliche Folge der scheinbar glänzenden Aussichten dieser Kultur war ein ausserordentliches Steigen des Werthes einer solchen Plantage, von denen manche für fabelhafte Preise ihren Besitzer wechselte.

Die Produktion Singapore's[1]) betrug:

	Nüsse	Macis		Nüsse	Macis
1841 . .	13500 kg	1600 kg	1846 . .	15800 kg	500 kg
1842 . .	34400 „	4500 „	1847 . .	17300 „	4400 „
1843 . .	6200 „	2500 „	1848 . .	16000 „	
1844 . .	14400 „	1000 „	1849 . .	31000 „	8000 „
1845 . .	21400 „	4400 „			

Ausser diesen Mengen gingen natürlich von den holländischen Besitzungen mindestens gleiche Quantitäten im Transitverkehr durch den

1) Bis auf die Jahre 1848 und 49 sind diese Zahlen aus der Differenz des Im- und Exportes berechnet, einige wohl auf andere Weise gewonnene Angaben Oxley's mögen hier folgen. Die Produktion betrug danach:

	Nüsse	Macis
1845	8500 kg	2300 kg
1846	13000 „	3800 „
1847 . . 4 Kisten und	6600 „	2100 „ und 3 Kisten.

Hafen von Singapore, z. Th. auch nach England, anderentheils nach Vorderindien, nach China, nach Arabien oder nach Nordamerika.

Der Marktwerth der Singapore Nüsse, die ungekalkt nach England gesandt wurden, war wie auch der der Macis etwas geringer als derjenige der aus den Molukken und Penang kommenden Waare. Der Differentialzoll in England, von dem bei Penang die Rede war, wurde um das Jahr 1846 aufgehoben, so dass alle Muskatnüsse 2 sh. 6 d. Zoll (die wilden dagegen nur 3 d. per Pfund) zu zahlen hatten. Dennoch nahm man damals als sicher an, dass Singapore die Konkurrenz der Molukken zweifellos überwinden werde, und dass für ruhig arbeitende stetige Leute eine Muskatplantage eine vortreffliche Kapitalsanlage sei, trotzdem der dortige Zinsfuss damals 12% betrug; man glaubte bestimmt auf einen Ertrag von 30—40 £ [1]) per acre rechnen zu können.

Der blühende Zustand dauerte aber kaum 10 Jahre. Schon 1859 begann jene Krankheit stärker aufzutreten, die in wenigen Jahren hier wie in Penang alle Hoffnungen der Pflanzer völlig vernichten sollte. Die Ursache ist bis heute noch nicht aufgedeckt, doch ist es wohl ein Wurzelpilz [2]). Am Gipfel der Bäume welkten in Folge Eintrocknens des sich hierbei dunkel färbenden Cambiums die Blätter zuerst und fielen ab, während der untere Theil der Bäume noch eine Zeit lang kräftig vegetirte. Nachher traten nach Collingwood Rindenlöcher an den todten Zweigen auf, ohne dass sich Insekten als Ursache nachweisen liessen. Langsam aber unfehlbar begannen dann immer tiefere Theile zu vertrocknen, und meist schon nach einem Jahre stand der Baum kahl. Die Krankheit verbreitete sich weder kreisförmig in der Plantage, noch bevorzugte sie bestimmte Standorte; auf den Hügeln trat sie in gleicher Weise auf wie in den Thälern; meist befiel sie eine Plantage gleichzeitig an verschiedenen Stellen, die eine Pflanzung in stärkerem Grade als die andere. Alle Maassregeln gegen die Krankheit, die man anwandte, halfen nichts, zumal da man aus Unkenntniss der Ursache gewiss wohl meist verkehrte Mittel anwandte, wie man z. B. durch kräftiges Düngen Herr über die Krankheit zu werden hoffte. Eine

---

1) Simmonds rechnet sogar 80 £ heraus, freilich auf lauter sehr übertriebene Zahlen hin. Er nimmt den Durchschnittsertrag eines Baumes auf 750 Nüsse an (die Hälfte zu viel), er meint, dass diese 10 Pfd. wiegen (doppelt zu viel); er nimmt also, da das Pfd. Nüsse 2 sh., und Macis 4 sh. koste, 70 £ Ertrag für die Nüsse und 10 £ für die Macis an.

2) Eine zweite aber viel weniger schädliche Krankheit bestand nach Collingwood darin, dass eine kleine schwarze Aphis (Blattlaus) die Zweige der Reihe nach zum Welken bringt.

Plantage nach der andern wurde befallen, und nachdem die Hälfte der Bäume oder mehr abgestorben war, einfach aufgegeben und verlassen. Im Jahre 1864 waren schon fast alle Plantagen auf Singapore und Penang zerstört, Cameron kannte damals nur noch eine auch schon auf dem Aussterbeetat stehende Plantage. Der Verlust an Kapital wurde nach Jagor schon 1862 auf 500000 $ angegeben, und viele Hypotheken fielen natürlich beim Verkauf aus. Als Illustration für den Preissturz mag die Thatsache dienen, dass eine Pflanzung, auf die einige Jahre vorher von einem Chinesen 4000 $ hypothekarisch geliehen war, jetzt überhaupt noch nicht für 300 $ verkauft werden konnte.

Wie erwähnt, blieben die tieferen Ursachen der Krankheit den Pflanzern dauernd unbekannt. Dass es nicht allein die klimatischen Verhältnisse der malayischen Halbinsel sein konnten, war klar; denn letztere sind sicher dem Muskatbaum sehr zuträglich; die gleichmässige, in Singapore nur zwischen 21° und 23° C. sich haltende Temperatur, die relativ grosse gleichmässig über das ganze Jahr vertheilte Feuchtigkeit ohne deutliche Trockenperiode, das Fehlen von Stürmen und scharfen oder austrocknenden Winden sind lauter Faktoren, welche der Muskatkultur sehr günstig sind. Dennoch unterliegt es keinem Zweifel, dass die Muskatbäume auf dem meist aus Granit und dessen nur eine relativ dünne Kruste bildenden Verwitterungsprodukten[1]) bestehenden Boden von Penang und Singapore auch unter normalen Umständen nicht so vortrefflich gedeihen können wie in dem tiefen aus verwitterten vulkanischen Gesteinen bestehenden Boden der Bandagruppe. Ein deutlicher Beweis hierfür ist, dass die Muskatbäume, die in den Molukken häufig 20 Meter hoch werden, in den Straits gewöhnlich nur 6—9 Meter erreichen; sie sind daselbst häufig sogar mehr strauchartig als baumförmig, und besitzen meist eine Krone, deren unterer Theil fast ebenso breit ist, wie die Höhe des Baumes beträgt. Freilich meint Oxley, dass gerade der durch Eisen roth gefärbte verwitterte Granit der Pflanze besonders zuträglich sei, namentlich wenn in 4—5′ Tiefe noch ein Gemenge von Eisenstein liegt, wie es vielfach in Singapore der Fall ist[2]). In der That ist es ganz gut denk-

---

[1]) In Singapore besteht der Boden aus einer Lage eisenschüssigen Lehms, der im Innern der Insel wenig, am Rande derselben dagegen stark sandhaltig ist. Der noch jungfräuliche Waldboden ist zwar noch mit einer dünnen Humusschicht bedeckt, die aber durch die Kultur bald erschöpft wird, so dass dann starke Düngung nothwendig wird. In Singapore machte man zu dem Zweck Gräben von 1′ Tiefe und gleicher Breite um die Bäume herum, und füllte sie mit Kuhdünger. Dennoch kann hierdurch natürlich nicht die Tiefgründigkeit des Bodens in den Molukken ersetzt werden.

[2]) Er meint (1848), dass Singapore mit Banda in Bezug auf das Gewürz völlig konkurriren könne, nur seien die Kosten in Banda sehr gering im Verhältnisse zu den Straits. Später hatte offenbar Oxley diese Ansicht nicht mehr, denn 1856 rühmt er in seinem Artikel über „The Banda nutmeg plantations“ im Journal of the Indian Archipelago die Samen der Muskatbäume von Banda, die nicht so lang und schlecht geformt sind wie die der Straits, welcher Uebelstand in den Straits jährlich schlimmer

bar, dass die chemische und physikalische Zusammensetzung des Bodens den Bäumen ganz genügen würde, wenngleich andererseits nicht einzusehen ist, wieso der doch grossentheils des Feldspathes und somit des Kalis beraubte sehr humusarme Lehm- oder Lehm-Sandboden dem Baume zuträglicher sein soll, als der an unveränderter Lagerstätte befindliche durch Humus stark angereicherte verwitterte Trachyt der vulkanischen Molukken, und wieso ein Baum, der ursprünglich gerade in diesen Gegenden zu Hause und denselben demgemäss angepasst ist, sich auf einem viel schlechteren Boden besser entwickeln solle. Die Hauptsache ist aber, dass die für die Wurzeln durchdringbare Schicht dick genug ist. und das ist offenbar in Singapore und Penang meist nicht der Fall. Der durch übermässig starke Düngerzufuhr gar zu sehr gesteigerten Fruchtbarkeit der ersten Jahre musste demnach eine Zeit der Erschöpfung folgen, als die Wurzeln auf das feste Gestein stiessen, und als dann, wie anzunehmen, eine Pilzkrankheit hinzutrat, mussten die ohnehin geschwächten Bäume natürlich um so leichter unterliegen.

Aber auch ohne diese Krankheit wären die Pflanzer von Penang und Singapore sicher keinen frohen Zeiten entgegen gegangen. Schon 1851 meint Low, dass der Höhepunkt der Kultur fast oder schon erreicht sei; er sagt mit Recht, dass, wenn Singapore, Penang und Wellesley allein mit Muskatbäumen voll bepflanzt sein würden, diese Länder genug produziren würden, um alle Märkte der Welt zu überfüllen; jetzt lieferten ja schon die Straits mehr Muskat und Macis als das vereinigte Grossbritannien konsumiren könnte; und schon träten die Chinesen in Singapore und Penang in die Fussstapfen der europäischen Muskatpflanzer.

Schon in den Jahren 1832—42 seien die Preise von 10—12 $ per Pfund auf 4—5 $ gefallen, und wenn seitdem die Preise konstant blieben, so sei das wohl nur eine Folge der künstlichen Preisregulirung durch die Holländer; voraussichtlich würden sie aber bald weiter fallen. Namentlich aber sei dann ein bedeutender und dauernder Preisfall vorauszusehen, wenn überall Freikultur eingeführt werde, da die Produktion den Konsum überstiege, so dass auf Absatz nur bei immer fallendem Preise zu rechnen sei. Die Zukunft sei „anything but cheering to planters" darum räth er auch ab, neue Pflanzungen anzulegen, namentlich bei mässigem Kapital, es sei dies eine riskante Spekulation; wer aber, wie die Chinesen, nur in unvollkommener Weise und daher mit geringem Profit Muskat zu kultiviren gedenke, der werde sicher seine Rechnung nicht finden.

Diese Prophezeihung bewahrheitete sich denn auch durchaus, und eine Folge der zunehmenden Ueberproduktion war die, dass in den

---

werde; die Extreme seien in Banda nicht so gross wie in den Straits (wohl in Folge der Düngung), die Nüsse seien mehr normal, mehr vollkommen rund, sowohl in als ohne Schale, specifisch schwerer, vollkommener ruminat, und reicher an ätherischem Oel; auch sässen sie an längeren schlanken Stielen, und ihre Haut (Perikarp?) sei relativ dünner, gleichmässiger und fehlerlos. Auch hebt er hervor, dass die Bandabäume länger leben. Er empfiehlt deshalb die Einführung von Saatgut von dort, und erhielt auch von dem Resident von Banda Andriesse eine Quantität davon.

ganzen 50er und dem Anfang der 60er Jahre die Preise der Muskatnüsse stetig fielen, bis einige Jahre nach dem Ruine dieser Pflanzungen.

Nicht alle Bäume der Plantagen Singapore's fielen übrigens der Krankheit oder der Vernachlässigung zum Opfer. Viele Bäume blieben leben und fuhren fort, in den verlassenen Plantagen, umgeben von dicht aufspriessendem Buschwerk, einige Nüsse zu reifen, die dann ab und zu von Malayen und Chinesen gesammelt und in der Stadt verkauft wurden. Neuerdings soll übrigens auch hier, wie in Penang, die Kultur von den Chinesen und zwar nicht ohne Erfolg, wenn auch bisher nur in bescheidenem Maasse, wieder aufgenommen worden sein.

Mergui-Archipel, Nicobaren, Andamanen.

Auch auf den westlich von Hinterindien liegenden Inseln, auf dem Mergui-Archipel, sowie auf den Nicobaren und Andamanen findet man den Baum hie und da angepflanzt, worüber glaubwürdige Zeugnisse sowohl in den Herbarien, als auch in den Arbeiten von Helfer, Kurz etc. vorliegen.

Riouw- und Lingga.

Ebenso finden sich Muskatbäume auch auf den südlich der malayischen Halbinsel gelegenen kleinen Inseln des Riouw- und Linggaarchipels, aber nur einzeln, mehr als Zierbäume in der Nähe der Häuser angepflanzt.

Ehemals scheinen aber auch dort Muskatnüsse zum Export kultivirt worden zu sein; wenigstens finde ich in den Einfuhrlisten für Java in „De Bruyn Kops, Statist. v. d. Handel en de Scheepvaart op Java en Madura sedert 1825 (Batavia 1857), folgende Importe von Muskatnüssen aus Riouw verzeichnet:

1821 . .	7 Pikol,	1847 . .	8 Pikol,
1841 . .	4 „	1850 . .	20 „
1845 . .	15 „		

Siam, Cochinchina.

Von Siam und den französischen Besitzungen in Hinterindien kenne ich keine absolut sicheren Notizen über die Kultur des Muskatbaumes, dagegen giebt es sowohl in Siam als auch in Cochinchina und Tongking viele in Gärten einzeln stehende Bäume; auch in den Philippinen wird er wenigstens in einigen Exemplaren kultivirt; von Südchina, Hainan und Formosa kann man wohl mit Sicherheit behaupten, dass der Baum dort absolut fehlt; ebenso könnte er im Gebiete des stillen Oceans höchstens irgendwo in einem botanischen Garten kultivirt werden, aber selbst für Neu-Guinea ist der Baum bisher nirgends, weder wild noch kultivirt, nachgewiesen, obgleich man nach der Litteratur über die Insel meinen sollte, dass die Insel förmlich damit bedeckt sei; wie wir noch im Einzelnen sehen werden, bezieht sich aber dies alles auf eine andere Art, Myristica argentea Warb., während Myristica fragrans Houtt. anscheinend noch nirgends dort kultivirt wird.

Im westlichen, englischen Theil Hinterindiens erstreckte sich selbst während jener glänzenden Zeit der Muskatkultur der Anbau des Muskatbaumes kaum weiter nördlich als Penang. Helfer berichtet von einem Versuche des englischen Kommissärs Blundell, die Kultur in Moulmein und Burma einzuführen; die Bäume gingen zwar dort nicht ein, kamen Burma. aber nur dürftig fort; und auch heut zu Tage kann von irgend einer grösseren kompakten Kultur des Baumes in Burma nicht die Rede sein, höchstens finden sich hier und da einzelne Bäume in den Gärten der Eingeborenen.

10. Einführung der Muskatkultur in Vorder-Indien.

In Vorderindien kann gleichfalls von einer eigentlichen Kultur des Kalkutta. Muskatbaumes kaum die Rede sein. Nach Kalkutta ist der Baum schon Ende des vorigen Jahrhunderts, im Jahre 1798, etwa gleichzeitig mit der Einführung nach Sumatra, übergeführt worden, und wurde dort zuerst in dem damals unter Roxburghs Leitung stehenden botanischen Garten der ostindischen Compagnie angepflanzt. Im April 1803 waren die stärksten Bäume schon 6—10′ hoch, und drei Bäume standen um die Zeit schon zum ersten Male in Blüthe; während sie, wie wir oben sahen, in der ersten Zeit ausschliesslich männliche Blüthen trugen, hatten sie im November und Dezember 1804 (etwa 7 Jahre alt und 10—12′ hoch) nach Roxburgh nur (?!) weibliche Blüthen, die sich auch als fruchtbar herausstellten. — Kalkutta liegt schon fast an der Grenze der heissen Zone, nämlich 22,35° n. Br.; „trotzdem", wie Carey 1814 hervorhebt, also „das Klima etwas zu kalt für den Baum ist, trägt er doch schon jedes Jahr Früchte". Dennoch kam bei den nicht sehr günstigen klimatischen Verhältnissen die Muskatkultur in Kalkutta niemals auf einen grünen Zweig.

Bessere Resultate gaben Versuche in kleinem Maassstabe in Süd- Südindien. indien an den Abhängen der Nilgherries, speziell in Courtallam, wo ein dauernd feuchtwarmes Klima der Muskatkultur bessere Prognose stellt. Ebenso, aber gleichfalls nur in geringer Menge, wird der Muskatbaum an der feuchten Westseite der Ghats, z. B. in Goa, Canara, Malabar kultivirt. Für die nördlichere etwas trockenere Gegend des Concan dagegen melden Dalzell und Gibson, dass die Muskatbäume fern von der Seeluft sofort kränkeln. Auch noch weiter südlich, bei

Tinnevelly in Südindien, wurden in den 20er Jahren Versuche angestellt (Dymock), und insofern nicht ohne Erfolg, als die Bäume gute Früchte gaben. Nach Cap Comorin an der Südspitze von Vorderindien ist der Baum schon 1802 eingeführt worden. Wie gering aber die Gesammtproduktion der vorderindischen Halbinsel nur sein kann, geht daraus hervor, dass von den für den Export an Muskatnüssen wichtigsten zwei Häfen 1870/71 exportirt wurden: von Bombay 355 kg im Werthe von 575 Rupies; von Madras 2431 kg, im Werthe von 3012 Rupies.

Ceylon. In Ceylon, wo der Muskatbaum 1802 eingeführt wurde, hat die Muskatkultur nie grössere Ausdehnung erfahren. Vor mehr als vierzig Jahren wurden auf der Plantage von Aniyakanda, nahe Jaela, damals ein Eigenthum des Kolonial-Sekretärs Mr. Anstruther, langdauernde und kostspielige Versuche mit dem Anbau von Muskat und Nelken gemacht, die aber ebenso erfolglos waren, wie an anderen Orten der Insel, namentlich auch am Mt. Attidiga nahe dem Mt. Lavinia. Auch im Distrikte von Nilambe wurde Muskat in grossem Maassstab kultivirt. Auf General Sir John Wilson's Plantage waren 25 acres mit diesem Gewürz bepflanzt, aber schliesslich, da die Bäume trotz sorgfältiger Pflege nur wenig Nüsse von einer minder guten Qualität brachten, wurde Kaffee zwischen die Baumreihen gepflanzt.

Sowohl in höheren Lagen, also im Gebirge, als auch in der Ebene finden sich kleinere Muskatpflanzungen. Erstere erfordern nur in der ersten Zeit Schatten, letztere dauernd. So findet sich z. B. nahe Kandy auf der Roseneath-Plantage ein hübscher Muskatgarten, während in der Ebene sogar auf einigen Zimmtplantagen etwas Muskat und Nelken kultivirt wird, freilich aber ohne erheblichen finanziellen Erfolg. Im Allgemeinen ging, wenigstens bis vor wenigen Jahren, die Kultur in Ceylon eher zurück als voran; während 1883 noch 250 acres als mit Muskat bepflanzt angegeben werden (das gäbe etwa 17500 Bäume, also vielleicht einen Ertrag von 20—30000 kg Nüsse), so weisen die Berichte Ende der 80er nur noch wenige acres auf. In den echten Pflanzerdistrikten finde ich nur 7 acres als mit Muskatbäumen bepflanzt angegeben, also ca. 500 Bäume, die eine Ernte von noch nicht 1000 kg geben können. — Da im Zollamt in Ceylon Muskat mit anderen Gewürzen, wie z. B. Nelken, zusammen als Spices rubrizirt wird, fehlen genaue Angaben über den Export; aber Angaben wie 17000 rps. 1882, 12000 rps. 1883 für mehrere Gewürze zusammen zeigen, dass die Produktion keinenfalls eine grosse sein kann. Von Zeit zu Zeit schenkt man in Ceylon dieser Kultur etwas mehr Beachtung als gewöhnlich, so wird angegeben, dass um 1884 und dann wieder 1890 ein „boom“ für

Muskat in Ceylon geherrscht habe (so z. B. lieferten 1890 mehrere hundert 5—6jährige Bäume auf einer Plantage in Matale ihre Jungfernernte), doch scheinen diese Bemühungen keine Dauer zu haben, da die raschlebige jetzige Pflanzergeneration keine Zeit findet, 10 oder gar 20 Jahre auf die grösseren Ernten zu warten.

11. Der Muskatbaum in den Subtropen und der gemässigten Zone.

In den Subtropen kann der Baum nicht ohne Winterschutz gedeihen, jedoch scheinen dann die Früchte gelegentlich doch zur Reife zu kommen. In Kew-Museum sah ich von Dr. George Bennett eingesandte ziemlich grosse Früchte, die in New-South-Wales gewachsen waren. Subtrope

In unseren Gärten der gemässigten Zone gelingt es nur sehr schwer, selbst in guten Warmhäusern, die Muskatbäume lange am Leben zu erhalten. Da auch die frisch nach Europa gesandten Nüsse meist schlecht keimen, so thut man gut, schon in der warmen Zone frisch gepflückte Nüsse in Wardsche Kästen 1″ in die Erde zu pflanzen und sie so herüberzusenden. Gemässigte Zone.

Munting, am Ende des 17. Jahrhunderts, ist offenbar der erste gewesen, der den Versuch gemacht hat, Muskatbäumchen in Europa zu kultiviren. In seiner Naauwkeurig Beschrijving der Aardgewassen (Leyden und Utrecht 1696) macht er (pag. 135) unter dem Titel „Muscaatboom“ einige Angaben über diese Versuche. Er besass in seinem Garten in Groeningen drei junge Bäumchen, die noch nicht 4′ hoch und nicht ganz so dick wie der kleine Finger waren; sie blieben aber nur drittehalb Jahr am Leben, trotz aller Mühe, und liessen namentlich in Winter häufig viele Blätter fallen. Trotz dieser nicht gerade glänzenden Resultate giebt er aber eine Anleitung für ihre Kultur; die Bäumchen verlangen nach ihm gute Erde, die besteht aus zwei Theilen groben Sand ohne Salzgehalt, drei Theilen Müll oder Mist von verrotteten Baumblättern, einem Theil zwei Jahre alten kleingeriebenen Pferdemist, einem Theil ein Jahr alten Hundekoths (!), alles dies gut miteinander vermischt.

In den botanischen Garten von Kew wurde der Muskatnussbaum (nach Aiton's Hortus Kewensis) schon 1795 durch Sir Joseph Banks (wohl von den Molukken aus) eingeführt; da die Gewürzinseln erst 1796 in die Hände der Engländer fielen, so darf man wohl annehmen, dass die Einführung auch erst in dies Jahr zu setzen ist. Nach Glasgow an den botanischen Garten sandte Sir Ralph Woodford in den 20er Jahren dieses Jahrhunderts junge Pflanzen aus Westindien, die auch gesund ankamen (Hooker, botan. Magaz.). Jedoch scheinen alle diese überführten Pflanzen sich nicht lange gehalten zu haben. Um so mehr muss es überraschen, dass im Syon House (Middlesex) der Baum sehr grosse Früchte zur Reife gebracht hat, was nach Belegexemplaren in Spiritus, die im Kew-Museum bewahrt werden, doch offenbar der Fall gewesen zu sein scheint; auch im Prodromus Herbar finden sich vom 26. Mai 1850 männliche Blüthenzweige derselben Herkunft. Jedenfalls beweist dieser Fall, dass die erfolgreiche Kultur des Muskatbaumes im Warmhause, wenn auch schwer, so doch nicht hoffnungslos ist.

Anhang.

Tabellarische Uebersicht der Gesammtproduktion an Muskatnüssen und Macis.

1. Daten über die Muskatproduktion der Banda-Inseln[1]).

	Nüsse ohne Schale Amsterd. Pfd.	Macis Amsterd. Pfd.
1634[2]) (Valentijn)	666747	183270
1662—72[3]) (Durchschnitt)	458951	117229
1672—82 (Durchschnitt)	523925	122683
1686[4]) (Siberg)	ca. 600000	ca. 160000

---

1) Differenzen, die bei verschiedenen Schriftstellern vorkommen, beruhen darauf, dass einige das Gewicht der Produkte bei der Einlieferung in's Packhaus, andere dasselbe bei Absendung nach Java notiren. Fast immer sind die Werthe bei der Verschiffung hier wiedergegeben, in einzelnen Fällen freilich lässt sich nicht konstatiren, was gemeint ist, jedoch sind die Differenzen nicht bedeutend, und beeinträchtigen den Ueberblick keineswegs. Die Nüsse in Schalen sind stets in Nüsse ohne Schalen umgerechnet, durch Abzug eines Drittels, wie es in den Gouvernementsberichten geschieht.

2) Es liegen durch Valentijn genauere Angaben darüber vor, danach lieferte

Neira . . .	61221 Pfd. Nüsse,	26631 Pfd. Macis,
Lontor . . .	200750 „ „	107974 „ „
Ay	404773 „ „	48465 „ „
	666744 Pfd. Nüsse,	183270 Pfd. Macis,

offenbar sind die Angaben von Lontor und Ay in Bezug auf die Nüsse vertauscht (cf. pag. 150 Anm. 1).

3) Kommission von 1682, in Valentini: Historia Simplicium, Anhang.

4) Vielleicht nach Valentijn's lückenhaften Angaben zusammengestellt. Die Addition der von Valentijn angegebenen Zahlen für die 29 aufgezählten Perke ergiebt nur 153000 Pfd. Macis, nämlich Neira 2 Perke 2000 Pfd., Lontor 22 Perke 129000 Pfd., Ay 5 Perke 22000 Pfd.

	Nüsse ohne Schale Amsterd. Pfd.	Macis Amsterd. Pfd.
1710[1]) (Siberg)	704000	176000
1752—62 (Durchschnitt, nach Batavia gesandt) .	408967	129841]
1768—77 (Durchschnitt, nach Batavia gesandt) .	523793	118426]
1759—68[2]) (Durchschnitt, Ondermeulen) . . .	440602	118433
1766—67[3]) (De Moluksche Eilanden)	623257	128667
1776—77 (De Moluksche Eilanden)	483155	89047
1778[4]) (Heukenvleugt)	30000	
1780—81[5]) (De Moluksche Eilanden)	54526	17628
1785—92 (Milbourn)	22459	7504
1797/98[6]) (Durchschnitt, Hook. Exot. Flora) . .	64861	14300
1804 (Siberg)	135975	27755
1806—12[7]) (Durchschnitt, Low)	392000	98000
1811[8]) (Martin)	ca. 350000	ca. 80000
1813 (Low)	461000	123000
1815 (Low)	482000	
1816[9]) (Bleeker)	127239	31809

1) Wohl gleichfalls nach Valentijn; Mun giebt in Defence of the E. Indian trade (1821) die Menge Nüsse auf 250000 Pfd. an, vermuthlich ist diese Zahl Stavorinus entnommen, der angiebt, dass im vorigen Jahrhundert jährlich 250000 Pfd. Nüsse und 100000 Pfd. Macis nach Europa gehen, 90000 Pfd. Nüsse und 10000 Pfd. Macis in Asien verkauft werden.

2) Es wurden nach ihm verkauft: in Europa 250000 Pfd. Nüsse, 100000 Pfd. Macis, in Asien 100624 Pfd. Nüsse, 10109 Pfd. Macis, in Vorder-Indien 89978 Pfd. Nüsse, 8324 Pfd. Macis.

3) Luzac (cf. Lüder) giebt folgende etwas höhere Produktions-Zahlen für ungefähr dieselbe Zeit an, vielleicht einige Jahre später, aber vor 1778: Lontor 600000, Neira 80000, Ay 120000, zusammen also 800000 Pfd. Nüsse und Macis.

4) Der grosse mit einem Ausbruch verbundene Orkan hatte die Insel in diesem Jahre vollständig verwüstet, und angeblich nur 8000 Bäume verschont.

5) Die Angabe in Crawfurd's Dictionary, dass im Jahre 1786 das Produkt 760000 Pfd. betrug, bezieht sich wohl eher auf das Jahr 1767, da die Perke sich nach 1778 nur ganz langsam erholten.

6) Offenbar ist in Hookers Exotic Flora diesem Werth für die Macis eine 0 zu viel angehängt. Die Schätzung im tableau statistique auf 200000 Pfd. Nüsse und 50000 Pfd. Macis für 1796 ist viel zu optimistisch.

7) Daendels schätzt das Produkt Banda's für 1809 auf 425000 Pfd. fette und 50000 Pfd. magere Nüsse, sowie 100000 Pfd. Macis; in seinem Voranschlag giebt er übrigens nur 350000 Pfd. Nüsse an.

8) Sowohl die Zukunftsbilder von Martin als auch von Hopkins waren viel zu rosig, ersterer hoffte 1815 auf eine Ernte von 680000 Pfd., letzterer 1812—22 einen Durchschnitt von 6—700000 Pfd., 1824 sogar 800000 Pfd.; auch Crawfurd scheint sich nach Hopkins gerichtet zu haben, wenn er 600000 Pfd. Nüsse und 150000 Pfd. Macis angiebt.

9) Durch das Erdbeben war das Jahr ein sehr unergiebiges.

	Nüsse ohne Schale Amsterd. Pfd.	Macis Amsterd. Pfd.
1817—19 (Durchschnitt, Bleeker)	390491	93285
1820 (Reinwardt)	ca. 200000	ca. 75000
1820—29 [1]) (Durchschnitt)	487600	121900
1830	195348	58357
1831	275862	88130
1832	344124	88342
1833	427648	123287
1834	408782	117024
1835	540424	123151
1836	415971	161991
1837	683726	146995
1838	565485	109128
1839	581949	153407
1840	511001	119260
1841	627360	172856
1842	625721	173867
1843	711927	121800
1844	520981	124164
1845	504115	182270
1846	548330	120985
1847	755252	105051
1848	510992	165131
1849	629951	118377
1850	557434	128345
1851	463309	111580
1852	562771	135475
1853	583547	143691
1854	537861	133986
1855	504023	125739
1856	750929	193337
1857	700896	174047
1858	822212	207012
1859	832634	215466
1860	1072765	275586
1861	912543	234458
1862	957033	246175
1863	1006677	262010
1864	792641	184657
1865 [2])	424491	143028
1866	784960	169400
1867	584792	—

[1]) Diese und die folgenden Zahlen nach Bleeker.

[2]) Die Ziffern der Jahre 1865/67 geben nur die Produktion von 20 der 34 vorhandenen Perken.

	Nüsse ohne Schale Amsterd. Pfd.	Macis Amsterd. Pfd.
1868—70[1]	ca. 900 000	ca. 200 000
1871[2]	946 000	232 000
1872	859 000	224 000
1873	1090 000	346 000
1874	960 000	241 000
1875	1122 000	312 000
1876	1186 000	329 000
1877[3]	1341 000	382 000
1878[4]	464 000	164 000
1879	810 000	218 000
1880	937 000	260 000
1881	1322 000	368 000
1882	942 000	267 000
1883	1083 000	335 000
1884	1169 000	260 000
1885	766 000	307 000
1886	796 000	204 000
1887	1315 000	321 000
1888	1263 000	330 000
1889	566 000	156 000
1890	1028 000	272 000
1891	1219 000	325 000
1892	1151 000	297 000
1893	1400 000	352 000
1894	1329 000	278 000

2. Gesammt-Muskatproduktion der Erde.

	Nüsse ohne Schale	Macis	Total
1634 (Valentijn)	333 000 kg,	91 000 kg,	424 000 kg,
1662—1672 (Kommission von 1682)	230 000 „	59 000 „	289 000 „
1673—1682 (Kommission von 1682)	262 000 „	61 000 „	323 000 „
1686 (Nach Gouvern. Cranssen u. Dir. Gen. Siberg)	300 000 „	80 000 „	380 000 „
1710 (Valentijn)	352 000 „	88 000 „	440 000 „
1759—68 (Ondermeulen) Durchschnitt	220 000 „	59 000 „	279 000 „

1) Approximativer Durchschnittswerth nach Lans.

2) Die Ziffern der Jahre 1871/76 geben den Export an, die folgenden angeblich wieder die Produktion, sie sind den Schriften van Gorkom's, v. Eeden's, Bokemeyer's, und den Kolonial-Verslagen entnommen.

3) V. Eeden giebt zwar 16814 Pik. an (das wäre über 2 Mill. Pfd.), doch steht diese Zahl so im Widerspruch zu den übrigen und zu der Quantität der Macis desselben Jahres, dass Verf. es als einen Druckfehler ansieht, und 10814 Pik. gesetzt hat.

4) Die grosse Trockenheit des Jahres 1877 veranlasste diese Missernte.

	Nüsse ohne Schale	Macis	Total
1768—77 (Ondermeulen) Durchschnitt . .	262000 kg,	64000 kg,	326000 kg,
1778 (Heukenvleugt)	15000 „	5000 „	20000 „
1680—81 (Mol. Eiland.) Durchschnitt . . .	**27000** „	**9000** „	**36000** „
1797—98 (Hook. Exot. Fl.) Durchschnitt. .	34000 „	7000 „	41000 „
1804 (Siberg).	68000 „	14000 „	82000 „
1806—12	196000 „	49000 „	245000 „
1817—19 (Bleeker) Durchschnitt	245000 „	60000 „	305000 „
1820—29	297000 „	76000 „	373000 „
1830—39	278000 „	73000 „	351000 „
1840—49	425000 „	106000 „	531000 „
1850—59	778000 „	198000 „	976000 „
1860.	**1262000** „	**345000** „	**1607000** „
1861—64	rapide Abnahme um mehr als die Hälfte.		
1865—74	760000 „	184000 „	944000 „
1875—84	1325000 „	356000 „	1681000 „
1885—94	1604000 „	393000 „	1997000 „

ad 1817—1819. In dieser Periode beginnt zum ersten Mal eine ausserhalb Banda's gelegene Produktionsgegend, nämlich Benkulen auf Sumatra, eine Rolle zu spielen; wenn auch die Ernte Benkulen's damals auf 100000 kg Nüsse und 25000 kg Macis geschätzt wird, so kann sie doch nach der Anzahl tragender Bäume nur halb so gross gewesen sein.

Banda . . .	195000 kg Nüsse,	47000 kg Macis,
Benkulen . .	50000 „ „	13000 „ „
Summa	245000 kg Nüsse,	60000 kg Macis.

ad 1820—29. Crawfurd giebt die Produktion Banda's für 1820 auf 600000 Pfd. Nüsse und 150000 Pfd. Macis; er stützt sich wohl auf Hopkins zu optimistischer Berechnung; auch Reinwardt's Zahlen für 1820 (200000 Pfd. Nüsse und 75000 Pfd. Macis) sind nur ganz schätzungsweise gegeben, und betreffen ein durch den Ausbruch besonders ungünstiges Jahr; jedoch liegen genaue Daten für Banda für dieses Jahrzehnt vor. Da die in der ersten Zeit noch steigende Produktion Sumatra's in der zweiten Hälfte wieder geringer geworden zu sein scheint, so haben wir nicht die höchste Ziffer 64000 kg Nüsse (1825) der Berechnung zu Grunde gelegt, sondern eine niedrigere. Die bis dahin 1500 kg kaum überschreitende Produktion Ambon's scheint sich etwas vergrössert zu haben.

Banda . . .	244000 kg Nüsse,	61000 kg Macis,
Sumatra . .	50000 „ „	15000 „ „
Ambon. . .	3000 „ „	— „ „
Summa	297000 kg Nüsse,	76000 kg Macis.

ad 1830—39. Das Jahr 1830 war für Banda besonders ungünstig (98000 kg Nüsse, 29000 kg Macis), sonst fiel in diesem Jahrzehnt die Produktion Banda's fast nie unter 200000 kg, wir besitzen die einzelnen Zahlen. Die Produktion Benkulens verfiel in der holländischen Zeit immer mehr der Vernachlässigung, dagegen stieg die Produktion Penang's von 16000 kg Nüssen 1832 auf 37000 kg im Jahre 1840; wir nahmen das ungefähre Mittel. Singapore kommt noch nicht in Betracht. Für das gleichfalls ein wenig aufstrebende Ambon wechseln die Zahlen zwischen 3000 bis 21000 kg.

Banda . . .	220000 kg Nüsse,	59000 kg Macis,
Sumatra . .	20000 „ „	4000 „ „
Penang . . .	26000 „ „	7000 „ „
Ambon . . .	12000 „ „	3000 „ „
Summa	278000 kg Nüsse,	73000 kg Macis.

ad 1840—49. Für Banda besitzen wir die Zahlen für die einzelnen Jahre; im Ganzen halten sie sich etwa auf gleicher Höhe. Gewaltig dagegen steigt die Produktion von Penang in diesem Jahrzehnt, von 37000 kg Nüsse und 10000 kg Macis im Jahre 1840 bis auf 136000 kg Nüsse und 42000 kg Macis im Jahre 1849; es wurde das Mittel genommen. Auch Singapore tritt jetzt in den Wettbewerb, von ca. 4000 kg 1843 und 8500 kg Nüsse sowie 2300 kg Macis im Jahre 1845 erhebt sich die Produktion der Insel bis 31000 kg Nüsse und 8000 kg Macis im Jahre 1849. Für Ambon kann man nur die gleiche Menge wie bisher in Rechnung setzen, während sich in Benkulen entschieden noch die Kultur verschlechterte [1]).

Banda . . .	297000 kg Nüsse,	70000 kg Macis,
Penang . . .	86000 „ „	26000 „ „
Singapore . .	15000 „ „	4000 „ „
Sumatra . .	15000 „ „	3000 „ „
Ambon . . .	12000 „ „	3000 „ „
Summa	425000 kg Nüsse,	106000 kg Macis.

ad 1850—59. Crawfurd (Diction. pag. 306) taxirt die Gesammtproduktion der Welt für das Jahr 1850 auf nur 900000 Pfd., wovon Banda 530000 Pfd. liefern; jedoch war die thatsächliche Produktion der Insel in dem genannten Jahre (570000 Pfd.) eine ungewöhnlich kleine. Penang hingegen hatte 1850 schon eine Ernte von 320000 Pfd. Nüsse und 94000 Pfd. Macis, und Singapore gewiss schon 80000 Pfd. Nüsse und 20000 Pfd. Macis, so dass schon diese Ziffern eine Gesammtproduktion von 1061000 ergeben, also noch mehr als de Sturler angiebt, der die Produktion auf 1 Million Pfund veranschlägt. Hiermit fällt auch Crawfurd's Vorwurf, dass nur 30000 Pfd. mehr produzirt worden sei, als im Anfang des 18. Jahrhunderts; nebenbei war, wie bemerkt, ja 1850 auch für das Hauptland, nämlich Banda, ein besonders schlechtes Jahr.

Während in diesem Jahrzehnt die Produktion Banda's sich bis 1855 zwischen 250000 und 300000 kg Nüssen hält, dann aber rapide bis 470000 kg 1859 steigt, ist die Zunahme Penang's und Singapore's stetig und enorm, in Penang von 160000 kg Nüsse 1850 bis 401000 kg Nüsse 1859; von Singapore liegen mir zwar keine genauen Notizen vor, aber Angaben genug, dass die Kultur sich enorm ausgedehnt habe, und ernstlich mit Penang zu rivalisiren beginne. Die Pflanzungen Benkulen's haben nach den uns bekannten Zahlen eher wieder etwas zugenommen, namentlich aber beginnen neue Pflanzungen an der Westküste Sumatra's ordentlich zu produziren; auch in Ambon dehnt sich die Kultur aus, wenn auch die Zahlen darüber in den einzelnen Jahren stark differiren. Endlich beginnt auch Halmaheira regelrecht zu produziren, namentlich der zu Ternate gehörige Theil der Insel.

1) Temminck's Zahlen sind vielfach unzuverlässig und widersprechen sich zuweilen sogar thatsächlich, sind also besser nicht zu berücksichtigen.

Banda	317 000 kg Nüsse,	79 000 kg Macis,
Penang	263 000 „ „	70 000 „ „
Singapore	120 000 „ „	30 000 „ „
Benkulen	20 000 „ „	5 000 „ „
Sumatra's Westküste . .	17 000 „ „	4 000 „ „
Ambon	15 000 „ „	4 000 „ „
Nord-Molukken	30 000 „ „	7 000 „ „
Summa	782 000 kg Nüsse,	199 000 kg Macis.

ad 1860. Da dies Jahr den Höhe- und Wendepunkt der Kultur bildet, so sind die Verhältnisse desselben gesondert zu betrachten. Die Ursache des Verfalls nach 1860 besteht ja in der enormen Ausbreitung der Muskatbaumkrankheit in Penang und Singapore, die Ursache der riesigen Produktion des Jahres 1860 liegt neben der bis dahin fortschreitenden Kultur in Penang, Singapore, Sumatra's Westküste, Halmaheira, Ambon auch in einer besonders guten Ernte in Banda.

Banda	536 000 kg Nüsse,	138 000 kg Macis,
Penang	391 000 „ „	131 000 „ „
Singapore	200 000 „ „	50 000 „ „
Java	30 000 „ „	7 000 „ „
Sumatra's Westküste .	30 000 „ „	7 000 „ „
Benkulen	13 000 „ „	2 000 „ „
Ambon	25 000 „ „	2 000 „ „
Nord-Molukken . . .	37 000 „ „	8 000 „ „
Summa	1 262 000 kg Nüsse,	345 000 kg Macis.

ad 1865—74. Dies ist das erste Jahrzehnt nach zwei wichtigen Ereignissen, der Aufhebung des Monopols und dem Verfall der Plantagen in den Straits. Nach den Ziffern für Banda kann man die Durchschnittsproduktion dieser Inselgruppe nicht höher veranschlagen als 470 000 kg Nüsse. Die Produktion von Penang und Singapore hat aufgehört, die Produktion Benkulen's hat sich wenig verändert, dagegen tritt das Resultat der grossen Anpflanzungen in Sumatra's Westküste jetzt in grossen Ernten in Erscheinung, und auch Deli, Langkat, Gegenden Sumatra's, die Penang fast gegenüber liegen, und die während der Glanzzeit der Muskatkultur der Straits sich auch etwas darauf geworfen hatten, begannen zu produziren. Ferner hatte Menado auf Celebes 1860 die erste Ernte, und jedes Jahr eine grössere; Ambon dagegen und Halmaheira dehnten ihre Kulturen kaum aus. Auch Westindien kommt nach den englischen Importlisten schon mit einer kleinen Summe in Betracht.

Banda	470 000 kg Nüsse,	125 000 kg Macis,
Sumatra's Westküste .	130 000 „ „	26 000 „ „
Benkulen	8 000 „ „	2 000 „
Deli-Lankat	12 000 „ „	3 000 „
Java	30 000 „ „	7 000 „
Menado	48 000 „ „	12 000 „ „
Ambon	25 000 „ „	5 000 „
Nord-Molukken . . .	45 000 „ „	15 000 „ „
West-Indien	10 000 „ „	3 000 „ „
Summa	778 000 kg Nüsse [1]),	198 000 kg Macis.

[1]) Im Aardrijkskundig en statist. Woordenboek II (1869), pag. 536, wird die damals zu erwartende Produktion von Muskatnüssen auf 20 000 Pik. = 1 250 000 kg

ad 1875—85. Nach van Gorkom betrug die Gesammtausfuhr aus Niederländisch-Indien:

1875 . .	711 000 kg Nüsse,	
1876 . .	970 000 „ „	378 000 kg Macis,
1877 . .	1 609 000 „ „	408 000 „ „
1878 . .	1 238 000 „ „	341 000 „ „

Da im Jahre 1875 ausser Niederländisch-Indien auch Penang Muskat ausführte, etwa 87 000 kg, wohl zum grössten Theil ein Produkt der malayischen Halbinsel, wogegen Singapore fast nur Produkte Niederländisch-Indiens verschiffte, so haben wir 1875 schon wieder eine Gesammtproduktion an Nüssen und Macis von über 1 000 000 kg. In den nächsten Jahren stieg die Produktion wiederum gewaltig, theils durch beträchtliche Mehrernten in Banda, theils durch Wiederaufnahme der Kultur in Penang; durch die riesige Ernte von 1877 wurde das Jahr ein ganz exceptionell günstiges und hatte eine Gesammtproduktion von 2¼ Millionen Kilo. Als Durchschnitt dieser Jahre würde man aber für Niederländisch-Indien rechnen können 1 150 000 kg Nüsse und 310 000 kg Macis, was mit den einzelnen Zahlen für die Inseln Niederländisch-Indiens auch recht gut stimmt, wie folgende Zusammenstellung zeigt:

---

geschätzt, jedoch auf Daten hin, die nur bis 1860 reichen, also ohne Rücksicht auf die kolossalen Veränderungen gerade der Jahre nach 1860, speziell auf der malayischen Halbinsel. Nach dieser deshalb im Jahre des Erscheinens des Bandes schon unbrauchbaren Aufstellung sollten produziren:

Banda	6600 Pikol,	
Ternate	600 „	
Ambon	600 „	
Menado	900 „	
Benkulen	360 „	
Sumatra's Westküste	550 „	
Verschiedene Inseln	390 „	
Holländische Besitzungen		10 000 Pikol.
Penang	6000—6500 Pikol,	
Andere engl. und französ. Besitzungen	4000—3500 „	
Nicht holländische Besitzungen		10 000 Pikol.

Lans glaubt denn auch mit Recht die 6000 Pikols für Penang abziehen zu dürfen, und schätzt demnach die Gesammtproduktion auf 14 000 Pik.; das wären demnach ca. 868 000 kg Nüsse, also 108 000 mehr als unsere Schätzung; jedoch müssen auch die 4000 Pik. der anderen englischen und französischen Besitzungen gestrichen werden, da es dort damals so gut wie gar keine Kultur gab Wenn dagegen Lans die Produktion Niederländisch-Indiens, abgesehen von Banda, nur auf ⅕ derjenigen von Banda annimmt, so schätzt er sie um mehr als doppelt zu niedrig, da die Westküste Sumatra's schon allein mehr produzirte, als er für die gesammten Länder annimmt.

	Banda . . .	580000 kg Nüsse,		170000 kg Macis,	
Sumatra	Westküste .	150000 „	„	35000 „	„
	Benkulen . .	30000 „	„	8000 „	„
	Deli, Langkat	6000 „	„	1000 „	„
	Lampong . .	4000 „	„	1000 „	„
	Minahassa .	180000 „	„	45000 „	„
	Java . . .	60000 „	„	15000 „	„
	Ambon . . .	100000 „	„	25000 „	„
	Nordmolukken	40000 „	„	10000 „	„

Niederländisch-Indien	1150000 kg Nüsse,		310000 kg Macis,	
Penang	140000 „	„	37000 „	„
Ceylon	25000 „	„	6000 „	„
West-Indien	10000 „	„	3000 „	„
Summa	1325000 kg Nüsse,		356000 kg Macis.	

ad 1885—94. Den Vergleich mit den Jahren 1876—78, den durch hervorragend gute Ernten glänzendsten der Produktion, kann das letzte Jahrzehnt zwar nicht bestehen; wenn aber die Preise nicht zu niedrig werden, so wird binnen kurzem auch ein gewöhnliches Durchschnittsjahr in Bezug auf die Produktion diesen Maximaljahren der 70er Jahre gleichkommen. Während man für diese besten Jahre die Durchschnittsproduktion für Niederländisch-Indien auf 1500000 kg Nüsse und 375000 kg Macis, für die ganze Welt aber auf 1700000 kg Nüsse und 425000 kg Macis veranschlagen muss, stellte sich die Produktion für das letzte Jahrzehnt etwa folgendermassen:

	Banda[1])	600000 kg Nüsse,		150000 kg Macis,	
	Minahassa-Sangir[2])	150000 „	„	35000 „	„
Sumatra	Westküste[3]) . . .	170000 „	„	45000 „	„
	Benkulen	10000 „	„	2000 „	„
	Ostküste	130000 „	„	30000 „	„
	Lampong	4000 „	„	1000 „	„
	Java[4])	80000 „	„	20000 „	„

[1]) 1893 war der Ertrag Banda's 700000 kg, jedoch ist das eine ausnahmsweise grosse Ernte gewesen. Die Zahl der Muskatbäume auf den Südwest- und Südosterinseln, sowie Ceram ist minimal, in Neu-Guinea giebt es keine echten.

[2]) 1881 wurden ca. 250000 kg geerntet, aber wohl meist mit Schale, seitdem hat die Kultur aber in Folge der Krankheit abgenommen, 1894 wurden inkl. der Sangir-Ernte von Menado ca. 230000 kg Nüsse (= 150000 kg ohne Schale) und 33000 kg Macis exportirt. In anderen Theilen von Celebes giebt es keine Muskatkultur in irgend erheblichem Maassstabe.

[3]) Der Export Padang's nach fremden Häfen beträgt zwar im Durchschnitt jetzt 250000 kg Nüsse, aber wohl meist mit Schale; die Zahlen für die anderen Theile Sumatra's sind ähnlich wie in der vorherigen Periode, nur auf der Ostküste hat sich die Kultur gehoben.

[4]) Diese Zahl beruht auf sehr unsicherer Schätzung; der Export variirt in den Jahren ganz gewaltig, je nach den dort vorhandenen Vorräthen und den Preisen, jedoch sind sehr viele vorher importirte Nüsse darunter.

Ambon[1]	120000 kg Nüsse,	25000 kg Macis,
Nordmolukken[2] .	40000 „ „	10000 „ „

Niederländisch-Indien	1304000 kg Nüsse,	318000 kg Macis,
Malayische Halbinsel[3]	200000 „ „	50000 „ „
West-Indien[4]	100000 „ „	25000 „ „
Summa	1604000 kg Nüsse,	393000 kg Macis.

Dass die rechnungsmässig durch Addition der Ausfuhrmengen der einzelnen Produktionsländer gefundene Zahl von 2000000 kg als Gesammtproduktion nicht zu hoch gegriffen ist, dafür hat man eine gute Probe in den Zufuhren der drei Hauptmärkte. Es wurden angeführt in:

	1892		1893	
	Nüsse	Macis	Nüsse	Macis
Holland	780000 kg	220000 kg	996000 kg	339000 kg
London	440000 „	134000 „	320000 „	86000 „
New-York	545000 „		352000 „	
	1765000 kg	354000 kg	1668000 kg	425000 kg

Wenn diese Zahlen etwa grösser sind, als die von uns berechneten, so darf man nicht übersehen, dass letzteres Durchschnittszahlen für das ganze letzte Jahrzehnt sind, in welcher Zeit sich die Muskatkultur beträchtlich ausgedehnt hat und die auch einige schlechte Ernten (1888 und 1889) in sich schloss. Die augenblickliche Produktion kann man nach diesen Zahlen, wenn man den Konsum Asiens hinzuaddirt, wohl auf fast 2 Mill. kg Nüsse und ½ Mill. kg Macis veranschlagen. Wie

---

1) Für Ambon wurden nach den Daten höhere Zahlen als im vorherigen Jahrzehnt angenommen; denn wenn auch die Kultur auf Ambon recht nachlässig betrieben wird, so hat sie sich andererseits doch auf die benachbarten Inseln Saparua etc. ausgedehnt.

2) Für Halmaheira, sowie benachbarte Inseln, Tidore, Ternate, Makian, Batjan, Obi wurden dieselben Ziffern angenommen wie im vorherigen Jahrzehnt.

3) 1882 wurden von Penang allein 250000 kg Nüsse und 45000 kg Macis exportirt, jedoch ist gewiss vieles zuerst von Sumatra oder Java eingeführt; dagegen haben die Chinesen auf Singapore und Johore die Kultur in bescheidenem Maasse wieder aufgenommen, auch auf den Nicobaren finden sich einzelne Bäume; Ceylon hat seine Muskatkultur fast ganz aufgegeben, Ende der 80er Jahre gab es in den Pflanzerdistrikten nur noch ca. 7 acres, d. h. etwa 500 Muskatbäume.

4) In Vorderindien, sowie auch in ganz Afrika, ja selbst auf den ostafrikanischen Inseln giebt es keine nennenswerthe Muskatkultur mehr.

Grenada ist die einzige Insel Westindiens, die wirklich in Betracht kommt, 1888 lieferte sie über 67000 kg Gewürz, grösstentheils Muskat, seitdem hat die Kultur noch bedeutend zugenommen. St. Vincent, Trinidad sind nach wie vor unbedeutend, auch Jamaika liefert dem Markte nur ganz unbedeutende kleine Posten. Südamerika kultivirt keine Muskat für den Export.

man aus diesen Zahlen sieht, nehmen die einzelnen Länder etwa in folgenden Prozentverhältnissen an der Weltproduktion theil.

Banda	37,4 %
Sumatra	19,6 „
Malayische Halbinsel	12,5 „
Minahassa	9,4 „
Ambon	7,5 „
Westindien	6,2 „
Java	4,9 „
Halmaheira	2,5 „
	100,0 %

Wir sehen also, dass die etwa 44 qkm grossen Bandainseln fast $^2/_5$ des gesammten Weltproduktes zu liefern im Stande sind, nehmen wir nun an, dass $^2/_3$ dieser Inseln, also 30 qkm mit Muskatbäumen bestanden sind, so würden etwa 75 qkm genügen, um die ganze Weltproduktion zu liefern.

Wir werden im Kapitel über die Kultur sehen, dass ein erwachsener tragender Baum im Durchschnitt 3 Pfd., also $1^1/_2$ kg geschälte Nüsse liefert; die Weltproduktion beträgt aber 1604000 kg Nüsse, also etwa 1070000 Bäume; da aber 178 Bäume bei normaler Pflanzung auf einem Hektar stehen, so würden 1070000 bei sorgfältiger Kultur einen Raum einnehmen von 6000 ha, also 60 qkm, rechnen wir noch genügend Raum für junge Anpflanzungen, männliche Bäume, schlecht tragende etc., so würden wir also auch auf diese Weise mit ziemlicher Genauigkeit auf 75 qkm kommen. Da 55 qkm 1 □Meile geben, so kann man also mit Recht annehmen, dass die die ganze Welt versorgenden Muskatpflanzungen noch nicht einmal den lächerlich kleinen Raum von $1^1/_2$ □Meilen einnehmen.

3. Approximative Zahl der Muskatnussbäume.

Wir haben soeben nach dem gelieferten Produkt die Zahl der voll tragenden Bäume auf 1070000 geschätzt. Die Angaben über die faktisch existirenden Muskatbäume sind nicht vollständig, jedoch kann man sich wenigstens über einige Gegenden genauere Rechenschaft geben. Namentlich über Banda liegen recht genaue Angaben vor, die wir in folgender Tabelle zusammenstellen wollen.

1686 (Valentijn)	660183	Bäume,	159035	tragende,
1778 (Heukenvleugt)			8000	„
1811 (von Low nach d. Ertrag berechnet)			168000	
1814—16[1]) (Regier.-Rep. Benkul.) . . .	551000	„	339000	„
1820 (De Moluksche Eiland.)	547783	„		
1851 (Fragm. Reisverhaal)	412632	„	299661	„
1852 (Fragm. Reisverhaal)	413081	„	298300	„
1854[2]) (Bleeker)	424573	„	297272	„
1857	344378	„	245324	„
1859	349105	„	274781	„
1861	349592	„	264424	„
1862	353144	„	264350	„
1863	359643	„	266361	„
1864	362232	„	266322	„
1865	317553	„	215181	„
1866	380600	„	270000	„
1869	391700	„	269500	„
1870[3])	427429	„	271046	„
1871	433918	„	270324	„
1872	395933	„	257583	„
1873	412392	„	259337	„
1874	449738	„	261434	„
1875	494345	„	264507	„

Seitdem hat zweifellos die Zahl der Bäume bedeutend zugenommen, schon auf Rhun stehen 38000, auf Rosengain 12000, so dass man die Zahl der tragenden Bäume, auch schon in Anbetracht des Produktes, auf 400000, mindestens aber auf 350000 veranschlagen muss.

In der Minahassa gab es 1853 noch keine 2000, 1864 35000 fruchttragende, 1881 waren 2400 bouws bepflanzt, also, da 110—126 Bäume auf 1 bouw = 0,7096 ha kommen, so waren es ca. 300000 Bäume, darunter aber noch viele nicht tragende, nach dem Produkt mag es ca. 100000 tragende geben.

In den zu Ternate gehörenden Gebieten, also Halmaheira namentlich, gab es 1856 19356, 1858—60 21000 Bäume, 1864 waren es 46000 inkl. der jungen; jetzt mag es auf ganz Halmaheira nebst Ternate und Tidore nicht viel über 30000 tragende Bäume geben.

---

1) Neben den 339500 tragenden weiblichen werden noch angeführt 52000 monöcische, 32000 männliche, 39500 junge von 5—10 Jahren, 87500 junge unter 5 Jahren.

2) An einer anderen Stelle giebt Bleeker an für Neira 32632, für Ay 72931, für Lontor 316560, zusammen also 422123 Bäume.

3) Lans giebt an für Neira ca. 15000, für Ay ca. 50000, für Lontor ca. 182000, also zusammen ca. 247000 tragende Bäume.

In Ambon gab es 1859 28000, 1864 31000, 1877 30000, 1892 schon 156000 Bäume, die Zahl der tragenden betrug in den 60er Jahren nur ca. 7000, in den 70er 9—10000; seitdem muss die Anzahl aber bedeutend zugenommen haben, ich möchte sie auf 80000 schätzen.

In Singapore gab es 1848 71400 Bäume, dann nahm die Zahl rapide zu, und nach 1861 ebenso schnell ab, jetzt ist die Zahl noch immer recht gering, sicher nur wenige Tausend.

In Penang gab es 1845 ca. 70000 tragende Bäume, 1860 waren 13000 acres, in der benachbarten Provinz Wellesley 1300 acres mit Muskat bestanden, das wären ca. 90000 und 9000 Bäume; nach 1861 verschwand die Kultur fast, sie ist jetzt aber wieder ziemlich bedeutend, von Chinesen betrieben, nach dem Export von 1887—88 berechnet etwa 125000 tragende Bäume. Ueber Sumatra und Java fehlen die Zahlen, doch lassen sie sich nach dem Ertrag auf 190000 und 50000 veranschlagen; ebenso die Bäume Westindiens auf 70000.

Es giebt also annähernd an tragenden Bäumen

Banda	400000	
Sumatra	190000	
Minahassa	100000	
Java	50000	
Ambon	80000	
Halmaheira	30000	
Niederländisch-Indien		850000
Malayische Halbinsel		130000
Westinden		70000
Summa		1050000 Bäume, dazu noch versprengte auf verschiedenen Inseln des malayischen Archipels, in Vorderindien, auf Ceylon, auf den Nicobaren und den ostafrikanischen Inseln, endlich in Brasilien und Guyana.

III. Beschreibung des Muskatnussbaumes und der anderen für den Handel in Betracht kommenden Arten.

Botanischer Theil.

a) Myristica fragrans Houtt, die echte Muskatnuss.

1. Entwickelung der Kenntniss des Muskatnussbaumes.

Die Entdeckungsreisen im Beginne der neuen Zeit und die dauernde Erschliessung der Molukken hatten, wie wir in dem geschichtlichen Theile sahen, eine genauere Kenntniss der Stammpflanze der Muskatnuss gebracht; auffallend ist aber die Thatsache, dass es auch dann noch drei volle Jahrhunderte dauerte, bis die Pflanze in Europa wirklich richtig beschrieben wurde. Es lag dies daran, dass einige der früheren Schriftsteller dieser Periode falsche Beschreibungen gaben, indem sie die an und für sich schon ungenau beobachtenden ältesten Reisenden noch missverstanden; nach solchen falschen Beschreibungen wurden dann Phantasiezeichnungen angefertigt und diese dann nicht nur wieder kopirt, sondern sogar, natürlich falsch, beschrieben.

Herbarmaterial von der Muskatnuss kam erst relativ spät nach Europa; das älteste Exemplar, das Verfasser auffinden konnte, war ein männlicher Blüthenzweig des im Wiener Herbar aufbewahrten Herbarium Breyn vom Jahre 1682; jedoch blieb dies Material unbeachtet; selbst Linné und seine Zeitgenossen hatten noch sehr verkehrte Ansichten, die erst in den 70er Jahren des vorigen Jahrhunderts in Folge der Beschreibung von Céré in Mauritius berichtigt wurden.

Diese vielen Irrungen genauer zu verfolgen, ist insofern von Interesse, weil es zeigt, wie schädlich die fortgesetzte Büchergelehrsamkeit ohne Kontrolle durch die Naturbeobachtung werden kann, und dass der Autoritätsglaube selbst bei einer so einfachen Sache wie bei der Beschreibung einer Pflanze nicht nur im Mittelalter die Thatsachen verdunkelt hat, sondern selbst beinahe bis in die neueste Zeit sowohl das Urtheil der heimischen Gelehrten, als auch den Blick der Reisenden getrübt hat.

Zwei wichtige Fragen waren schon zur Zeit der Eroberung Bandas gelöst worden, nämlich die Frage nach der Natur der Macis, und die nach dem Herkunftslande der Muskat.

1. Die Entwickelung der Kenntniss der Natur der Macis.

Die Natur der Macis als Umhüllung der Nuss war zwar den älteren Arabern gut bekannt; nachher aber war, wie wir oben sahen, durch die Sucht, alle Drogen mit antiken zu identifiziren, Verwirrung hineingekommen, so dass die späteren Araber sowie die meisten europäischen Schriftsteller des Mittelalters Irrthümer machten oder wenigstens in Zweifel blieben. Die Worte „Macis“ und „Muskatblüthe“ blieben als Reliquien dieser Irrthümer zurück. Noch Niccolo Conti hielt im 15. Jahrhundert trotz seiner weiten Reisen an der irrthümlichen Ansicht fest, es sei wirklich die Blüthe des Baumes. Erst die Erschliessung der Molukken hob jeden Zweifel.

Schon Barbosa betrachtet die Muskatnuss als eigentliche Frucht, worüber die Macis wie eine Blume liegt, die dann noch von einer dicken Rinde umgeben werde. Pigafetta giebt in einer Aufzählung der verschiedenen Schalen der Muskatfrucht ganz richtig die Lage der Macis an. Massimiliano Transilvano vergleicht sie einem Netz, das die Nuss umhülle.

Dennoch vermochte die Kenntniss der richtigen Sachlage nur allmählich wirklich durchzudringen, indem man einerseits trotz besseren Wissens doch daneben noch an dem Glauben festhielt, dass die Macis eine wirkliche Blüthe sei, andererseits sich immer noch nicht von dem alten Mythus trennen konnte, dass die Macis identisch mit dem Macer der Alten, also eine Rinde sei. Man kam natürlich dadurch, dass man zwei oder drei diametral verschiedenen Auffassungen gerecht werden wollte, zu höchst sonderbaren Kompromissen und Zwangsvorstellungen.

So sagt Barthema (1510) offenbar in dem Bestreben, die beiden Ansichten zu vereinigen, die Macis umgebe die Nuss, wie eine offene Rose, und Ruellius (1537), dem die wahre Natur der Macis schon ganz gut bekannt war, spricht trotzdem von derselben als von einer rothen Blüthe (flore roseo).

Garcia ab Horto sagt noch 1567 richtiges mit falschem vermischend (nach der Uebersetzung von Tabernaemontanus): „Sie häncken sehr voller Blüet: welche auch nach und nach, als etlich melden, bestehen bleiben, ausgebreitet gleich einer offenen Rosen. Mitten in denselbigen kreucht erstlichen ein grünes Nüsschen herfür, welches in kurtzer Zeit sich anhebet zu färben und gestücket zu werden mit gelb blauen purpurfarben und feuerrothen Sprecklein underloffen“. Andererseits sagt er aber wieder ganz richtig, wenn die reife Frucht aufplatze, erscheine die Macis als Netz, ohne dass er bemerkt, dass diese zwei Auffassungen sich gegenseitig ausschliessen. Dass Amatus Lusitanus (1533), Scaliger (1566) und selbst Lonicer (1609) noch Macis mit Macer zusammenwerfen[1]), wurde im geschichtlichen Theil schon erörtert, ebenso das Schwanken von Ruellius (1537), die Ansichten von Lobelius (1576) und Caesalpin (1583), die meinten, der Macer der Alten sei die äusserste Schale der Muskatnuss.

Nur wenige Gelehrte jener Zeit hielten sich frei von diesen Irrthümern, so z. B. Matthiolus (1576), der die Macis richtig als ein den Kern umgebendes Netz beschreibt, und sie sehr scharf von dem Macer trennt[2]). Ebenso gab Acosta (1578) eine ausführliche und richtige Beschreibung der Frucht und erwähnt dabei auch der Macis als eines die Nuss umgebenden, scharfen, ölreichen, gefärbten Netzes, das so fest der harten Nuss aufliegt, dass es Erhöhungen und Vertiefungen auf derselben bildet. Da letzterer, wie wir sahen, die Stammpflanze des Macer zuerst beschrieb und abbildete, kann seitdem die Frage nach der Natur der Macis als endgültig erledigt angesehen werden. Clusius und alle späteren Gelehrten sind darüber einig.

2. Die Entwickelung der Kenntniss des Herkunftsorts der Muskat.

Der Herkunftsort der Muskat wurde von den Arabern meist nach Indien verlegt, von Masudi (10. Jahrhundert) nach dem fernen Osten, den Ländern des Meeres Kerdenj, von Edrisi (um 1100) nach den Inseln des Meeres Senf; Kaswini (13. Jahrh.) erwähnt eine Insel Bartajil nahe Java zwar nicht als Heimath der Muskat, wohl aber als die des Nelkenbaumes.

Die christlichen Schriftsteller des 12. und 13. Jahrhunderts, Platearius, Cantiprat, Jacobus Vitriacus, Albertus Magnus geben gleichfalls Indien als Heimath an; dagegen führt am Ende des 13. Jahrhunderts der berühmte Reisende Marco Polo die Muskatnuss als einen der Schätze Gross-Javas an, und ebenso erwähnen die Indien bereisenden Missionare des nächsten Jahrhunderts gleichfalls die Muskatnuss bei Besprechung Javas; auch steht auf der 1375 gezeichnete catalonischen Karte bei der Insel Jana (nach der Position das jetzige Sumatra) dies Gewürz erwähnt. Niccolo Conti giebt schon das nach

---

1) Auch Valerius Cordus, Historia de plantis (1561), pag. 193, der die Macis richtig als mittlere Fruchtschale der Muskatnuss ansieht, identifizirt sie dennoch mit dem Macer der Alten.

2) Wir sahen schon oben, dass auch verschiedene Kommentatoren des Mesuë (z. B. schon J. Sylvius 1548) die Drogen gleichfalls auseinanderhielten.

3) Noch Matthiolus bezeichnet die Inseln fehlerhaft als Badan-Inseln und Caesalpin (1583) nennt als Heimathsort die Inseln jenseit des Ganges.

ihm 15 Tage östlich von Java gelegene Sandai als Heimath, aber erst den portugiesischen Eroberern von Malakka (Albuquerque) und den Entdeckern der Molukken blieb es vorbehalten, den richtigen Namen Banda [1]) der Heimathinsel dieses Gewürzes festzustellen.

3. Die Entwickelung der Kenntniss des Wuchses und der Beschaffenheit des Laubes des Muskatbaumes.

Die Beschaffenheit des Laubes und der Gestalt der Stammpflanze des Gewürzes blieb noch viel länger im Dunkeln. Was darüber vor der Entdeckung der Molukken bekannt wurde, war ungemein dürftig. Das einzige Detail ist die Angabe von Thomas Cantiprat und Albertus Magnus im 13. Jahrhundert, dass es ein sehr schöner Baum Indiens mit lorbeerartigen Blättern sei, doch beruht dies, wie wir im geschichtlichen Theil sahen, wahrscheinlich nicht auf Angaben irgend welcher Reisenden, sondern auf Missverständniss der von arabischen Schriftstellern über die Macis angegebenen Details.

Von den portugiesischen Reisenden des 16. Jahrhunderts beschreibt Barbosa, der vermuthlich die Pflanze gesehen hat, dieselbe als einen lorbeerähnlichen Baum, während Pigafetta angiebt, dass wie die Frucht, so auch das Blatt viel Aehnlichkeit mit unseren Nüssen [2]) habe. Barthema sagt, dass der Baum seine Blätter in gleicher Weise bilde wie der Pfirsichbaum, auch der Stamm sei wie bei dem Pfirsich gebildet, die Zweige ständen jedoch dichter; da er selbst entgegen seiner Angabe (s. oben) nicht in Banda war, so hat er diesen wenig glücklichen Vergleich wohl aus mündlichen Mittheilungen der Eingebornen. Die Verfasser der botanischen oder medizinischen Werke jener Zeit adoptirten nun meist diese letztere, durch die Berühmtheit und vielen Auflagen des Werkes Barthema's am bekanntesten gewordene Auffassung.

So giebt Ruellius (1537) an, dass der Baum dem gewöhnlichen Pfirsich ähnlich sehen soll. Dodoens (1563) (2. Aufl., pag. 638) wiederholt das gleiche, Matthiolus (1565) sagt, dass er einem Pfirsichbaum ähnlich sein solle, aber schmälere und kürzere Blätter habe. Er giebt dabei eine offenbar ohne Vorbild lediglich nach der durch die Beschreibung geregelten Phantasie entworfene Abbildung [3]) eines Fruchtzweiges, an dem die Blätter in der That den Pfirsichblättern ähnlich, aber schmäler sind, und

---

[1]) Daneben findet man in der Litteratur noch lange die zuerst wohl von Garcia ab Horto geäusserte Meinung, dass auch in Peru, auf den Molukken und in Ceylon Muskatbäume wüchsen, aber nicht fruktifizirten.

[2]) Hierauf stützt sich wohl auch de Barros (dec 3. l. 5 c. 6) wenn er sagt, der Baum habe zwar einige Aehnlichkeit mit dem Birnbaum, doch gleichen die Blätter mehr denjenigen des Nussbaumes.

[3]) Diese ganz falsche Abbildung mit der Zugabe einer gänzlich unrichtigen Blüthendarstellung wird noch 1613 von Tabernaemontanus abermals kopirt, obgleich damals neben der Abbildung im Discors des Matthiolus auch schon von Clusius bessere, wenn auch keine guten Abbildungen existirten.

auch im Widerspruch zur Wirklichkeit einen gesägten Rand haben, während die nicht schlecht gezeichneten Früchte einzeln ohne Stiel in den Blattachseln sitzen. Im Discors (1581, pag. 214) dagegen giebt er schon eine bessere Abbildung mit schmalen aber ganzrandigen Blättern, und einzeln in den Blattachseln stehenden Früchten.

Garcia ab Horto (1567), der den Baum offenbar nicht gesehen hat, giebt an, dass der Baum die Grösse eines Birnbaumes habe, mit gleichen aber kürzeren und rundlicheren Blättern (dasselbe sagt auch Juan Fragoso); oder noch besser, der Baum sei dem Pfirsich ähnlich, aber mit kürzeren Blättern. Lobelius sagt (1576), dass der Baum, was Laub und Früchte anbetrifft, dem Pfirsich nahe stehe, wie ihm Freunde, welche die Nüsse selbst vom Baum gepflückt haben, übereinstimmend mitgetheilt hätten. Selbst Acosta (1578) hat sicher keine Pflanzen oder Zweige in Indien zu sehen bekommen; denn er sagt, der Baum habe die Grösse eines Birnbaumes, aber die Blätter seien etwas rundlich und zugespitzt. Die von ihm gegebene Abbildung ist offenbar ein Phantasigebilde, die Blätter sind zwar ungezähnt, aber elliptisch und die Früchte stehen zu mehreren in endständigen Dolden.

Caesalpin (1583) referirt nur, dass der Baum nach einigen dem Pfirsich, nach anderen in Tracht und Blättern der Wallnuss ähnlich sehe. Ebenso begnügen sich die Kommentatoren des Mesuë (1589, pag. 98) damit, zu sagen, der Baum sei nach einigen wie ein Pfirsich, nach anderen (offenbar Pigafetta gemeint) wie die Wallnuss. Selbst der portugiesische Geschichtsschreiber der indischen Geschichte, Maffei (1593), dem doch die besten Quellen zu Gehote standen, sagt nur (Ausgabe von Leyden, 1637, pag. 214), dass der Baum dem Birnbaum, die Frucht dem Pfirsich ähnlich sei. Auch Linschoten, der erste Holländer, der im malayischen Archipel reiste, freilich nicht Banda besuchte, erwähnt in seiner Reisebeschreibung (1596) die Aehnlichkeit mit dem Birn- oder Pfirsichbaum, doch habe er kleinere und rundere Blätter, und das gleiche bestätigt der gelehrte Herausgeber des Werkes, Paludanus.

Wie wir sehen, war also das ganze stolze Jahrhundert der Entdeckungsreisen vorübergezogen, ohne die Kenntniss in Bezug auf den Muskatbaum zu vermehren. Die geringfügigen, aber richtigeren Notizen von Barbosa und Pigafetta wurden vernachlässigt, die Angaben unbekannter Seeleute, die Gewährsmänner des gänzlich unzuverlässigen Barthema dagegen ohne Prüfung acceptirt und immer wieder kopirt, sodass die Blätter bald rundlich, bald elliptisch, bald schmal und gezähnt dargestellt wurden, je nach der Richtung, welche die Phantasie des Verfassers nahm.

Der erste, dessen Beschreibung einen wirklichen Werth beanspruchte, ist Clusius (1605); er hatte im Jahre 1600, also offenbar von der ersten holländischen Expedition nach den Bandainseln stammende, in Salzwasser eingelegte Fruchtzweige erhalten, und gab davon eine genaue, sachliche Beschreibung. Welch' ein Konstrast zwischen dem Naturell der Portugiesen und der Holländer spiegelt sich in diesen Fakten. Erstere standen, auf dem Höhepunkt ihrer Kultur angelangt, fast ein Jahrhundert in naher Beziehung zu den Gewürzinseln, dennoch war es Niemandem eingefallen, Zweige des Muskatbaumes nach Europa zu bringen, oder auch nur dieselben zu beschreiben und der wissenschaftlichen Welt zugänglich zu machen. Die Holländer dagegen brachten im ersten Schiff, das von Banda kam, sorgsam in Salzwasser eingelegte Zweige zurück, und einer der grössten Gelehrten machte sich sofort und mit grosser Sorgfalt darüber her.

Abgesehen von dem grossen prinzipiellen Fortschritt, der darin lag, dass man zur genauen Betrachtung der Natur kam, wurde durch diese Beschreibung auch eine Reihe früherer Irrthümer beseitigt. Clusius beschrieb vor allem die Blätter in richtiger Weise: sie besässen keine Zähnung des Randes und seien den Lorbeer- oder besser den Orangenblättern ähnlich, d. h. letzteren, wenn man von dem Flügelanhang der Blattstiele absehe. Auch die Stellung der Frucht ist richtig angegeben und im Gegensatz zu Matthiolus sogar der Fruchtstiel erwähnt. Recht mangelhaft dagegen ist wiederum die Abbildung, die wohl auch diesmal wieder nach der Phantasie mit Hilfe der Beschreibung gemacht worden ist. Die Blätter sind fast sitzend gezeichnet, übrigens ungezähnt, aber an den Enden viel zu wenig verschmälert, ausserordentlich plump und mit sehr dicken, unnatürlich aussehenden Nerven. Der abgebildete Zweig trägt nur eine endständige, vom Perikarp umgebene Frucht, also ganz anders, wie die richtige Beschreibung es verlangt.

Viel Neues kam in der nächsten Zeit nicht hinzu. J. Bauhin (1650) übernahm Beschreibung und Figur von Clusius; Caspar Bauhin (1623), Piso (1658), Durante (1617), Breyn (1739) und viele andere verglichen dagegen den Baum und die Blätter nach wie vor mit dem Birn- und Pfirsichbaum. Nur im Museum Wormianum seu Historia rerum rariorum (Leyden, 1655, pag. 164) findet sich noch eine ausführliche und korrekte Originalbeschreibung der Blätter nach Material, wie es nach Angabe des Verfassers damals zuweilen eingemacht nach Europa kam.

Die holländischen Reiseschriftsteller der Monopolzeit, meist ungebildete Militärs oder Handwerker, vermehrten die Kenntniss natürlich durchaus nicht. Nieuhof (1668), Mandelslo (1668), Vermeulen (1676), Frick (1692), Meister (1692), Parthey (1698), Vogels (1704) vergleichen die Muskatbäume, ohne auf Details einzugehen, stets mit Aepfel-, Birn-, Aprikosen-, Pfirsich- und Kirschbäumen, Barchewitz sogar mit einem Zwetschenbaum, jedoch wüchsen die Zweige reihenweise wie bei der Tanne.

Rumph und Valentijn, die beiden Klassiker der Molukken, beide um 1700 herum dort lange Zeit lebend, sind diejenigen, denen wir die ausführlichste und genaueste Kenntniss des Muskatbaumes verdanken.

Valentijn giebt in seiner Beschrijv. van Boomen, Planten etc. im 3. Theil seines wichtigen Werkes Oud- en Nieuw-Oost-Indie, (1726), pag. 197, das erste gute Habitusbild[1]) eines Muskatnussbaumes sowie einen relativ getreuen Fruchtzweig mit einer geschlossenen Frucht. Im Text sagt er, der Baum habe das Aussehen eines Birnbaumes, die Krone sei aber nicht so spitz, sondern platter und weiter ausgebreitet; zuweile steige der Stamm gerade auf, oft aber sei der Baum kurzstämmig, mit wenigen dicken übereinander seitlich ausladenden Zweigen. Letztere seien überhaupt mehr seitlich ausgebreitet, anstatt gerade nach oben zu gehen, daher sei der Baum breiter und besitze, obgleich er nur wenige dicke Zweige habe, eine schöne Krone. Die etwas braun-graue Rinde sei glatt, die Blätter lang, ungezähnt, so spitz wie Birnblätter etc.

Rumph[2]) sagt, die Blätter seien wie bei der Birne, aber spitzer, länger und ohne Kerben, vorne mit langer Spitze, oben hochgrün und unten etwas graulicht; „auch der Baum ist an Gestalt und Grösse dem Birnbaum gleich, wie wohl einige etwas niedriger sind; seine Spitze ist runder als an dem Nagelbaum (Nelke), nichts destoweniger formiret er ein wohlgestaltes und pyramidalisch Laub, doch etwas mehr ausgebreitet als an dem Nelkenbaum". Auch die Verzweigung schildert er nach seiner Art genau und ausführlich.

Es zieht sich also selbst durch diese letzten angeführten Notizen der Vergleich mit unseren Fruchtbäumen. Die Aehnlichkeit ist aber recht gering; so dass diese fortwährende Erwähnung wohl darauf beruhen wird, dass jeder offenbar durch seine Vorgänger beeinflusst worden ist. Durch Rumph und Valentijn ist natürlich dieser Vergleich erst wirklich legalisirt worden, und so finden wir auch später stets dieselben Angaben in verschiedenen Modifikationen wieder, z. B. bei Eschelskroon, Hogendorp, Olivier etc. Noch spät in diesem Jahrhundert sagt selbst noch Pereira, der Baum sei ähnlich einem Birnbaum, ja sogar Mohnicke, der selbst so lange in den Molukken gewesen ist, stützt sich in der Beschreibung der Blätter und dem Vergleich mit der Birne durchaus auf Rumph.

4. Die Entwickelung der Kenntniss der Blüthe des Muskatbaumes.

War schon die Erweiterung unserer Kenntnisse des Wuchses und der vegetativen Organe ungemein langsam, so wurde über die Blüthe

[1]) Diese Abbildung ist durchaus nicht jämmerlich, wie Valentini behauptet, sondern die beste aller damals existirenden.

[2]) Die recht gute, einen Fruchtzweig, sowie Früchte in verschiedener Form enthaltende Tafel in Valentini (1704), in dessen Anhang diese Beschreibung Rumph's zuerst veröffentlicht wurde, rührt wohl auch von Rumph her; in seinem erst viel später erschienenen Hauptwerke findet sich gleichfalls eine für die damalige Zeit nicht schlecht zu nennende Tafel, auf der Blüten- und Fruchtzweige dargestellt sind.

Nic. Schultze (1709) giebt nach eingesandtem Material die erste und wohl bisher auch einzige, sogar ganz richtige Abbildung einer Keimpflanze der Muskatnuss.

des Muskatbaumes selbstverständlich erst ziemlich spät etwas bekannt.

Die Entwickelung dieser Kenntniss ist sogar eine wahre Komödie der Irrungen, und von hervorragendem Interesse in methodischer Beziehung, da sie zeigt, wie durch Unklarheit des Ausdruckes und der Auffassung aus einem ursprünglichen Gleichniss eine ganz bestimmte, immer detaillirter werdende, und durch Zeichnungen allmählich fixirte, natürlich gänzlich verkehrte Vorstellung erwächst.

Wie wir sahen, hielten die späteren Araber zeitweilig die Nelken für die Blüthen des Muskatbaumes. Dass man in jener Zeit die Macis häufig für die Blüthe ansah, und sie daher vom 13. Jahrhundert an als Muskatblüthe oder Muskatblume bezeichnete, wurde oben ausführlich erörtert, desgleichen die merkwürdigen Kompromisse und gezwungenen Nothbehelfe, zu denen die Schriftsteller des 16. Jahrhunderts ihre Zuflucht nahmen, indem ihr faktisches Wissen mit der überkommenen Usance in Widerspruch stand. Aus dem Bilde Barbosa's „wie eine Blume," wurde allmählich wieder eine wirkliche Blume, die (nach Garcia ab Horto und Caesalpin) bei der Fruchtreife stehen bleibt und die Nuss umgiebt, ausgebreitet wie eine offene Rose. Hierdurch angeregt, gab dann Tabernaemontanus (1613) bei seiner schon ohnehin ganz falschen, an Matthiolus Darstellung anlehnenden Zeichnung auch eine Abbildung einer grossen Blüthe mit fünf Blumenblättern, welche offenbar diese ausgebreitete offene Rosenblüthe wiedergeben soll.

Später ist nun diese Phantasiedarstellung sehr verhängnissvoll geworden, denn Piso beschreibt in seiner Mantissa (1658, pag. 173) zwar der Angabe nach die Blüthe des Muskatbaumes, in Wirklichkeit aber die Abbildung des Tabernaemontanus, also die Phantasiedarstellung einer Macis. Er sagt, die Blüthe sei der Birn- und Kirschblüthe ähnlich, an Farbe und Grösse gleich und von schwachem Geruch; sie besitze fünf Blumenblätter und falle nach wenigen Tagen ab.

Woher seine richtige Mittheilung von dem schwachen Geruche der Blüthen stammt, weiss ich nicht, vermuthlich von einem Indienreisenden. Wenn dagegen Argensola (1609) sagt, wenn die Bäume in Blüthe stehen, geben sie einen herrlichen und herzstärkenden Geruch von sich, so kann es sich hier doch wohl nur um eine Verwechselung mit der Macis handeln.

Selbst Indienreisende liessen sich durch die Bestimmtheit dieser Angaben verblüffen, und gaben sie ohne Vorbehalt wieder. So sagt Nieuhof (1668), dass die Blüthe so gross sei wie die einer Kirsche oder Birne, leicht abfalle und nicht stark rieche. Meister (1692), der doch selbst lange in Java war und nach seiner eigenen Angabe in dem Garten des Rathes von Indien Puyts in Batavia einen Muskatbaum gesehen hat, geht trotzdem in derselben Richtung wie Piso noch weiter und behauptet, die Blüthen seien weit grösser als die von Aprikosen oder Pfirsichen. Die Macis kann er schon deshalb nicht gemeint haben, da er sie gleich darauf als zur Frucht gehörig beschreibt. Man sieht, wie weit sich die Einbildungskraft bei schlechter Beobachtungsgabe in Folge fehlerhafter Lektüre selbst bei einem sog. Augenzeugen versteigen kann. Nic. Schultze hingegen malt in seiner Dissertation 1709 diesen Vergleich noch weiter aus, und behauptet, die Blüthe, die der Birn- oder Apfelblüthe ähnlich sei, besitze fünf weissliche fimbriate Blumenblätter; dasselbe wird 1716 von Lochner in der neuen Ausgabe von Besler's Museum rariorum wiederholt. — Lemery (Materialien-Lexikon 1721) giebt sogar den angenehm riechenden Blüthen die Form der Rosen. Wir sehen also, aus Barbosa's Ausdruck „wie eine Blume“ ist allmählich eine leicht abfallende, nicht stark riechende der Birn-, Kirsch- oder Apfelblüthe ähnliche fünf weissliche fimbriate Blumenblätter besitzende Blüthe geworden.

Selbst Valentini (1704) giebt noch an, dass der Baum wie die Kirschen blühe, obgleich in dem Sendschreiben von Rumph, welches Valentini ja als Anhang desselben Werkes abgedruckt hat, die Blüthe durchaus richtig beschrieben ist; diese Differenz ist ihm aber doch wohl aufgefallen, denn er hat den Text des Sendschreibens, den wir von der späteren Burmann'schen Ausgabe genau kennen, derart entstellt, dass aus der Blüthe eine junge Frucht geworden ist.

Der holländische Text von Rumph heisst:

De eerste beginzelen van de vrucht syn kleine witte, oft licht-geele knopjes, waar uit voortkomen witte bloempjes als kelkjes, met een naauwen mont, boven in drie spitsen gedeelt, zeer gelykende na de Lilium Convallium, in's duits Mey-bloemen of Lelyen van den daale; daar binnen ziet men een klein lankwerpig ros knopje, waar van de vrucht groeit. De bloempjes hebben geen reuk, zy hangen aan kromme steeltjes meest nederwaarts gebogen, twee en drie by malkander, en die hangen weder aan een ander steeltje, twelk voortkomt uit den oorspronk der bladeren aan de ryskens, doch daar komt meestendeels maar eene vrucht van; en de andere bloempjes vallen af. Men ziet ook selden 2 a 3 vruchten by malkander,

Der entstellte Text von Valentini heisst:

Die erste und noch junge Früchte seynd klein, weiss oder liecht-graue Knöpffger, fast wie Blümger oder deren Calyces[1]), mit einem engen Mund so oben mit drey Spitzen getheilet, und den May-Blumen gleichet, anzusehen. Inwendig siehet man ein klein länglicht und rothes Knöpffgen, darauss die Frucht wird. Die Blättger[2]) haben keinen Geruch, hangen an krummen Stielgern, meistens niederwarts gebogen, zwey oder drey bey einander, die wieder an einem andern Stielgen hangen, auss dem Ursprung der Blätter nebst an den Reissger kommend. Indessen kommet mehrentheils nur eine Frucht davon, und die andere Blümlein fallen vergeblich ab, selten dass zwey oder drey bey einander

1) In Wirklichkeit muss es heissen: „woraus Blumen entstehen, die aussehen wie Kelche“.

2) Muss heissen: „Blümchen“.

want der boom zoude anders alle deselve niet dragn konnen. Het binnenste knopje grooter werdende, doet de bloeme bersten, naa dat het al vooren kastanje-bruin geworden is.	zu sehen seyn, sonsten der Baum unmöglich alle Früchte ertragen könnte. Wann das innerste Knöpgen grösser worden, berstet das Blümgen auf, nachdem es Castanien braun worden ist.

Wie man sieht, gab Rumph eine durchaus richtige Beschreibung der weiblichen Blüthe, und es ist ganz seltsam, dass Valentini Rumph's Sendschreiben so missverstehen konnte; ja er bildet sogar zur Erläuterung hiervon eine junge Frucht ab, die aber natürlich keine Spur von Aehnlichkeit mit einem Maiglöckchen hat.

Die Beschreibung Valentijn's (1726)[1]) schliesst sich eng an das Vorbild Rumph's an, es heisst daselbst (pag. 203): Zuerst erscheinen gelbliche kleine Knospen, die auch etwas weiss in ihrer Farbe haben, und hieraus werden mit der Zeit kleine weisse Blumen, zu 2—3 beisammen auf krummen Stielen sitzend, wie ein Kelch mit drei spitzen Enden aussehend; darin befindet sich ein längliches rothes Knöspchen, woraus die Frucht entsteht; aus den zwei bis drei Blüthen entwickelt sich selten mehr als eine Frucht, indem die anderen abfallen.

Trotz dieser richtigen, wenn auch nur die weiblichen Blüthen berücksichtigenden Beschreibungen machte die Kenntniss der Blüthe in Europa kaum Fortschritte, bis Linné im Jahre 1742 in der 2. Auflage der Genera plantarum die Gattung Myristica aufstellte, wobei er zwar ganz richtig den Blüthen ein oval-glockenförmiges Perianth zuertheilt, aber angiebt, dass es vierzähnig sei; auch soll das Pistill keulenförmig und so lang wie der Kelch sein, was ja ganz falsch ist. In einer Bemerkung dazu drückt er aber zugleich den Wunsch aus, dass einmal ein Reisender, wenn nicht die lebende Pflanze, so doch die Charaktere der Pflanze nach Europa einsenden möge.

Offenbar muss sein Herbar-Material ein sehr unvollständiges gewesen sein, und der betreffende Band von Rumph, der erst im Jahre vorher erschienen war, mag ihm während der Abfassung vielleicht nicht zugänglich gewesen sein; Valentini's Museum museorum, sowie dessen Historia simplicium hat er ebenso wie Valentijn's Werk gleichfalls vernachlässigt. Ebensowenig wird er das im Herbarium Breyn gut erhaltene männliche Blüthenexemplar vom Jahre 1682 gekannt haben.

---

[1]) Noch früher als Rumph und Valentijn (nämlich schon 1682) haben die holländischen Kommissare Abraham Bouden und Goericke Haupt die Blüthen beschrieben, doch wurde deren Bericht erst 1716 im Anhang zu Valentini's Historia simplicium reformata veröffentlicht (pag. 461—480); es heisst dort, die Blüthen ständen am oberen Theil der Zweige zu 1—4 beisammen. Die rundlich glockenförmige tulpenähnliche, kirschkerngrosse dreispitzig endende blass-gelbliche Blüthe umschliesst ein „corculum", das sich nach 14 Tagen zu einem Knötchen oder Köpfchen entwickelt und den Beginn der Nuss darstellt; neun Monat nach dem Abfallen der Blüthe sei die Nuss reif.

Auch nach Linné blieb die Kenntniss noch eine Zeit lang sehr mangelhaft; ein Beweis dafür ist, dass Blackwell in seinem Kräuterbuch (Bd. IV) noch im Jahre 1760 schreibt, die Blüthe der Muskat (nux moschata) besitze entweder fünf Blumenblätter, oder ein einziges dreitheiliges.

Adanson, dem wohl kaum Originalexemplare der Pflanze zur Verfügung standen, beschreibt in seinen Familles des plantes 1763, pag. 345, zwar einen dreitheiligen Kelch, doch hält er die Blüthen für hermaphrodit mit nur manchmal unausgebildeten männlichen oder weiblichen Organen; offenbar versucht er zwischen beiden Hauptmeinungen, der Alten und deren Kopisten auf der einen Seite, Rumph und Linné auf der andern Seite, zu vermitteln.

Am verderblichsten war aber, dass Sonnerat, der ja in den Molukken gewesen ist, um von dort die Muskatnüsse zu entführen, dort aber offenbar auf die Einzelheiten der Blüthen ebenso wenig geachtet hatte, wie so viele Reisende vor ihm, dennoch in seinem Reisewerke sich nicht auf das von ihm mitgebrachte gute Blüthenmaterial stützte, nach welchem Lamarck später den Irrthum Linné's erkannte, sondern offenbar die Angaben älterer Autoren unbesehen wiedergab. Er schildert (Voy. dans la Nouv. Guinée 1776, pag. 195) die Blüthe als in den Zweigachseln stehend mit nur einem Pistill, umgeben von sehr vielen Staubgefässen und fünf gelblichen Blumenblättern. Natürlich musste diese Beschreibung aus so autoritativer Feder die folgenden Schriftsteller beeinflussen.

Houttuyn stellte die Muskatnuss 1774 in seiner natuurlijken Historie zu den einhäusigen Pflanzen, da er nur so die beiden verschiedenen Darstellungen der Blüthen von Rumph und Munting vereinigen zu können glaubte.

Der jüngere Linné, der bei seinem Aufenthalte in Holland Houttuyn mitgetheilt hatte, er halte den Muskatbaum für dioecisch, richtete sich in seinem Supplementum plantarum 1781 (pag. 40) doch wieder nach den alten Darstellungen, verband aber damit einige der Charaktere, die sein Vater der Gattung gegeben hatte; er ordnete die Pflanze den Polyandria Monogynia ein, und gab der Blüthe einen fünftheiligen Kelch, fünf längliche ganzrandige Blumenblätter, die länger sind als der Kelch, viele fadenförmige kahle Staubgefässe, einen oberständigen Fruchtknoten mit fadenförmigem Griffel und einfacher Narbe. Soweit dies nicht Kopie von Sonnerat und von den älteren Schriftstellern war, muss er wohl seine Phantasie zu Hilfe genommen, oder aber eine falsche Blüthe vor sich gehabt haben, da er angiebt, es habe an dem ihm von Banda gesandten Fruchtzweig nur eine fast zerstörte Blüthe gesessen, die natürlich weiblich gewesen sein müsste, während er in seiner Beschreibung von Staubgefässen spricht.

Zu jener Zeit waren aber, wie schon oben erwähnt, wenn auch nur brieflich, durch Céré, den Direktor des königlichen Gartens auf Mauritius, die ganzen Blüthenverhältnisse richtig auseinander gesetzt worden. In einem Briefe nämlich, den er am 22. Januar 1777 an M. de Sartine schrieb[1]), betont er vor allem die Eingeschlechtigkeit der Blüthen und schildert die Staubgefässsäule mit den Pollen enthaltenden Strahlen.

Publizirt wurde eine annähernd richtige Beschreibung der Blüthen zuerst durch Thunberg, und zwar 1782 in den Publikationen der schwedischen Akademie; nur insofern war die Beschreibung nicht korrekt, als er nur eine einzige, das Filament umgebende Anthere annahm; auch stellte er sie in die 21. Klasse, zu den monoecischen Gewächsen, indem er an einem Fruchtzweig männliche Blüthen beobachtet zu haben glaubte. Diese wichtige Abhandlung wurde 1784 in Murray's 14. Auflage von Linné's Systema vegetabilium vernachlässigt, d. h. wohl erwähnt, aber nicht adoptirt, und anstatt dessen wieder die ganz falsche Beschreibung von Linné fil. zu Grunde gelegt; unbegreiflich aber ist es, dass die Pflanze in diesem Werk zu den dioecisch-polyandren Pflanzen gestellt wird, da weder Thunberg, noch Sonnerat, noch der ältere Linné etwas von der Dioecie sagen, vielleicht sind dies Anklänge an Rumph.

Im Jahre 1788 endlich veröffentlichte Lamarck seinen „Mémoire sur le genre du muscadier“ in der französischen Akademie, worin die Beschreibung gut mit der von Thunberg harmonirt, nur dass er im Gegensatze zu Thunberg konstatirt, dass die männliche Blüthe viele (6—12) mit einander verwachsene Staubgefässe besitze. Auch stellt er sie zu den dioecischen Gewächsen.

Offenbar diese letzte Arbeit nicht kennend, publizirte Houttuyn in den Verhandl. d. holl. Maatsch. d. Wetensch. te Haarlem (26 Vol.) 1789 eine Arbeit over de bloemen van de Nooten-Moskaat-Boom, worin sowohl er wie der Mikroskopiker Swagerman bei alleiniger Kenntniss der männlichen Blüthen zu dem Resultate kommen, dass die Staubblätter dem Fruchtknoten eng angewachsen seien, ja selbst die Samenanlage glaubten sie bemerken zu können; demnach gehöre die Pflanze zu den gynandrischen Gewächsen, also in Linné's 20. Klasse, wohin sie übrigens auch der in Indien lebende Baron von Wurmbs

[1]) Abgedruckt in Verf.'s Monographie der Myristicaceen, Einleitung.

in Radermachers Naamlijst der Planten van Java I, pag. 29, gestellt habe, und zwar dort zu den dodekandrischen Gewächsen

Von jetzt an finden wir fast stets eine richtige Beschreibung und auch die Klassifizirung ist hinfort richtig, z. B. steht in Willdenow's botanischem Magazin 1789 bei einer Tafel von Prof. Herrmann aus Strassburg ganz richtig Dioecia syngenesia, und durch die 1789—1791 erschienene 8. Auflage der Genera plantarum Linné's von Schreber kam die richtige Diagnose der Gattung, sowie eine relativ vernünftige Stellung derselben (Dioecia syngenesia) endlich auch in die Linné'sche Litteratur hinein.

Auch die Zahl der Antheren wurde erst allmählich einigermassen sicher festgestellt. Während Céré schon 1776 in dem erwähnten Briefe 10 Pollen führende Strahlen an der Spitze einer länglichen Säule beobachtet, geben Linné (1781) und Sonnerat (1776) viele Staubgefässe und demnach viele Antheren an; Thunberg dagegen fiel 1782 in das entgegengesetzte Extrem, und nahm nur eine das Filament umgebende Anthere an, Lamarck (1788) erwähnt 6—12, Willdenow (1789) beobachtete dagegen 12—13 Antheren, Schreber endlich giebt 3—10 Antheren an, während die richtige Zahl 9—12 zu sein scheint.

Unterdessen hatte die Pflanze nach der Einführung der binären Nomenklatur bereits vier Namen erhalten, nämlich

1. Myristica fragrans von Houttuyn im Jahre 1774 in seiner Handleid. f. d. Hist. nat. Linn. II, pag. 333,
2. Myristica officinalis von Linné f. im Jahre 1781 im Supplement. plant., pag. 265,
3. Myristica moschata von Thunberg im Jahre 1782 in den Abhandlungen der schwedischen Akademie, pag. 49,
4. Myristica aromatica von Lamarck im Jahre 1788 in den Pariser Akademieschriften (Acta Paris.), pag. 155.

Dazu kommt noch als Gattungsname der von Theophrast entlehnte Name Comacum, aufgenommen von Adanson (1763) in den Familles des plantes (II, pag. 345), der in sofern nicht ohne Bedeutung ist, als dies der erste mit Diagnose versehene Name für die Muskat nach 1753 ist; denn Myristica kommt zwar nach seiner Aufstellung in der 2. Auflage der Genera Linné's (1742) noch im Jahre 1749 vor in Linné's Materia medica, fehlt dagegen in den folgenden Auflagen der Genera, sowie in der ersten Auflage der Species, und wenn auch der Name Myristica noch 1760 im Herbarium Blackwellianum IV, also vor Adanson's Buch vorkommt, so ist doch daselbst keine Diagnose beigefügt. Der von O. Kuntze angewandte Name Palala (Rumph) dagegen fällt einerseits in die Zeit vor der binären Nomenklatur und ist andererseits auch nur als einheimischer Name, nicht als wissenschaftliche Benennung von Rumph gedacht.

War, wie wir oben sahen, zur Zeit der Entdeckungsreisen die Natur der Macis richtig erkannt, d. h. der Lage, nicht dem Wesen oder 4. Die Entwickelung der Kenntniss der Muskatfrucht.

der Entwickelung nach, so war man hierdurch zugleich einen beträchtlichen Schritt in der Erkenntniss der Muskatfrucht weiter gekommen.

Pigafetta vergleicht die Muskatfrucht einer Quitte, was Gestalt, Farbe und rauhen Ueberzug betrifft, jedoch sei sie kleiner; sie besteht nach ihm aus der äusseren grünen Schale, darunter liege ein feineres Gewebe, dann die Macis, die Holzschale und die Nuss. Was das feinere Gewebe bedeutet, ist unklar; vermuthlich ist der innere weiche nicht grüne Theil des Perikarps gemeint.

Massimiliano Transilvano sagt, die Nuss habe zwei Schalen, die äussere sei wie ein haariger Kelch, die innere feine wie ein Netz. Valerius Cordus (1561) giebt eine ausführliche und durchaus richtige Beschreibung der drei Rinden.

Während die Macis (wie wir sahen) schon viel früher, z. B. in der Alphita mit der Hülle der Haselnuss, von Simon Januensis mit der Haselnuss und Kastanienhülle verglichen worden war, so ist Dodoens der erste, der die Frucht nicht übel mit der Wallnuss vergleicht, die dicke äussere Schale ist wie bei der Nuss, dann kommt die bleich-rothe Folie, dann die feste Holzschale wie bei der Haselnuss, endlich der Kern.

Auch Matthiolus (1565) sagt das gleiche; die Früchte seien unseren Nüssen ähnlich, aussen haben sie eine grüne Rinde, darunter liegt die Nuss von einer harten Schale umschlossen, die aber dünner sei als bei unseren Nüssen; nachdem diese zerbrochen, erscheint die Macis wie ein Netz, das den Kern umgiebt, welchen wir „myristicam“ nennen. (Der Irrthum, dass die Macis innerhalb in der harten Schale liege, beruht offenbar auf einer Flüchtigkeit von Matthiolus, einige Zeilen später giebt er die Schalen in richtiger Reihenfolge.)

Garcia ab Horto (1567) vergleicht die äussere Schale mit der Hülle der Kastanie, ebenso Juan Fragoso (1572), der sagt, wenn sich diese Schale spalte, so sehe man die Macis als rothe Rinde, dünn wie ein Gewebe, die Nuss mit ihrer Schale umhüllen.

Petro Pena und Lobel (1576) sagen, der Bau der Frucht sei ähnlich wie der einer Pfirsich und die Frucht habe eine dreifache Rinde; so behaupteten übereinstimmend Freunde, die sie brachten und mit eigenen Händen pflückten; Lobelius giebt auch zuerst eine annähernd richtige Abbildung der von der Macis umhüllten Nuss, sowie einer geöffneten ganzen Frucht.

Acosta (1578) sagt, die Frucht sei wie eine Birne, aber etwas rundlicher; auch sei die Aussenrinde fleischiger und härter. Zuerst berste die fleischige Rinde, und dann werde die rothe „Massa“ sichtbar.

Caesalpin (1583) spricht nach eigener Anschauung von der äusseren eingeschnittenen, rothen, aromatischen, die Nuss umhüllenden, auch dem Kelch der Haselnüsse ähnlichen Umhüllung der Nuss, während er die verschiedenen Fruchtschalen wohl nur referirend beschreibt. Die Frucht habe die Grösse eines „Mali Cotonei“, die äussere Rinde sei grün und dick, wie bei der Wallnuss, und in Zucker eingelegt angenehm zu essen und aromatisch, darunter sei eine dünne Haut (wohl nach Pigafetta kopirt), welche die rothe und um die härtere Schale herum eingefaltete Macis umgiebt; darin befinde sich schliesslich die Muskatnuss.

Argensola (1609) zieht wie Pigafetta die Quitte als Vergleichsobjekt heran. Er beschreibt auch die Farbenänderung während der Reife, aber in folgender seltsamen Weise. Die Frucht bekomme statt der grünen Farbe „eine blaue mit etwas braunroth und blass-goldgelb vermengt, wie ohngefähr ein Regenbogen die Farbe hat, wiewohl nicht in gleicher Ordnung, sondern gantz unter einander gemischt, wie ein Jaspis zu seyn pflegte". Mehr originell als richtig ist übrigens auch der Vergleich der Muskatnusshülle mit der äusseren Schale einer Eichel, wie Paludanus (1598) in den Anmerkungen zu Linschoten behauptet.

Bisher gab es aber noch keine einzige wirklich gute Schilderung der Frucht; auch hier ist, wie bei der Blattform, wieder Clusius (1605) derjenige, der zum ersten Male ordentlich und genau beobachtete.

Was sonst noch im 17. und 18. Jahrhundert in Bezug auf die Kenntniss der Frucht hinzukam, ist unbedeutend[1]. Als Vergleichsobjekt wurde im Allgemeinen, und mit Recht, der Pfirsich herangezogen, bei Durante (1617) findet sich der ältere Vergleich mit der Wallnuss wiederholt. Saar (1672) und, ihn wohl kopirend, Parthey (1698) vergleichen die Frucht mit Marillen. Im 18. Jahrhundert wird auch die Aprikose als Vergleichsobjekt heranzogen. Valentijn und Rumph geben natürlich wieder ausführliche und genauere Details enthaltende Darstellungen.

Nach Valentijn ist die an langem Stiel zwischen den Blättern hängende Frucht an Grösse und Gestalt einer kleinen Pfirsich gleich, die hinten etwas spitz zuläuft, und vorn etwas runder ist, oder auch sie ist einer dicken Birne vergleichbar, die etwas kleiner als die Faust ist. In Bezug auf die fahlgrüne Farbe ähnelt sie einer reifen Pfirsich, mit der sie auch die am Stielansatz beginnende vertiefte Rinne gemeinsam hat. Die äussere dicke, bei der Reife sich öffnende Schale ist ziemlich hart und weisslich, von herbem Geschmack, aber gut in Zucker einzulegen. Die Macis wird mit einem Netz verglichen, die Schale ist so dick wie bei der Haselnuss. Die Nuss zu beschreiben hält er nicht für nöthig.

Sämmtliche feineren Details der Früchte sind erst durch die botanischen Forschungen dieses Jahrhunderts, einzelnes freilich auch, wie z. B. die Entdeckung des Embryos, schon durch Thunberg (1782) und Lamarck (1788) bekannt geworden, sowie durch Gärtners klassisches Werk de fructibus (1788—91), welches geradezu vorzüglich zu nennende Abbildungen der Fruchtdetails enthält. Mit der Vervollkommnung der Hilfsmittel, mit der besseren Einsicht in die Funktionen der einzelnen Fruchttheile, und namentlich mit dem Fortschritt der mikroskopischen Technik erhielt die Kenntniss der Frucht eine immer zunehmende Vertiefung; namentlich die Pharmakognosie nahm sich der Beschreibung der Muskatnuss überaus eifrig an, aber auch die rein

[1] Als Kuriosum mag erwähnt werden, dass im Museum Wormianum als Spiel der Natur auch ein Stein erwähnt wird, der in Bezug auf Form, Substanz, Farbe, und gescheckter Zeichnung völlig mit der Muskatnuss übereinstimmte; nur war er dreimal schwerer.

wissenschaftliche Botanik wusste dem Gegenstande weiteres Interesse abzugewinnen.

Die geschichtliche Betrachtung dieser Fortschritte hat weniger Interesse, vor allem knüpft sie sich an die Namen Baillon, Flückiger, Tschirch, Voigt, Pfeiffer, A. Meyer, Busse und mancher anderer, die gelegentlich der Beschreibung der Früchte in Bezug auf die Ergebnisse ihrer Untersuchungen Erwähnung finden werden.

2. Naturgeschichte des echten Muskatnussbaumes.

α) Heimath desselben.

Wo ursprünglich die Heimath des echten Muskatnussbaumes, Myristica fragrans Houtt., gewesen ist, bevor der Baum in Kultur genommen wurde, lässt sich mit Genauigkeit nicht angeben; es unterliegt zwar nicht dem geringsten Zweifel, dass sie im östlichen Theil des malayischen Archipels zu suchen ist, es ist aber wegen der Analogie mit den streng lokalisirten Standorten der anderen Myristicaarten nicht wahrscheinlich, dass dies ganze grosse Inselgebiet die ursprüngliche Heimath gewesen sei; welche Inseln nun im Einzelnen ursprünglich wilde Bäume der echten Muskatnuss getragen haben, lässt sich zwar nicht mit Bestimmtheit feststellen, aber doch, wie mir scheint, mit Wahrscheinlichkeit ergründen.

Von den vier Wegen, die im Allgemeinen begangen werden, um die ursprüngliche Heimath von Kulturpflanzen festzustellen, ist der geologische für unseren Fall gar nicht brauchbar, da noch nicht einmal von einer der etwa 250 Arten der Familie fossile Muskatnüsse aufgefunden worden sind.

Der sprachliche Weg ist gleichfalls verschlossen, da die Namen anderen Sprachen entlehnt, und die ursprünglichen fast überall ausser Gebrauch gekommen sind; aber auch im anderen Falle würden bei so nahe beieinander liegenden, von ungefähr gleicher Rasse bewohnten Inseln die Resultate keine sicheren sein können.

Der naturhistorische Weg, der von der augenblicklichen Verbreitung des Baumes ausgeht, giebt gleichfalls keine Aufschlüsse; denn, da wir wissen, dass die Muskatnüsse durch Tauben und andere Vögel verschleppt werden, so ist die Wahrscheinlichkeit eine grosse, dass die Bäume überall dort, wo das Klima ein ihnen zusagendes ist, und wo sie gleichzeitig kultivirt werden, sich auch ab und zu in den Wald verbreiten. Das Exstirpationssystem, wenigstens für solche Inseln wie Rhun und Rosengain angewandt, basirte ja auf dieser Art der Verbreitung des Baumes. Das Vorkommen des wilden Baumes also in Gegenden, in denen die Muskatnuss auch kultivirt wird oder wurde, ist nie beweisend, seltsamerweise aber in neuerer Zeit auch niemals mit Sicherheit konstatirt. Zwar behauptet Bernstein[1]) 1861 auf Batjan am Berge Sibella in der Höhe von 2600—3800′ ganze Wälder davon gesehen zu haben, wie wir aber unten sehen werden, handelt es sich, nach eigener Erfahrung des Verf.'s, um eine völlig verschiedene Art, nämlich um Myristica speciosa Warb.; damit ist auch die auf denselben Baum bezügliche unten zu besprechende Notiz von Musschenbroek erledigt. Wenn letzterer dagegen auf Halmaheira allerlei Uebergänge von ganz wilden bis zu kultivirten fand, so mag es sich dabei in der That um der Kultur entflohene Bäume von Myristica fragrans handeln; meist freilich werden es solche gewesen sein, die an früheren wieder verlassenen Dorflokalitäten stehen geblieben sind; derartige scheinbar wilde hat Verfasser auch mehrfach gefunden, jedoch liessen sich an der umgebenden wilden Vegetation stets noch die Spuren des alten Kulturfleckes erkennen. Wirklich wilde, d. h. im primären Walde befindliche Bäume von Myristica fragrans, wie es z. B. bei der Myristica speciosa auf Batjan der Fall ist, hat der Verfasser niemals gesehen.

Abgesehen hiervon kenne ich nur eine einzige Stelle aus der neueren Zeit, die das wilde Vorkommen erwähnt, nämlich eine Notiz von Kolff[2]), dass es auf der Südwester-Insel Dammer viele wilde Muskat gäbe, dass aber die Eingeborenen keinen Geschmack an Gewürzen fänden; sie könnten bei einiger Bemühung einen werthvollen Exportartikel bilden. Wir wissen freilich, dass es ehemals viele Muskatbäume daselbst gegeben hat, aber auch, dass dieselben mehrmals von den Holländern gründlich ausgerottet wurden. Ob die jetzt dort vorkommenden nun Abkömmlinge jener sind, oder ob sie, wie die Nichtbeachtung (falls sie nicht eine Folge der Furcht vor den Exstirpationsgelüsten der Holländer ist) fast anzudeuten scheint, einer solchen werthloseren Art angehören[3]), lässt sich zwar nicht sicher entscheiden, jedoch wird letzteres ungemein wahrscheinlich durch einen Bericht von Barchewitz (in seiner ost-

---

1) Petermann's Geogr. Mittheil. 1873, pag. 209.

2) Kolff: Reize door de zuidel. Moluksche Archipel 1827 (in d. engl. Uebers. Voyage of the Dutch brig of war Dourga, 1840, pag. 99).

3) Irrten sich schon Gelehrte und Fachleute wie Bernstein und Musschenbroek, so würde ein Irrthum einem flüchtig die Insel berührenden Marineoffizier gewiss nicht zu verargen sein.

indischen Reise, 2. Aufl. 1730 pag. 512), der als Soldat auf Dammer war und schreibt:

Ferner observirte ich auch viel wilde Muscaten Bäume; sie waren so hoch und dicke als die Eichen oder Buchen in unsern Landen. Anfänglich meinte ich, es wären rechte Muscaten Bäumen, und fragte derowegen den Corporal von Damme, warum er sie nicht abhauen und verbrennen liesse, ob er nicht der E. Compagnie Befehl wüsste? Er lachte aber darüber und liess mich die Früchte kosten, da wurde ich es gewahr, dass es wilde waren: Die Nüsse sahen den rechten so ähnlich, dass man durchs Ansehen keinen Unterschied darunter machen konnte; wenn man sie aber kostete, waren sie sonder allen Geschmack und Geruch.

Aber auch, wenn wirklich neben dieser wilden Art noch die echte Muskat dort spontan vorkommen sollte, so ist der Beweis für die Ursprünglichkeit der Bäume daselbst nicht geliefert.

Es bleibt demnach nur noch der vierte Weg zur Erkundung der Heimath des echten Muskatbaumes, und das ist die Geschichte des kultivirten Baumes. Wenn wir zum ersten Mal von der Heimath des Baumes hören, bilden die Bandainseln schon fast den ausschliesslichen Gewinnungsort des Gewürzes[1]). Mit Ambon scheint, wie wir sahen, ein Kontrakt existirt zu haben, der letzterer Insel verbot, Muskatnüsse zu pflanzen; dagegen muss es auf Halmaheira Muskatbäume gegeben haben, da Pigafetta sie ja von dort beschreibt.

Ebenso erwähnte Garcia ab Horto (1567), dass es auch in den nördlichen Molukken (und Ceylon) Muskatbäume gäbe, die aber keine Früchte trügen, während Acosta (1578) dies so darstellt, dass es (auf Ceylon und) in den (nördlichen) Molukken zwar auch einige Bäume gäbe, dieselben jedoch klein seien und wenig Früchte trügen, so dass man sich nicht um sie kümmere. Auch Argensola (1609) giebt an, dass es auf Ternate und den umliegenden Inseln Muskatnüsse gebe, aber wenige und nicht von den besten. Alle diese Notizen machen es wahrscheinlich, dass es sich hier damals nicht um die echte Art, sondern um eine weniger gute, nahe verwandte gehandelt haben mag, vermuthlich M. succedanea, die Halmaheira-Muskat und M. speciosa, die Batjan-Muskat[2]). Aber selbst wenn die echte Muskat damals auch in den

---

[1]) Linschoten's (1594) Mittheilung, dass die Muskatnuss auch auf Java und Sunda zu Hause sei, beruht sicher wohl nur auf Kopie aus älteren Werken, wo man Banda noch nicht kannte, und den Stapelplatz des Gewürzes für die Heimath desselben ansah.

[2]) Hiermit stimmt auch, dass die heute noch nach Teysmann und Beccari auf Ternate gebräuchlichen Namen, wie Pala maba, Pala patani (nach Bezirken auf Halmaheira), sich nicht auf die echte Muskatnuss beziehen, sondern auf die nahe verwandten, korrespondirenden wilden Arten der Nordmolukken, Myristica succedanea Bl. und M. speciosa Warb.

nördlichen Molukken vorkam, so hat sie dort sicher keine Rolle gespielt, denn sonst wäre sie daselbst in grösserem Maasse exstirpirt worden, während kaum etwas darüber berichtet wird. Gegen die Annahme, dass diese Inseln, also die nördlichen Molukken, die ursprüngliche Heimat der echten Muskatnuss seien, spricht auch die von Reinwardt berichtete Thatsache, dass der Muskatbaum von Obi erst wieder nach Batjan importirt werden musste; denn auf einer so grossen und menschenleeren Insel wie Batjan wäre ein wild dort vorkommender Baum kaum völlig auszurotten gewesen. — Wann dagegen die später zweifellos existirenden bedeutenden Anpflanzungen auf Ost-Halmaheira und auf der Insel Gebe, von denen schon oben die Rede war, angelegt wurden, ist nicht genau festzustellen; vermuthlich war es aber erst während der holländischen Monopolzeit, namentlich nachdem im vorigen Jahrhundert die Exstirpation mit weniger Nachdruck ausgeübt wurde; eine Rolle fangen diese dort kultivirten Nüsse erst in der zweiten Hälfte des vorigen Jahrhunderts an zu spielen. Also auch diese Pflanzungen dienen nicht zur Befestigung der Ansicht, dass die Nord-Molukken die ursprüngliche Heimat des Baumes gewesen sind.

Da aber keine anderen Argumente vorliegen, so können wir uns der Ansicht Crawfurd's[1]), dass Buru und die eigentlichen, d. h. nördlichen Molukken incl. Halmaheira die Heimat des Muskatbaumes seien, nicht anschliessen.

Länder wie Celebes, Borneo, die kleinen Sundainseln, kommen als Heimathorte der echten Muskatnuss überhaupt nicht in Frage, Neu-Guinea gleichfalls nicht, da die von dort fast ausschliesslich exportirte Nuss, Myristica argentea Warb., eine ganz andere Art ist, höchstens kommt M. Schefferi Warb. als korrespondirende Art in Betracht. Auch auf der Insel Mysol kamen schon im vorigen Jahrhundert nach Forrest weder Nelken noch Muskat vor, obgleich wir nichts von Exstirpationen daselbst wissen. Nur für Mindanao besitzen wir eine interessante Notiz von Dampier[2]); er sagt, er habe auf Mindanao, aber sonst nirgends, Muskatbäume gesehen, sie seien dort gross und schön,

---

1) Auch durch v. Gorkom ist Crawfurd's Ansicht acceptirt, Horace St. John dagegen sagt (Ind. Archip., pag. 100). The fragrant nut, supposed to be indigenous only in Ternate, is now no longer found there. — Gänzlich verkehrt und auf grober Unkenntniss der Geschichte beruhend ist es dagegen, wenn J. Olivier in Land en Zeetogten (pag. 93, Anmerk. 41) sagt, dass der Baum, ursprünglich auf Ceram, Gilolo, Ternate, Ambon, Buru etc., erst durch seine Landsleute, also durch die Holländer, nach Banda etc. überführt sei.

2) Dampier, Nouveau Voyage autour du monde Amsterd. 1698.

aber nicht in sonderlicher Menge, denn die Einwohner wollen diese ebenso wenig kultiviren wie die Nelken, aus Furcht, dass die Holländer dann auch zu ihnen kommen und sie unterjochen möchten, wie sie es mit den anderen Inseln, wo diese Gewürze wachsen, gethan haben. — Wäre die Muskatnuss aber wirklich dort heimisch, so würde sich längst ein Export dort entwickelt haben, wie es z. B. mit dem wilden Zimmt daselbst wirklich der Fall ist; es mag sich wohl nur um einige zu eigenem Gebrauch gepflanzte Bäume gehandelt haben, denn sonst hätten die Franzosen im vorigen Jahrhundert sich auf Mindanao versorgt, anstatt nach den für sie viel gefährlicheren Molukken weiter zu fahren. Auch Verf. hat trotz längeren Aufenthaltes in Süd-Mindanao nicht das geringste über brauchbare wilde Muskatnüsse daselbst erfahren.

Es bleiben demnach nur noch die südlichen Molukken, d. h. Ceram und umliegende Inseln, sowie die Südoster- und Südwester-Inseln zu besprechen. Dass es hier zur Zeit des Beginnes der holländischen Herrschaft zweifellos viele Muskatbäume gab, wird durch die vielen Exstirpationszüge bewiesen. Rumph giebt die Inseln Nila, Dammer[1]), Serua, Kivar (Kouwer), Kessewooi (Kussowoey) und Kelang-Ceram an; nach den obigen Angaben über die Exstirpationen kommen noch Goram, Matabello und Tewer hinzu; Kivar gehört zu der Ceramlaut-Gruppe, Kessewooi zu den Südoster-Inseln, Kelang ist vermuthlich ein Ort auf Ceram, sonst die kleine Insel dieses Namens dicht bei Ceram und Manipa, oder auch ein Dorf desselben Namens auf Manipa. — Von den Inseln Roma, Kisser, Letti, Moa, Leikor, Serwatta, Babbar, Timor-laut, sowie den Tenimber-, Key- und Aru-Inseln wird die Exstirpation oder das Vorkommen der Muskatbäume nicht erwähnt.

Betrachten wir nun diese Inseln in Bezug auf ihre geographische Lage, so kann uns die auffallende Thatsache nicht entgehen, dass die Inseln, wo es ehemals Muskatpflanzungen gab, ausschliesslich dem inneren Molukkenbogen angehören, der sich, die Bandasee umschliessend, von der Insel Wetter nördlich von Timor bis nach Ceram hinzieht, und Theile der Südwester- und Südoster-Inseln, ferner die Matabello-, Goram-

---

[1]) Verfasser vermuthet, dass dies die von Francis Drake 1580 besuchte Insel Barativa (Baratteua) ist, die nach seiner Reisebeschreibung (The world encompassed by Sir Franc. Drake, Hakluyt edition (1854), pag. 158 u. 250) neben Ingwer, langem Pfeffer etc. auch viel Muskat besitzen soll. Es muss nach ihm eine grössere Insel sein, und sie liegt 7° 13 südlich, was auf keine andere Insel seiner Reiseroute passt. Vielleicht ist es freilich die in derselben Breite gelegene Insel Madura, wo es noch heute einen Distrikt Barak Daija giebt; daselbst konnte damals natürlich nur von Muskat als Handelswaare die Rede sein.

und Ceramlaut- sowie die Bandainseln umfasst und mit der grossen Insel Ceram, ev. mit Manipa und Buru abschliesst. Fast keine einzige all dieser Inseln war ohne Muskatbäume, und keine einzige der in dem nahen äusseren Molukkenbogen liegenden Inseln, wie die südlichen Südwester- und die östlichen Südoster-Inseln, besass solche.

Dies kann kaum ein Zufall sein, hängt aber auch sicher nicht damit zusammen, dass die vor den Holländern flüchtenden Einwohner Banda's die Bäume gerade auf diese zunächst gelegenen Inseln hinübergebracht haben; zwei Gründe sprechen dagegen. Erstens liegt z. B. die Insel Dammer viel weiter von den Bandainseln ab als die Key-Inseln, und gerade nach letzterer Insel flüchteten eine Menge Eingeborene, ohne dort die Muskatkultur einzuführen; zweitens besass z. B. die zu der Südoster-Gruppe gehörige Insel Kouwer bereits 1633 viele Muskatbäume, also schon 12 Jahre nach der Eroberung Bandas, wo demnach neue nach der Eroberung durch Flüchtlinge ev. angelegte Plantagen kaum überhaupt Ernten geben konnten. Es kommt aber zweitens noch hinzu, dass die Perkeniere erst viel später lernten, aus den Nüssen selbst Keimlinge zu erziehen, dass es demnach die alten Bandaner, von denen ja eine grössere Anzahl zu Sklaven der Holländer geworden war, auch zweifellos nicht gekannt haben, da es sonst den Perkenieren nicht verborgen geblieben sein würde; es konnte also von grösseren Anpflanzungen durch die geflohenen Eingeborenen, die meist nur ihr nacktes Leben retteten, und sicher keine Muskatbäumchen mit Wurzeln mitnahmen, nicht die Rede sein. Gerade der erwähnte Punkt, dass die Muskatbäume in jener frühen Periode nie eigentlich aus Samen gezogen wurden, sondern dass man nur von selbst gewachsene Pflänzchen umsetzte, scheint mir von hervorragender Bedeutung zu sein, da dies der Ausdehnung der Kultur damals sehr hindernd im Wege stehen musste.

Von besonderer Wichtigkeit ist ferner auch eine Notiz von Rumph, „dass man in den Wäldern auf Klein-Seran (Klein-Ceram ist ein Theil der Insel Ceram) vor einigen Jahren Bäume gefunden hat, welche wohl schwere grosse Früchte trugen, man konnte aber ein merklichen Unterscheid unter denselben und den Bandasischen spüren, indem die Seranische Nüsse sowohl als Blumen viel wilder von Geschmack waren, so gar dass zu glauben ist, dass dieselbige Bäume mit der Zeit gantz verwilden solten, welches man klärlich aus den Blättern sehen kan, so viel grösser sind, als an den zahmen“[1]). In der That wird man vor allem in den Wäldern von Ceram nach noch existirenden wilden

[1]) Rumph, Sendschreiben im Anhang zu Valentini's Materialienkammer, pag. 85.

Exemplaren der Stammpflanze zu suchen haben, da gerade auf dieser grossen und schwer zugänglichen Insel sich die ursprünglichen Verhältnisse noch am reinsten bewahrt haben werden. Dass nicht alle Gewürzbäume daselbst den Holländern zum Opfer gefallen sein können, beweist eine Notiz von Forrest 1774, die meldet, dass es in einigen Distrikten Cerams sowie auf der Insel Ouby damals noch Nelken gab.

Ich glaube also nicht fehlzugehen, wenn ich annehme, dass der innere vulkanische die Bandasee umschliessende Süd-Molukken-Kreis die eigentliche Heimath der echten Muskatnuss gewesen sei. Ob die jetzt noch auf Dammer vorkommenden wilden Muskatbäume dieser Art angehören, und ob sie sich von den ursprünglich dort wilden Bäumen daselbst ableiten, lässt sich, wie wir sahen, nicht entscheiden.

β) Beschreibung des Baumes.

Grösse des Baumes. Je nach Standort und Klima erreicht der Muskatbaum eine sehr verschiedene Grösse. Während er in der dünnen Lateritlehmdecke von Singapore meist nur 6—9 m hoch wird, ist in den Molukken eine Höhe von 12—18 m[1]) das gewöhnliche, bei einer Krone von 6—7 m Breite; ja manche Bäume steigen sogar bis zu 20 m und mehr auf (Jagor, Oxley). Der Stamm erhebt sich oft 5—6 m hoch bis zur ersten Verzweigung.

Alter des Baumes. Auch das Alter, das die Bäume erreichen, ist ein sehr verschiedenes. In Banda ist 60 Jahre das gewöhnliche, jedoch sind auch Bäume von 80 Jahren keine Seltenheit und tragen vielfach noch gut[2]); manche Bäume werden sogar 90, ja 100 Jahre alt und noch mehr. In Singapore und Penang starben die Bäume meist viel früher, in der Mehrzahl der Fälle jedoch in Folge von spezifischen Baumkrankheiten. Als Verfasser 1888 Menado besuchte, waren die ältesten Bäume der Plantage ca. 45 Jahre alt, sahen aber noch ausserordentlich kräftig aus.

Wuchs des Baumes. Der Baum ähnelt seinem Aeussern nach am meisten dem Nelkenbaum, er besitzt gleichfalls eine pyramidenförmige oben etwas abgeflachte Krone, die jedoch breiter ist als bei dem eben genannten Baum, dafür aber nicht so tief unten am Stamme beginnt. Die Bemerkung Jagors, dass er die Mitte hält zwischen einem Lorbeer- und einem Orangen-

---

1) Nach Massink besass 1896 ein 17jähriger Baum des Kulturgartens von Buitenzorg schon eine Kronenhöhe von 16 m (Koorders).

2) Die Angabe in Olivier's Land en Zeetogten, dass die Qualität bis zum 70. Jahr immer besser wird, dürfte, wie so vieles in diesem Reisewerke, jedenfalls nicht zutreffend sein.

Meisenbach ... Wilhelm Engelmann, Leipzig

...ATNUSS.

Meisenbach Riffarth & Co. Berlin, heliogr. Verlag von Wilhelm Engelmann, Leipzig

ECHTE MUSKATNUSS.
Myristica fragrans Houtt.

baum, ist, was den jungen Muskatbaum betrifft, nicht übel; dagegen ist der in der Litteratur häufige, auf alten Schriftstellern beruhende Vergleich mit einem Pfirsich- oder gar mit einem Birnbaum, wenigstens was den Wuchs betrifft, nicht gerade besonders glücklich; er beruht, wie wir sahen, auf fortgeerbtem Missverständniss von Angaben alter Schriftsteller, die, einander falsch kopirend, bald die Blätter, bald die Früchte, bald die Grösse des Baumes, bald sogar seltsamer Weise die Blüthen mit der Birne und dem Pfirsich verglichen. Namentlich in der Jugend ist der Wuchs des Muskatbaumes schön pyramidenförmig, später verliert sich die pyramidale Form etwas, besonders bei den dichten Beständen der Pflanzungen, wo auch die unteren und inneren Zweige nur ziemlich locker beblättert erscheinen im Gegensatz zu den vollen Kronen einzeln stehender Bäume (siehe die beigefügte Tafel).

Neben einer grossen senkrecht abstrebenden Pfahlwurzel sind vor allem auch oberflächlich laufende horizontale Wurzeln ausgebildet, die sich nach Oxley direkt von den Zersetzungsprodukten der abfallenden Blätter nähren. Wurzelbildung.

Der gerade aufstrebende Stamm ist gewöhnlich nicht sehr dick, einen Meter über der Erde etwa 20—40 cm. Die Rinde ist anfangs ziemlich glatt, wird aber später zu einer fein längsrippigen, dicken, graubraunen oder schmutzig olivenfarbenen (grünlich-aschgrauen) häufig von weisslichen Krustenflechten überzogenen Borke. Die Innenrinde (der Bast) ist röthlich und fleischig, beim Anschneiden fliesst, wie schon die holländischen Kommissäre 1682[1]) und Rumph (ebenso nach ihm Valentijn) bemerkten, ein etwas klebriger, bitterer, astringirender, schwach röthlicher, aber an der Luft schnell blutroth werdender Saft aus, der im Zeug unauswaschbare Flecken macht; es ist ein Kinosaft[2]), der sich in langgestreckten Zellen oder Zellschläuchen nicht nur in der Rinde, sondern auch in der Markscheide befindet, und dessen Funktion noch unklar ist. Dass er aber wohl eine bestimmte Rolle im Stoffwechsel der Pflanze spielt, wird durch die Angabe der Kommissare Stamm.

---

1) Nach den Kommissaren ist das daraus eintrocknende „Gummi“ schwarzbraun, etwas röthlich, scharf und astringirend, geruchlos, im Feuer sich runzelnd, und stets hart bleibend, nicht brennend und auch keinen Geruch von sich gebend, in Wasser nicht löslich.

2) Spärliche Angaben darüber finden sich schon bei Trouvenin, Trois notes sur la localisation du tannin, Journ. bot. (1887), pag. 240; die allgemeine systematisch-heuristische Bedeutung dieser Schläuche für die Myristicaceen hat erst Verf. klar gelegt; auf Anregung des Verf. wurde er kürzlich von Prof. Schär chemisch untersucht, und hat sich als dem Pterocarpus Kino sehr ähnlich erwiesen (Schär: On a new Kino in Species of Myristica, Pharmaceutical Journal 1896, Aug.)

sowie von Rumph wahrscheinlich gemacht, dass der Baum durch das Anschneiden an Kraft verliere und zurückbleibe.

Holz. Das Holz ist weisslich, leicht, und von sehr mittelmässiger Güte; es wird auch von Würmern leicht angegriffen, mit Ausnahme des innersten Holzes sehr alter Stämme, welches fester ist und ein gutes Bauholz geben soll (v. Gorkom). Nach Angaben des Berichtes der französischen Kolonieen für die Pariser Weltausstellung 1867 aus Réunion[1]) soll das Holz für Bleistifte vorzüglich verwendbar sein, jedoch finde ich nichts, was darauf hindeutet, dass diese nicht sehr wahrscheinliche Verwendungsart je für die Industrie Verwerthung fand.

Verzweigung. Der Baum besitzt eine freilich nur an jungen Bäumen deutliche ungemein regelmässige etwas an die Fichte erinnernde Verzweigung. Meist gehen von einzelnen 2—3′ über einander befindlichen Punkten des Stammes etwa 4—5 fast horizontale, zuweilen am Ende etwas herabgesenkte Zweige in divergirender Richtung aus, und geben auf diese Weise die Grundlage für eine wenigstens in der Jugend des Baumes etagenförmige Belaubung. Wenn wirklich, wie man mir in Menado versicherte, nur jedes Jahr ein solcher Quirl entsteht, so kann man mit ziemlicher Sicherheit nach der Zahl der Zweigquirle das Alter des Baumes bestimmen.

Blätter. Taf. 1, Fig. 1 u. 6. Die Blätter stehen abwechselnd, sind aber ziemlich regelmässig in zwei Zeilen angeordnet; sie sitzen auf kurzen meist kaum 1 cm langen Stielen und sind von länglicher oder mehr elliptischer Gestalt, zuweilen eiförmig, zuweilen aber auch vollkommen lanzettlich, an der Basis stumpf oder kaum spitz, nach oben dagegen gehen sie in eine scharfe Spitze aus; ihre Länge hält sich zwischen $5^1/_2$ und 15 cm, meist sind sie freilich 8—12 cm lang, ihre Breite variirt zwischen 2 und 7 cm; die grösste Breite der Blätter liegt gewöhnlich etwas unterhalb der Mitte; sie sind vollkommen kahl, von dünn lederiger Textur, ganzrandig und auch ungebuchtet, oberseits glänzend dunkelgrün, unterseits viel heller, fast weisslich, aber gleichfalls völlig kahl. Die Mittelrippe ist nicht sehr dick, auf der Blattunterseite hervorragend, oberseits dagegen etwas vertieft liegend. Die Zahl der Seitennerven ist jederseits 8—10, sie ragen gleichfalls unterseits hervor, sind meist deutlich gekrümmt und verbinden sich häufig, aber meist undeutlich, am Blattrande bogig miteinander; zwischen ihnen finden sich hier und da noch einzelne schwächere, im übrigen aber ähnliche und gleichlaufende Seiten-

---

[1]) Catalogue des Produits des Colonies françaises dans l'exposit. univers. de Paris 1867, pag. 51; abgedruckt auch in Lanessan, Plantes utiles des Colonies françaises.

nerven. Die feinere Blattnervatur ist netzförmig, oder schwach transversal-netzig, oberseits nicht sichtbar, unterseits nur undeutlich, eher ins Blattgewebe eingesenkt, als darüber herausragend.

Dass auch die Blätter ein ätherisches Oel besitzen, verrathen sie schon durch den Geruch, namentlich wenn sie gerieben werden; mit dem Mikroskop entdeckt man leicht die im Blattgewebe liegenden Oelzellen, die man oft auch schon mit der Loupe, wenn man das Blatt gegen das Licht hält, als durchscheinende Punkte gewahr wird. Romburgh[1]), der die Menge quantitativ feststellte, erhielt aus jungen Blättern 0,7 %, aus alten 0,4 % Oel; dasselbe besteht grossentheils aus Macen. Unter 90 daraufhin untersuchten Bäumen besassen die Blätter bei 22 ein rechtsdrehendes, bei den übrigen ein linksdrehendes Oel. Verwendung hat bisher dies Oel noch nicht gefunden[2]).

Blüten. Unvollkommene Dioecie.

Die Blüthen sind eingeschlechtig, d. h. theils männlich, theils weiblich, und zwar sitzen im allgemeinen die einzelnen Geschlechter auf verschiedenen Bäumen, so dass man männliche und weibliche Bäume unterscheidet; jedoch finden sich auch häufig an den männlichen Bäumen einzelne weibliche Blüthen, die auch Früchte hervorbringen, ja Lumsdaine und Oxley unterscheiden sogar neben den männlichen und weiblichen noch gesonderte monoecische Bäume.

Auch der Verfasser der Aanteekeningen betreffend eene Reis door de Molukken (1856) unterscheidet ganz deutlich zwischen 1. Mannetjesboomen, die Früchte tragen, 2. Mannetjesboomen nur mit Blüthen. 3 Wijfjesboomen, die fortwährend Früchte tragen. Erstere sind die sog. „Pohon pala boei", welcher Name vielfach in der Litteratur erwähnt wird, und der viele Verwirrung angerichtet hat, da man nicht wusste, was man darunter zu verstehen habe. Nach v. Gorkom sollen sie sich durch kräftigeren und höheren Wuchs und kleinere Blätter auszeichnen, letzteres soll nach Olivier sogar ein allgemeines Kennzeichen derselben sein. Die Nüsse sollen nach einigen Autoren mehr von länglicher als runder Form sein; und dieses würde schon erklären, dass sie nicht sehr geschätzt sind, jedoch ist dies keineswegs ein durchgreifendes Merkmal. Näheres darüber weiter unten, pag. 329.

Es giebt offenbar alle Arten von Uebergängen zwischen rein männlichen und rein monoecischen Bäumen, nämlich männliche Bäume, die nur 2—5 Früchte tragen, und solche die neben einer relativ nicht sehr grossen Menge männlicher Blüthen auch recht viele Früchte tragen; diese umzuhauen entschliesst man sich natürlich nicht leicht.

Oxley sagt: „Wenige Pflanzer können den moralischen Entschluss fassen, die monoecischen Bäume umzuhauen, nach dem Prinzip, dass

---

1) Romburgh in Festschrift bot. Gart. Buitenzorg 1893, pag. 380.

2) In C. Bauhin's Pinax, pag. 407 findet sich zwar die Angabe, dass man in Java major aus den Nüssen und Blättern (foliis) ein Oel mache, jedoch ist dies sicher wohl ein Flüchtigkeitsfehler, vielleicht durch das holländische Wort foeli (= Macis) entstanden: letztere (die Macis) wäre sonst zweifellos gleichfalls als öl-liefernd erwähnt worden.

wenig besser ist als gar nichts, aber sie übersehen, dass die monoecischen Pflanzen viel weniger Blumen haben, und dass drei oder vier davon erst die gleiche Menge Pollen geben wie die rein männlichen Bäume, und dass, was den Ertrag solcher Bäume betrifft, ein guter weiblicher Baum ein Dutzend der anderen aufwiegt.“

Auf einer Plantage bei Menado wurde mir mitgetheilt, dass auch die rein männlichen Bäume im höheren Alter, etwa nach 20—30 Jahren, einige Früchte geben, dagegen sollen nach demselben Zeugniss wirklich weibliche Bäume nie männliche Blüthen hervorbringen, es scheint aber diese letztere Behauptung keine durchgehende Giltigkeit beanspruchen zu können, denn man hat Fälle, wo weibliche Bäume Früchte angesetzt haben, obgleich es in meilenweiter Entfernung keine männlichen Bäume gab.

Geschlechtsänderung.

Ein sehr interessanter Fall von viel weiter gehender Geschlechtsänderung ist von Roxburgh beobachtet worden; er giebt an[1]), dass im botanischen Garten von Kalkutta zwei 10—12′ hohe, 7½ Jahre alte Bäume in den ersten beiden Jahren[2]) ausschliesslich männliche, im November und Dezember 1804 dagegen nur weibliche Blüthen getragen hätten. Blume[3]) ist sogar der Ansicht, dass die jungen Bäume zuerst ausschliesslich, oder wenigstens fast nur männliche Blüthen hervorbringen und erst allmählich ihr wahres Geschlecht deutlich hervorkehren. In dieser Allgemeinheit ausgesprochen, kann die Angabe aber kaum richtig sein, denn dies hätte ja zur Folge, dass die Pflanzer in den ersten Jahren des Blühens der Bäume ihr Geschlecht noch gar nicht zu erkennen vermöchten. In der Praxis aber sehen die Pflanzer schon den ersten Blüthen an, ob es männliche oder weibliche Bäume sind, und brauchen demnach etwa nur ein Drittel der Bäume zu fällen, während sie ja, wenn alle Bäume zuerst männlich blühen würden, unmöglich sich entscheiden könnten, welche umzuhauen seien.

Dass in der That im Anfang das männliche Geschlecht auch bei weiblichen Bäumen häufig überwiegt[4]) wird von einem so erfahrenen

---

[1]) Hooker, Exotic Flora, II, pag. 155.

[2]) Da nach Roxburgh (Flora indica) im April 1803 die ersten drei Muskatbäume des Kalkuttaer Gartens (und zwar männlich) blüthen, so können sie also höchstens 1½ Jahre hindurch ihr männliches Stadium bewahrt haben.

[3]) Blume, Rumphia I, pag. 181.

[4]) Aehnliche Erscheinungen der Geschlechtsänderung sind übrigens auch bei anderen Pflanzen, namentlich in der Kultur, beobachtet worden, so z. B. bei Salix, Phoenix, Zanthoxylum, Pistacia etc. cf. Martius Fl. bras.).

Pflanzer wie Oxley bestätigt, der sagt, dass häufig rein weibliche, und gerade die allerbesten und kräftigsten Bäume, im ersten Jahre nur männliche Blüthen tragen; jedoch kann man es nach ihm, und das ist wichtig zu konstatiren, den männlichen Blüthen schon ansehen; wenn die Blüthenstände nämlich vielmals[1]) getheilt sind und viele Blüthen tragen, so ist keine Aussicht vorhanden, dass der Baum sich je in einen weiblichen verwandelt, wenn dagegen nur 2 oder 3 männliche Blüthen zusammenstehen, so ist die Wahrscheinlichkeit gross.

Die Blüthen stehen in oder ein wenig über den Blattachseln, und zwar stehen die weiblichen meist einzeln oder auch in zweiblütigen Inflorescenzen, während die männlichen zu mehreren zusammen, meist zu 3—5, aber auch häufig in grösserer Anzahl, selbst bis zu 20, kleine Blüthenstände bilden. Es sind dies zweistrahlige Trugdolden (Cymen) mit häufig fehlender oder doch verkümmerter Endblüthe und nur einmaliger, häufig schon an der Basis, d. h. in der Blattachsel beginnender Gabelung; die Blüthen stehen an den zwei Gabelzweigen traubig angeordnet. Sowohl der häufig sehr kurze (bis 12 mm lange und 1 mm dicke) Hauptstiel, als auch die meist längeren (bis 12 mm langen) Gabeläste sind kahl; die Stielchen der Blüthen selbst sind 5—10 mm lang, und fast haardünn (noch nicht ½ mm dick), nur nach der Spitze zu schwach verdickt. Blüthenstände Taf. 1, Fig. 1 u. 6.

Die häufig etwas nickenden männlichen Blüthen besitzen keinen Kelch, dagegen sitzt der Basis der Blumenkrone angedrückt ein sehr kleines etwa ¾ mm langes, breiteiförmiges, schuppenartiges Hochblättchen (Bracteole). Die dicke fleischige Blüthenhülle (das Perigon) ist bleichgelblich, schmal krugförmig, sehr richtig wird sie mit dem Maiglöckchen verglichen; sie ist 5—7 mm lang, 3—5 mm breit und endet in 3, selten 4, kurzen, breiten, aufrechten oder halb auseinandergewendeten Zipfeln. Die 9—16 senkrecht stehenden, zweifächerigen, linearen, 1½ bis 2½ mm langen gelben Staubbeutel sind mit einander verwachsen und sitzen rings an dem oberen Theil einer im Centrum der Blüthe befindlichen 1 mm dicken, fleischigen, weisslichen, an der Spitze abgerundeten Säule von fast der Länge der Blüthenhülle. Männliche Blüthen. Taf. 1, Fig. 1—5.

Die weiblichen Blüthen stehen, wie erwähnt, meist einzeln, aber auch häufig zu zweien auf einem kurzen (0—3 mm langen), selten gegabolten Blüthenstiel, auf dessen Ende das ca. 10 mm lange, ¾ mm dicke Blüthenstielchen aufgesetzt ist; wenn sich auch der Blüthenstiel Weibliche Blüthen. Taf. I, Fig. 6—8.

---

[1]) Mehrmalige Theilung des Blüthenstandes habe ich aber bisher bei dieser Art kein einziges Mal bemerkt, sie sind anscheinend immer nur eingabelig; Oxley meint offenbar die zahlreichen Blüthenstielchen.

gabelt, so geschieht es meist fast am Grunde, und die Gabeläste sind gleichfalls sehr kurz, selten 3 mm lang. Die weiblichen Blüthen sind den männlichen sehr ähnlich und auf den ersten Blick nicht leicht zu unterscheiden, abgesehen davon, dass sie meist einzeln stehen und nicht nicken; sie sind breiter, krugförmig, und nach oben hin deutlicher verengt, die grösste Breite liegt mehr nach unten, sie sind 6 mm lang, 4 mm dick, die Farbe ist gleichfalls gelblich, aber am Grunde schwach grünlich, die Bracteola ist kleiner als an den männlichen Blüthen, häufig früh abfallend und dann eine halb-ringförmige Narbe hinterlassend. Sie enthalten einen die Blüthenhülle fast ausfüllenden, rostrothen, behaarten, einfächerigen Fruchtknoten, der von einem sehr kurzen, fast bis auf den Grund in zwei Narbenlappen getheilten, kahlen Griffel gekrönt wird. Der Fruchtknoten enthält eine einzige, sehr selten zwei (bei den Zwillingsnüssen) gerundete, dem Grunde der Höhlung mit breiter Basis angeheftete Samenanlage.

Männlich aussehende weibliche Blüthen.

Ausser diesen gewöhnlichen weiblichen Blüthen soll nach Oxley bei schwächlichen, schmalblätterigen Bäumen noch eine andere Form von weiblichen Blüthen vorkommen, deren Blüthenhülle äusserlich mehr die Form der männlichen besitzt und auch von durchaus gelblicher Färbung ist, ohne die grünliche Basis der normalen weiblichen Blüthen. Ob diese Blüthen als Abnormitäten in Folge einer Ernährungsstörung anzusehen sind, muss unentschieden bleiben. Dagegen erregt die wohl nur durch Missverständniss entstandene Ansicht von Tschirch, dass an den männlichen Bäumen einzelne hermaphroditische Blüthen auftreten sollen, die sogar Früchte hervorbringen, Bedenken, da die ganze Anlage der Staubgefäss-Säule, die sich ja im Centrum der Blüthe befindet, durch einen daselbst entwickelten Fruchtknoten unmöglich gemacht werden würde[1]).

Befruchtung.

Die Befruchtung wird zweifellos durch Insekten, und zwar vermuthlich durch sehr kleine, vermittelt, wenngleich nähere Beobachtungen darüber bisher nicht vorliegen, und deutliche Nectarien nicht vorkommen; dagegen ist die Innenseite der Blüthen glatt und scheint ein vielleicht zuckerhaltiges Sekret abzusondern. Ferner besitzen die Blüthen

---

1) Zu Gunsten dieser Ansicht liesse sich höchstens eine einzige Beobachtung (King's) anführen, der bei Myristica suavis eine schwach zweigeschlechtige Blüthe fand und abbildete, dort waren aber die Staubgefässe durchaus rudimentär; bei männlichen Blüthen mit Fruchtknoten würde man, wenn solche vorkommen sollten, wohl mit Recht in analoger Weise erwarten dürfen, dass der Fruchtknoten rudimentär sei.

beider Geschlechter einen zwar schwachen[1]), aber sehr angenehmen, nach Hooker an ein Gemisch von Moschus und Jasmin erinnernden, von Tschirch als orange-ähnlich geschilderten Duft. Gerüche lassen sich ja schwer beschreiben, sicher ist aber der Duft der Blüthen dieses Baumes ausserordentlich lieblich und wird trotz der Zartheit von den malayischen Eingeborenen gewürdigt, auch wird der Baum speziell deshalb zuweilen in der Nähe der Häuser angepflanzt[2]). Spricht also der Duft wie auch die Farbe der Blüthen für Insektenbestäubung, so ist andererseits die Windbefruchtung durch die Form und Anordnung der Büthen so gut wie ausgeschlossen; auch sind die weiblichen Blüthen zu versteckt, und ferner kann im tropischen Urwalde wegen der dort meist herrschenden Windstille wenigstens bei kleineren Bäumen die Windbefruchtung stets nur sehr wenig ergiebig wirken.

Nach geschehener Befruchtung dehnt sich der Fruchtknoten bald soweit aus, dass das Perigon platzt und abfällt; der Fruchtknoten dagegen nimmt allmählich eine birnförmige Gestalt an und kommt in Folge seines Gewichtes in eine hängende Lage. Neun (7—10) Monate nach der Blüthezeit ist die Frucht reif. Reifezeit.

Die Frucht ähnelt äusserlich am meisten einer Pfirsich, oder vielleicht besser noch einer glattschaligen Pfirsich oder Nectarine, jedoch läuft das Ende, an dem der Stiel sitzt, meist etwas spitz zu, wie bei einer Birne; im übrigen ist die Frucht rundlich oder oval, aussen glatt, im unreifen Zustande grün, reif dagegen von gelblicher bis graugrüner Farbe, meist daneben etwas röthlich angehaucht, wie eine Pfirsich. Der Länge nach läuft eine Furche beiderseits um die Frucht herum, ähnlich wie es beim Pfirsich an der einen Seite der Frucht der Fall ist. Die Grössenverhältnisse variiren sehr, die Länge zwischen 3 und 6 cm, die Frucht. Taf. I, Fig. 9—12.

---

[1]) Der Seeoffizier Boudyck-Bastiaanse schreibt freilich in den Voyages faits dans les Moluques à la Nouv. Guinée et à Célèbe, Paris 1848, pag. 105: „La fleur a une odeur suave et pénétrante; lorsqu'on arrive par mer, le parfum qui s'exhale au loin, annonce déjà au marin la présence du muscadier, avant même que son oeil puisse discerner la terre". Doch dürfte sich dies mehr auf das Gemisch des Duftes der Macis, der Nüsse, der Blätter und vielleicht der schwach dazu beitragenden Blüthen beziehen. Eine ähnliche Notiz findet sich übrigens schon 1681 bei Jos. Mart de la Puente: Compendio de las Historias de los descubrimientos conquistas y guerras de la India oriental y sus Islas (Madrid); dort heisst es (pag. 47), dass, wenn die Muskatbäume auf den Banda-Inseln blühen, sich der Wohlgeruch mit unglaublicher Süsse über alle die Inseln verbreite.

[2]) Die männlichen Blüthen von einer anderen Art der Familie, der ceylonischen Horsfieldia Iryaghedhi, sind derart wohlduftend, dass man den Baum eigens deshalb in Java kultivirt.

Breite zwischen $2^1/_2$ und 5 cm; es kommen aber sogar Früchte vor von einem Durchmesser von $7^1/_2$ cm[1]).

Die Frucht besteht aus einer äusseren Schale, dem Perikarp, ferner aus der Macis oder dem Arillus, sodann aus der harten, holzigen Schale oder Testa, und endlich aus dem Kern oder Nucleus, der eigentlichen Muskatnuss des Handels.

Eine Frucht von etwa 5 cm Durchmesser wiegt im frischen Zustande 60—62 g, jedoch soll es Früchte geben, die bis 100 g wiegen.

Nach Reinwardt wiegt bei einem Gesammtgewicht von 60 g, das Perikarp 48,3 g, der Arillus 2.1 g, die Testa 2,9 g, der Nucleus 6,7 g, jedoch sind natürlich die absoluten Werthe bei der verschiedenen Grösse der Nüsse sehr schwankend. Er giebt als mittleres Gewicht an für die frische Nuss in der Testa 8,5 g, frische Nuss ohne Testa 6—6,5 g.

Greshoff fand im Durchschnitt von 10 Nüssen:

	bei gewöhnlichen, offenbar besonders kleine Nüsse enthaltenden Früchten	bei einer Sorte mit weissem Arillus	bei einer sog. Königsnuss
das Gewicht des Perikarp . .	43,00 g,	35,50 g,	33,24 g,
von Arillus + Testa	1,35 g,	1,17 g,	0,11 g,
des Nucleus	1,05 g,	2,03 g,	0,15 g,
Ganze Nüsse mit Perikarp . .	45,4 g,	38,7 g,	33,5 g.

Nach den angeführten Zahlen Reinwardt's kommen bei den von Holzschalen umgebenen Nüssen auf die Schale 30 % des Gesammtgewichtes, nach einer Angabe Crawfurd's[2]) dagegen $38^1/_4$ %, letzteres bezieht sich aber wohl auf trockene Nüsse. Nach Crawfurd verhält sich im getrockneten Zustand Macis zu Holzschale und Kern wie 2 : 5 : 8, d. h. in 100 Theilen sind $13^1/_3$ Macis, $33^1/_3$ Schale und $53^1/_3$ Kern; ebenso giebt Waage an, dass der getrocknete Arillus 13 % des Samens ausmache.

Von dem getrockneten Perikarp, also der äusseren Schale, sollen nach Fromberg 208 auf das Pfund gehen[3]), so dass demnach das Durchschnittsgewicht einer einzelnen $2^1/_2$ g sein würde.

Nach Oxley geben 433 Nüsse 1 Pfd (offenbar trockene, d. h. an der Luft getrocknete) Macis, demnach wiegt im Durchschnitt jede trockene Macis 1,1 g.

Low berichtet, dass 1 Pikol (= 125 Pfd.) käuflicher Penangnüsse in Schale im Durchschnitt 14819 Nüsse enthält. Demnach wiegt also jede Nuss in der Schale im Durchschnitt 4,2 g, und es gehen bei dieser guten Sorte 118—119 Nüsse auf 1 Pfd.

Fruchtschale. Taf. I, Fig. 9.

Das Perikarp besteht aus einer 10—15 mm dicken fleischigen Masse von stark zusammenziehendem Geschmack, die schliesslich von der Spitze aus der Länge nach aufreisst, und zwar in derselben Linie, die als

---

1) Von Cameron in Malakka beobachtet.

2) Crawfurd, History III, pag. 398.

3) Fromberg in Tijdschr. v. Ned. Ind. XI, pag 207—218.

Furche schon vorher angedeutet ist. Das Austrocknen befördert dieses Aufreissen, und somit auch das Herausfallen der von dem Arillus umgebenen Nuss, daher fallen in Plantagen ohne Schattenbäume die Nüsse leichter aus den Früchten als in den von Bäumen beschatteten Plantagen. Hier hält das schon halb gespaltene Perikarp die Nuss meist längere Zeit halb sichtbar umschlossen, und wenn so die von dem scharlachrothen Arillus-Netze umgebene, glänzend dunkelbraune Nuss aus dem pfirsichgelben, röthlich angehauchten Perikarp hervorschaut, so steht die Frucht keiner anderen in Bezug auf anmuthige Farbenharmonie und zierlich gefällige Form nach; ja manche Reisende, z. B. Bickmore, erklären sie für die bei weitem schönste Frucht des ganzen Pflanzenreiches. Voll zur Geltung kommt die Schönheit aber erst dann, wenn der an und für sich schon edel geformte und anmuthig verzweigte Baum mit dem schön und kontrastreich gefärbten und zierlich gestalteten Blättern dicht mit solchen herrlichen Früchten behangen ist.

Chemisch ist das Perikarp so gut wie noch nicht untersucht; Fromberg's Angabe, dass es aus 17,8 % Wasser, 8,6 % durch Aether zu extrahirender Stoffe (darunter viel Fett), 46,3 % in Wasser löslicher Stoffe, und 1,7 % Weinsäure besteht, ist das einzige, was darüber bekannt ist. Da sich nach Beobachtungen des Verf. in demselben die gleichen Kinoschläuche finden, wie in der Rinde, so ist auf den Inhalt derselben zweifellos der astringirende Geschmack des Perikarp zurückzuführen, und der gleiche näher zu untersuchende Stoff wird es wohl auch sein, dem das Perikarp seine Beliebtheit verdankt, in Zucker oder Essig eingelegt als Konfekt oder Pickle genossen zu werden.

Der Arillus oder die Macis ist in der unreifen geschlossenen Frucht von bleicher gelblicher Färbung, bei der Reife aber in normalem Zustande intensiv roth gefärbt; die fleischige Masse desselben besteht an der Basis der Nuss aus einem Stück, eine kurze Strecke oberhalb der Basis aber zerspaltet sie sich in 10 - 15 platte, schmale Lappen, die sich gelegentlich spalten und an der Spitze der Nuss oder auch schon früher übereinanderlegen, zwischen sich aber grosse Lücken freilassen, und so also ein unregelmässig maschiges Netzwerk bilden. Arillus od. Macis. Taf. I, Fig. 9 u.

Die goldgelbe Färbung der Macis des Handels ist erst eine Folge des Trocknungsprozesses, was schon Paludanus, Piso etc. erwähnen. Zuweilen ist der Arillus aber auch an der frischen Frucht hell gefärbt, ja manchmal sogar weiss, und es sind Fälle bekannt, wo einzelne Bäume ausschliesslich Nüsse mit weisser, oder vielleicht besser gesagt, elfenbeinfarbener Macis produzirten. So beobachtete Ver Hüll z. B. 1817 einen solchen Baum in dem Perk Cay-Torre oder Keizerstoorn in Lontor: Reinwardt (p. 386) sah offenbar denselben Baum 1821 und bemerkt dabei, dass die weisse Macis so gut wie gar kein ätherisches Oel besitze. Bickmore sagt sogar 1869: „In der Nähe der Stelle, wo wir auf Lontor landeten, war ein kleiner Flächenraum, auf welchem alle Macis weiss aussah". Sollte sich dies bestätigen, was freilich nicht sehr wahrscheinlich ist, so wäre man für diesen Fall berechtigt, die Ursache in den lokalen Bodenverhältnissen zu suchen. Uebrigens finden sich auch anderswo Bäume mit weisser Macis, so z. B. im Buitenzorger Garten, selbst für Jamaika fand Verf. eine diesbezügliche Angabe.

Da der Arillus nicht eigentlich vom Nabelstrang (Funiculus) der Samenanlage, sondern von der Basalpartie der äusseren Hüllschicht (Integument) der letzteren ausgeht, so gehört er, wenn man die alte Unterscheidung zwischen echten und falschen Arillen noch machen will, zu letzteren. den sog. Arillodien, obgleich sich die nächste Nachbarschaft des Nabels (Hilum) gleichfalls an der ersten Bildung betheiligt. Die erste Anlage wird nämlich durch einen Ringwall um die Mikropyle (die Oeffnung, wo auch später der Keimling austritt) herum gebildet, ein Punkt, der dem Nabel so nahe liegt, dass ein Theil des Ringwalles fast an denselben grenzt, ja nach einigen Beobachtungen soll sogar die allererste Anlage von der Umgebung des Hilums ausgehen, und erst nachträglich die Umgebung der Mikropyle, das sog. Exostom, in Mitleidenschaft gezogen werden [1]). Die Lappen des Arillus entstehen erst später durch ungleichmässiges Wachsthum, nicht durch nachträgliche Zerreissung.

Der Arillus ist von einer leicht abziehbaren einschichtigen Epidermis überzogen, deren in tangentialer Richtung äusserst langgestreckte Zellen mit den Enden nur theilweise geradwandig aneinander stossen, meist aber spitzendig zwischen einander laufen. Die Zellen der Epidermis sind wasserhell, im Querschnitt bald rundlich, bald rechteckig, bald tangential gestreckt, oder schief verzogen [2]), im Verhältniss zur Länge sind sie dagegen sehr schmal und niedrig. Der Zellraum (das Lumen) ist dünn, die Aussenwände dagegen sind sehr dickwandig und verschleimt, sie quellen in heissem Wasser und färben sich mit Jod nur schwach gelblich. Unter dieser Schicht finden sich auf der der Samenschale anliegenden Innenseite des Arillus noch eine oder zwei Schichten epidermisähnlicher, aber nicht langgestreckter, dickwandiger Zellen, darunter erst folgen die grösseren rundlichen oder polyedrischen Parenchymzellen, welche die Hauptmasse des Arillus bilden und die meist mehr oder weniger zerstreut stehenden derbwandigen Oelbehälter umschliessen. In den Parenchymzellen befinden sich eigenthümliche der Stärke nahestehende aber doch verschieden geformte Inhaltskörper; nach Vogl stehen sie zwischen Stärke und Dextrin; Tschirch bezeichnet sie als sog. Amylodextrinstärkekörner [3]); es sind 2—10 Mikromillimeter

---

[1]) Genaueres siehe in A. Voigt's Dissertation, Ueber den Bau und die Entwickelung des Samenmantels von M. fragrans. Göttingen 1885.

[2]) Cf. Busse, Ueber Gewürze, III, Macis (Arbeit. d. ksl. Gesundheitsamtes).

[3]) Flückiger, Ueber Stärke und Cellulose, Archiv d. Pharmacie, 2. Reihe 146 (1871), pag. 31, nennt den Stoff Maciscellulose, ältere Pharmacognosten bezeichneten ihn mit Unrecht als Dextrin. Nach Tschirch, Ber. deutsch. bot. Ges. 1888, pag. 138, soll das Auftreten der Amylodextrinkörper zeitlich genau mit der Rothfärbung des Arillus zusammenfallen.

grosse, meist stäbchenförmige, aber vielfach gewundene, wulstig verbogene und gekrümmte, sowie an den Enden beiderseits verbreiterte Körnchen; auch ausgezackte, wurmförmig gedrehte, eingeschnürte und keulenförmige Körper sind nicht selten; meist sind sie homogen und ohne deutliche Schichtung; mit Jod färben sie sich violett und schliesslich weinroth[1]). Dieses ganze Parenchymgewebe des Arillus wird von schwachen, Spiralgefässe führenden Gefässbündeln durchzogen.

Die Oelbehälter bestehen aus grossen 65—88 μ messenden Zellen mit verkorkten Membranen. Der Inhalt besteht aus einem Wandbelag, seltener aus Tropfen von ätherischem, mehr oder minder verharztem Oel; im getrockneten Zustand der Macis ist dieses Oel von dem roth-gelben Farbstoff, der die Farbe der Macis bedingt, durchtränkt. In dem Arillus von $^3/_4$ cm grossen Früchten bemerkte Verf. noch keine Spur dieses gefärbten Harzes und Oeles; Oel, Harz und Farbstoff scheinen sich erst bei der Reife zu bilden, daher ist auch die Macis unreifer Früchte unbrauchbar.

Das Oel des Arillus ist, wie Koller (1865) zuerst nachwies, im reinen Zustande identisch mit dem ätherischen Oel der Muskatnuss; es enthält wie dieses hauptsächlich Terpene, von denen das eine, um ca. 160° siedende, von Schacht als Macen bezeichnet wurde. Auch das specifische Gewicht stimmt ziemlich mit dem des Oeles der Muskatnuss überein (0,920—0,950 nach dem Handwörterbuch der Pharmacognosie II, [1893], pag. 59; 0,9309 nach Semmler; 0,855 nach Schneider u. Vogl, Commentar, dieses wohl nach der Rectifikation, wie beim Muskatnussöl). Aus der Macis kann ohne Schwierigkeit 8—10 % ätherisches Oel gewonnen werden, nach Schimmel u. Cie., sowie nach Semmler, liefert sie aber bei völliger Erschöpfung sogar 17 % Oel. Bei gewöhnlicher Destillation mit Wasser dagegen geht nur eine viel geringere Menge über, und in ihrem Bericht 1893 (pag. 26) geben Schimmel u Cie. die Ausbeute auf 4—15% an; nach Winckler, die Parfümeriefabrikation (Halle 1882), muss bei der Destillation des Macisöles das milchig trübe Wasser mindestens 5 mal über neuer, zerkleinerter Macis abdestillirt werden.

Das ätherische Macisöl ist von gold-gelber Farbe, schärferem Geschmack als die Macis, und nicht sehr viel leichter als Wasser; die bleiche und weisse Macis mancher Bäume enthält viel weniger, z. Th. selbst gar keine nennenswerthe Menge dieses Oeles. Die gelbe Färbung, wie auch die rothweinartige bei Zusatz von Macispulver in den Recipienten, ist wohl nur eine Folge mit übergerissenen gefärbten Harzes, je sorgfältiger die Destillation, desto farbloser ist das Produkt, doch nimmt auch farbloses Macisöl bei längerem Stehen gelbliche bis bräunliche Färbung an. Nach Semmler[2]) giebt dieses gelbliche Macisöl mit alkoholischem Eisenchlorid eine smaragdgrüne Reaktion, die durch einen darin enthaltenen phenolartigen hoch siedenden, durch Natrium bei der Destillation zurückzuhaltenden Körper bedingt wird. Bei der fraktionirten Destillation besteht nach Semmler die unter 70° C. im Vacuum übergehende Flüssigkeit (spec. Gew. 0,8601, Molekulargewicht 137) aus Terpenen, wahrscheinlich dieselben, die im Muskatnussöl enthalten sind. In den höheren Antheilen des Destillates finden sich 15 % eines farblosen Körpers, gleichfalls ohne die

---

1) Nach Flückiger färbt sich die Masse, die man nach vorheriger Erschöpfung in Aether und Alkohol durch Auszug mit heissem Wasser erhält, mit Jod in dünnen Schichten sogar blau.

2) Semmler, Chemische Untersuchung über Muskatnussöl und Muskatblüthenöl (Macisöl) in Ber. d. d. chem. Ges. 1890, pag. 1803.

Eisenchloridreaktion (spec Gew. 0,9131); hierin ist offenbar das sauerstoffhaltige Myristicol enthalten, welches Wright im Muskatnussöl fand. Der 31 %, des Rohöles enthaltende Rest (spec. Gew. 1,0863) enthält neben dem phenolartigen die Farbenreaktion mit Eisenchlorid gebenden Körper das den Macisgeruch gebende Myristicin Semmlers, dieses geht, wenn man den phenolartigen Körper durch metallisches Natrium zurückhält, bei 142—149° im Vacuum über und krystallisirt oft schon im Kühlrohr als schneeweisser Körper aus Dieses Myristicin schmilzt bei 30,25° C., sein spec. Gewicht ist 1,1501, sein Molekulargewicht 210, ungefähr der Formel $C^{12}H^{14}O^3$ entsprechend, die aus der Elementaranalyse bestimmt wurde. Es ist ein Benzolderivat, welches sich von der Gallussäure ableiten lässt und nach den Reaktionen eine der folgenden zwei Konstitutionen besitzen muss[1]).

$$\text{Entweder } C^6H^2 \begin{cases} C^4H^7 \\ -O \\ -O \end{cases}\!\!>CH^2 \\ \quad \diagdown OCH^3 \qquad \text{oder} \qquad C^6H^2 \begin{cases} C^4H^7 \\ -OCH^3 \\ -O \\ \diagdown O \end{cases}\!\!>CH^2$$

Ausser dem ätherischen Oel enthält die Macis noch eine gewisse, meist nur geringe Menge einer harzigen Masse, ferner etwa 1,4 % eines Kupferoxyd reduzirenden Zuckers (Flückiger), sodann die oben besprochene Amylodextrinstärke, etwa 25 %, die sich durch Jod roth-violett, bei mehr Jod schön weinroth färbt, daneben auch noch etwas Dextrin, vor allem aber auch grössere Mengen von Fett; Busse (1895) fand 22,6 und 23,6 %, andere Untersucher zwischen 18,6 und 29,1 % Fett; selbstverständlich enthält die Macis auch Cellulose und plasmatische Substanzen, sowie Asche, letztere nach Busse in Mengen von 1,5 - 3.2 %.

König[2]), Chemie der menschlichen Nahrungs- und Genussmittel (1879) II, pag. 370, giebt nach Laube und Aldendorff folgende Analyse der Macis:

Wasser	17,59
N-Substanz	5,44
ätherisches Oel	5,26
Fett	18,60
Zucker	1,97
sonstige N-freie Substanz	44,59
Holzfaser	4,93
Asche	1,62
zusammen	100,00.

Muskatnuss. Taf. I, Fig. 10 u. 11.

Von diesem Arillus eng umschlossen wird die eigentliche Muskatnuss, deren Form ausserordentlich variabel ist, meist freilich breit

[1]) Semmler, Myristicin und seine Derivate. Bericht d. d. chem. Ges 1891, pag. 3818.

[2]) Henry's Analyse (Journal de Pharmacie X (1824), pag. 281) ist wohl die die erste der Macis; er findet eine geringe Menge flüchtigen Oeles, viel riechendes gefärbtes festes Oel, wovon ein Theil in kochendem Alkohol, ein anderer nur in kochendem Aether löslich sei, sehr wenig Holzfaser, dagegen besteht nach ihm ⅓ der Macis aus einer eigenen gummiartigen Masse (offenbar Amylodextrin), die sich mit Jod schön purpur färbt, und mit Schwefelsäure Zucker giebt.

elliptisch oder eiförmig, zuweilen aber auch schmal elliptisch oder fast rundlich; auch die Grösse variirt sehr, zwischen 1½ und 4½ cm in der Länge, und zwischen 1 und 2½ cm in der Breite. Diese Nüsse bestehen aus einer kaum 1 mm dicken aber sehr harten, holzigen Schale, Testa, und dem von derselben umschlossenen, in frischem Zustande der Schale eng anliegenden Kern.

Die Testa ist von dunkel bräunlicher Färbung und zeigt aussen die Spuren des eng anliegenden Arillus als oberflächliche aber breite Furchen, die sich sogar der Innenseite der Schale als Erhöhungen und dadurch wieder dem Kerne als Vertiefungen mittheilen; sonst ist die Schale aussen, von minimalen Höckerchen abgesehen, glatt und schwach glänzend. Samenschale. Taf. I, Fig. 11.

Die Schale besitzt zu äusserst eine hautartige Schicht, die aus wenigen Zelllagen besteht, deren äusserste von prismatisch-polygonalen Zellen gebildete den Glanz der Aussenfläche der Testa hervorruft; die darunter liegenden Lagen sind aus grösseren parenchymatischen polyedrischen oder isodiametrischen Zellen zusammengesetzt, und besitzen häufig einen braunen Inhalt. Diese leicht abreibbare äussere Testaschicht wird von vielen auch äusserlich als feine Adern erkennbaren Gefässbündeln durchzogen, die sich unmittelbar von der Rhaphe abzweigen. Hierunter liegt nach einer wieder aus etwas tafelförmigen Zellen bestehenden Lage die eigentliche Holzschicht, die aus mehreren Lagen langgestreckter pallisadenartiger Zellen besteht, von denen die unteren fast bis zum Verschwinden des Lumens verdickte und verholzte Zellwände besitzen; nach innen zu abgeschlossen wird sie durch eine einschichtige Lage kleiner tangential gestreckter, stark verdickter, lückenlos ineinander greifender Zellen.

Nahe der Basis ist die Schale dünner und heller gefärbt, hier befindet sich auch ein ganz dünner Punkt an der Stelle des Samenmundes (der Mikropyle), und daneben ein sehr kleiner Höcker, der den Nabel (Hilum) andeutet, also die Stelle, wo die Samenanlage am Nabelstrang (Funiculus) festsass. Vom Nabel aus steigt eine seichte Furche, die Rhaphefurche, auf, bis fast zum oberen Ende der Samenschale, wo sie sich in einer unbestimmten Vertiefung, der Stelle der sog. Chalaza, verliert. Während der Entwickelung der Nuss lag in dieser Furche die sogen. Rhaphe, die mit der Samenanlage fest verwachsene Fortsetzung des unten freien Nabelstranges, dessen Gefässbündel dann durch die Chalaza in den Samenkern eintraten, um sich dort zu verzweigen. Dienten also während der Entwickelung Samenstrang, Rhaphe und Chalaza als Zuleitungswege der Nährstoffe in den Samen, so sind diese Organe bei der reifen Nuss obsolet geworden.

Der Samenkern oder Nucleus besteht aus einem weissen, oder bleichröthlichen, weichen, durch unregelmässige feine, braunrothe Falten, die Samenkern.

sogen. Ruminationsstreifen, marmorirten[1]) Nährgewebe, in welchem nahe der Basis ein kleiner Keimling liegt. Der Samenkern besitzt nach Reinwardt ein spezifisches Gewicht von 1—1,1, ist also kaum schwerer als Wasser. Er wird umgeben von einer feinen braunen, der Holzschale anliegenden Aussenschicht, die streng genommen als innere Membran der Testa zu gelten hat; da aber von ihr alle Ruminationsstreifen, die in den Samenkern eindringen, ausgehen, so lässt sich auch diese Aussenschicht, das sogen. Hüllperisperm, nicht von dem Kern lösen.

Aussenschicht des Samenkernes. Von aussen betrachtet, zeigt diese äussere Hautschicht auf gelblichem Grunde eine Menge kleiner kurzer brauner Längslinien, hier sind die Zellwände braun gefärbt; die Gegend des Nabels ist noch heller gefärbt als die sonstige Oberfläche, aber auch hier sieht man feine hellbraune mehr rundliche und punktförmige Tüpfel, wenn auch schwächer sichtbar; die Gegend der Chalaza hingegen ist als ein dunklerer Fleck leicht kenntlich.

Diese Aussenschicht besteht aus mehreren Lagen polyedrischer dünnwandiger Zellen, von denen die äusseren meist etwas plattgedrückt und schwach verholzt sind und wegen ihrer rundlichen Form nicht lückenlos aneinanderschliessen; die inneren Lagen bestehen aus polyedrischen, nur an der Grenze des Nährgewebes bis zur Unkenntlichkeit verdrückten Zellen und werden von tangentialen Gefässbündeln durchsetzt, die durch die Chalaza mit den Gefässbündeln der Rhaphe in Zusammenhang stehen. Diese inneren Lagen setzen sich mit mauersteinförmigen Zellen auch in das Ruminationsgewebe fort.

Zerklüftungsplatten. Taf. I. Fig. 11. Die Zerklüftungs- oder Ruminationsplatten bestehen demnach also aus der Fortsetzung der inneren Lagen der Aussenschicht des Samenkerns, die als mauerförmiges Zellgewebe zugleich mit den Gefässbündeln schon ziemlich früh, Falten bildend, in den Kern eindringen; dies Zerklüftungsgewebe ist namentlich in dem tiefer im Samen liegenden Theil mit vielen Oelzellen angefüllt, deren Inhalt häufig bei älteren Nüssen in eine harzige braune Masse umgewandelt ist[2]).

---

1) In den Werken des 16. und 17. Jahrhunderts werden diese die Marmorirung bildenden Linien zuweilen mit arabischen Schriftzügen verglichen; bei der echten Muskatnuss sind die Streifen aber hierfür etwas zu breit und häufig; dagegen passt der Vergleich besser bei Myristica fatua Houtt. Das Vorhandensein vieler solcher „literae Arabicae" galt damals als Zeichen besonderer Güte der Nuss.

2) Ueber die sehr komplizirte Entwickelung der Testa, des Hüllperisperms und Ruminationsgewebes siehe vor allem Voigt, Ueber Bau und Entwickelung des Samens und Samenmantels von Myristica fragrans, Göttingen, Dissertat. 1885, sowie auch in den Annales du Jardin Buitenzorg 1888, ferner vergleiche in A. Meyer, Wissen-

Das weisse Nährgewebe erhärtet erst relativ spät, angeblich durch fast gleichzeitige Bildung der Zellwände; selbst in schon ziemlich weit entwickelten Früchten ist es noch von wässerig-milchiger Konsistenz; es besteht in reifem Zustande aus polyedrischen Zellen. Die Zellen enthalten neben den gewöhnlichen Stoffen, wie Protoplasma etc., vor allem als Inhaltsstoff eine grosse Menge festen Fettes, das in amorphen Massen, oder als Prismen, oder als grosse, rhombische und sechsseitige Tafeln krystallisirt, manchmal die Zellen fast ausfüllt; daneben findet sich noch eine nicht unbeträchtliche Menge Stärke, in etwa 0,02 mm messenden aus 4—6 Einzelkörnchen zusammengesetzten regelmässigen Körnern, ferner noch sehr viele Aleuronkörner mit Proteïnkrystallen[1]) und Globoiden, auch Oxalatkrystalle, dagegen keine bitteren, scharfen oder aromatischen Stoffe, die alle ausschliesslich im Zerklüftungsgewebe ihren Sitz haben. Es besitzt deshalb, in frischem Zustande, wenn man kleine Partikelchen davon sauber herauslöst, einen angenehm nuss- oder mandelartigen Geschmack. Nährgewebe des Samens. Taf. 1, Fig. 11.

Sehr eigenartig ist eine schon mit blossem Auge sichtbare Schichtung des Nährgewebes, indem nämlich in gewissem Abstande von den Zerklüftungsfalten eine Linie dieselben umzieht, die sich auf dem Querschnitte als ein mehrere Zellen breites Band viel kleinerer und vor allem sehr schmaler, viel feinkörnige Stärke, aber kein Aleuron enthaltender Zellen erweist. Die Ansicht, dass diese Schicht den Rest (Voigt) oder die Grenze (A. Meyer) des Embryosacklumens darstellt, dürfte nach den Untersuchungen des Verf. bei anderen Arten mit nicht zerklüftetem Nährgewebe[2]) kaum das richtige treffen, es handelt sich eben um eine wirkliche Schichtung, die wie Tschirch[3]) gezeigt hat, biologischen Zwecken bei der Keimung entspricht.

Der im frischen Zustande bis 1 cm messende Keimling ist becher- oder schüsselförmig, aber im oberen Theil kraus, wellig, etwas zweilappig, so dass er meist länger ist als breit; im trockenen Zustand beträgt die Höhe ca. 3 mm, die Länge ca. 5 mm. Die beiden ausgebreiteten Keimling Taf. I, Fig. 11 u. 12.

---

schaftliche Drogenkunde I (1891), pag. 164—175, und Busse, Ueber Gewürze II (Muskatnüsse), Arbeiten des kaiserl. Gesundheitsamtes 1895; auch Hallström, Vergl. anatom. Studien üb. d. Samen der Myristicaceen und ihre Arillen, im Archiv der Pharmacie 1895.

1) Siehe näheres darüber bei Tschirch, Inhaltsstoffe der Zellen des Samens und des Arillus von Myristica fragrans Houtt., Tagebl. d. 58. Versamml. d. Naturf. u. Aerzte in Strassburg, pag. 88, sowie Angewandte Pflanzenanatomie I (1889), pag. 44 u. 45, Fig. 36, 5 u. 37.

2) Warburg, Zur Charakterisirung und Gliederung der Myristicaceen, Ber. d. Bot. Ges. 1895, (86).

3) Tschirch, Die Keimungsgeschichte von Myristica fragrans; Ber. d. Pharm. Ges. 1894, pag. 260.

welligen Lappen stellen die Keimblätter dar, während die stumpf kegelige untere Partie als Wurzelende des Keimlings zu betrachten ist; dieses letztere ist nun auf die Mikropyle hingerichtet und liegt beinahe in unmittelbarer Nähe derselben, nur durch ein dünnes Häutchen davon getrennt, und da an eben derselben Stelle die Holzschicht der Testa, wie wir sahen, ganz ausserordentlich dünn ist, und sogar eine minimale Oeffnung frei lässt, so haben wir hier die Achillesferse der Nuss, auf die wir noch verschiedentlich zurückkommen werden.

Chemische Zusammensetzung des Kernes.

Was die chemische Zusammensetzung des Muskatnusskernes betrifft, so besitzen wir keine umfassenderen Analysen; man hat sich im Allgemeinen darauf beschränkt, die Muskatbutter und das ätherische Oel näher zu untersuchen. Die älteste freilich sehr unvollkommene z. B. gar keine stickstoffhaltigen Substanzen angebende Analyse stammt von Bonastre aus dem Jahre 1823 (Journ. d. Pharm., t IX, pag. 281).

Viel genauer sind neuere Untersuchungen in König's Laboratorium, jedoch fehlt hier eine Specifizirung der stickstofffreien Substanzen in Harz, Stärke etc.

König, Chemie der menschlichen Nahrungs- und Genussmittel 1. Aufl., II, pag. 370:

Wasser	12,86
Aetherisches Oel	2,51
Fett	34,43
N-haltige Substanz	6,12
Zucker	1,49
Sonstige N-freie Substanz	28,39
Holzfaser	12,03
Asche	2,17
	100,00

König, Chemie der menschlichen Nahrungs- und Genussmittel, 3. Aufl., II, pag. 730:

Wasser	7,38
Aetherisches Oel	3,05
Fett	34,27
N-haltige Substanz	5,49
N-freie Extraktivstoffe	37,19
Rohfaser	9,92
Asche	2,70
	100,00

R. Frühling (1886) fand 8,8 % Wasser, 32,2 % Fett und 3,7 % Asche, letztere reich an Phosphorsäure und (bei den gekalkten Nüssen) an Kalk. Nach Busse (1895) ist der Wassergehalt guter trockener Muskatnüsse, da in dem Trockenverlust von 9—13 %, die er in vielen Versuchen fand, noch 8—10 % ätherisches Oel enthalten sind, höchstens 5 %. An Gesammtasche fand Busse in zehn Proben Werthe, die zwischen 1,7 und 6,8 % liegen, die hohen Zahlen nur bei minderwerthigen Oelnüssen, sowie bei gekalkten Nüssen; man kann danach annehmen, dass der Aschengehalt ungekalkter guter getrockneter Nüsse zwischen 1,7 und 2,6 % liegt; den Sandgehalt bestimmte er im Maximum auf 0,217 %.

Fett.

Das Fett bildet, wie aus obigen Analysen hervorgeht, $^{1}/_{3}$ des Gesammtgewichtes des Kernes der Nuss, und ebensoviel wurde ungefähr von Prof. Neumans (nach Bernays) in exakten Versuchen gewonnen; Greshoff erhielt kürzlich in Buitenzorg bei einer Analyse nur 27,5 % Fett, bei einer anderen Sorte dagegen, bei Früchten mit weisser Macis, sogar 42,8 %; ebenso variirt der Fettgehalt in den genauen Untersuchungen Busse's zwischen 31,1 % und 40,6 %; eine sehr geringe Sorte enthielt sogar nur 15,7 % Fett. Da die Nüsse viel Stärke enthalten, so ist es sehr leicht erklärlich, dass die Prozentsätze des Fettes sehr verschieden sind; vermuthlich wird der Stärkegehalt in umgekehrter Proportion dazu stehen.

Durch gewöhnliches warmes Auspressen erhält man natürlich nur eine viel geringere Menge eines recht unreinen Fettes, welches im Handel unter dem Namen Muskatbutter bekannt ist, und unten näher zu besprechen sein wird. — Das reine Fett schmilzt bei etwa 46 ° C. (so nach Greshoff), bei Nüssen mit weisser Macis fand er 48° C. als Schmelzpunkt; es löst sich vollständig in zwei Theilen warmen Aethers, ferner in Chloroform und Benzol, sowie in vier Theilen kochenden Alkohols

Das gereinigte Fett der Muskatnuss als solches ist quantitativ nicht näher untersucht, wird aber wohl ebenso zusammengesetzt sein wie das Fett in der durch Auspressen der Nüsse erhaltenen Muskatbutter.

Die Muskatbutter besteht nach Koller aus 70 % Myristin[1]), 20 % Olein, 1 % Butyrin, 6 % ätherischem Muskatnussöl, 3 % saurem Harz.

---

[1]). Das Myristin $C^3H^5(C^{14}H^{27}O)^3O^3$ ist das Glycerid der in die Reihe der gewöhnlichen Fettsäuren gehörenden Myristinsäure $C^{14}H^{28}O^2$; es ist in thierischen und pflanzlichen Fetten häufig gefunden worden, z. B. im Kokosnussöl, Crotonöl, in der Kuhbutter, in der Rindergalle, reichlich im Samenfett von Ravensara madagascariensis, Irvingia gabonensis, in besonders grosser Menge aber in amerikanischen Muskatnussarten. Das reine Myristin schmilzt bei 55° (Masino), während die Myristinsäure bei 53,4° (Masino, 53,5° Krafft, 53,8° Heintz) schmilzt und unter 100 mm Druck bei ca. 248° siedet; letztere reagirt sauer, bildet weisse glänzende Krystallblättchen, die in Wasser unlöslich, in heissem Weingeist dagegen sowie in Aether löslich sind.

Das Myristin wurde zuerst von Playfair (1841) entdeckt; Schrader hatte vorher angegeben, dass das Muskatöl aus zwei festen und einem flüssigen Fett bestände, Pelouze und Boudet (Ann. Chem. Pharm. Bd XXIX) erklärten, dass das Fett hauptsächlich aus Margarin bestände, aber genaue Untersuchungen und Analysen waren nicht gemacht worden. Playfair hatte das Myristin vorher (London-Edinb. Philosoph. Magazine) Sericin benannt Er beschrieb es als seidenglänzend, krystallinisch, in heissem Aether in allen Verhältnissen löslich, in heissem Alkohol weniger. gar nicht in Wasser; bei Destillation gäbe es Akrolein und fette Säuren; er bestimmte aber den Schmelzpunkt irrthümlicher Weise auf 31°. Auch die Myristinsäure stellte er dar, als krystallinische bei 49° schmelzende, in heissem Alkohol leicht lösliche Masse; auch einige Salze dieser Säure beschrieb er.

Heintz (1855) bestimmte dann den Schmelzpunkt der reinen Myristinsäure auf 53,8°; auch einige Verbindungen stellte er dar; ebenso Chiozza. Schlippe (1858) fand dann auch im Crotonöl, Oudemans (1860) in der Kokosbutter etwas Myristin, viel dagegen im sog. Dikabrot (Fett von Irvingia gabonensis), Görgey fand es gleichfalls im Kokosfett, Heintz in der Kuhbutter, Flückiger im Irisstearopten. Comar (1861) gab eine einfache Bereitungsweise des Myristins durch Erschöpfung der Muskatnüsse mittels Benzin, und auskrystallisiren; zum Reinigen desselben nahm er 2 Theile Alkohol und 3 Theile Benzin mit Thierkohle; die Ausbeute beträgt 10 % der Nüsse. Marosse (1869) stellte Myristinsäure aus Stearolsäure her durch Schmelzen mit Kalilauge. Krafft (1879) stellte Myristinsäure rein dar durch Rektifiziren der durch Salzsäure zerlegten Seifen und scharfes Auspressen des Destillates bei zuletzt erhitzter Temperatur. Reine Myristinsäure schmilzt nach ihm bei 53,5°, und siedet bei 100 mm Druck bei ca. 248°. Masino (1860) beschäftigte sich mit Verbindungen der Myristinreihe; er verbesserte Playfair, indem er den Schmelzpunkt des Myristin auf 55°, der Myristinsäure auf 53,4° bestimmt. Schmidt und Roemer (1883) fanden in der

Demnach würde also das Fett bestehen aus 77 % Myristin, 22 % Olein und 1 % Butyrin. Es scheint jedoch das Myristin hier bedeutend zu hoch angegeben zu sein. Nach Flückiger bildet das Myristin keineswegs quantitativ den hervorragendsten Bestandtheil, Comar erhielt 1859 nur 12 % Myristin, nach Wiesner enthält die Muskatbutter 40—45 % Myristin neben einem in kaltem Alkohol unlöslichem Fett. Ferner enthält das Fett auch noch Stearinsäure (Römer), endlich noch freie Säuren, z. B. Oelsäure und Myristinsäure.

Aetherisches Oel.

Neben den Fetten ist das ätherische Oel der bei weitem wichtigste Bestandtheil der Muskatnuss; dasselbe lässt sich aus der Nuss durch Destillation mit Wasser nach Schimmel u. Co. in einer Menge von 8—10 % erhalten [1]); eine völlige Erschöpfung gelingt aber nach Cloëz (1864) nur in der Weise, dass man mit Schwefelkohlenstoff oder Aether extrahirt, und den butterartigen Verdampfungsrückstand der Auszüge im Oelbad auf 200°, oder besser noch im Dampfstrom destillirt. Das reine Oel ist nach Koller (1865) mit dem aus der Macis gewonnenen identisch; es ist wasserhell, von gewürzigem Geruch und scharfem, brennendem Geschmack; es ist in Wasser wenig, in absolutem Alkohol leicht löslich, und destillirt zwischen 160 und 210° (hauptsächlich bei 165°) [2]).

Muskatbutter (wie übrigens auch Flückiger, Neues Repertor. d. Pharmac. 23, 117) 3—4 % freie Fettsäure, die grösstentheils aus Myristinsäure, daneben vielleicht aus etwas Stearinsäure besteht. Auch sie finden bei der Darstellung der Myristinsäure vermittels fraktionirter Destillation im luftverdünnten Raum, dass die Myristinsäure unter 100 mm Druck bei ca. 248° C. übergeht, nur zuletzt bei 285° C., und dass sie bei 53—54° C. schmilzt. Nördlinger (1885) fand bei der Oxydation reiner Myristinsäure durch Salpetersäure vorwiegend Bernsteinsäure und Adipinsäure, weniger Glutarsäure, wenig Pimelin-, Kork- und Oxalsäure, daneben natürlich Kohlensäure, also sämmtliche normalen Glieder der Oxalsäurereihe bis $C^8H^{14}O^4$ mit alleiniger Ausnahme der Malonsäure. Auch später sind die Verbindungen der Myristinsäure noch mehrfach studirt, und fast in jedem neueren Jahrgang der Berichte der d. chemischen Gesellschaft findet man Arbeiten oder Referate über diesen Gegenstand.

1) Nach Piesse (Art of perfumery) geben 2 Pfd. Nüsse 3—4 Unzen ätherisches Oel, das wäre ja die kaum glaubliche Menge von 10 bis 12½ %. Die in König's Analyse angegebenen Mengen von 2,5 und 3 % ätherisches Oel ist dagegen zweifellos zu gering für gute frische Nüsse. Schon Untersuchungen im chemischen Laboratorium zu Weltevreden in Batavia Anfang des Jahrhunderts ergaben (cf. Reinwardt l. c., pag. 399) für

10 Pfd. fette gekalkte Nüsse	10	Unzen ätherisches Oel,
10 Pfd. nur mit Kalk bestreute Nüsse	8	„ „ „
10 Pfd. in Nelken aufbewahrte Nüsse	7	„ „ „

Reinwardt selbst erhielt, offenbar in Folge ganz ungenügender Destillation, nur 3¼ % ätherisches Oel, frisch der Schale beraubte Nüsse ergaben ihm sogar noch 1 % weniger eines auch weniger scharf schmeckenden Oeles. Aus Bonastre's (1823) Analyse der Nuss ergeben sich 6 %; ebenso viel erhielt Koller aus der Muskatbutter; auch Winckler giebt 6 % an. Nach dem Aardrijksk. en statist. Woordenboek enthielten 2 Pfd. ganze Nüsse 2 Unzen 4 Scrup. Oel.

2) Sein specifisches Gewicht ist 0,94—0,95 (nach Gladstone 0,8826, nach anderen 0,92, nach Symes sogar 0,988); das spec. Gewicht des mehrmals über

Etwa 95 % des Oeles gehen bei der Destillation unter 175° über; es sind dies nach Wright (1873) hauptsächlich zwei Terpene ($C^{10}H^{16}$) von verschiedenem Siedepunkt, darunter 70 % Pinen, identisch mit dem Macen der Macis (Schneider und Vogl), begleitet von sehr wenig Cymol $C^{10}H^{14}$, doch wurde letzteres von Semmler (1890) nicht darin gefunden. Hernach geht ein sauerstoffhaltiger Bestandtheil von 0,9466 spec Gewicht (Gladstone 1872) und einem Siedepunkt von 212—218° (Wright 1873) oder 224° (Gladstone 1872) über. Dieser dem Carvol isomere Myristicol genannte Stoff, $C^{20}H^{28}O^{2}$ nach Gladstone, $C^{20}H^{32}O^{2}$ nach Wright, stimmt mit dem analogen Körper aus Orangenöl überein, und spaltet sich mit Zinkchlorid in Wasser und Cymol. Wright beobachtete endlich noch eine aus zwei sauerstoffhaltigen Oelen bestehende bei 260°—290° übergehende Flüssigkeit in dem ätherischen Oele und schliesslich bleiben noch 2 % eines bei 300° noch nicht flüchtigen Harzes von der Zusammensetzung $C^{40}H^{56}O^{5}$ zurück. Der bezeichnende Muskatgeruch des Oeles, der aber verdünnt nach Cloëz mehr dem Citronenöl ähneln soll, kommt wesentlich den höher siedenden Antheilen desselben zu. Während ein schon seit lange (z B. Mulder 1839) bekanntes Myristicin genanntes Stearopten, das sich bei langer Destillation krystallinisch abschied, von Flückiger (1874) auf Myristinsäure zurückgeführt wurde, hat später (1890) Semmler in den hochsiedenden Theilen des Muskatnussöles ebenso wie bei dem Macisöl doch wieder einen differenten krystallinischen Stoff gefunden, das oben (bei der Macis) besprochene von der Gallussäure sich ableitende schneeweiss-krystallinische und muskatartig riechende Myristicin.

γ) Fortpflanzung der Muskatnussbäume.

Die Früchte der Muskatnuss werden durch Vögel verbreitet; bevor es 1662 gelang, sie aus Samen zu ziehen, war dies die einzige Weise der Vermehrung der Muskatbäume, die einfach aus dem Walde geholt und dann in den Perk gepflanzt wurden.

Der Arillus hat offenbar die Funktion, als Lockorgan zu dienen. *Arillus als Lockorgan.* Schon die prächtige rothe Farbe muss sehr in die Augen fallen; ferner ist aber auch der Geschmack der Macis ein vielen Vögeln, namentlich Tauben, sehr zusagender; dass der Arillus gleichzeitig dazu dient, durch Quellung die Fruchtschale zum Bersten zu bringen, scheint ausgeschlossen zu sein, da, abgesehen vielleicht von den räumlich doch minimalen Zellwänden der Epidermiszellen, quellbare Substanzen nicht in der Macis gefunden worden sind. Offenbar springt das Perikarp lediglich durch Austrocknung auf, wie auch die häufigen Fälle beweisen, wo nach einer Periode trockner Winde die Früchte unreif aufplatzen, zu einer Zeit,

---

Kali und Natron rektifizirten konstant bei 165° siedenden, sehr dünnflüssigen, aber an der Luft Sauerstoff absorbirenden, und dadurch weniger dünnflüssig werdenden Oeles ist nach Cloëz (1864) schliesslich 0,853 bei 15° C., Semmler (1890) giebt das spec. Gewicht bei 15° C. auf 0,8611 an und die Molekulargrösse auf 138 (für die Terpene $C^{10}H^{16}$ ist 136 erforderlich).

wo die noch ganz unreife weissliche Macis jedenfalls nicht genügend ausgebildet ist, um überhaupt eine Quellwirkung ausüben zu können.

Fortpflanzung durch Tauben.

Die Fortpflanzung der Muskatnüsse wird vor allem durch Tauben besorgt, und zwar ist dies schon seit lange bekannt.

Die älteste Notiz finde ich bei Wurffbain in seinem „Oostindianischen Kriegs- oder Oberkaufmannsdienst 1632—37". Er führt Vögel an, die etwas grösser seien als Tauben, und sich nur von der Macis ernähren, und allein von allen auf dieser Insel gegessen werden.

Mandelslo schreibt in seiner „Morgenländ. Reisebeschreibung 1668" (pag. 212): „Vogel etliche grösser als Papageien, welche nichts als nur Muscaten-Nüsse fressen, sollen von den Einwohnern auch mit den Eingeweide gegessen werden und gar delicates Geschmacks seyn".

Piso erwähnt in seiner „Mantissa aromatica" 1658 (pag. 173) besonders eine kleine weisse Taube, die daher auch den Namen Muscaten-Fresser, holländisch Neuteeter erhalten habe; diese gäbe die Nüsse unversehrt aus dem Darm heraus. Derartige Nüsse keimen schneller, wohl weil sie durch die Bauchwärme vorbereitet wurden; aber die daraus entstehenden Bäume seien leicht dem Verderben ausgesetzt, trügen auch viel schlechtere Nüsse und würden daher von den Eingeborenen verschmäht, abgesehen von der Macis, die zur Verfälschung diene. — Offenbar vermengt Piso hierbei das über die wilden unten zu besprechenden sog. männlichen Bäume (Myristica fatua) in den ihm vorliegenden Quellen gesagte mit dem, was über die von den Tauben fortgepflanzten Nüsse erwähnt wird.

Saar („Oost-Indian. 15jähr. Kriegsdienst 1644—53") und Nieuhof („Zee- en lantreise door verschijdene gewesten van Oost-Indie 1682") bringen nichts Neues, ebenso wenig Parthey (Ost-Indian. und persian. 9jährige Kriegsdienste 1667—86), der von schwarzgrau befiederten Muskaten-Fressern spricht.

J. W. Vogels schmückt in seiner „Zehenjähr. Ost-Indian. Reysebeschreibung 1678" (pag. 655) die Sache schon recht sagenhaft aus. Er sagt von den Muskaten-Esser genannten mehr als taubengrossen Vögeln: „Sie nehmen die Muscate, und essen die äussere Schale mit der Muscaten-Blume darvon, lassen alsdenn die Nuss, so noch mit einer Schale gleich einem Häusslein, wie bereits gesagt, beschlossen ist, fallen, und wenn dieselbe im Fallen unter die Erde kömmt, so wächset ein Baum darvon. Ist nun der Vogel, welcher die Muscaten-Nuss hat fallen lassen, ein Männlein, so wächst ein Männlein-Muscaten-Baum, so der Vogel ein Weiblein, so wächset ein Weiblein-Muscaten-Baum, wenn es aber ein Vogel, so sich noch nie mit einen andern entweder Männlein oder Weiblein gepahret, und gleichsam noch Jungfer ist, so wächset einer von den besten Muscaten-Bäumen."

Christian Burckhardt sagt in seiner „Ost-Indian. Reise-Beschreibung" 1693 (pag. 260) gleichfalls, dass das Fleisch der schwarz-grauen Muscaten-Fresser „nicht anderes schmeckt, als ob man Muscaten esse"; er fügt aber noch hinzu, dass es „bei höchster Strafe verboten sei, diese Vögel zu schiessen", was bei der Bedeutung der Vögel für die Fortpflanzung der Muskatnüsse nicht undenkbar ist, aber sonst von Niemandem erwähnt wird.

Dietz berichtet 1681 in seiner Dissertation, jedenfalls gleichfalls im Anschluss an Piso, dass die Früchte in den Exkrementen der Nussfresser zwar schnell keimen, aber keine dauerhaften Bäume liefern, die auch viel schlechtere und wenig geachtete Nüsse tragen, so dass sie nur der zur Fälschung dienenden Macis wegen gesammelt werden.

Pomet sagt in der „Histoire des droges“ 1694, dass die Bäume nach Mr. Tavernier nicht gepflanzt würden, sondern dass gewisse Vögel sie essen und wieder von sich geben, dann seien sie von einer klebrigen und gummiartigen Masse umgeben und keimen, was sie bei gewöhnlichem Pflanzen nicht thun.

Argensola erwähnt 1706 in seiner „Histoire de la conquête des îles moluques“ (pag. 1523) (3. Theil, von e Holländer): dass diejenigen Nüsse am besten werden, welche von dem Nussfresser gegessen sind, welcher Vogel ungefähr so gross ist, wie eine wilde Taube, auch bekämen solche Bäume viel eher Früchte.

Während noch Valentini in seiner „Natur- und Materialienkammer“ 1704 nur das vorher darüber bekannte, speziell das von Piso erzählte, wiedergiebt, findet sich im Anhang des Werkes unter den Ost-Indianischen Sendschreiben ein ausführlicher Bericht von Rumph über diese Verbreitungsweise. Es heisst dort (pag. 86): „Man hat vor diesem geglaubt, dass die Muscaten-Nüsse durch menschliche Vorsorge nicht wohl könnte fortgepflantzet werden, und dass solches allein durch eine gewisse Art blauer wilder Tauben, so bei den Bandanesern Talor [Falor], bei den Malayern Bodrong-[Burong]-Pala und bei den Unserigen Noot-eters, Teutsch Nuss-Fresser geheissen worden, geschehe, welche diese Nüsse auss der äussersten Schelffe [Schale] picken und gantz einschlucken, worvon sie allein die Foely [Macis] verzehren, und die gantze Nuss mit der Holtz-Schale durch den Abgang wider von sich geben, welche, so sie in die Büsche fallen, neue Pflantzen schiessen; dahergegen die reiffe Muscatnüs, wann sie von den Menschen in die Wälder oder in ihre Gärte auch auf sehr guten Grund gesetzt wurden, nicht auffkamen auss Ursach, dass die Nuss, wenn sie gantz reiff ist, und eine Zeit lang auf der Erden liegt, sehr wurmstichicht wird, und gäntzlich verdirbt.“

Weiter heisst es dann (pag. 88): „Sie pflegen in Banda auch die blaue Taube oder Nuss-Fresser zu braten, ohne dass sie das Eingeweid herauss nehmen solten, vorgebende, dass solches sehr wohlriechend wegen der Foely, die sie essen, befunden werde, absonderlich, wann sie die gantze Nüsse noch mit den Blumen in dem Magen fühlen. Ich vor mein Theil überlasse ihnen diese Lecker-Speise gern, und halte es vor einen lächerichten Aberglaube, dass die halb verzehrte Foely in dem Magen solcher Vögeln alle andere Fäuligkeit, so sich darinn befindet, zu lauter Specerey machen könne, indem ich befunden habe, dass meistens alle wilde Tauben den Magen und Gedärms voller Würme haben.“ Selbstverständlich berichtet dieser grosse nüchterne Forscher keine solchen Märchen wie Vogels über den Ursprung der männlichen und weiblichen Bäume.

Fr. Valentijn sagt in „Oud en nieuw Oost-Indie“, 3. Band 1726 (pag. 324) unter der Rubrik „blaue Waldtaube“, dass sie sich von vielerlei Baumfrüchten nähre, namentlich denen des grossen Waringin-baumes (einer Ficus-Art) und von Kanarinüssen, welch letztere ganz verschluckt würden; aus den wieder durch den Abgang von sich gegebenen Nüssen, indem nur die äussere Hülle verzehrt werde, wüchsen sehr schnell neue Bäume auf; sie seien die Hauptfortpflanzer der wilden Bäume „wie sie auch die Gewürznelken und Muskatnüsse sehr stark vermehren“. — „Es giebt auf Banda noch einen andern Vogel, den die Eingeborenen Falor, die Unserigen Nooten-eeter nennen. Diese pflanzen die verschluckten Muskatnüsse, wovon sie alleine die foelie verzehren, die Nuss mit ihrer Schale aber mit dem Abgang wieder von sich geben, indem sie nur die reifen Nüsse, die schon aus der Schale gefallen sind, verschlucken, in grosser Menge auf Banda und auch auf Ceram und andern Inseln fort, welche sobald sie nur in den Boden kommen, sehr freudig fortwachsen, namentlich wenn sie zuerst in dem Schatten anderer Bäume aufwachsen, die man aber, wenn sie etwas grösser geworden sind, umhauen muss, damit sie freie Luft haben. Früher war auf Banda die Meinung, dass die sicherste Art und Weise Muskatnüsse zu pflanzen, diejenige dieser Vögel sei, aber die Zeit hat gelehrt, dass das ebenso wohl durch den Menschen, wenn im rechten Zeitpunkt gemacht, geschehen kann."

Sonnerat berichtet in seiner „Reise nach Neu-Guinea", Leipzig 1777, pag. 60, (das franz. Original ist 1776 erschienen, hier pag. 163) von zwei Muskatnuss essenden Tauben, beide zu den Ringtauben (ramier, columba palumbus) gehörend: „beide leben von Muskatnüssen oder vielmehr blos von der Hülle dieser Nüsse. Denn die Nuss geben sie ganz unversehrt von sich, so dass man sie noch zum pflanzen brauchen kann, wenn sie schon durch die Verdauungswerkzeuge dieses Vogels gegangen ist. Daher kömmt es, dass diese Vögel, indem sie von Insel zu Insel herum fliegen, überall wo sie hinkommen, diese Nüsse aussäen und dadurch die Muskatbäume vervielfältigen. Ich werde die erste die kupferfarbene Muskattaube und die zweite die weisse Muskattaube nennen (ramier cuivré mangeur de muscades und ramier blanc mangeur de muscades). Die erste (es steht hier durch Druckfehler zweite) ist wenigstens doppelt so gross, als die europäische Ringtaube. Ihr Kopf ist bläulicht grau; der ganze Hals, die Brust und der Bauch sind hell flachsgrau; die Federn unter dem Schwanze sind weisslicht gelb; die kleinen Federn der Flügel sind glänzend grün, und schillern in's Kupferrothe. Die Schwingfedern und der Schwanz sind schwarz, der Schnabel ist grau und hat oben an der Wurzel einen mit einer schwärzlichten Haut bedeckten Fleischklumpen. Die Füsse und der Stern sind blass-karminroth. Die zweite ist ein Viertel kleiner, als die erste; der Kopf, der Hals, die Brust, die Hüften, der Bauch, die vordere Hälfte der Flügel und dreyviertel des Schwanzes sind weiss; die hintere Hälfte der Flügel und das Ende des Schwanzes sind schwarz; die Füsse und der Schnabel sind hellgrau; der Stern ist gelblicht".

In den 80er Jahren des vorigen Jahrhunderts erwähnt Eschelskroon den Vogel unter dem Namen Burong pantjurian bua pala (= Vogel stehlen Frucht Muskat), auch Eberth giebt die Angaben von Rumph meist wieder, und sagt, dass man früher meinte, der Vogel sei zur Fortpflanzung dienlich, so dass er gleichsam als Gärtner der Muskatenbäume betrachtet wurde, jetzt aber schösse man ihn ohne Gnade überall todt.

La Billardière berichtet in der „Reise nach dem Südmeer zur Aufsuchung des La Perouse 1791—94", deutsche Uebersetzung 1801 (pag. 282): „Die Compagnie hält in den andern Inseln (ausser Banda) Residenten, welche den Auftrag haben, die strengsten Nachsuchungen anzustellen, und alle Bäume, die sie antreffen, sogleich auszurotten. Die durch die Habsucht der Holländer empfohlene ängstliche Sorgfalt wird aber nicht selten durch die Vögel getäuscht, welche die Saamenkörner aus einer Insel in die andere bringen; auch sind die Bäume oft auf so steilen Anhöben gesäet, dass die thätigste Aufsicht sie nicht findet."

Crawfurd erwähnt in seiner „History of the Ind. Archipelago", I, 1820, (pag. 507) die Vögel nur kurz.

Ver Hüll berichtet in seinen „Herinneringen van een reis naar de Oost-Indien" I, pag. 109, abgedruckt in de Vriese Tuinbouw-Flora, III (1856, pag. 3), gelegentlich seines Aufenthaltes in Banda 1817: „Die Bäume, welche durch die sog. Noten-krakers, eine grosse grüne Buschtaube, zufällig gepflanzt werden, wachsen am besten. Diese Vögel schlucken die Nuss, wenn sie reif ist, ganz hinunter, indem sie sich allein von der sie umgebenden Macis nähren, und die Nuss ganz wieder auswerfen. Sie ist deshalb sehr nachtheilig für die Nussernte und wird von den Muskatpflanzern unaufhörlich verfolgt." Hier findet sich also zuerst der Name Notenkraker, während bis dahin immer Noteneeter (Nussfresser) als Name vorkam. Auch Kolff spricht in seiner „Reize door d. zuidel. Molukschen Archipel etc. 1827" (engl übers. unter d. Titel Voyages of the Dutch brig of war Dourga 1840, pag. 99) von dem auf der Insel Dammar viel vorkommenden, einer blauen Taube sehr ähnlichen Notenkraker *Columba globicera*, und erwähnt, was jeden Zweifel über die Identität mit dem Noten-eeter ausschliesst, dass die aus den verschluckten Nüssen später aufkommenden Pflanzen meist in die Perks übergepflanzt werden.

Temminck, Coup d'oeil III (1849), pag. 294, sagt, dass *Columba perspicillata*, eine grosse metallisch-grüne Taube mit weissem Ring um das Auge, der thätigste Zerstörer der Muskatnuss sei, was dieser Taube unausgesetzten Verfolgungen durch die Pflanzer zuzöge, die freilich vielfach erfolglos seien, da sie sich Tags über in den Gipfeln der Muskatbäume versteckt halte, und man nur Nachts, wenn sie in die Pflanzungen unter die Bäume geht, günstige Chancen hat, sie zu fangen; sie besitze übrigens ein ausgezeichnetes Fleisch. Eine zweite Taubenart, die etwas kleiner ist, *Columba aenea*, geht gleichfalls Nachts dieser Nahrung nach. Zwei andere Taubenarten, *Columba javanica* und *diademata*, schaden dem Muskatbaum nicht. — Auch noch andere Vogelarten als diese eben genannten dienen nach ihm zur Verbreitung der Muskatnüsse, vor allem kleinere Taubenarten, und einige Arten der Gattung Calao (offenbar Maleo gemeint), die alle hauptsächlich von Muskat, Nelken und Kanarifrüchten leben; neben den Columba und Bucerosarten ist es auch der grosse Kasuar von Ceram, der diesen Früchten nachstellt; alle diese Vögel verzehren die Nüsse, wenn die rothe Macis sichtbar wird, verdauen letztere und werfen die Nüsse der Muskat, die harte Schale der Kanariennüsse und die Samen der Nelke durch die Verdauungsorgane wieder aus.

S. Müller berichtet in seinen „Reisen in den indischen Archipel", II (1856), (pag. 37): „Auf Ceram trägt unter anderen der Kasuar viel dazu bei, Muskat- und Kanarienbäume wild fortzupflanzen, dadurch, dass er die Früchte ganz verschlingt, doch nur die äusseren weicheren Theile verzehrt, und die harte Nuss unverändert wieder von sich giebt; dasselbe nimmt man wahr bei dem *Buceros ruficollis* und bei einigen grossen Tauben, die aber zu dem Zweck die Muskatnuss aus der geöffneten Schale holen, und sie demgemäss nur verschlucken, um die Macis zu geniessen. Auch die reifen Nelken verschmähen sie nicht. Die *Columba viridis* haben wir bereits als nach dieser Gewürzfrucht gierig angegeben [1]; aber, ausser dieser Taube, atzen auch auf derselben *Columba superba*, *Reinwardtii*, *aenea* und *perspicillata*. Diese zwei letzten sind die berüchtigten Noten-eeters der Muskatpflanzer auf Banda, von den Eingeborenen daselbst Manok Falor, bei denen von Amboina Manok Ahoen genannt". Die weisse Strandtaube, von der eine Art, *Columba littoralis*, mehr in den westlichen Ländern, namentlich in der Sunda-Strasse, die zweite, *Columba luctuosa*, mit mehr grauen Flügeln und Schwanz, meist im östlichen Theil, zwischen Celebes und Neu-Guinea gefunden wird, bringt er ebenso wenig wie Valentijn, der sie auch als weisse Taube aufführt, mit den Muskatnüssen in Beziehung. In Band II, pag. 51, erwähnt er noch,

---

1) pag. 30, woraus hervorgeht, dass Müller die Nelken hier meint, was demnach auch für die folgenden Taubenarten gilt.

dass er auf Banda, ausser der *Columba perspicillata* und *aenea*, noch *C. javanica* und *C diademata* geschossen habe, ohne aber anzugeben, dass letztere den Muskatnüssen nachstellen.

Reinwardt berichtet in der „Reis naar het oostel. Gedeelte van den indisch. Archip. 1821", 1858 (pag. 384), dass der Baum auch durch die sog. notenkrakers, eine Art grosser Tauben (le muscadivore von Buffon) fortgepflanzt werde, welche die Nüsse mit der Macis aus der Schale holen und ganz verschlucken; sie verzehren aber nur die Macis, die Nuss in der Schale dagegen geben sie unversehrt wieder von sich. Ferner findet sich aber in demselben Werk eine Stelle (Anmerkung pag. 385), die besagt, dass in einer handschriftlichen „Beschreibung von Banda im Jahre 1829" sich folgende Notiz findet: „Es besteht ein beträchtlicher Unterschied zwischen dem notenkraker und dem walor. Ersterer kommt von den Papua-Inseln und knackt mit seinem stark ausgebildeten krummen Schnabel die Nuss und selbst die sehr harte Kanariennuss sehr bequem auf; der walor dagegen gehört zu dem echten Buschtaubengeschlecht". Reinwardt meint nun, dass, da der eigentliche Noten-kraker (eine Bucerosart?) nur selten auf Banda vorkomme, man wohl den Namen daselbst anstatt dessen an den walor gegeben habe, obgleich nicht sehr passend, da der walor die Nüsse gar nicht aufknackt. Auch später hat sich der irrthümliche Name Notenkraker für die Taube erhalten, so z. B. sagt der Verfasser des Fragment van e. Reisverhaal 1856, dass der Notenkraker, eine Art Taube, schädlich sei. Buddingh (1852—57) spricht von Walor oder Notenkraker, ebenso spricht noch 1872 v. d. Linden von dem Notenkraker als von einer grossen grünen Taube.

Hiermit haben wir ziemlich die Originallitteratur erschöpft; alles was Verf. sonst hierüber in Abhandlungen, Compendien etc. gefunden hat, beruht auf Auszügen aus diesen Quellen.

Was nun die wissenschaftliche Identifizirung betrifft, so herrscht wie wir gesehen haben, eine ziemlich starke Verwirrung. Es unterliegt aber keinem Zweifel, dass die blaue Waldtaube, die auf Banda falor (auch walor[1]), auf malayisch burong pala (Muskatvogel), von den Holländern noten-eeter genannt wird, zur Gattung *Carpophaga* gehört. Von dieser Gattung kommen nur zwei Arten auf Banda vor, *Carpophaga aenea* Linné und *C. perspicillata* Temm. Valentijn scheint freilich die blaue Waldtaube von dem noten-ceter oder falor zu unterscheiden, doch ist darauf nicht viel zu geben, der viel zuverlässigere Rumph hingegen spricht nur von einer Art blauer Taube, die eben auch falor, burong pala oder noten-eeter heisst; ebenso spricht Sonnerat nur von einer Art ramier cuivré mangeur de muscades. Erst Temminck und

---

[1]) Dieser Name walor ist auch auf den Key-Inseln, die ja bekanntlich von den vertriebenen Banda-Insulanern kolonisirt wurden, für verwandte Tauben (Carpophaga cineracea und bicolor), gebräuchlich Buddingh erwähnt für die Insel Ai neben den Walors noch andere Buschtauben; Oxley erwähnt für Banda neben dem Walor, dessen Ruf er dem Wiehern eines Pferdes vergleicht, noch eine kleine Uua genannte Taube, die ein weiches Kuu (coo) ertönen lässt.

Salomon Müller sprechen von zwei Arten, die beide nach letzterem Nooten-eeter oder manok(-Vogel) falor, auf Ambon manok ahoen heissen. Ver Huell ist, so viel ich ersehen kann, der erste, der dafür den Namen Notenkraker einführt, er bezeichnet diese Buschtaube auch als grün, doch sind seine Notizen durchweg wenig verlässlich [1]; von ihm hat wohl Reinwardt den falschen und unpassenden Namen Notenkraker übernommen.

Es sind demnach nur zwei Tauben, *Carpophaga* (Columba) *aenea* und *perspicillata* Temm., von denen wir wissen, dass sie die brauchbaren Muskatnüsse auf Banda verschlucken, beides Vögel mit metallisch glänzendem Gefieder, die dort Nussfresser (holl. noteneeter) oder auf malayisch burong pala (Muskatvogel), auch falor (walor) genannt werden.

Recht nahe steht dieser erwähnten Gattung *Carpophaga* die Gattung *Myristicovora*, die im malayischen Archipel weit verbreitet ist; es sind dies weisse schwarzflügelige Tauben; eine zu dieser Gattung gehörige Art ist von Sonnerat erwähnt als ramier blanc mangeur de muscades, (von Buffon bezeichnet als muscadivore), jedoch wird sonst von den eigentlichen Kennern der Molukken wie Rumph, Temminck, Salomon Müller nichts von der Eigenschaft dieser Tauben, die Muskatnüsse fortzupflanzen, erwähnt; Valentijn bespricht sie zwar, und Salomon Müller beschreibt sie genauer als weisse Strandtaube oder *Columba luctuosa* beide erwähnen aber nicht das geringste davon, dass sie Muskatnüsse verschlingt, was sie, wenn es ihnen bekannt gewesen wäre, nicht unterlassen haben würden, mitzutheilen; auch ist sie nach Sonnerat um $1/4$ kleiner als die *Carpophaga*, was vielleicht auch dem Verschlingen der Nuss hinderlich sein könnte. Der Name *Myristicovora* ist der Gattung auf Sonnerats Notiz hin gegeben, die aber bis jetzt noch keine Bestätigung gefunden zu haben scheint. Die *M. luctuosa* findet sich nach S. Müller von Celebes bis Neu-Guinea verbreitet, *M. littoralis* mehr im westlichen malayischen Gebiet, *M. bicolor* sehr viel auf Pulo Pombo bei Amboina (Forbes II, 17), *M. melaneura* auf Buru (Forbes II, 101).

Nach Salomon Müller soll auch der Kasuar auf Ceram Muskatnüsse verschlingen und dadurch zur Fortpflanzung derselben beitragen; da die in Betracht kommende Art *Casuarius* (Hippalectryo) *galeatus* aber nur auf Ceram vorkommt, nicht auf Banda, so kann dieser Vogel

Fortpflanzung durch Kasuare.

1) Er war Marineoffizier, Kommandant eines Linienschiffes, welches den Befehl hatte, 1817 die Banda-Inseln von den Engländern wieder für Holland in Besitz zu nehmen; als solcher war er eine kurze Zeit daselbst, man kann also von ihm keine genauen wissenschaftlichen Untersuchungen erwarten.

nur wenig für die Verbreitung der Muskatnuss in Frage kommen; zumal da er ungeflügelt ist und demnach nur abgefallene Nüsse erlangen kann. Dieser Vogel dürfte aber wohl die wilden Muskatnussarten Cerams verbreiten.

Fortpflanzung durch Grossfusshühner.

Die zu den Grossfusshühnern gehörigen, auf Ambon Maleo genannten Megapodiusarten, von denen *M. Forsteni* und *rufipes* auf Ceram vorkommen, werden zwar gleichfalls als Verbreiter der Muskatnuss angegeben, jedoch sagt Valentijn nichts darüber, dass sie unverdaute Früchte wieder von sich geben. Auf Banda kommt übrigens auch diese Gattung nicht vor.

Fortpflanzung durch Nashornvögel.

Ob die grossen Nashornvögel oder Buceros-Arten, von denen *B. ruficollis* die östlichen Molukken und Neu-Guinea bewohnt, die Muskatnüsse völlig herunterschlucken, ist ebenfalls noch zweifelhaft. Salomon Müller behauptet es zwar, und erwähnt sogar die Art *B. ruficollis,* Reinwardt aber ist der Ansicht, dass der Buceros der echte Notenkraker sei, der von Papua komme und die Muskatnüsse aufknacke, also nicht zur Verbreitung beitragen könne. Mir scheint es unwahrscheinlich, dass der Vogel sich an die Muskatnusskerne selbst heranwagt, da es bisher nicht erwiesen ist, dass der Vogelmagen grössere Quantitäten der in dem Ruminationsgewebe vorhandenen Harze verdauen könne, von denen schon geringe Quantitäten grösseren Säugethieren und Menschen gefährlich werden können. Ferner braucht der Buceros, der ja auf Ceram auch vorkommt, nicht erst von Papua herüberzukommen, und endlich erscheint es mir unwahrscheinlich, dass der Nashornvogel die harten Kanarikerne aufknacken kann, wie doch in dem von Reinwardt citirten Auszug aus der Beschreibung von Banda für den Notenkraker angegeben wird.

Fortpflanzung durch Papageien.

Rosenberg (Der malayische Archipel, pag. 370), behauptet hingegen von dem grossen schwarzen Papagei *Macroglossum aterrimum,* der in der That nur auf den wirklichen Papuainseln bis zu den Aru-Inseln vorkommt, dass er die „eisenharte Hülle von *Canarium moluccanum* durch einfachen Druck seines gewaltigen Schnabels mit Leichtigkeit öffnet.“

Auf Ceramlant habe ich übrigens selbst zerbrochene Kanarikerne gesehen und man sagte mir, dass der Kakadu (also wohl *Cacatua moluccensis*) dies bewerkstellige. Auch giebt Sal. Müller (II, pag. 51) an, dass der auf Banda sehr häufige rothe Lori (Psittacus ruber) dem Kern der Kanarifrüchte eifrig nachstellt.

Aus all diesem schliesse ich also, dass nicht der Nashornvogel der eigentliche Notenkraker ist, sondern eine Papageienart; dass übrigens der Nashornvogel auch, wie die Tauben, die Nuss ganz herunterschluckt, und wieder unversehrt ausgiebt, wird, abgesehen von Sal. Müller's Angabe, auch durch Rumph wahrscheinlich gemacht, der sagt, dass die Nüsse von Myristica fatua und Horsfieldia sylvestris in Ambon von dem Jahrvogel oder Buceros gegessen werden, weshalb sie auch Palala oder Pala-ala (= Jahrvogel Muskat) und Palala ala manay genannt werden.

Was also die echte Muskatnuss, Myristica fragrans, betrifft, so wissen wir mit Bestimmtheit nur, dass verschiedene Carpophagaarten die Nüsse völlig verschlucken und mit den Exkrementen wieder fallen lassen. Die Ansicht, dass die Nüsse nur im Kropfe bewahrt werden, wo sie ja ohnehin lange zum Einweichen verbleiben, ist neuerdings namentlich durch Moseley vertheidigt worden, der sagt, dass die Nüsse von den aufgescheuchten Vögeln, um sich beim Fluge zu erleichtern, wieder ausgeworfen würden; auch Forster fand auf den Neu-Hebriden eine wilde Muskatnuss im Kropfe von Tauben; trotzdem beweist die Notiz des so zuverlässigen Rumph, der angiebt, dass die Nooteneeters besonders dann als Braten geschätzt sind, wenn man die ganze Nuss mit der Blume noch im Magen der Taube fühlen könne, auf das unzweifelhafteste, dass auch völliges Verschlucken der Nüsse vorkommt, was übrigens auch noch durch Worte wie per stercus (Rumph), Abgang (Valentijn) etc. erhärtet wird.

δ) Abnorme Muskatnüsse.

Haben wir uns bisher nur mit der gewöhnlichen Muskatnuss beschäftigt, so bleiben uns noch einige Abnormitäten oder vielleicht besser gesagt, eigenthümliche Abweichungen von der Grundform zu betrachten übrig.

Zwillingsnuss. Taf. III, Fig. 1.

Eine vor allem häufige Erscheinung ist die der Zwillings- oder Doppelnuss (nux gemina), pala kambar), die überall vorkommt, wo Muskatnüsse gepflanzt werden. Bei der Zwillingsnuss umschliesst dasselbe Perikarp zwei, in seltenen Fällen sogar drei Nüsse, jede von ihrem Arillus umhüllt. Natürlich sind die Nüsse durch den Druck, den sie bei der Ausbildung auf einander ausüben, an der Seite, an welcher sie neben einander liegen, platt, aber dennoch auch dort vom Arillus umgeben. Sie entsprechen vollkommen den Vielliebchen bei den Mandeln, nur mit dem entwickelungsgeschichtlichen Unterschied, dass bei den Mandeln ursprünglich mehrere Samenanlagen vorhanden sind, von denen in der Regel nur eine zur Entwickelung gelangt, während bei der Muskatnuss fast stets nur eine einzige Samenanlage ursprünglich angelegt, die Anlage einer zweiten hingegen schon an und für sich eine Abnormität ist[1]). — Da der Arillus an der Samenanlage selbst und nicht an der Placenta, d. h. der Leiste, an der die Samenanlagen ursprünglich sitzen, entsteht, so ist die naturgemässe Folge, dass jede Nuss ihren durchaus selbständigen Arillus besitzt, der mit dem der benachbarten Nuss nirgends verwachsen ist. Da ferner die Samenanlagen ursprünglich grundständig sind, so folgt daraus, dass auch die Zwillingsnüsse mehr oder weniger aufrecht neben einander stehen. Das Perikarp lässt übrigens schon äusserlich erkennen, ob es eine Zwillingsnuss umschliesst; dadurch nämlich, dass es in diesem Falle statt der einen Meridionalrinne eine Kreuzrinne besitzt, wovon dann die Folge ist, dass die reife Zwillingsnuss anstatt durch Zweispaltung in vier Klappen aufspringt.

Derartige Doppelnüsse sind seit Alters her bekannt; schon Clusius (1605) und ihn kopirend J. Bauhin erwähnen dieselben. Vogels bezeichnet in seiner „zehenjährigen Ost.-Ind. Reisebeschreibung" (1704, pag. 655) diese Nuss irrthümlicher Weise mit dem Namen „weibliche Muskat". Nic. Schultze giebt in seiner Dissertation 1709 die erste, und zwar eine nicht schlechte Abbildung einer halb durchschnittenen Zwillingsfrucht; auch erwähnt er, dass diese auf der einen Seite platten, auf der anderen aber runden Nüsse auch gut zur Speise zu gebrauchen seien.

Rumph beschreibt sie natürlich mit gewohnter Gründlichkeit und durchaus richtig; er giebt an, dass diese Zwillingsnüsse oder Pala bacambar (nach Reinwardt Pala bacoembar, nach de Sturler Pala koembar), in Banda Pala kende-kende (in den ostind. Sendschreib. Anhang zu Valentini steht irrthümlicher Weise Pala kene kene) genannt würden. Sie wachsen nach Rumph besonders häufig an den schon oben besprochenen Pala boy genannten Bäumen. Sie haben nach ihm keine besonderen Eigenschaften, und werden entweder als Rarität aufbewahrt, oder unter die gewöhnlichen gemischt; es sei aber Dichtung und Aberglauben, dass sie, in der Speise genossen, den Frauen Zwillinge brächten. Die Abbildung im Herbar. amboin. vol. II, t. 4, Fig. 3, giebt zwei Zwillingsnüsse, aber wenig deutlich, wieder. Die Angaben Valentijn's in seiner „Beschrijving van Boomen, Planten etc.", pag. 202 sind nur Kopieen aus Rumph; er giebt an, dass in Bezug auf die Eigenschaften zwischen gewöhnlichen und Zwillingsnüssen kein Unterschied existire.

Eine vortreffliche Abbildung einer eben aufspringenden Zwillingsnuss an einem sonst normalfrüchtigen Zweige findet sich in Blume's Rumphia t. 55. Eine andere

---

[1]) Eine andere merkwürdige und wohl für die Stellung der Familie zu den Polycarpicae bedeutungsvolle Abnormität ist das Vorkommen eines zweiten, wenn auch rudimentären Fruchtknotens in der weiblichen Blüthe neben dem normalen. Bisher ist diese Erscheinung freilich noch nicht bei Myristica fragrans konstatirt worden, dagegen bei einer anderen Myristicacee Horsfieldia laevigata Bl., und abgebildet in Blume's Rumphia tab 64, Fig 3, 2.

derartige Zwillingsnuss haben wir nach einem Originalexemplar im Längsschnitt wiederzugeben versucht auf Tab. III, Fig. 1.

Eine zweite Art Missbildung sind die sog. Königsnüsse (nux regia, pala radja), ein Name und ein Begriff, der viel Konfusion angerichtet hat. Es sind dies weiter nichts als abnorm kleine Nüsse, mit (wohl in Folge der Kleinheit) besonders dicker, die Nuss rings umgebender und dadurch, dass die einzelnen Arillarlappen dicht neben und über einander liegen, meist lückenloser Macis. Königsnüsse. Taf. III. Fig. 4 u. 5

Greshoff hat in der Teysmannia (I. 1890, pag. 380) einige Gewichtszahlen der Radjanüsse gegeben, die im Vergleich zu gewöhnlichen Nüssen hier mitgetheilt seien. Es wiegen

	mit Macis und Fruchtschale	mit Macis	ohne Macis und Holzschale
10 kleinfrüchtige Muskatnüsse .	454 g	24,0 g	10,5 g
10 Königs- oder Radjanüsse .	335 g	2,6 g	1,5 g

Die entschalte, pfefferkorngrosse Königsnuss wiegt also im Durchschnitt nur 0,15 g; auch der prozentuale Fettgehalt war gering, nur 10,2 % gegen 27,5 % in den gewöhnlichen Nüssen. Auffallend ist aber Greshoffs Angabe, dass der aussergewöhnlich wohlriechende Arillus von weisser Farbe sei; oben sahen wir ja, dass die weisse Macis in anderen Fällen nur wenig oder kein Oel besass. Die im Besitze des Verf.'s befindliche, Taf. III, Fig. 4 abgebildete freilich wohl nicht ganz so kleine Königsnuss besitzt einen gefärbten Arillus; Fig. 5 stellt eine andere auch noch nicht zu den kleinsten gehörige Königsnuss ohne Macis und Samenschale dar.

Die erste Angabe über die Königsnuss finde ich im Museum Wormianum (1655, pag. 210), wo sie als nux moschata regia bezeichnet wird. In Valentini's Auszug daraus (pag. 292) heisst es, dass sie ist „an der Figur den andern zwar gleich, aber nicht grösser als eine dicke Erbs[1]; dahero wohlgemeldter Wormius anfänglich vermeinet, es wäre diejenige, so ihm von einer jungen Person, so eben aus Ost-Indien gekommen, gebracht und verehret worden, etwa ein unreiffes und verdorbenes Stücke. Nachdem aber diese Person hergegen solche mitten von einander geschnitten und gezeiget, dass sie eben die gewöhnliche Farbe, Geschmack und Geruch habe[2], so scheinet er solcher Relation fast glauben beyzumessen, obwohlen biss daher niemand dergleichen Meldung gethan hat. Wesswegen andere meinen, dass sie zuweilen auch unter den rechten also wächsen, indem es geschiehet, dass ausser dem gemeinen Lauff der Natur an der Grösse eine die andere übertrifft, wie Schurtzius raisonniret".

---

1) Im Museum Wormianum steht sogar, dass die Nuss kaum grösser sei als ein Pfefferkorn.

2) Im Museum Wormianum steht, dass sie an Farbe, Duft und Sukkulenz die grösseren reifen sogar übertreffe.

Bei dieser geringen Kenntniss blieb es dann lange. Noch 1709 weiss Nic. Schultze nichts rechtes hiermit anzufangen, und sagt (pag. 11), dass aus den Beschreibungen der Autoren eine grosse Konfusion hervorgegangen sei, indem einige den Baum als Königsnüsse liefernd betrachten, der die allergrössten, andere denjenigen, der die allerkleinsten Nüsse liefert, andere wiederum verwechseln die Königsnuss mit den weiblichen und so weiter. An anderer Stelle (pag. 18) vermengt er sie sogar offenbar mit den Zwillingsnüssen, indem er sagt, es seien die allerkleinsten, an der einen Seite rund, an der andern platt; er stützt sich hierbei ganz vergeblich auf die durchaus richtige Mittheilung von Hofmann (in Olav. ad Schroed.), der sagt: die dritte Art wird die Königliche genannt, sie ist sehr klein und selten, übertrifft aber durch die Saftigkeit und den Wohlgeruch die grösseren; sie ist von ovaler Form und den übrigen ähnlich, nur übertrifft sie an Grösse kaum eine Erbse. Uebrigens bildet Schultze, trotzdem er sich nach obigem absolut nicht über das Wesen der Königsnuss klar war, auf seiner Tafel zwei durchaus richtige Königsnüsse mit und ohne Macis ab, d. h. eine minimale aber sonst normale runde Nuss, sowie eine ähnliche von sehr dicker, anscheinend lückenloser Macis umgeben. Schultze hätte aber schon vielleicht im Klaren sein können, wenn er Rumph's Beschreibung in Valentini's fünf Jahre früher (nämlich 1704) erschienene Natur- und Materialienkammer nachgeschlagen hätte.

Rumph führt als dritte Missbildung der echten Muskatnuss an die Pala Radja (in Valentini's Ostind. Sendschreiben entstellt zu Pala Zadja) oder Foely- (= Macis)nuss. Nach ihm sind diese Früchte den andern gleich, doch besitzen sie nur ein kleines Nüsschen, von einer sehr dicken Macis umgeben, daher der Name Foelynuss (in der lateinischen Ausgabe Valentini's 1716 Nuculae Maciferae); ja zuweilen ist das Nüsschen nicht grösser als ein Pfefferkorn, dagegen bildet die Macis einen harten, schweren und dauerhaften Klumpen, und man pflegt sie ganz, ohne die Nuss herauszunehmen, unter die andere Macis zu mischen. Da sie aber viel schöner und dauerhafter ist als die gewöhnliche, so bewahren einige Liebhaber sie auf, weniger als Rarität, denn als Medizin; theils wachsen sie an besonderen Bäumen, theils mit den gewöhnlichen zusammen an demselben Baum. Leider aber wurde diese relativ klare Darstellung durch zwei überaus schlechte Abbildungen der Nuss (Herbar. amboin. Vol. II, t. 4, Fig. H) entstellt.

Valentijn, der sich offenbar auf das Manuskript von Rumph stützt, sagt in seiner „Beschrijving van Boomen etc." so gut wie dasselbe. Die Foelie der Konings-Noot sei so dick, dass die Nuss in der Mitte wie eine graue Erbse sei; sie werde für besser gehalten als die gewöhnliche, und soll nach Angabe der Bandanesen sich auch besser halten. Nach der Meinung einiger wachse sie an besonderen Bäumen, dem werde aber von anderen widersprochen, und diese hielten dieselben, wie er selbst auch, nur für eine Missbildung.

Disse Notizen wurden nun später vielfach missverstanden und umgedeutet, Milbourn (oriental commerce II 1813, pag. 390) unterscheidet zwischen „royal und queen nutmeg" [1]); die erstere soll die langen, letztere die runden Nüsse liefern,

[1]) royal ist offenbar die Uebersetzung von regia und radja, in Bezug auf queen sei bemerkt, dass schon die holländischen Kommissare von 1682 den Namen Quen kennen, der ihnen aber identisch ist mit Palabuy, d. h. mit der gleich zu besprechenden Pala boy. Offenbar liegt der Unterscheidung von royal und queen die gleiche Symbolik zu Grunde, wie der Eintheilung in Mannetjes und Wijfgens.

die der ersteren soll 15—16 Linien lang sein, die der letzteren 9—10; bei der ersteren ist die Macis 3mal länger als bei der letzteren, und besteht aus 15—17 dicken, die Nuss ganz umgebenden Streifen, die Macis der letzteren dagegen hat nur 9—10 nur halbwegs die Nuss umgebende Streifen; daher bleibe die Nuss der ersteren hängen und werde von Insekten angegriffen, während die Nuss der letzteren, wenn sich die Frucht spaltet, herausfalle.

Wie man sieht, ist dies eine merkwürdige Verquickung und Vermengung altbekannter Thatsachen. Es sind dies die unten näher zu besprechenden Nuces oblongae und rotundae von Rumph, zwei verschiedene Formen der normalen Nuss, die sogar auch zuweilen, freilich irrthümlich, als männliche und weibliche bezeichnet werden; die männlichen werden nun hier fälschlich mit den Königs- oder königlichen (royal) Radja-Nüssen zusammengeworfen, während die weiblichen (Wijfken) dadurch natürlich zu Königinnen werden müssen.

Die gleichen Irrthümer gingen nun in viele englische oder englisch beeinflusste Werke über, so in Porter's Tropical-Agrikulturist 1833, und von dort in das holländische Werk de Sturler's über tropische Agrikultur; beide Werke, ferner auch Bernays und Bisschop Grevelink unterscheiden königliche (royal) und grüne (green, offenbar aus queen korrumpirt) Nüsse, die ersteren sollen grösser sein und eine die Nuss überragende Macis besitzen, letztere sollen dagegen kleiner und nicht ganz von der Macis bedeckt sein. Es mag ja sein, dass zur Zeit Milbourn's in Sumatra oder Penang derartige Unterscheidungen zwischen royal und queen[1]) gebräuchlich gewesen sind, obgleich die Grösse nichts mit der Vollständigkeit der Bedeckung durch die Macis zu thun hat; jedenfalls stammt aber der Name royal von der alten Bezeichnung in Banda, und dort war gerade die Kleinheit, nicht die Grösse, ein charakteristisches Merkmal der Königs-Nuss, dagegen war die Macis von besonderer Dicke.

Aber auch wirklichen Botanikern kann der Vorwurf nicht erspart werden, Rumph durchaus missverstanden zu haben Miquel z. B. glaubte in der in Batjan von Teysmann gesammelten wilden Muskat (die Verf. Myristica speciosa benannte), die echte Pala radja entdeckt zu haben; er brachte nämlich irrthümlicher Weise Nüsse, die de Vriese mit der Bezeichnung bitjoeli-bitjoeli (das ist ein Ort in Ost-Halma-

---

[1]) Wie derartige Konfusionen wirklich faktisch bedeutenden pekuniären Schaden anrichten können, ersieht man aus Semler's überaus leichtfertigem Rathschlag, der nur mit der eben gekennzeichneten Unterlage überhaupt verständlich wird, aber durch die Art, wie er vorgetragen wird, den Schein erwecken soll, als wenn er von einem alten Praktiker ausgehe. Semler sagt nämlich in seiner tropischen Agrikultur: „Bei Samenbezügen darf nicht ausser Acht gelassen werden, dass es mehrere Spielarten des Muskatnussbaumes giebt, von welchem aber nur zwei zum Anbau zu empfehlen sind. Der Vorzug wird gewöhnlich der „Königin“ eingeräumt, da ihr Produkt sich durch Festigkeit und Rundung auszeichnet; nächst ihr wird die „Königliche Muskatnuss“ geschätzt“. Er empfiehlt demnach die oben beschriebene von ihm gänzlich missverstandene Missbildung als zwei verschiedene Spielarten den Pflanzern zum Anbau; die unglücklichen Pflanzer, die sich für schweres Geld die wahrscheinlich keimunfähigen Königs- oder Königlichen Nüsse zu verschaffen wüssten, wären sicher nicht zu beneiden. Glücklicher Weise dürfte es fast unmöglich sein, grössere Quantitäten aufzutreiben.

heira) versehen hatte, und die, wie mir der Augenschein lehrt, wahrscheinlich einer wilden Art Halmaheiras angehören, mit der ganz anders aussehenden Batjan-Muskat zusammen; letztere hat aber nicht nur viel grössere Blätter und ganz andere Blüthen, sondern auch nur mit dünner Macis unvollständig bedeckte hervorragend grosse Nüsse, die in keiner Hinsicht irgend etwas mit Rumph's Pala radja zu thun haben.

Hiermit mag auch die durchaus irrthümliche Notiz de Sturlers zusammenhängen, der angiebt, die pala radja käme viel auf Batjan vor, und werde durchgehends bei den Wohnungen der Fürsten gepflanzt (dies schliesst er wohl aus dem Wort radja?); auf Batjan giebt es übrigens nur einen Radja.

Diebsnuss. Nur wenig Konfusion hingegen hat die sog. Diebsnuss (nux furum) angerichtet; malayisch heisst sie pala pentjuri. Auch dies ist nach Rumph eine Missbildung der echten Muskatnuss. Sie hat nach ihm entweder überhaupt keine Holzschale, oder doch nur einen Theil derselben ausgebildet, so dass die Macis auf dem blossen Kern der Nuss liegt. Sie ist nicht ordentlich rund noch oval wie die gewöhnliche Nuss, sondern schief und höckerig.

Aus dieser klaren, auch durch eine Abbildung der Frucht (Herb. amb. vol. II, t. IV Fig. F) erläuterten Beschreibung, die schon 1804 in deutscher Sprache in Valentini's Anhang erschienen war, wie auch aus einer dem Sinne nach völlig identischen Angabe Valentijn's im Jahre 1726 geht deutlich hervor, dass es schon vor der Reife wurmstichig gewordene oder sonst krankhafte Früchte sind, so dass bei ihnen die Holzschale nicht zur Ausbildung gelangt, und meist auch die Form der Nuss eine unregelmässige ist; dass solche Nüsse schliesslich zerstört werden und die gesunden anstecken, leuchtet von selbst ein und wird von Rumph ausdrücklich hervorgehoben.

Nach Rumph ist die Diebsnuss nämlich eine schädliche Missbildung, denn wenn sie gewöhnlichen Nüssen oder der Macis solcher beigemischt wird, so bewirkt sie, dass letztere zu Mulm vergehen, indem sie selbst zuerst schlecht wird und dann die anderen ansteckt. Darum muss man sie sorgfältig auslesen. Einige Leute bewahren sie nach Rumph trotz alledem, da sie ihr die medicinische Wirkung zuschreiben, den Stein im Leibe der Menschen zu zertrümmern, wovon er aber kein Beispiel gesehen habe.

Sonst finden sich diese Diebsnüsse nur selten erwähnt. Nieuhof giebt zwar schon 1668 an (II, pag. 95), dass zuweilen die Nuss so geschwind wächst, dass die Macis bersten muss und vergeht, jedenfalls aber nicht die genügende Stärke und Dicke erlangt; jedoch benennt er diese Abnormität nicht mit einem besonderen Namen. Wahrscheinlich aber ist der Name pala metsiri, den Piso und nach ihm Nieuhof, Dietz etc. als den indischen Namen der nuces mares (männliche Nüsse) anführten, identisch mit pala pentjuri, und Pisos Identifizirung derselben mit den männlichen Nüssen würde demnach auf Verwechselung beruhen, was auch, da er sich auf mündliche Angaben von Indienfahrern stützte, sehr leicht denkbar ist.

Ferner glaube ich, dass sich schon bei Clusius (1605) eine nur hierauf zu beziehende Stelle findet; es heisst dort nämlich, dass auf den Bergen jener Inseln noch eine andere Art wachse, die aber kaum reif wird. Sie kann nicht aufbewahrt werden, da sie dem Wurmfrass nach kurzer Zeit erliegt, sodass sie nur der Macis wegen gesammelt wird. Auch Caspar Bauhin (1623) giebt dasselbe wieder, man sammele von ihr, wenn die Frucht kaum reif ist, die Macis.

Pfaffennüsse oder Pala Domine, auch Pala Padri genannt, heissen diejenigen Nüsse, die nur halb mit Macis bedeckt sind und daher gleichsam eine Predigersmütze tragen. Sie sind nach Rumph wenig geschätzt, da man die Macis nicht ohne Bruch abnehmen kann, und dieselbe ja auch nur von geringer Grösse ist. Auch Valentijn erwähnt das gleiche von der „Domine's Noot.“ Rumph führt sie als 5. der Missbildungen an, bildet sie aber nicht ab, auch sonst giebt es weder eine Abbildung, jedoch fand Verf. in dem von ihm gesammelten Material ein wohl als Pfaffennuss zu deutendes Exemplar, welches auf Tab. HI, Fig. 6 abgebildet wurde. Pfaffennus Taf. III, Fig. 6.

Hierher gebören jedenfalls wohl auch die von Nic. Schultze nach Nieuhof und Piso angeführten Nüsse, die unter der dichten Schale (calyx) der Macis ganz entbehren; er hat die merkwürdige Vorstellung, dass die Macis wahrscheinlich zerbrochen und vergangen sei, bevor sie die nöthige Festigkeit und Dicke erlangt habe. Auch Linschoten giebt übrigens schon 1596 an, dass manchmal die Macis berste, und daher oft Nüsse ohne Macis vorkämen.

Die weisse Muskat, malayisch Pala puti (= weiss), oder Pala Holanda (= holländisch, von der weissen Hautfarbe der Holländer) genannt, von Valentijn auch als „Hollandsch Noot“ bezeichnet, unterscheidet sich nur durch die weisse Macis, die aber beim Trocknen gelb wird, und nach Rumph aromatisch ist, dagegen nach Reinwardt fast absolut kein Aroma besitzt. Nach Rumph, der sie als 4. Missbildung aufführt, wird sie deshalb ausgelesen und besonders gewogen, weil sie die andere Macis unansehnlich macht. Dass es Bäume giebt, die ausschliesslich Früchte mit weisser Macis tragen, haben wir oben (p. 301) gesehen. Oxley, der solche Bäume gleichfalls auf Banda sah, hebt hervor, dass deren Nüsse, wenn gepflanzt, wieder Bäume mit gewöhnlicher rother Macis geben, so dass es also keine erbliche Eigenthümlichkeit ist. Weisse Muskat.

Einzeln kommen übrigens auch Bäume vor, die Früchte mit bleichgelb und roth gesprenkelter Macis besitzen und die man deshalb als Pala Kakerlak bezeichnet. Solche Bunte oder Kakerlak folie war noch 1883 auf der Amsterdamer Kolonialausstellung zu beobachten. Wieder andere Bäume tragen Macis von hellrother Farbe und diese nennt man Pala Cassomba, wie Rumph in den ost-indian. Sendschreiben angiebt.

Wie erwähnt, ist Rumph der erste, der Angaben über die weisse Macis macht, in einem Manuskript, das ja theilweise im Anhange zu Valentini (1704) veröffentlicht wurde; dann benutzte Valentijn dieses Manuskript und schliesslich wurde es von Burmann als Herbarium amboinense veröffentlicht. Dennoch glaubte Nic. Schultze in seiner Dissertation 1709 über die weisse Macis zum ersten Male etwas zu veröffentlichen. Er sagt, dass man meist glaube, die weisse Farbe käme daher, dass die Nüsse unter nicht günstigen Bedingungen gewachsen seien. Dies sei aber falsch. Dominus Leeuwenhoek habe nämlich mit bewaffnetem Auge weisse oder zuweilen röthliche, durchscheinende, längliche, volatile Thiere in derselben gefunden, mit zwei Hörnern und gleichsam mit Haaren bedeckt und mit zwei scheerenartigen Organen am Munde, mit denen die Macis verzehrt wird; aber nur das ölreiche Innere, während die Hülle unversehrt bleibt. Schultze meint also, dass die weisse Farbe der Macis daher käme. Dass aber diese Erscheinung nichts mit der von Natur weissen Macis zu thun hat, ist klar; es ist übrigens kaum denkbar, dass wirklich rothe oder gelbe Macis durch Käferlarven (die hier offenbar gemeint sind) so unterminirt wird, dass die Farbe eine rein weisse wird. Andererseits erscheint es sehr wahrscheinlich, dass die weisse an und für sich an Oel arme Macis am ehesten von Larven angegriffen wird.

Ende vorigen Jahrhunderts gab es übrigens auch im Handel den Namen weisse Macis im Gegensatz zu der sog. braunen Macis. So z. B. wurden nach Luzac (Hollands Rykdom) 1787 verkauft 18000 Pfd. weisse Macis und 12000 Pfd. braune Macis; schon die Menge zeigt, dass es sich hier nicht um diese Abnormität handeln kann; es wurde die hellere goldgelb gefärbte, mit dem irrthümlicherweise umgedeuteten Wort „licht" bezeichnete Macis auf diese Weise von der dunklen, vollen, entweder frischeren oder weniger gut getrockneten und dadurch etwas braunfleckigen unterschieden, wie wir im Kapitel über den Handel des näheren sehen werden.

Rümpfe oder Rompen.

Pala rumpi, die sog. Rümpfe oder Rumpfnüsse, holländisch Rompen, sind keine besonderen Abnormitäten, sondern (nach Rumph) die unreif gepflückten oder herabgewehten oder durch Regen heruntergespülten Nüsse, die durch den Trocknungsprozess natürlich verschrumpfen, buckelig und faltig werden, sowie von besonders geringer Grösse sind; da das unreife Zerklüftungsgewebe noch wenig giftige Harze sowie ätherisches Oel besitzt, so ist es klar, dass sie in hervorragendem Maasse dem Insektenfrass unterliegen; sie zerfallen hierdurch, wie schon Schultze angiebt, ganz zu Staub, während die reifen Nüsse nur den weissen Endospermpartien folgende, labyrinthisch verzweigte Wurmgänge zeigen. Aus diesem Grunde, und weil sie wenig oder nicht aromatisch sind, werden sie von den guten Nüssen gesondert gehalten, und meist mit den wurmstichigen und dem Bruch als Ausschusswaare verkauft, oder zur Fettdarstellung benutzt.

Die Apotheker in Europa kannten natürlich diese Rümpfe oder Rompen schon lange, auch kamen sie im 17. Jahrhundert als dritte oder schlechteste Sorte wirklich in den Handel, über die Entstehung derselben war man sich aber nicht einig. So z. B. meinte Schurz, es seien die Nüsse der wilden oder von den Muskatessern gepflanzten Bäume, während Marxius richtiger sagt, es seien vorzeitige Auswürflinge, verlegene oder wurmstichige Nüsse Auch Valentini scheint sich ihm anzuschliessen und theilt daneben auch mit, dass viele Apotheker mit Vortheil aus denselben das Oleum nucistae herstellen, was, wie erwähnt, ja auch noch heute geschieht.

Im 18. Jahrhundert wurden die Rompen meist in Banda zur Muskatbutterbereitung benutzt, vielfach auch, wie wir im geschichtlichen Theil sahen, verbrannt; als aber Ende des genannten Jahrhunderts die Ernten sehr knapp wurden, kamen sie wieder in bedeutenden Massen in den Handel; so wurden nach Luzac im Jahre 1787 nicht weniger als 17700 Pfd. Rumpfnüsse in Holland verkauft.

Seit der Freigebung der Kultur kommen sie wieder nach Europa, meist zur Oelpressung, und werden deshalb auch vielfach als „Oelnüsse" bezeichnet.

Auch die verschiedene Form der normalen Nüsse hat schon an und für sich zu mancherlei Konfusionen und Verwechselungen Veranlassung gegeben. Die malayischen Völker unterscheiden nämlich bei nahe verwandten Pflanzen häufig zwischen männlichen und weiblichen, meist aus unbestimmten Analogisirungsbestrebungen[1]) mit den Verhältnissen im höheren Thierreich, zuweilen aber auch, indem sie pharmakologisch-medizinische Begriffe, in Bezug auf ihre Wirkung auf das Geschlechtsleben der Menschen, damit verbinden.

Nuces oblongae et rotundae. Taf. III, Fig. 2 u. 3.

So haben denn auch die Bewohner von Banda und den Molukken neben der echten, gewöhnlichen Muskatnuss noch eine häufig dort vorkommende andere Muskatnussart als männliche Muskat unterschieden und dieselbe „pala lalaki oder Pala laki-laki" genannt; diese von uns auf Tab. III, Fig. 10 und 11 abgebildete Art werden wir unten als Myristica fatua Houtt. näher kennen lernen.

---

[1]) Ob diese Unterscheidung der Malayen mit den in Europa im Mittelalter üblichen Vorstellungen genetisch zusammenhängt, d. h. ob die Portugiesen oder Holländer ihnen erst diese Unterscheidungen beigebracht haben, oder ob sie dem eigenen, event. indischen, Gedankenkreise entsprungen ist, wurde bisher nie untersucht, jedoch ist letzteres wahrscheinlich; bemerkt doch auch Treviranus (citirt in Sachs, Geschichte der Botanik, pag. 409) in Bezug auf die deutschen und niederländischen Botaniker des 16. Jahrhunderts: „Was man als männliches Geschlecht bei den Pflanzen bezeichnete, z. B. Abrotanum, Asphodelus, Filix, Polygonum mas et femina, gründete sich nur auf eine Verschiedenheit des Habitus, ohne dass man die wesentlich dazu erforderlichen Theile berücksichtigte. Es ist jedoch zu bemerken, dass die minder gelehrteren unter den älteren Botanikern z. B. Fuchs, Mattioli, Tabernaemontan sich dieser Bezeichnungsart der Pflanzen häufiger bedienen."

Abgesehen hiervon kannte oder unterschied man wenigstens ehemals keine zweite männliche Muskatnuss, noch auch einen männlichen Muskatbaum. Selbst nachdem die Sexualität bei den Pflanzen bekannt geworden war, hat man nicht gleich die Konsequenzen bei dem in Europa ja so wenig bekannten Muskatbaum gezogen. Nur Rumph hat, wenn er auch nicht die Sexualität als solche erkannte, so doch wieder richtig beobachtet.

Rumph unterscheidet zwei Formen fruchttragender Muskatbäume, nämlich solche mit runden und solche mit länglichen Früchten (nuces rotundae und nuces oblongae), von uns nach Museumsexemplaren auf Tab. III, Fig. 2 und 3 bildlich dargestellt; beide Sorten sind nach Rumph gleich gewürzig und gebören zur selben Art (de regte Specerey Noot is maar eenderley) [1]), die mit länglicben Früchten hat aber längere Blätter, die mit runden Früchten dagegen kürzere und rundere [2]). Beide sind gleich aromatisch, ebenso auch von gleichen Kräften und bilden die Weibchen (Wyfkens) des echten Muskatbaumes [3]).

---

1) Valentijn giebt an, dass die Kraft (medizinische Wirkung) bei beiden Sorten die gleiche sei, jedoch seien es verschiedene Arten

2) Céré, der diesen Baum ja in Mauritius, wie wir sahen, eingehend studirte, berichtet (nach Lamarck), dass lange und runde Früchte manchmal an einem Baume vorkommen, dass aber die langen Früchte mehr in der Zeit langsamer Vegetation vorherrschen; andere Bäume besitzen nach Céré hingegen ausschliesslich kleinere runde Früchte.

3) Mir erscheint es sicher, dass Rumph die Bäume sowohl mit langen als mit runden Früchten als weibliche Bäume bezeichnet wissen will, um sie den männlichen Pala boy gegenüber zu stellen; dass aber Burmann ihn missverstanden und verballhornisirt hat, indem er das Prädikat „weiblich“ auf die rundlichen Nüsse beschränkte; in Rumph's Darstellung bei Valentini (Anhang) werden nämlich ganz richtig beide Fruchtformen als weibliche bezeichnet. Es heisst dort pag. 82: „Beide aber sind aromatisch und von gleichen Kräfften und werden vor das Weibgen von den rechten Mannsbaum gehalten“; ferner pag 86 gelegentlich der Eigenschaften der männlichen Nüsse: „Einige Authores haben vorgegeben, dass die männliche Nüsse viel kräfftiger seyen, auch von den Javanen mehr gesuchet würden, als die Weibger. Wann sie nun durch die Männliche die grosse lang Nüss verstehen, kan man solches wohl passieren lassen: allein wir haben schon droben gemeldet, dass alle die Specerey-Nüsse vor Weibger gehalten würden, wesswegen sie solches nothwendig von den wilden Männlein verstehen müssen“ [d. i. also M. fatua]. Diese letztere Stelle findet sich nun gleichlautend auch im Herb. Amb. II pag. 21, würde also zu dem Rumph-Burmann'schen Text, pag. 15, nicht passen. Noch deutlicher geht dies aus der lateinischen Uebersetzung in Valentini's Historia simplicium (1716) hervor, wonach gar kein Zweifel möglich ist, dass sowohl die langen als die runden Früchte als weibliche angesehen wurden.

Daneben aber existirt nach Rumph noch ein wirklich anderes Geschlecht, die Männchen (Mannekens), die man drüben Pala boy nennt, und zwar tragen nach ihm auch diese Bäume Früchte, wenn auch nur wenige[1]). Diese männlichen Bäume, die nicht mit der eigentlich männlichen Muskatnuss (Mannekens nooten, unsere *Myristica fatua Houtt.*) verwechselt werden dürfen, besitzen nach Rumph einen kürzeren Stamm und eine rundere Krone wie die Weibchen. Die Früchte sind nach ihm grösser als die gewöhnlichen, etwa von der Grösse wie Zwillinge, auch sind es meist Zwillinge, und tragen eine Kreuzfurche[2]). Man trifft diese Bäume nur selten an, und dann stets abgesondert und der Sonne stark exponirt; es scheine eine Entartung[3]) des echten Muskatbaumes zu sein.

Pala boy oder Männlicher Muskatnussbaum.

Diese wichtige aber unklare Beschreibung von Rumph wurde ungemein häufig missverstanden, namentlich die Gegenüberstellung von zwei männlichen Geschlechtern, de Mannekens (oder Pala boy) und de Mannekens-nooten (eine ganz andere Art) hat viel Konfusion veranlasst Selbst Burmann, der Herausgeber und Uebersetzer des Werkes von Rumphius, hat Rumph hierbei missverstanden und die Pala boy offenbar für einen Theil der anderen Mannekens-nooten gehalten und mit letzteren in einem Abschnitt vereinigt, dagegen von den weiblichen Nüssen durch einen unmotivirten Absatz getrennt[4])

In Marperger's Kaufmanns Magazin, Hamb. 4. Aufl. 1765 II pag. 120 (cf. auch Ludovici-Schedel's Academie der Kaufleute oder encyclop. Kaufmannslexicon, Leipz. 1797, pag. 1176) werden die Pala boy gerade umgekehrt als Mutternüsse (wohl aus Wyfgen entstanden) bezeichnet, sie seien länglich, gross, so schwer wie 4—6 andere, wüchsen an den äussersten Spitzen der Bäume und würden mit den anderen vermengt verkauft.

---

1) In dem oft erwähnten Gutachten der holländischen Kommissare von 1682 heisst es (abgedruckt in Valentini's Histor. simplic. 1716), dass neben der echten und besten Muskatnuss noch eine Palabuy und Quen (= queen?) genannte existire, die sehr gut wachse, auch Blüthen produzire, aber fast keine Früchte; man könne diesen Baum an den Blättern, wenn auch schwer, erkennen, sonst gäbe es keinen Unterschied zwischen diesen beiden echten Muskatbäumen.

2) Diese Angaben Rumph's sind sowohl in Valentini's Sendschreiben, als in der Burmann'schen Ausgabe Rumph's missverstanden und vielleicht auch entstellt wiedergegeben. Valentijn dagegen, der ja gleichfalls offenbar Rumph's Manuskript vor sich hatte, sagt, dass die Pala boy meist Blumen und zuweilen auch einige Früchte trägt, die aber viel länger als die gewöhnlichen Muskatnüsse sind, indem es wohl meist zwei zusammen bei einander liegende Früchte zu sein scheinen. Dies entspricht ganz unserer oben gegebenen Auffassung der Stelle.

3) Das heisst wohl soviel wie Abnormität; jedenfalls geht hieraus deutlich hervor, dass Rumph keine Ahnung von der Sexualität des Baumes hatte.

4) Der Absatz müsste acht Zeilen tiefer stehen, zwischen Nooteboomen und behalven.

Van Hogendorp erwähnt die pala boey als wilde Muskatbäume, die zwischen den anderen stehen, gleiche Blätter und Blüthen haben, aber keine Früchte produziren.

Reinwardt bezeichnet (pag. 384) ganz richtig die männlichen Bäume als pala boei, jedoch erwähnt er ausdrücklich, dass sie keine Früchte tragen. Uebrigens scheinen noch zu jener Zeit (1821) die damals durchaus ungebildeten Pflanzer auf Banda, im Gegensatz zu den Engländern in Sumatra und Penang, die geschlechtlichen Verhältnisse noch nicht klar gekannt zu haben, denn Reinwardt erwähnt, dass sie, wenn er fruchtgebende Blüthen verlangte, ihm männliche Blüthen brachten.

Hasskarl bringt in seinem Schlüssel zu Rumph (pag. 167) die pala boy mit der Zwillingsnuss zusammen und hält sie für identisch, was doch aus Rumph's Beschreibung absolut nicht hervorgeht. Auch Verfasser hat in seiner Abhandlung über die nutzbaren Muskatnüsse die durch Burmann entstellte Stelle Rumph's gleichfalls nicht richtig erkannt, indem er glaubte, annehmen zu sollen, dass die Pala boy „vielleicht abnorm grosse Früchte an krankhaften Bäumen" seien.

Der Verfasser der Aanteekeningen (1856 pag. 145) bezeichnet dagegen nur diejenigen männlichen Bäume, die gleichzeitig auch Früchte tragen, als Pala boei, also diejenigen, die von Oxley und Lumsdaine als monoecous bezeichnet werden (cf. oben pag. 295).

De Sturler hingegen nennt zwar die mannetjes-nootenboomen pala boei, sagt aber, sich offenbar ganz an Rumph anlehnend, dass sie zuweilen doppelte Früchte tragen, demnach also neben den männlichen auch weibliche Blüthen hätten.

Van Gorkom (Ostindische Cultures II, pag. 66) bezeichnet, auf den Bericht des Perkeniers Lans hin, zwar gleichfalls alle männlichen Bäume als pala boei, bemerkt aber auch, dass sie zuweilen Früchte tragen; freilich traut er diesen Angaben seines Gewährsmannes nicht recht und glaubt, dass Lans wohl die Mannetjes nooten pala laki-laki (also Myristica fatua) im Auge habe, was natürlich völlig ausgeschlossen ist.

Wir sehen hieraus, dass der Verfasser der Aanteekeningen mit Pala boy die männlichen aber dennoch fruchttragenden Bäume, mit anderen Worten die männlich monöcischen Bäume bezeichnet; Lans und Reinwardt dagegen bezeichnen sämmtliche männliche Bäume als Pala boy, ersterer mit dem Zusatz, dass sie zuweilen Früchte tragen, wovon letzterer nichts weiss; Rumph kannte zwar auch schon die monöcischen Bäume, doch ist nicht klar, ob er nur diese, oder überhaupt alle männlichen als Pala boy bezeichnet haben will.

Die Beschreibungen der Pala boy-Bäume durch Lans und Rumph stimmen nicht besonders mit einander. Nach letzterem besitzen sie einen kürzeren Stamm und eine rundere Krone, nach ersterem einen kräftigeren und höheren Wuchs als die weiblichen Bäume. Die Früchte sind nach Rumph meist sehr gross und Zwillingsnüsse enthaltend, nach Lans dagegen mehr lang als rund, also gerade umgekehrt. Es ist wohl nicht zweifelhaft, dass durchgreifende Unterschiede zwischen den Früchten rein weiblicher und monöcisch-männlicher Bäume nicht vorhanden sind, so dass man den Früchten nicht ansehen kann, von was für einer Art Bäume sie stammen; sicher ist aber, dass die Nüsse selbst nicht als pala laki-laki bezeichnet werden, wie es Tschirch annimmt, sondern dieser Name kommt ausschliesslich anderen Muskatnuss-Arten zu. Da, wie wir unten sehen werden, schon zwischen männlichen und weiblichen Bäumen von Myristica fragrans keine konstanten Unterschiede in den Blättern aufzufinden sind, so kann dies natürlich auch bei den monöcischen Bäumen nicht in Frage kommen, und wenn Lans angiebt, sie hätten kleinere Blätter, so mag das wohl mit dem hohen Wuchs der ihm bekannten als Schutzbäume geschonten Exemplare zusammenhängen.

Während demnach früher die grösste Verwirrung in Bezug auf die Pala boy geherrscht hat, und dieser Name bald auf die wilde männliche, bald auf die weibliche, bald auf die Zwillingsnuss bezogen wurde, so wissen wir jetzt, dass unter Pala boy nur die monöcischen d. i. die gleichzeitig männliche und weibliche Blüthen tragenden Bäume zu verstehen sind, deren Blätter und Früchte aber nicht von denen der anderen echten Muskatbäume unterschieden werden können.

b) Andere nutzbare Muskatarten.

1. Myristica fatua Houtt. Pala laki-laki (malayisch). Unechte Muskat.
Taf. III, Fig. 10 u. 11.

α) Beschreibung.

Dies ist ein ziemlich hoher dicht belaubter Baum mit relativ schmaler aber nicht pyramidenförmiger Krone und relativ wenigen dicken Aesten. Er ist habituell von der im Wuchse schlanken und zarten Myristica fragrans durchaus abweichend, viel gröber und plumper gebaut, ohne Spur von Aehnlichkeit mit einem Lorbeer. Charakteristisch sind die aus der Stammbasis hervorbrechenden Adventivwurzeln, die ja schon, wie wir oben sahen, von Rumph im Auctuarium beschrieben sind, manche kriechen an der Oberfläche der Erde hin, sichtbar oder unsichtbar, andere bilden bogenförmig stehende Stelzen, manche erreichen den Boden nicht und sterben frühzeitig ab, worauf sich dann Seitenwurzeln an ihnen bilden, die dann weiter wachsen; wenn in Folge zu starker Durchlüftung und Austrocknung die Wurzeln wiederholt absterben, so entstehen eigenartig struppige Gebilde, wie nach einem vom Verf. photographirten Baum in dessen Monographie der Myristicaceen Taf. XI zu sehen ist.

Die Zweige sind ziemlich dick, nur an den jüngsten Spitzen etwas rostgelb behaart, sonst kahl, glänzend-roth-braun und mit kleinen schwach länglichen Lenticellen versehen, soweit die ursprüngliche Epidermis erhalten ist.

Die Blätter sitzen an kurzen dicken ($1^1/_2$—2 cm langen, 3—4 mm dicken) Blattstielen, sie stehen in zwei Reihen seitlich an den Zweigen, jedoch ist diese Anordnung nicht regelmässig und selten deutlich; sie sind ausserordentlich viel grösser und breiter als die der echten Muskat, dabei aber variirt ihre Grösse bedeutend; die Länge der Blätter beträgt 19—33 cm, die Breite dagegen 7—12 cm, und zwar sind sie entweder in oder etwas oberhalb der Mitte am breitesten. Die Struktur der Blätter ist pergamentartig, die Form elliptisch, oder breit elliptisch, und zwar enden sie in einer kurzen aber gewöhnlich etwas abgestumpften Spitze, während sie an der Basis stumpf oder sogar etwas abgerundet sind; sie sind oberseits dunkelgrün, kahl und kaum glänzend, unterseits ziemlich hell, und durch einen dünnen gelben anliegenden Haarfilz glanzlos. Der Mittelnerv ist dick und tritt unterseits stark hervor, die Seitennerven sind in der Zahl von 15—26 vorhanden, sie sind untereinander parallel, verlassen die Hauptrippe in grossem Winkel und sind bis fast an den Blattrand beinahe ohne Krümmung, daher fliessen sie auch nicht am Blattrande zusammen; sie liegen auf der Oberseite des Blattes etwas vertieft, an der Unterseite dagegen ragen sie ziemlich stark hervor. Die feinere Nervatur ist nicht netzförmig, sondern die feinen Nerven sind deutlich transversal und fast parallel angeordnet, so dass sie die dicken Seitennerven mit einander verbinden.

Männliche Blüthen.

Männliche und weibliche Blüthen befinden sich an verschiedenen Bäumen. Die männlichen Blüthen sitzen in grösserer Anzahl auf dicken, sehr kurzen, zuweilen zweigabeligen, achselständigen, mit den Narben früherer Blüthen sowie den Ringnarben der Bracteen bedeckten Höckern, die sehr wenig weiterwachsen, aber fortgesetzt neue Blüthen an der Spitze produziren, auch nachdem das Blatt, in dessen Achsel der Höcker steht, schon abgefallen ist; die Höcker haben eine Länge von 4—7, eine Breite von 4 mm. Die Bracteen sind minimal, ringförmig, und sehr breit; die Blüthenstielchen sind dünn, aber bis 6 mm lang; die Blüthen sind 5 mm lang und von einer anliegenden fast ebenso langen persistenten breiten und stumpfen am Ende des Blüthenstielchens angehefteten Bracteola grösseren Theils umgeben; das Perigon ist krugförmig, bis fast zur Hälfte dreilappig, inwendig kahl und dunkel, aussen wie auch die Bracteola und das Stielchen rostbraun behaart. Die Staubgefässe sind zu einer Säule verwachsen, deren kurze 1 mm lange Basis rostbraun behaart ist, während oben 8—14 längliche 2 mm lange Antheren die Säule umgeben und an derselben festgewachsen sind. Der Pollen ist rundlich und mit deutlicher netzaderiger Zeichnung versehen.

Die weiblichen Blüthen sitzen meist in geringerer Anzahl auf ähnlichen, aber gewöhnlich kürzeren und breiteren Höckern, auch die Blüthenstielchen sind kürzer und breiter, 2 mm lang und ebenso dick; was die Behaarung und die Bracteola dagegen betrifft, so ist die weibliche Blüthe der männlichen gleich. Das Perigon ist ebenso lang wie das der männlichen Blüthen, gleichfalls 5 mm, aber an der Basis mehr bauchig aufgetrieben und daselbst 4 mm breit, dagegen nur im obersten Drittel dreispaltig; nach der Befruchtung löst es sich durch einen Ringriss von dem Blüthenboden ab. Der Fruchtknoten ist 3 mm lang, 2½ mm unten breit, dicht rostbraun behaart, und trägt an der Spitze zwei sehr kurze kahle sitzende ½ mm lange Narben. Weibliche Blüthen.

Die Früchte sind sehr gross, 5½—7 cm lang, 4—5 cm breit; sie sitzen meist einzeln, selten zu zweien oder zu dreien an den Höckern, und zwar wird jede von einem ca. 1 cm langen, 3—4 mm dicken Stiele getragen. Das Perikarp ist in frischem Zustande vielleicht 3—4 mm dick, getrocknet nur 1½, und aussen dicht rost-roth behaart, breitelliptisch; der Arillus ist fast von der Basis an zerschlitzt wie bei der echten Nuss, im frischen Zustande gelbroth, aber nach dem Trocknen schnell bleichend, dünn, mit wenig und nicht angenehmem Aroma, das beim Aufbewahren bald ganz verschwindet, die einzelnen Lappen sind auffallend platt und reichen über die Spitze der Nuss hinaus, so dass sie sich daselbst noch dicht übereinander legen; die Lücken zwischen den Lappen sind zum Theil recht breit. Die Epidermis des Arillus zeigt, mit einer starken Loupe betrachtet, eine feine Längsstreifung. Die von der Testa umhüllte Nuss ist 3½—4 cm lang und 2½—3 cm breit, ziemlich rechteckig; die Arillarfurchen sind ziemlich breit und mindestens so tief wie bei Myristica fragrans, namentlich die Rhaphefurche ist tief eingesenkt; charakteristisch ist besonders eine Art knopfförmige, meist etwas abgeschnürte Erhebung von 7 mm Durchmesser neben dem oberen Ende des Samens in der Gegend der Chalaza. Die fast 1 mm dicke Testa ist im reifen Zustande aussen bräunlich, recht hart und ziemlich glänzend; die membranartige äussere Schicht derselben ist ziemlich dick (ca. ⅓ mm) und bedeckt dadurch die feinen kleinen Erhabenheiten der äusseren Holzschicht der Testa. Der im frischen Zustande nur wenig, später gar nicht aromatische Kern der Nuss, der wenigstens nach längerem Aufbewahren einen nicht angenehmen Geschmack besitzt, ist bis zur Basis von sehr dünnen Zerklüftungsstreifen durchzogen, und Früchte.

enthält im Endosperm viel Stärke; er unterliegt leicht dem Wurmfrasse, die Thiere vermögen sogar die harte Testa zu durchlöchern. Die zu der Form eines Tellers zusammengewachsenen Keimblätter des kleinen nahe der Basis des Endosperms liegenden Keimlings sind stark gefaltet.

Der einheimische Name ist in Banda pala-fuker (= Berg-Muskat), in Ambon pala utan (= Wald-Muskat) oder palala (nach Rumph = pala ala = Nashornvogel- oder Jahrvogel-Muskat), nach Miquel auch pala sitan (= Teufelsmuskat) [vielleicht Druckfehler aus utan?] malayisch pala lakilaki (= männliche Muskat, holländisch Mannetjes Nooten).

β) Heimath.

Wild ist die Art zweifellos auf Banda und Ambon[1]), wahrscheinlich auch auf dem benachbarten Ceram, jedoch daselbst bisher noch nicht gesammelt. Das Vorkommen auf Buru und Tidore ist zweifelhaft: Exemplare, angeblich von ersterer Insel, von de Vriese, theilen mit den anderen Pflanzen jenes Botanikers das Dunkel in Bezug auf ihre Herkunft; das Herbar desselben strotzt von Verwechselungen zwischen Buru, Batjan, Celebes etc. In Tidore ist die Pflanze angeblich von Reinwardt gesammelt, jedoch ist der Manuskriptname M. succedanea verdächtig, da Reinwardt in der That die echte M. succedanea genau ebenda (in silvis inferioribus montis) gesammelt hat, und diese beiden Arten sich doch so leicht von einander unterscheiden lassen; es ist deshalb die Möglichkeit nicht ausgeschlossen, dass hier Etikettenverwechselung vorliegt; auch die Reinwardt'schen Pflanzen gingen durch de Vriese's Hände.

Aber selbst angenommen, dass M. fatua auch in den nördlichen Molukken vorkomme, so ist anscheinend das Verbreitungsgebiet der Art dennoch ein recht beschränktes. Nahe verwandte Arten freilich kommen vielfach vor, so in Celebes (M. affinis Warb.), Neu-Guinea (M. subcordata Miq., von Miquel sogar als Varietät zu M. fatua gezogen), Sumbawa (M. sumbawana Warb.), ja selbst Arten von Ceylon, den Samoa- und Fidji-Inseln stehen der M. fatua sehr nahe.

---

[1]) Schon Rumph sagt: man habe früher geglaubt, dass dieser Baum einzig in der Provinz Banda, an abgelegenen Plätzen und Bergen, wo die echte Nuss nicht wachsen will, vorkomme, aber ich habe sie überall in den Ambon'schen Eilanden gefunden, wenngleich nicht viel.

γ) Nutzen.

Der Nutzen von Myristica fatua Houtt. war stets ein minimaler, auch scheint diese Nuss jetzt selbst drüben im Archipel durchaus nicht mehr beachtet und gesammelt zu werden, nicht einmal als Kuriosität.

Ehemals hingegen spielte die längliche oder männliche Nuss eine gewisse Rolle, indem man glaubte, dass durch den Genuss derselben die männliche Kraft vermehrt würde, was zuerst von Piso (1658), dann von Nieuhof (1668) erwähnt wird. Dieser Glaube war offenbar auch in Europa verbreitet und natürlich die Folge des Namens „männliche Muskatnuss"; wenn Vogels Notiz Anfang des vorigen Jahrhunderts, dass die Compagnie ein Verbot erliess, diese Nüsse auszuführen, weil damit viel Schelmerei getrieben wurde, richtig ist, so zeigt dies offenbar, dass dieser Glaube ein weit verbreiteter war. Dietzius, der diese Verwendung 1681 erwähnt, wird wohl nur die älteren Schriftsteller kopirt haben, wenn aber noch 1791 J. E. C. Ebermaier in einem in Ehrhardt's Beitr. zur Naturkunde VII pag. 109 veröffentlichten Briefe erwähnt, dass die Bauern in Braunschweig aus ähnlichen Gründen zwischen männlichen und weiblichen Nüssen unterscheiden, so beweist dies die weite Verbreitung des Aberglaubens; offenbar kamen aber zu jener Zeit keine Nüsse von M. fatua mehr nach Braunschweig, sondern es waren sicher nur Formen von M. fragrans, die als männliche Nüsse galten, oder sogar vielleicht schon die Nüsse von M. argentea.

Auch die meisten der Notizen von Parkinson und Ray über den Nutzen der männlichen Muskat scheinen sich auf die echte Muskatnuss zu beziehen, wie überhaupt in der Litteratur eine ziemliche Verwirrung in Bezug hierauf herrscht.

So bleibt uns denn als wesentliche Grundlage für den Nutzen dieser Nuss abermals nur Rumph, bei dem sich folgendes darüber findet:

Sie werden bei den Inländern (d. h. in den Molukken) nicht sehr geschätzt; der einzige Gebrauch daselbst ist der, dass sie das Holz zuweilen als Pfähle für die Häuser benutzen, und die Früchte verehren sie den Fremden, denn nicht nur die Javanen, sondern auch die Europäer suchen dieselben zu haben.

Die Javanen und die Malayen brauchen sie als Medizin bei Kopfschmerz und anderen Krankheiten, aber hauptsächlich, um die männliche Kraft zu verstärken, auf welche Mittel die Mohammedaner sehr erpicht sind. Die Europäer benutzen sie zu einem noch grösseren Aberglauben, indem sie davon Liebestränke machen, womit sie grosse Dinge auszurichten glauben, von welchen lächerlichen Narrheiten es sich aber nicht verlohnt, mehr zu schreiben. Andere tragen sie an dem Hals, um von Blutbeulen befreit zu werden. Einige Inder haben in Erfahrung gebracht, dass die Männchen-Nüsse auch gut seien gegen die Dysenterie (Blutlauf), wenn man sie mit halbreifen gebratenen Bananen isst, und besonders wenn man einen Gran Opium dazu thut. Die Banda'schen Frauen gebrauchen sie auch bei Ohnmachten und Krämpfen der Kinder, zu welchem Zwecke sie auch anfangen, dieselben aufzubewahren.

Wir sehen also, wenn man von der Bedeutung als Aphrodisiacum und sympathetisches Mittel gegen Furunkeln (wozu, wie Verf. aus eigener Erfahrung weiss, noch heutigen Tages echte Muskatnüsse selbst von gebildeten Deutschen gebraucht werden) absieht, nur die Verwendung der Nuss im indischen Archipel bei Kopfschmerz, Dysenterie, Ohnmacht und Krämpfen von Kindern übrig bleibt. Von der Benutzung als Gewürze kann natürlich bei dem geringen und schnell verschwindenden Gehalt an ätherischem Oel und dem unangenehmen Geschmack überhaupt nicht die Rede sein.

Ebenso ist die ihren Geruch schnell verlierende Macis werthlos; schon Clusius giebt an, sie sei viel schwächer an Kraft, und trocken, wenn auch von eleganterer Farbe. Bisher hat man dieselbe nicht einmal als Fälschung unter der echten Macis konstatirt, was eigentlich Wunder nimmt.

Toxische Wirkung. Zweifellos aber besitzt auch diese Muskatnuss, wie die echte, in hohem Grade toxisch wirkende Substanzen, obgleich sie nur ausserordentlich wenig ätherisches Oel enthält; die wirksame Substanz ist demnach vielleicht in dem im Zerklüftungsgewebe enthaltenen Harz zu suchen. Rumph macht darüber folgende Angabe:

Anno 1683 hat sich eine seltsame Eigenschaft der Mannetjes-nüsse bei einem Prediger gezeigt, dessen Frau ihm drei gebratene Mannetjes-nüsse (die sie irrthümlich für echte Muskatnüsse ansah) eingab, um den Druck und die Diarrhöe zu stopfen. Doch dieser Herr verfiel wenige Stunden danach in eine schwere Kopfdrehung und Sinnesverwirrung, so dass er sich wunderlich zu benehmen und wirre Reden zu führen begann, und mit keiner Macht konnte man ihn beruhigen und zum schweigen bringen, bis er einige Tassen Thee genommen hatte und zur Ader gelassen worden war, worauf er in ein starkes Schwitzen und darauf in einen tiefen Schlaf verfiel; als er erwachte, hatte er keine Nachwehen mehr davon und seine Diarrhöe hatte aufgehört. Hätte er ebensoviel echte Muskatnüsse eingenommen, so wäre er zweifellos schwereren Zufällen ausgesetzt gewesen, und schon dies allein kann als Warnung dienen, dass man nicht viel von diesen Spezereien auf einmal gebrauchen oder einnehmen soll.

δ) Geschichte der Myristica fatua Houtt.

Um alle die Sagen, die sich an den Namen der Myristica fatua mit der Zeit geheftet haben, zu verstehen, und alle Konfusion, die sich daran geknüpft hat, zu beseitigen, und zwar, wie wir hoffen, endgültig, erscheint es nöthig, die Art möglichst auf Schritt und Tritt durch die alten Kräuterbücher, Reisebeschreibungen, Waarenlexica, sowie durch die älteren Pharmaceutischen Werke zu verfolgen.

Die erste sichere Notiz über diese in der Litteratur so sehr bekannt gewordene Art finde ich bei Lobelius in seiner Plantarum stirpium historia vom Jahre 1576 (pag. 570), wo eine Art mit dem Namen Nux moschata mas oblongior bezeichnet wird. Er sagt, der Geschmack sei astringirend, der Geruch fehle fast, die umgebende Macis sei von satterer Färbung, von gleichem Geschmack und Geruch (wie die echte?), scharf, warm, mehr mürbe (carioso) und nachdem die Wachskonkretion abgenagt sei, weniger ölreich, bei Bauch- und Kopfleiden bequemer und geeigneter anzuwenden. Er giebt auch eine zwar sehr kleine aber wohl sicher hierzu gehörende Abbildung eines Kernes dieser Muskatnuss.

Dodonaeus (aber erst in späteren Ausgaben, 1563 sicher noch nicht) erwähnt zwar besonders grosse Nüsse, doch ohne Angabe der Form- oder Qualitätverschiedenheit; er sagt, sie würden von den Eingeborenen besonders geschätzt und seien vielleicht dieselben, die in Europa als männlich bezeichnet würden.

Paludanus (1598) unterscheidet in seinen Anmerkungen zu Linschoten's Reisebeschreibung runde und lange Nüsse, die ersteren seien besser und stärker, die letzteren würden auch männliche genannt.

Clusius (1605) giebt in seinen Exoticorum libri, I, pag. 14, die erste genaue Beschreibung dieser von ihm Nux myristica mas genannten Art, und zwar eine solche, dass sie, in Anbetracht des geringen ihm vorliegenden Materiales, eines getrockneten 1½' langen fruchttragenden Zweiges, den er von Peter Paawius, Professor der Medizin in Leyden erhalten hatte, in der That als mustergültig bezeichnet werden kann. Vervollständigt wird die Beschreibung durch eine Abbildung des Fruchtzweiges, mit zwei am Ende sitzenden klaffenden Früchten, die nicht allzu schlecht gezeichnet sind; die Blätter hingegen sind viel zu schmal und fast ungestielt, so dass man, wenn die gute Beschreibung dem nichts im Wege stände, sich eher veranlasst fühlen möchte, die Abbildung auf die gleichfalls in den Molukken häufige Horsfieldia sylvestris zu beziehen. Eine daneben abgebildete reife von der Macis umgebene Frucht, stimmt auch in der Form und Gestalt der Macis mit Myristica fatua überein.

Die Angaben von Tabernaemontanus (1613), Caspar Bauhin (1623), Parkinson (1640), J. Bauhin (1650), Museum Wormianum (1655) enthalten nichts Neues.

Piso beschreibt in seiner Mantissa aromatica (1658, pag. 176) diese Art, aber unter der sehr eigenthümlichen Benennung „Pala metsiri seu nux moschata mas". Dass das Wort metsiri identisch ist mit mentjuri, d. h. stehlen, ist nicht unwahrscheinlich, und dann würde also diese Bezeichnung auf einer Verwechselung der Diebsnuss mit der Pala laki-laki beruhen, was wir oben schon erwähnten. Die Beschreibung passt jedenfalls ganz und gar auf M. fatua, ebenso die freilich ausserordentlich schlechte Abbildung.

Er sagt: die Nüsse sässen endständig wie bei Juglans und seien nicht nur länger, sondern fast viereckig. Es wundere ihn, dass man diese Nuss der gewöhnlichen vorziehe, da sie keine stärkeren aromatischen Eigenschaften besitze, findet aber gleich selbst die Erklärung in der die Manneskraft stärkenden Wirkung. Die Macis besitzt, obgleich sehr elegant gefärbt, nur ganz schwach wirksame Eigenschaften. Da die Eingeborenen sie nicht für wirksam halten [die Nuss oder die Macis?], so sammeln sie sie nicht mehr. An anderer Stelle erwähnt Piso auch eine Pala Java, die er aber nur als ein Naturspiel (lusus naturae), also wohl als Monstrosität, ansieht.

Joh. Nieuhof bespricht in seiner Legatio Batav. ad Tartariae Chanum (1668) diese Pala metsiri oder längliche Männlein-Nuss gleichfalls ausführlich; er sagt, im Allgemeinen wohl Piso kopirend: „Wat den naam van Mannetjes noot aangaat, den hebben ze van't gemeene Volk, die voor vast gelooven, dat de langwerpige nooten den Mannen, als ze die in de spijs gebruiken, het zaad verwekken en vermeerderen", was aber eine reine Lüge sei, denn je grösser sie seien, um so schwächer seien ihre Kräfte. Die Macis dieser Nüsse sei zwar hübsch anzusehen, aber von so schwacher Kraft, dass sie bei den Indern ganz ohne Weith sei, ja die Nüsse würden nicht einmal gesammelt. Der Baum werde zu den wilden und zu verwerfenden gerechnet, da er in Banda auf den Grenzen wachse, und von Niemandem gepflanzt werde.

Auch über die sog. Pala Java Piso's werden von Nieuhof einige unklare Angaben gemacht, sie seien von ausserordentlicher Grösse und würden nicht als Speise, sondern als Medizin benutzt.

Die Reisenden Gerret Vermeulen (1676) und Meister (1692) bringen nichts Neues. Auch Dietzius giebt in seiner Moschocaryographia (1681) benannten Dissertation keine neuen Originalmittheilungen über diesen Gegenstand, sondern nur Kopien. Uebrigens ist er sogar im Zweifel darüber, ob es überhaupt verschiedene Arten gäbe; ein von Indien kommender Schiffer habe ihm nämlich in Rotterdam erzählt, dass drüben nur eine Art, nämlich die gemeine runde, wachse; das gelegentliche Vorkommen der männlichen Nüsse auf den gewöhnlichen Bäumen könnte vielleicht nur ein Naturspiel sein, wofür auch die Seltenheit dieser Nüsse spricht.

Pomet macht in der Histoire des Droges 1694 unter anderem die auffallende Mittheilung, dass die Lange Muskat der Wälder, die Muscades mâles, die nur wenig gebraucht würden und nur selten zu uns kämen, da sie fast ohne Geruch und Geschmack seien, von unseren Vorfahren Azerbes genannt worden seien.

Ebenso ist Valentini 1704 in der Natur- und Materialienkammer (pag. 291 noch nicht zur Klarheit gekommen. Er sagt: „nicht allein die Gelehrten, sondern) auch einige Materialisten unterscheiden die Muskaten Nüsse in zweierlei Geschlecht, als die männliche und weibliche, worvon jene als nux moschata mas länglicht und den Männern gut; diese, die nux moschata foemina, rund und den Weibern dienlich sein soll. Dagegen sei die Meinung, dass beide Sorten von einem Baum stammen, falsch, da noch kürzlich ein Materialist, Joh. Gottfr. Vitus aus Worms, der lange in Ost-Indien gewesen, ihm mitgetheilt habe, „dass es in der Warheit ein besondere Art seye und wären 2 Bäume darvon zu Batavia Nova im Garten bei dem Wirthshaus vor the Nieuwe Port zu sehen: von welchem er auch die von den lebendigen Blättern Blüt und Früchten genommene Abriss mit lebendigen Farben bekommen hat, welche letztere nebst den gemeinen von Herrn Basilio Beslero in Continuatio rariorum aeri incisorum unter Augen gelegt worden sind". — Ferner macht er auf die im Hortus Malabaricus beschriebene Art (= Myristica malabarica Lam.) aufmerksam, „so gar keinen Geschmack und Geruch haben sollen, welche deswegen nichts geachtet und bei uns langsam oder gar nicht zu sehen sind".

Vogels bespricht im gleichen Jahre 1704 in seiner Zehenjährigen Ost-Indianischen Reisebeschreibung (pag. 655) gleichfalls diese Art:

„Die Männlein Muscaten haben fast keinen Geschmack, werden aber vor medicinal gehalten, und dürfen bei denen anderen Muscaten nicht liegen, weil dieselben darvon verderben. Auch wird dieser Ursachen halber aller Fleiss angewendet die Männchen-Muskatenbäume auszurotten. Hierüber ist durch einen scharfen von der Niederl. Ost.-Ind. Comp. ausgelassenen Befehl verboten, das niemand sich unterstehen mag, einige dergleichen Männlein Muscaten mit in Patriam zu führen, weilen wie man sagt, viel Schelmereyen darmit betrieben wird. Die Frey-Leute, so die Muscaten an die Compagnie verkauffen, müssen genau drauft acht haben, dass die Männlein Muscaten von den andern abgesondert, ausgeschossen werden, und nicht unter einander bleiben."

Daneben bespricht er noch die gewöhnliche Muskatnuss und endlich die weibliche, mit der er nach der Beschreibung nur unsere Zwillingsnuss meinen kann. Ueber die Entstehung dieser drei Arten giebt er die schon oben erwähnte sonderbare Erklärung der Verbreitung der Nüsse durch die Vögel: „Ist nun der Vogel, welcher die Muskaten-Nuss hat fallen lassen, ein Männlein, so wächst ein Männlein Muscatenbaum. So es aber ein Weiblein, so wächset ein Weiblein Muscatenbaum; wann es aber ein Vogel ist, so sich noch nie mit einem Männlein oder Weiblein gepaaret, und also noch Jungfer ist, so wächst einer von den besten Muscaten-Baumen", mit diesem letzten meint er demnach wohl die echte Sorte.

Während also Kapitäne und Indienfahrer behaupteten, dass es nur eine Art Muskatnuss in Indien gäbe, wobei sie selbstverständlich nur an die kultivirte dachten, kamen doch ab und zu eigenthümlich grosse Nüsse, zu Myristica fatua gehörend, einzeln nach Europa, Nüsse, die als männliche bezeichnet wurden, und die nach Clusius, Bauhin, Piso, Nieuhof besonderen Bäumen angehörten, und über die allerlei Fabeln im Umlauf waren. Damit wurden dann ferner noch Angaben zusammengebracht, die sich in Wirklichkeit auf andere Arten beziehen, wie z. B. die von Prof. P. Hermann, der lange auf Ceylon war, über die drei dortigen Muskatarten gemachten Mittheilungen, die sich deutlich erkennbar auf Myristica laurifolia, Horsfieldia Iryaghedhi und Irya beziehen, ferner die von Nic. Schultze (pag. 18) als sylvestris beschriebene ziemlich deutlich erkennbare Horsfieldia sylvestris aus den Molukken, und endlich die im Hortus Malabaricus von Rheede detaillirt beschriebene Myristica malabarica. So kam es denn, dass sich aus der Kombination all dieser verschiedenen Angaben ein Knäuel von Widersprüchen entwickelte, dessen Entwirrung eine recht schwierige Aufgabe war.

Der erst 1716 auszugsweise in Valentinis Historia simplicium reformata gedruckte Bericht der holländischen Kommissare in Banda 1682 erwähnt auch die nuces mares, die aber nur in der Medizin im Gebrauch seien. Die mehr röthlich aschfarbenen Blätter seien dreimal so lang und breit wie bei der echten, viermal länger als die der Pala buy, weswegen sie von den gelehrten Botanikern auch zu den Palmen (!! wohl irrthümliche Korrumpirung des Wortes pala) gestellt werde. Die von einer dünnen goldgelben Macis umhüllte Frucht sei länglich, beiderseits mit einer Furche; die Holzschale sei lederfarben; die Substanz der Nuss stimme ziemlich mit der echten überein.

Ist diese Beschreibung auch schon ziemlich richtig, so ist sie doch noch dürftig genug, und nicht zu vergleichen mit der eingehenden Schilderung von Rumph, der auch bei dieser Gelegenheit wieder der erste und einzige ist, dessen genauer Beobachtung der wahre Sachverhalt nicht entgangen ist. Obgleich dieser Abschnitt schon 1704 in den Oost-Indianischen Send-Schreiben als Anhang zu Valentini's Natur- und Materialienkammer abgedruckt ist, blieb er lange, z. B. auch von von Nic. Schultze 1709 unberücksichtigt.

Wenngleich Letzterer nun auch alle unsinnigen Fabeln der früheren Zeit wiederholt, so kann man ihm das Verdienst nicht absprechen, dass er die erste wirklich deutlich erkennbare Abbildung der Nux moschata mas auf einer sehr guten Kupfertafel giebt; es unterliegt hiernach keinem Zweifel, dass er ein kleines Exemplar der Myristica fatua vor sich hatte. Zum Ueberfluss schreibt er noch über diese Nüsse (pag. 17): sie seien länglich bis quadratisch, mit tieferer Furche, von weit schwächerem Geschmacke und geringerem Oelgehalt. Sie werden in Indien vernachlässigt, haben aber bei uns merkwürdigerweise den dreifachen Werth der anderen, da sie bei Bauch- und Kopfleiden wegen ihres geringeren Gehaltes bequemer zu handhaben seien. Auch die Macis sehe zwar schön aus, sei aber nur sehr wenig aromatisch und drüben werthlos. Ob es aber wirklich eine verschiedene Art ist, sei zweifelhaft, da Gelehrte und Reisende sich widersprechen.

Auch Worms wiederholt in seinen 1709 erschienenen Ost-Indianischen und Persianischen Reisen (2. Aufl. 1745 pag. 623) das alte ungewaschene Zeug. Ebenso vermengt Barchewitz in seiner Ost-Indianischen Reisebeschreibung das über Myristica fatua und die männliche Myristica fragrans gesagte in ganz seltsamer Weise; offenbar lehnt er sich aber sehr Rumph an. Er sagt:

„Die Männichen Bäume dürffen nicht bei den Weibgens gepflanzet werden, dieweil die letzteren von den ersteren unfruchtbar gemacht werden. Man findet aber der ersteren nicht mancherley im Lande, weil man sie wo man nur kan, ausrottet. Man kennet sie gar eben, weil die Blätter länger und schmäler sind, als an den Weibgens Bäumen; sie haben auch nicht so viel Zweige und trägt ein Baum öftern nur 1, 2, 3, oder 4 dergleichen Männickens Nüsse. Weil aber diese Männickens Nüsse in der Artzeney gebraucht werden, so lassen die Berckeniers manchmal an abgelegenen Orten, und wo sie allein stehen, etliche bleiben. Ich habe Männickens drej Stück mit herausgebracht, welche ich annoch, als eine kleine Indianische Rarität, aufhebe. Ich habe auf Banda bey den Berkeniers offt geforschet, wozu die Männickens-Nüsse gut wären, habe es aber niemals können erfahren, ausser dass sie mir gesaget: dass wer dergleichen bey sich trüge, kein Geschwer an seinem Leib bekäme, wie auch viele Schelmereyen mit solchen getrieben wären.

Erst als von 1741 an Burmann's Ausgabe von Rumph's Herbarium amboinense erschien, begannen die Ausführungen dieses bedeutenden Mannes zur Grundlage zu dienen für alles, was später über diese Nuss geschrieben wurde, wenngleich manches davon schon vorher durch Valentinis Materialienkammer, sowie durch die Dissertation des jüngeren Valentini über die Macis Allgemeineigenthum geworden war[1]).

Rumph widmet dieser Art einen besonderen Abschnitt (II, Cap. VIII) unter dem Titel Mannetjes-Nooten: Pala Lacki-Lacki. Er unterscheidet diese Nuss, wie wir schon oben gesehen, sehr scharf von den männlichen Bäumen von Myristica fragrans. Sogar der Name ist bei ihm ein anderer, indem er bei Myristica fatua immer von Mannetjes (oder Mannekens) Nocten spricht, während er den anderen Baum immer als Mannekens-boom dem Wyfken gegenüberstellt.

Die Beschreibung ist eine ganz ausserordentlich korrekte und ausführliche; in der That bei weitem die beste, die überhaupt gemacht ist, d. h. wenn man von den feineren Details der Blüthe und Frucht absieht. Das Wichtigste möge hier folgen:

Dieser Baum hat von aussen wenig Aehnlichkeit mit dem echten Muskatbaum. Er hat einen hohen Stamm, eine schmale Krone mit wenig Aesten, und ist von keinem schönen Aussehen. Die Blätter sind auch viel grösser, einige eine Spanne, einige anderthalb Fuss lang, in der Gestalt den Kanariblättern ähnlich, aber vorne breiter und runder zulaufend, mit einer kurzen Spitze und vielen parallelen Rippen durchsetzt, oberseits schwarzgrün, unten sehr fahl und glanzlos, während die grünen Rippen, zu zweien gegenüber, hervorstehen. Beim Kauen haben sie einen merkbaren wilden Muskatnussgeschmack.

Die Früchte hängen nicht an den äussersten Enden der Aestchen, sondern etwas hinten an den Zweigen und an dem Grunde der Blätter zu zweien und dreien an kurzen dicken Stielen. Sie sind von runder Gestalt und so gross wie eine echte Nuss, doch sind einige etwas länglich und andere wirklich rund oder ein wenig abgeplattet. Von aussen ist die Schale röthlich und wollig, an den Seiten dicker als unten und oben, auch zäher und härter als bei den echten Muskatnüssen. Der Kern ist von zweierlei Form, aber beide sind grösser als der der echten; theils sind sie

---

1) z. B. erwähnt Lemery 1721 in seinem Materialienlexikon, dass die Muscades males oder sauvages weder Geruch noch Geschmack besässen und fast gar nicht gebraucht würden; da sie aber so selten herüberkämen, würden sie viel theurer bezahlt als die anderen.

etwas länglich wie ein Klotz, und am Ende etwas platt, theils sind sie rund; aber beide sind runzelig Der Kern liegt in einer hölzernen Schale, die etwas dicker ist als die der gewöhnlichen Muskatnuss, schwärzlich oder dunkelgrau, und von aussen von einer goldgelben Macis umgeben ist, zwischen der man die Schale hindurchsieht, die dort mit feinen kleinen erhabenen Punkten besetzt ist und so rauh ist wie eine Raspel. Die getrocknete Macis ist ganz bleich, und schmeckt unangenehm, und nicht gewürzig. Der Innenkern hat dieselbe Beschaffenheit wie die echte Muskat, jedoch ist er etwas weisser und nicht so fett, von feinen und schwärzlichen Adern durchzogen, wenig gewürzig und fast unangenehm schmeckend; auch wird sie bald wurmstichig und verdirbt die anderen mit, wenn sie unter dieselben kommt, weshalb es verboten ist, sie unter dieselben zu mischen. Wenn sie aber wie die gewöhnliche Nuss mit der Schale im Rauch getrocknet wird, so wird sie haltbarer, härter und schwerer als die echte Muskat, auch wenn sie nicht gekalkt sind. Die Blätter des Baumes sind sehr selten ganz, sondern meist von Würmern durchfressen, und wenn man die unreife Frucht anschneidet, so kommt eine Milch heraus, die wie Kalk auftrocknet. Man duldet diesen Baum nicht unter den echten, da man glaubt, dass er dieselben mager macht[1]); darum erhält er einen einsamen Ort an dem Rand der Wälder und auf Bergen, wo man ihn unbelästigt stehen lässt, mehr um die Früchte als Raritäten an Fremde zu schenken als des Nutzens willen.

In Rumph's Auctuarium wird noch folgendes hinzugefügt: Der unterste Stamm des Mannetjes Nooten-Boom lässt über dem Boden ringsum zahllose Wurzeln hervorspriessen, wie der Mangi-Mangi-Baum, die aber nicht über einen Finger dick und aussen grauröthlich sind. Von diesen kriechen die untersten längs der Erde, die anderen stehen im Bogen gespannt, wenige sind aufwärts gerichtet und biegen sich dann am Ende doch abwärts.

Trotz dieser klaren und sorgfältigen Beschreibung lag dennoch auch hier wieder ein Keim zu Verwirrungen, da, wie wir sahen, Rumph auch die männlichen Bäume von Myristica fragrans als männliche Muskat bezeichnete.

Schon Valentijn (Oud- en Nieuw-Oost-Indie, Beschreib. v. Ambon, pag. 202), der ja eigentlich Rumph nur kopirt, weiss sich offenbar nicht durchzufinden; der Ausweg den er findet, besteht darin, dass er nicht zwei verschiedene männliche, sondern zwei verschiedene weibliche Nüsse unterscheidet, nämlich zahme und wilde, und nur eine Sorte von männlichen, die der Pala boy von Rumph entspricht. Die wilde weibliche nun entspricht der Myristica fatua, und um doch mit Rumph nicht altzusehr in Gegensatz zu treten, sagt er, sie sei fast wie eine Mannetjes-Noot. Seine weitere Angabe, die übrigen wilden Arten hätten keinen Nutzen, und sehen sehr abweichend aus, nur die Macis der

---

[1]) Es wäre nicht unmöglich, dass diese Befürchtung nicht eines faktischen Untergrundes entbehrt, indem vielleicht durch Befruchtung der weiblichen Blüthen der echten Muskat mit dem Pollen von Myristica fatua werthlose Bastardfrüchte erzeugt werden. So unwahrscheinlich dies auch sein mag, so sollte man diesen Punkt doch einmal experimentell zu entscheiden versuchen.

einen werde benutzt, um die Nelken roth zu färben, und das Holz verschiedener Arten diene als Sparren und Pforten, ist nichts weiter als ein kurzes Resumé aus Rumph.

Dass die zusammenfassenden Kompendien jener Zeit sich nicht zurecht zu finden wissen, und von verschiedenen Seiten her kompiliren, beweist das Lexicon universale t. 22 (1739) pag. 1001, sowie Bomare's Dictionnaire (1775) IV, in welch' letzterem Werk die Nuss Noix muscade mâle des Boutiques genannt wird.

Sonnerat (Voyage dans la Nouv. Guinée 1776, pag. 194) hat auch hier leider wieder viel zur Vermehrung der Konfusion beigetragen; vor allem vermengt er die Myristica fatua mit einer Form von Myristica fragrans, sodann begeht er den Irrthum, dass er das malayische Wort Ki laki (Ki = Holz, Baum; laki = männlich) mit weiblich übersetzt, und demnach angiebt, dass in Europa mehr die männlichen, in Indien mehr die weiblichen geschätzt seien, das umgekehrte ist aber nach Rumph der Fall, und zwar bezieht letzteres sich auf Myristica fragrans und fatua, während Sonnerat offenbar zwei Formen von Myristica fragrans vor sich hatte, von denen die Ki laki oder lacki-lacki genannte nach ihm mehr einer Birne ähnlich sein soll und nur unten aufbirst (nach der Abbildung ist es nur eine Form der echten). Wir sehen also hieraus, wie wir es schon oben gelegentlich der Blüthe des Baumes bemerkt haben, und wie wir es bei der Myristica argentea nochmals erfahren werden, wie überaus unzuverlässig die Angaben Sonnerat's sind.

Dagegen gab Thunberg nur wenige Jahre später in seiner ausgezeichneten Arbeit über die Muskatnuss in der schwedischen Akademie 1882 eine genaue Beschreibung dieser Art, unter dem Namen *Myristica tomentosa*, d. h. filzige Muskatnuss (wegen der schwach filzigen Behaarung der äusseren Fruchtschale), während sie freilich schon 1774 von Houttuyn in seiner Historia naturalis II, 3, pag. 337 ihren jetzigen Namen *Myristica fatua* (fatua heisst: albern, läppisch, unnütz) erhalten hatte, indem sie nicht nur eine fast geschmacklose goldgelbe Macis besässe, sondern der Kern ganz fade (laf) sei im Vergleich mit der echten, wenig gewürzhaft und nach seinen eigenen Erfahrungen sogar etwas ekelhaft schmecke. Der Nutzen beruhe auf Aberglauben, und sei von den Eingeborenen auf die Europäer übergegangen; die javanischen Frauen machten Minnetränke daraus, sonst sollen sie noch, am Körper getragen, gegen Krämpfe und Blutbeulen, auch gegen die Konvulsionen (Stuipen, Krämpfe) kleiner Kinder nützlich sein.

Auch diesmal aber brach sich die richtige Ansicht nur langsam Bahn, und Willdenow meint noch 1790, das doch vielleicht beide

Formen (nämlich Myristica fragrans und fatua) zu einer und derselben Art gehören könnten.

Später ist diese Pflanze noch mehrere Male als neu beschrieben worden, so von Roxburgh in der Flora indica unter dem Namen *Myristica macrophylla* (also grossblätterige Muskat), während der englischen Zeit (1797) hatte nämlich Christ. Smith Blüthenexemplare davon nach Kalkutta gesandt, und von dort sind diese Exemplare dann in die europäischen Herbarien gelangt.

Ferner hat Blume den Baum, den er in Java angepflanzt fand, woselbst in den 20er Jahren mit sehr ungenügendem Vergleichsmaterial arbeitete, als *Myristica spadicea* (d. h. kastanienbraune Muskatnuss, wegen der Färbung der Behaarung der Blattunterseite) beschrieben, sich selbst aber dann später in der Rumphia verbessert. Reinwardt nannte sie *Myristica mascula*, also männliche Muskat, offenbar als Uebersetzung des malayischen Namens pala laki-laki (de Vriese, Plantae Reinwardtianae, 1856, pag. 93).

Pereira hat in der Materia medica, 3. Aufl. (1850), II, 1, pag. 1335 die Nuss zwar ganz richtig beschrieben als cylindrisch-elliptisch, höckerig, durch eine Furche ausgezeichnet, von aschgrauer Farbe, jedoch zeigt es sich, dass er nur einen älteren Schriftsteller kopirt, indem er der Nuss einen scharfen (acerb) schwach aromatischen Geschmack zuertheilt, den sie doch nur in frischem Zustand hat; er irrt aber durchaus, wenn er sagt, diese Nuss liefere die langen Muskatnüsse der Läden, denn zu seiner Zeit kam sie überhaupt nicht mehr nach Europa, und er selbst bildet auch anstatt der Myristica fatua die Myristica argentea ab, welche Abbildung natürlich nicht zu seiner eigenen eben wiedergegebenen Beschreibung passen kann.

Bekanntwerden der Nüsse von M. fatua in Europa.

Dass die Nüsse von Myristica fatua ehemals nach Europa gekommen sind, wurde schon oben bemerkt, namentlich die vortreffliche Abbildung von Nic. Schultze lässt keinen Zweifel darüber. Die älteste, die Verfasser aufzufinden vermochte, war ein kleines Exemplar (Nr. 1159) in Sloanes Sammlung vom Anfang vorigen Jahrhunderts, im britischen Museum aufbewahrt, sie wird daselbst auf der Etikette ganz richtig mit Nux moschata mas (Clusius), Pala metsiri (Piso), nux moschata fructu oblongo (C. Bauhin Pinax) identifizirt. Trotz der grossen Litteratur, die darüber existirt, ist aber doch die Nuss in den Museen noch immer eine Seltenheit. Thunberg beschrieb sie zwar nach dem ihm eingesandten Material, von Chr. Smith dagegen scheinen keine Früchte erhalten zu sein; während Blume nur die Blüthen beschrieb, sind Früchte von Reinwardt nach Holland, von Horsfield aus Java nach England gekommen; später sandten Teysmann und Forbes noch Früchte von dieser Art ein; aber erst in den allerletzten Jahren ist vollständigeres Material von Buitenzorg aus, wo der Baum im botanischen Garten kultivirt wird, durch den Direktor und die verschiedenen Besucher des Gartens in die Museen gelangt, meist von einem Baum stammend, der von Rosenberg aus Ambon dorthin gebracht wurde.

Wie man also sieht, sind diese Nüsse in Europa noch sehr selten, und drüben im malayischen Archipel gleichfalls; reife Früchte sind so gut wie ausschliesslich nur von dem in Buitenzorg kultivirten Baume in den europäischen Museen zu finden.

Verwechselung der Nüsse von M. fatua und M. argentea.

Eine genaue, die Nuss deutlich von den anderen ähnlichen Nüssen sondernde Beschreibung gab es bis vor kurzem noch nicht, und nur hierdurch ist es erklärlich, dass bisher fast durchweg die in europäischen Museen häufigen Nüsse von Myristica argentea Warb. damit verwechselt wurden, ein Irrthum, der vom Verfasser erst bei der Beschreibung letzterer Art (Beitr. z. Kenntn. d. papuan. Flora in Engl. Jahrb. 1891 sowie Ueber die nutzbar. Muskatnüsse in Ber. pharmac. Gesellsch. 1892) aufgeklärt worden ist. Neuere Abbildungen der Frucht oder Nuss lagen auch nicht vor, die Abbildung Sonnerat's ist, wie erwähnt, durchaus ungenügend, dagegen hätte man durch die Abbildungen, die Nic. Schultze, Valentini und Rumph gegeben haben, bei irgendwie näherer Betrachtung die Verschiedenheit der dort dargestellten Nüsse von der Myristica argentea erkennen müssen. Man verliess sich aber, wie es meist in solchen Fällen geschieht, auf die Autorität der Vorgänger, und wie man ehemals die M. fatua mit der Pala boy oder männlichen Myristica fragrans wegen des gleichen Namens „männliche Muskatnuss" zusammenwarf, so wusste man später die Nüsse von M. fatua und argentea nicht auseinander zu halten, da beide den Namen längliche Muskatnuss tragen; nux oblonga war ja, wie wir sahen, der alte Name für Myristica fatua in früheren Jahrhunderten, und long nutmeg ist noch heute einer der häufigsten Handelsnamen für Myristica argentea Warb.

Der erste, der diese beiden Nüsse verwechselte, war wohl Sir James Smith; er schrieb 1819 im 24. Bande der Cyclopaedia, universal Dictionary by Rees in dem Artikel über Muskatnüsse, dass im Jahre 1797 von Banda die *Myristica tomentosa* unter dem Namen Neu-Guinea- oder lange Muskat eingesandt wurde. Die eingesandte Nuss war, da sie von Neu-Guinea kam, wohl zweifellos die M. argentea, nach den von Christ. Smith herrührenden Originalexemplaren dagegen war das von Banda eingesandte Herbarmaterial, nur ♂ und ♀ Blüthenemplare (die oben erwähnte M. macrophylla Roxb.) die *Myristica fatua* Houtt. = *M. tomentosa* Thunb. Nuss und Herbarmaterial stammte demnach von verschiedenen Pflanzen, nicht von derselben M. fatua Houtt., wie aus Sir James Smith's Deutung hervorgehen würde. — Seitdem hat sich dann die Annahme eingebürgert, dass Myristica fatua Houtt., die wilde Muskatnuss, vielfach von Neu-Guinea aus in den Handel komme.

Aber auch Borneo wurde bald als ein Land angesehen, von dem aus Myristica fatua Houtt. in den Verkehr gelange. Dies hat wohl folgende Bewandtniss. In Ainslie's Materia indica 1826, I, pag. 249 wird aus Elmore's directory of the trade of the Indian Seas pag. 51 citirt: „There in an inferior and long shaped kind of nutmeg, common on Borneo and an export from Passier to India."

Passier ist ein Ort (und Land) in Südost-Borneo, der, wie wir oben sahen, im vorigen Jahrhundert als Handelsplatz eine gewisse Bedeutung erlangt hatte. Der Platz war de facto unabhängig von Holland, und hierhin kamen, wie Forrest 1774 berichtet, sowohl englische Schiffe, als auch Fahrzeuge von den Suluinseln und Java, namentlich auch Seeräuber, um die verbotenen Gewürze dort zu vertauschen und Sklaven zu verkaufen.

Welche Art von Muskatnuss von dort exportirt wurde, lässt sich nicht mit Bestimmtheit ausmachen; eine einheimische kann es wohl kaum gewesen sein, da wir noch heute keine brauchbare Borneo-Muskat kennen. Wenn Eschelskroon, ein holländischer Beamter auf Sumatra, in seiner Beschreibung der Insel Sumatra (Hamburg 1781 pag. 87) als Exportartikel aus Borneo neben den Muskat-Nüssen, die nach ihm nur im Gebirge wachsen, auch Nelken anführt, so haben wir hierin gleichfalls einen deutlichen Hinweis auf die Molukken. Es ist zwar nicht ausgeschlossen, aber überaus unwahrscheinlich, dass die *Myristica fragrans* in Borneo damals in grösserer Menge kultivirt wurde; jedoch würde diese nicht „lang shaped" genannt werden können. Aus demselben Grunde kann auch von geschmuggelten echten Nüssen aus den Molukken nicht allein die Rede sein, obgleich solche sicher dort auch verkauft worden sind. Dagegen ist es, wie wir unten sehen werden, ungemein wahrscheinlich, dass es die *Myristica argentea* aus Neu-Guinea gewesen sei, die von Buginesen, Makassaren, ev. auch Ternatanen oder Tidoresen dort hingebracht und umgesetzt wurde. Noch 1835/36 werden in den Importlisten Singapores solche „wild nuts from Borneo" angeführt.

Wie dem aber auch sei, das eine ist völlig zweifellos, die von Passier auf Borneo exportirte Muskat kann die Myristica fatua nicht gewesen sein, da diese Art weder von Borneo bekannt ist[1]), noch jemals, sicher aber nicht Ende vorigen Jahrhunderts, einen Handelsartikel gebildet hat, da sie eben absolut werthlos ist. Dennoch gilt seitdem irrthümlicher Weise in fast allen, selbst neueren Büchern Borneo als die Heimath der wilden Myristica fatua Houtt.

In Folge von Verwechselung mit der nach Mauritius von Luzon her importirten *Myristica philippensis* Lam. glaubte man später auch, dass M. fatua auf dieser Insel angepflanzt sei, und dadurch, dass man dann irrthümlicherweise *Myristica fatua* Houtt. mit *M. fatua* Swartz (= *Virola surinamensis* [Rol.] Warb.) identifizirte, kam man später sogar zu dem Schluss, dass die asiatische *M. fatua* auch in Westindien kultivirt werde (Christy, Bisschop Grevelink). — Wie erwähnt, scheint aber M. fatua Houtt. bisher ausschliesslich im Buitenzorger botanischen Garten kultivirt zu werden, in den vorderindischen Gärten schon habe ich die Art nirgends gefunden, und auch weder aus diesen Gärten oder gar aus anderen Kontinenten stammende Herbarexemplare irgendwo gesehen, noch irgend etwas über die Anpflanzung dieser Art gehört.

2. Myristica argentea Warb. Papua-Muskat. Taf. II, Fig. 1—8.

α) Beschreibung.

Der Papua-Muskatbaum ist von mittlerer Höhe; die grössten Exemplare, die Verf. sah, waren ca. 15 m hoch; der Wuchs junger Exemplare ist fast ebenso pyramidal wie bei der M. fragrans, die Krone ist dagegen später ziemlich breit, und beginnt schon 3 m oberhalb der Erde.

Auch diese Art hat wie M. fatua an der Basis des Stammes bogig verlaufende runde Stelzenwurzeln. Der Stamm ist wohl kaum dicker als der von M. fragrans, also nicht so dick wie der von M. fatua.

Die Rinde der Zweige ist zuerst bräunlich später glänzend grau, durch kleine Lenticellen etwas höckerig, sie ist aromatisch wie auch die Blätter, die beim Reiben einen nicht sehr feinen Muskatgeruch entwickeln; nur die ganz jungen Zweigspitzen sind mit angedrückter schwacher Behaarung versehen.

---

[1]) Die Angabe Miquel's, dass die Art auf Borneo vorkomme, beruht, wovon ich mich an dem betreffenden Exemplar überzeugen konnte, auf Missdeutung eines von de Vriese gesammelten, zu einer andern Art, M villosa Warb., gehörenden Blattexemplares.

Blätter. Die 12—25 cm langen und 5—10 cm breiten Blätter sind beiderseits kahl, pergamentartig, elliptisch, länglich oder sogar etwas lanzettlich, an der Basis kaum spitz, am oberen Ende dagegen spitz oder scharf zugespitzt; charakteristisch ist die glänzend silberfarbene Blattunterseite, eine Farbe die bei keiner anderen Muskatnussart derart deutlich ausgeprägt ist, und die ihr auch den Namen „argentea" verschafft hat. Die Blätter haben jederseits 9—12 ziemlich divergirende, gekrümmte, am Rande nicht miteinander verschmelzende Seitennerven, die auf der Blattoberseite etwas tief liegen, unterseits dagegen hervorragen; in den Zwischenräumen finden sich noch zuweilen kleinere, den eben erwähnten Nerven parallele, schwächere Nerven; Tertiärnerven dagegen sind kaum sichtbar. Die Blattstiele sind $1^1/_2$—2 cm lang und nicht dick.

Männliche Blüthen. Die kahlen männlichen Blüthenstände sitzen etwas über den Blattachseln, häufiger noch dort, wo die Blätter bereits abgefallen sind, sie sind doppelt oder mehr als doppelt so lang als der Blattstiel; die sehr dünne Hauptachse des Blüthenstandes ist 1—3 cm lang, und nur $1^1/_2$ mm dick, sie theilt sich am Ende in zwei $^1/_2$—$1^1/_2$ cm lange, $1^1/_2$ mm dicke, weiter wachsende Aeste; an diesen sitzen die traubig angeordneten Blüthen auf 7—10 mm langen, $^3/_4$ mm dicken Stielchen; während die unteren Blüthen abfallen, bilden sich an der Spitze neue. Die Bracteen an der Basis der Blüthenstielchen sind sehr klein und vergänglich, ebenso fällt die Bracteola, welche der Blüthe an der Basis ansitzt, schon frühzeitig ab. Das Perigon ist länglich, gewölbt röhrig, $7^1/_2$ mm lang und $2^1/_2$ mm breit, die grösste Breite liegt in der Mitte. Die Antherensäule ist fast 4 mm lang, $^3/_4$ mm dick, von 10—14 langen Antheren umgeben und läuft oben in ein $^1/_3$ mm langes Ende spitz aus; der Stiel der Säule ist über 1 mm lang und $^1/_2$ mm dick.

Früchte. Die weiblichen Blüthen sind noch unbekannt. Der Fruchtstiel ist ca. 16 mm lang, 4 mm dick, die grossen kahlen Früchte sind $4^1/_2$—$8^1/_2$ cm lang, $4^1/_2$—$5^1/_2$ cm breit; sie sitzen einzeln und sind eiförmig oder elliptisch, an beiden Enden verschmälert, aber nicht spitz, sondern mehr abgerundet. Der rothe, durch das Trocknen aber meist nachdunkelnde und dunkel oder schmutzig rothgelb werdende, stark aromatische, ölreiche Arillus ist dick, und fast von der Basis an zerschlitzt, aber in relativ wenig, häufig nur vier, Lappen getheilt, die breite Oeffnungen lassen. Die Epidermis des Arillus ist unter der Lupe fein längsstreifig. Der länglich cylindrische Same ist $3^1/_2$—4 cm lang, meist an der Basis am breitesten, und verschmälert sich von dort an nach oben zu allmählich und wenig; die Testa ist hart und fast 1 mm

Meisenbach ... Leipzig.

P... A M... USS.

M... ica ... Warb.

Meisenbach Riffarth & Co. Berlin, heliogr. Verlag von Wilhelm Engelmann, Leipzig.

PAPUA MUSKATNUSS.
Myristica argentea Warb.

dick, mit nur schwachen und seichten, den Arilluslappen entsprechenden breiten Eindrücken versehen; auch die Rhaphe ist nur durch Längslinien, kaum durch eine Vertiefung angedeutet; die Epidermis der Testa ist glänzend schwarz- bis rothbraun, kaum punktirt, jedoch bald abreibbar und dann erscheint die gelbgraue stark runzelig punktirte Holzschicht; die Chalaza liegt fast am oberen Ende der Testa. Das sehr stärkehaltige Endosperm ist grob zerklüftet durch relativ dicke, stark aromatische Zerklüftungsstreifen. Der Keimling liegt schief basal, die fast scheibenförmig zusammengewachsenen Keimblätter sind am Rande gewellt und haben einen Durchmesser von 5 mm, das Würzelchen ist minimal.

β) Heimath.

Der Baum wächst im westlichen Neu-Guinea, und zwar sowohl an dem Mc. Cluers Golf, im Distrikt Onin, als auch an der Südküste dieses westlichen Theiles [1]), sowie endlich auch an der Nordküste an der Geelvinkbay, vielleicht auch auf der N.-West-Neu-Guinea benachbarten Insel Salwatti [2]). Im deutschen und englischen Theil der Insel ist sie bisher noch nicht gefunden. — Die Art scheint auf die unteren Bergwälder [3]) beschränkt zu sein.

γ) Geschichte der Papua-Muskat.

Im Gegensatz zu Myristica fatua Houtt., über die es eine Litteratur giebt, die in gar keinem Verhältniss zu dem geringen Nutzen der Art steht, und die uns nur wegen ihres Umfanges und wegen der in der

---

1) Wenigstens giebt Salomon Müller in seinen Reizen en onderzoekingen in d. Indischen Archipel (1857) an, dass in Südwest-Neu-Guinea wilde Muskatnüsse einen Handelsartikel bilden; er nennt sie zwar *M. dactyloides*, doch dies ist eine vorder-indische Art, die nicht in Betracht kommen kann. Ist es also keine neue Art, was nicht anzunehmen, so kann es nur M. argentea sein.

2) Wie wir oben sahen, kommen auf der Insel Misol nach Forrest (Voyage dans les Moluques, pag. 164), der gewiss sorgfältig Erkundungen einzog, da er gerade die Gewürze suchte, weder Muskat noch Nelken vor.

3) Die wenigen Bäume, die man mir bei Sigar nahe der Küste zeigte, waren nach der Angabe meines papuanischen Führers von seinem Vater angepflanzt worden. Mit dem Vorkommen tiefer im Lande hinein, wird es auch wohl zusammenhängen, dass sonst noch kein Reisender Angaben über den Baum gemacht hat, noch Zweige in den Sammlungen existiren, ausser den meinigen und Beccari's.

Litteratur herrschenden Verwirrung so lange hat beschäftigen müssen, besitzen wir in Myristica argentea Warb. eine wichtige und schon lange im Handel befindliche Nutzpflanze, die aber wissenschaftlich erst in der allerneuesten Zeit bekannt geworden ist.

Die erste Notiz darüber glaubt Verf. in einer Stelle Valentijns „Oud- en Nieuw-Oost-Indie" 2. Ausg. pag. 58 gefunden zu haben, wo gemeldet wird, dass Joannes Keyts, ein Oberkaufmann von Banda, im Jahre 1666 eine Reise nach der Westküste Neu-Guineas in die Landschaft Onin macht.

„Das Wichtigste, was er hier sah, war eine besondere Muskatnuss, die dem echten Muskatbaum nicht unähnlich sah, aber längere Nüsse, dickeren Bast und viel grössere Blätter hat. Die Rinde gleicht nicht derjenigen der gewöhnlichen Muskatnuss, da sie sehr rauh und höckerig ist. Die Blätter entwickeln auch beim Reiben lange nicht so starkes Aroma. Auch ist die Macis sehr dünn und von Farbe gelblich, der Geruch ist zwar ähnlich, aber doch recht verschieden, wohingegen der Geschmack der Nüsse demjenigen der Bandanüsse sehr nahe kommt. Doch waren von diesem Baum, wie man ihm sagte, nur 1 bis 2 Exemplare bekannt."

Da alle angeführten Merkmale zu Myristica argentea stimmen, und da auch die Lokalität Onin in Neu-Guinea ganz genau hierzu passt, und von dort noch heutigen Tages keine andere gewürzhafte und nutzbare Muskatnussart bekannt ist, so dürfte es kaum zweifelhaft sein, dass es sich hier um die angeführte Art handelt. Dennoch scheint man sich wenig von Seiten der Holländer um diese wilde Nuss gekümmert zu haben, weder Valentijn noch Rumph erwähnen sie, was sicher der Fall gewesen wäre, wenn sie damals irgend eine Rolle gespielt hätte; zweifellos wäre in diesem Falle die Stammpflanze gleichfalls von dem Befehl, die Muskatbäume auszurotten, betroffen worden, und die Hongizüge hätten sich dann auch häufiger auf die Küsten Neu-Guineas hin ausgedehnt. Zwar stellten die Holländer 1666 Schiffe in den östlichsten Molukken, d. h. auf dem Weg nach Neu-Guinea, auf, um den dortigen Schleichhandel zu unterdrücken. doch finde ich nirgends angeführt, dass es sich dabei um eine wilde Art Muskat handle; der holländische Verfasser des 3. Bandes von Argensola erwähnt (pag. 1523) nur im Allgemeinen, dass die fremden Kaufleute verhindert werden sollten, in diesen Inseln Muskat und Macis, Paradiesvögel und Ambra einzuhandeln; um jene Zeit gab es ja auch noch auf den Südoster- und Südwesterinseln echte Muskatnüsse.

In der zweiten Hälfte des vorigen Jahrhunderts war offenbar schon näheres über den heimlichen Muskathandel in Neu-Guinea bekannt geworden. Dies geht aus einer Angabe von Forrest hervor, der um 1774 diese Gewässer bereiste; er sagt, dass die Holländer den Tidoresen und Ternatanern nicht erlaubten, nach Neu-Guinea Schiffe zu senden, weil sie ihnen nicht trauten; wohl aber gestatteten sie den Chinesen, von denen sie (nach Forrest mit Recht) annahmen, dass sie keine Muskatnüsse kaufen würden, mit Pässen des Königs von Batjan versehen, unter holländischer Flagge dort Handel zu treiben.

Forrest war, wie wir oben (p. 226) sahen, 1774 von der englischen Compagnie mit dem Zwecke ausgesandt worden, sich von den nicht unmittelbar unter der Oberherrschaft Hollands stehenden Inseln Nelken und Muskat zu verschaffen, um ihre Kultur in den englischen Besitzungen anzubahnen. Um Muskatnüsse zu erlangen, besuchte er die Nordwestküste Neu Guineas, die Geelvinksbucht, Doré etc. und auf der kleinen Insel Manaswary daselbst gelang es ihm, viele dieser Muskatbäume zu finden (pag. 123).

Nach Aussage seines Begleiters Tuan Hadji[1], der früher lange in holländischen Diensten gewesen war, war dies zwar die echte Nuss, aber die lange Art, genannt warong[2]), während die echte runde auf Banda kultivirte Keyan[3]) genannt würde. Dadurch dass diese Nuss dem Tuan Hadji bekannt war, geht deutlich hervor, dass sie damals schon einen Handelsartikel (des Schmuggelhandels) gebildet haben muss. Forrest nahm 100 Pflanzen mit der zugehörigen Erde heraus, um sie nach der zum Sulu-Archipel gehörigen Insel Balambangan, einer damals gerade neu gegründeten Niederlassung der englischen ostindischen Compapagnie vor der N. O.-Spitze Borneos, mitzunehmen und dort einzupflanzen. Was daraus geworden ist, konnte ich nicht ermitteln, vermuthlich sind alle Pflanzen zu Grunde gegangen, als kurze Zeit nachher die Station von piratisirenden Sulu-Insulanern überfallen wurde, wobei alle Engländer flüchten mussten. Im Jahre 1803 wurde der Platz zwar von Major Farqhuam mit der von Ambon bei der Rückgabe an die Holländer zurückgezogenen Garnison wieder besetzt, aber nur für ganz kurze Zeit, da die Insel als werthlos und durch Piraten zu sehr gefährdet angesehen wurde; natürlich ist von der Muskatpflanzung nicht mehr die Rede gewesen.

Auch Raynal erwähnt in der „Histoire philosophique et politique des Etablissements et du Commerce des Européens dans les deux Indes", Amsterdam I (1772) pag. 222, dass die Muskat gleichfalls in Neu-Guinea und den anliegenden Inseln vorkomme: „les Malais qui seuls ont quelque liaison avec ces nations féroces, ont porté de son fruit à Batavia!" Auch sagt er, dass die Engländer auf der Insel Saffara, zwischen den Molukken

---

1) Tuan ist malayisch und bedeutet Herr, Hadji ist die allgemeine Bezeichnung daselbst für jeden Mekkapilger. Da diese grosses Ansehen geniessen, wird ihrem Titel das Wort Tuan vorgesetzt; es ist aber kein Name, wie Forrest meint, sondern ein Titel.

2) warong bedeutet soviel wie Laden, pala warong hiesse also die Muskat der Läden; auch heute noch ist die billigere Myristica argentea die Hauptmuskat der Läden der Eingeborenen.

3) Der Name Keyan mag wohl mit den Key-Inseln zusammenbängen, vielleicht weil von dort die echte Muskatnuss viel in den Schmuggelhandel gelangte.

und Neu-Guinea ein Etablissement angelegt haben; dort sei dasselbe Klima, Erde und Aussehen wie auf den Gewürzinseln, und es drohe daher den Holländern dort eine Konkurrenz.

Ungefähr gleichzeitig (1776) erwähnt auch Sonnerat diese Nuss in seinem Werke „Voyage dans la Nouvelle Guinée.“ Er besuchte Neu-Guinea sowie die Molukken im Jahre 1771, also etwas eher als Forrest, und fand dort ausser zwei Muskatnussformen, die nach der Abbildung, wie wir oben sahen, beide zu der echten Muskat gehören, und als männliche und weibliche unterschieden werden, auf Salvaty (jetzt Salwatti), einer Insel im Nordwesten Neu-Guineas, noch eine dritte „die weit länger und gewürzhafter ist, als die Art Muskatnüsse, die man Kilaki nennt. Diese dritte Art bringen die Makassaren nach der Halbinsel von Malakka, und von hier aus wird sie nach Ssina und dem ganzen westlichen Indien verschickt“ (deutsche Uebersetzung, 1777, pag. 69). Im krassen Gegensatz hierzu heisst es in der gleich darauf folgenden Beschreibung der Nüsse, die offenbar der obigen Tagebuchnotiz erst später, nach verwechseltem Material, hinzugefügt wurde (auch die Tafel ist nach diesem falschen Material angefertigt):

„Die Frucht der dritten Art ist falticht, und wird niemals grösser als ein Hühnerei. Ihre Nuss ist eiförmig und kleiner als die Nüsse der beiden ersten Arten. Sie hat nichts gewürzhaftes und schmeckt wie Haselnüsse. Die Haut die sie umgiebt, ist blutroth. Die Blätter dieses Baumes sind gewöhnlich einen Fuss lang.“ Welche Art diese beschriebene und abgebildete kleine gewürzlose Nuss darstellen soll, ist nicht recht klar; doch passt die Beschreibung durchaus nicht auf M. argentea; während, was er oben nach seinem Tagebuch über die gewürzhafte lange Papua-Nuss sagt, nur auf M. argentea gedeutet werden kann

Ein absolut sicherer Beweis, dass die Papua-Muskat im vorigen Jahrhundert schon nach Europa kam, wird durch zwei kleine Nüsse dieser Art geliefert, die sich im britischen Museum in der Sammlung Aublet's finden, welch' letzterer Ende des letzten Jahrhunderts gelebt hat.

Die schon gelegentlich der Besprechung der Myristica fatua (p. 345) angeführte Stelle in Rees Cyclopadia (1819, vol. 24) von Sir James Smith beweist, dass schon Ende des Jahrhunderts für die Myristica argentea der Name „long nutmeg“ gebräuchlich gewesen sein muss; es heisst dort nämlich, dass im Jahre 1797 von Christ. Smith Neu-Guinea oder long nutmegs von Banda eingesandt wurden. Sie werden in Rees Cyclopaedia mit *Myristica tomentosa* (= fatua) indentifizirt, was wohl darauf zurückzuführen ist, dass Smith auch Herbarexemplare mit Blüthen von Myristica fatua einsandte, deren Originalexemplare sich im britischen Museum und in Brüssel befinden; man glaubte nun wohl, dass die gleichzeitig eingesandten Nüsse dazu gehörten (bei dem Brüsseler Exemplar steht sogar auf dem Bogen „Neu-Guinea or long nutmeg, Banda“), welcher Irrthum auch nahe liegt; denn der Name long nutmeg erinnert so an den alten Namen „nux oblonga“ für die Myristica fatua, dass, wenn er nicht einer Verwechslung mit letzterer überhaupt seinen Ursprung verdankt, hierdurch doch eine unheilvolle Quelle für spätere Konfusion gegeben war.

Ungefähr zu gleicher Zeit (wohl ebenfalls durch Smith oder auch durch Roxburgh fil. gesandt) kamen diese Nüsse auch nach Penang; und es ist von mehr als gewöhnlichem Interesse, wenn am 6. März 1802 der Gouverneur von Penang, Leith, schreibt (Journ. Ind. Arch. V, pag. 355), dass Mr. Caunter daselbst auch einige Bäume der long nutmeg kultivire. Offenbar sind sie aber eingegangen, denn man hat nie wieder etwas davon gehört.

Natürlich kamen jetzt auch die „wild“ oder „long nutmeg“ häufiger in die Sammlungen, wurden aber aus den oben angegebenen Gründen fast stets verkannt, in der Bestimmung mit Myristica fatua Houtt. identifizirt und demgemäss etikettirt; daneben finden sich freilich denn auch Namen wie noot-mosschat van Nieuw-Guinea, Papua-noten, Mannetjes-noten van Nieuw-Guinea, oder long nutmeg, Papua nutmeg, wild nutmeg, ja sogar offenbar ganz falsche Namen wie spice from Malacca, long nutmeg from Sumatra, wild nutmeg from the Gold-coast (ein Exemplar im Kew-Museum), Namen die offenbar nach den Orten gegeben sind, wo die Nüsse im Verkehr beobachtet wurden. Diese Unklarheiten blieben bestehen, bis es dem Verf. 1888 glückte, in West-Neu-Guinea die Stammpflanze der Art aufzufinden. So konnte denn die Art definitiv klargelegt (Englers botan. Jahrb. XIII, pag. 311) und auch die Bedeutung derselben als Nutzpflanze im Gegensatz zu Myristica fatua hervorgehoben werden (Ber. d. pharmac. Gesellsch. Berlin 1892).

Die einzige richtige Abbildung einer solchen Nuss vor der Abhandlung des Verf. ist von Pereira in seiner Materia medica (3. Aufl. 1850, II 1, pag. 1335) gegeben worden, offenbar nach einem ihm vorliegenden Exemplar, nebst einer durchaus richtigen Beschreibung; er nennt sie long or wild nutmeg und sagt, sie sei verschieden von Myristica fatua Houtt., behauptet aber an einer andern Stelle dann gleich wieder, offenbar kritiklos die alten Autoren kopirend, Myristica fatua liefere die long nutmegs der Läden, und dabei wird auch letztere (die Nux myristica mas von Clusius und Nux moschata fructu oblongo von C. Bauhin) ganz richtig beschrieben.

δ) Handel der Papua-Muskat im malayischen Archipel.

Unter der milden Handhabung des Gewürzmonopols durch die Engländer begannen die vorher offenbar nur geschmuggelten Nüsse zuerst einen geregelten Handelsartikel im malayischen Archipel zu bilden. Crawfurd sagt (History III, pag. 399), dass der Preis eines Pikols dieser long nutmegs genannten Nüsse in Schale im östlichen Theil des Archipels damals 4 span. Dollar (d. i. 15 sh. 1½ d. per Centner) betrug, in Bali war der Preis des Pikol schon 5 Dollar (d. i. 18 sh. 10¾ d. per Centner). Ohne Schale kostete das Pikol in den Molukken 5,54 Dollar (= 20 sh. 11¼ d. per Centner); in Bali 6,93 Dollar (= 26 sh. 2¼ d. per Centner). Es waren, wie man sieht, minimale Preise gegenüber den damaligen hohen Monopolpreisen der echten Muskat, deren Werth mindestens das 20 fache von dem der wilden Nüsse betrug. Es ist klar, dass diese billigen Preise die Nuss im malayischen Archipel sehr beliebt machen mussten.

Während der auf das milde Interregnum folgenden schärferen Handhabung des Monopols durch die Holländer scheinen diese Nüsse wieder mehr auf den Weg des Schleichhandels gewiesen zu sein. Nach Kolff, der 1824 die Molukken besuchte, waren Ceram-laut und Goram damals Hauptplätze für diesen Neu-Guinea-Handel, und von dort gingen grosse Quantitäten dieser Produkte nach Bali und Singapore. Die verschiedenen Dörfer dieser Inseln hatten sogar besondere Handelsmonopole immer für bestimmte Strecken der Küste Neu-Guineas unter sich verabredet. Buginesische und makassarische Schiffe (pag. 297) sowie englische Walfischfänger (pag. 299) kauften die Gewürze dann auf diesen kleinen Inseln auf.

Bei den Eingeborenen des westlichen Neu-Guinea spielen diese Nüsse noch heute die Rolle des Geldes, sowohl im internen Verkehr, als auch beim Einkauf europäischer Waaren bei den malayischen oder arabischen Händlern; sie eignen sich auch dazu sehr gut, da sie sich (natürlich in Schale) leicht aufbewahren lassen, und da sich jeder beliebige Geldwerth durch Abzählung herstellen lässt; selbst Heiraths- und Sklavenkäufe werden daselbst in Muskatnüssen ausbezahlt; schliesslich aber gelangen die Nüsse natürlich in die Hände der dieselben exportirenden Händler.

Wie gross der Gesammtexport ist, lässt sich nur schwer genau feststellen. Mitte der 70er Jahre wurde von Beccari (cf. Cora's Cosmos V 3, p. 356) der Export allein aus der Landschaft Onin in West-Neu-Guinea (am Mc. Cluers Golf) auf etwa 3000 Pikols, das sind nach dem damaligen Preise etwa 105000 fl., veranschlagt gegen 95300 fl. sämmtlicher anderer Exportartikel jener Gegend (Massoirinde, Paradiesvögel, Trepang, Schildpatt, Perlmutter). Bedenkt man, dass wohl fast ebenso grosse Quantitäten wilder Nüsse von dem westlichen Theil der Nordküste Neu-Guineas kommen, so darf man den gesammten Export derselben wohl auf 5—6000 Pikol also auf 310—370000 kg veranschlagen, aber in Schale, das wären also ca. 190—220000 kg ohne Schale, also etwa der 6. oder 7. Theil der Produktion echter Muskatnüsse. Bei dem gesteigerten Handel jener Gegenden in den letzten Jahren darf man mindestens annehmen, dass die Zunahme des Exportes der wilden Nuss gleichen Schritt gehalten hat mit der Zunahme der Produktion der echten Nuss.

Wir veranschlagen demnach den Export auf etwa 430000 kg mit Schale (= 250000 kg. ohne Schale), die nach den Preisen von 1891 in Makassar einen Werth von fast 1½ Millionen fl. repräsentiren würden. Es ist das Gewürz demnach zweifellos bis jetzt der wichtigste Exportartikel Neu-Guineas.

Ehemals ging die gesammte Ernte in den Segelschiffen der Malayen westwärts, zum kleineren Theil zuerst nach Ternate[1]) (und wohl auch nach Tidore), in den 50er Jahren nach dem Werthe berechnet etwa 100—400 Pikol jährlich, zum bei weitem grösseren Theile mit den alljährlich die östlichen Inseln besuchenden buginesischen Padawakans[2]) nach Makassar[3]); selbst die kleinen Sundainseln Timor und Sum-

---

1) Nach v. d. Crab (pag. 280) gingen allein über Ternate

1855	für	12280 fl.	wilde Muskatnüsse
1856	„	8380 fl.	„ „
1857	„	3380 fl.	„
1858	„	12800 fl.	„
1859	„	4980 fl.	„
1860	„	8510 fl.	„ „

2) Die Buginesen bezahlten nach Beccari für 10000 Nüsse mit Macis (= ca. 1 Pik. 40 Katti) an Ort und Stelle 5 Stück Matapolam im Einkaufswerth von ca. 4,25 fl. Während meines Aufenthaltes 1888 waren daselbst schon einige Araber ansässig, und auch ein Chinese hatte schon den freilich missglückten Versuch gemacht, sich in Sigar zu etabliren.

3) Nach der javanischen Statistik von de Bruyn Kops kamen nach Java von Celebes

1852 . . .	1055	Pikols wilde Nüsse
1853 . . .	1441	„ „ „
1854 . . .	2012	„ „ „
1855 . . .	1228	„ „ „

bawa[1]) nahmen gelegentlich an diesem Handel Theil. Was nicht lokal oder in der Nachbarschaft daselbst verbraucht wurde, sammelte sich in Java an, über dessen Import wilder Nüsse ich bei de Bruyn Kops folgende Angaben verzeichnet finde:

	Pikol		Pikol
1835 . .	73	1850 . .	418
1837 . .	213	1851 . .	1643
1838 . .	258	1852 . .	1286
1839 . .	923	1853 . .	1443
1840 . .	619	1854 . .	2321
1841 . .	735	1855 . .	1386
1842 . .	430	1856[2]) . .	1092
1843 . .	1005	1857 . .	1922
1846 . .	892	1858 . .	2412
1848 . .	797	1859 . .	1832
1849 . .	482	1860 . .	531

ε) Import nach Europa.

Dass diese Nüsse schon Ende des vorigen Jahrhunderts nicht nur in Indien in Gebrauch waren, sondern sogar, wenn auch vielleicht nur einzeln, nach Europa kamen, haben wir oben gesehen; dies war schon dadurch ohne grosse Schwierigkeiten möglich, dass es Plätze auf Borneo gab, wo ein bedeutender Schleichhandel getrieben wurde. Als Singapore sich in den 20er und 30er Jahren dieses Jahrhunderts zu einem grossen Emporium entwickelte, nahm der Import nach Europa grössere Dimensionen an. So gingen 1835/36[3]) 32½ Pikol wilde Muskatnüsse von dort nach Europa, 98 nach den Vereinigten Staaten. Um diese Zeit wurde sogar wegen des viel billigeren Preises der Nüsse in England auch schon ein geringerer Spezialzoll für die wilden Nüsse festgesetzt. Während die echten Nüsse 2½—3½ sh. Zoll per Pfund zu zahlen hatten, wurde 1836 der Zoll für die wilden Nüsse auf nur 1 sh. festgesetzt; 1846 wurde er sogar, bei gleichzeitiger Herabsetzung des von den echten Nüssen zu entrichtenden Zolles auf 1 sh., auf 3 d. ermässigt, und im folgenden Jahre

---

1) In den javanischen Importlisten bei de Bruyn Kops findet sich für 1841 Timor Koepang mit 228 Pikol, sonst nur noch mit 1 Pikol im Jahre 1854 verzeichnet; desgleichen Bima 1834 mit 15, 1846 mit 1½ Pik.; häufiger und in wechselnden Qualitäten noch Bali und Singapore, sowie Lingga.

2) Die folgenden Ziffern stammen aus dem Aardrijkk. en statist. Woordenboek.

3) Newbold, Politic and statistic account of the brit. Settlements in the Straits of Malacca (1835) pag. 331.

ein Unterschied gemacht zwischen solchen in Schale und ohne Schale; erstere hatten 3 d., letztere 5 d. zu bezahlen. Es lässt sich nicht leugnen, dass diese Massregel gerecht war, da die wilden Nüsse viel weniger werth waren als die echten, und einen hohen Zoll deshalb kaum vertragen konnten; so kostete beispielsweise 1847 in England das Pfund ohne Schale 2 sh. (6 d. mit Schale) gegen 3 sh. 10 d. für gute echte[1]; dennoch erregte dieser Differenzialzoll den Unwillen der Pflanzer der Straits Settlements, welche ihre Kultur dadurch beeinträchtigt glaubten[2]. Selbst eine Eingabe an das Finanzministerium wurde 1853 von Crawfurd und Gilman ins Werk gesetzt, und darin auf die Ungerechtigkeit gegen die englischen Pflanzer hingewiesen; das Hauptargument der Eingabe, dass alle schlechteren, länglich geformten Nüsse dadurch vom hohen Zoll befreit würden, war aber natürlich ein ganz verfehltes, aber die Autoren der Eingabe glaubten, man könne die wilde Nuss kaum von der echten unterscheiden; ebenso war auch der Hinweis auf eine mögliche Ueberschwemmung mit dieser Nuss absolut hinfällig. Die Eingabe geht von der falschen Annahme aus „that there is but one species of culinary, nutmeg, the Myristica moschata of botanists, although at least a score of the same genus, all unfit for human food". Es lag hier also Verwechselung vor zwischen der von der Zollgesetzgebung gemeinten Papuanuss und den nach Crawfurd auf Banda und angeblich auf Neu-Guinea wie wild aufwachsenden Myristica fragrans Bäumen.

Oxley, der 1856 Banda besuchte, wusste das natürlich besser, aber auch er beklagt sich (l. c. pag. 133), „dass die Wilden Papua's geschützt und ermuthigt würden auf Kosten der Straitspflanzer und ein unechter (spurious) und inferiorer Artikel, der wegen seines Astringens sogar ungesund sei, durch die Thorheit einer mit den Thatsachen nicht

---

1) Die Preise waren in England ohne Zoll für das engl. Pfund Nüsse ohne Schale

	echte	wilde
1854 . .	2 sh. 5—2 sh. 9 d.	1 sh. 1 d.
1855 . .	2 sh. 5 d.	1 sh. 1/2 d.
1856 . .	2 sh. 5 d.	1 sh. 3 d.
1857 . .	2 sh. 3 d.	1 sh. 3 d.

die wilden Nüsse besassen also kaum den halben Preis.

2) If an alteration in this suicidal measure in not speedily obtained, the Straits planters will be ruined. The Dutch have the power of inundating the market with the long aromatic nuts. Simmonds, Commercial Products of the Vegetable Kingdom 1854, pag. 412.

vertrauten Gesetzgebung dem allgemeinen Verbrauch aufgezwungen würde"[1]).

Waren bis dahin Makassar, Batavia und Singapore die Hauptverschiffungsplätze dieser Nuss, so gingen seit Freigabe der Muskatkultur auch beträchtliche Quantitäten der Papuamuskat über Banda. Im Jahre 1888 wurde von dort mitgetheilt, das ca. 1000 Pikol jährlich diese Insel passirten. Neuerdings geht aber auch ein grosser Theil mit den Sigar und andere Plätzen auf Neu-Guinea jetzt anlaufenden Dampfern theilweise nach Makassar, theilweise direkt nach Java.

Makassar ist aber auch jetzt noch bei weitem der wichtigste Platz für den Handel in Papua-Muskat; wird für 1881 angegeben, dass die Hälfte der 65000 kg Nüsse die von Makassar in dem Jahre exportirt wurden, also ca. 500 Pikol, wilde waren, so wurden 1891 allein im Juli daselbst 600 Pikol verkauft. Ein grosser Theil davon geht nach wie vor nach Java, meist zu dem dortigen sehr bedeutenden Konsum, ein anderer Theil geht nach Singapore oder direkt nach China. Von Singapore aus werden dann die chinesischen Läden in Hinterindien und den Philippinen versorgt; Verf. begegnete diesen Nüssen sowohl in Siam als auch in den Philippinen, wo ihm merkwürdigerweise der Name Anizmoscada dafür mitgetheilt wurde. Ein anderer an Bedeutung wachsender Theil geht von Makassar nach Europa (zuerst meist nach Amsterdam), wo die Nüsse jetzt allen Grossdrogisten unter dem Namen Makassarnüsse oder Papuanüsse (mir wurde vor einigen Jahren auch der Name Pferdemuskat genannt) bekannt sind. Nach Busse werden im Handel in Holland Makassarnüsse und Papuanüsse unterschieden; erstere werden angeblich mehr geschätzt und sind nach der von Busse untersuchten Probe etwas grösser, ohne sonstige Unterschiede aufzuweisen: Verf. glaubt, dass dies wohl Zufall ist, eine Sortirung nach der Grösse findet in den Neu-Guinea-Häfen nicht statt, ebensowenig eine Kalkung. Während die für den asiatischen Markt bestimmten Nüsse in der Schale gelassen werden, so werden die für den europäischen Kontinent bestimmten meist in Makassar (jetzt wohl auch in Banda) gekalkt; da der Kern aber viel bröckeliger ist, als der der echten Nuss, so werden beim Aufschlagen und Kalken sehr viele verletzt, so dass häufig ganze Flächen der Nuss eine runzelige, gefurchte Oberfläche erhalten, und viel weniger

[1]) Damals war schon die Zolldifferenz nicht mehr bedeutend, da 1853 der Zoll der echten auf 1 sh. pro Pfund ermässigt worden war; 1860 hörte die Differenz zugleich mit dem Zoll überhaupt auf.

gefällig aussehen als die echten. Diese in den europäischen Handel kommenden Nüsse sind 26—30 mm lang und 13—17 mm breit.

Die Umsätze auf dem holländischen Markte in den letzten Jahren zeigen die Bedeutung dieser Papua-Nüsse oder langen Muskatnüsse für den europäischen Konsum. Sie betrugen nach Busse

1888 . .	70845 kg	1892 . .	66195 kg
1889 . .	30345 „	1893 . .	65800 „
1890 . .	34205 „	1894 . .	76600 „
1891 . .	68985 „		

Man kann sagen, dass sich in Holland die Umsätze bei der langen Muskatnuss zu der bei der echten Muskatnuss etwa verhalten wie 1 : 10.

ζ) Preise der Papua-Muskatnuss.

Was die Preise dieser Muskatnuss betrifft, so sind dieselben während des ganzen Jahrhunderts im Gegensatz zu der echten Muskat merkwürdig konstant geblieben. Wir haben schon oben gesehen, dass nach Crawfurd im Anfang des Jahrhunderts die Nüsse in Schale per Pikol in den Molukken 4 Dollar (= ca. 10 fl.), in Bali 5 Dollar (= ca. 12½ fl.) kosteten, ohne Schale in den Molukken 5,54 Dollar (= ca. 14 fl.), in Bali 6,93 Dollar (= ca. 17 fl.).

Während nun in den 50er Jahren durch die Konkurrenz der freien Muskatkultur in Penang und Singapore die Preise der echten Muskat bedeutend fielen, stiegen im Gegensatz hierzu die Preise für die wilde Nuss. Für die 50er Jahre haben wir ausführliche Notizen über die Preisbewegung in Bezug auf diesen Artikel.

Nach de Bruyn Kops betrug die Einfuhr der wilden Nüsse nach Java (zweifellos mit Schale)

1853[1] . .	1443 Pikol	23,50 fl. per Pikol
1854 . .	2321 „	22,89 fl. „ „
1855 . .	1386 „	17,22 fl. „ „

Nach dem Aardrijkskund. en statist. Woordenboek II, pag. 537, ferner:

---

1) Die in der Eingabe Crawfurds und Gilmans an die Regierung 1853 erwähnten Preise, wahrscheinlich in Singapore, nämlich 17 spanische Dollar per Pikol, für die besten sogar 34, gegen 65—70 Dollar für die echten Singapore- und Penangnüsse, beziehen sich offenbar auf geschälte Papuanüsse, da sonst selbst 17 Dollar fast den doppelten Werth des auf Java gleichzeitig geltenden darstellen würden.

	Einfuhr	Einfuhrpreis p. Pikol	Ausfuhr	Ausfuhrpreis p. Pikol
1852—55 . .	6436 Pik.		710 Pik.	
1856	1092 „	20,36 fl.	22 „	27,87 fl.
1857	1922 „	21,53 fl.	131 „	21,66 fl.
1858	2412 „	22,61 fl.	25 „	25,86 fl.
1859	1832 „	23,64½ fl.	12 „	31,64 fl.
1860	531 „	21,64 fl.	90 „	29,11 fl.

Dies waren gerade die Jahre, wo die Preise der echten Muskat auf einen noch nie dagewesenen niedrigen Stand fielen, von ca. 130 fl. p. Pik. im Jahre 1856 auf 80 fl. im Jahre 1860, während aus obiger Tabelle hervorgeht, dass die Preise der wilden Nuss einerseits ungefähr doppelt so hoch waren wie im Beginn des Jahrhunderts, und andererseits auch in diesen Jahren eher stiegen als fielen. Es war also die Preisbewegung von M. argentea völlig unabhängig von derjenigen von M. fragrans; die Preissteigerung ist wohl auf die zunehmende Beliebtheit derselben in Europa zurückzuführen; dagegen bildete der doch bei weitem überwiegende Konsum dieser Nuss im malayischen Archipel, namentlich auf Java, wo sie sich noch heute auf dem Markt jedes grösseren Ortes findet, eine Art Schutz gegen allzu heftigen Preissturz, wie ein solcher die echte Muskat betraf.

Nahm der Preis der wilden Muskat während der Verbilligung der echten Nuss nicht ab, so nahm er auch andererseits an der Preissteigerung der echten Nuss in den 60ern nur wenig Theil. So besassen sie nach Lans („Rosengain") 1872 auf Banda nur den 5. Theil des Werthes der echten Nuss, was aber kaum glaublich ist, da Beccari nur wenige Jahre später ihren Werth auf 35 fl. pro Pikol angiebt; 1888 war der Preis derselben in Makassar 22—23 fl. p. Pik., d. h. ca. viermal geringer als der der echten Nüsse in dem gleichen Jahre; 1891 dagegen standen sie daselbst auf 34½—36 fl. gegen 97½—107½ fl. für die echten Nüsse 1. Qualität, und 65—70 fl. für die echten Nüsse 2. Qualität, alle Nüsse in Schale gerechnet; sie waren damals also nur 2½mal billiger als die echten.

Für Europa vermag ich folgende Zahlen für die Preise anzuführen. 1847 kosteten sie in England geschält 2 sh. das Pfund, gegen 3 sh. 10 d. für die echten, mit Schale dagegen 6 d. Wenige Jahre später wurden in England nach den Annual Statements of the Trade and Navigation of the United Kingdom folgende Preise für das Pfund engl. notiert

	mit Schale	ohne Schale
1854 . . .	4 d.	1 sh. 1 d.
1855 . . .	4½ d.	1 sh. 1½ d.
1856 . . .	4 d.	1 sh. 3 d.
1857 . . .	4 d.	1 sh. 3 d.

Da die echten Nüsse (geschält) nach derselben Publikation 1854—56 mit 2 sh. 5 d., 1857 mit 2 sh. 3 d. angesetzt sind, so waren also die wilden Nüsse damals ziemlich um die Hälfte billiger.

In Deutschland, wo nach Hager (cf. Busse) mindestens 1879 schon die langen Muskatnüsse in den Handel kamen, wurden mir für 1891/92 als Preise des Kleinhandels 2—3,50 Mk. p. Pfd. genannt, je nach der Grösse der Nüsse, von denen bei der besten Qualität 75—80 auf das Pfund gehen sollten; natürlich sind hier geschälte und gekalkte Nüsse gemeint.

Nach den neuesten Notirungen in Amsterdam (30. Nov. 1894) kosten sie dort im Grosshandel

Ia. Qualität, je nach der Grösse 75—115 Stück auf das Pfd.,	75—85 cts. das Pfd.
II. Qualität, je nach der Grösse 90—110 Stück auf das Pfd.,	65—75 cts. das Pfd.
Stücke	30 cts.

Nach Busse enthält der Marktbericht der Hollandsche Handelsvereeniging vom 6. Okt. 1894 folgende Preise:

I.	130/140	Stück auf ein Kilo . . .	100 kg	282 Mk.
	140/150	„ „ „ „ . . .	„	279 Mk.
	150/160	„ „ „ „ . . .	„	272 Mk.
	160/180	„ „ „ „ . . .	„	267 Mk.
II.	180/200	„ „ „ „ . . .	„	257 Mk.
	200/240	„ „ „ „ . . .	„	250 Mk.
III. u. IV.	nach Qualität.			

Die Preise sind also, wenn man annähernd dieselben Qualitäten vergleicht, etwa $^2/_3$ derjenigen der echten Muskat.

η) Aussichten der Papua-Muskatnuss.

Ueber die Aussichten dieser Art in der Zukunft lässt sich etwas sicheres nicht angeben. Der steigende Preis und die Beliebtheit im malayischen Archipel spricht dafür, dass das im Vergleich zur echten Muskatnuss etwas weniger feine aber doch sehr ähnliche Aroma der Benutzung dieser Nuss keinen Eintrag thut. Für den Hausgebrauch dürfte aber die echte Nuss, abgesehen von dem schmuckeren Aussehen, namentlich deshalb vorzuziehen sein, weil sie sich besser verreiben lässt, als die bröckelige Papua-Muskat. Dagegen wird die letztere Nuss, die wohl kaum je den Preis der echten wird erlangen können, wegen dieser Preisdifferenz überall dort vorzuziehen sein, wo es auf die Feinheit des Geschmackes und des Aussehens weniger ankommt, wie beispielsweise in Volksküchen, Militarkantinen, Krankenhäusern etc., wo sie schon jetzt theilweise gebraucht werden soll. Ein Missstand ist entschieden die Kalkung; diese Nüsse sollten nur in der Schale importirt wérden und auch so in den Kleinhandel gelangen. Die geringe Mühe des Aufklopfens mit einem Stück Holz wird reichlich ersetzt durch das stärkere Aroma und den Schutz vor Insektenfrass. Gerade diese Art ist nämlich dem Frass sehr ausgesetzt, da die Zerklüftungsstreifen ein weitmaschigeres Netz bilden, so dass es mit seinen giftigen Eigenschaften von der bohrenden Annobiumlarve leichter zu vermeiden ist. Auch in den harten Schalen finden sich freilich zuweilen runde, von Insekten gebohrte Löcher, doch sind das ziemlich seltene Ausnahmen. Da der Fettgehalt dieser Nuss ein recht bedeutender ist, so lässt sich auch Muskatbutter daraus pressen, wozu namentlich der reichliche Abfall benutzt werden kann; hierbei käme natürlich der billigere Preis sehr zu statten; dennoch wird sie aber bisher wenig dazu verwendet, Busse meint, weil der geringere Gehalt an ätherischem Oel und dessen Beschaffenheit sie zur Darstellung untauglich macht; ich möchte eher glauben, weil sie noch nicht genügend zu diesem Zweck eingeführt ist, und vorläufig fast alles, was nach Europa kommt, als Gewürz Abnehmer findet.

Busse, der den Fettgehalt untersuchte (l. c. pag. 409), fand, dass er zwischen 31,679 und 39,328 variire, also ebenso hoch ist, wie derjenige der M. fragrans, ebenso zeigt der Wassergehalt (9,4—12,3 %), der Aschengehalt (2,5—3,9) und die Verunreinigung durch Sand (0,057—0,117) ungefähr gleiche Verhältnisse, wie bei M. fragrans.

Zur Herstellung ätherischen Oeles ist dagegen diese Nuss nach Schimmel u. Co. (1890) wenig geeignet, da das Produkt höheren Ansprüchen nicht genügt.

Jedenfalls sollte man nicht versäumen, Versuche mit dem Anbau dieser wichtigen und ev. zukunftsreichen Nutzpflanze zu machen, von der jeder das westliche Neu-Guinea besuchende Kapitän mit Leichtigkeit frische Früchte beschaffen könnte. Erst Versuchskulturen würden lehren können, wie grosse Erträge, nach welchen Jahren, und unter welchen Kulturbedingungen sie zu erwarten wären; und nur so könnte man zu einem Urtheil kommen, ob und unter welchen Bedingungen die Plantagenkultur dieses Baumes eine lohnende Kultur werden könnte.

ϑ) Macis der Papua-Muskatnuss.

Die Macis der Papua-Muskat hat ursprünglich, wie die frischen in Neu-Guinea vom Verf. erworbenen Nüsse zeigten, eine wirklich rothe Färbung, die aber allmählich in ein schmutziges braun übergeht. Sie ist naturgemäss länger als die echte Macis (ca. 5 cm) und besitzt viel weniger (manchmal nur vier, selten mehr als sechs) und breitere Lappen als die echte und Bombay-Macis, grosse Theile der Nuss bleiben unbedeckt.

Anatomisch ist diese Macis und namentlich die Epidermis derjenigen der echten Muskatnuss sehr ähnlich (Waage, Pharmaceut. Centralbl. 1893, pag. 132); die hypodermale Verstärkung der Epidermiszellen ist meist etwas grösser als bei der echten. Auch hier ist sie nach Busse auf der Innenseite am stärksten entwickelt, von der Basis bis zur Mitte besteht sie gewöhnlich aus 3—4, weiter oben aus 2 Zelllagen. Von der Fläche gesehen ist die Epidermis derjenigen der echten Macis sehr ähnlich, der parenchymatische Verband überwiegt (nach Busse); die Zellen besitzen aber gelegentlich zarte Spiralverdickungsleisten. Die in ähnlicher Weise wie bei der echten Macis im ganzen Parenchym zerstreuten Sekretzellen enthalten seltener ganze Oeltropfen, meist nur einen Wandbeleg gelben Oeles, der intensive Farbstoff der Harzklumpen der Bombay-Macis fehlt ihnen. Das Grundgewebe der trockenen Macis ist nicht farblos wie bei der Bombay-Macis, sondern gefärbt wie bei der echten Macis, nur intensiver röthlichgelb bis sogar bräunlichgelb. Das Parenchym enthält viel Amylodextrin und Fett, daneben aber auch zahlreiche Krystallnädelchen oder Krystallbüschel.

Chemische Analysen dieser Macis liegen kaum vor; nach Busse hat König in der von ihm untersuchten „unechten Macis fraglicher Abstammung“ wahrscheinlich Papua-Macis vor sich gehabt, da der Fettgehalt darauf schliessen lässt; sie enthielt 3,39 % ätherisches Oel und 55,17 % Fett. Nach Busse enthielt Papua-Macis 53,4—55 % ätherischen Extrakt, wovon 52—54 % reines Fett war, also eine auffallend grosse Menge Fett gegenüber der echten und Bombay-Macis und nur sehr wenig Harz (die Differenz). Der Aschegehalt variirte bei den nicht durch Samenschalen verunreinigten Proben Busse's zwischen 1,072 und 0,125, ist also kaum verschieden von dem der echten Macis und nur sehr wenig geringer als der der Bombay-Macis.

Näheres über die Farbenreáktionen siehe in dem Kapitel über die Verfälschungen der Macis.

Erst neuerdings kommt diese Papua-Macis in den Handel, und zwar meist unter dem gänzlich deplacirten Namen Macisschalen[1]), holländisch

1) Die Farbe und Form dieser breiten gekrummten Macisstücke hat nämlich eine oberflächliche Aehnlichkeit mit Bruchstücken der harten Muskatnussschale, die nach Busse häufig auch dem Rohmaterial der Papuawaare beigemischt werden, natürlich als mikroskopisch leicht zu erkennende Fälschung.

Foelie-schillen. Etwas besser ist schon der Name Makassar-Macis, entsprechend der Bezeichnung Makassar-Nüsse; der einzig richtige Name würde aber Papua-Macis[1]) sein. Sie kommt meist in etwas schalenartigen Stücken in den Handel. Vermuthlich wird diese Macis erst in Makassar und Banda entfernt, da die Nüsse von Neu-Guinea vielfach von der Macis umgeben exportirt werden; so waren z. B. Proben, die Verf. in Banda erhielt, noch von der Macis umgeben. Hierdurch wird es auch erklärlich, warum die Macis in Stücken in den Handel kommt; denn erstens brechen viele der Arillen bei dem Transport, und zweitens lässt sie sich, einmal getrocknet, nur selten ganz von der Nuss abheben, geschweige denn nachher platt pressen ohne künstliche Aufweichung.

Sehr wünschenswerth würde es sein, wenn man die Eingeborenen Neu-Guineas dazu bringen könnte, gleich selbst die Macis von der frischen Nuss zu entfernen, so lange sie noch geschmeidig ist, und sie dann in sorgfältiger Weise zu trocknen und zu pressen. Man sollte meinen, dass sie bei einiger Anleitung diese leichte Operation schnell erlernen, und bald in den höheren erzielten Preisen ihren Vortheil erkennen würden. Die an der Küste ansässigen Händler und Missionare würden die besten Lehrmeister dafür sein. Ob freilich die nach allen Regeln der Kunst getrocknete Macis wirklich ihre Farbe konserviren oder eine schön gelbe Farbe annehmen würde, ist mehr als fraglich, jedenfalls aber würde sie, schon weil es keine Bruchstücke sind, sodann weil sich auch das ätherische Oel besser konserviren würde, und weil sicher auch die Farbe ein frischeres Aussehen behielte, bessere Preise erzielen, als bisher.

Zur Herstellung von Macisöl soll die Papua-Macis nach Versuchen der Fabrik von Schimmel u. Co. (1890) ebenso wie die Papua-Nuss wegen der minderwerthigen Qualität des Oeles ungeeignet sein, dagegen lässt sie sich wegen ihres starken Oelgehaltes zu Mischungen mit echtem Macispulver verwenden, freilich nur in geringen Zusätzen, da sonst die Farbe des Pulvers zu dunkel werden würde, während der Konsum umgekehrt helle Farben vorzieht. Da der Geruch ein weniger feiner ist, ist natürlich die Qualität solcher Mischungen geringer als die der echten Muskatnuss. Eine Fälschung ist aber nur dann vorhanden, wenn man die Mischung als echte Banda-Macis ausgiebt, da die Papua-Macis ganz zweifellos im Gegensatz zur Bombay-Macis den Charakter eines Gewürzes besitzt.

---

[1]) Dieser Name wurde zuerst von Waage gebraucht (Papua-Macis, Pharmaceut. Centralhalle 1893 pag. 131), der auch zuerst diese Macis im Handel nachwies (Bericht pharmac. Gesellsch. Berlin 1891 pag. 140).

Die Einfuhr von Papua-Macis ist schon jetzt nicht mehr so ganz gering, wie folgende Zusammenstellung der Gesammtumsätze an Papua-Macis auf dem niederländischen Markte (nach Busse) zeigt:

1888 . . .	10445 kg	1892 . . .	9900 kg
1889 . . .	3585 „	1893 . . .	14370 „
1890 . . .	7690 „	1894 . . .	13160 „
1891 . . .	10800 „		

Im Durchschnitt verhalten sich diese Umsätze zu denjenigen in echter Macis an denselben Märkten wie 1 : 16. Der Preis ist ein relativ geringer. Gute Qualität erzielte z. B. im vorigen Jahre 85 Mark pro 100 kg, wogegen gute echte Macis gleichzeitig 340—360 Mark, und selbst Bombay-Macis 89—103 Mark erzielt. Man sieht also, die Schätzung dieser recht gewürzigen, aber missfarbigen Papua-Macis ist weniger hoch als die der total gewürzlosen aber wegen der brillanten Färbung zu Fälschungen besser brauchbaren Bombay-Macis.

3. **Myristica speciosa Warb. Batjan-Muskat.** Taf. III, Fig. 7.

α) Beschreibung.

Die Exemplare, die Verf. sah, waren kleine Bäume, welche die echte Muskat an Grösse kaum überragten; der Wuchs war aber ein anderer, weniger pyramidenförmiger, mit breiterer Krone; namentlich aber mit viel wenigeren, grösseren und gröberen Blättern. Die jungen nur an der Spitze rostbraun behaarten Zweige sind mit bräunlicher, später mit grauer Rinde bedeckt.

Die dicken, tief gefurchten Blattstiele sind 1½—3 cm lang und 3—5 mm dick. Die lederigen 17—25 cm langen, 7—11 cm breiten Blätter sind elliptisch oder länglich oval, meist in der Mitte am breitesten, an der Basis abgerundet oder breit keilförmig, am oberen Ende häufig plötzlich in eine oftmals stumpfe Spitze zusammengezogen; sie sind oberseits durchaus kahl, aber wenig glänzend, unterseits dagegen weisslich, und in der Jugend mit sehr kleinen weissen Filzhaaren bedeckt; Seitennerven sind jederseits 10—18, häufig noch einige schwächere und kürzere ihnen parallele dazwischen; sie divergiren stark, sind etwas gebogen und verbinden sich am Rande bogig; sie liegen oberseits etwas tief, ragen aber an der Blattunterseite hervor; die Tertiärnerven bilden ein oberseits kaum sichtbares, unterseits deutliches Netzwerk, mit etwas paralleler Ausbildung vieler von diesen Nerven.

Männliche Blüthen. Die männlichen Blüthenstände sind wenig-blüthig und etwas länger als die Blattstiele; der kahle Hauptstiel ist ca. 1—2 cm lang, 2—3 mm dick, also relativ schlank und trägt am zuweilen kurz zweispaltigen Ende wenige auf 7—12 mm langen, 1¹/₂ mm dicken, kaum angedrückt behaarten Stielchen sitzende Blüthen, die an der Basis von je einer halbscheibenförmigen Bracteola umgeben sind. Das länglich elliptische bis auf ¹/₄ der Länge dreigespaltene Perigon ist 7—12 mm lang, 4—5 mm breit, aussen schwach rostfarbig behaart. Die Antherensäule ist 3—6 mm lang und sitzt auf einem 1¹/₄ mm langen, 1¹/₂ mm breiten behaarten Stielchen, sie verschmälert sich nach der Spitze zu, und trägt 12—16 Antheren.

Die weiblichen Blüthen sind nicht bekannt, sitzen aber nach den Narben zu urtheilen zu mehreren am Ende eines unverzweigten Hauptstieles. Früchte. Die Früchte (Taf. III, Fig. 7) sitzen einzeln auf kurzen ca. 9 mm langen und ziemlich dicken Stielen, sie sind 7 cm lang und 4 cm breit, von eiförmiger Gestalt. Das Perikarp ist fast 1 cm dick, aussen im reifen Zustande kahl. Der sehr wohlriechende Arillus ist fast von der Basis an zerschlitzt mit vielen breiten Oeffnungen, die Epidermis erscheint unter der Loupe fein gestreift. Der Same ist eiförmig, 3¹/₂ cm lang und 2¹/₂ cm breit, mit starken Vertiefungen dort, wo der Arillus anliegt, und kaum angedeuteter Rhaphefurche; die Holzschicht der Testa ist über 1 mm dick, die äussere fein punktirte Haut derselben ist rothbraun etwas glänzend, die fast am oberen Ende liegende Chalaza ist durch einen stark erhabenen, aber nicht abgeschnürten 6 mm im Durchmesser messenden Wulst angedeutet.

Der Kern der Nuss ist demjenigen von M. fragrans Houtt. ausserordentlich ähnlich, auch in Bezug auf das Aroma; auch die Dicke und der Verlauf der Ruminationsstreifen ist ungefähr gleich.

Greshoff untersuchte in Buitenzorg Früchte angeblich dieser Art (cf. Teysmannia, I (1890), pag. 380—382) und fand, dass 10 Früchte frisch 443 g wiegen, ohne die fleischige Schale dagegen nur 88 g, nach weiterer Fortnahme der Macis und Holzschale 61 g, und dass die Kerne 34,3 % eines bei 63° C. schmelzenden Fettes enthalten. Es würde demnach das Fett dieser Nuss im Verhältniss zu der echten Muskatnuss einen merkwürdig hohen Schmelzpunkt besitzen

β) Heimath.

Diese Art ist bisher nur auf Batjan am Berge Sibella gefunden, oder wenigstens mit Sicherheit konstatirt; vermuthlich wird sie aber auch in Halmaheira vorkommen; ein auf Ternate kultivirtes und von

Beccari als Pala patani gesammeltes Exemplar scheint dies anzudeuten. Es ist ein Baum des Bergwaldes, zwischen 800 und 1200 m Meereshöhe.

γ) Geschichte.

Teysmann ist der erste gewesen, der dieser Nuss Beachtung geschenkt hat; er sandte auch einige hiervon nach Buitenzorg, die auch, wie es scheint, schon fruktifizirende Bäume in dem dortigen botanischen Garten ergeben haben.

Miquel beschrieb ein ganz unvollständiges von Teysmann gesammeltes unreifes Fruchtexemplar zusammen mit kleinen Nüssen, welche de Vriese aus den Molukken unter der Bezeichnung bitjoeli-bitjoeli, also wohl aus Halmaheira, mitgebracht hatte; er glaubte hierin die echte Königsnuss (pala radja) von Rumph wieder entdeckt zu haben, und benannte sie Myristica radja (Annales Musei Lugd. Batav. I, pag. 206). Dieser Name beruht demnach einerseits auf verkehrter Identifizirung mit der alten Litteratur, andererseits auf Vermengung zweier verschiedener Arten. Denn die von de Vriese mitgebrachten kleinen Nüsse gehören keinenfalls zu der Batjanart, aber sind auch anscheinend nicht die Königsnüsse der M. fragrans, denn die mir vorliegenden Exemplare dieser abnormen Form, d. h. der echten Königsnuss, sowie die gute Abbildung von Nic. Schultze als auch von Rumph zeigen ganz andere viel rundlichere Formen, sowie tiefe Arillarfurchen; dagegen ist es möglich, dass es zwar Königsnüsse sind, d. h. Nüsse, wo der Same gegenüber der hypertrophischen Macis verkümmert geblieben ist, die aber zu einer anderen gewürzhaften Muskatnussart gehören, vielleicht zu M. succedanea.

Ferner besuchte Bernstein 1860 die Insel Batjan und den Berg Sibella daselbst; er berichtete darüber (cf. Petermann's Geogr. Mitth. 1873, p. 209), dass er ganze Wälder (mehrere Tausend Bäume) der echten Muskat daselbst gefunden habe; diese Stelle ist dann häufig (z. B. von Flückiger und van Gorkom) citirt worden, als Beweis, dass der echte Muskatbaum daselbst wild vorkomme; es ist schwer verständlich, dass ein Naturforscher zwei Bäume von so verschiedenem Habitus und Blattbau wie die echte und die Batjan-Muskat mit einander verwechseln konnte, dennoch wagt Verf. nicht anzunehmen, dass an derselben Seite in derselben Höhenlage desselben Berges, den Verf. gleichfalls besuchte, und wo kaum ein zweiter Aufstieg an der Seite bekannt ist, ausser den in der That massenhaft dort vorkommenden Bäumen der M. speciosa noch Wälder der M. fragrans existiren, ohne dass Verf. irgend etwas davon gesehen oder vernommen hätte. Schon deshalb würde es daselbst bekannt sein, weil ein ternatanischer Pflanzer später versucht hat, diese Wälder für den Export auszunutzen, so dass Verf. bei seinem Besuche der Insel im Jahre 1888 noch die Reste der Hütte in dem muskatnussreichen Walde erkennen konnte; dieser Pflanzer würde zweifellos die echte Muskat, wenn sie dort vorkäme, nicht unbeachtet gelassen haben. Nebenbei bemerkt ist es kaum wahrscheinlich, dass die Urform von M. fragrans so hoch in den Bergen wächst, sahen wir doch oben, wie empfindlich die Pflanze ist, so dass sie schon die Spitze der doch viel niedrigeren Erhebungen Bandas meidet; man hat die Urform von M. fragrans sicher in der Ebene oder dem unterster Bergwald, aber nicht im mittleren zu suchen, und zwar mit grösserer Wahrscheinlichkeit auf Ceram, als in den eigentlichen Molukken.

Musschenbroek (Mededeelingen omtrent Grondstoffen uit het oostel. gedeelte van onz ind- Archip. Leiden 1880) fand gleichfalls diese wilde Muskat am Ostabhang des „Sabela(= Sibella)gebirges“ auf Batjan. Er beschreibt diesen Baum als dreimal so hoch wie den echten, mit langem geraden Stamm, ohne Aeste und mit nur kleiner Blattkrone und einigen Früchten „ohne die letzteren könnte man an einen ganz anderen Baum, eine Cedrela oder Alstonia denken“. Später fand er ihn auch in Mittel-Halmaheira hier und da, meist isolirte Exemplare. Er hielt den Baum übrigens für die wilde Form des echten (was bei botanischer Untersuchung ja ganz ausgeschlossen ist) und fand an der Ostküste von Halmaheira allerlei Uebergänge von ganz wilden Bäumen bis zu kleinen mehr geregelten inländischen Anpflanzungen; das Produkt wird nach ihm durch kleine Fahrzeuge aufgekauft, die dann, von Ternate aus, die Waare nach Makassar senden. Dasjenige, was er hier über Halmaheira sagt, dürfte sich wohl kaum auf unsere Art beziehen, sondern theilweise wohl auf die echte, theilweise auf die gleich zu besprechende M. succedanea; es ist kaum wahrscheinlich, dass die M. speciosa irgendwo bis zur Küste herabsteigt.

Nach Bernsteins Bericht sollten die Nüsse dieser Art die Bandanüsse an Grösse und Güte übertreffen. Die Regierung nahm sich alsbald der Sache an und suchte grössere Mengen zu erlangen. Nachdem schon im nächsten Jahre eine kleine Quantität an die Niederlandsche Handelsmaatschappij nach Batavia gegangen war, gelangte 1864 zuerst eine Probe in Holland zur Untersuchung, die aber nicht günstig ausfiel, da die Nüsse zwar äusserlich gut aussahen, innen aber zum Theil verdorben waren.

Ob die Nüsse dieser Art jetzt noch in grösseren Mengen exportirt werden, ist ungewiss; es mag sein, dass die Einwohner der Insel sich zeitweilig in diese Wälder hinaufbegeben und die Nüsse dort sammeln; eine geregelte Bewirthschaftung, wie eine solche, wie erwähnt, ehemals versucht wurde, existirte wenigstens 1888 nicht mehr. Im Handel würde man kaum eine besondere Sorte auf diese Art gründen können, sondern man würde sie der echten Nüsse erster Qualität hinzufügen müssen, von denen sie, falls man sie mit ihnen vermischt, kaum wird unterscheiden können, zumal auch das Aroma ziemlich identisch ist.

δ) Aussichten für die Zukunft.

Diese Art dürfte vielleicht noch eine grössere Rolle zu spielen berufen sein, da sie einerseits klimahärter ist als M. fragrans, andererseits grössere und ebenso aromatische Nüsse liefert. Namentlich der hohe Schmelzpunkt des Fettes dürfte, wenn er sich als ein konstantes Merkmal der Art erweist, für die Verwendung der Muskatbutter in Betracht kommen. Ueber die Kulturbedingungen wissen wir nicht das geringste; dass sie in dem Walde am Sibella, in dichtem Schatten und mit allerlei wildem Unterholz vermengt, nur wenig Blüthen und Früchte liefert, ist selbstverständlich. Versuche mit diesen auf Batjan pala-utan (d. i. Wald-Muskat) genannten Nüssen, die man sich leicht mit Hilfe des holländischen Kontrolleurs von Batjan wird verschaffen können, sind dringend anzurathen.

4. Myristica succedanea Bl. „Reinw.". Halmaheira-Muskat.
(Taf. III, Fig. 8.)

α) Beschreibung.

Die Rinde der Zweige ist wie die Blätter beim Reiben stark aromatisch; die Zweigenden sind rostfarben behaart, später aber kahl und von röthlich-gelber ziemlich glatter Rinde bedeckt.

Die Blattstiele sind 2 cm lang, und 3 mm dick, die lederigen 14—20 cm langen, 4½—7 cm breiten Blätter sind elliptisch, beiderseits spitz, in oder etwas unterhalb der Mitte am breitesten, oberseits kahl glänzend, unterseits weisslich, die jungen mit sehr feinen anliegenden Härchen bedeckt; Seitennerven finden sich jederseits 12—16, sie divergiren stark, sind kaum gekrümmt und fliessen am Rande nicht oder nur undeutlich zusammen; sie liegen oberseits tief und ragen unterseits hervor, während die Tertiärnerven ein oberseits kaum, unterseits gewöhnlich nur schwach sichtbares Netzwerk bilden.

Die männlichen Blüthenstände stehen etwas über den Achseln und sind oftmals kürzer als die Blattstiele, der Hauptstiel ist 5—20 mm lang und 2—4 mm dick, häufig gegabelt, zuweilen vorher auch verzweigt, und Männliche Blüthen.

trägt an der Spitze mehrere bis viele, ja sogar bis 25, mit den Stielchen dicht rostfarben behaarte Blüthen; die Stielchen derselben sind 5—8 mm lang und 1 mm breit, das eiförmige Perigon ist 4—6 mm lang und 3 mm breit, an der Basis von einer hinfälligen Bracteola umgeben, aussen behaart, inwendig kahl. Die Antherensäule ist 2—4 mm lang, 1 mm breit, sitzt auf einem 1 mm langen kahlen Stiel, und trägt 8—16 lange die Spitze der Säule verdeckende Antheren.

Früchte. Die weiblichen Blüthen sind dicker und kürzer gestielt. Die Früchte sitzen oberhalb der Blattachseln meist einzeln auf kurzen Stielen; sie sind rundlich eiförmig, am Ende zugespitzt, 4 cm lang, 3 cm breit, aussen röthlich behaart; der Arillus ist fast von der Basis an zerschlitzt; der Same (Taf. III, Fig. 8) ist rundlich eiförmig, ähnlich dem der echten Muskat, 28 mm lang, 22 mm breit; die Testa ist fast 1 mm dick, innen hellgelb, aussen gelb- bis rothbraun, kaum gerunzelt und glänzend, mit schwachen Furchen des Arillus versehen, und kaum vertieften Linien an der Rhaphe; in der Gegend der Chalaza nahe dem oberen Ende ist eine kaum merkbare Erhebung, dagegen eine kleine hervorragende Spitze in der Gegend des Hilum.

β) Heimath.

Diese Art steht der Myristica fragrans Houtt., also der echten Muskatnuss offenbar sehr nahe. Nach dem spärlichen von Teysmann eingesandten, in Leyden befindlichen Material und einer Notiz von Reinwardt ist die Frucht von der Grösse und Form der echten und besitzt auch deren Aroma; in der That lässt sie sich nach dem mir vorliegenden Exemplar kaum von der echten unterscheiden, es sei denn, was nicht wahrscheinlich ist, dass die 1 mm lange holzige hervorragende Spitze der Basis am Hilum als konstantes Merkmal diese Art auszeichne.

Die Halmaheira-Muskat findet sich auf Halmaheira, Ternate und Tidore, auf letzterer Insel hat Reinwardt 1821 im unteren Bergwalde männliche Blüthenexemplare (die Früchte waren damals gerade unreif), auf Ternate hat Teysmann männliche Blüthen und Fruchtexemplare gesammelt, ebenso Beccari Blüthenzweige. Nach einer Notiz von Reinwardt mussten die Bäume dieser Art ehemals auf Befehl der Regierung gleichfalls wie die der echten ausgerottet werden, vielleicht waren die zu Reinwardts Zeiten dort existirenden Bäume erst neuerdings hinübergebracht worden, wie die auf Ternate angepflanzten Bäume. Diese sind nämlich nach Teysmann von Halmaheira importirt, und heissen daselbst Pala maba (Maba ist ein Ort auf Halmaheira), wie auch Beccari bestätigt.

γ) Geschichte.

Es ist dies wohl sicher eine der Arten, auf welche sich die Angabe bezieht, dass sich die echte Muskatnuss wild in Halmaheira, Ternate etc. finde, wie z. B. Crawfurd, Musschenbroek (cf. unter M. speciosa) und van Gorkom angeben. In der That ist es sogar recht wahrscheinlich, dass diese Art im Verein mit M. speciosa ehemals in den eigentlichen (d. h. also den nördlichen) Molukken die echte Bandanuss vollkommen vertreten hat. Schon Pigafetta meldet ja, wie wir sahen, dass eine der von ihm besuchten Molukkeninseln (ob er Tidore oder Halmaheira meint, ist nicht klar) Muskatnüsse hervorbringe, wenngleich für den Handel damals nur Banda in Betracht kam; dass die Eingeborenen der Molukken den Baum damals schon angepflanzt hatten, ist weniger wahrscheinlich, als dass sie diese dort wild vorkommende Art benutzten; denn im anderen Falle hätten sie sich wohl kaum auf einzelne Bäume beschränkt, und es hätte schon damals auch dort, in den nördlichen Molukken, ein Muskatnusshandel existirt, was anscheinend nicht der Fall war.

Ob die Nüsse dieser Art jetzt von Halmaheira etc. aus in den Handel gelangen, ist nicht bekannt, wenn auch sehr wahrscheinlich. Sie würden wohl sicher unter die mittelgrossen Sorten der echten Nuss untergruppirt werden, und wahrscheinlich in den geringen Exporten von Ternate und Tidore einbegriffen sein.

δ) Aussichten für die Zukunft.

Es ist diese Halmaheira-Muskatnuss eine sehr bemerkenswerthe Art, die sicher verdient, wenigstens in Probekultur genommen zu werden. Unter den aromatischen Arten steht sie offenbar der M. fragrans Houtt. am nächsten, nähert sich aber auch sehr der M. speciosa Warb., jedoch besitzt sie kleinere und schmälere (dadurch auch spitzere) Blätter als letztere, mit schwächer ausgebildeter Nervatur, kleinere gedrungenere, breitere, kürzer gestielte und stärker behaarte Blüthen sowie kleinere Früchte; man könnte M. speciosa als höhere Bergform, also als eine korrespondirende Art von M. succedanea ansehen. Da die Nüsse nicht grösser sind als die der echten, die klimatischen Ansprüche auch ziemlich dieselben zu sein scheinen, so ist es freilich nicht wahrscheinlich, dass sie besondere

Vorzüge vor der echten besitzt, aber a priori lässt sich dies nicht entscheiden. Der Versuch ist deshalb ein leichter, weil es nicht schwer fallen kann, von Ternate oder Tidore sich frische Früchte dieser auf Ternate Pala-maba genannten Art zu verschaffen.

5. Myristica Schefferi Warb. — Onin-Muskat.

α) Geschichte.

Dies ist eine Art, über deren Herkunft und Werth wir noch ziemlich im Dunkeln tappen. Teysmann fand sie auf Ternate angepflanzt, und von Scheffer und Teysmann wurde sie irrthümlicherweise mit der eben besprochenen M. succedanea identifizirt; sie war nach Teysmann von Neu-Guinea dort eingeführt worden, und hiess daselbst „pala onem“ (offenbar von der gelegentlich der M. argentea erwähnten Landschaft am M. Cluer's Golf); dasselbe wird von Beccari bestätigt, der sie gleichfalls auf Ternate als „pala onim“ sammelte. Sie wurde auch von Teysmann nach Buitenzorg übergeführt, und dort findet sich ein männliches Exemplar. Wie die reifen Früchte aussehen, wissen wir nicht, da in dem von Teysmann gesammelten Herbarmaterial nur unreife Früchte vorhanden sind; vermuthlich wurden die reifen zur Aussaat in Buitenzorg gebraucht.

β) Beschreibung.

Die Blätter dieser Art sind denen von M. succedanea sehr ähnlich, meist sind sie schmäler, die jungen unterseits gelblich, nicht weiss, behaart; die Blüthen sind grösser, stärker behaart und länger gestielt; vor allem ist aber charakteristisch, dass die Antheren die Spitze der Säule nicht bedecken, so dass diese Säule an der Spitze freiliegt, und dass die Basis derselben behaart ist.

Die rothbraune bis graue Rinde der jungen Zweige, sowie die geriebenen Blätter duften aromatisch. Nur die Spitzen der Zweige sind mit feinen röthlich-gelben Haaren bedeckt.

Die Blattstiele sind 13—16 mm lang und ca. 2 mm dick. Die lederigen 14 – 18 cm langen, 4—6 cm breiten Blätter sind länglich oder etwas lanzettlich, beiderseits spitz, in der Mitte am breitesten, oben kahl und glänzend, unterseits weisslich, in der Jugend mit feinem rostgelbem Haarfilz bedeckt; jederseits finden sich 12—15 schief aufsteigende, kaum gekrümmte, nur undeutlich zusammenfliessende, unterseits schwach erhabene Seitennerven: die Tertiärnerven sind beiderseits undeutlich.

Die männlichen Blüthenstände sind achselständig, und zwar sitzen die 3—4 Blüthen fast doldig am Ende von sehr kurzen, höckerförmigen, von Narben früherer Blüthen dicht bedeckten, 2—4 mm langen und ebenso dicken Hauptstielen; die Blüthenstielchen werden bis 20 mm lang bei einer Dicke von nur 1 mm, das Perigon ist länglich, im oberen Drittel dreispaltig, 8 mm lang und 3½ mm breit, wie die Blüthenstielchen aussen schwach rostfarben behaart, und an der Basis mit der Narbe einer früh abfallenden Bracteola versehen. Die Antherensäule ist 3½ mm lang und über 1 mm dick, der Stiel derselben ist 1½ mm lang, 1 mm dick und angedrückt behaart, die ca. 10 langen Antheren lassen eine kahle Spitze der Säule frei. Die weiblichen Blüthen sind dicker und kürzer gestielt. Früchte liegen leider nicht vor, über die Aussichten dieser Art lässt sich demnach keinerlei Angabe machen. Männliche Blüthen.

γ) Heimath.

Angeblich soll diese Art ja von Neu-Guinea stammen, jedoch ist sie bisher im wilden Zustande noch nicht aufgefunden worden; die gewöhnlichere Art der Landschaft Onin ist zweifellos M. argentea. Jedoch wurde mir in Sigar am Mc Cluersgolf von einem Araber versichert, dass es ausser der dort häufigen M. argentea an der Nordseite des Golfes noch eine andere brauchbare wilde Muskatnuss gäbe; das könnte eventuell diese Art sein.

6. Andere gewürzige Arten.

Hiermit haben wir diejenigen Arten erschöpft, die unter den bisher bekannten eventuell für den Gewürzhandel in Betracht kommen könnten. Es giebt namentlich auf Neu-Guinea zwar noch eine Reihe von Arten, deren Nüsse ein bleibendes Aroma besitzen, doch ist dieses entweder sehr schwach, oder durch harzartige Gerüche verdeckt.

Myristica tubiflora Bl. besitzt z. B. schwach aromatische, 45 mm lange und 10 mm breite Nüsse, sowie einen gleichfalls aromatischen Arillus.

Myristica lepidota Bl. aus holländisch und englisch Neu-Guinea hat 14—30 mm lange, 9—12 mm breite schwach aromatische Nüsse; der Duft wird bei einer unreifen durch einen harzartigen Geruch sogar fast verdeckt.

Myristica resinosa Warb. aus holländisch Neu-Guinea besitzt in den nur unreif bekannten Früchten einen harzartig balsamischen Geruch.

Myristica Chalmersii Warb., *globosa* Warb. und *Baeuerlenii* Warb. aus englisch Neu-Guinea besitzen kleine bis 15 mm lange Früchte, die zum Theil der M. fragrans ähneln, aber nur ein schwaches Aroma besitzen.

Wahrscheinlich recht gewürzhafte Früchte dürfte *Myristica neglecta* Warb. besitzen, da die von Beccari bei Andai in holländisch Neu-Guinea gesammelten Blüthen (die grössten der ganzen Gattung) schon prächtiges Aroma offenbaren.

Myristica suavis King von der malayischen Halbinsel soll nach King in den jungen Früchten einen recht starken Duft nach Piment und Muskat besitzen, ob das Aroma aber ein bleibendes und auch in reifen Früchten auftretendes ist, bleibt unbekannt.

Schnell vergängliches Aroma besitzen noch eine Reihe von anderen Arten; für *Myristica fatua* Houtt. wurde es ja schon oben angegeben, *Myristica castaneafolia* A. Gr. (Taf. III, Fig. 9) soll auf den Fijiinseln von den dortigen Kolonisten sogar an Stelle der echten Muskat benutzt werden, und *Myristica hypargyreia* A. Gray von den Samoainseln hat wenigstens eine im frischen Zustande gewürzhafte Macis, ebenso besitzt *Myristica costata* Warb. von Deutsch Neu-Guinea eine aromatische, aber den Duft bald verlierende Macis; desgleichen *Myristica Teysmanni* Miq. aus Java; dasselbe wird noch bei manchen anderen Arten der Myristica der Fall sein.

Während die meisten anderen Gattungen der Myristicaceen kein Aroma besitzen, scheint die afrikanische Gattung Pycnanthus vergänglich aromatische Früchte zu besitzen. So z. B. erwähnt Welwitsch, dass der Samen und der Arillus des westafrikanischen *Pycnanthus Kombo* (Baill.) Warb. (= Myristica angolensis Welw.) aromatisch seien, aber schwächer als bei der echten Muskat. Auch Dr. Preuss erwähnte Verf. gegenüber, dass in Kamerun manche Leute diese Nüsse für aromatisch hielten, er habe aber kein Aroma bemerken können. Auch der centralafrikanische *Pycnanthus Schweinfurthii* Warb. besitzt ähnliche Eigenschaften; ferner vielleicht auch madagassische Arten der Gattung *Brochoneura*, obgleich bei diesen darüber noch keine Klarheit herrscht.

Ebenso finden sich vereinzelt Angaben für die amerikanischen Gattungen *Osteophloeum* (bei Spruce), *Dialyanthera* (bei Bonpland), sowie einige sehr zweifelhafte für *Virola*, dass die frischen Nüsse aromatisch seien; bei dem reichlichon vom Verf. durchgesehenen Museums- und Herbarmaterial konnte aber in keinem einzigen Falle irgend welches Aroma entdeckt werden, alle hatten den Geruch von mehr oder weniger ranzigem Talg.

So viel ist demnach jedenfalls sicher, dass unter den bisher bekannten fast ein Vierteltausend Myristicaceen die afrikanischen und amerikanischen, sowie alle asiatischen Arten bis auf die fünf oben ausführlich besprochenen für den Gewürzhandel nicht in Betracht kommen.

Nur eine Art verdient noch der Erwähnung, aber nicht ihres Aromas wegen, sondern wegen der schönen Färbung der Macis, welche die Ursache gewesen ist, dass man sich ihrer seit alten Zeiten als Fälschungsmittel für die Macis der echten Muskat bediente. Es ist dies die vorderindische *Myristica malabarica* Lam.

7. Myristica malabarica Lam. = Malabar-Muskat.

(Taf. III, Fig. 12, 13, 14.)

α) Beschreibung.

Myristica malabarica Lam. ist ein kleiner (nach Hooker grosser) Baum von sehr elegantem Aussehen (Gamble) mit kahlen Zweigen, die von heller oder dunkelbrauner Rinde bedeckt sind.

Die dünnen Blattstiele sind 1—1½ cm lang, die relativ nicht dicken Blätter sind elliptisch oder lanzettlich-elliptisch, an der Basis spitz, am Ende gewöhnlich etwas stumpf, kahl, oben bleich, ziemlich glänzend, unterseits kaum heller, von sehr verschiedener Grösse, meist 10—13, zuweilen aber 5—16 cm lang und 2—7 cm breit; die grösste Breite liegt in oder in der Nähe der Mitte. Jederseits sind 8—12 schräge, kaum gekrümmte, am Rande nur undeutlich sich vereinigende, oberseits tief liegende, unterseits schwach erhabene Seitennerven, die Tertiärnerven sind gewöhnlich kaum sichtbar.

Männliche Blüthen.

Die männlichen Blüthenstände sind von sehr verschiedener Grösse und Form, zuweilen stehen sie an blattlosen Kurztrieben so dicht, dass sie einen mehrfach zusammengesetzten Blüthenstand darstellen, im Allgemeinen aber stehen sie an oder über den Blattachseln und die Hauptstiele sind dünn, kahl und fast doppelt so lang als die Blattstiele, jedoch wechselt die Länge zwischen 8 und 30 mm, und in gleichen Proportionen auch die Länge der Verzweigungen; der Hauptstiel des Blüthenstandes setzt sich entweder über die beiden Seitenzweige hinaus noch fort, trägt aber dann oft nur eine einzige manchmal selbst rudimentäre Blüthe, oder er schliesst ohne Blüthe bei der Gabelung ab; an den beiden Gabelästen stehen die Blüthen auf dünnen 4—12 mm langen Stielen; die

Bracteen sind kaum 1 mm lang, die Bracteolen am Ende der Blüthenstielchen etwas länger, beide aber sehr breit. Die krugförmigen im oberen Drittel 3 - 4theiligen Blüthen sind aussen kaum behaart, innen kahl, 4 mm lang; die Antherensäule ist 2 mm lang und sitzt auf einem kaum $^1/_2$ mm langen, rostroth behaarten Stiele, trägt 10—15 schmallineare Antheren und endet in einer konischen Spitze.

Weibliche Blüthen. Die weiblichen Blüthenstände sind kürzer, meist nur 3—4blüthig; die grösseren, 6 mm langen, 5 mm breiten Blüthen sitzen auf einem 4—6 mm langen dickeren Stielchen, der Hauptstiel ist 8—14 mm lang Der dicht rostroth behaarte Fruchtknoten ist 5 mm breit und 4 mm hoch, mit sitzender kahler zweitheiliger Narbe. Nach Rheede sollen die Blüthen geruchlos sein.

Früchte. Die Früchte sind dicht rostroth behaart, angeblich von der Grösse und Form eines Gänseeies, ca. 10 cm lang, und sitzen manchmal einzeln, meist aber zu zwei oder mehreren zu einem Fruchtstand verbunden. Das dicke, fleischige Perikarp ist nach Rheede sauer, zusammenziehend und von unangenehmem Geruch. Schon in jungen Früchten reicht der Arillus bis zur Spitze des Samens, und dort sind die einzelnen Lappen zusammengedreht; in der reifen Frucht ist der Arillus $5^1/_2 - 6^1/_2$ cm lang, $2—2^1/_2$ cm breit, aus vielen schmalen und dicken gelbrothen Streifen bestehend. Die Samen sind fast cylindrisch, $4—4^1/_2$ cm lang, $1^1/_2—2$ cm breit, mit vielen schmalen und tiefen Längsfurchen versehen, mit fast in der Mitte der Samen befindlichem Chalazafleck, der durch eine tiefe Furche mit dem fast basalen Hilum verbunden ist; die äusserst dünne rehbraune Membran der Testa löst sich leicht ab, die Holzschicht ist $^4/_5$ mm dick, aussen matt schwarz, innen hellgelb. Der Samenkern hat ungefähr die Form und Grösse einer Dattel, das Nährgewebe ist von zarten Zerklüftungsstreifen unregelmässig durchzogen. Die kleinen schüsselförmig verwachsenen welligen Keimblätter haben zusammmen einen Durchmesser von 3 mm, das Würzelchen ist kurz und dick.

β) Heimath.

Es ist dies eine vorderindische Art, die in den Wäldern der Westküste der Dekkan-Halbinsel, in Concan, Canara und Nord-Malabar am Fusse des Gebirges vorkommt.

γ) Geschichte.

Rheede ist der erste, der diese Art bespricht (Hortus malabaricus IV, pag. 9) unter dem Namen Nux myristica spuria s. Panam Palka

(Panem-Palka); nach ihm hiess diese in den Wäldern Malabars vorkommende Muskat bei den Bramanen Ambadeki und Palka, bei den Portugiesen Noz de Moluco falso.

Er beschreibt den Baum ausführlich, den hohen dicken Stamm, die röthliche Rinde, das hollunderähnliche Mark der Zweige, das weissliche, schwere, geruch- und geschmacklose Holz und die rothbraune innen weissliche von dünner schwärzlicher Cuticula überzogene Rinde desselben; ferner die weissliche Wurzel mit grauer wohlriechender Rinde. Die oberseits glänzend dunkelgrünen, unten helleren Blätter vergleicht er mit denen der Orange; sie besitzen nach ihm einen scharfen wilden Geschmack, und einen angenehmen Duft. Die weiblichen nicht riechenden Blüthen haben ein Perigon mit 3—4 Einschnitten, sowie einen kurzen weisslichen Griffel.

Der Baum kommt nach Rheede überall in den Wäldern Malabars vor, trägt ein bis zweimal jährlich Früchte, im Juni und Dezember—Januar. Die Früchte sitzen zu 2—3 zusammen, sind von der Grösse und Form eines Gänseeies, besitzen aussen eine grün-gelbliche dicke weiche fleischige Schale von sauer astringirendem Geschmack und unangenehmem Geruch; darunter eine aussen schwarz-braune, innen graue geruch- und geschmacklose Holzschicht, mit hier und dort eingedrückten Furchen; darüber das rothgelbe, netzförmige, macisähnliche Gebilde, in Geruch und Geschmack nicht so angenehm wie die echte Macis. Der Kern ist sowohl in Form wie in Grösse einer Dattel ähnlich, von grauer Farbe, runzelig, der männlichen Muskat recht ähnlich, aber ohne Geruch nach Muskat.

Die Früchte hatten nach ihm keinen medizinischen Nutzen, wurden aber von den mohammedanischen und jüdischen Kaufleuten zur Vermischung[1]) mit den männlichen Nüssen benutzt, die Macis wird mit der echten Macis vermischt; ebenso diente das Oel der Nuss und Macis gleichfalls zum Schaden der Käufer zur Vermischung mit dem echten. Rheede bildet auch einen Fruchtzweig ab, jedoch sind die offenbar unreifen Früchte vom Perikarp umschlossen, und es ist demnach nicht erkennbar, wie die Nuss und die Macis aussieht.

Bei dem Ansehen des Hortus malabaricus ist es kein Wunder, dass diese Angaben vielfach citirt wurden. So vergleicht schon Rumph (Herbar. ambon. lib. 2, cap. 8) diese Art mit seiner Nux myristica mas (der M. fatua Houtt.), indem er annimmt, dass die Unterschiede auf der Verschiedenheit des Heimathlandes beruhen. Ray bespricht sie in seiner Historia plantarum II (1688), pag. 1524 unter dem Namen Nux myristica major spuria malabarica, Plukenet in d. Almagest. (1696), pag. 265 als Nux Myristica spuria s. Panam palka, Valentini hat im Anhang der Materialienkammer tab. 4 (1704), sogar die Abbildung unter dem Namen Nuces moschatae malabaricae wiedergegeben, Hermann nennt sie im Museum zeylanicum (1717), pag. 59, Nux Myristica oblonga malabarica, Linné in der Fl. zeylanica (1747), pag. 229, Myristica fructu inodoro, ebenso giebt Burmann im Thesaurus zeylanicus (1787), pag. 172, die Synonymie ausführlich wieder, jedoch vermengen die drei letz-

---

1) Da die für Europa bestimmten Nüsse und Macis direkt von Batavia aus von der holländischen Regierung verschifft und erst in Amsterdam verkauft wurden, so wird sich diese Fälschung wohl fast nur auf die in Indien verkaufte Muskat beschränkt haben, sonst wäre diese Fälschung wohl auch viel früher in Europa bekannt geworden.

teren Schriftsteller das von Rheede gesagte mit Notizen von J. Bauhin, Clusius etc. über eine Avellana indica, Avellanae indicae genus oblongum, nux indica oblonga intrinsecus similis Nuci moschatae, Arecae sive avellanae Indicae versicoloris genus oblongum, welche Angaben sich aber auf Rhaphiasamen beziehen. Lamarck gab der Art dann den Namen *Myristica malabarica* (Act. Paris, 1788, pag. 162), ohne die Pflanze aber näher zu kennen, und dieser Name ist dann im Allgemeinen geblieben, wenn man absieht von einigen Manuskriptnamen Wallich's, der stets sehr freigebig in neuen Namen war, wenn er die Pflanzen nicht kannte.

Bisher war also Rheede der einzige, der die Pflanze gesehen und beschrieben hatte; aber sowohl Abbildung als Beschreibung waren recht unvollständig. Hooker fil. und Thomson beschrieben nun in der Flora indica (pag. 163) den Blüthenzweig einer Muskatnuss aus Malabar und identifizirten sie, wohl durch den Herkunftsort und die Blattform veranlasst, mit der Rheede'schen Art. Fruchtmaterial gab es aber noch nicht in Europa und was später (1866) A. de Candolle (im Prodromus XIV pag. 163) als die Früchte von Myristica malabarica beschrieb, gehört vermuthlich gar nicht zu dieser Art; auch Hooker f. in der Flora indica V (1890), pag. 104, und King in den Species of Myristica of british India (1891) geben keine weiteren Aufklärungen, dagegen hat Beddome in der Flora sylvatica (tab. 269) eine gute Abbildung von männlichen und weiblichen Blüthen sowie von jungen Früchten gegeben.

Auch von anderer Seite wurde die Frage nach der Beschaffenheit und dem ev. Nutzen der Früchte wenig aufgeklärt. Im Makhzan, einem indischen Werke, findet sich nach Dymock in dem über die Muskatnuss (Jouz-bawwa) handelnden Artikel folgende Stelle.

Kürzlich haben die Engländer eine Art Muskat in Südindien entdeckt, die länger als die echte Muskatnuss ist, auch weicher, aber ihr sehr nachsteht in Bezug auf Oelgehalt, Geruch und medizinische Eigenschaften.

In Ainslies Materia indica 1826; I, pag. 249 heist es:

There is a wild sort (cat jadicai) frequently to be met with in some of the woods of Southern India, especially in Canara, which Dr. Buchanan thinks might be greatly improved by cultivation. Dieselben Namen Kat Jaddikai führt auch eine in Kew befindliche von der Forstausstellung in Edinburgh vom Jahre 1884 herrührende Kinoprobe aus Malabar, glänzende schwarze Stücke, welche aus dem eingedickten Rindensaft besteht.

Col. Sykes sagt in Madras Journal of Science Nr. 22 pag. 161, dass die *M. dactyloides* häufig Unwissenden als die echte Muskatnuss aufgedrungen (imposed) werde. *M. dactyloides* ist ein von Gärtner (de fructibus et seminibus I, pag. 194) einer Muskatart gegebener Name; der von ihm dabei abgebildete Samenkern zeichnet sich durch eine tiefe Rhaphefurche aus und dürfte zu der ceylonischen M. laurifolia gehören, die Synonymie daselbst, die sich auf M. malabarica bezieht, ist also falsch. Der Name dactyloides oder dattelförmig bezieht sich offenbar auf die Beschreibung von Rheede, denn die von Gärtner abgebildete Nuss ist zu dick und kurz, um den Namen dattelförmig wirklich zu verdienen. Von Wallich wurde zwar 1828 ein zweifelloses Exemplar von M. malabarica im Anschluss an Gärtner als M. dactyloides bezeichnet; ob aber Col. Sykes gleichfalls die M. malabarica vor sich hatte, ist ganz ungewiss. Da es nämlich im südlichen Indien mehrere Myristicaarten giebt, so weiss man nicht, welche Art im einzelnen Falle (im Makhzan, bei Ainslie und von Sykes) gemeint ist; es ist sogar recht wahrscheinlich, das Col. Sykes die in Südindien verbreitete *M. contorta* Warb. vor sich hatte, deren Frucht eine weit grössere Aehnlichkeit mit der echten Muskat hat, als die M. malabarica.

Während also die Botaniker reife Früchte von M. malabarica noch gar nicht kennen und dieselben nirgends deutlich beschrieben sind (die irrthümliche sehr kurze Notiz von De Candolle ausgenommen), so hat sich, von pharmakognostischer und pharmakologischer Seite aus, in den letzten Jahren die Tradition herausgebildet, dass, wenn von einer nutzbaren südindischen Muskatnuss die Rede sei, es diese Art sein müsse. Wenn die älteren Werke dieses Jahrhunderts, wie z. B. Pereira's materia medica, einfach Rheede kopiren, oder wie z. B. Waring (Pharmacopoeia of India, 1868 pag. 196) sich doch auf ihn stützen und offenbar Lamarck folgen, wenn sie Rheede's Bemerkungen auf M. malabarica beziehen, so wurde, als in den 70er Jahren die sog. Bombay-Macis in grösseren Quantitäten in den Handel kam, auch diese stets als von Myristica malabarica abstammend angesehen. Anscheinend war Dymock der erste, der darauf hinwies (cf. bot. Jahresber. 1881, II, pag. 692 Anmerkung von Flückiger). In der Materia medica of Western India (Bombay 1885 pag. 663) beschreibt er die Früchte als länglich, $2^1/_2$—3″ lang, braungelb, die Lappen der geschmack- und geruchlosen Macis seien an der Spitze zu einem Kegel gedreht, länger und dünner als die echte; die Testa sei hart und spröde, der Kern $1^1/_4$—2″ lang, von fruchtartigem Geruche, fast ohne Aroma; die Endopleura (d. h. die dunkle Aussenschicht des Kernes) sei dicker als bei der echten, und sende Fortsätze ins Endosperm, welche grosse Zellen mit klebriger rothbrauner astringirend und etwas säuerlich schmeckender Substanz enthielten; das Endosperm enthalte Stärke, einige der Zellen und deren Inhalt seien rothbraun, krystallisirtes Fett dagegen sei nicht sichtbar. Wir haben hier also eine klare, wenn auch vom botanischen Standpunkt unzureichende Beschreibung der Frucht, ohne aber dass dieselbe direkte

Bombay-Macis.

Anhaltspunkte gewährt, dass es Myristica malabarica sei. Tschirch, Watt u. A. stützen sich nur auf Dymock, ohne auf die Frage der Zugehörigkeit wirklich einzugehen.

Der bisherige Stand der Frage ist also folgender. Wenn es auch nicht absolut feststand, so war es doch wegen der Aehnlichbkeit der Blätter sehr wahrscheinlich, dass die von Hooker und Thomson als Myristica malabarica beschriebenen männlichen und weiblichen Blüthen zu dem von Rheede abgebildeten und von Lamarck daraufhin benannten Fruchtzweige gehörten. Dagegen schwebte die Zugehörigkeit der Bombay-Macis zu den Blüthenexemplaren und zu den von Rheede abgebildeten Perikarpfrüchten völlig in der Luft, sie stützte sich offenbar ausschliesslich auf die Bemerkung Rheedes, dass die Macis seiner Malabar-Muskat zur Fälschung diene. Zumal durch De Candolle's Beschreibung der Frucht wurde sie im hohen Grade unwahrscheinlich und King hat denn auch die ganz logische Konsequenz gezogen, dass sie nicht dazu gehöre: er zog sie nach den Abbildungen zu Myristica magnifica.

Verf. fand nun durch einen glücklichen Zufall im British Museum in der Sammlung Sloanes, die aus dem Ende des 16. Jahrhunderts, also gerade von der Zeit Rheedes herstammt, eine Nuss, die von einem Arillus umgeben wird, welcher zweifellos mit der jetzt als Bombay-Macis bekannten Waare übereinstimmt. Ist es nun schon aus allgemeinen Gründen kaum anzunehmen, dass zu jener Zeit, wo noch nicht in unserem Sinne in den Tropen botanisch gesammelt wurde, schon mehrere wilde Muskatnüsse Indiens den Botanikern bekannt geworden waren (Rheede hätte es auch sicher erwähnt), und ist eher umgekehrt anzunehmen, dass Sloane die Nuss direkt von Rheede erhalten hat, so zeigt vor allem ein genauer Vergleich mit den Früchten aller sonst bekannten vorderindischen Myristicaarten, dass diese Nuss zu keiner derselben gehören kann; sie unterscheidet sich von sämmtlichen entweder durch die Grösse oder die Schmalheit; dagegen stimmt die Nuss genau zu der deutlichen Beschreibung von Rheede, und besitzt in der That sowohl die Form als die Grösse der Dattel, und ist viel zu schmal, um zu der von Beddome und King abgebildeten Frucht von M. magnifica Bedd. zu passen. Bestätigt wird dies noch durch vom Arillus umgebene Nüsse derselben Art, welche kürzlich Missionare in Cochin an Dr. Christ in Basel eingesandt hatten, die dem Verf. vorlagen. Es gehört demnach, entgegen der Ansicht King's und Beddome's, in der That die Bombay-Macis zu Myristica malabarica, wie die Pharmaceuten, wenn auch ohne Begründung, schon angenommen hatten.

Diese Macis heisst in Bombay rampatri und kommt in grösserer

Menge daselbst in den Handel; in den 80er Jahren kostete nach Dymock 1 Mound, der $37^1/_2$ Pfund enthielt, 10 Rupies; früher, wahrscheinlich weil der Handelszweig nach Europa noch nicht existirte, war der Preis ein viel niedrigerer. Die erste deutliche Beschreibung dieser Bombay-Macis findet sich in Milbourn's Oriental-Commerce (1813 II, pag. 393).

Eine von der Küste Malabars kommende Macis sei der echten so ähnlich, dass sie auf den ersten Blick nicht leicht zu unterscheiden sei; sie besitze aber dünnere Filamente, während dieselben bei der echten mehr blattartig seien. Die Farbe sei ganz dieselbe, jedoch besitze sie keine Spur Gewürzgeruch, und wenn sie gekaut werde, habe sie einen harzartigen Geschmack.

Jetzt geht diese Macis hauptsächlich nach Amsterdam und Deutschland, und wird namentlich an ersterem Orte pulverisirt und in Menge der echten Macis zugesetzt. Am 30. November 1894 wurde in Amsterdam das Pfund im Grosshandel mit 15—20 cts. bewerthet. In Indien wird sie auch medicinisch benutzt, als ein auf die Nerven wirkendes Tonicum und z. B. auch als Gegenmittel gegen Erbrechen.

In Bezug auf die Bombay-Macis hat sich nun in wenigen Jahren eine ganze Litteratur entwickelt, die sich hauptsächlich mit der mikroskopisch-pharmakognostischen Seite, sowie neuerdings mehr mit der chemischen Zusammensetzung befasst.

Es zeichnet sich diese beim Aufbewahren jedenfalls geruch- und geschmacklose Macis aus durch die schöne braunrothe oder purpurrothe Färbung, die sich auch bei längerem Aufbewahren nicht verliert und sich nicht in gelb umwandelt wie bei der echten Macis. Als ganzes ist diese Macis leicht erkennbar durch die bedeutende Länge (5,5—6,5 cm Länge bei 2—2,5 cm Breite) einerseits, welche diejenige der Macis von M. argentea noch übertrifft, andererseits durch die grosse Zahl schmaler und dicker Streifen, aus welchen dieselbe besteht, und vor allem dadurch, dass sie sich am Ende nicht flach übereinander legen, wie bei der echten und bei der Papua-Macis, sondern sich in einen kegelförmigen Knäuel verschlingen.

Ausserdem findet sich oft, der Innenfläche anliegend, eine sehr dünne pergamentartige, zerknitterte Haut, welche die auch bei anderen Muskatnüssen leicht abreibbare, aber nicht an der Macis haften bleibende Oberhaut der Testa darstellt. Bruchstücke dieser Haut können natürlich auch neben der Färbung sowie der Schmalheit und Dicke der Streifen, und dem eventuellen Vorhandensein von Bruchstücken der Endknäuel zur makroskopischen Erkennung dieser Macis im Bruch oder Grus dienen.

Zur mikroskopischen Analyse sind folgende Verhältnisse zu beachten. Die beiderseitig ziemlich gleichgebaute Oberhaut dieser Macis besteht nur aus einer einzigen (nach Busse auf der Innenseite zuweilen auch doppelten) von einer sehr dünnen Cuticula überlagerten Schicht enger, gewöhnlich stark radial gestreckter, zuweilen freilich auch im Querschnitt rundlicher, quadratischer oder tangential-gestreckter (Busse) Zellen, die der Länge der Macisstreifen folgend vielfach stark verlängert sind und keilig ineinander übergreifen. Die Zellen derselben besitzen stark gefaltete getüpfelte Wände, die sich mit Chlorzinkjod, sowie mit Jod und Schwefelsäure blau färben. Das Parenchym ist von vereinzelten Gefässbündeln durchzogen und enthält in den Zellen mannigfach gestaltete, bald runde und bald eckige, in der Nähe der Oelzellen von Harz braun infiltrirte Amylodextrinkörnchen, die sich durch Jod in Alkohol kaum gelb, durch Chlorzinkjod und Jod in Jodkalium violettbraun färben, durch Kali unter Abscheidung eines Oels langsam gelöst werden, in Wasser zu einer Masse zusammenfliessen, und unter fettem Oel schön konturirt hervortreten. Die Oelzellen liegen in den äussersten Schichten des Parenchyms zusammengedrängt, so dass die Mittelschicht weisslich bleibt, was man auf einem Querschnitt schon mit einer starken Lupe erkennen kann.

Häufig sind die Zwischenwände zwischen den einzelnen Oelzellen zerrissen, so dass sie zusammenfliessen und ganze Räume oder gar Schläuche bilden. Der Inhalt der Zellen ist grösstentheils verharzt, und darauf beruht die sehr schnell eintretende Geruchlosigkeit; diese intensiv gelbroth gefärbten Massen sind schon im Allgemeinen ein gutes Charakteristicum (namentlich deutlich sollen sie bei Untersuchung in Olivenöl hervortreten), doch giebt es einerseits auch wenig gefärbte Sorten, anderseits finden sich auch in dunkleren Sorten der Bandamacis einzelne Zellen mit röthlichem Inhalt.

Chemisch wurde diese Macis hauptsächlich von Held geprüft. Frühling und Schulz fanden 5,8 % Wasser, 39,2 % eines dunkel-orangerothen Fettes, und 1,42 % Asche, die viel Phosphorsäure, Schwefelsäure und Kalk enthält. Held versuchte den Farbstoff rein herzustellen, was aber nicht gelang; als reinstes Produkt erhielt er ein aus Benzol gelblich-weiss auskrystallisirendes Pulver, von dem er annimmt, dass daraus der gelb-rothe Farbstoff der Macis durch Oxydation hervorgehe. Als Molekularformel des nach seinem chemischen Verhalten phenolartigen Farbstoffes darf nach ihm angenommen werden $C^{29}H^{38}O^{7}$, hervorgegangen auf dem Wege der Oxydation aus dem eben erwähnten fast farblosen Körper $C^{29}H^{42}O^{5} + 4O = C^{29}H^{38}O^{7} + 2H^{2}O$. In der That nimmt die alkalische Lösung des krystallinischen Pulvers schon unter Einwirkung des Sauerstoffs der Luft allmählich eine orangerothe Farbe an. Das Fett der Macis enthält neben geringen Mengen freier Fettsäuren und etwas Cholesterin, die Glycerinester der Stearin-, Palmitin- und Oelsäure. Koenig giebt den Fettgehalt dieser Macis sogar auf 56,75 % an, doch fand Soltsien, dass der grösste Theil dieses sog. Fettes in Petroläther gar nicht löslich sei, wohl dagegen in Aether; diese fälschlich als Fette gerechneten Stoffe geben die Farbstoffreaktionen und sind von harzartiger Beschaffenheit; während aus Bandamacis höchstens 3,5 % dieser harzigen Stoffe erhalten wurden, lieferte Bombaymacis bis 30,5 % davon; demnach erscheint „reine Macis, die nach dem Entfetten mehr als 4 % an Aetherextrakt giebt, verdächtig, mit Bombaymacis verunreinigt zu sein, während eine Menge von etwa 6 % schon auf eine Verfälschung mit 10 % Bombaymacis schliessen lassen dürfte“. In der Bombaymacis fanden Arnst und Hart 56,7, Busse sogar 61,9 bis 67,1 % ätherisches Extrakt, aber nur 29,6 — 34,2 % Fett, die Differenz besteht aus

Harz. Weiteres über die Unterscheidungsmethoden von der echten Macis siehe in dem Kapitel über Fälschungen und Surrogate.

δ) Bombay-Nüsse.

Auch die Nüsse von *Myristica malabarica* kommen in Bombay in den Handel, sie heissen jangli-jaiphal, ranjaiphal, kaiphal und kosteten in den 80er Jahren nach Dymock 2 Rupies per Mound.

Nach Stocks (Manuskript) und Dymock sollen sie als Gewürz dienen, doch ist dieses wohl nur bei frischen Nüssen denkbar, vorausgesetzt, dass sie wenigstens dann Aroma besitzen. Dagegen sollen sie auch medizinischen Werth sekundärer Art haben, und nehmen deshalb einen Platz ein in der indischen Pharmacopoe (cf. Waring, Dymock, Watt), d. h. wenn wirklich diese Art gemeint ist. Die neuerdings als sog. Bombay-Nüsse nach Europa kommende Waare besteht nämlich nach Busse aus Stücken grosser Exemplare der echten Muskat; vielleicht sind demnach die von Dymock angeführten gleichfalls derartige, wohl in Bombay zum Verkauf gebrachte Banda-Nüsse. Die Anwendung der Bombay-Nüsse in Indien ist die gleiche wie die der echten Nuss; die wirksamen Bestandtheile sind also, wenn es sich wirklich um M. malabarica handelt, vor allem das Fett und die harzigen Substanzen des Zerklüftungsgewebes. Das ausgepresste Fett gilt als stimulirend bei schlecht heilenden Geschwüren, und auch die gepulverte ganze Nuss wird hierbei als Pflaster gebraucht. Das Fett wird auch bei Rheumatismus und anderen Schmerzen eingerieben, und zwar am besten unter Zusatz einer kleinen Quantität irgend eines milden Oeles. Die Samen wirken astringirend und werden bei Diarrhöe und Dysenterie gegeben (dreimal täglich ein gerösteter und zu Pulver geriebener Samen); übrigens ist auch bei Verordnung dieser Nüsse Vorsicht am Platz, da sie gleichfalls wie die anderen Myristica-Arten, narkotische Eigenschaften besitzt.

Schliesslich soll die Nuss (nach Watt) auch zu Beleuchtungszwecken dienen, doch dürfte hierfür die keine Stärke und mehr Fett enthaltende Gymnacranthera-art Südindiens (Canara) geeigneter sein.

8. Fettliefernde Muskatnüsse.

Wir sahen schon bei Besprechung der echten Muskatnuss, dass das Nährgewebe derselben reich ist an Fett, welches grösstentheils aus Myristin und Olein besteht, daneben aber auch etwas Butyrin und freie Fettsäuren (Myristinsäure, Oleinsäure, Stearinsäure) enthält.

Während aber bei dieser Art wie auch bei den übrigen Myristicaarten der Fettgehalt nicht allzu bedeutend ist, und vor allen Dingen auch sehr variirt, je nach der Menge der Stärke (Amylum), welche die Samen enthalten (z. B. bei M. fragrans zwischen 27 und 43 %), giebt es andere Gattungen der Myristicaceen, die keine oder wenigstens fast keine Stärke enthalten, und wo demnach der Fettgehalt konstanter und prozentualiter viel bedeutender ist. Da diese relativ reinen Fette der Myristicaceen sich gut zur Herstellung von Kerzen und Seifen eignen, so hat man wiederholt Versuche gemacht, solche Fettnüsse (oil-nuts) nach Europa zu importiren, was sich aber nur bei billigem Einkauf und billiger Fracht rentiren kann; es kommen also einerseits nur solche Arten in Betracht, die in der Nähe der Küste oder grosser Wasserläufe, möglichst gesellig, wachsen, und von diesen auch nur solche, die keine allzu kleine Samen haben, da sonst das Pflückgeschäft zu unrentabel und das Schälen zu mühsam sein würde.

Obgleich noch mehrere andere Gattungen der Familie sehr fettreiche Samen besitzen, kommen augenblicklich in Betracht vor allem folgende Gattungen: 1. Die südasiatische Gattung Horsfieldia, 2. die südasiatische Gattung Gymnacranthera, 3. die west- und centralafrikanische Gattung Pycnanthus, 4. die amerikanische Gattung Virola. Was die asiatischen Gattungen betrifft, so sind nur wenige Arten so massenhaft verbreitet, dass sich ein Export lohnen dürfte; ferner ist auch die Entfernung von Europa in Rechnung zu ziehen. Trotzdem dürften manche Arten doch wohl einmal als Fettnüsse in Betracht kommen, und folgende Arten finden schon jetzt lokale Verwerthung.

Taf. IV, Fig. 15a u. b. Horsfieldia Jrya (Gärtn.) Warb. Hieraus wird in Borneo, wo diese von Ceylon bis zu den Molukken verbreitete Art besonders häufig ist, das sog. Naharanfett gepresst, das bei 39° schmilzt und aus 13,5 % flüssigem, sowie 86,5 % festem Fett besteht (de Loos, Beschr. Catal. Coloniaal-Museum Haarlem). Da die kugeligen, von dem Arillus lückenlos eingeschlossenen Früchte aber nur 18 mm im Durchmesser haben, dabei einen Hohlraum enthalten, und auch etwas Stärke, so dürfte die Ausbeute sicher keine bedeutende sein, und die Art als Handelspflanze demnach wenig Zukunft besitzen. Sie heisst auf Ceylon *Jrya*, auf Java *Kalapa-tjun*, in Sarawak auf Borneo *Buah Porgam* (Frucht der Waldtauben) oder *Kaju Piangu*.

Taf. IV, Fig. 16a u. b. Horsfieldia Iryaghedhi (Gärtn.) Warb. Dies ist ein ceylonischer Baum, der sich aber auch auf Java viel angepflanzt findet, da die Frauen dort ihr Haar mit den schön duftenden männlichen Blüthenständen desselben schmücken. Er heisst deshalb auf Java *Tjampaka silan* (Tjampaka ist der Name der schön duftenden Michelia tjampaca, silan = Ceylon); auf Ceylon heisst der Baum *Ruk* oder *Irie-gaga.* Die gleichfalls etwas Stärke enthaltenden von dem Arillus lückenlos eingeschlossenen Samen sind 2½—3 cm lang und 2 cm breit und innen nicht hohl. Das Fett schmilzt bei 41,5° C. und wird zu Kerzen verarbeitet; auch soll die Nuss auf Ceylon, wenn die Arecanuss fehlt, eine Art Ersatz derselben beim Betelkauen bilden. Dass sich diese Art auch für den Export eignet, ist wohl denkbar, wenngleich sich wohl nur schwer grosse Quantitäten werden beschaffen lassen, da der Baum meist nur in einzelnen Exemplaren gepflanzt wird.

Gymnacranthera canarica (King) Warb. Dies ist eine süd- Taf. IV, Fig. 17 a u. b.
indische Art einer sonst östlicheren, in den Samen völlig stärkefreien Gattung. Die Samen sind fast rund und werden von einem bis fast auf die Basis zerschlitzten Arillus eingehüllt; sie sind aber ziemlich klein, die Samenkerne haben nur etwa 16 mm im Durchmesser. Aus diesen Nüssen wird das sog. Mangalore-Fett gewonnen, und in Süd-Kanara werden daraus Räucherkerzen für den Tempeldienst bereitet. Nach Europa scheinen sie bisher als Fettnüsse gar nicht gekommen zu sein, wohl aber gelegentlich (1871) als Fälschung der echten Muskatnüsse, wozu sie sich aber ausserordentlich schlecht eignen. In Kanara heisst der Baum *Pindi.*

Pycnanthus Kombo (Baill.) Warb. Dies ist eine in Westafrika Taf. IV, Fig. 9 a u. b.
von Sierra Leone bis Angola verbreitete Art (nach Welwitsch ein besonders schöner, 60—80′ hoher Baum der Urwälder) mit zerschlitztem Arillus und 17—24 mm langen, 10—12 mm breiten tief gefurchten Samen, die keine Stärke, aber ca. 72% Fett enthalten, und frisch ein wenig aromatisch sein sollen. Die Eingeborenen benutzen theilweise die Samen als Beleuchtungsmaterial, da sie schon an sich wie Kerzen brennen sollen; mehrfach hat man sie denn auch nach Europa zu exportiren versucht, namentlich von St. Thomé, wo die Art sehr häufig ist, und von Gabun. Ob sich ein Exportartikel daraus machen lässt, hängt lediglich von Höhe der Fracht und den Kosten des Einsammelns ab, da das Fett ja auffallend reichlich und in besonders guter Qualität in den Nüssen vorhanden ist. In Angola heisst der Baum *Mutugo (Mutuje),* d. h. Kothbaum, weil die männlichen Blüthenstände, abgefallen auf der Erde liegend, an Menschenkoth erinnern sollen, in St. Thomé *Cassa* oder *Cashou*, in Kamerun (Batanga) (*Bohamba*), in Kamerun (Yaunde) *Etang*, in Gabon *Kombo.*

Dass die übrigen Pycnanthusarten sich in gleicher Weise verwenden liessen, steht ausser Frage. Auch die merkwürdige, erst neuerdings von Preuss entdeckte und, leider nur in Früchten, eingesandte Taf. IV, Fig. 14 a u. b. Gattung Coelocaryon aus Kamerun besitzt stärkelose überaus fettreiche Samen. Ferner ist die westafrikanische Gattung Scyphoce- Taf. IV, Fig. 12 sowie 13 a u. b. phalium mit platt kugeligen 3 cm breiten, 2 cm hohen Samen in riesigen, 9 cm grossen Früchten sehr reich an Fett und stärkefrei. Nach dem Katalog der französischen Kolonien auf der Pariser Weltausstellung 1867 sind diese sog. Ochocosamen von allen untersuchten Fettsamen Gabons am reichsten an Fett, jedoch ist das Ruminationsgewebe besonders stark entwickelt und nimmt fast die Hälfte des Volumens des Samens ein. Im Grossen ist der Same noch nicht in den Export gelangt, vermuthlich sind auch die Bäume in Gabun und Kamerun zu selten.

Von der hauptsächlich madagassischen Gattung Brochoneura wissen wir über die Früchte kaum etwas; von einer auf Madagascar *Rara bé* genannten Art, wahrscheinlich *Brochoneura Vouri* (Baill.) Warb. wird (oder wurde wenigstens vor 100 Jahren) ein Oel aus den Samen gewonnen, jedoch nur lokal als Salbe für Körper und Haar benutzt; es bildete auch ein Specificum gegen Skropheln und wurde als Magenmittel verwandt. Alle die in der Litteratur zerstreuten Angaben über die Verwendung der *Myristica (Brochoneura) madagascariensis* als Gewürz beruhen auf Verwechselung mit der kultivirten Myristica fragrans. Eine wohl vielleicht zu derselben Gattung gehörige Frucht aus Taf. IV, Fig. 10. Usambara *Brochoneura usambarensis* besitzt kein ruminates Endosperm, aber ein wenig Stärke in den Zellen; dennoch würde sich die Nuss wegen ihres Fettreichthums wohl zum Exporte eignen, wenn die Kosten es erlauben und genügende Quantitäten aufzutreiben sind. Mehr Stärke Taf. IV, Fig. 11. enthält die westafrikanische *Staudtia* (?) *pterocarpa* aus St. Thomé, sowie auch *Staudtia kamerunensis* Warb., die sich gleichfalls durch ein nicht ruminates Endosperm auszeichnet, für den Export aber wohl schon der Seltenheit wegen nicht in Betracht kommen dürfte.

Taf. IV, Fig. 2 a u. b. Virola surinamensis (Rol.) Warb. Dies ist in der Gegenwart bei weitem der wichtigste Fettlieferant unter den Myristicaceen. Es ist ein hoher Baum, der besonders viel im Amazonasgebiet und Guinea wächst, aber auch in den Antillen nördlich bis Martinique reicht. Die ziemlich kugeligen nicht deutlich gefurchten Samen sind zwar klein, und haben nur ca. 15 mm im Durchmesser, dennoch macht die grosse Zahl derselben und das geselligere Vorkommen der Bäume das Sammeln durch die Eingeborenen lohnend. Das Fett dient schon seit langem lokal in Brasilien und Guiana zur Kerzenbereitung; namentlich in der Stadt

Belem in der Provinz Para hatte sich (nach Sigaud[1]) ehemals sogar eine Industrie entwickelt, billige, auffallend weisse Lichter hieraus herzustellen, man kochte das Fett aus den zerstampften Kernen einfach aus und reinigte es dann, doch ergab diese rohe Methode nur 18 % Fett, auf 16 kg Samen kamen nur 3 kg sog. Wachs, ein ausserordentlich geringer Ertrag, wenn man bedenkt, dass sie ca. 73 % Fett enthalten; schon äusserlich tritt ihr Fettreichthum dadurch zu Tage, dass das Durchziehen eines Baumwollfadens durch die Samen genügt, um sich eine kleine Kerze zu verschaffen (Kappler)[2].

Das drüben ausgepresste Fett ist ein schon alter, in den 30er Jahren z. B. von Bonastre[3]) erwähnter Handelsartikel, der in den Werken über Waarenkunde bald als Virolatalg oder Ucuhubafett, bald als Ocuba- oder Bicuhibawachs aufgeführt wird, und z. B. auch von Wiesner[4]) mehrfach behandelt wird. Es wurden von diesem Fett von Para exportiert im Jahre 1882 nicht weniger als 434327 kg, im folgenden Jahre freilich nur 15013 kg[5]), nach Sigaud[1]) war zu seiner Zeit am Amazonas im Januar bis März alles mit der Ernte dieser Nüsse beschäftigt. Chemisch resp. physikalisch untersucht wurden die Nüsse oder das Fett ausser von Bonastre und Wiesner noch von Lewy[6]), Peckolt[7]), Reimer und Will[8]), Valenta[9]), auch Schädler behandelt das Fett in der Technologie der Fette und Oele (Leipzig 1883 pag. 605), eine anatomische Untersuchung verdanken wir Tschirch[5]).

Neuerdings werden die Samen häufig in der dünnen Samenschale nach Europa gesandt und kommen namentlich nach Liverpool, aber

1) Sigaud, Note sur deux espèces de cire végétale provenant de Brésil. Comptes rendus XVII (1843), pag. 1331.

2) Kappler, Surinam und seine Vegetation. Ausland 1885, pag. 137 (unter dem Namen M. sebifera).

3) Bonastre, Chem. Untersuchung der Früchte von Myristica sebifera (es ist M. surinamensis gemeint). Ann. d. Pharm. VII (1833), pag. 49—52.

4) Wiesner, Rohstoffe (1873), pag. 209, Bicuhibafett, pag. 210 (Virolafett), pag. 233 (Ocubawachs).

5) Tschirch, Archiv d. Pharmacie. 2. Reihe. 25 (1887), pag. 619, nach dem Bericht des Vorsteheramtes der Kaufmannschaft von Para.

6) Lewy, Recherches sur les diverses espèces de Cires. Annales de chimie et de physique 3. sér. 13 (1845), pag. 449.

7) Peckolt, Zeitschr österr. Apothekerverein (1865), pag. 484.

8) Reimer u. Will, Über d. Fett von M. surinamensis Ber. chem. Ges. Berl. (1885), pag. 2011—2017.

9) Valenta, Zur Kenntniss des Ucuhuba-Fettes. Zeitschr. angew. Chemie (1889), pag. 3.

auch nach Deutschland in den Handel. Sie führen den Namen Oelnüsse (oil nuts) oder Ucuubanüsse, auch zuweilen die irrthümliche Bezeichnung African oil nuts.

Taf. IV, Fig. 3 a, b u. c. Virola sebifera Aubl. ist ein kleinerer in Südamerika weit verbreiteter Baum mit ganz kleinen, nur 13 mm langen, 11 mm breiten, Früchten, deren Samenkerne kaum 8 mm im Durchmesser haben. Es liegt auf der Hand, dass diese Samen nicht viel Fett geben können, lokal mögen sie, wo sie häufig sind, wohl hin und wieder benutzt werden, für den Export sind sie wohl sicher unbrauchbar; die Angaben über die Verwendung stützen sich alle auf Aublets Notizen im vorigen Jahrhundert, und der hat möglicherweise gar nicht die von ihm abgebildete Art gemeint, sondern die viel grössere Virola surinamensis, von der wir ja bestimmt wissen, dass das Fett gerade auch in Aublets Gegenden benutzt wird. Warum sollte man dort die kleinen V. sebiferasamen auskochen, da doch daselbst die viel grössere V. surinamensis in Menge zur Verfügung steht?

Taf. IV, Fig. 7 a, b u. c. Virola peruviana (A. D.C.) Warb. Die Früchte dieser peruanischen Art werden von den Eingeborenen ausgekocht und das Fett, das sog. „sebo del arbol" (Baumwachs) nach Pavon lokal zu Beleuchtungszwecken verwerthet; der Same ist 18 mm lang, 11 mm breit.

Taf. IV, Fig. 6. Virola venosa (Benth.) Warb. var. Pavonis Warb., gleichfalls in Ost-Peru vorkommend, und als Arbol del sebo bezeichnet, besitzt 24 mm lange, 10 mm breite Samen und wird gleichfalls von den Eingeborenen ausgenutzt; das zwischen heissen Steinen ausgepresste Fett wird zu Lichtern und Fackeln verarbeitet und diese Art wegen der bedeutenderen Grösse der Samen der vorigen vorgezogen.

Taf. IV, Fig. 1 a u. b. Virola guatemalensis (Hemsl.) Warb. aus Guatemala ist erst neuerdings bekannt geworden, namentlich dadurch, dass 1878 Nüsse davon auf die Pariser Weltausstellung gelangten. Nach dem Standard vom 29. Aug. 1887 hat das Fett namentlich in Amerika Aufmerksamkeit erregt und Maschinen zum Aufbrechen der Nüsse sind dorthin gesandt worden. Ob sich dieser Handelsartikel weiter entwickelt hat, darüber fehlen jegliche Nachrichten.

Taf. IV, Fig. 4 a u. b, Fig. 5. Virola bicuhyba (Schott.) Warb. Dies ist die berühmteste der amerikanischen Myristicaceen, ein Baum, der im mittleren und südlichen Brasilien wächst, mit eiförmigen 20—27 mm langen, 14—18 mm breiten Samen, die nur im oberen Theile Lücken im Arillus zeigen. Die Nuss als solche wird nicht exportirt, obgleich sie einen ausserordentlichen Fettgehalt aufweist, getrocknet bis 73,7 %, dagegen wird das Fett in Brasilien selbst in Menge benutzt und gelangt auch neuerdings, in rationellerer Art von den deutschen Kolonisten in Parana und St. Catharine in Blechbüchsen verlöthet, in den Handel. Die Nüsse sowohl wie das Fett werden in Brasilien als wirkungsvolles Heilmittel angesehen, im Allgemeinen in ähnlicher Weise wie bei uns die echte Muskatnuss; die Kerne dienen bei Kolik, Magenschwäche, Dyspepsie, werden aber nur in geringer Menge vertragen, höchstens drei Kerne werden gegeben; das Fett dient zu Heilpflastern und Einreibungen, bei arthritischen Gelenkgeschwülsten, Rheumatismen und Hämorrhoiden. Martius schreibt zwar einen Theil dieser Wirkungen der V. officinalis (Mart.) Warb. zu, doch sind von dieser Art mit Sicherheit bisher keine Früchte bekannt, und es beruht dies auf Verwechselung des Herbar-Materials von Martius. Ueber die Eigenschaften der Bicuhybanuss existiren ausser der sehr wirren brasilianischen Litteratur Arbeiten von Nördlinger[1], Peckolt[2], Lewy[3], Brandes[4], Stutzer[5].

Dialyanthera Otoba (H. u. B.) Warb. Dies ist ein in den wärmeren Theilen Columbiens und Perus wachsender Baum (die sog. Moscada de Sta Fé) mit kugelrunden nicht gefurchten Samen von 20 mm im Durchmesser. Das Fett dieser Art wird in Columbien in ähnlicher Weise benutzt wie die Muskatbutter, namentlich bei Hautkrankheiten; die Samen dürften zweifellos viel mehr Fett als 18% enthalten, wie Christy angiebt. Ausser der botanischen Beschreibung und einer chemischen Untersuchung von Uricoechea (Annal. d. Chem. u. Pharm. neue Reihe Bd. XV (1854) pag. 369) wissen wir so gut wie nichts über diese Art, aber da die Samen dieser Gattung keine Stärke enthalten, so ist es nicht ausgeschlossen, dass es eine für den Handel möglicherweise zu verwerthende Art sein könnte. Taf. IV, Fig. 8 a u. b.

Muskatnüsse mit essbarem Perikarp.

Es unterliegt keinem Zweifel, dass, wie bei Myristica fragrans, so auch bei anderen Myristicaceen mit fleischigem Perikarp, letzteres in Zucker und Essig eingelegt, namentlich nach vorheriger Behandlung mit

---

1) Nördlinger, Ueber das Bicuhybafett. Ber. chem. Ges. 1885, pag. 2617.

2) Peckolt im Archiv d. Pharmacie 107 (1861), pag. 158–171, 285–291, 108 (pag. 14—19).

3) Lewy, Recherches sur les diverses espèces de Cires. Annales de chim. et de physique 3. sér. 13 (1845), pag. 450.

4) Brandes, Einige Versuche üb. d. Bicuhyba-Balsam. Annal. d. Pharmac. VII (1833), pag. 52.

5) Stutzer, Myristica officinalis in Pharmac. Centralhalle 1887.

Spirituosen, essbar sein wird. Da diese Perikarpe stets Kinoschläuche oder Behälter besitzen, so werden sie ohne Zubereitung kaum besonders schmackhaft sein: nur bei einzelnen Arten findet sich deshalb von den Sammlern vermerkt, dass das Perikarp gegessen wird, manchmal findet sich die Notiz, dass die Frucht gegessen werde, so z. B. bei Myristica crassa King auf der malayischen Halbinsel, bei Horsfieldia sylvestris (Houtt.) Warb. in Neu-Guinea; das bezieht sich aber bei der notorischen Giftigkeit auch der nicht aromatischen Nüsse wohl gleichfalls auf das Perikarp, dagegen findet sich bei Horsfieldia Iryaghedhi (Gärtn). Warb. auf Ceylon neben einer Notiz, dass sie gegessen werde, auch, von einem anderen Sammler herrührend, der Vermerk, dass die Nüsse bei Mangel von Areca zum Betel gekaut würden; dies ist natürlich immerhin möglich, wenn wohl auch nur in geringen Quantitäten wahrscheinlich.

Kinosaft der Muskatnussbäume.

Ob sich der Myristica-Kino als Handelsdroge wird verwerthen lassen, bleibt noch zu untersuchen; selbst wenn die chemischen Eigenschaften, die nach Schaer (Pharmaceutical Journal 1896) denen der Kinosorten des Handels (Pterocarpus Kino, Eucalyptus-Kino) recht ähnlich sind, die Verwerthung zulassen würden, so ist es doch nicht wahrscheinlich, dass der Saft relativ so zerstreut im Wald stehender Bäume sich mit Aussicht auf Erfolg wird ausbeuten lassen. Früher diente er gelegentlich an Stelle von Drachenblut (cf. Camello in Ray), doch ist über eine Verwendung in neuerer Zeit nichts bekannt.

Holz der Muskatnussbäume.

Das Holz der meisten Arten ist ziemlich wenig werth, nicht besonders fest und nicht haltbar, aus einigen afrikanischen (*Pycnanthus microcephalus*) und südamerikanischen Arten (*Virola surinamensis*) sollen Kanus fabrizirt werden, andere Arten (z. B. M. malabarica) liefern auch Bauholz: wenn französische Ausstellungsberichte das Holz mancher Arten als geeignet ansehen, um zur Bleistiftfabrikation dienlich zu sein, so spricht dies auch nicht gerade für Festigkeit des Holzes. Da die ganze Familie der Myristicaceen nur in holzreichen Gegenden vorkommt, meist in Hochwäldern oder wenigstens in baumreichen Parklandschaften, während die wenigen Arten der brasilianischen Campos nur ganz kleine Gewächse sind, so ist es nicht wahrscheinlich, dass Arten dieser Familie je für den Holzhandel Bedeutung erlangen werden.

Es mag noch erwähnt werden, dass früher auch ein sog. Muskat(en)-holz als Zierholz für Möbeltischler in den Handel kam, identisch mit Letterholz (bois de lettre). Es stammt aus Guyana angeblich [1]) von einer Artocarpee Brosimum (Piratinera) guineense. Den Namen verdankte es den schwarzen und purpurrothen Adern, die das röthliche Holz durchziehen, die eine ähnliche Zeichnung hervorrufen wie bei der Muskatnuss.

Andere Verwerthungen.

Die sonstigen Verwendungen sind zu unbedeutend oder zu lokal, um besondere Besprechung im Einzelnen zu erheischen. Es sei erwähnt, dass die jungen Triebe von Myristica Schleinitzii Engl. auf den Taminseln bei Neu-Guinea als Betelsurrogat gelten (offenbar des Kinogehaltes wegen) und sogar gegessen werden sollen, und dass daselbst der Same oder Arillus zum Färben verwandt wird; das Gleiche wird durch Rumph von einer nicht mit Sicherheit zu bestimmenden von ihm als Palala tingens bezeichneten Horsfieldiaart der Molukken berichtet; wieweit der Farbstoff in den Arillen haltbar ist, lässt sich im Allgemeinen nicht angeben. Bei Myristica fragrans bleicht die Macis namentlich in der Sonne sehr schnell, bei Myristica malabarica ist der Farbstoff viel haltbarer, aber wohl nur deshalb, weil er daselbst in den Harzklümpchen aufgespeichert ist; die meisten Arillen der vom Verf. gesehenen Sammlungen haben ihre ursprünglich glänzende Farbe stark eingebüsst, so dass es nicht wahrscheinlich ist, hieraus ein irgendwie brauchbares Handelsprodukt herstellen zu können, zumal bei den geringen erreichbaren Quantitäten der Preis im Verhältniss zu gleich guten rothen Anilinfarben viel zu hoch sein würde. Wenn schon die Krappkultur verdrängt wurde, so haben die Muskatarillen sicher keine Chance als Handels-Farbstoff.

---

1) Aublet, Pl. de la Guiane, pag. 888. Boehmer, Technische Geschichte der Pflanzen 1794, I, pag. 157. Lanessan, Les plantes utiles des Col. franc., pag. 144.

IV. Kultur der Muskatnuss.

a) Boden.

Die Beschaffenheit des Bodens ist insofern von grösster Wichtigkeit, als der Baum einen tiefgründigen, lockeren und reichen Boden, namentlich aber einen gut durchlässigen Untergrund verlangt. Er darf weder zu lehmig, noch zu sandig sein, da ersterer wegen seiner wasserbindenden Eigenschaft die Wurzeln zum Abfaulen bringt, letzterer zu leicht austrocknet, und dabei der Wasserversorgung der Pflanze ungünstig ist, was zur Folge hat, dass auf sandigem Boden auch in feuchten Klimaten gepflanzte Bäume wenig tragen.

Am besten scheint ein etwas feuchter, humusreicher, sandiger Lehm den Ansprüchen des Baumes zu entsprechen; über Anpflanzungen auf Kalkböden liegen bisher zwar nur wenig Erfahrungen vor, doch ist es nicht wahrscheinlich, dass solche Lokalitäten dem Baume besonders zusagen, es müsste schon in ganz ausserordentlich dauernd feuchten Gegenden, wie West-Java, sein, wo auch andere Myristicaceen, z. B. Knema glauca Bl. sich wild auf den Kalkriffen der Ebene vorfinden.

Aus welcher Art Gestein der Boden entstanden ist, und ob er in ursprünglicher oder sekundärer Lagerstatt sich befindet, ist gleichgültig, wenn nur die obigen Bedingungen erfüllt sind.

So sind nach Lumsdaine die alluvialen Böden Benkulens besonders geeignet, also Zersetzungsprodukte der trachytischen Gesteine an sekundärer Lagerstatt; zweifellos wegen der ungemeinen Tiefgründigkeit und Fruchtbarkeit dieses Bodens; in diesem Boden waren auch viele Bäume in Moko-Moko gepflanzt, die ohne Dünger stets herrlichen Ertrag lieferten, und der oben erwähnte kaum dreijährige Baum, der schon Blüthen hervorbrachte, befand sich gleichfalls auf solchem Boden. Erst nach dem Alluvialboden schätzt Lumsdaine den mit dickem schwarzem Humus bedeckten Urwaldboden, und erst an dritter Stelle die offenen Ebenen; wie man sieht, ist also jungfräulicher Waldboden nicht erforderlich, wenn nur sonst der Boden an Nährstoffen reich ist.

In den Molukken gedeihen die Bäume nicht nur in dicken Humusböden, sondern namentlich in leichtem mit vulkanischem Sand vermischtem Lehmboden, ja manchmal sieht man die Bäume sogar aus Spalten von Korallenkalk und Granitfelsen hervorkommen, und dennoch wohl aussehend und Früchte tragend.

In Singapore gedieh der Baum am besten in dem durch Eisen tief roth gefärbten zerreibbaren Zersetzungsprodukt des Granites, das den grössten Theil der Insel bedeckt, namentlich wenn eine Schicht lockerer eisenhaltiger Steine in 4—5′ Tiefe eine Art natürlicher Drainage herstellt. Am besten waren die hügeligen Theile der Insel zu der Kultur geeignet. An vielen Stellen musste freilich durch starke Düngung die Armuth des Bodens etwas ausgeglichen werden, und die Verwüstungen in Folge der Krankheit sind gewiss nicht zum mindesten der geringen Mächtigkeit der Krume zuzuschreiben.

Oxley wendet sich vor allem gegen die Benutzung alter verlassener chinesischer Gambirplantagen zum Zwecke der Anlage von Muskatgärten, obgleich natürlich solche offene Lichtungen im Walde verlockend aussehen; er sagt, dass einerseits die Chinesen die Plantage nicht aufgeben, bis sie ganz ausgesogen ist, dass ferner das dort angesiedelte Alang-Gras sehr schwer zu entfernen ist, andererseits aber die Entfernung der von den Chinesen stehen gelassenen Baumstümpfe schwerer ist, als wenn der Stamm desselben noch als Hebel fungiren kann. Gambirplantagen kommen nun freilich ausser auf einigen Stellen der malayischen Halbinsel, Sumatra und den kleineren Inseln bei Singapore selten vor, dasselbe gilt aber für alle Waldkulturen der Eingeborenen, Bergreis, Bataten etc., kurzum für alle wegen Bodenerschöpfung verlassenen, von Gras überwucherten Plantagen, in denen die Baumstümpfe stehen geblieben sind.

Im Allgemeinen ist natürlich Urwaldland wegen der physikalischen und chemischen Beschaffenheit des Bodens für die Kultur der Muskatbäume am geeignetsten, trotz der Mühe des Niederhauens und Verbrennens der hohen Bäume, Grasland, in Asien hauptsächlich aus Alang-Alang gebildet, ist ausserordentlich schwer wieder kulturfähig zu machen, und das Ausreissen der weitkriechenden Rhizome ist kostspieliger als das Urbarmachen des Urwaldes.

Alle Pflanzer stimmen darin überein, dass guter Wasserabfluss im Boden von allergrösster Wichtigkeit ist, denn stehendes Wasser im Boden, sowie sumpfiges Terrain ist den Bäumen absolut schädlich; darum zieht man im Allgemeinen sanfte Böschungen den ganz ebenen Geländen vor, wenngleich auch gut entwässerte ebene Gegenden nicht zu verwerfen sind; Banda und die Molukken besitzen fast durchgehends welliges Terrain, während z. B. in Singapore die meisten Plantagen auf ebenem Boden angelegt waren, wie sich auch in der Minahassa sehr blühende Plantagen nahe Menado auf ebenem Grunde befanden. Selbst steile Abfälle sind recht gut brauchbar, wenn nur die Abspülung des Bodens durch plötzlich hereinbrechende Wassermassen in Folge starker Tropenregen und Gewitter, sowie die Verschlechterung des Bodens oder gar die

Wasser-Abfluss.

Blosslegung der Wurzeln in Folge hiervon, durch geeignete Massregeln, wie Terrassen etc. vermieden wird; im Allgemeinen aber finden sich in den für die Kultur geeigneten Ländern genügend schwach wellige Lokalitäten vor, sodass man nicht nöthig hat, die immerhin kostspieligen Terrassenanlagen herzustellen.

b) Klimatische Bedingungen.

1. Feuchtigkeit der Luft.

Wenn auch die Muskatnuss keine Pflanze ist, die das ganze Jahr hindurch dauernde Regenzeiten. verlangt, so vermag sie doch längeren Trockenperioden nicht gut zu widerstehen, und kann mit Erfolg deshalb nur in solchen Gegenden angepflanzt werden, die, wie die malayische Halbinsel, Sumatra und die Molukken, eine nicht oder doch nur wenig ausgesprochene Trockenzeit haben.

Allzugrosse Feuchtigkeit ist sogar, namentlich im Verein mit starkem Schatten, für den Ertrag nicht günstig. Der höchste Gipfel auf Gross-Banda z. B. ist ca. 1600′ ü. M.; bis zu 1500′ trifft man zwar Muskatbäume an, aber über 700′ liefert er kein lohnendes Produkt mehr, da es dort in der Regel zu feucht zu sein scheint, die Blüthen und Früchte kommen dadurch nicht zu voller Entwickelung (van Gorkom).

Es seien in folgender Liste für die wichtigeren Muskat bauenden Plätze die mittleren monatlichen Regenmengen zwischen 1880 und 1888 zusammengestellt:

		Jan.	Febr.	März	April	Mai	Juni	Juli	Aug.	Sept.	Okt.	Nov.	Dez.	Jahr
Sumatra	Benkulen . .	308	260	264	291	262	211	169	194	231	326	337	356	3209
	Padang . . .	299	244	296	369	578	351	256	391	441	562	515	471	4573
	Pajakomba. Pad. Bovenl.	256	241	248	217	189	127	91	186	170	224	221	293	2463
Celebes	Menado . . .	495	391	230	204	152	173	73	97	66	111	184	419	2595
Molukken	Ternate . . .	177	216	133	244	210	209	147	91	100	164	197	237	2125
	Amboina . .	158	122	124	309	507	660	593	497	168	179	131	128	3576
	Banda . . .	273	192	212	369	378	481	179	115	136	105	130	241	2811
Singapore (nach Hann)	Durchschnitt mehrjähr. Beobachtungen	274	214	155	173	177	161	183	158	230	181	224	271	2401

Man sieht hieraus, dass der jährliche Regenfall aller dieser Plätze über 2000 mm liegt und dass der monatliche Regenfall nur sehr selten unter 100 mm und nur in drei von den 96 Fällen unter 90 mm liegt. Auf Banda kommen freilich auch Monate ohne Regen vor, aber nur sehr selten zwei regenlose Monate hintereinander. In Singapore regnet es dagegen etwa die Hälfte aller Tage und zwar in sehr unregelmässiger Weise, ohne eine ausgeprägte Trockenzeit, 1863 z. B. fielen an 184 Tagen

2200 mm Regen; früher, als die Insel von dichterem Wald bedeckt war, war die Regenmenge noch grösser.

Ist ein Monat ungewöhnlich trocken, so merkt man es sofort an dem Einschrumpfen oder Aufplatzen des Perikarp, sowie an dem geringen Gewicht der Früchte. Grössere Dürren in diesen regenreichen Ländern haben sogar zeitweilig den Ertrag ausserordentlich verringert, so produzirte Banda im Jahre 1877 1051000 kg Nüsse und 192000 kg Macis; in Folge der in diesem Jahre eingetretenen Dürre war der Ertrag des folgenden Jahres dagegen nur 234000 kg Nüsse und 82000 kg Macis, also weniger als ¼ der Nüsse des vorhergehenden Jahres; auch in Menado wurde mir angegeben, dass dieselbe Dürre des Jahres 1877 Tausende von Bäumen getödtet habe.

Für Westindien scheinen sich die Verhältnisse insofern anders zu gestalten, als daselbst im Allgemeinen die Trockenzeit vielmehr ausgeprägt ist, und demnach der Regenfall ein im Ganzen geringerer ist; die Insel Barbados und Trinidad z. B. haben nach einem Durchschnitt von 25—29 Jahren nur 1467 und 1720 mm jährlichen Regenfall[1]), vom Januar bis Mai in jedem Monat unter 100 mm, 3 Monate hindurch sogar unter 60 mm; demnach ist aber auch in Trinidad nach Lockhard, selbst wenn kleinere Schauer fallen, eine beständige künstliche Bewässerung nöthig; die Muskat-Kultur befindet sich daselbst keineswegs in blühendem Zustande. In Grenada dagegen, der einzigen Insel Westindiens, wo die Kultur bisher im Grossen mit Erfolg kultivirt wird, fallen nach Eggers im Durchschnitt jährlich 3000 mm, auch scheint dort die trockene Zeit minder ausgeprägt zu sein.

2. Schatten.

Ueber die Nothwendigkeit, Schattenbäume zwischen den Muskatnüssen zu pflanzen, gehen die Ansichten auseinander. Sicher ist der Muskatbaum eine ursprünglich schattenbedürftige Waldpflanze gewesen, die nicht bis zum oberen Laubdach des Waldes hinaufreichte. Ob sie sich durch Kultur zu einer Freilandpflanze entwickeln lässt, kann man so allgemein natürlich nicht entscheiden. Es kommt offenbar alles auf den Feuchtigkeitsgehalt der Luft an; ist die Luft andauernd feucht,

---

[1]) A. Nicholls giebt in seinem im Allgemeinen sehr zuverlässigen Text-book of Tropical Agriculture 60—70 inches (also ca. 1500 cm) als die untere Grenze des jährlich nöthigen Regenfalles; dies mag wohl ungefähr richtig sein, noch mehr kommt es aber auf die möglichst gleichmässige Vertheilung des Regens auf die verschiedenen Monate an.

so ist Schatten nicht unbedingt nöthig, wo aber häufig längere Trockenzeiten zu befürchten sind, kann man Schattenbäume nicht entbehren. Wie schon oben erwähnt, sind allein- und freistehende Muskatbäume in feuchten Gegenden viel dichter belaubt als solche, die im dunklen Schatten, oder allzu gedrängt in Plantagen stehen.

In Banda werden Schattenbäume allgemein gepflanzt, und zwar theoretisch in Abständen von etwa 150′, in der Praxis aber in ganz unregelmässigen Intervallen, wo gerade Lücken entstehen; man ist dort der Ansicht, dass die Muskatbäume, die nicht genügend Schatten bekommen, kränkeln, während freilich bei zu dicht stehenden Schattenbäumen die Muskatbäume weniger Früchte tragen.

Als Schattenbäume benutzt man daselbst vor allen Dingen Kanaribäume, und zwar fand ich neben *Canarium commune* L. noch *C. mehenbethene* Gaertn. (den sogen. Kanari Ambon), sowie eine dritte Art (wahrscheinlich *C. zephyrinum* Rumph) angepflanzt.

Die Früchte dieser Kanaribäume enthalten in ihrem Samenkerne ausserordentlich viel sehr wohlschmeckendes Oel, welches einen sehr reinen und angenehmen Geschmack besitzt und bei der Zubereitung von Speisen das Kokosöl noch übertrifft, ja sogar beinahe an das Olivenöl herankommt; vor Zutritt von Luft bewahrt, hält es sich ausserdem sehr gut. Auch werden die mandelartigen Kerne vielfach zu kuchenartigen Gebäcken verwandt. Während die Kerne der gewöhnlichen Kanari zu ölreich sind, um in rohem Zustande angenehm zu schmecken, besitzen die Ambon-Kanari-Nüsse einen ausserordentlich delikaten Geschmack (a delicacy and at the same time richness of flavour peculiarly its own, Oxley). Trotzdem werden in Banda die Nüsse der Kanaribäume nur selten gesammelt, da meist die Zahl der Arbeitskräfte kaum zum regulären Betrieb der Muskatplantagen ausreicht; nur wenn in den Zeiten zwischen den Haupternten Hände frei sind, beschäftigt man sich mit der Einsammlung derselben. Im Jahre 1855 kostete an Ort und Stelle eine Kiste enthaltend 12 Flaschen Kanariöl 16 fl., das ist per Flasche etwa 2 Mk. 25 Pfg., also ein ziemlich hoher Preis. 1888 wurde mir dagegen in Banda gesagt, dass das Liter Kanariöl 0,80—1,20 Mk. koste und noch etwas billiger als Kokosöl sei: es wurde damals dort fast ausschliesslich zum Backen und Kochen verwandt, bildete jedoch keinen Exportartikel. Das bessere Oel erhielt man durch Pressen, ein unreineres durch Auskochen der Kerne.

Neben den Kanaribäumen pflanzt man auf Banda auch noch einen anderen, ölhaltige Nüsse besitzenden Baum, den sogen. Kerzennussbaum oder Kemiri (*Aleurites moluccana*), sowie (meist in der Nähe der Wohnhäuser) einige Fruchtbäume, z. B. Jambu (*Jambosa malaccensis*), Mangustan (*Garcinia mangostana*), Durian (*Durio zibethinus*), Mangoarten, nämlich die gewöhnliche Art (*Mangifera indica*), sowie Mango pau (*Mangifera altissima*), deren Früchte weniger zum Essen als zur Essigbereitung verwandt werden, den Petébaum (*Parkia speciosa*) mit knoblauchartig riechendem vielbenutztem Samen, endlich auch wild wachsende

Bäume, wie Ficusarten, unter ihnen z. B. *Ficus cerifluu* und *umbellata*, die eine Art rothes und weisses Wachs liefern; ferner *Vitex moluccana*, deren gutes Holz beim Bootbau verwendet wird, sowie in der Nähe des Strandes noch allgemein verbreitete Bäume, wie *Hibiscus tiliaceus*, *Calophyllum inophyllum, Inocarpus edulis*. Den Schutz nach dem Meere zu bilden ferner noch die gewöhnlichen anderen Küstenbäume, sowie dichtes und hohes Pandanusgestrüpp.

In Weddiks unter Teysmanns Beihilfe für die Muskatkultur auf Java bestimmter Abhandlung werden, falls keine ursprünglichen Schattenbäume vorhanden sind, *Cananga*, *Erythrina* (Dadap), *Homalanthus Leckenaultianus* (Karambie), *Visenia umbellata* (Bientinoe) empfohlen, daneben sollten aber noch hohe, alt werdende Bäume, wie Durian, Mango, Parkia (Peté), Canarium gepflanzt werden. Während die ersteren, 10—12′ hohe Bäume, theils von selbst sterben, theils später entfernt werden, wären letztere 40—50′ hoch und könnten später als Brennholz verwandt werden. — Auch empfiehlt Teysmann, zuerst Kaffee dazwischen zu pflanzen, um die grossen Zwischenräume zwischen den Muskatbäumen, bis letztere Früchte tragen, produktiv zu machen. Folgende Anordnung wird hierbei empfohlen, indem der Buchstabe a die Muskatbäume, b die hohen Bäume (z B. Kanari), c die kleinen Bäume (z. B. Dadap) und d den Kaffee bezeichnet.

b	c	a	c	d	c	a	c	b	c	a	c	d
d	d	d	d	d	d	d	d	d	d	d	d	d
d	d	d	d	d	d	d	d	d	d	d	d	d
a	c	d	c	a	c	d	c	a	c	d	c	a
d	d	d	d	d	d	d	d	d	d	d	d	d
d	d	d	d	d	d	d	d	d	d	d	d	d
b	c	a	c	d	c	a	c	b	c	a	c	d

Falls also die Muskatbäume in einem Abstand von 24′ ständen, so würden die Kanaribäume 48′, die Dadapbäume 12 : 18′ und die Kaffeebäume meist 6′ von einander stehen; falls für die Muskatbäume 20′ Abstand vorgezogen wird, so würden die Kanaribäume 40′, die Dadap 10′ auseinanderstehen, und stets nur eine ununterbrochene Reihe Kaffee dazwischen gepflanzt werden.

Bei Menado fand Verf. neben den Canarium-Bäumen, die daselbst in Abständen von etwa 90′ gepflanzt werden, noch *Erythrina* (Dadap), *Nauclea* und namentlich auch viel *Cassia florida* (Djuwar) sowie andere Leguminosen als Schattenbäume verwendet; auch der dortige Besitzer der Plantage versicherte, dass die Bäume Schatten haben müssten, und zwar nicht nur beim Umpflanzen, da die starke Sonne die Bäume zum Absterben bringt.

In Singapore und Penang, sowie, wenigstens zur Zeit der englischen Herrschaft, in Benkulen auf Sumatra, hielt man hingegen Schattenbäume nicht für nöthig, ja Lumsdaine erklärt sie geradezu als schädlich, da sie die belebenden Sonnenstrahlen und den gesunden Nachtthau, zwei für die Qualität wie für die Quantität der Nüsse wichtige

Faktoren, von den Pflanzen abhielten; ferner sollen sie den Boden seiner Fruchtbarkeit berauben, und durch ihre Wurzeln mit denen der Muskatbäume in Kollision kommen. Freilich sollen sie nach ihm das frühzeitige Bersten der Fruchtschale in Folge zu plötzlicher und intensiver Sonnenstrahlen verhindern, doch wiege dieser kleine Nutzen die schweren Nachtheile nicht auf.

Es bestehen zwar Differenzen zwischen den kleinen Molukken-Inseln und dem westlichen Theil des malayischen Gebietes insofern, als die Molukken einerseits überhaupt ein etwas trockeneres Klima haben, dann aber auch in der trockeneren Zeit die Regentage ziemlich unregelmässig fallen, eine Folge weniger der geographischen Position als der Kleinheit der Inseln, deren wenig ausgedehnte Berge eine weniger grosse Abkühlung und deshalb nur eine geringere Kondensation des Wasserdampfes herbeizuführen vermögen; trotzdem vermögen diese Differenzen zwischen Ost- und West-Malesien keine genügende Grundlage dafür zu bieten, dass in der einen Gegend Schattenbäume am Platze, in der anderen nicht nöthig sein sollten. Der Unterschied ist wohl mehr in dem Gebrauche der beiden Nationen begründet, indem die Engländer ungerne, Holländer gerne Schattenbäume anpflanzen, auch wo es nicht unbedingt nöthig ist.

Lumsdaine's Bemerkungen basiren zweifellos auf richtigen Ideen; denn gerade für die Blüthenbildung ist möglichste Belichtung von der grössten Bedeutung, und die grössere Ergiebigkeit der Plantagen in Singapore, Penang und Sumatra im Vergleich zu Banda ist vielleicht neben der Düngung auch hierauf zurückzuführen. So meint denn auch Oxley, ein gründlicher Kenner der Muskatkultur in Singapore, als er 1856 auch Banda besuchte, dass die Muskatbäume dort wohl zu viel Schatten hätten, obgleich Beschattung dort wegen der Winde nöthig sei; die Bäume würden ohne Schatten ebenso hoch, jedoch besser und stärker.

Gerade in den Leguminosenbäumen, namentlich in der neuerdings stark in Aufnahme gekommenen, ungemein schnell wachsenden *Albizzia moluccana* hat man Gewächse, welche alle diese Nachtheile kaum besitzen. Der Schatten dieser Pflanze ist wegen der Kleinheit der Fiederblättchen nur ein sehr milder, viele Sonnenstrahlen durchlassender; die Schlafbewegung der Blätter in der Nacht lässt dem Nachtthau freien Zutritt zu den Muskatbäumen; die Wurzeln dienen vermöge der vielen Wurzelknöllchen sogar zur Stickstoffanreicherung des Bodens, und der Verlust des Bodens an organischen Nährstoffen durch diese Bäume kann nur ein sehr geringer sein, da alle Blätter und Früchte durch Verwesung wieder dem Boden zu gute kommen. Der einzige Nachtheil ist, dass durch stärkere Winde gelegentlich Zweige abbrechen und dadurch ev. die darunterstehenden Muskatbäumchen geschädigt werden können.

Auch ein so gründlicher Kenner tropischer Agrikultur wie Teysmann wendet sich in seinem Rapport über seine Reise in den Molukken (Naturk. Tydschr. v. Ned-Ind. 1861, pag. 293) gegen das Pflanzen der Kanariebäume, da sie zu viel Schatten geben, zu hoch werden und dem Boden zu viel Nahrung entziehen. Auf fettem Boden könnten die Muskatpflanzungen wohl schliesslich den Schatten ganz entbehren. Er empfiehlt ganz besonders den sogen. „Selewakoe" von Ambon, d. i. die eben erwähnte *Albizzia moluccana* Miq. mit ihrem sanften Schatten. — Ob freilich diese Bäume bei den schweren Orkanen, die periodisch die Bandainseln heimsuchen, genügend Schutz bieten, lässt sich nicht a priori entscheiden. — Die Verwüstungen des Sturmes von 1778 sollten vorsichtig machen und als Warnung dienen, nicht allzu radikal vorzugehen.

Die bei den Kaffeepflanzungen so beliebten, gleichfalls zu den Leguminosen gehörenden *Erythrinabäume* haben viel grössere zu je dreien ein Blatt bildende Blättchen, dagegen ist die oben erwähnte *Cassia florida* (malayisch Djuwar) deshalb zu empfehlen, weil sie ein ausgezeichnetes zu Bauten verwendbares Eisenholz besitzt; der Baum ist freilich gedrungener, der Wuchs lange nicht so schnell, und die Blättchen ein gut Theil grösser als die der Albizzia. Tiefe Schatten gebende Bäume wie die meisten Fruchtbäume, z. B. Mango, Jambus, Mangostan, Rambutan sind zweifellos zu verwerfen, auch die Kanaribäume mit ihren weit ausladenden Aesten und der reichen Belaubung geben eigentlich zu viel Schatten, sie machen zwar das Promeniren in diesen Gärten zu einem genussvollen, und erleichtern auch das Arbeiten in denselben, erscheinen aber durch den intensiven Schatten, den sie spenden, nicht sehr vortheilhaft.

Semler empfiehlt, schattenspendende Bäume in 40′ Abstand anzupflanzen oder bei der Urbarmachung von Waldboden solche in diesem Abstande stehen zu lassen; dies erscheint aber nach den Erfahrungen der Pflanzer ein viel zu geringer Abstand und würde die Plantage dunkler und feuchter machen als nöthig. Es sollen übrigens die Schattenbäume im Durchschnitt die doppelte Höhe der Muskatbäume erreichen, also etwa 60—80′ hoch sein.

3. Temperatur.

Auch in Bezug auf die Temperatur ist der Muskatbaum recht empfindlich; grosse Temperaturdifferenzen vermag der Baum nicht zu ertragen; in Singapore z. B. bewegt sich die Temperatur zwischen 21 und 32° C. und ähnlich ist es in den ebenen Gegenden des malayischen Archipels. Namentlich die Bandainseln haben ein rein oceanisches

Klima. Reinwardt hatte während seines Aufenthaltes daselbst keine höhere Temperatur als 29° C., und dieselbe Gleichmässigkeit der Temperatur herrscht auch in Bezug auf das Minimum. Nach Oxley ist die Temperatur des Süd-Ost-Monsuns (Mai—September) morgens 24½ bis 26° C., mittags 26½ bis 30°, abends 26 bis 26½°; die Temperatur des Nord-West-Monsuns (November—Mai) ist morgens 26½ bis 27½°, mittags 30½ bis 34½°, abends 26½ bis 29° C. Der Juli ist der kühlste und angenehmste, Oktober und November sind die heissesten, unangenehmsten und ungesundesten Monate Bandas; im Allgemeinen ist aber die Temperatur dort kühler als in den Straits.

Der Muskatbaum ist fast in allen Gegenden der Tropen, wenigstens als ertragreiche Kulturpflanze, auf die Ebene oder unterste Bergregion beschränkt, nur in Sumatra scheint seine Kultur auch in etwas höheren Regionen (in den Padangschen Bovenlanden) in Angriff genommen worden zu sein. Die Versuche auf den nur 1700′ hohen Bergen Penangs bei einer Mittagstemperatur von höchstens 24,5° schlugen, wie wir oben sahen, fehl, und ebenso wachsen die Bäume nicht gut auf den obersten Kuppen der Bandainseln. Mit Erfolg ist deshalb der Baum nur in der Nähe des Aequator gepflanzt worden. Die Bandainseln liegen 4° 32 südl. Br., Benkulen 3° 48 n. Br., Menado 1° 30 n. Br., Singapore 1° 29 n. Br., Malakka 2° 14 n. Br., Penang 5° 25 n. Br., Grenada 12° n. Br.; dagegen ist Kalkutta 22° 35 n. Br. schon zu kalt für eine ertragreiche Kultur.

4. Windschutz.

Vor allem bedarf der Muskatbaum des Schutzes gegen starke Winde, und deshalb legt man im Allgemeinen die Plantagen an geschützten Orten an, und namentlich nicht an solchen Abhängen, die den herrschenden Monsunwinden entgegen liegen oder starken Stürmen preisgegeben sind. Es ist stets bei der Anlage Vorsicht am Platze, einerseits, damit nicht die unreifen oder auch die schon reifen Früchte herabgeweht werden, andererseits, damit die Bäume nicht durch die Winde entwurzelt werden, was bei starken Winden namentlich in lockerem Boden in Folge des geringen Haltes der Wurzeln leicht eintreten kann. In Gegenden wo man Schattenbäume zwischen die Muskatbäume pflanzt, wie in Banda und Celebes, ist die Gefahr zwar geringer, trotzdem weist schon Rumph darauf hin, dass die Pflanzungen gegen Seeluft und starke Winde durch wilde Bäume an der Seeküste und auf den Bergen ringsum geschützt sein wollen.

In Sumatra dagegen, wo man, wenigstens in der englischen Zeit, keine Schattenbäume pflanzte, wurde empfohlen, die Pflanzungen durch Doppelreihen von Bäumen als Windbrecher zu schützen, und zwar giebt Lumsdaine an, dass sich Casuarina- und Cerberabäume besonders hierzu eignen.

Die schlimmen Folgen plötzlich eintretender Orkane lassen sich natürlich hierdurch kaum verhindern, und aus diesem Grunde sind Gegenden, wo dergleichen Phänomene häufig sind, wie z. B. Mauritius, die nördlicheren Philippinen, die meisten der westindischen Inseln, keine geeignete Gegenden für die Kultur. Aber selbst eine in der Regel so sturmfreie Gegend wie Banda, hat, wie wir sahen, in Folge vulkanischer Erscheinungen doch zeitweilig sehr unter derartigen Ereignissen gelitten. Allgemein wird der grösste Schaden, der jemals die Muskatpflanzungen Bandas betroffen hat, nämlich die Zerstörung der Bäume durch den Orkan von 1778, wie wir oben ausführten, auf das Umhauen der als Windschutz dienenden Kanaribäume zurückgeführt, welche verhängnissvolle Maassregel erst kurze Zeit vorher auf Befehl des Gouverneurs der Insel ausgeführt worden war.

5. Rekapitulation der klimatischen Bedingungen.

Aus der oben angestellten Untersuchung der klimatischen Bedingungen und der dem Baume zusagenden Bodenverhältnisse geht hervor, welche Gegenden und Lokalitäten für die Kultur der Muskatnuss geeignet sind.

Um noch einmal kurz zu rekapituliren, so ist ein tiefgründiger, lockerer, weder zu lehmiger noch zu sandiger Boden mit durchlässigem Untergrund, der sowohl gegen starke Winde und Ueberschwemmungen sowie im Boden stehendes Wasser, als auch gegen Abschwemmungen völlig geschützt ist, das erste Erforderniss; ferner ist eine rein tropische Gegend ohne schroffe Temperaturänderungen erforderlich, mit möglichst über 2000 mm Regenfall, der sich derart über sämmtliche Monate vertheilt, dass kein Monat einen geringeren Regenfall als 90 mm aufweist, und nicht mehrere Monate mit weniger als 100 mm Regen einander folgen.

c) Anzucht.

1. Saatgut.

Von grösster Bedeutung ist die Auswahl des Saatgutes. Man kann zwar die Pflanzen durch Stecklinge vermehren, wie schon Céré

1785 auf Mauritius gezeigt hat, doch scheinen die Erfolge nicht sicher zu sein, denn nirgends bedient man sich dieser Möglichkeit in grösserem Maasse, sondern pflanzt stets Nüsse an.

Schon Low berichtet 1851, dass Vermehrung durch Pfropfen und Absenker nicht gut glückte, und man hierdurch wohl kaum die Kosten verringern oder das Produkt vermehren könne. Ebenso giebt Teysmann an, dass in Buitenzorg angestellte Versuche, Bäume aus Stecklingen zu erziehen, nicht geglückt seien. Dagegen fehlen über die gleichfalls dort angestellten Versuche, die Bäume durch Markotten fortzupflanzen, nähere Angaben.

Dennoch ist es von der allergrössten Wichtigkeit, derartige Versuche methodisch zu wiederholen, und werth in den tropischen Versuchsstationen erprobt zu werden, da im Falle des Gelingens der Versuche nicht nur einige (etwa zwei) Jahre früher als bisher geerntet werden könnte, sondern auch die unnöthige Arbeit des Pflanzens und Ausnehmens männlicher Bäume hierdurch erspart würde.

Natürlich kann man auch die in oder bei den Plantagen von selbst aufkommenden, meistens von durch Tauben etc. verschleppten Nüssen herrührenden Pflänzchen in die Plantagen versetzen, und das ist die Methode, die nach wie vor in Banda angewandt wird; es fehlt hierbei aber naturgemäss jede Garantie, dass die Nüsse, aus denen die Pflänzlinge entstanden sind, guter Qualität waren. Andererseits soll freilich die Erfahrung lehren, dass die Nüsse, welche den Leib der Tauben passirt haben, die kräftigsten Pflanzen liefern, und das ist auch insofern recht wahrscheinlich, weil diese Vögel sich nur ganz reife, schön aufgesprungene Früchte aussuchen werden. Ein ganz analoger Fall liegt auch bei dem sogen. Marder-Kaffee vor, der den Darm von Paradoxurus passirt hat; dieser gilt auf Java als der beste Kaffee, da er nur aus ganz reifen und schönen Bohnen besteht.

Zur Aussaat wählt man möglichst grosse und runde Nüsse, da diese besser bezahlt werden als die länglichen und kleinen. Oxley räth speziell von den ovalen Nüssen ab, besonders aber von solchen, die an dem einen Ende blass sind; sie sollen nach ihm so kugelförmig sein wie möglich.

Die Angabe Semlers, dass man mit Vorliebe den Varietäten „Königin" und „königliche Muskatnuss" den Vorzug einräume, da sich ihr Produkt durch Festigkeit und Rundung auszeichne, ist, wie wir oben schon sahen, ebenso wie leider ausserordentlich vieles in diesem Artikel, z. B. dass der Regenfall in den Molukken nicht gemessen sei, dass man nicht wagt, die Muskatnuss auf ebenem Gelände anzupflanzen, dass man eine passende Palmenart als Schattenbaum wählt (welche passt denn?) etc. etc., durchaus unrichtig.

Ferner ist darauf zu sehen, dass die Saatnüsse von möglichst reichlich tragenden Bäumen abstammen. Vor allem aber müssen sie ganz reif und frisch, sowie noch von der harten Schale umgeben sein, dagegen ist das Vorhandensein des Arillus ohne Bedeutung, und allgemein nimmt man demnach Nüsse ohne Macis.

Die Nüsse werden am besten sofort nach der Entfernung der Macis gepflanzt (Weddik); dass sie durchaus innerhalb 24 Stunden nach dem Pflücken in die Erde kommen müssen, wie zuweilen angegeben wird, ist zwar nicht gerade erforderlich, aber es ist doch rathsam, nicht länger als nöthig mit der Aussaat zu warten, da die Muskatnuss sehr schnell ihre Keimkraft verliert, und der Prozentsatz der keimenden Nüsse ein um so grösserer ist, je frischer dieselben sind.

Die Nüsse, die in dem Handel als Gewürz käuflich sind, sind natürlich unbrauchbar, auch wenn sie mit Schale versehen sind, wie die von Westindien kommenden, oder die in Penang und Singapore vor ihrer Verschiffung lagernden, da sie durch das Trocknen in der Sonne oder über künstlichem Feuer ihre Keimkraft verloren haben.

Bei der Versendung von Nüssen zur Aussaat sind die allgemeinen Regeln wie bei Versendung empfindlicher Samen zu befolgen. Sie sind trocken in Watte (auch die Samenwolle des Kapok- oder Wollbaumes empfiehlt sich hierzu), noch besser in Holzkohle oder Moos in verschlossenen oder doch gegen Zutritt von feuchter Luft möglichst geschützten Gefässen zu versenden, und kühl und trocken bis zur Verpflanzung aufzubewahren. Neuerdings wird bei empfindlichen Samen (z. B. Palmen) empfohlen, über der obersten Schicht Holzkohle einen schwach angefeuchteten Lappen zu legen.

Da, wie wir oben sahen, der empfindlichste Theil der Nuss bei der Mikropyle liegt, indem, wie leicht zu beobachten, dies die Einfallspforte für Schimmelpilze ist, so wäre es vielleicht rathsam, diese Stelle gleich beim Sammeln der Saatnüsse luftdicht zu verschliessen, sei es durch Heftpflaster oder Guttaperchapapier, sei es durch Bepinseln mit Collodium oder Kautschukauflösung (z. B. der rohe Milchsaft der Ficusbäume wäre sehr tauglich hierzu), sei es durch Eintauchen in eben flüssiges Wachs. Vollkommene Einbettung der Nüsse in Wachs, wie es die Franzosen bei ihrer Entführung der Nüsse nach Mauritius angewandt haben, ist zweifellos unnöthig.

Nach Rumph begann man etwa um das Jahr 1662 zuerst, nachdem die Keimungsversuche mit reifen Nüssen stets missglückt waren, halbreife Nüsse „matta puti“ genannt, bei denen die Macis noch nicht recht roth ist, zur Anzucht zu verwenden, und hatte dabei Erfolg. Sie kamen gut auf, und man konnte sie beliebig verpflanzen; auch tragen solche Bäume schon im 5., 6. oder 7. Jahr; jedoch muss man sie unter Gebüsch oder wenigstens im Schatten pflanzen, da, wenn man den

Platz ringsum zu sehr säubert und zu kahl macht, die jungen Pflanzen, die nicht viel Sonne gebrauchen können, bald eingehen. Auch Valentini sagt: „Die beste Bäume werden aus den Nüssen gezeuget, welche leicht Wurtzel gewinnen und ausschlagen sollen, absonderlich wann sie mit der gantzen und halbreiffen Frucht gesetzet werden.“

Man sollte sich diese Erfahrung zu Nutze machen, und gleichfalls versuchen, die noch nicht völlig reifen Nüsse, womöglich mit der darum befindlichen fleischigen Fruchtschale, zu pflanzen.

2. Saatbeete.

Bei der Muskatkultur hat sich die Anlegung von Saatbeeten ziemlich allgemein eingebürgert; es giebt freilich Stimmen, z. B. nach Nicholls Angabe ein bewährter Muskatpflanzer Grenada's, welche direktes Pflanzen der Nüsse auf dem endgültigen Standort empfehlen, dafür anführend, dass die Bäume auf diese Weise schneller heranwüchsen und früher Früchte gäben; zweifellos aber sind die Kosten einer gleich sorgfältigen Kultur in diesem Falle viel grösser (schon allein durch das langjährige jäten und begiessen) und andererseits sind auch die Verluste in den weit ausgedehnten Gärten grösser und auch schwerer zu ersetzen.

Die Einrichtung der Saatbeete geschieht gleichzeitig mit der Klärung des Urwaldes, sie müssen an geschützten, etwas schattigen Stellen, am besten auf schwach abfallendem Boden angelegt werden, und aus guter, an Nährstoffen reicher, lockerer Erde bestehen.

In Menado nimmt man Humusboden, aus dem alle Wurzeln und Steine entfernt werden, Lumsdaine in Sumatra spricht einfach von reichem Boden, den man nur sehr leichthin mit Humus bedeckt; Oxley in Singapore empfiehlt den gut durchgearbeiteten Boden mit einer kleinen Quantität völlig zersetzten Düngers und gebrannter Erde zu versetzen. Semler empfiehlt eine Mischung von gleichen Theilen Sand und Humus. Alle stimmen also überein in der Forderung einer reichen, gut bearbeiteten und lockeren Erde.

Die von Lumsdaine angegebene Breite der Beete von 3′ ist insofern bequem, als man von den Fusspfaden an beiden Seiten aus bequem alle Theile des Beetes mit der Hand erreichen kann.

Ein allzu dichter Schatten ist aus dem Grunde nicht rathsam, da auch der Regen hierdurch zu sehr gehemmt wird. In der Minahassa zieht man deshalb den sekundären Wald früherer Plantagen dem Urwald für die Anlage von Saatbeeten vor. An ganz offenen Stellen muss man entweder Schattenbäume pflanzen (nach den „Anteekeningen“ nimmt man auf Banda Bananen und Warubäumchen [Hibiscus tiliaceus] dazu, die in Abständen von 8—12′ gepflanzt werden) oder man muss ein abnehmbares Schutzdach anlegen, das nachts natürlich entfernt wird, und am besten so einzurichten ist, dass man bei schwacher Beleuchtung am Tage auch einzelne Theile desselben entfernen kann; ob man Gras, Palmzweige, Farren oder Segeltuch benutzt, ist gleichgültig, nur ist in den ersten Fällen Sorge zu tragen, dass das Material gut befestigt ist, und nicht, durch Wind und Regen herabfallend, die Bäumchen verletzt.

Gewöhnlich benutzt man den Anfang der Regenzeit zum Einpflanzen der Nüsse, dann braucht man natürlich nicht zu bewässern, in der trockenen Zeit muss man mindestens alle zwei Tage begiessen.

Semler giebt an, dass das Beet mit einer dünnen Moosschicht bedeckt werden muss, die täglich einmal abgenommen wird, um mit verschlagenem Wasser bewässert zu werden. Es scheint, dass diese Notiz eher aus Gärtnerbüchern der gemässigten Zone, als von wirklichen Muskatpflanzern stammt, denn woher soll man z. B. in Banda und Singapore das Moos bekommen, da der Urwaldboden in den tropischen Ländern keine Moosrasen besitzt wie bei uns, und man sich nur von den höchsten Bergen Moos in genügender Quantität verschaffen könnte; und andererseits, wozu soll man das warme Wasser der tropischen Ebene noch künstlich erwärmen? Kann man sich dagegen Moos leicht verschaffen, so dürfte es natürlich nur nützlich sein, und sollte eine Plantage wirklich dort anzulegen sein, wo nur kühles Bergwasser zur Verfügung steht, so dürfte es rathsam sein, das Wasser an der Luft erst etwas warm werden zu lassen.

Beachtenswerth ist der Vorschlag von Teysmann, die Nüsse in Kisten zu pflanzen, da man so die Pflänzchen ganz anders unter Kontrolle hat, und sie gegen Beschädigung durch Betreten etc. auch besser geschützt sind. Diese Methode würde aber natürlich ein zweimaliges Umpflanzen erfordern, da die Wurzeln der Pflänzchen schon frühzeitig den Boden der Kiste erreichen. Diese Kisten müssen 1′ hoch mit guter Gartenerde gefüllt sein, sowie unten hier und da Löcher haben, damit das überschüssige Wasser abziehen kann und die Pflänzchen so gegen ertrinken geschützt sind; dagegen sind sie stets feucht zu halten und in den vollen Schatten zu stellen, sei es unter schattige Bäume, oder unter roh gemachte horizontale Dächer von Kokoswedeln oder anderen Blättern. Diese Dächer sind 4—6′ über der Kiste anzubringen, denn sie sollen nur die starke Sonne abhalten; Licht und Thau hingegen zulassen.

Da die Keimpflanze nur eine senkrechte Pfahlwurzel macht, und sich seitlich nicht ausdehnt, so ist bei Erwägung des Abstandes nur darauf Rücksicht zu nehmen, dass die ersten Blätter und Seitenzweige sich nicht gegenseitig beschatten, und man zwischen den Bäumchen hinfassen kann, um zu jäten; deshalb scheint ein Abstand von 2′, wie er in der Minahassa üblich ist, der richtigste zu sein (Teysmann giebt 0,6 bis 1,2 m Abstand an, was einem Durchschnitt von 2—4′ entsprechen würde), in Banda pflanzt man nach v. Gorkom in 2 bis 4′ Abstand, Semler empfiehlt $^1/_2$′, was offenbar, wenn man nicht zweimal umpflanzen will, viel zu wenig ist; auch bei einer Pflanzweite von 1—1$^1/_2$′, wie Oxley für Singapore angiebt, sieht man sich später doch zuweilen zu einem nochmaligen Umpflanzen gezwungen.

Was die Tiefe betrifft, in der die Nuss gepflanzt werden soll, so ist zu bedenken, dass die Pfahlwurzel zuerst senkrecht ziemlich tief ins Erdreich hinunter strebt, also gegen Austrocknung recht früh geschützt ist; durch eine zu grosse Erdmasse wird aber die Keimung unverhältnissmässig verlangsamt ohne genügende Vortheile, es scheint deshalb auch hierin die Ansicht Oxley's, die Nüsse 2″ tief einzugraben, richtiger zu sein, als die übertrieben vorsichtige Angabe von v. Gorkom, dass sie in $^3/_4$′ Tiefe eingesetzt werden sollen. Semler schlägt vor (ebenso Teysmann und Nicholls), die Nuss nur 1 Zoll tief in die Erde zu legen, und dies ist, wenn man für regelmässiges Begiessen sorgt, oder Moos zur Verfügung hat, um dasselbe auf das Beet zu legen und letzteres hierdurch feucht zu erhalten, sicher genügend. Die Nüsse einfach auf die Oberfläche der Erde zu legen, wie auch empfohlen wurde, ist aber deshalb nicht rathsam, da es dann kaum möglich ist, der Nuss eine dauernde gleichmässige Feuchtigkeit zukommen zu lassen; jedenfalls bedarf es dann einer ordentlichen Moosschicht.

Wenn die Nuss quer liegt, wie es in der Minahassa der Fall, so ist das Wachsthum zweifellos normaler, als wenn die Nuss senkrecht liegt, wie van Gorkom angiebt, da in letzterem Falle, je nachdem die Mikropyle oben oder unten liegt, entweder die Wurzel des Keimlinges oder die Basis des Stengels gezwungen ist, sich um die Nuss herum zu biegen.

Céré in Mauritius schlug schon im vorigen Jahrhundert vor, die Früchte ohne die harte Schale einzupflanzen, da die Nüsse dann bedeutend schneller keimten, und dadurch weniger Schädigungen durch Frass ausgesetzt seien.

Auch Semler empfiehlt, die Schalen der Nüsse mit einer Zange einzubrechen, damit sie schneller keimen, gegen Ungeziefer könnte man ja die Kerne durch Bestreuung der Samen mit Asche, Schnupftabak oder rothem Pfeffer schützen.

Bevor aber nicht zweifellose Zeugnisse über Versuche im grossen Maassstabe oder wenigstens von Pflanzern vorliegen, erscheint mir dies Verfahren sehr gewagt, da die Schale in frischem Zustande so fest mit der äusseren Samenschicht zusammenhängt, dass eine häufige Verletzung der Nuss kaum vermeidlich erscheint; auch sollte man denken, dass bei dem Fettreichthum der Nuss und der langsamen Aufsaugung des Endosperms durch die nur langsam wachsenden Keimblätter, Schimmel- und andere Pilze genügend Zeit haben, wenn nicht das Leben des Keimlings zu gefährden, so doch einen Theil der Nährstoffe in Beschlag zu nehmen. Wenn die Sache so einfach wäre, hätten sicher wenigstens die energischen englischen Pflanzer die Sitte adoptirt.

3. Keimung.

Die Zeit, die bis zur Keimung der Nuss verstreicht, scheint sehr verschieden zu sein; während die Muskatnuss nach Oxley's Erfahrung in Singapore häufig nur 4—6 Wochen zur Keimung braucht (6 Wochen nach Guilding in St. Vincent, 4—8½ Wochen nach Nicholls), gab man mir (in der Minahassa) als das Normale die Zeit von 9—10 Wochen an; Teysmann rechnet (für Java) 8—12 Wochen, Lumsdaine giebt (für Sumatra) 4 bis 13 Wochen an; Reinwardt für Banda 3 Monate. Céré behauptet, dass sie schon nach 4 - 6 Wochen keimen, wenn man die Schale vorher entfernt. Im Allgemeinen kann man also sagen, die Muskatnuss keimt in 1—3 Monaten, meist verstreichen 1½ und 2 Monate nach dem Pflanzen. Man muss sich, um diese Differenzen zu verstehen, klar machen, dass die erste Durchbrechung der Nuss durch den Keimling um eine Anzahl von Tagen dem Erscheinen des Keimlings oberhalb der Erde vorangeht, zumal da der Keimling der Muskatnuss in der ersten Zeit hauptsächlich die Ausbildung der Pfahlwurzel betreibt; der Stamm kommt nach Céré erst heraus, wenn die Wurzel 7—8 Zoll lang ist. Je dicker die über der Nuss liegende Erdschicht ist, desto später tritt natürlich die Keimpflanze heraus, und so muss die Periode bei dem tiefen Pflanzen in Banda natürlich eine grössere sein, als bei der seichten Pflanzweise von Singapore. Ferner ist es auch wohl sicher, dass die Frist zwischen dem Pflücken der Nuss und dem Einpflanzen Einfluss auf die Keimungsgeschwindigkeit hat, obgleich Beobachtungen darüber im Einzelnen nicht vorliegen.

Eine viel längere Zeit verstreicht, bis das Nährgewebe von den zu einem vielfach verzweigten Saugorgan auswachsenden Keimblättern völlig resorbirt und aufgesogen ist, welcher Prozess oft nach einem Jahr noch nicht vollendet ist, und bis dahin sieht die an dem Keimling festsitzende Nuss äusserlich noch ziemlich unverändert aus.

Zuerst hat der aus der Erde heraustretende Gipfel des Keimlings eine blutrothe Färbung (Céré); später ist der wachsende Spross von glänzend dunkelbrauner Färbung, und sieht im Uebrigen nach Céré einem wachsenden Spargel nicht unähnlich. Nach 7--10 Monaten entfalten sich die ersten beiden Blätter (van Gorkom), die natürlich, da ja die Keimblätter in der Nuss bleiben, schon echte Laubblätter darstellen, und zwar besitzen dieselben schon die normale Form der späteren Blätter, sie stehen auch nicht gegenständig, sondern abwechselnd; erst im neunten Monat löst sich nach den in Banda gemachten Erfahrungen die junge Pflanze völlig von der Schale der Nuss los, nach Céré sogar häufig erst nach einem Jahr.

4. Baumschule.

Im Allgemeinen entschliesst man sich nur selten dazu, die Pflänzchen zweimal umzusetzen, also noch eine besondere Baumschule als Zwischenglied zwischen Saatbeet und Pflanzung einzuschieben. Namentlich Teysmann hält dies für vortheilhaft, da die Pflänzchen auf diese Weise zahlreichere feinere Wurzeln bilden. Ist eine Baumschule schon vorher geplant gewesen, so konnte man auch die Abstände in den Saatbeeten gleich von vorne herein geringer bemessen. Namentlich bei der Benutzung von Kisten als Saatbeete ist die Anlegung einer Baumschule von Wichtigkeit. Gewöhnlich wird man bei zweimaliger Umpflanzung die erste derselben etwa ein Jahr nach der Aussaat beginnen, d. h. wenn die Pflänzchen etwa 15 cm hoch sind. Bei dem Herausnehmen der Pflänzchen aus der Erde lässt man am besten die häufig noch am Keimling festsitzende Nuss daran, denn so lange sie noch saftig ist, hat der Keimling noch nicht alle Nährstoffe herausgezogen. Beim Wiedereinpflanzen muss man darauf achten, dass die Nuss eben unter die Erde kommt, die lange Pfahlwurzel dagegen, von einem Erdkloss umgeben, senkrecht gepflanzt wird; es soll besser sein, sie zu kürzen, als sie krumm in die Erde zu versenken.

Der Abstand in der Baumschule ist 2—3', je nachdem man sie längere oder kürzere Zeit in der Baumschule zu belassen gedenkt; im Allgemeinen bleiben sie dort bis sie 2—4' hoch sind. Natürlich ist auch bei diesen umgepflanzten Bäumchen Schatten dringend nöthig; ist er auf den am besten als Baumschule zu wählenden feuchten, aber nicht sumpfigen Reisbeeten nicht zu schaffen, z. B. durch ein Schutzdach, so kann man auch Gartenbeete nehmen.

Eine eigenartige Methode besteht darin, je eines der 15 cm hohen, den Saatbeeten entnommenen Pflänzchen in ein fusslanges Glied der grössten Bambusart (z. B. Bambu andong auf Java) zu stecken; unten wird vorher in der Scheidewand des Gliedes eine kleine Oeffnung zum Ablaufen des Wassers gemacht, und der Bambus mit guter Gartenerde gefüllt. Diese Methode hat den Vortheil, dass nicht nur die einzelnen Pflänzchen ungestört und gut gedeihen, sondern dass sie auch leicht transportirbar und dicht bei einander aufstellbar sind, sodass auch das Schutzdach für die Pflanzen leicht zu beschaffen ist. Auch können beim späteren definitiven Umpflanzen die Wurzeln nicht beschädigt werden, da der Bambus mit eingepflanzt wird und sich in der Erde dann von selbst durch Verwesung auflöst. Selbstverständlich muss man aber bei dieser Bambusmethode sehr sorgfältig begiessen; auch ist es fraglich, ob nicht das Wurzelsystem durch den Bambus allzusehr in der Ausbildung der kleinen Seitenwurzeln beengt wird.

In den Saatbeeten und Baumschulen bleiben die Pflänzchen, bis sie zwei oder drei Jahre alt sind; sie sind dann ca. 2′, ja manchmal schon 3—4′ hoch und besitzen schon ein paar Seitenzweige. Lumsdaine schlägt vor, die Bäumchen auszupflanzen, wenn sie etwa 4′ hoch sind und etwa 3—4 Zweigwirtel haben, demnach etwas später, als gewöhnlich angegeben wird. Jedenfalls muss man aber die volle Regenzeit zum Auspflanzen abwarten, wenn man nicht geregelt begiessen will.

Bis zu dieser Periode muss natürlich der Zwischenraum zwischen den Pflänzchen stets sorgfältig von Unkraut gesäubert werden. Sind die Keimlinge zu dicht gepflanzt, oder wachsen sie so kräftig, dass sie sich gegenseitig hindern, was bei einem Abstand von 1′ gelegentlich vorkommt, so thut man gut, schon vorher jeden zweiten Pflänzling herauszunehmen, und auf neue Beete in 2′ Abstand von einander wieder einzusetzen, wobei dieselben Vorsichtsmaassregeln anzuwenden sind, wie bei der definitiven Umpflanzung.

Man kann event. auch die Pflänzchen, namentlich bei grösserem Abstand, länger in den Beeten stehen lassen, ja selbst bei 7jährigen Bäumchen gelingt noch das Umpflanzen, jedoch ist natürlich dann das Risiko ein sehr grosses, wenn auch Hunter's Bemerkung, dass Bäume von 3—4 Jahren beim Umpflanzen zwei Jahre verlieren, bei sorgfältigem Umpflanzen kaum zutreffen dürfte. Namentlich die von selbst in der Plantage und in dem umliegenden Busch gewachsenen Pflänzchen werden häufig erst, wenn sie drei oder vier Jahre alt sind, zum Einpflanzen in die Plantage benutzt, und sind sehr gut zu verwenden, um event. Lücken auszufüllen, wenn man gerade keine passende Keimpflanzen auf den Saatbeeten hat.

Zuweilen werden (nach Oxley), wie die älteren Bäume, so auch die jungen Pflänzchen von einer kleinen Motte befallen, die ihre Eier auf die Blätter ablegt, die Larven leben in, nicht auf den Blättern, es bedecken sich dann die Blätter mit gelben Flecken und sterben ab; Oxley räth zur Abwehr der ausgewachsenen Motte wöchentlich einmal in dem Saatbeet nasses Gras oder Unkraut zu verbrennen; wenn sich viele dieser Flecken an nur einzelnen Pflänzchen zeigen, ist es nach ihm am besten, die betreffenden Pflanzen völlig zu vernichten; wenn die Krankheit sich dagegen schon weiter verbreitet hat, ist Abwaschen der Blätter mit einer Abkochung der Tubawurzel (die auch zum Fischbetäuben benutzte Wurzel einer Derris oder Milletia) das beste ihm bekannte Mittel; vermuthlich würde aber wohl Tabaksjauche denselben Erfolg haben. Auch Bespritzung mit Kalkwasser thut gute Dienste, wenn auch der haften bleibende Kalk den Blättern ein unansehnliches Aussehen verleiht.

d) Plantage.

1. Vorbereitung der Plantage.

Während der vorhergehenden zwei Jahre hat man nun die Plantage selbst in Ordnung gebracht, die Stämme gefällt und das Unterholz verbrannt, sowie die Stümpfe ausgerodet, das Unkraut entfernt, die Fläche, soweit es nöthig thut, geebnet und mit Abflussgräben für das Wasser versehen, und die Erde sorgfältig von Wurzeln und Steinen befreit, sowie mit der Hacke möglichst tief bearbeitet.

Wind-schutz.

Von grosser Wichtigkeit für die Pflanzung ist es, Bäume als Windbrecher zu haben, in kleineren Plantagen die Pflanzung rings umgebend, in grösseren dagegen auch hier und da innerhalb der Plantage. In neuem Lande thut man gut, die betreffenden Baumstreifen einfach schon gleich beim Roden stehen zu lassen, sonst ist es natürlich nöthig, den Schutzstreifen so früh wie möglich einzupflanzen.

Schatten-bäume.

Dass Schattenbäume in hinreichend feuchten Gegenden nicht gerade nöthig sind, wurde schon besprochen; im Allgemeinen wird man aber gut thun, solche zu pflanzen, oder auch diese gleich beim Roden in den nöthigen Abständen stehen zu lassen.

Welche Bäume im Allgemeinen als Schattenbäume in Betracht kommen, wurde schon oben ausführlich erörtert. Für die Kanaribäume richtet man zu diesem Zwecke (wenigstens in der Minahassa) auch Saatbeete ein, in die man die Samen in 2′ Abstand einsetzt, um sie gleichfalls nach zwei Jahren auszugraben und umzupflanzen; besser ist es freilich, wenn man mit den Saatbeeten der Kanaribäume mehrere Jahre voraus ist, damit sie schon stehen und die Muskatbäume ein wenig beschirmen können, wenn letztere ausgepflanzt werden; denn wenn sie auch schneller wachsen als die Muskatbäume, so können sie doch bei den grossen Abständen (90—150′), in welchen sie sich befinden, die Muskatbäume gerade in der ersten empfindlichsten Zeit, direkt nach dem Auspflanzen, nur ganz unvollkommen gegen die Insolation schützen.

Man kann sich auch dadurch helfen, dass man kurze Zeit vor dem Auspflanzen der Muskatbäume sehr schnell wachsende Bäume in kleinen Abständen auspflanzt, Kreyenberg erwähnt, dass Unona odorata, Erythrina indica, Homalanthus Lechenaultianus, Visenia umbellata hierzu verwandt würden, in Abständen von 10—12′ gepflanzt, dazwischen muss man dann natürlich gleichzeitig in grossen Abständen hoch wachsende und alt werdende Bäume wie Canarium, Parkia, Durio, Mangifera einsetzen, damit, wenn man die ersteren Bäume, die nicht so hoch werden wie die Muskatbäume, herausnehmen muss, letztere doch nicht ganz ohne Schatten sind.

Gelegentlich werden auch wohl um das junge Bäumchen drei oder vier Stecklinge von Hibiscus tiliaceus (Waru) eingepflanzt, die sehr schnell Blätter bekommen, und dann nach etwa fünf oder sechs Jahren umgekappt werden (Aanteekeningen betreffende eene Reis door de Molukken, pag. 145).

Semler empfiehlt, zu gleichem Zweck kurze Zeit vor dem Auspflanzen Bananen in Abständen von 15′ anzupflanzen, die in vier Monaten schon einen die Muskatbäume genügend schützenden Schatten, und daneben noch eine schätzenswerthe Ernte geben. Auch Nicholls empfiehlt Bananen. Hunter hält es für das Beste, schon 2—3 Monate vorher Bananen zu pflanzen und zwar so, dass sie 1′ von den späteren Muskatbäumen entfernt stehen. Tschirch erwähnt denn auch, dass man in Java Bananen als Schutz für die ersten Jahre dazwischen pflanze. In Grenada werden nach Eggers ausser Bananen auch zuweilen Kakaopflanzen als Schattenbäume benutzt, jedoch sind letztere wegen des langsamen Wuchses, der geringen Höhe, und weil sie selbst Schatten brauchen, kaum ernstlich zu empfehlen.

Bei der Wahl von *Albizzia moluccana* als Schattenbaum hat man den Vortheil, dass einerseits für diesen Baum bei seinem schnellen Wachsthum frühere Anlage der Saatbeete weniger nöthig erscheint, andererseits er sich aber auch als vorläufiger Schattenbaum verwenden lässt, da er sehr leicht und schnell wächst, und ziemlich unempfindlich ist. Man thut demnach gut, ihn zuerst in kleinen Abständen zu pflanzen, also etwa viermal mehr als man später braucht, um dann die unnöthig werdenden successive fortzunehmen; dem Boden kann ja die Stickstoff-Anreicherung durch die Wurzelknöllchen des Baumes nur nützlich sein.

Es werden dann 2 Fuss tiefe und weite Löcher in Abständen von etwa 24 Fuss gegraben. Nach van Gorkom soll die Distanz auf ebenem Boden 18—24 Fuss, auf abfallendem Grund 24—30 Fuss Pflanzlöcher.

betragen. Auch Teysmann empfiehlt Abstände von 24 Fuss, da sich dann Wurzeln und Zweige nicht mehr berühren.

Oxley giebt für Singapore, wie bemerkt, eine Entfernung von 26—30 Fuss an und räth, die Bäume im Quincunx zu pflanzen, so dass die Bäume jeder Reihe vor den Zwischenräumen der Bäume der beiden benachbarten Reihen stehen, was jedenfalls die beste Raumausnutzung bedeutet. In der Minahassa stehen die Bäume in 24—32 Fuss Abstand, während Lumsdaine für Sumatra sogar 80 Fuss Abstand empfiehlt, was für eine reine Muskatnussplantage ohne Zwischenfrucht gewiss etwas zu hoch gerechnet ist. Auf Banda scheint ein Abstand von etwa 24 Fuss zwar der im Allgemeinen übliche zu sein, jedoch hielt man offenbar vielfach diesen Abstand nicht inne. So bemerkt schon Reinwardt, dass der Abstand der Bäume daselbst zu gering sei; namentlich auf der Insel Ai könne man bemerken, dass die am Rande der Gärten oder einzeln stehenden Bäume viel mehr Früchte liefern, als die in Mitten von allen Seiten beschatteten. Selbst Rumph erwähnt schon, dass die Bäume auf Lontor viel zu dicht stehen; die Bäume sollen sich nach ihm nicht berühren, da sie sonst wenig Früchte ansetzen und so gerade wie Stangen in die Höhe schiessen. Ebenso bemerkt Oxley (1856), dass er häufig Stellen auf Banda gesehen habe, wo die Bäume nur 10 bis 12 Fuss von einander entfernt waren; und Low giebt 1851 den Abstand auf 16 bis 24 Fuss an. Die Unregelmässigkeit hat darin ihre Ursache, dass auf Banda einfach beliebig aufschiessende Bäumchen dort gepflanzt werden, wo sich gerade bemerkbare Lücken zeigen. Nach Olivier (Reizen pag. 199) wurden dort jedes Jahr in der Regenzeit (Mai und folgende Monate) solche neue, von selbst gekommene Bäume in Abständen von nur 13—15 Fuss übergepflanzt.

Es ist von grosser Wichtigkeit, dass die Pflanzlöcher mit guter völlig durchgearbeiteter Erde gefüllt sind. Lumsdaine empfiehlt die Erde zu vermischen mit einer Mischung von $^2/_3$ gebrannter Erde und $^1/_3$ Kuhdünger. Oxley geht noch weiter, er empfiehlt Löcher von mindestens 6′ Durchmesser und etwa 4′ Tiefe zu graben und dieselben nach Errichtung des Schutzdaches mit ein paar Körben gut zersetzten Düngers und einer gleichen Quantität gebrannter Erde zu versetzen. In Banda scheinen die Löcher nur selten mit Dünger oder gebrannter Erde versetzt zu werden.

Ueber jedem Pflanzloch wird ein kleines Gestell errichtet, um ein Dach zu tragen, welches die einzusetzenden Bäumchen in der ersten Zeit beschützen soll, d. h. nur für den Fall, dass keine Schattenbäume vorhanden sind, oder letztere noch nicht gross genug sind, um Schatten zu spenden; falls letztere schon etwas Schatten geben, genügt es einen grösseren belaubten Zweig neben die junge Pflanze schräg in die Erde zu stecken, der das Bäumchen in den ersten Monaten etwas beschützt; falls dagegen im Walde gepflanzt wurde, ist umgekehrt der Schatten so auszudünnen, dass hier und da die Sonnenstrahlen die jungen Pflanzen berühren können, da sonst der Fruchtansatz leiden würde.

Es finden sich natürlich die Schattendächer hauptsächlich in den englischen Besitzungen, wo keine Schattenbäume gepflanzt werden; so z. B. berichtet Hunter 1802 für Penang, dass die jungen Pflanzen 2—3 Monate nach dem Umpflanzen mit konischen Grasdächern bedeckt würden. Auch noch 1857 wurden daselbst die jungen Pflanzen durch 3 Fuss hohe, nur früh und spät am Tage Sonne hinzulassende Zelte geschützt. Oxley empfiehlt, die Dächer aus Atap (auf Bambusstreifen gereihten Palmen- oder Nipablattfiedern) herzustellen. Alang-Alang-Gras und Bambus sind nach ihm nicht so zu empfehlen, da ersteres Termiten anzieht und letzterer, wenn er später schlecht wird, von einem schwarzen Pilz befallen wird, der auf die Muskatbäume übergehend, dieselben bedeutend schädigt. Er empfiehlt, das Schutzdach nach Osten und Westen zu schliessen, offenbar damit auch keine seitlichen Sonnenstrahlen den Baum treffen, dafür aber in der Mitte der Spitze des Daches eine etwa 1 Fuss weite Fläche offen zu lassen, um den Thau und etwas Regen hinzuzulassen, welcher den Nachtheil der wenigen Strahlen, die beim senkrechten Stand der Sonne eindringen, kompensiren dürfte. Nach Lumsdaine brauchen die Bäume vom fünften Jahre an keinen Schutz mehr gegen die Sonne.

2. Auspflanzen.

Das Auspflanzen auf den dauernden Standort muss mit grosser Vorsicht geschehen, wegen der häufig 1/2 m langen Pfahlwurzel, die nicht beschädigt werden und auch nicht mit der austrocknenden Luft in Berührung kommen darf. Man gräbt deshalb den Baum mit einem gehörigen, etwa 2′ tiefen, 1′ im Durchmesser haltenden Erdballen aus, und zwar in der Minahassa folgendermassen: zuerst sticht man mit der Schaufel 2′ tief ein, und setzt in den Erdspalt ein Stück von der Bananenblattscheide, die gewöhnlich Bananenrinde genannt wird, da sie den sogen. Bananenstamm umgiebt; falls Bananen nicht zur Hand sind, kann man rohe Bambus- oder Rottanggeflechte, event. auch Sackleinwand oder grosse Blätter als Hülle für die Erdklumpen verwenden. Sodann macht man das gleiche auf der entgegengesetzten Seite des Bäumchens, hierauf bringt man den Erdballen in eine etwas schiefe Lage, so dass ein drittes Stück Bananenblattscheide eingesteckt werden kann, was zwar bei Lehmboden nicht nöthig, dagegen bei lockerem Humus doch von Wichtigkeit ist.

Hierauf wird dieser von den Bananenscheiden umgebene Erdballen in die Plantage gebracht, und vorsichtig in die, wenn nicht durch ein Dach, so doch durch Laub vor dem Austrocknen beschützten Löcher eingesetzt, und zwar muss man darauf achten, dass die Bäume durchaus senkrecht eingesetzt werden, und genau so tief in der Erde stehen, wie im Saatbeet. Nur wo Abspülung befürchtet wird, müssen sie ein wenig tiefer eingesetzt werden. Oxley räth, die 4′ tiefen, 6′ im Durchmesser haltenden Löcher nicht mit der ausgegrabenen Erde der tieferen Schichten, sondern mit oberflächlich liegender Erde der Nachbarschaft zu füllen, und zwar etwa 1′ höher als die Umgebung, um dem allmählichen Zusammensinken der Erde Rechnung zu tragen, damit der Baum später nicht in einer Vertiefung zu stehen kommt. Auch ist es gut, die Erde nach dem Einpflanzen sofort etwas festzutreten.

Nach der Versetzung müssen die Bäume natürlich, wenn kein Regen fällt, täglich, etwa 10—14 Tage lang, bis sie festen Fuss in dem neuen Boden gefasst haben, begossen werden, was am besten durch 4—5′ lange Bambus mit durchbohrten Scheidewänden geschieht, die an der untersten Scheidewand nur eine ganz kleine Oeffnung haben. Man füllt sie abends mit Wasser und stellt sie schief an den Baum, so dass nachts über das Wasser austropft.

3. Bearbeitung der Plantage.

Nach dem Auspflanzen wird der Plantage je nach den Mitteln des Pflanzers und dem Brauch des Landes viel oder wenig Sorgfalt zugewandt; natürlich richtet sich darnach auch der Ertrag. In Banda beschränkt man sich darauf, von Zeit zu Zeit die Bäume von den auf und an ihnen wachsenden Epiphyten zu befreien. Vor allem achtet man daselbst darauf, dass die oberflächlich laufenden Wurzeln nicht beschädigt und dass sie genügend feucht gehalten werden. Auch Ameisennester oder Termiten etc. werden natürlich möglichst entfernt. Dagegen scheint man daselbst weder zu düngen, noch den Boden durch Hacken zu lockern, noch auch das Gras völlig auszureissen, namentlich in der Nähe der Bäume lässt man es ungehindert wachsen; man hält letzteres und das Unkraut, das aber nach Oxley dort nicht so reichlich auftritt wie in den Straits, nur kurz, namentlich um später die herabfallenden Früchte finden zu können, und bedient sich zum Schneiden des Grases eines $^3/_4$ m langen ziemlich breiten Messers; nur dies gemähte Gras, sowie das abfallende Laub und Holz und die Fruchtschalen kommen dem Boden wieder zu gute. Man führt dort als Grund gegen das Behacken des Bodens, wohl nicht mit Unrecht, an, dass bei sorgfältiger Bearbeitung und Lockerung des Bodens letzterer bei dem meist abschüssigen Terrain bald fortgespült würde; hiergegen kann selbstverständlich nur Terrassenbau, oder ein ordentliches Grabennetz (auch schon Dämme aus Grassoden) schützen, wodurch dann gleichzeitig das Wachsthum der Bäume sehr befördert, und das Auflesen der Nüsse sehr erleichtert wird.

Das Beschneiden der Bäume beschränkt sich auf Banda auf das unbedingt nöthige Entfernen der Wasserschösslinge, und das Herausschneiden einzelner Zweige, wenn sie zu dicht stehen, da wenn Luft und Licht keinen Zutritt haben, die Fruchtproduktion stark leidet, weshalb auch eine zu enge Pflanzweite schädlich ist. Van Gorkom glaubt aber ein ordentliches Beschneiden empfehlen zu sollen, da die Fruchttriebe nach dem Reifen der Frucht vielfach absterben. Auch kann man nach ihm, wenn der Gipfel abbricht, denselben ruhig ausschneiden, und befördert dadurch nur den Horizontalwuchs der Zweige.

In der Minahassa wird wenigstens auch noch das Alang-Alanggras ausgezogen, und, wenn auch nur ab und zu, der Boden durch Hacken gelockert, auch die überflüssigen Zweige sorgfältig ausgekappt. In besonders trocknen Zeiten werden hier auch die Bäume begossen; das Wasser wird in grossen Bambu's (bulu aer und bulu pagger sind die beiden am meisten benutzten Arten), deren Gliederscheiden durchstossen sind, geholt, und entweder auf einmal ausgeleert, oder es wird in der vorher geschilderten Weise in die unterste Scheidewand derselben ein kleines Loch gebohrt, aus dem das Wasser austropfen kann; diese Bambus werden dann schräg an die einzelnen Bäume gestellt, und jeden Tag aus einem anderen Bambus wieder gefüllt.

In Grenada wird nach Eggers gleichfalls nur der Boden reingehalten und die zu üppig wachsenden Zweige entfernt. Dagegen wurde wenigstens früher auf der malayischen Halbinsel und in Sumatra den Bäumen eine ausserordentlich sorgfältige Behandlung gewidmet, die auch für künftige Plantagen, abgesehen von der Düngung, als Vorbild dienen kann.

α) Begiessen und Jäten.

Nach Lumsdaine müssen die Bäume während der schwülen Zeit einen Tag um den andern begossen werden, die Unkräuter müssen regelmässig in Zeitintervallen entfernt, und die oberflächlichen Wurzeln, die eine grosse Tendenz zeigen, an die Oberfläche zu kommen, sorgfältig mit Erde bedeckt werden.

Während alle schlechten Grasarten zwischen den jungen Bäumen zu entfernen sind, so ist eine gute harmlose Grasnarbe nur vortheilhaft, da durch die von einem nicht bedeckten weisslichen Boden reflektirten Strahlen die Blätter förmlich ausgedörrt werden können, selbst wenn ein Schutzdach die direkten Sonnenstrahlen von den Bäumen völlig abhält.

β) Ausdünnen der Zweige.

Alle Wasserschösslinge, todte und unfruchtbare Zweige sind zu entfernen, die seitlich wegstrebenden dagegen zu schonen; auch die unteren Zweigquirle werden weggeschnitten. Auf diese Weise wird die Cirkulation der Luft befördert und zwischen die stark ausgedünnten Zweige kann der Nachtthau, der namentlich während der trockenen und schwülen Zeit so wichtig ist, genügend herabsteigen. Der Schluss der Haupternte ist die beste Zeit zum Kappen der Zweige.

γ) Beschneiden der Bäume.

Was das Beschneiden der Bäume betrifft, so ist es nach Oxley sehr räthlich, das Messer kräftig zu gebrauchen; wenn der Gipfelspross aus irgend einem Grunde, z. B. Armuth des Bodens, zu starkes Fruktifiziren, stehendes Wasser, welkt, so ist der Baum durch Abschneiden desselben häufig zu retten, indem dann bald ein neuer Spross die Funktion des Gipfelsprosses übernimmt. Bei jungen Pflanzen thut man gut, die ersten 2—3 Zweigwirtel wegzuschneiden, da sonst der Baum zu buschig wird, und die unteren Zweige dem Erdboden zu nahe zu stehen kommen; wo hingegen gelegentliche trockene Zeiten zu befürchten sind, wie z. B. bei Penang, ist es natürlich, wenn keine Schattenbäume vorhanden, wünschenswerth, die unteren Wirtel wenigstens so lange zu lassen, bis die oberen Zweige genügend Schatten geben.

Da der Baum nach dem Ausschneiden stark zu bluten pflegt, so sollte der Pflanzer nach Oxley bei dieser Operation einen Topf bereit haben mit einem Gemisch von zwei Theilen Kalk und einem Theil Theer, welcher warm aufgestrichen die Wunde verstopft, dann erhärtet, und jahrelang fest haften bleibt. Jedes Pflanzenwachs dürfte wohl dieselben Dienste thun.

δ) Reinigung der Bäume.

Nach Oxley sollte jeder Baum einmal im Jahre sorgfältig mit Seifenwasser gewaschen werden, um ihn frei von Moos zu erhalten; namentlich aber ist es durchaus nöthig, die schmarotzenden *Loranthus,* mistelartige Gewächse, zu entfernen, da sie den Muskatbäumen, die sie sehr häufig befallen, grossen Schaden zufügen, ja sogar schliesslich dieselben zuweilen zum Absterben bringen.

Ebenso sind sämmtliche Schlinggewächse zu entfernen, das Alang-Alang mit Wurzeln auszureissen, und unschädliche kleinere Gräser zu begünstigen, die allmählich der Plantage das Aussehen eines Parkes verleihen.

ε) Schädlinge.

Die Termiten sind zwar den wirklich gesunden Bäumen nicht schädlich, wohl aber stellen sie sich bei den ersten Anzeichen des Verfalles ein; und wenn sie erst einen Baum angreifen, so ist er rettungslos verloren. Das erste Zeichen dafür ist das Welken der Blätter, und wenn der Pflanzer die Ursache konstatirt hat, ist es am besten, den Baum sofort auszugraben, bevor sich diese gefrässigen Thiere völlig in demselben festgesetzt haben. Die Plantagen, die ihren Grund am sorgfältigsten von alten Wurzeln und Stümpfen befreien, haben am wenigsten von den Termiten zu leiden. Oxley giebt an, er habe sie wiederholt erfolgreich aus ihren Nestern durch eine Lösung von Schweinemist vertrieben, während sie dagegen für Kuhdünger sogar eine Vorliebe zeigen, und man denselben deshalb nur gründlich zersetzt in Anwendung bringen soll. Termiten.

Auch eine rothe Ameise ist nach Oxley recht schädlich; sie klebt die Blätter zusammen, um daraus ein Nest zu machen, wobei sich dieselben gelb färben und absterben. Sonst ist die Ameise wohl kaum der Pflanze schädlich, aber von dieser Ameise bewohnte Bäume tragen nicht gut, und belästigen den Sammler der Nüsse durch die schmerzhaften Bisse ungemein. Solche Nester werden von den Arbeitern nur ausserordentlich ungern ausgenommen, da die Thiere sich in Massen auf den Angreifer stürzen. Am besten ist es, auf eine Stange etwas animalisches, z. B. Hühnereingeweide zu stecken, und die Stange dann zwischen die Zweige des befallenen Baumes zu legen. Die bald in Massen die Beute bedeckenden Ameisen werden mit Fackeln vernichtet; wenn dies etwa eine Woche zweimal täglich wiederholt wird, so ist man von der Plage befreit. Rothe Ameisen.

Die sich in das Blatt einfressende Mottenlarve wurde schon bei Gelegenheit der Keimpflanzen (pag. 409) nebst den Abwehrmitteln erwähnt; man muss auf diese Thiere sehr achten, da sich der Schädling ausserordentlich schnell verbreiten und grossen Schaden anrichten kann. Mottenlarven.

Nach Little bildete 1849 eine recht schädliche Krankheit in den Straits der Muskatkrebs (nutmeg canker), welcher die Früchte, Fruchtstiele und Zweige befällt. Die Frucht wird fast auf der ganzen Oberfläche dunkel und zeigt bis $^1/_8$ Zoll tiefe Spalten, die sich nach allen Richtungen hin kreuzen. An den Wänden dieser Spalten ist die Schale noch ziemlich tief hinein trocken und braun wie aussen. Mit der Muskat-Krebs.

Lupe besehen ist die Oberfläche der kranken Früchte rauh und aufgewölbt, als wenn ein Exsudat vorläge; auch kann man mit der Lupe feine beginnende Spalten hier, sowie auf dem Stiel, der Zweigrinde etc. bemerken; die Rinde wird rauh und runzelig. Die Krankheit zeigt sich schon, wenn die Frucht eben ansetzt und die Blüthe abfällt. Die Früchte spalten sich vorzeitig, und die freigelegte Macis ist gewöhnlich von weisser Färbung. Die meisten Früchte lösen sich vom Stiel, bevor oder gerade wenn sie reif geworden sind. Das Aussehen der Blätter und die Quantität der Früchte erleidet keine Aenderung durch die Krankheit. Wenn die Krankheit in geringem Maasse auftritt, zeigen die Früchte nur braune Flecken und eine runzelig-rauhe Epidermis, aber keine Sprünge. In Singapore erkrankten ca. 1% der Bäume, aber nur ¼% an den schwersten Formen. In Penang soll die Krankheit viel häufiger gewesen sein, und die Bäume ernstlich affizirt haben. — Nach den Versuchen Little's erwies sich das Kalken der Zweige und Stämme als nutzlos, ebenso das Einreiben derselben mit Tuba(Derriswurzel)infusion, nebst etwas Schwefel- und Bengalseife, ferner das Drainiren und Düngen, ja selbst das Abschneiden bis nahe auf die Erde hin. Dagegen erwiesen sich neue Bäume, an denselben Ort gepflanzt, als gesund. Auch benachbarte Bäume wurden nicht infizirt. Die Krankheit scheint also auf inneren Ursachen zu beruhen, und ist auch keinenfalls identisch mit dem Insekt, das oft die Blätter des Baumes angreift, schwärzt und zerstört. Umhauen der befallenen Bäume erwies sich als das beste Mittel.

Nach Oxley trat diese Perikarpgangräne 1856 auf den Bandainseln so wenig auf, dass man dort kaum Notiz davon nahm. Ein deutscher Pflanzer, Dr. Brandes daselbst, meinte, dass eine Insektenlarve die Ursache sei, die von der Zuckersubstanz lebt, bis das Perikarp platzt, und dass sie dann in die weiche Nuss eindringe, bis sich später ein kleiner Käfer („weavel") daraus entwickle. Dies dürfte kaum die richtige Erklärung sein, viel eher mag ein kleiner Pilz die Ursache sein.

Uebrigens spalten sich die Früchte nach Oxley vor der Reife auch häufig durch klimatische Ursachen, plötzliche Temperaturänderung[1]), kaltes Wetter etc., sowohl in den Straits als auch auf Banda.

Die vermuthlich einem Wurzelpilz zuzuschreibende Krankheit, die auf der malayischen Halbinsel so verheerend auftrat, wurde schon bei

[1]) Daher kommt die Ansicht der Banda-Pflanzer, dass die sog. weisse Bandasee die Ursache des Aufplatzens der Nüsse sei; diese Färbung des Meeres fällt nämlich in die Zeit der Temperaturänderung.

Gelegenheit der Besprechung der Kultur daselbst erörtert, ebenso die Aphiskrankheit in Singapore, sowie die Muskatkrankheit auf Sumatra und der Minahassa; in Banda sind diese Krankheiten kaum bekannt, besonders die Termiten und ein weisser, aber im Allgemeinen unschädlicher Blattschimmel wurden mir daselbst als Krankheiten erwähnt. Nach Oxley schaden dort auch die Walor-Tauben und die Feldratten.

ζ) Düngung.

In eben denselben englischen Plantagen wurde auch ein ganz ausgebildetes intensives Düngungssystem angewandt, dem aber von manchen Seiten (auch von Pflanzern in Singapore selbst, wie z. B. von José d'Almeida) Schuld gegeben wird an dem schnellen Erlöschen der Kultur[1]). Namentlich Collingwood macht darauf aufmerksam, dass gerade an Orten, wie Malakka, wo die Leute zu starker Düngung zu arm waren, die Bäume nicht oder wenig von der verderblichen Krankheit der 60er Jahre angegriffen worden sind. Neuerdings (Tropical agricult. 1890/91, pag. 370) wird freilich wieder bestritten, dass die Düngung (als solche) Schuld an der Krankheit sei, sie wird vielmehr auf die Schattenentnahme, zu gleicher Zeit freilich auf die Ueberfütterung durch Dünger zurückgeführt. In Wirklichkeit dürfte es sich natürlich wohl nur um eine Schwächung der Bäume durch allzustarkes künstliches Treiben handeln, wie es sich schon in den grossen und frühzeitigen Ernten ausspricht, sodass die Bäume dem Angriff des Pilzmycels weniger kräftig gegenüberstanden als die in natürlicheren Verhältnissen aufwachsenden Bäume Bandas. Trotzdem dürfte Düngung für manche Plantagen, sei es, um im Nothfalle schnelle und grosse (wenn auch nicht ungefährliche) Ernten zu zeitigen, sei es um an und für sich schlechten Boden zu verbessern, immerhin in Betracht kommen, und deshalb erscheint es angebracht, ohne uns für die dort gegebenen Quantitäten aussprechen zu wollen, die Art der Düngung näher zu betrachten, die für Singapore nach Oxley, und die für Sumatra (Benkulen) nach Lumsdaine[2]) früher als geeignet angesehen wurde.

Nach Lumsdaine müssen alle Plantagen, einerlei ob im Walde oder im offenen Lande gelegen, Dünger erhalten; in der ersten Zeit sollen die Bäume jährlich während

---

[1]) To manure nutmegs has been considered as the next thing to killing them. „That is how they died out in the Straits". (All about Spices, pag. 110.)

[2]) Auch Prestoe auf Trinidad empfiohlt Düngung sehr, namentlich Stallmist von Rindvieh, um junge Muskatbäume anzutreiben; sie produzirten sofort Blätter von der doppelten Grösse als die vorherigen an denselben Zweigen.

der Regen gedüngt werden, und zwar erhält jeder Baum vier Gartenkörbe voll von dem aus $^{2}/_{3}$ gebrannter Erde und $^{1}/_{3}$ Kuhmist gemischten Dünger. Vom fünften Jahre an soll man jedem Baum 3—12 Körbe eines stärkeren Düngers geben, der aus eben so viel Kuhmist wie gebrannter Erde besteht, den männlichen Bäumen jedoch weniger. Nach dem 15. Jahre dagegen muss die Düngung noch kräftiger gemacht werden. Der Kuhmist sollte dann nur 2—3 Monate alt sein und zwei Theilen desselben nur ein Theil gebrannter Erde zugefügt werden, und nur alle zwei Jahre, aber 12—16 Körbe davon, jedem Baum gegeben werden. Drei bis vier Tage lang muss der Kuhmist vor dem Gebrauch in der Sonne ausgebreitet werden, um die Würmer und Maden in demselben zu zerstören. Am besten thut man die Mischung in kreisförmige Furchen, die man um die Bäume zieht und zwar dort, wo die äusseren Enden der Seitenwurzeln liegen. Beim Fehlen von Kuhdung kann man auch Erdnussölkuchen nehmen, die mit gebrannter Erde vermischt einen sehr stimulirenden Dünger geben oder Zersetzungsprodukte von Blättern und sonstigen Vegetabilien, auch Seetang, menschliche Exkremente, nachdem sie 4—5 Monate in Gruben gut durchgegohren sind etc.

Oxley giebt folgende Einzelheiten in Bezug auf die Düngung. Die jungen Bäume sollen am besten drei Monate nach dem Auspflanzen eine kleine Menge flüssigen Fischdünger erhalten. In den ersten sechs Jahren sollen sie drei Mal gedüngt werden, und zwar in Ringfurchen am Ende der Seitenwurzeln, die in ihrer Länge ungefähr mit den Seitenzweigen korrespondiren; die nächstfolgende Furche muss immer dort anfangen, wo die vorherige aufhört und ist demnach bedeutend grösser; die Tiefe der Furche soll aber nicht geringer als 2′ sein. Am besten ist es, mit der nächsten Furchenaushebung schon zu einer Zeit zu beginnen, wo die Wurzeln noch nicht ganz den äusseren Rand des vorhergehenden schon durchgearbeiteten Bodens erreicht haben, und nicht zu warten, bis die Wurzeln schon auf den noch ungelockerten Boden gestossen sind, da man sonst manche der Wurzeln bei der Bearbeitung abschneidet und den Baum um mehrere Monate zurückbringt. Die Ringfurchen haben also nicht nur den Zweck, den Dünger aufzunehmen, sondern den Wurzeln einen lockeren, luftigen Boden darzubieten.

In den Grund der Furchen wird so viel Gras wie möglich gelegt, diese Schicht dann mit einer Lage Erde belegt und das ganze mit einer guten Mischung von Dünger und Erde bedeckt; etwas von dieser Mischung soll übrigens auch als Oberflächendüngung gegeben werden, indem man die oberste Bodenschicht etwas lockert, um die äussersten Wurzelenden eben frei zu legen. Die äussersten Furchenkreise der Bäume werden sich schliesslich begegnen und dann ist der ganze Boden der Plantage gelockert und auch von den Bäumen bedeckt und von dieser Zeit an genügt dann Oberflächendüngung; auch in den ersten Jahren würde letztere genügen, wenn der Boden so locker wäre, dass die Wurzeln durchdringen könnten. Frischer Stalldünger ist schädlich und bringt die Wurzelenden zum Absterben, worauf dann bald die Termiten das Werk vollenden würden; obgleich alle Arten Dünger verwendbar sind, ist durchgereifter Stall- und Kuhdünger mit pflanzlicher Materie gemischt am besten; dazu ist die Aussenschale der Frucht ganz besonders geeignet. Auch todte Thiere, aber nicht in zu grosser Nähe der Wurzeln, Blut, Fische, Oelkuchen, sind gleichfalls von Nutzen, jedoch hält Oxley Guano nach grösseren Versuchen entschieden für sehr schädlich, indem der Guano die Qualität des Produktes nach seinen Erfahrungen verschlechtern soll. Der Kompost ist am besten in Gruben zu bereiten und aufzubewahren, da er in Haufen in Singapore zu stark austrocknet, um ordentlich durchzugähren. Bei längerem Aufbewahren sind die Gruben mit einer Erdschicht zu bedecken, um die Verdunstung zu verhindern; der Dünger soll beim Gebrauch weder zu nass noch zu trocken sein, am besten in der Form einer homogenen schwarzen Paste. Diese wird dann mit der schon verschiedentlich erwähnten gebrannten Erde vermischt; letztere soll, wenn gut zubereitet, ganz schwarz und zerreiblich sein, sowie einen stechenden Geruch haben, auch viele kleine Partikel von Holzkohle und Kali besitzen; sie erfordert zu ihrer Bereitung eine grosse Menge Brennholz und ist, wenigstens in Singapore, nur dann wirklich gut, wenn sie aus der torfigen Erde gemacht ist, welche die Oberfläche der Thalgründe dieser Insel bedeckt. Wenn diese Erde zu wenig gebrannt wird, so enthält sie noch viele Stückchen ungebranntes Holz, welches dann die Termiten anzieht; ist sie dagegen zu stark gebrannt, so wird sie roth und wirkungslos. Man muss die zubereitete Erde geschützt, am besten unter Dach, aufbewahren, da namentlich heftige Regen die wirksame Substanz auswaschen.

Neuerdings (1889) wird von Seiten eines Ceylonpflanzers abermals die Düngung als erfolgreich hingestellt, er glaubt aber entdeckt zu haben, dass während die Düngung in der Peripherie des Baumes schädlich wirken muss, das Heil darin liegt, nahe dem Stamm, und zwar nur oberflächlich zu düngen. Es braucht wohl kaum darauf hingewiesen zu werden, dass die Düngung mit dem Auftreten der parasitären Krankheit in den Straits direkt wohl kaum irgend etwas zu thun hat, und es in Bezug hierauf also auch gleichgültig ist, ob man mehr peripher oder central düngt.

4. Wachsthum.

Ueber das Wachsthum der Bäume nach dem Umpflanzen liegen nur wenig präcise Nachrichten vor. In Buitenzorg hatten die Bäume nach fünf Jahren eine Durchschnittshöhe von nur 3,3 m, jedoch waren sie in der ersten Zeit in Folge von zu wenig Schatten schlecht gewachsen. Nach 12 Jahren betrug die Höhe reichlich 8 m, und der Umfang 0,54 m (Festschrift, pag. 380).

Nach Hunter's Report von 1802 hatten in Penang 6 Jahre alte Bäume erst eine Höhe von 4½′, 7 Jahre alte 6′ (bei einem Stammumfang von 5″), 12 Jahre alte 10′ Höhe, was wohl zwar auch auf den ungünstigen Boden daselbst, daneben aber auch auf die Wachsthumshemmnisse in Folge des Seetransports und des späten Umpflanzens zurückzuführen ist.

Der Baum wächst (nach Hunter) bis zu 4′ Höhe ziemlich langsam, erst dann kommt er schneller voran, er macht ungefähr jedes Jahr einen Zweigwirtel, und wächst jedes Jahr ungefähr einen Fuss, zuerst weniger, später etwas mehr.

α) Erste Blüthe.

Im Allgemeinen beginnt der Baum in nicht gedüngtem Boden erst im 8. oder 9., höchstens im 10. Jahre, also etwa im 6. oder 7. Jahre nach der Auspflanzung, ordentlich zu blühen, obgleich hin und wieder Bäume schon im 5., ja selbst im 3. Jahre nach der Auspflanzung einzelne Blüthen ansetzen.

So hatte ein Herr Van der Meer auf Ternate schon von fünfjährigen Bäumen ca. 40 Früchte; auch in Buitenzorg, wo 1877 ½ Bouw bepflanzt wurde, erhielt man 1882 schon die ersten Früchte; von den 600 durch die Engländer 1798 nach Benkulen importirten Bäumen blühten sogar schon 247 im fünften Jahr, auch in Lumsdaine's Versuchsgarten blühte ein Baum selbst schon zwei Jahre und 10½ Monate nach der Ueberführung von den Molukken im Jahre 1803, jedoch handelt es sich hier zweifellos um Bäume, die durch Düngung künstlich getrieben worden sind. Andererseits meldet Rumph, dass die aus unreif gepflanzten Nüssen aufwachsenden Bäume schon im 5.—7. Jahre trugen. Frühe Blüthe geht aber nach Oxley durchaus nicht mit Stärke und Langlebigkeit Hand in Hand; im Gegentheil meint er, je später ein Baum blüht, desto besser und kräftiger ist er, und diejenigen, welche erst im neunten Jahre blühen, wiegen nach ihm 20 andere auf.

Blüthen finden sich zwar an den Bäumen in den feuchten Gegenden, wo sich die Kultur lohnt, das ganze Jahr hindurch neben den Früchten, jedoch blühen sie nach Reinwardt am meisten zu Beginn der Regenperiode, nach längerer stark trockener Zeit. Wie wir unten sehen werden, ist auch der Beginn der Trockenzeit eine Periode stärkerer Blüthenbildung.

β) Erkennung des Geschlechtes.

Erst durch die Blüthe kann man das Geschlecht des Baumes, und an den ersten auch noch nicht mit Sicherheit, erkennen. In der Minahassa wurde mir zwar erzählt, dass einige Leute sogar den Nüssen ansehen wollten, welches Geschlecht die aus ihnen entspringenden Bäume haben würden, doch erinnert dies allzusehr an die Kunst, einem Ei anzusehen, ob ein Hahn oder eine Henne dadrin sitzt, als dass es sich verlohnt hätte, dem Märchen weiter nachzuspüren. Dagegen fehlt es nicht an Bemühungen, schon an den jungen Pflanzen das spätere Geschlecht zu erkennen; gerade für Pflanzer muss das ja von hoher Bedeutung sein, da bei rechtzeitigem Erkennen, zumal wenn es noch vor dem Auspflanzen möglich wäre, ihnen eine Menge Mühe und viele Kosten erspart bleiben würden. Dennoch haben die meisten Pflanzer bisher zugegeben, dass sie kein Mittel kennen.

Céré in Mauritius, der die zuerst dort eingeführten Pflanzen aufzuziehen hatte, und dem gewiss viel daran lag, möglichst früh das Geschlecht zu entdecken, giebt z. B. an, dass er sich vergebens bemüht habe, an den Blättern oder dem Wuchs (port) der Pflanze das Geschlecht zu unterscheiden: „avant qu'il ait fleuri, je crois qu'il sera toujours impossible de le faire“ (cit. nach Lamarck).

Im Gegensatz hierzu will Mr. Prestoe vom Trinidad-Garten in seinen Bemühungen erfolgreich gewesen sein, schon den Keimlingen von weniger als 1' Höhe das Geschlecht an den Blättern anzusehen, und zwar mit genügender Sicherheit für alle praktischen Zwecke. Nach ihm (cf. Gardeners chronicle 1884 I, pag. 315, auch All about spices, pag. 101) unterscheiden sich die Blätter der männlichen und weiblichen Pflanzen sowohl durch die Form als durch den Nervenverlauf. Das weibliche ist das am vollkommensten elliptische mit gerade verlaufenden primären Seitennerven, während das männliche obovat ist, sodass die grösste Breite mehr nach der Spitze des Blattes hin liegt, auch soll die Blattspitze länger sein als bei den weiblichen; endlich sollen die Nerven der männlichen Blätter viel mehr nach der Spitze zu in einem runden Bogen verlaufen als bei den weiblichen. Bei sorgfältiger Untersuchung soll die Prognose unter 10 Fällen 8 oder 9 mal zutreffen.

Wenngleich sich natürlich nicht behaupten lässt, dass diese Beobachtung keine allgemeine Gültigkeit haben kann, so wäre es doch seltsam, wenn solche auf der Hand liegenden Unterschiede von den Pflanzern, deren wichtiges Interesse es war, nicht beobachtet worden wären[1]), auch bestätigt das ausserordentlich reiche Material, von fast allen grösseren Herbarien Europas, das Verf. daraufhin untersuchte, diese Beobachtung nicht; freilich konnte Verf. nur die Blätter blüthentragender Zweige daraufhin prüfen, dagegen nicht solche ganz junger Pflänzchen; es ist darum wünschenswerth, einmal zweifellose Versuche derart anzustellen, dass nachheriger Irrthum ausgeschlossen ist, so z. B. dass man die anscheinend männlichen und weiblichen Bäume in ganz getrennten Gegenden des Gartens auspflanzt.

Nach der Angabe einiger Pflanzer soll die Blattform bis zu einem bestimmten Grade mit der Fruchtform harmoniren, sodass die Pflanzen mit kleinen lanzettlichen Blättern (nach Oxley) zwar gewöhnlich viele,

---

1) Olivier giebt in seinen Reisen an, dass ein allgemeines Kennzeichen der männlichen Bäume das kleinere Blatt sei. Auch in den Aanteekeningen betreffende eine Reise door de Molukken van Duymaer van Twist pag. 145 finde ich eine Bemerkung, dass die Blätter der männlichen Bäume kleiner, spitzer und dunkelgrün seien, während die der weiblichen breiter seien und von hellerer Farbe; Rumph dagegen sagt, dass die männlichen Bäume viel kürzer an Stamm und Blätter seien, sowie eine rundere Krone hätten, im Uebrigen aber gleich seien; wenn Rumph hiermit meint, dass die Blätter kleiner seien, so würde dies zu den anderen Angaben stimmen.

aber inferiore, ovalere, länglichere, runzliche und bucklige Früchte, solche mit grossen oblongen Blättern dagegen sehr grosse, fast runde Früchte produziren; auch Rumph sagt schon, dass die Bäume mit länglichen Früchten längere, die mit runden dagegen kürzere und rundere Blätter haben[1]). Sonst stehen in der Regel bei Pflanzen Blatt und Fruchtform durchaus nicht in Relation, sondern beide Organe variiren für sich nach eigenen Prinzipien; genau wie auch bei unsern Obstbäumen die Blattform nichts mit der Fruchtform zu thun hat.

Bemerkenswerth ist endlich noch der Vorschlag Lumsdaine's, auf künstliche Weise die Pflanzen noch in den Saatbeeten zur Blüthe zu zwingen, dadurch, dass man die zu diesem Zweck weitläufiger, in 4′ Abstand gezogenen Pflänzchen einmal jährlich ausgräbt, um sie dann wieder an demselben Ort einzupflanzen, wodurch man das vegetative Wachsthum hindert; so würde man im Durchschnitt nach vier Jahren schon das Geschlecht wissen, und könnte dies dann beim Auspflanzen verwerthen.

γ) Zahlenverhältniss des Geschlechtes.

Das Zahlenverhältniss der männlichen und weiblichen Bäume ist ein unbestimmtes; aus den betreffenden Daten scheint hervorzugehen, dass die Verhältnisszahl der weiblichen Bäume um so grösser ist, je geeigneter das Klima und die Bodenverhältnisse für die Muskatkultur sind.

Für Sumatra glaubt Lumsdaine ungefähr ²/₃ als fruchttragende annehmen zu dürfen, vermuthlich hat er aber hierbei auch die monoecischen mitgerechnet. Ein anderer Pflanzer aus Benkulen (1816) rechnet (nach Low) auf 300 weibliche Bäume sogar 350 männliche, glaubt aber das Verhältniss liesse sich wesentlich bessern, wenn man nur Samen vom oberen Theil des Baumes wähle und sie sorgfältig kultivire.

Prestoe giebt auch für Trinidad an, dass die Zahl der männlichen Bäume oft um 15% die der weiblichen übersteige, ja Nicholls in Dominica sagt, dass zuweilen sogar 75% der Bäume männlich seien.

Nach Oxley sind die Zahlenverhältnisse für die Straits und Banda recht verschieden; während in Singapore nicht mehr als die Hälfte aller Bäume streng weiblich ist[2]), sagen die Pflanzer auf Banda, dass sie nie mehr als 30% männliche Bäume erhalten und auch nur selten eine so grosse Zahl. Ebenso waren von 95 Bäumen des landwirthschaftlichen Gartens in Buitenzorg 35 männliche, ob hier aber nicht eine Anzahl männlicher Bäume entfernt worden ist, bleibt ungewiss.

---

[1]) Es stimmt dies aber nicht zu der schon oben erwähnten Angabe, dass die monoecischen Bäume mit schlechteren länglicheren Früchten auch kleinere Blätter tragen.

[2]) Auch Low giebt an, dass die Hälfte der Bäume männlich sei.

Zur Befruchtung der weiblichen Blüthen genügt eine viel kleinere Anzahl männlicher Bäume als die natürlich gegebene. Nach Oxley scheint eine Zahl von 10% männlicher Bäume am richtigsten und diese Regel wurde auch in Singapore längere Zeit befolgt, bis man einsah, dass eine geringere Zahl auch genügt[1]). Nach Collingwood genügt schon 1 männlicher für 20 weibliche Bäume, dasselbe glaubt Teysmann annehmen zu sollen (5—6%), wenn sie nur gleichmässig vertheilt stehen; Prestoe in Trinidad wünscht hingegen schon einen männlichen Bäum auf 8—10 weibliche. In Grenada lässt man nur 4—5% männlicher Bäume in geeigneten Abständen stehen.

Auf Banda giebt es nach einer Schätzung Oxleys sogar nicht über 2% männlicher Bäume, was abgesehen davon, dass die meisten umgehauen werden, auch eine Folge der viel kürzeren Lebenszeit der männlichen Bäume sein soll.

De Sturler giebt an, dass ein männlicher Baum für 100 und mehr weibliche genüge. Auch nach Weddik hält man es in Banda für genügend, einige männliche Bäume stehen zu lassen. Dagegen sollen nach Lans (in v. Gorkom) die männlichen Bäume daselbst überhaupt für die Befruchtung nicht nöthig sein, so dass man ihre Zahl soweit beschränkt, dass sie nur als Schutzbäume dienen.

Auch von den monoecischen Bäumen wird mitgetheilt, dass sie in Banda in den geschützten Theilen der Pflanzungen ausgerottet würden, besonders diejenigen, die nur ganz vereinzelt Früchte ansetzen, dass sie dagegen als Windbrecher stehen gelassen würden. Es mag sein, dass diese an für Insekten auffälligen Plätzen stehenden männlichen und männlich-monoecischen Bäume genügen, um die Befruchtung hinreichend auszuführen, zumal da ja auch weibliche Bäume zuweilen männliche Blüthen tragen sollen, ob aber nicht doch ein besseres Resultat erzielt werden würde, wenn man mehr männliche Bäume stehen liesse, oder wenn man Blüthenzweige davon auf die weiblichen Bäume hinge, liesse sich nur in langwierigen Versuchen feststellen.

---

[1]) Nach einem von Low wiedergegebenen Auszug aus einem Report des Residenten von Benkulen an die Regierung von Britisch Indien (1814—1816) waren von älteren Bäumen mit erkennbarem Geschlecht

weibliche	339500
monoecische	52000
männliche	32000
	423500

Also gab es in Benkulen etwa 8% männliche und $12^1/_2$% monoecische Bäume.

Wo nicht, wie in Banda, das ganze Land mit Muskatbäumen bedeckt ist, namentlich in neuen Plantagen, wird es natürlich gut sein, nicht so sorglos alle männlichen Bäume zu fällen; ebenso hängt es von den Umständen ab, ob man die monoecischen Bäume stehen lässt. Oxley dringt zwar darauf, dieselben zu entfernen, da sie doch schlechte Früchte und wenig männliche Blüthen geben; jedoch kommen, wie wir sahen, alle Uebergänge vor. Die mit sehr wenig Früchten sind natürlich wie männliche, die mit sehr vielen wie die weiblichen zu behandeln.

δ) Entfernung der überflüssigen männlichen Bäume.

Hat man das Geschlecht der Bäume erkannt, so pflegt man alle überflüssigen männlichen und männlich-monoecischen zu fällen, um sie durch junge Bäume zu ersetzen. In der Minahassa dagegen lässt man die männlichen Bäume noch längere Zeit stehen, damit sie den neu neben ihnen und als Ersatz für sie ausgesetzten Pflänzlingen als Schattenbäume dienen. In Grenada pflanzt man möglichst gleichalterige weibliche Bäume an Stelle der männlichen, was keine besonderen Schwierigkeiten macht, da der Muskatbaum keine sehr tiefgehende Wurzeln besitzt und nicht gerade besonders empfindlich ist, sodass noch Bäume von 4—5 m Höhe mit einiger Vorsicht umgepflanzt werden können[1]. Da dies natürlich nur in der vollen Regenzeit geschehen darf, so werden die männlichen Bäume, um dann erkannt zu werden, während der Blüthezeit durch eine Zinketiquette markirt.

Bei der Erkennung des Geschlechtes ist es natürlich nöthig zu beachten, dass manche der im ersten Jahre männlichen Bäume sich doch nachher als rein weiblich herausstellen; deshalb muss man auf die besonderen oben angeführten Merkmale der Blüthenstände der anscheinend männlichen Bäume achten, bevor man sie fällt.

Auch von dem Nachwuchs stellen sich, wenn man keine grossen Bäume einpflanzt, natürlich nachträglich gleichfalls wieder viele als männliche heraus, die dann wieder umgehauen werden.

---

[1]) Auch nach Teysmann thut man gut, 5—6′ hohe Bäume als Nachwuchs einzupflanzen, da bei nicht ordentlich gelóckertem Boden (wie beispielsweise in Banda) kleine Pflänzchen in dem harten, von den Wurzeln der Nachbarbäume durchzogenen Boden nur schwer eindringen und meist eine schwächliche Entwickelung zeigen. Wenn man einen genügend grossen Erdklumpen an den Wurzeln lässt, so kann das Umpflanzen grösserer Exemplare ohne Schwierigkeit geschehen.

ε) Pfropfversuche.

Um das lästige Ausgraben und Neupflanzen zu umgehen, hat man mehrfach versucht, die männlichen Bäume zum Fruchtansatz zu bringen. Versuche mit Beschneidung, Düngung etc. hatten keinen Erfolg, wohl aber gelang es, den männlichen Bäumen weibliche aufzupfropfen. Zuerst hat Joseph Hubert, ein Pflanzer auf Mauritius, dies in grösserem Maassstab gethan; da nach seiner Erfahrung ein männlicher Baum für 100 weibliche genügte, pfropfte er in demselben Verhältniss weibliche Pfropfreise auf die zweijährigen Pflänzlinge, sodass es in der Plantage von Anfang an keine überflüssigen männlichen Bäume gab.

Uebrigens erwähnt Oxley auch Pfropfversuche, die er aber erst vor kurzer Zeit angestellt hatte. Er sagt, „dass zwar die Pflanzen gut aussehen und wachsen, die Zweige aber sehr unregelmässig und wirr wachsen und ohne die regelmässigen Wirtel, so dass die Bäume, wenn nicht ein senkrechter Gipfelspross noch erscheint, klein und struppig bleiben würden, und demnach nicht ertragreich sein könnten. — Jedenfalls wären die Versuche wichtig, da man, wenn es glücke, hierdurch die feinsten Sorten beliebig vermehren könne; freilich könnte es nur ein schon an und für sich erfolgreicher Pflanzer thun; da schwerlich die Besitzer guter Bäume die Pfropfreiser abgeben würden."

Ebenso ist es einem Herrn P. F. Higgins auf St. Vincent nach Nicholls geglückt, weibliche Reiser auf männliche Bäume zu pfropfen, doch ist dies der einzige Fall, den Nicholls kannte.

Leider ist über die dauernden Erfolge dieser Methode bisher nichts bekannt geworden, die Befürchtung Oxley's, dass niemand gute Pfropfreiser abgeben würde, dürfte aber kaum zutreffen, da sicher manche Leute aus dem Verkauf solcher Reiser ein sehr gutes Geschäft machen würden, wenn die Methode allgemein würde. — So lange aber die Hauptkultur der Muskatnuss in den Händen der nicht sehr energischen Perkeniere von Banda liegt, ist kein grosser Fortschritt dieser Methode zu erwarten.

Es wären in künftigen Versuchen 1. männliche Pfropfreiser auf weibliche Bäume, 2. weibliche Pfropfreiser auf männliche Bäume, 3. männliche Pfropfreiser auf monoecische Bäume, 4. weibliche Pfropfreiser auf monoecische Bäume zu pfropfen, nur so würde man einen vollständigen Ueberblick erhalten; von praktischer Wichtigkeit wäre vor allem Versuch 2 und 4, da es an männlichen Bäumen nur selten fehlen dürfte.

In Gegenden, wo durch Zufall die männlichen Bäume selten sind, kann man sich leicht dadurch helfen, dass man männliche Blüthenzweige in die Bäume hängt, also dasselbe Verfahren anwendet, wie bei der Kaprifikation der Feigen.

So war es auf St. Vincent, wo die eingeführten Bäume eine lange Zeit zwar viele Blüthen, aber wenig Früchte trugen, bis sich Mr. Guilding dieses Verfahrens bediente, wodurch die Bäume gleich ausserordentlich viel ergiebiger trugen, sodass man an zwei Bäumen zu einer Zeit gleichzeitig 300 reife Früchte konstatirte.

5. Fruchtreife.

Die Dauer von der Blüthezeit bis zur Fruchtreife wird im Allgemeinen auf neun Monate angegeben. Auf Banda sagt man: „een noteboom staat in al zijn ontwickelings-perioden aan den mensch gelijk" (Van Gorkom); jedoch scheinen acht Monate auch zuweilen zu genügen, so z. B. berichtet Guilding von St. Vincent, dass Blüthen, die am 20. Juni ihren Höhepunkt erreicht hatten, am 6.—12. Februar nächsten Jahres reif waren, sodass sie also fast nur 7½ Monate brauchten; Lumsdaine giebt sogar an, dass im Durchschnitt sieben Monate zwischen der Blüthezeit und der Fruchtreife liegen; andererseits scheint sich die Reife zuweilen auch bis auf 10 Monat zu verzögern, wenigstens geben Reinwardt und v. Gorkom an, dass die Früchte erst nach 9—10 Monate reif werden.

a) Haupttragsperiode.

Wie oben erwähnt, erscheint die erste reichliche Blüthe im Allgemeinen im 8. oder 9. Jahre, wenngleich einzelne Blüthen häufig schon mehrere Jahre früher auftreten; vom 10. Jahre an geben deshalb die Bäume schon einen Ertrag, der dann aber steigt, im 12. Jahre schon bedeutend ist, jedoch erst im 14. bis 16. Jahr seinen Höhepunkt erreicht; der Ertrag bleibt dann bei sorgfältiger Kultur meist eine Reihe von Jahren auf gleicher Höhe, wenigstens bis zum 25. oder 30. Jahre.

Reinwardt giebt für Banda sogar an, dass die grössten Ernten zwischen das 20. und 30. Jahr fallen, nach dem 30. Jahre aber der Ertrag dann abnehme; überdies geben nach ihm alte Bäume kleinere Früchte als jüngere.

Auch Oxley giebt an, dass auf Banda die 25 jährigen Bäume am besten trügen, dass sie aber bis zum 60. Jahre noch gut trügen, wogegen sich nach Low die Ernte schon vom 30. Jahre an vermindert. Nach v. Hogendorp tragen die Muskatbäume auf Banda vom 9.—50. Jahre. Der Verfasser der Aanteekeningen erwähnt freilich, aber kaum mit Recht, dass die Ernte in Banda sich schon um das 18. Jahr herum zu vermindern beginnt; dagegen waren nach Lumsdaine die damals ältesten Bäume Sumatras, die 22½ Jahre vorher ausgepflanzt waren, also etwa 25 jährige Pflänzen, noch in der vollsten Kraft und Fruchtbarkeit.

β) Dauer der Tragfähigkeit.

Nach Reinwardt, Bisschop Grevelink und eigenen Erkundigungen können die Bäume noch im 60. oder 70., ja selbst noch im 80. Jahre tragen. Eggers giebt sogar 1890 an, dass sich auf Grenada in der Plantage Bellevue Bäume aus dem Anfang des Jahrhunderts befinden, die noch volle Tragkraft besitzen (auch in Trop. agriculturist 1890/91, pag. 208 bestätigt). Das Alter des Baumes wird von van Gorkom sogar auf 100 Jahre angegeben, jedoch trifft das wohl nur für Banda, Sumatra und Westindien zu, und zwar auch dort nicht für die kurzlebigen männlichen Bäume, während in den Straits selbst die weiblichen auch ohne Krankheit lange nicht so alt wurden, offenbar in Folge des schlechteren Bodens und meist auch des stärkeren künstlichen Treibens durch Dünger.

Die Dauer der Tragfähigkeit hängt natürlich neben dem Klima und der Güte des Bodens auch von dem Ersatz der in der Ernte genommenen Stoffe ab. Dennoch kann man auch hier des guten beim Düngen zu viel thun, und so kommt es auch bei Muskatbäumen wie bei anderen Kulturpflanzen vor, dass sie sich durch zu starkes Treiben völlig erschöpfen und ausgeben. Auch durch zu reichlichen Fruchtansatz erschöpft der Baum sich, sodass die Ernten für längere Zeit klein bleiben, oder der Baum sogar vorzeitig abstirbt; deshalb muss man bei zu starkem Fruchtansatz viele der Früchte abnehmen, aber schon, solange die Früchte noch jung sind, denn nachdem sie die halbe Reife erlangt haben, ist es oftmals schon zu spät.

γ) Erntezeiten.

Die Muskatbäume tragen das ganze Jahr hindurch sowohl Blüthen als Früchte gleichzeitig, jedoch in verschiedenen Quantitäten. In Banda fällt zweifellos die Haupternte in unsere Sommermonate; alle Reisenden stimmen darin überein, und variiren nur in Bezug auf die Monate.

Rumph, Valentijn und die vielen sie kopirenden Schriftsteller geben als Hauptzeit den August an, andere (Eberth, Olivier, V. d. Crab) fügen auch den Juli hinzu, im Fragment van een Reisverhaal wird sogar nur der Juli genannt. Den September fügen von älteren Schriftstellern Piso und Nieuhof hinzu, von neueren der Verf. des Artikels: de Moluksche Eylanden in der Tijdsch. v. Ned. Ind., sowie V. d. Crab; während Oxley als Haupterntemonate den Mai, Juni, September und Oktober angiebt, Bickmore den Juni und September und Valentijn sagt, dass die Haupternte zwar gewöhnlich in den August oder September, zuweilen auch schon in den Mai oder Juni fällt, erklärt Weddick sogar, dass selbst in benachbarten Pflanzungen die Erntezeiten häufig auseinandergehen.

Eine zweite Erntesteigerung am Ende des Jahres, im November oder Dezember wird von Rumph, Mandelslo, Beverovicius, Pomet, Eberth, Eschelskroon, Hogendorp, Olivier erwähnt, während dagegen im Fragment van een Reisverhaal dafür der Januar als wichtige Erntezeit angegeben wird.

Eine dritte Steigerung fällt in den April, nach manchen Schriftstellern unter Hinzufügung oder ersetzt durch den März (Piso, Hermannus, de Molueksche eylanden), nach anderen durch den Mai (Mandelslo, Valentini).

Bei der Haupternte im Juli—August werden zwar die meisten Nüsse gewonnen, jedoch soll die Macis dünner sein als in der Novemberernte. Letztere wird von Rumph und anderen nur als Nachernte angesehen, von Valentijn sogar nicht einmal erwähnt. Nach Rumph ist die Macis in dieser Zeit zwar besonders dick, die Nüsse sind aber relativ klein, nach v. Hogendorp sind überhaupt gute Nüsse häufig von spärlicher Macis und kümmerliche Nüsse von vortrefflicher Macis umgeben. Die Jahreszeit dieser Nachernte wurde zu Rumph's Zeiten malayisch als mette-kay-aroe bezeichnet, wohl wegen der in dieser Zeit herrschenden Süd-Ost-Winde, die von den Key und Aru-Inseln herwehen. Die Frühlingsernte hingegen ist zwar gleichfalls keine reiche (von Crawfurd irrthümlich als reichste angegeben), jedoch soll sie die besten Nüsse und Macis liefern; nach Rumph heisst diese Zeit auf Ambon Musson-Ule (Moesson-Oele) wegen gewisser grüner Würmer, von den Ambonesen Wau und Mulatte genannt, die um diese Zeit an den Klippen in der See treiben und gerne als Zukost zum Reis verzehrt werden.

δ) Einfluss der Witterung auf die Qualität.

Auf die Qualität der Nüsse ist das Wetter der Reifezeit von hervorragendem Einfluss. Allzu starker Regen und Wind wirft die Nüsse vielfach unreif herunter, was nach Rumph am Ende der sommerlichen Regenzeit häufig der Fall sein soll; diese unreifen Nüsse, deren Kerne klein, schief, runzelig und buckelig sind, wurden früher aber trotzdem gesammelt und, wie wir oben sahen, als Rompen bezeichnet.

Allzu starke Trockenheit hingegen verursacht häufig ein zu frühes Aufplatzen der fleischigen Fruchthülle in Folge der Trockenheit und hierdurch wiederum ein zu frühes Einsammeln der Nüsse; dies ist in Banda namentlich bei den austrocknenden Südostwinden der Herbstmonate der Fall. Zuweilen schrumpfen bei andauernder Dürre in früheren Fruchtstadien die unreifen Perikarpe völlig um die Nuss herum ein, wovon ich mich sehr gut 1888 während der grossen Trockenheit im August und September in Menado überzeugen konnte. Aber auch sonst sind die während der trockensten Herbstmonate geernteten Früchte minderwerthig, nämlich kleiner, spezifisch leichter und mit nur dünner Macis versehen.

Die besten Früchte kommen also während einer mässigen Regenzeit zur Reife und darum ist die Frühlingsernte die beste, ja Reinwardt giebt sogar an, dass die allerbesten Nüsse auf Banda im Januar und Februar während der Regenzeit selbst geerntet werden.

ε) Einfluss der Witterung auf die Quantität.

Die Quantität der Nüsse scheint dagegen im Allgemeinen in direkter Proportion zu dem Blüthenansatze zu stehen. Welche Momente im Speziellen auf den Blüthenansatz der Muskatbäume wirken, wissen wir noch nicht genau, jedoch sei hier darauf hingewiesen, dass, was Banda betrifft, die zu den grossen Ernteperioden gehörigen Blüthezeiten recht gut mit den wechselnden Feuchtigkeitsverhältnissen zusammenfallen.

Nach der unter den klimatischen Verhältnissen oben aufgeführten Statistik giebt es in Banda zwei nicht sehr scharf ausgesprochene Trockenzeiten, von denen die grosse die Monate Juli bis November, die kleine die Monate Februar und März umfasst.

Die Haupternte August würde einer Blüthezeit November, also dem Ende der grossen Trockenzeit, dem Beginn der Regen, entsprechen. Das ist für die meisten tropischen Bäume die Hauptblüthezeit und demnach ist also auch die Ernte eine so grosse. Die Macis ist ziemlich dünn, da sie durch die im Juli schon herrschende Trockenheit, namentlich in Folge des Druckes des nicht genügend weich werdenden Perikarps in ihrer Entwickelung gehemmt wird[1]. Die Erntezeit November würde einer Blüthezeit Februar entsprechen, also dem Anfang der kleinen Trockenzeit. Die Nüsse sind klein, da sie während einer langen Trockenperiode zur Reife kommen müssen; die Macis vermag sich einerseits wegen der Kleinheit der Nüsse besser auszubilden, andererseits lässt die schon Ende November beginnende Feuchtigkeitsperiode das Perikarp und den Arillus der nach dieser Zeit reifenden Früchte zu rascher Entfaltung gelangen.

Dem Ende der kleinen Trockenzeit würde eine Fruchtbildung im Dezember und Januar entsprechen; da diese Ernte sich aber unmittelbar der November-Dezemberernte anschliesst, so wird sie auch gewöhnlich nicht besonders besprochen; nur im Fragment van een Reisverhaal wird gerade der Januar als richtige Erntezeit angegeben. Vermuthlich kommt aber auch die Blüthe im März und April nicht recht zur Entfaltung, da die kleine Trockenheitsperiode nicht recht markirt ist und auch zu kurze Zeit dauert, um nach der Blüthenentfaltung am Ende der Regenzeit nochmals viele Blüthen hervorzulocken.

---

[1]) Rumph sagt im Gegensatz hierzu, dass die Früchte gerade unter den vielen Regen leiden, doch hat in Banda ja im Juli schon die Trockenzeit eingesetzt, dagegen stimmt es für Ambon und vielleicht hat Rumph eben dort seine Erfahrungen gesammelt.

Die Erntezeit im April entspricht einer Blüthezeit im Juli, also dem Beginn der grossen Trockenheit. Dieser klimatische Wechsel bewirkt bei vielen tropischen Bäumen gleichfalls eine Blüthenentfaltung, die aber gemeiniglich geringer ist als die im Beginn der Regenzeit. Die Fruchtreife fällt in die Regenzeit nach einer sehr wenig ausgesprochenen kurzen Trockenperiode, der eine Regenperiode voranging; die Nüsse können sich also während der ganzen zweiten Hälfte ihrer Entwickelung gut ausbilden und ebenso auch noch in dem letzten Monat vor der Reife das saftreiche Perikarp und die Macis. Daher ist diese Ernte zwar nicht die ergiebigste, aber diejenige, welche die besten Nüsse und die dickste Macis liefert.

ζ) Ertragsberechnungen.

Die Ansichten über den Ertrag der Bäume gehen sehr weit auseinander und haben natürlich auch wenig Allgemeingültigkeit, da Bodenverhältnisse, Klima, Kulturmethode, wie Beschattung, Distanz, Bodenbearbeitung und Düngung eine allzu grosse Rolle spielen. Vor allem darf man nicht die Erträge einzelner Bäume mit den Durchschnittsresultaten der Plantagen verwechseln. Man kann im Allgemeinen vielleicht sagen, dass ein voll tragender, gut gehaltener Baum 1500—2000 Nüsse (etwa 7—9 kg Gewürz) jährlich liefert, während Einzelerträge von 10000 Nüssen nicht selten sind.

Oxley giebt z. B. an, dass einzelne Bäume in den Straits jährlich 10000 Nüsse liefern; Nicholls erwähnt, dass es sogar Fälle giebt, wo 20000 Nüsse von einem einzigen Baume geerntet wurden. Weddick sagt, dass ein guter Baum (offenbar im Durchschnitt) nicht weniger als 2000 Nüsse im Jahre liefere (was Kreyenberg und Bisschop Grevelink sogar für eine Mittelernte halten); auch Nicholls glaubt, jeder Baum müsse in der Periode voller Tragfähigkeit 1500—2000 Nüsse geben. In Banda wurde mir mitgetheilt, dass häufig einzelne Bäume 3000 Nüsse liefern. Nach Simmonds variirt die Zahl zwischen 1000 und 5000 Nüssen, doch können sich auch diese Zahlen nicht auf den Durchschnitt beziehen. In Gewicht ausgedrückt liefert nach Porter (Simmonds) ein guter Baum 10 Pfd. Nüsse und 1 Pfd. Macis, nach Hopkins (von Crawfurd citirt) 10—14 Pfd., nach Olivier 12—15 Pfd., nach v. Hogendorp (Temminck) sogar 15—20 Pfd. Gewürz, nach de Sturler giebt es sogar Bäume, die in der besten Zeit 30—40 Pfd. Nüsse und 9—12 Pfd. Macis liefern; ja die 10000 von Oxley angegebenen Nüsse eines Baumes würden sogar, in Pfund ausgedrückt, die letzte Angabe noch um mehr als das doppelte übertreffen.

In Bezug auf die Durchschnittserträge muss man offenbar scharf unterscheiden zwischen den gut bearbeiteten und gedüngten Pflanzungen der Straits und Sumatras einerseits und den halbverwahrlosten Bandas andererseits.

Für die Straits rechnet Oxley aus, dass keine Plantage im Durchschnitt 1000 Nüsse per Baum erntete, und Low berechnet den Ertrag, wohl richtiger, nur auf 500 Nüsse für jeden tragenden Baum. Auch Collingwood hält sogar schon einen Durchschnitt von 600 Nüssen für eine gute Ernte. In Gewicht ausgedrückt, soll zwar nach Oxley in Singapore jeder Baum vom 15. Jahre an durchschnittlich 10 Pfd. Gewürz, also ca. 8 Pfd. Nüsse geben, jedoch ist dies offenbar eine viel zu günstige Rechnung und wurde schon sofort in der Pinang Gazette vom 25 Nov. 1848 an seinen eigenen Daten widerlegt, da einige derselben nur Durchschnitte von $2\frac{7}{8}$ bis 3 Pfd. per Baum aufwiesen. Auch Low bestreitet die Richtigkeit der Angabe Oxley's und giebt für Singapore $3\frac{15}{16}$ resp. 4 Pfd. als Durchschnittsertrag eines tragenden Baumes an. Collingwood hält 8 Pfd. für eine gute Ernte, jedoch würden die 600 von ihm als viel vermeldeten Nüsse nur einem Gewicht von $5\frac{1}{2}$ Pfd. entsprechen.

Auf Sumatra war nach Lumsdaine (1816) der Durchschnittsertrag eines Baumes $3\frac{1}{2}$ Pfd., 100 voll tragende 15jährige Bäume lieferten 420 Pfd., also 4,2 Pfd. per Baum.

Aehnlich sind die Ergebnisse Bandas. In der Glanzzeit des Compagniemonopols (1686) war der Ertrag etwa 3,8 Pfd. per Baum und ähnlich stellt sich die Ziffer nach der Angabe, dass nach dem grossen Sturm von 1778 8000 Bäume 30000 Pfd. Nüsse lieferten, also 3,75 Pfd. per Baum. Nach einer Angabe in Roemer und Usteri's Magazin d. Botan. (1787 pag. 156) kamen 300 Nüsse durchschnittlich auf den Baum, also ca. 2,8 Pfd. Aus von Low wiedergegebenen Zahlen für das Jahr 1814 rechne ich ca. 2,9 Pfd. per Baum heraus; so giebt auch Hopkins (von Crawfurd citirt) den Durchschnittsertrag auf 3 Pfd an; v. Hogendorp's von Temminck wiederholte Angabe, dass der Baum 5—6 Pfd. und Olivier's Notiz, dass er 5 Pfd. Gewürz trage, beruhen offenbar auf optimistischen Berechnungen.

Oxley giebt dagegen, gestützt auf Berechnungen der 50er Jahre, an, dass in Banda wenig mehr als $1\frac{1}{2}$ catty, also etwa 2 Pfd. auf den Baum kommen, da viel verloren werde, die Bäume zu hoch, an vielen Orten unzugänglich und die Verluste durch den Wind gross seien (so seien an einigen Orten Hunderte junger Früchte herunter geweht, in einem Perk sogar Hunderttausende abgefallen). In dem Aardrijkskund. en statist. Woordenboek wird als Durchschnittsproduktion der Bäume $2\frac{1}{2}$—3 Pfd. angegeben; nach van Gorkom variirt der Ertrag zwischen 1,2 und 4,4 Pfd.; andere rechnen sogar nur 1 Katti = $\frac{5}{4}$ Pfd als Durchschnitt.

Hiermit würde auch eine Berechnung übereinstimmen, die man nach Bleeker's genauen Aufzählungen der Baumzahl und Produktion sämmtlicher Plantagen der Bandainseln anstellen kann. Im Jahre 1854 produzirten nämlich 424573 Bäume 538561 Amst. Pfd. Nüsse (inkl. 42118 Pfd. Bruch), sowie 134085 Pfd. Macis (inkl. 2597 Pfd. Grus), also per Baum im Durchschnitt ca. $\frac{5}{4}$ Pfd. Nüsse und $\frac{1}{3}$ Pfd. Macis; nur drei Perke brachten mehr als 2 Pfd. Nüsse per Baum, sieben dagegen weniger als 2 Pfd., einer davon sogar noch etwas weniger als $\frac{1}{2}$ Pfd. Es mag dies Jahr freilich etwas ungünstig gewesen sein, weil im November 1852 eine grosse Fluthwelle viele in der Ebene stehende Bäume vernichtet oder geschädigt hatte; immerhin kann nur ein sehr kleiner Prozentsatz der Bäume und nur die Nordwestseite von Lontor und die Westseite von Neira davon betroffen worden sein; aber selbst wenn man nur die 297272 wirklich fruchttragenden Bäume nimmt, so kommen auf den einzelnen Baum noch immer keine vollen 2 Pfd. Nüsse, nämlich 1,8 Pfd. Nüsse und 0,45 Pfd. Macis. Sal. Müller giebt für 1828 sehr approximativ an, dass ca. 500000 Bäume jährlich ca.

400000 Pfd. Nüsse und 100000 Pfd. Macis liefern, dies wäre ja nur 4/5 Pfd., also weniger als 1/2 Kilo Nüsse, zweifellos eine zu geringe Zahl; denn erstens war die Zahl der Bäume, besonders nun gar der tragenden, sicher geringer als 500000, zweitens war die Zahl der von der Regierung abgenommenen (also exklusive der geschmuggelten) Nüsse nach Bleeker's Angaben im Durchschnitt zwischen 1820—1829 schon 488000 Pfd. Bickmore's Zahlen für den Durchschnitt der letzten Jahre vor 1868, dass 450000 Bäume (inkl. 1/3 nicht tragender) 580000 Pfd Nüsse und 137000 Pfd. Macis liefern, nähern sich, wie man sieht, ausserordentlich den Bleeker'schen Zahlen von 1 Katti (= 5/4 Pfd.) Nüsse, jedoch sind auch hier die nicht tragenden mitgerechnet.

In den Jahren 1859 und 1860 gab es etwa 349000 Bäume auf den Bandainseln, darunter 1860 272000 fruchttragende; sie gaben in den beiden Jahren 833000 und 1073000 Pfd. Nüsse, d. h. 2,4 und 3,1 Pfd. per Baum, und 1860 sogar 3,9 Pfd. für jeden fruchttragenden.

Nach Lans besass in den 70er Jahren Lontor 182000 Bäume und lieferte 668500 Pfd. Nüsse und 160500 Pfd Macis, d. h. 3,7 Pfd. Nüsse und 0,9 Pfd. Macis per Baum, während die eine besonders sorgfältig und durch viele Arbeiter (250 gegen 75 während der Monopolzeit) kultivirte Plantage Laoetang bei 12000 tragenden Bäumen ca. 60000 Pfd. Nüsse und 15000 Pfd. Macis lieferte, also den auffallend hohen Ertrag von 5 Pfd. Nüssen auf den tragenden Baum. Uebrigens berechnet Lans den Durchschnittsertrag der Inseln auf 3 1/8 Pfd. Nüsse und 25/32 Pfd. Macis.

Man kann also diese vielen Angaben und Berechnungen zu folgendem Gesammtbild vereinigen. Auf den Bandainseln, wo die Muskatbäume im Schatten fast wie wild aufwachsen und so gut wie nicht gedüngt werden, liefert der tragende Baum 1—2 kg, je nach der Gunst des Jahres und der Sorgfalt, welche dem Abernten zugewendet wird; bei sorgfältigerer Kultur hingegen lassen sich 2 1/2 kg per Baum erzielen.

Auf Sumatra, wo die Kultur früher recht sorgfältig getrieben wurde, auch mit Zufuhr von Dünger, gab der tragende Baum im Durchschnitt dennoch nicht mehr als 2 kg; während in den Straits wohl in Folge besonders starken Düngens Erträge von 2—2 1/2 kg erzielt wurden.

Wir erkennen also schon hieraus, dass die Bandainseln vor den Straits und Sumatra bevorzugt sind; die optimistischen Angaben der englischen Pflanzer (z. B. Oxley's) haben eine Zeit lang darüber hinweggetäuscht, aber schon früh gab es einsichtige Leute, die doch den Vorzug der Bandainseln erkannten und zugaben, dass Sumatra trotz aller Mühe kein so gutes Produkt und namentlich nicht so billig erzielen könne wie Banda. Nach Hopkins machten daselbst die beiden besten Nummern der Nüsse (Nr. 1 und 2) zusammen 4/5 der ganzen Ernte aus, was Low, der nur die Verhältnisse in den Straits kennt, unglaublich scheint. Auch Oxley selbst, 1848 der enthusiastische Vorkämpfer für die Muskatkultur auf Singapore, musste 1856 nach einer Reise nach Banda die Vorzüge des dortigen Produktes, die bessere und regelmässigere Form der Nüsse, die geringeren Krankheitserscheinungen und die

Erzielung eines vortrefflichen Produktes trotz grosser Verwahrlosung anerkennen.

η) Ernte.

Die Art der Einsammlung der Früchte ist eine sehr einfache: die Arbeiter müssen vor allen Dingen darauf achten, nur ganz reife, aussen schon röthliche oder gerade etwas aufplatzende Früchte zu pflücken. Dort, wo die Muskatbäume im Schatten hoch aufwachsen, wie in Banda, ist es eine mühsame Arbeit, die reifen Früchte zwischen dem Laubwerk zu erkennen, und beständig in die Höhe sehen zu müssen; trotzdem kann nach v. d. Crab ein guter Arbeiter während der grossen Erntezeit im Juli und August 1000—1500 Nüsse am Tage sammeln, in anderen Monaten geht zu viel Zeit durch das Suchen verloren. In Singapore rechnete man früher einen Arbeiter auf 100 Bäume. In Menado pflückt jeder Arbeiter täglich etwa 40—50 Bäume, in Banda dagegen hat der Arbeiter manchmal mit 2—3 Bäumen genug zu thun.

Unreife Früchte sind natürlich minderwerthig und besitzen vor allem auch eine unansehnliche und dünnere, noch nicht intensiv roth gefärbte Macis, aber auch die Nüsse sind viel weniger gut; die Kerne derselben schrumpfen beim Trocknen ganz ausserordentlich ein, und sind leicht dem Verderb durch Insekten ausgesetzt. Ersteres beruht darauf, dass das Endosperm fast bis zur Reifezeit in milchigem Zustande bleibt, letzteres kommt daher, dass das Zerklüftungsgewebe erst wenig des den Insekten unangenehmen oder schädlichen ätherischen Oeles enthält. Ferner beschädigt man beim Pflücken unreifer Früchte nur allzu leicht den Baum, namentlich aber die noch an denselben Zweigen hängenden Blüthen und jungen Früchte. Zuweilen platzen die Früchte auf, bevor sie ordentlich reif sind oder wenn die Nuss noch weich ist; Oxley meint zwar, dass dies bei manchen Bäumen ein erblicher Fehler sei, jedoch mag es wohl meist auf zu geringe Beschattung zurück zu führen sein, indem dann die Verdunstung der Blätter und Früchte eine zu grosse ist, um auch die Fruchtschalen bis zuletzt vollsaftig halten zu können. Auch bei durch zu starken Fruchtansatz geschwächten Bäumen platzen zuweilen die noch unreifen Früchte. Häufig täuscht hierbei die rothe Macis der in unreifem Zustande aufgesprungenen Nuss den Sammler.

Als früher in Banda die Sklaven täglich ein bestimmtes Quantum Nüsse abzuliefern gezwungen waren, geschah es zuweilen, dass sie auch die fast reifen, aber noch nicht aufgeplatzten Nüsse pflückten und sie zur Herbeiführung des Aufspringens eingruben (Ver Huell). Wo jetzt die Arbeiter nach der Quantität des Pflückens bezahlt werden, ist natürlich ein Anreiz für den gleichen Betrug gegeben. Oefters werden auch die noch nicht ganz reifen Nüsse künstlich mit einem Messer geöffnet, jedoch kann man diesen verbotenen Kunstgriff meist an der Nuss und der Macis erkennen.

Lässt man die am Baume langsam aufplatzenden Früchte zu lange hängen, so lösen sich die Nüsse sammt der Macis von der Fruchtschale ab und fallen zu Boden. Die Ansicht, dass diese von selbst abgefallenen Nüsse schon nach einem Tage verdorben sind, ist zwar (nach Reinwardt, Teysmann und eigenen Beobachtungen) nicht richtig, dagegen leidet (namentlich bei Regenwetter) die Macis, und wird unansehnlich; bei längerem Liegen auf dem feuchten Boden fault dieselbe, und es dringen leicht Pilzhyphen durch die Mikropyle in die Nuss hinein. Auch sollen solche Nüsse leichter wurmstichig werden; ferner haben sie weniger Halt in sich und zerfallen durch den Trocknungsprozess und das Aufklopfen vielfach in Stücke. — Bei einem gründlich gereinigten Boden und sorgsamem regelmässigem Sammeln ist die Gefahr des Verderbens in Folge des Abfallens von Früchten natürlich eine geringe. In Grenada lässt man nach Eggers sogar stets die Früchte von selbst sich ablösen, und liest sie ein- bis zweimal täglich vom Boden auf, und thut sie in Körbe. Zur Zeit der Reife wird aber deshalb daselbst der Boden unter den Bäumen von Gras und Unkraut befreit, auch wohl auf abschüssigem Terrain ein niedriges Drahtgitter auf der Erde angebracht, um das Herabrollen der Kerne zu verhindern. Sicher würde sich das Verfahren auch für Asien empfehlen, es ist bequemer, weniger Zeit raubend, und man ist, im Allgemeinen wenigstens, sicher, nur reife Nüsse zu erhalten; jedoch erfordert es eine reguläre mindestens tägliche einmalige Absuchung der gesammten Plantage, da sonst natürlich viele Nüsse und namentlich viel Macis verloren wird. Ferner ist Reinhaltung des Bodens nothwendig, dem in gebirgigen Gegenden aber freilich die oben angeführten Bedenken entgegenstehen. Das Verfahren eignet sich demnach nur für Plantagen mit genügenden, unter energischen Leitern stehenden Arbeitern, und mit geringer Bodenfaltung.

In Asien dagegen werden die Nüsse noch wie vor mehreren Hundert Jahren, in primitiver Weise gepflückt; wenn die Bäume sehr hoch sind, müssen die Leute in die Bäume hineinsteigen, praktischer wären vielleicht solche Bambusgestelle, wie man sie in Sansibar zum Nelkenpflücken benutzt, die man von einem Baum zum andern tragen kann.

Rumph sagt in seiner Beschreibung der Ernte, dass die Leute auf die Bäume klettern und die Nüsse mit langen Haken und durch Heranziehen der Aeste abbrechen, und zwar sei hierbei die Gefahr des Herunterfallens geringer als bei der Nelkenernte in Amboina, da der Muskatnussbaum viel dickere Aeste hat, auf denen man besser stehen, und dazu auch viele Seitenzweige, die man bequem an sich heranziehen könne. Die abgebrochenen Nüsse fallen dann auf den Boden unter den Bäumen, der bei weitem nicht so sauber gehalten wird wie bei der Nelkenkultur; nur muss man bei abschüssigen Lagen einen kleinen Erdwall aufwerfen, damit die Nüsse nicht zu weit hinunter rollen. Schon damals bediente man sich aber auch kleiner Schneidemesser, die an Stöcke oder Bambus von 5′ Länge festgebunden wurden; daneben freilich primitiver Holzhaken (cf. oben pag. 118). Ende des vorigen Jahrhunderts trat dann meist ein Haken an die Stelle des Messers (Moreau, Ver Huell), und dies war auch die in Sumatra und den Straits gebräuchliche Methode; auch 1867 that noch Devay des Gebrauches der Hakenstöcke auf Banda Erwähnung. Weddick giebt 1839 auch noch lange dünne, oben gespaltene Bambus an, um damit die Früchte herabzustossen.

Viel vollkommener ist dagegen die Art des Pflückens, wie sie jetzt und auch schon in den 50er Jahren in den holländischen Besitzungen angewandt wird; man bedient sich dabei des hier abgebildeten Instrumentes, das in den Molukken und in der Minahassa Gai-Gai (auch Gait-Gait) genannt wird und in ähnlicher Weise z. B. in Portugal zum Olivenpflücken dient. Das Prinzip ist dasselbe wie das unserer Instrumente zum Apfelpflücken, nur dass an Stelle des Stockes ein oder häufig auch zwei in einander schiebbare Bambusstangen treten, und der Sack durch ein aus Rottang oder Bambus geflochtenes, spindelförmiges oben an der einen Seite offenes Körbchen vertreten wird. Eisenhaken werden zwar zuweilen auch angewandt, jedoch bedient man sich zum Abreissen meist zweier nach unten gerichteter divergirender Holzhaken, so dass sich beim Anziehen die Frucht zwischen denselben einklemmt; durch ein gelindes weiteres Anziehen, jedenfalls aber durch eine leichte Drehung, reisst sie dann am Fruchtstiele ab und fällt hierdurch in den darunter befindlichen Pflückkorb. Ein solcher Korb kann 3—4 Nüsse nebst Schale aufnehmen, und hat den Vortheil, dass die Macis nicht durch den Fall zerbrechen kann, und auch keine Nüsse im Grase verloren gehen oder zeitraubendes Suchen veranlassen.

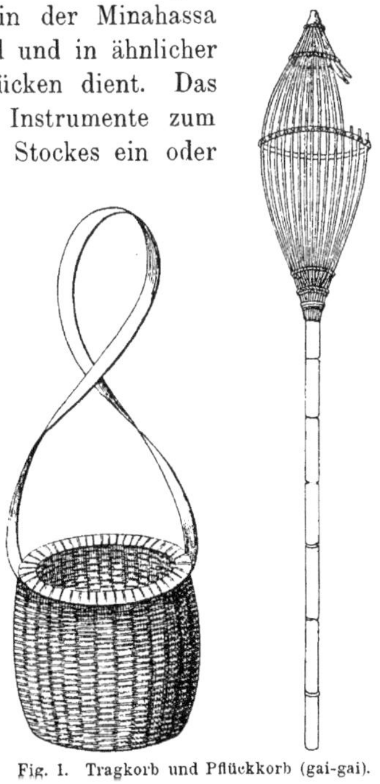

Fig. 1. Tragkorb und Pflückkorb (gai-gai).

Ein derartiger im Kew-Museum aufbewahrter Korb besteht aus 17 etwa 70 cm langen und 4—5 cm breiten Bambusstäben, die derart zu einer etwa 1/2 m langen

Spindel durch Rottang mit einander verbunden sind, dass sie unten einen etwa 12 mm dicken Bambus, oben ein ebenso dickes, etwa 4 cm langes Stück Holz dicht umschliessen, während in der Mitte durch eingeflochtenen Rottang die Stäbe etwa 1½ bis 2 cm von einander entfernt gehalten sind, so dass sie einen Kreis umschliessen von etwa 13 cm Durchmesser. Von diesem Mittelring an bis etwa 5 cm unter dem oberen Ende der Spindel, wo sich gleichfalls ein Rottangring befindet, sind mehrere Bambusstreifen herausgeschnitten und dafür an diesem oberen Ring zwei etwa 5½ cm lange, etwas hakig gekrümmte, nach unten zu spitze Holzhaken eingefügt.

Ein ähnliches von mir in Menado erworbenes Körbchen besteht aus 19 Bambusstäben, von denen fünf in der oberen Hälfte fehlen; sieben von diesen Stäben hängen oben noch zusammen und stellen nur einen aufgeschlitzten, 1½ cm dicken Bambus dar, zwischen welche die übrigen Stäbe hineingesteckt sind; selbstverständlich fehlt in diesem Falle das obere Holz, da das Bambusende die Stelle desselben vertritt; die ausserordentlich fest mit Rottang eingefügten Haken bestehen aus hartem Holz, sie sind nicht hakig gebogen, sondern stehen nach unten gerade und etwas divergirend hervor, nach dem freien Ende zu dünner werdend; sie ragen aber seitlich nicht über den unteren Theil des Korbes heraus, sodass die Nüsse dort hineinfallen müssen; der freie Theil dieser Holzzapfen ist 5 cm lang, an der Basis sind sie 1 cm dick, an der Spitze nur ⅓—½ cm.

Die Stange besteht aus drei ineinander gesteckten Bambusstangen, die unterste, aus dem 4 cm dicken Bambulaut verfertigt, ist etwa 12′ lang, in das dünne Ende wird ein noch dünnerer zweiter Bambus und in diesen wieder ein dritter Bambus, beide etwa 6′ lang, hineingesteckt, so dass das ganze Gai-Gai etwa eine Länge von 24′ besitzt.

Eine andere, aber viel seltener gebräuchliche Form ist die von Forbes (Wanderungen im malayischen Archipel II. pag. 6) abgebildete, wo der geflochtene Korb nicht wie bei dem anderen Schema dem Ende der Stange aufsitzt, sondern seitlich daran befestigt ist, während die zwei Haken nicht wie bei der gewöhnlichen Form an dem Korbe sitzen, sondern an dem über den oben offenen Korb hinausragenden Ende der Stange befestigt sind.

ϑ) Einbringen der Ernte.

Die Nüsse werden meist schon an Ort und Stelle in der Plantage von den fleischigen Fruchtschalen befreit, was, soweit die Nüsse geplatzt sind, leicht mit den Händen ausgeführt werden kann. Die Schalen bleiben dann daselbst liegen, um später als Dünger untergegraben zu werden; wenn aber die Schalen noch fest aufsitzen, so müssen sie mit dem Messer geöffnet werden.

Hierbei kann es (nach Rumph) Unerfahrenen leicht passiren, dass sie bei noch nicht reifen und genügend harten Nüssen mit dem Messer ganz hindurch fahren und sich in die Hand schneiden; auch Valentijn erwähnt dies, indem er die Entfernung der Schale etwa folgendermassen beschreibt (cf. auch oben pag. 118). Wenn die Früchte sich zu spalten beginnen, gehen die Sklaven, jeder mit einem Korbe, morgens früh in die Pflanzung und kommen Abends 5 Uhr wieder zurück. Dann wird ein

Messer mit der Schneide nach oben an zwei in der Erde steckenden Hölzer befestigt und hieran die äussere Schale der Nuss mit einem drehenden Ruck derart bis auf die harte Schale der Nuss gespalten, dass sie abfällt; man muss sehr vorsichtig sein, da bei zu jungen Nüssen leicht das scharfe Messer durch die ganze Nuss hindurch geht, wobei es dann manchmal um 1—2 Finger geschehen ist.

Die von der Macis umgebenen Nüsse werden dann in den von den Frauen meist auf dem Rücken getragenen Sammelkorb gethan. Ver Huell giebt an, dass im Jahre 1817 jeder Sklave und jede Sklavin zwei Körbe trugen, einen vorne und einen auf dem Rücken hängend. Auch diese Körbe sind von verschiedener Gestalt; im Kew-Museum in London befindet sich als viel benutzte Form aus Banda ein von Forbes gesandter Korb, der unten viereckig ist, mit einer Fläche von 15 cm im Quadrat, oben dagegen rund ist, sodass die Oeffnung 14 cm Durchmesser hat; er ist aus 3 mm breiten senkrechten und einer viel grösseren Anzahl 2 mm breiten ringläufigen Bambusstreifen verfertigt; der Boden ist mit dickeren 1¾ cm breiten Streifen ausgelegt. Der Korb ist zum Umhängen, als Band dienen 1½ cm breite Baststreifen; siehe Abbildung pag. 437.

Meist zweimal am Tage, mittags und abends werden die Nüsse nach Hause getragen, in abgezählte Haufen gelegt, und vom Aufseher gezählt und notirt.

ι) Verwerthung des Perikarps.

Einige Pflanzer lassen auch die fleischigen Aussen-Schalen, d. h. das Perikarp mit einbringen, zur Kontrolle, ob ausschliesslich reife Früchte geerntet worden sind. Dies scheint zu Valentijn's Zeiten allgemein üblich gewesen zu sein, und auch von Penang wird berichtet, wie auf grossen Holztischen die Aussenschale entfernt und die von der Macis umgebenen Nüsse in Lederkörbe gethan wurden, um einer zweiten Arbeiterkolonne übergeben zu werden.

Meist lässt man dann auch diese Schalen der Pflanzung wieder als Düngemittel zukommen. Jedoch giebt es auch noch andere Verwerthungen, die, namentlich früher von Bedeutung, auch jetzt noch hier und da im Gebrauch sind.

Zuweilen werden die fleischigen Schalen in flachen Gruben aufgehäuft, **Muskatpilz** und mit Blatterde, Zweige etc. überdeckt. Sie gehen dann schnell in Zersetzung über und bilden so einen guten Nährboden zur Entwickelung eines sehr gerühmten, in Banda als grosser Leckerbissen betrachteten wohlschmeckenden Pilzes, der malayisch djamur pala (= Muskatpilz) genannt wird.

In Rumph's Herbarium amboinense lib. XI cap. 19 umfasst diese „Note muscate Paddestoel“ oder „Kampernolie“ ein besonderes Kapitel. Es ist ein kurzer dicker Pilz, nicht über vier Fingerdicken breit, mit einem dicken Stiel und einem runden glockigen, knorpeligen Hut, der oberseits eben und schwarzgrau ist und unterseits die gewöhnlichen Falten hat. (Es ist also ein zu den Agaricaceae gehöriger Pilz [1]). Der Hut ist zuerst geschlossen und unterseits mit einem einer Vorhaut ähnlichen aschgrauen Gebilde (also einem Velum partiale) halb bedeckt, das sich aber bald öffnet und vergeht, während der Hut mit dem Stiel bestehen bleibt.

Auf lateinisch nennt Rumph ihn Boletus moschocaryanus, auf malayisch Culat pala (Culat ist Allgemeinname für Pilz, der auch in Banda bekannt ist, auf Ambon Ulat.); man findet ihn nach Rumph nur auf Banda, da man bei den einzelnen Bäumen von Ambon und den anderen Inseln nicht zum Aufhäufen der Schalen kommt. (Das Anlegen von Gruben kannte man nämlich damals nicht, sondern warf die Schalen einfach zu Haufen aufeinander).

Es ist nach Rumph der wohlschmeckendste und beste aller Pilze, der auch von den höchst stehenden Leuten gerne gegessen wird [2]); er giebt eine vortreffliche Suppe, und beim Kauen einen knisternden Ton (wat krakent). In Banda kommen deshalb keine dieser Pilze um, zumal da man sie auch in schwache Säure legen und dann verwenden kann; jedoch muss man sie dann vor dem Gebrauch erst aussüssen, auch verlieren sie bei dieser Prozedur viel von dem ursprünglichen angenehmen Geschmack.

6. Erntebereitung der Macis.

α) Ablösung der Macis.

Die Loslösung der Macis von der Nuss geschieht unmittelbar nach dem Einbringen der Nüsse in's Pack- oder Trockenhaus, und zwar wird die Nuss in der Minahassa einfach aus der Macis herausgedrückt, da diese, wenn die Nuss wirklich reif ist, an der Spitze offen ist. Sonst wird die Loslösung auch vermittelst eines scharfen Messers bewerkstelligt. Hierbei ist Behutsamkeit erforderlich, damit die Macis nicht bricht oder einreisst. In Banda begann man, wenigstens früher (1856),

---

[1]) Botanisch ist dieser Pilz noch nicht identifizirt; wenn er in Valmont de Bomare's Dictionaire (1769) IV. pag. 132 als Boletus moschocatynus bezeichnet wird, so ist doch eine wissenschaftliche Diagnose bisher nirgends gegeben; der Name stammt offenbar aus der lateinischen Uebersetzung der Beschreibung Rumph's in Valentini's Historia simplicium; India literata Epist. XXV.

[2]) Andere wohlschmeckende Pilze werden übrigens auch auf den ausgezogenen Indigoblättern und dem ausgepressten Zuckerrohr gezüchtet; sie heissen danach djamur tom und djamur tebu. Auch auf dem ausgewaschenen Sagomark kommt ein ähnlicher Pilz vor, von Rumph culat sagu, boletus saguarius genannt (Herb. amb. Lib. XI. cap. XIX).

meist an der Basis der Nuss, indem man daselbst die Macis mit Hülfe eines grossen Messers abtrennte. Besser ist es nach Oxley, und auch vielfach gebräuchlich, an der Spitze der Nuss anzufangen, sei es mit der Hand oder mit einem Messer, da die einzelnen Lappen der Macis dort, wenn sie sich überhaupt berühren, nur lose über einander liegen, während die Macis an der Basis der Nuss ein einheitliches Ganzes darstellt; es gelingt auf diese Weise besser, die Macis völlig heil und schön ausgebreitet abzulösen.

Zu Valentijn's Zeiten hatten die Perksklaven, die um 5 Uhr mit den geernteten Nüssen nach Hause kamen, häufig noch abends dies selbst zu thun; jetzt hingegen lässt man diese Arbeit meist durch besonders geübte Arbeiter verrichten, da die Pflücker meist abends keine Zeit dazu, und auch gewöhnlich nicht die Geschicklichkeit haben. Da die Morgenernte meist schon mittags eingebracht wird, so kann diese Arbeit schon früh am Nachmittage beginnen.

β) Trocknen der Macis.

Ist die Macis abgestreift, so besteht die Hauptaufgabe darin, sie schnell und ohne grosse Wärme zu trocknen. Auch hierzu braucht man besonders eingeübte Arbeiter, auf kleinen Plantagen genügt schon einer, dessen einzige Aufgabe es ist, die Macis zu beaufsichtigen und zu trocknen. Bei sonnigem Wetter (und in jenen Gegenden ist selbst während der Regenzeit fast nie der Himmel den ganzen Tag bewölkt) wird die Macis einfach auf Matten oder grossen, platten, aus Bambus geflochtener Tellern (in den Molukken niru's genannt) auf der Erde oder auf Gerüsten[1]) ausgebreitet, oder auch auf 3—10′ hohen Bambusgestellen auf Hürden aus gespaltenem Bambus oder Rohr (cf. oben pag. 118) für kurze Zeit der Sonne ausgesetzt, bei Regenwetter aber sofort in einen gedeckten Raum gebracht, falls nicht die Gerüste selbst Schutzdächer zum Zuklappen besitzen.

Sobald die Macis beginnt schlaff zu werden, drückt man sie platt, was man in Sumatra und Singapore früher mit der Hand that, während man in den Molukken sie mit den Füssen gleichmässig platt stampft. In der Minahassa wird die Macis hierauf umgedreht, wieder ½—1

1) Man thut gut, diese Teller nicht direkt auf den feuchten Erdboden, sondern auf möglichst hohe und frei stehende Bambus- oder Holzgerüste zu stellen. In Rumph's Zeiten legte man die Macis auf altarähnliches viereckiges Mauerwerk; jedoch ist das Ausbreiten auf Bambustellern vorzuziehen wegen der leichten Bergung bei drohendem Regen und der geringeren zurückgestrahlten Hitze des Geflechtes.

Stunde getrocknet und abermals platt gestampft. Die hierdurch erreichte platte Form der Macis spart einerseits bei der Versendung viel Raum, andererseits verhindert sie auch, dass die durch das Trocknen sehr bröckelig werdende Macis durch gegenseitige Reibung zu minderwerthigem Grus zerfällt.

Nachts muss die Macis natürlich, um sie gegen den Thau zu schützen, in einen gedeckten Raum gebracht werden, in der Minahassa und meist auch in Banda benutzt man dazu die Rauchkammer, da ja daselbst nachts kein Rauch gemacht wird, wenn keine besondere Eile beim Trocknen der Nüsse erforderlich ist. — Bei gutem trockenem Wetter ist die Macis in zwei Tagen genügend getrocknet, oft dauert die Procedur aber drei, oder auch manchmal vier Tage.

Da die feucht versandte Macis unter Wurmfrass leidet, muss man bei dauernd regnerischem Wetter zu künstlichem Trocknen seine Zuflucht nehmen, was aber immer etwas gefährlich ist, da man sowohl zu grosse Wärme, als auch Rauch möglichst vermeiden muss. Durch zu grosse Hitze krümmt sich die Macis ein, durch Rauch entstehen dunkle Flecke, die den Preis bedeutend herabdrücken, da ja die Farbe eine so grosse Rolle bei der Beurtheilung spielt; auch soll die über Feuer getrocknete Macis nach v. Hogendorp bei der Versendung in der Bruthitze des Schiffsraumes ausdünsten. Mit Hülfe von Maschinen würde man sich mit Leichtigkeit gänzlich vom Sonnenschein unabhängig machen können. Bei dem geringen Fortschritt dieser Kultur und dem Mangel an Initiative bei den Pflanzern ist aber daran nicht zu denken, und als einziges mangelhaftes Surrogat der Sonne dient bisher ausschliesslich das Trocknen über gelindem offenen Feuer, wobei man meist Holzkohlen oder die Schalen der Kanarifrüchte benutzt, und wobei man die Bambusteller etwa 4′ über dem Feuer auf ein Gestell setzt.

Zu stark getrocknete Macis wird, wie erwähnt, leicht spröde, bricht beim Verpacken und verliert auch an Aroma. Die Holländer haben sich früher hiergegen, sowie angeblich auch gegen Insektenfrass (Valentini, Dissert.) dadurch zu helfen gesucht, dass sie die getrocknete Macis vor dem Einpacken mit etwas Seewasser (nach den Kommissaren 1682 sowie nach Rumph zu jedem Sack 2 Kannen, cf. oben p. 119) besprengten, welche Praxis schon zu Wurffbain's Zeiten, also gleich nach der Eroberung der Jnseln geübt wurde und sich auch noch bis ins vorige Jahrhundert hielt. Auch soll das Seewasser zuweilen vor oder während des Trocknens der Macis angewandt worden sein, anstatt wie in dem eben erwähnten Fall vor dem Verpacken; die Macis blieb dann geschmeidiger, konnte mit geringerem Verlust platt getreten werden und zerbrach in den Säcken weniger, auch soll sie, auf diese Weise bereitet, den Oelgehalt (nach Rumph die Fettigkeit) besser konserviren, sowie auch besser gegen Insekten geschützt sein.

Jetzt scheint diese mit Recht von Reinwardt (p. 405), Semler und anderen verurtheilte Sitte aber ziemlich abgekommen zu sein; sie ist insofern auch etwas gefährlich, da das eintrocknende Salz leicht etwas mehr Wasser anziehen kann, als gerade erforderlich ist, um die Macis geschmeidig zu halten, sodass dann, wenn nicht fortwährend die aufgestapelte Macis, namentlich in den feuchten Produktionsgegenden, der Kontrolle unterliegt, um nöthigenfalls einer Nachtrocknung unterzogen zu werden, gerade umgekehrt das Salzwasser die Ursache frühzeitigen Verderbens werden dürfte; wünscht man die Macis geschmeidig zu machen, so braucht man sie nur einige Tage an die Luft in den Schatten zu legen, hierdurch zieht sie wieder genug Wasser an, namentlich an Tagen, wo die Luft viel Wasserdampf enthält. So wird auch schon vor zwei Jahrhunderten in dem Bericht der Kommissare angeführt, dass die Macis, nachdem sie einen Tag an der Sonne getrocknet worden sei, noch acht Tage an einem weniger sonnigen Ort nachgetrocknet werde. Jedenfalls ist es gut, wenn, wie gleichfalls die Kommissare schon 1682 angaben, die Haufen im Packhaus schliesslich derartig hergestellt werden, dass der Wind austrocknend hindurchstreichen kann.

In Grenada wird die Macis nach dem Bericht eines dortigen Pflanzers einfach unter schwere Holzblöcke zum Pressen und Trocknen gelegt, und daselbst 2—3 Tage gelassen; dann wird sie in einen Kasten gethan, bis sie die richtige Farbe hat. Man sollte es kaum für möglich halten, dass dies Verfahren eine gute Handelswaare liefert. Eggers gibt sogar an, dass in Grenada die Macis (ebenso wie die Nüsse) zuerst in flache Kästen mit durchlöchertem Blechboden gethan, im Schatten getrocknet und dann erst flach gepresst wird; das muss natürlich viel länger dauern, als das Trocknen in der Sonne. Im malayischen Archipel wird hingegen bei gutem Wetter im Allgemeinen nicht im Schatten getrocknet; die Macis kann dadurch kaum genügend austrocknen, um nicht später bei längerer Aufbewahrung oder bei dem Transport in diesen feuchten Gegenden muffig zu werden; auch werden die Insekteneier nur durch direkte Wärme zerstört und die Thiere greifen nicht gut getrocknete Macis viel leichter an.

Lumsdaine erwähnt, dass einige Pflanzer das Ende der Macis (the heels, wörtlich die Ferse) abschneiden, da sie glauben, dass die Insekten gerade in diesen Theilen sich festsetzen, was nach Lumsdaine aber ein Irrthum ist; dagegen vertritt er die Ansicht, die Macis lieber in einfacher Schicht zu trocknen, als in doppelter, da sich zwischen den Falten der beiden Schichten die Insekten gut niederlassen können, und das vielleicht etwas bessere und vollere Aussehen der Macis durch das Risiko des Verderbens mehr als aufgewogen wird.

Er meint übrigens, dass der beste Schutz gegen Insekten der ist, die gut bereitete Macis an trockenen Orten in dichten Packungen aufzubewahren, sie aber dann alle 14 Tage einmal fünf oder sechs Stunden der Sonne auszusetzen.

Was die Farbe der Macis betrifft, so erleidet sie in Folge des Trocknungsprozesses eine sehr bedeutende Aenderung. Während die Farbe ursprünglich an der frischen Nuss ausgeprägt roth ist, geht sie beim Trocknen allmählich in heller rothe Nuancen über, bis sie schliesslich eine orange und erst nach einigen Monaten die im Handel am meisten beliebte goldgelbe Farbe annimmt; das wird schon von Paludanus, Clusius etc. erwähnt.

Dass manche Bäume eine auch im frischen Zustande weisse oder vielmehr elfenbeinfarbene Macis besitzen, wurde schon besprochen; diese Färbung bleibt beim Trocknen. Auch die Macis der durch übergrosse Trockenheit frühzeitig aufspringenden Früchte ist weniger tief gefärbt und ärmer an aromatischem Stoff und schädigt auch dadurch das gute Produkt, wenn es darunter gemischt wird; dasselbe ist natürlich noch in erhöhtem Maasse der Fall bei der Macis der unreif gepflückten noch geschlossenen Früchte.

Wie die Farbe, so ändert sich durch den Trocknungsprozess auch der Glanz und die Konsistenz der Macis bedeutend. Der frische Arillus ist fleischig und von kräftigem Glanze, die getrocknete Macis ist bornartig und brüchig, trübe und nur schwach durchscheinend mit einem matten Fettglanze. Mit der Zeit bleicht die Macis noch weiter und wird, wohl durch weitere Eintrocknung, noch dünner.

Aufbewahrt wird die Macis häufig in Säcken, da sie aber durch längeres Liegen wieder Wasser anzieht und weich wird, so muss man sie von Zeit zu Zeit nachsehen und, falls die Macis feucht geworden ist, sie wieder an der Luft trocknen. Falls sich schon Schimmel angesetzt hat, so wird sie auch heute noch zuweilen in Seewasser durchgeschüttelt (süsses Wasser macht sie leicht missfarbig und fleckig), dann lässt man das Wasser abtropfen und trocknet sie an der Sonne.

γ) Verpackung der Macis.

Für den Transport kommt die Macis jetzt allgemein in Kisten oder Fässer verschiedener Grösse; und zwar wird die ja durch den Trocknungsprozess platt gewordene Macis ganz fest verstampft, was in den Molukken noch fast allgemein dadurch geschieht, dass ein Mann die Macis mit den blossen Füssen niedertritt, gewöhnlich sogar ohne jede Tuchunterlage, obgleich das doch nur eine geringe und gewiss kaum übertriebene Konzession an den europäischen Geschmack darstellen würde; der Druck ist demnach nur ein geringer. Die Fässer, die am besten aus Teak-(Djati)holz gemacht werden, enthalten jetzt im allgemeinen 150 Kilo (1856 nach Oxley auf Banda 280 Pfund).

In den vorigen Jahrhunderten ward die Macis nicht so sorgfältig verpackt, sondern in 5′ lange, $1\frac{1}{2}$′ breite Mattensäcke[1]) (sokkel oder sukel genannt) gestopft und gleichfalls mit den Füssen festgestampft, seit der Ordre vom 24. Dezember 1671 wurden vor dem Einstampfen, angeblich um die Macis besser zu konserviren, zwei Kannen Seewasser zugegossen; dann wurden die Säcke zugenäht, mit Rottang umflochten und das Gewicht darauf verzeichnet (cf. auch pag. 119 u. 121). Jeder solcher Ballen enthielt 28 Bandasche Katti's, das sind nach verschiedenen Angaben (cf. Reinwardt) 154—161 Amsterdamer Pfund (die aber der Tara wegen nur für 160 gerechnet wurden); je nach der Sorte (Klimmfoelie, Raapfoelie, Gruisfoelie) erhielt er 1—3 Handgriffe (ooren). Diese Sokkels wurden dann nach Europa gesandt, begleitet von dem Frachtbrief mit dem Namen des Beauftragten (gecommitteerden); auch bei den Verkäufern in Holland wurde nach Sokkels gerechnet und zwar ohne Abrechnung von Tara (uitslag). Daendels führte statt der weder wurm- noch bruchsicheren Sokkels 1809 Kisten ein und in den 20er Jahren kamen die von den Engländern zuerst eingeführten Fässer in Gebrauch.

Nach den Aanteekeningen wurde in den 50er Jahren in den Packhäusern auch noch durch Schwingen der Macisstaub (stoffoelie) abgetrennt, und dann gute Macis, Grus und Staub besonders verpackt; jetzt scheint letztere Sorte nicht mehr vom Grus abgetrennt zu werden, so dass man nur zwei Hauptsorten kennt, Macis und Macis grus, letztere aber wird je nach der Qualität in mehreren auch nach den Buchstaben E. F. G. genannten Nummern unterschieden.

7. Erntebereitung der Nüsse.

α) Trocknen der Nüsse.

Nachdem die Macis entfernt ist, bleiben die Nüsse in dem Trockenhaus[2]) (in den Molukken Droog-Kombuis = Trockenküche) genannt, oder

---

[1]) Man verwandte in Banda zum Mattenflechten die Kokoyo, eine dort sehr häufige Pandanusart, aber keine der gewöhnlichen Strandarten daselbst. Wenn die Bandanesen die Blätter schnitten, traten sie (nach Rumph) die Zweige in die Erde hinein und sorgten so für die Fortpflanzung des Gewächses.

[2]) Ganz kleine Quantitäten Nüsse können natürlich auch bei genügender Wartung in der Küche auf Gestellen hoch über dem Herd getrocknet werden.

werden, wenn die Macis in dem Packhaus abgestreift worden war, dorthin transportiert [1]).

Es sind diese Trockenhäuser meist aus Bambus gebaut, neuerdings wird vielfach auch solideres Material, Backsteine etc. dazu genommen, um das Abziehen des Rauches zu ermöglichen, werden sie gewöhnlich mit Blättern der Nipapalme, Gras oder anderem nicht fest schliessendem Material gedeckt. In denselben befinden sich meist etwa 10—12′ hohe Gestelle, in den Molukken, „para-para“ genannt, die oben Hürden aus weitmaschig geflochtenen Bambusstreifen, oder aus den Blattstielstreifen der Sagopalme tragen; jedoch müssen die Lücken dieses Flechtwerkes so klein sein, dass auch die kleinsten Nüsse nicht hindurch fallen können, und das Flechtwerk muss andererseits stark genug sein, um auch Menschen zu tragen, welche die Nüsse von Zeit zu Zeit umwenden müssen. Die einzelnen Hürden sind in verschiedene, meist 4—5 Fächer (auf den Molukken pettaks genannt) getheilt, und in diese bringt man gesondert die Ernten eines oder mehrerer auf einander folgenden Tage, auf kleineren Plantagen wenigstens die Ernten der einzelnen Monate, um nicht die frischen und schon getrockneten Nüsse zu vermischen. Die Nüsse dürfen höchstens $1^1/_2$′ über einander geschichtet werden, aber auch das wohl nur, wenn sie ziemlich trocken sind, in der Minahassa schichtet man sie im Allgemeinen nur bis $^1/_2$′ über einander, und in Banda scheint 1′ das selten überschrittene Maximum zu sein.

Auf dem Boden dieser Rauchkammer brennt tagsüber ein kleines offenes, aber nicht hell brennendes Feuer aus möglichst wenig russendem Holz, es sind deshalb stark harzhaltige Hölzer streng auszuschliessen; das Holz der Kanaribäume, sowie der abgestorbenen oder der umgefällten männlichen Muskatbäume wird vielfach benutzt; meist müssen die Arbeiter, welche die Nüsse pflücken, auch etwas trockenes Holz aus der Plantage mitbringen. Nachts wird gewöhnlich das Feuer gelöscht, da die Nüsse um so besser werden, je langsamer sie trocknen; das Löschen darf aber nicht vermittelst Wasser geschehen, da das zuviel Rauch verursachen würde.

Falls man schnell trocknen will, kann man auch das Feuer die Nacht über brennen lassen, dann sind die Nüsse im Allgemeinen schon in 14 Tagen trocken. — Zu stark darf das Feuer nicht sein, da sonst die Nüsse innerlich zn schnell austrocknen und die Kerne häufig

---

1) Zuweilen wiegt man sie zur Kontrolle, bevor man sie trocknet; das Sortiren vor dem Räuchern, was auch zuweilen angegeben wird, hat wenig Zweck, namentlich nicht, wenn man die Nüsse später aufklopft, um sie ohne Schale zu versenden.

hierdurch Sprünge bekommen. Auf eine höhere Temperatur als 60° C., sollte deshalb die Luft in der Umgebung der Nüsse überhaupt nicht steigen.

Jeden Morgen, am besten sogar mehrmals täglich, mindestens aber alle 3 Tage, werden die Nüsse mittelst platter Holzrechen umgewendet und durcheinander gerührt, damit die oben liegenden Nüsse möglichst unten zu liegen kommen; denn da die vom Feuer erwärmte Luft mit dem Rauch von unten durch das Bambusgeflecht aufsteigt, so trocknen die unten liegenden Nüsse besser als die oberen und man würde ein ungleichmässig getrocknetes oder bei zu frühem Herausnehmen ein theilweise sogar verschimmeltes Produkt erhalten, wenn man nicht die Nüsse häufig durcheinander rührte.

Valentijn's Beschreibung des Trocknungsprozesses zeigt, dass fast zwei Jahrhunderte lang die Methode ziemlich dieselbe geblieben ist, obgleich gerade hierbei viel Raum für bedeutende Verbesserungen vorhanden ist. — Genau wie heute, so wurden auch damals die Nüsse auf die Paraparas, d. h. auf ein mit gespaltenem Bambus oder Rohr bedecktes Lattengerüst zum Trocknen gelegt. Dies Gerüst besass fünf Fächer oder petak's und in jedem Fach blieben die Nüsse eine Woche; unter jedes Fach wurde dann ein mässig starkes Feuer angemacht, damit die Nüsse derartig trocknen konnten, dass sie schliesslich in der Schale „rammelten“; wenn sie das vierte Fach verliessen, waren sie schon ganz trocken, unter dem fünften Fach wurde etwas noch nicht ganz trockenes vermulmtes Holz angezündet, endlich kamen die Nüsse in ein sechstes grosses Fach, worunter nur sehr wenig Feuer gemacht wurde. Dieses Trocknen nahm im Ganzen 6—8 Wochen in Anspruch; danach blieben sie noch 5—6 Wochen bei den „Perkeniers“ (cf. auch oben pag. 119 u. 121).

In früheren Jahrhunderten bediente man sich aber beim Trocknen auch der Sonnenwärme mehr als es jetzt geschieht. So giebt Rumph an, dass man seiner Zeit die Nüsse auf mit gespaltenem Bambus bedeckten Lattengestellen (Parre-Parre) acht Tage der Sonne auszusetzen pflegte, dass aber dies sich als nicht günstig herausstellte, da durch die Sonnenhitze die Schalen der Nüsse leicht Spalten bekommen, durch die dann nachts der Thau dringt und die Nüsse verdirbt, darum herrschte schon zu seiner Zeit der Gebrauch, entweder die Nüsse nur drei Tage an der Sonne zu trocknen und auch dann sie nachts über hereinzunehmen, oder sie sofort auf Parre-Parre's zu bringen, die in dicht geschlossenen oder mit Pfahlwänden versehenen Häusern stehen, um sie von einem unten befindlichen Feuer ausräuchern zu lassen.

Auch Salomon Müller sah noch 1828 in Banda die Nüsse ebenso wie die Macis in aus Bambus geflochtenen Tellern auf 8—10′ Bambusstellagen zuerst der Sonne ausgesetzt werden.

Man hat sich mehrfach[1]) gegen dieses Trocknen in den Rauchkammern überhaupt ausgesprochen; z. B. wünschte schon Teysmann Einricht-

---

[1]) Teysmann, der 1861 die Molukken bereiste, fand z. B. diese Methode des Trocknens recht mangelhaft; die Gestelle sind nach ihm zu weit von dem Feuer entfernt, und die Lagen sind zu dick, so dass die Nüsse nicht schnell genug trocknen und viele dadurch schlecht werden.

ungen getroffen zu sehen, wie es bei dem Kaffee gebräuchlich ist, um auf bequeme Weise in den Mittagsstunden die künstliche Wärme durch die Sonnenhitze ersetzen zu können. Man sollte denken, dass sich leicht eine Maschine konstruiren liesse, die diesen ganzen Prozess schneller und regelmässiger bewerkstelligen könnte, analog z. B. den Theetrocknungsmaschinen etc. Man macht dem Räuchern hauptsächlich zum Vorwurf, dass der Rauch den Geruch und Geschmack zum Nachtheil verändere; aber einerseits wird ja relativ wenig Rauch durch das benutzte Holz hervorgerufen und andererseits schützt doch die Holzschale ausserordentlich, sodass gewiss nur wenig von dem Rauch eindringt.

In Bezug auf Insektenfrass[1]) hat das Räuchern wohl wenig Bedeutung; in die frischen von Schale umgebenen Nüsse dringen Insekten nur selten ein; dass sich schon von der Blüthezeit oder der Zeit der Fruchtausbildung her Insekten in äusserlich gesund aussehenden Nüssen befinden, ist nirgends beobachtet und auch durchaus unwahrscheinlich, hingegen findet man, wie wir pag. 324 sahen, in Verbindung mit dem Wurmfrass deformirte Früchte, in denen durch die frühzeitigen Eingriffe Schale und Ruminationsgewebe nicht oder zu pathologischer Entwickelung gebracht sind. Reinwardt hat auch viele von den auf den Trockengerüsten liegenden Früchten aufgeschlagen, ohne irgendwie Insekten in denselben anzutreffen. Wenn Teysmann von den durch das Räuchern schlecht gewordenen Nüssen spricht, so sind vermuthlich durch Schimmelpilze verdorbene gemeint.

Einfaches Aussetzen der Nüsse an die Sonne dürfte wohl auch oft genügen, um sie hinreichend zu trocknen; freilich nicht in den feuchten malayischen Gegenden. Noch weniger genügt freilich im Allgemeinen[2]) einfaches Aufbewahren der nach aussen hin ja anscheinend ganz trockenen

---

[1]) Nach J. H. Hart in Trinidad Bot. Departm. Circul. Note 1894 (cf. Pharmac. Journal and Transactions 1894 N. 1240 pag. 818 sowie Apoth.-Zeit. 1894 p. 104) sind es in Trinidad hauptsächlich folgende Insekten, welche die Muskatnüsse angreifen. Trogosita mauritanica L., Trilobium ferrugineum Fabr., Carpophilus sp., Laemophloeus sp., Hypothenemus sp., Lasioderma sp. Neben dem Kalken wird auch Aufbewahren der Nüsse in Schwefel-Kohlenstoffatmosphäre als Bekämpfungsmittel der Insekten erwähnt.

[2]) Sehr seltsam ist es, dass in Grenada die Nüsse in flachen Kästen mit durchlöchertem Blechboden im Schatten oder selbst im Schuppen getrocknet werden; und dass sie trotzdem schon nach 3—4 Wochen angeblich so trocken sind, dass die Nuss in der Schale rasselt und die schwarzbraune Farbe des Kernes in eine weissgraue übergegangen ist. Dann werden sie an 2—3 Tagen je ein Paar Stunden in die Sonne gelegt und hierauf vorsichtig aufgeschlagen und sortirt. Dass diese Methode möglich ist, vermag ich nur durch die im Gegensatz zu den Molukken viel grössere Trockenheit der Luft in Westindien zu erklären. Sowohl Eggers, der die Insel besucht hat, als auch ein Muskatpflanzer selbst (in einem Bericht an den Regierungsgarten in Jamaika) schildern die Methode auf die angegebene Weise; auch giebt Nicholls als Grund an, dass die westindischen Nüsse durch das Trocknen in der Sonne faltiger werden und etwas an Werth einbüssen.

Nüsse. Sobald die Nüsse von der Macis befreit sind, sollten sie deshalb auch schon der Trocknung unterworfen werden, jeder Verzug bringt Verlust. Die in der Schale und innerhalb des Kernes eingeschlossene Feuchtigkeit vermag schon in kurzer Zeit eine Gährung, Schimmelbildung oder ein Ranzigwerden des Fettes zu veranlassen. Im ersteren Falle schwellen die Kerne an und füllen die Schale ganz aus, so dass sie bei nachheriger künstlicher Trocknung nicht „rammeln". Sind viele derartige früher als „Banda-noten" bezeichnete Nüsse bei den zu trocknenden, so kommt es vor, dass man hierdurch getäuscht wird und das richtige Ende des Trocknungsprozesses verfehlt. Der Schimmel dringt offenbar durch die feine Oeffnung der Mikropyle durch die Schale hindurch, frisst zuerst den Keimling[1]) an und überspinnt bald den ganzen Kern innerhalb der Schale.

Nach 3—6 Wochen[2]) sind bei Benutzung von Holzfeuer die Nüsse hinreichend trocken, der Kern hat sich, wenigstens in den guten und reifen Nüssen, zusammengezogen und dadurch von der Schale getrennt, was man beim Schütteln daran merkt, dass die Kerne in der Schale rasseln (rammeln, wie die Holländer auf den Molukken sagen). Sind gerade keine neuen Nüsse gesammelt, so macht man in der letzten Zeit des Trocknens nur ab und zu Feuer an, um ein möglichst langsames Eintrocknen der Kerne zu veranlassen. Durch den Trocknungsprozess verlieren die Nüsse (nach Reinwardt) mehr als den 5. Theil ihres Gewichtes; während sie vorher im Durchschnitt 8,5 Gramm wiegen, ist nachher das Gewicht nur 6,7 Gramm.

In Sumatra benutzte man nach Lumsdaine Ziegelbauten als Trockenhäuser, das Gerüst wurde aus gespaltenen Nibongpalmen hergestellt und zwar 10′ über dem Boden und bestand aus drei Abtheilungen, für das Produkt jeden Monats; hier wurde im Gegensatz zu den Molukken jeden Abend Feuer gemacht und dann die ganze Nacht unterhalten, was auch bei Ziegelbauten weniger gefährlich erscheint als in Bambus- oder Holzhäuschen; alle zwei oder drei Tage wurden die Nüsse gewendet und blieben volle zwei Monate in der Rauchkammer.

In Singapore war nach Oxley die übliche Höhe des Gestells nur 8′, doch zog er selbst 10′ vor; auch er warnt vor zu grosser Wärme, da die Nüsse hierdurch

---

1) Dies ist wohl auch einer der Gründe, die das schnelle Absterben des Keimlings veranlassen und das Versenden keimfähiger Nüsse so erschweren. Dass Theile des Keimlings durch Eintrocknen des Endosperms abbrechen, worauf Tschirch den Verlust der Keimfähigkeit schieben möchte, ist doch erst dann möglich, wenn die Nüsse ausserordentlich lange gelegen haben, während die Keimfähigkeit ohne Vorsichtsmassregeln schon in einigen Wochen verloren zu gehen pflegt.

2) Im Fragment v. e. Reisverhaal wird angegeben, dass das Feuer nach 40 Tagen langsam verkleinert, aber erst nach drei Monaten ganz fortgelassen werde; auch nach Oxley dauert der Räucherungsprozess auf Banda drei Monate.

schrumpfen und ihr volles Aussehen Einbusse erlitte; er schlägt vor, sie erst 8 bis 10 Tage ausserhalb der Trockenkammer aufzubewahren und sie zuerst nur etwa eine Stunde der Morgensonne auszusetzen und dann immer mehr, bis sie nach 6—8 Wochen ganz trocken sind.

In Penang scheint man nach einem von de Sturler wiedergegebenen Bericht die Nüsse in Oefen getrocknet zu haben, nach dem Aufklopfen erfuhren sie dann noch eine Nachtrocknung im Freien, aber vor Sonne und Regen geschützt.

β) Schälen der Nüsse.

Werden die Nüsse mit der Schale exportirt, so ist die Zubereitung mit dem Trocknen der Nüsse zu Ende. Im malayischen Archipel werden vielfach die Nüsse in der Schale aufgekauft, um dann erst in den grösseren Emporien, wie z. B. Makassar, Batavia etc. für ihre definitive Versendung nach Europa zubereitet (gekalkt und sortirt) zu werden. Auf diese Weise können sie sorgfältiger und dem europäischen Geschmack entsprechender zubereitet, sortirt und verpackt werden; so z. B. werden von der Minahassa und Amboina viele Nüsse in der Schale versandt; die Neu-Guinea-Muskat (Myristica argentea Warb.) wird ganz allgemein von der Insel Neu-Guinea in der Schale exportirt.

Nach China gehen die Nüsse gleichfalls in der Schale; auch nach Europa gingen sie in den ersten Zeiten ebenso, indem sie einfach ohne weitere Verpackung in den Schiffsraum gestürzt wurden. Diese Methode war wenigstens vor der Eroberung der Bandainseln durch die Holländer üblich; zu Rumph's Zeiten war es freilich schon anders.

Nach Europa aber kommen die Nüsse jetzt fast stets ohne Schale; nur selten werden kleinere Partien in Schale ausgeführt, namentlich nach London. Die Gründe hierfür sind leicht einzusehen: die Nüsse mit Schale nehmen nach Reinwardt mehr als den doppelten Raum ein als die Kerne allein. Das Gewicht von Kern zu Schale verhält sich im Durchschnitt wie 3 : 1 (genau $74^6/_{10} : 25^4/_{10}$), da das Durchschnittsgewicht der trockenen Nüsse mit Schale 6,7 Gramm, der trockenen Nüsse ohne Schale dagegen 5 Gramm beträgt); nach Crawfurd verhält sich sogar das Gewicht von Kern zu Schale etwa wie 8 : 5 ($61^1/_2 : 38^1/_2$); auch nach Pereira ist das Verhältniss 8 : 5. Man hat demnach für Fracht beim Transport mit Schale bei Berechnung nach dem Raume mehr als das Doppelte, bei Berechnung nach Gewicht über ein Drittel oder gar über die Hälfte mehr zu bezahlen, als für Kerne ohne Schale.

Crawfurd (History etc. III, pag. 398) meint nun freilich, dass die Frachtersparniss aufgewogen wird durch die grossen Verpackungskosten, welche die geschälten Nüsse erfordern, und die bei den von der Schale umschlossenen Nüssen einfach fortfallen könnten, da ja auch in alten Zeiten die von der Schale umgebenen Nüsse einfach in die Schiffe hineingestürzt wurden, und trotz der langsamen Schifffahrt und der unzureichenden Bauart derselben, sowie trotz des Wechsels von Hitze und Kälte gut ankamen. Bei der Annahme einer Ersparniss von 38¹/₂% durch Versendung ohne Schale würden 25% durch diese Verpackungskosten wieder verloren gehen; die übrigen 13¹/₂% würden reichlich aufgewogen durch die Beschaffung des theuren Kistenmateriales (das dazu nöthige Teakholz wurde damals von Java nach den Molukken expedirt), durch die Kosten des Schälens und Kalkens und des damit verbundenen mindestens viermonatlichen Zeitverlustes, sowie ferner durch die von den Insekten angerichteten Zerstörungen.

Auch Teysmann ist der Ansicht, dass es vortheilhafter sei, die Nüsse gar nicht von der harten Schale zu befreien; sondern nachdem man die schlechten, die an der Farbe und geringen Schwere erkennbar seien, ausgelesen, um sie wie bisher drüben zu verarbeiten, die Nüsse einfach in Säcke zu verpacken; nach ihm sollen sie in den Säcken weder grösseren Platz einnehmen noch mehr wiegen, als die gekalkten Nüsse in Kisten (Naturk. Tijdschr. ned. Ind. 1861, pag. 296).

So berechtigt nun diese Ansichten zu sein scheinen, so spricht doch manches auch dagegen. Irgendwo müssen nämlich die Nüsse doch von ihrer Schale befreit, gekalkt (soweit es das Publikum verlangt), sowie sorgfältig sortirt und verpackt werden; in London und Amsterdam würde es bei den hohen Arbeitslöhnen eher theurer kommen als billiger; auch der Zeitverlust durch diese Operationen bliebe derselbe.

Die Hauptfrage scheint die zu sein, wie theuer die Beschaffung der Kisten oder Fässer den Pflanzern zu stehen kommt, und das lässt sich naturgemäss nur lokal entscheiden. In Banda z. B. wurde zur Verbilligung des Kistenmateriales Teakholz auf der Insel Rosengain angepflanzt, freilich aber nicht genügend, um brauchbares Holz zu liefern; jedoch werden auch andere gute Hölzer zu Kisten verarbeitet und erfüllen ihren Zweck durchaus; nur ist gerade das Holz der Kanari- und Muskatbäume ungeeignet dafür und dient ausschliesslich als Brennholz.

Wo aber der Beschaffung billiger Kisten oder Fässer Schwierigkeiten im Weg stehen, bleibt immer die Möglichkeit, die Nüsse in der Schale nach den nächsten grösseren Emporien zu schaffen, was auch gegenwärtig viel geschieht; dann haben die Kaufleute dieser Handelsplätze, z. B. in Makassar, Batavia, Singapore, die ja über die Preise und Kosten sehr gut orientirt sind, noch immer die Wahl, entweder die Nüsse an Ort und Stelle zu schälen, oder in Schale zu versenden.

Der Verlust durch Insektenfrass kommt bei Abwägung der Gründe für und wider das Schälen jetzt nicht mehr in Betracht, denn diese Gefahr ist bei sorgfältiger Bereitung in beiden Fällen gleich gering. Reinwardt giebt ihn selbst ohne Kalkung auf nur 1 % an, und er meint, durch noch grössere Sorgfalt liesse er sich fast ganz beseitigen; aber auch die von den Schalen umgebenen Nüsse sind nicht absolut sicher gegen alle Angriffe; die Stelle, die dem Keimling gegenüberliegt ist, wie wir sahen, sehr dünn; ja selbst durch die dicken Seitenwände vermögen sich die Käfer durchzubohren, wovon ich eine Reihe von Beispielen gesehen habe.

Für den Handel dagegen ist es von Bedeutung, dass die Nüsse in der Schale nicht sortirt werden können. Dass dies recht wichtig ist, ersieht man aus folgenden Zahlen. Nach Reinwardt machen die schlechten und mageren Nüsse zusammen ein Viertel der Gesammtmasse aus, nach Bleeker waren unter 538000 Pfund Nüssen des Jahres 1854 86000 Pfund magere und 42000 Pfund Bruch, also zusammen 128000 inferiore, gleichfalls etwa ¼ der Gesammtmenge. Der Käufer muss demnach, da so viele inferiore Nüsse dabei sein können, das Risiko berechnen und kann deshalb nur einen beträchtlich geringeren Preis bieten als bei Waare, die er nach ihrem wirklichen Werthe genau zu beurtheilen vermag. Es wird sich demnach für grössere Pflanzungen doch wohl meist als vortheilhafter herausstellen, die Entschälung an Ort und Stelle selbst in die Hand zu nehmen.

Wenn die Kerne der Nüsse, wie oben erwähnt, in der Schale klappern (rammeln), so werden die Schalen mit Steinen, Brettstückchen, Stäben oder Holzhämmern aufgeschlagen; so lange der Kern noch in der Schale festsitzt, würde er beim Aufschlagen meist lädirt werden. Vorsicht beim Aufklopfen ist stets nöthig, da sonst die Kerne verletzt werden, das Oel tritt dann aus der Nuss heraus und macht dieselbe fleckig; auch schimmeln solche Nüsse leichter. Durch sehr unvorsichtiges Schlagen zerbrechen die Nüsse auch häufig ganz und sind dann natürlich nur wenig werth.

Schon zu Rumph's Zeiten benutzte man Holzstücke zum Aufschlagen, damals rollte man übrigens auch vielfach schwere Steine über die Nüsse; die bei diesen Prozessen entzwei geschlagenen Kerne wurden dann sofort völlig zerklopft oder zerrollt, um nachher besser gesondert und entfernt werden zu können. Jetzt, wo man die Stücke der Kerne auch exportirt, zermalmt man sie nicht weiter.

Wenn man zum Zerschlagen der Nüsse Brettstückchen gebraucht, wie es in den 50er Jahren in Banda üblich war, so kann man mehrere Nüsse bei jedem Schlag öffnen; sie werden nach Oxley hierbei auf einer Art Trommel ausgebreitet, nach dem Aufschlagen sofort weggefegt und im selben Augenblick durch einen seitwärts stehenden Mann ersetzt, so dass durch diese Arbeitstheilung ein einziger Mann nach Oxley in gleicher Zeit mehr Nüsse öffnen kann, wie es bei der in den Straits damals üblichen Einzelarbeit möglich war.

In der Minahassa bedient man sich zum Aufklopfen tischartiger Gestelle aus gespaltenem Bambus, auf welchen die einzelnen Säcke mit Nüssen ausgeschüttet werden; 4—6 Leute (meist Frauen) sitzen darum und klopfen mit etwa 1½' langen, drei Finger breiten platten, schwach gebogenen Stäbchen aus leichtem Holz die Nüsse einzeln auf; die Kerne werden von Zeit zu Zeit wieder in die Säcke gethan. Die Schalen fallen durch die Maschen des Bambusgestelles unter den Tisch; sie werden meist als Feuerungsmaterial zum Trocknen der Nüsse benutzt, sind übrigens auch in den Schmieden als Brennmaterial beliebt.

γ) Sortirung.

Sind die Nüsse von der Schale befreit, so folgt die 1. Sortirung; auf den Molukken wird dieser Prozess als „Garbulatie“, das Sortiren als „garbeln“ oder „garbulieren“ bezeichnet, (to garble bedeutet aussuchen, säubern), selten auch als „schiften“ (trennen, aussuchen). Erst jetzt kann man nämlich schlechte und gute Nüsse von einander unterscheiden. Namentlich die durch zu starkes Räuchern oder durch fehlerhaftes Aufklopfen oder aus inneren Ursachen (Würmern, Ameisen etc.) zerbrochenen Nüsse, stukkende Noten ist der holländische Ausdruck, werden bei Seite gethan, zugleich mit solchen, die etwa durch schon vorhandenen Frass stark beschädigt oder vermulmt sind, was aber bei geregelter und sorgfältiger Bereitung gar nicht vorkommen sollte; die schwach wurmstichigen Nüsse dagegen können, wenn man nachher die Kalk-Procedur anwendet, bei der Masse gelassen werden.

Früher kaufte die Compagnie diese Stukkende zwar zu einem billigeren Preise an (zu Valentijn's Zeiten für die Hälfte), scheint sie aber kaum benutzt zu haben, und Rumph erwähnt ja auch, dass die Zerbrochenen gleich beim Schälen zerklopft und zerrollt wurden; später aber wurde Muskatbutter und auch Muskatnussöl daraus hergestellt, und die Regierung hatte hierfür in diesem Jahrhundert in Neira ein Etablissement, wo sie die Nüsse selbst auspressen liess; sie bezahlte deshalb auch 1821 1½ Stuiver für das Pfund, 1854 4 Duiten und 1859 4½ Duiten dafür; augenblicklich werden sie wohl gewöhnlich mit exportirt.

Die übrigen Nüsse werden in 2—3 Sorten getheilt. Der erste Haufen besteht aus den sog. mageren Nüssen, die früher auch als Rompen, Rümpfe, rumpi, bekannt waren, das sind kleine, unscheinbare, schiefe, höckerige, eingetrocknete, aber harte und fettreiche Nüsse, die in den unreif gepflückten (namentlich, wenn durch Trockenheit die Aussenschale zu früh geplatzt war), oder den durch Wind und Regen abgefallenen und dann aufgesammelten Früchten gesessen haben; da die Nüsse in frischem Zustande saftiger waren als die reifen, haben sie sich durch das Trocknen mehr zusammen gezogen, und sind also stark eingeschrumpft; auch das Aroma ist meist nur ein geringeres, dagegen ist, wie erwähnt, der Fettreichthum nicht unbedeutend.

Früher wurden sie zwar von der Compagnie angekauft, eine lange Zeit hindurch sogar für denselben Preis wie die guten Nüsse, jedoch wurden sie damals nicht exportirt, sondern in Neira wie die Stukkenden zu Muskatbutter verarbeitet; später aber, z. B. 1854, von der Regierung gleichfalls nach Europa gesandt, was auch heute noch geschieht, da man sie in Europa viel vollständiger auspressen kann als drüben.

Der zweite Haufen enthält entweder sämmtliche anderen Nüsse, also alle guten oder fetten (vetten), auch auf holländisch gaven (wörtlich ganz, dann aber auch unverletzt, gesund) genannt; oder es wird gleich noch ein dritter Haufen ausgesondert, der die nicht ganz vollen, also die schwach gerunzelten, im übrigen aber guten, sog. middelbaren (also die mittelguten) Nüsse umfasst. Wenn man die Nüsse nachher kalkt, und dann nochmals nachsortirt, erscheint diese Zerlegung der gesunden Nüsse überflüssig.

Zu Rumph's und Valentijn's Zeiten war diese Sonderung in „vette" und „middelbare" ganz allgemein, sie beruhte wohl darauf, dass nach Rumph nur erstere nach Europa exportirt, letztere aber in Indien verkauft wurden. Der Verfasser der Aanteekeningen kennt dagegen nur noch eine Sorte (pag. 147), bezeichnet sie aber merkwürdigerweise nicht als die „vetten", sondern als „middelbare"; es scheint in jener Zeit nämlich diese Trennung allgemein fallen gelassen zu sein. Auch die Compagnie hatte übrigens in dem von ihr bezahlten Preise keinen Unterschied gemacht. Valentijn bemerkt sogar, dass die „middelbaren" und „mageren" äusserlich ein fetteres und öligeres Aussehen haben als die „vetten".

Wenn schon die Früchte, wie wir bei der Beschreibung der Muskat sahen, von so ausserordentlich verschiedener Grösse sind, so sind es die Nüsse, wie wir in dem Abschnitt über den Handel sehen werden, noch in viel höherem Masse. Da die Früchte sich aber nach der Grösse richten, so ist es in mehrfacher Beziehung rationell, möglichst grosse Nüsse zu kultiviren, denn 1. bedarf dieselbe Gewichtsmenge weniger Arbeit, da sie aus weniger Nüssen besteht, 2. wird dieselbe Gewichtsmenge bedeutend besser bezahlt, 3. leidet der Baum natürlich weniger beim Abernten, wenn nur wenige grosse Nüsse gepflückt werden, als viele kleine, 4. ist bei grossfrüchtigen Bäumen die Wahrscheinlichkeit grösserer Ernten vorhanden, da sich der Ertrag nicht danach richtet, dass der Baum die Früchte ernähren und zur Reife bringen kann, welche Grenze wohl nur sehr selten erreicht werden dürfte, sondern danach, wie viel weibliche Blüthen befruchtet werden, und diese Zahl bei gross-

und kleinfrüchtigen Bäumen dieselbe sein dürfte; man hat demnach im Durchschnitt ebensoviele grosse wie kleine Früchte zu erwarten, und also eine bedeutend grössere Ernte.

Besonders grossfrüchtige Bäume wurden auf der malayischen Halbinsel, namentlich in Malakka, kultivirt. Dass aber die Durchschnittsgrösse auch dort nicht bedeutend war, beweist die Ernte von Singapore im Jahre 1848, die Oxley auf ca. vier Millionen Nüsse oder 252 Pikol angiebt; dies ergiebt eine Durchschnittsmenge von 254 Nüsse auf ein Kilo. In Banda rechnet man 10000 Nüsse erster Qualität auf den Pikol, das sind 160 Nüsse auf das Kilo. Collingwood identifizirt bei seinen Rechnungen 600 Nüsse mit 8 Pfd., danach gäben also 150 Nüsse 1 kg.

Auch die Form spielt eine Rolle; je runder die Form, desto geschätzter sind die Nüsse, während die länglichen, freilich viel selteneren, weniger Werth haben sollen.

δ) Versendung ohne Kalkung.

Nachdem die Nüsse sortiert sind, treten nun zwei verschiedene Verfahren ein. In dem einen Falle verpackt man sie, und sendet sie möglichst bald fort. Dies geschieht hauptsächlich für den englischen Markt, wo man keine gekalkten Nüsse liebt, sondern die reinlicher und eleganter aussehenden ungekalkten Nüsse vorzieht. Hierbei erspart man sich meist sogar die eben geschilderte Sortirung, da die Kaufleute in England doch gewöhnlich noch eine zweite Sortirung vornehmen.

Bei diesen ungekalkten Nüssen ist es von grosser Wichtigkeit, die Schalen möglichst kurze Zeit vor der Versendung, oder wenigstens vor der Verpackung zu entfernen. Erstens ziehen die Nüsse im ungekalkten Zustande in feuchter Luft leicht Wasserdampf an; zwar schimmeln sie äusserlich weniger leicht, als wenn sie in der Schale eingeschlossen sind, aber einerseits schimmelt der Keim, andererseits gerathen sie doch etwas in Gährung, schwellen etwas auf, nehmen meist etwas an Gewicht zu und erhalten im Innern eine weniger feste Konsistenz. Zweitens werden die ungekalkten Kerne auch sehr leicht von Insekten befallen, namentlich werden, wie man leicht einsehen kann, die ohnehin schon etwas feuchten und geschwollenen Nüsse am liebsten von den Insekten aufgesucht.

Diese beiden Gefahren kann man aber durch luftdichtes Abschliessen in Fässern beinahe völlig abwenden; während früher die Verluste bei offener Versendung 16—25 % betrugen, so sind sie jetzt kaum auf 1 % anzuschlagen. Man hat sogar in mehreren Versuchen bei in Batavia geöffneten Fässern gefunden, dass wurmstichige Nüsse, in solche Fässer mit verpackt, kaum weiteren Schaden anrichteten, da bei der Oeffnung keine lebenden Insekten oder Maden mehr in den Fässern gefunden wurden (Reinwardt). Da es kaum denkbar ist, dass sie durch Sauerstoffmangel zu Grunde gegangen sind, bei der grossen Luftmenge zwischen den Nüssen, so dürfte man wohl annehmen, dass sie durch die Selbsterwärmung der Nüsse, zumal in dem heissen Schiffsraum, ihren Tod gefunden haben. So kommt denn auch Reinwardt zu dem richtigen Resultat, dass gute, fette, richtig getrocknete und geschälte Nüsse, die unmittelbar nach dem Trocknen in luftdichte, trockene und in den Fugen verpichte Fässer aus gutem, harten Holz (z. B. Teakholz) eingeschlossen sind, unter der Bedingung, dass die Fässer trocken gehalten werden, keine Veränderung oder wenigstens keinen merkbaren Verderb oder eine Verschlechterung zeigen.

Auch dadurch, dass man Nelken zu den eingekalkten Nüssen hinzufügt, kann man den Wurmfrass abhalten, da die Insekten den starken Geruch der Nelken meiden sollen; die Nüsse werden z. B. zu $^{2}/_{3}$ mit Nelken vermischt; jedoch lauten die von Reinwardt wiedergegebenen Berichte über diesbezügliche Versuche widersprechend; man könnte sich wohl denken, dass die Nelken zwar Insekten abhalten, einzudringen, aber in den Nüssen befindliche Maden nicht tödten und die aus ihnen schlüpfenden Käfer nicht vertreiben. Auch Lumsdaine hat mit $^{1}/_{3}$ des Gewichtes an Nelken bei einem Versuche in nicht dicht verschlossenen Kisten gute Resultate gehabt. Reinwardt meint zwar, dass die Nelken die Insekten abhalten, dafür aber andererseits in nicht luftdicht verschlossenen Kisten sehr viel Wasser anziehen (da sie nur an der Sonne, nicht durch künstliche Wärme getrocknet sind, sollen sie auch selbst noch ziemlich viel Wasser enthalten) und dadurch auch die Nüsse in Gährung versetzen und sie für den Insektenfrass sogar vorbereiten (Verf. scheint es freilich wenig wahrscheinlich, dass gerade die so überaus trockenen Nelken so viel Feuchtigkeit anziehen sollen, um ihre Nachbarschaft mit zu verderben). Reinwardt meint, man müsse also auch bei Zusatz von Nelken luftdichte Fässer anwenden, und dann seien die Nelken überflüssig.

ε) Kalkung.

Haben wir bisher die Bereitung der ungekalkten Nüsse besprochen, so bleibt noch übrig, die verschiedenen Methoden der Kalkung kennen zu lernen.

Während die mageren Nüsse ebenso wie die zerbrochenen und stark wurmstichigen Nüsse, die zur Herstellung von Muskatbutter oder Oel benutzt werden, ungekalkt verwandt werden, so werden bei weitem die meisten der als Gewürze in den Handel kommenden, also der fetten und mittelguten Nüsse gekalkt, da der ganze Kontinent Europas und Amerikas solche gekalkte Nüsse verlangt. Während die ungekalkten Kerne aussen eine bräunlich-aschgraue Färbung haben, so bleibt der Kalk in den Vertiefungen haften, so dass man an der weissen Färbung aller tieferen Partien, zwischen denen die hervorragenden Theile bräunliche Maschen bilden, die gekalkten Kerne leicht erkennen kann.

Da die Nüsse, nachdem sie ihrer harten Schalen beraubt sind, leicht von Insekten angegriffen werden, und in feuchten und dumpfigen Orten auch sonst leicht verderben, so ist es nöthig, sie womöglich sofort nach dem Aufklopfen zu kalken; Rumph sagt sogar, dass sie nicht über acht Tage ungekalkt in den Packhäusern liegen dürften.

Man kann dreierlei Methoden der Kalkung unterscheiden:

1. Die trockene Kalkung; hierbei werden die für den Export bestimmten, also die fetten und mageren Nüsse, einfach mit frisch bereitetem, trockenem, fein gesiebtem Kalk gehörig mittels der Hände eingerieben. Selbstverständlich kann hierbei der Kalk nicht tief ins Innere der Nuss eindringen, trotzdem sind solche Nüsse im Allgemeinen, nach den unten angeführten, vergleichenden Versuchen Lumsdaines, gut gegen Insektenfrass geschützt, ja sogar noch besser als die nass gekalkten Nüsse. Dagegen kann natürlich, wie auch Versuche mit von Banda und Batavia gesandten Nüssen beweisen, dies Verfahren die Anziehung von Feuchtigkeit und dementsprechende Schwellung der Nüsse nicht vermindern, sondern begünstigt sie wohl im Gegentheil durch die Attraktion des ungelöschten Kalkes für Wasser. Es ist zweifellos die einfachste der Kalkungsmethoden; nach Lumsdaine sollte der Verlust bei dieser Procedur 8 °/₀ nicht übersteigen; das ist aber immerhin eine bedeutende Verlustziffer. Trockene Kalkung.

Man kann sie auch dadurch noch vereinfachen, dass man eine Tonne theilweise mit trockenem Kalk füllt, die Nüsse hineinthut und die Tonne dann längere Zeit umdreht.

Früher wurde diese trockene Kalkungsmethode viel in Singapore und Sumatra angewandt, ob sie auch jetzt noch dort im Gebrauch ist, vermag ich nicht zu sagen.

2. Die nasse Kalkung. Dies ist die auch heute noch in den Molukken und in der Minahassa gebräuchliche Methode. Es werden hierbei die für den Export bestimmten Nüsse, also nach vorläufiger Entfernung der wirklich schlechten, in ein frisch bereitetes breiartiges Gemisch von Seewasser mit reinem gebrannten und gesiebten Kalk gelegt, wie man solchen in jenen Gegenden allgemein zum Betelkauen braucht; meist wird er aus frisch gebranntem Korallenkalk bereitet, den man mit Seewasser zu einem feinen Muss anrührt, dessen richtige Konsistenz an der Art des Ablaufens an einem Rottang- oder Bambusstab und dem allmählichen Sichtbarwerden der Adern desselben erkannt wird. In der Minahassa schüttet man die von der Schälung kommenden Nüsse direkt Nasse Kalkung.

in den Kalkbehälter hinein und rührt sie dann tüchtig durch; herausgeholt, lässt man sie auf Hürden mit grossen Spalten abtröpfeln und breitet sie dann unter einem Dach auf einem nicht allzu dichten Fussboden aus (in der Minahassa zieht man nebeneinander gelegte Nibungpalmstämme, wegen der Spalten zwischen denselben, den Fussböden aus Brettern vor).

Je dünner die Lage der Nüsse ist, desto besser kann der überflüssige Kalk ablaufen und desto schneller trocknen die Nüsse natürlich. In der Minahassa breitet man sie in 3—6 cm dicke Lagen aus, und jeden Tag werden sie dort mit einem Holzrechen umgewendet; so trocknen sie in etwa 8 Tagen. In Banda brauchen sie nach v. Gorkom bei guter Ventilation 2—3 Wochen zum Trocknen, jedoch erwähnt er nichts von dem täglichen Umwenden der Nüsse.

Nasse Schwitz-Kalkung.

3. Die nasse Kalkung mit darauf folgender Schwitzmethode (Kalken en zweeten) ist die alte in Banda ehemals gebräuchliche Methode, die aber noch bis in die fünfziger Jahre dieses Jahrhunderts (Aanteekeningen) in Gebrauch war.

Schon oben (pag. 120 u. 122) wurde der Prozess besprochen. Valentijn schildert ihn auf folgende Weise: Jede der drei von den Perkenieren abgelieferten Sorten, also die vetten, middelbaren und mageren werden von den Beamten der Maatschappy gesondert in Körben in eine Mischung von Seewasser und Kalk von der Dicke fetter Milch dreimal (2—3 mal nach Rumph) eingetaucht[1]) und dann mit dem anhängenden Kalk, wie bisher nach Sorten gesondert in besondere Verschläge gethan, wo sie dann ohne Beaufsichtigung sechs Wochen so zum „Schwitzen“ fest verschlossen bleiben[2]).

Diese Verschläge oder Schwitztröge[3]) (Zweethocken oder Broeihokken) werden in den Aanteekeningen (pag. 148) als viereckige etwa drei Ellen tiefe und zwei Ellen breite Tröge geschildert[4]), die derart mit herausnehmbaren Brettern an der Vorder-

---

1) Hierzu bediente sich, wie wir sahen, die Compagnie auf Banda im vorigen Jahrhundert eines 1½ Ellen tiefen mit Backsteinen ausgemauerten Loches.

2) Nach Weddik (1839) und Oxley (1856) wurden sie in diesen Trögen sogar völlig mit Kalk bedeckt, sodass keine Luft zutreten konnte. Auch wurden die einzelnen Tröge mit Zeichen versehen. — Nach Reinwardt (1821) und den Aanteekeningen (1856) blieben die Nüsse drei Monate (nach Daendels' Instruktion 1809 dagegen nur sechs Wochen) in den Schwitztrögen, nach den Tableaux statistiques (1811) gehört Erfahrung dazu, um den richtigen Zeitpunkt zu erkennen, wo der Kalk einerseits genügend gewirkt hat, andererseits die Nüsse noch keine Gefahr laufen, durch den Kalk zu verbrennen.

3) Zu Rumph's und Barchewitz' Zeiten wurden die Nüsse, nachdem sie aus dem Kalkbad kamen, häufig auch einfach zu Haufen im Kalkhaus auf einander geschichtet.

4) Nach Weddik (1839) haben diese Holztröge einen Inhalt von 300 Kubikfuss.

seite geschlossen sind, dass man je nach der Menge der einzuwerfenden Nüsse auch Bretter einschieben kann. Die Nüsse werden bis zu einer Höhe von 2 — 3 Ellen hineingestürzt und dann blieb über denselben noch etwa der doppelte Raum übrig. Da der Kalk dann manche fehlerhafte Nüsse kenntlich macht, wurden sie nachher nochmals in gute und schlechte, oder nach den drei angegebenen Sorten nachsortirt. Dadurch litten die Perkeniere aber keinen Schaden, da sie nach der ursprünglichen Lieferung bezahlt wurden.

Die Kalkmischung muss sehr vorsichtig hergestellt werden, da zu viel Kalk die Nüsse bei dem Schwitzen verbrennen soll.

Wenn man den Kalk anstatt mit Salzwasser mit Süsswasser versetzt, so sollen die Nüsse leicht in Gährung gerathen[1]. Es ist leicht verständlich, dass eine Gährung bei dem langsamen Trocknungsprozess in den Schwitztrögen bei den dort aufgehäuften Massen stattfindet; man sollte meinen, dass eine Gährung stets eintreten müsste; wahrscheinlich wirkt aber der Kalk im Verein mit dem Salz einer stärkeren Gährung genügend entgegen. Leider ist der Prozess nicht genauer untersucht worden, aber schon der Name dieser „Schwitz- oder Brühecken“ spricht genügend dafür, dass wenigstens eine mässige Gährung eintritt.

Reinwardt rühmt diese Art der Kalkung am meisten, er erwähnt aber die gewöhnliche nasse Kalkung gar nicht und kannte sie demnach wohl nicht; die Schwitzkalkung ist jedenfalls viel zeitraubender als die jetzt übliche Methode und es ist kaum wahrscheinlich, dass durch den Schwitzprozess die Qualität der Nüsse verbessert wird.

Ueber den Werth des Kalkens hat man viel hin und her gestritten; die Gegner desselben, namentlich die englischen Schriftsteller seit Crawfurd (aber auch eine Reihe deutscher Schriftsteller, z. B. Semler, Wittstein, Tschirch) bringen die Einführung dieses Verfahrens mit dem Bestreben der Holländer, die Verbreitung des Baumes in anderen Gegenden zu hindern, in Zusammenhang; sie sagen, es sei eine ganz überflüssige, uns nur durch Tradition überkommene Prozedur. Nutzen des Kalkens.

Dies ist aber offenbar, wie wir schon oben (p. 122) ausführten, nicht richtig; denn wenn auch Valentijn schon angiebt, dass die Nüsse durch das Kalken ihre Keimkraft verlieren, so wusste man doch schon

---

1) Reinwardt's Versuch (pag. 403), der dies nicht bestätigte, ist ohne Beweiskraft, da er nur 7 Pfd. Nüsse, also eine viel zu geringe Menge, um kräftige Gährung einzuleiten, dazu benutzte, auch dabei noch einen gut ventilirten Kasten benutzte.

Lumsdaine wirft dieser Methode gerade umgekehrt vor, dass durch die Mischung von Kalk und Salz immer eine Hitze erzeugt werde, durch welche die Nüsse häufig Sprünge bekommen; das mag in der That bei zu starker Gährung im Schwitzprozesse der Fall sein, aber wohl kaum als Folge des Zusatzes von Meerwasser, sondern umgekehrt eher dadurch verhindert.

damals (cf. Rumph) sehr genau, dass schon das gewöhnliche Trocknen in der Schale, geschweige denn das Dörren im Trockenhaus oder gar die Entfernung der Schale die Nuss keimunfähig macht. Hatte doch auch die Compagnie viele Jahre hindurch selbst ganze Schiffsladungen voll Nüsse mit Schalen exportirt, zweifellos doch ein Beweis, dass man die Keimung nicht fürchtete.

Es wurde durch das Kalken vor allem ein Schutz gegen Insektenfrass, den sog. celar-pala, den Muskatwurm, bewirkt, wie ein solcher von dem Moment an, als, der Frachtersparniss wegen, die Nüsse drüben entschält wurden, bei den damaligen langen Reisen und da man luftdichte Emballage damals nicht kannte, auch durchaus nöthig war. Dass es eine Schutzmassregel gegen Insekten sei, wird von fast allen sachkundigen, sowohl älteren als neueren Schriftstellern hervorgehoben, selbst von einigen englischen, wie dem Verf. des Artikels in den Tableaux statistiques, sowie von Porter[1]).

J. Olivier, der im Gefolge des General-Gouverneurs V. d. Capellen 1824 reisend, sicher die besten Informationen zu erhalten im Stande war, sagt darüber folgendes (Reizen in dem Moluksche Archipel I. pag. 165). Het rooken der noten dient om daaraan alle vochtdeelen te benemen, en het kalken om ze voor bederf en insekten te bewaren, maar geenszins, zoo als sommigen gedacht of verspreid hebben, om de kern of noot ondienstig tot voort-planting te maken, en aldus te verhinderen, dat de muskaatnoten op vreemden bodem wierden aangekweekt. Zulk eene voorzorg zoude geheel overbodig zijn, daar het meer en meer door de ondervinding bewezen wordt, dat ze nergens zoo voortreffelijk voorkomen als op de eilanden Amboina en Banda.

Ferner wird dem Kalkungsprozess vorgeworfen, dass das Aussehen der Nüsse durch das Kalken stark leidet. Dass dieser Vorwurf begründet ist, kann wohl keinem Zweifel unterliegen; so lange aber die Mode gerade gekalkte Nüsse verlangt und ungekalkte verschmäht, wie es auf dem Kontinent der Fall ist, so müssen selbst nach England importirte ungekalkte Nüsse, wenn sie auf dem Kontinent preiswerthen Absatz finden sollen, noch nachträglich ganz überflüssiger Weise einer Kalkung unterzogen werden.

Drittens sagt man, dass durch die Kalkung das Aroma mehr oder weniger litte: das könnte zwar bei dem mehrwöchentlichen Schwitzprozess wohl möglich sein, ist aber nach einer in Batavia angestellten,

---

[1]) Dass einzelne Leute, wie z. B. Nieuhof 1669, es für glaubhaft hielten, dass das Kalkwasser dazu diene, die Nüsse vor allem von der Luft entstehendem Verderb zu bewahren, mag nur der Kuriosität wegen Erwähnung finden. — Dagegen bemerkt Barchewitz, dass sich die Nüsse ohne Kalkung nicht ein halbes Jahr halten, indem dann ihr Oel eintrockne; auch könnten sie ohne Kalk den Transport nicht vertragen.

freilich nicht ganz zweifellosen Probe unwahrscheinlich. Bei dem jetzigen kurzen Eintauchen in Kalkwasser oder Einreiben mit Kalk dagegen ist es schwer verständlich, wie dadurch der Geruch leiden soll; eher das Umgekehrte ist anzunehmen, dass die zwar dünne aber doch etwas schützende Kalkschicht das Aroma konservirt; namentlich wird dies bei dem durch die nasse Kalkung hergestellten vollkommenen Kalküberzug der Fall sein, wie auch schon von den alten Schriftstellern hervorgehoben wird, dass durch den Kalküberzug sich die Poren schliessen; wohl mag demnach eine gekalkte Nuss nach aussen nicht so stark duften, beim Bruch derselben aber dürfte ein Unterschied kaum erkennbar sein.

Eher könnte man annehmen, dass die Kalklauge beim nassen Verfahren das Fett etwas zersetzt, oder verseift, aber tief kann das Kalkwasser nicht eindringen, wenn keine Sprünge in der Nuss sind, und namentlich bei dem jetzigen schnellen Trocknen nachher ist es nicht denkbar, dass der Kalk weit von Zelle zu Zelle durch die Membranen hindurch diffundiren kann. Reinwardt's Annahme, dass der Kalk durch die braunen Kanäle in's Innere eindringen könne, ist durch den mikroskopischen Befund, dass die braunen Streifen keine Kanäle sind, sondern anders geformte und gefärbte Zellen, hinfällig. Wäre ein starkes Eindringen des Kalkes thatsächlich der Fall, so müsste das Gewicht gekalkter Nüsse ganz anders zunehmen als es der Fall ist; nach Reinwardt ist das mittlere und specifische Gewicht folgendes:

	mittleres Gewicht	specifisches Gewicht
Frische unsortirte Kerne . . .	6,00	1,085
Trockene ungekalkte Kerne . .	5,00	1,069
„ gekalkte: fette . . .	5,28	1,115
„ „ mittelgute .	5,00	1,070
„ „ magere . .	4,92	1,059
„ „ defekte . .	4,53	

Da die besten Nüsse, die fette Sorte, überhaupt schwerer und auch specifisch schwerer sind als die anderen, so geht aus der Tabelle nicht hervor, dass die Kalkung überhaupt auf das Gewicht Einfluss geübt hat, es müsste denn sein, was aber nicht wahrscheinlich ist, dass die ungekalkte Probe gleichfalls nur aus fetten Nüssen bestanden habe[1]). Auch mikroskopisch, d. h. also mikrochemisch, lässt sich im Innern der Nuss wenigstens bei der jetzigen nassen Bereitung kein Kalk in den Zellen nachweisen.

---

1) Es fallen hiermit die schon von Marxius in seiner Materialkammer aufgeführten Bedenken, dass die Nüsse durch das Kalken ein zu schweres Gewicht erhielten.

Man möchte also, vorbehaltlich aller Proben im Grossen, annehmen, dass die trockene oder nasse einfache Kalkung das Gewicht nur um die Menge des mechanisch festhaftenden Kalkes vermehrt, dass aber bei der früheren Schwitzkalkung durch den Schwitzprozess mehr an Gewicht verloren geht, als an Kalk haften bleibt.

Von Seiten der Anhänger der Kalkung, namentlich von Reinwardt, wird hervorgehoben, dass die Kalkung die Abscheidung der schlechten Nüsse erleichtert, und dass die Nüsse durch die Kalkung fester und dichter, schwerer, reicher an Oel, und widerstandsfähiger gegen Insekten und Feuchtigkeit werden.

Wieso die Trennung der schlechten Nüsse durch die Kalkung erleichtert wird, ist nicht ganz klar. Reinwardt giebt an, dass viele magere und wurmstichige Nüsse, die bei der ersten Sortirung mit den fetten Nüssen vereinigt geblieben sind, weil sie vollwerthig zu sein schienen, nach der Kalkung viel deutlicher und besser unterschieden werden können. A priori sollte man aber freilich annehmen, dass der Kalk manche von den Löchern und Falten zuschmiert und verdeckt. Die erste Sortirung ist überhaupt nur eine ganz oberflächliche, und wird auch bei der Versendung ohne Kalkung nicht als genügend angesehen. Wirklich wurmstichige sollten bei richtigem Aufeinanderfolgen der verschiedenen Prozesse überhaupt nicht oder kaum vorkommen, und lassen sich in allen den Fällen leicht äusserlich erkennen, wo das Insekt später heraus- oder hereingekrochen ist. Wenn es sich aber schon drinnen entwickelt hat und sich noch in der Nuss befindet, ist es schwer von aussen zu erkennen; häufig ist dann (nach Porter) die Basis der Kerne mehr als gewöhnlich eingedrückt, und der entgegengesetzte Punkt etwas geschwollen; wenn man dann die Haut des Kernes mit dem Nagel entfernt, entdeckt man gewöhnlich leicht die Made. — Am wahrscheinlichsten ist es, dass der Kalk in die Wurmlöcher und Runzeln in derartiger Menge eindringt, dass solche Nüsse durch die unregelmässige aus Flecken und Punkten bestehende weisse Färbung kenntlich werden.

Was die Zunahme des Gewichtes der gekalkten Nüsse betrifft, so sahen wir oben, dass dieselbe nur eine sehr unbedeutende ist. Soweit gekalkte und ungekalkte Nüsse auf dem Markte gleichen Werth haben, käme vielleicht diese Gewichtszunahme in Betracht, würde aber auch dann nicht die viele Arbeit und den Zeitverlust compensiren; da aber die verschieden behandelten Nüsse sich nach dem Bedarf eines verschiedenen Publikums richten, so sind die Preise beider Arten unabhängig von einander; und meist werden sogar die ungekalkten besser bezahlt.

Was die grössere Festigkeit anlangt, so mag diese mit der Kalkeinlagerung in die äusseren Schichten zusammenhängen; nach meinen Erfahrungen sind sie eher spröder und bröckeliger als die ungekalkten, durch die zweite Trocknung mit dem wiederholten Umharken bei der nassen, sowie durch das Einreiben bei der trockenen Methode werden auch manche Nüsse beschädigt, die sonst ganz geblieben wären, und diese Verluste heben, selbst wenn wirklich eine grössere Festigkeit vorhanden sein sollte, diesen Vortheil auf.

Was die grössere Dichte der Nuss betrifft, so verstehe ich nicht, was man darunter meint; das specifische Gewicht kann kaum gemeint sein, da der Unterschied nur ein minimaler ist. Ungekalkte Nüsse haben nach Reinwardt ein specifisches Gewicht von 1,069 (nach einer anderen Notiz 1,0—1,1) gekalkte dagegen 1,059 (magere), 1,070 (middelbare), 1,115 (vette). Ist aber eine dichtere sonstige Konsistenz gemeint, so kann sie nur durch noch stärkeres Austrocknen in Folge der Kalkung erklärt werden. Eine solche stärkere Austrocknung ist aber bei der trockenen Kalkung, und der jetzt gebräuchlichen einfachen nassen Kalkung kaum denkbar, dagegen bei dem Schwitzverfahren sehr wahrscheinlich. Durch chemische Einlagerung des Kalkes und Verbindung mit dem Fettgehalt könnte freilich auch eine grössere Dichte bewirkt werden, aber eine solche Einlagerung ist nach dem oben gesagten ja nur in sehr beschränktem Maasse anzunehmen.

Dass der Oelgehalt, d. h. der Gehalt an ätherischem Oel, in den gekalkten Nüssen reicher ist, mag wohl bei lange aufbewahrten Nüssen zutreffen; die ölreichen Nüsse, die nicht gekalkt sind, haben stets eine fettige, glänzende Oberfläche, die natürlich immer eine Quantität ätherischen Oeles verdunsten lässt. Wenn dagegen eine Kalkschicht die Nüsse grossentheils bedeckt, und vielleicht daneben noch das Fett der oberflächlich liegenden Zellen verseift ist, so muss diese Verdunstung natürlich sehr verringert werden. Leider scheinen vergleichende Versuche hierüber noch nicht angestellt worden zu sein, wenn man von einigen zweifelhaften von Reinwardt erwähnten Proben absieht. In dem einen Fall ergaben in Weltevreden zu Batavia drei Proben à 10 Pfund:

1. frisch nassgekalkte Nüsse = 10 Unzen ätherisches Oel,
2. mit Kalk bestreute Nüsse = 8 Unzen,
3. in Nelken aufbewahrte Nüsse = 7 Unzen.

Aber einerseits ist es nicht sicher, ob diese drei Proben von einem Gemenge derselben Nüsse ursprünglich abstammten, also ob die Nüsse vorher gleichwerthig waren, und zweitens war das Oel der gekalkten

Nüsse unsauber, dunkel, also vielleicht nicht richtig überdestillirt und deshalb kaum gut vergleichbar. Reinwardt erhielt denn auch bei einer Probe in Banda aus gekalkten Nüssen, ganz helles durchsichtiges Oel, aber in viel geringeren Quantitäten.

Es ist nöthig, gerade über diesen letzten Punkt einwurfsfreie Versuche mit grösseren Quantitäten anzustellen, denn dies ist diejenige Frage, die über die dauernde Beibehaltung der Kalkung zu entscheiden hat.

Dass die nass gekalkten Nüsse weniger Feuchtigkeit anziehen, als die ungekalkten, ist gleichfalls richtig; Schimmel und Gährung wird dadurch ziemlich fern gehalten; zwar verschimmelt der kleine Keimling doch zuweilen, aber nur selten, und dann erstreckt sich die Schimmelbildung auch nicht weiter; auch durch seine chemische Natur wirkt der Kalk hindernd, denn Schimmelpilze gedeihen nicht gut auf alkalisch reagirenden Nährsubstanzen, desgleichen auch keine Hefepilze. Aber es ist, wie wir sahen, seitdem man luftdichte Fässer bei der Versendung anwendet, die Gefahr der nachträglichen Zerstörung durch Pilze überhaupt eine geringe geworden, wenigstens für den Transport, während für lange Aufbewahrung in den Magazinen des Bestimmungsortes die Kalkung sicher durch den grösseren Schutz gegen Verderb von Vortheil ist.

Ganz dasselbe gilt mit dem Schutze gegen Insekten. Auch hier gewährt die Kalkung zwar keinen absoluten Schutz, immerhin ist die Zahl der später angefressenen Nüsse eine viel geringere, als bei den unter gleichen Umständen bewahrten ungekalkten Nüssen[1]). Die In-

---

[1]) Dass die Insektengefahr auch bei ungekalkten Nüssen durch schnelles luftdichtes Verpacken in ganz ausserordentlichem Maasse verringert wird, haben wir schon oben gesehen; dort wurde auch erwähnt, dass man durch Vermischung mit Nelken der Gefahr begegnen zu können glaubt.

Aus Versuchen, die Lumsdaine angestellt hat, geht hervor, dass der durch Insekten angerichtete Schaden sowohl bei gekalkten als auch mit Pfeffer (1/3 des Gewichtes) oder ebenso mit Nelken versetzten Nüssen nur ein geringer und sehr langsam fortschreitender ist. In Kästen mit Schubdeckeln aufbewahrt, war die Macis in allen vier Versuchen nach dem ersten Jahre sämmtlich gesund, nach dem zweiten Jahre fanden sich drei wurmstichige Nüsse unter den nassgekalkten, zwei unter den mit Pfeffer versetzten, die übrigen waren gesund, die beschädigten wurden in den Kästen gelassen. Nach dem dritten Jahre waren fünf wurmstichige unter den nassgekalkten, drei unter den gepfefferten, zwei unter den mit Nelken versetzten, während die trocken gekalkten ganz verschont blieben; auch vier Monate später hatte sich nichts weiter verändert. Es scheint also nach diesen Versuchen fast, als ob das Kalkeinreiben mit der Hand noch besser vor Wurmfrass schützt, als das Eintauchen

sekten ziehen unbedingt ungekalkte Nüsse vor[1]: Verf. hat mehrfach gefunden, dass bei gekalkten, aber nachträglich zerbrochenen Nüssen stets die nicht gekalkten Bruchstellen von den Insekten zuerst angegriffen wurden. Diejenigen Insekten jedoch, die sich schon vor der Kalkung in den Nüssen befanden, ein bei richtiger prompter Bereitung nicht häufiger Fall, gehen wohl grösstentheils bei der Kalkung, namentlich bei nachfolgendem Schwitzprozess zu Grunde, wenngleich genaue Untersuchungen darüber nicht vorliegen.

Die Maden, meistens Käferlarven (z. B. von Annobiumarten) fressen übrigens nur das weisse nicht aromatische, aber fettreiche Endosperm der gesunden Nuss und gehen schon deshalb lieber von einer Bruchfläche aus hinein, da der Kern rings von einer braunen, scharfe Substanzen enthaltenden Gewebsschicht umgeben ist, die sie sonst erst durchbrechen müssten. Ebenso meiden sie die mit der Aussenschicht zusammenhängenden braunen Ruminationsstreifen, und bohren daher labyrinthische Gänge in die Nuss und zwar so genau, dass das ganze zierliche bräunliche Netzwerk der sog. Ruminationsstreifen erhalten bleibt; da dies Netzwerk das ätherische Oel ausschliesslich enthält, so wären solche Nüsse zur Muskatnussöldarstellung noch brauchbar, als Gewürz freilich zu unappetitlich. Trotzdem werden auch die stark wurmstichigen Nüsse zuweilen dadurch in den Verkehr eingeschmuggelt, dass man die Löcher derselben durch Einreiben mit Muskatnusspulver und Oel zu verbergen sucht (van Gorkom); auch sollen die Löcher zuweilen mit Mastix verklebt werden (Simmonds), oder sie werden mit Fett, Mehl oder Kalk verstopft. Bei ungekalkten Nüssen sind wegen der gleichmässiger gefärbten Oberfläche der Nüsse solche Betrügereien leichter zu erkennen als bei gekalkten.

ζ) Endgültige Sortirung.

Nachdem die Kalkung vollendet ist, werden die Nüsse wieder getrocknet, sodann der Kalk etwas abgerieben und hierauf beginnt die endgültige Sortirung. Zur Zeit des Monopols blieb das Prinzip der Sortirung im Allgemeinen das gleiche. Vette, middelbare, magere und geinfecteerde (oder aangestokene) bildeten die Hauptsorten, letztere wurden zuweilen (nach den Aantekeningen) sogar in klein geinfecteerde und groot geinfecteerde eingetheilt. Oft, namentlich in früheren Zeiten,

---

in Kalkwasser; doch ist ein Versuch zu wenig, um dies zu entscheiden, obgleich es nicht unwahrscheinlich erscheint, dass ungelöschter Kalk die Insekten besser abhält als gelöschter.

[1]) Mit besonders grosser Vorliebe befallen übrigens die Insekten die unreif gepflückten und daher noch wenig ölhaltigen Nüsse und gehen in diesen auch durch das Ruminationsgewebe hindurch, so dass sie die Nuss vollkommen zerstören und zu Pulver vermahlen; freilich ist an diesen Nüssen wenig verloren, da sie ja doch auch, wenn sie nicht angefressen wären, in Wahrheit werthlos sind.

wurden auch magere und geinfecteerde zusammen als Rompen klassifizirt[1]).

Diese Eintheilung hat sich auch noch bis heute erhalten, z. B. in der Minahassa. wo man neben zwei Sorten guter Nüsse noch die verschrumpften und defekten trennt, während man im Handel jetzt nach etwas anderen Prinzipien unterscheidet. Folgende Eintheilung mag als Beispiel hierfür dienen.

Nr. 1 enthält nur vollendet gute Nüsse; d. h. sie dürfen nicht geschrumpft sein, sondern müssen eine glatte, regelmässig geaderte, fleckenlose Oberfläche haben. Beim Klopfen gegeneinander müssen sie einen vollen Holzton geben; es müssen lauter grosse und schwere Nüsse sein, ein halbes Kilo enthält nur bis höchstens 105 Stücke womöglich nur 80—95 Nüsse.

Nr. 2 besteht gleichfalls aus guten. aber kleineren Nüssen. Auf ein halbes Kilo gehen 105—145 Stück.

Nr. 3 besteht aus noch kleineren und leichteren Nüssen; 145—165 wiegen erst 1/2 Kilo.

Nr. 4 enthält die eingeschrumpften (d. h. die oben als Pala rumpi oder Rümpffe besprochenen unreifen) sowie die etwas von Würmern angefressenen Nüsse, die aber durch die Kalkung und durch das Abtödten der Maden in Folge des Kalkens und Trocknens vor weiterem Frasse geschützt sind.

In Penang wurden die Muskatnüsse (nach Low 1851) in sieben Sorten zerlegt.

Nr. 1	gingen auf das Pfund . . .	72—73	getrocknete Nüsse in der Schale
Nr. 2	„ „ „ „ . . .	93	„ „ „ „ „
Nr. 3	„ „ „ „ . . .	111	„ „ „ „ „
Nr. 4	„ „ „ „ . . .	131	„ „ „ „ „
Nr. 5	„ „ „ „	mehr als 131	„ „ „ „ „

Nr. 6 und 7 waren die schlechten und zerbrochenen Nüsse.

Low zählte unter 15000 Nüssen, d. h. dem Produkt von etwa 30 Bäumen

Nr. 1	1335	Gewicht	13	Katti	5	T.
Nr. 2	4300	„	34	„	8	„
Nr. 3	3750	„	25	„	3	„
Nr. 4	2094	„	12			
Nr. 5	1840	„	8	„	13	„
Nr. 6 u. 7	1681	„	7	„	8	„
	15000	„	101	„	5	„

Es war also danach die Sorte 2 und 3 am meisten vertreten. Wenn man die nöthigen Reduktionen für die Schale der Nüsse vornimmt, so sieht man, dass Nr. 1 auch der niederländisch-indischen Nr. 1 entspricht, Nr. 2 und 3 der Nr. 2, Nr. 4 und 5 der Nr. 3 und Nr. 6 und 7 der Nr. 4.

---

[1]) Valentini (1704) erwähnt die Eintheilung in feine, mittel in sortis und rumpi oder Rümpffe; jedoch sagt er, dass sie in Amsterdam im ostindischen Hause sortirt würden (vielleicht fand dort eine Nachsortirung statt). Rumph sagt, wie wir sahen, im Gegentheil, dass die Nüsse noch vor dem Kalken sortirt würden; Valentijn berichtet, dass die Nüsse nach dem Kalken nochmals sortirt würden und zwar in gute und schlechte (kwade) oder in die drei oben genannten Sorten.

Am einfachsten ist es natürlich, die Nüsse in Schale zu versenden, wie sie ja auch heute noch vielfach namentlich nach China und Indien exportirt werden. Sie werden einfach in Jute-Säcke verpackt, wo sie zwar nicht absolut wurmsicher sind, aber doch nur ganz ausserordentlich unbedeutende Verluste aufweisen. Bei einem über sechs Jahre ausgedehnten Versuche Lumsdaine's blieben z. B. die Nüsse in der Schale noch völlig unversehrt.

Die entschälten Nüsse hingegen bedürfen viel grösserer Sorgfalt [1], namentlich die ungekalkten (in Grenada nimmt man trotzdem nur einfache Mehlfässer).

Zu Rumph's Zeiten (auch Barchewitz giebt dasselbe an) wurden die gekalkten Nüsse, so wie sie waren, gewogen und dann in den Schiffsraum gestürzt und versandt. Nicht nur waren die Verluste durch Insekten und Gährung bei diesen riesigen Massen ungemein grosse und machten in Amsterdam sogar eine nochmalige Auslese nöthig, sondern diese Methode war in Folge der Erwärmung durch die Gährung sogar ziemlich feuergefährlich; es brauchte nur ein Funken auf die Massen zu fallen und sie begannen heftig zu rauchen [2]) und zu riechen. Es mussten deshalb, um Luftzug zu veranlassen, die Schiffsluken stets etwas offen bleiben.

Damals wurden nur die guten Nüsse nach Europa gesandt und zwar wurden sie zu diesem Zweck nach Valentijn schon frühzeitig abgesondert, in „hokken“ gethan und bei ihrer Sendung nach Europa nach Gewicht berechnet mit 1% Tara (afslag); die schlechten dagegen, d. h. die mageren (Rompen), der Bruch und die Wurmstichigen dienten zur Bereitung von Muskatbutter und die Mittelsorte, soweit es eine gab, wurde (nach Rumph) in Indien verkauft.

Nicht selten kam es hierbei vor, dass die Abfuhr nach Batavia nicht regelmässig vor sich ging; dann mussten grosse Quantitäten in den Packhäusern auf Neira lagern. Auch noch in den letzten Jahren des Monopols kam es nach van der Crab vor, dass die im übrigen gut eingerichteten Packhäuser sich hierbei als zu klein erwiesen. Sie lagen auf der Insel Neira in der Nähe des Fort Nassau; nachdem in diesem Jahrhundert die Regierung an die Stelle der Compagnie getreten war, wurden im Fort selbst Packhäuser eingerichtet.

---

1) Im Anfang des Jahrhunderts galt trockener Kalk als das beste Verpackungsmaterial (Milbourn); J. H. Hart giebt für Trinidad (Pharmaceut. Journal 1894, pag. 818) Besprengung der Nüsse mit ungelöschtem Kalk während der Verpackung, sowie vorher im Trockenraum als wirksames Mittel gegen Insekten an, daneben auch, was ja selbstverständlich, luftdichten Verschluss und Schwefelkohlenstoff. Die von Hart aufgefundenen für die Muskatnuss schädlichen Insekten wurden schon oben pag. 448 Anm. 1 aufgeführt.

2) Rumph bringt diese Erwärmung, wohl irrthümlich, mit dem Kalken in Verbindung und meint, die Gefahr sei deshalb nicht so gross, weil bei der Vorladung der meiste Kalk abfiele, was freilich beim Einladen einen unangenehmen, den Augen sehr schädlichen Staub veranlasse, der manchmal die Leute in Erstickungsgefahr brächte.

In der späteren Zeit, im vorigen Jahrhundert, bediente sich die Compagnie bei dem Transport der Nüsse gleicher, aber etwa 200 Pfd. Nüsse fassender Mattensäcke (Sockels) wie bei der Macis (Tableaux statist.), dann kamen Kisten in Gebrauch, aber trotz des Kalkens beliefen sich die Verluste dabei (nach Olivier) auf 25 %; erst die Engländer führten Fässer für die Verpackung ein und seitdem haben die Verluste aufgehört. Seit v. d. Capellen wurden auch in Banda Fässer angefertigt, und zwar gab es daselbst 1856 (Oxley) ein ganzes Etablissement zur Verfertigung der Fässer. Bei den schnellen Transportmitteln der Neuzeit ist man wieder meist auf Kisten zurückgekommen und berechnet 3 ‰ Abschlag, welchen die Verkäufer am Platze vergüten müssen.

Jetzt werden die gekalkten Nüsse ganz allgemein in möglichst gut schliessende Fässer oder Kisten verpackt; Fässer sind natürlich am besten, weil sie hermetisch schliessen; sie werden innen ausgeräuchert, gereinigt und am besten mit Kalk ausgekleidet; sie haben ungefähr die Grösse von Weinfässern und enthalten im Allgemeinen etwa 200 kg; man benutzt meist neue, am besten aus Teak (Djati) hergestellte und versieht sie zum Schutz mit Reifen aus Holz oder Bambus; oben auf dem Fass wird das Zeichen der Pflanzung und die Jahreszahl angebracht, event. auch die Nummer, das Brutto- und Taragewicht.

Die Kisten, deren man sich jetzt mehr bedient als der Fässer, sind viel kleiner und enthalten gewöhnlich 30 resp. 60 kg, früher meist 50 kg; auch sie müssen aus guten Holzarten verfertigt sein, die Fugen sind am besten mit Pech oder Harz luft- und wasserdicht zu machen, oder wenigstens mit geöltem Papier zu verkleben. Zuweilen (so z. B. in Singapore nach Tschirch) wird zur Sicherheit gegen Frass auch noch obendrein eine Hand voll Pfeffer in die Kisten geschüttet. Nach dem Einpacken wird die Kiste sorgfältig mit Papier verklebt, wohl auch versiegelt und gewogen. Als Schutz wird (wenigstens in der Minahassa) noch Rottang herumgelegt.

V. Handel.

1. Handelssorten der Muskatnüsse.

Die Muskatnüsse (engl. nutmeg, holl. nootmuskaat oder einfach nooten) werden jetzt meist in Kisten von 30—60 kg Inhalt versandt[1]. Nach Europa kommen die Nüsse meist ohne Schalen und dann entweder sortirt. oder unsortirt, (holländisch ongegarbuleerde). Sie werden nach der Qualität, Grösse oder angeblichen Herkunft sortirt.

Bei der Sortirung nach der Qualität unterscheidet man:

1. die fetten oder vollen Nüsse (holländisch auch middelbare, englisch medium genannt), das sind die guten, voll und rund aussehenden Nüsse[2];

---

1) Milbourn giebt an, dass 15 Centner Nüsse oder 8 Centner Macis = 1 Tonne wären; es ist hiermit natürlich nicht das Gewichtsmaass gemeint (= 2000 englische Pfund) sondern das Raummaass (= 40 Kbfuss = 1,132 cbm).

2) Zuweilen werden sie nach der Qualität wieder weiter sortirt, dann muss die Prima-Qualität glatt und fleckenlos sein, möglichst runde Formen haben, sowie beim Klopfen einen vollen Holzton geben. Die Nüsse müssen, wenn ungekalkt, aschbraun, wenn gekalkt, auf den hervorragenden Partien braun, in den Vertiefungen weiss sein; in beiden Fällen müssen sie im Innern bleich-röthlich-grau und mit schmalen rothen Adern durchsetzt sein. Auch die Härte spielt eine gewisse Rolle, je härter die Nüsse sind, desto mehr werden sie geschätzt.

Die Secunda-Qualität enthält leichtere, auch etwas missgestaltete Nüsse, die Farbe der ungekalkten ist öfters bräunlich oder etwas fleckig (in Folge innerer Gährung oder äusserer Schimmelbildung); auch schwache Runzelung findet sich bei dieser Sorte, sowie etwas missfarbige Flecke im Innern, häufig durch eine vom Keime ausgehende Schimmelbildung entstanden. Natürlich ist der Preis dieser Qualität bedeutend geringer.

2. die mageren oder runzeligen, (holländisch auch gerimpelte, englisch inferior genannt), das sind solche Nüsse, die aussen runzelig sind, meist daher herrührend, dass sie von nicht ganz reif gesammelten oder abgefallenen Nüssen stammen;
3. die wurmstichigen (holländisch geinfecteerden oder angestokene);
4. die zerbrochenen, Bruch (holländisch brokene, englisch broken).

Die letzteren beiden Sorten, die defekten Nüsse, auf dem Amsterdamer Markt auch noch heute zuweilen „rompen", gewöhnlich aber als defekt, gestoken, gebarsten, met veel stukken oder stukjes bezeichnet, kommen meist zusammen in den Handel, und werden ausschliesslich zur Fabrikation von Muskatbutter und Muskatnussöl verwandt, sie heissen deshalb auch häufig Oelnüsse (oil nuts); die beiden ersten Sorten (holländisch auch als gave = ganze) kommen hingegen meist als Gewürz in den Handel, die mageren wenigstens auch in Asien, während letztere in Europa gleichfalls viel zur Fett- und Oeldarstellung benutzt werden, und neuerdings häufig auch unter dem Namen „Oelnüsse" exportirt werden.

Bei der Sortirung nach der Grösse werden die fetten Nüsse meist in 3, zuweilen in 2, 4 oder gar 5 Abtheilungen sortirt, und die Sorten mit Zahlen (Ia, I, II, oder 1, 2, 3 etc.), seltener mit Buchstaben (A, B, C etc.) bezeichnet.

1. Eine Sortirung nach Buchstaben von der Auktion am 30. November 1894 in Amsterdam (Moluk'sche Handels-Vennootschap) sei hier zuerst aufgeführt.

Sorte	A.	grof van stuk, met gerimpeld en defect, goed gekalkt	150 Nüsse auf 1 kg	264 cts. per kg
„	B.	grof van stuk, met gerimpeld en defect, goed gekalkt	170 „ „ 1 „	250 „ „ „
„	C.	vrij grof van stuk, met gerimpeld en defect, goed gekalkt	190 „ „ 1 „	224 „ „ „
„	D.	goed van stuk, met gerimpeld en defect, goed gekalkt	210—220 „ „ 1 „	206 „ „ „
„	E.	redelijk van stuk, met gerimpeld en defect, goed gekalkt . . . (sommige iets langwerpig).	260—270 „ „ 1 „	190 „ „ „

Dazu kommen noch, nach Qualitäten unterschieden

(Magere)	Sorte F.	ongelijk van stuk, zwaar gerimpeld, met defect	90 „ „ „
(Defekte)	„ G.	gebarsten, gestoken, veel stukken	70 „ „ „
	„ H.	ongelijk van stuk, langwerpig, met gerimpeld en defect, goed gekalkt	150 „ „ „
	„ Sp.	zeer ongelijk van stuk, defect met gerimpeld, goed gekalkt	130 „ „ „

In diesem Falle wurden dann die Macissorten mit J, K, L, M bezeichnet, die letzten Buchstaben bezeichnen den Grus.

2. Eine andere Sortirung in 12 Nummern (Louis Bienfait & Soon) hatte sieben Nummern für fette Nüsse, der Grösse nach geordnet, drei für magere und zwei für defekte oder stukken.

Nr. 7 enthielt sehr kleine, sonst aber gute Nüsse, 310—320 Nüsse auf 1 kg und wurde auf 150 cts. bewerthet.

3. Eine Sortirung desselben Datums (Buisman & Brandis) unterschied

1 grof van stuk, met gerimpeld en defect, goed gekalkt	150—190 Nüsse auf 1 kg	280—236 cts. per kg
1 vrij grof van stuk, met gerimpeld en defect, goed gekalkt . . .	190—210 „ „ 1 „	230—220 „ „ „
2 goed van stuk, met gerimpeld en defect, goed gekalkt	220—300 „ „ 1 „	210—192 „ „ „
3 goed, vrij goed of ongelijk van stuk, gerimpeld met defect en gestoken, goed gekalkt		150—120 „ „ „

4. Wiederum eine andere Sortirung findet sich dann bei Siebert & Co.

1A, 1B, 1, 2A, 2, 2B, 2C, 2D, 3, 4A, 4B, 4, Sept, SeptB; für die Macis Lr. E, Lr. F, Lr. G, B. S., Gruis.

5. Bei der Credit- en Handelsvereenigung „Banda“ gab es folgende Sorten

Nr. 1 grof van stuk, met gerimpeld en defect, goed gekalkt . . .	150—190 Nüsse auf 1 kg	280—240 cts. per kg
Nr. 1 vrij grof van stuk, met gerimpeld en defect, goed gekalkt	200—210 „ „ 1 „	224—216 „ „ „
Nr. 2 goed van stuk, met gerimpeld en defect, goed gekalkt . . .	210—250 „ „ 1 „	214—202 „ „ „
Nr. 2 redelijk van stuk, met gerimpeld en defect, goed gekalkt	250—300 „ „ 1 „	198—180 „ „ „
Nr. 2 klein van stuk, met gerimpeld en defect, goed gekalkt . . .	290—340 „ „ 1 „	172—164 „ „ „
Nr. 3 verschiedene Sorten mehr oder minder runzelige und defekte		140—120 „ „ „
Nr. 4 verschiedene Sorten mehr oder minder runzelige und defekte		100— 70 „ „ „
Sept. goed van stuk, defect en B. S.		170 „ „ „
Sept. redelijk van stuk, defect en B. S.		160 „ „ „

Auch Papua-Muskat, sog. Lange-Noten, kamen bei diesem Verkauf in den Handel und zwar

Lange vrij grof van stuk, met gerimpeld, vrij gaaf, goed gekalkt	140 Nüsse auf 1 kg	162 cts. per kg
„ redelijk van stuk, met gerimpeld, vrij gaaf, goed gekalkt	180 „ „ 1 „	150 „ „
„ klein van stuk, met gerimpeld, vrij gaaf, goed gekalkt	230 „ „ 1 „	120 „ „
„ redelijk van stuk, defect en gerimpeld		60 „ „
„ ongelijk van stuk, defect met zwaar gerimpeld en stukken .		50 „ „

Nach den zusammenfassenden Notirungen der Firma Hegelmaier & Co. vom 30. November 1894 gab es an dem Tage Sorten bester Qualitäten von 150—440 Stück per kg zum Verkauf und sie wurden mit 180—274 cts. per kg bezahlt.

Unsortirte Nr. 3 (ungefähr den mageren entsprechend)	180—200 cts. per kg	
Nr. 4 (ungefähr den defekten entsprechend)	80—120 „ „ „	
Banda-Stücke (also Bruch)	80 „ „ „	
Lange (= M. argentea) Ia	150/160 Nüsse per kg	170 cts. per kg
„	180/200 „ „ „	164 „ „ „
	220/230 „ „ „	150 „ „ „
„ abweichend Ia (d. h. weniger gut)	180/190 „ „ „	150 „ „ „
	190/200 „ „ „	140 „ „ „
	200/220 „ „ „	130 „ „ „
„ Stücke		60 „ „ „

Alle diese feineren Sortirungen werden natürlich nicht auf den Plantagen selbst vorgenommen, wo man meist nur 2—3 Sorten auseinanderhält, sondern in den Küstenstädten, sei es nun Makassar, Surabaja, Batavia, Singapore, oder London und Amsterdam.

Wie wir an einzelnen dieser Notirungen sehen, spielt neben der Grösse (und natürlich der Qualität) auch die Form eine gewisse Rolle, indem, gänzlich ohne innere Berechtigung, die runden den länglichen vorgezogen werden. Ehemals war diese Scheidung, wie wir sahen, eine viel tiefer begründete; man vermuthete ja damals in den länglichen (die man mit der sog. männlichen Muskatnuss, nux myristica oblonga, M. fatua, identifizirte) andere medizinische Eigenschaften. Uebrigens werden auch die auf der einen Seite platten Zwillingsnüsse weniger geschätzt, die buckeligen und deformirten natürlich erst recht.

Dem Marktbericht der Hollandschen Handelsvereeniging in Amsterdam vom 6. Oktober 1894 sind die folgenden ausführlichen Notirungen entnommen (Busse).

Muskatnüsse (Banda) gut gekalkt p. 100 kg		Muskatnüsse (Banda) gut gekalkt p. 100 kg	
I. 150/160 Stück per kg	482 Mk.	270/280 Stück per kg	341 Mk.
160/170 „ „ „	472 „	280/290 „ „ „	338 „
170/180 „ „ „	448 „	290/300 „ „ „	328 „
180/190 „ „ „	434 „	300/310 „ „ „	321 „
190/200 „ „ „	410 „	310/320 „ „ „	308 „
200/210 „ „ „	393 „	320/340 „ „ „	304 „
210/220 „ „ „	380 „	340/380 „ „ „	294 „
II. 220/230 „ „ „	376 „	380/400 „ „ „	287 „
230/240 „ „ „	372 „	HI.	291 „
240/250 „ „ „	366 „	IV.	223 „
250/260 „ „ „	362 „	1. Wahrscheinlich Oelnüsse	171 „
260,270 „ „ „	355 „	1. „ „	120 „

Hiermit sind wohl die Grössenstufen des Handels, dagegen noch nicht die überhaupt existierenden erschöpft. Von den allergrössten Nüssen, wie Verf. solche in Kew sah, gehen schon 87 auf das Kilo, sie sind 3,3 cm lang, und 2,8 cm breit. Die grössten, über 3 cm langen Nüsse gehen nach den Berichten holländischer Makler fast ausschliesslich nach England, da dieses Land die höchsten Preise zahlt. Von den allerkleinsten gehen 1088 auf das Kilo, sie sind 10—12 mm lang und ebenso breit; jedoch werden diese Nüsse im Handelsverkehr wohl niemals gesondert. Einzelne Nüsse sind noch kleiner, fast erbsengross; es sind, wie wir sahen, die Nüsschen, die in den sog. Königsnüssen, von dicker Macis umgeben, eingeschlossen sind, auch von den 10—12 mm langen Nüssen mögen manche von sog. Königsnüssen stammen.

Nach der Herkunft werden die Nüsse jetzt viel weniger gehandelt. Früher (und vielleicht auch jetzt noch) wurden vor allem in England die ungekalkten und daher bräunlichen (brown nutmegs) Penang-Nüsse als die besten und höchst bezahlten geschätzt, dann kamen an Werth die gekalkten Batavia- oder holländischen Nüsse, und schliesslich die wieder ungekalkten Singapore-Nüsse, die weniger fein waren, und demnach noch etwas weniger gut bezahlt wurden, als die holländischen. Dies war zur Zeit des Monopols, als in Penang und Singapore eigene Muskatnüsse in Menge produzirt wurden und sie nach der Herkunft leicht auseinander zu halten waren. Schon in den 30er Jahren waren die Penangnüsse in England beliebt. Jetzt hat sich insofern die Sachlage geändert, als Singapore die verschiedensten Nüsse aus allen Gegenden erhält, dagegen aber nur ganz wenige selbst produzirt, und weil ferner die Produktion von Penang an sich gleichfalls nicht sehr bedeutend ist, Penang dagegen viele aus Sumatra und selbst aus Java etc. stammende Nüsse verschifft.

Wie so oft bei Handelsobjekten, scheint sich auch hier die Umwandlung zu vollziehen, dass ursprüngliche Herkunftsnamen, die als solche ehemals lokal bestimmte Waarensorten bezeichneten, mit der Zeit zu echten Qualitätsbenennungen geworden sind und auch für gleiche Waaren angewendet werden können, selbst wenn sie anderswoher stammen.

2. Handelssorten der Macis.

Die Macis kommt in Kisten oder Fässer von verschiedener Grösse in den Handel. Sie wird in Deutschland auch häufig Macisblüthe genannt (eng. mace, holl. folie oder foelie).

Man kennt nur zwei verschiedene Eintheilungen, nämlich a) nach der Qualität und b) nach der Herkunft, da die Grösse keine Rolle spielt.

Bei der Sortierung nach der Qualität unterscheidet man vor allem gute oder ganze Macis (engl. good, holl. gave) und Grus (engl. chips, holl. gruis), worunter man den Abfall versteht, der bei jeder Umpackung und Sortirung der ganzen Macis von neuem entsteht und dann abgesiebt und besonders verpackt wird. Früher wurde auch die Staubmacis (holl. stoff-folie, engl. dust), besonders exportirt; jetzt kommt sie aber wohl meist mit dem Grus zusammen in den Handel.

Die ganze Macis, die in einfachen oder doppelten Lagen, flach gedrückt, in den Handel kommt, wurde in Holland noch vor wenigen Jahren, wie schon oben angeführt, in drei Sorten eingetheilt, da die zwei besten Sorten C. und D., nur ausgesuchte Stücke, seit 4--5 Jahren nicht mehr in den Handel kommen.

Nr. 1 oder E ist fleischig, ganz fleckenlose Macis, ohne Bruch, sie kostete Nov. 1894 in Amsterdam	ca. 240 cts. per kg
Nr. 2 oder F ist weniger fleischig und hat mehr Bruch, sie kostete Nov. 94 in Amsterdam	ca. 224 „ „ „
Nr. 3 oder G besitzt schwarze Rauchflecken (durch unaufmerksames künstliches Trocknen entstanden), sie kostete Nov. 94 in Amsterdam (je nach der Menge der Flecken) . .	ca. 180—192 „ „ „

Auch der Grus wird je nach dem Aussehen in mehrere Sorten getheilt: Nov. 1894 notirte in Amsterdam: Grus Ia Ia (sehr schön) 220 cts. das kg, IIa (frisch) 200 cts. das kg. Wie man sieht, halten sich die Preise der Macis-Grus auf der Höhe der Mittelpreise für ganze Macis.

Endlich unterscheidet man auch noch Foelie separaat, d. i. eine vom Typus abweichende und demnach nicht in die obige Klassifizirung passende Macis, die natürlich je nach der Qualität sehr verschiedene Preise erzielt.

Beim Verkauf am 30. November 1894 hatte die Credit- en Handelsvereenigung Banda folgende Sorten Macis[1]):

La F.	goed grof, redelijk blank	230	cts p. kg
	vrij grof, redelijk blank	226	„ „ „
	redelijk grof, redelijk blank	224—220	„ „ „
	redelijk grof, iets donker	220	„ „ „
	redelijk grof, redelijk blank	220	„ „ „
La G.	redelijk grof, redelijk bont	190	„ „ „
	redelijk grof, redelijk bont, met zwart . . .	184	„ „ „
	redelijk grof, bont met zwart	180	„ „ „
Separat	vrij grof, ongelijk van kleur, met beslagen .	200	„ „ „
Gruis	fijn gruis, redelijk blank	210	„ „ „
	fijn gruis, ongelijk van kleur, met zwarten stof	200	„ „ „

[1]) Wir sahen eben gelegentlich der Notirungen der Nüsse, dass die Buchstaben zuweilen auch anders gewählt werden, z. B. K, L, M, da E manchmal für die Nüsse vergeben ist; die gewöhnlichen Bezeichnungen sind aber E, F, G.

in Kisten	Ferner Sort. A wilde (vielleicht Bombay-Macis) vrij grof, bont met zwart	80	cts p. kg
	Sort. B, wilde, vrij grof, donker of zwart	60	„ „ „
	Schillen (Papua-Macis)	56	„ „ „
	Schillen (Papua-Macis) in Säcken	60	„ „ „

Der zusammenfassende Bericht von Hegelmaier & Co. giebt folgende Sorten für dasselbe Datum:

Echte Macis	E	sehr schöne frische Waare	240	cts p. kg
	F	gewöhnlich gute	224	„ „ „
	G	röthlich wenig schwarz	192	„ „ „
		röthlich viel schwarz	180	„ „ „
		Grus sehr schön Ia Ia	220	„ „ „
		Grus frisch IIa	200	„ „ „
		Makassar [1])-Macis (d. i. Papua-Macis von M. argentea)	80	„ „ „

Im Allgemeinen soll eine gute Macis aus nicht zerbrochenen fleischigen und fetten, fleckenlosen Arillen bestehen

Vor allem aber ist die Farbe von Bedeutung, insofern als die rein goldgelbe Macis am meisten geschätzt wird. Sie wurde früher vielfach auch als blanke oder helle Macis (Hendess Waarenlexikon) resp. weisse oder lichte (Bohns Waarenlager 1806) von der schmutzigen, um 12—15 % weniger werthvollen (Schedel's Waarenlexikon, 1814, II, pag. 71) braunen oder ordinären Macis unterschieden. Wie wir sahen, nimmt die ursprünglich rothe Macis die gelbe Farbe erst beim Trocknen an, um beim längeren Liegen noch mehr auszubleichen; schliesslich verliert sie die Farbe gänzlich und wird schmutzigweiss, dabei aber auch trocken und dünn; eine solche ist natürlich wenig werth, desgleichen ist auch während des Trocknungsprozesses durch übergrosse Wärme ausgedörrte oder durch Rauch gebräunte, sowie durch schlechte resp. feuchte Aufbewahrung fleckig gewordene Macis minderwerthig.

Nach der Herkunft wurde früher in England gleichfalls Penang-Macis, holländische oder Batavia-Macis und Singapore-Macis unterschieden, erstere am besten, letztere am schlechtesten bezahlt, jedoch haben diese Unterscheidungen jetzt wohl ganz aufgehört. Selbstverständlich kann man der Macis ebensowenig wie den Nüssen den Herkunftsort ansehen; bei der einfachen und überall annähernd gleichen Bereitungsweise der Macis können durch dieselbe kaum Unterschiede entstehen, nur bei wirklich nachlässiger und schlechter Bereitungsweise entstehen Fehler. Ob bei dem jetzigen geringen Preisunterschiede zwischen guten und schlechten.

1) Makassar wird als Hauptverschiffungsort auch häufig, wie wir sahen, als Waarenbezeichnung gebraucht; wie Makassar- und Papuanüsse, so bezeichnet auch Makassar- und Papua-Macis das Produkt von Myristica argentea.

nur zum Stampfen und Mahlen geeigneten Qualitäten sich die oben angeführten Sortirungen halten werden, erscheint zweifelhaft.

Im Handel wird die Macis vielfach gefälscht, d. h. wenn sie gepulvert verkauft wird. Namentlich die ganz geruchlose und deshalb unbrauchbare von der *Myristica malabarica* Lam. abstammende Bombaymacis kömmt in nicht unbedeutende Quantitäten von Bombay aus in den Handel. Zwar besitzt sie eine durchaus abweichende, viel länger gestreckte Form, ist auch bedeutend grösser, die einzelnen Lappen sind ausserordentlich viel schmäler und winden sich an der Spitze zu einem Knäuel ineinander, auch ist die Farbe eine viel mehr röthlichere als die der echten getrockneten Macis; jedoch ist sie im Gemisch mit dem aus der echten Macis hergestellten Pulver nicht leicht zu erkennen. Im Allgemeinen ist deshalb zu schön aussehendes, röthliches Macispulver schon an und für sich etwas verdächtig, während dagegen für die Macis der echten Muskatnuss, wenn man sie als Ganzes kauft, so dass von Betrug oder Vermischung nicht die Rede sein kann, eine röthliche Färbung gerade ein gutes Zeichen ist, ein Beweis, dass sie frisch ist, wenngleich im Handel diese Färbung irrthümlicherweise gerade nicht estimirt wird. Die Methoden, um diese Fälschung zu erkennen, werden weiter unten gelegentlich der Besprechung der Fälschungen und Surrogate ausführlich behandelt werden (cf. pag. 500).

Auch die Papua-Macis kommt, wie wir sahen, als Macisschalen, Schillen oder Makassar-Macis in den Handel, ist sehr billig und dient zweifellos zur Verfälschung.

Neuerdings kommt sogar auch das getrocknete, nur äusserst schwach gewürzige Perikarp der echten Muskat in den Handel, jedenfalls wohl in derselben Absicht, das echte Macispulver zu fälschen.

3. Handelswege und Handels-Centren.

Zur Zeit des Monopols der Compagnie konnte von einem überseeischen Handel in Muskat eigentlich nur für diese eine grosse Gesellschaft die Rede sein. Freilich wurden im vorigen Jahrhundert nicht unbedeutende Mengen (zeitweilig vielleicht sogar $^1/_4$ des Gesammtproduktes) geschmuggelt, die grösstentheils aus Banda, daneben aber auch von Halmaheira und benachbarten Inseln stammten und welche in den Suluinseln, besonders aber auf Borneo (Passir, Brunei und Balambangan) von europäischen, namentlich englischen Schiffen aufgekauft wurden. Die überwältigende Mehrzahl der Nüsse wurde aber, genau wie während der portugiesischen Zeit im 16. Jahrhundert nach Lissabon, so im 17. und 18. Jahrhundert von der niederländischen Compagnie nach Holland übergeführt; dort wurden dann. wie wir sahen, die Nüsse zu festgesetzten Preisen, die Macis dagegen auf der Frühlingsauktion verkauft.

1. Niederländisch-Indien.

Folgende Tabelle giebt die Gesammtausfuhr aus Niederländisch-Indien für 1876; die Zahl für Singapore besteht aus der Summe desjenigen, was über Java und was direkt von den östlichen Häfen des malayischen Archipels (Makassar, Ambon, Banda) nach Singapore eingeführt wird; Penang erhält ja neben dem von Java eingeführten auch direkte Zufuhren von Sumatra, Holland bezieht gleichfalls einen immer bedeutender werdenden Theil direkt von den östlichen Häfen. 1876 ging aber noch die grössere Hälfte über Java.

Die Gesammtausfuhr aus Niederländisch-Indien betrug nach

1876	Nüsse	Macis	1878	Nüsse	Macis
Holland . .	253358 kg	288339 kg		697160 kg	229320 kg
Amerika . . .	116662 „	25780 „		80279 „	12589 „
Singapore. .	492579 „	51060 „		271012 „	66335 „
Penang . .	90511 „	14790 „		178726 „	23199 „
England . .	1710 „	— „		3000 „	7947 „
Australien .	15829 „	— „		4909 „	919 „
Verschieden .	553 „	828 „	Frankreich	2757 „	Siam 310 „
	971202 kg	380797 kg		1237843 kg	340619 kg

α) Java.

Wie wir sahen, wurden die Nüsse von Banda zur Zeit der Compagnie erst nach Batavia verschifft und erst von dort dann nach Europa verladen. Ebenso blieb es in der Monopolzeit der niederländischen Regierung, wohingegen die gleichzeitige bedeutende Ausfuhr von Penang und Singapore sich von dort direkt nach England richtete. Java (Batavia) war demnach das wichtigste Land für den Muskatnusshandel.

Allein für Regierungsrechnung kamen nach Java (nach de Bruyn Kops):

	Nüsse und Muskatseife	Macis		Nüsse und Muskatseife	Macis
1827	3266 Pikol	657 Pikol	1833	2629 Pikol	742 Pikol
1828	2684 „	760 „	1834	4106 „	1213 „
1829	2498 „	778 „	1835	1886 „	992 „
1830	2257 „	494 „	1836	1902 „	1129 „
1831	1600 „	328 „	1837	2761 „	1032 „
1832	3046 „	959 „	1838	6351 „	1094 „

	Nüsse und Muskatseife	Macis		Nüsse und Muskatseife	Macis
1839	3697 Pikol	1356 Pikol	1848	7668 Pikol	1054 Pikol
1840	3393 „	850 „	1849	4985 „	1470 „
1841	4818 „	1040	1850	3851 „	1278 „
1842	5060 „	1426	1851	4271 „	412
1843	2559 „	933	1852	1067 „	1016 „
1844	5306 „	1243	1853	4553 „	1123 „
1845	4207 „	944	1854	3821 „	746
1846	6740 „	1587	1855	1258 „	— „
1847	1283 „	456 „			

Im Vergleich hierzu sehr gering ist der wirkliche Import nach Java von den Molukken, der nur in einzelnen Jahren (1846, 1850, 1851) mehr als 1000 Pikol betrug, während im Durchschnitt der Jahre 1828 bis 1855 nur 616 Pikol Nüsse und 127 Pikol Macis importirt wurden. Hierzu kommen noch in einzelnen Jahren geringe Importe von den Riouwinseln (zwischen 4 und 20 Pik. variirend), vom Ende der vierziger Jahre an nicht unbedeutende Mengen aus Celebes (1848 373 Pikol, 1850 gar 737 Pikol), dann in einzelnen Jahren Importe von Timor-Koepang, Bima, Sumbawa und häufiger, namentlich Ende der zwanziger Jahre, von (resp. wohl nur über) Bali. Dies kann nicht auffallen, da nur geringe Mengen in Java selbst konsumirt werden, weil dort meist die Papuamuskat in Gebrauch war.

Der Total-Export Javas ist in den einzelnen Jahren sehr verschieden, er bewegte sich aber zwischen 1825 und 1846, was die Nüsse betrifft, meist zwischen 3500 und 5200 Pikol (Oxléy, Statistics of Nutmegs), 1833 werden sogar nur 1171 angegeben; das Maximum, 8158 Pikol, wurde 1844 erreicht. An Macis wurden meist 800—1600 Pikol exportirt, das Minimum (1830) betrug 177, das Maximum (1844) 2283 Pikol. Der Durchschnitt des Exportes von Java betrug 1825—34 352226 Pfund Nüsse, 94304 Pfund Macis, 1835—45 664060 Pfund Nüsse, 169460 Pfund Macis.

In dieser Periode (1825—45) ging natürlich der bei weitem grösste Theil des Gewürzes nach Holland; nach England gingen im Durchschnitt jährlich nur 34 Pikol Nüsse und 12 Pikol Macis, manchmal aber auch gar kein Gewürz. Nach Frankreich ging überhaupt nur selten Muskat direkt von Java und im Durchschnitt nur $2^1/_2$ Pikol Nüsse und 1 Pikol Macis, nach Hamburg 12 Pikol Nüsse, 10 Pikol Macis, nach Amerika 45 Pikol Nüsse, 5 Pikol Macis. — In Asien war hauptsächlich China ein Abnehmer, namentlich Ende der zwanziger Jahre, wo 300 bis 700 Pikol Nüsse und 50 bis 100 Pikol Macis dorthin gingen;

später, als in den Straits die Kultur zunahm, gingen selten über 100 Pikol Nüsse und 20 Pikol Macis nach China, ohne Ausnahme aber jedes Jahr eine gewisse Menge; nach Japan gingen erst in den vierziger Jahren geringe Quantitäten Nüsse, 3—6 Pikol jährlich, aber gar keine Macis. — Merkwürdiger Weise gingen aber jährlich grössere Quantitäten in den östlichen Theil des malayischen Archipels, meist 200—300 Pikol Nüsse und 60—110 Pikol Macis, vermuthlich wohl nach Makassar, um von dort weiter expedirt zu werden; 1831 gingen sogar 2004 Pikol Nüsse und 619½ Pikol Macis dorthin. — Nach dem Cap gingen erst von 1840 an einige Pikol; wenig Muskat (nie mehr als 15 Pikol Nüsse und zuweilen 5—6 Pikol Macis) wurden auch nach Australien verschifft.

Der grösste Theil des Muskathandels lag natürlich in den Händen der Handelsmaatschappij, welche der Regierung die Monopolnüsse abnahm. Noch 1862 exportirte sie (nach de Sturler) von Java 6363 Pikol Nüsse, 1796 Pikol Macis und 30 Pikol Muskatseife. Die Aufhebung des Monopols bewirkte eine beträchtliche Aenderung in dem Muskathandel; dennoch behielt Java noch geraume Zeit die prädominirende Stellung im Muskathandel. So ging noch Ende der siebziger Jahre die grössere Hälfte der Bandanüsse über Java, 1877 385000 kg Nüsse, 152000 kg Macis; 1878 293000 kg Nüsse, 71000 kg Macis; 1879 417000 kg Nüsse, 110000 kg Macis. Ebenso kam nach Java der grössere Theil der Ernte von der Westküste Sumatras, ferner die kleinen Ernten von Benkulen und Lampong, also von Süd-Sumatra, während von Deli und Langkat aus Penang als Hauptverschiffungsort bevorzugt wurde. Jedoch verlor Batavia immer mehr an Bedeutung gegenüber Soerabaja, wohin jetzt viele Nüsse in der Schale gingen, um dort erst geschält und dann verschifft zu werden. In den achtziger Jahren dagegen nahm die Bedeutung Javas für die Verschiffung dieses Gewürzes schon ganz enorm ab, wie die folgende Tabelle beweist.

Die Ausfuhrlisten von Java ergaben für die Jahre 1884/88, in kg umgerechnet, folgende Zahlen:

	Nüsse	Macis
1884	407000	152000
1885	180000	45000
1886	98000	68000
1887	93000	69000
1888	87000	19000

Von Java geht nach wie vor der grösste Theil dieses Gewürzes direkt nach Holland, sehr beträchtliche Theile gehen aber jetzt auch nach Singapore oder direkt nach Amerika, kleinere Mengen auch nach Australien und Penang, sowie nach England.

β) Banda.

Die Banda-Muskat geht jetzt meist über Makassar und Singapore, viele auch direkt nach Europa. Während zur Zeit des Monopols alle Nüsse auf Banda geschält wurden, werden jetzt grosse Posten mit Schale exportirt, ja für 1877 werden sogar 4719 Pikol Nüsse in Schale und nur 596 ohne Schale angegeben. Die Nüsse werden dann freilich meist in den grossen Häfen Singapore, Makassar, Soerabaja vor der Verfrachtung nach Europa geschält und grossentheils gekalkt.

In Ermangelung neuerer genauer Daten seien hier die Statistiken Bandas für die drei Jahre 1877/79 aufgeführt, also in einer Zeit, wo noch die Verfrachtung nach Java bedeutend mehr vorherrschte als jetzt.

		1877	1878	1879
Nüsse (geschält)	nach Holland	2072 Pik.	289 Pik.	1014 Pik
	Singapore	4817 „	1999 „	3196 „
	Java	6154 „	4688 „	6670 „
	Makassar	202 „	27 „	157 „
		13245 Pik.	7003 Pik.	11037 Pik.
Macis	nach Holland	362 Pik.	155 Pik.	365 Pik.
	Singapore	1009 „	660 „	370 „
	Java	2429 „	1137 „	1762 „
	Makassar	10 „	— „	— „
		3810 Pik.	1952 Pik.	2497 Pik.

γ) Makassar.

Makassar ist jetzt einer der wichtigsten Plätze des Muskathandels im Osten geworden, nicht nur, wie wir sahen, für die Papuanuss, sondern auch für die echte. Grosse Quantitäten Muskat aus Banda kommen dorthin, ebenso von anderen östlichen Inseln, und auch ein beträchtlicher Theil der Ernte der Minahassa. Dort werden sie vielfach geschält, gekalkt und in passender Weise für den Export sortirt und verpackt; vieles geht von dort direkt nach Europa, vieles wird auch erst nach Singapore verfrachtet.

2. Malayische Halbinsel.

α) Penang.

Penang war während der Blüthezeit der Muskatkultur auf der malayischen Halbinsel fast der erste Handelsplatz für dies Gewürz geworden, der Ende der 50er nur um ein ganz geringes hinter Banda zurückblieb, und gewiss schon in den ersten Jahren der 60er die Bandainseln überflügelt hätte, wenn nicht die Krankheit der Bäume alles mit einem Schlage in ganz wenigen Jahren vernichtet hätte.

Die Entwickelung lässt sich in folgenden Zahlen tabellarisch zusammenfassen:

	Die Produktion (resp. der Export) betrug Nüsse	Macis
1832	16000 kg	— kg
1835	25000 „	8000 „
1840	37000 „	10000 „
1847	85000 „	29000 „
1848	130000 „	41000 „
1849	136000 „	42000 „
1850	130000 „	41000 „
1851	160000 „	47000 „
1852	164000 „	56000 „
1853	189000 „	49000 „
1854	173000 „	55000 „
1855	206000 „	56000 „
1856	289000 „	83000 „
1857	347000 „	— „
1858	410000 „	— „
1859	401000 „	— „
1860	391000 „	131000 „
1867	ganz unbedeutend	

Die Produktion hat sich demnach von 1832 bis 1842 verdreifacht, von 1842—1852 abermals, und würde es bis 1862 nochmals gethan haben, wäre nicht die Krankheit dazwischen getreten.

Der bei weitem grössere Theil der Penangernte ging (und geht auch noch heute) nach England, sei es direkt, sei es über Singapore, jedoch wurde auch der nicht unbedeutende vorderindische, sowie der benachbarte hinterindische Markt mit dem Gewürz versorgt, und nicht unbedeutende Quantitäten gingen auch nach Amerika.

So z. B. exportirte Penang 1847/48:

		Nüsse	Macis
nach	England	1052 Pikol	334 Pikol
Vorderindien	Kalkutta	443 „	221 „
	Malabar	72 „	32
	Coromandel	52 „	20
	Westküste	18 „	—
	Ceylon	— „	1
	Singapore, Malakka	209 „	15
	Mulmein	35 „	3
	Arracan	9 „	2
	Pegu	10 „	1
	China	— „	32
	Arabien, Pers. Golf	— „	1 „
	Nord-Amerika	165 „	— „
		2065 Pikol	662 Pikol

Aber auch nach der Zerstörung der Kultur ist Penang immerhin ein nicht unwichtiger Handelsplatz geblieben; vor allem schon dadurch, dass Ende der 70er die Muskatproduktion auf Penang sich wieder vermehrte, indem zwischen 1875—79 ca. 87000—162000 kg geerntet wurden. Aber auch aus Niederländisch-Indien strömten grosse Quantitäten Muskat nach Penang, wie wir sahen. 1876 91000 kg Nüsse und 15000 kg Macis, 1878 179000 kg Nüsse und 23000 kg Macis. Grossentheils kamen diese Produkte von der gegenüberliegenden Küste Sumatras, da Penang der nächste grössere Hafenplatz für diese Gegend ist, andererseits kamen und kommen noch heute viele Nüsse aus dem östlichen Theile des malayischen Archipels nach Penang, um von dort dann als Penangnüsse in den Weltverkehr zu treten, da diese Marke sich lange Zeit wegen der sorgfältigen Kultur eines besonders guten Rufes erfreute. Hierauf ist das Missverhältniss von Macis zu Nüssen in den angeführten Zahlen für 1876 und 1878 zurückzuführen; der grössere Theil der Macis dürfte vermuthlich den Penang benachbarten Gegenden des Archipels entstammen, sowie das vierfache dieser Summe von Nüssen, während der Rest der Nüsse wohl auf Importe aus Batavia, Makassar, Molukken etc. zurückzuführen sein dürfte.

β) Singapore.

Singapore ist durch seine günstige und für den Handel Südasiens centrale Lage, durch die weitsichtige Politik der Regierung, die von vornherein den Platz zum Freihafen bestimmte, und durch die Energie der dortigen Kaufmannschaft in raschen Schritten in diesem Jahrhundert der erste Markt für Muskatnüsse geworden. Solange der holländische Muskathandel monopolisirt war, ging natürlich nur ein kleiner Theil dieses Gewürzes von niederländisch Indien nach Singapore; meistens nur kleine Posten, die ausserhalb Bandas gewachsen sind, event. auch Schmuggelwaare aus Banda.

So finden wir schon 1835,36 angegeben, dass 278½ Pikol Nüsse und 74½ Pikol Macis von Java aus dort eingeführt wurden, ferner von Sumatra 40 Pikol Nüsse, von Celebes 13 Pikol Nüsse und ½ Pikol Macis, daneben auch noch wilde Muskatnüsse.

Der Import und Export Singapores in den Jahren 1841—47 betrug (nach Simmonds) an Nüssen:

	Import	Export
1841	227½ Pik.	412 Pik.
1842	258 „	809 „
1843	150½ „	249 „
1844	52 „	282 „

	Import	Export
1845	41 Pik./	383 Pik.
1846	79 „	331 „
1847	139 „	416 „

Für 1848 giebt Low an, dass $^2/_3$ des gesammten ausserhalb des Monopols in Niederländisch-Indien gewachsenen Produktes, nämlich 47250 Pfd. von Java nach Singapore versandt wurde, was aber mit den angeführten Zahlen nicht stimmt.

Die um diese Zeit mächtig aufstrebende Muskatkultur auf Singapore selbst, im Verein mit den ansehnlichen Exporten dorthin aus Penang, verschafften dem Platze für dies Gewürz einen bedeutenden Ruf, der auch anhielt, als die Muskatkultur der Straits schon darniederlag. Namentlich aber stieg die Bedeutung Singapores, als das Muskatmonopol von holländischer Seite aufgehoben worden war.

So gingen von Banda nach Singapore

1877	1878	1879
301000 kg Nüsse	124000 kg Nüsse	200000 kg Nüsse
62000 „ Macis	41000 „ Macis	23000 „ Macis

Hierzu kommen noch grössere Quantitäten, die von Makassar ausgeführt wurden, ja auch in Menado, Ternate, Ambon nahmen manche Schiffe Muskatnüsse ein, und brachten sie nach Singapore. Der ganze Import Singapores aus Niederländisch-Indien betrug 1876 493000 kg Nüsse und 51000 kg Macis, 1878 271000 kg Nüsse und 66000 kg Macis. Im Jahre 1876 ging also mehr als die Hälfte sämmtlicher Muskatnüsse des malayischen Archipels über Singapore. In Folge des in den 80er und 90er Jahren immer mehr zunehmenden direkten Dampferverkehres von Europa nach Banda und Makassar hat Singapore neuerdings, wenn auch nicht absolut, so doch relativ viel von der Bedeutung für den Muskathandel verloren, wie wir bei den Exportzahlen sehen werden.

Der Export Singapores an Muskat nahm natürlich seit den 30er Jahren gleichfalls mächtig zu; betrug er 1835/36 erst ca. 32000 kg Muskatnüsse, so wurden 1842 schon von den Straits (also neben Singapore hauptsächlich noch von Penang) 68000 kg Nüsse und 21000 kg Macis exportirt, d. h. (nach Oxley) schon mehr als der damalige Konsum Grossbritanniens betrug. 1867 betrug der Export der Straits, obgleich ja die Muskatkultur daselbst damals schon so gut wie aufgehört hatte, 218000 kg, dagegen nur 2400 kg Macis, was darauf zurückzuführen ist, dass die Bandapflanzer ihren Vortheil darin sahen, die Macis grösstentheils der holländischen Regierung gegen die festgesetzten Preise zu überlassen. Ungefähr auf derselben Höhe hielt sich dann auch der Export Singapores in den 80er Jahren; denn wenn auch Banda im Verhältniss mehr Nüsse direkt oder über Makassar versandte, so wurde das durch den grösseren Import von Sumatra, und durch die von neuem zunehmende Produktion der malayischen Halbinsel wieder ausgeglichen. Es wurden exportirt

1884	210000 kg
1885	231000 „
1886	157000 „
1887	215000 „
1888	193000 „

Der Export Singapores ging stets grösstentheils nach England, daneben kam vor allem Vorderindien und Amerika, schliesslich in unbedeutenderem Maasse China in Betracht.

So wurden 1835/36 ca. 250 Pikol Nüsse und 100 Pikol Macis von Singapore nach England, ca. 110 Pikol Nüsse (inkl. der wilden) nach Amerika, 40 Pikol Nüsse und 4 Pikol Macis nach Kalkutta, 135 Pikol Nüsse 32 Pikol Macis nach Bombay, 5 Pikol Macis nach Madras, 4 Pikol Nüsse $^1/_2$ Pikol Macis nach China, 2—3 Pikol Nüsse nach Arabien exportirt.

Auch in neueren Jahren scheinen die Exporte nach England noch sehr bedeutend gewesen zu sein, obgleich sie in den englischen Einfuhrlisten nur unter der Rubrik „unenumerated spices“ mit anderen unbedeutenderen Gewürzen (Ingwer, Nelken und Pfeffer sind nicht dabei) zusammen aufgeführt werden. Danach betrug die Ausfuhr Singapores nach England an diesen Gewürzen in den Jahren 1871/75 im Durchschnitt 650000 Pfund engl. Man kann als wahrscheinlich ansehen, dass davon etwa 200000 kg im Durchschnitt jährlich auf Muskat kommen. Daneben gingen natürlich noch beträchtliche Quantitäten nach anderen Ländern, z. B. wurden allein nach Amerika in den Jahren 1879—82 durchschnittlich 165000 kg Nüsse und Macis von Singapore aus exportirt.

Auch heute noch geht der grösste Theil der Nüsse von Singapore nach England und Amerika, ferner wird Vorderindien nach wie vor von hier aus versorgt, ebenso Hinterindien, China und die Philippinen, und zwar nehmen die meisten dieser Länder die Muskatnüsse mit Schale, und auch was nach England exportirt wird, ist gewöhnlich ungekalkt, wie die Penangnüsse, im Gegensatz zu den für den europäischen Kontinent bestimmten sogen. Batavianüssen. Der Handel in diesem Gewürz scheint in Singapore noch nicht in dem Maasse in die Hände der Chinesen übergegangen zu sein, wie es bei so vielen anderen Produkten daselbst der Fall ist.

Abgesehen von Penang und Singapore (früher auch Malakka) giebt es in Hinterindien kaum Plätze von grösserer Bedeutung für den Muskathandel; event. käme noch Rangun in Frage, jedoch ist die Produktion der dortigen Gegend an Muskat gering, und der Transithandel darin fehlt überhaupt. Die östlichen Häfen, Bangkok, Saigon etc. werden meist von Singapore aus versorgt, und besitzen nur Import, keinen Export, ebenso Manila. Man findet in diesen Gegenden überall die Muskatnuss in den chinesischen Läden, daneben aber auch häufig die Papuamuskat.

3. China.

Nach China gehen, wie schon erwähnt, jetzt ausschliesslich Nüsse in Schalen, und zwar wohl hauptsächlich über Hongkong. Der ganze Import scheint aber nach dem Custom-Trade-reports ein sehr geringer zu sein, so wurden 1889 nur ca. 300 Pikol = 20000 kg importirt, und zwar blieben hiervon in Shanghai 47 Pikol (von 270 importirten), in Hangkau 187 (von 201 importirten), in Chefoo 37, in Ningpo 6, in Takau 4, in Canton 11 Pikol. In den Zollberichten von 1888 werden Muskatnüsse sogar nur bei Shanghai angeführt, vielleicht waren sie in den Berichten der anderen Häfen unter den Gewürzen im Allgemeinen mit inbegriffen. — Die Preise, die dabei deklarirt worden sind, belaufen sich im Allgemeinen auf ca. 30—40 Taels per Pikol (1 Haikwan Tael, in dem die Zölle entrichtet werden, ist eigentlich Mark 5,591 werth, jetzt bei dem niedrigen Silberkurs natürlich viel weniger).

Früher kamen jedenfalls viel grössere Quantitäten Muskat nach China; so gingen Ende der 20er Jahre 300—700 Pikol Nüsse und 50—100 Pikol Macis jährlich von Java nach China; später nahmen dann auch die Straits an dem Import Theil, schon 1835/36 gingen z. B. schon 4 Pikol Nüsse und 1/2 Pikol Macis von Singapore dorthin, 1847/48 32 Pikol Macis allein von Penang; aber auch Java sandte noch jährlich etwa 100 Pikol Nüsse und 20 Pikol Macis; namentlich die Mittelsorten wurden nach China verkauft (nach Low Nr. 3 und 4). Neuerdings scheint auch direkt oder namentlich auch von Makassar aus Muskat nach China versandt zu werden.

4. Vorderindien.

Vorderindien ist zwar ein nicht unbedeutender Konsument für die Muskatnuss, im Hinblick auf die riesige Bevölkerung ist aber doch der Konsum, wie auch der von China, ein minimaler.

Als die holländische Kompagnie noch Kontore in Vorderindien besass, war offenbar der Handel in diesen Gewürzen daselbst ein viel bedeutenderer. Zu Valentijns Zeiten wurden im Kontor von Coromandel allein 21609 Pfd. Nüsse und 4000 Pfd. Macis jährlich verkauft. Das Kontor von Suratte verkaufte 1770—1780 jährlich 17418 Pfd. Nüsse und 1025 Pfd. Macis. (1755 gingen sogar 30000 Pfd. Nüsse und 3000 Pfd. Macis von Batavia aus dorthin). Malabar verkaufte in den gleichen Jahren 11460 Pfd.

Nüsse und 2284 Pfd. Macis, Coromandel 3609 Pfd. Nüsse und 3449 Pfd. Macis, Bengalen 25000 Pfd. Nüsse und 1566 Pfd. Macis.

Vorher muss der Konsum ein noch grösserer gewesen sein, denn 1759—1768 wurden im Durchschnitt 89978 Pfd. Nüsse und 8324 Pfd. Macis in den genannten 4 Kontoren verkauft. In diesem Jahrhundert hat der Import sehr abgenommen; auch trat bei der Versorgung Vorderindiens an Stelle von Batavia Singapore und Penang, vermuthlich auch Ceylon.

Wie wir sahen, exportirte 1835/36 Singapore 175 Pikol Nüsse und 41 Pikol Macis nach Vorderindien, grösstentheils nach Bombay, viel auch nach Kalkutta. Von 1830—60, also in 30 Jahren, gingen nach Wood für 324614 Rup. Nüsse und für 244342 Rup. Macis von Singapore allein nach Kalkutta. 1847/48 gingen ferner nicht weniger als 443 Pikol Nüsse und 221 Pikol Macis von Penang nach Kalkutta, und daneben noch beträchtliche Quantitäten (zusammen 138 Pikol Nüsse und 52 Pikol Macis) nach Malabar, Coromandel, Bombay. Von dem Import Kalkuttas 1864/65 stammten 20384 Rup. (= 409½ Ctr.) Nüsse (unter 22064 Rup.) sowie 12338 Rup. (= 252 Ctr.) Macis, d. h. ⅞ der Gesammtmenge, aus Singapore, Penang und Malakka, nur 1680 Rup. (= 30 Ctr.) Nüsse und 588 Rup. (= 12 Ctr.) Macis kamen aus Rangun, sowie 58 Rup. (= 2 Ctr.) Macis aus Bombay.

Der Import und Export Kalkuttas betrug in Rupies:

	Import		Export	
	Nüsse	Macis	Nüsse	Macis
1861/62	74286 Rup.	20729 Rup.	10694 Rup.	6054 Rup.
1862/63	75508 „	17157 „	739 „	1182 „
1863/64	60573 „	16037 „	5115 „	497 „
1864/65	22064 „	12984 „	9771 „	1738 „
1861/66	232431 Rup.	66907 Rup.	26319 Rup.	9471 Rup.

Wie man hieraus sieht, wurde also nur wenig Muskat wieder exportirt, der bei weitem grösste Theil war zum Konsum bestimmt.

Nach Vorderindien gehen zwar die meisten Nüsse ohne Schale, jedoch findet man häufig auch auf den Märkten Indiens die Nüsse noch in der Schale. Es werden dort gewöhnlich nur geringere Qualitäten gehandelt, von denen 100—130 auf das Pfund gehen, und zwar kostete nach Dymock vor etlichen Jahren (in den 70ern) das Pfund 1 Rup. 4 A. bis 1 Rup. 8 A. Man findet Muskatnüsse in den kleinsten und entlegensten Plätzen auf den Bazaren, so fand Verf. dieselben z. B. noch hoch im Himalaya und in den Nilgherries. Plätze wie Calicut, Goa, Suratte etc., die früher eine grosse Bedeutung für den Gewürzhandel besessen haben, sind jetzt gegenüber Bombay, Kalkutta und event. Madras ohne Belang. Das Gleiche gilt auch für die anderen Häfen, z. B. diejenigen der Indusmündung und des persischen Golfes, ebenso gilt es für Aden, Alexandria, Genua, Venedig, Lissabon, die sämmtlich schon seit der Eroberung der Bandainseln durch die Holländer jegliche Fühlung mit den Muskat produzirenden Ländern verloren haben.

Manche Nüsse gehen auch von Bombay nach Sansibar und selbst an der deutsch-ostafrikanischen Küste findet man Muskatnüsse in den Läden der Inder. Ebenso gehen sie über die Grenzgebirge Indiens nach Afghanistan, und in London sah ich z. B. unter dem Namen Jouza bia eine schalenlose, recht verschrumpfte Nuss 4. Qualität, die Aitchison 1886 von der Expedition der Abgrenzungs-Kommission aus Afghanistan mitgebracht hatte.

5. Niederlande.

Der Handel der Niederlande in Bezug auf die Muskatnuss wurde, so weit es die Monopolperiode betrifft, in den Abschnitten über die Geschichte des Gewürzes in genügender Ausführlichkeit besprochen. Die Kompagnie verkaufte das Produkt selbst in Holland; gegen Ende des vorigen Jahrhunderts mit 2⁰/₀ Sconto für baar, und 1⁰/₀₀ Abgabe für die Armen; die Partie (Kaveling) bestand um diese Zeit in 600—700 Pfd., es wurde netto, tara gehandelt (Bohn, Waarenlager 1806, Schedel, Waaren-Lexikon 1814); 1836 wurden sie in Amsterdam in Stuiver per ½ kg gehandelt, g-Gw. 1⁰/₀, Courtage 1 Stuiver per ½ kg (Meldola, Produktenkunde 1836).

Die Muskatnüsse kamen im vorigen Jahrhundert, wie wir sahen, in Kisten, seit der englischen Zeit aber in Tonnen, die Macis noch in Ballen, später, seit 1809 auch in Kisten, seit den 20er Jahren gleichfalls in den viel praktischeren Tonnen nach Holland. Während zur Zeit der Kompagnie die Nüsse sorgfältig sortirt in den Handel kamen, wurden während der englischen Zeit (nach Bohn) die nicht infizirten und heilen Nüsse ohne Unterschied unsortirt verkauft.

Es konnte natürlich nicht ausbleiben, dass die zunehmende Entwickelung der Muskatkultur in ausser-holländischen Kolonien der Monopolisirung des ganzen Artikels seitens der Holländer einen argen Stoss versetzte. Die freie Konkurrenz untergrub die Rentabilität des Monopolsystems und es wurde fallen gelassen im Augenblicke, wo die grössten Nebenbuhler, die Kulturen auf der malayischen Halbinsel, aus anderen Ursachen aufgehört hatten, gefährlich zu sein.

Die Freigabe der Kultur und des Handels der Muskat hat die nach Holland importirten Quantitäten zwar nicht vermindert, wohl aber, wegen der seitdem rapide steigenden Produktion einerseits, und dem mannigfachen direkten Schiffsverkehr der Produktionsländer andererseits, das Verhältniss des Antheiles von Holland an dem Muskathandel stark herabgedrückt.

Nach Holland gingen von Niederländisch-Indien 1876 253000 kg Nüsse (von 971000 kg), sowie 288000 kg Macis (von 381000 kg); 1878 697000 kg Nüsse (von 1238000 kg), sowie 229000 kg Macis (von 341000 kg, — also kaum die Hälfte der Muskaternte Niederländisch-Indiens ging damals nach Holland, von der Macis freilich ein bedeutend grösserer Theil.

Noch mehr reduziren sich die Zahlen, wenn man nicht die Einschiffungen aus Niederländisch-Indien, sondern die Einfuhrlisten in Holland selbst betrachtet. Es scheint demnach vieles auf Ordre verschifft worden zu sein, oder auf Schiffen, die neben holländischen Häfen auch andere anlaufen.

Die hierbei erhaltenen Zahlen sind folgende.

Es wurden in Holland importirt:

	Nüsse	Macis		Nüsse	Macis
1875	442000 kg	147000 kg	1881	406000 kg	101250 kg
1876	314000 „	93000 „	1882	548000 „	150000 „
1877	334000 „	142500 „	1883	544000 „	145500 „
1878	360000 „	102000 „	1892	780000 „	220000 „
1879	450000 „	124500 „	1893	996000 „	339000 „
1880	360000 „	130500 „			

Die Umsätze auf holländischen Märkten betrugen (nach Busse):

	Banda-Nüsse	Papua-Nüsse	Zusammen	Banda-Macis	Papua-Macis	Zusammen
1888	371460 kg	70845 kg	442305 kg	87995 kg	10445 kg	98440 kg
1889	485415 „	30345 „	515760 „	117775 „	3585 ,,	121360 „
1890	628600 „	34205 „	662805 „	165870 „	7690 ,,	173560 „
1891	522935 „	68985 „	591920 „	182500 „	10800 ,,	193300 „
1892	679500 „	66195 „	745695 „	180800 „	9900 ,,	190700 „
1893	642200 „	65800 „	708000 „	188700 „	14370 ,,	203070 „
1894	808400 „	76600 „	885000 „	197600 „	13160 ,,	210760 „

Wir sehen demnach, dass die Mengen der in Holland umgesetzten Nüsse und Macis auch unter Einrechnung der Papuanüsse und -Macis beträchtlich geringer sind als die Importe. Ob dies mehr darauf beruht, dass die an den Börsen notirten Umsätze nicht die gesammten Verkäufe umfassen, oder dass ein Theil der Waare, ohne vorher in Holland verkauft zu sein, wieder in's Ausland geht, mag dahingestellt bleiben.

Hiernach ging also seit den 80 er Jahren trotz der Zunahme des holländischen Importes dennoch kaum mehr $^1/_3$ der Gesammtproduktion nach Holland; dagegen zeigen die beiden letzten Zahlen für 1892—93 wieder eine enorme Steigerung des Importes. so dass jetzt Holland mit der Hälfte der ganzen Produktion unbestritten das erste Muskatland der Welt bildet.

In der Statistik van In-, Uit- en Doorvoer in het Koningkr. der Nederlande finde ich folgende Werthangaben über die Einfuhr nach Holland:

	Muskatnüsse	Macis		Muskatnüsse	Macis
1867 . .	408765 fl.	242589 fl.	1881 . .	116589 fl.	11601 fl.
1868 . .	602352 „	189542 „	1882 . .	130506 „	13989 „
1869 . .	642729 „	322318 „	1883 . .	120315 „	18009 „
1870 . .	457588 „	218315 „	1884 . .	167040 „	13464 „
1871 . .	506527 „	659294 „	1885 . .	119415 „	12976 „
1872 . .	54787 „	19151 „	1886 . .	126346 „	13770 „
1873 . .	71510 „	21585 „	1887 . .	117108 „	14664 „
1874 . .	73583 „	17094 „	1888 . .	143491 „	18282 „
1875 . .	99549 „	19479 „	1389 . .	126882 „	19643 „
1876 . .	98235 „	15976 „	1890 . .	181390 „	24376 „
1877 . .	93656 „	15811 „	1891 . .	167678 „	22519 „
1878 . .	115943 „	11725 „	1892 . .	169618 „	19790 „
1879 . .	105816 „	9930 „	1893 . .	180118 „	20359 „
1880 . .	119239 „	8502 „			

Der Umschwung im Jahre 1871/72 ist mir nur dadurch erklärbar, dass bis dahin die sämmtlichen Importe gerechnet wurden, dagegen von diesem Jahre an nur die wirklich nach Holland eingeführte Waare, nicht die in den Transitlagern befindlichen Mengen. Die Hauptmasse ging jährlich nach Amsterdam; Rotterdams Import war meist um ein Drittel oder die Hälfte geringer, in manchen Jahren dagegen wurde mehr Muskat in Rotterdam importirt. Da ein Werthzoll von 5% auf dem Gewürz in Holland lastet, so sind natürlich die Exporte aus dem holländischen Zollgebiete nur geringe; es wurden z. B. 1893 nur 1243 kg Nüsse und 2812 kg Macis wieder exportirt, die Nüsse etwa 6000 fl., die Macis etwa 10000 fl. Werth repräsentirend.

6. Deutschland.

Deutschland spielt kaum als direktes Absatzgebiet eine Rolle, nur Hamburg[1]) kommt gelegentlich in Betracht. Schon 1825 bis 1845 wurden in den javanischen Statistiken direkte Sendungen nach Hamburg angegeben, 12 Pikol Nüsse und 10 Pikol Macis gelegentlich. Auch

---

1) 1800 z. B. (also zur Zeit der Okkupation der Molukken durch die Engländer) werden als Import aus London 16 Kisten und 3 Körbe Macisblumen angeführt, während die Nüsse (Macisnüsse) aus London, Isle de France (Mauritius) und Lissabon kamen (Handlung in Hamburg 1806, 3. Bd.).

heute kommen zuweilen Sendungen direkt von Singapore oder Banda nach Hamburg. Der grössere Theil jedoch geht über Amsterdam oder London. Namentlich Macis scheint viel von England aus nach Deutschland gelangt zu sein; die englischen Statistiken geben nur Zahlen an für die Jahre bis 1860, wo in England der Zoll auf Muskat aufgehoben wurde. Danach wurden von dort exportirt

	Nüsse	Macis	
1855	11453 Pfd. nach den Hansastädten	29870 Pfd.	nach den Hansastädten
1856	. . . .	26629 „	„
1857	. . . .	23293 „	„
1858	. . . .	23007 „	nach Hamburg
		14445 „	„ Hannover
1859	. . . .	39264 „	„ Hamburg
		7169 „	„ Bremen
		10132 „	„ Hannover
1860	. . . .	21144 „	„ Hamburg
		15162 „	„ Hannover

Wie man sieht, bestand dieser Import aus England beinahe nur in Macis; vermuthlich lag dies daran, dass man in Deutschland die gekalkten Nüsse, wie sie von Batavia kamen, den obendrein noch theureren ungekalkten Penangnüssen vorzog. Auch heute noch kommt beinahe das ganze in Deutschland konsumirte Gewürz aus Amsterdam. 1881 kamen nach Hamburg 34300 kg geschälte Muskatnüsse. Nach den Handelsusancen müssen die Verkäufer ausser reiner Tara, von 250 kg Brutto an, sowohl bei den Nüssen wie bei der Macis 3 ‰ Abschlag vergüten.

Sowohl Nüsse als Macis unterliegen in Deutschland dem allgemeinen Gewürzzoll von 50 Mark[1]) auf 100 kg (mit 16 % Tara bei Fässern und 18 % Tara bei Kisten), nur die Nüsse, die zur Darstellung ätherischen Oeles oder von Muskatbalsam verwendet werden sollen, gehen unter Kontrolle auf Erlaubnissschein hin frei ein; der Zoll für ätherische Oele (darunter auch Macis- und Muskatnussöl) beträgt 20 Mark per 100 kg (mit 16 % Tara für die Kisten, 9 % für Körbe); der Zoll für Muskat-

[1]) Zu Beginn des Jahrhunderts wurden die Nüsse in Hamburg per Pfund in Mark mit $8^2/_3$ % Rabatt in Banko gehandelt. (Die Handlung in Hamburg 1806, III, pag. 93; auch Bohn's Waarenlager, Hamburg 1806, II, pag. 118). Ueber die Usancen im vorigen Jahrhundert in Hamburg cf. Marpergers kaufmann. Magazin (4. Aufl. 1765, II, pag. 120). 1836 wurden die Muskatnüsse (nach Meldola, Produktenkunde, Hamburg 1836, pag. 19) in Hamburg in Banko per Pfund gehandelt mit $^1/_2$ % Ggw. Tara und 1 % Courtage.

butter (Balsam) beträgt 9 Mark per 100 kg (mit 16 % Tara für Kisten. 9 % für Körbe [1]).

Frankreichs Bedeutung für den direkten Muskathandel ist noch unbedeutender als der Deutschlands. Schon 1825 bis 45 ging nur selten einmal ein Posten direkt von Java nach Frankreich. 1880 betrug der Import Frankreichs 3400 kg Nüsse in Schalen und 17164 kg ohne Schalen. Frankreich

7. England.

England hat sich an dem Import und somit an dem Handel der Muskatnuss in sehr wechselndem Maasse betheiligt; je nachdem die politischen und wirthschaftlichen Verhältnisse der Produktionsländer es gestatteten oder nicht.

Während im Anfange des 17. Jahrhunderts, etwa bis 1615, englische Schiffe mit den holländischen rivalisierten, und namentlich Macis in grossen Quantitäten importirten, soll (im Jahre 1615) der Konsum Englands (wohl besser der Import nach England) nach Crawfurd 100000 Pfund Nüsse mit 15000 Pfund Macis betragen haben. Als die Bandainseln definitiv an Holland gefallen waren, gelangten natürlich nur kleinere Quantitäten als Schmuggelwaare direkt von Indien nach England, das übrige musste auf den niederländischen Auktionen gekauft werden.

Erst als die Engländer die Bandainseln in Besitz genommen hatten, wurden die Einfuhren grösser, erstens fanden sie, wie wir sahen, die halbe Jahresernte auf Banda vor, zweitens aber wurde das Muskatmonopol von der englischen Kompagnie fortgesetzt, sodass allein in den zwei der Okkupation folgenden Jahren 65000 kg Nüsse und 143000 kg Macis von dort nach England importirt wurden.

Nach Milhourn verkaufte die East-Indian Company 1803 104094 Pfund zu 46233 £, 1804 117936 Pfund zu 54733 £, 1805 35851 Pfund zu 33742 £; es wurden nach ihm in Europa in den Jahren 1803 und 1804 jährlich verkauft 85960 Pfund Nüsse und 24234 Pfund Macis, natürlich wohl von England aus.

In den Jahren 1804—9, also in einer Zeit, wo die Bandainseln wieder den Holländern gehörten, betrug der Import nach England (zu

[1]) Cf. den Zolltarif, auch in Mercks Waarenlexikon 1890, 4. Aufl. pag. 394. Zu Beginn des Jahrhunderts hatte der Sack (à 50 Pfd.) resp. die Kisten oder Quardehlen (à 50 Pfd.) 1 Schilling Zoll zu entrichten, je 5 Pfd. Macis dagegen 3 Pfg. 1836 war der Stader Zoll per Kiste 4 Sch., per Fass 3 Sch. (Meldola).

eigenem Konsum) jährlich ca. 39071 Pfund Nüsse (= 7879 £) und 5400 Pfund Macis. Während der zweiten Okkupation durch die Engländer (1810 bis 1816) war der Konsum Englands (nach Crawfurd) 56960 Pfund Nüsse und 3620 Pfund Macis, während ganz Europa 214720 Pfund Nüsse und 25004 Pfund[1]) Macis konsumirte. Wie wir aus diesen Zahlen sehen, war also schon in jenen Zeiten die Menge der in England konsumirten Macis ungemein gering gegen die Masse der Nüsse.

Später war der Import zu eigenem Konsum in England

	Nüsse	Macis		Nüsse	Macis
1814 . .	43160 Pfd.	5490 Pfd.	1847 . .	150657 Pfd.	18821 Pfd.
1815 . .	59839 „	7834 „	1848 . .	167143 „	19712 „
1816 . .	54677 „	6499 „	1849 . .	178417 „	20605 „
1817 . .	65747 „	8647 „	1850 . .	167683 „	21997 „
1818 . .	66255 „	10836 „	1851 . .	194132 „	21695 „
1825 . .	99214 „	14851 „	1852 . .	239113 „	21480 „
1826 . .	101111 „	15600 „	1853 . .	208199 „	23558 „
1827 . .	125529 „	16760 „	1854 . .	206049 „	25584 „
1828 . .	140002 „	16094 „	1855 . .	189547 „	28563 „
1829 . .	113273 „	14254 „	1856 . .	232345 „	27303 „
1830 . .	121260 „	12600 „	1857 . .	181061 „	24108 „
1831 . .	152369 „	18894 „	1858 . .	232834 „	29549 „
1837 . .	134000 „	—	1859 . .	265780 „	34714 „
1842 . .	170064 „	—			

Seitdem finden sich in den Einfuhrlisten keine besonderen Angaben mehr über die für eigenen Konsum bestimmte Muskat.

Wie wir aus dieser Tabelle sehen, hat der Konsum Grossbritanniens an Muskatnüssen und Macis stetig zugenommen, und war 1859 schon ca. sechsmal grösser als im Anfang des Jahrhunderts, sowohl was Nüsse als was Macis betraf; das für die Macis ungünstige Verhältniss hat sich aber in gleicher Weise durch die ganze Periode erhalten, stets war der Konsum der Macis nur $^1/_8$—$^1/_{10}$ von dem der Nüsse: es ging, wie wir gelegentlich der Besprechung Deutschlands sahen, eben ein grosser Theil Macis von England nach Deutschland.

Ein Transithandel konnte sich in England in grösserem Umfange erst entwickeln, als die Plantagen von Penang aufzublühen begannen, also von Mitte der 20er Jahre an.

[1]) Es wurden zwar von Crawfurd 250040 Pfd. angegeben, doch beruht dies jedenfalls auf einem Druckfehler, da Crawfurd selbst hierbei angiebt, die Macis mache nur $11^2/_3$ % der Nüsse aus.

Der Import und Export nach und von England betrug:

	Nüsse			Macis		
	Import	Export	Werth des Importes	Import	Export	Werth des Importes
1827	74854 Pfd.	35389 Pfd.	15707 £	23133 Pfd.	31768 Pfd.	2963 £
1828	58685 „	32518 „	17514 „	42134 „	37783 „	2829 „
1829	38868 „	47913 „	14114 „	6841 „	20106 „	2549 „
1830	247912 „	163045 „	15158 „	15789 „	14596 „	2205 „
1831	210363 „	88352 „	19025 „	41287 „	63795 „	3266 „
1840	113193 „	—	—	—	—	—
1841	135198 „	—				
1842	169241 „	—				
1843	209602 „			—	—	
1844	152110 „	—				
1845	447706 „	—				
1846	405679 „	—		—		
1847	367936 „	—	—	60265 Pfd.	—	
1848	336420 „	—		47572 „	—	
1849	224021 „	—		45978 „	—	
1850	315126 „	—		77337 „	—	
1851	358320 „	—		77863 „	—	
1852	357939 „	—		61697 „	—	
1853	300563 „	102350 Pfd.	—	83022 „	65343 Pfd.	—
1854	438312 „	172744 „	51109 £	116859 „	65477 „	25584 £
1855	335623 „	163248 „	38151 „	65756 „	49954 „	7261 „
1856	462600 „	164287 „	54602 „	118112 „	50866 „	11811 „
1857	462972 „	196074 „	51738 „	116293 „	52611 „	10176 „
1858	421785 „	174970 „	39695 „	93924 „	75554 „	6395 „
1859	451561 „	221003 „	39176 „	89807 „	96204 „	5901 „
1860	532208 „	64237 „	42157 „	172503 „	65803 „	11063 „
1861	574164 „	170520 „	33340 „	129762 „	75578 „	6442 „
1862	511023 „	84253 „	32223 „	81689 „	38787 „	4144 „
1863	551577 „	—	27160 „	48649 „	—	2382 „
1864	809095 „	—	—	—		—
1865	771971 „	—	42621 „	63563 „	—	4332 „
1866	563785 „	—	31788 „	110789 „	—	9622 „
1867	370193 „	—	23417 „	26269 „	—	3120 „
1868	682139 „	—	43245 „	88966 „	—	9827 „
1869	809589 „	—	57818 „	75922 „	—	10556 „
1870	537978 „	—	62513 „	60869 „	—	9664 „

Seit 1870 wird die Muskat in den Veröffentlichungen des englischen Handelsamtes nicht mehr gesondert behandelt, dagegen betrugen nach den Handelsberichten die Zufuhren in London 1892 110000 kg Nüsse und 134000 kg Macis, 1893 320000 kg Nüsse und 86000 kg Macis.

Wir sehen also, dass noch bis 1870 die Macis im Verhältniss zu den Nüssen in relativ geringer Menge importirt wurde, nur während der Zeit der Blüthe der Muskatplantagen der malayischen Halbinsel 1853—61 kam die Macis im richtigen Mengenverhältniss zu den Nüssen nach England; auffällig ist aber die Thatsache, dass in den Jahren 1827/31 bedeutend mehr Macis von England exportirt als importirt wurde, 168048 Pfund gegen 129184 Pfund; beruht dies auf mangelhafter Statistik, oder sollten schon damals Fälschungen im grossen Maassstabe getrieben worden sein?

Vor allem aber geht aus diesen Zahlen auf das unzweideutigste hervor, dass auch nach dem Verfall der Plantagen der malayischen Halbinsel England dennoch die Bedeutung für den Muskathandel nicht verlor, sondern im Gegentheil immer grössere Mengen Muskat an sich zog, sodass ein Viertel der Weltproduktion jetzt über London geht, und dieser Platz erst neuerdings durch New-York an die dritte Stelle gedrängt wurde, während er bis dahin stets gleich hinter den holländischen Muskatplätzen kam.

Ferner erkennt man auch aus der Liste, dass gleichzeitig mit dem Ruin der Plantagen der Straits 1861, auch die konstante Zunahme des Importes nach England abschliesst, und einem unregelmässigen Schwanken im Import Platz macht. Die Ursache liegt darin, dass England sich seitdem genöthigt sah, den Bedarf seines Handels von anderen, weniger regelmässig liefernden Plätzen, wie Holland, Java etc. zu decken, was freilich England um so leichter wurde, als wenige Jahre später der Monopolzwang in Niederländisch-Indien aufhörte.

Sehr deutlich tritt diese Entwickelung in Erscheinung, wenn man die Einfuhren nach England von Holland mit seinen Besitzungen denen von Britisch-Indien und den Straits gegenüberstellt.

Es wurden nach England exportirt:

	von Holland und seinen Besitzungen		von Brit.-Indien und den Straits	
	Nüsse	Macis	Nüsse	Macis
1853 . . .	20258 Pfd.	7231 Pfd.	266896 Pfd.	74718 Pfd.
1854 . . .	80875 „	14057 „	317145 „	98224 „
1855 . . .	36087 „	8358 „	288400 „	55949 „
1856 . . .	18135 „	6219 „	432154 „	110574 „
1857 . . .	36904 „	8025 „	394984 „	105099 „
1858 . . .	45396 „	9564 „	372077 „	83341 „
1859 . . .	15547 „	4596 „	384577 „	72962 „
1860 . . .	(sehr wenig)	2360 „	500387 „	166191 „
1861 . . .	„	(sehr wenig)	524522 „	125838 „
1862 . . .	133148 Pfd.	„	371203 „	69662 „
1863 . . .	218220 „	„	307961 „	45312 „
1865 . . .	452691 „	41094 Pfd.	202414 „	18106 „
1866 . . .	307185 „	79440 „	241316 „	27412 „

	von Holland und seinen Besitzungen		von Brit.-Indien und den Straits	
	Nüsse	Macis	Nüsse	Macis
1867 . . .	144869 Pfd.	2620 Pfd.	199549 Pfd.	18964 Pfd.
1868 . . .	431216 „	25073 „	234395 „	60356 „
1869 . . .	670042 „	36026 „	115504 „	33500 „
1870 . . .	158357 „	4287 „	305744 „	44672 „

Wie man sieht, korrespondirt der grösste Import von den britischen Besitzungen mit den kleinsten, zeitweilig nicht einmal gesondert angegebenen Importen von niederländisch Indien.

Selbstverständlich sind die Mengen aus anderen Herkunftsorten gering, aus spekulativen Gründen gehen zuweilen kleine Posten von den Hansestädten oder von Nordamerika nach England; eine grosse Menge, 22284 Pfd. Nüsse und 2829 Pfd. Macis, angeblich aus St. Helena (1867) war dorthin wahrscheinlich auf Ordre gegangen, Posten die für die Philippinen oder Australien angegeben sind, wurden wahrscheinlich von Schiffen, die von dort kamen, unterwegs in Singapore oder Java eingenommen, ebenso angeblich chinesische Muskat; dagegen finden sich mehrmals westindische Muskatnüsse gesondert verzeichnet; so kamen aus Brit.-Westindien:

	Nüsse	Macis		Nüsse	Macis
1853 . .	2563 Pfd.	— Pfd.	1858 . .	4085 Pfd.	549 Pfd.
1854 . .	3225 „	3436 „	1859 . .	4870 „	754 „
1855 . .	4258 „	652 „	1866 . .	9646 „	— „
1856 . .	4218 „	559 „	1867 . .	8711 „	1245 „
1857 . .	6147 „	949 „	1871 . .	20322 „	2383 „

Von Wichtigkeit für den Muskathandel war auch vor allem die englische Zollgesetzgebung. Im vorigen Jahrhundert müssen recht komplizirte Verhältnisse geherrscht haben, denn Leckey bemerkt in seiner „History of England“: „It was noticed by one of Pitt's best officials, that so trifling an article as a pound of nutmegs paid or ought to have paid, nine different dutys“. Pitt vereinfachte die Zollgesetzgebung dann wesentlich.

Im Anfang des Jahrhunderts waren nach Milbourn die Zölle für Muskatnüsse 3 sh 6 d. per Pfd., dazu noch ein Kriegsaufschlag von 1 sh 2 d.; Macis 5 sh 9 d. per Pfd., „ „ „ „ „ 1 sh 11 d.

Damals wurden Muskatnüsse in Packungen von weniger als 336 Pfd. konfisziert, wahrscheinlich, weil man sie als Schmuggelwaare ansah.

Für die Jahre 1814—18 finde ich einen noch höheren Zoll erwähnt, nämlich 5 sh 5 d für das Pfund Nüsse und 9 sh 2 d für das Pfund Macis. In den 20er Jahren wurde dann zuerst ein Unterschied gemacht zwischen Muskat britischer und fremder Herkunft, der offenbar zur

Ermunterung der Kultur in Penang und Singapore dienen sollte; zugleich aber wurde der Zoll auch ermässigt. Die Nüsse englischer Herkunft hatten zu bezahlen 2 sh 6 d (Rückvergütung bei Ausfuhr 2 sh 3 d), diejenigen fremder Herkunft dagegen 3 sh 6 d (Rückvergütung 3 sh 2 d); die Macis englischer Herkunft 3 sh 6 d (3 sh 2 d Rückvergütung), diejenige fremder Herkunft dagegen 4 sh 6 d. Durch diese Bevorzugung von Nüssen englischer Herkunft entstand damals (nach Porter) ein eigenthümlicher Gebrauch; es wurden nämlich die Muskatnüsse von England aus nach dem Cap gesandt, um nach der Rückkunft als Waaren englischer Kolonien gelten zu können; da die Fracht hin und zurück, inkl. Versicherung und Unkosten sich auf 4—5 d per Pfd. beliefen, die Zollersparniss aber 1 sh betrug, so wurden 7—8 d per Pfd. durch diese Manipulation gewonnen.

Im Jahre 1835 wurde der Unterschied zwischen englischer und fremder Macis fallen gelassen und der Zoll auf 2 sh 6 d ermässigt; dagegen wurde etwa um dieselbe Zeit (1836) ein Unterschied zwischen den echten und wilden Nüssen gemacht, letztere brauchten nur 1 sh Zoll zu bezahlen; 1846 wurde sogar der Zoll der wilden Nüsse noch bedeutend mehr, nämlich bis auf 3 d ermässigt, sowie der Differentialzoll für fremde echte Nüsse aufgehoben, so dass seitdem alle echten Nüsse, wie auch die Macis, 2 sh 6 d zu bezahlen hatten. Im folgenden Jahre wurde ein Unterschied gemacht zwischen wilden Nüssen ohne und mit Schale, erstere hatten 5 d, letztere wie bisher 3 d Zoll zu erlegen; trotz der Demonstrationen der Straits-Pflanzer blieb, wie wir pag. 356 sahen, die Regierung bei dieser Zollvergünstigung der wilden Nüsse. Im Jahre 1853 wurde der Zoll für die echten Nüsse abermals ermässigt, und sowohl Nüsse als Macis hatten seitdem 1 sh Zoll zu entrichten, bis zum 7. März 1860, von welchem Zeitpunkte an sämmtliche Muskat, echte und wilde Nüsse, sowie die Macis, frei nach England eingehen.

Wie schon erwähnt, zieht England für eigenen Gebrauch die ungekalkten Nüsse (die sog. brown, unlimed nuts) vor, und behält vor allem die besten Qualitäten; auch heute noch gehen die sog. grove nooten von Holland aus fast ausschliesslich nach England; dagegen werden die zweiten, dritten und vierten Qualitäten von England aus nach dem Kontinent gesandt, und vorher grossentheils, um sie dort annehmbar zu machen, so weit es noch nicht früher geschehen ist, in England gekalkt. Die Macis geht in besonders grossen Mengen von England aus nach Deutschland, wo sie in manchen Gegenden (z. B. Thüringen) weit mehr als die Muskatnüsse zum Würzen der Speisen gebraucht wird.

8. Amerika.

Amerika bezieht naturgemäss erst neuerdings grosse Posten direkt von Südasien, ehemals wurde es mehr von Europa aus versorgt[1]). So gingen 1825—45 im Durchschnitt nur 45 Pikol Nüsse und 5 Pikol Macis jährlich von Java aus dorthin, für 1835/36 finde ich inkl. der wilden 110 Pikol als den Export Singapores nach Amerika angegeben, 1847/48 exportirte Penang schon 165 Pikol dorthin. Hingegen gingen 1872 nach Nordamerika von Batavia aus 142050 kg, d. h. über $^1/_4$ der gesammten Ausfuhr Javas (501000 kg), von Singapore aus 140875 kg (1871 sogar 155000 kg), zusammen also 282925 kg, demnach fast $^1/_3$ der ganzen Ernte. Ebenso gingen allein von Niederländisch-Indien direkt nach Amerika 1876 116662 kg Nüsse und 25780 kg Macis, 1878 80279 kg Nüsse und 12589 kg Macis; dazu kamen dann noch die grossen Quantitäten von Singapore, 1879/82 im Durchschnitt jährlich 165000 kg. Demnach gingen also schon Ende der 70er, ohne die Verschiffungen von London und Holland zu rechnen, nachweislich mehr als 300000 kg Nüsse nach Amerika, also im ganzen sicher $^1/_4$ der Weltproduktion; 1892 und 1893 betrugen die Zufuhren an Muskatnüssen in New-York sogar 545250 und 352230 kg, 1892 also fast $^1/_3$ der Weltproduktion, sodass New-York jetzt der zweite Muskatmarkt der Welt ist, und selbst London überflügelt hat. Dies bedeutet bei der doch relativ geringen Bevölkerung Amerikas einen verhältnissmässig ungemein starken Konsum.

9. Australien, Cap.

Australien, Cap, etc. kommen für direkte Importe nur wenig in Betracht; zuweilen findet sich in den englischen Statistiken Australien

1) In den 50er Jahren gingen allein von England jährlich ca. 50000 kg Nüsse und 3000 kg Macis nach den Vereinigten Staaten, sowie 8000 kg Nüsse nach Britisch-Nord-Amerika, nämlich (nach den englischen Statistiken)

	nach den Vereinigten Staaten		nach Brit.-N.-Amerika
	Nüsse	Macis	
1855	101007 Pfd.	8496 Pfd.	— Pfd.
1856	72753 „	5331 „	32226 „
1857	123929 „	4562 „	15201 „
1858	125197 „	— „	— „
1859	126844 „	22346 „	15782 „
1860	23731 „	— „	12366 „

erwähnt, z. B. wurden 1859 über 40000 Pfund Muskatnüsse von England dorthin exportirt, 1858 dagegen nur 9500 und 1857 noch keine 6000 Pfd., meist aber fehlen die Angaben, da die Mengen zu unbedeutend sind.

4. Verfälschungen der Muskatnüsse.

Relativ selten wagen sich findige Köpfe an die Verfälschung der Muskatnüsse selbst, da diese durch Form, Farbe, Geruch, Bruch etc. zu gut charakterisirt sind, als dass sich leicht betrügerische Manipulationen unbemerkt anbringen liessen.

Hölzerne Muskatnüsse wurden Anfang der 60er auf einem aus Canton kommenden englischen Schiffe als ganze Ladung eingeführt, wie Chevalier und Baudrimont[1]) angeben. Häufiger ist der Fall, dass künstlich aus verschiedenen Stoffen zusammen komponirte Nüsse in den Handel gelangen; solche Nüsse bestehen meist aus Mehl, Thon und Muskatnusspulver, und werden schon in Volkers Waarenkunde 1831, sowie in Erdmann-König, Grundriss der allgemeinen Waarenkunde 1833, erwähnt, eine Busse vorliegende gefälschte Probe bestand nur aus Leguminosenmehl und Muskatpulver[2]). Waage[3]) erwähnt Fälschungen aus Buchweizenmehl, Thon, Farbstoff und Muskatbutter. Zuweilen werden solche Nüsse nur aus Abfall und Bruch der echten Nüsse hergestellt, und wurden sogar neuerdings (nach Busse) unter dem natürlich gänzlich unpassenden Namen „Bombay-Muskatnüsse" zu niedrigem Preise (170 Mark für 100 kg) verkauft. Ein Durchschnitt durch die Nuss wird in jedem Falle durch die unregelmässigere Gruppirung der dunklen Stellen bei den gefälschten Nüssen schnell Aufklärung bringen; auch verläuft nach einer mir von W. Busse mitgetheilten Probe eine feine erhabene

---

1) Dictionnaire des altérations et des falsifications des substances alimentaires 1882 (nach Busse); cf. auch Elsner, Die Praxis des Chemikers. 6. Aufl. (1895), pag. 496.

2) Die Bayrischen, Wiener und Schweizer Chemiker (cf. Busse) haben 5% Asche, sowie 0,5% in Salzsäure unlöslicher Aschentheile (Sand) für die oberste zulässige Grenze der käuflichen Nüsse erklärt; Busse findet, dass diese Zahlen auch für Myristica argentea Giltigkeit haben; der Wassergehalt guter Sorten variirt nach ihm meist nur zwischen 2—4% (auch bei M. argentea), 6—7% kommt nur bei inferioren Sorten, sog Oelnüssen, vor. — Beigemischte Testa-Bruchstücke bei gepulverten, heutzutage wohl nur noch selten in den Handel kommenden Nüssen, lassen sich leicht mikroskopisch erkennen, namentlich an den Pallisadenzellen; selbstverständlich ist dies als Fälschung zu betrachten.

3) Handwörterbuch der Pharmac. 1893, II, p. 169.

Längslinie rings um die Nuss, die Stelle andeutend, wo die beiden Hälften der Form aufeinander passen; diese Linie wird selbst bei sehr sorgfältigem Nachpoliren selten ganz zu verwischen sein.

Früher brachte man auch durch Weingeist ihres ätherischen Oeles beraubte Nüsse in den Handel (Volker, Waarenkunde 1831), diese sind natürlich leicht erkennbar durch ihren geringen und schlechten Geruch, sowie durch die aussen und innen gleichmässig braune Farbe, die offenbar die Folge ist der Vertheilung der Farbstoffe des Ruminationsgewebes vermöge des Alkohols. Auch die durch Destillation ihres ätherischen Oeles beraubten (sweated) Nüsse werden auf den Markt gesandt, nachdem die durch das Kochen entstandenen Löcher durch gepulverten Sassafras ausgefüllt worden sind (Bernays); man kann sie aber an ihrem leichten Gewicht erkennen. Von Insekten durchbohrte Nüsse, deren Löcher nachträglich mit Fett, Mehl oder Kalk verstopft sind, bilden natürlich eine häufigere Verfälschung, sind aber gleichfalls beim Aufschneiden sofort zu erkennen.

Unverständlich hingegen erscheint es, wenn berichtet wird, dass früher die männliche Muskat, Myristica fatua, zur Verfälschung benutzt wurde (was selbst noch in Wittstein's Handwörterbuch der Pharmacognosie im Jahre 1882 angeführt wird). Die Form ist eine so verschiedene, mehr rechteckige, die Nüsse sind grösser und nicht nur weniger aromatisch, sondern absolut ohne Aroma, so dass jeder, der über Seh- und Geruchsnerven frei verfügt, den Betrug sofort merken würde. Eine ganz verschiedene Form besitzt auch die freilich sehr aromatische Papuamuskat (lange Muskat, Myristica argentea). Auch Myristica malabarica besitzt eine derart langgestreckte viel grössere und dabei geruchlose Nuss, dass eine Fälschung damit eigentlich ausgeschlossen erscheint, wenngleich Soubeiran in seinem Nouveau dictionnaire des falsifications et des altérations 1874 (pag. 364) eine solche angiebt.

5. Verfälschungen der Macis.

Die gute Macis in grossen Stücken ist natürlich kaum zu fälschen; in den Macisgrus kann man schon eher ähnlich gebaute geringwerthigere Macis anderer Muskatnüsse hineinschmuggeln; namentlich wird hierzu die sog. Bombaymacis, der zerschlagene Arillus von Myristica malabarica benutzt; in dem besonderen Kapitel über diese Pflanzen haben wir die makro- und mikroskopischen Erkennungszeichen dieser Macis eingehend besprochen (cf. pag. 381 und 382).

Viel schwieriger zu erkennen ist die Fälschung der gepulverten Macis, zu der gleichfalls namentlich die eben erwähnte, so gut wie geruchlose Bombaymacis verwandt wird. Gerade hierbei genügen die anatomischen Merkmale nicht; deshalb haben sich die neueren Forscher meist mit den Farbenreaktionen beschäftigt.

Frühling und Schulz fanden, dass der filtrirte Alkohol-Auszug das Filtrirpapier dauernd gelb färbe (ebenso Curcuma), was bei der echten Macis nicht der Fall ist, doch ist dies keine sichere Erkennungsmethode. Wird das getrocknete, und also gelb gefärbte Filter mit Kali behandelt, so wird der Farbstoff der Bombaymacis blut- oder orangeroth. Hanausek fand, dass der Inhalt der Oelräume, der die Konsistenz dicken Terpentins besitzt, zwar im Allgemeinen in Alkohol mit prächtig saffran- bis grüngelber Farbe löslich sei, aber ein Theil in Gestalt molekularer Körnchen ungelöst bleibe, und hierdurch ist der farbige Rückstand im Filter leicht zu erklären. Der Farbstoff des Inhaltes der Oelbehälter besitzt nun nach Hanausek die Indikation des Curcuma, wenigstens theilweise; in Kalilauge färbt er sich orangeroth, und diese Lösung wird durch Schwefelsäure, Salpetersäure etc. sofort in gelb verwandelt, während Schwefelsäure allein den Inhalt der Oelzellen nur wenig löst und nur in eine grünliche Färbung umändert. Am besten gelingt diese Farbenreaktion, wenn man einen Alkoholauszug macht, diesen durch Kali roth färbt, Filtrirpapier damit tränkt, schwach auswäscht und trocknet; derartiges Papier besitzt ungefähr die gleiche Empfindlichkeit wie Curcumapapier. Auch Ammoniak färbt übrigens den Auszug aus Bombaymacis allmählich roth bis braun.

Hefelmann weist darauf hin, dass ein Alkoholauszug von echter Macis das Filter nur schwach gelb färbe, eine Rosafärbung namentlich am Rande deute auf Verfälschung, aber auch das ist keine brauchbare Methode. Das Filtrat dieses Auszuges giebt nach ihm mit Bleiessig bei Bombaymacis einen prachtvoll dunkelrothen flockigen Niederschlag, bei echter Macis wird es milchigweiss; selbst bei geringer Menge entsteht ein suspendirt bleibender rother Niederschlag, ähnlich wie bei Nessler's Ammoniakreagenz. Das gleichfalls zur Fälschung dienende Curcuma giebt zwar eine ähnliche Bleiessigreaktion, ist aber durch Borsäure leicht zu erkennen; tränkt man nämlich Filtrirpapier mit Borsäurelösung, so färbt es sich durch Curcumalösung orange bis rothbraun, durch einen heissen Alkoholauszug der Bombaymacis jedoch nicht; ein Tropfen Kalilauge bewirkt dann bei Curcumaanwesenheit einen stark blau gefärbten, bei Bombaymacis einen rothen Ring auf dem Filtrirpapier. Bei geringer Menge von Farbstoff soll aber auch diese Bleiessigmethode unsicher sein, und namentlich bei heller, gelber Bombaymacis im Stiche lassen.

Nach Waage wird Bombaymacis mit Kaliumchromatlösung blutroth bis dunkelrothbraun, echte Macis verändert kaum die Farbe, und dies ist zweifellos ein sehr praktisches und leicht anwendbares Erkennungsmittel. In stark alkoholischer Lösung tritt allmählich eine dunkelrothe Färbung ein, sowie ein allmählich roth werdender krystallinischer Niederschlag von Kaliumchromat, in schwacher alkoholischer Lösung färbt sich der entstehende voluminöse gelbliche Niederschlag des sich ausscheidenden Harzes allmählich roth. Bei sehr kleinen Mengen der Beimischung ist aber nach Soltsien auch diese Reaktion, wie übrigens ebenso die Ammoniakmethode, nicht beweisend, da auch der Farbstoff der echten Macis in gewissem Maasse die gleiche Reaktion zeigt.

Neuerdings sind diese zur Erkennung von Fälschungen der echten Macis wichtigen Untersuchungen noch von Hanausek, Held, Hilger und Busse erweitert, während Arnst und Hart, sowie namentlich Spaeth auch die Prüfung des Fettgehaltes der verschiedenen Macissorten zur Unterscheidung verwerthen wollen.

Besonders Busse hat in den Arbeiten aus dem Kaiserl. Gesundheitsamt (Bd. XII) eine sehr gründliche Prüfung der einschlägigen Verhältnisse unternommen, die zu dem Ergebniss führte, dass die Kali-, Natron- und Kalkwasserprobe, sowie die Bleiacetat- und Chromalaunreaktion als unbrauchbar, das basische Bleiacetat, Eisenalaun und Ferriacetat als unzureichend anzusehen sind, wohingegen „die Chromatreaktion und die Ammoniakprobe in der Mehrzahl der Fälle ausreichen dürften, um Bombay-Macis auch dann, wenn die mikroskopische Prüfung versagt, mit einiger Sicherheit nachzuweisen.“ Eine von Busse neu ausgebildete Barytbehandlung ergab die schärfsten und sichersten Resultate.

Bei der Wichtigkeit der Erkennung von Bombaymacis in Macispulvern sei das wesentliche dieser Prüfung im Anschluss an Busse's sorgfältige Abhandlung hier kurz wiedergegeben.

1. Mikroskopische Untersuchung, bei Macispulver nur sicher, wenn rothes, schon stark verharztes Material von Bombaymacis bei der Fälschung in Anwendung gekommen ist; die leuchtend rothen oder rothgelben Sekretkörper derselben sind auch ohne Reagentien leicht erkennbar.

2. Mikrochemische Untersuchung. Fehlen die rothen Sekretkörper, so bedient man sich zunächst der Waage'schen Chromatreaktion. Proben des verdächtigen Pulvers werden auf dem Objektträger mit einigen Tropfen einer 3—5 % Kaliumchromatlösung angerührt und (ohne Deckglas) langsam bis zur Siedehitze erwärmt. Bei Anwesenheit von Bombay-Macis sieht man dann meist innerhalb einzelner Gewebestückchen schmutziggrüne oder -braune, rothbraune oder tiefrothe Körper, zuweilen ist auch das Gewebe selbst rothbraun gefärbt.

3. Makrochemische Untersuchung. Liefert die mikroskopische und mikrochemische Untersuchung kein bestimmtes Resultat, so verfährt man makrochemisch, indem man gleichzeitig Vergleiche mit Auszügen aus reinem Macispulver anstellt. 3 g des verdächtigen Macispulvers werden mit 30 ccm absoluten Alkohols übergossen, die Mischung wiederholt geschüttelt, einen Tag über stehen gelassen und ohne Auswaschen oder Ergänzung des Filtrates filtrirt.

a) Chromatprobe. 1 ccm dieses Auszuges wird mit der dreifachen Menge Wasser unter Zusatz von Kaliumchromat (ca. 1 ccm einer 1 %igen Lösung) bis eben zum Sieden erhitzt. Bei unverfälschter echter Macis bleibt die milchige Flüssigkeit rein gelb (hellgelb bis chromgelb), bei Zusatz von Bombaymacis wird sie nach kurzer Zeit lehmig-ockerfarben bis sattbraun. Die Flüssigkeit hält sich mehrere Tage unverändert.

b) Ammoniakprobe. 1 ccm des Auszuges mit dreifacher Menge Wasser wird mit einigen Tropfen Ammoniak stark geschüttelt. Reine Macis giebt so eine rosafarbene, schwach gelblich getönte Flüssigkeit. $2^1/_2$ % Bombaymacis färbt die Flüssigkeit schon tief orange, 5 % gelbroth. Schon innerhalb einer Viertelstunde verblasst aber die Färbung wieder.

c) Barytprobe. Filtrirpapierstreifen werden etwa 30 Minuten in den Auszug gehängt getrocknet, dann schnell in kochendes gesättigtes Barytwasser getaucht und auf reinem Filtrirpapier zum Trocknen ausgebreitet. Nach mehreren Stunden untersucht, erscheinen bei reiner Macis die Streifen blassröthlich, die oberen Gürtel derselben bräunlichgelb, bei 5 % Bombaymacis sind die Streifen ziegelroth, die Gürtel dunkel ziegelroth, bei geringeren Mengen Bombaymacis wenigstens die Gürtel ziegelroth. Durch Vergleichsreaktionen lässt sich diese Methode sogar bis zu einem gewissen Grade quantitativ verwenden (wie eine von Busse gegebene farbige Tafel erläutert). Auch die Kontrastfärbung (citronengelb bis braungelb), die durch Umschlag der ziegelrothen Färbung der sich bei Behandlung der Bombaymacis ergebenden Streifen mit Schwefelsäure (auch Salzsäure) erhalten wird, ist charakteristisch.

Die Verfälschung der echten Macis durch Papuamacis (Arillus von Myristica argentea Warb.) ist augenblicklich noch selten; da letztere einen stark gewürzigen Geruch besitzt, so wäre es nur dann eine wirkliche Fälschung, wenn die Mischung als Banda- oder echte Macis verkauft würde. Mikroskopisch lässt sich die Papuamacis im Pulver nur schwer erkennen, verdächtig sind auffallend dunkelbraune Macispulver, jedoch finden sich solche nur selten im Handel, da das Publikum gerade auf helle Macis besonderen Werth legt. Auch die chemischen Farbenreaktionen lassen Papuamacis nur schwer von der echten unterscheiden. Der Chromatreaktion gegenüber verhält sich Papuamacis indifferent, bei der Ammoniakprobe giebt sie eine weissliche Emulsion, auch gegen Barytwasser reagirt sie ähnlich, wenn auch bedeutend schwächer als die echte Macis. Dagegen ist der Fettgehalt der Papuamacis ein viel höherer als der der echten sowie auch der Bombaymacis. Sie enthält 52—54 % reines Fett, Bombaymacis nur 29,6—34,2 %; auch die echte Macis soll nach Koenig (auf Trockensubstanz bezogen) nicht mehr als 35 % Fett enthalten dürfen, ergab aber nach Busse an reinem Fett nur 22,6 oder 23,6 % und auch nach anderen Analysen ergab garantirt reines Pulver nicht mehr als 29,08 %.

Wichtigste Litteratur über die Bombay-Macis.

Rheede tot Drakensteen, Hortus Indicus Malabaricus T. IV (1673) pag. 9.

Tschirch, Bombay-Macis. Pharmaceut. Zeitung, Bunzlau (1881) pag. 453.

Dymock, Vegetable Materia medica of Western India (1883) pag. 663.

Dietzsch, Die wichtigsten Nahrungsmittel und Getränke, deren Verunreinigungen und Verfälschungen. Zürich (1884) pag. 262.

Frühling und Schulz, Zur Untersuchung gemahlener Gewürze. Chemiker-Zeitung (1886) pag. 525.

Hanausek, T. F., Ueber eine unechte Macis. XV. Jahresber. des Vereins d. Wiener Handelsakad. (1887) pag. 107—111 (cf. auch Zeitschr. d. österreich. Apothekervereins 1887 pag. 551.).

— Beiträge zur Kenntniss der Nahrungs- und Genussmittelfälschungen. Zeitschr. f. Nahrungsmittelunters., Hygiene etc. (1890) pag. 77.

Hefelmann, Zur Untersuchung von Macis. Pharmaceut. Zeitschr. (1891) pag. 122.

Watt, Myristica malabarica. Dictionary of Economic Products of India V (1891) pag. 314.

Warburg, Ueber die nutzbaren Muskatnüsse. Berichte der pharmaceut. Gesellsch. (1892) pag. 224.

Waage, Banda- und Bombay-Macis. Pharmaceut. Centralhalle (1892) pag. 372; auch Ber. d. pharmac. Gesellsch. (1892) pag. 229.

Arnst und Hart, Zusammensetzung einiger Gewürze. Zeitschrift für angewandte Chemie (1893) pag. 136.

Held, Zur chemischen Charakteristik des Samenmantels der Myristicaarten, spez. der sog. Bombaymacis. Inaug.-Dissert. (1893), Erlangen.

Soltsien, Banda- und Bombaymacis. Pharmaceut. Zeitschr. (1893) pag. 467.

Hilger, Zur chemischen Charakteristik der Bombay-Macis. Forschungsbericht über Lebensmittel etc. (1894) pag. 136.

Hallström, Vergleichend-anatom. Studien über d. Samen der Myristicae und ihre Arillen. Archiv d. Pharmacie (1895) Heft 6 und 7.

Spaeth, Zur chemischen Unterscheidung verschiedener Macis-Sorten. Forschungsber. über Lebensmittel etc. (1895) II, pag. 148.

Busse, Ueber Gewürze, III. Macis (1896) Bd. XII, pag. 628.

Früher diente offenbar auch die Macis von Myristica fatua als Fälschungsmittel, wie die Angaben aus dem 17. Jahrhundert beweisen, dass bei den wilden durch die Tauben gepflanzten Muskatbäumen die Kerne unbrauchbar seien, die Macis dagegen als Fälschung benutzt werde. Jetzt scheint diese Fälschung nicht mehr geübt zu werden, obgleich sie bei der Häufigkeit dieser wilden Art in den Molukken fast zu erwarten wäre.

Die Verfälschung der echten Macis durch Muskatnusspulver lässt sich schon mikroskopisch und mikrochemisch durch den Gehalt an Aleuron, Krystalloiden und Stärke, sowie auch durch den bedeutenden Fettgehalt leicht eruiren, dürfte aber wegen der dunklen Farbe des Pulvers nur in kleinem Maassstabe angewandt werden. Auch das getrocknete Perikarp der Muskatnuss kommt in den Handel, offenbar gleichfalls wohl als Fälschungsmittel; auch dieses dürfte mikroskopisch leicht erkennbar sein.

Die gewöhnlichsten Fälschungsmittel wie Mehle, Stärkesorten und geriebenes Weissbrot lassen sich durch die Stärkereaktion leicht nachweisen; das Amylodextrin der Macis färbt sich durch Jod nur rothbraun bis violettroth, nicht blau wie die Stärke.

Curcuma ist ein häufiges Fälschungsmittel, welches sich aber auch durch die Stärke leicht verräth. Der bei der makrochemischen Untersuchung hergestellte alkoholische Auszug zeigt schon bei Anwesenheit geringer Mengen Curcumas eine grünliche Inflorescenz, bei der Chromatprobe wird die Flüssigkeit rothgelb, bei der Barytreaktion werden die Filtrirpapierstreifen nach dem Trocknen gelblich, an den Gürteln tiefgelb bis gelbbraun. Auch ist die Borsäurereaktion des Curcumas ein sicheres Mittel, da die Macisfarbstoffe sich hierbei indifferent verhalten.

Beschwerungen durch Ocker, Schwerspath lassen sich natürlich leicht durch den hohen Aschengehalt nachweisen.

6. Surrogate.

1. Calebassen-Muskatnuss.

Die zu einer ganz anderen Familie, nämlich zu den Anonaceae gehörige Calebassenmuskat Westafrikas, die *Monodora Myristica* Dun. besitzt dauernd aromatische Samen, die in ihrer Heimat wegen der stimulirenden und Verdauung befördernden Eigenschaften als ein die Muskat in gewissem Sinne ersetzendes Gewürz benutzt werden, unter dem Namen gipepe (xipepe); man findet sie deshalb zuweilen auf den Märkten der Eingeborenen in Westafrika. Der Name Calebassen-Muskat beruht darauf, dass die braunen bohnenförmigen Samen in einer harten kopfgrossen runden, calebassenartigen Fruchtschale liegen; die einzelnen Samen sind durch braune von beiden Seiten aus parallel bis fast zur

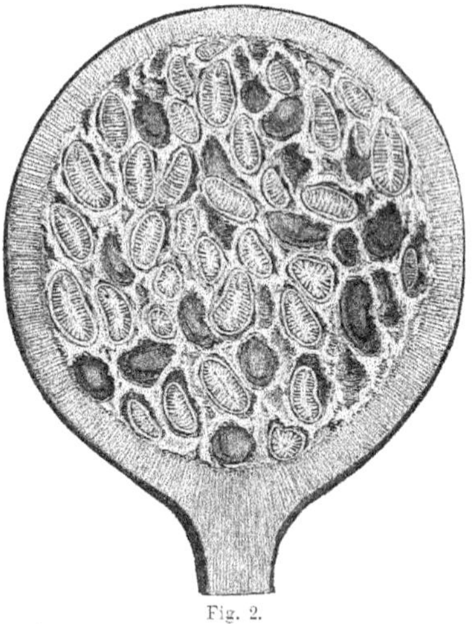

Fig. 2.
Calebassen-Muskatnuss, Monodora Myristica Dun. Frucht im Längsschnitt, dreimal verkleinert.

Mitte in das Endosperm eindringende Platten gefächert (cf. pag. 511, Fig. 9 F—H). Diese Samen sind die sog. Macis-Bohnen, die zuweilen (cf. z. B. Haensel's Berichte, sowie Pharm. Post 1892, pag. 853) von Kamerun aus auf den deutschen Markt gelangen. Auch nach Westindien ist diese Pflanze hinübergebracht, sei es durch die Negersklaven selbst, sei es als Gewürz für dieselben. Für Europa kommt dieses Gewürz nicht in Betracht, für Fälschung der Muskat ist die Form der Samen der Monodora absolut ungeeignet und als Surrogat ist sie wegen des viel weniger feinen und von der Muskat ziemlich abweichenden Geruches nicht verwendbar. Das daraus gewonnene ätherische Oel scheint nach den von Fabriken angestellten Versuchen auch für die Parfümerie keine besonders geeignete Substanz zu sein, keinesfalls aber ist es ein wirklicher Ersatz der Muskatöle. Das neutrale in Alkoholäther und Chloroform lösliche ätherische Oel ($2^1/_2$ %) nähert sich mehr dem Cuminöle und riecht nur entfernt wie Macisöl; auch 6,22 % eines fetten, schwach macisartig riechenden, neutralen Oeles von 0,9252 spec. Gew. bei 20° C. liessen sich daraus gewinnen.

2. Chilenische Muskatnuss.

Die sog. chilenische Muskatnuss[1]) stammt von *Laurelia sempervirens* (R. et P.) Tul., einer zu der Familie der Monimiaceae gehörigen Pflanze. Es ist ein hoher, in Chile etwa zwischen dem 32. und 34.° s. Br. wachsender Baum, dessen Früchte in Chile wie Muskatnüsse verwendet werden sollen; ausserdem dienen auch die aromatischen Blätter als Küchengewürz. An eine Verwechselung mit Muskat ist schon deshalb nicht zu denken, da die Fruchthülle (sog. Achsencupula) im Reifezustand in 2—3 Klappen aufspringt und dann die ganz kleinen linealischen in langer federartiger Granne endenden Früchte sichtbar werden, so dass das Ganze etwa einer Geumfrucht ähnelt. Nach Europa kommt das Gewürz nicht, doch findet man die Pflanze zuweilen in den Kalthäusern der botanischen Gärten.

---

1) Eine zweite Pflanze derselben Familie Peumus Boldus Mol. wächst gleichfalls in Chile, und zwar auf trocknen, sonnigen Hügeln daselbst, als ein immergrüner mit lederigen stark riechenden Blättern bekleideter Baum; er ist der Boldy der Chilenen, von dem namentlich die Blätter „Folia Boldu“ officinell sind und auch in Chile als Gewürz benützt werden. Hier sind die Früchte zwar ohne Granne, aber gleichfalls sehr klein und als Gewürz nicht brauchbar; eine dünne Lage sehr süssen, essbaren Fruchtfleisches umgiebt einen ausserordentlich harten Stein, der zu Rosenkränzen verarbeitet wird.

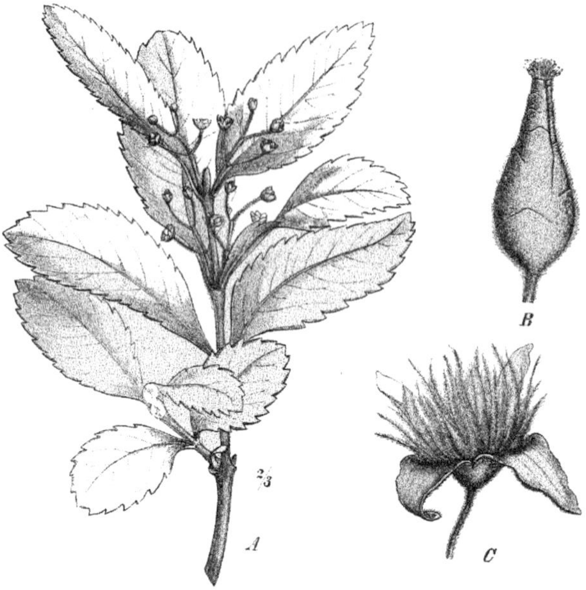

Fig. 3.
Chilenische Muskatnuss, Laurelia sempervirens (R. et P.) Tul., A Blütentragender Zweig, B Frucht, geschlossen, C Frucht sich öffnend.

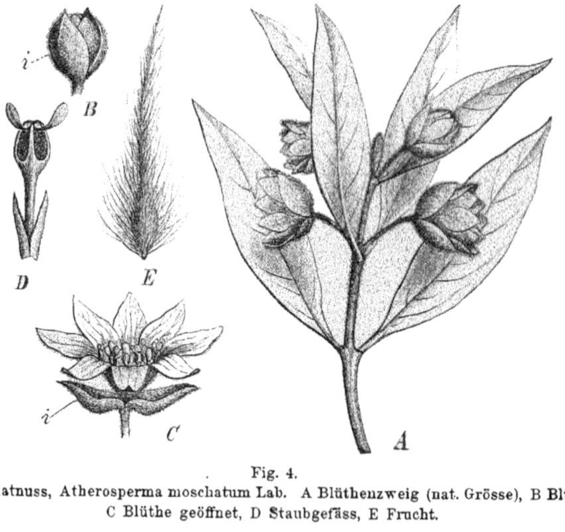

Fig. 4.
Pflaumen-Muskatnuss, Atherosperma moschatum Lab. A Blüthenzweig (nat. Grösse), B Blüthenknospe, C Blüthe geöffnet, D Staubgefäss, E Frucht.

3. Pflaumen-Muskatnuss.

Die sog. Pflaumenmuskatnuss stammt von einer anderen Monimiacee, *Atherosperma moschatum* Labill. Dieser Baum wächst in Australien, in Victoria und Tasmanien; die Früchte sind denen von Laurelia ziemlich ähnlich gebaut, nur dass die Fruchthülle becherförmig und hart ist und nicht klappig aufspringt. Von dieser Pflanze wird die stark aromatische Rinde zur Herstellung eines Thees benutzt.

Eine andere Gruppe von Muskatsurrogaten wird durch die Familie der Lauraceen geliefert, deren Samen ohne Nährgewebe sind.

4. Madagassische Muskatnuss.

Die sog. madagassische Muskatnuss, *Ravensara aromatica* Sonn., deren Früchte auch als Raven(d)saranüsse, Nuces caryophyllatae (Nelkennüsse, noix girofle, clove nuts) bekannt sind, ist vor allem erwähnenswerth. Es sind dies die etwa mirabellengrossen runden Früchte eines hohen pyramidalen, besonders auf feuchtem Boden wachsenden Baumes, die einen besonders merkwürdigen Bau haben, indem nämlich der Blüthenboden der sog. Cupula, welcher die Blüthenblätter und Staubgefässe aufsitzen, mit dem Fruchtknoten verwächst und in die sich bildende Frucht hineinwächst und so nicht nur die Fruchthüllen, sondern sogar die Keimblätter in sechs verschiedene und getrennte Fächer zerlegt. Nährgewebe besitzen die Samen wie die aller Lauraceen nicht, dagegen sind die Keimblätterabschnitte fettreich und zwar besitzen sie, ebenso wie die Muskatnüsse, Myristinsäure [1]).

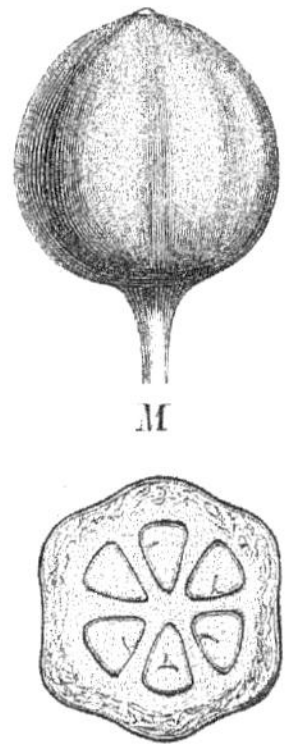

Fig. 5. Madagassische Muskatnuss (Nelkennuss). Ravensara aromatica Sonn. Frucht von aussen und im Querschnitt.

Die äussere schwarze, häufig abgescheuerte Schicht der Frucht ist aromatisch, zwar weniger stark als die Blätter, aber von feinerem Duft, darunter liegt die stark verholzte und verdickte, nach der Fruchthöhlung hin sich haarartig auflösende innere Schicht der

1) Schär, Notizen über Nuces caryophyllatae. Arch. d. Pharm. 223 pag. 787 bis 790, Tagebl. d. Strassb. Versamml. d. Naturf. u. Aerzte, 1885, pag. 378.

Fruchtschale: der mit dünnen Häuten versehene Samenkern ist wiederum aromatisch, jedoch konnte der Hauptbestandtheil des Nelkenöles, Eugenol, nicht darin gefunden werden. In den Handel kommen diese Nüsse schon lange nicht mehr.

Die innere Rinde des Baumes (Canelle giroflée) sieht wie Zimmt aus, riecht aber wie Gewürznelken, die Blätter besitzen Zimmtgeruch mit Beimengung von Muskat und Nelken; in der That sollen auch nach einer älteren Notiz von Vauquelin die Blätter Nelkenöl enthalten. Auf Madagaskar ist das aus den Blättern gewonnene Oel sehr geschätzt; auch wurde der Baum auf Mauritius kultivirt und wurde z. B. von den indischen Köchen allen anderen Gewürzen beim Kochen vorgezogen[1]).

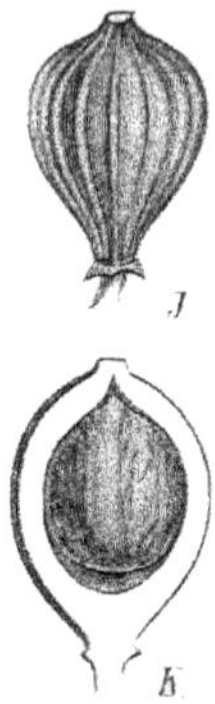

Fig. 6. Brasilianische Muskatnuss, Cryptocarya moschata Mart., Frucht von aussen und im Längsschnitt (nach Fl. brasil. V, 2: t. 56).

5. Brasilianische Muskatnuss.

Die sogen. brasilianische Muskatnuss (noz muscada do Brasil) stammt von einer der Ravensara benachbarten Gattung, nämlich von *Cryptocarya moschata* Mart., einem im mittleren und südlichen Brasilien heimischen Waldbaum. Die etwa 28 mm langen, 18 mm breiten, ziemlich birnförmigen Früchte sind deutlich längsrippig und von dünnem aus der Blüthenhülle hervorgegangenem Fruchtfleisch umgeben; darunter liegt eine $1^1/_2$ mm dicke gerippte, den Samen einschliessende Holzschicht. Die Früchte besitzen einen stark aromatischen, aber nicht allzusehr an Muskat erinnernden Geruch, und werden von den Eingeborenen als Gewürz, ausserdem auch medizinisch benutzt.

6. Guyana-Muskatnuss.

Die sogen. wilde Muskatnuss von Guyana, auch Camara- oder Ackawai(Waccawai)nuss genannt, stammt von *Acrodiclidium Camara* R. Schomb. aus der Umgebung von Roraima in Britisch-Guyana. Die grossen 45 mm langen, 50 mm breiten apfelförmigen Früchte, an der Basis von einer dicken runzeligen napfförmigen, etwas excentrischen

[1]) Grant. History of Mauritius. London 1801, pag. 40.

Cupula umgeben, werden von den Indianern daselbst halbirt oder in vier Theile getheilt getrocknet, auf Fäden gezogen, und so nach der Küste hin verkauft; die Creolen schätzen diese warme und gewürzige Droge als vorzügliches Heilmittel gegen Diarrhöe, Dysenterie und Kolik; trotz mehrfacher Empfehlungen hat sie sich in Europa bisher nicht eingebürgert.

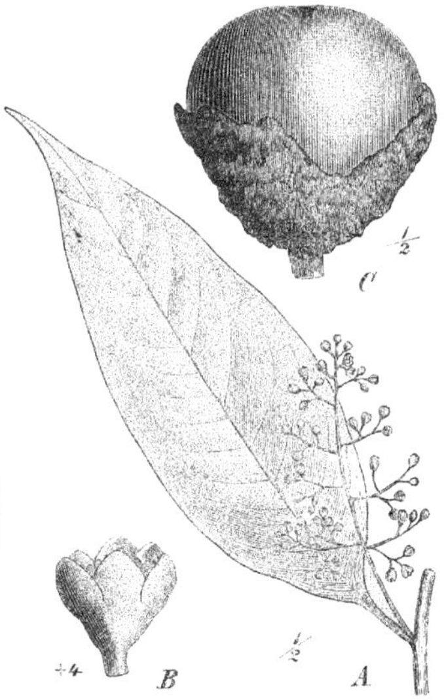

Fig 7.
Guyana-Muskatnuss (Camara- oder Ackawainuss), Acrodiclidium Camara R. Schomb.
A Blüthentragender Zweig, B Einzelblüthe, C Frucht, von der becherförmigen Achse umgeben (Original).

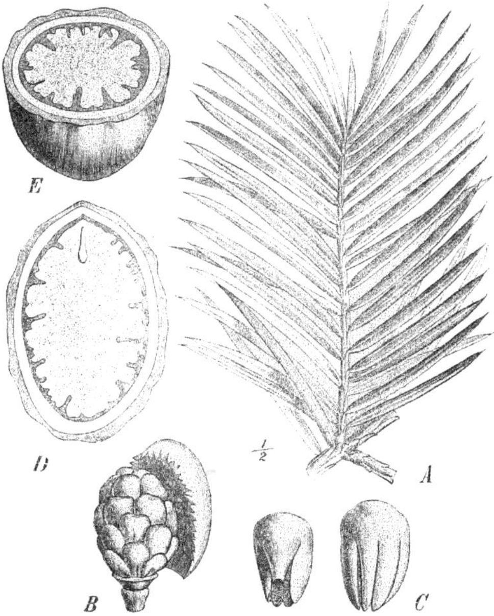

Fig. 8.
Californische Muskatnuss. Torreya californica Torr. (Torreya Myristica Hook.) A Steriler Zweig, B männliche Einzelblüthe, C Staubblatt von oben und unten, D Same im Längsschnitt mit zerklüftetem Nährgewebe und sichtbarem Keimling, E Same im Querschnitt (nach Botan. Magaz. t. 4780).

7. Californische Muskatnuss.

Völlig ohne Muskatgeruch, und überhaupt ohne ätherisches Oel ist dagegen die sogen. californische Muskatnuss (Californian nutmeg oder stinking cedar), die von der Conifere *Torreya californica* Torr. stammt, welcher 60—80′ hohe Baum an dem westlichen Abhang der Sierra Nevada wächst, aber ziemlich selten sein soll. Den Namen aber verdankt diese Nuss der äusseren Aehnlichkeit des Kernes mit der Muskatnuss, daher meldeten früher oftmals Briefe aus Californien, dass die Muskatnuss dort einheimisch sei. Die Frucht[1]) besitzt die Grösse und Gestalt einer Greengage-Pflaume, getrocknet ist sie bleich olivenfarben, und aussen von dem oben fast geschlossenen, dicken, fleischigen Arillus umgeben. Der längliche Same ähnelt sehr einer grossen pecane nut, ist aber gewöhnlich mehr oval; die Schale ist glatt, dünn und zerbrechlich, und besitzt oben jederseits eine Perforation. Der Kern dagegen ist durch leistenförmige Fortsätze des Integuments tief zerklüftet und gleicht äusserlich und innen durchaus der Muskatnuss, namentlich im Durchschnitt ist die Aehnlichkeit wirklich vollkommen. Hooker nannte sie deshalb auch Torreya Myristica. Das Aroma fehlt aber natürlich, dafür besitzt die Frucht den starken Terpentingeruch der Coniferen, namentlich in Folge der grossen Harzbehälter des Arillus.

Als ein Surrogat der Muskatnuss kann man also diese Nuss durchaus nicht betrachten, höchtens könnte sie als Verfälschung in Betracht kommen, unter die echte gemischt, aber dazu ist der Terpentingeruch zu verrätherisch.

8. Florida-Muskatnuss.

Mit diesem Namen wird zuweilen, aber mit noch weniger Recht als die vorhergehende Art, ihre nächste Verwandte *Torreya taxifolia* Arn. bezeichnet, deren Frucht auch äusserlich weit weniger Aehnlichkeit mit der Muskatnuss besitzt, wie die vorige Art.

9. Macisbohnen.

Die sogen. Macisbohnen[2]) stammen von verschiedenen Pflanzen:

1. Die afrikanischen, neuerdings von Kamerun aus in den Handel kommenden Macisbohnen stammen, wie wir oben sahen (pag. 505), von einer Monodora-Art (Calebassenmuskat) ab.

2. Die grosse Macisbohne oder Pichurinnuss[3]) stammt von *Acrodiclidium Puchuri major* (Mart.) Mez, einem Baume des oberen

---

[1]) Torrey, Notice of the California Nutmeg in Pharmaceut. Journ. and Transact. XIV (1854) pag 83; Hooker in Bot. Mag. t. 4780 and Möller, Pharmac. Centralhalle 1880, Nr. 51—53.

[2]) Mit Macisnuss wird zuweilen die echte Muskatnuss bezeichnet.

[3]) Von dem einheimischen Namen Puchury, Puchery, Picheri. Ueber die Stammpflanze ist man erst spät ins Reine gekommen. Humboldt vermuthete, das die

Amazonasgebietes mit fast 6 cm langen, grossen eiförmigen, an der Basis einer dicken teller- bis napfförmigen, undeutlich doppelt gerandeten Cupula aufsitzenden Früchten; auch kultivirt wird der Baum in seiner Heimat. Die sogen. Bohnen, d. h. die Längshälften des Keimlings, oder vielmehr die separirten plankonvexen Keimblätter sind 4 bis 5 cm lang, 17—20 mm breit und 11—12 mm dick.

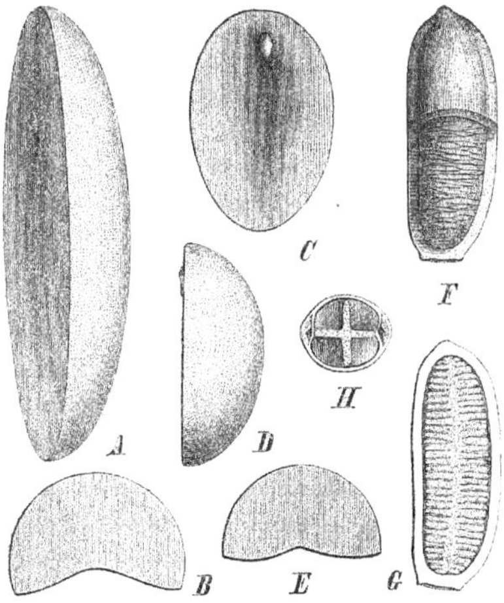

Fig. 9.
Macisbohnen. A und B grosse Macisbohne (Keimblatt der grossen Pichurimnuss, Acrodiclidium Puchuri major). A von der Seite, B im Durchschnitt, C, D, E kleine Macisbohne (Keimblatt der kleinen Pichurimnuss Aniba(?) Puchury minor), C von vorne, D von der Seite, E im Durchschnitt, F, G, H afrikanische Macisbohne (die Samen einer Monodora-Art), F von aussen, die Samenschale theilweise entfernt, G im Längsschnitt, um die Rumination zu zeigen, H im Querschnitt, um das lappenförmige Eindringen der Ruminationsfalten zu zeigen. (Original.)

Fig. 10.
Grosse Pichurimnuss, Acrodiclidium Puchuri major (Mart.). A Habitusbild, B Frucht nach Freilegung der Keimblätter durch einen Längsschnitt, C becherförmige doppelrandige Achse, welche die reife Frucht trägt, theilweise im Längsschnitt. (Nach Fl. bras. V, 2: t. 95.)

---

jetzt Nectandra Pichurim (H. B. K.) Mez genannte Pflanze, die von Mexiko bis Südbrasilien verbreitet ist, die Stammpflanze der Pichurimnüsse sei, doch hat sich dies nach den von Kunth an Nees von Esenbeck gesandten Früchten als falsch herausgestellt; die runden Früchte haben auch nur einen Durchmesser von 6 mm.

3. Die kleine Macisbohne oder Pichurimnuss stammt von einem gleichfalls in den oberen Amazonasgegenden heimischen Baum, dessen Gattungszugehörigkeit bei dem Fehlen der Blüthen in den Herbarien noch nicht feststeht; meist wird er zu *Nectandra* gestellt, Mez nennt ihn *Aniba (?) Puchury minor* (Mart.) Mez. Die Frucht ist elliptisch, fast 3 cm lang und 2 cm breit, und sitzt einer ziemlich tellerförmigen einfach gerandeten schuppig gerunzelten Cupula auf. Die sog. Bohnen sind 2,3–2,7 cm lang, 15—18 mm breit und 9—11 mm dick.

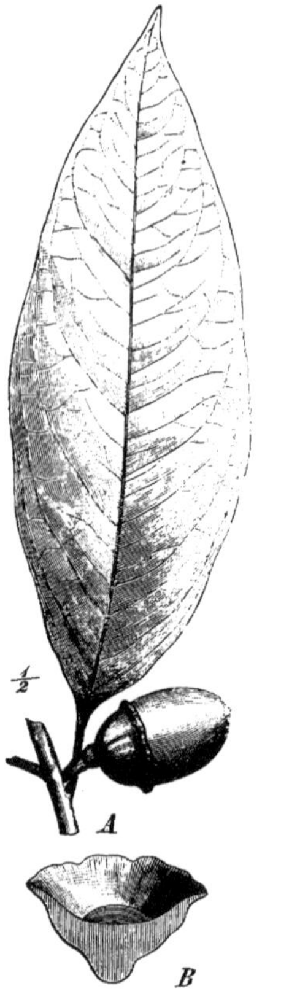

Fig. 11.
Kleine Pichurimnuss; Aniba (?) Puchury minor (Mart.). A Blatt und Frucht, B becherförmige einfach gerandete Achse, welche die reife Frucht trägt, theilweise im Längsschnitt. (Nach Fl. brasil. V, 2: t. 101.)

Beide Sorten Pichurimnüsse kamen ehemals als Fabae Pichurim majores und minores in nicht geringen Quantitäten in den Handel, nachdem die Keimblätter bei mässiger Hitze getrocknet waren und so eine braun-schwarze Farbe angenommen hatten. Schon 1759 wurden sie als Fava pecairo aus Portugal beschrieben; in Stockholm erkannte man in ihnen ein werthvolles Tonicum und Astringens[1]); in Holland erschienen sie als sog. Macisbohnen zuerst um 1780, fanden aber keinen Absatz; als zur Zeit der napoleonischen Kriege die Macis und Muskat so ausserordentlich im Preise stieg (siehe oben), suchte man die Macisbohnen wieder hervor. Man unterschied schon damals zwei Sorten[2]); die grossen, ca. 1" langen, waren schwarzbraun und von angenehmem Geruch und Geschmack; sie wurden in Holland mit dem Namen Faba piccorea bezeichnet; die kleinere Sorte war nur von der Grösse einer mittleren Muskatnuss, von schwächerem Geruch und Geschmack.

Später, als die echte Muskat wieder billig wurde, verlor die Pichurimnuss beträchtlich an Bedeutung, wird aber noch lange in den Handbüchern der Waarenkunde erwähnt; z. B. wird sie 1831 von Volker im Handbuch der Material- und Droguerie-Waarenkunde II (1831) pag. 38 als Muskatenbohne, Faba pecurim, pechurim, Faba

---

[1]) Lindley, Fl. medic. pag. 335, Boehmers techn. Gesch. d. Pflanze I (1794) pag. 669.

[2]) Bohns Waarenlager Hamburg 1806 sub Macisbohne, sowie J. Ch. Schedels Waarenlexikon II (1814). In beiden Büchern findet sich die irrthümliche Ansicht,

macis aufgeführt und genau beschrieben, als länglich eiförmig, 1" lang oder noch etwas mehr, auf der einen Seite erhaben, auf der anderen vertieft, aussen schwärzlich, braun oder oliv, innen heller, ziemlich glatt und schwer, mürbe und leicht zu zerschneiden und zu pulvern; der Geruch und Geschmack sei ein Gemisch von Muskat und Sassafras. Die ziemlich fleischige Steinfrucht habe (wohl nach Martius) die Grösse einer damascener Pflaume, die Epidermis spiele ins bläulichroth, das Fleisch sei aromatisch.

Dagegen sagt schon 1836 Meldola in der Produktenkunde (Hamburg 1836, pag. 189), dass die Macisbohnen jetzt wenig vorkämen, sie würden in Kisten und Fassern verschiedener Grösse gehandelt, die Usancen seien Hamb. g-Gw. ½% Tara gemacht, Preis in β-Bco. p Pfd. Court. 1%.

Seitdem hat der Gebrauch der Pichurimnuss immer mehr abgenommen; als Gewürz für Europa kommt sie gar nicht mehr in Betracht und medizinisch wird sie nur noch in wenigen europäischen Pharmacopoeen aufgeführt. In ihrer Heimat dagegen sind diese Pichurimnüsse noch beliebt als Mittel gegen Verdauungsschwäche, Durchfall, Dysenterie, Magenschmerz, Harnzwang, Unterleibsschwellung, und auch zu warmen Umschlägen bei den durch Rochenstiche hervorgerufenen Wunden.

Sie enthalten etwa 3% eines fleischigen Oeles, ausserdem 30% fettes Oel (darunter Laurostearin), Pichurimcampher, ferner Gummi, Harz, Stärke etc.

Vermuthlich giebt es in diesen weit verbreiteten Familien noch mehr Arten, deren Früchte ein mehr oder weniger an Muskat erinnerndes Aroma besitzen[1]; fast stets aber tritt dasselbe nicht rein zu Tage,

---

dass die grössere Sorte von einer 2—3' hohen javanischen Staude herrühre, die kleinere dagegen aus Westindien stamme. Offenbar in Folge dieses Irrthums meint Bohn nun, dass die brasilianische Bohne oder Picherim eine dieser Sorten sei, die dann unter dem Titel Pichurimbohne aus Paraguay und Brasilien (Pecuris, Pecurim, Faba Pichurim, Fava Pecairo) nochmals ausführlich besprochen wird; sie ist nach ihm 1½" lang, 8''' breit, 1''' dick, schwärzlich, innen zuweilen gelblich-fleischfarben mit dunkel gefärbten Punkten, wie mit einer zarten Haut überzogen, meist aber lichtbraun, weder holzig noch faserig, mürbe zwischen den Zähnen, mit zwischen Muskat und Sassafras liegendem Geruch und Geschmack, und dem Aussehen nach einer zerbrochenen Muskatnuss ähnlich. Aus 1 Pfd. liessen sich 1½ Unzen eines weissen, butterartigen, nach Sassafras riechenden Oeles auspressen.

Auch unechte Pichurimbohnen kämen zuweilen in den Handel, die um die Hälfte grösser (?) seien, aussen runzelig und blasser, innen aber dunkler, härter, bitterer und weniger gewürzhaft. — Auch Pichurimrinde aus Ostindien, Panama und Brasilien käme nach Lissabon. sie besässe Zimmtfarbe, sei aussen weisslich, innen dunkler, von der Dicke einer Linie, und einem der Kreidenelke und Muskatnuss ähnlichen Geruch, aber bitterem Geschmack; das durch Destillation daraus gewonnene dunkelgefärbte Oel sei schwerer als Wasser. In einigen Gegenden halte man sie für ein vorzügliches Gewürz, in Portugal brauche man sie häufig als Arznei.

1) Ocotea Cujumary Mart. aus Nord-Brasilien z. B. besitzt eine elliptische, 13 mm lange, 8 mm breite von einer trichterförmigen Cupula gestützte Frucht, deren Cotyledonen gleichfalls aromatisch sind, und auch, gepulvert und mit Wein und Wasser eingenommen, bei Indigestionen benutzt werden.

sondern vermischt mit sassafras-, nelken- und zimmtähnlichen Gerüchen; als gute Surrogate der Muskat kann man dieselben demnach kaum ansehen. Die Rinden dagegen, die fast alle aromatisch und theilweise medizinisch wichtig sind, besitzen, so viel bekannt, keinen oder nur minimalen Muskatgeruch; hier überwiegt Zimmt- und Sassafras-Aroma in bedeutendem Maasse.

Anhang.

Preistabellen für Muskatnüsse und Macis.

1. Preise bis zur Eroberung der Banda-Inseln durch die Holländer.

Muskatnüsse		Macis	
Frankreich.			
1245[1]) (Lyon) 1 Unze	3 denare[2])		
1372[3]) (Paris)		1 Unze	3 sols 8 deniers
1393[4]) (Paris) 1/2 Pfd.	12 deniers	1/2 quarteron = 1/8 Pfd.	3 sols 4 deniers
Portugal.			
1504[5]) (Lissabon) 1 portug. Ctn.	100 dukat.	1 portug. Ctn.	300 dukat.

England siehe unten pag. 518.

1) Albertus Bohemus Archidiaconus in Lorch bei Salzburg: Harum specierum apud Lugdunum (Lyon) tale fit forum; Unica nucum Muscati 3 den. (12 denare = 1 solidus); Flückiger, Documente z. Gesch. d. Pharmac. (Halle 1876) pag. 8. In Marseille hatte schon 1228 das Pfund Muscarde einen Zoll von 1 den. zu zahlen. Depping, Hist. du Commerce I., pag. 288.

2) Im 14. Jahrh. war 1 Libra oder Pfd. = 20 β oder Solidi (à 12 Denare oder Pfennige); damals 1 Pfd. = 1 fl. = 5 fl. 40 kr. jetzt (Chronik d deutsch. Städte. Nürnb. I., pag. 100,28).

3) Testam. de la Reine Jeanne d'Evreux in Leber, Appréciation de la fortune privée au moyen âge éd. II (1847) pag. 95; nach Leber entspricht dies dem jetzigen Werthe von 1 libre 14 sous 10 deniers, besass aber die Kaufkraft von jetzt 10 frs. 45 cts., ein Pfd. Macis hätte demnach an Kaufkraft 167 Mark 20 Pfg. unserer Zeit entsprochen.

4) Ménagier de Paris II pag. 112 u. Douet d'Arcq compt. de l'argent., pag. 219; nach Heydt, Gesch. d. Levantehand. II, pag 352a. Die Macis und Muskatnüsse zahlten wie die meisten anderen Gewürze in Paris an Accise 1350 4 deniers, 1351 6 deniers (Ménagier II, pag. 112 Anmerk.).

5) Venetian. Gesandschaftsbericht, mitgetheilt von Tiele in De Gids 1875, III, pag. 233.

	Muskatnüsse	Macis	
	Deutschland.		
1368[1]) (Hamburg) 1 Pfd. .	8 β		
1402[2]) (Danzig) 1 Stein (= 24 kulmische Pfd.) .	12—16 preuss. Mk. à 60 Schill.		
1405 (Danzig) dto. . . .	10—19 "		
1406 " " . . .	16 "		
1408 " " . . .	12—13 "	1 Pfund . . .	$1^1/_4$ preuss. Mk.
1409 " " . . .	11 "		
1445 " " . . .	7 "		
1480[3]) (Freiburg i./B.) 1 Loth (Kleinverk.)	3 Schill.		
1592[4]) (Hamburg) . . .	5 β 6 Pf. (geclant van Venegien)		15 β 9 Pf.
	4 " 6 " (in Sorten von Portugal)		
	2 " 9 " (Rompen)		
1596[5]) (Lübeck)		2 Loth	7 β (gestossene Macis
1600[6]) (Württemberg) . .	1 Pfd. 1 fl. 24 kr.	1 Pfd. .	4 fl.
1603/4[7]) (Niederlande)		1 " .	20 β
1629[8]) (Hamburg)		$^1/_4$ " .	36 "
1631[9]) "		1 Loth.	5 "

1) Handlungsbuch v. V. v. Gelderen, herausgegeben v. Nirrnheim in Zeitschr. Verein Hamb. Geschichte; das Gold besass bis 1372 einen 10 mal grösseren Werth als heute, und 70—75 mal grössere Kaufkraft.

2) Th. Hirsch, Danzigs Handels- und Gewerbsgeschichte 1858, pag. 244; 1393—1407 war 1 preuss. Mark (à 60 Schilling) = 4 ℛ𝓉 10 Gr., 1407—1410 = 4 ℛ𝓉 3 Gr., 1422—1449 = 3 ℛ𝓉; also würde 1402 1 Pfd. Muskatnüsse ca. 6—8 Mk. unserer Währung entsprechen, der höchste Preis im Jahre 1405 (19 Mk. per Stein) würde 10 Mk. das Pfd., der niedrigste im Jahre 1445 (7 Mk. per Stein) würde fast 4 Mk. unserer Währung für das Pfd. geben; die Macis im Jahre 1408 würde über 16 Mk. das Pfd. geben.

3) Mone, Zeitschr. f. Gesch. d. Oberrheins, V (1854) pag. 404, (aus Flückiger, Documente d. Gesch. der Pharm. 1876, pag. 12); also 1 Pfd. 96 β.

4) Hamburg. Waaren- und Wechsel-Preiscourant aus dem 16. Jahrhundert, herausgegeben v. Ehrenberg, Hans. Geschichtsbl. 12 (1883), pag. 168. Es sind danach wohl flämische Schillinge gemeint, 1 β rl = 96 Pfg.

5) Gastmahl der Aelterleute der Lübecker Krämerinnung; das Pfd. also 112 β.

6) Würtemb Jahrb. 1841, pag. 397, Volz, Beitr. z. Kulturgesch. 1852.

7) Geschieden. v. d. Koophandel d. O. J. Comp., I (1792), pag. 91.

8) Hansische Geschichtsblätter 1880, pag 138. Ein Hamburger Kontorist sendet sie an seine Mutter in Braunschweig; das Pfd. also 144 β.

9) Convivium des Hamburg. Colleg. des Klingelbeutels, herausgegeben von Koppmann; Zeitschr. Verein Hamb. Gesch., VII (1883), pag 336; das Pfd. Macis also 160 β. Ein Vergleich der drei Jahre 1596, 1629 und 1631 zeigt deutlich die Preissteigerung seit der Festigung des holländischen Monopols; 112 β, 144 β und 160 β für das Pfd. Macis.

Muskatnüsse		Macis	
	Aegypten.		
1497 [1]) (Alexandria) 1 Quintal (= $53^3/_4$ kg)	16 Cruzados		
1504 [2]) (Vorderindien) 1 port. Ctr.	4 Dukat.	1 portug. Ctr.	$7^1/_2$ Dukat.
	Indien.		
1506 [3]) (Banda, Barthema) 26 Pfd.	$^1/_2$ Carlino		
1515 [4]) (Banda, Barbosa) 1 bahar Banda	8—10 Fanoes	1 bahar Banda	ca. 70 [5]) Fanoes
(Calicut, Barbosa) 1 farasola [6])	10—11 „	1 farasola . .	25—30 „
1583 (Java, Linschoten) [7]) 1 bahar Sunda	20—25000 Caixas	1 bahar Sunda	100—120000 Caixas

1) Roteiro da Viagem de Vasco da Gama em 1497 por A. Herculano e O. Barão de Castello de Paiva (1. Ausg. 1838 Porto, 2. Ausg. Lisbon 1861) (Flückiger, Documente); 1 cruzado (heute = 2 Mk.) hatte Anfang des 16. Jahrhunderts einen Goldwerth von Mk. 9,75 (entsprechend 3,50 g Feingold); die Kaufkraft der gleichen Menge Feingold war aber damals eine mindestens 10mal höhere (Mittheil. von Dr. Ehrenberg in Altona).

2) Venetian. Gesandtschaftsberichte (Leonardo da Ca Massir), mitgetheilt von Tiele in de Gids 1875, III, pag. 233.

3) The Travels of Lud. Varthema (Hakl. edit. 1863) pag. 243.

Die neapolitanische Silbermünze Carlino, gleichwerthig mit dem spanischen Reale war damals = $^1/_{11}$ Dukate; demnach (das damalige Verhältniss von Silber zu Gold zu Grunde gelegt) = 88 Pf. (Mittheil. von Dr. Ehrenberg in Altona); das gäbe also noch nicht 2 Pf. auf das Pfd.

4) Barbosa, The Coasts of East Africa and Malabar (Hakl. ed. 1866, pag. 222); nach Crawfurd sind das $3^1/_2$ d. per Pfd., wahrscheinlich in Schale, ohne Schale demnach 5 d.; in Europa dagegen 4 sh. 6 d., also der 11fache Preis. 1 bahar Banda = 550 Pfd. (Valentijn) = 525 Pfd. Amsterd. (Heemskerk, Lauts, I, pag. 35), (1 bahar Batavia dagegen = 3 Pikol = 375 Pfd.); hier sind aber offenbar Banda bahare gemeint; ferner wird von Barbosa 1 bahar Banda angegeben als = 4 alte portugiesische Quintal (pag. 224); dagegen sagt der Herausgeber in der Anmerkung $4^1/_2$—5 Quintals $3^1/_2$ arrobas (wohl neueren Gewichtes). 1 Fano (Barbosa, the Coasts of Malabar, pag. 209) = 2 Real = $^1/_{20}$ Pardao (Varthema, Hakluyt ed. pag. 130). 16 fanoes = 18 Mark (marcelli) Silber; Flückiger, Documente, pag. 16.

5) Es steht in der engl. Ausgabe pag. 209 zwar 1 fanoe, aber das ist ganz sicher ein Irrthum, pag. 200 heisst es ausdrücklich, dass die Macis auf Banda 7mal so theuer sei wie die Nüsse.

6) Die farasola entspricht (Hakl. ed., pag. 224) 22 portugies. Pfd. (à 16 Unzen) plus $6^2/_7$ Unzen; 1 heutiges portugies. Pfund = 459 g; 20 farasol sind nach Barbosa = 1 bahar.

7) Linschoten, Hakluyt soc. ed. I., pag. 113, 1000 Caixas = 1 Crusado Porting.

	Muskatnüsse	Macis
1599 (Banda, Heemskerk)[1] 1 bahar Banda	6 Real	1 bahar Banda 60 Real
1603 (Bantam)[2]		1 „ Sunda 85 Reale v. Agten
1604 „		1 „ „ 60—80 Real
1609 „ 1 bahar Banda .	9 „	1 „ Banda 95 „
1609 (engl. Schiff Hector, Banda)[3] 1 bahar Banda	12 „	
(Banda während Necks Zeit um 1600 2 mal)[3] 1 bahar Banda	13—14 Real	1 „ „ 100—110 „
(Makassar 1. Jahrzehnt d. 17. Jahrh., zeitweilig)[3] 1 bahar Banda	10—12 „	1 „ „ 90—100 „

2. Engrospreise in den Niederlanden seit der Eroberung Bandas.

	Nüsse Amsterdamer Pfd.	Macis Amsterdamer Pfd.
1634[4]	3,25 fl. holl	
18. Jahrh.[5]	$3^1/_4$—4 „ „	6—$6^1/_2$ fl.
1759-68[6] ...	3 „ „	6 „
1778[7] ...	3 fl. 15 Stuiv.	6 fl. 12 Stuiv.
1808[8]	ca. $6^1/_4$ fl. holl.	ca. $12^1/_2$ fl.

Durchschnittspreise beim Verkaufe in Holland:[9]

	Nüsse	Macis		Nüsse	Macis
1854 ...	—	$1{,}14^2/_3$ fl.	1858 ...	$0{,}70^4/_5$ fl.	$0{,}71^1/_3$ fl.
1855 ...	—	$1{,}05^2/_3$ „	1859 ...	$0{,}61^1/_5$ „	$0{,}69^3/_5$ „
1856 ...	$1{,}05^3/_{10}$ fl.	$1{,}04^1/_5$ „	1860 ...	$0{,}53^3/_5$ „	$0{,}64^3/_{10}$ „
1857 ...	0,87 „	$0{,}87^1/_5$ „	1861 ...	$0{,}43^1/_5$ „	$0{,}40^3/_{10}$ „

1) In den gesammelten orient. Reisen von J. Theod. und J. Israel de By. 5. Theil von den ostind. Inseln, pag. 33.

2) Gesch. v. d. Koophandel, pag. 91; legt man den p. 516 Anm. 3) angegebenen Werth von 88 Pf. zu Grunde, so hätte das Pfund damals kaum mehr als 2 Pf. Goldwerth gekostet.

3) V. d. Chijs, l. c. pag. 10 und 16.

4) Wurffbain, 14 jährige Reisebeschreibung 1632—37.

5) Saalfeld, l c. pag. 197; Dassen, de Nederlanders in de Molukken, pag. 39.

6) Oudermeulen's Rapport.

7) Huyser's Oost-ind. Etablissem., pag. 31. Nach Luzac, Anhang II, stiegen die Preise für Muskatblüthe in den Jahren 1775—79 allmählich von 20 β 1—3 Pf. bis auf 21 β 0—3 Pf.

8) Daendels legt diese Preise (ℛ $2^1/_2$ für die Nüsse, ℛ 5 für die Macis) seinem Budgetvoranschlag für die Molluken zu Grunde, für die mageren setzt er 2 ℛ an.

9) Die hier zusammengestellte Durchschnittspreistabelle der Jahre 1854—61 zeigt, dass der Preis der Nüsse von $1{,}05^3/_{10}$ fl. im Jahre 1856 auf $0{,}43^1/_5$ fl. 1861, derjenige der Macis von $1{,}14^2/_3$ fl. 1854 auf $0{,}40^3/_{10}$ fl fiel.

Die Verkaufspreise der Nederl. Handels-Maatschappij per Amsterdamer Pfd.:

	Nüsse I Qualität	Macis I. Qualität
1848	1,26 fl.	1,24 fl.
1849	1,66 „	1,52 „
1850	2,32 „	2,13 „
1851	1,48 „	1,38 „
1852	1,86 „	1,90 „
1853	2,30 „	1,97 „
1854	1,63 „	1,42 „
1855	1,52 „	1,45 „
1856	1,47 „	1,37 „
1857	1,30 „	1,15 „
1858	1,21 „	0,96 „
1859	1,07 „	0,83 „
1860	0,96 „	0,74 „
1861	0,71 „	0,62 „
1862	0,63 „	0,63 „
1863	0,60 „	0,57 „
1864	0,88 „	0,71 „
1865	0,66 „	0,62 „
1866	0,82 „	0,96 „
1867	1,00 „	— „
1868	0,74 „	1,15 „

	Nüsse I. Qualität	Macis I. Qualität
1869	1,07 fl.	1,77 fl.
1870	1,31 „	2,16 „
1871	1,91 „	— „
1871	1,08 „	1,57 „
1872	0,88 „	1,60 „
1873	0,84 „	1,60 „
1874	1,18 „	1,65 „
1875	1,28 „	1,32 „
1878	1,40 „	— „

Preise des letzten Jahrzehntes in Amsterdam.

1886	1,45-1,60 fl.	1,10-1,50 fl.
1887	1,60-1,90 „	1,40-1,75 „
1888	1,60-1,65 „	1,50-1,95 „
1889	1,61-1,84 „	1,65-2,00 „
1890	weitere Steigerung	
1892	im Frühjahr bedeutender Fall, dann Mai Steigerung	
1893	1,20-1,30 fl.	1,10-1,25 fl.
1894	1,00-1,30 „	1,10-1,50 „
1895	1,15-1,40 „	1,10-1,15 „

3. **Preise in England** (engl. Pfd.).

	Muskatnüsse		Macis
Um 1310	3 sh. — d.		7 sh. — d.
Mitte des 14. Jahrhunderts	— „ — „		4 „ 7 „
1376/77[1])			9 „
1390[2])	— „ — „	(Nelken u. Macis zusammen) ca.	8 „ — „
15. Jahrh.[3])	4 „ 6 „		9 „
Anfang des 17. Jahrhunderts[3])	2 „ 6 „		6 „

---

[1]) Rogers, History of Agriculture and Prices in England, I (1866) pag. 628; ein Schaf kostete, wie wir p. 40 sahen, damals 1 sh. 5 d., eine Kuh 9 sh. 5 d. (ibid. pag. 362). Nach dem in Hanbury's Science Papers, pag. 478 ff., wiedergegebenen Bericht der Testamentsvollstrecker des Bischofs von Exeter (1310) kostete $2^5/_8$ lb. Macis damals 16 sh., also etwas über 6 sh. per Pfd.

[2]) The Forme of Cury, pag. 169.

[3]) Crawfurd, History malay. Archip., III, pag. 403.

	Nüsse		Macis	
1623 [1])		3 sh. — d.	5½ sh. — d. bis	8½ „ — d.
Holländ. Monopolzeit [2])		10 „ 3½ „		30 „ 5¾ „
1803 [3])	fast	9 „ — „		— „ — „
1804 [3])	über	9 „ — „		
1805 [3])		19 „ — „		
1803/5 [4])		10 „ 5¼ „		— „
1806 [5]) 3. Juni ohne Zoll		— „ — „	85 „ — „ „	90 „ — „
1820 [4]) ohne Zoll		5 „ —		8 „
mit Zoll		7 „ 6		11 „ —
1832 Nov. ohne Zoll	3 sh 9 d. bis	4 „ - „	4 „ 9 „ „	5 „ 9 „
1836 ohne Zoll		4 „ —		4 „ — „
1854	2 „ 5 „ „	2 „ 9 „		2 „ 3½ „
1855		2 „ 5		2 „ 2½ „
1856		2 „ 5		2 „ — „
1857		2 „ 3		1 „ 9
1858	1 „ 10 „ „	1 „ 11 „	1 „ 4 „ „	1 „ 5 „
1859	1 „ 7 „ „	1 „ 9 „	1 „ 4 „ „	1 „ 5 „
1860		1 „ 7		1 „ 3⅜ „
1861		1 „ 2		1 „ — „
1862	— „ 10¾ „ „	1 „ 4 „	— „ 11⅞ „ „	1 „ 2 „
1863	— „ 10 „ „	1 „ 1 „	— „ 10 „ „	— „ 11¾ „
1865	— „ 9 „ „	1 „ 3¾ „		1 „ 4 „
1866	1 „ — „ „	1 „ 4⅞ „		1 „ 9
1869		1 „ 5 „		„ —
1870		1 „ 3		
1871		1 „ 5 „		
1872		1 „ 7		
1873		1 „ 9		
1874		2 „ 8		
1875		2 „ 6		

1) Flückiger Pharmacogn. e Calendar of Stat. pap., Colon. ser. East-Ind., China and Japan (ed. 1878 p. 120).

2) Crawfurd, History; diese Zahlen scheinen mir tendenziös zu hoch gegriffen, da es doch kaum denkbar erscheint, dass die Preise für Muskat damals in England doppelt so hoch waren als in Holland.

3) Milburn, Oriental Commerce, die Zahlen sind aus den Werthangaben grösserer Gewürzmengen berechnet.

4) Crawfurd, History malay. Archip., III, pag. 403; die Benkulenpflanzer erklärten 1820, bei einem Preis unter 2 sh. 6 d. würden sie nicht mehr produziren können.

5) London Price Current vom 3. Juni 1806, frei Zoll: dazu also noch 7 sh. 6 p. duty. cf. Flückiger u. Hanbury, Pharmacogr., p. 453.

4. Werthverhältniss der Muskatnüsse und Macis.

Die Verhältnisszahlen des Werthes von Muskatnüssen zu Macis stellen sich in den verschiedenen Jahren folgendermassen:

1310	(England)	1 : 2 1/3	1854	(Amsterdam)	1 : 0,9
1393	(Paris)	1 : 3 1/3	1856	(Amsterdam)	1 : 0,9
1408	(Danzig)	1 : 1 1/2	1858	(Amsterdam)	1 : 0,8
15. Jahrh.	(England)	1 : 2	1860	(Amsterdam)	1 : 0,8
1504	(Portugal)	1 : 4	1862	(Amsterdam)	1 : 1,0
1563	(Garcia ab Horto)	1 : 3	1864	(Amsterdam)	1 : 0,8
1572	(Fragoso)	1 : 3	1866	(Amsterdam)	1 : 1,2
1578	(Acosta)	1 : 3—4	1868	(Amsterdam)	1 : 1,6
1586	(Dalechamps)	1 : 3	1870	(Amsterdam)	1 : 1,6
1600	(Württemberg)	1 : 3	1872	(Amsterdam)	1 : 1,8
1623	(England)	1 : 2—3	1874	(Amsterdam)	1 : 1,4
1632	(Mandelslo)	1 : 3,5	1875	(Amsterdam)	1 : 1,0
1759—68	(Oudermeulen)	1 : 2	1886	(Amsterdam)	1 : 0,9
1820	(England)	1 : 1,6	1887	(Amsterdam)	1 : 0,9
1832	(England)	1 : 3	1888	(Amsterdam)	1 : 1,2
1836	(England)	1 : 1	1889	(Amsterdam)	1 : 1,0
1848	(Amsterdam)	1 : 1,0	1893	(Amsterdam)	1 : 1,0
1850	(Amsterdam)	1 : 0,9	1894	(Amsterdam)	1 : 1,1
1852	(Amsterdam)	1 : 1,0	1895	(Amsterdam)	1 : 0,9

Die Schwankungen der Preisverhältnisse zwischen Muskat und Macis sind, wie wir sehen, recht bedeutende. War im Mittelalter und während eines Theiles der Herrschaft der ostindischen Compagnie die Macis im Durchschnitt dreimal theurer als die Nüsse, so änderte sich dies schon im vorigen Jahrhundert: der Quotient fiel auf 2, in den zwanziger Jahren dieses Jahrhunderts auf 1 1/2, in den vierziger Jahren auf 1 und in den fünfziger Jahren sogar auf 0,8, so dass Macis weniger werth wurde als die Muskatnuss; in den sechziger Jahren stieg die Macis wieder im Preise, bis 1,6, 1872 sogar bis 1,8, dann kam ein abermaliger Rückschlag bis auf 0,9 in den achtziger Jahren; vor einigen Jahren hat die Macis die Nüsse an Werth wieder ein klein wenig überschritten, ohne dass es möglich wäre, bezüglich des Preisverhältnisses etwas über die Zukunft aussagen zu können. Nur den Schluss kann man ev. aus dieser Preisbewegung ziehen, dass im Allgemeinen die Macis einen empfindlichen Barometer für das Steigen und Fallen der Muskatpreise darstellt, indem sie in Bezug hierauf der Nuss voraneilt; in Zeiten der Depression des Muskathandels leidet die Macis, in Zeiten der Entwickelung erholt sie sich schneller und intensiver als die Muskatnuss.

VI. Nebenprodukte der Muskatkultur, deren Handel und Geschichte.

a) Muskatbutter.

1. Geschichte der Muskatbutter.

Während der Monopolzeit wurden die zerbrochenen und stark wurmstichigen Nüsse, soweit sie nicht an Ort und Stelle verbrannt wurden, in den Molukken selbst zu Muskatbutter (notenzeep, bandazeep, muskaatzeep, notenvet — expressed oil of nutmeg — oleum vel balsamum nucistae, oleum nucis moschatae expressum, butyrum nucistae, oleum myristicae) verarbeitet. Jetzt dagegen werden sie meist gleichfalls nach Europa gesandt, weil sie hier maschinell viel vortheilhafter verarbeitet werden können.

Schon vor der Eroberung der Molukken kam Muskatbutter in den Handel. So z. B. berichtet Acosta[1]) (1578), dass aus den warmen und zerriebenen Nüssen mittels der Presse eine milde Flüssigkeit hergestellt werde, die bei kalten Nervenkrankheiten nützlich sei. Clusius sah diesen Stoff 1581 in London, bei dem Hofapotheker der Königin Elisabeth, Hugo Morgan, in 1 Zoll dicken, 3 Zoll breiten und 3 oder mehr Zoll langen Platten; man schrieb ihm bedeutende medizinische Wirkungen zu Vor der holländischen Zeit.

Dass der Stoff damals auch schon in Deutschland bekannt war, beweist eine 1582 verfasste (1609 gedruckte) Taxe der Stadt Worms, in der sowohl Oleum nucistae als auch Oleum Macidis destillatum erwähnt wird (Flückiger und Hanbury). Dass die Leute auf Banda selbst das Oel aus den Nüssen damals pressten, wird von Linschoten (1596) bezeugt.

Im Jahre 1613 giebt Tabernaemontanus schon drei Methoden an, um Oleum nucis muscatae oder nucis myristicae zu gewinnen; freilich sind das nur Rezepte für die Apotheker in Europa. Die erste besteht darin, die besten Nüsse zu zerstossen,

---

1) Ueber das in der noch früher datirenden (c. 1530) Lübecker Verordnung von Apothekerwaaren vorkommende oly van muscatenn siehe unten p. 529.

auf der Pfanne zu erwärmen und auszupressen. Bei der zweiten, mehr Oel gebenden Methode wird ein Pfund grob zerstossener Nüsse in einem geschlossenen Gefässe in einen Kessel siedenden Wassers gesetzt und dann ausgepresst. Bei der dritten Methode werden die klein geschnittenen Nüsse drei Tage in Malvasier gelegt, dann getrocknet, und hierauf mit etwas Rosenwasser durch einen leinenen Sack ausgepresst. Jede der drei Präparate hat verschiedene von ihm angegebene medizinische Wirkungen. Auch das durch Destillation gewonnene, also ätherische Oel wird von ihm eingehend besprochen.

Während des Monopols der Compagnie.

Im ganzen 17. Jahrhundert spielte das ausgepresste Fett in den europäischen Apotheken eine Rolle, wurde aber vielfach verfälscht. So z. B. sagt Pomet in seiner Histoire générale des drogues (Paris 1694, pag. 203). Das Oel von Holland ist fast stets wegzuwerfen, da es fast nur aus frischer Butter besteht; er räth, es selbst zu bereiten, was nicht einen Thaler per Pfund mehr koste. Man thut nach ihm die grob gepulverten Nüsse in ein Haarsieb auf einem Bassin kochenden Wassers und bedeckt sie mit einem Tuch und einer Schüssel. Ist letztere heiss, so dreht man die Schüssel und das Sieb um und dreht die vier Enden des Tuches über die Nüsse zusammen; das heisse Oel fliesst heraus und erhärtet in der Schüssel Gutes Muskatöl muss nach ihm dick, goldgelb, von angenehm aromatischem Geruch und warmem und piquantem Geschmack sein.

Dasselbe Rezept wird 1704 von Valentini wiederholt, der auch angiebt, dass damals Muskatbutter in porzellanenen Töpfen aus Banda nach Europa käme, als eine dicke, fette, sehr gut riechende Masse von der Farbe der Macis: diese Banda-Muskatbutter kam aber nur in geringen Quantitäten in den Handel und war theuer (Dale). Eine viel billigere Muskatbutter wurde dagegen damals in Holland hergestellt und kam in Form viereckiger Kuchen in den Handel; diese war härter, bleicher, nicht so wohlriechend und deshalb weniger geschätzt als die indische und war obendrein meist verfälscht.

Ueber die Herstellung der Muskatbutter auf Banda um diese Zeit sind wir durch Rumph unterrichtet; er beschreibt das „oly-slaan“ (Oelschlagen) folgendermassen: es werden hierzu die schlechten Rompen (Rümpffe, d. h., wie wir oben sahen, die unreif gepflückten oder zu früh abgefallenen) benutzt, die zum Export untauglich waren. Diese werden zuerst in einer Pfanne geröstet, dann gestampft, wieder heiss gemacht und in Säcke von Runut (d. i. der haarige Blattscheidenrest der Kokospalmblätter) gethan und zwischen zwei dicken Brettern ausgepresst. Das dicke, wie geschmolzene Butter aussehende Oel wird in viereckige Formen gethan, gerinnt daselbst und wird wie Maibutter, zuweilen etwas weisser. Diese Kuchen sind eine Hand lang, 5 Finger breit, 1 Daumen dick (nach Valentijn waren sie 3 bandasche Kattis schwer) und dienen als Medizin sowohl in Indien, als auch schickte man sie nach Europa. Früher machte man viel Aufhebens davon und nannte es Muskatbalsam, heute aber wird es wegen der grossen Menge nicht mehr sehr geschätzt, obwohl keine Privatperson (d. h. in den Molukken) es machen darf, noch auch verkaufen; denn alles, was hergestellt wird, muss der Compagnie abgeliefert werden.

Valentijn und Barchewitz geben an, dass auch die Perkeniere Oel pressten, jedoch finde ich dies sonst nirgends erwähnt, und es ist auch deshalb kaum wahrscheinlich, weil hierdurch die Verlockung für sie, anstatt von der Regierung gekaufte, die eigenen Nüsse zu nehmen, eine sehr grosse gewesen sein würde; wir sahen ja sogar oben, dass die Perkeniere die schlechten Nüsse, soweit die Regierung sie nicht abnahm, selbst verbrennen mussten. Nach Barchewitz sind übrigens die in

Formen gegossenen Nussölplatten eine Hand breit und 1 Spanne lang und sehen, in Kästchen verpackt, aus wie Pfefferkuchen.

Dass auch im ganzen 18. Jahrhundert noch drüben aus den inferioren Sorten Oel gepresst wurde, bezeugt unter anderen Bomare (1769), Ebert (1786), sowie Thunberg, während wie wir schon oben sahen, die Mittelsorte in Asien verkauft wurde und nur die erste Sorte nach Europa kam. Im Anfang vorigen Jahrhunderts kostete das Pfund in Europa ca. 12 fl. (nach Valentini's Histor. Simpl. Reform, p. 376).

Nach Milburn (Oriental Commerce II, p. 383) kam zu Beginn dieses Jahrhunderts das Fett (meist oil of mace genannt) in drei Sorten in den Handel[1]) Die beste Sorte in Steinkrügen; sie war gelblich, von angenehmem, muskatartigem Geruch, aber von anderer Farbe, sie wurde Banda-soap genannt und war angeblich frei von Verfälschungen. Die zweitbeste kam von Holland aus in soliden, gewöhnlich viereckigen flachen Massen in den Handel, sie ist bleicher und von milderem Geruch. Die schlechteste scheint eine Verbindung von Talg und etwas echtem Muskatöl gewesen zu sein. Der Zoll auf diese Muskatbutter in England war damals 1 sh. 3 d. per Unze, jedoch wurde in der Kriegszeit noch ein Extrazoll von 5 d. darauf gelegt.

Auch die holländische Regierung setzte, nachdem sie an die Stelle der Compagnie getreten war, die Herstellung von Muskatbutter fort. Nach Olivier (Reizen 1824, I, p. 166) war dies die einzige Verwendung für den Bruch und Grus und brachte sogar Verlust, geschah aber dennoch, um Missbrauch zu verhüten. Während des Monopols der holländischen Regierung.

Später dagegen muss das Oelpressen doch ganz rentabel gewesen sein, namentlich um 1840 herum. Die Kosten dieser Bereitung beliefen sich nämlich damals (nach Brilman) nach Abzug aller Unkosten vor der Versendung auf 29,75—31 fl. Kupfer per 100 Pfd. Aus 1000 Pfd. sonst unbrauchbarer Nüsse könne man 134³/₅ Pfd. Seife herstellen, für die man drüben 40,80 fl. Kupfer, in Europa 201,90 fl. erhielte, da das Pfd. 1¹/₂ fl. koste.

Für die Rentabilität der Herstellung dieses Artikels spricht auch, dass, nachdem das Monopol schon erloschen, die Regierung doch noch den Bruch der übernommenen Nüsse auf Banda zur Pressung benutzte, und zwar wurden jährlich 40 Kisten (ca. 4100 Amst. Pfd.) davon hergestellt; genügte der meist 5—10% der Gesammternte betragende Bruch nicht, so wurden auch magere genommen.

Während der Zeit des Regierungsmonopols wurde die Muskatseife fast ausschliesslich über Java exportirt und ging von dort nach Holland, nur für 1825 werden (bei de Bruyn Kops) auch kleine Pöste nach anderen Gegenden angegeben, 8 Pikol nach Hamburg und 11 nach Britisch-Indien. Die Exportziffern von Java sind folgende:

	Pikol	fl.	Also per Pikol n. fl.		Pikol	fl.	Also per Pikol n. fl.
1825	70	7412	106	1833	55	10248	184
1826	15	1937	129	1834	25	4611	184

---

1) Diese Notizen sind vermuthlich grösstentheils Kopien aus Dale's Pharmakologie vom Ende des 18. Jahrhunderts, dennoch hielten sie sich noch lange in der kompilatorischen Litteratur und wurden, z. B. noch 1806 in Bohn's Waarenlager, ja selbst 1831 in Volker's Waarenkunde aufgeführt, obgleich sie ja schon zu Milburn's Zeiten längst veraltet waren.

	Pikol	fl.	Also per Pikol n. fl.		Pikol	fl.	Also per Pikol n. fl.
1844	17	3254	191	1851	38(?)	9786(?)	—
1845	14	2533	181	1852	8	295	37
1846	46	9193	200	1853	14	490	35
1847	4	741	185	1854	13	1813	139(?)
1848	—	12138	—	1855	75	3914	52
1849	—	3572	—	1856	41	1714	41
1850	57	2012	35	1862	30	—	—

Wir erkennen also hier nach einem Steigen der Preise in den zwanziger und einem Anhalten derselben in den dreissiger bis Mitte der vierziger Jahre einen rapiden Preissturz, sei es durch die Konkurrenz von Penang und Singapore, sei es durch die Fabrikation in Europa, die einen Raum für Gewinn wohl kaum mehr übrig liess. Offenbar war der Konsum so gering, dass schon geringe Ueberproduktion die Preislage empfindlich niederdrückte.

In der Tijdschr. v. Nederl. Ind. 1840, II, p. 318 findet sich von Brilman die Methode der Bereitung angegeben. Nach der Kalkung und Schwitzung wurden die inferioren, zerbrochenen und ungenügend reifen Nüsse fein gestampft, gesiebt und über kochendem Wasser erhitzt; in Säcken (bising-bising genannt) von 2′ Länge und 1½′ Breite oder in platten Körben aus Bambusgeflecht, wurden sie dann zwischen stehenden Pressbalken, ähnlich wie bei der Erdnussölpressung auf Java, so lange gepresst, bis kein Oel mehr erschien. Das Oel ward in aus Blättern gemachte Stangenformen gegossen, einen Tag gekühlt, dann gerade abgeschnitten, mit trockenen Blättern umgeben und in Kisten verpackt; es kam als Bandazeep oder Notenmuskatzeep in den Handel.

Auch Oxley (1856), ferner der Verfasser der Aanteekeningen (1857) und v. d. Crab (1860) beschreiben die Bereitung auf Banda in ähnlicher Weise. Ersterer sagt, dass die zu feinem Pulver gestampften „refuse-nuts“ über grossen Kesseln 5—6 Stunden erhitzt, warm in Säcke gepackt und zwischen starken Balken ausgepresst wurden; die dabei austretende braune Flüssigkeit erhielt beim Auskühlen ein seifenartiges Aussehen.

Der Verfasser der Aanteekeningen sagt, dass die fein zerstossenen und gesiebten Nüsse in einem Korb aus fein gespaltenem Bambus auf einen bis zu $^3/_5$ der Höhe mit kochendem Wasser gefüllten Kessel 5—6 Stunden gesetzt werden, worauf der weich gewordene Inhalt in einem Sacke in die Presse kommt. Das Fett wird nach ihm in länglichen Bananenblattbehältern aufgefangen und, nachdem es erkaltet und fest geworden ist, in Kisten verpackt nach Europa gesandt.

Van der Crab bemerkt, dass das Fett in Körben aufgefangen werde und dann später die rohen Kanten abgeschnitten würden, so dass die Stücke die Form gewöhnlicher Seifenstangen erhielten, die dann in trockene Bananenblätter eingewickelt verpackt würden.

Diese Seifenpresse befand sich im Packhause zu Neira; man hatte zwar nach v. d. Crab auch Versuche mit einer eisernen Presse angestellt, jedoch waren diese nicht geglückt, da die Platte sich so langsam niederdrückte, dass das Fett unterdessen in den Kanälen oder unter der Platte zum Erstarren kam; so war man denn wieder zu der gewöhnlichen primitiven chinesischen Oelpresse zurückgekommen [1].

[1]) Am besten wäre natürlich, auch die Presse heiss zu machen, d. h. die Masse zwischen zwei heissen Metallplatten zu pressen; jedoch scheint diese Methode auf den

Mit der Entwickelung der Muskatkultur in Penang begann man auch von dort Muskatbutter zu exportiren[1]). Mitscherlich (Lehrbuch der Arzneimittellehre, 1849, 2. Aufl., pag. 184) unterscheidet daher schon englischen und holländischen Muskatbalsam; ersterer komme in länglich viereckigen, feinkörnigen Stücken in Pisangblätter gewickelt in den Handel, der holländische als grobkörnige hellere Masse in grossen schweren Kuchen in Blätter oder Papier gewickelt.

Ebenso unterscheidet Schleiden in seinem 1857 erschienenen Handbuch der medizinisch-pharmazeutischen Botanik das englische Muskatöl von dem holländischen; ersteres kommt nach ihm in bis 3/4 Pfd. schweren, länglich-viereckigen in Bananenblättern eingewickelten, röthlichgelben, angenehm riechenden Stücken in den Handel, letzteres, auch wohl Bandaseife genannt, in grösseren, d. h. sowohl breiteren als längeren, 1 1/4—1 1/2 Pfd. schweren, in Blättern oder Papier eingewickelten, weisslichgelben, festeren, grobkörnigeren, nicht so gewürzhaften Stücken. Wahrscheinlich enthielt demnach die englische Muskatbutter mehr ätherisches Oel, war also weniger gut gereinigt als die holländische. (Selbst noch 1881 findet sich diese jetzt veraltete Unterscheidung in Hendess Waarenlexikon, pag. 187 und sogar noch 1883 in Husemann's Arzneimittellehre, 2. Aufl.)

2. Die Muskatbutter in der Gegenwart.

Auch jetzt noch, nach völliger Aufhebung des Monopols wird in Banda etwas Muskatseife hergestellt[2]), wenn auch (nach v. Gorkom) nur in geringen Quantitäten[3]), hauptsächlich wohl, um drüben als Volksheilmittel verwendet zu werden[4]).

Nur ganz vereinzelt finden sich in den Amsterdamer Verkaufslisten zuweilen einige Kisten „Notenzeep" erwähnt, so z. B. vom 30. November 1894 eine Kiste, enthaltend 26 „Steene" (Blöcke), ca. 18 kg wiegend;

Molukken noch nicht gebräuchlich zu sein; auch wird man der grösseren Reinlichkeit wegen das Fett besser in Metallgefässen auffangen und erkalten lassen.

1) Im Kew-Museum befinden sich Stücke solcher Muskatbutter aus Penang aufbewahrt; es sind Stücke von 17 cm Länge und quadratischer Grundfläche von 9 cm Seitenlänge.

2) Die von de Loos im Haarlemer Kolonial-Museum (Abtheilung Vetten, Was etc, pa. 11) zusammengestellten Notizen über die Bereitung der Muskatbutter sind offenbar den älteren Schilderungen entnommen und leiden an Unklarheit. Ueber die jetzt drüben angewandte Bereitungsweise wissen wir nichts näheres.

3) Wiesner's Angabe, dass noch immer bedeutende (?) Quantitäten Muskatbutter von Banda nach Europa kämen und zwar in würfelförmigen etwa 0,33 kg wiegenden, in Monocotylenblättern verpackten Massen, ist sicher heute nicht mehr richtig.

4) Auf der Kolonialausstellung von Amsterdam 1883 waren übrigens auch zwei verschiedene Proben Muskatseife aus Benkulen in Sumatra ausgestellt. Jährlich werden dort etwa 400 Liter hergestellt (z. B. noch 1891).

der Taxwerth war 1 fl. 75 cts. (per $^1/_2$ kg); es würde demnach hier jeder Block 0,70 kg Gewicht haben. Noch heute ist diese Bandabutter von Blättern umhüllt, für welche 6% Tara abgezogen wird.

Während, wie wir sahen, ehemals die holländische Muskatbutter von sehr inferiorer Güte war, wurde sie später höher geschätzt als die in Banda bereitete, da letztere häufig mit thierischem und vegetabilischem Talg, sowie Wachs etc. gefälscht wurde.

Ohne Zweifel wird der grösste Theil der Muskatbutter jetzt in Europa bereitet. Namentlich von Holland kommt diese Muskatbutter in würfelförmigen, aber die Bandaseife in Grösse übertreffenden, 0,75 kg schweren, von Papier umwickelten Stücken, in den Handel.

Auch in Deutschland[1]) wird die Muskatbutter (z. B. v. Schimmel & Co.) im Grossen hergestellt und wird, da das Material dazu zollfrei eingeführt werden kann (nur geschieht die Verarbeitung unter amtlicher Aufsicht, auch müssen die Rückstände unter Zollkontrolle verbrannt werden, um den Zoll, 50 Mk. auf 100 kg, rückvergütet zu erhalten), wohl kaum mehr von ausserhalb importirt werden. Das Fett soll nicht durch Pressen, sondern durch Extrahiren gewonnen werden und dadurch das Ergebniss ein grösseres und die Qualität eine bessere sein.

Man benutzt in Europa neben dem Abfall auch die verschrumpften, also mageren Nüsse; ferner soll ja, wie wir oben sahen, auch der Abfall von M. argentea[2]) gleichen Zwecken dienen. Da aber die Muskatbutter aus letzterer Art nicht nur einen anderen Geruch, sondern auch eine andere, weit hellere Farbe besitzt, so könnte sie unbemerkt nur in Gemisch mit der anderen verkauft werden.

Durch gewöhnliches Auspressen kann bei sorgfältiger Bereitung (nach Flückiger) ungefähr eine Menge von durchschnittlich 28% an Fett gewonnen werden, mit Leichtigkeit aber 20% des Totalgewichts; (20—23%, selten mehr, nach Schädler). Nach de Sturler (auch Bisschop Grevelink) liefert 1 Pfund Nüsse 3 Unzen Oel, also etwa 20%; die holländische Regierung erhielt aber in Banda bei der primitiven Bereitungsart natürlich bei weitem nicht diese Menge, nämlich nur 12 $^1/_2$% (nach Bleeker aus 8 Pfund Nüssen nur 1 Pfund Muskatbutter); auch Reinwardt erhielt bei seinen Versuchen in Indien (1821)

---

1) Schädler (Technologie der Fette) giebt schon 1883 an, dass Dr. Witte in Rostock sie in 1 $^1/_2$ Pfd. schweren, in Papier gewickelten Riegeln herstellte.

2) Nach den Bestimmungen Busse's enthalten die Kerne dieser Art 31,7—39,3% Fett, also ebensoviel wie die echte.

nur 13 %[1]); Brilmann giebt $13^6/_{13}$ % an. Da, wie wir oben in dem Abschnitt über die Chemie der Muskatnuss sahen, die Muskatnuss bis $^1/_3$ des Gewichts an Fett enthält[2]), so wurde also bei dieser in Banda üblichen rohen Methode kaum $^1/_3$, jedenfalls aber weniger als die Hälfte des Fettgehaltes gewonnen und dabei wahrscheinlich noch eine unnöthig grosse Menge anderer Substanzen mit durchgepresst.

3. Zusammensetzung der Muskatbutter.

Die rohe Muskatbutter bildet eine bräunlichgelbe bis röthlichbraune durch weissliche körnig krystallinische Ausscheidungen marmorirt erscheinende Masse von talgartiger Konsistenz und stark muskatartig gewürzigem Geruch, sowie häufig scharfem und zugleich bitterem Geschmack. Durch langes Maceriren in Weingeist erhält sie eine rein weisse Farbe. Im gereinigten Zustande schmilzt sie zwischen 45—48° C. (41° nach Ricker[3]), 43,5—44,0° nach Wimmel[4]), 51° nach Uricoechea[5]) und hat ein specifisches Gewicht von 0,995 (0,95—1,04 nach Reinwardt, 0,990 nach Schädler). Sie löst sich in 4 Theilen kochenden Alkohols, wenig dagegen in kaltem Alkohol, leichter, wegen der in der Muskatbutter befindlichen Gewebsreste aber auch nicht vollständig, in (2 Theilen warmen) Aether, Chloroform und Benzol. Mit Kalilauge ist sie nur zum Theil verseifbar (Bollaret).

Die rohe Muskatbutter verdankt den Muskatgeruch der starken Beimischung von ätherischem Oel, von welchem nach Reinwardt etwa $^2/_3$ des ganzen Gehaltes der Nuss mit dem Fett zugleich ausgepresst wird; da die Nuss nach Reinwardt 3,5 % ätherisches Oel enthält,

---

1) Frische Nüsse lassen sich nur sehr mühsam auspressen, da viel Wasser und andere Substanzen mit dem Oel vermischt bleiben; sie geben auch nur weniger, etwa 10 %, fettes Oel, doch ist diese Angabe wegen der Schwierigkeit des Pressens unsicher; dieses aus frischen Nüssen gewonnene Fett ist etwas körniger und von sanfterem, minder scharfem Geschmack, als das aus getrockneten und namentlich aus gekalkten Nüssen gewonnene Fett (Reinwardt).

2) Nach Busse's Untersuchungen enthalten die inferioren Sorten, die doch nur zur Darstellung der Muskatbutter benutzt werden, 30—32 % Fett, ja eine geringste Sorte sog. „Oelnüsse zu Mahlzwecken" hatte sogar nur 15,7 %; die 1. Qualitäten Muskatnüsse, die aber wohl kaum zur Fettdarstellung benutzt werden dürften, enthielten dagegen 30—40 % Fett.

3) cf. Wiesner, Rohstoffe, p. 209.

4) cf. Koenig, Chemie der menschl. Nahrungs- und Genussmitt., 1879, II. p. 224.

5) Uricoechea, Ann. d. Chem. u. Pharm., 91, p. 369.

so würde also über 2 % in der Muskatbutter enthalten sein, die dann also, falls Reinwardt's Angaben richtig sind, fast zum 6. Theil aus ätherischem Oele bestände. Durch das Abdestilliren dieses ätherischen Oeles wird die Muskatbutter hochgelb, etwas härter als vorher und ist dann fast geruchlos. Die im Handel vorkommende Muskatbutter hat nach Wiesner 4—7 % (nach Koller 6 %, nach Schädler 6—8 %) ätherisches Oel; dieser Unterschied zwischen Wiesner's und Reinwardt's Angabe ist wahrscheinlich dadurch zu erklären, dass sich die Notiz Reinwardt's auf die unreinere in den Molukken bereitete Muskatbutter, letztere auf die reinere, in Holland hergestellte bezieht; letztere ist auch nach Wiesner heller gefärbt und reicher an körniger Substanz und besitzt stets nur den angenehmen Geschmack und Geruch der Muskatnuss, während erstere einen scharfen Beigeschmack und einen minder angenehmen, wenn auch kräftigen Geschmack besitzt.

Die mikroskopische Betrachtung zeigt nach Wiesner vor allem kugelig aggregirte Krystallnadeln von Myristin, die körnige Substanz ist ganz und gar aus krystallisirtem Myristin zusammengesetzt; dazwischen treten Tröpfchen und Körnchen, endlich ganze Zellen und Gewebsstücke des Samengewebes auf. Die Zellen sind die Träger des Farbstoffes und umschliessen auch sehr regelmässig gestaltete, aus 4—6 Einzelkörnern bestehende, etwa 0,02 mm messende Stärkekörnchen.

4. Fälschungen der Muskatbutter.

Fälschungen der Muskatbutter kamen, wie wir sahen, schon im 16. Jahrhundert vor.

Murray giebt 1792 an, dass Spermaceti als Fälschungsmittel benutzt werde, das den grob zerstossenen Nüssen zugesetzt und dann damit ausgepresst werde.

Bohn (1806, Waarenlager) sagt, es werde häufig mit Butter, Knochenmark, Talg, Unschlitt, Kakaobutter, Palmöl, Sand, Pleyen und gelbem Wachs verfälscht. Den Sand entdecke man durch Reiben zwischen den Fingern, Sand und Kleie beim Schmelzen, Wachs beim Auflösen in Weingeist, die dunklere, im Weingeist mehr bleibende Farbe, sowie die grössere Härte beim Zerreiben; viele der anderen Stoffe lösen sich nicht völlig in Aether, sondern geben ein milchiges Gemisch. Reines Muskatfett muss erwärmt ganz klar, ohne Bodensatz schmelzen.

Verfälscht[1]) wird sie natürlich auch heute noch, am leichtesten durch andere Fettarten; vor allem benutzt man zur Prüfung das Verhalten

---

[1]) Bernays (1883) bemerkt, dass häufig thierisches Fett oder Spermaceti mit gepulverten Nüssen zusammengekocht, mit Sassafras gewürzt, als Fälschung benutzt

gegen heissen Aether und Alkohol, womit das Fett der Muskatbutter eine klare blassgelbe Lösung geben muss; Talg wird entdeckt durch den unangenehmen Talggeruch beim Anzünden und Auslöschen eines mit dem verdächtigen Fett bestrichenen Papiers oder Baumwolldochtes. Beigemischte Farbstoffe werden erkannt durch das Verhalten gegen Alkalien, z. B. Kurkuma durch Braunfärbung bei Anwendung von Kalilauge, durch Rothfärbung bei Anwendung von Ammoniak; violette oder schwärzliche Färbung bei Anwendung von Eisenchlorid deuten ebenfalls auf fremde Farbstoffe.

b) Muskatnussöl.

Wie wir sahen, enthält die Muskatbutter eine bedeutende Menge ätherischen Oeles und hierauf beruht sogar ein Theil der medizinischen Verwendungen derselben.

Bei der Reinigung der Muskatbutter sowohl wie durch Destillation des Rückstandes bei der Bereitung der Butter, also aus dem Pressölkuchen der Muskatnüsse, kann nun eine bedeutende Quantität, 8—10 % [1]), dieses ätherischen Oeles gewonnen werden; selbstverständlich auch aus den Nüssen selbst, durch Zerkleinerung derselben und Destillation. Dieses Oel, das sich, wie wir oben schon sahen, nach Koller nicht von dem Macisöl unterscheidet, kommt gleichfalls in den Handel, z. Th. als Oleum nucis myristicae, z. Th. auch mit dem Macisöl vermischt, oder sogar unter dem Namen Macisöl, so z. B. jetzt in Deutschland fast ausschliesslich.

Ob dieses Oel auch in früheren Jahrhunderten in Indien hergestellt wurde ist fraglich. Linschoten giebt zwar an (Ende des 16. Jahrhunderts), dass in Banda auch Oel aus den Nüssen und der Macis gemacht würde, jedoch wird mit dem Oel aus den Nüssen wohl die Muskatbutter gemeint sein. Ebeno spricht eine Lübecker Verordnung [2]) von Gewürz und Apothekerwaaren (um 1530) von olij van muscatenn neben

---

werde; man könne es aber als rein ansehen, wenn es sich in 4 Theilen kochenden starken Alkohols, oder in 2 Theilen Aether löse. Sassafras-Aroma ist aber doch zu verschieden von Muskatduft, als dass man annehmen könnte, diese Fälschung käme häufiger vor. Auch Soubeiran (1874) erwähnte übrigens schon diese von Playfair zuerst angegebene Fälschung. Nähere Angaben über Fälschungen siehe in Dammer, Lexikon der Verfälschungen (1887) pag. 609—613.

1) Schimmel & Co. Bericht 1893, pag. 26. Die Papua-Muskatnuss enthält weniger und, wie wir sahen, weniger feines, daher für den Handel bisher nicht geeignetes ätherisches Oel.

2) Die älteren Lübeckischen Zunftrollen, herausgeg. v. C. Wehrmann, 2. verbess. Aufl., Lübeck 1872, pag. 208. (Mittheilung des Herrn Dr. C. H. F. Walther in Hamburg.) Es sollten Muskatenöl und Muskatblumenöl nach dieser Verordnung von den Krämern nicht „myth kleiner wychte“ verkauft werden, als loden, halffloden und quentyum (pag. 291), sondern das sollte nur der Rathsapotheke freistehen.

oley van muscatenblomenn (und muschatenblomenconfect, siehe unten), doch mag mit dem ersteren Ausdruck vielleicht der Muskatbalsam gemeint sein; jedenfalls ist dies die älteste Erwähnung dieses Präparates.

Tabernaemontanus sowie Conrad Gesner besprechen zwar dies Oel und die Anwendung desselben ausführlich, auch die Gewinnung durch Destillation, doch erwähnen sie nicht, dass es aus Banda kommt. Rumph hingegen bespricht zwar die Muskatbutter, sowie das Macisöl, aber nicht das ätherische Oel aus den Nüssen. Pomet (1694) und Valentini (1708) erwähnen zwar das durch Destillation aus den Nüssen gewonnene Oel und letzterer führt selbst an, dass (nach Vielheuer) 1 Pfd. Nüsse 2 Loth dieses Oeles geben, jedoch machten sie gleichfalls keine Angabe, dass das Oel in Banda hergestellt werde.

In diesem Jahrhundert dagegen wurde zweifellos auch auf Neira dieses Oel in grösseren Mengen von der Regierung fabrizirt und zwar aus dem Bruch und den wurmstichigen Nüssen. Auch in Thunberg's Dissertation vom Jahre 1788 wird dies erwähnt, aber gleichzeitig bemerkt, dass es nur selten nach Europa komme. Brilman dagegen (1840) giebt genaue Details; er sagt, dass 49 Pfd. unbrauchbarer Nüsse 1 Flasche = $1^1/_5$ Pfd. Oel geben, also 1000 Pfd. Nüsse 25 Pfd. Oel, welches man für mindestens 100 fl Silber oder 120 fl Kupfer drüben verkaufen könne, da bei öffentlichen Verkäufen die Flasche sogar mit 8 fl Silber, also dem doppelten Preis bezahlt werde. Da in Europa die Flasche Oel 15—20 fl, im Durchschnitt also $17^1/_2$ fl bringe, so bekäme man für die 25 Pfd. Oel, das Produkt von 1000 Pfd. Nüssen, 396,63 fl, während wenn man die gleiche Menge Nüsse drüben zu Muskatbutter verarbeite, man nur einen Reingewinn von 161 fl erziele. Die Bereitung sei sehr einfach, da sie nur wenig Handarbeit und Aufsicht erfordere. Das helle wasserfarbene Oel sei schwerer als Wasser, und hierdurch sei leicht jede Verfälschung zu entdecken.

Bleeker (1854) rechnet sogar fast die doppelte Menge Oel, nämlich 1 Pfd. auf 24 Pfd. Nüsse. Dagegen muss damals der Preis ein viel geringerer gewesen sein; er giebt an, dass 1700 Pfd. Oel über 13000 fl kosteten, das wäre also nur 7,7 fl per Pfund.

Auch jetzt trifft man gelegentlich im malayischen Archipel ein etwas gelblicheres, aber wasserhelles Oel im Handel an, namentlich z. B. auf Ambon, ohne dass man freilich in dem einzelnen Falle mit Sicherheit angeben kann, ob es von Nüssen oder von der Macis stammt; man erhält es dort in gewöhnlichen Flaschen. Früher wurde es auch in Singapore fabrizirt, eine daher stammende Flasche mit Oel findet sich z. B. in Kew Museum. Ebenso scheint Benkulen etwas Muskatnussöl zu produziren, auf der Amsterdamer Kolonialausstellung 1883 war z. B. eine Flasche davon ausgestellt, wie sie nach England exportirt wird: sie kostete in Benkulen 4 fl, in England dagegen 6 fl.

c) Macisöl.

1. Geschichte und Bereitung.

Auch das in der Macis enthaltene ätherische Oel kommt in den Handel. Schon um 1530 sahen wir es in der Lübecker Verordnung für Apothekerwaaren erwähnt; 1563 giebt Dodoens (Cruydeboek, pag. 638) an, dass es Magenschmerzen heile, Uebelkeit und Brechreiz fortnehme, die Verdauung befördere und, auf den Magen gestrichen, Appetit mache. 1578 erwähnt auch Acosta (und zwar wohl im Anschluss an Juan Fragoso) ein sehr kostbares, in Banda aus der Macis gewonnenes Oel, das gegen Nervenschwäche und kalte Krankheiten benutzt werde. 1582 kommt es auch in der bei Gelegenheit der Muskatbutter (pag. 521) erwähnten Wormser Taxe vor.

Clusius erwähnt 1605, dass der Arzt D. Lambertus Hortensius, während er in Banda war, ein fast rothes, flüssiges, sehr heilkräftiges, namentlich zur Kräftigung des Bauches dienliches Oel hergestellt habe. Auch Argensola erwähnt, dass die Einwohner von Banda ein Oel aus der Macis pressen, welches vortrefflich brauchbar sei.

Rumph bespricht es ausführlich und erwähnt zweierlei Oel. Erstens das durch Pressen aus der gestampften und warm gemachten Macis erhaltene, welches blutroth sei, fast auf dieselbe Weise gewonnen werde wie die Muskatbutter, aber weich bleibe (d. h. nicht beim Abkühlen erstarre). Auf die Hand getröpfelt sehe es aus wie gelbliches Blut, und habe einen fetten und bitteren Geschmack wie die Macis; aber der Ertrag sei ein geringer, denn man brauche mindestens drei Banda'sche Katjes, das sind 17 ¼ holländische Pfund, Macis zur Gewinnung einer Kanne dieses Oeles. — Zweitens erhalte man durch Destillation in demselben Instrument, womit man Arac macht, ein klares Oel, und zwar sei der erste Theil, der sogleich nach dem Wasser übergeht, klar und durchscheinend wie Wasser, der darauf folgende Theil dagegen etwas gelber, wie alter Rheinwein, und der zuletzt, wenn man stark anheizt, übergehende Theil sei röthlich. Da aber das Oel von dem Wasser nur schwer durch die Farbe zu unterscheiden und deshalb schwierig abzuschöpfen sei, so thue man meist etwas geriebene Macis in den Recipienten, wodurch das Oel dann eine Farbe wie Rothwein erhalte, und dann leicht abgeschöpft werden könne. Man brauche hierbei 10 Banda'sche Katjes Macis zur Gewinnung von einer Kanne Oel.

Pomet (1694) bemerkt, dass das Macisöl sehr viel theurer zu stehen komme, als das Nussöl, aber vortreffliche Eigenschaften besitze; es werde durch Extraktion und Destillation gewonnen.

Auch Valentini (1708) erwähnt zweierlei Macisöle, das ausgepresste und abdestillirte; da die Macis nicht so ölig sei, wie die Nuss, so liefere sie wenig, jedoch komme das schöne flüssige, rothe und wohlriechende Oleum macis expressum in gläsernen Flaschen zuweilen aus Indien (wie Sam. Dale berichtet).

Nach C. M. Valentini (Dissertat. Macis 1716) kommen beide Macisöle, das ausgepresste und das destillirte aus Indien, da sie drüben billiger hergestellt würden als bei uns, indem man die zerschlagene und etwas geröstete Macis auspresse. Das blutrothe, flüssig bleibende, fette und, wie die Macis, etwas bitter schmeckende Oel sei nicht so warm wie das destillirte Macisöl. Eine Unze davon koste in Amsterdam 3 fl., während das destillirte Macisöl 5 fl. koste; aus 3 Catti Bandamacis presse man eine volle Kanne Oel, während man zur Herstellung der gleichen Menge durch Destillation 10 Catti brauche. Bei der Beschreibung der Destillation wird im Allgemeinen das von Rumph gesagte rekapitulirt; zum Abkühlen sei am besten eine innen verzinnte Schlange zu nehmen, da eine kupferne weniger gesund sei, und Kopfweh veranlasse.

Noch am Ende ihres Bestehens exportirte die Compagnie Macisöl, wenn auch in minimalen Quantitäten, nämlich (nach Luzac, Hollands Rijkdom, Anh. II) 1776 und 1777 je 256 Unzen, 1778 64 Unzen und 1779 und 1780 je 320 Unzen.

Auch in Thunberg's Dissertation 1788 wird das Macisöl erwähnt, und zwar liessen sich damals aus 17½ Pfund Macis ½ Pfund Oel gewinnen, das wäre also 3%; da die Färbung hier als blutfarben und der Geschmack als bitter bezeichnet wird, so ist hiermit wohl das ausgepresste Oel gemeint, wenn nicht vielleicht damals auch noch, wie zu Rumph's Zeiten, Macispulver in den Recipienten gethan wurde; es wird zugleich angegeben, dass das Oel nicht nach Europa komme.

Während also Ende vorigen Jahrhunderts noch keine 3% aus der Macis gewonnen wurden, liefert sie jetzt 7,7—8,2%, ja bei völliger Erschöpfung in den grossen Fabriken sogar bis 17%[1]. Jetzt spielt dieses echte Macisöl nur noch eine sehr unbedeutende Rolle, da von den Fabriken (z. B. in Deutschland ausschliesslich) das damit identische Muskatnussöl abgegeben wird, welches namentlich auch schon deshalb billiger hergestellt werden kann, da, wie wir oben sahen, bei der Verarbeitung der Nüsse auf Muskatbutter und -Oele der Einfuhrzoll von 50 Mk. auf 100 kg rückvergütet wird. Auch lässt sich der Bruch und Abfall der Nüsse zu wenig anderem verwenden wie zur Herstellung von Muskatbutter und -Oel, während Macis-Grus und -Staub auch als Gewürz noch Verwerthung finden. Dieses als Macisöl verkaufte Muskatnussöl wird daher in dem Preisverzeichniss von H. Haensel vom April 1896 mit nur 10 Mk. per kg notirt; da dieses Oel aber im Wesentlichen aus Terpenen besteht und die sauerstoffhaltigen Bestandtheile, welche den charakteristischen Geruch und Geschmack besitzen, nur in kleineren Mengen darin enthalten sind, so besitzt das leicht lösliche terpenfreie und fünffach intensivere Macisöl natürlich einen viel höheren Preis, nämlich 90 Mk. per kg.

2. Fälschungen des Macisöles.

Dass das werthvolle Macisöl seit alten Zeiten Fälschungen unterliegt, ist selbstverständlich. Dale z. B. erwähnt als Fälschungsmittel Hammelfett, Palmöl und Muskatnussöl; das so hergestellte Produkt sei zwar billig, aber schlecht; das echte besitze hingegen starken Macisgeruch, sei roth, flüssig, von etwas säuerlichem Geschmack und am Grunde dicker als oben. Ebenso giebt Valentini an, dass das echte Macisöl sehr rar sei, häufig ein sog. Unguentum macis verkauft würde, das aber mehr aus Unschlitt als aus Muskatöl bestehe, so dass diesem Produkt gegenüber das Muskatnussöl vorzuziehen sei.

---

[1]) Semmler, Bericht der deutschen chemischen Gesellschaft 1890, pag. 1803; Schimmel & Cie., Bericht 1893, pag. 26 geben 4—15% an.

Auch heute noch unterliegt es allerlei Fälschungen, namentlich durch Zusatz von Alkohol und ätherischen Oelen. Es seien deshalb hier einige der als gebräuchlich angegebenen Reaktionen und Erkennungsmittel angeführt. Von reinem Macisöl mischen sich klar zwei Theile mit 1, aber nicht mit 3—4 Theilen oder mehr Schwefelkohlenstoff; in Alkohol ist Macisöl löslich, mit Weingeist versetztes Macisöl trübt sich aber beim Eintropfen in Wasser und färbt sich mit Fuchsin roth; mit Terpentinöl versetztes lässt sich durch Reagenzien nur schwer, leichter durch den Geruch erkennen; konzentrirte Schwefelsäure färbt es schön roth. Auch durch die Tanninprobe werden nach Mierzinski Fälschungen des Macisöles erkannt. Beim Schütteln von 0,5 cbcm des Oeles mit einem Körnchen Rosanilin färbt sich das Oel bei Gegenwart von Weingeist roth, das unverfälschte bleibt hingegen ungefärbt.

d) Kandirte Muskatfrüchte.

Von Alters her sehr beliebt waren die in Zucker eingelegten jungen Früchte und bildeten zeitweilig einen nicht unbedeutenden Handelsartikel selbst nach Europa.

In Walther Ryff's zu jener Zeit ungemein beliebtem Confectbuch und Hausz-Apothek finden sich zwar in den Auflagen von 1544 und 48 noch keine Angaben über das Einmachen von Muskatnüssen, wohl dagegen enthält die Auflage des Jahres 1563 ein ganzes Kapitel „Muscatēn Nüss einzumachen oder einzubeitzen"; man muss hierzu frische, schwere und beim Einstechen mit einer Nadel fettige Nüsse (keine sogen. rümpff) nehmen; sie werden in scharfer Lauge von Weyd oder Trüsenasche geweicht, aber nicht zu sehr verwässert, dann wird abgegossen, die graue Haut entfernt, mit frischem Brunnenwasser die Lauge ausgewaschen, und schliesslich die Masse auf ein Haarsieb gelegt; hierauf kommen die Nüsse 1—3 Tage in stark und, da die Nüsse immer etwas Feuchtigkeit abgeben, „sehr hart gesiedeten", nicht zu warmen Zucker. Als Wirkung dieser kandirten Muskatnüsse wird von Ryff unter anderem angeführt, dass „sie sehr lieblich sind, des morgens nüchtern zu brauchen, auch des abendts nach aller speisz und trank, so mann wil zu Bette gehen".

Schon 1543 wird von Ruellius (pag. 456) diese Nux condita erwähnt. Matthiolus sagt 1565: Id quod palam faciunt myristicae nuces, quae saccaro aut siliquarum melle (Johannisbrot) asservatae, integrae ex India ad nos convehuntur.

Amatus Lusitanus (Strassburger Ausgabe von 1554, pag. 103) schreibt, dass die Muskatnüsse zu seiner Zeit anfingen in Zucker eingemacht aus Indien zu uns zu gelangen; ein Pfund eingemachte Nüsse kostete damals aber nach ihm nicht weniger als vier Goldukaten. Valerius Cordus (Histor. de plant. 1561, pag. 194) erwähnt sogar schon Fälschungen dieser Nüsse und deren Erkennung, indem man nämlich die grossen Schalen der Wallnüsse sowie von Limonen und Chebulen an Stelle des Muskatperikarp nehme; die Schalen der Nüsse seien aber weicher und schmecken herber, die anderen seien kaum im Geschmack von dem Muskatperikarp zu unterscheiden, sondern nur an der Kommissur (offenbar ist die künstliche Schnittfläche hiermit gemeint).

Garcia ab Horto (1567) erwähnt zwar nur die in Zucker eingelegte äussere Schale. Lobelius schreibt dagegen wieder 1576 (pag. 570), dass die Früchte in ganzem Zustande kandirt werden und so in Europa in die Offizinen kommen. Acosta erwähnt 1578, dass die Portugiesen sie ganz in Zucker einlegen und zu dem Zwecke vor der Reife sammeln, und sie wegen des angenehmen Geruches und Geschmackes viel in Indien essen. Auch im Kommentar zum Mesuë vom Jahre 1589 (pag. 98) wird erwähnt, dass sie eingezuckert nach Europa kommen, während Durante (1585) wieder von den in Zucker eingelegten äusseren Schalen spricht. Linschoten erklärt 1596 (pag. 90, ed. Hakl. soc.), dass die eingezuckerten ganzen Früchte als Konserve durch ganz Indien verschickt werden, und sehr geschätzt sind, da sie in der That die beste Konserve Indiens bildeten; nach Portugal und Holland kämen sie gleichfalls in Menge. Auch Juan Fragoso (Aromat. 1600, pag. 29) erwähnt die Konserve der äusseren Rinde als gut bei Gehirn-, Uterus- und Nervenkrankheiten.

Beziehen sich alle diese Stellen auf die Zeit vor der Eroberung der Inseln, so giebt es aus der holländischen Monopolzeit eine Fülle von Angaben, die beweisen, dass die Compagnie den Gebrauch, Nüsse in Zucker einzulegen, nicht für nöthig hielt zu unterdrücken, dagegen aber doch den Handel damit nach Europa zu verhindern verstand.

C. Bauhin's Bemerkung im Pinax (1623), dass die Nüsse in Java zur Herstellung von Konserven und Konfekten benutzt werden, sowie Pisos Notiz in der Mantissa 1658 (pag. 173) dass die unreife Macis (?!) in Zucker eingelegt werde, sind die einzigen Angaben in den Kräuterbüchern des 17. Jahrhunderts, die mir aufgestossen sind. Auch Tabernaemontanus (1613) bespricht das drüben bereitete Konfekt gar nicht, giebt aber dafür das Rezept von Walther Ryff, die importirten Nüsse in Syrup einzulegen. Es geht hieraus wohl hervor, dass der Export nach Europa nach der Besitznahme der Inseln durch die Holländer ziemlich aufgehört haben muss

Das dies Konfekt aber in Indien selbst in Ansehen blieb, wird schon durch J. Bontius (de Medicina Indorum 1642, pag. 25) bestätigt, der angiebt, dass man in Java die dorthin kommenden gesalzenen Schalen einen Tag macerire. dann koche und kandire; auch in Banda koche man aus den unreifen grünen Schalen (mit Zucker) ein Muss, das sehr an unser Muss aus unreifen Aepfeln erinnere. Das gleiche wird dadurch bewiesen, das in der zweiten Hälfte des 17. Jahrhunderts, in der Periode der Kriegsdienstbeschreibungen, so gut wie sämmtliche dieser schriftstellernden ehemaligen Unteroffiziere es für nöthig hielten, bei diesem offenbar auf sie Eindruck machenden Konfekt zu verweilen.

Als erster sei erwähnt Mandelslo (1668, pag. 212), der angiebt (auch von Francisci in den Ost- und West-Indischen Lustgarten, II, pag. 990 übernommen), dass die grüne unreif in Zucker eingelegte Schale „die beste Confecture in gantz Indien herumb zu verführen sei, es ist ein sehr anmuthiges und gesundes Wesen des Morgens zu nehmen. Wir bekamen von selbiger Art einen grossen Indianischen Krug voll zu Goa bei unserer Abreise verehret, welche uns auf den Schiffen wohl bekamen".

Nieuhof sagt, dass die Vornehmen die Nüsse ganz essen, und sie seit etlichen Jahren auch nach Europa kämen, andere ässen nur die äussere Schale in Zucker eingelegt und schätzten sie mehr als die Nuss, sowohl wegen des lieblichen Geruchs als auch wegen des anmuthigen Temperamentes.

Ebenso geben Saar 1672, Gerret Vermeulen 1676, Frick 1692, Parthey 1698 etc. an, dass viele Nüsse mit der Schale in Zucker gelegt, aber nur die Schale gegessen werde, besonders in Indien.

Meister (1692) sagt im Orientalisch-indianischen Kunst- und Lust-Gärtner (pag. 73): die eingemachten grünen Nüsse seien „ein vortrefflich Praeservativ vor die ungesunde Lufft, früh nüchtern zu essen; ja es kan die Kranken selbst kräfftiglich laben und mit frischen Geistern auffmuntern."

Vogel (1704) sagt, die äussere Schale werde Scharlacken genannt, sei frisch bei der Speise von angenehmem Geschmack, und bilde auch eingemacht allein oder mit der Nuss daran eine delicate Confiture."

Barchewitz (und nach ihm Worms) erwähnt, dass die besten Schalen (Scharlacken) von den Sklaven in besonderen Körben gesammelt und nachher mit Zucker zu Muss eingekocht würden In hölzernen, drei Finger hohen, einen Schuh breiten und langen Kästchen zu einer schneidbaren Masse geronnen, würde es Marmelade genannt, und sei in Banda wie auch in Batavia als Konfekt, namentlich beim Thee beliebt. Da es erlaubt wäre, dies von Banda aus mitzunehmen, so pflegten die Soldaten Quantitäten davon nach Batavia mitzunehmen, um sie dort an Chinesen und Freileute zu verkaufen. — Auch die reifen oder aufgeplatzten Nüsse würden von den Bandanesen eingemacht, wie bei uns die welschen Nüsse; auch sie schmeckten gut zum Thee und dürften nach Batavia mitgenommen werden.

Dass diese Konserven damals aber selbst in Indien nicht billig waren, beweist die Notiz von Meister (1692), dass er für jeden Siam'schen Topf des Konfektes in Batavia 1 fl. hat geben müssen.

Auch die Pharmaceuten dieser Zeit fangen wieder an, sich mit dem Konfekt, das offenbar wieder nach Europa kam, näher zu beschäftigen. So sagt Pomet in seiner Histoire des Drogues 1694 (pag. 203): Ces muscades confites sont une des meilleures confitures, que nous ayons, étant fort propre pour fortifier l'estomac et pour rétablir la chaleur naturelle des vieillards, mais leur principal usage est pour porter sur mer, particulièrement sur les Septentrionnaux, qui sont fort amateurs de ces sortes de confitures.

Ebenso erwähnt Dale die eingemachten ganzen Nüsse in seiner Pharmakologie. Marxius sagt in seiner Materialkammer (nach Valentini, pag. 292), dass die auf Banda unreif in Honig oder Zucker eingelegten Nüsse von den Eingeborenen zu 1000 Stücken verkauft werden. Die grössten und in Zucker eingemachten gelten als die besten, namentlich, wenn sie noch frisch und weder sauer noch schimmelig sind.

Dies sind (nach Valentini) die Nuces indicae conditae oder eingemachten indianischen Nüsse (übrigens nicht mit Kokosnüssen, die auch indianische Nüsse hiessen, zu verwechseln). „Sie kommen aus Holland, bisweilen mit dem Syrop oder Brodio, bisweilen trucken und sind dem Magen vortrefflich gut, werden auch deswegen von denen Septentrionalibus oder Mitternächtigen Völckern gegen den Scharbock sehr estimieret."

Rumph bespricht dieses Einlegen der noch grünen Früchte in Zucker ganz ausführlich (lib. II, cap. VII, pag. 22). Man nimmt sie, wenn sie fast reif, aber noch nicht geborsten sind, sanft von den Bäumen, damit sie nicht durch das Fallen lädirt werden. Dann kocht man sie in Wasser auf, durchbohrt sie mit Pfriemen, weicht sie 8—10 Tage in Süsswasser, das man täglich erneuert, bis sie ihre Herbheit verlieren, dann macht man eine Mischung (Julep) von halb Wasser, halb Zucker und kocht sie darin lange oder kurze Zeit, je nachdem man sie haben will; wünscht man sie hart zu haben, so thut man etwas Kalk hinein. Das Zuckerwasser muss man dann noch weitere acht Tage täglich abgiessen, warm machen und wieder aufgiessen und endlich noch einmal die Früchte in einem dicken Zuckersyrup aufkochen und in irdenen Töpfen gut geschlossen aufbewahren, wenn man sie unverdorben nach Europa bringen will. Durch dies Kochen bekommt die Schale der Nuss eine dunkelrothe Farbe, wird halb durchscheinend und so zart, dass man die Aussenhaut nicht abzuziehen braucht, sondern sie einfach in 5—6 Theile schneiden und so essen kann. Man tischt sie gewöhnlich bei anderen Gerichten, bei der Nachspeise, besonders aber beim Trinken von Thee auf. Wenn man zum Einzuckern schon zu alte Nüsse nimmt, so ist die Aussenhaut zu hart und man muss sie abschälen. Die eigentliche Nuss mit der Macis isst man nicht, aber einige benagen auch die Macis und werfen das übrige fort.

Wenn man das Konfekt täglich zu sich nimmt, so füllt sich nach Rumph Kopf und Herz mit dicken Dämpfen und entsteht eine Schlafsucht, bei der die Leute träumen und vergesslich werden; der Magen wird verdorben und die Essenslust beeinträchtigt.

Da nun diese Operation viel Zucker erfordert, womit man in Banda und den Molukken schlecht versehen ist, so pflegt man auf Banda die ganzen Nüsse in Fässer und Töpfe einzupökeln und so nach Batavia zu senden, wo mehr Zucker vorhanden ist. Die Chinesen daselbst haben eine billigere und einfachere Manier des Einzuckerns dieser gepökelten Nüsse. Nachdem sie aufgeweicht und in Süsswasser ihren Salzgehalt verloren, werden sie nur einmal mit Syrup aufgekocht und zwar meist mit dem schwarzen Baumzucker (von Arenga saccharifera herstammend); sie sind dann zwar gut für den täglichen Gebrauch, halten sich dann aber nicht lange.

In Banda wurden nach Rumph ferner auch die erst mit Wasser aufgekochten Schalen mit Wein und Zucker gestobt, was ein angenehmes Gericht giebt, von säuerlichem Geschmack wie gestobte Jambus oder Quitten.

Auch wurde aus den fein geriebenen Schalen eine Marmelade hergestellt, die man in viereckige Dosen goss und so einerseits bei Gastmalen, andererseits als Medizin benutzte.

Im Anhang zu Valentini findet sich noch folgender recht wichtiger Zusatz von Rumph:

„Aus dieser Absicht werden ausser Banda auch einige Bäume gelitten und den Einwohnern zu ihrem eigenen Gebrauch zugelassen, doch mit dem Beding, dass sie keine Kauffmannschafft damit treiben, indem durch ein scharff Plakat von der Obrigkeit verbotten worden, dass man weder eingemachte noch eingesaltzene Nüsse aus dem Land führen solle, um Kauffmannschafft damit zu treiben; wiewohlen man nicht nöthig hätte, das Confituren zu verbieten, indem wegen des theueren Zuckers kein Gewinst davon zu hoffen ist."

Im Gegensatz zu dieser ausführlichen, wiederholt ausgeschriebenen (Zwinger Ludowici-Schedel etc.) Darstellung ist das, was Valentijn darüber sagt, kurz und ungenügend; er bezeichnet namentlich die in Scheiben geschnittenen und mit Kaneel gestobten Schalen als Delikatesse, „als eine sehr leckere, gewürzige und wohlriechende Schüssel", die er oft und sehr gerne gegessen habe. Im Dictionnaire von Valmont de Bomare 1769 (IV, pag. 132) wird zwar ausführlich darüber gesprochen, aber nur der Bericht von Rumph wiederholt; ebenso sind die Angaben der Kaufmannslexica (Marperger, Schedel etc.) kurz und fragmentarisch. Houttuyn (1774) giebt zwar an, dass durch die von Indien kommenden „geconfyde Nooten" die Beschaffenheit der Früchte jedem bekannt sei, doch hat das wohl nur für Holland Geltung, denn im ganzen 18. Jahrhundert scheint dies Konfekt nur in geringen Mengen nach Europa gekommen zu sein.

Es führt freilich die Medizinal-Ordnung von Frankfurt a. M. vom Jahre 1718 (cf. Flückiger, Dokumente, pag. 86) noch das Conditum nucum moscataram sive Indicarum auf, doch können die in der zweiten Hälfte des Jahrhunderts von der Compagnie herüber gebrachten Quantitäten nicht beträchtlich gewesen sein.

Nach Luzac (Hollands Rykdom, Anhang II) wurden an eingemachten Muskatnüssen nur verkauft: 1775 900 Stück, 1776 1000 Stück, 1777 900 Stück, 1778 800 Stück, 1879 1871 Stück und 1780 700 Stück, wie man also sieht, minimale Mengen; freilich mögen damals immerhin private Händler grössere Massen exportirt haben. Nach Murray (Apparatus pag. 144) dienten sie nur dazu, „ut delicias secundae mensae ditiorum augeant, licet nec sua commoda careant in stomacho roborando".

In unserem Jahrhundert scheint der Export nach Europa so gut wie vollkommen aufgehört zu haben, wenigstens finde ich nirgends etwas darüber erwähnt. Auch die Beschreibung des Einzuckerns durch Descourtilz in der Flore des Antilles VIII (1829) ist nicht als ein Abklatsch aus Rumph. Es kommen zwar die eingezuckerten Schalen und unreifen Nüsse hin und wieder auf die Ausstellungen, bilden aber durchaus keinen Handelsartikel und könnten wahrscheinlich auch schon durch den Preis nicht konkurriren mit den massenhaft anderweitig hergestellten eingemachten Früchten. Im Allgemeinen sehen derartig in Zucker eingelegte Nüsse nicht so hübsch aus, wie man erwarten sollte; da sie ja unreif sein müssen, sind sie noch geschlossen und das Perikarp wird beim Liegen in dem Syrup in Folge des Wasserverlustes durch die konzentrirte Zuckerlösung längsstreifig. Die Macis und Nuss dienen nur dazu, um den Perikarp etwas von ihrem kräftigen Geruch und Geschmack mitzutheilen.

Im Kew Museum befinden sich dagegen solche Nüsse von der Pariser Aussellung 1878, bei denen das Perikarp blumenartig ausgeschnitten ist, so dass es durch kunstvolles Umbiegen der einzelnen Läppchen eine zierliche Krause bildet, die die künstlich gelockerte hochrothe Macis und die eben hervorragende dunkle Nuss ungemein malerisch umgiebt; derartig zubereitete Nüsse sehen wirklich ganz prächtig aus.

Während also diese in Zucker gelegten Nüsse kaum mehr einen Exportartikel nach Europa bilden, so blieben sie in Indien auch in den letzten zwei Jahrhunderten ein allgemein beliebtes Konfekt.

Namentlich Ambon hat in unserem Jahrhundert einen gewissen Ruf erhalten durch das Einlegen unreifer Nüsse in Zucker. Bleeker (II, pag. 31) erwähnt, dass 1000 Stück solcher Nüsse im Anfang der fünfziger Jahre daselbst 10 fl kosteten.

Besonders beliebt ist aber im indischen Archipel das sog. maniessan-pala (= Muskat-Konfekt, maniessan = Süssigkeit); es ist das ein sehr wohlschmeckendes, angenehm duftendes Gelée (nutmeg-jelly, notengelée). Nach Musschenbroek (Mededeelingen omtrent Grondstoeffen, 1880. pag. 62) ist dies eine der besten existirenden Gelées, gesund und heilsam bei Fieber und ansteckenden Krankheiten. Auch wird noch heute drüben nach ihm die in Streifen geschnittene Schale in Rothwein gestobt und giebt so zubereitet ein angenehm schmeckendes Gericht.

Dass das eingezuckerte Perikarp nicht nur Indiern und dort lange weilenden Europäern zusagt, beweist der Engländer Hart, der in seinem Bericht über die Früchte von Jamaica (Kew bulletin 1888, pag. 179) sagt: „the succulent pericarp possesses a fine mild spicy flavour; makes an excellent and rare preserve, which only waits to become known to encourage a large demand". — Auch in St. Vincent in Westindien wird übrigens die Fruchtschale in Zucker eingemacht, bisher aber auch wohl dort nur für lokalen Konsum.

Ebenso findet sich im Ceylon Examiner folgendes: „of the pulp of the fruit has been prepared one of the richest compotes we have ever tasted." Es wird übrigens von Anderen angegeben, dass es wünschenswerth sei, die scharfen Stoffe durch Aufweichen in Spirituosen zu entfernen.

e) Kandirte Macis.

Nur sehr selten wird kandirte Macis in der Litteratur besprochen. Zuerst finde ich sie erwähnt im Jahre 1530 in der schon oben (pag. 529) erwähnten Lübecker Verordnung von Gewürz und Apothekerwaaren. Die Krämer durften danach kein Muskatblüthenkonfekt feil halten, sondern dies blieb den Apothekern reservirt[1]).

Schröder's Pharmakologie erwähnt dieselbe als ein sehr selten angewandtes Medikament, ebenso findet sie sich in Marperger's Kaufmanns-Magazin (4. Auflage, 1765. II, pag. 120) aufgeführt. Offenbar diente sie, obgleich sie Konfekt genannt wurde, doch stets nur als Arzneimittel.

---

[1]) Die älteren Lübeckischen Zunftrollen, herausgegeb. von L. Wehrmann (2. Aufl., Lübeck, 1872, pag. 293).

f) Muskatfrüchte in Essig oder Salz.

Auch das Einsalzen der Früchte, sowie das Einlegen in Essig[1]) sind zwei altbekannte, schon von Acosta 1578 erwähnte Konservirungsmethoden.

J. Bontius (de Medicina Indorum, lib. IV, 1642, pag. 25) sagt, dass mit Erlaubniss der Regierung auf Banda grosse Gefässe mit Nüssen in Essig und Salz gefüllt würden und in Piso's Mantissa (1658) heisst es nach Bontius, dass das so eingelegte Perikarp den indischen Grossen nicht nur als Medizin, sondern auch als Speise diene; die schwächeren brauchten nur die äussere Schale, die übrigen auch die unreife, milde riechende, etwas astringirende Nuss.

Nieuhof spricht dagegen in seiner Legatio Batavorum von in Essig und Salz eingelegter Macis, die in Indien als Vorgericht zum Magenwärmen benutzt werde; vornehme Leute ässen auch die Nüsse ganz, in Essig oder Zucker eingelegt.

Rumph's Angabe, dass die Nüsse in den Molukken provisorisch gesalzen wurden, um dann erst in Java eingezuckert zu werden, haben wir oben schon erwähnt; er giebt auch an, dass man sie gesalzen bis nach Europa bringen könne. Ferner dient nach ihm die zerstossene resp. zerriebene Muskatschale auch gepickelt (in Essig eingelegt) ärmeren Leuten als Atjar (saure Zukost) zur Erregung des Appetits und wird auch beim Thee servirt.

Neueres hierüber haben wir nicht in Erfahrung gebracht, jedoch wurden Rumph's Angaben noch bis in die neuere Zeit vielfach kopirt.

---

1) Ehemals soll man auch durch Destilliren der fleischigen Schalen, nachdem man sie längerer Gährung überlassen, ein spirituöses Getränk, eine Art Arak, hergestellt haben, jedoch erwähnt Rumph hiervon nichts, und es ist schwer verständlich, wie in der weder stark zucker- noch stärkereichen Masse sich eine irgend wie erhebliche Menge Alkohol bilden soll.

VII. Verwendung der Produkte des Muskatnussbaumes.

Die Produkte weniger Nutzpflanzen zeigen die langsame Umgestaltung der Verwendungsart in so ausgeprägter Weise wie die Muskatnuss. Wir sahen in dem geschichtlichen Theil, dass, als dies Gewürz zuerst als indische Kostbarkeit in den europäischen Handel kam, es hauptsächlich als Aroma benutzt wurde, sei es direkt zu Räucherungen, sei es als Zusatz zu kostbaren und wohlriechenden Salben. Die medizinische Verwerthung war freilich der damiligen Zeit gleichfalls sehr wohl bekannt, die Verwendung als Gewürz dagegen scheint sich erst später wirklich eingebürgert zu haben, wohl weil der hohe Preis in jener Zeit der allgemeineren Verwendung hinderlich war. Aber dennoch wurden, wie wir sehen werden, schon im 14. Jahrhundert bei besonders feierlichen Gelegenheiten Muskatnüsse zur Speise benutzt und als durch die Entdeckung des Seeweges nach Indien der Molukkenhandel ein einfacherer wurde, und immer grössere Quantitäten Muskat und Macis nach Europa kamen, gelangten diese Gewürze auch in den gewöhnlichen Haushalt wohlhabender Personen, bis sie schliesslich so verbreitete Genussmittel wurden, dass auch kleinere Leute, wie heutzutage eine Pfefferbüchse, so einen Muskatnussreiber auf dem Mittagstische stehen hatten, eine Sitte, die sich noch in Theilen von Holland bis auf den heutigen Tag erhalten hat. Die medizinische Verwendung dagegen, die im 16. und 17. Jahrhundert immer zugenommen hatte, sodass zu Beginn des 18. Jahrhunderts so gut wie alle Krankheiten mit diesem Universalmittel geheilt wurden, nahm in den letzten Jahrhunderten ab und ist jetzt, wenigstens in den ersten Kulturstaaten, eine minimale, fast nur auf die Volksmedizin beschränkte, vielleicht freilich mit Unrecht, und nur deshalb, weil man sich nie die Mühe gegeben hat, die wirksamen

Stoffe einer den Ansprüchen unserer Zeit genügenden Untersuchung zu unterziehen.

a) Verwendung der Muskatnuss und Macis als Aroma.

Für die Verwendung der Muskatnuss als an sich schon werthvolles Aroma haben wir Belege vornehmlich aus dem 12. bis Anfang des 16. Jahrhunderts. Später konnte man sie für wenig Geld in jeder Apotheke bekommen, und so verloren sie denn bald ihre Bedeutung als kostbares Riechmittel.

Die älteste aber nicht ganz zweifellose Stelle in Petrus de Ebulo's Gedicht zu Ehren des Kaisers Heinrich bei seinem Einzug in Rom im April 1191, wurde schon oben (pag. 35) erwähnt; damals wurde angeblich mit Muskat geräuchert. Im Jahre 1214 wurde, wie wir gleichfalls oben (pag. 35) sahen, bei den Festspielen von Treviso ein von den Damen vertheidigtes Schloss unter anderen aromatischen Wurfgeschossen auch mit Muskatnüssen beschossen [1]).

Im Mittelalter hielt man (nach Volz l. c. pag. 313) Gewürze überhaupt „für ein passendes Geschenk, das den Statthaltern, selbst Königen bei ihrem Einzug in die Städte überreicht werden konnte; am neuen Jahre, bei Hochzeiten, bei Taufen gab man Gewürze zum Geschenke“. So ist offenbar auch die alte Sitte zu erklären, die Philipp Hainhofer im Jahre 1617 in Stettin vorfand (Baltische Studien II, 2); „nach verrichteter Tauf und auf das künd gelegte Dotpfennig (Pathenpfennig), hat eine junge wohlputzte Fraw jedem Gevattern in Papier eingewükhlet neun Muscatennuss geben; je ärmer die Kindbetterin, je weniger ausgeben werden; und mir weder Geistliche noch Weltliche den Ursprung oder Ursach dieses Gebrauchs zu sagen wissen.“

Im 14. und 15. Jahrhundert wurden sogar auch Muskatnüsse in Silber gefasst als Kostbarkeiten aufbewahrt. So befindet sich im Louvre in dem Inventar des Herzogs von der Normandie (1363) nach Laborde [2]): „Un pot d'argent qui a le ventre d'une noix muguete et est garny de plusieurs grenaz, pesent II marcs“, ferner aus dem Jahre 1380: Deux pots de noix muguette garniz d'argent dorez; une aiguiere (Kanne) d'une noix musguette garnie d'argent. Sodann aus dem Jahre 1467 (Ducs de Bourg. N. 2755), Ung gobelet (Becher) fait de l'escaille (Schale) d'une nois muguestе, esmaillié de trois costes de lyon, garny d'argent doré. Noch im Jahr 1519 gab es solche Kostbarkeiten; so meldet Schär, dass der Apotheker Keller in Zürich in einem Inventar über den Besitz einer dortigen Bürgerfamilie aus dem genannten Jahr neben Kleinodien, wie beschlagenen Gürteln, Ringen, Gold- und Silbergeschirr auch eine beschlagene Muskatnuss fand; hierdurch wird auch die Hypothese Labordes

1) Es heisst in der betreffenden Stelle: pomis, dactylis et muscatis, tortellis, pyris et cotanis, rosis, liliis, et violis, similiter ampullis balsami, amphii et aquae rosae, ambra, camphora, cardamo, cymino, garyofolio, melegetis, cunctis immo florum vel specierum generibus, quaecumque redolent vel splendescunt.

2) De Laborde Notices des émaux, bijoux et objets divers du Musée de Louvre II (1853), pag. 405.

widerlegt, der meint, dass möglicherweise auch Kokosnüsse im Mittelalter zuweilen noix muguettes genannt worden wären, während der gewöhnliche Name für sie damals freilich Noix d'Inde sei, was übrigens auch schon durch den auf ein Aroma hinweisenden Namen musguette widerlegt wird.

Ueber die Benutzung der Muskat als Aroma nach der Entdeckung des Seeweges nach Indien wissen wir zwar sehr wenig, doch kann es keinem Zweifel unterliegen, dass das wohlriechende Mittel noch häufig bei Räucherungen zur Anwendung gelangte, wohingegen sie bei dem bedeutenden Preissturz gewiss nicht mehr als Schmucksachen in Betracht kamen. In Walther Ryff's Confect-Buch und Hausz-Apothek findet sich in der Auflage des Jahres 1544 (pag. 145) auch erwähnt, dass die Muskatnüsse im Verein mit Laudani-Gummi, Storaxcalamita, Myrrhe, Weihrauch, Sandel, Zimmt, Gewürznelken, Rosmarin, Rosenblättern und vielerlei anderer Medien zur Herstellung von Rauchkerzlein Verwendung finden.

Tabernaemontanus (1613) giebt an (pag. 640), man könne mit dem durch Destillation gewonnenen Oel „die Pomambra, die Rauchkertzlein und Küchlein zurüsten; geben zu brennen einen guten Geruch."

Wie weit die Muskatnüsse im 17. und 18. Jahrhundert zur Herstellung von Parfüms verwandt wurden, mag hier unerörtert bleiben, Thatsache ist aber, dass die Verwendung zu diesem Zwecke eine mannigfaltige war, wenngleich dies Aroma als Riechmittel wohl nie eine geradezu hervorragende Bedeutung erlangt hat. Meist wurde es mit anderen Stoffen gemischt zu Parfüms, Seifen etc. verwandt, und gewöhnlich nicht die Nuss selbst, sondern die Muskatbutter, oder das ätherische Muskat- oder Macisöl. Als Zusatz zu wohlriechenden medizinischen Salben dagegen spielte die Muskat schon seit den ältesten Zeiten eine bedeutende Rolle, doch fällt diese Verwendungsart schon eher in das Kapitel der Verwerthung der Muskat als Medizin.

Nur über den gegenwärtigen Verbrauch der Muskat als Aroma mögen hier noch einige Worte gesagt werden. Heutzutage wird in der Parfümerie sowohl die zerstossene Muskatnuss, als auch die gepulverte Macis, wie endlich auch das ätherische Oel aus beiden Stoffen benutzt, jedoch namentlich die Oele wegen ihres intensiven Geruches stets nur in mässigen Quantitäten in den einzelnen Präparaten und immer in Verbindung mit anderen Riechstoffen. Um eine Idee zu geben von der vielseitigen Verwendung in den Parfümerien, seien hier einige Auszüge aus E. Winkler, Die Parfümeriefabrikation (Halle 1882) (W.), Pierre, The art of perfumery (London 1879 4. ed.) (P.) und Mierzinski, Die Riechstoffe 6. Aufl. (Weimar 1888) (M.) gegeben.

Unter den Bouquets (zusammengesetzte Taschentuchparfüms) findet sich Muskatnussöl als Ingredienz der „Caprice de la Mode" (W. pag. 81).

Unter den milchigen Parfüms (die mit Wasser eine milchige Emulsion geben) findet sich Muskatnuss als Ingredienz der „Schönheitsmilch" (W. pag. 107), sowie der zusammengesetzten Jungfernmilch (lac virginis) (W. pag. 239).

Unter den Parfüm-Essigen findet sich Muskatnuss als Ingredienz des aromatischen Essig (W. pag. 109), sowie des Kräuteressig (W. pag. 113); Muskatnussöl wird bei der Herstellung von Schönheitsessig (W. pag. 119), Muskatblüthe bei derjenigen von Zimmtessig (W. pag. 120) verwandt.

Unter den Räuchersubstanzen findet sich Muskatnuss als Ingredienz des feinsten orientalischen Räucherbalsams (W. 170), Muskatnussöl als Bestandtheil des Räucherspiritus (W. 169), der Pariser Räucherkerzchen (W. 172), des Räucherpapieres (W. 175), sowie des in Räucherlampen zu brennenden Eau à bruler (W. 196); Muskatblüthe ist ein Bestandtheil des Räucheressigs (M. pag. 304), sowie der Räucheressenz (M. pag. 303).

Unter den Riechmitteln findet sich Muskatnuss als Ingredienz der französischen Riechsäckchen (W. 182), sowie des Potpourri genannten Riechtopfes (W. 192), mit Macis zusammen im Riechmittel gegen Kopfschmerz (W. 188), während Macis, Gewürznelken und getrocknete Rosen zusammen das Parfüm der Waschriechkisschen (W. 187) bilden.

Unter den Essenzen enthält der Esprit d'arome sehr viel Muskatnuss (W. 206); ferner enthält der Franzensgeist eine grössere Quantität Macis (W. 218).

Unter den Wassern enthält das zusammengesetzte Melissenwasser (W. 229), sowie das Kaiserwasser (W. 239) gestossene Muskatnuss; Eau de Serail (W. 235) enthält Muskatblüthe und Muskatnüsse, ebenso die Aqua milanese à la Berra (W. 238), Eau de Cologne nach Dijons Patent (W. 241) enthält Muskatblüthen, nach Ure (W. 243) daneben auch noch zerriebene Muskatnüsse, Eau d'Adonis (W. 229) enthält grosse Quantitäten Muskatblüthenwasser.

Unter den Bädern enthält die sog. ölig-balsamische Mischung unter anderem neben 900 g Weingeist und 8 g schwarzem Perubalsam auch 3 g Macisöl (W. 263).

Unter den parfümirten Seifen enthält eine Glycerinseife auf 100 Pfund 5 Unzen Muskatnuss (P. 361).

Unter den Zahnpasten enthält the Opiate Tooth-paste etwas Muskatnussöl (P. 430).

Unter den Haarmitteln findet sich in Lococks Rezept $^1/_2$ Drachme Macisöl (P. 436).

Wie man aus den hier angeführten Details, die man leicht vermehren könnte, ersieht, wird Muskat noch heutzutage sporadisch im ganzen Gebiet der Parfümerie verwandt.

b) Verwendung von Muskatnuss und Macis als Arzneimittel.

1. Bei den Arabern.

Sahen wir im geschichtlichen Theil (pag. 23), dass die Araber die ersten waren, denen wir unzweideutige Notizen über die Muskatnuss verdanken, und dass schon kurz nach Mohameds Auftreten der syrische Priester Aron in einem früh ins arabische übersetzten medizinischen Compendium die Muskatnuss erwähnt, so geht eben hieraus ohne weiteres hervor, dass schon damals die Muskatnuss in der Medizin Verwendung gefunden hat; in welcher Weise, lässt sich nicht angeben, da die uns erhaltenen Citate aus Aron's Werken nichts darüber melden.

Die ersten genauern Angaben stammen von Isaak Ibn Amran aus dem Ende des 9. Jahrhunderts.

Wie man aus dem oben (pag. 23) wiedergegebenen Citate ersieht, war die Anwendung schon in dieser frühen Zeit eine recht mannigfache, beschränkte sich aber hauptsächlich auf die Verdauungsorgane, von Mund über den Magen bis zum Darm, auf die Leber und Milz, sowie auf Gesichtsflechten und Sommersprossen. Dass die Muskatnuss zu den warmen und trockenen Drogen gehört, wiederholt sich von jetzt an in endloser Weise bei den arabischen Schriftstellern (z. B. Rhazes, Mesue, Mescahen, Ed Dimaschky), sowie im christlichen Abendlande.

Rhazes sagt im Anfang des 10. Jahrhunderts von der Muskatnuss, dass sie den Bauch stärke und bei Erkältung des Magens und der Leber dienlich sei.

Mesue sagt um dieselbe Zeit: Ihre Natur sei ähnlich den Gewürznelken, sie sei warm und trocken im dritten Grade und gut bei erkältetem Magen und Leber. Mesues Rezeptbücher galten bekanntlich noch bis ins 16. Jahrhundert für klassisch, und wenn die in dieser späteren Zeit unter dem Namen Mesues gebräuchlichen Rezepte nicht nachträglich von andern gemacht sind, so würde das fortwährende Vorkommen von Macis und Muskatnuss in nicht unbeträchtlichen Mengen beweisen, dass beide Droguen schon in der früh arabischen Zeit zu den häufigst angewendeten Medikamenten gehörten. Freilich erscheint mir dies aus geschichtlichen und medizinischen Gründen sehr unwahrscheinlich, und es spricht vieles dafür, dass schon am Ende des Mittelalters die Aerzte bemüht waren, ihre werthvollen wie kostbaren Medikamente durch einen besonders klangvollen und angesehenen Namen populär zu machen; auch wurde das Einschieben von neueren Zusätzen durch die handschriftliche Ueberlieferung dieses berühmten Buches sehr erleichtert; jeder Arzt oder Apotheker schrieb neue Rezepte an den Rand, die dann von den sicher meist nicht ärztlich geschulten Abschreibern mit in den Text aufgenommen wurden.

Mescahen sagt: Die Muskatnuss sei warm und trocken im zweiten Grade, stärke den Bauch, aromatisire den Magen und gebe einen guten Athem, auch sei sie dienlich bei Schwäche der Leber und des Magens.

Ed Dimaschky (nach Ibn Beithar) sagt, sie sei warm und trocken im zweiten Grad; sie kräftige den Bauch, rege zum Coitus an, sei gut für den Magen, und nützlich gegen die Schwäche der Leber, des Magens und namentlich des Pylorus.

Ibn Massa (nach Ibn Baithar) sagt, sie helfe zur Verdauung und sei gut für die Milz.

Auch Avicenna (Ende des 10. oder Anfang des 11. Jahrhunderts) verbreitet sich des Näheren darüber. „In ipsa est stipticitas. Confert lentiginibus et odorem oris bonum efficit. Confert asebel (von Leclerc mit pannus, Sommerflecken übersetzt) et confortat visum. Confortat hepar et splenem et stomachum et proprie os eius. Constringit et provocat difficultati urinae et cum in oleis ponitur confert doloribus et similiter in pessariis et prohibet vomitum. Loco eius ponitur spicae aequale pondus, sowie an anderer Stelle: nux muscata si adderetur theriacae non esset error magnus.

Noch mehr findet sich angeführt in dem von Serapio citirten Livre des expériences: In der französischen Uebersetzung Leclercs heisst es: Elle fortifie l'estomac ramolli, le réchauffe et le dessèche. Elle combat la viscosité des intestins et le dévoiement causés par le froid. En somme, elle est utile aux sujets lymphatiques et à digestions dépravées, enfin dans toutes les maladies, où il est besoin de réchauffants et d'astringents. Elle assainit l'haleine altérée par des humeurs impures dans l'estomac. Elle est utile contre l'hydropsie et la fièvre en réchauffant le foie, desséchant ses humeurs corrompues et combattant son ramollissement.

Wir sehen also, im 11. Jahrhundert ist eine grosse Reihe von Nutzanwendungen hinzugekommen, die Wirkung auf die Harnorgane, gegen Schmerzen, Erbrechen, Leiden des Lymphsystems, Wassersucht und selbst als Aphrodisiacum.

Die späteren Kompilatoren Ibn el Baithar und Averrhoes fügen selbst nichts Neues hinzu, ersterer beschränkt sich wie Serapio auf Citate älterer Schriftsteller, letzterer begnügt sich mit kurzen Wiederholungen. Die Araber zu Beginn unseres Jahrhunderts benutzten die Muskatnuss (nach Ainslie) hauptsächlich als Hepaticum und Tonicum.

Ueber die Nutzanwendung der Macis bei den Arabern ist nur wenig zu sagen. Isaac Ibn Amran beschreibt sie nach Serapio's Citat nur als äussere Schale der Muskatnuss. Rhazes berichtet (nach Ibn Baithar), dass Macis an Stelle einer gleichen Menge von Muskatnuss genommen werden könne. Avicenna beschreibt die Macis zwar, erwähnt aber keine Nutzanwendung, sondern sagt nur, dass sie auf der Zunge beisse wie die Cubebe; El Ghaffky sagt (nach Ibn Baithar), dass sie leicht astringirend sei und die Wärme in ihr bedeutend vorherrsche; Averrhoes dagegen vermischt die Nutzanwendungen derselben, wie wir im geschichtlichen Theil sahen, mit derjenigen des Macer, Thalisfar, und Ibn el Baithar sagt selbst überhaupt nichts über diese Droge. — Zu Beginn unseres Jahrhunderts bedienten sich die Araber nach Ainslie der Macis vornehmlich als Aphrodisiacum und Carminativum.

2. Bei den Indern.

Auch in Indien war die Muskatnuss als Gewürz schon in frühen Zeiten bekannt. Die Ayurvédas enthalten eine Reihe von Angaben darüber, die Martius[1]) zusammengestellt hat.

1) Martius, Beitr. z. Litteraturgesch. d. Muskatnuss u. Muskatbl. Sitzungsber. d. Münch. Akad. 1860. pag. 157.

Wir sahen im geschichtlichen Theile (pag. 28), dass in diesem Werke die Muskatnuss, Macis, Schale, die Blüthe (?), ferner ein Saft und ein öliges Sediment aus der Nuss (d. h. wohl das ätherische Oel und die Muskatbutter) vorkommen. Nuss und Macis wurde in Form von Pulvern, Infusionen, Abkochungen, Säften und den oben erwähnten Sedimenten benutzt; von der Macis bereitete man auch einen alkoholischen Auszug.

Die Eigenschaften der Muskat werden in den Ayurvedas als Wärme erzeugend, belebend und die Verdauung fördernd geschildert, sie diente sowohl als Medizin wie als Gewürz. Die Hinduärzte verordneten sie bei Kopfweh, Nervenkrankheit, Erkältungsfiebern, Geruch aus dem Munde, Verdauungsschwäche, das Macisöl zur Zeitigung phlegmonöser Geschwülste. Die Infusionen und Decocte dienten zu Einspritzungen in atonische Fisteln und bei rheumatischen Augenkrankheiten. Die Lauge der eingeäscherten Blüthen (wohl Macis?) wurde mittels eiserner Röhrchen bei Augenfluss injizirt; bei Jucken der Augen wurde ein alkoholischer Aufguss der Nuss angewandt, besonders aber wurde jeder Theil der Frucht gepulvert mit frischer Butter bei atonischer Dysenterie genossen. Freilich kamen diese Medikamente meist mit allerlei anderen Drogen zusammen in Anwendung.

Nach Ainslie[1]) betrachteten die Eingeborenen Indiens noch im Anfange dieses Jahrhunderts die Muskat als eine ihrer werthvollsten Medikamente bei Dyspepsie, und in allen Fällen, wo Cardiaca und Corroborantia angebracht sind, auch brauchen sie dieselbe bei der Entwöhnung schwächlicher Kinder. Die Macis wurde von den Aerzten verordnet bei Fieber, bei Schwindsucht, bei aufzehrenden und lang haltenden Leiden in den Eingeweiden, bei Asthma etc.; die Dosen sind 8—12 Gran, zuweilen sogar bis 3 Scrupel.

Nach Honigberger[2]) brauchen in Lahore die Hakims die Macis bei üblen Mundgerüchen, Magen- und Leberschwäche, Blähungen etc.; ferner bei Speichelfluss sowie bei Fussschmerzen; auch bei Verdauungsschwäche und Appetitmangel.

Nach Dymock[3]) bedienen sich im westlichen Indien die Hindus auch noch heute dieser Medizin als Stimulans bei Wechsel-Fieber sowie Lungen- und Eingeweideleiden; die dortigen Mohamedaner dagegen als Stimulans, Intoxicans, Digestivum, Tonicum und Aphrodisiacum, auch bei choleraartigen Krankheiten, namentlich aber auch geröstet bei Leber- und Milzverstopfung. Ein aus den Nüssen bereiteter Teig dient, äusserlich angewandt, bei Kopfweh und Lähmungen, und um die Augen geschmiert, soll er die Sehkraft stärken.

---

1) Ainslie, Materia Indica. I. (1826). pag. 201, 249, 622.

2) Honigberger, Früchte aus dem Morgenlande. 1851. pag. 451 u. 326.

3) Dymock, Materia medica of West. India, Bombay. pag. 544 ff.

Nach Waring[1]) werden die Muskatnüsse in Indien auch verwendet bei der Herstellung von Pulvis Catechu compositus, Pulvis Cretae aromaticus, Spiritus Armoraciae compositus, sowie von Tinctura Lavandulae composita.

In Watt's[2]) Dictionary sind noch einige besondere Anwendungen in Indien nach verschiedenen Quellen aufgeführt.

Mit Wasser angeriebene Muskatnüsse werden bei Parotitis und anderen Drüsenschwellungen aufgelegt; gepulvert und mit der Frucht von Casuarina gemischt, wird die Nuss bei Zahnschmerz angewandt; mit Zucker und Ghi (geklärter Butter) ist es ein Hausmittel für Dysenterie bei Kindern. Mit Oel angerührt, wird die Nuss in Fällen von Cholera und bei Schwellungen innerer Organe eingerieben. Besonders merkwürdig ist aber folgende Anwendung. In eine künstliche Höhlung der Nuss wird Opium gethan und dann die Oeffnung mit dem Schabsel geschlossen; dann wird der Kern mit Mehlpaste bestrichen und in heisser Asche geröstet; dann wird die Masse verrieben und dosiert in Intervallen als Tonicum und Antirheumaticum verabreicht.

3. Bei den abendländischen Aerzten.

α) Im Mittelalter.

Die älteren abendländischen Aerzte standen, wie bekannt, durchaus unter dem Einfluss der Litteratur der Araber. In der That glauben wir förmlich Abschriften aus arabischen Büchern vor uns zu haben, wenn wir folgende Auszüge lesen:

Simeon Seth (nach E. Meyer der erste griechische Arzt arabischer Färbung), der um 1075 schrieb, sagt in seinem Volumen de alimentorum facult. (cap. XVI): Nux moschata calida est et sicca in secundo gradu; alvum adstringit, ventriculum et jecur corroborat, hepatisque diuturnis morbis succurrit, pulmonem tamen offendit. Nur der letzte Satz, dass sie die Lungen angreift, ist neu. Constantinus africanus, um dieselbe Zeit lebend (einer der gelehrten Mönche des Monte Cassino, der auch zu der medizinischen Schule von Salerno gehörte) schrieb (Baseler Ausgabe I, pag. 359): Nux muscata calida et sicca in secundo gradu. Ori foetido odorem reddit, digestivam vim adjuvat, ventositatem expellit, epar et splen confortat, ventrem constipat. Nux muscata cutem ab impetigine lentigine et scabie mundificat. Splenis et epatis tumorem dissolvit. Von ihm können wir auch hören, was offenbar die Araber über den Nutzen der Macis geschrieben haben, wenngleich er sie missverständlich als Rinde der Zweige des Muskatbaumes bezeichnet. Er sagt: sie sei calida et sicca in secundo gradu, epar et splen et stomachum confortat et eorum putredinem mundificat. Sternutatio de eo facta cum oleo violaceo haemicranem dolorem, qui fit de phlegmate, curat.

1) Waring, Pharmacopoeia of India. 1868. pag. 189.
2) Watt, Diction. of Econom. Products of India. V. (1891.) pag. 313.

Ganz anders dagegen hört sich das an, was der hinter dem Namen der heiligen Hildegard steckende Verfasser des im 12. Jahrhundert geschriebenen Physica genannten Buches über die medizinische Wirkung zu sagen weiss; anstatt scholastischer Büchergelehrsamkeit athmet man hier die freie Luft praktischer Erfahrung. Es heisst dort (Migne's Patrologia T. 197, pag. 1139):

Nux muscata magnum calorem habet et bonum temperamentum in viribus suis. Et si homo nucem muscatam comedit, cor eius aperit et sensum eius purificat, ac bonum ingenium illi infert. Accipe quocumque nucem muscatam et aequali pondere cynamomi et medium gariofiles, id est nelchin, et haec pulveriza, et tunc cum pulvere isto ac cum simile farinae et modica aqua tortellos fac, et eos saepe comede, et omnem amaritudinem cordis et mentis tuae sedat, et cor tuum et obtusos sensus tuos aperit, et mentem tuam laetam facit, et sensos tuos purificat, ac omnes novicos humores in te minuit, et bonum succum sanguini tuo tribuit et fortem te facit.

In einer anderen Ausgabe (Anm. 5) heisst es noch: Arbor in qua nux muscata crescit calida est Lignum autem et folia ejus medicinae non multum conveniunt; ferner: Sed et quem paralysis in cerebre fatigat, nucem muscatam et bis tantum galangae pulverizet, et etiam de radice gladiolae et plantaginis aequali pondere modice tundat, sale addito; ex omnibus his sorbinuculam faciat et sorbeat, et hoc semel aut bis in die faciat, usque dum sanetur.

Ausser diesen auf Originalität Anspruch machenden Stellen geben die abendländischen Quellen des Mittelalters nur überaus dürftige Notizen über die Anwendung der Muskatnuss. Alles was wir darüber wissen stellt im Grunde nichts weiter dar, als eine fortwährende Wiederholung der arabischen Litteratur, nur vermehrt durch eine Unmenge von Rezepten. Neben den vielen unter der Flagge Mesue's segelnden finden sich auch viele neue in dem (erst im 16. Jahrhundert gedruckten) Antidotarium des im 12. Jahrhundert lebenden Schriftstellers Nicolaus Praepositus[1]).

Namentlich zur Herstellung der Electuarien und zu den Emplacis werden Macis und Nux muscata von Nicolaus vielfach verwandt; auch zur Bereitung des Oleum nardinum wird die Nux muscata bei verschiedenen Rezepten benutzt, die Macis auch zur Herstellung einer Miea aromatica, ebenso wird angeführt eine Alipte muscate, eine Bellie muscate, dagegen sahen wir schon oben, dass die Nuces indicae, die zum Oleum muscellinum oder moschelinum in Vierzahl benutzt werden sollen, vermuthlich Behennüsse sind und nicht, wie später Valerius Cordus meint, Muskatnüsse; sodann, dass der Name muschelinum (μοσχέλαιον) von dem dabei verwendeten Moschus herkommt; ferner gehörten zu diesem Oel Spica nardi, Mastix, Storax, Crocus, Myrrhe, Gariofolium (Nelke), Lasieli, Carpobalsamum und Bdellium[2]), also lauter wohlriechende Substanzen. Ein Theil der sogenannten Rezepte des Nicolaus Praepositus mag freilich gleichfalls späteren Ursprungs und in den fortwährenden

---

1) Ausgabe vom Jahre 1524, z. B. lib. II fol. LI, LII, LV, LIX, LX.

2) Nach Valerius Cordus noch Xylocinnamum, Cassia lignea, Costus.

Abschriften dieses im Mittelalter so berühmten Apothekerbuches erst nachträglich hinzugefügt worden sein, denn es ist nicht sehr wahrscheinlich, dass schon im 12. Jahrhundert solche Mengen Muskat, wie manche Rezepte erfordern, nach Europa gekommen sind.

Am Ende des 12. Jahrhunderts findet sich bei Actuarius[1]) wie zu Beginn des folgenden Jahrhunderts bei Nicolaus Myrepsus[2]) neben der nux moschata (μοσχοκάρυδον) auch eine nux unguentaria erwähnt (κάρυον μυρεψικόν im Text des Nic. Myrepsus nach der Anmerkung des ihn 1549 edirenden Fuchs; quam myristicam vel myristicen appellant bei dem Actuarius 1556 edirenden Ruellius).

Bei Myrepsus bildet sie einen Bestandtheil der Antidotus athanasia parva, und wird in Menge den Fiebernden gegeben, bei Actuarius dient sie neben vielen anderen Gewürzen und Blüthen (z. B. auch Veilchen, Rosmarin, Rosen) zu einer Dianthon genannten und Herz- und Magenkranken sowie Rekonvalescenten gegebenen Medizin. Auch wird sie neben Macis (Genitiv hier und später oft maceris) und vielen anderen Gewürzen zu einer Diamargaru verarbeitet, einer Medizin, die aus der Vereinigung von Medizinen besteht und „gegen jede Schwäche der Kräfte hilft".

Dass die Nüsse warm sind und trocken, wie es schon die Araber fanden, wird auch von den mittelalterlichen Medizinern des Abendlandes erwähnt, nach Platearius[3]) sind sie es im 2. Grade, nach Cantiprat[4]) im 3. Grade, ebenso wird stets bemerkt, dass die schweren und scharf schmeckenden Nüsse zu wählen sind; nach Platearius müssen sie, wenn man sie zerbricht, innen nicht zu Pulver zerfallen, auch sollen sie möglichst eben sein; diejenigen, welche diese Eigenschaften nicht besitzen, sollen nicht als Arzneimittel verwandt werden[5]).

Vermittels ihrer aromatischen und sonstigen Eigenschaften stärken sie; sie sind gut bei Magenerkältung und Indigestion; man gebe morgens eine halbe oder, wenn sie klein ist, eine ganze Nuss, die Erfahrung lehrt, wie viel zuträglich ist. Gegen Magen-, Leber- oder Eingeweide-Indigestion empfiehlt Platearius eine Weinabkochung hiervon mit Anis, Cuminum und Mastix; diese Medizin löst die Blähungen des

---

1) Actuarius, de medicament. composit. J. Ruellio interpr. Leyd. 1556. pag. 75 und 101.

2) Nicolaus Myrepsus, Medicamentor. opus. Fuchs interpr. Leyd. 1549. pag. 15 und 90.

3) Platearius, Circa instans, de simplici medicina. Ausg. von 1524. fol. 29, cap. 5, und fol. 28, cap. 19.

4) Nach Jessen, Albertus Magnus. pag. 413.

5) Otto Cremonensis, der zu Beginn des 14. Jahrhunderts den bekannten und vielfach neu herausgegebenen Macis floridus schrieb, bringt dies sogar in Hexametern (Ausg. von Choulant 1832, pag. 164).

Nux muscata: Pulverulenta, levis, non pungens os neque lenis
nux est muscata vilis quasi res reprobata.

Magens und der Eingeweide; solchen Rekonvalescenten, denen die natürliche Wärme fehlt, soll eine Weinabkochung der Nuss und Macis gegeben werden. In die Nase gebracht, stärkt die Muskatnuss Gehirn und Lebensgeister.

Noch mehr sagt Platearius über die Macis; auch sie ist warm und trocken im 2. Grade. Sie hat die Eigenschaft zu stärken, zu lösen, zu entfernen; sie hat scharfen Geschmack und ist etwas bitter. Nur die rothe oder fast rothe Macis soll man wählen, die schwarze oder erdige, sowie die Macis ohne scharfen Geruch ist zu verwerfen[1]). Gegen Magenindigestion in Folge von Erkältung ist eine Weinabkochung derselben gut. Ein Pflaster aus Macispulver, Mastix oder Wachs ist sehr gut gegen Magenschwäche in Folge von Erkältung. Um das Gehirn von überflüssigen Säften zu reinigen, soll die Macis gekaut im Munde gehalten werden, damit die Heilkraft gelöst ins Gehirn dringe und es vom Ueberflüssigen reinige. Gegen Magen- und Leberschwäche in Folge von Erkältung, gegen Leucophlegmantia und Unterleibsleiden, sowie gegen schlechten Speichel und Asthma in Folge schlechten Blutes ist am Besten eine Macisabkochung unter schliesslichem Zusatz von etwas Wein; die Kolatur werde dann dem Patienten gegeben. Gegen Herzleiden ist das den Speisen und Getränken zugesetzte Macispulver vorzüglich.

Auch Albertus Magnus spricht von der Muskatnuss als belebend. Simon Januensis[2]) giebt in seinem grossen, Ende des 13. Jahrhunderts geschriebenen medizinischen Wörterbuche Clavis sanationis cap. 572 (nux muscata) und cap. 645 (macis) nur die verschiedenen Ansichten der Alten und der Araber, namentlich Avicenna's wieder, ohne selbst die Kenntnisse des Nutzens irgend wie zu vermehren; natürlich bleibt bei ihm die Verwirrung in Folge Uebertragung der Eigenschaften des macer auf die macis bestehen. Genau das gleiche gilt von Matthäus Sylvaticus grossem Opus Pandectarium medicinae[3]), einem medizinischen Wörterbuch vom Anfang des 14. Jahrhunderts.

Auf Cantiprat und demnach indirekt auf Platearius stützt sich das seiner Zeit recht bekannt gewesene, Mitte des 14. Jahrhunderts geschriebene Buch der Natur Konrads von Megenberg (Ausg. v. Pfeiffer pag. 377). Ueber die Muskatnüsse (muskaten) sagt er:

Die sint haiz und trucken in dem dritten grad; die pesten sind die swaer sint und auf der zungen scharpf; wenn man die nuz zuo der nasen habt, daz sterkt daz hirn vast und diu gaistleichen gelider. wan sie hât die kraft ze sterken von irm edelen smack und von irr aigener art. diu nuz ist gar guot wider die kelten des magen und wider des magen unkochen. wenn man die nuz des morgens allain izzet, daz ist dem haupt guot, aber wenn man si ze viel nützet, sô krenkt si daz hirn, dar umb, daz si durchdringender nâtûr ist. wein gesoten mit muskât sterkt daz hirn. die sich pezzernt auz irem sichtum, die schüllent muskât kewen, daz

---

1) Auch dies bringt Otto Cremonensis in Hexameter.

Macis: Haud pretio sordet si macis acumine mordet
ut quem legas dignum rufedo sit tibi signum.

2) Gedruckt zum ersten Male 1473 zu Parma.

3) Schon vor 1500 wurde dies Werk 11 mal gedruckt.

diu gaistleichen gelider gesterkt werden, daz herz und diu leber und andren gelider, und schüllent auch wein trinken, der dâ mit gesoten sei. An anderer Stelle heisst es: ist aber das haupt siech von vasten und arbait, so scholt du oft ezzen und ie ain klain und twah dich mit warm wazzer und izz alle tag muschat und halt negellein zuo der nasen.

In Bezug auf die Macis unterscheidet er die Rinde des Matzenbaumes (des Macer der Alten), von dem er auch glaubt, dass die Mastix davon herstammt, von der muskatplüet des Platearius, der „rint, diu umb der muskâtnuz ist und dar inn diu nuz verporgen ist, und daz ist daz pest muskât macis, daz underrôt ist und scharpf ist auf der zungen, und hât die art, daz ez daz hirn sterkt und entsleuzt und verzert die poesen fäuht in dem leib. man schol es kewen und lang in dem mund haben, daz sein kraft auf gê in daz hirn und die überflüssichait zersträw.

Interessant ist noch, was das Buch (pag. 362) über die verschiedene Wirkung von Zimmt und Muskat sagt: Zimt kawen macht einen stinkenden munt dauernd wolsmekend; während nelken un muscat „ain weil wol smecken, sö faulent sie doch und entsliezent daz flaisch in dem munt mit irr hitz.

Dass die Muskatnuss und Macis um diese Zeit selbst schon in Niederdeutschland eine wirkliche Volksmedizin geworden war, geht aus einem in Gotha befindlichen niederdeutschen Arzneibuch (Niederdeutsch. Jahrbuch 1889) aus dem Ende des 14. oder Anfang des 15. Jahrhunderts hervor, aus dem hier nur einige der auf Muskat bezüglichen Stellen Erwähnung finden mögen.

Muschate is het und droghe, se maket got den hosen adene, se sterken den maghen, se stoppet dat lif, se verdrift de bosen winde van der leveren, se is gut weder den ioken, weder den ruden, weder der leveren sericheyt. Muschatenblomen is het unde droghe, se sterket de leveren unde de milten unde den maghen unde vordrift ere vulnisse. In dem Kapitel von der suke der vrowen heisst es: So welker vrowen dat herte watert unde kranc is, de neme muschaten unde muschaten blomen unde nuttechen de, de maket ere en vro herte In dem Kapitel weder dat water: Nim musschaten, negeliken, muschatenblomen, galigan, enghever, seduar, peper, paradiscorn, cynamomium, cardemomen, anis, der ieweliker en satin, stot das krude; giet dar blancken win up; bewere den gropen wol; lat ene stan dre daghs. De dat water hevet, ofte enen kolden maghen, deme gif dat drinken in deme bade. In dem Kapitel weder de gercht: Nim weghebreden sat, salvien unde musschaten blomen, pulvere dat to hope, unde it dat uppe witten brode alle tid, unde beveritze helpt oc darto gegethen. Weme de bragenkop (Gehirn) we deit, de neme, wenn he slapen geit, eyn half lot muscaten, kobeben, galligan, iweliks (von jedem) eyn quentin, unde so vele poleyen, also des anderen attomale ys, unde pulvere dyth und eth.

Dass selbst Priester Muskatnüsse einnahmen, um bei feierlichen Ceremonien einen guten Athem zu haben, meldet Kardinal Cajetanus (in Summa v. Communio num. 2): et fide dignis accepi quemdam bonum sacerdotem multo tempore, pro reverentia sacramenti praeaccepisse nucem Muscatam, et bonum odorem stomachi Eucharistiae praepararet.

Wir sehen also, dass im Mittelalter Hand in Hand mit der Zunahme des Indischen Handels auch die Bedeutung der Muskat als Medikament wuchs, dass sie sich von dem arabischen Reich aus über Griechenland und Italien bald auch nach Mitteleuropa verbreitete, und allmählich eine echte Volksmedizin wurde, wenngleich sie hauptsächlich als wichtiges Ingredienz zunftmässig bereiteter Medikamente in Betracht kam.

Zum Schluss sei noch folgendes Gedicht des Nürnberger Barbiers Hans Folcz[1]) aus dem Jahre 1485 auf die Muskatblüthe angeführt, welches das Ende seines Konfektbuches oder Liber collationum, auch Vita spatium genannt, bildet.

Muscat Plue.

So hat solche craft dy muscat plue
Wan die plutspeiung tzu sere mue
Oder ein scharffen pauchflus hab
Also das er die derm im schab
Das alles ertzeneiet er
Und heilt dye ynwendigen geschwer
Erkuekt das hertz, erfrischt das plut
Hyemit pit ich euch habt vergut.
Und ein news selichs iar dartzu
Mit willigen dinsten spat und fru
Nicht weiter ich die dinge erkler
Spricht hans foltz zu nurnberg barbirer.

β) Im 16. Jahrhundert.

Die erste Periode der Neuzeit, die Renaissance in der Medizin, bestand in den Versuchen, sich von den scholastischen Fesseln zu befreien; anstatt gedankenlos die arabischen Schriftsteller und deren europäische Nachbeter, die salernitanische Schule, zu kopiren, wandte man sich direkt den Medizinern des Alterthums, nämlich Theophrast, Dioscorides, Galen und Plinius zu. Freilich dauerte es eine Zeit, bis man zu kritischen Ausgaben derselben gelangte. Bis dahin wurden einerseits die schon erwähnten Rezeptbücher, andererseits in den älteren sog. Kräuterbüchern und Hortis sanitatis das Wissen der Araber und der mittelalterlichen Aerzte kritiklos kopirt. So giebt noch das in Strassburg erschienene Kräuterbuch des Jahres 1530[2]) neben-

---

[1]) Folcz, Ausg. v. Choulant (1832) als Anhang zu Macer floridus pag. 192.

[2]) Das Kreuterbuch oder Herbarius, Strassb. 1530, Cap. 271, Blatt 103. In einem ähnlichen niederdeutsch geschriebenen Hortus sanitatis heisst es Cap. 342 (nach Schiller u. Lübben, Mittelniederd. Wörterb III, 139): Dyt sint de besten muscaten de endluttick breyt sind unde ewen, unde wenn man de brikt, dat se sick nicht tow

einander die Aussprüche Serapio's, Avicenna's und Platearius' wieder. Auch was über die Verwendung der Macis gesagt ist, ist gleichfalls als Compilation aus älteren Werken anzusehen, namentlich sind viel Kopien aus Platearius dabei.

Selbst noch 1557 wird fast diese ganze Beschreibung des alten Kräuterbuches von Lonicer[1]) wörtlich kopirt, während auch Dorstenius in seinem Botanicon[2]) 1540 den letzten Theil, ins Lateinische übertragen, wiedergiebt. Letzterer verbindet auch bei der Beschreibung des Nutzens der Muskatnuss die Angaben der Araber mit denen von Platearius, ohne etwas Neues beizufügen.

Auch Matthiolus, der zu den bedeutendsten Botanikern dieser Zeit gehört, wiederholt 1554 in dem Commentar zu Dioscorides[3]) ganz ausschliesslich die Nutzanwendungen der Araber und in dem einige Jahre später gedruckten, 1563 ins Deutsche übersetzten Hauptwerk, New Kreuterbuch[4]) verhält es sich kaum anders. Nach ihm sind, wie bei den Arabern, die frischen, nicht angegangenen, schweren, fetten Nüsse die besten, während Rondeletius[4]) zuerst (1570) darauf hinweist, dass die sehr ölreichen leicht Aufstossen hervorrufen, und zur Kräftigung des Bauches deshalb trocknere und an Oel ärmere Nüsse genommen werden sollten.

Dodoens Cruydeboek[5]) fügt noch einiges hinzu, indem er den Nutzen der Muskatnuss bei Kropfleiden hervorhebt.

Auch machen sie guten wohlriechenden Athem, bessern das Erbrechen und nehmen das Aufstossen weg, sie sind gut gegen Bauchwinde und Wehe und alle Verstopfung der Leber und Milz Gebraten oder zu 4 getrocknet gegessen, namentlich mit Rothwein, heilen sie den Bauchlauf; sind auch gut für Mutter, Niere und Blase, „sy ghenesen de coude droppelpisse ende sommighe heymelycke ghebreken van der mans ende vrowen, sy doen ook dat graveel lossen en rysen, sonderlinghe als sy in olie van sueten amandelen gheweyckt syn gheweest". Auch die Macis habe gleiche Kraft, mache den Athem wohlriechend, stopfe den Bauchlauf, rothe Ruhr und Frauenfluss, sei gut bei Herzklopfen und besser als die Nuss bei allen kalten Magenschmerzen. Er theilt auch mit, dass die Indier die gestossenen Nüsse oder

---

riuen laten. Muscaten mit eyern genuttet maket wol douwen (verdauen). Ok maken de muscaten eyne schone farwe, de eyne halv des morgens nochteren genuttet. Ob diese beiden Nutzanwendungen von älteren Aerzten stammen, weiss ich nicht; doch machen sie ganz den Eindruck, als seien es bekannte Volksheilmittel.

1) Lonicer, Kräuterbuch. Frankf 1557 pag. 340.

2) Dorstenius, Botanicon. Frankf. 1540, pag. 176.

3) Matthiolus, Commentar zu Dioscorid. 1554, pag. 147.
New Kreuterbuch. Prag. 1563, pag. 111.

4) Rondeletius, Method. pharmac. offic animadvers. (1570).

5) Dodoens, Cruydeboek, ed. II (1563, Antwerp. pag. 638).

auch die Blätter des Baumes in Wasser kochen; sie vermischen 1 oder 2 Drachmen davon mit 6 Unzen Rosenhonig und 2 Unzen Branntwein, kochen bis das Wasser fort ist, und nehmen jeden Morgen nüchtern 2—3 Löffel davon, gegen Magen- und Mutterleiden.

Curtius Symphorianus[1]), der etwa gleichzeitig schreibt, kopirt dagegen die 4—500 Jahre früher lebenden Aerzte noch fast wörtlich. Lobelius[2]) sagt nur: Urinas ciet, cerebro, ventriculo, hepati, utero, cordi, omnibus visceribus peramica. Selbst Acosta[3]), der doch in Indien Gelegenheit gehabt hatte, die Ansichten der indischen Aerzte zu erfahren, hält sich lediglich an das Ueberlieferte, und kopirt wohl namentlich Matthiolus, indem er auch namentlich von dem günstigen Einfluss der Muskat auf die Gebärmutter spricht. Ebenso fügt auch der Franzose Dalechamps[4]) (1586), sowie Tabernaemontanus[5]) (aus Bergzabern) nicht das geringste hinzu. Selbst noch 1595 wiederholt der gelehrte Paludanus[6]) in seinen Anmerkungen zu Linschotens berühmter indischer Reise, dass die Muskatnuss das Gehirn stärkt, das Gedächtniss schärft, den Magen wärmt und stärkt, den Wind aus dem Körper treibt, den Athem angenehm macht, Urin treibt, Diarrhoë stopft, und gut gegen alle kalten Krankheiten am Gehirn, Magen, Leber und Mutter sei; das Oel aber sei bei diesen Krankheiten noch wirksamer, da Macis speziell bei kaltem und abgespanntem Magen gut sei, die Verdauung von Fleisch befördere, die schlechten Säfte trockne und den Wind breche.

Auch die wenigen englischen Kräuterbücher wissen nichts Neues zu sagen. Während sich Turner[7]) in seinem Herbal 1568 sehr kurz fasst, mögen aus Gerarde's[8]) ganz am Ende des Jahrhunderts geschriebenem Herbal einige neue Rezepte citirt sein.

Nutmegs cause a sweer breath and amend those that do stink, if they be much chewed and holden in the mouth. The Nutmeg in good against freckles in the face, quickneth the sight, strengthens the belly and feeble liver; it taketh away the swelling in the spleene, stayeth the laske, breaketh winde and is good against all cold diseases in the body.

Nutmegs bruised and boiled in Aqua vitae untill they have wasted and consumed the moisture, adding thereto of Rhodomel (that is honey of Roses) gently boiling

---

1) Curtius Symphorianus, Hortorum libri XXX. Leyd. 1560, pag. 452.
2) Lobelius, Plantar. seu stirpium historia. Antwerp. 1576, pag. 570.
3) Acosta, Tractado de los drogas. Burgos 1578.
4) Dalechamps, Histor. gener. plant. Leyden 1586 II, pag. 1760.
5) Tabernamontanus, Neuw Kreuterbuch; Ausg. v. 1613 III, pag. 639.
6) In Linschotens Ind. Navigatie 1595.
7) Turner, Herbal 1568 III, pag. 48.
8) Gerarde, The Herball, Lond. Ausg. v. 1633, pag. 1537.

them, being strained to the form of a syrup, cure all paines proceeding of windic and cold causes, if three spoonfulls be given, fasting for certaine dayes together. The fame bruised and boyled in strong white wine untill three parts be fodden away, with the roots of Mother-wort added thereto in the boyling, and strained: this liquor drunk with some sugar cureth all gripings of the belly proceeding of windinesse. As touching the choice, there is not any so simple but knoweth that the heaviest, fattest and fullest of juice are the best, which may easily be found out by pricking the fame with a pinne or such licke.

Durante bringt schliesslich die Wirkung der Muskatnuss in seinem Herbarium novum sogar in Verse, und zwar in folgende, nicht eben sehr schöne Hexameter:

Discutit inflammat commendat et oris odorem
Nux Moscata favet stomachoque oculisque, fluentem
sistit et haec alvum, tum digert atque ministrat
urinam vomitumque arcet iecori atque lieni
proficit, os mundat maculis a lentibus inde
auxilium ex utero multum frigentibus affert.

Auch in Prosa erwähnt er den Nutzen von Muskat und Macis, aber nur das schon zur Genüge von uns im Vorhergehenden Besprochene.

Hiermit haben wir so ziemlich den Ueberblick über das sonst so bahnbrechende 16. Jahrhundert erschöpft, und müssen leider zugeben, dass in Bezug auf den Gebrauch unserer Droge Romanen und Germanen, Portugiesen, Italiener und Franzosen wie auch die Holländer, Deutschen und Engländer miteinander wetteiferten, das alte ungewaschene Zeug wieder aufzuwärmen und wenn möglich zu verschlechtern. Höchstens könnte man sagen, dass auf dem Gebiet der Mystik etwas Neues in dem Jahrhundert hinzugekommen sei. In einem eigenthümlichen, zuerst 1567 erschienenen Buch von Levinus Lemnius[1]), über die geheimen Wunder der Natur, heisst es nämlich:

Nux myristica seu moschata et Coralius lapis a viro gestati meliorescunt, deteriora vero efficiuntur a foemina. Si quiden myristica seu moschata a viro gestetur, non solum vigorem suum conservat, sed etiam turgescit, magisque efficit succulenta. Dies wird dann sehr ausführlich dadurch erklärt, dass die Wärme (calor) namentlich eines jungen Mannes eine so grosse sei, dass sie einen anregenden Einfluss ausübe, was bei dem Weibe nicht der Fall sei.

Hier haben wir also nicht einen sympathetischen Einfluss der Muskat auf den Menschen, sondern umgekehrt.

Wie die medizinischen Werke, so bewegen sich auch die Rezeptbücher des 16. Jahrhunderts ganz in den alten Geleisen. Die in den ersten 40 Jahren des Jahrhunderts herrschenden alten und wieder neu

---

1) Levinus Lemnius, De miraculis occultis naturae. Antw. (Ausgabe 1574 pag. 189.)

aufgelegten Bücher von Mesuë und Nicolaus Praepositus wurden später durch das vielfach neu edirte Konfekt- oder Latwergenbüchlein von W. Ryff[1]) (zuerst 1542) in Deutschland etwas verdrängt, mehr populär gehaltene Apothekerbücher, die zuerst den Namen der kleinen teutschen Apothek, später den Namen Hausz-Apothek führten, im Uebrigen aber dieselben schönbenamten Electarien und Dia-medicine brachten wie die alten.

Grössere Bedeutung noch erlangte das gleichfalls in vielen Auflagen verbreitete grosse Dispensatorium von Valerius Cordus[2]), das nach des fleissigen und belesenen Verfassers Tode 1546 zuerst veröffentlicht wurde: es fasst alles Wesentliche der älteren Werke unter Zufügung von allerhand neueren, womöglich noch komplizirteren und darum anscheinend wirksameren Rezepten zusammen; es ist in gewissem Sinne das klassische Buch dieser ganzen Methode und blieb noch lange bei den Apothekern in hohem Ansehen.

Wir finden in diesem Werk nicht weniger als 86 Recepte, die Muskat oder Macis enthalten; unter den 25 Hauptabtheilungen der Simplicia befinden sich nur sieben, und meist sehr kleine, bei denen Muskat und Macis nicht benutzt wurde; unter den Confectiones aromaticae allein sind 30 Mittel, bei denen Muskat oder Macis, 13 Mittel, bei denen sogar beide Drogen eine Rolle spielten. Was die Menge der in den Medikamenten enthaltenen Muskat und Macis betrifft, so ist sie natürlich sehr verschieden, auffallend ist es aber, und zweifellos in dem früher grossen Werth dieser Drogen begründet, dass sich namentlich in den ältern von Mesuë und Nicolaus herstammenden Medikamenten gerade bei diesen Drogen meist eine genaue Angabe der zu verwendenden Quantität findet, während eine solche bei den anderen Bestandtheilen selten ist. Im Allgemeinen wurde an Macis 1—2 Drachmen verwandt (also ca. 5—10 g), an Muskatnuss dagegen 2—4 Drachmen (also 10—20 g); nur in der Aqua aromatica per infusionem parata werden 1/2 Unze (also 20 g) Macis verwendet, 3 Drachmen (also 15 g) auch bei dem Diacidonium compositum. Bei dem Diacidonium aromaticum mesuae finden sich sogar 4 Unzen Muskatnuss verwandt, (also 1/3 Pfd.), was also zu Mesuë's Zeiten ein ganzes Vermögen dargestellt haben würde; es ist deshalb wohl als Zusatz von Cordus anzusehen, vorausgesetzt, dass es kein Uebersetzungsirrthum oder Druckfehler ist; immerhin muss diese Medizin selbst im 16. Jahrhundert noch einen respektablen Werth repräsentirt haben. Noch grössere Quantiäten, nämlich 1/2 Pfd. ölreicher Muskatnüsse sollen nach Cordus zur Herstellung des Oleum Nucis Muscatae compositum verwandt werden; diese sollen mit 1/2 Unze Nelken zerstossen und dann mit Absynthwasser besprengt tüchtig im Mörser umgerührt werden, bis die ganze Masse weich ist; dann kommt noch Mastixöl, Menthaöl und Malvasierwein hinzu; einige fügen auch noch Zibeth dabei. Dies Mittel ist dienlich den an Magenerkältungen etc. leidenden.

[1]) W. Ryff, Der and. Theil der kleinen teutschen Apothêck, Confect od. Latwergenbüchlins 1542.

[2]) Valer. Cordus, Dispensatorium Pharmaciae (Nürnb. Aufl. v. 1598).

γ) Im 17. Jahrhundert.

Wie wenig Fortschritte die Arzneiwissenschaft in Bezug auf die Anwendung der Muskat in der Folgezeit machte, zeigen die pharmazeutischen Bücher des 17. Jahrhunderts. Die Pharmacopoea londinensis z. B. wiederholt im Wesentlichen nur die 1—6 Jahrhunderte alten Rezepte des Cordus, Nicolaus, Mesuë etc. Die im 17. Jahrhundert sehr berühmte, vielfach edirte und kommentirte Pharmacopoea medico-chymica des Johannes Schroeder giebt in den ersten Auflagen 10, später durch Hinzukommen des Muskatblüthenkonfekts sogar 11 verschiedene Präparate der Muskatnuss und Macis an, die sich dann auch z. B. in Becher's Parnassus illustrat.-medicinalis (Ulm 1663) finden.

1. Eingemachte Muskatnüsse (Conditae Nucistae); 2. Muskatblüthenconfect (Condita Macis), nur selten benutzt; 3. Muskatwasser (Aqua Nucistae), wie Zimmtwasser bereitet, mit Brotkrumen destillirt; 4. Destillirtes Muskatnuss Oel (Oleum Nucistae stillatum); 5. Ausgepresstes Oel der zerstossenen und erhitzten Muskatnüsse (Oleum Nucistae expressum); 6. Muskatsalz (Sal commune Nucistae), aus dem eingeäscherten Rückstand durch Auslaugen gewonnen; 7. Destillirtes Muskatblüthenöl (Oleum Macis stillatum); 8. Ausgepresstes Oel der Muskatblüthen (Oleum Macis expressum); 9. Extrakt des ausgepressten Muskatnussöles, durch Weingeist (Extractum Olei Nucist. express); 10. Muskatblüthenbalsam (Balsamus Macis), das ausgepresste Oel unter Zusatz etlicher Tropfen des destillirtes Oeles; 11 Muskatnussbalsam (Balsamus Nucistae), auf gleiche Weise hergestellt.

Ueber die Verarbeitung der Nuss und Macis zu zusammengesetzten Medizinen findet sich hier keine nähere Anleitung. Namentlich beliebt war gegen Ende des 17. Jahrhunderts das z. B. von Pomet in der Histoire des Drogues angeführte sogen. Poudre Duc oder Hertzogenpulver, das aus 1 Pfund Zucker und 2 Unzen Muskatnuss bestand, einige fügten auch Zimmt bei. Dieses Pulver, mit heissem Wein (also als Glühwein) getrunken, bildete schon damals ein ausgezeichnetes Mittel bei Erkältungen (Heiserkeit und Schnupfen).

Was die Kenntniss des medizinischen Nutzens der Muskatnuss und Macis betrifft, so folgt das 17. Jahrhundert gleichfalls den Spuren des 16. und der vorhergehenden; die ganze sterile Betrachtungsweise der alten Mediziner zeigt sich nur noch in verstärktem Maasse. Nur einige Proben mögen zur Illustration hiervon dienen.

Joh. Schroeder z. B. sagt in der erwähnten grundlegenden Pharmacopoea medico-chymica 1641 über die Eigenschaften der Muskatnuss (pag 105): Nux calfacit et siccat, subastringit, est stomachica, cephalica, uterina, discutit flatus, coctionem iuvat, halitum foetidum oris emendat, foetum recreat, lipothymiae ac palpitioni cordis succurrit. Lienem minuit, alvi fluores compescit, vomitum sistit. Die Macis habe dieselben Wirkungen, bestehe aber aus feineren Theilen, und sei deshalb wirksamer und tiefer eindringend.

Wie massgebend diese Schilderung damals war, ersieht man daraus, dass noch über ein Jahrhundert später, 1751, sich in Dales Pharmacologia der Nutzen der Muskat mit absolut denselben Worten beschrieben findet. Selbst in Gedichtform findet sich fast dasselbe in Bechers Parnassus illustratus medicinalis Ulm 1663.

Die Muscatnusz zieht an, sie trocknet, stärkt das Haupt.
Zur Mutter, Magen, Miltz ist sie auch feyl erlaubt,
Sie stärkt den Leib, däwt wol, treibt Wind, hält ein den Bauch,
Zum Hertzklopfen ist sie gar öffters im Gebrauch.
Das Muskatblüth das hat schier eben solche Krafft,
Viel stärker würckts, wann man recht fein Natur betracht.

In der deutschen Ausgabe Schroeders vom Jahre 1693 (pag. 1061) finden sich noch eine Reihe späterer Zusätze, es heisst da: Die Nuss wärmet und trocknet, astringiret in etwas, dienet dem Magen, Haupt und der Mutter, zertheilet den Wind, hilfft kochen, verbessert den stinkenden Athem, ist gut in Ohnmachten und Hertzklopfen, vermindert die Miltz, stillet die Bauchflüsse. — Wenn die Weiber nach der abgelegten Geburth alsofort die kalte Lufft in die Mutter gehen lassen, so wird die Mutter ausgedehnet, dass man meinen sollte, dass noch ein Kind vorhanden, welches denn ein beschwerliches Ding zu curiren, dafür sich denn die Gebährenden höchst hüten sollen; in dergleichen Zufällen kann man Muscaten Nüsse mit Matricaria in Wein gekocht gebrauchen, oder man schneide eine Muscaten-Nuss in zwey Stücke, lege sie auf glühende Kohlen und lasse durch einen Trichter den Dampf in die Mutter gehen. Hierdurch öffnen sich die Orificia uteri, und werden die allda verhaltenen Winde zertheilet, welches Hartmanni Experiment hierin gewesen. Bei Durchlauff werden Muskatnüsse auf Brot gerieben und in Bier gelegt, auch in saures Bier, um Durchlauff zu hemmen, wird gelber Eidotter mit Rosenessig und Muskatnüssen hart gekocht gegessen. Auch Muskatnüsse und gebratener Rhabarber werden verwandt. Helmontius nimmt Pomeranzenschalen, Gummi Animae und Muskatennüsse. — Sie erquicket auch die Frucht im Mutterleib, macht die Eyer lieblich, stärket das Gesicht, tauget vor kalte Mutter, Beschwerden und Ohnmacht — Stärkt das Gedächtniss, vertreibet Schwindel, treibt Harn, lindert die Harnwinde, stillt Brechen, Durchlauff, rothe Ruhr und Weiberfluss, mit Rothwein oder Eidotter gekocht bis es hart wird. — Nach andern Gewährsmännern soll auch der Rauch der Nuss gut sein gegen Aufblähung des Bauches. Selbst die mystische von Levinus beobachtete oben erwähnte Eigenschaft wird aufgewärmt: Man will sagen, wer stetig eine Muscaten-Nuss bey sich trage, soll nicht allein stark und frisch bleiben, sondern auch schöner werden, stehet leicht zu versuchen.

Nicht in Betracht gegen diese ausführlichen Schilderungen kommt das Wenige, was die Kräuterbücher jener Zeit, Clusius, Bauhin, Piso, über den Nutzen der Muskat berichten, zum grossen Theil nur ein Abklatsch der ältesten arabischen Litteratur. Ganz an die Araber und die Kräuterbücher des 16. Jahrhunderts lehnt sich auch das Museum Wormianum 1655 (pag. 210) an; noch auffallender ist aber, dass selbst Munting noch ganz am Ende des 17. Jahrhunderts (1696) in seiner Naauwkeurig Beschryving der Aardgewassen (pag. 136) an erster Stelle immer noch das citirt, was Averrhoes und Serapio über den Nutzen sagen.

Zum Schluss sei das für das 17. Jahrhundert bezeichnendste Werk, die Moschocaryologie oder Dissertatio de nuce moschata von Joan Henr. Dietz 1681 erwähnt, ein lateinisch geschriebenes Buch von über 60 Seiten, von denen jedoch glücklicherweise eine Anzahl auf die Einleitung und die Lobeserhebungen des Verfassers, die letzten sogar in Gedichtform, abgehen. Es lohnt sich nicht, auf die Einzelheiten einzugehen: was dieses Buch trotz der vielen gedankenlosen Wiederholungen aus der alten Zeit auszeichnet, ist eine gewisse systematische Behandlung der Sache, d. h. nur des pharmaceutischen und medizinischen Theiles, ja es lassen sich selbst schon Spuren von Kritik entdecken. Freilich lag dieselbe damals, was die Heilwissenschaft betraf, noch in ihren Windeln, wie wäre es auch sonst möglich gewesen, dass die Muskatnuss ein solches Allheilmittel geworden wäre, gegen Pest und Cholera, gegen Schlaganfälle und Schwindsucht, gegen Impotenz und Abort: merkwürdig ist, dass gerade das Leiden, wogegen es noch jetzt am meisten mit Erfolg angewandt wird, der Rheumatismus, gar nicht erwähnt wird.

δ) Im 18. Jahrhundert.

Die Wende des 18. Jahrhunderts bezeichnet den Höhepunkt der medizinischen Anwendung der Muskatnuss. Auf die später gesondert herausgegebene Dissertation von Dietzius folgte 1704 eine noch bedeutend grössere Arbeit, der *Μοϱχοκαϱυογϱαφία* seu Nucis moschatae curiosa descriptio historico-physico-medica von Christ. Franc. Paullini (8°), ein Monstrum von fast 900 Seiten, in lateinischer Sprache und ganz im System der Dissertation von Dietz geschrieben. Während der erste oder philologisch-historisch-pharmaceutische Theil sich mit dem Namen, der Definition, der Heimath und Kultur, den verschiedenen Sorten, den Kräften und den Medikamenten beschäftigt, handelt der zweite und dritte Theil über die Anwendungen, und zwar in gleicher Reihenfolge wie bei Dietz; zuerst kommen innere Anwendungen bei Krankheiten der oberen, mittleren und unteren Körpertheile, dann bei Fieber und Allgemeinerkrankung und schliesslich die äusseren Anwendungen; den Schluss bilden einige Anwendungen im häuslichen Leben. Im Ganzen werden nicht weniger als 138 Krankheiten damit geheilt.

So handeln in dem Abschnitt, der sich mit dem obersten Körpertheil beschäftigt, 20 Kapitel über Kopfkrankheiten, 3 über Augen, 2 über Ohren, 3 über Nasen, 2 über

Zungen, 1 über Gesichtsleiden, 4 über Mund, 3 über Zähne, 1 über Zahnfleisch, 1 über Zäpfchen und 1 über Mandelkrankheiten. Was die mittleren Körpertheile betrifft, so handelt daselbst 1 Kapitel über die Schlundkrankheit Angina, 1 über den Kropf, 1 über Bronchien, 10 über Lungen-, 3 über Brustkrankheiten. Was die unteren Körpertheile betrifft, so handeln 11 Kapitel über die Leiden des Magens, 9 über die des Darmes, 7 über Leberkrankheiten, 10 über Milz-, Weichen- und Scrobutkrankheiten, 5 über Nieren- und Blasenleiden, 2 über männliche, 13 über weibliche Geschlechtskrankheiten, 6 über Zustände vor und nach der Geburt. Endlich handeln 10 Kapitel über Fieberkrankheiten. Bei 25 verschiedenen Krankheiten wird die Muskatnuss äusserlich angewandt.

Hier auf die Krankheiten im einzelnen einzugehen erscheint kaum nöthig. So finden sich unter den Kopfkrankheiten neben Katarrhen, Kopfschmerzen, Melancholie, Schwindel, Gedächtnissschwäche auch Paralysis, Schlaganfall, Epilepsie, Krämpfe, Tobsucht, Veitstanz, Alp, Delirien, ferner Nasenpolypen, Zungenparalyse und Zittern. Zahnschmerz, angegangene Zähne, Geruch aus dem Munde, Mundverrenkung. Aphthen, Zahnfleischfäule etc. Unter den Brustkrankheiten findet sich Angina, Kropf, Husten, Schwindsucht, Rippenfellentzündung, Asthma, Blutspeien, Herzklopfen, Mangel an Milch, Schmerzen der Brüste. Unter den Bauchkrankheiten Aufstossen, Erbrechen. Appetitlosigkeit, Heisshunger, Cholera, Kolik, Leibschmerzen, Diarrhöe, Dysenterie, Würmer, Blähungen, Hämorrhoiden, Kachexie, Wassersucht, Diabetes. Harndrang, Blutharn, Gelbsucht, Rachitis, Stuhlverhaltung, Milzleiden, Scorbutkrankheiten, Gonorrhoe, Impotenz, Unregelmässigkeit der Menses, hysterische Leiden. Weissfluss, Bleichsucht, Sterilität, falsche Schwangerschaft, Schwergeburt, Schwäche des Foetus, Abortus. Unter den allgemeinen Krankheiten finden sich die verschiedenen Arten Wechselfieber, Pocken, Pest. Aeusserliche Anwendung findet die Muskatnuss unter andern bei Wasserkopf, Wunden am Kopf und Schädelbruch, bei Krätze, Gicht, Syphilis, Brand, Warzen, Jucken, Geschwüren und Geschwülsten, Kahlköpfigkeit etc. Der Kuriosität wegen sei nur ein Rezept gegen Kolik hier angeführt; es besteht aus $^1/_2$ Drachmen gepulverten Mäusekothes, 9 Gran Muskatnuss, $^1/_2$ Scrupel Anis-Oelzucker, 1 Unze Zimmt- und Münzenwasser, sowie 2 Drachmen Zimmtsyrup.

Selbstverständlich spielt die Muskatnuss bei der Heilung der meisten dieser Krankheiten nur eine Nebenrolle, und wenn sie nur von irgend einem obskuren Arzte einmal empfohlen oder angewendet wurde, so wurde diese Krankheit gleich von dem gewissenhaften Kompilator mit genauem Citat aufgenommen.

Was die Rezepte betrifft, die bei den einzelnen Krankheiten gegeben werden, so sind es auch meist wieder Gemische aus vielerlei Aromata etc., und was die Kraft der Muskatnuss angeht, so kopirt Paullini ausschliesslich die älteren Schriftsteller, von Serapio und Avicenna an bis zu Dietz, so giebt er z. B. noch an, dass die Nuss im 2. Grade warm und trocken sei, und die Eigenschaften fasst er am Schluss in folgenden Satz zusammen. Summa: est alexipharmaca, diuretica, cephalica, thoracica, cardiaca, stomachica, epatica, splenetica, uterina; auch gehöre sie zu den Aromata, und diese sind alle nach Galen von zartem Wesen und wärmegebender Kraft. Siccant enim, incidunt, attenuant, dissipant, roborant; sunt optime cephalica, ophthalmica, acustica, cordialia, stomachica, uterina, aphrodisiaca.

Die Medikamente werden viel kürzer behandelt als bei Dietz, aber ebenso in flüssige trockene und mittlere eingetheilt. Die flüssigen bestehen aus Aquae, Tincturae, Extracta, Elixiria und Essentiae, Salia volatilia oleosa, Olea und Sirupi; die trockenen bestehen aus Magisteria, Salia, Extracta spissiora, Ambrae oder Poma odorata, sowie Trochisci: die Medikamente mittlerer Konsistenz sind Conservae und Balsama artificialia.

Mit Recht betrachtet Flückiger dieses Buch als den Kulminationspunkt scholastischer Büchergelehrsamkeit. Während bei der Kürze der Dissertation von Dietz die Oede des kritiklosen Sammelns wenigstens durch die zum ersten Mal durchgeführte systematische Behandlung einigermassen wett gemacht wurde, fehlt hier auch in der Behandlung des Themas der Reiz der Neuheit und das Wenige, was hier imponirt, ist die stupende Belesenheit des Verfassers und die durch das Niederschreiben einer so enormen Quantität schaalen Zeuges bewiesene Ausdauer.

Nur wenige Jahre später schloss sich dieser Arbeit noch eine in Utrecht im Jahre 1709 erschienene Dissertation von Nikol. Schultze aus Tangermünde, de Nuce moschata betitelt, an, die aber bis auf eine für die damalige Zeit ausgezeichnete Abbildungstafel nicht viel Neues brachte, sondern eigentlich nur Excerpte aus früheren Büchern. Nur das fünf Seiten lange Kapitel IV handelt über de temperamento, usu, abusu et praeparatis Nucis Moschatae, und zwar wird bei Avicenna, Serapio, Aetius angefangen, um alle alten Dinge wieder aufzuwärmen. Die viel ausführlicheren Arbeiten von Dietz und Paullini werden nicht einmal erwähnt, dagegen eine Reihe von Aerzten als Zeugen citirt, ferner von älteren Botanikern Matthiolus und Dodonaeus. Es ist offenbar in medizinischer Beziehung (die botanischen Kapitel zeigen gründlichere Studien) eine Dutzend-Dissertation, die aber doch einen grossen Vorzug vor Paullinis Werk voraus hat, nämlich den der Kürze.

Man könnte die Zeit von 1680—1720 wirklich als die Periode der medizinischen Muskatmonographien bezeichnen, denn im Jahre 1719 folgte dann wieder noch eine Dissertation, diesmal eine Giessener, über die Macis, von Konr. Mich. Valentini, eine relativ brauchbare Arbeit, namentlich deshalb, weil der botanische und agrikulturelle Theil ziemlich ausführlich und gut behandelt ist, in Folge der von Rumph und De Padbrugge gemachten Mittheilungen darüber, die der Vater des Doktoranten, Mich. Bernh. Valentini, als indische Sendtschreiben im Anhang zu seinem Museum museorum schon 1704 in deutscher, noch ausführlicher 1716 in seiner Historia simplicium reformata auf lateinisch veröffentlicht hatte. Der wirklich medizinische Theil in dieser Dissertation, das 4. Kapitel derselben, ist recht kurz, enthält nur wenige Rezepte und Nutzanwendungen und verweist im Uebrigen vielfach auf das Kompendium von Paullini.

Auch hier ist die Eintheilung in obere, mittlere und untere Körpertheile, sowie als äusserliche Mittel beibehalten; auch hier wird der Nutzen bei Phthisis, Pest, bösartigen Fiebern, Cholera, Abortus etc. erwähnt. Die Macis besitzt nach ihm von den in ihr enthaltenen Particulis salino-volatilibus oleosis herrührend die Vis nervina, von den gleichzeitig vorhandenen Fixis terrestribus die Vis astringens. Neben dem Macisöl, das als Fundamentum namentlich in den sogen. Salibus volatilibus oleosis damals sehr beliebt war, wurden Trochisci, Pulver, Electuarien etc. gegeben, äusserlich wurden Macispräparate namentlich bei veralteten Geschwüren der Tibien von solchen verwandt, die Salben und Pflaster nicht vertragen konnten.

Wir sind jetzt schon tief ins 18. Jahrhundert hineingekommen, die Medizin hatte durch die Hilfe der Anatomie bedeutende Fortschritte gemacht, die Arzneimittellehre war durch wichtige neueingeführte Drogen bereichert worden, aber anstatt dass man mit kritischer Schärfe versucht hätte, bei der Muskatnuss Missverständniss und Aberglauben von dem berechtigten Kern zu sondern, hatte man im Gegentheil durch emsiges und kritikloses Aneinanderfädeln irgendwelcher Aussprüche irgendwelcher Aerzte die Nutzwirkung dieser Droge in das Unendliche erweitert, und schon stellte die Muskatnuss eine Art Panacee dar gegen so gut wie alle menschlichen Gebresten.

Trat dies zwar auch später nirgends in so grotesker Deutlichkeit in Erscheinung wie bei Paullini, so findet man doch noch bis spät ins 18. Jahrhundert in pharmaceutischen Werken die gleichen, ursprünglich auf die Araber zurückzuleitenden Ideen immer und immer wieder angeführt.

So z B. findet sich bei Nicol. Lemery, Vollständiges Materialien-Lexicon (Leipzig 1721) folgender Satz aus vielhundertjähriger Rumpelkammer: „Die gemeinen trockenen Muskatnüsse stärken das Hirn, das Hertz und den Magen, befördern die Dauung, treiben die Winde und bei den Weibern die Zeit, machen guten Samen, ändern den stinkenden Athem und widerstehen der Fäulung.“

So sagt Hotton in seinem Thesaurus phytologicus, Kräuter-Schatz (Nürnberg 1738) unter anderm „sie schärffen die Vernunft und alle Sinne, auch das Gesicht und Gedächtnis, heilen auch innerliche Schäden und Verletzungen, dahero sie offt mit unter die Wind-Träncke genommen werden“; auch giebt er an, dass sie „gegen Durchlauft und rothe Ruhr, den weissen Weiber-Fluss und Gonorrhoeam dienlich seien; sie erquicken die Schwangere und das Kind im Mutterleib, insonderheit die eingemachten. Der Rauch von den Muskatnüssen thut sonderlich gut in der Aufblähung und Winden der Mutter, Muskatnüsse zerstossen und in Essig geweicht ziehen allerley Gifft aus, so mans als Pflaster überlegt. Das Muscatenwasser hat auch eine grosse Krafft den Magen, Mutter und den gantzen Leib zu stärken, wird mit grosser Nutzbarkeit in Bauch- und Mutterflüssen verordnet. Die Muscaten-Blumen wird zu allen oben genannten Gebrechen kräfftiger, durchdringender und subtiler gehalten, seynd sonsten gleicher Wirkung mit den Nüssen.“

Eine unglaublich lange Beschreibung des Nutzens giebt auch Zwinger in seinem Theatrum botanicum 1744. Allein am Rande sind als Rekapitulation erwähnt:

Schmertz des Magens. gefährliche Kindesnoth, Leibweh, Grimmen, Bläste, blöder Magen, schwache Mutter, Durchbruch, Ruhr, rothe Ruhr. frühzeitige Geburt, Winde, Flüsse, verstopfte Milz, blödes Haupt, stinkender Athem, schwaches Gesicht, Hertz, Magen und Leber, Aufblasen der Milz, Versteckung des Harns, Bauchfluss Aufstossen, Erbrechen und Würgen des Magens, Erkaltung der Mutter, Schwindel, ferner zur Stärkung der Frucht im Mutterleib. Und so geht es dann weiter zu den verschiedenen Muskatölen und der Blüthe. Unter den wenigen Rezepten, die er giebt, findet sich auch die Angabe, dass ein Stück geröstetes Brot im Magen- oder Mundwasser getaucht und mit Muskatpulver bestreut von „sorgfältigen Weibsbildern“ auf den Nabel gelegt werde gegen Grimmen, allerhand Ruhr, stärket die Frucht und verhütet Frühgeburt.

In dem bekannten Dictionnaire d'histoire naturelle von Bomare heisst es noch von der Muskatnuss (pag. 134): Elle fortifie l'estomac, facilite la digestion, corrige la mauvaise haleine, appaise le vomissement, dissipe les vents et guérit les coliques; elle arrête le flux de ventre, excite les regles, provoque la semence, augmente le mouvement du sang, résiste au poison, est fort utile dans les maladies froides des nerfs. Der Rauch der Nüsse ist dienlich en coliques venteuses, certaines douleurs de la matrice qui viennent quelquefois après l'accouchement.

In Marpergers Kaufmanns Magazin, einem alphabetisches Lexikon findet sich noch in der 1764 erschienenen 4. Auflage erwähnt, dass die Muskatnüsse wärmen, trocknen und adstringiren, dem Magen, Haupt und der Mutter dienlich sind, die Winde zertheilen, den stinkenden Odem verbessern und gut in Ohnmachten und Hertzklopffen sind.

Gegen Ende des vorigen Jahrhunderts begann dann die Muskatnuss endlich ihren unberechtigten Nimbus einzubüssen. J. A. Murray schreibt z. B. in seinem Apparatus medicaminum 1792 nur, dass sie den angegriffenen Bauch und Eingeweide vortrefflich stärke, die angesammelten Winde zerstreue, das Erbrechen in Folge von grosser Reizbarkeit lindere; namentlich aber Bauchfluss, Diarrhöe und Dysenterie vermindere, nachdem die Reizursache zuvor entfernt sei. Im Uebrigen gleiche die Wirkung der Muskatnuss derjenigen der übrigen Aromata, nur müsse man berücksichtigen, dass sie viel Fett in sich enthalte. Früher habe man mehr geröstete Nüsse gegeben als jetzt; selten nehme man jetzt Theile der Muskatnuss für sich, sondern meist in passenden Mischungen, von denen einige nur zu äusserlichem Gebrauche dienen.

Wir sehen hier also schon ganz vernünftige, auch in der heutigen Medizin herrschende Ideen ausgesprochen, und der Schritt, den die Medizin des letzten Jahrhunderts machte, um den Gebrauch der Muskatnuss noch mehr einzuschränken, war nur noch ein unbedeutender. Der letzte Satz, dass die Wirkung der Muskatnuss derjenigen der übrigen Aromata gleiche, war, wenn auch unrichtig, doch das leitende Prinzip der Arzneimittellehre unseres Jahrhunderts in Bezug auf diese Droge geworden.

ε) Im 19. Jahrhundert.

Heutzutage ist der Gebrauch der Muskatnüsse und Macis in der Medizin ein relativ geringer; man bedient sich der Muskatnüsse jetzt hauptsächlich als Stomachicum, Stimulans und Carminativum, besonders bei Dyspepsie, Darmkatarrh, Kolik und als Appetiterreger, sowie wegen ihrer Blähungen lösenden Wirkungen; die emmenagogischen, monatliche Reinigung befördernden Eigenschaften dagegen, die man ihnen im Volk zuschreibt, scheinen sehr zweifelhaft zu sein; in England und Amerika werden von den Frauen noch häufig Muskatnüsse benutzt, um Abort herbeizuführen, wie es scheint, aber meist mit negativem Erfolg. In den 70er Jahren war in der deutschen Pharmacopöe noch die Tinctura Macidis enthalten (1 Thl. Macis in 5 Th. Weingeist; Dosis 20—50 Tropfen); jetzt sind ausser den weiter unten zu besprechenden Präparaten Oleum macidis und nucistae, sowie Balsamum nucistae nur noch die Muskatnüsse (Semen Myristicae) offizinell. Man nimmt sie bei Magen- und Darmkatarrh, Dyspepsie etc., in Dosen von 0,5—1,0 g als Pulver und in Pillenform, meist aber dienen sie nur als Adjuvantia und Corrigentia[1]. Namentlich bei der Muskatnuss sind aber grössere Quantitäten zu vermeiden wegen der sogleich zu besprechenden toxisch-narkotischen Eigenschaften; aus diesem Grunde aber kann man sie in milden Fällen von Diarrhöe als gutes Sustitut von Opium benutzen, und nimmt sie dann, wenn keine Gegenindikation für Spiritus besteht, in Branntwein und Wasser.

---

[1]) Noch vor kurzem erfreute sich das sog. Goelis'sche Kinderpulver, Pulvis nucis moschatae compositus sive antiscrophulosus Goelisii (natürlich unberechtigterweise) eines grossen Rufes bei Atrophie und Rhachitis; es bestand aus Muskatnuss, gebranntem Hirschhorn, Lorbeerfrüchten (je 1 Th.) und Süssholz (6 Th.) und wurde theelöffelweise verabreicht (Husemann, Arzneimittellehre II, pag. 568).

Anhang.

Die toxischen Eigenschaften der Muskatnuss.

Es unterliegt keinem Zweifel, dass die Muskatnuss toxisch wirkende Stoffe enthält, die im Uebermaass genossen, schwere Zustände hervorzurufen im Stande sind. Keinenfalls sind sie in dem Endosperm enthalten, sondern einzig und allein in dem Ruminationsgewebe, auch gehören die giftigen Eigenschaften wohl nicht nur dem ätherischen Oele an, denn sonst würde die das identische Oel in grösserer Menge (ca. 17%) besitzende Macis schon in einhalb Mal kleineren Gaben toxisch wirken, worüber aber keine Angaben existiren; zu beachten, wenn auch weniger beweisend, ist der Umstand, dass die Macis ja eine Lieblingsnahrung vieler Vögel bildet, während das Innere der Nüsse von keinem einzigen verzehrt wird; vor allem aber spricht gegen die Wirkung des ätherischen Oeies, dass auch das Perikarp sowie nicht aromatische Muskatnussarten schädlich wirken[1]).

Die erste Notiz über Vergiftungserscheinung findet sich bei Lobelius[2]), der sagt: Memini generosam Anglam gravidam esu 10 aut 12 nucum myristicarum ebriam delirasse. Eine zweite Angabe darüber macht Jac. Bontius[3]). Er spricht über das Einlegen der Nüsse in Zucker und sagt: nur die Schale würde gegessen, die Nüsse nur selten, da die ölreichen und fetten Dämpfe derselben beim essen ins Gehirn aufsteigen, dort Obstruktionen herbeiführen, und Schlafsucht und Betäubung in allen abhängigen Gliedmassen hervorrufen; und was schlimmer ist, beim übermässigen Gebrauch der Nuss habe er einigemale Leute in Gefahr schweben gesehen, indem sie mehr als einen Tag ohne Bewegung und Besinnung dagelegen hätten, mit den sicheren Indizien, dass das gesammte Nervensystem schwer affizirt sei. Es stehe übrigens auch fest, dass das aus den grünen Schalen hergestellte Muss, das auf Banda bereitet werde, Schlafsucht und Betäubung hervorrufe was auch Rumph bestätigt (cf. oben pag. 536).

Rumph führt ferner eine Reihe von schweren Zufällen durch übermässigen Genuss von Muskatnüssen an. Er warnt deshalb vor der Einnahme von Muskatnüssen die-

---

1) Hinds z. B. giebt an (Lond. Journ. Bot. I, pag. 675), dass eine einzige Muskatnuss einer geruchlosen Art aus Neu-Guinea schon Uebelkeit und Blähungen hervorrief, zwei Nüsse dagegen zu Diarrhöe und Magenbeschwerden Veranlassung gaben.

Oben, pag. 336, haben wir die ganz ähnlichen Beobachtungen Rumph's in Bezug auf die so gut wie nicht aromatische Myristica fatua angeführt.

Auch die Verwendung der durchaus nicht aromatischen südamerikanischen Virola bicuhyba in der brasilianischen Medizin sowie der Bombay-Nüsse (cf. pag. 383) in der indischen deutet auf die Wirksamkeit noch anderer Stoffe neben dem ätherischen Oel. Vermuthlich sind die Harze die wirksamen Stoffe hierbei.

2) Lobelius, Stirpium historia, Observationes (1576) pag. 570.

3) Bontius, de medicina Indorum l. IV (1642), pag. 25.

jenigen, die hartleibig sind, oder an Hämorrhoiden leiden, und dickes, grobes, verbranntes Blut haben.

Der tägliche Gebrauch der Nüsse macht den Magen wegen der Fettigkeit schleimig, und erfüllt das Haupt mit schweren Dämpfen, woraus eine Art Schlafsucht entsteht. Man erzählt auch, dass einmal eine schwangere Frau durch das Essen von 10—12 Nüssen den Verstand verloren habe, und folgende drei Geschichten aus unserer Zeit mögen hierfür als Bekräftigung dienen.

Anno 1655 assen einige Deutsche eine Kaltschale von gewöhnlichem Bier und Wein, worin sie nach ihrer Aussage nichts weiter als Zucker und 7—8 geraspelte Muskatnüsse hinein gethan hatten. Andern Tages bekamen sie solche Beklemmungen in der Brust und Kehle, als wenn sie ersticken sollten, der Mund wurde sehr trocken, die Lippen geschwollen und klebten an einander, nur mit Mühe holten sie Athem und im Kopf fühlten sie sich so schwer und schwindelig, dass sie vollständig das Gedächtniss zu verlieren schienen, der Stuhlgang war hart und verstopft, so dass man nur nach vieler Mühe und mit Jalappe ihre Glieder wieder etwas zurecht bringen konnte, indem man daneben noch Aderlass und Purgierungen zu Hilfe nahm.

Ein andermal schliefen zwei Soldaten in Manipa die ganze Nacht unter einem Muskatbaum, und sie waren anderen Tags so schweren Hauptes, so dass sie trunken und halb wirr zu sein schienen [1]).

Andere Beispiele hat man auch in Banda gehabt; denn im Jahre 1650 waren zwei Soldaten, die 5 oder 6 Nüsse aus der Hand assen, wovon sie gleichermassen wirr und halb ohne Sinnen wurden. Im Jahre 1657 fand man eine andere Person todt auf ihrem Bette liegen und vor ihr stand ein Korb voll von Nüssen, woraus man feststellte, sie habe so viel gegessen, dass sie dadurch in einen tödtlichen Schlaf versunken sei.

Mag auch der letzte Fall kritischen Bedenken Angriffspunkte darbieten, so kann die narkotische Wirkung doch auch sonst als zweifellos festgestellt gelten. Schon am Ende des 17. Jahrhunderts hatte ein Doktor Hermann aus den Nüssen einen Stoff isolirt, aus dem letzten Caput-Mortuum (also jedenfalls aus dem Harz) erzwungen, wie es bei Valentini heisst, der wie das Opium einschläfernd wirkt [2]).

Nach Cullen [3]) bewirkten zwei Drachmen Hitze im Magen, Schlaflosigkeit, vollkommene Dummheit, Unempfindlichkeit, Phantasien und

---

1) Murray stellt sogar, offenbar auf diese Angabe sich stützend, noch 1792 die etwas gewagte Hypothese auf: der Geruch der Bäume sei für die darunter schlafenden schädlich, gleichsam um den Menschen misstrauisch zu machen und zu warnen. Wenn der Fall überhaupt ernstlich diskutabel wäre, so könnte es sich hier ja nur um eine Einwirkung des ätherischen Oeles handeln, und zwar in den minimalsten Quantitäten, über weite Entfernungen durch die Luft hindurch; ob es aber nicht eher eine Ausrede der Soldaten war für eine Trunkenheit aus andern Gründen, wollen wir nicht weiter erörtern. Die oben angeführten Wirkungen des Muskatöles machen eine solche Fernwirkung mehr als unwahrscheinlich.

2) In dem Kapitel über die Verwendung der Muskat im Haushalt werden wir ein Rezept aus dem 14. Jahrhundert bringen, um jemanden trunken zu machen; es besteht darin, ihn beim Trinken zwei halbe Muskatnüsse zu essen zu geben (cf. pag. 575).

3) Cullen, Materia medica, Uebersetz. Leipz. 1780 II, pag. 233.

Schlaf, welche Symptome nach sechs Stunden verschwanden, indem Kopfschmerz und Schlaftrunkenheit zurückblieben.

Der berühmte Physiologe Purkinje machte 1829 Versuche an sich selbst; eine Nuss schon verringerte die Sinnesthätigkeit und machte die Bewegungen träge, drei Nüsse riefen eine fast an Besinnungslosigkeit grenzende Schlaflosigkeit hervor. Andere Fälle aus der älteren Zeit hat Wibmer (1837) im 3. Bande seines Sammelwerkes zusammengestellt.

Auch Ainslie (Materia indica, 1826, pag. 2149) giebt an, dass nach Pearson die Nüsse zuweilen narkotisch wirkten, die Dosis sei deshalb 3 Gran bis 1 Scrupel, namentlich bei apoplectisch veranlagten Leuten sei Vorsicht am Platze; er erwähnt übrigens ferner, dass die Hinduärzte auch die Macis nur mit Vorsicht verordnen, da ein zuviel gefährliche Betäubung und Intoxikation zur Folge habe.

Nach Endlicher (Enchiridion bot. 1841 pag. 421) bewirkt Muskat im Uebermass genommen Druck in der Brust, schwere Athmung, starken Durst, Kopfweh, Trunkenheit, ja selbst Delirium und tödtliche Apoplexie, auch soll die Ausdünstung des Baumes und der aufgehäuften Früchte für den in der Nähe Schlafenden gefährlich sein, doch ist das alles vielleicht nur Umschreibung der Mittheilungen Rumph's[1]).

Pereira (Materia medica 3. ed. 1850 pag. 1336) dagegen giebt einen neuen Fall, wo zwei Drachmen gepulverte Muskat Schläfrigkeit bewirkten, die sich allmählich bis zu vollständiger Betäubung und Gefühllosigkeit steigerte[2]).

Ein im British Medical Journal angeführter Fall, wo eine Muskat als Mittel gegen Diarrhöe gegessen wurde, lehrt, dass diese geringe Menge schon genügte, um Schwindel und Schläfrigkeit bis zum nächsten Tag hervorzurufen. Ten Bosch beschrieb 1865 eine schwere Vergiftung nach dem Genuss von sieben Muskatnüssen, wobei neben Gehirnerscheinungen auch Uebelkeit und Magenschmerzen vorkamen. Auch Lewin führt in seiner Toxikologie einige Fälle aus der medizinischen Litteratur der neueren Zeit an; wenn wir von dem Falle absehen (aus

---

1) Rumph sagt übrigens nicht, dass die Ausdünstung der Haufen Muskat gefährlich sei, sondern giebt an, dass die Leute, die in dem engen Schiffsraum mit den Muskatnüssen zusammen liegen müssen, durch den vielen abfallenden Kalkstaub Gefahr laufen, zu ersticken.

2) Der Kuriosität wegen möge hier eine Legende des 17. und 18. Jahrhunderts Platz finden, die sich noch in Murrays Apparatus 1792 findet. Danach essen die Paradiesvögel sehr gerne die Muskatnüsse, werden aber dadurch trunken und fallen todt zu Boden, worauf die Ameisen kommen, ihnen die Füsse abzubeissen; daher sind sie im Handel ohne Füsse.

Gaulke, der praktische Arzt 1880 Nr. 10), wo die einzige verzehrte und doch schon toxisch wirkende Nuss von einer bitteren braunen, halbharzigen Substanz bedeckt war, so zeigte sich in dem Falle von Dabney Palmer in Florida (ref. Pharm. Zeit. 11. Febr. 1885) schon beim Verzehren von $1^1/_2$ Muskatnüssen nach einer Stunde Schlaflosigkeit, die nach einer weiteren Stunde in Stupor überging, sodann ein Zustand von Aufregung und Kopfschmerzen, Lachkrämpfen und wilden Phantasieen, denen sich Collaps anschloss. Noch lange nachher bestand ein Zustand von Nervosität. Andererseits gab freilich Fronmüller bei Gelegenheit seiner Versuche über schlafmachende Mittel zwei grosse Muskatnüsse, ohne dass der Kranke danach etwas anderes wie Sausen im Kopfe bekam (Husemann in pharm. Zeit. 11. Febr. 85).

Auch eine Emulsion der gepulverten Muskatnuss ruft natürlich ähnliche Erscheinungen hervor.

So z. B. publizierte Hammond (Brit. med. Journ. 1881) einen Fall, wo eine Frau wegen der angeblichen emmenagogen und abortiven Wirkung ein halbes Glas heisses Wasser mit vielleicht $1^1/_2$ gepulverten Nüssen getrunken hatte; zwei Stunden nachher hatte sie heftige Magenschmerzen, sodann einen schweren Kopf, schliesslich verlor sie für sechs Stunden die Besinnung, dann erbrach sie und war zwölf Stunden später wieder hergestellt. Da dieser Versuch zur Herbeiführung des Aborts missglückte, nahm eine andere Frau ca. drei Nüsse: zwei Stunden später hatte sie heftige Magenschmerzen und Nausea, dann nach einer weiteren Stunde verlor sie vollkommen die Besinnung, noch acht Stunden später lag sie so da, mit schwachem Puls (100), langsamem Athmen, 37,8 Temperatur, mit hervortretenden Augen, etwas erweiterten Pupillen, kalten Gliedmassen, cyanotischen Lippen und Nägeln sowie schlaffen Schliessmuskeln der Blase und des Darms.

Da eine mittlere Muskatnuss 4—5 g wiegt, so kann man also annehmen, dass bei sensiblen Naturen 6 g schon toxisch wirken, während 8 g fast schon unbedingt schädlich sind; da die Nüsse circa 8 % ätherisches Oel enthalten, so müsste demnach schon $^1/_2$ g ätherisches Oel toxisch wirken, falls nicht die Harze wesentlich dabei betheiligt sind, wie ich vermuthe.

Experimentelle Versuche liegen, wie gesagt, über die Wirkung der Harze leider nicht vor, wohl aber über das ätherische Oel, das natürlich, wie alle ätherischen Oele, schon an und für sich giftig wirkt, aber doch anscheinend in nicht genügendem Maasse, um allein die Giftigkeit so weniger Nüsse zu erklären. Beim Frosch zeigten zwar schon 0,03 g Macisöl eine muskellähmende Wirkung[1]. Nach Mitscherlich[2]) tödteten 2 Dr. = 8 g Muskatnussöl Kaninchen in 5 Tagen, 6 Dr. = 24 g in 13 Stunden, sogar 1 Dr. = 4 g tödtete kleine Kaninchen schon

---

[1]) Kobert, Arch. f. exper. Pathol. u. Pharmak. XV pag. 49 (nach Lewin).

[2]) Mediz. Zeit. d. Vereins f. Heilkunde in Preussen 1848 Nr. 29; auch Lehrbuch d. Arzneimittellehre 2. Bd. (2. Aufl. 1849) pag. 184.

in 30 Stunden, selbst 1 g bewirkte schon mehrtägiges Erkranken; die Wirkung ist also etwa gleich stark, wie Zimmtöl, aber schwächer als Bittermandelöl etc. Es wird resorbiert und verleiht dem Urin einen sehr starken, dem Oel zwar ähnlichen aber nicht gleichen Geruch. Die im Magen und Dünndarm verursachten Aenderungen sind ähnlicher Natur wie die des Zimmtöles und anderer ätherischer Oele; es erscheinen Blutblasen in der Magenschleimhaut, die z. Th. platzen, im Dünndarm wird das Epithel abgestossen und in Schleim umgeändert, während der Dickdarm keine Besonderheiten zeigt. Die wichtigsten Symptome der Vergiftung waren: Frequenz und starker Herzschlag, eine geringe Beschleunigung des Athmens, im Anfang Unruhe, später Muskelschwäche, geringe oder gar keine Verminderung der Sensibilität, Entleerung von harten Fäces ohne Diarrhöe, Abgang eines eigenthümlich riechenden blutigen Harns, besonders bei weniger grossen Gaben, jedoch keine vermehrte Diurese, Abnahme der Stärke des Herzschlages, beschwerliches Athmen, Bauchlage, verminderte Wärme in den äussern Theilen und Tod ohne Krämpfe, der in Folge der Einwirkung des resorbirten Oeles zu erfolgen scheint.

Auch schon auf der Haut ist die Reizwirkung des Oeles eine bedeutende; nach Mitscherlich entstand auf der Dorsalfläche der Hand bei andauernder Befeuchtung ein schwaches Brennen, das sich innerhalb 15 Minuten zu einer unangenehmen Empfindung steigerte, während bei Berührung die geröthete Hautfläche schmerzte. Nach ½stündlicher Anwendung war die Haut stärker geröthet und brannte wie bei Anwendung eines Senfpflasters; nach dem Abwischen des Oeles verlor sich das Brennen innerhalb einer Stunde, Abschilferung erfolgte nicht. Bei einem zweiten Versuch trat das Brennen erst nach 10 Minuten ein, und nach 30 Minuten war die Haut noch nicht geröthet.

c) Verwendung der Muskatbutter als Arzneimittel.

Seit alten Zeiten ist die Muskatbutter, auf malayisch minjak pala (Muskatöl) genannt, ein wichtiges Arzneimittel im malayischen Archipel; es dient auch heute noch allgemein als Einreibungsmittel bei Rheumatismus und als Hautreiz: man müsse dazu ein Stück mit Rum, Branntwein oder anderen Spiritualien über einer Lampe oder Feuer etwas erwärmen und dann gehörig den betreffenden Körpertheil damit einreiben (V. d. Burg, de Geneesheer in Neerl. Indie); in Banda wurde sie im vorigen Jahrhundert auch viel gegen Beri-Beri angewendet. Bisschop Grevelink giebt ferner an, das Fett diene drüben auch gegen Paralyse und Verrenkung, es werde dazu mit anderem süssen Oel vermischt.

Der erste, der uns ausführlich über die Verwendung des Muskatfettes aufklärt, ist Tabernaemontanus (1613). Er kennt drei Gewinnungsmethoden, die wir pag. 521 aufzählten. Das Fett der ersten ist gut wider die Grimmen und Lendengriess, ein wenig mit warmer Brühe ist gut zu den Wehetagen der Glieder und Sennadern, die sich von Kälte erregen. Das Fett der zweiten Methode stärkt den Magen kräftig, wenn man ein erbsengrosses Stück davon in das Herzgrüblein thut. Das auf die dritte Weise hergestellte Fett mildert die Brusterfüllung, und macht die Stimme helle, mehrt den Samen und befördert das eheliche Werk, stillt den Wehetagen der Nerven, auf den Nabel geschmiert stillt es das Reissen des Leibes und allerhand Mutterschwachheiten.

Sehr ausführlich trägt Hotton (Thesaurus phytologicus 1738, pag. 395) das bis dahin über die Anwendung dieses Fettes Gesagte zusammen; vieles davon stammt aus Tabernaemontanus.

Das Muskatenöl ist gut zu den Wehetagen der Glieder und Senn-Adern, die sich vor Kälte erregen, auch wider den Krampf, Lähmung und Schwindung der Glieder; solches den Kindern an die Schläfe, in die Hand und unter die Fusssohlen gestrichen machet sie schlaffen, auf den Nabel gestrichen, benimmt das Reissen und Grimmen im Leibe; es stärket den Magen wunderbarlich, stillet die Magenschmertzen, das Erbrechen, die Darmgicht und allerley Durchlauf, den Magen und Bauch damit bestrichen; um den Nabel gesalbet, bringet Stärke in schwache Naturen. Magisterium nucis moschatae ist ein fürtrefflicher Balsam, welcher dem Magen und Leber grosse Hülffe thut, dann er alles innerliche Grimmen des Magens und Eingeweides des Gedärms stillet.

Aehnlich aber kürzer äussert sich Zwinger (Theatr. bot. 1744, pag. 145); ein Quintlein ausgepresstes Muskatöl mit je ½ Loth Quittenöl und Mastixöl den Kindern mehreremale täglich auf den Bauch gerieben hilfet gegen Erbrechen des Magens und starken Durchlauf. Nach Houttuyn (1774) kommt dieses Oel hauptsächlich in Gestalt von Pflastern, Salben und Schmieren dort zur Anwendung, wo ein starker Nervenreiz verlangt wird. Nach Murray, Apparatus medicamin, 1792 wird es bei Erbrechen und Darmfluss dem Abdomen eingeschmiert, und den Nerven- und Magen-Pflastern und Salben beigefügt, ferner dient es als Fundament für wohlriechende Salben.

Noch heute ist in der deutschen Phamacopöe die Muskatbutter. das Oleum Nucistae expressum, oder Butyrum Nucistae, auch Muskatnussöl genannt, enthalten, und namentlich in den Landapotheken in vielfachem Gebrauch, es muss bei 45—51^0 zu einer braunrothen, nicht völlig klaren Flüssigkeit, aber ohne festen Bodensatz schmelzen und in vier Theilen heissen Aethers löslich sein. Es dient vor allem zu Einreibungen auf den Unterleib z. B. bei Kolik, Diarrhöe und Flatulenz (Husemann, Mitscherlich), früher namentlich auch bei Lähmungen, hysterischen Krämpfen, Epilepsie, Veitstanz (Einreibung des Rückgrats), oder bei Kopfschmerz etc. (Einreibung von Stirn und Schläfe), aber natürlich ohne wesentlichen Erfolg; zu jeder Einreibung benutzt man ein Stück von der Grösse einer Erbse, Bohne oder noch mehr (Mitscherlich).

Mit besserem Nutzen dient es bei Rheumatismus (Bernays), und als Ingredienz von Pechpflastern, endlich wird es häufig kleinen Kindern bei Windkolik in der Nabelgegend eingerieben.

Um es weniger bröcklig und dadurch zu Einreibungen geeigneter zu machen, vermischt man es jetzt meist mit gelbem Wachs und

Provenceöl, dies ist das sog. Balsamum Nucistae des deutschen Arzneibuches, auch Ceratum Myristicae genannt, bestehend aus ein Theil gelbem Wachs, zwei Theil Olivenöl, sechs Theil Muskatbutter, im Dampfbad zusammengeschmolzen, durchgeseiht und in Kapseln ausgegossen. Oft wird freilich auch schon die Muskatbutter an sich als Muskatbalsam bezeichnet. Auch komplizirtere Mischungen werden hergestellt, so z. B. das in den 70er Jahren sogar in der deutschen Pharmacopöe aufgenommene Emplastrum aromaticum sive stomachicum, das sog. Klepperbein'sche Magenpflaster, bestehend aus 32 Theilen gelben Wachs, 24 Theilen Talg, acht Theilen Terpentin, zusammengeschmolzen, dazu sechs Theile Muskatbutter, 16 Theile Olibanum, acht Theile Benzoë, ein Theil Pfefferminz und ein Theil Nelkenöl, ein beliebtes Volksheilmittel, das bei Magenkrankheiten und Verdauungsbeschwerden auf die Magenhöhle applizirt wurde (Husemann, Arzneimittellehre 3. Aufl. 1892; Köhler, Handb. d. physiol. Therapeut. 1876).

Das Balsamum Nucistae bildet auch seinerseits wieder die Grundlage von komplizirteren Mischungen wie z. B. des Unguentum Rosmarini compositum (Husemann, Arzneimittellehre 3. Aufl. 1892).

Auch in Indien und im malayischen Archipel findet die Muskatbutter in gleicher Weise Verwendung, wie in Europa (cf. z. B. Waring, Pharmacopoea indica pag. 190).

d) Verwendung des ätherischen Muskatöles als Arzneimittel.

Im 16. bis 18. Jahrhundert war die Verwendung des ätherischen Muskatöles eine vielseitige, beschränkte sich aber im Allgemeinen nur auf einen Theil der Krankheiten, wogegen die Muskatnuss und Macis als Ganzes verwendet wurden.

Schon Argensola sagt, das aus der Macis in Banda ausgepresste Oel wirke vortrefflich, um die Nerven zu stärken und allen Schwachheiten, die von allzugrosser Erkältung herkommen, abzuhelfen.

Tabernaemontanus (1613) sagt: Das durch Destillation (wohl aus den Nüssen) gewonnene Oel erwärmt den kalten Magen, stärkt denselbigen, verzehrt alle böse und übrige Feuchtigkeit des Leibes, vertreibt die Winde, lindert die Grimmen, macht einen guten Athem, und ist behülflich wider die Schmerzen und Gebrechen der Blasen. Des Oels aber nur 3—4 Tröpflein, im Löffel voll Brühe oder Malvasier oder anderes Getränk eingegeben, giebt dem Munde und Athem einen guten Geruch. In das Hertzgrüblein gestrichen und neben den kurtzen Rippen der rechten Seiten stärkt die Däuwung und Leber, auf der linken Seite aber stillet das Aufschwellen des Magens.

Valentini giebt an (pag. 292), dass sowohl das ausgepresste, wie das destillirte Macisöl Magen und Eingeweide erwärmen, und namentlich bei kleinen Kindern als Durchlaufmittel benutzt werden; auch dienen sie zur Herstellung von wohlriechenden Balsamen, z. B. bestände das berühmte Balsamum Scherzeri hauptsächlich daraus; sein Sohn Konr. Michael Valentini hebt hervor (1719), dass es jetzt als fundamentum beliebt sei, besonders zu den sog. Salibus volatilibus oleosis. Er giebt zwei Rezepte an; besonders elegant sei das Balsamum nervinum Conerdingii, das früher den Namen trug Specificum Stomachici Straussii.

Nach Hotton (Thesaurus phytologicus 1738) hat das destillirte Oel (wohl der Nüsse) fast die gleichen Eigenschaften wie das Muskatnussfett; es dienet sonderlich zu Stärkung des kalten Magens, machet einen guten lieblichen Athem, schärffet das Gesicht, wendet das Keuchen und schweren Athem, bringet den verlorenen Geruch wieder, hemmet die kalten Füsse und häufige Catarrhen, vertreibt die Ohnmachten und das Hertz-Zittern, ist gut wider den Schlag, bringet die verlohrne Sprache wieder, hilft wider die Colic, Grimmen des Leibs und der Mutter, treibet den Urin, reinigt die Nieren von Schleim und eyterigen Materien. Das Macisöl verdächtigen Weibern unter die Purgir-Pulver gethan, oder sonst beygebracht, verhindert, dass die Frucht nicht werde abgetrieben, sondern gestärket.

Noch Zwinger (Theatr. bot. 1744, pag. 145) giebt drei Tropfen destillirtes Oel in einem Löffel Weisswein als ein Mittel an gegen kalten Magen, Winde, Grimmen und stinkenden Athem. Purgirpulver werden durch 1—2 Tropfen Muskatblüthöl lieblicher gemacht, der Widerwille wird verringert, und die sonst leicht dabei entstehenden Winde verhindert.

Nach Murray (Apparatus 1792) dient das destillirte Muskatöl in wenigen Tropfen gegen die Affectiones primarum viarum; auch dem Abdomen und paralytischen Theilen wird es eingerieben.

Ainslie (Materia indica 1826, I, pag. 249) giebt 2—8 Tropfen als Dosis an; nach Waring (Pharmacopoea of India 1868, pag. 189) wird es (1—5 minims) gegen Zahnweh angewandt, und bildet einen Bestandtheil von Spiritus Myristicae, Spiritus Ammoniae Aromaticus und Pilula Aloes Socotrinae.

Neuerdings hat die Verwendung dieses ätherischen Oeles sehr abgenommen; es findet sich als Oleum Macidis zwar noch in der deutschen Pharmacopöe, wird aber relativ selten verwendet. Es dient äusserlich und innerlich als Stimulans, innerlich in kleinen Quantitäten (1—5 Tropfen) bei Magenkatarrh, Flatulenz und Hyperemese (Husemann), namentlich in Form von Elaeosaccharum (Oelzucker, 1—4 Tropfen mit Zucker verrieben) bei atonischer Diarrhöe und einigen Formen von Dyspepsie (Bernays), (nach v. d. Burg auch in Dosen von 1—3 Tropfen als Oelzucker bei Gallensteinen), äusserlich mit weichem Oel gemischt bei Rheumatismen, Paralysen, Verrenkungen etc. (Bernays.) Es ist auch ein Bestandtheil der sog. Mixtura oleosa balsamica (Handwörterbuch der Pharmacie 1895). Auf malayisch heisst es minjak kembang pala (Oel der Blüthe der Muskat), und scheint auf Java noch etwas mehr in Anwendung zu sein (v. d. Burg, de Geneesheer in Neerl. Ind.).

e) Verwendung des sogenannten Gummis sowie der Rinde und Aeste als Arzneimittel.

Verschiedentlich in älteren Schriften, zuerst wohl bei Matthiolus (Comment. 1565 pag. 279), findet sich auch ein sog. Gummi des Muskatnussbaumes erwähnt, und noch in der Mitte des vorigen Jahrhunderts findet sich dieselbe Notiz vor bei Hotton und Zwinger. Es werde von den Portugiesen nach Italien gebracht, sei schön roth, rieche über die Maassen kräftig, wenn man es anzünde. Johannes Baptista Montanus melde, „dass er oft erfahren habe, wie es so eine kräftige und gewisse Artzeney seye, die schwachen Glieder in der Gliedersucht und dem Podagra zu stärken“ (Zwinger Theatr. bot. 1744 pag. 145). Der eingedickte Rindensaft kann wohl kaum gemeint sein, da derselbe nicht brennt und erhitzt auch keinen Duft verbreitet. Ich vermuthe eher, dass damit ein Elemiharz gemeint ist, das ja von den in jenen Gegenden, namentlich in den Muskathainen massenhaft vorkommenden Kanarienbäumen abstammt, und in der That sehr schön balsamisch beim Verbrennen duftet; freilich besitzt es keine rothe Farbe, aber das kann ja Verwechslung mit dem Rindenkinosaft des Muskatbaumes sein. Die Notiz stammt ja aus dem 16. Jahrhundert und hat sich dann bis ins 18. Jahrhundert durch fortwährendes Kopiren erhalten. Es ist wohl denkbar, dass die dort im 16. Jahrhundert nicht ansässigen, sondern nur Handel treibenden Portugiesen das Elemiharz mit nach Europa brachten, in der Meinung, es stamme von den Muskatbäumen, deren Saft, wie sie wussten, roth gefärbt sei. — Uebrigens haben wir schon in dem botanischen Theil gesehen, dass 1682 die beiden Kommissare in Banda den eingedickten Kinosaft thatsächlich als Gummi bezeichneten.

Dass auch die Rinde[1]) und Aeste[2]) verwerthet werden, finde ich nur in einer so sekundären Quelle erwähnt wie Ludowici-Schedel

---

1) Wenn Muskatwasser und Muskatsalz angeführt werden, so sind das jetzt glücklicherweise längst verschollene Drogen, die aus den Muskatnüssen im 17. Jahrhundert wohl gelegentlich hergestellt wurden; wir haben sie auch oben schon zur Genüge besprochen; auch diese verirrten sich noch in Ludowici-Schedel's Academie der Kaufleute von 1797 hinein; ebenso ist der Anwendung des Rauches von Muskatnüssen schon Erwähnung gethan.

2) Das sog. Muskat-Holz (nutmeg wood), das von einer ganz anderen Pflanze stammt, wurde schon pag. 391 besprochen; übrigens wird auch das Holz der Palmyrapalme (Borassus flabellifer L.) zuweilen als Muskatholz bezeichnet; es verdankt den Namen wohl der dunkelen Strichelung durch die Gefässbündel, die an das Ruminationsgewebe der Muskatnuss schwach erinnern könnten.

(Akademie der Kaufleute 1797), aber auch dort wird zugegeben, dass der Handel damit von wenig Bedeutung sei; sagen wir getrost, dass zu nicht botanischen oder Kuriositätszwecken wohl kaum je ein Stück herübergekommen ist; damit treffen wir zweifellos das richtige. Was sollte man auch damit anfangen, solange man selbst für das Kino der Rinde noch keine Verwerthung kennt.

f) Verwendung der Muskatnuss und Macis als Gewürz.

1. Im Mittelalter.

Bis zum 13. Jahrhundert fehlen Angaben, die auf die Verwendung von Muskat und Macis in der Küche hindeuten, und auch für das 13. Jahrhundert finde ich nur eine poetische Angabe, und auch diese ist zweideutig. In der Mitte des 13. Jahrhunderts gedichteten „Wiener Mervart"[1]) nämlich findet sich folgender Vers

Der wirt was ouch der besten ein
der des nahtes dâ erschein
an der pilgerime schar;
der liez ze jungest holen dar
vil lactwarje dräte;
der gap die muschâte
der ingeber, der galgan;
dâbi gab ein hubscher man
kubêben, dirre neilikin.

Dass hier nicht von Medizin die Rede ist, darf als selbstverständlich gelten, wohl aber können alle diese werthvollen Aromata nur als einfache Gastgeschenke gedacht sein, so dass ihre Verwendung als Gewürz in der Küche damals jedenfalls noch zweifelhaft bleibt.

Im 14. Jahrhundert hingegen dient Muskat schon den Vornehmen allgemein als Tafelgewürz und kommt schon in französischen, deutschen und englischen Kochbüchern vor.

S. z. B. verlangt das Buch von guter Speisen[2]) aus dem 14. Jahrhundert zu einem „gute Fülle" genannten Kochrezept Muskatblumen neben Galgant, Pfeffer, Ingwer, Kümmel, Gewürznelken und Brotrinde als Zuthat zu einem Lampretengericht.

---

[1]) In Pfeiffer's deutsch. Klassik. des Mittelalters. 12. Bd. Leipzig 1872, pag. 222, Vers 226.

[2]) Biblioth. literar. Verein. Bd. 9. Stuttgart 1844, pag. 11.

In einer Lüneburger Hochzeitsordnung[1]) aus der 1. Hälfte des 14. Jahrhunderts heisst es bei der Bereitung des Brautlichtes:

Den vrowen unde megheden, dhe to den lichten helpen, schal men neue koeste (Kost) unde nenen wyn gheven; men moed (kann, darf) en (ihnen) dogh wol beer schenken unde muschaten unde enghewer (Ingwer) ghewen und anders neen krude (sonst kein Gewürz); ähnlich ist es mit den fünf Frauen, welche die Braut zum Bade nach der Hochzeit begleiten: wan dhe Brud wedder in kumt von dem bade, so magh men den vrowen wol gheven muschaten unde enghever unde schenken en tarto (dazu Getränke vorsetzen); men scal aver vorder (weiter) neue koeste hebben unde anders neen krude.

Vermuthlich sollte also hier das Getränk mit Muskat und Ingwer gewürzt werden, denn für sich konnten die Gewürze doch nicht genossen werden; offenbar beabsichtigte man mit diesem Gewürz eine anregende Wirkung. Hierfür spricht auch eine interessante Notiz des schon oben erwähnten Gothaer mittelhochdeutschen Arzneibuches aus dem Ende des gleichen Jahrhunderts, wo es heisst: wultu enen vordrynken (trunken machen), nym ene verssche gude muscaten, snyd de mydden unttwe unde gif eme de helfte ethen; darna gif eme de anderen helfte ethen, unde gif eme echter (abermals) hastichliken drinken, so wert he drunken[2]).

Zu derselben Zeit erscheint die Muskatnuss auch in französischen Kochbüchern. In einem um 1306 geschriebenen Traité de cuisine[3]) finde ich freilich unter den vielen Gewürzen Muskat nicht erwähnt, dagegen Kanel, Pfeffer, Ingwer, Safran, Nelken, Cumin, Folium (folion = Macis? cf. oben pag. 59), Garingal (= Galanga), Espic (= Spica nardi), langen Pfeffer.

Im letzten Viertel desselben Jahrhunderts hingegen finden sich in den beiden für die Küchenverhältnisse jener Zeit überaus wichtigen Büchern Le viandier de Taillevent und Le Ménagier de Paris ausführliche und viele Angaben für Muskat und Macis.

Die Jahreszahl für den Viandier de Taillevent[4]) lässt sich

---

1) Urkundenbuch der Stadt Lüneburg, bearb. von W. Volger III (Lüneburg 1877) Nr. 1478 pag. 422, 425. In Nr. 1479, der Hochzeitsordnung aus dem Schluss des 14. Jahrhunderts bekommen diese Brautjungfern doch schliesslich abends etwas zu essen, „to (bis zu) dren scottelen", ich verdanke diesen Nachweis Herrn Dr. Walther in Hamburg, der gleichzeitig auch darauf aufmerksam macht, dass das h in dem Artikel dhe auf die 1. Hälfte des 14. Jahrhunderts hinweist.

2) K. Regel, das mittelniederdeutsche Gothaer Arzeneibuch und seine Pflanzennamen, Osterprogr. des Gymnas. Ernestin zu Gotha 1873 pag. 9.

3) Herausgegeben von L. Douet d'Arcq. Bibl. de l'Ecole de Chartres V Sér, I. 1860; auch im Anhang zum Viandier (Ausg. 1892, pag. 115 etc.).

4) Herausgegeb. von Pichon et Vicaire 1892; unter viande verstand man alle festen Nahrungsmittel, so auch Brot, Gemüse, Fische, Geflügel.

nicht genauer fixiren, der Verfasser lernte in der Küche der Königin Jeanne d'Evreux, diente dann unter Philipp de Valois, war dann ecuyer de l'hotel de Mgr. de Dauphin de Viennois, etc., kurz, seine Kochrezepte beziehen sich lediglich auf die Hofküche des 14. Jahrhunderts.

Es finden sich hier (pag. 34) aufgezählt als Gewürze (espices qui appartiennent en cest present Viandier) gingembre, canelle, girofle, graine de paradis, poivre lonc, macis, espices en poudre, fleur de canelle, saffran, garingal, noys mugaites.

Muskatnüsse (nois mugaites) finden sich beispielsweise erwähnt als Zusatz bei den Fleischsuppen (potages liaus de char, pag. 9), bei einer Sauce für Seefische (une saulce a garder poisson de mer, pag. 33) und noch bei anderen Saucen. Die Macis dagegen findet sich erwähnt unter den ungekochten Saucen bei der Bereitung der sog. Cameline (pag. 32): Broiés (stosst) gingembre, canelle, grant foizon, girofle, graine (offenbar Paradieskörner), macis, poivre lonc qui veult. In einer hierher gehörigen Anmerkung aus dem offenbar viel späteren Thrés. de sant. pag. 395 heisst es von der Macis: il est rouge et incarnat, mais estant sec il acquiert une couleur tirant à celle de l'or. — Il se vend simple trois fois plus cher que la muscade . . . On la confit pareillement au sucre aux lieux de l'Inde où on l'achepte.

Le Ménagier de Paris, Traité de Moral et d'Economie domestique[1]) wurde um 1393 von einem Pariser Bürger verfasst und besitzt einen recht bunt zusammengestellten Inhalt. Ein grosser Theil des 2. Bandes wird aber von einem Kochbuche eingenommen und hier findet sich macis und noix muguette häufig erwähnt.

Im Kapitel der Kräutersuppen findet sich eine Hericot de Mouton genannte Suppe (pag. 148), dazu dient als Gewürz macis, percil (Petersilie), ysope (Hyssop) et sange (Salbei) In einer Wildsuppe (pag. 155) dient gestossene Macis als Zuthat. Unter den Fleischsuppen wird bei einer Schweinesuppe (pag. 160) als Gewürz erwähnt: macis, garingal, saffran, gingembre, clo (= clou), graine, canelle. Unter den ungekochten Saucen ist wieder die obenerwähnte Cameline (pag. 230), zu deren Bereitung man in Tournay Ingwer, Canel, Saffran und ½ Muskatnuss (demye noix muguette) nahm. Auch die gekochten Saucen enthalten mehrere Rezepte mit Muskat; so z. B. die Sauce für einen Eberschwanz (pag. 236), wozu neben den noix muguettes noch graine, gingembre, giroffle, poivre long et canelle verwandt wird. Zur Bereitung einer Sauce für Enten- und Kaninchenpasteten soll man guten Kanel, Ingwer, Nelken, Paradieskörner, eine halbe Muskatnuss und Macis, sowie Galgant nehmen und alles sehr tüchtig zerstossen.

Unter den Gerichten, die nicht nothwendig sind, findet sich ein Ypocraspulver (pag. 248), d. h. ein Gewürzweinextrakt, der besteht aus einem Quarteron sehr feinen Kanels, einem halben Quarteron Kanelblume, einer Unze Ingwer, einer Unze Paradieskörner, einem Sizain (nach den Anmerk. wahrscheinlich ⅙ Unze) Muskatnuss (noix muguettes) und Galgant zusammen; diese Stoffe werden zusammengestampft. Will man den Ypocras herstellen, so nimmt man eine gute halbe Unze von dem Extrakt, und mischt sie mit zwei Quarterons Zucker und einer Quarte Wein. Auch andere

---

1) Herausgeg. von d. Société des Bibliophiles françois, Paris 1846.

Rezepte giebt es hierfür, bei einigen ist auch noch Narde dabei, aber Muskat ist immer dabei von Wichtigkeit.

Noch einige andere auf Muskat bezügliche Notizen finden sich in den Anmerkungen, z. B. (II pag. 230): Des noix muguettes les plus pesans sont les meilleurs et les plus fermes en la taille, ferner (II pag. 230): Nota que les noix muguettes, macis et garingal font douloir la teste (tête).

Das älteste englische Kochbuch führt den Titel: The Forme of Cury; a roll of ancient english Cookery compiled about A.D. 1390 by the Master Cooks of King Richard II, presented afterwards to Queen Elizabeth by Edw. Lord Stafford (edit. by Gust. Brander 1780, London). Nach der Einleitung des Herausgebers gab es am alten englischen Hofe ein besonderes „Gewürzamt“ (spicery) mit eigenen Beamten. Es findet sich in diesem Kochbuche vor allem Macis (als Macys oder Maces, es ist kein Plural, wie der Verf. meint) angeführt, Muskatnüsse finde ich nur bei dem Gewürzwein Ypocras erwähnt.

Gepulverte Macis braucht man mit Ingwer und Kanel bei Rehsuppe (pag. 16), mit Ingwer und Zucker bei Austern in Sauce (pag. 95); ganze Macis mit Pulver von Kaneel, Ingwer und Nelken bei der Bereitung von kalter Brühe (pag. 63). Zu Kaninchen in Sauce (pag. 94) thut man Macis und Nelken; bei der Bereitung von Berandyles (dem Verf. unbekannt, pag. 99) fügt man zuletzt auch Nelken, Macis und kleingestampftes Gewürz (god powder) hinzu.

Als Ypocraspulver wird empfohleu (pag. 86) 3 Unzen Kaneel und ebenso viel Ingwer, 1 Denier an Gewicht spanischen Spikenard, dazu Galgant, Gewürznelken, langer Pfeffer, Muskat (noiez magadez), Majoran, Cardamom, von jedem $^1/_4$ Unze, Paradieskörner, Kaneelblüthe, von jedem $^1/_2$ Unze, alles gut gepulvert.

Aus dem 15. Jahrhundert sind auch einige Kochbücher erhalten; so zwei englische, unter dem Titel Two Fifteenth century Cookery-Books herausgegeben von Thom. Austin, Lond. 1888.

Das erste derselben aus den 20er Jahren des 15. Jahrhunderts empfiehlt Macis (Macès) neben Pfeffer, Nelken und Essig als Zuthat zu einer Wildsuppe (pag. 10), ferner neben Pfeffer, Kaneel, Nelken als Würze von „Fylettys en Galentyne“ (pag. 8), sodann zu einem „Cawdelle Ferry“ genannten Gericht (pag. 15), und endlich neben gepulvertem Pfeffer, Nelken, Saffran, Zucker und Salz zu einem „Towres“ genannten Gericht (pag. 46).

Das zweite Kochbuch von 1439 empfiehlt zu einer „Sauce rous“ Muskatnüsse (notemygez).

Wir sehen also, manche Kochbücher aus älterer Zeit kennen entweder nur Macis oder nur Muskatnüsse, andere auch keins von beiden, wie z. B. das Keukenboek naar een handschrift der 15. eeuw (herausgegeben in Gent von der Maatschappy der Vlaam'sche Bibliophil.), hier findet man von Gewürzen nur Nelken (nagelkine), Saffran (soffraen), Ingwer (ghingebare), Kaneel, Pfeffer (pepere), Cuminkümmel (commyn), aber keine Muskat.

Bisher fanden wir Muskat und Macis namentlich bei Fleischgerichten, d. h. als Zusatz für Suppen und Saucen, auch schon einmal bei Fisch, sonst gewöhnlich bei Wild (Reh, Hirsch, Wildschein, Kaninchen), selten bei Geflügel (Enten), gar nicht bei süssen Speisen, Kompot, Gemüse, Backwerk, dagegen wieder als Bestandtheil des Gewürzweines (Ypocras).

2. In der Neuzeit.

Die Entdeckung des Seeweges nach den Molukken vermehrte die Bedeutung unseres Gewürzes für die Zubereitung der Tafelgenüsse ganz ausserordentlich schnell; es trat das Gewürz jetzt auch auf als Ingredienz von Gemüsegerichten, Kompot, Backwerk und süssen Speisen. Bisher wurden die Gewürze meist aus der Apotheke bezogen; so z. B. noch 1502, als der Lübecker Rath ein Gastmahl[1]) gab; es wurden dabei verbraucht en verendel (= 1/4 Pfd.) muschaten blomen, neben 1 1/2 Pfd. Ingwer, 1 Pfd. Peffer, 3/4 Pfd. Nelken, 7 Loth Saffran, 1/4 Pfd. Kaneel, 6 Pfd. Zucker, was alles zusammen 6 Mark 13 β kostete.

Von jetzt an dagegen fanden die Gewürze Eingang zu dem, was man heute nennen würde, „gut bürgerlichen Mittagstisch". 1540 konnte schon Dorsten schreiben (l. c. pag. 203), dass die Muskatnuss nicht nur medizinisch verwendet werde, sondern auch „in ganeam (Garküche) et culinas descendit, ut obsonia suo sapore condiat, nullumque temere condimentum sine hac nuce moschata struitur."

Natürlich war es jetzt kein Wunder, wenn bei hohen Herrschaften die indischen Gewürze schon pfundweise Verwendung fanden, so zum Beispiel (nach Volz l. c. Kulturgesch. pag. 315) im Jahre 1511 bei der Vermählung des Herzogs Ulrich von Württemberg und 1575 bei der des Herzogs Ludwig von Württemberg, und dass hierbei Muskatnuss und -Blüthen gleichfalls eine wichtige Rolle spielten. So kamen bei dem Gastmahl, das Kurfürst Johann von Sachsen 1526 auf dem Reichstag zu Speyer gab, „vor der erst gangh kaphan auf die suppen, mit ganzem ingber, muskatenblumen, czibeben etc."

Wie verbreitet aber Muskat und Macis damals auch bei einfachen, wenn auch von nicht weniger grossen Feinschmeckern geleiteten Küchen war, zeigt das „dreihundertjährige deutsche Kloster-Kochbuch" (herausgegeben von Bernh. Otto in Leipzig). Es stammt aus dem Dominikanerkloster St. Pauli in Leipzig, und zwar aus der Reformationszeit, jedenfalls nach 1534. Hier findet sich eine grosse Anzahl von Speisen

[1]) Zeitschr. des Vereins für Lübeck. Geschichte und Alterthumsk. Bd. IV (Lübeck 1884) Heft 2, pag. 117; nach freundlich. Nachweis v. Dr. Walther.

mit Muskat oder Muskatblüthe als Gewürz, daneben freilich stets Pfeffer, Ingwer und Saffran, weniger schon Nelken, noch seltener Zimmt, und einmal auch grosse Zibeben.

Den ersten Abschnitt bilden die Fischspeisen; gleich im ersten Rezept bei Barbe, Barsch oder Hecht, dienen als Gewürz: Nelken, Zimmt, Muskat, Pfeffer, Muskatblumen und Safran. Ferner finde ich Muskat oder Macis oder beides erwähnt bei „Hecht auf polonisch zu sieden“ (4), „Hecht auf hungarisch zu sieden“ (8), „Hecht säuerlich zu sieden“ (10), „Hecht mit Lemonien (Citronen) zu sieden“ (6, 7, 9), „ein gut Muss von grünem Hecht“ (18), „ein köstlich Essen von Hechtroggen“ (23), „zum Abendessen ein gebacken Hechtlein“ (27); ferner „Ohlruppen (Ahlraupen) in einem grünen Sode zu sieden“ (11), „ein trefflich Sod auf Ohlruppen“ (25), „Fische in der Würze zu sieden“ (21), „ein gut Fischgericht, am besten von Lamprete“ (72), „Krebse in Beifus (?) zu machen“ (34).

Auffallend viel findet sich Muskatblüthe, selten auch Muskatnuss bei den Geflügelgerichten verwandt. So z. B., um „Gänse, Enten und Kapphahnen auf hungarisch anzurichten“ (3), um „ein köstlich Sod auf Repphühner, Kapphahnen und andere Hühner zu machen“ (6), für „Haselhühner oder Trappen in einem gelben Sode“ (11), um „gehackte Hühner anzurichten“ (12), um „junge Hühner in einem polnischen Sode zu machen“, oder um sie „mit Lemonen“ (14) oder „mit Pomeranzen“ (20) zu sieden, für „junge und alte Hühner in der Würze“ (17), für „Kapphahnen in einem Rosenwasser“ (21), für „ein Pastet von Repphühnern, Haselhühnern, zahmen Hühnern, Enten, Gänsen etc., das ist ein köstliches Gericht“ (22), für „Wachteln mit Rahm, ein köstlich Essen“ (33) und noch bei manchen anderen; überhaupt auch, um „eine gute Saltze (Sauce) zu gebratenem zu machen“ (5).

Bei anderem Fleisch findet sich Muskatblüthe seltener, Muskatnuss noch weniger verwandt, so z. B. beides um „ein Ziemer von einem Hirsch anzurichten“ (8), ganze Muskatblüthe um „ein Rehmuss von Rehköpfen zu machen“ (42), geriebene Muskatblüthe, um „ein Rehmuss von Fischen zu machen“ (66); auch „ein jung Lämmlein auf polonisch“ muss Muskatblüthe enthalten (11), ebenso „ein welsch Gekröse mit Kaldaunen“ (36).

Zu den süssen Speisen wird Muskatnuss gleichfalls häufig genommen, seltener Muskatblüthe, so z. B. gehört zu einem „gerührten Eiermus oder Bumbstellerchen“ (4), eine geriebene Muskatnuss. Zum „Konfekt von Hollunderblüten, zu Gebackenem zu gebrauchen“ (15), gehörten neben Ingwer, Pfeffer, Nelken, Zimmt auch die beiden Muskatgewürze, ebenso zu einem „Muss von Wein und Eidotter“. Auch zu Apfelmus (44), Quittenmus (50), Kirschmus (48). Um „einen Kuchen zu machen von Spinat oder Weisskohl“ (37), gehören gleichfalls die beiden Muskatgewürze neben den anderen, ferner noch Majoran, Ysop, Salbei, Rosmarin, Rosinen; ebenso gehört Muskat zu „einem Kuchen von weissem Kraut oder Kohl“ (37).

Offenbar nicht für die Küchenmysterien eines Klosters bestimmt war „ain sch.-künstlichs und fürtrefflichs Kochbuch, durch ainen fürnemen und berümbten Koch seinem Ehegemahl zu der Letze geschenkt“, im Jahre 1559 in Augsburg erschienen. Auch hier findet sich eine Anzahl Kochrezepte mit Muskat.

So Nr. 12 „Ein Lebersultz machen“. Nymm anderthalb quintlin Saffran, zerreibs mit Wein durch, thus in hafen zu der prüe, rür es mit ein löffel, thue gestossen

Imber und Pfeffer, nymm gantze Muscaten, auch Zymmetrinden, die zerknorst seind, doch nit zu klain daran, zerreybs fein in ainem wein durch, und thu es auch in die prüe, und rür es ymmer undereinander.

Für Geflügel dient Muskat bei „Zwickische Hüner" (42): nymme ein wenig Muscatplüe, leg die in ein brue, wo du die anderst gehaben kannst, wilt aber, so stosz ein gantz Muscat, strewe ein wenig darauff. Auch zum „Hennen syeden" (31): thu die Hennen inn hafen und Imber zehen und Pfeffer keiner darzu, auch wenig Muscatenblue.

Beim Backwerk kommt Muskat an die „Leekuchen, die klainen, so man 21 für 1 Gulden giebt" (pag. 39); „thu drey lot Muscat zerschnitten daran". — Auch zu „Marzepan-Küchlein" (46) „thu ain wenig Muscatplüe darunter".

Zu einem „Trysanet" (78) gehört $^1/_2$ Pfund Zucker, 1 Loth Ingwer, 1 Loth Zymmt, 1 Quintl. Muscatblüt und ebenso viel Galgant, klein gestossen und mit dem Ingwer und Zimmt gemischt; ein anderes Rezept ist (79) 2 Pfund Zucker, 3 Loth Zimmt, 2 Loth Ingwer, 2 Loth Galgant, 1 Loth Muscatblüt, 1 Quintl. Cardamom, 1 Quintl. Pfefferkörner.

Eine gute Magen-Latwerge (87) besteht aus Drachenwurtz mit Honig, Zucker, Ingwer, $^1/_2$ Loth Muscatplüe, $^1/_2$ Loth Muscaten, Galgant, langen und kurzen Pfeffer, Kardamom, gekocht.

Im Ganzen wenig Gewürz, und dann noch meist Nelken, Zimmt und Pfeffer, nur selten Muskat verlangt das 1581 erschienene Kochbuch Marx Rumpoldts, Churf. Meintzischer Mundkoch.

Muscatenblüt finden sich darin bei Salm, eingemachten „Kramatsvögeln", und bei einem Kalbsgericht: „ganze Muscatblüt, lass es fein gemach sieden, dass du es nicht verseucht, dass sie gantz bleiben", $^1/_2$ Lot Muscatblüt und ebenso viel Muscatnuss ist dienlich „als guter Einschlag" für Wein.

Aus dem 17. und 18. Jahrhundert lässt sich relativ wenig Neues mehr anführen. Interessant ist, dass 1638 im Küchenzettel der Hof- und Herrentafel in Berlin (Volz l. c. pag. 313) die Muskaten als Mäuseblumen bezeichnet werden.

Auffallend ist auch, dass das französische Kochbuch „Le cuisonier françois" von La Varenne aus dem Jahre 1654 im Ganzen nur selten Muskat (muscade) erwähnt, bei Suppen nie, und bei Fleischspeisen nur ganz ausnahmsweise (bei Hammelzunge, pag. 51): ferner bei Spargeln in weisser Sauce (pag. 231); Macis habe ich gar nicht erwähnt gefunden; überhaupt finde ich selten gleichzeitig mehr als ein Gewürz, und am meisten noch Pfeffer und Nelken.

Ganz im Gegensatz hierzu enthält das holländische Kochbuch „De verstandige Kok", der letzte Theil des „Vermakelyk Landtleven" (Amsterdam 1696) immerfort Muskat und andere Gewürze.

Muskat wird empfohlen bei Fischspeisen, bei Pasteten, bei Geflügel, z. B. Poulette Fricassé, Hoen (Huhn) met Bloemkool, junge Duyven (Tauben). Capoen (Kapaun), bei Fleischspeisen, z. B. Frickedollen, Dyharst (Schafskeule), Hasen, Olla potrida,

Haksel, Konynen (Kaninchen), Speenvarken (Spahnferkel), Kalfooren (Kalbsohren), bei allerhand Gemüsen, so z. B. auch bei Artischoken und Spargeln; seltener schon bei Gebäck (z. B. om een lecker kandeel to maken), bei Torten dagegen anscheinend gar nicht.

Beide Muskatgewürze werden neben anderen Gewürzen sehr häufig erwähnt in „The Cooks and Confectioners Dictionary" (London 1724), zum Beispiel auch für Ochsen- und Seezungen. Ein Rezept um Muskatnüsse zu kandiren, sei hier wiedergegeben.

Sie werden erst in Wasser geweicht und kommen dann in einen irdenen Topf. Hierauf wird Kandiszucker mit etwas Rosenwasser und arabischem Gummi gekocht und darüber gegossen; dann wird der Topf geschlossen und 3 Wochen stehen gelassen, „and they will be of a Rock-Candy".

Paul J. Marperger erwähnt in seinem „Vollständ. Küch- und Keller Dictionarium" (Hamburg 1716) auch wieder den Gewürzweinextrakt, er nennt ihn Extrakt zum Lutter trank, denn so hiess der Wein mit Gewürzextrakt damals.

Sein Rezept lautet (pag. 724): Zimmt 4 Loth, Cardamom 2 Loth, Muskatblüte und Nägel je 1 Quint., Violenwurtzel, Ingwer je $1/2$ Quint.; diese Mischung wird mit etwas Frantz-Branntwein ausgezogen, 8—12 Tage stehen gelassen, ausgepresst und aufbewahrt.

Descourtilz giebt in seiner Flore pittoresque et médecinale des Antilles (vol. 8, 1829) an, dass die Engländer mit heiss Wasser, Zucker, Madeirawein und Muskat ihren Sangris herstellen, während sie zur Bereitung des weinlimonadeartigen Cup oder Negus 2 Pfd. Madeira, 4 Pfd. Cidre, 2 Pfd. Birne, 2 zerschnittene Citronen, Zucker und geraspelte Muskat nehmen; man weicht auch geröstetes Brot oder Biscuit in diesem Getränk ein.

Noch mehr zugenommen hat offenbar der Gebrauch von Muskat und Macis im Anfang unseres Jahrhunderts.

Das Preussische Kochbuch (Königsberg 1805) z. B. führt viele Suppen mit Muskatblüthe an, selbst Krebssuppe und Mehlsuppe; auch bei Fisch wird mit Vorliebe Muskatblüthe gebraucht, ebenso bei Geflügel; bei Pasteten braucht man sowohl Muskatblüthe als geriebene Muskatnuss, Muskatblüthe kommt an viele Fleischspeisen (Kalbsleber, Kalbsfüsse, Kalbsgekröse, farcirtes Rindfleisch, Hammelkeule) ebenso an viele Gemüse (Sauerampfer, grüne Erbsen, grosse Bohnen, selbst an Schwammsauce); unter dem Backwerk finde ich Muskatblüthe sogar bei einem Rezept für Baumkuchen. Endlich wird Muskatnuss auch wieder beim Hippocras erwähnt, und Muskatblüthe zum Glühwein.

D. In der Gegenwart.

Was die neueste Zeit betrifft, so lässt sich wohl kaum leugnen, dass unsere beiden Gewürze wegen ihres etwas gar zu markanten

Geschmackes in der Küche der Wohlhabenden etwas aus der Mode gekommen sind, obgleich sie doch auch hier noch vielfach, namentlich bei Suppen und Gemüse, Verwendung finden, um vom Glühwein gar nicht zu reden; in den breiteren Volksschichten, wo es gilt, dem Geschmack weniger guter Grundstoffe durch Gewürze kräftig in die Höhe zu helfen, findet sich Muskat noch in reichem Maasse verwendet, und man kann, wenigstens nach den Importen, keine Abnahme im Konsum konstatiren; auffallend ist, dass sich die eine Gegend mehr der Macis, die andere mehr der Muskatnuss zuwendet: wir sahen schon in dem kommerziellen Theil, ein wie grosser Prozentsatz der nach England gelangenden Macis nach Deutschland weiter exportirt wird, aber auch in Deutschland ist in den verschiedenen Gegenden die Werthschätzung verschieden: namentlich in Mitteldeutschland wird die Macis in hohem Maasse bevorzugt. Wenige Gerichte giebt es, bei denen nicht ab und zu auch Muskat oder Macis als Würze in Betracht kommt, namentlich bei Suppen, Ragouts, Pasteten, Gemüse aller Art, Fischen, Geflügel, Saucen, Kompots, Mehlspeisen, Torten etc., weniger bei reinen Fleischspeisen und natürlich gar nicht bei Salaten. Ueberall, wo es darauf ankommt, an und für sich etwas faden Speisen kräftigeren Geschmack zu verleihen, oder wo es gilt, besonders gewürzhafte Mischungen herzustellen, kann Muskat herangezogen werden: wegen des sehr ausgeprägten Geschmackes sagt dies Gewürz den weniger verfeinerten Naturen mehr zu, als den schon feinere Modulationen stark empfindenden Geschmacksnerven verwöhnterer Gaumen, dass aber dies Gewürz dauernd aus der Mode komme, ist, so weit sich beurtheilen lässt, absolut ausgeschlossen. Der Duft der Macis ist etwas feiner als der der Muskatnuss, daher wird erstere mehr bei süssen Speisen benutzt, wo es nur gilt, durch geringen Zusatz bestimmte Geschmacksnuancen herzustellen. Die Papuamuskat besitzt einen bedeutend gröberen Geruch, wird demnach auch in Bezug auf den Preis wohl kaum je mit der echten konkurriren können, selbst wenn bei besserer Erntebereitung auch das Aroma sich vielleicht ein wenig verfeinern dürfte: gerade aber die Billigkeit derselben ist andererseits von Vortheil für Massenspeisungen, Volksküchen, Kasernen und sonstige grössere Anstalten.

Wie wir schon oben sahen, kommt augenblicklich ausser diesen beiden Arten keine andere Muskatnuss für den Handel in Betracht, wenngleich es sehr wahrscheinlich ist, dass die Nüsse von *Myristica speciosa* und *succedanea* der echten Muskatnuss beigemischt, in kleinen Quantitäten schon jetzt in den Handel gelangen. Sodann wissen wir, dass auch auf Neu-Guinea sich noch andere, bisher durchaus nicht in den

Handel kommende Arten finden, von denen einige, deren Früchte wir aber noch nicht kennen, vielleicht ernster Beachtung werth sein dürften; wir denken dabei an *Myristica Schefferi* Warb. und *M. neglecta* Warb. Viele Arten giebt es dagegen, wie wir sahen, in Neu-Guinea, die ein schwaches Aroma besitzen; noch mehr Arten sind nur im frischen Zustande aromatisch, während wiederum manche selbst im frischen Zustande höchstens eine aromatische Macis besitzen. Gar nicht in Betracht für europäischen Konsum als Gewürz kommen hingegen die amerikanischen und afrikanischen Arten; aus diesen beiden Welttheilen kennen wir bisher keine einzige Art, die ihr Aroma in der Nuss oder auch nur in der Macis längere Zeit bewahrt. Der grösste Theil der Arten besitzt Früchte, die auch frisch geruchlos sind und wo dies nicht der Fall ist, da verlieren die Früchte beim Liegen schnell das Aroma.

Wir sehen demnach, Neu-Guinea und die Molukken sind die einzigen Länder, auf die wir unser Augenmerk richten müssen, wenn wir der Hoffnung nicht ganz entsagen wollen, vielleicht dermaleinst noch feinere Muskatwürzen zu erlangen.

VIII. Aussichten der Muskatkultur in der Zukunft.

Nachdem wir nun den Handel einerseits, die Kultur und die gegenwärtige Produktion von Muskat andererseits, sowie auch schliesslich die Verwendung in ihren einzelnen Faktoren einer genaueren Untersuchung unterzogen haben, drängt sich von selbst die Frage auf, hat die Kultur wirklich eine Zukunft, und wenn dies der Fall, ist sie zum Plantagenbau zu empfehlen und unter welchen Bedingungen?

Die geschichtliche Entwickelung des Handels und der Produktion lehrte uns, dass in neuerer Zeit [1]) nur einmal eine wirklich gefahrdrohende Ueberproduktion eingetreten ist, nämlich in den 50er Jahren, in einer Zeit, wo die Muskatkultur in Singapore und Penang sich rapide entwickelte, und in raschem Tempo die auf den Markt geworfenen Gewürze zunahmen. Nachdem Oxley 1848 in so begeisterten Worten die Vortheile und die Zukunft der Muskatkultur in Singapore geschildert und die Rentabilität derselben in so rosigem Lichte dargestellt hatte, widmete man sich dieser Kultur mit erhöhtem Eifer. Aber schon 1851 wurden von Seiten Low's ernste Bedenken laut, die Kultur noch weiter auszudehnen, da schon jetzt eine Ueberproduktion herrsche, und z. B. die Produktion der Straits schon jetzt den Konsum von England reichlich decke; es würden die Preise sicher noch bedeutend fallen, und nur kapitalreichen und sorgsam arbeitenden Pflanzern noch einen Spielraum für den Gewinn lassen. — Bevor die als sicher und unabwendbar

---

1) Die Ueberproduktion Bandas während der Monopolzeit im vorigen Jahrhundert beweist wenig, da die Preise ja künstlich von der Compagnie auf einem sehr hohen Niveau gehalten wurden. Geringe Konzessionen ihrerseits würden zweifellos genügt haben, schnell mit den vorhandenen zeitweilig enormen Lagerbeständen zu räumen.

erwartete Katastrophe in Folge der Ueberproduktion eingetreten war, gingen aber die Pflanzungen 1860 und 1861 durch eine Krankheit zu Grunde, und die schon bis an die Grenze des ertragbaren gefallenen Preise stiegen wieder bedeutend.

Seitdem sind die Preise für das Gewürz zwar nie wieder so tief gesunken, haben aber doch ausserordentlich geschwankt, je nach den in Europa lagernden Vorräthen, und sind namentlich Mitte der 80er, und dann auch wieder seit einigen Jahren ganz ausserordentlich gefallen.

Die Details hierüber haben wir oben ziffermässig belegt, hier sei nur die Abhängigkeit der Preise von den sichtbaren Vorräthen der Haupthandelsplätze näher erläutert.

Vorräthe	1888	1889	1890	1892	1893	1894	1895
in Holland	261000 kg	148400 kg	140600 kg	554419 kg	886005 kg	1046000 kg	1095000 kg
London	258180 „	200620 „	115050 „	156000 „	126000 „		1896 (31. Dez.)
New-York	186630 „	163950 „	118050 „	146400 „	129000 „		1029000 kg
	705810 kg	512970 kg	373700 kg	856819 kg	1141005 kg		

Die Vorräthe an Macis waren

	1892	1893	1894	1895	1896 (31. Dez.)
Holland	272758 kg	379613 kg	392000 kg	424000 kg	456000 kg
London	40000 „	33000 „			
	312758 kg	412614 kg.			

Ganz in Uebereinstimmung mit diesen Zahlen stiegen die Preise bis 1890, um von 1892 an bis jetzt ganz bedeutend zu fallen, so dass sich im Jahre 1895 eine Vereinigung holländischer Importeure und Kommissionäre gebildet hat, um Schritte gegen den weiteren Preissturz zu unternehmen. Sie hatten beschlossen, nur viermal im Jahre (Februar, Mai, August, November) Auktionen zu veranstalten, in der Meinung, dass der Markt durch die tagtäglichen Einschreibungen und dringenden Angebote ungünstig beeinflusst würde. Dass es aber ohne Entfernung der inneren Ursachen, der Ueberbürdung des Marktes, nicht möglich sei die Preise dauernd zu erhöhen, hat sich bald herausgestellt.

Dennoch kann man noch absolut nicht von einem ernsteren Nothstand im Muskathandel sprechen; die Vorräthe sind noch nicht einmal so gross, um die Fehlernte eines einzigen Jahres zu decken, und dabei ist der Verbrauch entschieden im Steigen begriffen. Allein die Ablieferungen der Jahre 1892/93 sind nach Schimmel & Co.

	Nüsse	Macis
1892	1785932 kg	374431 kg
1893	1373233 „	330007 „

so dass also die vorhandenen Vorräthe, wenn keine weitere Zufuhr stattfindet, schon in einem einzigen Jahr aufgebraucht sein würden. Nach

Gehe's Handelsberichten hat sich der Konsum der letzten sieben Jahre vor 1889 um 13 % vermehrt[1]); namentlich wächst in Amerika die Nachfrage nach diesem Gewürz zusehends. Da aber die Hauptproduktionsgegend, nämlich Banda, die noch immer $^2/_5$ der Gesammtproduktion liefert, jetzt so ziemlich am Ende ihrer Ausdehnungsfähigkeit in Bezug auf die Kultur angelangt ist, so wird die Produktion vermuthlich bald weniger schnell wachsen als bisher und demnach kaum genügend mit der Konsumzunahme Schritt halten können.

Wir gelangen deshalb zu dem Schluss, dass, ungeachtet der augenblicklichen Ueberfüllung des Marktes, die Chancen der Kultur für die nächste Zukunft als günstig anzusehen sind, vorausgesetzt natürlich, dass Mode und Geschmack keine launenhafte Sprünge machen.

Eine Frage ganz anderer Natur ist die, ob sich die Muskatnuss für den Plantagenbau der näheren Zukunft eignet, d. h. für geregelte Kultur durch Europäer oder wenigstens für in europäischer, rationeller Weise wirthschaftende Landwirthe.

Dass bisher grosse Vermögen durch die Muskatkultur nicht verdient worden sind, geht aus der oben ausführlich behandelten Geschichte genugsam hervor. Während der Monopolzeit der Compagnie war zwar der Reingewinn an dem Gewürz ein ausserordentlich bedeutender, jedoch standen ihm, wie wir sahen, indirekte Ausgaben, namentlich zur Aufrechterhaltung des Monopols, von so enormer Höhe gegenüber, dass es zweifelhaft bleiben muss, ob bei Berechnung all dieser Momente überhaupt noch ein Ueberschuss blieb; freilich ist es aber über jeden Zweifel erhaben, dass eine Masse von Beamten, Pflanzern, Kaufleuten etc. durch dies Monopol ihren Unterhalt fanden, sodass, selbst wenn ein Defizit herausgerechnet werden sollte, das Monopol vom höheren Standpunkt des Staates aus doch nicht als ungünstig angesehen werden darf. In der viel billiger und weniger rigoros arbeitenden englischen Zeit warf das Monopol zweifellos gute Erträge ab, wenn auch die Ansicht des englischen Gewährsmannes des Tableau statistique (um 1796), dass Ambon und Banda durch die Nelken und Muskat einen Reingewinn von $^1/_3$ Mill. £ liefern könnten, eine viel zu optimistische Schätzung ist; hingegen mag Daendels' Budgetanschlag im Anfange dieses Jahrhunderts, dass die Molukken durch das Nelken- und Muskatmonopol

1) Freilich ist die Konsumsteigerung bei der Muskat gering gegen die des Pfeffers. Aehnlich war es übrigens schon im 17. Jahrhundert; während z. B. nach Crawfurd von 1615—1659 der Verbrauch Englands an ersterem Gewürz von 115000 Pfd. auf 200000 Pfd., also um 74% stieg, nahm der von Pfeffer in derselben Zeit um 611% zu, indem er von 450000 Pfd. auf 3200000 Pfd. stieg.

1—1,3 Mill. Reichsthaler Reingewinn abwarfen, unter genügender Berücksichtigung der Unkosten (Militär, Marine, Gebäude, Fracht etc.), der Wahrheit einigermassen entsprechen. Ebenso verdiente in diesem Jahrhundert die holländische Regierung mit dem Muskatmonopol erkleckliche Summen, wenn man auch die Annahme des Verfassers des „Fragments van een Reisverhaal", dass die Regierung an jedem Pikol Nüsse 50 fl verdiene, nicht als richtig ansehen kann; berücksichtigt man nur den Kauf und Verkauf der Muskat, so erzielte die Regierung 1822 nach v. Hogendorp 473000 fl Gewinn. (89918 fl Einkaufspreis, 563145 fl Verkaufspreis.)

Die Einnahmen der Pflanzer unter dem Monopol geben natürlich gleichfalls keinen Maassstab ab für den Ertrag, welche die freie Kultur dem Pflanzer abwirft, da der Monopol-Pflanzer von dem Inhaber des Monopols auf dem niedrigst denkbaren Gewinnniveau gehalten wurde. Ueber die Erträge und Unkosten der Privatplantagen sind wir nur ziemlich ungenügend unterrichtet, und meist in zu optimistischer Weise, da ja gewöhnlich nur solche Pflanzer Rentabilitätsberechnungen zu veröffentlichen pflegen, die zur Anpflanzung ermuthigen oder auf Ausdehnung der Plantagen dringen wollen.

In einem offiziellen Bericht werden von einem englischen Pflanzer in Benkulen für eine Pflanzung von 10 Jahren mit 100 orlongs (= 133½ acres) (bei 24' Abstand der einzelnen Bäume 6000 Muskatpflanzen enthaltend) folgende Angaben gemacht (von Low wiedergegeben):

Kosten für Land, Gebäude, Geräthe, Arbeiter, Vieh, Pflanzen	12000 Span. Doll.	= 2400 £
Ausgaben für acht Jahre (à 6395 Dollar jährlich)	51160 „ „	= 10232 „
	63160 Span. Doll.	= 12632 £

Da vor dem 10. Jahre rechnungsmässig keine Ernte zu erwarten ist, so stehen diesen Ausgaben keine Einnahmen gegenüber und man besitzt am Ende der Periode erst etwa 1800 weibliche Bäume, da 2100 Bäume männlich und die übrigen eingegangen sind.

Nach dieser Rechnung würde also jeder tragende Baum bis zur ersten Ernte auf 7 £ zu stehen kommen, natürlich ein Betrag, der sich bei den jetzigen Preisen des Gewürzes nicht mehr verzinsen kann, selbst wenn die weitere Kultur absolut nichts kostete. Uebrigens würden, wenn man diese Rechnung weiter ausspinnen wollte, die Kosten der in der Plantage zwischen den weiblichen Bäumen neu einzusetzenden Pflanzen erheblich geringer ausfallen müssen, so dass nach weitern acht Jahren wohl 3000 Bäume ertragfähig wären, die vielleicht noch nicht 18000 £ verschlungen haben würden, also ca. 6 £ per Baum. Nach Crawfurd behaupteten damals auch die Pflanzer von Benkulen, dass sie bei einem billigeren Preis der Muskatnüsse als 2 sh 6 d per Pfund nicht bestehen könnten. Da schon die Verzinsung von 7 £ an sich allein mindestens 7 sh ausmachen würde (die Zinseszinsen der ersten zehn Jahre gar nicht einmal gerechnet), und man auf nicht mehr als 3 Pfd. getrocknete und geschälte Nüsse am Baum rechnen kann, so ist ihre Behauptung durchaus gerechtfertigt gewesen.

Viel günstigere Resultate freilich ergiebt eine Berechnung Oxley's.

Nach Oxley (1848) war damals das Land auf Singapore für 10—20 sh per acre von der Regierung zu kaufen und wurde, wenn es, wie wünschenswerth, Waldland war, auf Kontrakt hin für 5—6 £ per acre geklärt; die Ausgaben, bis 1 acre (d. h. etwa 92 Bäume) zum Tragen gelangen, werden auf 300 Dollars (60 £) geschätzt, da aber viele männliche Bäume darunter sind und viele andere Bäume kränkeln oder eingehen, so kommt jeder tragende Baum auf acht Dollar, also etwa auf 32 sh zu stehen. Vermuthlich ist aber diese Rechnung, wie viele Angaben Oxley's in diesem Artikel, etwas optimistisch.

Lumsdaine giebt, gleichfalls für Benkulen, an, dass man auf je 1000 Muskatbäume sieben chinesische oder bengalische Arbeiter, 50 Stück Vieh und zwei Pflüge rechnen könne, bis die Plantage in Ordnung ist; zur Reinigung der Plantage und Ernte genüge ein Arbeiter auf 100 Bäume in Plantagen von 4—5000 Bäumen.

Wird in diesen Beispielen auf je 100 Bäume 1 Arbeiter gerechnet, so finden wir in den besten Pflanzungen der Minahassa und Bandas einen viel grösseren Prozentsatz von Arbeitern. So z. B. hatte nach Lans der Perk Laoetang im Jahre 1872 250 Arbeiter bei ca. 12000 Bäumen, also 1 Arbeiter auf 48 Bäume[1]; und auf einer vorzüglichen Plantage nahe Menado gab man mir an, dass 1 Arbeiter auf 40 bis 50 Bäume käme. Das Klären eines Hektars kostet etwa 300 Mk. und da ein Hektar ca. 160 Bäume enthält (156 bei 8 Meter Abstand, 178 bei 7,5 Meter), so würden ca. 3 Leute zur Bewirthschaftung eines Hektars genügen. Bei monatlichem Lohn von 6 fl (= 10 Mk.) würde dies eine jährliche Ausgabe von 360 Mk. für die Bearbeitung, Ernte etc. eines Hektars im Durchschnitt geben. Rechnet man diese Ausgabe für 10 Jahre, und die Kosten des Klärens hinzu, so hätte man bis zur ersten Ernte 4000 Mk. Unkosten, mit Zinsen 5600 Mk und etwa 60 tragende Bäume, so dass jeder Baum auf ca. 90 Mk. zu stehen käme; im Beginn einer Plantage braucht man vielleicht noch mehr Leute zu den Saatbeeten, den Schattenbäumen etc., so dass diese Rechnung für eine schon im Betrieb befindliche Plantage gilt; dabei haben wir Kosten für den Landankauf, Vermessung, für Baulichkeiten etc. noch gar nicht gerechnet, geschweige denn den Gehalt eines event Aufsichtsbeamten. Aber selbst bei eigener Wirthschaft, umsonst geliefertem Land, und schon vorhandenen Baulichkeiten wird doch vermuthlich in den ersten 10 Jahren der Hektar durch kleinere Spesen und Unkosten auf 6000 Mark, demnach jeder gesunde weibliche Baum der ersten Auspflanzung auf neu gerodetem Land bis zur Tragfähigkeit auf 100 Mark zu stehen kommen. Die dazwischen und nachgepflanzten Bäume, die also im 18. Jahr der Plantage zuerst tragen, brauchen nicht besonders berechnet zu werden, da bei drei Arbeitern auf den Hektar diese Arbeiten schon eingeschlossen sind.

[1]) Ehemals gab es, wie wir sahen, auf Banda chronischen Arbeitermangel, so dass selten mehr als 2500 Arbeiter auf ca. 500000 Bäume kamen, also 1 Arbeiter auf 200 Bäume.

Es würden also hiernach die Kosten per Hektar vom 10. Jahre an betragen:

1. Zinsen des Anlagekapitals der ersten 10 Jahre (6000 Mk. à 5 %)	= 300 Mk.
2. Unterhalt von drei eingeborenen Arbeitern	= 360 „
	660 Mk.

Vom 10. Jahre an würden ca. 60, vom 18. Jahre an ca. 100, vom 26 Jahre an ca. 130 tragende Bäume auf dem Hektar stehen. Die Ernten würden demnach sein, bei Annahme von 3 Pfund Nüssen und $^3/_4$ Pfund Macis für jeden tragenden weiblichen Baum[1]):

in der ersten Periode (10.—18. Jahr) .	180 Pfd.	trockene Nüsse und	45 Pfd.	Macis
in der zweiten Periode (19.—26. Jahr)	300 „	„ „ „	75 „	„
in der dritten Periode (vom 26. Jahre an)	390 „	„ „ „	100 „	„

Bei Loco-Preisen von 2 Mk. pro Pfd. Nuss oder Macis würde man demnach in der ersten Periode 450, in der zweiten 750, in der dritten 980 Mk. als jährliche Einnahmen haben. Augenblicklich sind aber selbst die europäischen Marktpreise bei weitem nicht so hoch, die Preise im Ursprungslande aber noch mindestens 20 % geringer, als die Marktpreise. Man wird nicht auf viel mehr als 1 Mk. im Durchschnitt per Pfund rechnen dürfen.

Es folgt hieraus also, dass bei der jetzigen Preislage selbst bei den allervortheilhaftesten Bedingungen die Plantage bis zum 26. Jahre[2]) unfehlbar mit jährlichem Defizit arbeiten muss. Kapitalisirt man aber die Summe dieser sämmtlichen Defizite nebst den Zinsen derselben, so kommt man im 26. Jahre zu einer Erhöhung des zu verzinsenden Kapitals um mindestens 3500 Mk., also zu einer Gesammtausgabe von 9500 Mk. per Hektar, sodass demnach hierdurch schon 475 Mk. an jährlichen Zinsen verschlungen werden; es werden demnach also vom 26. Jahre an jährliche Ausgaben von 475 + 360 = 835 Mk. erfordert, eine so hohe Summe, dass sie selbst in dieser glänzendsten Periode der Plantage kein genügendes Aequivalent in dem Ertrag finden wird.

So primitiv die Zubereitung der Ernte auch ist, so erfordert sie dennoch wenigstens ein Gebäude, die Arbeiter verlangen Wohnung, die Geräthe sind anzuschaffen und zu erneuern, kurzum, Spesen aller Art wird es immer geben, so dass sich auch hierdurch die Rechnung noch ungünstiger stellt.

---

1) Dass bei guter Bearbeitung durch drei Leute pro Hektar dieser Ertrag ein mässiger ist, wird durch die Plantage Laoetang auf Banda bewiesen, die als Mittel aus 5 Jahren jährlich 5 Pfd. Nüsse und $1^1/_4$ Pfd. Macis brachte; man muss aber auch schlechte Jahre, Dürren, Missernten etc. in Rechnung stellen, und deshalb ist die obige vorsichtige Schätzung richtiger, zumal da kaum ein anderes Land ein so günstiges Klima für die Kultur der Muskatnuss besitzt, wie Banda. Nach den damaligen mittleren Preisen von 1 fl 20 für das Pfund Nüsse und 1 fl. 90 für die gleiche Menge Macis, sowie 18 % Transportkosten nach Europa, berechnet sich bei **Lans** der Ertrag jedes tragenden Baumes auf 7 fl $60^1/_2$.

2) Wenn **Oxley** (1848) angiebt, dass die Pflanzung schon nach 15 Jahren volle Erträge ergebe, so ist dies schon von **Low** (1851) zurückgewiesen, der sagt, dass erst in 20 Jahren genügend weibliche Bäume vorhanden wären, aber auch dann sind ja noch $^1/_4$ männlich. **Lans** giebt an, dass die Plantage zwar vom 14.—15. Jahre an volle Erträge, aber erst vom 28. Jahre an Ueberschüsse gebe.

Es folgt also hieraus, dass bei den augenblicklichen Preisen an einen rentablen geregelten Plantagenbau durch Europäer nicht zu denken ist, es sei denn, dass ganz besonders günstige Umstände vorhanden sind: besonders billige Arbeitslöhne, besonders reichliche Erträge, Absatz für in den ersten Jahren anzulegende Zwischenkulturen, Bananen, Gemüse etc. Steigen dagegen die Preise wieder, so kann es mit Leichtigkeit wieder eine gut rentirende Kultur werden, jedoch sind stets wieder Rückschläge durch Preisfall zu gewärtigen; vor 26 Jahren wird man aber überhaupt so leicht nicht zu einem günstigen Endergebniss gelangen, und demnach ist das Risiko im Verhältniss zu den Chancen ein viel zu grosses, um zu dieser Kultur zu ermuthigen.

Etwas ganz anderes ist es, wenn man diese Kultur mehr als Sport betreibt, wie dies z. B. bei einzelnen Kaufleuten von Menado der Fall ist. Man schafft sich dadurch einen herrlichen kleinen Landsitz mit schattigen kühlen Spaziergängen, gesunder Luft, genügender körperlicher Thätigkeit und geistiger Anregung, was in den tropischen Ebenen von ganz ungemeiner Wichtigkeit ist. Rentirt sich die Kultur, um so besser, verliert man dabei, so hat man einen zwar etwas theuren, aber dafür ungemein anmuthigen Park.

Gelingt es, einen Muskatgarten billig zu kaufen, so ist die Wahrscheinlichkeit, ihn rentabel zu machen, natürlich eine viel grössere; die ganzen Berechnungen vereinfachen sich, und selbst wenn der Garten verwahrlost war, so lässt er sich doch, ohne spezielle Arbeitskräfte zu engagiren, meist schon durch die ohnehin für die Ernte nöthigen Leute in den erntearmen Monaten wieder in Ordnung bringen.

Von grösserer Bedeutung wird diese Kultur in der nächsten Zeit wohl nur für die Eingeborenen bleiben, die, ohne Arbeitslohn zu rechnen, familienweise, oder sich gegenseitig helfend, ihre Gärtchen anlegen, und das meist herrenlose oder ihnen doch spottbillig überlassene Land selbst klären. Für sie giebt es ja kaum eine rentablere Kultur, bei welcher mit so geringer Mühe (und nur diese rechnen sie, nicht die Zeit), ein so hoher Ertrag gewonnen wird. Wenn sie nicht aus Indolenz oder Unwissenheit grösstentheils die Bereitung der Ernte auf jämmerliche Weise vernachlässigten, und andererseits die Kultur zu langsam Ertrag brächte, so wäre schon längst der Zeitpunkt eingetreten, wo an Stelle des Grossplantagenbaues die Kleingartenkultur getreten wäre; nur die kurze Zeitperiode, die seit dem Aufhören des Monopols verflossen ist, und die überkommene Furcht vor den früheren Strafen, mag die Einwohner Niederländisch-Indiens bisher noch davon abgehalten haben. — Wo dagegen, wie in Banda, die alten Plantagen in der Blüthe stehen, wird sich auch die Kultur im Grossbetriebe zweifellos weiter erhalten, da die Auslagen, welche die Weiterführung der Plantagen erfordert, relativ geringe sind.

Wir sehen also, die Muskatkultur gehört zu derjenigen Gruppe tropischer Kulturen, die auf dem Wege sind, in die Hände der Eingeborenen zu gerathen, oder vielleicht besser gesagt, den Kleinbauern zuzufallen. Ihrem Wesen nach eignet sie sich besser als Garten-, denn als wirkliche Plantagenkultur. Maschineller Betrieb der Trocknung im Grossen würde bei den geringen zu behandelnden Mengen des Produktes die Kultur so wenig verbilligen, dass die Zinsen für die Maschinen kaum gedeckt werden könnten; nur ganz einfache Maschinen haben ev. eine Zukunft. Dagegen ist es wohl denkbar, dass durch bessere Kulturmethoden an sich, Pfropfung, Stecklingszucht oder dergleichen, Düngung, Züchtung besser tragender Sorten etc., sich die Chancen eines intelligenten Grosslandwirthes gegenüber denjenigen des nicht rechnenden und dafür auf Genügsamkeit angewiesenen Eingeborenen wieder mit der Zeit bessern werden.

Die Hauptaufgabe hierbei fällt den landwirthschaftlichen Stationen und den botanischen Gärten zu, sowie der sorgsamen Beobachtung der einschlägigen Verhältnisse durch die Pflanzer selbst. Wie die meisten Tropenkulturen, so steckt auch diejenige des Muskatbaumes noch in den Kinderschuhen, denen sie erst in Folge methodischer, nach ernsten Prinzipien unternommener Arbeiten allmählich entwachsen wird.

Nachträge und Verbesserungen.

Zu pag. 18. Nach Bretschneider's Botanicon sinicum III (1895) pag. 124 heisst die Muskatnuss auf chinesisch „jou tou k'ou". die Macis „jou tou hua"; jou bedeutet fleischig, hua bedeutet Blume, tou k'ou bedeutet ursprünglich Kardamom; die Muskatnuss wäre also die fleischige, d. h. solide Kardamom, im Gegensatz zu der echten Kardamom. der ts'ao tou k'ou, tsao heisst krautig. Im Ch'en Ts'ang k'i, wo die Muskatnuss zuerst erwähnt wird. wird berichtet, dass sie mit Schiffen aus einem fernen Lande komme, wo sie ka-küle genannt werde (kakula heisst Kardamom). Der Vergleich mit Kardamom ist nicht übel, und diese Etymologie erscheint viel wahrscheinlicher, als die oben erwähnte der Piratenbohne, die nach einer Mittheilung von Herrn Prof. Arendt, eines Sinologen. auch sprachlich unrichtig sein soll. Auch Bretschneider sagt übrigens: it seems improbable. that nutmegs were known to the Chinese before the 8. century.

Zu pag. 33. Im Strassburger Kreuterbuch von 1830 wird Isidorus citiert: „für das zitern Hertz soll man nützen muscatenblumen". Auch bei Konrad von Megenberg findet sich eine Stelle: „Macis ist ein pām, sam Isidorus spricht, von dem fleuzt ain zaher". Dass hier der bekannte, zu Beginn des 7. Jahrhunders lebende Spanier Isidorus gemeint ist, ist nicht unwahrscheinlich. In den erhaltenen Schriften Isidors vermochte ich diese Stellen nicht aufzufinden, auch der detaillirte Index wies kein Wort auf, das als Macis oder Muskatblüthe zu deuten wäre; selbst macer (III, 484, pag. 386) wird nur ganz kurz und einzig von der etymologischen Seite aus behandelt. Vielleicht stützt sich das Kreuterbuch und Konrad von Megenberg auf spätere mit Zusätzen versehene Ausgaben Isidor's.

Zu pag. 50. Camoens Strophe über die Bandainseln ist etwas entstellt. sie muss heissen:

Olha de Banda as ilhas que se esmaltam
da varia cor que pinta o roxo fruto
as aves variadas que aly saltam
da verde noz tomando seu tributo.

Nach Wollheim da Fonseca's Uebersetzung:

Die Banda-Inseln sieh, die herrlich prangen
in buntem Schmelz, rothfarbger Früchte voll.
Viel Vögel, flatternd dort umher, empfangen
von grünen Nüssen ihren Nahrungszoll

Zu pag. 237. Lies 4. Zeile von unten Madura anstatt Madeira.

Zu pag. 289. Auch die Insel Obi südlich von Batjan beherbergt zwar wilde Muskatnüsse, aber nicht die echte. J. Stormer, Schets der Obi-eilanden in Tijdsch. Ind. L. en Volkenk XXXII, pag. 629 sagt nämlich: Wilde notenmuskaatboomen vindt men overvloedig op Groot Ombi, Sélilé, Tapat en Ombilatoe. De boomen gelijken niet in het minst op die, welke op Banda en elders in de Molukken en in Minahassa gecultiveerd worden; de stam is slanker en de bladerenkroon veel ijler. — Vermuthlich ist dies auch Myristica speciosa.

Zu pag. 314. Buffon bildet den Pigeon ramier des Moluques in seiner Hist. Natur. des Oiseaux, Planches enluminées Nr. 164 sogar mit einer Muskatnuss im Schnabel ab.

Zu pag. 381 Lies 15. Zeile von oben 30—40 cts statt 15—20 cts.

Zu pag. 488. In den letzten beiden Jahren wurden in Holland importiert:

	Nüsse	Macis
1895	1 029 000 kg	292 000 kg
1896	1 002 000 „	288 000 „

Es hat demnach der Import der Nüsse gegen das Jahr 1894 zugenommen, derjenige der Macis zeigt hingegen eine Abnahme.

Zu pag. 518. Dezember 1896 betrugen die Preise in Amsterdam (p. Amsterdamer Pfund) Muskatnüsse 1. Qualität 1,00—1,25 fl., 2. Qualität 0,60—0,85 fl., Macis (F) 0,90—0,95 fl. Es hat also gegen das Vorjahr ein beträchtlicher Preisrückgang stattgefunden, namentlich bei der Macis.

IX. Litteratur-Verzeichniss.

I. Zur Geschichte der Muskatnuss.

A. Allgemeine Litteratur.

Martius: Beiträge z. Literaturgesch. d. Muskatnuss u. Muskatblüthe, in Sitzungsber. d. Münch. Akad. 1860 (pag. 152—160); auch Buchner's Repertor. f. Pharm. IX (1860) pag. 529—538.

Meyer, E.: Geschichte der Botanik (an vielen Stellen).

Sprengel, K.: Geschichte der Botanik (an vielen Stellen).

Jessen: Botanik der Gegenwart u. Vorzeit (an vielen Stellen).

B. China.

v. Richthofen: China Bd. I, pag. 521 ff.

— — Ueber den Seeverkehr nach u. von China im Alterth. u. Mittelalter. Verb. Ges. Erdk. Berl. 1876, pag. 86—96.

Hirth: China and the roman orient, 1885.

— Geschichte des antik. Orienthand. mit China. Verb. Ges. Erdk. 1889, pag. 46—64.

— Chinesische Studien (1890) pag. 42.

Bretschneider: Botanicon sinicum III (1895), pag. 124.

C. Indien.

Lassen: Ind. Alterthumskunde III, pag. 31.

Kruse: Indiens alte Geschichte, pag. 391.

Royle: An Essay on the antiquity of Hindoo Medicine.

D. Rom und Griechenland.

Fraas: Synopsis plantarum florae classicae, pag. 135.

Billerbeck: Flora classica, pag. 124 u. 243.

Stephanus: Thesaurus linguae graecae.

Sophocles: Lexikon der späteren griechischen Sprache.

Ducange: Glossarium ad scriptores mediae et infimae graecitatis. I. pag. 958 etc.
— Lexicon latinitatis medii aevi.
Langkavel: Botanik der späteren Griechen, 1866, pag. 19, 34, 56. Beitr. z. Gesch. d. Botan. aus Du-Cange Glossar., Gymnasial-Progr. Berl. 1866, pag. 18.
Dieffenbach: Glossarium Latino Germanicum mediae et infimae aetatis. Frkf. 1857.
Huet: Histoire du Commerce et de la navigation des Anciens. Lyon 1763.
Vincent: Commerce and Navigation of the Ancients in the Indian Ocean. London 1800/1805.
Reinaud: Relations politiques et commerciales de l'empire romain avec l'Asie orientale 1863.

E. Arabien.

Periplus maris Erythraei, in Ramusio, delle Navigat. y Viaggi I (1554), pag. 319.
Khordadbah: Livres des routes et des provinces (ed. Barbier et Meynard) in Journ. asiat. 6. Ser. V (1865), pag. 289 ff.
Maçoudi: Les prairies d'or (éd. Barbier et Meynard) I, pag. 330, 340, 341.
Rhazes: De simplicibus, in Brunfels Ausgabe von Serapio, (1531), lib. II, pag. 392.
Mesuë: De re medica libri, viele Ausgaben, z. B. Jac. Sylvio interpr. (1548) an vielen Stellen, namentlich im Buch de Antidotariis.
Avicenna: Opera in re med. Venet. (1564) I, pag. 339 u. 348 (Ausg. von 1523, I. cap., 459 u. 506).
Edrisi: Géogr., ed. Jaubert, I (1839), pag. 51 u. 89; Bd. V der Recueils de Voyages.
Averrhois: Simplicia, in Brunfels Ausg. v. Serapio (1531), lib. II, pag. 351 u. 361.
Kazwini: Kosmographia, ed. Ethé I (1869), pag. 227.
Ibn el Baithar: Traité des Simples, ed. Leclerc (1877) I, pag. 378, II, pag. 395.
Ibn Batutah: Voyages, ed. Defrémery et Sanguinetti (1858) IV, pag. 243.
Serapio: De medicam. simplicibus, ed. Brunfels (1531) II. pag. 29 u. 114.

F. Europa im Mittelalter.

Hüllmann: Deutsche Finanzgesch. des Mittelalters (1805), pag. 211.
— Geschichte des byzantin. Handels bis Ende d. Kreuzzüge (1808), pag. 100.
— Städtewesen des Mittelalters (1826), I, pag. 335.
Heyd: Levantehandel im Mittelalter (1879) an vielen Stellen.
Volz: Beiträge zur Kulturgesch. (1852), pag. 303—312.
Flückiger: Dokumente zur Geschichte der Pharmacie, Halle (1876), pag. 18.
Depping: Histoire du commerce entre le Levant et l'Europe (1830), pag. 288.
— Histoire des drogues et épiceries de l'Inde et de l'Arabie.
Leber: Appréciation de la fortune privée au moyen âge, éd. II (1847), pag. 95.
Rogers: History of Agriculture and Prices in England I (1866), pag. 361—362, 628.
Laborde: Notices des émaux, bijoux et objets divers du Musée du Louvre (1853).
Douet d'Arcq.: Compt. de l'argenterie des rois de France, pag. 219.
Beugnet: Assises de Jerusalem II, Paris (1843), pag. 137.
Sanuto: Secreta Fidelium crucis (1321), Ausg. 1611, Hann., lib. I, 1, pag. 23.
Petrus de Ebulo: Carmen de motibus siculis, Basel (1746), pag. 23.
Hist. Patriae monum. Chartae II Torino (1853), fol. 514.
Muratori: Rerum italic. scriptores VIII, pag. 181; sowie Cronica Paduana Rolandini in Pertz, Monum. German. hist. Scriptor. XIX, pag. 46.

Venetian. Gesandtschaftsberichte, mitgetheilt von Tiele in de Gids 1875, III, pag. 233.

Warnkoenig: Histoire de la Flandre, II (1836), pag. 449.

Mieris: Groot Charterboek der Graven van Holland, II, pag. 637.

Chronik der deutschen Städte, Nürnberg, I, pag. 100.

Nürnberger Polizeiverordnungen aus dem 13.-15. Jahrh., herausgegeben v. Baader, Stuttg. (1861), pag. 128.

Ennen und Eckertz: Quellen e. Geschichte der Stadt Köln II (1863), pag. 315.

Hansische Geschichtsquellen, VI, 1891, pag. 8 ff.

Höhlbaum: Hansisches Urkundenbuch. II, pag. 287 (658), III, pag. 175 (396) u. 419 (624).

Recesse und andere Akten des Hansetages 1256—1430, Abth. I, Bd. 2, pag. 236.

Hamburger Waaren- und Wechsel-Preiscourant aus d. 16. Jahrhundert, herausgeg. v. Ehrenberg. Hans. Geschichtsbl. 12 (1883), pag. 168.

Die ältesten hamburgischen Zunftrollen und Brüderschaftsstatuten, gesammelt v. O. Rüdiger, Hamburg (1874), pag. 54.

Koppmann, Convivium des Hamburg. Kolleg. des Klingelbeutels. Zeitschr. d. Vereins hamb. Gesch. VII (1883), pag 336.

Das Handlungsbuch von V. v. Gelderen, herausgeg. v. Nirrnheim, Zeitschr. d. Vereins hamburg. Geschichte (1895).

Die älteren Lübeckischen Zunftrollen, herausgeg. von L. Wehrmann (2. Aufl. 1872), pag. 293.

Urkundenbuch der Stadt Lüneburg, bearbeitet von Volger, Bd. III (1877), pag. 422, 425.

Hirsch: Danzigs Handels- und Gewerbsgeschichte, 1858, pag. 244.

Regel, (K.): Das mittelniederdeutsche Gothaer Arzneibuch u. seine Pflanzennamen. Osterprog. des Gymnas. Ernest. z. Gotha 1873, pag. 9.

Colmarer Pflanzenglossar in Höpfner und Zacher's Zeitschr. f. deutsche Philologie IX (1878), pag 203, 337, 460,

Schiller (K.): Zum Thier- und Kräuterbuch des mecklenburgischen Volkes.

Henrik Harpestreng's Danske Laegebog (1826), pag. 77, 78

Ein Buch von guter Speisen. 14. Jahrh.; Biblioth. literar. Verein Stuttg. 1844.

Douet d'Arcq: Traité de cuisine (Bibl. de l'Ecole de Chartres 1860).

Pichon et Vicaire: Le viandier de Taillevent, 1326—1395 (1892).

Le Ménagier de Paris, herausgeg. v. d. Société des Bibliophiles françois (1846).

The Forme of Cury, ca. 1393, herausgeg. v. G. Brander, London (1780).

Two Fifteenth century Cookery-Books, herausg. von Th. Austin, London (1888).

Roquefort: Glossaire de la langue roman. — Raynouard: Lexique Roman.

Scheler: Dictionn. d'étymologie française.

Godefroy: Diction. de l'anc. langue française du IX au XV siècle, V, pag. 444 etc.

La Curne de St. Palaye: Dictionn. de l'anc. langue franç.

Verwijs en Verdam: Middelnederl. Woordenhoek, V, pag. 330.

Schiller und Lübben: Mittelniederdeutsches Wörterbuch III, pag. 139.

Benecke und Müller: Mittelhochdeutsches Wörterbuch.

Die Muskatnuss in der Poesie des Mittelalters, cf. die Citate pag. 50—55 sonstige Referenzen cf. pag. 514 ff.

II. Naturforscher und Aerzte.

A. Griechische und römische Naturforscher und Aerzte.

Theophrast: Histor plant. l. IX, cap. 7 (komakon); auch Sprengel, Theophrast II, Erläuterungen pag. 357, 361. 4. Jahrhundert v. Chr.

Dioscorides: de mater. medica, l. I, cap. 22, (narcaphthum), cap. 110, (macer); l. V, cap. 18 (balanos myrepsike). 1. Jahrhundert n. Chr.

Plinius: Histor. nat. l. XII, 63 (caryopon); l. XII, 8 (macer).

Scribonius Largus: Composita medicamentor., ed. Bernhold, 1786, pag. 167 (macer).

Galenus: De facult. simplic. medicin., l. VIII, pag. 205 (macer). 2. Jahrh.

Oribasius-Pergamenus: Oeuvres compl., Paris 1851—76, l. II, pag. 205 (macer). 4. Jahrh.

Aëtius: Tetrabiblos, Basel 1542, pag. 47 (macer), pag. 925 (xeromyrum moschatum), pag. 928 (suffumigium moschatum). 6. Jahrh.

B. Arabische Aerzte (siehe pag. 598 unter Arabien).

C. Naturforscher und Aerzte des Mittelalters.

Simeon Seth: Volumen de alimentorum facultatibus; ed. Mart. Bogdano, Paris (1658), pag. 55. 11. Jahr

Constantinus Africanus: Opera, Basel I, pag. 355.

Heilige Hildegard; Physica, in Mignes Patrologiae cursus, Paris, Band 197 (1855), pag. 1139. 12. Jahrl

Nicolaus Praepositus: Antidotarium (ed. 1524) l. II (an vielen Stellen).

Platearius: Circa instans, liber de simplici medicina (ed. 1524) cap. V, XIX.

Nicolaus Myrepsus: Medicamentor. opus. Leyd. (1549) pag. 15 und 90. 13. Jahrl

Actuarius: De medicamentorum compositione, Basel (1540) pag. 138, Leyd. (1556) pag. 75 und 101.

Thomas Cantiprat: De natura rerum l. XI, cap. 27.

Albertus Magnus: De Vegetabilibus, ed. Jessen (1867), pag. 412.

Alphita oxoniensis: Salvatore de Renzi, Collect. Salernitan. III, (Nap. 1854).

Simon Januensis: Clavis sanationis, cap. 572 und 645 (ed. 1514, pag. 41).

Matthäus Sylvaticus: Opus Pandectarum medicinae. 14. Jahrl

Konr. v. Megenberg: Buch der Natur (ed. 1861, Stuttgart, pag. 362 und 371).

Niederdeutsches Arzneibuch: ed. in Niederdeutsch. Jahrbuch XV (1889) pag. 129.

Macer floridus: De viribus Herbarum (ed. Choulant 1832) pag. 164. 15. Jahrl

Hans Folcz: Confectbuch oder Liber collationum (ed. Choulant 1832), als Anhang zu vorigem pag. 192.

D. Naturforscher und Aerzte der neueren Zeit bis Linné.

1507. Kreuterbuch. Strassb., cap. 283, (Ausg. 1530 cap. 141).

1517. Ortus sanitatis, cap. 314.

1529. Marcellus Vergilius: Commentat. in Dioscorid. (Köln) pag. 45 u. 111.

1530. Hermolaus Barbarus: Corollar. in Dioscorid. (Köln).

1533. Amatus Lusitanus: Dioscorid. de mat. med. l. V, enarr., Venet. (Ausg. v. 1554, Argent. pag. 103).

1537. Ruellius: De natura stirpium libri III, pag. 104.
1538. Antonius Musa Brassavola: Examen omnium simplic. medic. Venet. II pag. 223 und 319 ff. (Ausg. 1545, Venet. pag. 313, 417–420).
1540. Dorstenius: Botanicon, Frankf., pag. 176 und 203.
1542. Gesner (Conrad): Catalogus plantar., pag. 57 und 73.
1542. Ryff (Walther): Teutsch Apothek, Confect u. Latwergenbüchl., an vielen Stellen, ebenso die vielen späteren Ausgaben, z. B. 1544, 1548, 1563, 1573.
1546. Cordus: Dispensatorium, an vielen Stellen, ebenso in den vielen späteren Ausgaben.
1551. Lonitzer: Natural. histor. op. nov., Frankf., pag. 263.
— — Kreuterbuch, Frankf., 1557, 1560 pag. 340; 1587 pag. 298, 1604 pag. 298, 1713 pag. 545, 1737, pag. 548.
1554. Laguna: Annotationes in Dioscorid., (Ausg. 1586 pag. 46, 69, 474.)
1554. Matthiolus: Commentar. in Dioscorid., pag. 147 (Ausg. 1558 pag. 165, 1562 pag. 82, 1565 pag. 278, 1569 pag. 203, 1596 pag. 96, 1598 pag. 225, 1611 pag. 98.)
1554. Dodonaeus: Cruydeboek, Antwerp. (2. Ausg. 1563 pag. 638.)
1560. Symphorianus (Curtius): hortorum libri XXX, pag. 452.
1561. Cordus: Annotation. ad Dioscorid., ed. Gesner, Argentorat. pag. 8 u. 18.
— — Historia de plantis, ed. Gesner, Argentorat, pag. 193 u. 194.
1563. Huerto: (Garcias ab Horto): Coloquios dos simples e drogas, Lissab. (ed. lat. Clusius 1567).
1563. Matthiolus: Kräuterbuch, Prag, pag. 111a (Ausg. 1590 pag. 93).
1566. Scaliger: Commentat. in Aristotel. de plantis pag. 54, 55.
1567. Lemnius (Levinus): Occulta naturae miracula, pag. 201, (Ausg. 1574 Antwerp. pag. 189).
1568. Turner: A New Herball, III, pag. 40.
1570. Pena et Matthiol. de Lobel: Stirpium adversaria nova, Lond. pag. 424.
1570. Rondeletius: Method. pharmaceut. offic. animadversion.
1572. Fragoso: Discursos de las casas aromaticas de la India oriental. Madrid. (sub. tit. Aromatum fructuum et simpl. historia ed. lat. Spach. 1600, pag. 29.)
1576. Lobelius: Plantarum seu stirpium historia, Antw., fol., pag. 570.
1578. Acosta: Tractado de las Drogas, Burgos, (ed. lat. Clusius 1582, pag. 23).
1580. Bock: Kräuterbuch, ed. Sebili, pag. 441 b (in den Ausg. von 1539 und 1546 steht nichts über Muskat und Macis).
1585. Durante: Herbario nuovo (Ausg. 1602 pag. 313, 1617 pag. 567, ed. lat. Uffenbach 1609 s. lib. Hortulus sanitatis pag. 607, Ausg. 1664 pag. 1343).
1586. Dalechamps: Historia general. plantar. Leyd. II, pag. 1760 u. Append. pag. 5 (franz. Uebersetz. v. J. de Moulins 1615 II, pag. 651).
1588—91. Tabernaemontanus: Neuw Kreuterbuch (Ausg. 1613 III, pag. 639, 1625 ed. C. Bauhin pag. 1606).
1595. Paludanus: Anmerk. zu Linschoten, Ind. Navigatie 1595.
1597. Gerarde: The Herball or general historie of plantes, Lond. (ed. 1633, pag. 1537).
1605. Clusius: Exoticorum libri, pag. 13 und pag. 178.
1623. Bauhin (Caspar): Pinax (ed. II 1671 pag. 407).
1627. Pharmacopoea Londinensis, pag. 135 (ebenso spätere Ausgaben).
1629. Salmasius: Exercitationes Plinianae, pag. 329.

1640. Parkinson: Theatrum botanicum, pag. 1601.
1641. Sohroeder, Joh. Christ.: Pharmacopeia medico-chemica (1641) Ulm, pag. 94 und 105.
1642. Bontius, J.: De Medicina Indorum libri IV (Leyden); Notae in Garcias ab Orta pag. 25; Dialog: de conservanda valetudine pag. 88.
1647. Beverwyck: Schat der Ongezontheyt (Dordrecht) pag. 246.
1650. Bauhin, J.: Historia plantar. I pag. 255, III pag. 264.
1655. Museum Wormianum: seu Historia rerum variorum natural. pag. 164 und 210.
1658. Piso et Marcgraf: de Indiae utriusque re naturali et med. (Amstelod.), Mantissa aromatica pag. 173).
1661. Jonston, J.: Histor. natur. de arboribus (ed. 1768 Heilbronn pag. 163).
1661. Chabraeus: Stirpium icones et sciographia, pag. 17.
1663. Becher: Parnassus illustrat. medicinalis, Ulm, pag. 132.
1668. Francisci: Der O. und W. ind. wie auch sines. Lustgart., pag. 989.
1673. Pancovius: Herbarium, pag. 276.
1678. Verzacha: Kräuterbuch, pag. 142a.
1681. Dietz: De nuce moschata, Moschocaryologia.
1685. Schröder, Joh.: Trefflich versehene Medico-chemische Apotheke oder höchst kostbarer Arzeney Schatz, Nürnberg (ed. 1693 pag. 1062).
1688. Ray: Histor. plant. II, pag. 1523 und III app. pag. 58, (August 1692, pag. 1522).
1691. Plukenet: Almageston, (ed. 1698 pag. 265, t. 209).
1692. Meister: Der oriental. und indian. Lustgarten, pag. 72, tab. pag. 83.
1694. Pomet: Histoire générale des drogues, pag. 199, 203.
1696. Munting: Naauwk. Beschr. d. Aardgewass. Boom etc., pag. 136.
1704. Paullini: Moschocaryographia seu Nucis moschatae curiosae descriptio (Erford.).
1704. Valentini, Mich. Bernh.: Museum museorum oder Vollständige Schau-Bühne aller Materialien und Specereyen (Frankf.) nebst Oost-Indianische Send-Schreiben.
1708. Koenig: Regnum vegetabile, pag. 937 (Ausg. v. 1688 nichts darüber).
1709. Schultze, Nic.: De Nuce moschate (Traj ad Rhen.).
1716. Valentini, Mich. Bernh.: Historia simplicium reformata, pag. 199 und 200, Anh. India Literata pag. 452—480.
1719. Valentini, Conr. Mich.: Dissertatio botan. med. de Maci, Giessen.
1721. Lémery: Vollständiges Materialien-Lexikon (Leipz.) pag. 742.
1726. Valentijn: Beschrijv. van Boomen, Planten etc. Anhang z. Geschieden. en Zaaken van Amboina in Oud en Nieuw Ost-Ind.
1733. Marperger: In Natur und Kunstsachen neu eröffnetes Kaufmannsmagaz. 2. Aufl. (Ausg. 4, 1765, II, pag. 120 ff).
1738. Hotton: Thesaurus phytologiae pag. 294.
1739. Breyn: Prodromus secundus pag. 86.
1739. Grosses vollständiges Universallexikon: vol. XXII pag. 1000—1022.
1741 Rumph: Herbar. amboinense II, pag. 14 ff.
1742. Linné: Genera plantarum ed. II, pag. 524.
1744. Zwinger: Theatrum botanicum pag. 145.
1760. Trew: Herbarium Blackwellianum, Cent. IV, tab. 353.

1763. Adanson: Familles des plantes II, pag. 345.
1775. Valmont de Bomare: Dictionnaire d'Hist. natur. Paris, nouv. éd. IV, pag. 297.

E. Wichtigste rein botanische Litteratur über die echte Muskatnuss nach Linné.

1774. Houttuyn: Natuurl. Histor. volg. Linné T. II pag. 333–342.
1782. Thunberg: Acta Holmiae sive Kon. vetensk. Acad. Handl. Stockh., pag. 45 (deutsch 1785 in Leipzig als Neue Abhandl. d kön schw. Acad. III, pag. 43).
1784. Linné: Systema vegetab., ed. Murray, pag. 493.
1784. Thunberg: Nova genera plantarum V, in Dissertat. Upsala pag. 83.
1788. Thunberg et Radloff: De Myristica, Dissertat., Upsala.
1788 Lamarck: Mémoire sur le genre du Muscadier, Myristica. Hist. de l'Acad. roy. des Scienc (Paris 1891), pag. 148.
1788. Gaertner: De fructibus et seminibus, I, pag. 194.
1789. Houttuyn: Aanmerk. ov. de bloem van de Noot-Moskat; Verhandl. Maatsch. Wetensch. te Haarlem, Bd. 26, pag. 211–224.
1789. Willdenow in Roemer-Usteri, Botan. Magaz. VI (1789), pag. 22 und IX (1790), pag. 21.
1791. Schreber: Linné, genera plantarum, ed. 8.
1797. Lamarck: Encyclop. botan. IV, pag. 385.
1805. Willdenow: Linné, spec. pl. ed. 4, II, pag. 869.
1807. Persoon: Synopsis plantarum II, pag. 634.
1819. Roxburgh: Plants of Coromandel III, pag. 274, t. 267.
1825. Blume: Bijdrag. t. d. Fl. v. Ned. Ind., pag. 575.
1825. Hooker: Exotic Flora, II, pag. 155—156.
1826. Sprengel: Linné, syst. veget. ed. 16, III, pag. 64.
1827. Hooker: In Curtis botan. Magaz. 54, Nr. 2756, Nr. 27567.
1832. Roxburgh: Flora indica III, pag. 843.
1835. Reichenbach: Flora exotica, pag. 276, 277.
1835. Blume: Rumphia I, pag. 180.
1841. Endlicher: Enchiridion botanic., pag. 421.
1856. De Vriese: Plantae Reinwardtianae, pag. 92.
1856. A. de Candolle: Prodr. XIV, pag. 189.
— Annal. sc. natur. 4 sér., IV, pag. 24.
1859. Miquel: Fl. v. nederl. Ind. I, 2, pag. 53.
1864. — Annales I (1864), pag. 205, II (1869), pag. 46.
1875. Martius: Flora brasil. V, pag. 124.
1890. Hooker, fil: Flora of brit. Ind. V, pag. 102.
1891. King: Spec. Myrist. brit. Ind., pag. 287.
1895. Koorders et Valeton: Additamenta ad cognitionem Florae arboreae Javanicae pag. IV, in Mededeelingen uit's Lands Plantentuin Nr. XVII (1895), pag. 195.

F. Wichtigste pharmaceutisch-medizinische Litteratur über die echte Muskatnuss.

1778. Bergius: Materia medica e regno vegetabili. Stockholm II, pag. 882.
1780. Cullen: Materia medica (Uebersetz., Leipzig 1780, pag. 293).

1792. Murray: Apparatus medicaminum VI, pag. 135—148.
1822. Guibourt: Histoire naturelle des Drogues simples, Paris (4. Aufl. 1849, pag. 387; 7. Aufl. von Planchon 1876).
1823. Hayne: Getreue Darstell. u. Beschreib. d. Arzneigew. Berlin IX, 12.
1828. Nees v. Esenbeck, Weihe, Wolter und Funke: Plantae officinales. Düsseld. t. 133.
1829. Descourtilz: Flore pittor. et médicale des Antilles, VIII, Paris, pag. 176.
1829. Wagner (D.): Pharmaceut. medizin. Botan., Wien, pag. 155.
1830. Guimpel u. v. Schlechtendal: Abbild. u. Beschreib. all. Gewächse d. Pharmacop. Borussica I, pag 136, t. 73 u. 74.
1831. Stephenson u. Churchill: Medical botany III, pag. 104.
1832. Woodville and Hooker: Medical botany. London IV, 238.
1837. Wibmer: Die Wirkung der Arzneimittel und Gifte, Bd. III.
1838. Lindley: Flora medica, pag. 21.
1845. Berg: Charaktere der für die Arzneik. u. Technik wichtigst. Pflanzengenera, t. 26.
1849. Mitscherlich: Lehrbuch der Arzneimittellehre (2. Aufl.) II, pag. 184.
1850. Pereira: The Elements of Materia medica 3. Aufl. II, 1, pag. 1333.
1859. Berg u. Schmidt: Darstellung und Beschreibung der officinellen Gewächse, II t. 13 a.
1859. Moleschott: Physiologie der Nahrungsmittel 2. Aufl., pag. 377, Anh. pag. 197.
1862. Rosenthal: Synopsis plantarum diaphoricarum. Erlangen, pag. 586.
1865. Berg: Anatomischer Atlas zur pharmaceutischen Waarenkunde, pag. 48.
1872. Vogl: Nahrungs- u. Genussmittel aus d. Pflanzenreiche. Wien, pag. 112.
1874. Flückiger u. Hanbury: Pharmacographia, pag. 451.
1876. Köhler: Handbuch d. physiolog. Therapeut. Göttingen, pag. 321.
1876. Hanbury: Science papers, pag. 478.
1880. Bentley u. Trimen: Medicinal plants III, t. 218.
1882. Lürssen: Medizinisch-pharmaceut. Botan. II, pag. 578.
1883. Flückiger: Pharmakognosie, 2. Aufl., pag. 970.
1883. Husemann: Arzneimittellehre (2. Aufl.) pag. 370, 1892 (3. Aufl.) pag. 178.
1883. Wittstein: Handwörterbuch d. Pharmakognosie des Pflanzenreiches. Breslau, pag. 555.
1885. Lewin (L.): Lehrbuch der Toxicologie.
1889. Möller: Lehrbuch der Pharmacognosie, pag. 179 (Pharmacognost. Atlas 1892, pag. 247).
1889. Realencyclopäd. d. Pharmacie, herausgegeb. v. Geissler u. Möller VI, pag. 454, VII, pag. 169 u. 475.
1890. Schneider und Vogl: Commentar z. 7. Ausg. d. österr. Pharmacop. 1, pag. 566, 645.
1891. Meyer, A.: Wissenschaftl. Drogenkunde I, pag. 164—175.
1892. Vogl: Pharmakognosie. Wien, pag. 215.
1895. Handwörterbuch der Pharmacie, herausgegeben von Brestowski II, pag. 59 u. 169.
1895. Elsner: Die Praxis des Chemikers, 6. Aufl., pag. 494 u. 496; auch Mikroskopischer Atlas, Halle 1884.
1896. Liebreich-Langgaard: Kompendium der Arzneiverordnung pag. 433 u. 573

China.

1865. Debeaux: Essai sur la pharmacie et la matière médicale des Chinois, pag. 89.

Indien.

1826. Ainslie: Materia indica I, pag 201, 249, 622.
1851. Honigberger: Früchte aus d. Morgenlande pag. 326 u. 451.
1868. Waring: Pharmacopoeia of India pag. 189.
1881. V. d. Burg: De Geneesheer in Nederl. Indie.
1883. Dymock: Materia medica of Western India. Bombay pag. 544 u. 663.
1891. Watt: Dictionary of Economic Products of India V pag. 313.

G. Wichtigste Litteratur über die Muskatnuss in Werken über Waarenkunde.

1781. Kerner: Handlungsprodukte aus dem Pflanzenreich (Stuttgart), I t. 5.
1794. Boehmer: Techn. Gesch. d. Pflanzen, welche bei Handw., Künst. u. Manufact. bereits in Gebrauch sind, I. pag. 659.
1797. Ludowici-Schedel: Akademie der Kaufleute oder enyclop. Kaufmannslexic. (Leipzig) pag. 1174—85.
1806. Bohn: Waarenlager, (Hamburg) II, pag. 118.
Die Handlung von Hamburg, I, pag. 446, III, pag. 93.
1814. Schedel: Neues u. vollständiges allgemeines Waarenlexikon, (Offenbach) II, pag. 71.
1830. Zenker: Merkantil. Waarenkunde mit illum. Abbild. (Jena) I, t. IV.
1831. Volker: Handbuch der Material- und Drogerie-Waarenkunde. II, pag. 38 ff.
1833. Erdmann-König: Grundriss der allgemein. Waarenkunde, pag. 227 u. 229 (9. Aufl. 1876, pag. 299, 12. Aufl. [Ed. Hanausek], 1895, pag. 328).
1836. Meldola: Produktenkunde. Hamburg.
1854. Archer: First steps in economic botany, pag. 50.
1854. Schwarzkopf: Lehrbuch der Kolonial- und Spezereiwaarenkunde, pag. 250 bis 405.
1855. Lachmann: Waarenkunde in Wort u. Bild, pag. 382, t. 60.
1856. Schick: Allgemeine Waarenkunde (3. Aufl., 1873, pag. 186).
1860. Reich, E.: Die Nahrungs- und Genussmittelkunde, II, 2, pag. 205.
1866. Seubert: Handbuch der allgem. Waarenkunde, II, pag. 206.
1867. Lamatsch: Handbuch der allgemeinen Waarenkunde aus dem Pflanzenreiche, pag. 616 ff.
1869. Henkel: Waarenlexikon (Stuttgart), p. 161, 174, 272.
1873. Wiesner: Rohstoffe aus d. Pflanzenreiche, pag. 738.
1881. Hendess: Waarenlexikon (Berlin). (2. Ausgabe 1889, pag. 236 u. 165.)
1884. Hanausek (T. F.): Die Nahrungs- u. Genussmittel aus dem Pflanzenreiche, (Kassel) pag. 344 ff.
1886. Möller (Jos.): Mikroskopie der Nahrungs- und Genussmittel, p. 268.
1887. Dammer: Lexikon der Verfälschungen, pag. 609—613. (T. F. Hanausek u. Deite).
1890. Merck: Waarenlexikon, (4. Aufl.), pag. 394.

Kochbücher.

1534. Dreihundertjähriges deutsches Kloster-Kochbuch, herausgeg. von Bernh. Otto. Leipzig.

1559. Ain sch.-künstlichs und fürtrefflichs Kochbuch durch einen fürnemen und berümten Koch seinem Ehegemahl zu der Letze geschenkt. Augsburg.

1581. Kochbuch von Marx Rumpoldt, Churf. Meintzischer Mundkoch.

1654. La Varenne, Le cuisinier françois.

1696. De verstandige Kok, in Vermakelyk Landtleven, Amsterdam.

1716. Marperger, P. J., Vollständ. Küch- und Keller-Dictionarium. Hamburg.

1724. Nott, The Cooks and Confectioners Dictionary, London.

1805. Das Preussische Kochbuch, Königsberg.

H. Anatomie und Chemie der echten Muskatnuss.

(Die Litteratur über die Bombay-Macis siehe pag. 503, die der amerikanischen Arten pag. 387 und 389.)

1. Anatomie der Vegetations-Organe.

Solereder: Systemat. Werth der Holzstruct. (1885) pag. 225.

Trouvenin: Trois notes sur la localisation du tannin, Journ. bot. (1887) pag. 240.

Blenk: Ueber die durchsichtigen Punkte der Blätter, Flora (1889) pag. 372.

Warburg: Ueber die Haarbildung der Myristicaceen, Ber. d. botan. Ges. (1895) pag. (78).

— Zur Charakterisirung und Gliederung der Myristicaceen, ibidem (1895) pag. (83).

2. Anatomie von Frucht, Macis und Samen.

Henry: Examen du Macis, Journal de Pharmacie (1824) X pag. 281—287.

Planchon: Développement et caract. des vrais et des faux arilles, in Ann. sc. nat. 3. sér. t. III, pag. 303.

A. de Candolle: In Ann. sc. nat. 4 sér. t. IV, (1856) pag. 24.

Baillon: Sur l'origine du macis de la muscade et des arilles en général. Compt. rend. t. 78, pag. 799 ff.

— Adansonia V, (1870) pag. 177, XI, (1876), pag. 329—340.

Voigt: Ueber Bau und Entwickl. des Samens und Samenmantels von Myristica fragrans. Götting. Dissertat. 1885.

— Untersuch. üb. Bau u. Entwickl. von Samen mit ruminiertem Endosperm. Ann. Jard. Buitenz. 1888.

Pfeiffer: Die Arillargebilde der Pflanzensamen, in Engl. bot. Jahrb. Bd. XIII, (1891), pag 311.

Tschirsch: Inhaltsstoffe der Zellen des Samens und Arillus von M. fragrans, Tageblatt der 58. Vers. d. Naturf. Aerzte (1885), Strassburg i. E.

— Ueber die Kalkoxalatkrystalle der Aleuronkörner im Samen. Ges. naturf. Freunde. 1887. 19. Ap.

— Ueber die Inhaltsstoffe der Zellen des Arillus von M. fragrans. Ber. bot. Gesellsch. 1888, pag. 138.

— Angewandte Pflanzenanatomie, I, (1889), pag. 44, 45, 100.

— Die Keimungsgesch. v. Myristica fragrans, in Ber. pharmac. Gesellsch. 1894, pag 260.

Wiesner und Hanausek cf. oben pag. 602.
Lüdtke: Ueber die Beschaffenheit der Aleuronkörner der Samen. Ber. pharmac. Ges. I, (1891), pag. 56.
Busse: Ueber Gewürze II, Muskatnüsse, Arbeiten des kaiserl. Gesundheitsamtes Bd. XI, 1895, pag. 406.
— Ueber Gewürze III, Macis, Arbeiten des kaiserl. Gesundheitsamtes, Bd XII, pag. 628.
Hallström: Vergleich. anatom. Studien über die Samen der Myristicaceen und ihre Arillen, in Archiv d. Pharmac. 1895, 6. u. 7. Heft.

3. Chemie.

Bonastre: Sur la présence de la fécule dans la noix muscade. Journal de Pharmacie IX, (1823), pag. 281.
Playfair: Ueber das feste Fett der Muskatbutter, Ann. d. Pharmac. 37 (1841) pag. 153.
Brilmann: Nootmuskaat-zeep — Nootmuskaat-olie, Tijdschr. v. Nederl. Indie. (1841), II, pag. 318.
Fromberg: Berigt over een scheikundig onderzoek van muskaatnotenschillen, Natuurk. Tijdschr. v. N. Ind. XI, pag. 207—216.
Koller: Viertelj. prakt. Pharmac. 13, 504, N. Jahrb. Pharm. 23, 136.
— Referate im Jahresber. d. Chemie (1864) pag 536 und (1865) pag. 570.
Flückiger: Ueber Stärke und Cellulose, im Archiv d. Pharmacie 146 (1871) pag. 31.
Roemer: Ueber d. Vorkommen kohlenstoffreicher freier Fette in pflanzlichen Fetten. Dissertat. Halle 1882; Arch. d Pharm. 3. Reihe 21, (1883), pag. 34.
Mulder: Ueber d. Zusammensetz. einiger Stearoptene und äther. Oele, Journ. prakt. Chem. 17, (1839), pag. 102.
Cloëz: Untersuch. des flüchtig. Muskatnussöles. Compt. rend 58, pag. 133 (Auszug in Ann. d. Chem. u Pharm. 131, (1864), pag. 210.
Koenig: Chemie der menschlichen Nahrungs- und Genussmittel II, (1879), pag. 224, 370, 377. (3. Aufl. I, pag. 745—746; II, pag. 726—736.)
Husemann und Hilger: Pflanzenstoffe I, (1882), pag. 597.
Schädler: Technologie der Fette und Oele. Berlin 1883, pag. 602. (2. Aufl. Leipzig 1893, bearbeitet v. Paul Lohmann).
Frühling und Schulz: Zur Untersuchung gemahlener Gewürze. Chemiker Zeitung 1886, pag. 525.
Mierzinski: Die Fabrikation der äther. Oele u. Riechstoffe. Berlin 1872, pag. 123 und 126. — Die Riechstoffe 1888, pag. 239, 303, 304.
Piesse: The art of perfumery, 1879, an verschiedenen Stellen.
Winckler, Die Parfümerie-Fabrikation, Halle 1882.
Arnst und Hart: Zusammensetzung einiger Gewürze. Zeitschr. f. angewandte Chemie 1893, pag. 136.
Busse 1895/96 siehe unter Anatomie oben auf dieser Seite.
Semmler: Chemische Untersuch. über Muskatnussöl und Muskatblüthenöl in Ber. d. d. Chem. Gesellsch. 1890, pag. 1803.
— Myristica und seine Derivate, ibid. 1891, pag. 3018.
Schär: On a new Kino in Species of Myristica, Pharmaceutical Journal 1896, Aug.
Schimmel & Co., Berichte; H. Haensel, Berichte; Gehe, Berichte.

III. Notizen über die Muskatnuss in geographischen und geschichtlichen Werken über die Molukken sowie Reisen dorthin.

A. Allgemeine Werke über Niederländisch-Indien.

Batavia en derzelver Gelegenheid, opkomsel, geschiedenissen etc. Amsterd. u. Haarl. 1782, 4°, übersetzt von Ebert, Leipz. 1785, Bd. III, pag. 174—184, Bd. IV Anhang.

Valentijn: Oud en Nieuw Oost Indie, 1724—26, an vielen Stellen.

Crawfurd: History of the Indian Archipelago, (1820) Edinb. 3 vol., an vielen Stellen.

De Hogendorp: Coup d'oeil sur l'île de Java et les autres possessions Néerlandaises dans l'Archipel des Indes, Brux. (1830), (Holländ. Uebersetz. mit Einleit. u. Anmerk. von Olivier mit dem Titel Beschouving d. Nederl. Bezitt. in O. Ind. 1833, Amsterd.).

Roorda van Eysinga: Handboek der land- en volkenkunde van Ned. Ind. Amsterd. 1841.

Temminck: Coup d'oeil général sur les possessions Néerlandaises dans l'Inde Archipélagique, Leyd. 1846—49, 3 vol.

St. John (Hor.): The Indian Archipelago, its history and present state, London 1853, 2 vol.

Crawfurd: Descript. Dictionary of the Indian Islands, 1856.

Veth: Aardrijkskund. en statistisch Woordenboek van Nederlandsch Indie 1869, 3 vol.

De Hollander: Land- en Volkenkunde van Nederl. Oost Indie, 2 vol., 1882—1884.

B. Abhandlungen über die Molukken.

Geschiedkundig overzigt der Moluksche eilanden in Tijdschr. v. Ned. Ind. X, 1848 (n. ser. I) pag. 291—346.

Dassen: De Nederlanders in de Molukken, 1848. (Rapport von H. J. van de Graaf en G. J. Meylan.)

Molucca Islands, in Journ. of the Ind. Arch. III (1849) Anhang, Auszug aus v. Hogendorp's Coup d'oeil.

De Moluksche Eilanden, in Tijdschr. v. Ned. Indie I, 1856, pag. 73, 138, 167, 197, 231—266, 315—360 (Rapport von van de Graaf en Meylan, Fortsetzung).

Bokemeyer: Die Molukken, 1883.

C. Abhandlungen über Banda.

Beschryv. van de eylanden Banda soo die geregeert syn in de jaren dat onse schepen daer eerst begonnen te negotijeren ende hoe deselve nu beseth syn, in Tijdsch. Taal-, Land- en Volkenkunde III, (1855), pag. 73 ff.

Eschelskroon: Beschreibung der Inseln Banda u. des Gewürzhandels daselbst, in Politisches Journal nebst Anzeig. v. gelehrt. u. ander. Sachen, I (1781), pag. 193 bis 212.

— Beschryving van Sumatra, Haarlem 1783; im Anhang Beschreib. von Banda.

Table statistique des Iles d'Amboina et de Banda, von ein. Engländ. um 1796; übersetzt von Moreau in Maltebrun, Annales des Voyages X, (1810), pag. 257 ff., 289—308 über Banda. (Wohl derselbe Artikel als Nachrichten von dem jetzigen Zustande der eroberten Inseln Amboina, Banda etc. in Minerva III, (1801), pag. 513; nicht gesehen).

Finn: Beschrijving der Bandasche eilanden, in Tijdsch. voor Nederl. Ind. III (1840), pag. 385—396.

Earl: Banda Islands, in Journ. Ind. Arch., IV (1850), pag. 546—551.

Muhlert: Die Banda Eilande, Gymnasial-Schulprogramm 1855, Göttingen.

Oxley: The Banda nutmeg plantations, in Journ. Ind. Archipel. New Ser. I (1856), pag. 127.

Van der Linden: Banda en zijne bewoners. Dordrecht 1873.

Lans: Rosengain, een der eilanden van de Banda Groep, een goudmijn in de toekomst. Rotterd. 1872.

D. Geschichte der portugiesischen Herrschaft in den Molukken.

De Barros: Da Asia, 1552.

Maffei: Histor. Indicar. libri XVI, 1593, (Ausg. v. Leyden 1637)

San Roman (Fray Antonio): Historia general de la India oriental. Valladol. 1603, pag. 218.

Argensola: Conquista de las Islas Molluccas, 1609; mit ein. dritten, von ein. Holländ. beigefügten Theil als Hist. de la conquête des îles moluques par les Espagnol par les Portugais et par les Hollandais, 1706.

Du Jarric: L'hist. des choses plus mémorables advenues, tant es Indes orientales qu'autres pays de la descouverte des Portugais, Bordeaux 1608, pag. 650 und 654.

Faria y Sousa: Asia portuguesa, Lissab. 1666 (engl. Uebers. Lond. 1695).

Martinez de la Puente: Compendio de las historias de los descubr. de la India oriental y sus islas. Madrid 1681, pag. 44, 47. 185.

Lopez de Castanheda: Historia de descobrimiento e conquista da Indía pelos Portuguezas, Lissab. 1797.

E. Geschichte der holländischen Herrschaft in den Mollukken.

Saalfeld: Geschichte des holländ. Colonialwesens in Ost-Ind. Götting. 1812, 2 v.

Van Kampen: Geschiedenis der Nederlanders buiten Europa, Haarl. 1832—35, 3 v.

V. d. Chijs: De Vestiging van het Nederl. Gezag over de Banda Eilanden (1599 bis 1621), 1886.

Anonym: De Verovering der Banda-eilanden in Bijdr. Taal-, Land- en Volkenkunde, II 1854, pag. 384—430.

Lauts: Geschiedenis van de vestiging, uitbreiding, bloei en verval van de magt der Nederlanders in Indie tot op het verlies van Java in 1811. Gron. et Amst. 1852—1860, 3 v.

Dirk van Hogendorp: Berigt van d. tegenwoord. toestand der Bataafsche bezitting. in Oost-Indie en den Handel op dezelve, s'Hage 1799, (2. Druck 1800, 3. 1801).

Daendels: Staat der Nederl. Oostind. Bezitting. in d. Jahr 1808—11. Haag und Amsterd. 4 v. (d. 4. behandelt die Molukken).
Savary: Dictionnaire de commerce t. IV, pag. 785. (Neue Ausgabe Copenhag. 1765, t. V, Commerce des Indes orientales, pag. 1327—30, 1606—13).
Milburn: Oriental commerce, 1813, Bd. II, pag. 390 etc.
Lüder: Geschichte des holländischen Handels, Leipzig 1788. (Bearbeitung v. Luzac: La Richesse de la Hollande, 1778. 2 v.)
Geschiedenis v. d. Koophandel en de Bezitting. d. O. Ind. Compagn. I (1792).
Raynal: Histoire philosophique et politique des établissements et du commerce des Européens dans les deux Indes, Amsterd. 1771. 7 v.
Huysers, A.: Beknopte beschrijving der O. I. Etablissementen, Utrecht 1789, (2. Ausg. Amsterd. 1792).
Van Lijnden: De Commercio Societatis Indiae orientalis. Schoonh. 1739, 8°.
Sprengel (M. C.): Gegenwärt. Zust. des Ostind. Handels-Gesellsch. in d. Verein. Niederl. Lüb. Leipz. 1797.
Staat der generaale Nederl. Oost-Ind. Compagnie. Amsterd. 1792, 2 vol.

F. Reisen.

Marco Polo in Ramusio: delle navigat. y viaggi (1559) vol. II, pag. 51 C., auch Major: India in the 15. century, Hakluyt soc. edit. (1857).
Oderico da Pordemone in Yule: Cathay and the way thither; Hakluyt soc. edit. (1863) pag. 88. 13.-15. Jahrhundert.
Friar Jordanus: Ibidem pag. 31.
Pegolotti: Ibidem pag. 305.
Catalon. Karte ed. Buchon et Tastu pag. 137.
Niccolo de Conti in Major: India in the 15. cent.: Hakluyt soc. ed. (1857) II. pag. 17, u. Einleit. pag. LXVI (auch bei Ramusio l. c.)
Od. Barbosa: Coasts of East Africa and Malabar, ed. Stanley. Hakluyt soc. ed. (1866), (auch bei Ramusio l. c.).
Pigafetta: Primo viaggio intorno al globo terraque, Milano 1800, ed. Amoretti (auch bei Ramusio l. c.) deutsche Ausgabe, Gotha 1801. 16. Jahrh
Massimiliano Transsilvano: De Moluccis epistola, in Ramusio delle navig. y viaggi, 2. ed. Venet. 1554, I, pag. 389.
Lodovico Barthema: The travels of Ludovico de Varthema. Hakluyt soc. ed. (1863), (auch bei Ramusio l. c.).
Van Linschoten: Indische Navigatie, Reys-Geschrift van de Navigation der Portugaloysers in Orienten, 1595, engl. Uebers. 1598, neu herausgeg. v. d. Hakluyt soc.
Heemskerk's Reisen in Ges. orient. Reis. v. J. Th. u. J. Isr. de Bij V, p. 33.
Lankaster: Voyage to the East Indies. Hakl. soc. ed. (1877).
Wurffbain: 14jährige Reisebeschreibung, Oostindian. Kriegs- und Oberkaufmannsdienst (1646) Auszug in Tijdschr. v. d. Taal-, Land- en Volkenkund v. Ned. Ind. 6 ser. I (1872), pag. 332—366 durch N. P. von d. Berg unter d. Titel: Vijf Jaren op Banda. 17. Jahrh
Saar: Ost-Indian 15jähr. Kriegsdienst, Reisebeschrijving naar Oost-Indien 1644—59; Nürnberg 1672.

Carons u. Schouten: Wahrh. Beschreib. v. Japan u. Siam, denen beygefüget Joh. Jac. Mercklеins Ost-Ind.-Reise 1644—53. Nürnberg 1663.

von Mandelslo: Morgenländische Reisebeschreibung. Schleswig 1669.

Nieuhof: Legatio Batav. ad Tartariae Chanum Amsterdam 1668, II, pag. 95.

Vermeulen: Gedenkwaerdige voyagie naar Oost-Indien int jaar 1668—1674. Amsterdam 1676.

Frick: Ost-Indianische Reysen und Kriegsdienste (1680—85) 1692.

Burckhardt: Ost-Indianische Reise-Beschreibung 1693. pag. 260.

Parthey: Ost-indian. u. persian. neunjährige Kriegsdienste und Reisbeschreibung (1667—1686). Nürnberg 1698.

Vogels: Zehenjähr. Ost.-Indian. Reisebeschreibung (1678). Altenburg 1704. Anh. II, pag. 650—661. Von der Insel Banda, deren Einwohner, Manieren und Sitten, wie auch dem Wachsthum der herrlichen Frucht der Muscaten.

Dampier: Nouveau voyage autour du monde. Amsterdam 1698. (1. engl. Aufl. 1691.)

18. Jahrh. Worms: Ost-Indian. u. Persianische Reisen (1709). II. Aufl. Frankfurt u. Leipzig (1745).

Barchewitz: Allerneueste und wahrhafft. Ost-Indian.-Reisebeschreibung, 2. Aufl. Chemnitz 1730.

Stavorinus: Reize van Zeeland over de Kaap de Goede Hoop naar Batav. Bant. etc. 1768—1771. Leiden (1793) 2 vol. Engl. Ausg. v. Wilcocks (1798) London, 3 vol.

Forrest: Voyage to New-Guinea and the Moluccos 1774—1776. London 1799.

Sonnerat: Voyage dans la Nouv. Guinée (1769) pag. 195 ff.

La Billiardière: Reise nach dem Südmeer 1791—94; deutsche Uebersetz., Hamburg (1801) pag. 193, 259, 283.

19. Jahrh. Ver Huell: Herinneringen van een reis naar de Oost-Indien. Haarlem 1835—36, 2 vol.; Auszug daraus in De Vriese: Tuinbouw flora III, pag. 3.

Reinwardt: Reis naar het oostel. gedeelte v. d. Ind. Archip. 1821, von de Vriese 1858 herausgegeb.

Uittreksel van aanteekeningen, gehouden op eene reis in de Moluksche eilanden (Apr. u. Mai 1824), bijsond. met betrekking tot Banda en Amboina, in De Oosterling I, St. 1, pag. 15—36 (nicht gesehen).

Het journaal van de baron van der Capellen op zijn reis door de Molukkos (1824) in Tijdschr. v. N. Ind. 1855, II, pag. 281—315, 357—395.

Olivier: Reizen in d. Moluksch. Archipel naar Makassar enz. in 1824. Amsterdam 1834—37, 2 vol. Ferner auch Land en zeetogten in Ned. Indie en eenige Britsche etablissementen 1817—26. Amsterdam 1827, 3 vol.

Kolff (Jr.): Reize door den weinig bekenden zuidelijken Molukschen Archipel en langs de Zuidwestkust van Guinea in 1825 en 1826. Amsterdam 1827; auch engl. Uebers. von Earl (1840) unter d. Titel: Voyage of the dutch brig of war Dourga.

Müller (Sal.): Reizen en onderzoekingen in den Indischen Archipel 1828, 1836. Amsterdam 1857, 2 vol.

Earl: The Eastern Seas or Voyages and Adventures in the Ind. Archipel. in 1832—34. London 1837.

De Boudyck-Bastiaanse: Voyages faits dans les Moluques à la Nouv. Guinée et à Celebes. Paris 1845.

Van der Hart: Reize rondom het eiland Celebes en naar eenige der Moluksche eilanden 1850, in d. Werk. d. Instituts voor Taal-, Land- en Volkenk., 1854. s'Gravenhag.
Keppel: A visit to the Indian Archipelago in H. M. S. Maeander. London 1853. 2 vol. pag. 194—196 über Banda.
Buddingh: Neerlands-Oost-Ind. Reizen 1852—57. vol. II, pag. 298—322 über Banda.
Von Rosenberg: Der malayische Archipel 1878.
Quarles van Ufford: Aanteekeningen betreffende eene reis door de Molukken van Z. E. et Gouv. Gen. Duymaer van Twist. Sept. u. Oct. 1855. S'Gravenhag. 1856.
Fragment uit een reisverhaal in Tijdschr. v. Ned. Ind. 1856, I, pag. 391—432 (pag. 402—411 üb Banda).
Bleeker: Reis door de Minahassa en d. Moluksehen Archipel. Batav. 1856, 2 vol.
Van der Crab: De Moluksche Eilanden. Reis v. d. Gouv. Gener. Pahud. 1859. Batavia 1862.
Teysmann: Verslag v. e. Reize in d. Molukken 1861, in Natuurk. Tijdschr. v. Ned. Ind. XXIII (1861).
Devay: Journal d'un voyage dans l'Inde Anglaise, à Java, dans l'Archipel des Moluques, China, Ceylon 1864, 2 vol. 1867, I, 345—353 über Banda.
Wallace: The Malay Archipelago 1883. (1. Ausgabe 1868.)
Bickmore: Reisen im Ostindischen Archipel, übers. aus dem Engl. Jena 1869. pag. 158—181.
Forbes: Wanderings of a naturalist in the Malayan Archipelago. 1885.

IV. Wichtigere Abhandlungen über die Kultur der Muskatnuss.

Spezielle Schriften.

Fragmenta ex relatione jurata Abrahami Boudenii et Goerickii Hauptii Commissario rum desuper Arboribus Nucum Moschatarum earumque Viridariis in Banda de dato 20 Dec. 1682, in Valentini Historia simplic. reform. 1716, pag. 461—480.
Heukenvleugt: Consideratien over de specerij perken en de noten muskaat kultuur te Banda. Mai 1806 (nicht gesehen, viel citirt in Tijdschr. v. Ned. Ind. 1856, I, pag. 240 ff.)
Lumsdaine: Cultivation of nutmegs and cloves in Bencoolen, in Proceed. of the Agricult. soc. Sumatra 1820; auch abgedruckt in Newbold: Politic. and statist. account of the brit. Settlements in the Straits of Malacca London 1835. pag. 60—68, sowie in Journ. of the Ind. Archipelago V (1851), pag. 78—84. Ferner auch im Tropical Agriculturist und von Christy, New Commercial plants Nr. 7 (1884) pag. 21 abgedruckt.
Weddik u. Teysmann: De Notenmuskaat-kultuur op Java, in Natuurk. Tijdschr. v. Ned. Ind II (1839), pag. 589.
Oxley: Some account of the nutmeg and its cultivation, in Journ. of the Indian Archipel. II (1848), pag. 641—660. The Banda nutmeg plantations, in Journ. of the Indian. Archipel. New series I (1856), pag. 127—140.
Kreyenberg: Briefe an den Staatsrath v. Fischer in St. Petersburg, in Bull. de la Soc. Imp. d. natural. de Moscou II (1853), pag. 438. Auszug in de Vriese: Tuinbouwflora I, pag. 63 u. 98.

Collingwood: On nutmeg and other cultivation in Singapore. Journ. Linn. Soc. botan. X (1869), pag. 45.
Little: Diseases of the nutmeg tree. Journ. of the Ind. Archipel. III (1849), pag. 678—680.

In allgemeineren Werken.

Porter: Tropical agriculturist, 1833, pag. 296—304.
De Sturler: Handboek van de landbouw in Ned. O. Ind. Leiden 1863.
Simmonds: Tropical Agriculture. London 1877. pag. 484—489.
Bernays: Cultural Industries for Queensland. Brisbane 1883, pag. 131—136.
Bisschop Grevelink: Planten van Nederl. Indië bruikbaar voor Handel, Nijverheid en Geneeskunde. Amsterdam 1883, pag. 289.
Van Gorkom: De Oostindische Cultures. Amsterdam II, 1884, pag. 58—72.
— Beschrijvende Catalogus, Koloniaal Museum te Haarlem 1882, pag. 358—367.
Semler: Die tropische Agrikultur. Wismar II, 1887, pag. 324—342.
Tschirch: Indische Heil- u. Nutzpflanzen und deren Kultur. Berlin 1892. pag. 102—111.
Tropical agriculturist: Colombo, Notizen in verschiedenen Jahrgängen.
Nicholls: A text book of tropical agriculture. London 1892, pag. 178—184.
Daneben noch viele unter den Reisebeschreibungen und der Landeskunde aufgeführten Werke, z. B. besonders Rumph und Valentijn, Ver Hüll, Wallace, Bickmore.

V. Angaben über Produktion und Kultur der Muskatnuss ausserhalb Bandas.

Ambon. Ludeking: Schets van de Residentie Amboina, 1868.
Baron v. Hoëvell: Ambon en meer bepaaldelijk de Oeliassers, 1868.
Halmaheira. Musschenbroek: Mededeelingen omtrent Grondstoffen uit het oostel. gedeelte van onz indisch Archipel. Leiden 1880.
Obi. Stormer: Schets der Obi-eilanden, in Tijdschr. Ind. L. en Volkenk. XXXII, pag. 629.
Java. Bruyn-Kops: Statistiek v. d. Handel en de Scheepvaart op Java en Madura sedert 1825 (1857/58).
Sumatra. Marsden: History of Sumatra. 3. ed. 1811, pag. 146 ff.
de Pina, A.: Deux ans dans le pays des épices, Paris 1880.
Riouw. Röttger: Briefe über Hinterindien. 1844. Früchte d. Muskat abgebild.
Penang. Hunter: The outline of a Flora of Prince of Wales Island. Calcutta 1803 (Manuscr. in brit. Mus.)
Notices on Penang: Journ. Ind. Archip. V, 1851, pag. 425.
Cameron: Our tropical possessions in Malayan India. London (1865) pag. 165.
Singapore. Seemann: In Hooker, Journ. of Botany IV (1852), pag. 83.
Jagor: Singapore, Malacca, Java 1866, pag. 21.
Tenasserim. Helfer: Schriften üb. d. Tenasserim Provinzen, Merguiarchipel u. Andaman. 1860, pag. 140.
Burma. Mason: Burma, its People and Productions. Rangoon 1860.
Indien. Drury: Useful plants of India, 1858 (2. Aufl. 1873, pag. 305).
Dalzell and Gibson: Bombay Flora 1861.

Royle: Essay on the productive resources of India 1840, pag. 74.
Watt: Dictionary of the Econom. products of India V, 1891, pag. 311—314.
Martius, T. W. C: Die ostind. Rohwaarensamml. der Univers. Erlangen beschrieb. und erläut. (Erlang. 1853), 8°, pag. 19.
Ferguson: All about spices (Colombo).
— Review of the planting and agricultural Industries of Ceylon (Colombo) pag. 94.
Poivre: Voyage d'un philosophe. Yverdon 1767, 12°, Paris 1768. Ceylon.
— Hist. de l'acad royale des sciences Paris 1772 I (éd. 1775), pag. 56—61.
Sonnerat: Voyage à la Nouv. Guinée 1769. Vorrede. Mauritius.
Tessier, Abbé: Mém. sur l'importat. du Geroflier des Moloques aux Isle de France, Bourb., Seych, Cay. in Observations sur la Physique (1779), l. XIV, pag. 47.
Willdenow in Roemer und Usteri: Botan. Magazin. I (1787), pag. 155.
Annales de Chimie (1790), VII, pag. 1—24.
Le Gentil: Voyage dans les mers des Indes, t. 6, pag. 688 ff. (nicht gesehen).
De Cossigny: Sur la culture du Muscadier, in den Archives de l'Isle de France. (Nicht gesehen, viell. nur Manuscript? Citiert von Hooker in Curtis botan. Magazine.)
Göttinger gelehrte Anzeigen 1787, pag. 477.
Willemet: Herbar. Maurit. 1796, pag. 17.
Grant (C.): History of Mauritius. London 1801, pag. 39.
Catalogue of the exotic plants cultivat. in Mauritius 1816, pag. 28.
Copland: History of Madagascar 1822, pag. 310.
Notices statistiques sur les Colonies françaises 1837, II, pag. 86 (Bourbon).
Burton: Zanzibar 1872, I, 360. Madagascar
Peters: Reise nach Mossambique, Bot 1862—64, pag. 171. Bourbon.
Notices statistiques sur les Colon. franc. 1837, II, pag. 150 u. 231. Sansibar.
Montgomery Martin: History of the brit. Colonies II, (1834), pag. 238 und 463.
Hooker: Exot. Flora II (1825), pag 155 u. Curtis botan. Magazine t. 2756 et 2757. Cayenne.
Eggers: Die neuen Gewürzinseln, in d. Naturwissenschaftl. Wochenschrift, Berlin V, 1890, pag. 121. Westindien
Lanessan: Les plantes utiles des colonies francaises (Paris 1886), pag. 111 etc.
Schomburgk, (Rob.): Reisen in Britisch Guiana III (Fauna und Flora). Guyana.
Martius: Die Flora Brasil. V pag. 124. De Myristica ejus proventu et usu Brasilien.
Spix u. Martius: Reise in Brasilien 1823—31.

Statistik.

v. Scherzer: Statistisch-commerzielle Ergebnisse einer Reise um die Erde, 1867, pag. 215, 246, 252 · Das wirthschaftliche Leben der Völker, 1885, pag. 89—91.
Overzigt van den Handel etc. in Nederl. Indie. 4°. Batavia und s'Grav.
Statistical Abstract for the several Colonial and other Possessions of the United Kingdom 1875—89 (London 1890).
Notices statist. sur les colonies francaises (Paris 1837), II, pag. 86, 150, 231.
Wood, H. W. J.: Statistics of the trade of the port of Calcutta; report on the external commerce of Bengal 1861-65.
Oxley: Statistics of Nutmegs, aus Singapore Free press übergedr. in Journ Ind. Archip. III, (1849), Anh. III—VII.
Low: Notes on the Progress of the nutmeg cultivation and trade from the early part of the 17. cent up to the present day, in Journ. Ind. Archip. V, (1851), pag. 470 ff.

Register.

1. Personennamen.

Aa (van der) 29.
Abram 220
Abreo (Antonio d') 71, 76.
Acoley 107, 163.
Acosta (Christobal) 9, 10, 27, 32, 56, 59, 273, 275, 284, 288, 521, 531, 533, 539, 554.
Actuarius 36, 56, 60, 549.
Adanson 281, 283.
Aëtius 5, 21, 22, 32, 33, 561.
Ainslie 346, 378, 545, 546, 567, 572.
Aitchison 487.
Albasari 24.
Albertus Bohemus 40.
Albertus Magnus 37, 56, 57, 60, 273, 274, 550.
Albrecht von Halberstadt 51, 61.
Albuquerque 71, 274.
Alexander VI. (Papst) 71.
Almeida (José d') 419.
Alms 245.
Alphita (Oxoniensis) 7, 37, 38, 56, 57.
Amatus Lusitanus 1, 8, 11, 27, 533.
Amoretti 73.
Andriesse 252.
Anstruther 256.
Argensola 184, 284, 288, 313, 531, 571.
Arnst u. Hart 382, 501, 503.
Aron (Ahroun) 23, 24, 26, 544.
Aublet 352, 388, 391.
Averrhois (Averrhoes) 5, 6, 7, 25, 27, 545, 559.
Avicenna 6, 25, 26, 27, 544, 550, 553, 560, 561.

Baader 40.
Baboe 77.
Baillon 219, 286.
Banks (Sir Joseph) 257.
Barbosa (Duarte) 44, 47, 72, 73, 80, 81, 273, 274, 275, 278, 516.
Barchewitz 65, 121, 122, 128, 132, 276, 287, 340, 458, 460, 467, 522, 535.
Barros (de) 17, 48, 66, 71, 75, 274.
Barthema 15, 47, 80, 272, 274, 275, 516.
Bauhinus (C.) 5, 27, 276, 295, 325, 337, 353, 534, 558.
Bauhinus (J.) 276, 320, 337, 378.
Beccari 234, 288, 349, 354, 360, 367, 370, 371, 372.
Becher 557, 558.
Beddome 378, 380.
Bennet (Dr. George) 256.
Bergel (Hendrik van) 89, 90, 93.
Bernays 308, 323, 499, 528, 570, 572.
Bernstein 287, 367, 368.
Besler 279, 338.
Beugnet 34.
Beverovicius 430.
Bickmore 145, 150, 301, 302, 429, 434.
Bienfait (L. u. Soon) 471.
Billerbeck 2.
Bisschop Grevelink 323, 347, 429, 432, 526, 569.
Bitter (de) 88, 93.
Blackwell 281.
Bleeker 108, 143, 147, 149, 152, 157, 175, 176, 183, 196, 239, 260, 262, 269, 432, 434, 452, 521, 530.
Blume 172, 177, 296, 320, 344.
Blundell 255.
Bodaeus a Stapel 3, 26.
Boeckholtz (van) 165, 188, 189, 194.
Boehmer 391.
Bohn 475, 487, 490, 512, 513.

Bokemeyer 78, 85, 96, 125, 261.
Bomare (Valmont de) 131, 132, 343, 523, 537, 563.
Bonastre 308, 310, 387.
Bontius 534, 539, 565.
Both (Pieter) 93, 95, 163.
Boudenius (Abraham) 116, 149, 280.
Boudyck-Bastiaanse 299.
Bougainville 213
Bouvet 211.
Brandes 208, 418.
Bretschneider 16, 592.
Breyn 271, 276, 280.
Brilmann 524, 527, 530.
Brito (Antonio de) 76.
Brito (Ruy de) 72.
Broff 226, 227.
Brooks 249.
Brouwer 94, 104.
Brown 90.
Bruyn-Kops 234, 244, 254, 355, 477, 523.
Buchanan 378.
Buddingh 113, 150, 153, 316.
Buffon 593.
Buisman u. Brandis 471.
Burckhardt 124, 312.
Burg (van der) 569, 572.
Burmann 131, 279, 326, 328, 329, 341, 377.
Burton 219.
Bus (du) de Gisignies 172, 176.
Busse 286, 302, 304, 307, 308, 359, 361, 363, 365, 382, 383, 472, 498, 501, 503.
By (Theod. et Isr. de) 517.

Caesalpinus 1, 5, 8, 11, 21, 22, 273, 278, 284.
Cajetanus (Kardinal) 551.
Ca Macir (Leonardo da) 516.
Camello 390.
Cameron (J) 245, 246, 248, 252, 300.
Camoëns 50, 57, 592.
Campbell (Charles) 226, 227, 228.
Candolle (de) 378, 379, 380.
Capellen (van der) 65, 159, 170, 171, 176, 177, 194, 195, 460, 461, 468.
Carey 255.
Caunter 245, 353.
Celsus 11, 13.
Céré (de) 215, 216, 271, 282, 328, 406, 407, 408, 422.
Chevalier u. Baudrimont 498.
Chijs (van der) 70, 78, 81, 85, 86, 87, 88, 91, 94, 95, 98, 99, 517.
Chiozza 309.
Christ 380.
Christy 347
Cloëz 310, 311.
Clusius 9, 58, 273, 274, 275, 276, 285, 320, 325, 336, 337, 344, 353, 378, 444, 531, 558.
Coen (Jean Pieterszoon) 100, 101, 102, 106, 108, 110, 164.
Coëtivy (de) 213.
Coles (Edward) 226, 227, 228.
Collingwood 248, 251, 419, 425, 433, 455.
Colthurst 88.
Comar 309, 310.
Commerson 213, 217.
Constantinus Africanus 33, 55, 60, 547.
Constantinus (Kaiser) 20.
Conti (Niccolo) 44, 46, 56, 57, 272, 273.
Coop à Groen 168.
Copland 218.
Cops (Joannes) 109.
Cordé 213.
Cordus (Valerius) 21, 273, 284, 533, 548, 556, 557.
Cosmas (Indicopleustes) 20.
Crab (van der) 147, 154, 159, 162, 192, 197, 198, 199, 202, 241, 355, 429, 435, 467, 524.
Cranssen u. Siberg 261, 262.
Crawfurd 16, 17, 19, 30, 40, 46, 47, 81, 106, 109, 112, 113, 131, 165, 168, 173, 175, 193, 259, 262, 263, 289, 300, 314, 354, 357, 359, 371, 430, 432, 433, 450, 459, 491, 492, 516, 518, 519, 586, 587.
Cromwell 105.
Cullen 566.
Curtius Symphorianus 554.

Dabney Palmer 568.
Daendels 113, 129, 166, 173, 175, 190, 239, 259, 445, 458, 517.
Dale 532, 535, 558.
Dalechamps 554.
Dalzell u. Gibson 255.
Dammer 529.
Dampier 130, 289.
Dassen 65, 85, 86, 132, 186.
Debeaux 18.
Denaisius (P.) 53.
Depping 514.
Descourtilz 537, 581.
Devay 437.
Diemen (Van) 104.
Dietz 312, 324, 335, 338, 559, 560, 561.
Dietzsch 503.
Dioscorides 1, 4, 7, 8, 10, 11, 12, 13, 37, 552, 553.
Dirksz t'Lam (Jan) 96, 97, 99.
Dodoens (Dodonaeus) 274, 284, 530, 553, 561.
Dorstenius 12, 553.
Douet d'Arcq 59, 61, 62, 514, 575.
Drake (Francis) 85, 290.
Dulaurier 26, 31.
Duncan 225.
Durante 21, 67, 276, 285, 534, 555.

Dussen (Adriaan van der) 96.
Duymaer van Twist 172.
Dymock 378, 379, 380, 381, 383, 503, 546.

Earl 115, 185.
Ebermaier 335.
Ebert 314, 429, 430, 523.
Ed-Dimaschky 25, 544.
Edrisi 14, 18, 25, 38, 46, 275.
Eeden (van) 261.
Eggers (Baron von) 222, 223, 224, 225, 395, 411, 415, 429, 436, 443, 448.
Ehrenberg 515, 516.
Ehrhardt 335.
El Ghaffky 6, 7, 24, 545.
El Madjoussy 6.
Elmore 346.
Elsner 498.
Empoli (Giovanni) 45.
Endlicher 567.
Engelhardt 128, 242.
Ennen u. Eckertz 35, 39.
Erdmann u. Koenig 217, 498.
Eschelskroon 115, 277, 314, 346, 430.
Etcheverry 212.
Evreux (Jeanne d') 41, 56.

Faria y Sousa 67.
Farquhar (Major) 217, 249.
Fitz Herbert (Sir Humphrey) 102.
Fleck (Konrad) 51, 60.
Flückiger 16, 20, 21, 39, 40, 41, 42, 57, 58, 173, 286, 302, 303, 304, 309, 310, 311, 367, 379, 514, 515, 516, 519, 521, 537, 561.
Folcz (Hans) 552.
Forbes 345, 438.
Forrest 130, 289, 292, 346, 349, 350, 351.
Forster 319.
Fraas 2.
Fragoso 284, 531, 534.
Francisci 133, 534.
Freidank 51, 60.
Frick 276, 535.
Fronmüller 568.
Frühling 308, 382, 500, 503.
Fuchs 327.
Fugger 42.

Gaertner 285, 378, 379.
Galenus 1, 5, 6, 7, 8, 55, 552, 560.
Gamble 375.
Garcin 210.
Gaulke 568.
Gerarde 554.
Gesner (Konrad) 12, 530.
Gilman 357, 359.
Gladstone 310, 311.
Godefroy 62.
Goldschmidt 61.
Görgey 309.
Goerickius Hauptius 116, 148, 280.
Gorkom (van) 261, 265, 289, 294, 295, 367, 371, 394, 406, 408, 411, 415, 425, 428, 429, 433, 458, 465.
Graaf (van der) u. Meylan 145, 170.
Grant 211, 216, 218, 508.
Greshoff 300, 308, 309, 321, 366.
Grimm 53, 55.
Guilding (Rev. Lansdoune) 222, 407, 428.

Haensel 505, 532.
Hager 360.
Hainhofer 541.
Hallström 307, 503.
Hammond 568.
Hamza (von Ispahan) 18.
Hanausek 500, 501, 503
Hanbury 16, 40, 173, 519, 521.
Harder (Carl) 109.
Harmensz (Wolphert) 87.
Harpestreng (Canonicus) 35, 56, 57, 60.
Hart (J. H.) 448, 467, 538.
Hasskarl 330.
Hayes 101.
Heemskerk (Jacob) 77, 80, 81, 85, 86, 91, 182, 516.
Hefelmann 500, 503.
Hegelmaier 471, 475.
Heinrich von Neustadt 52, 57.
Heintz 309.
Held 382, 501.
Helfer 247, 254.
Hendess 475, 525.
Henriques (Garcias) 76
Henry 304.
Hermann (Dr.) 567.
Hermann (P.) 339.
Hermannus 430.
Hermite (L') 94.
Hermolaus Barbarus 8, 12, 21.
Herrmann (Prof. Strassb.) 283.
Heukenvleugt 187, 190, 262, 269.
Heydt 41, 514.
Heyne 226.
Higgins 427.
Hildegard (heilige) 3, 548.
Hilger 503.
Hinds 565
Hirsch 515.
Hirth 17, 18.
Höhlbaum 35, 39, 58.
Hoen 92.
Hofmann 322.
Hogendorp (Baron van) 108, 144, 165, 185, 187, 277, 330, 428, 430, 432, 587.

Honeïn 6.
Honigberger 546.
Hooker 132, 165, 222, 257, 262, 297, 299, 375, 378, 510.
Hopkins 259, 262, 432, 433, 434.
Horsfield 344.
Horto (Garcia ab) 32, 59, 272, 275, 278, 284, 288, 534.
Hotton 562, 570, 572, 573.
Houtman (Cornel.) 84.
Houttuyn 281, 282, 283, 343, 537. 570.
Hüllmann 41.
Huet 44.
Hugo von Langenstein 52.
Humboldt 510.
Hunter (John) 104.
Hunter (William) 244, 245, 246, 409, 411, 413, 421.
Husemann 525, 564, 568, 570, 571, 572.
Hutten (Ulrich v.) 43.
Huysers 188, 517.

Ibn Batoutah 26, 27, 57.
Ibn el Baithar 6, 23, 26, 27, 545.
Ibn Djoldjol 6.
Isaak Ibn Amran 23, 24, 26, 27, 38, 544.
Isidorus 592.

Jacobus Vitriacus 7, 36, 56, 57, 61, 273.
Jagor 252, 292.
Janszoon (Willem) 106.
Jarric (Pierre du) 37.
Jessen 37.
Jesson 104.
Jones 228.
Jordanus (Friar) 45, 56
Jussieu 211.

Kampen (von) 67, 85, 93, 100, 115.
Kappler 387.
Kazwini (Kaswini) 15, 26, 273
Keeling 90, 91, 92.
Keller 541.
Keyts (Joh.) 350.
Khordadbah 24, 31.
King 378, 380.
Klerk (de) 112, 186.
Köhler 571.
Koenig 217, 304, 308, 310, 382, 498.
Koller 303, 309, 310, 528.
Kolft 131, 287, 315.
Konrad von Würzburg 52, 57.
Koppmann 515.
Krafft 309.
Kreyenberg 157, 196, 411, 432.
Kruse 10, 13, 14, 18, 19.
Kunth 2, 511.
Kuntze 283.
Kurz 254.

Labillardière 130, 218, 314.
Laborde 62, 541.
Laguna (Andreas) 9, 11, 12, 21.
Lamarck 216, 281, 283, 285, 378, 379, 422.
Lamatsch 221.
Lambertus Hortensius 531.
Lanessan 294, 391.
Lans 183, 209, 231, 261, 265, 269, 330, 331, 361, 425, 434, 589.
Lassen 20
Laube u. Aldendorff 304.
Lauts 124, 125, 127, 143, 144, 187, 188, 516.
La Varenne 580.
Leber 41, 514.
Leblond 221.
Leckey 495.
Leclerc 544, 545.
Leeuwenhoek 326.
Le Gentil 211.
Leith (George) 244, 353.
Lemery 279, 341, 562.
Leupe 68, 70.
Levinus Lemnius 555, 558.
Lewin 567.
Lewy 387, 389.
Light 245.
Linden (v. d.) 193, 316.
Lindley 512.
Linné 271, 280, 281, 282, 283, 377.
Linschoten 31, 32, 56, 59, 67, 74, 78, 81, 275, 285, 286, 288, 325, 337, 516, 521, 529, 534, 554
Little 417.
Lobelius 8, 273, 275, 284, 337, 554, 565.
Lochner 279.
Lockhart 223.
Logan 16.
Lonitzer 10, 273, 553.
Loos (de) 384, 525.
Lorosa 74.
Low 174, 176, 192, 232, 237, 247, 252, 269, 300, 402, 412, 424, 425, 434, 483, 485.
Ludeking 238, 239, 240.
Ludowici-Schedel 59, 329, 536, 573.
Lüder 124, 259.
Lumsdaine 229, 295, 392, 397, 398, 401, 404, 407, 409, 412, 413, 415, 419, 422, 424, 428, 433, 443, 449, 456, 457, 459, 463, 464, 467, 588.
Luther 43, 54.
Luzac 187, 259, 326, 327, 517, 531, 537.

Maertsz (Adriaan) 90.
Maffei 49, 67, 71, 275.
Magellan 17, 73.
Maillart de Merle 220.

Major 44, 46.
Manardus 8.
Mandelslo 112, 115, 120, 159, 182, 276, 312, 430, 534.
Marcellus Vergilius 5, 8.
Marco Polo 16, 44, 61, 273.
Marosse 309.
Marperger 329, 490, 537, 538, 563, 581.
Marsden 16, 44, 226, 229.
Martin (Cayenne) 221.
Martin (Molukken) 173, 242, 259.
Martin (Montgomery, Trinidad) 223.
Martius 1, 2, 4, 17, 18, 28, 221, 296, 389, 512, 545.
Marxius 327, 461, 535.
Masino 309.
Massink 292.
Massudi (Maçoudi) 18, 24, 273.
Matelief de Jonge (Cornelis) 89, 90
Matthaeus Sylvaticus 7, 10, 56, 60, 550.
Matthiolus 1, 67, 274, 276, 278, 284, 327, 533, 553, 554, 561, 573.
Mayers 16.
Meer (van der) 422.
Megenberg (Konrad v.) 56, 57, 61, 550, 592
Meister 210, 237, 276, 279, 338, 535.
Meldola 490, 513.
Mendoca (Furtado) 88.
Menezes (Tristan de) 72.
Merck 491.
Merkus 170, 177.
Mescahen 24, 544.
Mesuë 9, 12, 22, 24, 273, 275, 534, 544, 548, 556, 557.
Meyer (A.) 286, 306, 307.
Meyer (E.) 5, 11, 13, 21, 22, 26, 33, 35, 547.
Michaux 217.
Middleton 90.
Mieris 58.
Mierzinski 533, 542.
Milburn 322, 323, 381, 467, 469, 491, 495, 519, 523.
Miquel 323, 334, 347, 367.
Miranda de Azevedo (Antonio de) 72.
Mitscherlich 525, 568, 569, 570.
Mohnicke 277.
Mone 515.
Montanus (Joh. Bapt.) 573.
Montgomerie 250.
Moreau 173, 175, 186, 189, 437.
Morgan (Hugo) 521.
Moseley 319.
Mossel 143.
Müller (Salomon) 315, 316, 317, 318, 319, 349, 433, 477.
Mulder 311.
Mun 259.
Munting 257, 558.
Muratori 35.
Murray 211, 213, 282, 528, 537, 563, 566, 567, 570, 572.
Musa Brasavola 8, 12, 49.
Musschenbroek 287, 368, 371, 538.

Nakhoda Ismael 71.
Neck (Jacob Corneliszoon van) 84, 85.
Nees v. Esenbeck 511.
Neidhart 53, 60.
Neumann 44, 308.
Newbold 356.
Neys 242.
Nicholls 395, 406, 407, 411, 424, 427, 432, 448.
Nicolaus Myrepsus 36, 37, 55, 60, 549.
Nicolaus Praepositus 21, 34, 55, 60, 548, 556, 557.
Nieuhof 276, 279, 324, 325, 335, 338, 429, 460, 535, 539
Nirrnheim 515.
Nördlinger 310, 389.

Olivier 146, 158, 159, 161, 187, 194, 229, 238, 277, 289, 292, 295, 412, 423, 429, 430, 432, 433, 460, 468, 523.
Oribasius 5, 22.
Otto Cremonensis 549, 550.
Oudemans 309.
Oudermeulen 188, 261, 262, 517.
Oxley 147, 148, 157, 159, 195, 208, 249, 250, 252, 292, 295, 297, 298, 300, 325, 357, 393, 396, 400, 402, 404, 406, 409, 412, 413, 414, 416, 417, 418, 419, 420, 422, 423, 424, 425, 426, 427, 428, 429, 432, 433, 434, 435, 441, 445, 449, 453, 455, 458, 468, 524, 584, 588, 589.

Paavius (Peter) 337
Padbrugge (de) 116, 561.
Pahud 199.
Paludanus 275, 285, 301, 337, 444, 554.
Panthier 44.
Parkinson 335, 337.
Parthey 120, 276, 285 535.
Passalacqua 2.
Paullini 559, 561, 562.
Paulus Aegineta 58.
Pauluszon (Jan) 109.
Pavon 388.
Pearson 567.
Peckolt 387, 389.
Pegolotti 39.
Pelouze (u. Boudet) 309.
Pereira 277, 344, 353, 379, 450, 567.
Peschel 44.
Petrus d'Ebulo 35, 60, 541.
Petrus Pena 8, 284

Pfeiffer 286, 574.
Pichon et Vicaire 375.
Piesse 310, 542.
Pigafetta 17, 30, 46, 47, 73, 74, 75, 272, 274, 275, 284, 371.
Piso 32, 276, 279, 301, 312, 313, 324, 335, 337, 429, 430, 534, 539, 558.
Platearius 7, 34, 36, 55, 56, 60, 273, 549, 550, 551, 553.
Plath 17.
Plautus 3, 12.
Playfair 309.
Plinius 4, 10, 11, 12, 29, 55, 552.
Plukenet 377.
Poiret 21.
Poivre 210, 211, 212, 215, 220.
Pomet 338, 430, 522, 530, 535, 557, 559.
Pordemone (Oderico da) 45.
Porter 222, 323, 432, 460, 462.
Prestoe 419, 423, 424, 425.
Prinsep 250.
Provost 212, 214, 217.
Ptolemäus 14, 15, 20, 31.
Puente (Mart. de la) 299.
Purkinje 567.
Puyts 210, 237, 279.

Radermacher 283.
Raffles 44, 168, 249.
Rainier 165.
Ramusio 72, 73.
Ray 335, 390.
Raynal 142, 211, 213, 238, 351.
Reael (Laurens) 98, 100.
Rees 352.
Regel (K.) 575.
Reimer (u. Will) 387.
Reinaud 24.
Reinwardt 145, 150, 154, 155, 159, 193, 194, 262, 289, 300, 301, 306, 310, 316, 317, 318, 320, 325, 330, 334, 344, 370, 400, 407, 412, 422, 428, 429, 430, 436, 443, 445, 448, 449, 450, 452, 456, 458, 459, 461, 462, 463, 464, 526, 528.
Rhazes (Razis) 5, 6, 24, 55, 544.
Rheede (tot Drakensteen) 339, 376, 378, 379, 380, 503.
Richthofen (v.) 17, 18.
Roches (Chevalier des) 213.
Rochou 218.
Roebuck 245.
Roemer 309, 310.
Roemer u. Usteri 211, 216, 433.
Rogers 40, 518.
Romburgh 201, 205.
Rondeletius 553.
Rosenberg 318, 345.
Roxburgh 227, 228, 244, 255, 296, 344, 353.
Royle 10, 226.
Ruellius 8, 11, 36, 273, 274, 533, 549.
Rumph (Rumpf) 27, 31, 32, 69, 74, 110, 112, 113, 120, 121, 122, 131, 151, 152, 214, 238, 276, 277, 279, 280, 281, 283, 285, 291, 293, 313, 314, 316, 317, 319, 320, 322, 323, 324, 325, 326, 328, 329, 330, 331, 334, 335, 341, 342, 345, 350, 367, 400, 403, 412, 423, 424, 429, 430, 431, 436, 438, 440, 441, 442, 443, 445, 447, 450, 452, 453, 454, 457, 458, 460, 466, 467, 522, 530, 531, 532, 536, 537, 565, 567.
Rumpoldt 580.
Ryff (Walther) 533, 534, 542, 556.

Saalfeld 111, 519.
Saar 120, 285, 312, 535.
Sachs 327.
Salmasius 3.
San Roman (Fray Antonio) 49.
Sanuto 56.
Sartine (de) 215, 282.
Sayid 219.
Scaliger (Caesar) 9, 273.
Schabbing 208.
Schacht 303.
Schädler 387, 526, 528.
Schär 293, 390, 507, 541.
Schedel 219, 475, 487, 512, 537.
Scheffer 372.
Scheler 62.
Schiller (K.) 61.
Schimmel 248, 303, 310, 362, 364, 526, 529, 532, 585.
Schleiden 525.
Schlippe 309.
Schmidt u. Roemer 309.
Schneider u. Vogl 303, 311.
Schomburck 224.
Schrader 309.
Schreber 283.
Schröder 538, 557.
Schultze (Nic.) 11, 25, 277, 279, 320, 322, 325, 326, 339, 340, 345, 367, 561.
Schulz 500, 503.
Schurtzius 321, 327.
Scribonius Largus 5.
Semler 323, 399, 402, 404, 405, 406, 443, 459.
Semmler 303, 304, 311, 532.
Serapio 5, 6, 7, 12, 23, 24, 25, 26, 38, 545, 553, 559, 560.
Serrano (Francisco) 72, 73.
Siebert 471.
Sigaud 387.
Simeon Seth 33, 60, 547.
Simmonds 218, 251, 432, 465.
Simon Januensis 7, 60, 284.

Sloane 380.
Smith (Christ.) 244, 344, 345, 352.
Smith (Sir James) 345, 346, 352.
Soleiman 14, 31.
Soltsien 382, 500, 503.
Sonck (Martin) 106, 108.
Sonnerat 211, 213, 214, 215, 217, 281, 283, 314, 316, 317, 343, 345, 352.
Soubeiran 499, 529.
Spaeth 501, 503.
Speelmann 163.
Sprengel 2, 5, 11.
Stalpaert 86.
Stanley (H.) 72.
Stavorinus 188, 259.
Stephenson u. Churchill 165.
Steven van der Hagen 84, 87, 89.
St. John (Horace) 48, 289.
Stormer 593.
Stromer (Ulman) 42, 57.
Sturler (de) 247, 263, 320, 323, 324, 330, 425, 432, 450, 479, 526.
Stutzer 389.
Swagerman 282
Sydell 90.
Sylvius (J.) 9, 273.
Sykes 378, 379.
Symes 310.

Tabernaemontanus 274, 278, 327, 337, 521, 530, 534, 542, 554, 569, 570, 571.
Tavernier 313
Temminck 127. 157, 175, 263, 314, 315, 317, 318.
Temple (Sir William) 132.
Ten Bosch 567.
Ternay (de) 220.
Tessier (Abbé) 220.
Teysmann 206, 210, 237, 240, 288, 323, 344, 345, 367, 370, 372. 397, 399, 402, 405, 407, 408, 412, 425, 426, 436, 447, 448, 451.
Theoprast 1, 2, 4, 12, 283, 552.
Thomas Cantiprat 36, 56, 57, 60, 273, 274, 549.
Thomson 378.
Thunberg 220, 282. 283, 285, 343, 344, 523, 530, 532.
Tiele 514, 516.
Trallianus (Alex.) 20.
Transilvano (Massimiliano) 74, 273, 284.
Tremigon (de) 212.
Treviranus 327.
Trouvenin 293.
Torrey 510.
Tschirch 286, 298, 299, 302, 307, 331, 380, 387, 411, 449, 459, 468, 503.
Tuan Hadji 351.
Turner 554.

Unger 2.
Uhland 53, 54.

Valenta 387.
Valentijn 1, 64, 69, 70, 71, 77, 80, 88, 107, 109, 110, 111, 113, 120, 121, 122, 123, 132, 134, 143, 146, 147, 149, 150, 151, 152, 153, 154, 161, 163, 182, 183, 185, 238, 258, 259, 261, 269, 276, 277, 280, 285, 293, 313, 315, 316, 318, 320, 322, 324, 326, 328, 329, 342, 350, 429, 430, 438, 439, 441, 447, 453, 454, 458, 466, 467, 516, 522, 536.
Valentini 69, 131, 132, 184, 259, 277, 279, 280, 291, 313, 320, 321, 322, 324, 325, 327, 328, 329, 338, 339, 340, 341, 346, 350, 377, 404, 430, 440. 442, 466, 522, 523, 530, 531, 532, 535, 561, 566, 572.
Vauquelin 508.
Veen (v.) 86.
Verhoeven (Pieter Willemszoon) 90, 91, 92, 93.
Ver Hüll 169, 182, 301, 314, 435, 437, 439.
Vermeulen 338.
Visser 193.
Vitus 338.
Vlack (Pieter) 106, 108.
Vogels 120, 158, 159, 276, 312, 313, 320, 339.
Voigt 286, 302, 306, 307.
Volger 39, 575.
Volker 498, 499, 512, 523.
Volz 41, 61, 221, 515, 541, 580.
Vriese (de) 323, 334, 344, 347, 367.

Waage 300, 363, 364, 498.
Waldi 54.
Wallich 378, 379.
Walther 529.
Warburg 15, 48, 307, 503.
Waring 29, 379, 383, 547, 571, 572.
Warnkoenig 39.
Warwijk (Wijbrand van) 84.
Watt 29, 58, 380, 383, 503, 547.
Weddik 397, 403, 425, 429, 432, 437, 458.
Wehrmann 529, 538.
Welwitsch 385.
Wibmer 567.
Wieland 55.
Wieling 242.
Wiesner 310, 387, 528.
Wilcocks 132.
Willdenow 283, 343.
Wilson (Sir John) 256.
Winckler 303, 310, 542.
Wittstein 459, 499.

Wolfram von Eschenbach 50.
Wood 486.
Woodford (Sir Ralph) 222, 257.
Worms 104, 113, 145, 149, 182, 340, 535.
Wright 304, 311.
Wurffbain 105, 106, 113, 141, 153, 156, 162, 312, 442, 517.
Wurmbs (van) 282.

Yule 18, 26, 29, 39, 45.

Zijl (van) 157.
Zwinger 536, 562, 570,572, 573.

2. Geographische Namen.

Aegypten 2.
Afghanistan 487.
Amahai 241.
Ambon 70, 89, 106, 110, 111, 112, 114, 125, 165, 175, 208, 237 ff., 263 ff., 268, 270, 288 etc.
Amerika (Amerikaner) 166, 497.
Amurang 236.
Andamanen 254.
Arabien (Araber) 22 ff., 43, 208 etc.
Aru Ins. 68, 70, 106, 110, 114, 127, 159, 209, 290.
Atjeh 233.
Australien 244, 479.
Ay (Way, Ai) 66, 70, 75, 80, 89, 94, 96, 97, 98, 102, 103, 106, 108, 110, 112, 128, 150, 152, 153, 164, 264 etc. etc.

Babber 209, 290.
Balambangan 130, 226, 476.
Bali 114.
Banda (fortwährend).
Bandan 30, 45.
Bantam 78, 81, 90, 93, 95, 96, 97.
Barativa (Barateua) 290.
Barbados 224.
Bartajil (Insel) 15.
Batavia 78, 81, 104, 109, 110, 132, 168, 179, 180, 237 etc.
Batjan 47, 125, 243, 287, 367.
Battak 233.
Batu-Baru 233.
Belang 236.
Bengalen 482.
Benkulen 175, 226, 264 ff.
Bombay 256.
Borneo 234.
Bourbon 218.
Brasilien 221.
Brunel 476.
Buitenzorg 237.
Burma 255.
Buru 289, 291.
Buton 68, 114, 208.

Calcutta 217, 255.
Canara 255, 383, 385
Canton 166.
Cap 497.
Cap Comorin 256.
Cayenne 215, 219, 221.
Celamme 68, 70, 88, 92, 99, 101, 102, 103, 107, 109, 149, 192.
Celebes 208, 234 ff.
Ceram 68, 70, 106, 114, 125, 131, 159, 208, 209, 241, 243, 266, 289, 290, 291.
Ceram-laut 291.
Ceylon 207, 256, 266.
China (Chinesen) 15 ff., 43, 77, 208, 233, 248, 485.
Cochinchina 254.
Concan 255.
Coromandel 482
Courtallam 255.

Dammer 126, 209, 288, 290, 291.
Deli 232, 264, 266.
Dender (Oudendenner) 70, 88, 101, 103, 149.
Deutschland 489.
Dobbo 166.
Dominica 224.

England (Engländer) 90, 91, 92, 94, 95, 97, 98, 100, 101, 102, 104, 105, 137, 165, 491 ff.

Fort Belgica 146, 163.
Fort Concordia 164.
Fort Hollandia 102, 109, 164.
Fort Marlborough 226
Fort Nassau 91, 109, 146, 163.
Fort Revengie 97, 109, 164.
Frankreich 491.

Gebeh (Gebi, Gueby) 212, 214, 243.
Geelvinkbay 349.
Ghats 255.
Goa 255.
Goram 70, 106, 125, 159, 208, 290.

Grenada 207, 224, 267.
Grisse 71, 94.
Grossbritannien siehe England.
Guadeloupe 224.
Gunong Api 65, 75, 144, 147.
Gunong Bandeira 147.
Guzerat 97, 110.

Halmaheira 73, 74, 127, 208, 242, 264 ff., 269, 270, 288, 289, 368—372.
Hammet 70.
Hinterindien 255.
Holland 267.

Jacatra 97.
Jaela 256.
Jamaica 224, 267.
Japara 97.
Java (Javanen) 14, 15, 19, 31, 44, 47, 48, 70, 77, 81, 93, 94, 97, 209, 236 ff., 244, 264 ff., 270, 356, 477 ff.
Johore 267.

Kairatoe 241.
Kalkutta 217, 255.
Kamerun 219.
Kandy 256.
Keffing 107, 125.
Kema 236.
Key (Inseln) 68, 70, 106, 110, 114, 127, 159, 209, 290, 291, 351.
Kisser 127, 290.
Kombir 71, 88, 92, 101, 109, 149.
Kouwer 126, 290, 291.
Krawang 237.

Lakoei 101, 149.
Lampong 232, 266.
Langkat 264, 266.
Lautakka (Labetakka) 68, 89, 92, 146.
Leikor 290.
Letri 290.
Lima Kotta 232.
Lingga Archipel 254.
Lissabon 83.
Liukiu 17.
London 267, 494.
Lontor (Lonthoir) 30, 64, 68, 70, 80, 92, 94, 98, 99, 101, 103, 108, 109, 110, 112, 147, 150, 192, 269 und an vielen anderen Stellen.

Maba 214, 242, 371.
Madagascar 219.
Madjangi 101, 149.
Madras 256.
Madura 237.
Majoe (Majo, Miao) 212.
Makassar 70, 78, 93, 94, 104, 114, 143, 165, 179, 181, 355, 480.
Makjan 267.
Malabar 255, 482.
Malakka 47, 70, 71, 73, 75, 78, 87, 93.
Malao 5.
Malayische Halbinsel 244 ff.
Manaswary 226.
Manilla 214, 217.
Manindjoe 232.
Manipa 290, 291.
Martinique 224.
Mascarenen 216, 217.
Matabello 126, 290.
Matan (Insel) 73.
Mauritius 209 ff.
Mc Cluer's Golf 349, 372.
Menado 207, 236, 264 ff.
Mergui (Archipel) 254.
Minahassa 234 ff., 266, 268, 269, 270.
Mindanao 289.
Moa 214, 290.
Moko-Moko 226.
Molukken 46, 47, 237 ff.
Montrado 234.
Mt. Lawinia 256.
Mysol 289.

Nailaka 66, 75, 98, 102.
Natal (Sumatra) 232.
Neira 65, 70, 76, 78, 80, 92, 97, 102, 103, 108, 121, 146, 147, 192, 200, 269.
Neu Guinea 127, 206, 209, 243, 266, 349, 373.
New-York 267, 494, 497.
Nicobaren 254, 267.
Niederlande 487 ff.
Nila 126, 209, 290.
Nilambe 256.
Nilgherries 255.
Nusa-Banda 63.

Obi 243, 267, 292, 593.
Oertattan 69, 70, 75, 88, 89, 101, 149.
Onin 349, 373.
Orang datang 147.
Ourien 88, 109.

Padang 230, 232, 266.
Palembang 232.
Papua 68.
Para 221.
Passir 234, 346, 476.
Patani 70, 214, 242.

Penang 177, 206, 207, 244 ff., 263 ff., 270, 480 ff.
Pentang 70.
Permattam Dalem 229.
Philippinen 211
Portugal (Portugiesen) 71 ff., 94.
Pulo-Banda 63.
Pulo-Kappal 65, 145.
Pulo-Krakka 65, 145.
Pulo-Pisang 65, 144, 146.
Pulo-Swangi (Soewangi) 65, 150.

Rarakit 106, 109.
Ratoe 146.
Rhun (Run, Ron) 66, 75, 76, 89, 94, 98, 99, 101, 102, 104, 128, 152, 153, 164, 269 und an vielen anderen Stellen.
Rio de Janeiro 221.
Riouw (Archipel) 254.
Roma 127, 290.
Rosengain 66, 68, 75, 89, 98, 99, 101, 103, 128, 154.

Salwatti 352.
Samar 101, 149
Samarang 237.
Sandai 45.
Sangi (Inseln) 96, 236.
Sansibar 219, 487.
Saparua 209.
Sarawak 234.
Sawaai 212.
Seroua 126, 209.
Seychellen 215, 219.
Siam 254.
Siauw 96, 98, 110, 114, 208.
Sibella (Berg) 287, 368.
Singapore 177, 206, 249 ff., 263 ff., 270, 482 ff.
Soerabaya 179.
Soesoeh 233.
Solok 232.
Solor 68, 97, 110, 114, 208.
Spanien (Spanier) 75, 77, 84, 85, 90, 97, 100.

St. Vincent 222, 267.
Süd Indien 255.
Süd Oster Inseln 125, 126, 243.
Süd Wester Inseln 125, 243.
Sumatra 206, 226 ff., 270.
„ Ostküste 206, 232, 266.
„ Westküste 206, 230, 266.
Sumbawa 244.
Sunda 46, 78.
„ Calappa 81.
Sunda-Inseln (kleine) 244.
Suratte 482.

Tafoeri (Tifore) 212.
Talaut 237.
Tamiang 233.
Tampat toean 233
Tanah Datar 232.
Tapanuli 232.
Tenimber 68, 127.
Ternate 72, 74, 96, 124, 165, 241, 243, 264 ff., 269, 355, 370.
Tewer 126, 290.
Tidore 72, 74, 267, 269, 355, 370, 371.
Timor 68, 111, 114, 115, 177, 208, 244.
Timor-laut 177, 208, 290.
Tinnevelli 255.
Tomini 236.
Tondano 236.
Trinidad 222, 267.
Tuban 87.

Vorder-Indien (Vorder-Inder) 27 ff., 43, 255, 485.

Waier 68, 70, 88, 98, 101, 103, 109, 149, 164.
Waigiu 243.
Weda 242.
Westafrika 219.
Westindien 222 ff.

Zabedj (= Java) 14.

3. Namen von Pflanzen und Pflanzenstoffen[1]).

Ackawai (Waccawai) Nuss 508.
Acrodiclidium Camara R. Schomb. 508.
„ Puchuri major (Mart.) Mez 510.
Adaches (= Macis) 26.
Agallochum 13, 20.
Ailanthus excelsa Roxb. 10.
„ glandulosa Desf. 9.

[1]) Die nur nebenher erwähnten Gewürze, Aromata und Pflanzen, die keine speziellen Beziehungen zur Muskat haben, sind in dies Register nicht aufgenommen.

Ailanthus malabarica DC. 9, 10, 12, 55.
Albasbasat 6, 27.
Albizzia moluccana 398, 399, 411.
Aleurites moluccana 396.
Ambadeki 377.
Aniba (?) Puchury minor (Mart.) Mez 512.
Arbore de las camaras 10.
„ de Sancto Thome 10.
„ Sancto 10.
Aromatum moschatum 22.
Atherosperma moschatum Labill. 507.

Balanus myrepsica (βάλανος μυρεψική) 11, 12, 13, 37.
Balsamum nucistae 521, 571.
Bandazeep 521.
Bashi-bashi 218.
Batjan-Muskat 365—369.
Behennüsse 21.
Besbassa (bisbasa, besbaca, befbase, besbase, besbaese, bisbeli, bazbaz) 6ff. 23—27.
Beschaten-nät 61.
Bientinoe 397.
Bitjoeli-bitjoeli 367.
Bohamba 385.
Bombay-Macis 363, 379, 476. 499.
Bombay-Nüsse 383.
Borassus flabellifer 573.
Brasilianische Muskatnuss 508.
Brochoneura 374.
„ acuminata 218.
„ (?) usambarensis 386.
„ madagascariensis 218, 386.
„ Vouri 219, 386.
Brosimum guineense 391.
Bua pala 30.
Buah Porgam 384.
Buskaten 61.
Butyrum nucistae 570.

Calebassen-Muskatnuss 504, 510.
Californische Muskatnuss 509.
Calophyllum inophyllum 397.
Camara Muskatnuss 508.
Cananga 397.
Canarium commune 396, 411.
„ mehenbethene 396.
„ zephyrinum 396.
Canelle giroflée 508.
Caryophyll 15, 20.
Caryon (Carydion) indicon 21.
Caryopon 4, 12.
Cashou 385.
Cassia florida 397.
Chilenische Muskatnuss 505.
Clove nuts 507.
Coelocaryon 386.
Cortex Conessi 10.
Cryptocarya moschata Mart. 508.
Cubebe 3.

Dadap 397.
Derris 410.
Dialyanthera 374.
„ Otoba (H. u. B.) Warb. 389.
Djati 31.
Diebsnuss 324.
Djouz bou (djouz-et-tib) 27.
Djuwar 397, 399.
Doppelnuss 319.
Drachenblut 390.
Dschadi (dschati) sowie Zusammensetzungen damit 28.
Durian 396.
Durio zibethinus 396, 411.

Eisenholz 399.
Erythrina 397, 399.
„ indica 411.
Etang 385.

Faba Pichurim 512, 513.
Fava Pecairo 513.
Ficus ceriflua 397.
„ umbellata 397.
Florida-Muskatnuss 510.
Folia Boldu 505.
Founingo-mena-rubou 218.

Garcinia mangostana 396.
Gasori 30.
Geoza (geocha) 27.
Giauzi-bau 26.
Gjauz-bawa (bawe, bague), gjeuzottibi 27.
Gologa 30.
Gozora 30.
Gruis-folie (Grus-macis) 121, 474.
Guyana Muskatnuss 501.
Gymnacranthera 383, 384.
„ canarica (King) Warb. 385.

Hibiscus tiliaceus 394, 411.
Holarrhena antidysenterica Wall. 9, 10, 12, 55.
Hollandsch Noot 325.
Homalanthus Lechenaultianus 411.
Horsfieldia 391.
„ Irya (Gärtn.) Warb. 384.
„ Iryaghedhi (Gärtn.) Warb. 299, 384, 390.
„ laevigata (Bl.) Warb. 217, 320.
„ sylvestris (Houtt.) Warb. 390.

Ja (jae; jai, jaji, jadi, jat, sadi, zadi) sowie die Zusammensetz. damit 28. 29.

Jambosa malaccensis 396.
Jambu 396, 399.
Jangli-jaiphal 383.
Jausi-band (jauziband) 26, 27.
Jeusbaue (jeumbaue, jeuzbeve, jumbague, jusbegue) 26, 27.
Inocarpus edulis 397.
jou tou hua, jou tou k'ou 392.
Jow-kow 18.
Irya 384.

Kaiphal 383.
Kaju Piangu 384.
Kalapa tjun 384.
Kandirte Macis 538.
" Muskatfrucht 533
Karambie 397.
Kardamom 592
κάρυον ἀρωματικόν 33, 60.
" μυρεψικόν 36.
" μυριστικόν 21.
Kemiri 396.
Kerzennussbaum 396
Kino 293, 390, 573.
Klimfoelie 119.
Koenigsnüsse 321.
Kokoyo 445.
Komakon (κώμακον) 2, 3, 12.
Kombo 385.

Laurelia sempervirens (R. et P.) Tul. 505.
Letterholz 391.
Long nutmeg 353.
Loranthus 416.

Macer (macir, machir, μάκαρ, μάκειρ) 4—13.
Macisbohnen 505, 510, 511.
Macisöl 530—533.
Macisschalen 476.
Macre (macruyre) 10.
Madagassische Muskatnuss 507.
Männliche Muskat 327, 328, 329 ff.
Mäuseblumen 61.
Makassar Macis 476.
Malao-manghit 218.
Mangalore Fett 385.
Mannetjes Nooten 334, 353.
Mangifera altissima 396.
" indica 396.
Mango 390, 398.
Mangustan 396, 399.
Maniessan pala 538.
Matae 35.
Meschat-nät 61.
Migatte 61.
Milletia 410.
Minjak kembang pala 512.
Minjak pala 569.
Monodora Myristica Dun. 504.
Moringa oleifera 12, 13, 21.
Moschaten 61.
Moschatum 22.
Moschelinum 22.
μοσχοκάριδα 60.
μοσχοκάρυδον 36, 60.
μοσχοκάρυον (μοσχοκαρίδιον) 21.
Muchatas 35.
Mug(u)ette (musguette) 61.
μύρον 13.
Muscarde 35, 61.
Muscat (muschât, musschat, muskat, musskat) 61.
Muskaat zeep 521.
Muskatblumen s Macis.
Muskatblumenöl 529.
Muskatbutter 521—529, 569—571.
Muskatgummi 573.
Muskat(en)holz 391, 571.
Muskatnussöl (Muskatenöl) 529—530, 571—572.
Muskatsalz 573.
Muskatwasser 573.
Mutugo (mutuje) 385.
Myristica affinis Warb. 334.
" angolensis Welw. 374.
" argentea Warb. 15, 125, 206, 226, 243, 255, 289, 335, 345, 346, 347—365, 475, 499.
" aromatica Lam. 282.
" Baeuerlenii Warb. 374.
" castaneifolia A. Gr. 374.
" Chalmersii Warb. 374.
" costata Warb. 374.
" crassa King 390.
" dactyloides Wall. 349, 378.
" fatua Houtt. 148, 327, 329, 331 ff. bis 347, 499.
" fatua Swartz 347.
" fragrans Houtt. 270—331.
" fructu inodoro 377.
" globosa Warb. 374.
" hypargyraea A. Gr. 374.
" lepidota Bl. 373.
" macrophylla Roxb. 344
" madagascariensis Lam. 386.
" malabarica Lam. 338, 375—383, 476, 499.
" mascula Reinw. 344.
" moschata Thunb. 283.
" neglecta Warb. 374, 583.
" officinalis L f. 283.
" philippensis Lam. 213, 217, 347.
" resinosa Warb. 374.
" Schefferi Warb. 125, 243, 272—273, 289, 583.
" Schleinitzii Engl. 391.
" spadicea Bl. 344

Myristica speciosa Warb. 125. 242. 287. 288, 323, 365—369, 582.
„ suavis King 314.
„ succedanea Bl. „Reinw.“ 74, 125, 242, 288, 369—372. 582.
„ subcordata Miq. 334.
„ sumbawana Warb. 334.
„ Teysmanni Miq. 374.
„ tomentosa Thunb. 343, 345. 346, 352.
„ tubiflora Bl. 373.
„ villosa Warb 347.

Nabaran Fett 384.
Narcaphtum 12.
Nauclea 397.
Nectandra Pichurim (H. B. K.) Mez 511.
Nelkennuss 507.
Noci moschiate 61.
Noiez mugedez 62.
Nois migate. migatte, gugaites, mugaites. muguecte, mugueste 62, 241.
Nois mouscades 61.
Noix giroflée 507.
Noix muguette 62. 541.
Noix de muscade 61.
Note mugete 61.
Note mygez 62.
Noten vet 521.
Noten zeep 521.
Noz de Moluco falso 377.
Noz muscada do Brasil 508.
νως μυριτζικά 60.
Nux caryophyllata 507.
„ furum 324.
„ gemina 319.
„ indica 21, 22.
„ mirifica 37. 60.
„ moschata fructu oblongo 344, 353.
„ „ mas 337, 344.
„ „ regia 321.
„ myristica major spuria malabarica 377.
„ „ mas 353.
„ „ spuria 377.
„ „ oblonga malabarica 377.
„ „ oblonga 327, 328.
„ „ regia 321.
„ „ rotunda 327, 328.
„ „ unguentaria 60.

Ochocosamen 386.
Ocotea Cujumary Mart. 513.
Oelnüsse (Oil nuts) 384. 388, 470.
Oleum indicum 21.
„ macidis 564.
„ moschelinum 21.
„ nucis moschatae expressum 521.
„ nucistae 521, 564.
Osteophloeum 374.

Pala (palla) 29.
„ ala (palala) 334.
„ bacambar (bacoembar) 320.
„ boy (boei, buy) 295, 320, 328, 329 ff.
„ domine 325.
„ fuker 334.
„ holanda 325.
„ kakerlak 325.
„ kambar (koembar) 319, 320.
„ kende-kende 320.
„ laki-laki (lalaki, lakki-lakki) 214, 327, 331 ff.
„ maba 371.
„ metsiri 337, 344.
„ onin 372.
„ padri 325.
„ parampuan 214.
„ patani 367.
„ pentjuri 324.
„ puti 334.
„ radja 321, 323.
„ regia 321.
„ rumpi 326.
„ utan 334.
Palka 377.
Panem palka 377.
Pandanus 397. 445.
Papua macis 362- 365. 475, 476.
Papua muskat 15, 226, 347—362.
Papua noten 353, 471.
Parkia 411.
„ speciosa 396.
Patri (patr, atr etc) 29.
Petébaum 396.
Peumus Boldus 505.
Pfaffennuss 325.
Pflaumen-Muskatnuss 507.
Phala(m) 29.
Pichurimnuss 510. 511.
Pindi 385.
Piratinera 391.
Pohon pala boei 295.
Pterocarpus 390.
Pycnanthus microcephalus Benth. 390.
„ Kombo (Baill.) Warb. 374. 385.
„ Schweinfurthii Warb 374.

Quen 328.

Raapfolie 119, 121.
Rambutan 399
Ranjaiphal 383.
Rara-be 218.
Rara-bourac 218.
Ravensara aromatica Sonn. 507.
Rhododendrou lepidotum 10.
Rompen 121, 131, 326.

Rümpfe (Rumpfnüsse) 131, 326.
Rumpi 119.

Scyphocephalium 386.
Sebo del arbol 388.
Selewakoe 399.
Seygar 27.
Staubmacis 121.
Staudtia kamerunensis 386.
„ pterocarpa 386.
Stoffolie 474.
Suffumigium moschatum 21, 22.

Teakbaum 31.
Thalisfar 6 ff., 545.
Tjampaka silan 385.
Torreya californica Torr. 509.
„ Myristica Hook. 509.
„ taxifolia Arn. 510.
Tow-kow (tow-kow-kwa) 18.
ts'ao tou k'ou 592.
Tuba 410.

Ucuubanuss 388.
Unechte Muskat 331 ff.
Unona odorata 411.

Virola 374.
„ bicuhyba (Schott) Warb. 388, 565.
„ guatemalensis (Hemsl.) Warb. 388.
„ peruviana (DC.) Warb. 388.
„ sebifera Aubl. 388.
„ surinamensis (Rol.) Warb. 346, 386, 390.
„ venosa (Benth.) Warb. var. Pavonis Warb. 388.
Visenia umbellata 411.
Vitex moluccana 397.

Weibliche Muskat 328.
Wrightia tinctoria 10.

Xeromyrum moschatum 21.
Xilomacer 5.

Yo-hoân-tzé 18
Yuk-kow 18.

Zwillingsnuss 319.

Erklärung der Abbildungen.

a) Textfiguren.

Fig. 1. Tragkorb und Pflückkorb (gai-gai) pag. 437.
Fig. 2. Calebassen-Muskatnuss. Monodora Myristica Dun. Frucht im Längsschnitt pag. 504.
Fig. 3. Chilenische Muskatnuss, Laurelia sempervivens (R. et P.) Tul. Zweig mit Blüthen und Frucht (geschlossen und offen) pag. 506.
Fig. 4. Pflaumen-Muskatnuss, Atherosperma moschatum Lab. Blüthenzweig, Knospe, Blüthe, Staubgefäss, Frucht pag. 506.
Fig. 5. Madagassische Muskatnuss (Nelkennuss). Ravensara aromatica Sonn. Frucht von aussen und im Querschnitt pag. 507.
Fig. 6. Brasilianische Muskatnuss, Cryptocarya moschata Mart. Frucht von aussen und im Längsschnitt pag. 508.
Fig. 7. Guyana-Muskatnuss (Camara- oder Ackawainuss), Acrodiclidium Camara R. Schomb. Blüthenzweig. Blüthe und Frucht pag. 509.
Fig. 8. Californische Muskatnuss, Torreya californica Torr. (Torreya Myristica Hook). Zweig, männliche Blüthe, Staubblatt, und Same pag. 509.
Fig. 9. Macisbohnen, grosse (Acrodiclidium Puchuri major), kleine (Aniba (?) Puchury minor) und afrikanische (Monodora sp.), alle von aussen und im Querschnitt, die letztere auch im Längsschnitt pag. 511.
Fig. 10. Grosse Pichurimnuss, Acrodiclidium Puchuri major (Mart.) Mez. Fruchtzweig, Frucht und becherförmige Achse pag. 511.
Fig. 11. Kleine Pichurimnuss, Aniba (?) Puchury minor (Mart.) Mez. Fruchtzweig und becherförmige Achse pag. 512.
Karte: Die inneren Inseln der Banda-Gruppe. 1 : 100000 pag. 64.

b) Heliogravüren.

1. Muskatpflanzungen auf den Banda-Inseln (nach Photographien von Herrn Dr. G. Karsten, dem ich für freundliche Überlassung derselben hiermit meinen besten Dank sage.) (Titelbild).
2. Habitusbild eines alleinstehenden Muskatnussbaumes, Myristica fragrans Houtt. (nach einer Photographie des Verf. gezeichnet) pag. 292.
3. Habitusbild eines im Walde befindlichen Papua-Muskatnussbaumes, Myristica argentea Warb. (nach einer Photographie des Verf. gezeichnet) pag. 348.

c) Lithographien.

Taf. I. Echte Muskatnuss, Myristica fragrans Houtt.

1. Männlicher Blüthenzweig.
2. Männliche Blüthe im Längsschnitt, vergrössert.
3. Staubgefässsäule (mit aufgesprungenen Antheren) vergrössert.
4. Querschnitt durch die Staubgefässsäule (einzelne Antheren sind aufgesprungen), vergrössert.
5. Pollenkorn, stark vergrössert.
6. Weiblicher Blüthenzweig.
7. Weibliche Blüthe im Längsschnitt (mit freigelegter Samenanlage), vergrössert.
8. Fruchtknoten mit den sitzenden Narben (von aussen), vergrössert.
9. Reife Frucht mit aufgesprungener äusserer Fruchthülle (Perikarp) und sichtbarem Arillus (Macis).
10. Same von der künstlich etwas abgelösten Macis umgeben.
11. Same im Längsschnitt, mit sichtbarem Keimling.
12. Keimling, vergrössert.

Taf. II. Papua-Muskatnuss, Myristica argentea Warb.

1. Männlicher Blüthenzweig.
2. Männliche Blüthe im Längsschnitt, vergrössert.
3. Frucht nach Wegnahme der Hälfte der äusseren Fruchtschale.
4. Same, von der Holzschale (Testa) umhüllt.
5. Samenkern, nach Entfernung der Holzschale.
6. Längsschnitt durch den Samenkern mit sichtbarem Keimling.
7. Querschnitt durch den Samenkern.
8. Keimling, vergrössert.

Taf. III. Verschiedene als Gewürz brauchbare oder zu Fälschungen benutzte Muskatnüsse.

1. Myristica fragrans Houtt., sog. Zwillingsnuss, ganze Frucht im Längsschnitt.
2. Myristica fragrans Houtt., sog. runde Muskatnuss, nach Fortnahme der Holzschale.
3. Myristica fragrans Houtt., sog. lange Muskatnuss, in der Holzschale.
4. Myristica fragrans Houtt., sog. Radjanuss, vom Arillus lückenlos eingehüllt.
5. Myristica fragrans Houtt., sog. Radjanuss, nach der Entfernung der Holzschale.
6. Myristica fragrans Houtt., sog. Pfaffenuss, mit kappenförmigem Arillus.
7. Myristica speciosa Warb., Batjan-Muskatnuss, mit Arillus und Fruchtschale.
8. Myristica succedanea Bl., Tidore-Muskatnuss, ohne Arillus und Fruchtschale.
9. Myristica castaneaefolia A. Gr., Fidji-Muskatnuss, ohne Arillus und Fruchtschale.
10. Myristica fatua Houtt. Unechte Muskatnuss mit Arillus und äusserer Fruchtschale.

11. Myristica fatua Houtt. Unechte Muskatnuss ohne Arillus und äusserer Fruchtschale.
12. Myristica malabarica Lam., Arillus, sog. Bombay-Macis.
13. Myristica malabarica Lam., Nuss von der Holzschale (Testa) umhüllt.
14. Myristica malabarica Lam., Querschnitt durch den Kern der Nuss.

Taf. IV. Verschiedene Fett liefernde Muskatnüsse.

1. Virola guatemalensis (Hemsl.) Warb. a) Same von der Holzschale umgeben, b) Längsschnitt.
2. Virola surinamensis (Rol.) Warb. a) Same von der Holzschale umgeben, b) Längsschnitt.
3. Virola sebifera Aubl. a) Same vom Arillus und theilweise vom Perikarp umgeben, b) Same nur von der Holzschale umgeben, c) Längsschnitt.
4. Virola bicuhyba (Schott) Warb. a) Same von der Holzschale umgeben, b) Längsschnitt durch einen etwas unregelmässig eingetrockneten Samen.
5. Virola bicuhyba (Schott) Warb. var. Schenckii Warb. Same von der Holzschale umgehen.
6. Virola venosa (Benth.) Warb. Same von der Holzschale umgeben.
7. Virola peruviana (A. D. C.) Warb. a) Same von der Holzschale umgeben, b) Same im Längsschnitt, c) Same im Querschnitt.
8. Dialyanthera Otoba (H. B. K.) Warb. a) Same von der Holzschale umgeben, b) Same im Längsschnitt.
9. Pycnanthus Kombo (Baill.) Warb. a) Same von der Holzschale umgeben, h) Same im Längsschnitt.
10. Brochoneura (?) usambarensis Warb. Same im Querschnitt, mit zweischichtigem nicht ruminirtem Endosperm.
11. Staudtia (?) pterocarpa Warb. Same im Längsschnitt, mit zweischichtigem nicht ruminirtem Endosperm, innerer Kern theilweise herausgenommen.
12. Scyphocephalium Ochocoa Warb. Same von der Holzschale umgeben.
13. Scyphocephalium chrysothrix Warb. a) Same und Längsschnitt mit am Rande sichtbarem Keimling, b) Same im Querschnitt mit sternförmigem Zerklüftungsgewebe.
14. Coelocaryon Preussii Warb. a) Same von der Holzschale umgehen, b) Same im Längsschnitt mit deutlicher Höhlung.
15. Horsfieldia Irya (Gaertn.) Warb. a) Same von der Holzschale und dem unzerschlitzten völlig schliessenden Arillus umgeben, b) Same im Längsschnitt mit deutlicher Höhlung.
16. Horsfieldia Iryaghedhi (Gaertn.) Warb. a) Same von der Holzschale umgeben, b) Same im Längsschnitt.
17. Gymnacranthera canarica (King) Warb. a) Same von der Holzschale umgehen, b) Same im Längsschnitt.

Karte: Malayischer Archipel 1 : 22500000 nebst Nebenkarte, die Banda-Inseln 1 : 1000000, zur Illustrirung der Kultur und des Handels der Muskatnuss.

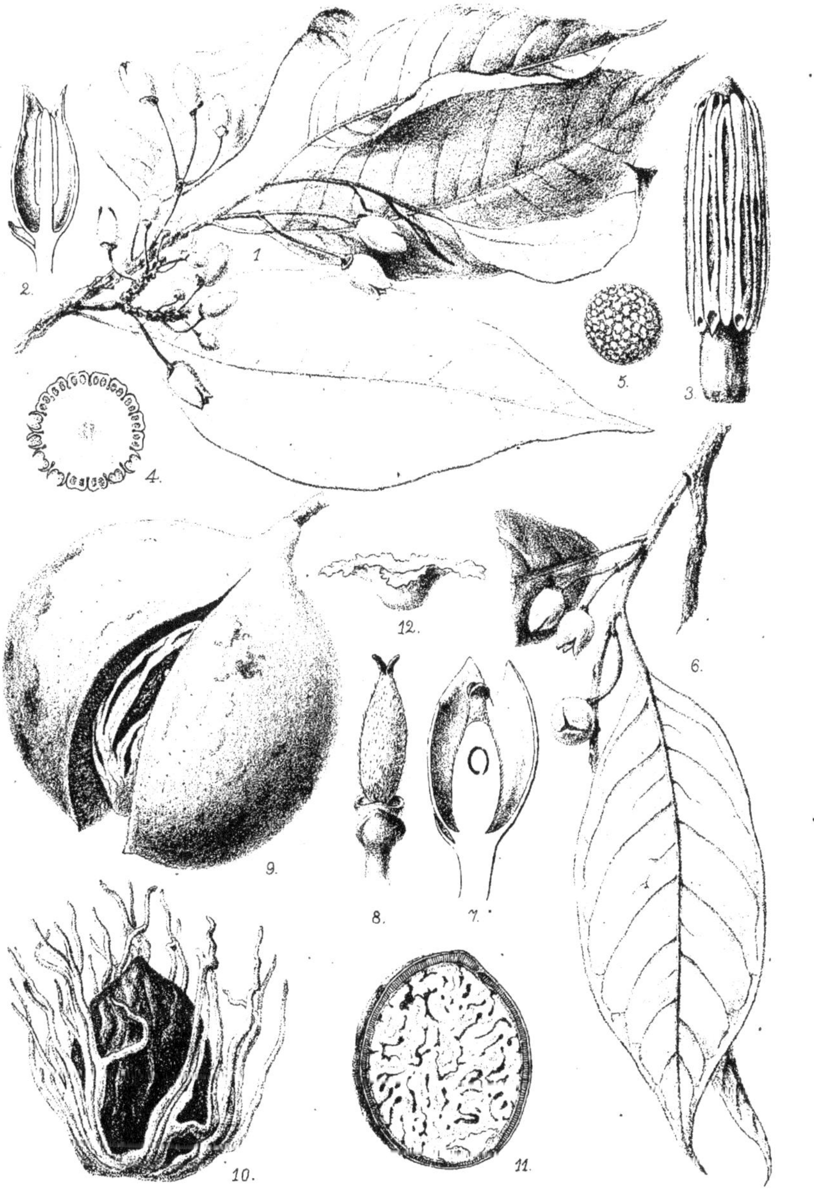

P. Behrend ad nat. lith.

Verlag v. Wilh. Engelmann Leipzig

Echte Muskatnuss.
Myristica fragans Houtt.

CPSIA information can be obtained
at www.ICGtesting.com
Printed in the USA
BVHW04*1934190918
527959BV00005B/48/P

9 780265 511480